W0078005

ESSAYS UM GOETHE

ERNST BEUTLER

ESSAYS UM GOETHE

ARTEMIS VERLAG ZÜRICH
UND MÜNCHEN

HERAUSGEGEBEN VON CHRISTIAN BEUTLER

7., vermehrte Auflage
©
1980 Artemis Verlag Zürich und München
Satz: Basler Druck- und Verlagsanstalt, Basel
Druck und Einband: May & Co., Darmstadt
Printed in Germany
ISBN 3 7608 0522 1

MAIN UND RHEIN

DAS HAUSBUCH DES GROSSVATERS
TEXTOR

Trunken über die Maßen waren die kaiserlichen Offiziere von Hanau gewesen. Schlimm war der Morgen, den sie gehabt. Aber da ihnen der Koch des Gouverneurs «Alantwein» und «Hippocras» kredenzte, wich und stieg der Nebel befreiend aus den Häuptern; und die erschlafften Mägen, noch eben verdrossen vom Übermaß zugemuteter Arbeit, wurden von neuem froh und leistungsfähig. Nicht ohne Teilnahme lesen wir das in Grimmelshausens «Simplicissimus», Buch 2, Kapitel 3, nicht ohne Neugier, was das wohl für köstliche Heilmittel gewesen sein müssen und ob sie auch heute noch zu haben und anzuwenden seien.

Und wirklich, auch heute noch können wir von dieser Medizin hören, wenn auch nicht mehr in den Apotheken, sondern von der Bühne her. Da Oktavian, «der Rosenkavalier», den täppisch dreisten Ochs von Lerchenau mit dem Degen am rechten Oberarm gezeichnet hat, was ist es, das der bestürzte Faninal dem blessierten Baron zur Stärkung anbietet?

«Ein Wein? Ein Bier? Ein Hippocras mit Ingwer?» Wieder stutzen wir bei dem geheimnisvollen «Hippokras» und wüßten gern, was es mit diesem Worte auf sich hat.

Da zeigt sich denn, daß die Goetheforschung jeder anderen überlegen ist, denn aus dem Besitz von Anna Margaretha Lindheimerin, der Mutter der Frau Rat, der Großmutter Wolfgangs, hat sich ein aus dem Jahre 1724 datiertes, von der Erstausgabe des «Simplicissimus» im Jahre 1679 durch kein halbes Jahrhundert getrenntes Koch- und Rezeptbuch erhalten, in dem genau zu lesen ist, was Hippocras war und wie man Alantwein herstellen kann.

Das Wunderbuch ist kein Druck, so daß jeder es hätte kaufen können, nein, es ist von Anfang bis zu Ende mit der

Hand geschrieben, ja, genauer besehen, von mehreren Händen. Und wer mit den Handschriften des Goethekreises vertraut ist, der wird nicht verkennen, daß es der Frankfurter Schöff und Bürgermeister Textor selbst gewesen ist, der hier etwa um 1730 folgendes eingetragen hat:

«*Einen Hippocras geschwind zu richten.* Recipe (zu deutsch: man nehme) 5 Untzen Brandewein, 2 Untzen Zimmetrinde, Pfeffer 2 Pfenniggewichte, und ebensoviel Ingwer und Nägelein, desgleichen auch Paradieskörner in gleichem Gewichte, 3 Gran Ambra grys und soviel Muscus (Muskatnuß): und dieses alles stoße mann wohl, thue es in den Brandewein, und lasse es in einem zugemachten Glase recht weichen, sehe es hernach ein 4 bis 5 mahl durch ein leinen Tüchlein und gieße allemahl den Brandewein oben darauf, thue es sodann in eine mit Wachs und Leder wohl verwahrte Phiole oder Glas mit einem engen Hals, und wenn man sich dessen bedienen will, so nehme man ein Pfund Zucker zu drei Maas Wein, und wenn der Zucker geschmoltzen, so thue man 2 bis 3 Tropffen von der Essenz dazu. Damit ist der Hippocras fertig.»

Zur Sache: Ambra grys ist grauer Ambra, eine duftende Masse zoologischer Herkunft, die auf dem Indischen Ozean schwimmend angetroffen wird. Der Name Hippocras: er ist, um die heilsame Wirkung anzudeuten, dem Begründer der griechischen Medizin, dem Zeitgenossen Platos, Hippokrates, angeglichen. Die Anwendung: «Wenn man sich dessen bedienen will, so thue man 2 bis 3 Tropffen usw.» Das Ganze ist also eine Essenz, die man gezuckertem Wein beimischt wie Angostura einem Cocktail. Noch heute wird in der gut schweizerischen Stadt Basel, die ja viel alte Überlieferung treu festgehalten hat, vor Weihnachten Hippocras als Festgetränk verkauft, in Basel, sonst aber nirgends auf der Welt.

Etwas dem Hippocras Ähnliches ist der Alantwein, wobei vorausgeschickt werden soll, daß Alant eine aus Vorderasien stammende offizinelle Pflanze ist, die früher in Europa viel gezogen wurde, weil man die Wurzel bei Katarrhen mit gutem Erfolg verwandte. Folgendes schrieb sich der Großvater Textor darüber auf:

«*Wie man einen Alantwein machen soll.* Erstlich nimbt mann ein Faß, so groß als man es haben will, von 3, 4 oder mehr Vierteln, nimbt dann einen messingen Kessel und thut anderthalb mahl so viel Most darinn als ins Faß gehet, lasset solchen wohl sieden, und überschäumen, und weil der Wein noch im Sud ist, so nimbt mann, soviel Viertel Most, soviel Handvoll gedörrte Alantwurtz, thue sie in ein schmahl Säcklein und hänge sie in den Kessel und lasse sie solang mitsieden, biß das Drittel eingesotten ist, dann füllt mann den Wein so warm ins Faß, thut nach Guthdünken ein wenig gantze Nägelein und Galgand (d.i. Alpinia) ins Faß. Wann einem dünkt, daß der Wein nicht stark genung nach der Wurtzel schmäcket, so hänget mann noch von der dürren Wurtzel in einem Säcklein zum spunte hienein. Wenn man davon trincket, füllet mann ihn allezeit wieder mit guthem Firnenwein auff. Er hält sich ein gantz Jahr.»

Gewiß, auch wir haben noch Würzweine – aber verglichen mit diesem Reichtum des Barock und der kenner- und schnörkelhaft gesteigerten Mannigfaltigkeit seiner Rezepte empfinden wir: auch auf diesem Gebiet sind wir verarmt.

Weiß einer von uns überhaupt, was Krebsaustern sind, hat je einer solche gegessen? Goethes Großvater Textor aber hatte sehr wohl noch Kunde von solch kulinarischer Zoologie, und gewissenhaft hielt er sie fest. Auf Seite 124 trug er ein:

«*Krebsaustern zu machen.* Thue die Krebs lebendig auff, thue das Beste heraus, würtze sie mit Pfeffer und saltze sie, thue auch Butter darein und thue solche in Schalen, setze sie auf einen Rost, schühre Feuer darunter, laß es eine Weile sieden, daß es ein Brühlein behält. So sind sie recht.»

Es gibt in Goethes Alterswerk eine ergreifende Erzählung, die ganz den Eindruck macht, als ob hier früheste Jugenderinnerungen dichterisch gestaltet sind, es ist jene Erzählung von dem Knaben, der beim Krebsfangen ertrank [Wilhelm Meisters Wanderjahre, Buch 2, Kap. II]. Vielleicht hat auch der Schöffe Textor seine Krebse selber gefangen, ehe er sie auf Rost und Kohlen und in Muschelschalen zu Krebsaustern verwandelte; vielleicht hat der junge Enkel – ebenso wie er einen jeden Sonntag bei dem Großvater zu Mittag speisen durfte, was nach des Großvaters Rezepten bereitet worden war – den Ahn auf solchen Fischgängen begleitet.

Denn in und aus der Natur war das Leben, das der Schöffe führte. Es waren – wir haben seine Tagebücher – Textors eigene, im Garten hinterm Haus gezogene Pfirsiche, es waren seine eigenen Quitten, aus denen er «einen guten Persico auf frantzösische Manier» machte, oder die er mit Zimt, Zucker, Branntwein und Rosenwasser zu einem Quittenwasser verarbeitete; und wenn er weiter sich eine Seite lang darüber verbreitet, wie «Grüne-Erbs-schotten einzumachen, daß sie über Winter grün bleiben», so waren es wiederum seine selbstgezogenen Erbsen, von denen er nach Angabe der Behandlung sicher mit Recht am Ende schreiben durfte: «Es schmäckt wohl.» Und nun ahnen wir auch, warum der Schöff so faustische Pfropfversuche machte, Pfirsichauge auf Weinrebe okulierte; am Ende war das nicht nur rein botanische Wissensgier, – neue Wunderfrüchte sollte es da vielleicht ergeben für unerhörte neue alkoholische Essenzen! – Gut hat er gelebt, der Frankfurter Schöff, aber aufs Ganze gesehen ist es doch nur die bürgerliche Kost der Zeit, deren Rezepte er eingetragen hat: «Capaun in Gelée, Fricatellen zu machen, Einen Brathen in einer Baitz, Dorteléen zu machen [Zwey Pfund fein weiß Mehl, acht Eier u.s.w. bis: Es muß eine Stund gearbeitet werden, darnach runde oder länglichte Küchlein gemacht, und in das Eisen gethan], Ein Englisch Butting zu machen, Eine schwarze Brodttorte zu machen, Welsche Nüsse einzumachen, guten Marmelad zu machen, Hand-Saiffen zu machen, Ein herrlich Wasser zum Waschen aus Bohnen-Blüth', Rosmarin-Blüth, Weißlilien-Blüth und Holder-Blüth», – sicher wiederum aus dem eigenen Garten; aber zwischen solchen Rezepten dann auch ernstere Eintragungen wie «Rhabarber *optimum* ist ein gelindes Laxativ den Schleim aus den Gedärmen abzuführen», wie überhaupt das ganze Buch sinn- und zweckgerecht schließt, auf Seite 182, mit einem Rezept «für einen verdorbenen Magen», datiert vom 5. April 1761. Das war etwa die Zeit des Grafen Thoranc, die Zeit des Siebenjährigen Krieges; und, über Preußen hier und Kaiser da, war die Goethesche Familie mit der Textorschen verfallen, und auch die sonntäglichen Schmäuse des Enkels beim Großvater, die «vergnügtesten Stunden der ganzen Woche», wie der Dichter sich noch im Alter an sie erinnert, selbst diese Mahlzeiten wurden jetzt durch Politik gestört und vergällt [Dichtung und Wahrheit, Buch 2].

Welch eine Bewandtnis hat es nun mit diesem ganzen Buch? Der Band, *quarto* und in braunes Rindsleder gebunden, umfaßt gegen 100 Blätter; 182 Seiten sind gezählt von der Hand des Großvaters Textor. Das Titelblatt trägt in Zierschrift den Namen: Anna Margaretha Justina Lindheimerin, darunter das Jahr 1724 und einen für eine ehr- und tugendsame und vor allem für eine kochende Jungfrau sehr geeigneten Leitspruch:

Wer in der Eitelkeit Vergnügen sucht,
Der schmäckt in Anfang zwar gar süße Frucht,
Doch kompt das Bitter nach. Ich folg vielmehr
Der Tugend und dem Fleiß, die bringen Ehr.

Seite 1 bis 107 sind nach Abschrift oder Diktat niedergeschrieben in einer gleichbleibenden, sauberen Schrift; den Inhalt bildet auf den ersten Seiten eine Anleitung zur Herstellung von Attrappen für Tafelaufsätze, etwa Würste aus gelbem, Krebse aus rotem, Rettiche aus weißem Wachs, dann folgen etwa 100 Seiten Koch- und Backrezepte. Dieses Buch der Weisheit ist der eigentliche Inhalt und Hauptteil des Ganzen. Wer hat es geschrieben? Im Jahre 1724 war Anna Margaretha Justina Lindheimerin noch ein kleines Wetzlarer Fräulein von 13 Jahren. Die Annahme läge nahe, daß ihre Mutter die Schreiberin gewesen sei, nämlich Katharina Elisabeth Juliane Seip, die Frau, von der die Frau Rat Goethe ihre Vornamen und – wie manche Forscher vermuten wollen – der Dichter seine Gaben hat, geboren 1680 in Meiningen, gestorben 1759 in Wetzlar. Ist sie neben der geistigen auch für die materielle Substanz der Textor-Goetheschen Familie verantwortlich? Um Schriftproben von ihr zu erhalten, wurden Archive und Akten durchforscht, es fanden sich tatsächlich in Koblenz Prozeßakten aus den Jahren 1729 und 1744 mit dem klaren Ergebnis: die Mutter hat das Kochbuch nicht geschrieben. Der Vater, geboren 1671 in Frankfurt, dann Advokat am Reichskammergericht, lag schon zwei Jahre im Grabe, als das Werk entstand. So bleibt es bis auf weiteres ungeklärt, wer der Schreiber war und ob das Buch ursprünglich Meininger oder Wetzlarer Küche vertritt. Vielleicht war es ein Konfirmationsgeschenk einer Verwandten.

Mit 16 Jahren heiratete die kleine Anna Margaretha nach Frankfurt, nahm als Basis einer glückhaften Ehe ihr braunes Kochbuch mit, und alsobald übernahm der Haushaltungsvorstand, der Bürgermeister und Schöffe Textor, die Verantwortung und Weiterführung. Zunächst sorgte er einmal eigenhändig dafür, daß die Seiten numeriert wurden, damit kein Blatt verlorengehen könne. Dann trug er auf den zwei freien Blättern am Anfang genau Maße und Gewichte ein: «Rezept oder Anleitung wie man die hier angeführte Species anordnen und gebrauchen soll»; er revidiert und korrigiert den Text und unterstreicht die Überschriften, und nachdem er so zunächst einmal Ordnung und Übersicht ins ganze Buch gebracht hatte, wie er auch für Ordnung in seiner Stadt Frankfurt sorgte, übernahm er, weil er wohl wußte, daß nur das lebendig wirkt, was sich weiterentwickelt, auch die Fortsetzung der Eintragungen. Als erstes gab er dem im Grunde ausländischen Buch ein heimatliches reichsstädtisches Gesicht: sein erstes Rezept ist «Kleine Frankfurther Pastetgen zu machen». Dann folgen die schon behandelten alkoholischen Rezepte. Hier freilich wäre nun nachzutragen, daß noch vor ihm S. 107 bis 109 zwei medizinische Rezepte eingeschrieben worden sind. «Recept vor den Scharbock» [d.i. Skorbut] und «Wer ein bösen Mund hat der nicht heilen wil, außwendig am backen oder an den lippen.» Beide Rezepte stehen untereinander sachlich in Zusammenhang, sie sind zweifelsfrei von der Eigentümerin des Buches, der jungen Anna Margaretha selber geschrieben, wie ein Vergleich mit ihrer Handschrift auf der Ehevollmacht für ihre Enkelin Cornelia Goethe vom 13.2.1773 ergibt, und wir können daraus schließen, daß die junge Frau, da sie heiratete, an Bleichsucht und einem gewissen Vitaminmangel litt. Wie überhaupt die zahlreichen Rezepte gegen Krankheiten, die sich weiterhin im Buch finden, gewisse Rückschlüsse auf den Gesundheitsstand der Familie ergeben. Sie sind fast alle vom Schöffen eigenhändig eingetragen, und zuweilen hat er das Datum [Mai 1746, März 1747] angegeben und die Namen der Frankfurter Ärzte, denen er sie verdankte, wie Dr. Taylor, Dr. Burggraff, Dr. Klettenberg. Zuweilen sind auch gesellschaftliche Bekannte die Autoritäten, so etwa da, wo «Der Frau Denvilen ihr Plaster» beschrieben wird. Wer die Frankfurter Mundart kennt, hört, daß die «Denvilen» die Frau de Neuville war, die zu einer angesehenen Hugenottenfamilie gehörte. Besonders zu loben sind freilich Rezepte, die der Küche und zugleich auch der Gesundheit dienen, wie jenes: «Einen ohnvergleichlichen Biscuitkuchen zu backen», wo es am Ende heißt: «Vor Gesunde, mit etwas Wein gegessen, stärcket die Lebensgeister, und dienet sonderheitlich vor Unfruchtbahrkeit.» Den Gipfel aller Kunst bildet indes das «Kayserliche Haubt- und Magen-Pulver» aus Muskatblumen, Alant, Calmus, Hirschhorn, Hirschzungenblättern, Ehrenpreis und vielen anderen Blüten, Blättern und Gewürzen. «Es reinigt anfänglich das *phlegma* mit der bösen *Cholera,* auch das geblüth; vertreibt die wehtage des Haubts, die *Melancholie,* macht ein frisch Hirn, stärcket das Hertz, die Lunge und Leber, behält es in gesundheit, es reiniget den Miltz, treibt den schleim aus dem Halß und den Husten, machet linderung der Brust und räumet weg allerley innerliche Krankheiten; es stärcket und hitzet den Magen, macht gute Däuung der Speise, es vertreibt das Fieber, den kalten Frotzen, es reiniget die Blase, treibt den stein aus, er seye groß oder klein, weiß oder roth, so muß er weichen wie senffkörner. Es kläret das gesicht, machet guthe Farbe, es stärcket die Sinne, reiniget die Därme, hält den Menschen fett an seinem Leibe, vertreibt den schwindel und wassersucht: Insonderheit ist Er verwahrt für den Fieber und Backenreisen. Von diesem Pulver gebraucht mann morgens nüchtern und Abends wann mann zu Bette gehet eine Messerspitz voll: versuche das eine Zeith lang, so wirstu wunder erfahren empfinden. Insonderheit solch Pulver eine stunde vor dem Essen vier guthe Messerspitzen voll, in ein glasz guthen wein gethan und gebraucht, ist trefflich und köstlich zu verhüthung des Schlags, Hauptwehes und verkürtzung des Athems, für Ohnmacht und saussen des gehörs, wann sichs auffthut; macht *appetit* zum essen, wegen des Magensteins, vor Leber und Nieren, auch für Husten. *Saepissime probatissimum inventum est.* Eine treffliche Stärckung in allen Kranckheiten.» Ach, ganz außer Atem ist der Schöffe gleichsam gekommen über sein «Kayserliches Haubt- und Magen-Pulver»; ja, das war wirklich ein «kayserliches» Mittel! Uns aber ist, als wären wir wieder beim Simplicissimus und hörten ihn als Landstörtzer und Quacksalber seine Mittel anpreisen und den Bauer betrügen, wie er es so oft getan hat. Und wir sehen auch den Schöffen durch die Reihen der Frankfurter Meßbuden wandern und zuhören und kaufen; und dann schreibt er daheim aus dem kleinen gedruckten Handzettel, der ihm beim Handel mitgegeben war und der doch verlorengehen könnte, alle die bombastischen Anpreisungen ab in sein Hausbuch. Und weiter wirft solches Rezept des Großvaters ein Licht auf die wundersame Heilung des Enkels Wolfgang im Jahre 1769 nach seiner Rückkehr aus Leipzig durch das geheime Allheilmittel und Wundersalz des Doktors Metz, über dessen mirakulöse und nicht ungefährliche Anwendung man im 8. Buch von «Dichtung und Wahrheit» selber nachlesen möge. Dort spricht Goethe von den alchimistischen Versuchen, die er in seinem kleinen Windofen mit Kolben und Retorten im Giebelzimmer des Frankfurter Vaterhauses damals vorgenommen, spricht von seinem Studium des Theophrastus Bombastus Paracelsus, des Basilius Valentinus, der *Aurea Catena Homeri;* und wir fühlen aus alledem, wie sehr eben tatsächlich die Jahrhunderte der Faustsage und ihre magischen Aspekte noch die Luft von Goethes Jugend erfüllt haben und noch lebendige Sphäre, noch trächtiger Mutterboden waren, aus dem die Faustdichtung aufsteigen konnte. Ja, war doch Faustus selber ein schwindelhafter Arzt gewesen und weiland 1539 vom Wormser Stadtarzt Philippus Begardus als Beispiel eines «bösen Artzets» gebrandmarkt worden: «Wie vil aber mir geklagt haben, daß sie von jm seind betrogen worden, davon ist eyn grosse zal gewesen. Er hat sich im gelt nemen nit gesaumpt, und nachmals auch im abzugk; er hat vil mit den fersen gesegnet.» –

Es stehen noch andere Dinge in unsrem Buche, etwa «schoene rothe Dinte zu machen» oder, was wieder den Blumenzüchter verrät, «die Farben in denen Blumen zu verändern», etwa Weiß in Gelb, Karmesinrot in Schwarz, Rosenrot in Hellgrün, oder «Blumen, die keinen Geruch haben, einen guthen Geruch zu geben», weiter über Silberpräsente, die Textor 1747 als Schultheiß von Herrn Serling «auhsgenommen» hat, Kredenzteller und Kassetten – Herr Serling war der Verwalter des Hauses Alt-Limpurg, wo die Patrizier sich versammelten –, oder Verzeichnisse von einem Fayenceservice (103 Stück), oder einem blauweißen Porzellanservice (81 Stück), die Textor dem Dr. Olenschlager zum Präsent gemacht hat. Die Goethes waren Teilhaber und eine Zeitlang alleinige Besitzer der Frankfurter Porzellanmanufaktur, und Dr. Olenschlager ist jener Freund des Goetheschen Hauses, bei dem der Knabe Wolfgang Schreibkonkurrenzen ausfocht und zum erstenmal Theater spielte. Er war eine Zeitlang der Bräutigam der Klettenberg und ist der Narziß – seine Anmut lobt auch Goethe – in ihren «Bekenntnissen einer schönen Seele». Dort ist auch sein blutiger Handel geschildert, in den er

1742, bei einem Mahl im Textorschen Hause, vielleicht unter dem Einfluß von Alantwein und Hippocras, mit einem eifersüchtigen Kavalier geriet. 1771 vereidigte er Goethe als Advokaten; und noch als der greise Goethe den 4. Akt von Fausts II. Teil schuf, war es Olenschlagers Ausgabe der Goldenen Bulle, der der Dichter seine Darstellung von Recht und Brauchtum im alten Kaiserreich entnahm. Heute hängt Olenschlagers Porträt, von Ziesenis gemalt, im Frankfurter Goethemuseum; es zeigt ein wohlwollendes, kluges Gesicht, dem man die Lust an Tafelfreuden ansieht und von dem man versteht, daß es für eine dauerhafte Verbindung mit einer schönen Seele allzu irdisch war.

Es finden sich auch manche Seiten mit Eintragungen von fremden Händen in unserem Buch, meist Küchenrezepte, für uns unwesentlich, da die Schreiber nicht ermittelt sind.

Gewiß, man kann überhaupt sagen, das Ganze ist ein Nichts. Was sollen uns diese wirtschaftlichen und reichlich privaten Aufzeichnungen von Menschen, die uns doch nur wichtig sind aus einem ganz anderen Blickwinkel heraus als dem wirtschaftlichen! Das ist richtig. Und doch ist es uns nicht gleichgültig, daß wir aus den so sorgfältig geführten Rechnungsbelegen und Ausgabebüchern des Vaters Goethe bis ins kleinste genau das wirtschaftliche Leben im Goethehause rekonstruieren können. Es ist der bürgerliche Urgrund, auf dem diese ganze Welt steht, der der Dichter erwachsen ist und die er doch so sehr als bedingende und formende Heimat erkannte, daß er in zwanzig Büchern «Dichtung und Wahrheit» ihr Abbild unvergänglich der Nachwelt hingestellt hat. Wie aus einer Anekdote vom Alten Fritz der ganze Mythos des großen Königs leuchten kann, so können kleine und kleinste Züge mehr unmittelbaren Duft einer Vergangenheit tragen als langatmige, aus vielen Quellen abgezogene Darlegungen.

Und so gehört auch dieses sein Hausbuch zu unserem Bild von Goethes Großvater, dem Manne, von dem der Enkel nicht reden kann, ohne seine Würde, seine Ruhe und

16

seine Weisheit zu rühmen, dessen Gabe der Traumdeutung und des Zweiten Gesichts ihn so mit einem Schauer des Geheimnisvollen umgab, daß selbst andere durch seine bloße Nähe ein gleiches Ahnungsvermögen verspürten, des Mannes, der seinem Enkelkinde zuerst jene Haltung abzwang, die noch der Greis als die wesentlichste im Leben fordert: Ehrfurcht.

So also sah der Nachfahre den Ahnen. Johann Christian Senckenberg, Frankfurter Arzt und Naturforscher, hat noch den jungen Johann Wolfgang Textor gekannt. Er erzählt, dieser habe, als er noch am Reichskammergericht als Prokurator gewesen, sich als stürmischer Liebhaber erwiesen, und seine Perücke sei eines Tages von einem wütenden Wetzlarer Bürger als Beweisstück auf den Gerichtstisch geworfen worden. Auf der Flucht aus einem fremden ehelichen Schlafzimmer hatte der junge Jurist sie zurücklassen müssen. Vielleicht wußte der Dichter um diese Seite der Familiengeschichte.

«Urahne war der Schönsten hold,
Das spukt so hin und wieder.»

Vom alten Textor schreibt Senckenberg, seine Stube sei unerträglich überheizt gewesen, weil er vom kräftigen Weingenuß her viel gefröstelt habe. Zu dem Bild, das wir uns vom Frankfurter Bürger der Barockzeit machen, paßt das alles sehr wohl. Das waren Menschen sehr von Fleisch und Blut, von lebensfroher Genußsucht und voll ungezügelter Leidenschaft. Senckenberg weiß auch von einem Kindbettschmaus am 1. April 1760 im Pfarrhaus der Katharinenkirche bei dem mit dem Rat Goethe verschwägerten Stadtpfarrer Starck: Da sei ein heftiger Wortwechsel über den deutschen Kaiser in Wien und den König in Berlin entstanden. Goethe habe seinen Schwiegervater verflucht, weil er gegen Geld die Franzosen in die Stadt gelassen hätte, Textor habe gegen ihn das Messer geworfen und der Rat Goethe den Degen gezogen. Das mag wohl so gewesen sein und erinnert an die Szene auf dem Vorsaal des Goetheschen Hauses nach der Schlacht bei Bergen am

13. April 1759, da der Rat nur mit Mühe der Haft entging, weil er dem siegreichen Thoranc ins Gesicht rief, er hätte ihm die Niederlage gewünscht und daß überhaupt der Teufel alle Franzosen holen solle. Man war damals in der Sprache unmittelbarer und derber, als wir gewohnt sind; und die politische Lage erhitzte die Gemüter. Der Stadtschultheiß Textor nennt den Siebenjährigen Krieg in seinen Niederschriften nur «die damalige preußische Empörung», und wiederum sind Senckenbergs sehr scharfe Einwände gegen Textors Amtsführung als Bürgermeister wohl in erster Linie aus der Entrüstung über dessen kaisertreue und darum franzosenfreundliche Haltung zu erklären. Auf der anderen Seite war Senckenberg durchaus eine Persönlichkeit, zweifellos der bedeutendste Mann der vorgoetheschen Generation in Frankfurt, von hohem Verantwortungsgefühl und wohl auch zuverlässig, dabei voll Frömmigkeit und Zucht; seine großen Stiftungen sind heute noch ein Segen für die Stadt. Textor aber war der Führer des Rates und Patriziats, der angesehenste und der mächtigste Mann des Gemeinwesens, weltoffen, sinnenfroh und schon durch die Familiengeschichte mit der reichsstädtischen Überlieferung verbunden; sein Großvater, gleichfalls ein Johann Wolfgang Textor und ein guter Jurist, war im 17. Jahrhundert Erster Syndikus des Rates gewesen.

Das Porträt des Stadtschultheißen ist von dem Basler Maler A. Scheppelin 1763 geschaffen, der auch sonst nachzuweisen ist. Obwohl die Frankfurter Malerzunft beim Rat versuchte, den Ausländer als «Nahrungsstörer» zu entfernen, wurde er eben von Textor und auch vom Grafen Thoranc gehalten. Das Bild zeigt vor dem Hintergrund seiner Bibliothek einen geistigen und energischen Mann in Allongeperücke, dunklem Rock mit eleganten Spitzenmanschetten und der güldnen Gnadenkette der Maria Theresia. Der Ausdruck des Gesichts ist nicht durchsichtig, ist kühl und verschlagen. Und so mußte man wohl sein, wenn man bei einem durch und durch korrupten Rat das Schicksal einer so bedeutenden Stadt zu leiten hatte.

«Dichtung und Wahrheit» aber hält den Eindruck fest, den das verehrende Auge des Knaben sah, der seinen Großvater liebte und stolz auf ihn war, und gibt dieses Bild in der abgeklärten Form der reifen Prosa des Dichters wieder. Und sicher werden sich dem Enkel seitens des Ahnen Tiefen erschlossen haben, von denen der Außenstehende nichts gewahr wurde.

Das Textorsche Haus, an der Großen Friedberger Gasse gelegen, war wie eine Burg; «wenn man herankam, sah man nichts als ein großes Tor mit Zinnen, welches zu beiden Seiten an zwei Nachbarhäuser stieß; trat man hinein, so gelangte man durch einen schmalen Gang endlich in einen ziemlich breiten Hof, umgeben von ungleichen Gebäuden, welche nunmehr alle zu einer Wohnung vereinigt waren.» Und dann heißt es weiter, nachdem Goethe von des Großvaters Blumenliebhaberei gesprochen, über seine Lebensführung: «Alle diese Gartenarbeiten betrieb er ebenso regelmäßig und genau als seine Amtsgeschäfte: denn eh er herunterkam, hatte er immer die Registrande seiner Proponenden für den andern Tag in Ordnung gebracht und die Akten gelesen. Ebenso fuhr er morgens aufs Rathaus, speiste nach seiner Rückkehr, nickte hierauf in seinem Großstuhl, und so ging alles einen Tag wie den andern. Er sprach wenig, zeigte keine Spur von Heftigkeit; ich erinnere mich nicht, ihn zornig gesehen zu haben. Alles, was ihn umgab, war altertümlich. In seiner getäfelten Stube habe ich niemals irgendeine Neuerung wahrgenommen. Seine Bibliothek enthielt außer juristischen Werken nur die ersten Reisebeschreibungen, Seefahrten und Länderentdeckungen. Überhaupt erinnere ich mich keines Zustandes, der so wie dieser das Gefühl eines unverbrüchlichen Friedens und einer ewigen Dauer gegeben hätte.»

Am 6. Februar 1771 starb Johann Wolfgang Textor. In sein Hausbuch hatte er, «dessen Leben wir schon einige Jahre an einem Seidenfaden hängen sahen», schon seit zehn Jahren nicht mehr geschrieben. Der Enkel aber, der damals Student in Straßburg war, schrieb der «Theuersten Grosmama»:

«Der Tod unseres lieben Vaters, schon so lange täglich gefürchtet, hat mich doch unbereitet überrascht. Ich habe diesen Verlust mit einem vollen Herzen empfunden; und was ist die Welt um uns herum, wenn wir verlieren was wir lieben.

Sie haben länger in der Welt gelebt als ich und müssen in Ihrem eignen Herzen mehr Trost finden als ich kenne. Sie haben mehr Unglück ausgestanden als ich, Sie müssen weit lebhafter fühlen als ich's sagen kann, daß die traurigste Begebenheit durch die Hand der Vorsicht die angenehmste Wendung zu unsrer Glückseligkeit nimmt; daß die Reihe von Glück und Unglück im Leben ineinander gekettet ist wie Schlaf und Wachen, keins ohne das andre, und eins um des andern willen, daß alle Freude in der Welt nur geborgt ist.»

Im Jahre 1783 starb auch die Großmutter Textor, geborene Anna Margaretha Lindheimerin. Welche Schicksale dann ihr und ihres Gatten Hausbuch gehabt hat, ist unbekannt. Es ist heute Eigentum des Goethe- und Schiller-Archives in Weimar. Ob es durch den Goetheschen Erbgang oder durch Kauf dahin gekommen ist, läßt sich nicht mehr ausmachen.

GOETHES AHNE IN MÖRFELDEN

Daß es durch Benito Mussolini geschehen ist, daß heute die Bilder von Goethes Ahnen in Goethes Geburtshaus hängen, wissen die wenigsten. Die Geschichte hat sich folgendermaßen zugetragen:

Der letzte männliche Nachkomme der Goetheschen Textors war gestorben, während des ersten Weltkrieges, und zwar in Pallanza am Lago Maggiore, wo er ein Landhaus besessen hatte. In diesem hingen als sein Eigentum die Bilder des Stadtschultheißen Textor und seiner Gattin, der geborenen Lindheimerin aus Wetzlar, weiter die Porträts des Bruders der Frau Rat, des Senators Jost Textor und seiner Eheliebsten, geborenen Möller, auf deren beider Vermählung einst der Neffe als Leipziger Student unter Bemühung aller olympischen Götter jenes Hochzeitsgedicht gemacht hatte, das der Professor Clodius im Kolleg so unbarmherzig zerpflückte; «er korrigierte mit roter Tinte, man befand sich in Gesellschaft von lauter Fehlern, ohne eine Aussicht zu haben, worin das Rechte zu suchen sei» [Dichtung und Wahrheit, 7. Buch].

Als Besitz eines feindlichen Ausländers waren Haus und Hausrat eingezogen, die Villa von der dankbaren und stolzen Vaterstadt dem General Cadorna zugesprochen worden, die Gemälde aber kamen ins «*Museo Civico*». Die rechtmäßigen Erben aus den Seitenlinien waren über mehrere Länder verstreut. Ihre Ansprüche, nach Friedensschluß erhoben, führten zu keinem Ergebnis und wurden schließlich nicht mehr verfochten. Die Bilder schienen für Deutschland verloren. Da kaufte das «Freie Deutsche Hochstift» im Frühjahr 1927 den einzelnen Anerben der Familie ihre Anrechte ab, wandte sich an Gustav Stresemann und so an den italienischen Regierungschef; und dieser gab die Gemälde frei.

Seitdem hängen die Bilder der Ahnen im Haus am Großen Hirschgraben, unnahbar in ihrer Würde und doch die
wertvollste und lebendigste Vergegenwärtigung jener Vorfahren, von denen wir annehmen, daß sie für den Genius
des Dichters die Träger der bedeutendsten Anlagen gewesen sind. Vor allem das Bildnis der Großmutter ist wichtig;
denn während wir für den Großvater allerhand Dokumente haben – Goethes Schilderung in «Dichtung und
Wahrheit», Briefe und amtliche Protokolle –, fehlen über
die Gattin Textors alle weiteren Nachrichten. Nur ihr
handschriftliches Koch- und Rezeptbuch ist erhalten, das
die Sechzehnjährige im Jahre 1727 von Wetzlar nach
Frankfurt mit in die Ehe gebracht. Ferner ist in des jungen
Goethe Collektaneen die Ahne zweimal erwähnt, woraus
hervorgeht, wie sie als Fürsorgerin der Stadtarmen des Enkels Interesse erregt hat, – sonst schien sich keine Kunde
von ihr erhalten zu haben. Und doch: ein sehr merkwürdiger und heiterer Bericht ist denen entgangen, die sich bisher um die Aufhellung der Lebensumstände der Mutter
der Frau Rat bemüht haben, eine Anekdote, in Versen
erzählt, auf der die ganze Unbefangenheit, die fröhliche
Anmut einer Zeit ruht, die keine Tragik kannte und die
Sorgen, die sie etwa hatte, verlachte.

Die Frau Stadtschultheiß war nicht allein von Wetzlar
nach Frankfurt gekommen, eine Schwester war ihr gefolgt
und hatte den Herrn Johann Michael v. Loen geheiratet,
der unmittelbar vor den Toren Frankfurts mainabwärts
ein schönes Landhaus besaß, das auf dem Grundstück des
alten Merianschen Weingartens errichtet worden war und
in dem am 20. August 1748 des Herrn v. Loens Nichte
Catharina Elisabeth Textor ihre Trauung mit dem Kaiserlichen Rat Johann Caspar Goethe beging und Hochzeit
feierte.

Ferner aber besaß dieser Schwager der Frau Stadtschultheißin drüben über dem Main auch noch ein Gut in Mörfelden, vielleicht aus dem Erbteil der Mutter gekauft, die
eine geborene Passavant gewesen war. Und dieses Gut und
wieviel Enttäuschung es ihm einbrachte, hat v. Loen be-

sungen. Einquartierungen, Betrügereien, Prozesse, alles dies belehrte ihn von der Wahrheit des Verses:

Man findt oft seine Qual, wo man Vergnügen sucht.

Das Ärgste aber ist der Pächter Adam gewesen. Wie dieser es auf dem Hof getrieben, darüber müssen wir nun v. Loen selber zu Wort kommen lassen, um so mehr, als dabei die Schwägerin, die Frau Stadtschultheiß Textor, eine bedeutende Rolle spielt:

Die Lust, zum Adam hinzufahren
Und seine Haushaltung zu sehn,
Die konnte man nicht länger sparen,
Ein jeder wollte mit hingehn.
Eh noch der frohe Lenz mit sanften Winden blies
Und Garten, Feld und Wald in holder Anmut wies,
Ward schon die Lustfahrt angestellt.
Weib, Kinder und die edle Schwägerin,
Die fuhren freudenvoll dahin.
Allein, o schreckenvoller Graus!
Wie sah es auf dem Hof dort aus!

Loen spart keine Worte, um in eindringlichen Versen ein Bild davon zu entwerfen, wie es in Mörfelden ausgesehen: Gestank, Kot, Spinnen, Staub, Hausrat verdorben, Fenster zerbrochen und was das Schlimmste war:

Des Pachters Kinder, die hier wohnen,
Die machten, um den Hof zu schonen,
Die besten Zimmer zum Privet.
Sobald die Thüren aufgestoßen,
So roch man schon, der Nas' zum Possen,
Der jungen Pächterchen Zibet.

Selbst die Livree v. Loens, die mit nach Mörfelden hinausgefahren war,

Johann der Diener Flor, und von Affolterbach,
Des Pachters Schwesterkind, gezeuget im Gelag,

– wir haben es offensichtlich mit einem würdigen Gegenstück zum Leupold des Ochs v. Lerchenau zu tun –, selbst
dieser Johann hält, obwohl er mit der Pächtersfamilie verwandt ist, mit seinem Unwillen nicht zurück. Der Hof liegt
ausgestorben da. Endlich, nach langem Rufen, erscheint
Anna, des Pächters Weib:

> *Die Haare um den Kopf, als käme sie vom Raufen,*
> *Mit Lumpen aufgeputzt, in scheußlicher Gestalt,*
> *Lang, hager wie der Neid, von Kot und Unflat alt.*
> *«Gnädige Frau», sprach sie, «verzeiht es mir doch sehr,*
> *Ich gäb euch gern die Hand, wenn sie nicht dreckigt*
> *wär.»*

Bei diesem letzten Wort erschrickt v. Loen vor seinem
eigenen Wirklichkeitssinn; er entschuldigt sich in einer
Anmerkung: «Man hat hier durchgehends die eigentlichen
Worte suchen beizubehalten; sonst weiß man wohl, daß
unser zärtlicher Geschmack in der Dichtkunst keine pöbel-
haften Redensarten vortragen kann. In satirischen Erzählungen aber können solche, wo es anders die Umstände
erfordern, wohl angebracht werden.»

Während man nun versucht, sich in dem vernachlässig-
ten Hause ein wenig einzurichten und ein Mahl zu rüsten,
ereilt die Frau Stadtschultheißin ihr Geschick auf einem
Steg, den der Pächter hatte verkommen lassen.

> *Die Schwester ging indes zum Garten hin.*
> *Sie war kaum auf der Brück,*
> *So schwankt ein Brett, – und sie fiel in den Teich.*
> *Erbärmliches Geschick!*
> *Helft, rettet, helft! Sie sinket nieder.*
> *Sie stirbt, sie ist schon wirklich bleich.*

Hier muß nun erwähnt werden, daß v. Loen, in dessen
«Moralischen Gedichten» von 1751 das Ganze gefunden
wurde, die dichterische Beschreibung durch einen eigen-
händigen, uns an die Bilder der Jobsiade erinnernden
Holzschnitt unterstützt hat, der den Gutshof und Garten
in Mörfelden darstellt und auch die Gattin Textors im

Augenblick des Sturzes. Auch hier in der Malerei zeigt sich v. Loen als Anhänger eines realistischen Stiles. Man sieht eine Frau im Reifrock, die von einem Mann im Dreispitz an den Händen aus dem Wasser gezogen wird. Ikonographische Bedeutung kommt dem Bild nicht zu, aber die dichterische Schilderung genügt vollauf:

> O Schwägerin! Du Schmuck der Frauen,
> Wie warst du hier so kläglich anzuschauen?
> Naß, kalt, erstarrt, mit Kot und Sumpf bedeckt,
> Bracht man sie auf des Pachters Bette.
> Doch als sie sich erholt, da war sie erst erschreckt,
> Wie sie das Lager sah, worauf man sie gestreckt.

Die durch die Lässigkeit des Pächters Verunglückte soll nun umgekleidet werden:

> Hier galt es um ein Hemd!
> Die Pächterin, das feine Weib,
> Bracht hurtig eins von ihrem Leib.
> «Nein», sprach die Schwägerin beschämt:
> «Viel lieber will ich sterben
> Als dieses schöne Hemd verderben.»

Sie geht ihre Schwester, v. Loens Gattin, um deren Hemd an; da diese aber das ihre begreiflicherweise nicht gut entbehren kann, so hilft nichts anderes, als daß man zur Pfarre um Garderobe schickt.

> Die Pfarrin war ein feines Weib.
> Ihr Mann hielt sie und ihren Leib
> Geziemend aller Ehren wert.
> Sie sandte gleich, was man begehrt.

Loen ist Satiriker, und er ist vor allem voller Zorn gegen seinen Pächter; er verzichtet auf keinen Zug und kein Detail und keine Ironie, um dessen Wirtschaft bloßzustellen, aber wir wollen verzichten und nur andeuten, daß man erst bei der Heimfahrt in der Kutsche gewahr ward, was man des Pächters Bett zu danken hatte:

Es ließen in der Kutsch sich kleine Tiere sehen.
Sie waren schwarz und glichen fast den Flöhen,
Sie liebten weiße Haut und bissen wie die Läus,
Doch übertrafen sie an Größe dies Geschmeiß,

so daß der Herr v. Loen, der die Mailustfahrt nach Mörfelden persönlich nicht mitgemacht, die Heimkehrenden vor
seiner Haustür verzweifelt empfing:

Ich bat, mein Haus damit zu schonen.
«Bringt ihr», sprach ich, «mir sonst nichts mehr
Von meinem Gut als diese Skorpionen?»

Der schmutzig-liederlichen Pächtersfamilie macht er,
freilich zu seinem Schaden, den Prozeß, der Schwägerin
aber gilt sein galantes Mitleid:

Als man mir, was geschehn, bekannt gemacht,
Schwur ich im Zorn, der falschen Brücken,
Die ein so schönes Weib zum Fall gebracht,
Daß man sie soll zum Feuer schicken. –

Wir Spätgeborenen staunen. Wie frei, wie selbstsicher in
ihrem Wert und in ihrer Stellung, wie unabhängig und
unbekümmert muß sich diese Gesellschaft gefühlt haben,
daß sie heiter spielend in gedruckten Gedichten sich selbst
so persiflieren konnte. Es war die erste Gesellschaft der
Stadt, die sich hier vor aller Öffentlichkeit so darstellte,
und sie wußte, daß sie das durfte, ohne irgendwie zu verlieren. Es war eine Darstellung, aber es war keine Bloßstel-
lung. Auch das gehört zum Rokoko, das eben nur eine
Lebensform der obersten Schicht war, die, in sich selig, ihr
olympisches Dasein führte und durch ein solches Scherzgedicht ebensowenig von ihrer Würde und ihrer Macht ein-
büßen konnte wie die olympischen Götter durch die Göt-
terschwänke Homers. Eindringlicher als jede historische
Beschreibung führt so ein Gedicht vor Augen, was es gesellschaftlich zur Zeit des jungen Goethe hieß, zum Patriziat und zum ersten Stand des Ämteradels zu gehören, und
welch kühner Bruch es war, wenn der junge Frankfurter

Dichter dann zum Volke, zu seinem Wesen, seiner Sprache und Sitte fand.

Wie er selbst aber als Kind und Jüngling die Großmutter gesehen, in Ehrfurcht und Abstand, das zeigt das Neujahrsgedicht, mit dem der Knabe ihr huldigt:

Erhabne GrosMama!
Des Jahres erster Tag
Erweckt in meiner Brust ein zärtliches Empfinden,
Und heißt mich ebenfalls, Sie jetzo anzubinden
Mit Versen, die vielleicht kein Kenner lesen mag.
Indessen hören sie die schlechte Zeilen an,
Indem sie wie mein Wunsch aus wahrer Liebe fließen.
Der Segen müsse sich heut über Sie ergiesen.
Der Höchste schütze Sie, wie er bisher getan.
Er wolle Ihnen stets, was Sie sich wünschen, geben,
Und lasse Sie noch oft ein Neues Jahr erleben.
Dies sind die Erstlinge, die Sie anheut empfangen,
Die Feder wird hinfort mehr Fertigkeit erlangen.

Es sind wirklich die «Erstlinge» von Goethes Dichtung, die wir hier vor uns haben. Früheres als die Neujahrsgedichte vom 1. Januar 1757 ist nicht erhalten. Mit ihnen trat, acht Jahre alt, Johann Wolfgang in die deutsche Literatur ein. Das Porträt der Großmutter, das 1927 vom Lago Maggiore in Goethes Geburtshaus gekommen ist, stellt die Frau Stadtschultheißin als Dame von etwa sechzig Jahren dar; es wird nach 1767, wir wissen nicht genau wann, entstanden sein. Auch den Maler kennen wir nicht. Er hat eine ernste und strenge Frau gezeichnet mit Rüschenhaube aus Tüll und Spitzen und in geblümtem Chintz. Die Augen groß und braun, die Nase kräftig und leicht gebogen; wir fühlen uns an die Bilder des alten Goethe erinnert, nur daß das Gesicht schmäler, der Mund klein und das Kinn spitzer ist.

Wer die Geschichte des Porträts kennt, der weiß, wie sehr sie auch eine Geschichte des Trugs ist. Wer kann noch scheiden, wieweit Maske oder Wunschbild des Dargestellten, Konvention oder Traum des Künstlers uns noch hinfinden lassen zu dem, was wirklich war? Hier aber sind wir von einer höchst glaubhaften Ähnlichkeit betroffen. Dies war die Großmutter Goethes, wie auch das Bild Scheppelins durchaus glaubhaft den Großvater und Stadtschultheißen Textor zeigt. Neben diesen feierlich-imposanten Ahnenbildern wirkt v. Loens Scherzgedicht fast wie ein Satyrspiel. Aber da alles Leben immer diesem doppelten Aspekt des Ernsten und des Heiteren unterworfen ist, so dürfen wir auch den Poeten v. Loen wohl gelten lassen.

Um nun auch denjenigen, die nur glauben, was sie greifen und betasten können, Genüge zu tun, sei mitgeteilt, daß der Hof in Mörfelden ein Bauernhof war, der heute noch im wesentlichen so erhalten ist, wie ihn der Holzschnitt v. Loens uns vor Augen stellt, nur daß das Bild den Gegenstand seitenverkehrt, d.h. links und rechts vertauscht, wiedergibt, wie das bei einem dilettierenden Künstler verständlich ist, der nicht bedenkt, daß der Druck wie ein Negativ wirkt. Der Hof, nahe der Kirche, trägt heute die Straßenbezeichnung Langgasse 44; auch sind Adam und Anna keineswegs fingierte Namen.

Über dem Frankfurter Anwesen v. Loens aber hat ein wenig günstiges Geschick gewaltet. Es entsprach etwa den späteren Grundstücken Untermainkai 70/76. Dort erinnert heute nichts mehr daran, daß hier einst an noch unberührtem Flusse ein idyllisches Landhaus gelegen.

Vom Garten v. Loens haben wir auf Grund seiner eigenen Abschilderungen, der poetischen wie der zeichnerischen, eine klare Vorstellung. Er bestand aus Spalieren, Rebengängen, Blumenbeeten und vier buchsbaumumsäumten Rasenflächen, auf denen in Kübeln Orangenbäume standen. Sein Hauptschmuck aber war in der Mitte jener Springbrunnen, dessen Spiel Herr v. Loen – vor nunmehr zweihundert Jahren –, im Schatten seiner Rosenlaube sitzend, so gern zuzuschauen pflegte und den er auch besungen hat:

Es rauschen, schlorffen, glucksen, schallen
Die aufgetriebenen Wasserballen.

Ich hör allhier vergnügt dem stillen Rauschen zu
Und pflege mir dabey oft vorzustellen,
Wie alles in der Welt –
Bald steigt – bald fällt.

Und dann sinniert er und findet einen großen Trost in diesem Spiel der Wasserperlen, in ihrem Vergehen, Verspritzen und Versprühen, das aber doch nur scheinbar ist, denn immer finden die Tropfen zum Ganzen zurück und steigen wieder hoch in flimmernd klarer Säule:

So werd auch ich mein letztes Tröpflein Leben
Dem großen Gott und Schöpfer wiedergeben.

DAS HAUS

Kennst du das Haus, in dessen stillem Raum
Schaut ahnungsvoll aus erstem Dichtertraum
Ein schlafend Kind das Land, wo mild umweht
Die Myrte still und hoch der Lorbeer steht?
Kennst du es wohl? Dahin, dahin
Mußt du, o Freund, mit all den Deinen ziehn.

Marianne von Willemer hat diese Verse geschrieben, im Jahre 1818. Sie bilden die letzte Strophe einer dichterischen Aufforderung an ihren und an Goethes Freund Sulpiz Boisserée, mit seiner berühmten Sammlung altdeutscher Bilder, die damals in Heidelberg aufgestellt war – heute ein Grundstock der Alten Pinakothek in München –, nach Frankfurt überzusiedeln, wo die Gemälde in die Städelsche Galerie eingefügt werden sollten. So also empfand schon Marianne von Willemer.

Das Haus am Großen Hirschgraben hatte, als Marianne ihm mit diesen Versen huldigte, eine Geschichte von mehr als dreihundert Jahren. Die Gegend, in der es stand, gehörte schon früh zu den vornehmsten Wohnvierteln; der «Hirtzengraben» war ursprünglich eine Art Tierpark innerhalb der mittelalterlichen Wallmauern gewesen, in dem Hirsche gehalten wurden. Das war von der Zeit an, da Ludwig der Bayer die Erlaubnis gab, die Befestigungsgrenze über die Staufenmauer, die südlich von der Zeil und eben am heutigen Hirschgraben hin verlief, bis zum Ring der jetzigen Anlagen hinauszuschieben. Das Stadtgebiet wuchs dadurch um das Sechsfache. Während fast überall der alte staufische Wall und Graben eingeebnet und mit Straßenzeilen bebaut wurde, blieb am Westrand ein Teil erhalten. Hier ward die Vertiefung des Grabens mit Nußbäumen bepflanzt und zu einem kleinen Tiergehege für

Hochwild eingerichtet, das nun mitten in der Stadt lag. Niemand tat den Tieren etwas zuleide, es sei denn, daß in einer der Patrizierfamilien eine Hochzeit gefeiert wurde; dann war ein Hirsch zum Verspeisen freigegeben, nur mußte er mit der Armbrust geschossen werden. Das blieb so, bis die wachsende Bevölkerung solche grünen Inseln innerhalb der Stadt nicht mehr erlaubte. Da ward, im Jahre 1583, auch der Hirschgraben bebaut, und zwar von Flüchtlingen aus den Niederlanden; auch die beiden Häuser, die Goethes Großmutter Cornelia Goethe geb. Walther im Jahre 1733 als Witwensitz für 6000 Gulden kaufte, waren, etwa um das Jahr 1600, von einem niederländischen Goldschmied errichtet worden. Die Großmutter, ehemals Wirtin eines angesehenen und geräumigen Gasthauses, des «Weidenhofes» an der Zeil, hatte gerade diese Häuser gewählt, weil ihr Erbe zum guten Teil in alten und wertvollen Weinen bestand und im Hirschgraben die Keller, für die man den alten Stadtgraben ausgenutzt hatte, besonders tief waren. Das hatte freilich den Nachteil, daß bei Hochfluten des Mains das Grundwasser den Keller in einen See verwandelte, so daß niemand an die Fässer konnte. Davon kündet ein Briefgedicht der Frau Rat vom 1. März 1784 an Louise von Göchhausen, Hofdame in Weimar, in dem sie Neptun beschwört, in sein eigentliches Bereich, die See, zurückzuweichen:

Der Wein ist rahr zu kriegen her;
Wir leben wie mitten auf dem Meer,
Es geht drunter drüber, kreutz und querr!
Die Keller sind von Wasser voll.
Nun! Herr Nepptun nur nicht zu doll!
Was schirt ihn denn der Reihn und Mayn?
Geh er in sein Gebieth hinein!
Da laß ers Wasser aus und ein.
Er wär ein Gott? – und ist so blind,
Weiß nicht, daß Menschen Menschen sind
Und keine Fisch. – Drum schaff er Wind!
Doch säum er nicht, und mach geschwindt!
Und trockne unsere Keller aus!

Das Hochwasser vom Frühjahr 1784 muß lange gedauert haben; erst am 22. März schreibt Goethes Mutter an Fritz von Stein: «Mein Keller ist jetzt wieder in der schönsten Ordnung, es ist, Gott sey Dank, nicht das Allergeringste verunglückt, und zum Zeichen, daß mein Wein noch wohlbehalten ist, werden ehstens sechs Krüge bei meinem Sohn anlanden.»

Wenn man die rechte Vorstellung vom alten Goethehaus haben will, muß man sich schon vergegenwärtigen, daß die großen Keller, in denen die Weine, oder wie Frau Rat sagte, «die alten Herren» von 1706, 1719 und 1726 lagen, ehedem der Familie wichtiger waren als das Zimmer des kleinen Wolfgang, das uns Späteren das Sanctum des Hauses bedeutete, und daß ein zarter Weinduft dem Eintretenden entgegenschlug, der unter dem Wappen mit den drei Leiern in den Flur trat. Bis in die deutsch-lateinischen Arbeiten des Knaben Goethe, deren Handschrift erhalten ist, reicht der Niederschlag dieser Wichtigkeit des Kellers. Da gibt es einen Dialog vom Januar 1757 zwischen Vater und Sohn. Der Sohn: «Licetne tecum ire in cellam vinariam? Ist es erlaubt, mit in den Keller zu gehen?» Der Vater: «Ja, wenn du mir sagst, was du daselbst machen willst.» Der Sohn: «Ich höre, daß sie die Weine auffüllen wollen, und davon möchte ich einen Begriff haben. Audio, quod vina replenda sint, cuius rei notionem veram habere cuperem.» Indes der Wunsch, der Mutter beim Nachfüllen der Fässer zusehen zu dürfen, war doch nur ein Vorwand Wolfgangs, den der Vater durchschaute. Denn der Keller, dessen Betreten den Kindern der steilen, dunklen Treppe halber verboten war, enthielt und enthält noch heute eine Inschrift, die dem Knaben lieb sein mußte und auf die er stolz war. Der Schlußstein im Gewölbe trägt nämlich – die Geste eines liebenden Vaters – die Buchstaben «J.W.G.», so wie die Treppengeländer zwischen erstem und zweitem Stock die Anfangsbuchstaben der Elternnamen im schmiedeeisernen Ornament tragen.

Der Rat wußte schon, daß es dieser «sein Stein» war, der den Sohn nach dem Keller zog, und daneben vielleicht auch noch jener andere denkwürdige Stein in Manneshöhe links in der Ecke, gezeichnet «L.F.1755»; L.F., das ist lapis fundamentalis. Diese Grundsteinlegung war nun schon zwei Jahre her, aber es war ein unvergeßlicher Moment gewesen, denn, wie wir nun aus dem Dialog erfahren, hatte der Sechsjährige damals in Maurerkleidung mit der Kelle in der Hand unter den Handwerkern gestanden, neben dem Meister. Er, Wolfgang, hatte unter vielen Feierlichkeiten eigenhändig den Grundstein einmauern dürfen, der Obergeselle hatte eine Rede gehalten, war steckengeblieben und hatte sich die Haare gekraut. Schön war es gewesen! Nun stehen beide, Vater und Sohn, wiederum vor dem Grund- und Eckstein des Familienhauses, und der Knabe spricht es aus: «Ich gedencke und wünsche, daß der Stein nicht eher als mit dem Ende der Welt verrucket werde.» Inzwischen war nämlich, am 1. November 1755, das Erdbeben von Lissabon gewesen, hatte überall Schrekken und Entsetzen verbreitet, den Glauben an die Vorsehung, an die Güte Gottes erschüttert; daher die Worte Wolfgangs: «Nicht eher als mit dem Ende der Welt!» –

Die beiden alten Häuser, die die Familie als eines bewohnte – Treppchen und Türen führten von Zimmer zu Zimmer durch die Brandmauer –, waren dunkel und winklig gewesen, die Stiegen steile, gotische Wendelstufen mit einem Seil zum Anhalten, wie es eben im alten Frankfurt Sitte war. Und so hatte der Kaiserliche Rat, als ihm 1754 nach dem Tode seiner Mutter Cornelia die Häuser und das Vermögen zugefallen waren, seinen Lieblingswunsch ausgeführt: er hatte sich aus den beiden alten Häusern ein neues Haus gebaut. Soweit er die Pläne nicht selbst entwarf, stützte er sich auf die Mitarbeit eines Verwandten, des Schöffen und Architekten Johann Friedrich von Uffenbach, der am Bau der Kaisertreppe im Römer sowie an der Herstellung der alten Mainbrücke mitgewirkt hat; er war es auch, der im Jahre 1754 das noch erhaltene Puppentheater für den Knaben Wolfgang verfertigt hatte.

Vergleicht man jenes andere Dichterhaus, das nahe dem

Goethehaus in der Großen Sandgasse stand, nämlich das
Haus «Zum goldenen Kopf», in dem Bettina und Clemens
Brentano aufwuchsen, mit dem Bau des Vaters Goethe, so
offenbart sich die besondere Schichtung der Frankfurter
Bürgerschaft. Peter Anton Brentano, katholischer und italienischer Abkunft, wählte sich – etwa 1777 – ein modernes Haus mit repräsentativer Fassade im Stil des Vorklassi-
zismus, die Front gegliedert durch zwei Risalite, die das
Haus wie einen kleinen Palast in Mittelbau und Seitenflügel teilten. Johann Caspar Goethe, lutherisch und aus
deutschen Handwerkerkreisen hervorgegangen, hing ganz
am Alten; er errichtete, noch jetzt im Jahr 1754, ein gotisches Haus, nicht vertikal, sondern durch das Vorspringen
der einzelnen Stockwerke horizontal gegliedert, und er tat
das, obwohl für neue Häuser diese Bauweise schon verboten war. Es ist bekannt, daß sich der Vater Goethe dadurch half, daß er die alten Häuser nicht gänzlich abriß,
sondern immer nur Raum für Raum «umbaute», während
die Familie weiter in den anderen Zimmern wohnte.
«Doch als zuletzt», erzählt Goethe, «auch das Dach teilweise abgetragen wurde und, ungeachtet alles überspann-
ten Wachstuches von abgenommenen Tapeten, der Regen
bis zu unseren Betten gelangte, so entschloß er sich, die
Kinder Freunden zu überlassen und sie in eine öffentliche
Schule zu schicken.» Von den hier erwähnten Wachstuch-
tapeten, dem besonderen Schmuck des Hauses vor dem
Umbau, ist eine noch 1930, also nach 175 Jahren, in dem
obersten Winkel des Dachbodens aufgefunden worden,
sechs rußgeschwärzte Fetzen. Gesäubert, zusammengefügt
ergab sich die große Ansicht einer Hirschjagd, etwa 1720
in holländischem Stil gemalt. Als ehrwürdiges Überbleibsel
aus dem Hause vor 1755 schmückt sie heute das Speisezimmer im Erdgeschoß. Indessen war das Haus, das so
entstand, nur von außen altmodisch; innen wurde es
durchaus geräumig, luftig und heiter und gewährte, vor
allem durch die weiten Vorsäle und durch den vornehmen
Treppenaufgang, der in der Anlage und mit seinem
schmiedeeisernen Geländer die Kaisertreppe im Römer im

kleinen nachahmte, einen herrschaftlichen Eindruck. Gerade die neue Treppe, die die alte gotische Wendeltreppe ablöste und im Jahre 1755 vielleicht eine der modernsten Treppen in Frankfurt war, ist des Vaters besonderer Stolz gewesen. Dafür spricht auch, daß er eben hier im Geländer seine und der Gattin Initialen J.C.G. und C.E.G. im eisernen Gittergerank anbringen ließ. Die alte Wahrheit, daß keine Generation es der folgenden recht macht, bewährte sich freilich auch jetzt. Als der Sohn Wolfgang 1768 von der Leipziger Universität zurückkam, erzählte er von den Treppen nach Leipziger Art, die «an die Seite gedrängt seien und jedem Stockwerk eine abgeschlossene Türe zuteilten». «Diese Bauart», heißt es in ‹Dichtung und Wahrheit›, «rühmte ich höchlich und setzte ihre Vorteile heraus, zeigte dem Vater die Möglichkeit, auch seine Treppe zu verlegen, worüber er in einen unglaublichen Zorn geriet, der um so heftiger war, als ich kurz vorher einige schnörkelhafte Spiegelrahmen getadelt und gewisse chinesische Tapeten verworfen hatte. Es gab eine Szene.» Im Frühjahr 1938 ist einer jener schnörkelhaften Spiegel wieder ins Vaterhaus des Dichters zurückgekehrt; er hatte inzwischen im Erbgang der Nachkommen der Schwester Cornelia die merkwürdigsten Wanderungen durch ganz Deutschland gemacht und war schon in Gefahr, außer Landes verbracht zu werden. Etwas Barockeres als diesen Spiegel, dessen Rahmen holzgeschnittene Blumen und Blätter in strotzender Fülle aufweist, kann man sich freilich kaum denken. Er gibt, ebenso wie die schweren Lehnstühle im Régencestil, die im Erdgeschoß im Speisezimmer stehen, und wie der alte wuchtige Küchentisch der Frau Rat eine gute Vorstellung davon, wie altertümlich, mehr nach dem 17. als nach dem 18. Jahrhundert gewandt, die Einrichtung der Familie Goethe ursprünglich gewesen sein muß. Auch die beiden gewaltigen Altfrankfurter Nußbaumschränke, mit Säulen und Pilastern, verstärken diesen Eindruck.

Nach dem Umbau von 1755 zog freilich ein neuer Stil in die Zimmer ein. Nothnagel, der Tapetenmaler in der Kleinen Eschenheimer Gasse, lieferte chinesische Tapeten, die so schön waren, daß der französische Graf Thoranc, der 1759 als Einquartierung die Staatszimmer des Hauses belegte, nicht wagte, seine Landkarten, wie es Soldatenart ist, auf diese Tapete aufzuheften. Möbel, roter Lack mit goldenen Malereien in chinesischem Stil, wurden jetzt angeschafft; und Goethe erzählt, wie er als Knabe in Verlegenheit geriet, als er ein «schönes, rotlackiertes, goldgeblümtes Musikpult in Gestalt einer vierseitigen Pyramide, das man zu Quartetten sehr bequem fand», zu einem Altar benutzte, es mit Räucherkerzchen besetzte, um nach dem Ritus der Baalspriester des Alten Testaments der aufgehenden Morgensonne seine Verehrung zu zeigen. «Die Andacht», heißt es in ‹Dichtung und Wahrheit›, «war so groß, daß der Priester nicht merkte, welchen Schaden sein Opfer anrichtete. Die Kerzen hatten sich nämlich in den roten Lack und in die schönen goldenen Blumen auf eine schmähliche Weise eingebrannt und, gleich als wäre ein böser Geist verschwunden, ihre schwarzen unauslöschlichen Fußtapfen zurückgelassen. Hierüber kam der junge Priester in die äußerste Verlegenheit. Der Mut zu neuen Opfern war ihm vergangen; und fast möchte man diesen Zufall als eine Andeutung und Warnung betrachten, wie gefährlich es überhaupt sei, sich Gott auf dergleichen Wegen nähern zu wollen.»

Die vornehmste Stube war die mittlere im ersten Stock, eben jene, deren Tapete den französischen Grafen beeindruckt hatte; für dieses Zimmer, dem drei Wandspiegel mit Konsolen an der Fensterseite und venezianische Lüster einen saalartigen Charakter gaben, wurden die Möbel in der Herrnhuter Siedlung zu Neuwied bestellt, bei Abraham Röntgen, dem bedeutendsten Ebenisten der Zeit, dessen Schreibtische und Kommoden noch heute die Zierde und der Stolz fürstlicher Schlösser sind. Die Sessel waren aus Augsburg, mit karmoisinrotem Brokatelle bezogen; aus gleichem Stoff waren die Vorhänge. Die zwölf Sessel, aus Kirschbaumholz und geschnitzt, hatten 100, zwei Konsolen 41, der Brokatelle 320 Gulden gekostet. «In seinem Hause mußte alles solid und massiv sein, der Vorrat reichlich, das Silbergeschirr schwer, das Tafelgeschirr kostbar», diese Worte über Wilhelm Meisters Vater könnten auch vom Kaiserlichen Rat gesagt sein. Es war zweifellos eine Pracht. Freilich, vierzig Jahre später, als die Frau Rat ihr Haus verkaufen wollte, dachte sie anders darüber; denn 1795 war Empire Mode, gradlinig und schlicht, und so wollte sich die alte Dame in ihrer kleinen Witwenwohnung am Roßmarkt nun auch einrichten. Nun heißt es kurz und bündig: «Herr Blum hat Lust die Möbel in der guten rothen Stube zu kaufen. Ich habe sie taxieren lassen: 15 Carolin ohne Lüster und Wandleuchter; gibt Er es nicht, so wirds mit allem andern Überfluß im öffendtlichen Ausruff verkauft.»

Die Persönlichkeit, die dem ganzen Hause das Gepräge gab, war natürlich der Vater, oder, wie ihn die Kinder nannten: «der Pap». Der Kaiserliche Rat war ein Mann voll Würde, von weiter Bildung und großem Wissen. Seine Bibliothek, 1500 Bände, auch in Fremdsprachen wie Griechisch, Hebräisch, Französisch, Englisch und Italienisch, ward, soweit nicht der Dichter Bände nach Weimar nahm, 1794 versteigert. Wir besitzen den Katalog. Die Bücherei eines Gelehrten könnte nicht vollständiger sein. Indes die besondere Liebe des Vaters galt seinen Bildern. Merkwürdigerweise richtete er sich bei seinen Bildereinkäufen nach den Regeln des Weinhandels. «Er hatte», erzählt der Sohn, «die Vorstellung, daß es mit den Gemälden völlig wie mit den Rheinweinen beschaffen sei, die, wenn ihnen gleich das Alter einen vorzüglichen Wert beilege, dennoch in jedem folgenden Jahre ebenso vortrefflich als in den vergangenen könnten hervorgebracht werden. Nach Verlauf einiger Zeit werde der neue Wein auch ein alter, ebenso kostbar und vielleicht noch schmackhafter. In dieser Meinung bestätigte er sich durch die Bemerkung, daß alte Bilder hauptsächlich für die Liebhaber einen Wert zu erhalten schienen, weil sie dunkler und bräuner geworden und der harmonische Ton eines solchen Bildes öfters gerühmt werde. Mein Vater versicherte, es sei ihm gar nicht bange, daß die neuen Bilder künftig nicht auch schwarz werden sollten; daß sie aber gerade dadurch gewönnen, wollte er nicht zugestehen.» Nach diesem seinem Rezept kaufte der Rat also in seinen Bildern gleichsam die Jahrgänge der Zeitgenossen, und so ist es gekommen, daß die beste Sammlung Frankfurter Maler aus der Mitte des 18. Jahrhunderts heute im Goethehaus hängt. Den Grafen Thoranc aber, der schon erwähnt wurde, entzückten diese Bilder so, daß er die Maler zusammenrief und sie unter seinen Augen in der Mansarde des Hauses, die der junge Wolfgang dafür räumen mußte, Bilder für sein Schloß in Grasse in der Provence malen ließ. Der größte Teil dieser Bilder ist noch erhalten. Aber auch in Frankfurt ward die Goethesche Sammlung gerühmt; als 1780 ein Buch «Nachrichten von Frankfurter Künstlern und Kunstsachen» erschien, da wurden die einzelnen Gemälde, die Bilder der Schütz, Seekatz, Trautmann und Juncker aufgeführt, und aus dem Ausgabenbuch des Herrn Rat können wir sogar feststellen, was die Bilder jeweils gekostet haben und wann sie erworben wurden.

Denn das ist ja das Merkwürdige an dem Leben des Dichters, daß sich für jeden Tag und jeden Schritt die urkundlichen Belege erhalten haben, tatsächlich, wie es im «Faust» heißt: «Vom ersten Bad bis zum Begräbnis.» Da ist gleich am Anfang das Konterfei der Hebamme, durch deren Ungeschick, wie auf der ersten Seite von «Dichtung und Wahrheit» zu lesen, Goethe «für tot auf die Welt kam», so daß der Großvater, der Stadtschultheiß Textor, dafür Sorge trug, daß ein Geburtshelfer angestellt und Hebammenunterricht eingeführt wurde. Die Amme war freilich bei Goethes Geburt nur zwei Jahre älter als die junge, eben erst achtzehnjährige Mutter, und sie wird selbst am meisten erschrocken gewesen sein. Der Stich ist ein Altersbild und stellt Antonia Elisabetha Held, umgeben von ihren nicht eben ermutigenden Instrumenten, dar. «Bis nupta», zweimal verehelicht, steht darunter; nach dem Bild war es kein leichter Lebensweg für die Gatten. Ebenso ist das Blatt der «Wöchentlichen Frankfurter Frag- und Anzeigungs-Nachrichten» erhalten, wenn auch nur in einem Exemplar, in dem die Taufe, einen Tag nach der Geburt, gedruckt zu lesen ist.

Für Goethes Jugend ist nun, neben den eigenen Briefen und denen der Mutter und neben dem Tagebuch und den Briefen der Schwester, das Ausgabenbuch des Vaters die intimste Quelle. Es ist lateinisch geführt, bis zu der Zeit, da der Sohn mit dem «Götz von Berlichingen» ein bekannter Autor geworden war; da sah der Rat ein, daß das Deutsche doch eine Sprache sei, die sich neben dem Latein sehen lassen dürfe. An der Hand dieses Buches können wir das ganze Leben im Goethehaus seinem täglich-alltäglichen Ablauf nach verfolgen. Wir ersehen, daß die Frau Rat 700 Gulden jährlich Haushaltgeld für die Küche erhielt außer den gelegentlichen Zulagen; das Jahreseinkommen des Kaiserlichen Rates lag bei 2400 Gulden. Die Köchin, *reginam culinae,* bezahlte der Vater mit 24 Gulden, die beiden anderen Mägde erhielten 20 und 15 Gulden Lohn, der Diener etwa 30 Gulden. Eingekauft wurde in großen Posten, so Butter, die dann eingeschmolzen wurde, zentnerweise. Das Fleisch wurde gleichfalls vielfach in Zentnern gekauft und gepökelt. Am 11. November 1763 aß der Herr Rat seine Martinsgans für 1 Gulden 12 Kreuzer; Göttinger Würste stehen als *«farcimina Göttingensia»* zu Buch, und auch die Ausgaben für Brezeln und Schokolade bei den Kindergesellschaften lassen sich nachrechnen. Am 26. April 1779 wurden für 25 Pfund Java-Kaffee 12 fl. 55 Kr. bezahlt. Die Teepreise waren sehr schwankend. Am 17. September 1766 ward eine kupferne Teemaschine *[machina theana cuprea]* für 8 fl. 30 Kr. angeschafft. Bei der Geburt der kleinen Katharina Elisabeth im September 1754, die freilich schon nach anderthalb Jahren wieder starb, erhielt der Arzt *[hominum piscator,* d.h. der Menschenfischer] 10 fl. 15 Kr., Wartefrau und Hebamme 6, bzw. 1 fl. 4 Kr. Die Ausgaben für die Beerdigung der Großmutter Cornelia Goethe betrugen 514 fl. 35 Kr. Das war mehr als das Jahresgehalt eines Stadtpredigers, das sich auf 500 fl. belief. Kostspielig war die Kleidung. Das 18. Jahrhundert liebte vornehme Stoffe, Seide und Brokat, dazu leuchtende und empfindliche Farben. Um nur eine Probe zu geben, so steht unter dem 17. Oktober 1758 gebucht: *Pallium Polon. holosericum pellicum* 104 fl. 30 Kr., d.h. ein Kleid aus reiner Seide und pelzbesetzt, für Goethes Mutter. Zuweilen hebt der Hausherr durch den Zusatz: *«novissima forma»* hervor, daß alles vom neuesten Schnitt ist. Wirtschaftsgeschichtlich ist das Buch eine Quelle ersten Ranges.

Wollen wir uns aber die geistige Welt vergegenwärtigen, die Goethes Jugend beherrschte, ihr Fühlen und Denken, so gibt den Überblick von höchster Warte freilich «Dichtung und Wahrheit». Nur dürfen wir eines nicht vergessen: die ersten Bücher von «Dichtung und Wahrheit» sind spät, erst 1811, entstanden. Damals war der Dichter zweiundsechzig Jahre alt. Es ist erstaunlich, mit welcher Eindringlichkeit und Genauigkeit er es trotzdem verstanden hat, die Atmosphäre der Kindheit wieder vor sich aufsteigen zu lassen. Und doch haben wir außer den Briefen und Tagebüchern noch eine Spiegelung dieser ersten Jugend, ihr selbst noch um vieles näher und darum noch farbiger, noch echter: das sind die ersten Kapitel der Urfassung des «Wilhelm Meister». Die sind 1777 niedergeschrieben worden, also von dem achtundzwanzigjährigen Goethe, der sein Elternhaus, den Schauplatz seiner Kinderjahre, vor kaum zwei Jahren verlassen hatte. «Es war einige Tage vor dem Christabend 174 –», so beginnt ja der Roman, und tatsächlich steht hier schon im zweiten Kapitel eine Schilderung jenes, auch aus «Dichtung und Wahrheit» bekannten Puppenspiels am Weihnachtsabend von 1753 – dem vorletzten im alten Haus vor dem Umbau –, die so dicht, so vom Atem des Lebens getragen ist, daß wir fühlen: das alles ist nicht Dichtung, sondern war einst Wirklichkeit, die ein Kinderherz ganz erfüllt hat und deshalb nicht vergessen wurde. Wir brauchen nur in der Erzählung statt «Wilhelm» den Namen «Wolfgang» zu lesen, und aus dem Roman wird Autobiographie.

«Der Christabend nahte heran in seiner vollen Feierlichkeit. Die Kinder liefen den ganzen Tag herum und standen am Fenster, in ängstlicher Erwartung, daß es nicht Nacht werden wollte. Endlich rief man sie, und sie traten in die Stube, wo jedem sein wohlerleuchtetes Anteil zu höchstem Erstaunen angewiesen ward. Jeder hatte von dem Seinigen Besitz genommen und war nach einem Zeitlang Angaffen im Begriff, es in eine Ecke und in seine Gewahrsam zu bringen, als ein unerwartetes Schauspiel sich vor ihren Augen auftat. Eine Tür, die aus einem Nebenzimmer hereinging, öffnete sich, allein nicht wie sonst zum Hin- und Widerlaufen; der Eingang war durch eine unerwartete Festlichkeit ausgefüllt, ein grüner Teppich, der über einem Tisch herabhing, bedeckte fest angeschlossen den unteren Teil der Öffnung, von da auf baute sich ein Portal in die Höhe, das mit einem mystischen Vorhang verschlossen war, und was von da auf die Türe noch zu hoch sein mochte, bedeckte ein Stück dunkelgrünes Zeug und beschloß das Ganze. Erst standen sie alle von fern, und wie ihre Neugier größer wurde, um zu sehen, was Blinkendes sich hinter dem Vorhang verbergen möchte, wies man jedem sein Stühlchen an und gebot ihnen freundlich, in Geduld zu erwarten. Wilhelm war der einzige, der in ehrerbietiger Entfernung stehenblieb und sich's zwei-, dreimal von seiner Großmutter sagen ließ, bis er auch sein Plätzchen einnahm. So saß nun alles und war still, und mit dem Pfiff rollte der Vorhang in die Höhe und zeigte eine hochrot gemalte Aussicht in den Tempel.»

Gespielt wurde Davids Sieg über Goliath, und Goethe hatte das Stück im Frühjahr 1777 noch so lebendig im Gedächtnis, daß er den Text der Rollen auswendig wußte: «Großmächtigster König und Herr Herr! es entfalle keinem der Mut um dessentwillen; wenn Ihro Majestät mir erlauben wollen, so will ich hingehen und mit dem gewaltigen Riesen in den Streit treten.» Das Ganze hatte zwei Akte und als Nachspiel ein Ballett von Mohren und Mohrinnen, Schäfern und Schäferinnen, Zwergen und Zwerginnen. «Der Vorhang fiel zu, die Türe schloß sich, und die ganze kleine Gesellschaft war wie betrunken taumelnd und begierig ins Bett zu kommen; nur Wilhelm, der aus

Gesellschaft mitmußte, lag allein, dunkel über das Vergangene nachdenkend, unbefriedigt in seinem Vergnügen, voller Hoffnungen, Drang und Ahndung.»

Und wie ist dann das Auffinden des versteckten Theaters gefüllt mit den seelischen Erfahrungen frühester Kindheit und mit räumlichen Eigenheiten des alten Hauses, bis in seine Winkel und Gerüche hinein!

«Die Kinder haben in einem wohl eingerichteten und geordneten Hause eine Empfindung, wie ungefähr Ratten und Mäuse haben mögen, sie sind aufmerksam auf alle Ritze und Löcher, wo sie zu einem verbotenen Naschwerke gelangen können; sie genießen's mit einer verstohlenen, wollüstigen Furcht, und ich glaube, daß dieses ein großer Teil des kindischen Glücks ist. Wilhelm war vor allen seinen Geschwistern aufmerksam, wenn irgend ein Schlüssel steckenblieb. Je größer die Ehrfurcht war, die er für die verschlossenen Türen in seinem Herzen herumtrug, an denen er wochen- und monatelang vorbeigehen mußte und in die er nur manchmal, wenn die Mutter das Heiligtum öffnete, um was herauszuholen, einen verstohlenen Blick tun durfte, desto schneller war er, einen Augenblick zu benutzen, den ihn die Nachlässigkeit der Wirtschafterin manchmal treffen ließ. Unter allen allen Türen war, wie man leicht erachten kann, die Türe der Speisekammer diejenige, auf die seine Sinne am schärfsten gerichtet waren. Wenig ahndungsvolle Freuden des Lebens glichen der Empfindung, wenn ihn seine Mutter manchmal hereinrufte, um ihr etwas heraustragen zu helfen, und er dann einige gedörrte Pflaumen entweder ihrer Güte oder seiner List zu danken hatte. Die aufgehäuften Schätze übereinander umfingen seine Einbildungskraft mit ihrer Fülle, und selbst der unangenehme Geruch von so mancherlei Ausdünstungen durcheinander, als da sind: Seife, Licht, Zitronen und mancherlei alte und neue Büchsen, hatte so eine leckere Wirkung auf ihn, daß er niemals versäumte, sooft er in der Nähe war, sich an der eröffneten Atmosphäre auf einige Schritte wenigstens von ferne zu weiden. Dieser merkwürdige Schlüssel blieb einen Sonntagmorgen, da seine Mutter von dem Geläute übereilt ward und das ganze Haus in einer tiefen Sabbatstille lag, stecken. Kaum hatte es Wilhelm bemerkt, als er etlichemal sachte davor auf und ab ging, sich endlich still und fein andrängte, die Tür öffnete und sich mit *einem* Schritt in der Nähe so vieler lang gewünschter Glückseligkeit fühlte. Er besah Kasten, Säcke, Schachteln, Büchsen, Gläser mit einem schnellen, zweifelnden Blick, was er wählen und nehmen sollte, griff endlich nach den vielgeliebten dürren Pflaumen, versah sich mit einigen getrockneten Äpfeln und nahm genügsam noch eine eingemachte Pomeranzenschale dazu, mit welcher Beute er seinen Weg wieder rückwärts glitschen wollte, als ihm ein paar nebeneinanderstehende Kasten in die Augen fielen, aus deren einem ein paar Drähte, oben mit Häkchen versehen, durch den übel verschlossenen Schieber heraushingen. Ahndungsvoll fiel er darüber her, und mit welcher überirdischen Empfindung entdeckte er, daß darinnen seine Helden- und Freudenwelt aufeinander gepackt sei. Er wollte die obersten aufheben, betrachten, die untersten hervorziehen, allein gar bald verwirrte er die leichten Drähte, kam darüber in Unruhe und Bangigkeit, besonders da er die Köchin in der benachbarten Küche einige Bewegung machen hörte, daß er alles, so gut er konnte, zusammendrückte, seinen Kasten zuschob und nur ein geschriebenes Büchelchen, darin die Komödie von David und Goliath aufgezeichnet war und das obenauf gelegen hatte, zu sich steckte und sich mit dieser Beute leise die Treppe hinauf in eine Dachkammer rettete.» Das Spiel von David und Goliath scheint von allen Stücken am meisten über die Bühne gegangen zu sein. Am 15. Dezember 1778, also als Goethe in Weimar schon an «Wilhelm Meisters theatralischer Sendung» schrieb, bezahlt der Vater in Frankfurt noch 1 Gulden und 14 Kreuzer für neue Figuren von Goliath und David.

Die merkwürdigsten Jahre der Kindheit, die Goethe in seinem Elternhaus verbracht hat, waren die von 1759 bis 1761, da eine doppelte Einquartierung, die französischer Offiziere und die Frankfurter Maler im dritten Stock, die

Familie in ihren Wohnverhältnissen sehr beengte, aber zweifellos auch dem Zug des Lebens, wenigstens in den Augen des Knaben, eine großartige und aufregende Fülle verlieh.

Waffen im Haus, auf der Gasse Reiter, Hörner und Trommeln, das war alles neu zu sehen und zu hören. Auf den Vorsälen, den Treppen, in den Zimmern, selbst in der Küche Uniformen, dazu die fremde Sprache, so daß man sich nur halb verstand. Die ersten französischen Heerführer gingen ein und aus: der Herzog von Broglie, der Prinz Soubise. Es mochte scheinen, als sei der Hirschgraben die wichtigste Straße der Stadt geworden. Fühlte man mit Wien und Habsburg, so wie es der Großvater tat, der, selbst ein kaiserlicher Beamter, wohl heimlich den Fremden die Stadttore hatte öffnen lassen, so konnte man zufrieden sein. Empfand man, wenn auch nicht mit den Preußen, so doch mit ihrem großen König – und das tat der Vater –, so hatte man freilich Grund, die Gäste zum Teufel zu wünschen. Aber mochten solche Spannungen die Erwachsenen drücken, den Kindern bedeuteten sie glänzendes Schauspiel.

Und Traum und Märchen war es auch, was sich oben im Mansardenzimmer des Knaben Wolfgang begab. Lange Bahnen derber Leinwand, mit rotem Bolus oder mit weißer Kreide grundiert, standen, in Gestelle eingespannt, vor den Wänden oder lagen auf dem Boden. Darüber beugten sich im Malerrock, die Pelzmütze auf dem Kopf, der Gevatter Seekatz und Trautmann, zuweilen auch Juncker, der Stilleben – teils von Blumen, teils von Wildbret, Fischen und Austern – schuf. Die Landschaften lagen in der Hand von Schütz; und Hirt – als sagte der Name es schon – hatte für das bukolische Vieh zu sorgen. Fünfhundert Bilder mußten gemalt werden und sind so gemalt worden, bis alle Zimmer im Schloß zu Grasse austapeziert waren. Und inmitten der Leinenbahnen, Staffeleien, Paletten und Firnisdünste stand – nunmehr zehn Jahre alt – der Knabe und nahm alle die mythologischen Götter und Halbgötter und biblischen Vorgänge, die da unter den Pinselstrichen der Meister entstanden, in sein Gedächtnis auf. Zuweilen mußte er selbst eine Modellpose einnehmen; oder er schlug den Künstlern, die schließlich nicht wußten, woher die Motive nehmen, vor, was sie malen sollten, z.B. die abenteuerliche Geschichte von Josef und seinen Brüdern in Ägypten. Wie sehr dies alles in Goethes Erinnerung haften blieb und, in dieser oder jener Form, später in seinem Werk Gestalt gewonnen hat, vor allem im «Parismärchen», das sei an anderer Stelle [«Von Büchern und Bibliotheken, Frankfurter Beiträge zum Gutenbergjahr» 1942] im einzelnen nachgewiesen. Noch im Alter sagte Goethe, daß er eigentlich unter Malern aufgewachsen sei.

Es ist auch heute immer noch möglich, daß sich neue Quellen zur Geschichte des Goethehauses neben den bekannten erschließen; so war es eine Überraschung, als 1922 in Braunschweig Briefe des jungen Goethe aus der Zeit von 1768 bis 1774 gefunden wurden, aus denen hervorgeht, daß die Verbindung der Goetheschen Familie mit den Kreisen der Herrnhuter eine Zeitlang doch viel enger war, als man nach «Dichtung und Wahrheit» angenommen hatte. Eine Zusammenkunft im Musikzimmer oder in den «guten» Zimmern im ersten Stock – die zehn Jahre vorher Thoranc bewohnt hatte – schildert ein Brief vom 17. Januar 1769:

«Ehegestern war sogar Versammlung in unserm Hause, wie Sie sich vorstellen können, unter einem ansehnlichen Praetexte. Es war alles ‹in floribus›, ordentlich eingerichtet wie eine Gesellschaft, Wein und Würste und Milchbrodt auf einem Seitentische, die Frauenzimmer an einem Tisch mit Ebersdorfer Gesangbüchern. Einer am Flügel sitzend, der die Melodien spielte, zwey mit Flöten, die accompagnirten, und wir übrigen sangen. Mellin und ich stunden etwas zurück und hatten kein rechtes Licht. ‹Was soll die Finsternis hier?› sagte ich und zündete einen Lustre an, der über uns hing. Da wurd's hübsch helle. ‹Seht›, sagt ich zu Mellinen, ‹das ist ein Typus vom neuen Jerusalem, wenn die Kreutzkirche zur Geistkirche geworden seyn wird.» –

Wenn hier auch nicht über Goethe geschrieben, sondern nur die Geschichte seines Geburtshauses gegeben werden soll, so ist doch auch dies nicht möglich, ohne davon zu reden, was eben Goethes Existenz und sein junger Ruhm für dieses Haus bedeuteten, ja daß das Haus seinen Glanz doch nur von ihm bekam. Goethes eigentliches Reich war sein Zimmer in dem Mansardengiebel. Hier war es, wo er seinen kleinen Gespielinnen das Puppentheater vorgeführt hatte, das, noch erhalten, im Nebenzimmer, dem sommerlichen Schlafzimmer, steht. Hier baute der Knabe der Morgensonne seinen Altar, hier saß er, gebeugt über seine lateinischen «Exercitia privata», deren gestochen klare, für einen Neunjährigen erstaunlich schöne Schrift wir noch bewundern dürfen. Hier schrieb der junge Student die geistreich plaudernden Rokokobriefe nach Leipzig und an Käthchen Schönkopf, der er vorwarf, daß sie ihn aufgegeben und verlassen habe:

«Ihr Diener, Herr Schönkopf! Wie befinden Sie sich, Madame? Guten Abend Mamsell, Petergen guten Abend. NB. Sie müssen sich vorstellen, daß ich zur kleinen Stubenthüre hereinkomme. Sie Herr Schönkopf sitzen auf dem Canapee am warmen Ofen, Madame in Ihrem Eckgen hinterm Schreibetisch, Peter liegt unterm Ofen, und wenn Käthgen auf meinem Platze am Fenster sitzt, so mag sie nur aufstehen, und dem Fremden Platz machen. Nun fange ich an zu discouriren.

Ich binn lange Außen geblieben, nicht wahr? fünf ganze Wochen und darüber, daß ich Sie nicht gesehen, daß ich Sie nicht gesprochen habe, ein Fall der in drittehalbjahren nicht ein einzigmal passiert ist, – und hinführo leider offt passiren wird. Wie ich gelebt habe, das mögten Sie gerne wissen. Eh das kann ich Ihnen wohl erzälen, mittelmäsig, sehr mittelmäsig.

Apropos, daß ich nicht Abschied genommen habe, werden Sie mir doch vergeben haben. In der Nachbarschafft war ich; ich war schon unten an der Türe, ich sah die Laterne brennen, und ging biß an die Treppe, aber ich hatte das Herz nicht hinaufzusteigen. Zum letztenmal, wie wäre ich wieder herunter gekommen?» So am 1. Oktober 1768; und genau einen Monat später, denn er hatte sich vorgenommen, Käthchen regelmäßig zu schreiben:

«Meine geliebteste Freundin. Noch immer so munter, noch immer so boshafft. So geschickt das gute von einer falschen Seite zu zeigen, so unbarmhertzig einen Leidenden auszulachen, einen Klagenden zu verspotten, alle diese liebenswürdige Grausamkeiten, enthält Ihr Brief; und konnte die Landsmännin der Minna anders schreiben?

Ich dancke Ihnen für eine so unerwartet schnelle Antwort, und bitte Sie auch inskünftige, in angenehmen muntern Stunden an mich zu dencken, und, wenn es seyn kann, an mich zu schreiben; Ihre Lebhafftigkeit, Ihre Munterkeit, Ihren Witz zu sehen, ist mir eine der größten Freuden, er mag so leichtfertig, so bitter seyn als er will.

Was ich für eine Figur gespielt habe, das weiß ich am besten, und was meine Briefe für eine spielen, das kann ich mir vorstellen. Wenn man sich erinnert, wie's andern gegangen ist, so kann man ohne Wahrsager Geist rathen, wie's Einem gehn wird. Ich binn's zufrieden, es ist das gewöhnliche Schicksaal der Verstorbenen, daß Überbliebene und Nachkommende auf ihrem Grabe tanzen.»

Das war alles mehr Spiel als Ernst, so wichtig der junge Student es auch nahm. Ganz anders aber war es, als Goethe drei Jahre später, in eben demselben Zimmer, von dem aus er so keck an Käthchen geschrieben, die Briefe aus Sesenheim, von Friederike Brion, empfangen mußte, die Klage der Verlassenen, eine Klage, die ihm, wie er noch im Alter sagte, «das Herz zerriß».

Und auch die «Geschichte Gottfriedens von Berlichingen mit der eisernen Hand» ward hier in diesem Raume niedergeschrieben, mit fliegender Feder in sechs Wochen; und angesichts der Silhouette von Lotte Buff wurden aus Briefen, Erinnerung und Gegenwart «Die Leiden des jungen Werthers». Hier vergegenwärtigte sich der jugendliche Dichter die Todesängste der jungen Kindesmörderin, die nur wenige hundert Schritte entfernt im Turme lag und ihrer letzten Stunde entgegenharrte. Hier ist Lili Schöne-

mann strahlend wie der Frühling über die Schwelle ge-
schritten; und wiederum war die Liebe Qual und Leid für
den Dichter, der sich an die Geliebte binden und doch die
Freiheit seines Schöpfertums wahren wollte.

Bedrängt vom Leben war Goethe und bedrängt von Visionen. Die Gestalten der Wirklichkeit und die Erscheinungen seiner Phantasie, sie haben in diesem schlichten
Zimmer ihre, wenn auch nur für den Dichter sichtbaren,
Begegnungen gehabt. Merck stand hier, und hinter ihm
Mephisto. Schatten hielten tags und nachts ihre Zwiesprache: Maria und Weislingen, Faust und Wagner, Fernando
und Stella. Aber auch alle Großen der Zeit, soweit sie jung
waren und stürmisch und vom Genius beschwingt, sind
hier zu Gaste gewesen, Lenz und Klinger und Jacobi, Lavater und die Grafen Stolberg, Wieland und Klopstock. Ja
auch als Goethe selbst schon nicht mehr in Frankfurt lebte,
hielten die Wallfahrten an. Man wollte schon damals das
Haus sehen, in dem der Wertherdichter geboren war, und
wollte die Dichtermutter kennenlernen.

Am 30. Oktober 1775 verließ Goethe seine Vaterstadt
für immer. Er war an den Hof des Herzogs Karl August in
Weimar berufen worden. Dort ward er der größte Dichter
seines Volkes. Die Schwester Cornelia war schon im November 1773 dem Gatten gefolgt; sie starb nach vierjähri-
ger Ehe. Es kamen einsame Jahre für die Mutter, aber sie
trug sie mit der ihr eingeborenen Kraft und Heiterkeit des
Seins und vor allem in stetem Gedenken an den Sohn. Er
war der Inhalt ihres Lebens. Seine Briefe und seine freilich
nur seltenen Besuche waren ihr höchstes Glück. Zunächst
kam nur sein Bild, ein Geschenk der Herzogin Anna Amalia; und so lautet der Dankbrief der Frau Rat:

«Ihro Durchlaucht Legens recht drauf an Goetheens
Vater und Mutter in ihrer Einsamkeit zu erfreuen. Kaum
haben wir uns über den Jahrmarckt und alles, was dabey
war, herrlich ergötzt; so bringt der Postwagen wieder
etwas in schönem grünem Wachstuch wohl verwahrt mit.
– Wie der Blitz ist Frau Aja dahinter her, macht in einer
geschwindigkeit die Cordel ab, und will nun sehen, was es

48

ist – da waren aber so viele Nägel herauszuziehen, daß Frau Aja eben alle ihre gedult zusammen nehmen und warten mußte, biß die Zange und der Hammer das ihrige gethann, und der Deckel vom Kästgen in die Höhe ging: nun lag noch ein papier drauf, rischs, war das auch weg, und Frau Aja that einen großen schrei, als sie ihren Häschelhanß erblickte. Wir finden viele gleichheit drinnen, und haben eine große herrlichkeit damit, wie das Ihro Durchlaucht Sich leicht vorstellen können, da wir ihn selbst in 3 Jahren nicht gesehen haben, zumahl da er im Frack gemahlt ist, worin ich ihn immer am liebsten so um mich herum hatte, und es auch seine gewöhnliche tracht war. Jetzt wird ein Rahm drum gemacht, und es wird in die Weimarrer Stube aufgestellt.» Das Bild hängt seit 1929 wieder im Goethehaus, im Zimmer der Frau Rat.

Ein Jahr nach diesem Dankschreiben, Mitte August 1779, meldete Goethe sich und den Herzog zu Sachsen in zwei Briefen bei der Mutter an, vielleicht ein klein wenig besorgt, wie solche Begegnung mit den Eltern verlaufen werde:

«Der Herzog hat Lust den schönen Herbst am Rhein zu geniesen, ich würde mit ihm gehen. Wir würden bey Euch einkehren, wenige Tage da bleiben, um den Meßfreuden auszuweichen, dann auf dem Wasser weiter gehn. Dann zurück kommen und bei euch unsre Stätte aufschlagen, um von da die Nachbaarschaft zu besuchen. Wenn Sie dieses prosaisch oder poetisch nimmt, so ist dieses eigentlich das Tüpfgen aufs i eures vergangnen Lebens, und ich käme das erstemal ganz wohl und vergnügt und so ehrenvoll als möglich in mein Vaterland zurück. Weil ich aber auch möchte, daß, da an den Bergen Samariä der Wein so schön gediehen ist, auch dazu gepfiffen würde, so wollt ich nichts, als daß Sie und der Vater offne und feine Herzen hätten uns zu empfangen und Gott zu dancken, der Euch euren Sohn im dreißigsten Jahr auf solche Weise wiedersehen läßt. Da ich aller Versuchung widerstanden habe, von hier wegzuwitschen und Euch zu überraschen, so wollt ich auch diese Reise recht nach Herzenslust genießen. Das Un-

49

mögliche erwart ich nicht. Gott hat nicht gewollt, daß der Vater die so sehnlich gewünschten Früchte, die nun reif sind, genießen solle; er hat ihm den Appetit verdorben, und so seis. Ich will gerne von der Seite nichts fordern, als was ihm der Humor des Augenblicks für ein Betragen eingibt. Aber Sie möcht ich recht fröhlich sehen und ihr einen guten Tag bieten wie noch keinen. Ich habe alles, was ein Mensch verlangen kan, ein Leben, in dem ich mich täglich übe und täglich wachse, und komme diesmal gesund, ohne Leidenschaft, ohne Verworrenheit, ohne dumpfes Treiben, sondern wie ein von Gott geliebter, der die Hälfte seines Lebens hingebracht hat und aus Vergangnem Leide manches Gute für die Zukunft hofft und auch für künftiges Leiden die Brust bewährt hat. Wenn ich euch vergnügt finde, werde ich mit Lust zurück kehren an die Arbeit und die Mühe des Tags, die mich erwartet.»

Welches Glücksgefühl, wieviel Sicherheit seiner selbst und froher Stolz den Eltern gegenüber spricht aus diesem Briefe, aus dem wir ahnen könnten, wenn wir es sonst nicht wüßten, wie drückend und schwierig die Frankfurter Zeiten gewesen waren, die vor vier Jahren mit dem Abschied aus dem Vaterhause geendet hatten. Der zweite Brief regelt dann das einzelne.

«Ohngefähr in der Hälfte September treffen wir ein und bleiben ganz still einige Tage bei Euch. Denn weil der Herzog seine Tanten und Vettern, die auf der Messe sein werden, nicht eben sehen möchte, wollen wir gleich weiter und auf dem Main und Rhein hinab schwimmen. Haben wir unsere Tour vollendet, so kommen wir zurück und schlagen in forma unser Quartier bei Ihr auf, ich werde alsdenn alle meine Freunde und Bekannte beherzigen, und der Herzog wird nach Darmstadt gehen und in der Nachbarschafft einigen Adel besuchen. Unser Quartier wird bestellt wie folgt. Für den Herzog wird im kleinen Stübchen ein Bette gemacht, und die Orgel, wenn sie noch da stünde, hinausgeschafft. Das große Zimmer bleibt für Zuspruch, und das Entrée zu seiner Wohnung. Er schläft auf einem saubern Strohsacke, worüber ein schön Leintuch gebreitet ist, unter einer leichten Decke. Das Caminstübchen wird für seine Bedienung zurecht gemacht, eine Matraze Bette hineingestellt.

Für Herrn v. Wedel wird das hintere Graue Zimmer bereitet, auch ein Martrazze Bette pp.

Für mich oben in meiner alten Wohnung auch ein Strohsack pp, wie dem Herzog.»

Das war der Stil, wie Fürsten jetzt lebten, der Zug zur Bürgerlichkeit, ja mehr als das, zur Schlichtheit. Dem Diener und dem Kammerherrn ein Matratzenbett, dem Herzog einen Strohsack. Auch der große König in Sanssouci schlief nicht in seinem Prunkbett, sondern soldatisch auf seinem Feldlager, und ebenso hielt es, ihm nacheifernd, Josef II., der Kaiser in Wien. Und um es nicht besser zu haben als sein Herr, verschmäht auch der Dichter im eigenen alten Mansardzimmer das altvertraute Bett. Es sind die Räume des ersten Stockes, die Thoranczimmer, die für den Herzog gerichtet werden. Die Venezianischen Lustre müssen als barocker Prunk abgenommen werden; auch die Orgel, die von den Herrnhuter Abenden stammt, muß weichen. Im einzelnen ordnet der zweite Teil des Briefes noch an: «Essen macht ihr Mittags vier, – Essen! nicht mehr noch weniger, kein Geköch, sondern eure bürgerlichen Kunststück aufs beste, was ihr frühmorgens von Obst schaffen könnt, wird gut sein.

Darauf reduzirt sichs also, daß wir das erstemal, wenn wir ankommen, jedermann überraschen, und ein paar Tage vorbeigehn, eh man uns gewahr wird; in der Messe ist das leicht. In des Herzogs Zimmern tu sie alle Lustres heraus; es würde ihm lächerlich vorkommen. Die Wandleuchter mag sie lassen. Sonst alles sauber wie gewöhnlich und, jeweniger anscheinende Umstände, je besser. Es muß ihr sein, als wenn wir 10 Jahr so bei ihr wohnten. Für Bedienten oben im Gebrochnen Dach bei unsren Leuten sorgt sie für ein oder ein Paar Lager. Ihre Silbersachen stellt sie dem Herzog zum Gebrauch hin, Lavor, Leuchter pp. – keinen Caffe und dergleichen trinkt er nicht. Wedel wird ihr sehr behagen, der ist noch besser als alles was sie von uns Mannsvolk gesehen hat. Also immer ein tiefes Stillschweigen, denn noch weiß kein Mensch hier ein Wort. Was ihr noch einkommt, schreibe sie mir. Ich will auf alles antworten, damit alles recht gut vorbereitet werde.»

Wie die Überraschung verlief, davon erzählt ein Brief der Mutter des Dichters an die Mutter des Herzogs: «Durchlauchdigste Fürstin. Der 18te September war der große Tag, da der alte Vater und Frau Aja denen seeligen Göttern weder Ihre Wohnung im hohen Olymp, weder Ihr Ambrosia noch Nectar, weder Ihre Vocal noch Instrumentthal Mucick beneideten, sondern glücklich, so gantz glücklich waren, daß schwerlich ein sterblicher Mensch jemahls größre und reinere Freuden geschmeckt hat, als wir beyde glückliche Eltern an diesem Jubel und Freuden Tag! – Niemahl hat mich mein Unvermögen, eine sache gut und anschaulich vorzutragen, mehr belästig als jetzt, da ich der Besten Fürstin, von Der doch eigendtlich alle die Freude ausgeht, die doch eigendlich die erste Ursach aller dieser Wonne ist, so recht aus dem Hertzen heraus unsere Freude mittheilen mögte – Es gerade nun wie es wolle, gesagt muß es nun einmahl seyn.

Ihro Durchlaucht unser gnädigster und Bester Fürst, stiegen, um uns recht zu überraschen: eine strecke von unserm Hause ab, kamen also gantz ohne geräusch an die Thüre, klingelten, traten in die blaue Stube usw. Nun stellen Sich Ihro Durchlaucht vor, wie Frau Aja am runden Tisch sitzt, wie die Stubenthüre aufgeht, wie in dem Augenblick der Häschelhanß ihr um den Hals fält, wie der Herzog in einiger Entfernung der Mütterlichen Freude eine weile zusieht, wie Frau Aja endlich wie betruncken auf den besten Fürsten zuläuft, halb greint halb lacht, gar nicht weiß, was sie thun soll, wie der schöne Cammerherr von Wedel auch allen Antheil an der erstaunlichen Freude nimbt – Endlich der auftrit mit dem Vater, das läßt sich nun gar nicht beschreiben – mir war Angst, er stürbe auf der Stelle; noch an dem heutigen Tag, daß Ihro Durchlaucht schon eine zimmliche Weile von uns weg Sind, ist er noch nicht recht bey sich, und Frau Aja gehts nicht ein Haar besser –»

Der Kaiserliche Rat war tatsächlich seit Jahren krank. Nicht lange nach dem Besuch seines Sohnes traf ihn ein Schlaganfall; am 27. Mai 1782 starb er. Nun war die Mutter allein im großen Hause. Sie stand ihm vor, nach guter reichsbürgerlicher Sitte, wissend, hier war ein Wappenschild in Ehren zu halten. Die Kette der Besucher reißt nicht ab. Aus Weimar kommt der Oberstallmeister von Stein, später, mütterlich herzlich aufgenommen, sein Sohn Fritz. «Alles erinnert mich an ihn», schreibt ihm nach seiner Abreise im Herbst 1785 die Frau Rat, «die Birn', die ihm früh morgens so gut schmeckten, während ich meinen Thee trank – wie wir uns hernach so schön auftackeln ließen, er von Sachs, ich von Zeitz, und wie's hernach, wenn die Pudergötter mit uns fertig waren, an ein Putzen und Schniegeln ging, und dann das vis a vis bei Tische, und wie ich meinen Cherubim um zwei Uhr /: freilich manchmal etwas unmanierlich :/ in die Messe jagte, und wie wir uns im Schauspiel wieder zusammen fanden, und das nach Haus führen, – und dann das Duodrama in Hausehren[1], wo die dicke Catharine die Erleuchtung machte, und die Greineld und die Marie das Auditorium vorstellten – das war wohl immer ein Hauptspaß.» – Es war Herbstmesse, und daher auch Theaterzeit. Cherubin ist noch nicht der der Mozartschen Oper, die erst 1786 entstand, sondern die entsprechende Rolle aus dem Revolutionsstück von Beaumarchais «Le mariage de Figaro», das am 27. April 1784 mit ungeheurem Erfolg in Paris aufgeführt war und nun unter dem Titel «Toller Tag» in deutscher Übersetzung gegeben wurde; schon des «Clavigo» ihres Sohnes wegen mußte die Frau Rat sich dieses Stück ansehen. – Weiter kam der Dichter Bürger zu Besuch und Reichardt, der Komponist Goethescher Lieder; die Herzogin Anna

---

[1] Altfrankfurtisch für Hausflur, Lehnwort vom lateinischen area, vgl. englisch area Vorhofraum. Die Laterne, mit der «die dicke Catharine die Erleuchtung machte» und die der Frau Rat bei ihren Theatherbesuchen vorangetragen wurde, ist noch im Goethehaus erhalten.

Amalia kam und Thusnelda von Göchhausen, an die der Brief über den überschwemmten Keller gerichtet war. Auch der Kammerherr von Einsiedel hielt Einkehr und der Maler Kraus und dann Prinz Konstantin, Karl Augusts jüngerer Bruder. Iffland schreibt 1783 an seine Schwester: «Gestern abend aß ich bei Goethes Mutter»; und im Sommer 1789, auf der Reise nach Wiesbaden, kommt Charlotte von Stein. Sie alle wollten Goethes Mutter sprechen und die «Santa Casa» sehen, wie Wieland das Haus am Hirschgraben genannt hatte.

Im Jahre 1790, zur Krönung Leopolds II., legen die, wie Frau Rat sagt, «im Nehmen so verhenkert fixen» Quartiermeister wiederum fürstliche Gäste ins Haus, die jungen Mecklenburgischen Prinzessinnen Friederike und Luise – bald darauf Preußens Königin – sowie ihren Bruder Georg, später Großherzog von Mecklenburg-Strelitz. Und die Prinzeß Luise setzt sich im Musikzimmer ans Klavier und spielt Tanzmelodien, wozu Frau Rat mit dem kleinen Georg «deutsch» walzt, und man geht in die Küche und backt gemeinsam Krapfen und plantscht am Brunnen im Hof, ungestört von der Hofmeisterin, die Frau Rat indessen in ihrem Zimmer eingeschlossen hat.

Die erste «Führung» durch das Haus als Sehenswürdigkeit und Stätte von Goethes Jugend, über die wir einen Bericht haben, hat am 25. Juli 1785 stattgefunden. Besucher waren Elise von der Recke und ihre Reisebegleiterin Sophie Becker. Führerin war die Frau Rat.

«Sie ließ es sich nicht verdrießen, uns jedes Zimmer des Hauses zu zeigen, wo ihr Sohn in irgendeinem Alter seines Lebens sein Wesen getrieben hatte; sie zeigte uns, wo er als Knabe kleine Marionettenspiele erdacht und als Jüngling einen Werther, einen Clavigo hervorgebracht.»

«Ich bin viel glücklicher als die Frau von Reck», schreibt Goethes Mutter über diesen Besuch an Fritz von Stein, «die Dame muß reisen, um die gelehrten Männer Deutschlands zu sehen, bei mich kommen sie Alle ins Haus, das war ungleich bequemer, – ja, ja, wems Gott gönnt, giebt ers im Schlaf.»

1795 hat dann die Frau Rat doch den alten Familiensitz geräumt und ist in das Haus «Zum Goldenen Brunnen» am Roßmarkt gezogen. Es waren unerfreuliche Wochen, da alles, was eine Familie durch Generationen an Haus- und Kunstschätzen zusammengetragen, sich wieder verlor und zerstreute. Die Bibliothek ward versteigert, die Gemälde dem Maler und Tapetenfabrikanten Nothnagel angeboten, die Sammlung der Handzeichnungen ging nach Weimar, auch eine Anzahl Möbel. «Von den Spiegelen sind nur drei, die gantz ohne allen Mackel sind, und die brauche ich selbst und muß, da ich fünf Pfeiler zu besetzen habe, noch zwei vor meinen Gebrauch kaufen. Dir ist bekandt, daß alle die Möbel, besonders die Spiegel, vierzig Jahre gedient und den siebenjährigen Krieg, drei Krönungen, und noch drei Jahre Einquartierungen ausgehalten haben; daher ists nicht zu verwundern, daß hier und da etwas beschädigt worden ist.»

Die größte Not machten die Weine im Keller. «Gogel und Dick sind die eintzigen, die sich mit so alten Burschen abgeben.» Bei Gogel, dem ersten Weinhändler der Stadt, war wenige Jahre später der junge Hegel als Hauslehrer und entwarf da sein berühmtes «Systemprogramm»; Dick aber, der Wirt vom «Rothen Haus» auf der Zeil, war der nämliche, bei dem der dritte Präsident der Vereinigten Staaten, Jefferson, 1788 auf der Durchreise durch Frankfurt Wohnung genommen und genaueste Erkundungen über den deutschen Weinbau eingeholt hatte. «Nun hat Gogel 7 500 Gulden geboten; jetzt habe gestern dem Dick Proben davon geschickt, und bietet der 8 000 Gulden, so soll er sie in Gottes nahmen haben. Denn erstens, bringe ich sie nicht an, so muß ich wieder etliche hundert Gulden anwenden, um Auffüllwein zu kaufen; zweitens entbehre ich jährlich 320 Gulden Interessen, und drittens bin ich die Kellersitzerey müde und satt – vorgestern mußte wieder, um alles auszufüllen, Trinckwein zu brechen und so weiter, fünf Stunden unter der Erde seyn! und endlich viertens, wenn ich ein ander logie beziehe, da wäre es nun gantz ohnmöglich, die alten Herrn mitzunehmen, und verkaufe ich nun das Hauß, so müßte der Keller geräumt werden, und da wäre ich gezwungen, noch Kellerzins zu bezahlen; das beste ist, sie machen vor der Zeit Platz.»

Mitte Juli 1795 findet der Umzug statt. Die Frau Rat nutzt die Einquartierung: «Mein Aus- und Einzug ging so glücklich von statten, daß ich wenig oder gar keine Ungemächlichkeit davon empfunden habe. Zwei Preußische Soldaten haben mir alles hingetragen. Weder Schreiner, noch Fuhrwerck habe ich nöthig gehabt, und nicht das mindeste ist beschädigt worden.» Und nun hat die Mutter, was sie sich fürs Alter wünschte. Ein kleines modernes Logis und Morgensonne. «Aber nun die Aussicht! Da ists ohne allen streit das erste Hauß in Frankfurth. Die Hauptwache gantz nahe. Die Zeil – da sehe ich biß an Darmstädter Hof. Alles, was der Catharinenporte hinein und heraus kommt, so mit der Bockenheimerstraße und so weiter! Und denn das jetzige Soldatenwesen! So eben werden die Anspacher auf dem Paradeplatz gestelt. Um 11 Uhr die Wachtparade mit treflicher kriegerischer Musick, alles an mir vorbey. Und Sontags, wenn die Catharinenkirche aus ist und die Wachtparade dazu kommt, so siehts auf dem großen Platz aus wie am Krönungstag. So gar an Regentagen ist es lustig; die vielen hundert Paraplü vormiren ein so buntes Tach, das lustig anzuschauen ist.» Und in einem anderen Brief an den Sohn vier Wochen später: «Nur einen Augenblick wünschte ich dich jetzt her. Vor Getümmel konte ich beynahe nicht fortschreiben. Der gantze Roßmarkt steht voll Bauernwagen, die Stroh und Heu zu Marckte gebracht haben. Die Wachtparade der Preußen soll aufziehen. Es ist auf dem großen platz kein Raum. Die Bauern kriegen Prügel und so weiter. Von dem Bockenheimer Thor herein kommen Wagen mit Betten. Die Maintzer flüchten. Genug es ist ein Schari wari, das Curios anzuhören ist.» Auch als die Kriegszeiten immer ernster und schwerer werden, die Stadt im Juli 1796 von den Franzosen bombardiert wird und auch die Frau Rat nachts um 2 Uhr aus dem Bett und in den Keller hinabsteigen muß, läßt sie sich doch in ihrer Haltung nicht stören. «Da die meisten meiner Freunde Emigrirt sind, kein Comedienspiel ist, kein Mensch in den Gärten wohnt, so bin ich meist zu Hause; da spiele ich Clavier, ziehe alle Register, paucke drauf los, daß man es auf der Hauptwache hören kan, lese alles unter einander, Musencalender, die Welt Geschichte von Voltäre, vergnüge mich an meiner schönen Aussicht, und so geht der gute und minder gute Tag doch vorbey.» Nein, diese Frau verlor ihre Fassung nicht. «Müssens eben holter abwarten; das Grämen vor der Zeit halte ich vor ein sehr unnützes Geschäfte.» Das war ihr Wort. Das trauliche «holter» hatte sie, österreichisch fühlend wie ihr Vater, schon 1781 dem Kaiser Joseph II. bei dem Besuch seiner Reichs- und Krönungsstadt abgelauscht.

Wer Goethe in Frankfurt ehren wollte, fand den Weg auch zur neuen Wohnung der Frau Rat, brachte ihr wohl auch Grüße des Sohnes oder ließ sich von ihr aus dessen Jugend erzählen. So fand unter anderen auch Bettina Brentano, wahrscheinlich im Jahre 1806, zu Goethes Mutter.

Über die letzten Stunden bewahrt das Frankfurter Goethemuseum einen handschriftlichen Bericht auf, den der Arzt und Neffe Johann Georg David Melber verfaßt hat, ein Sohn der «lustigen Tante Melber» in «Dichtung und Wahrheit»:

«Als die alte Frau Rat merkte, daß es mit ihr bald zu Ende gehe, säumte sie nicht, ihr Haus zu bestellen und ihr Leichenbegängnis bis ins einzelne zu ordnen, so daß sie selbst die Handwerker namentlich bezeichnete, welche ihren Sarg zu Grabe tragen sollten. Kaum war dies ruchbar geworden, als einer der Metzger des Hauses herbeistürzte und auf dem Vorplatz mit Ungestüm Einlaß begehrte. Die Leidende, die den Lärm vernommen, ließ ihn auch wirklich an ihr Bett treten, und nun beklagte sich der Mann, wie er doch gar nicht wisse, warum er, ein so langjähriger Bekannter, die Zurücksetzung verdient, nicht unter den Trägern genannt zu sein. ‹Beruhige Er sich, guter Freund›, erwiderte darauf die Kranke, ‹zum Lohn für seine Anhänglichkeit soll Er mir das Kreuz vortragen.› Die Kreuzträger wurden damals am besten bezahlt. –

Als ihr letzter Tag herangekommen, ließ die Sterbende spät abends ihren Neffen und Arzt, den sie sehr liebte, den Dr. Melber, noch einmal zu sich bescheiden und legte ihm die unumwundene Frage vor, wieviel Stunden sie noch zu leben habe. Auf eine ausweichende Antwort wurde sie fast ärgerlich. ‹Mach Er mir nichts vor, Vetter, ich weiß doch, daß es aus mit mir ist. Sag Er's rund heraus, wieviel Stunden sind mir noch übrig?› Auf die Erwiderung, daß es noch bis gegen Morgen dauern könne, wurde sie ruhig und verlangte noch nach ihrem Lieblingsgetränk, einem Schälchen Schokolade, da ihr das jetzt ja nicht mehr schaden könne. Darauf händigte sie dem Neffen ihren Pultschlüssel ein, mit dem Auftrag, ihn am Morgen einer andern Verwandten, der Frau Syndikus Schlosser, zuzustellen. ‹Nun muß Er mir aber auch versprechen, mich nicht anderst, als bis ich erst tot bin, zu verlassen›, bat sie noch. So blieb denn ihr Arzt ruhig still an ihrem Bette sitzen, bis sie gegen Morgen verschieden war.» –

Sechs Jahre später: die Schwester und der Vater sind schon lange tot, das Haus ist verkauft, die Mutter ist tot. Goethe ist für vierundzwanzig Stunden in Frankfurt, auf der Durchreise nach Wiesbaden. Abends am 28. Juli 1814 fährt er ein, schlendert durch die alten Gassen und sucht die Wege seiner Jugend. Es ist Mondschein, und er geht auf die alte Brücke, verwundert sich über die neuen Gebäude, sieht, was sich verschlimmert hatte, was bestand und was neu heraufgekommen war. «Zuletzt ging ich an unserm alten Hause vorbei. Die Hausuhr schlug drinnen. Es war ein sehr bekannter Ton.» Mit diesem Klang muß ihn die ganze Kindheit überkommen haben – drängend und überwältigend. Und so ergriffen und ergreifend hat er davon noch ein Jahr später auf der Gerbermühle erzählt, daß der Herzog von Mecklenburg – einst, 1790, als elfjähriger Knabe mit seiner Schwester Luise der Gast der Frau Rat bei der Kaiserkrönung – diese Uhr heimlich erwerben und nach Weimar bringen ließ, dem Neunundsiebzigjährigen zum Geburtstag als Geschenk, damit, wie er schreibt, «die auch ihm teure Uhr, wenn es seiner Absicht gemäß gehe, die erste Stunde des 28. August dem Dichter anzeigen solle.» Goethe antwortete: «Es war gewiß der liebenswürdigste Gedanke, mich in so hohen Jahren durch einen altgewohnten Glockenton an die ersten Stunden kindlichen Bewußtwerdens zu erinnern, wo das in gar manchen Schalen eingewickelte Leben unter wundersamen Ahnungen des Zukünftigen harrte.» Die Uhr, die mittags zwölfmal schlug, als Goethe geboren wurde, steht heute noch vor seinem Wohn- und Sterbezimmer. Sie war der letzte Gruß, den der Dichter aus dem alten Vaterhause erhielt. Da Ottilie von Goethe in der Todesstunde am 22. März 1832 alle Uhren im Hause anhalten ließ, kennt niemand ihren Schlag.

Und merkwürdig, um dieselbe Zeit, da bis auf den Dichter alle dahingegangen waren, die einst das alte Familienhaus mit Leben erfüllt, und da es schien, als ob niemand mehr nach dem Hirschgraben frage, da begann der Ruhm dieser Straße und ihres Hauses erst recht zu erstrahlen. Im Oktober 1811 war der erste Band von «Dichtung und Wahrheit» erschienen; und nun las alle Welt von dem alten giebligen Gebäude in Frankfurt, von seinen Treppen und Winkeln, von seiner Behaglichkeit im Raum und Weite im Blick, seinem Keller, Boden und Hof; und alles dies war belebt durch die Jugenderlebnisse und Eindrücke eines wunderbaren Kindes, waren gar nicht bloß Treppe und Zimmer, sondern Bühne der farbigsten Geschehnisse, die der Silberstift des Alten in Weimar aus einer leuchtenden Erinnerung heraus vor den Leser hinzauberte.

Da ist ein Brief des dänischen Philosophen Friedrich Christian Sibbern. Der war 1785 geboren, war im Jahre 1812 mit Goethe in Karlsbad mehrfach zusammengetroffen und hatte nun ein Jahr darauf als Achtundzwanzigjähriger auf der Reise von Heidelberg nach Göttingen auch Frankfurt besucht. Adressatin ist Luise Seidler, deren stilles und inniges Antlitz mit aufgeflochtenem blonden Haar wir alle aus einem der reizvollsten Biedermeierinterieurs kennen, das Kersting gemalt hat. Das Bild zeigt das Mädchen fast als Rückenfigur. Es sitzt mit einer Nadelarbeit vor einem offenen Fenster, dessen Sims voll Blumen steht. Ein Spiegel rechts gibt uns ihr Gesicht von vorn. Links an der Wand hängt, mit Blumen geschmückt, ein männliches Porträt. Darunter liegen auf einem Sofa Gitarre und Notenblätter. Goethe kannte die Dargestellte und den Maler, denn dieser war in Jena im Hause Frommann der Zeichenlehrer von Minchen Herzlieb – der Ottilie der «Wahlverwandtschaften» – gewesen. Und auf Goethes Vorschlag hin hat Karl August, der den Maler fördern wollte, das Bild angekauft. So ist es heute im Schloßmuseum in Weimar. Es heißt «Die Stickerin». 1815 vermittelte Goethe auch der Malerin Luise Seidler einen Auftrag, nämlich das Bild des Heiligen Rochus für dessen Kapelle in Bingen. Dies also ist das Mädchen, an das Sibberns Schreiben gerichtet ist. Der Brief selbst lautet folgendermaßen:

Frankfurt, Sonntag d. 22. Aug. 1813.

Meine Teure!
Erst vor einigen Tagen hab ich Ihnen aus Heidelberg geschrieben und viel über Goethe gesagt, und schon jetzt fange ich einen Brief wieder an, den Sie vermutlich von Göttingen aus erhalten werden. Wie könnte ich auch durch Frankfurt gehen und hier noch einen ganzen Tag verweilen, ohne an Sie zu schreiben, Glückliche, die Sie in der Nähe von Goethe leben und ihm lieb und wert sind. – Mein erster Gedanke, wie ich herkam, war, mir hier Goethes «Aus meinem Leben» zu verschaffen und für den Wegweiser hier zu gebrauchen. Gestern abend bemühte ich mich vergebens, denn alle Laden waren schon verschlossen. Heute aber habe ich es aus einer Lesebibliothek gehabt und durchgelaufen, um alles wieder frisch vor mir zu haben. – Was mir aber fast nie geschah, geschah mir beinahe heute. Denn mich ergriff das letzte Buch [1813: das zehnte Buch, Sesenheim] so, daß ich hätte laut in Tränen ausbrechen mögen. Ich weiß nicht, war es das Gefühl, daß ich Goethe nicht wiedersehen sollte oder das lebhafte Andenken an die Kindheit des Mannes, der damals das Leben noch vor sich hatte, und dem jetzt wir, die wir jung sind,

schon ein zu spätes Geschlecht sind, ein fremdes, von dem seine Zueignung des Faust gilt, oder war es das aufwachsende Gefühl aus meiner frühen Liebe. Aber nur an mich haltend, hielt ich die Tränen zurück. – Und noch getraue ich mich nicht in seinen Gedichten zu lesen, die vor mir liegen. Ich habe heute nur für das Andenken an ihn gelebt.

Sein Haus suchte ich nach den Angaben im Buch auf, und traf gleich, ohne zu irren, das rechte, und in demselben eine alte Frau, Witwe des Prokurators Rössing, von 69 Jahren, die ihn in ihrer Jugend gekannt und mir gleich das ganze Haus von oben bis unten zeigte. Zwei Küchen sind nur noch in den oberen Etagen angebracht, und – was mir sehr leid getan – statt der alten Tapeten Neues angebracht, sonst ist das Haus noch, wie Goethe darin aufgewachsen. Die hohe Mauer, die den kleinen Hofraum von den anliegenden Gärten trennt, die Treppen mit eisernem Geländer, worin die Namenszüge seiner Eltern angebracht sind, das Fenster im zweiten Stock gegen den Nachbar hinaus, woraus der Vater den von der Seite zu Hause kommenden Sohn schon von weitem sehen konnte, und die herrliche Aussicht von der obersten Etage gen Sonnenuntergang und alles habe ich bemerkt. – An den, einer über und vor der andern hervorspringenden, Etagen hatte ich das Haus schon erkannt, das sonst neu und schön ist. – Auch sieht man leicht, daß die sonst schönen Treppen wohl besser hätten angebracht werden können.

So viel heute abend aus Frankfurt, und herzliche, freundliche Wünsche und Glückssegnungen, und Bitten, von mir denen Vortrefflichen gelegentlich zu erzählen, und dann – des Bildes von ihm hübsch nicht zu vergessen – woran ich ordentlich zu gedenken bitte. Sibbern.

N.S. Auf dem Römer ist der Kaisersaal jetzt Bibliothek, und der Ratssaal abgeteilt in Kammern, nur der Wahlsaal ist es noch, d.h. ist für die Zusammenkunft des Staatsrats.

Nun hören wir kurze Zeit nichts über das Haus. Im Jahre 1818 sind die eingangs angeführten Verse der

Marianne von Willemer in Anlehnung an Goethes
Mignon-Gedicht entstanden:

Kennst du das Haus, in dessen stillem Raum – –,

und eine Antwort auf dieses Gedicht, das irgendwie be-
kanntgeworden sein muß, scheint jenes Sonett zu sein, das
im Jahre 1823 bei der Feier des 74. Geburtstages Goethes
vom Hofschauspieler Graff im «Hotel de Saxe» in Weimar vorgetragen wurde; die erste Strophe lautet:

Ich kenn' es wohl – dort in der Häuser Menge,
Stirn über Stirn vorstrebend, mit den Reih'n
Lichtdurst'ger Augen spiegelt sich's im Main.
Dies Haus gebar den Meister der Gesänge.

Zum gleichen Tag schuf der Maler Rösel seine Zeichnung vom Brunnenhöfchen des Hauses – eben jenem, in
dem die Prinzeß Luise gespielt – und widmete sie in einer
Reihe gestochener Abzüge Goethe als Geburtstagsge-
schenk. Das Gedicht aber wurde zusammen mit einem Bericht über die Feier in der September-Nummer von Bertuchs «Journal für Literatur, Kunst, Luxus und Mode»
veröffentlicht und zugleich der Wunsch ausgesprochen,
die Frankfurter Freunde Goethes sollten doch als Gegenstück zum Bild des Hofes eine getreue Zeichnung des Hauses veranlassen. Der Rat Fritz Schlosser in Frankfurt nahm
diesen Wunsch auf und ließ durch den jungen Delkeskamp
die älteste Wiedergabe des Goethehauses herstellen. Zum
erstenmal ward sie in Bertuchs Journal im Januar 1824
veröffentlicht mit einem «Sonett auf Goethens Geburtshaus» von Stephan Schütze.

Am 4. August 1827 finden wir dann den Dichter Wilhelm Müller aus Dessau vor dem Haus. Er rüstet sich,
eben von Frankfurt aus seine Rheinreise anzutreten, und
schreibt in sein Tagebuch: «In dem Hirschgraben Goethens Haus aufgesucht, welches wir an dem schönen Zeichen der drei Leiern über der Tür erkannten.» Gutzkow,
zwanzig Jahre alt und auf der Reise von Berlin nach Stutt-

gart zu dem schwäbischen Literaten Wolfgang Menzel, ist im November 1831 in Frankfurt. «Zum Besichtigen der Stadt, zum Aufsuchen etwa der Stelle, wo sich in Goethes ‹Märchen› die Stadtmauer zum Durchlaß des ‹Götterknaben› geöffnet hatte – solchen Bildern der Erinnerung jagte ich sofort nach –, war meine Zeit zu gemessen. Doch umschritt ich die Stadt und betrachtete mir das damals für Besuch verschlossene Goethehaus.» Auch Grillparzer bedauert – er war am 25. Juni 1836 in der Stadt –: «In Goethes Haus Eintritt zu erhalten, war nicht möglich, begnügte mich, das Äußere anzustarren.» Nur wenige Wochen vor Grillparzer, am 31. März, war auch der junge Friedrich Hebbel, von Hamburger Gönnern für das Studium in Heidelberg ausgerüstet, in Frankfurt gewesen: «Wie ich herein fuhr, erinnerte ich mich, daß Goethe dort geboren ist. Ich sah das Grab des Kaisers Günther, Goethes Geburtshaus im Hirschgraben und den Thurn- und Taxisschen Palast.» Ein anderer Dichter freilich, der gleichfalls mit einem Universitäts-Stipendium nach Heidelberg kam, Gottfried Keller im Oktober 1848, hat keine Neigung gehabt, Goethes Heimat und Elternhaus aufzusuchen; hatte er doch schon bei der Hinreise auf dem Straßburger Münster, wo er Goethes Namen fand, skeptisch gemeint: «Es ist etwas Problematisches um die Gesellschaft eines solchen Schlingels, wie Goethe ist, man wird von dem ungeschlachten, vordringlichen Herren allzu leicht verdunkelt; doch auch beleuchtet manchmal.»

Obwohl man in solchen Worten einer jungen Dichtergeneration merkbar die frostige Luft einer ärmeren Zeit verspürt, so scheint sich doch im allgemeinen die Teilnahme der Fremden am Goetheschen Haus immer mehr gesteigert zu haben. Katharina Stock – die Mutter hatte einst als Jugendgespielin Goethes vor dessen Puppentheater gesessen und sie selbst noch von Frau Rat Märchen erzählt bekommen – hat etwa 1830 oder 1840, das Datum läßt sich leider nicht feststellen, einem Freund geschrieben: «Wir wohnen seit voriges Jahr auf dem Großen Hirschgraben, dem Hause Goethes gegenüber. Es ist ein wahrer

Spaß, wie die Fremden auf der Straße stehen und das Haus ansehen, sogar setzen sich Engländerinnen auf Stühle und zeichnen es ab.»

Auch von Wohngästen im Goethehause wissen wir. Zur Zeit der Nationalversammlung beherbergte es den jungen Freiherrn v. Trütschler aus dem Vogtland. Er ward als ein Opfer der siegenden Reaktion erschossen. Otto Volger, der Gründer des Hochstifts, hat in dessen Namen später ein Erinnerungsblatt drucken lassen, mit den Farben von 1848 wie denen des Hochstifts schwarz-rot-golden umrändert. 1858 wohnte ein Gerhard v. Kügelgen im Goethehause, ein Enkel des Malers, der Goethe 1810 in Dresden porträtiert hatte und ein Sohn jenes Wilhelm v. Kügelgen, dem wir die «Erinnerungen eines Alten Mannes» danken. Der junge Kügelgen, ein preußischer Offizier der Mainzer Garnison, erlitt 1866 beim Sturm auf eine österreichische Batterie den Heldentod.

Vom September 1840 an datiert, in schönem rotem Saffianeinband mit reicher Goldpressung, das erste Fremdenbuch, das die Familie Rössing, der das Haus jetzt zu eigen war, den Besuchern vorgelegt hat, mit der Inschrift: «Es ergeht an Alle, die das Göthesche Studierzimmer besuchen, die höfliche Bitte, ihre Namen hierselbst einzuzeichnen.»

Es waren vor allem wandernde Studenten, die vorsprachen, aus Leipzig, Göttingen, Bonn, Würzburg und anderen Universitätsstädten. Aus Goethes eigenem Kreis kamen 1841 Friedrich Wilhelm Riemer, Geheimer Hofrat und Oberbibliothekar aus Weimar, und noch im selben Jahr Caroline Bardua, wie Luise Seidler eine Schülerin von Kügelgen, die Goethe mehrfach porträtiert hatte. Im April 1845 betraten die Enkel des Dichters, Walther Wolfgang von Goethe und Wolfgang Maximilian von Goethe, das Haus ihrer Vorfahren. Walther kommt dann noch einmal 1860, zusammen mit dem Karl-August-Enkel Karl Alexander, Großherzog von Sachsen-Weimar. Das Jahr darauf im Juli trug sich auch der Schillerenkel Freiherr von Gleichen-Rußwurm in das Gästebuch ein.

Von Dichtern ist als frühester Besucher Henry Wadsworth Longfellow aus Boston zu nennen, der auf der Reise vom Rhein nach Nürnberg Ende September 1842 im Hause weilte. Im August 1846 schreibt sich Julius Mosen ein.

Weiter erscheinen natürlich die Germanisten: Friedrich Theodor Vischer als Vierunddreißigjähriger im April 1841, Rudolf Wackernagel, Adalbert Keller und Adolf Schöll, der Goethes Briefe an Frau von Stein zuerst herausgab. Aus Heidelberg, noch als Privatdozent, kam Hettner, aus Düsseldorf Viehoff, der Kommentator von Goethes Gedichten, aus Hamburg der Biograph der Klettenberg, Joh. Martin Lappenberg, aus Petersburg Victor Hehn. Salomon Hirzel, der Leipziger Verleger, Herausgeber des «Jungen Goethe» und der erste «Goethe-Sammler», trug sich 1848 ein. Auch Otto Jahn, der Biograph Mozarts, und Ferdinand Gregorovius, der Geschichtsschreiber Roms, und viele andere Namen anerkannter Gelehrter könnten hier erwähnt werden.

Ausländer finden sich häufig. Auffallend zahlreich im Verhältnis zu den deutschen Namen sind die englischen und amerikanischen Eintragungen; für die wenigen Franzosen zeichnet sich Gérard de Nerval am 29. August 1849 als: *«un des traducteurs de Faust»* ein.

Das Jahr 1848 führt durch die Nationalversammlung mehrere hundert deutsche Männer als Vertreter des Volkes aus allen Gegenden des Reiches nach Frankfurt. Nur etwa zwanzig davon fanden den Weg in den Hirschgraben. Es war die Zeit, da Goethes Geltung am tiefsten stand, da er als Fürstendiener, Hofmann und Aristokrat verschrien war. Als erster Frankfurter – ein wenig spät – zeichnet sich am 26. April 1842 Dr. med. Fries ein.

Um eine Vorstellung von dem Umfang des Besuches zu geben, sei mitgeteilt, daß das Jahr 1841 im ganzen 98 Namen zählt, im Jahre 1851 sind es 79; wiederum zehn Jahre später, 1861, sind es schon 370. Man darf dabei nicht vergessen, daß das Goethe-Haus in Frankfurt die einzige deutsche Stätte war, da man dem Dichter huldigen konnte. Das Goethe-Haus am Frauenplan in Weimar blieb, soweit es nicht vermietet war, bis zu den Jahren 1886/87 dem Publikum verschlossen, und nur ganz selten und unter großen Schwierigkeiten erlangten bevorzugte Besucher Eintritt. 1859 legte die Familie Rössing ein zweites Fremdenbuch an, das bis zum April 1863 geführt worden ist. Dann übernahm dank Otto Volger das Freie Deutsche Hochstift das Haus zu eigen und öffnete es dem deutschen Volke.

Was ist und was heißt nun aber dies: «Das Freie Deutsche Hochstift»?

Sieht man von der «Kaiserlich Leopoldinisch-Carolinisch Deutschen Akademie der Naturforscher» ab, die 1652 zur Heilung der Verheerungen des großen Krieges in der Freien Reichsstadt Schweinfurt von deutschen Bürgern gegründet worden ist, so sind alle unsere Akademien Schöpfungen der deutschen Fürsten gewesen und haben daher ursprünglich auch partikularen Aufgaben zu dienen gehabt. Die Preußische Akademie der Wissenschaften, 1700 in Berlin gegründet, steht an ihrer Spitze; 1751 folgte Göttingen, 1759 Bayern, später Sachsen und andere mehr.

Der erste neuere Versuch, eine Akademie von seiten des Bürgertums zu schaffen und ihr einen allgemeindeutschen Charakter zu geben, vollzog sich bezeichnenderweise in der Mitte des 19. Jahrhunderts und in der Freien Reichsstadt Frankfurt am Main, der Stadt, die der Sitz des Deutschen Bundes und 1848/49 auch der Ort der deutschen Nationalversammlung war. Ein Achtundvierziger, Otto Volger, war auch der Gründer.

Wenn schon die politische Einigung der Nation mißglückt war, so sollte wenigstens eine Art allgemeiner deutscher Akademie geschaffen werden, die in Wissenschaft, Kunst und Bildung die Einheit herstellte, einer glücklicheren späteren Entwicklung die Wege bahnend. So entstand das Freie Deutsche Hochstift. Frei sollte es sein im Gegensatz zur Reaktion, wie sie in den Einzelstaaten herrschte und alles geistige Leben bevormundete, deutsch sollte es sein im Gegensatz zur engen Umgrenztheit der

Einzelstaaten, und ein «Hochstift» sollte es sein, das heißt: es sollte allem einseitigen Spezialistentum übergeordnet bleiben.

Stiftungstag des Hochstifts ist der 10. November 1859, der hundertjährige Geburtstag Schillers, an dem das deutsche Bürgertum sich selbst und den Dichter, dem es sich damals am meisten verbunden fühlte, feierte. Aber so groß der Gedanke und so edel die Absichten waren, die Unternehmung mußte doch von vornherein darunter leiden, daß keine wirklich starken, tragenden Kräfte hinter ihr standen, daß das deutsche Volk eben doch noch aus Staatsbürgern der Einzelstaaten bestand und daß das geeinte große Deutschland nur ein Traum war. Als dazu 1866 preußische Truppen als Sieger in Frankfurt einmarschierten, der Deutsche Bund und damit der letzte Rest der alten Reichsfreiheit der Stadt ins Grab sank, da wäre auch das Freie Deutsche Hochstift untergegangen, hätte es sich nicht eben aus seinem hochgespannten deutschen Verantwortungsgefühl heraus schon vorher eine Aufgabe zu eigen gemacht, die von anderen Stellen, die doch zuvörderst berufen schienen, vernachlässigt war: die Erhaltung und Pflege von Goethes Geburtshaus.

Das alte Haus der Familie war nämlich um 1860 in Gefahr, durch Umbauten verändert zu werden. Da griff Otto Volger ein, erwarb zunächst aus eigenen Mitteln das Haus für 57 100 Gulden; dann schrieb das Hochstift eine Sammlung in Deutschland aus, an der sich auch Kaiser Franz Josef, die Könige von Preußen, Bayern und Sachsen und die deutschen Fürstlichkeiten und Freien Städte mit größeren Summen beteiligten, so daß das Hochstift bald in der Lage war, das Haus als Sitz und Eigentum zu übernehmen. Frankfurter Familien, die einst die Möbel der Frau Rat erworben hatten, gaben diese zurück. Das «Haus zu den drei Leiern» erhielt wieder seine alte Gestalt. – –

Das ist es gewesen, was von Goethes Geburtshaus in diesem Buch zu berichten war, ehe das Unglück des zweiten Weltkrieges über Deutschland kam. In der Hölle dieser Jahre ging nicht nur dieses Haus, nein, die ganze Stadt

Frankfurt zugrunde. Am 22. März, Goethes Todestag, 1944 sanken Haus und Stadt in Asche. – –

Aber was hatte der Knabe Wolfgang seinem Vater, dem Kaiserlichen Rat, im Januar 1757 in Erinnerung an die Grundsteinlegung geantwortet? *«Cogito mecum et opto, ut iste lapis haud prius quam cum mundi ipsius interitu universali de loco suo moveatur.* Ich gedenke und wünsche, daß dieser Stein nicht eher als mit dem Ende der Welt verrucket werden möge.» – Nun, der Stein war «unverrucket» geblieben. Teile des Erdgeschosses, und eben vor allem die Keller hatten alles überstanden. Es war wie eine Mahnung, auch das Haus wiedererstehen zu lassen. Hunderte von Plänen, Zeichnungen, Photographien lagen seit langem vor. Alles, was das Haus geborgen hatte an Möbeln, Bildern, Büchern, Geschirr und Gerät, war auf Schlössern der Wetterau, des Spessarts und des Odenwaldes ausgelagert und unversehrt erhalten geblieben. Die Mittel zum Aufbau strömten reichlich zu. Am 5. Juli 1947 fand eine neue Grundsteinlegung statt. André Gide, eines internationalen Jugendtreffens halber in Frankfurt, nahm sie vor. Jugendliche aller Nationen, Knaben und Mädchen, wiederholten den Hammerschlag. Vier Jahre dauerte, bis in jede Einzelheit handwerklich getreu, der Wiederaufbau. Am 10. Mai 1951 übergab der Bundespräsident Professor Theodor Heuss das Haus der Öffentlichkeit. Seitdem haben, bis zum Sommer 1957, gegen achthunderttausend Besucher die alte Schwelle des neuen Hauses überschritten. Das Haus gibt wieder Zeugnis von Goethes Jugend.

HEIMKEHR EINES BILDES

Wir alle kennen das Bildnis der Mutter Goethes. Wir kennen es aus den Büchern über die deutsche Frau und Mutter, aus den Literaturgeschichten und den Biographien des Dichters. Wir haben es vor vielen Jahrzehnten schon in der «Jugend» gesehen, in der «Illustrierten Zeitung», im «Daheim» und der «Gartenlaube» und immer wieder in all den anderen neuen illustrierten Blättern, wenn ein Gedächtnistag zu seiner Wiedergabe den Anlaß bot.

Durchaus ist es ein außergewöhnliches Bild, gerade das Gegenteil von dem, was man von einem Damenporträt des Rokoko und Louis-seize, der großen Zeit des liebenswürdigen Frauenbildnisses, erwarten muß. Obwohl diese Mutter Goethes, wie ihre Briefe lehren, heiter, zu Scherz geneigt und auf Frohsinn gleichsam eingeschworen war wie nur je eine Frau aus dem deutschen Sonnenwinkel an Rhein und Main, gerade auf ihrem Bild fehlt jenes süße Lächeln, das für das weibliche Porträt der Zeit stereotyp ist, fehlt jene weiche Liebenswürdigkeit, die die Tischbein, Graff, die Ziesenis und Heinsius – je nach ihrem Können als verlockenden oder erstarrten Zauber – in die Züge ihrer Damenporträts gelegt haben. Dieser Kopf ist weder niedlich noch empfindsam; auf kräftiger Schädelbasis sprechen uns große, tüchtige Züge an, ruhige, sichere Augen, hohe, buschige Brauen, die Nase fleischig, der Mund bestimmt und geschlossen, das Kinn breit und energisch. Eine Frau, die weiß, was sie will, und sich in Respekt setzt. So sah Goethes Mutter im Alter von fünfundvierzig Jahren aus. Das Bild ist ein Dokument. Und dieses Gemälde ist endlich nach mehr als hundertsechzig Jahren heimgekehrt, ist in den österlichen Tagen des Jahres 1938 heimgekehrt in das Goethehaus. Freilich nach allzu vielen Irrfahrten! Und dies ist nun seine Geschichte:

Das Porträt ist, wie sich aus dem Ausgabebuch des Herrn Rat ergeben hat, im November 1776 gemalt worden. Der Preis betrug 16 Gulden und 48 Kreuzer, wobei diese letzteren wahrscheinlich dem Rahmen und der Verglasung galten. Der Betrag ist niedrig, das Familienporträt von Seekatz hatte sechzig Gulden gekostet.

Maler war Georg Oswald May, ein Offenbacher, damals achtunddreißigjährig. Seine größte Chance ist drei Jahre später der Tag gewesen, da er Goethe porträtieren durfte. Die Gattin Karl Eugens von Württemberg, die nicht in Stuttgart, sondern – aus Gründen – von ihrem Mann getrennt in Bayreuth lebte, weilte im August 1779 in Weimar zu Besuch und hatte den Bayreuther Hofmaler mitgebracht. Sie wünschte Goethes Bild. Es war für diesen «eine leidige Session». Wieland mußte, um ihn dabei zu zerstreuen, aus seinem «Oberon» vorlesen, und so ward «Goethe, der fast immer wütige Mensch, so amüsabel wie ein Mädchen von sechzehn», und das Bild gelang. Im übrigen war May auch Hofmaler in Ansbach, er hat vor allem in Franken und im südlichen Thüringen gearbeitet. Im Offenbacher Heimatmuseum hängen die Bildnisse des Ysenburger Fürstenpaares, aber selbst das Britische Museum hat einiges von seiner Hand. In Offenbach hat er auch Goethes Freund, den Musiker und Komponisten von «Erwin und Elmire», Johann André, und auch die Mutter von Goethes Maxe, die La Roche, porträtiert, und gewiß ist es auf diesem Wege gewesen, daß er im Goethehaus selbst Zutritt fand und ein Bild der Dichtermutter fertigen durfte.

Kaum aber war nun dieses Bild vollendet, so verfiel es seinem Schicksal. Es mußte reisen. Vermutlich auf dem Marktschiff den Main hinab und dann den Rhein hinauf fuhr es nach Emmendingen zu Cornelia, die sich in trüber Ehe und in Sehnsucht nach dem Vaterhaus verzehrte. Ein Jahr lang hat die Tochter in diesem Bild die Mutter, die sie selbst nicht mehr sehen sollte, wiedergefunden, dann war ihr kurzes Dasein am Ziel; das Bild erbte der Gatte und nahm es 1787 mit in sein neues Amt nach Karlsruhe. Dort waren ihm nur acht Jahre vergönnt, dann siedelte die Familie nach Eutin im Holsteinischen über, und hier wird nun Cornelias Tochter Lulu, die, eben einundzwanzigjährig, den jungen Nicolovius geheiratet hatte, Besitzerin des Bildes der geliebten Frankfurter «Großmama». Sie hat es heilig gehalten, denn es war ein festes Band zwischen Enkelin und Großmutter. Man blieb zehn Jahre in Holstein. 1805 ward Nicolovius Staatsrat in Königsberg, und so fährt denn das Bild der Frau Rat – vermutlich war es eine Schiffsreise von Lübeck nach Königsberg – nach Ostpreußen. 1810 ward die Familie nach Berlin versetzt; Nicolovius übernimmt die Kultusabteilung im Ministerium des Innern, und die Großmutter wird wieder auf einen Wagen geladen und rollt, auf den schlechten Straßen der Kriegsjahre, nach Berlin.

Wie ihre Mutter Cornelia traf auch Lulu das Verhängnis eines frühen Todes, sie starb 1811 im Alter von siebenunddreißig Jahren, als Mutter von sechs Kindern. Der Onkel Goethe in Weimar, der sie selbst nur als fünfjähriges Kind gesehen und nie mit ihr korrespondiert hat, schrieb ihr einen Nachruf, in dem der Schmerz um den Tod ihrer Mutter, seiner Schwester Cornelia, noch nachzittert. Das Bild der Frau Rat aber erbte, als auch Lulus Gatte 1839 starb, beider ältester Sohn Franz Nicolovius. Dieser Urenkel der Frau Rat war Generalprokurator in Köln, und so hieß es denn nunmehr für das Bild: Auf an den Rhein! 1877 starb auch dieser neue Besitzer. Erbe ward seine Tochter Frau Bertha Maria Heuser. Sie wohnte am Neumarkt im alten Kaiserpalast in Köln, und hier hat Goethes Mutter einige Jahrzehnte in Ruhe und Würde residieren dürfen, bis 1908 wieder ein Todesfall eintrat. In Deutschlands Mitte, Norden, Osten und Westen war sie gewesen – den Süden hatte sie noch nicht kennengelernt. Das sollte ihr nun beschieden sein. Robert F. Heuser, der Urururenkel, zog nach München, an den Karolinenplatz, und dorthin folgte ihm, wohl etwas wandermüde, die Ahne.

Und hier ist nun freilich die Stelle, wo wir leider bekennen müssen, daß es sich bei diesem Bild der Mutter Goethes nicht um ein Ölgemälde, sondern um ein Pastellbild handelt; und was ist empfindlicher auf Stoß und Erschütterung als diese Bilder, die doch nichts anderes sind als duftigste Vision, Traum aus zartem, farbigem Staube? Muß man, wenn man sich die Unruhe vorstellt, die diesem uns so wichtigen Bild bestimmt war, nicht angstvoll an Goethes Verse denken:

An Bildern schleppt ihr hin und her
Verlornes und Erworbnes;
Und bei dem Senden kreuz und quer,
Was bleibt uns denn? – Verdorbnes.

Aber wie Tobias, so muß auch das Bild der Frau Rat einen Engel als Geleiter gehabt haben. Ein klein wenig schütter mag sie vielleicht aussehen, die alte Dame, aber im großen und ganzen hat sich das Bildwerk gut erhalten. Die letzte Gefährdung, auch noch außer Landes nach Rom zu gehen, ist ihm dabei glücklicherweise erspart geblieben. Herr Robert Heuser hatte etwa um 1930 großherzig zugesagt, daß er im Falle seines Ablebens das Ahnenbild dem Goethehaus in Frankfurt vermachen werde. Als er, der am 6. August 1864 in Köln geboren war, am 5. Januar des Jahres 1938 in München verschied, da hat sein Erbe, Herr Tullio Covaz-Heuser in Rom – selbst von Liebe und verständnisvoller Teilnahme für das Goethehaus und seine Aufgaben erfüllt –, gern das uns Deutschen so bedeutungsvolle Gemälde dem Goethehaus zur Verfügung gestellt, und noch andere Stücke aus dem Besitz der Frau Rat, Möbel, Silber, Porzellan und Handschriften obendrein. Auch an dieser Stelle sei ihm dafür Dank gesagt.

Das Bild aber hat nun wieder seinen Platz gefunden in dem Hause, von dem es ausgegangen ist und in das es gehört. Es hängt im zweiten Stock, im sogenannten Zimmer der Frau Rat, gegenüber jenem Bilde des großen Sohnes, mit dem im November 1778 die Herzogin Anna Amalia die Mutter des Dichters erfreut hatte, zusammen auch mit den Bildern des Bruders, des Senators Jost Textor und

seiner Ehefrau Anna Margarete geb. Möller. Die Heimat
hat es, froh und dankbar und mit der Ehrerbietung, die der
Dichtermutter geziemt, nunmehr in ihren Schutz genommen.

Eines Tages kaufte sich Goethes Vater das «Betrugslexikon». Wir wissen, er war Kaiserlicher Rat, selber ein genauer Rechnungsführer und höchst ehrenwerter Mann. Er wollte nicht wissen, wie man betrügt, sehr wohl aber, was man tun könne, damit man nicht betrogen werde. Vielleicht hatte er eben schlechte Erfahrungen gemacht; denn gerade 1761 war die zweite Auflage des Buches, die er erwarb, erschienen, als er einen «heillosen und höchst odiösen Handel» mit dem Kutscher Henrici hatte.

Der Rat besaß nämlich außer dem Weinberg vor dem Friedberger Tor auch zwei Baumwiesen, mit Hecke und Graben umzäunt und mit etlichen hundert Obstbäumen bestanden. Daß er «das Nachpflanzen der Bäume und, was sonst zur Erhaltung diente, sorgfältig beobachtete, obgleich das Grundstück verpachtet war», erwähnt «Dichtung und Wahrheit» [Buch 4] ausdrücklich, so daß auch dort noch die Begebenheiten nachklingen, von denen hier die Rede sein soll. Die Wiesen waren Erbe vom Großvater Goethe her, der als Wirt des «Weidenhofs» auf der Zeil hier wohl das Obst für seinen Gasthof gezogen hatte. Sie lagen am Leonhardsbrunnen beim Ginnheimer Steg und am Affensteiner Weg. Das letztere Grundstück übernahm 1793 die Familie Bethmann von Goethes Mutter, schlug es zu ihrem Gut, und heute bildet es einen Teil des Gartens, der zum Verwaltungsgebäude des I.G.-Farben-Konzerns gehörte. Das Goethesche Gartenhäuschen indes, das einst hier gestanden, auch die Obstbäume, sind seit langem verschwunden.

Um diese Bäume aber war nun eben damals der «odiöse» Rechtshandel ausgebrochen. Goethes Vater hatte nämlich eines Tages entdeckt, daß im vergangenen Winter sieben der ansehnlichsten Obstbäume freventlich kurz über der Erde mit der Axt abgehauen worden waren. Henrici, der Pächter des Baumstücks, wußte dafür eine Auswahl sehr guter Gründe anzugeben: wie er denn etwa den Garten von Ungeziefer reinhalten solle, wenn er nicht ab und zu kleine, dürre und verseuchte Äste abschlagen dürfe, außerdem habe er ja das gute Holz dem Herrn Rat als Brennholz vor sein Haus am Hirschgraben gefahren, auch habe er 237 Fuhren Mist auf das Grundstück gebracht, dafür müsse er doch auch ernten.

Der Prozeß zieht sich von 1765 bis 1767, also während Johann Wolfgang in Leipzig studierte, durch drei Instanzen vom Ackergericht zum Schöffengericht bis zur Universität Erlangen, die – Kosten 5 Taler – gutachtlich gehört wird. Die Akten umfassen 316 Seiten. Henrici hat Sachsenhäuser Freunde, was man auch der Sprache seiner Eingabe anmerkt, wenn er seinen Anwalt gegen den Kaiserlichen Rat kurzum schreiben läßt: «Den übrigen weitläufigen Senf übergehe ich generali contradictione und bitte den Gegner zu verurteilen.» Generali contradictione, d.h. indem ich in allem das Gegenteil behaupte, was freilich in Streitfällen ja auch heute noch immer das Beste und Richtigste ist. Aber der Vater Goethe gibt auch nicht nach, und als die Sachsenhäuser – die ja, sei's zu Recht oder Unrecht, immer als schlechte Christen galten – vor Gericht als Zeugen aufmarschieren, läßt er sie gleich befragen, ob sie auch fleißig zum Gottesdienst, zu Beichte und Abendmahl gingen und wer denn ihr Beichtvater sei, um so ihre Eidfähigkeit unter Zweifel zu stellen. So geht es hin und her, und der Kutscher muß schließlich von dem Rat bekennen: «Der Herr Gegner ist wie eine Klette am Kleid, man kann ihn nicht loswerden.» Die Prozeßakten, die Robert Hering 1931 bekanntgemacht hat, enden mit einem mageren Vergleich, da die corpora delicti, die schnöde abgehauenen Bäume, nicht mehr vorhanden waren.

Goethes Vater scheint eben den Fehler gemacht zu haben, daß er das Betrugslexikon erst während des Prozesses und nicht schon 1762 bei Abschluß des Pachtvertrages gekauft hat, sonst hätte er S. 330 unter der Überschrift «Pachtleute betrügen» Absatz 2 gefunden: «Wenn sie mit den Höltzern ungerecht umgehen und daraus nicht nur selbst heimlich nehmen, was sie vor Nutzholtz zu der Bauerey vonnöthen haben, sondern auch andern, wenn sie dergleichen daraus entwenden, durch die Finger sehen oder wohl gar mit ihnen einhalten.»

Vielleicht aber hat der Rat das Betrugslexikon überhaupt nicht aktueller Nöte und Sorgen halber gekauft, sondern in Anhänglichkeit und Erinnerung an seine Schuljahre auf dem Gymnasium in Coburg. Er hatte nämlich von seinem fünfzehnten bis zu seinem siebzehnten Jahr, d. h. von 1725 bis 1727, auf dem berühmten «Casimirianum» zu Coburg zugebracht, und da wird das Werk von Georg Paul Hönn, Fürstlich Sächsischem Geheimen Rat und Amtmann in Coburg, in aller Munde gewesen sein, denn es war soeben, nämlich 1720, in Coburg bei Findeisen erschienen. Ja, dieser treffliche Mann war, als Johann Caspar von seinem Vater nach Coburg zur Schule gesandt ward, dort der Scholarch eben des Gymnasiums, unter dessen Zucht der junge Frankfurter Wirtssohn kam, war ein Mann von dreiundfünfzig Jahren und einer der angesehensten Bürger der Stadt. Es war also das Buch seiner einstigen Behörde, das der Vater Goethe sich erwarb, und es war ein Buch, aus dem viel zu lernen war.

Hönn, der ein gebürtiger Nürnberger gewesen und es bis zum fünfundachtzigsten Lebensjahr gebracht hat – er starb zwei Jahre früher, als seinem Schüler der berühmte Sohn geboren ward –, hatte seine schlimmen Erfahrungen teils auf seiner Kavalierstour durch Europa, teils als Coburger Polizeirat, Obervormundschaftsrat, als Fürstlich Hennebergischer Archivar und als Kurfürstlich Sächsischer Geheimsekretär gesammelt. Nehmen wir Schulamt und seine Universitätserfahrungen zu Altorf und Groningen hinzu, so muß man schon sagen, das Leben hatte ihn weidlich hinter seine Kulissen gucken lassen.

Was er gesehen hat, das erinnert an die Statue der Frau Welt am Freiburger Münsterportal: vorn liebliche Jungfrau, vom Rücken gesehen Skelett mit Ottern, Kröten und Gewürm, oder mit Grimmelshausen zu reden: «Vorne hui, hinten pfui!» Das Leben ist Betrug und nichts als Betrug, weshalb es auch in Hönns Vorrede heißt:

Con arte e con inganno
Si viva la metà dell' anno,
Con inganno e con arte
Si viva l'altera parte.

Die eine Helft im Jahr treibt man Betrügerey,
Die andre Helft übt man wieder sie aufs neu.

Denn gleich mit der Schöpfung, auch das sagt Hönn in der Vorrede, hat es angefangen: «Der Fürst der Welt und Urheber des Betruges legte sein erstes Meisterstück an unser aller Mutter, der Eva, ab, als welche er so grausam betrogen, daß ihr und uns Nachkommen darüber billig die Augen übergehen mögen.» Dann betrog Jacob seinen Vater Isaak, Rahel den Laban, Joseph seine Brüder, Simson die Delila, Judith den Holofernem, die morgenländischen Weisen den Herodem, Judas den Heiland, – und so geht es weiter bis zur Gegenwart, wo 350 Stände und Handwerker einander gegenseitig betrügen. Man wird an die Anekdote von dem Einsiedler erinnert, der seiner Frömmigkeit halber Papst wurde und, als er vom Altan der Peterskirche die ihm huldigende, drängende Menschenmasse sah, erstaunt den Kardinal fragte: «Wovon leben denn alle diese Leute?» und der Kardinal antwortete: «Eure Heiligkeit, sie bescheißen einander.»

Fangen wir im Index mit dem Buchstaben A an: Abgesandte, Accis-Einnehmer, Advokaten, Ärzte, Alchimisten, Almosenempfänger, Ammen, Apotheker, Archivarii, Auctions-Interessenten und Ausleiher betrügen. Wenn man aber etwa glaubt, wenigstens die Amtsmänner, Arbeiter und Auctores seien ehrliche Leute, weil sie nicht erwähnt werden, so irrt man; für sie wird nur verwiesen, man möge unter Beamte, Taglöhner und Bücherschreiber nachschlagen.

Die Ammen etwa haben z.B. zwölf verschiedene Möglichkeiten zu betrügen. Nur Nummer 4 sei angeführt: «Wenn sie bey ihrer Annehmung versprechen, im Hause, so viel sie abkommen könnten, mit Hand anzulegen, hernach aber nicht das geringste anrühren, sondern nur mit den Kindern spielen, schlafen und faulentzen.» Wieviel Lebenskenntnis!

Von welchem bildungsgeschichtlichen Wert ist es weiter, zu erfahren, wie es vor langer, langer Zeit an den deutschen Universitäten zugegangen ist. S. 346 steht es: «Professores oder akademische Lehrer betrügen 1) Wenn sie sich die Collegia voraus bezahlen lassen, hernach aber solche, unter dem Vorwand vorgefallener Hindernisse, nicht völlig absolviren, 2) Wenn sie zu Anfang eines Collegii sehr fleißig lesen, nach und nach aber den alten Schlendrian gehen und es beym Gleichen bewenden lassen, 3) Wenn sie einem Auctori, darüber sie lesen, nicht recht ins Maul greifen, sondern über die schwehre Loca gleichsam mit einem Flederwisch und wie der Hahn über die Kohlen oben hinfahren, 4) Wenn sie spät zu lesen anfangen, und bald, ehe noch der Seiger geschlagen, wieder aufhören, oder auch wol die auf ihrem Tisch neben sich habende Sand-Uhr so lange rütteln und schütteln, bis sie fast ausgelauffen, und, da es alsdann noch nicht schlägt, die Schuld auf die unrecht lauffende Uhr verschieben, 5) Wenn sie die Fontes und Bücher, welche von jener Materie, über welche sie hauptsächlich handeln, nicht treulich anzeigen, sondern die besten verschweigen, oder wenn sie in ihren Collegiis mehr Schnacken, Schertz und Possen reißen, als Realitäten vorbringen, um dadurch mehrere Auditores an sich zu ziehen.» So geht es weiter in 21 Punkten bis zu den Promotionen und Disputationen.

Noch schlimmer aber sind z.B. die Schuhmacher. Sie kennen nicht nur 21, sondern 26 Möglichkeiten des Berufsbetrugs. Und hatte Hönn bei den Professores bezeugt, was er auf Europas hohen Schulen gelernt hatte, so beweist er jetzt, wie gut er in der Handwerksstube zu Haus war. «Schuster betrügen, wenn sie das Sohlen-Leder einweichen und nach dem bekannten Sprichwort:

Der Schuster hat zwey lange Zähn,
Damit er kan das Leder dehn,

mit der Beiß-Zange dergestalt weit auseinander ziehen, daß seine Compactur oder Gewebe zertrennet und es sehr porös gemachet wird. Wenn sie unter die Absatz Fleckgen oder auch zu den Ober-Ledern und Hintertheilen altes Leder nehmen, und nachgehends für lauter neues verkauffen. Wenn sie beym Aufstechen der Absätze die Drähte nicht wohl pichen, und allzuweite Stiche thun, oder nicht fest genug zuziehen, da es doch nach dem bekannten Sprichwort heißt:

Wer wohl picht,
Und eng sticht,
Zeucht fest zu,
Macht gute Schuh. »

Hat nun irgendein «Tobacks-Händler» noch den Mut, zu erfahren – wenn er es nicht wissen sollte –, daß seine Zunftsünde sei, «den Virginischen Toback mit Frankfurther, Hanauer, Meiningischem, Wetzlarischem und anderm zu vermischen», oder ein Schwertfeger, daß er nur zu gerne «auf gemeine Klingen ‹London› setze, damit solche vor gut englische passieren mögen», oder will ein Witwer mit sieben Kindern, der wieder heiratet, sich noch öffentlich nachsagen lassen, «daß er seiner Braut nur von zwey lebendigen Kindern gesprochen, vorgebend, daß die übrigen fünf, welche er vorhero in den Keller versteckt, ‹unter der Erde› wären?» Und was würde Honn über die «Jubelierer» geschrieben haben, wenn er ein Zeitalter der synthetischen Edelsteine vorausgesehen hätte? So kennt er bei Juwelieren nur 13 Arten des Betrugs, von denen die vierte beweist, wie lange sich die magische Bedeutung des Edelsteins, im Grunde einst seine wesentlichste Eigenschaft, lebendig erhalten hat: «Jubelierer betrügen, wenn sie von einen und andern Edelgestein vorgeben, daß solche wider den Teufel, Gespenst, Zauberey, Melancholie, böse Träume und so weiter nützlich zu gebrauchen seyn.»

Über Lug und Trug der Kinder weiß der Vormundschaftsrat Hönn natürlich besonders gut Bescheid, aber auch die Eltern entlarvt er als bloße «Kindtauf-Interessenten», «wenn sie solche Leute zu Gevattern bitten, die entweder im gleichen Amte oder doch in einem solchen, das viele Connexion mit dem ihren hat, stehen, damit sie beyderseits ihre Betrügereien desto besser practiciren und verbergen mögen, nach dem gemeinen Sprichwort:

Brat mir der Herr Gevatter eine Wurst,
So lösch ich ihm den Durst.»

Man mag in dem Buche blättern, wie und wo man will, überall grinst uns die Maske der Unredlichkeit entgegen. Weber und Wäscherinnen, Pfarrer wie Perückenmacher, Maler wie Maurer, Kellner wie Köche, Gerber wie Glaser, Drucker wie Verleger, Ehemänner wie Eheweiber, Bäcker, Bettler, Beutler, Bierwirte, Bibliothekare, sie alle betrügen. Und selbst am Grabe hört dieser satanische Reigen nicht auf. Denn auch Totengräber betrügen, wenn «sie sich bey Abend-Leichen von Adelichen oder andern Standes-Personen mehr Lichter geben und bezahlen lassen, als sie anzünden und verbrauchen oder wenn sie bey Absterben lediger Leute die erst neulich an den Epitaphiis des Gottes-Ackers aufgehängte Cronen, Kränze oder Engel herabnehmen und damit ihre Befreundte, damit sie keine neue brauchen machen lassen, zur Zierde des Sarges, beschenken». Von solchen Kronen wissen wir Heutigen nichts mehr, aber noch Goethe stieß auf diese Sitte, und zwar in der protestantischen Kirche von Ingelheim am 4. September 1814. «Ein wunderbarer Gebrauch war zu bemerken. Auf den Häuptern der steinernen Ritter-Kolossen sah man bunte leichte Kronen von Draht, Papier und Band, turmartig zusammengeflochten. Dergleichen standen auch auf Gesimsen, große beschriebene Papierherzen daran gehängt. Wir erfuhren, daß es zum Andenken verstorbener unverheirateter Personen geschehe. Diese Todtengedächtnisse waren der einzige Schmuck des Gebäudes.» –

Wenn man auf solche Weise Hönns Buch ganz in sich aufgenommen – und diese Desillusionierung der Mitwelt läßt keinen Leser los, bis er zum Ende gekommen –, so ist es, als hörte man die Posaunen des Jüngsten Gerichts schmettern und sähe in endlosem Zuge die Menschheit der Höllenpforte zutreiben, wie auf dem Bilde von Stephan Lochner in Köln. Nur daß eben die Gegenseite fehlt, das heitere Himmelstor mit den blonden Engeln, die auf goldenen Instrumenten blasen und mit Neigen und liebender Gebärde Selige bei den Händen nehmen.

Nein, bei Hönn gibt es keine Guten. Und so verstehen wir auch, daß es ihm bei seinem Werke, das «seinen Neben-Christen nicht undiensam» sein sollte, bang und bänger wurde. «Ob nun gleich mein sich hinter Menschen-Furcht steckendes und also betrügliches Fleisch zu Hintertreibung meines Vorhabens mir vorgestellet: Was eben ich nöthig hätte und gleichsam der erste seyn wollte, den Dekkel von dem Betrugs-Hafen, an welchen sich bisher, meines Wissens, noch niemand verbrennen wollen, abzunehmen, und denen vorne leckenden, hinten aber kratzenden Katzen die Schelle anzuhängen? So hat dennoch endlich der Geist durch die göttliche Regierung meinem Fleisch obgesieget und diesen Schluß gemacht: Ich stehe unter dem Schutz Gottes, was können mir Menschen thun?»

Hut ab also vor dem tapferen Manne! Und doch, hätte er geahnt, wieviel Anfeindungen ihm sein Buch eintragen sollte, vielleicht hätte er es doch ungedruckt gelassen. Alle Zünfte und Ämter fühlten sich bloßgestellt und beleidigt. Vor allem war ihm die katholische Geistlichkeit gram. Und hier hat sich Hönn tatsächlich auch als ein böser Aufklärer erwiesen. Wie konnte er nur schreiben, daß Mönche betrügen, «wenn sie bey Eröffnung der Gräber oder Särge ihrer vermeynten Heiligen mit Unwahrheit vorgeben, daß sie einen lieblichen Geruch empfänden, um die Einfältigen in den Aberglauben gegen dieselben zu erhalten, wie es zu Blois in Frankreich bey Eröffnung des Grabes S. Victoris sich zugetragen»!

Hönn mußte es darum erleben, daß sein Buch in Böhmen konfisziert und anderwärts feierlich verbrannt wurde. In den späteren Auflagen wurden die Abschnitte, die von Mönchen und Nonnen handeln, abgeändert. Aber auch sonst faßt der Verfasser, meine ich, zu scharf zu, so wenn er in 27 Punkten den Dieben Vorwürfe macht, daß sie stehlen. Wie kann einer Dieb sein, wenn er nicht stehlen darf? Die Aufhebung der Tätigkeit schließt hier die Aufhebung des Begriffs und der Existenz in sich ein; und gerade das würde der Verfasser selbst wahrscheinlich wieder als betrügerischen Versuch brandmarken.

Und doch wollen wir gegen den verdienstvollen Mann keinerlei vorschnellen Tadel erheben, denn das ausführlichste Kapitel, das das Betrugslexikon enthält, heißt: Der Selbstbetrug. Und das ist zugleich das nachdenklichste Kapitel. Hier zeigt sich, daß der Mann, der im Inland und Ausland als Richter, Vormund und Geheimsekretär gelernt hatte, seinen Mitmenschen auf die Finger zu sehen, noch viel genauer gegen sich selbst war und, wie er sich von andern nichts vormachen ließ, über sich selbst weder sich noch seinem Gott etwas vormachen wollte. Die 80 Sätze, die das Kapitel «Selbstbetrug» ausmachen, sind ein ernster und gewissenhafter Beichtspiegel, der in der Erkenntnis gipfelt, wir sollten von der Kreuzigung Christi nicht meinen, «daß, wann wir zu der Zeit gelebet und darbey gewesen wären, es ganz anderst und besser sollte hergegangen seyn». Christus liegt auch ihm in der Agonie bis zum Jüngsten Tag, das ist des Autors erlebte Überzeugung. Und so ist es denn kein Wunder, daß wir Hönn auch unter den Dichtern religiöser Arien und Lieder finden, die sich, wie etwa «Fröhlich in Hoffnung, geduldig in Leid», bis heute in den Gesangbüchern der Kirche erhalten haben.

Aus den Buchtiteln, die Hönn in seinem Lexikon anführt, sieht man, was er selber las. Spener ist da zu nennen, und vielleicht hat Hönn doch auch zum Pietismus eine gewisse Fühlung gehabt. Frankfurt und Halle wären dann die Orte in Deutschland gewesen, nach denen – trotz aller Aufklärung – auch er schaute. Jedenfalls, wenn Francke 1698 in Halle die erste Waisenanstalt gründete, so schuf Hönn deren zwei, eine in Coburg, die andere in Meiningen. Das waren die Männer, die das 18. Jahrhundert bei uns heraufführten, – bestes deutsches Bürgertum, dessen wir immer wieder einmal ehrend gedenken sollten.

Man kann das ganze Wirken Hönns unter zwei verschiedenen Gesichtspunkten betrachten. Von uns aus gesehen, ist sein Werk eine kulturgeschichtliche Fundgrube ersten Ranges. Indem es von jedem Stand, sagen wir z.B. dem Universitätspedellen, vorführt, wo um 1700 die Versuchungen für den Pedellen gelegen haben, wird uns das Tun und Lassen eines solchen Mannes vom Morgen bis zum Abend im einzelnen anschaulich, wie kaum aus einem anderen Buche. Und das gilt nun für alle Stände und Ämter. Im Rahmen seiner eigenen Zeit aber betrachtet, ist das «Betrugslexikon» doch ein echtes Erzeugnis einer christlich-moralischen Aufklärung. Welche Idee allein, zu glauben, daß man das Wissen um die Unredlichkeiten der Welt so rational zusammentragen könne, wie man etwa den Spruchschatz eines Volkes in einem Akademiewerk sammelt! Von 350 Ständen sind im Durchschnitt je 15 Betrügereien angeführt, also wären mit etwa 5000 Unredlichkeiten Lug und Betrug der Welt erfaßt. Das Zeitalter der Enzyklopädien ist angebrochen! Indes Hönn würde uns einwenden, daß nur bei einem systematischen Wissen um das Böse dem Guten zum Sieg verholfen werden könne. Auch handele es sich nicht allein um das Wissen als vielmehr um Besserung und Erziehung. Und wirklich, am Schlusse jedes Abschnittes ist, wenn auch in Kleindruck, ausgeführt, wie jeweils die Verfehlungen zu verhüten sind, teils durch kluge und sachkundige Vorsichtsmaßnahmen, vor allem aber – und das ist das wichtigste – dadurch, daß man darauf drängt, daß in jedem Amte nur zuverlässige, ehrliche und anständige Leute wirken.

Wir wissen nicht, welche Teilnahme der junge Johann

Wolfgang Goethe dem merkwürdigen Werk in der Bibliothek seines Vaters entgegengebracht hat und inwieweit er es überhaupt gelesen hat. Daß Betrug die Welt regiere, zu dieser Einsicht brauchte er keine Bücher. Das lernte er als Knabe schon an der Verwaltung seiner Vaterstadt. Und wenn der Sechzehnjährige in einem seiner ersten Gedichte erklärte:

> *Dieses ist das Bild der Welt,*
> *Die man für die beste hält,*
> *Fast wie eine Mördergrube,*

und wenn der Zwanzigjährige eine Komödie «Die Mitschuldigen» schreibt, in der nur Betrüger auftreten, deren letztes Wort dann ist:

> *Für diesmal bleiben wir wohl alle ungehangen,*

so sieht man, dieser Verfasser wußte nur zu gut Bescheid. Als 1794 die väterliche Bibliothek versteigert wurde und Goethe sich aus ihr vorher die Bücher, die ihm lieb und wichtig waren, nach Weimar kommen ließ, war Hönns Betrugslexikon nicht unter diesen. Es ist unbekannt, in wessen Hände des Vaters Exemplar gekommen ist. Heute aber, da das Freie Deutsche Hochstift als Eigentümer und Pfleger des Goethehauses sich müht, auch die Bücherei des Kaiserlichen Rates nach dem Versteigerungsverzeichnis wieder zusammenzutragen – nicht in des Rats eigenen, denn das ist unmöglich, aber in genau entsprechenden Exemplaren –, da ist auch Georg Paul Hönns Betrugslexikon von neuem in das Goethehaus eingezogen und steht nun in des Kaiserlichen Rates Stube und wieder in seinem Bücherschrank.

DIE KINDSMÖRDERIN

Im Goethehaus haben sich kürzlich bei den Vorarbeiten zur Ausgabe des «Hochstifts-Faust» in der «Sammlung Dieterich» unter jenen gedruckten Verordnungen und handschriftlichen Notizen, die der Kaiserliche Rat zur Geschichte der Vaterstadt zusammengetragen hat, Papiere gefunden, die von dem Schicksal eines Mädchens handeln, das ihr Kind getötet hat, wie sie aussagt: «um der Scham und dem Vorwurf der Leute zu entgehen». Am Schluß der Handschrift steht:

«Diese Susanna Margaretha Brandtin wurde hier auf Dienstag den 14. Jänner 1772 auf dem Platz an der Röhre ohnfern der Hauptwache mit dem Schwerdt hingerichtet.»

Am Donnerstagmorgen, dem 9. Januar, war im Kaisersaal auf dem Römer der Spruch von Bürgermeister und Rat beschlossen und der Verurteilten, die in Ohnmacht zusammenbrach, verkündet worden. Gleich darauf ward der Nachrichter befragt, ob er sich getraue, die Exekution glücklich und auf einen Streich auszuführen. Diejenigen, die die Frage stellten, waren der Bürgermeister Reuß und der Senator Johann Jost Textor. Eben dieser Textor aber war der Bruder von Goethes Mutter. Der Scharfrichter antwortete am Tag darauf mit einem Schreiben, man möge die Hinrichtung seinem Sohn überlassen. Die Eingabe ist nicht vom Henker selber, sondern von Dr. Johann Georg Schlosser eingereicht und unterzeichnet worden. Derselbe Schlosser aber war als Anwalt gleichsam des jungen Goethe Teilhaber und wurde wenige Monate darauf durch seine Verbindung mit Cornelia sein Schwager.

Ende August des Vorjahres war Goethe aus Straßburg als Lizentiat der Rechte in seine Vaterstadt zurückgekommen. Die 55. seiner Disputationsthesen hatte der Frage

nach der Strafe für Kindsmörderinnen gegolten. An seinem
Geburtstag hatte er dann um Ausübung der Anwaltschaft
in Frankfurt nachgesucht. Drei Tage später ward sie ihm
bewilligt. Der Präsident des Schöffengerichts war noch vor
einem halben Jahre der Vater seiner Mutter, Johann Wolfgang Textor, gewesen. Die ersten Fälle wurden ihm von
dessen Sohn Johann Jost Textor zugewiesen, der dann
aber die eigene Advokatur hatte aufgeben müssen, weil er
nach seines Vaters Tod als Senator in den Rat gekommen
war.

Susanna Margaretha Brandt – Rufname nicht Margarethe, sondern Susanne – war die Tochter eines Frankfurter Gefreiten. Eine Schwester war an einen Tambour verheiratet. Ein Bruder war Soldat, und zwar Sergeant, ein
Vetter Ordonnanz. Sie selbst war fünfundzwanzig Jahre
alt und Magd im Gasthaus zum Einhorn; das große Anwesen, damals mit einer Trinkstube und mit Zimmern zum
Nächtigen, lag in der Klostergasse, der Hof grenzte an die
alte Staufenmauer. Im Sommer 1771 war das Mädchen ins
Gerede der Nachbarn gekommen.

Hast nichts von Bärbelchen gehört?
Die hat sich endlich auch betört. Es stinkt!
Sie füttert zwei, wenn sie nun ißt und trinkt.

Die Schwester nimmt sich ihrer an: Sie solle nur gestehen. Es hätte ja nichts zu sagen, «sie wäre die erste nicht»
und werde auch nicht die letzte sein. Mit denselben Worten, die in der Verhandlung wieder- und wiederkehren:
«sie wäre die erste nicht», drängt eine andere Magd des
Hauses sie zum Geständnis. Das Mädchen beteuert seine
Unschuld. Indes, am 2. August ist sie aus der Stadt verschwunden. Noch am selben Abend wird an der Hauptwache und an den Toren der Haftbefehl ausgegeben und der
Steckbrief in der Stadt ausgetrommelt. Für diesen zeichnet
handschriftlich Johann Heinrich Thym, seit 1765 Schreiber beim Kriegszeugamt. Vordem aber war derselbe Thym
neun Jahre lang der Hauslehrer von Johann Wolfgang und
Cornelia Goethe gewesen. Schon am Nachmittag des

86

3. August ward die Verfolgte am Bockenheimer Tor von der Wache erkannt und festgenommen. Sie war am Vortag durch dasselbe Tor nach Höchst entwichen, hatte dort sich von einem Schiffer dem Mainzer Marktschiff nachrudern lassen und in Mainz gegen Hingabe ihrer Ohrringe Nachtlager gefunden. Am andern Morgen – mittellos, mutlos, von Reue geschlagen – geht sie nach Frankfurt zurück.

Ihr Gefängnis war ein Vierteljahr lang der Turm der alten Katharinenpforte, der innerhalb der neuen Stadtbefestigung von der mittelalterlichen Umwallung übriggeblieben war und erst 1790 niedergelegt ward. Er stand am Ausgang des Hirschgrabens, nur zweihundert Meter von Goethes Elternhaus entfernt und nur wenig Schritte hinter der Katharinenkirche, in der die Familie Goethe ihre Plätze hatte. Jeder Weg zur Zeil, zum Haus der Textors, zum Klettenberg, jeder Kirchgang führte unter dem Turm des Gefängnisses hindurch. Der erste Arzt, der sich des Mädchens hatte annehmen müssen, war Dr. Johann Friedrich Metz, wohnhaft hinter dem Römer und Hausarzt der Klettenberg, der Freundin der Frau Rat. Eben dieser Dr. Metz aber war es gewesen, der Goethe, wie dieser in «Dichtung und Wahrheit» [8. Buch] erzählt, am 7. Dezember 1768, als er, von Leipzig schwerkrank zurückgekehrt, im Elternhaus darniederlag, das geheimnisvolle, weiße, rettende Pulver reichte. Metz war Alchimist. Er hatte, um den Glauben an sein Heilmittel zu erhöhen, Goethe im gleichen Winter zum Studium der alchimistischen Bücher des Paracelsus, v. Helmont und Welling angeregt, so bei dem jungen Dichter den Leipziger Rokoko-Rationalismus durchbrochen und den Boden für das Erlebnis des faustischen Magiers vorbereitet. Der zweite Arzt, der helfend zu Rate gezogen ward, war Dr. Burggrave. Eben dieser Burggrave aber war wiederum schon vom Stadtschultheißen Textor her Hausarzt in der Familie Goethe.

Die Verhöre auf dem Römer dauerten von Montag, dem 8., bis Freitag, den 12. Oktober. Das Mädchen bezeichnete als Vater des Kindes einen holländischen Goldschmiedegesellen, der nach Rußland weitergereist sei.

Ein flinker Jung'
Hat anderwärts noch Luft genung.
Er ist auch fort.

Den Namen wisse sie nicht; so habe sie auch später sich
nicht an ihn wenden können, zumal da sie des Schreibens
unkundig sei. Der Fremde habe sie durch ein Mittel, das er
ihr in den Wein getan, in seine Gewalt gebracht. Das übrige sei das Werk des Teufels gewesen. Denn der Satan sei
gar nicht mehr von ihr gewichen, er habe sie auch zum
Selbstmord treiben wollen, worüber sie ein Schauer überfallen und sie ein Zittern am ganzen Leib verspürt habe.
Der Satan habe ihr auch schließlich die Tat, die sie bitter
bereue, eingegeben. Dieser Teufel und seine «verblenden-
den» Eingebungen sind ebenso erlebte Realität des Mädchens wie etwa «die Eingebungen des Heiligen Geistes»,
wenn dieser sie angetrieben hat, zur Kirche oder zum
Abendmahl zu gehen. Der Rat unterbreitet vor dem
Spruch die Angelegenheit gutachtlich seinem Syndikus
Dr. Georg Wilhelm Lindheimer; dieser aber war ein Glied
der Sippe der Lindheimer, der auch Goethes Großmutter,
die Stadtschultheißin Textor, angehörte. – Mit der Hinrichtung am 14. Januar 1772, die unmittelbar vor der
Katharinenkirche auf dem Platz vor der Hauptwache stattfand, steigt das schwerfällige, feierlich-düstere Brauchtum
der alten Reichsstadt vor uns auf. Schon das Schafott neben dem Brunnen war von der Zunft der Zimmerleute
unter besonderen Zeremonien errichtet worden. Um fünf
Uhr morgens ließ die Stadt die Wachen verdoppeln, Ab-
sperrungen vornehmen und die ganze Garnison, samt der
Artillerie, in Bereitschaft treten. Der Sergeant Brandt, der
Vetter der Angeklagten, war für diesen Tag des Dienstes
enthoben. Die Tage vorher und vor allem die letzte Nacht
hatten die Geistlichen bei der Verurteilten im Gefängnis
zugebracht. Die letzte Seelsorge lag in der Hand des Pfarrers Johann Jakob Willemer, der auch das Blutgerüst mit-
bestieg; er war der Oheim und Pate des späteren Gatten
der Marianne Jung. Um sechs Uhr betrat, gefolgt vom

Stadtschreiber, von Henker und Henkersknechten, der Obristrichter das Gefängnis im Katharinenturm, er selbst «in seiner völligen Exekutions-Kleidung», schwarzem Rock mit Stiefeln und Sporen, dazu mit rotem Mantel angetan, auf diesem das große Stadtwappen in Silber aufgeheftet, der weiße Adler aber in goldenem Feld. Unter dem Mantel verborgen – dies alles genau nach dem amtlichen Bericht des Ratsschreibers Claudi an den Rat – hielt er den kleinen, roten Stab, den er nach Verlesung des Urteils durch den Stadtschreiber unter feierlicher Formel brach und der Verurteilten vor die Füße warf. Diese begann zu erzittern, ließ sich aber von dem Scharfrichter, der hinter dem Ofen hervortrat, sie bei der Hand nahm und ihr einige, den andern unhörbare Worte zuflüsterte, beruhigen. Während das Mädchen dann unter geistlichem Beistand in das «Armesünderstübchen» geführt wurde, deckte man in einem größeren Zimmer des Turmes die Tafel für die Henkersmahlzeit, die – es ist mehr als grotesk-grausige Zeremonie – im Stil des 16. oder 17. Jahrhunderts mit üppigen Gängen aufgetragen wurde, um vor Zeugen den Scharfrichter zu kräftigen, wobei die Richter, Geistlichen, Wachen, Scharfrichter und die Verurteilte an der Tafel Platz zu nehmen hatten; die Geistlichen nahmen nur ein wenig, die Delinquentin nur einen Schluck Wasser zu sich. Dazwischen läutete jede Viertelstunde die Glocke. Dann wurde die Verurteilte, mit Stricken umwunden, die Stiege hinab und in militärisch-geistlicher Prozession, unter fortwährendem Singen und Beten über den Liebfrauenberg, über die Mainbrücke nach Sachsenhausen bis zum Aschaffenburger und Neuen Tor und zurück geführt. Der Obristrichter ritt voran und wies mit dem Zepter den Weg. Ihm folgten, das Mädchen am Strick, der Scharfrichter und seine Knechte, die Geistlichen und die Soldaten. Um zehn Uhr war man am Schafott angekommen. «Der Nachrichter führte die Malefikantin mit der Hand nach dem Stuhl, setzte sie darauf nieder, band sie an zweyen Ort am Stuhl fest, entblösete den Hals und Kopf und unter beständigen Zurufen der Herrn Geistlichen wurde ihr durch einen Streich der Kopf glücklich abgesetzt.» «Unter Beugung der Spitze des Schwertes» neigt sich der Henker vor dem Obristrichter und fragt, «ob er das ihm Befohlene ausgerichtet habe», worauf dieser antwortet: «Er hat sein Amt wohl verrichtet und getan, was Gott und die Obrigkeit befohlen.» Die Tote wird auf dem Gutleuthof beigesetzt. Der Obristrichter fährt auf den Römer und meldet dem Rat den Vollzug. Am 17. Januar quittiert die Schwester der Toten, statt Unterschrift mit drei Kreuzen, über ordnungsgemäßen Erhalt der Hinterlassenschaft: ein wenig karge Kleidung, ein Gesangbuch, ein seidenes Halstuch, vier Schnur weiße Perlen.

Die Akten über diese Vorgänge waren nicht unbekannt, aber nicht beachtet, ja man hat sich gescheut, sie mit der Fausttragödie in Verbindung zu bringen. Man wollte Goethes Dichtung allein literarisch aus der allgemeinen Teilnahme einer Zeit erklären, in der die Frage nach der Schuld der Kindsmörderin juristisch und dichterisch sehr viel behandelt wurde. Man hat auch den Versuch gemacht, das Sesenheimer Idyll zu mißdeuten. Nun sich aber die vielfachen persönlichen Fäden zwischen diesem Gerichtsverfahren und dem Goetheschen Hause aufdecken ließen und sich Teilabschriften aus diesem Prozeß im Goetheschen Besitz gefunden haben, ist solchen Versuchen jeder Boden entzogen, und dies um so mehr, als die Hand dieser Auszüge die des Schreibers von Goethes Anwaltskanzlei ist, die sich auch in all den von ihm vertretenen achtundzwanzig Prozessen findet. Dieser Kanzlist Goethes war Johann Wilhelm Liebholdt [† 1806], der auch die rechte Hand des Kaiserlichen Rates bei dessen Geschäften war und der noch 1794 für die Mutter den Versteigerungskatalog der Goetheschen Bibliothek schrieb. Seinem Leben und Naturell hat Goethe im 16. Buch von «Dichtung und Wahrheit» eine ganze Seite gewidmet, unter besonderem Rühmen «der sehr schönen Handschrift». «Auf dem Rathause wußte er alle Wege und Schliche; es reut mich, daß ich ihn nicht als Triebrad in den Mechanismus irgendeiner Novelle mit eingefügt habe.» Schließlich findet sich wiederum über diese Abschrift Liebholdts am Eingang des Bandes noch eine zweizeilige Registraturbemerkung von der Hand von Goethes Vater. Dieser, der Obduktionsberichte sammelte, hat sich also die Abschrift aus den Protokollen des Rats durch seinen Kanzlisten fertigen lassen und sie seinen Konvoluten beigefügt.

So spricht denn allein diese Akte und verrät die Teilnahme des Hauses, während Goethe selbst verstummt, gemäß seiner Art, den Nachtseiten des Lebens gegenüber ausweichend zu schweigen und nur mittelbar im Widerschein der Dichtung zu enthüllen, wie sehr er ergriffen war. Und so heißt es auch später in «Dichtung und Wahrheit» [Buch 4] eben nur andeutend: «Es fehlte in der bürgerlichen Ruhe und Sicherheit nicht an gräßlichen Auftritten. Bald weckte ein Brand uns aus unserem Frieden, bald setzte ein entdecktes großes Verbrechen, dessen Untersuchung und Bestrafung die Stadt auf viele Wochen in Unruhe. Wir mußten Zeugen von verschiedenen Exekutionen sein.» Tatsächlich haben in des Dichters Jugend in Frankfurt, nach Auskunft von Herrn Archivdirektor Dr. Gerber, nur zwei tragische Exekutionen stattgefunden: 1758 die Hinrichtung der Kindsmörderin Anna Maria Fröhlich – damals war Goethe ein Kind von neun Jahren – und eben 1772 die Hinrichtung der Susanna Margaretha Brandt. Ihr Schicksal und kein anderes ist demnach das «entdeckte große Verbrechen, dessen Untersuchung und Bestrafung die Stadt auf viele Wochen in Unruhe» setzte. Kein gleicher Fall hat sich außer dem ihren ereignet, aber Goethe gibt keine Jahreszahl, nennt keinen Namen und lenkt – höchst bezeichnend – schnell ab zu der komisch-feierlichen Verbrennung eines konfiszierten Buches, eben um von den tragischen Katastrophen zu schweigen. Indes, als er 1811 solche Erinnerungen über die ferne Jugendzeit niederschrieb, war, was jene «gräßlichen Auftritte» ihm einst bedeutet hatten, längst in der Faust-Dichtung unsterbliche Form geworden.

Die Tragödie verbindet in ihrem ersten Teil drei führende Motive: Das Spiel vom Magier Faust, das Motiv der

Liebe und Liebesuntreue und schließlich die Tragödie des verlassenen Mädchens, das ihr Kind tötet. Nach all dem, was wir nunmehr wissen, liegt es zutage, daß für das dritte Motiv die Vorgänge, die sich vor Goethes Augen vollzogen, bestimmend gewesen sind. In der Stadt von nur 36 000 Einwohnern lebte keiner am andern vorbei. Als im Februar 1777 wieder eine Kindsmörderin gerichtet wurde, schrieb Catherina Crespel, die Jugendgespielin Goethes, sie sei allein zu Haus, alles sei fortgegangen, der Exekution beizuwohnen. So wird es auch im Januar 1772 gewesen sein. Die Bürger mußten durch die Tragödie, die sich damals vollzog, in einen Wirbel der Aufregungen gestürzt werden, und – wie Goethes Wort bezeugt – wurden sie es auch. Der Oheim, Johann Jost Textor, der Freund, Mitanwalt und spätere Schwager Schlosser, der Hauslehrer Thym, die beiden Hausärzte Metz und Burggrave, der Haussekretär Liebholdt, selbst der Vater Johann Caspar Goethe, ein Lindheimer, ein Willemer, das sind die Namen der beteiligten oder Anteil nehmenden Personen, alles Menschen, die zu dem jungen Dichter in enger und engster Beziehung standen. Ja selbst der Obristrichter, der, mit allen Insignien seiner reichsstädtischen Würde bekleidet, das kleine rote Stäbchen brach, war dem jungen Goethe nur zu wohl bekannt; er und sein Gerichtssubstitut Joh. Adolf Wagner sind die einzigen Persönlichkeiten, von denen wir namentlich wissen, daß sie in die fatale «Gretchenaffäre» des jungen Johann Wolfgang im Mai 1764 [«Dichtung und Wahrheit» Schluß des 5. Buches] verwickelt waren. Es ist fast, als ob es sich bei dem ganzen Vorfall um ein Stück innerhalb der Goetheschen Haus- und Familiensphäre gehandelt habe.

Und selbst wenn der eben zweiundzwanzigjährige Goethe nicht zufällig gerade in eben jenen Wochen des Verhörs und der Verurteilung als Anwalt auf dem Römersaal tätig gewesen wäre – er verfocht gerade damals die Sache Heckel gegen Heckel, Sohn gegen Vater, um den Besitz der Porzellanfabrik und vertrat den Metzgermeister Hemmerich in Hausbausachen gegen seine Nachbarn –, so bliebe doch anzunehmen, daß er als Anwalt aus juristischem und menschlichem Interesse dem Verhör als Zeuge beigewohnt hat. Er kannte auch die minutiösen Protokolle. Und nun erhält die alte Vermutung, daß jene Szene am Schluß des «Urfaust», die noch nicht in Versen, sondern noch in wildester Shakespeare-Prosa geschrieben ist, zu den ältesten Niederschriften der Gretchentragödie zu zählen sei, eine neue Stütze.

Faust: «Im Elend verzweifelnd! Erbärmlich auf der Erde lang verirrt! Als Missetäterin im Kerker zu entsetzlichen Qualen eingesperrt, das holde unselige Geschöpf! Biß dahin!... Gefangen! Im unwiederbringlichen Elend bösen Geistern übergeben, und der richtenden gefühllosen Menschheit ... Und du verbirgst mir ihren wachsenden Jammer und lässest sie hülflos verderben!»

Mephisto: «Sie ist die erste nicht.»

Faust: «... Die erste nicht! Jammer! Jammer! Von keiner Menschenseele zu fassen, daß mehr als ein Geschöpf in die Tiefe dieses Elends sank, daß nicht das erste in seiner windenden Todesnoth genug that für die Schuld aller übrigen vor den Augen des Ewigen. Mir wühlt es Mark und Leben durch, das Elend dieser einzigen, und du grinsest gelassen über das Schicksal von Tausenden hin. Rette sie – oder weh dir! Den entsetzlichsten Fluch über dich auf Jahrtausende. Rette sie!»

Mephisto: «... Hab ich alle Macht im Himmel und auf Erden? Des Türmers Sinne will ich umnebeln, bemächtige dich der Schlüssel und führe sie heraus mit Menschenhand. Ich wach und halte dir die Zauberpferde bereit.»

Am Sonntag, dem 14. Oktober – nur zwei Tage vorher, am Freitag, dem 12. d.M., war das Verhör auf dem Römer beendet worden –, fand in Goethes Elternhaus die Shakespeare-Feier statt, an deren Zustandekommen der Kaiserliche Rat wohl nicht so unbeteiligt war, wie man bisher angenommen hat. Hier hat Goethe den Engländer als den Dichter der unerbittlichen Tragik gepriesen und dabei das Schicksal des Menschen beklagt, der, er sei «der geringste wie der höchste, der unfähigste wie der würdigste, eher

alles müd wird als zu leben», und daß doch keiner sein
Ziel erreiche. Denn plötzlich «fällt er in eine Grube, die
ihm Gott weiß wer gegraben hat, und wird für nichts gerechnet». Im November etwa und Dezember entsteht
dann, noch vom Atem Shakespearescher Prosa getragen,
der Gottfried von Berlichingen, ohne Unterbrechung in
sechs Wochen in jagender Hast niedergeschrieben. Ist es
eine zu kühne Vermutung, wenn man annimmt, daß bald
darauf in den ersten Wochen oder Monaten des Jahres
1772, im Mitgefühl mit den Todesängsten des Mädchens
im nahen Turm, früheste Prosastücke des Faust entstanden
seien?

«Tag! Es wird Tag! Der letzte Tag! – hörst du die Bürger schlürpfen nur über die Gassen! hörst du? Kein lautes
Wort ...»

Voraussetzung wäre, daß das Stück damals als Idee
schon klar genug vor Goethes Auge gestanden, denn diese
Partien nehmen auf vorhergehende Ereignisse Bezug. Aber
eben das versichert ja noch der alte Goethe gegenüber
Humboldt, daß die Konzeption des Faust bei ihm jugendlich, von vornherein klar, die ganze Reihenfolge hingegen
weniger ausführlich vorgelegen habe.

Aber wesentlicher als diese vielfach und bis zur Ermü-
dung erörterten Fragen nach der zeitlichen Entstehung der
einzelnen Szenen des Urfaust ist folgende Feststellung:
Nirgends scheidet sich so überzeugend, so eindringlich der
Abgrund zwischen Wirklichkeit und Dichtung wie eben
hier. Das arme und dumpfe Mädchen, dessen Geschick
sich im Januar des Jahres 1772 vor Goethes Augen vollzog, hat als Persönlichkeit mit seiner Tragödie ebensowenig gemein wie die anrüchige und zweifelhafte Figur des
historischen Faust, der, ein Knabenschänder und Betrüger,
von Stadt zu Stadt und wohl auch von Gefängnis zu Gefängnis gewandert ist. Unseligen, beklemmend engen und
trüben Alltag hat Dichterkraft hier zu ewig gültiger Poesie
geläutert. Was für Goethe schöpferisch wirksam wurde,
war nicht die reale Persönlichkeit, nicht der Sonderfall,
sondern die jedem einzelnen Menschen immer und überall

94

drohende Gefährdung und Preisgegebenheit gegenüber dem dunklen Zugriff und der Grausamkeit des Schicksals.

Es ist ein unvergleichlicher Kunstgriff Goethes gewesen, daß in seiner Dichtung die tragisch theatralischen Szenen im Leben Gretchens ausgelassen sind: der Tod der Mutter, das – im Irresein begangene – Vergehen an dem Kind, die Flucht, die Gefangennahme, das Verhör, die Verurteilung, die Hinrichtung. Gerade alles effektvoll Grausige des Geschehens, wie es Goethe in einem solchen Falle nahegetreten war, – der Dichter schiebt es beiseite und gibt nur die Erschütterungen des seelischen Zustandes: am Spinnrad, vor dem Bild der Gottesmutter im Zwinger, im Dom, im Kerker. Jedes andere Verfahren hätte die Gretchentragödie verselbständigt und das Faustdrama gesprengt. Aber die ungeheuerliche Kraft des Eindrucks, die bis ins Tiefste, bis zum Wahnsinn aufwühlende Verzweiflung, die sich in den vorhandenen Szenen enthüllt und sie unvergeßlich macht, dies alles ist doch geboren aus dem Erbarmen, dem Grauen und persönlichstem Erschüttertsein durch die Tragik, wie sie das Leben dem Dichter vorgespielt hatte. Und so erklärt sich denn auch, daß gerade bedeutungsvollste Worte Gretchens ihr Schicksal nicht in ihrem eigenen Empfinden, sondern im Erlebnis des Zuschauers ausdrücken.

Die Menge drängt sich, man hört sie nicht.
Der Platz, die Gassen
Können sie nicht fassen.
Die Glocke ruft, das Stäbchen bricht.
Wie sie mich binden und packen!
Zum Blutstuhl bin ich schon entrückt.
Schon zuckt nach jedem Nacken
Die Schärfe, die nach meinem zückt.
Stumm liegt die Welt wie das Grab!

Hier sind die Worte «Schon zuckt nach jedem Nacken» Reflex des Schauders, der den Augenzeugen ergriffen hat. Aber nochmals sei betont: das Schicksal, das Goethe so

vor Augen sah, die Todestragik ist in die Tragödie eingegangen, nicht die Gestalt.

Das Schicksal der Kindesmörderin, das war für den
Gang der Handlung, die Todestragik, die Begegnung mit
dem Tod – für Goethe immer eine gefürchtete Erschütterung und hier vielleicht zum erstenmal im Leben in aller
Schwere mitempfunden und jetzt ein neuer Ton auch in
seiner Dichtung –, das war für den seelischen Gehalt des
werdenden Faustdramas das Wesentliche. Einzelheiten,
die sich parallel in dem Gerichtsfall wie im Drama finden,
messe ich weniger Bedeutung bei. Sie berühren nicht den
Kern und liegen in der Ebene des Allgemein-Typischen,
wie es eben mit jedem solchen Unglück verbunden war.
Manch Arme wird versucht haben, die Schuld auf einen
Betäubungstrank zu schieben, auch ohne je die «Clarissa»
gelesen zu haben. Die Sinne mögen leicht jedem Mädchen
in gleicher Situation, in der Pein der Angst und Gewissens-
qualen geschwunden sein. Selbst das brutale Wort «sie ist
die erste nicht» – so unvergeßlich es im Ohr verbleibt –, es
wäre ja möglich, daß es unter Schuldigen zur Beschwichti-
gung des Gewissens geläufig war. Dagegen ist der besondere Fall des Milieus der einfachen Soldatenfamilie und
wohl die Namensform Margarethe – im Urfaust gehen ja
die Formen Gretchen und Margarethe nebeneinander her
– wahrscheinlich der Geschichte der Brandt entnommen.
Auch die Eindringlichkeit, mit der das grauenvolle Schauspiel in seinen sachlichen Einzelheiten genau gekannt und
geschildert ist, der Schicksalsschauer, der eben dadurch
uns aus der Dichtung anweht, das dankte Goethe der
Wirklichkeit des Lebens. Vor allem aber, und dies möchte
ich hervorheben, war die Rolle, die in den Aussagen der
einfachen und schriftunkundigen Magd der Teufel als Versucher spielt – wenn freilich auch dergleichen noch weithin allgemein der Anschauung des Volkes, nicht indessen
der modischen Literatur, entsprach –, besonders geeignet,
um als Bindeglied für ein Drama zu dienen, in dem der
Teufel als Versucher den treibenden Gegenspieler durch
das ganze Stück hin abgeben sollte. Dort ist er der Ge-

fährte des Magiers, hier steht er einflüsternd hinter dem Mädchen. Eben daher mag es kommen, daß auch im Urfaust der Teufel stärkste Realität nur in jenen Szenen ist, die das Ende der Kindesmörderin gestalten. Hier war er wirklich erlebt. Er schreitet gleichsam aus dem Leben in das Drama hinüber und hilft, das Spiel vom Magier Faust und von Liebe und Liebesuntreue durch die Steigerung von Verführung, Kindesmord und Gericht zur Katastrophe zu gestalten. Da ein Bund zwischen ihm und Faust noch nicht vorliegt, erscheint er als Sendling des Erdgeists, dessen Beschwörung in Aussicht genommen, vielleicht irgendwie auch schon geformt war. So wurden die beiden im Guß heterogenen Faustgestalten, die des Titanen und die des schwärmenden Liebhabers, jetzt durch den Einstrom des beiden gemeinsamen tragischen Erlebnisses zur Einheit zusammengeschmolzen. Das war die Wirkung der Katastrophe vom Januar 1772 auf das allmählich sich formende Drama.

Alle Bilder aber, die in Goethes Dichtung das Leben bejahen und verklären, die heitere Traumgestalt zarter Hingabe, Liebesseligkeit und Liebesfröhlichkeit, die holde Dichtervision frühesten Jugendglückes, sie sind unter einem ganz anderen Stern geboren, sind aus einer ganz anderen Sphäre und aus anderen Erlebnisbereichen aufgestiegen.

Die Frage der Entstehung, des Werdens der Frankfurter Faustdichtung ist der Wissenschaft ein ewiger Irrgarten. Ein halbes Jahrhundert Forscherarbeit hat das Rätsel nicht eindeutig lösen können. Welches waren die ersten Szenen? Und wann sind sie niedergeschrieben worden? Wann hat sich die Dichtung von dem am Wissen verzweifelnden Gelehrten und dem Geister beschwörenden Magier mit dem Schicksal des verlassenen Mädchens, wann dieses wieder sich mit der Tragödie der Kindesmörderin verbunden? Es fehlen bis zum Jahre 1773, ja eigentlich bis 1774, alle urkundlichen Belege. Für das letzte der drei Motive – und nur von ihm war hier die Rede – ist mit dem 14. Januar 1772 nunmehr ein richtungweisendes Datum gewonnen.

Indes, die eigentliche Bühne der Fausttragödie war ja eben nicht das alte Frankfurt, sondern war Goethes Herz. Liebestraum und holde Liebesklage, Seligkeit im Erinnern und bedrängende Ahnung, Griff nach dem Schimmer der Sterne, Sehnsucht, ins All und ins Nichts sich verströmend, göttliches Erfülltsein, Leere, Wirrnis – all dies «Himmel auf und Hölle ab» hat die Klänge der Dichtung geboren und vor uns aufsteigen lassen wie leuchtende Bogen eines unendlichen, verzaubernden Feuerwerks. Alles wirkliche Leben versinkt diesem Glanz gegenüber ins Dunkel.

JOHANN GEORG SCHLOSSER

«Alles finster, alles Nacht um uns, über uns, unter uns.
Was hoffen, was lieben? Der Mensch strauchelt, blind.
Und keiner, der ihn führt! Keiner!», so der junge Mann,
der bald darauf mit Goethes Schwester in die Ehe treten
sollte. «Führung», das ist das Wort, unter dessen schwerer
Problematik Johann Georg Schlossers Leben stehen sollte:
Führung des Menschen durch Gott, Staatsführung und Erziehung des Volkes durch die Berufenen. Ein unbestechliches, sehr empfindliches Verantwortungsgefühl, schroffe
Offenheit und im Grunde ein weiches Herz, – wer so in
das Leben eintritt, dem muß es zur Last werden, noch
dazu, wenn sein Dasein in eine Epoche der Katastrophen
fällt.

Schlosser war am 7. Dezember 1739 zu Frankfurt in der
Töngesgasse 10, dem alten Haus der Familie, geboren. Der
Vater war Schöffe, ein Großvater, Orth, Bürgermeister. In
Altorf promovierte er und 1769 ward er Advokat in
Frankfurt. Petrarca lief seinerzeit von der Universität Bologna weg, weil ihm Fragwürdigkeit und Feilheit der Rechtsprechung das juristische Studium verleideten. Indes, so
leidenschaftlich hat nie ein Anwalt seinen Beruf verflucht
wie Schlosser. Er teilte seine Geschäfte mit dem um zehn
Jahre jüngeren Advokaten Johann Wolfgang Goethe. Den
Kanzleischreiber Liebholdt, den beide gemeinsam hatten,
charakterisiert Goethe liebevoll in «Dichtung und Wahrheit». Schlosser hat keinen «Faust» geschrieben, so sind
auch seine Prozeßakten zumeist verloren, die Goethes aber
erhalten; nur soviel wissen wir, in dem Prozeß der Kindesmörderin Susanna Margaretha Brandt, deren Hinrichtung
vor der Hauptwache am 14. Januar 1772 für das Werden
der Faustdichtung von Einfluß ward, hat Schlosser feder-

führend den Scharfrichter vertreten. Seine Neigungen aber zielten nach anderen Dingen: «Ich habe mein kleines Schlafstübchen nach und nach tapezieren und mit Kupfern und Gipsköpfen beleben lassen. Alles, was die Stürme beschwören und meine Leere füllen kann, ist mir willkommen. Da hab ich auch das Clavier angefangen. Die Saiten treiben oft die bösen Geister von mir. Ich möchte doch wissen, ob und wie's möglich ist, daß ein Mensch, der ein Herz hat und dessen Herz nach was anders ringt, als was in der Welt ist, wie der leben kann und sich keine Kugel vor den Kopf schießt.» Es ist ganz die Art des jungen Goethe, zu leben und zu empfinden. Werthergefühle, Oreststimmung.

Daß Cornelia keine Iphigenie war, entschied über die Ehe. Verwöhnt, nicht eben hausfraulich und auch – wie der Bruder sagte – im tiefsten nicht mütterlich-weiblich, dazu gleichfalls sensibel und mit hohen Anforderungen an sich selbst, aber auch an die Umgebung, konnte Cornelia bei allen Gaben ihres Geistes gerade das am wenigsten, was Schlossers Natur verlangte: Stürme beschwichtigen. Dazu litt die junge Städterin unter der Einsamkeit in Emmendingen. «Wir sind hier ganz allein; auf dreißig, vierzig Meilen ist kein Mensch zu finden. Meines Mannes Geschäfte erlauben ihm nur sehr wenig Zeit bei mir zuzubringen, und da schleiche ich denn ziemlich langsam durch die Welt mit einem Körper, der nirgends hin als ins Grab taugt. Der Winter ist mir immer unangenehm und beschwerlich. Hier macht die schöne Natur unsere einzige Freude aus, und wenn die schläft, schläft alles.» Ein halbes Jahr später, am 7. Juni 1777, starb Cornelia im Wochenbett, siebenundzwanzigjährig.

Wir haben uns, zum Teil aus dem Kontrast der Wirkung Schopenhauers heraus, daran gewöhnt, das achtzehnte Jahrhundert das optimistische zu nennen. Wenn das zu Recht besteht, so war dieses Jasagen zum Leben, wenigstens bei den ernsteren Naturen, schwer errungen. Die neue Bibel eines zuversichtlichen Fortschritts- und Lebensglaubens war Popes Lehrgedicht «*Essay on man*», 1732/

34 in London erschienen und ein Buch für Europa. Die Thesen der Popularphilosophie des Jahrhunderts sind hier angeschlagen, Hauptsatz: *«whatever is, is right»*, die Welt, wie sie ist, ist die beste aller möglichen Welten, der Sinn des Lebens ist die irdische Glückseligkeit, den sicheren Weg dahin führen maßvolle Selbstsucht und die Vernunft. Das alles hat Schlosser gereizt. Sein erstes Anliegen ist, gegen dergleichen Sturm zu laufen, und er dichtet – es ist das Jahr 1766, da er den Studenten Goethe in Leipzig besucht und in der Schönkopfschen Weinwirtschaft einführt – seinen «Antipope», gleichfalls ein Lehrgedicht und gleichfalls in glänzendem Englisch; Goethe wird diese Sprache von Schlosser lernen. Die Menschen sind Brüder in zehnfachem Elend, die Vernunft ist – später sagt Ranke das gleiche – bei uns so unzulänglich wie bei den Griechen, die Selbstsucht Wurzel von ebensoviel Glück wie Unglück. «Hüte dich, hüte dich, Mensch, dich selbst zu kennen.» Alles ist übel mit der Vernunft, mit Christus alles wohl.»

Indes Schlossers Christus ist nicht der der alten Kirche und auch nicht der Luthers – es sind das die Jahre, da im Berliner Gesangbuch sämtliche Lutherlieder als «unzeitgemäß» gestrichen wurden –, er gleicht eher dem «sanften Sittenlehrer», von dem auch Charlotte von Stein redet, die Evangelien gelten vor den Paulinischen Briefen, und wie seinem Schwager Goethe ist auch für Schlosser «Ehrfurcht» einer der tragenden religiösen Begriffe. Gegen die Vernunft aber setzt Schlosser, wie später Heinrich von Kleist, das Gefühl, vor allem, und hier steht er Fritz Jacobi nahe, das religiöse Gefühl. So ist seine Position die eines christlichen Theismus, seine Front doppelseitig gegen Deismus hier, gegen das sakrale Christentum dort. Und gegen das *universum infinitum* des Pantheismus stellt er den *deus infinitus*. Bei solchen Kämpfen war Schlosser immer auf der Suche nach Männern, deren Herz groß genug war, «einem beladenen Kopf das Gegengewicht halten zu können». So wurden Lavater, Matthias Claudius, die Grafen Stolberg seine Freunde, und es muß an einer mystischen Ader Schlossers gelegen haben, daß er sich mit dem

Benediktiner-Fürstabt Gerbert von St. Blasien so gut verstand und meinte, daß im Mittelalter auf einen rechtschaffenen Staatsmann drei rechtschaffene Geistliche gekommen seien. Im allgemeinen war es damals Mode, anders zu urteilen. Man sieht, auch hier war Schlosser von seiner Zeit unabhängig, und während der katholische Kaiser Joseph II. die Orden aufhebt, tritt der Protestant Schlosser, als sei er schon Romantiker, für ihre Sendung ein.

Als Schlosser am 1. November 1773 Cornelia heiratete und das Haus, wie Goethe sagte, «von einer freudigen Festlichkeit bewegt, glänzte», hatte das junge Ehepaar geglaubt, es werde die Zukunft in der angesehensten süddeutschen Residenz, in Karlsruhe, verbringen. Indes schon nach einem halben Jahr ward Schlosser in Emmendingen bei Freiburg der höchstbezahlte Beamte im Land und verantwortlich für 29 Ortschaften und 20000 badische Untertanen. Wir wissen heute, daß er unter den regierenden Männern der damaligen Markgrafschaft der bedeutendste Kopf war; Eberhard Gothein hat seiner Tätigkeit eine vorzügliche Monographie gewidmet. Es war gerade die Zeit, da die Leibeigenschaft in Baden aufgehoben wurde und alles in Fluß war. Schlosser stieß mit einem revolutionären Tempo vor, in Wirtschaft, Rechtsprechung, Unterricht; die Fronen hat er reguliert, Moore ausgetrocknet, durch Einführung der Stallfütterung, Ausgleichung in der Gemengelage und Abschaffung des Zehnten den Bauern geholfen, alles das in scharfem Krieg gegen die anliegenden vorderösterreichischen und württembergischen Nachbarn und den inneren Feind, die Behörden in Karlsruhe. Sein Glück war, daß ein so überlegener und gütiger Fürst wie der Markgraf Karl Friedrich immer wieder Frieden zu schaffen verstand. Mißerfolg hatte Schlosser, wie sein Schwager Goethe, mit seinen Versuchen, den Bergbau zu heben, Mißerfolg auch bei seinem Lieblingsplan, der Gründung einer Fabrik.

Die Regierung, physiokratisch allein auf Ackerbau eingeschworen, sah in der Industrie eine sterile Tätigkeit, nur Hilfsmaßnahme, um die vielen Arbeitslosen des heillos übervölkerten Landes unterzubringen, aber Schlosser verfocht, wie später Friedrich List, die gegenseitig bedingte und sich fördernde Abhängigkeit der landwirtschaftlichen und industriellen Absatzmärkte. 1784 begründete er im Rathaus in Emmendingen eine Spinnerei; sofort wurden 870 Kinder von 20 Ortschaften zur Arbeit gemeldet, aber nur 54, zumeist Waisen, konnte Schlosser zunächst beschäftigen, dann hob sich die Zahl, und schließlich trat eine Weberei hinzu. Das Kapital besorgte der Staat, den Bankerott der Direktor. Gerade weil der schon einmal im Elsaß bankerottiert hatte, war er, sozusagen als «erfahrener» Mann, von Schlosser angestellt worden. Schließlich entstand doch aus all den Versuchen, Waisenhaus und Industrie zu koppeln, die Bijouterieindustrie von Pforzheim.

Schlosser hatte die Maschine ins Land gerufen, als Hilfe gegen die Proletarisierung der Landbevölkerung; für Goethe aber ist vierzig Jahre später die Maschine schon die Gefahr, die den Menschen bedroht, und in «Wilhelm Meisters Wanderjahren», wo ganze Kapitel von Spinnerei und Weberei handeln, führt er die Personen seines Romans aus dem industrialisierten Europa hinaus nach Amerika.

Auch als Diplomat wurde Schlosser verwandt. Als die Fürsten von Karlsruhe, Dessau und Weimar 1784 daran gingen, den Fürstenbund zu gründen, der gegenüber der preußischen und österreichischen Übermacht den Bestand der Kleineren im Reich sichern sollte, hat Goethe in Weimar die geheimen Korrespondenzen geführt, in Baden aber tat sein Schwager Schlosser das gleiche; und da es darauf ankam, zu den Planungen die Zustimmung aus Versailles zu erhalten – denn durch den Frieden von 1648 war Frankreich noch immer Garant der deutschen Reichsverfassung –, wurde Schlosser zur Fühlungnahme nach Straßburg gesandt. Diese seine geheime Tätigkeit ist 1871 durch Leopold Ranke ans Licht gezogen worden. Schlosser wird ihr mit Hingabe gedient haben, denn wie Jacob Burckhardt sah er sein politisches Ideal nicht in den großen, sondern in den kleinen, aber in der Kultur um so stärkeren Staaten und, wie später der Freiherr vom Stein, kämpfte er in Land und Reich für den Ständegedanken. Deshalb hat er auch den ehrenvollsten Ruf, der je an ihn ergangen ist, abgelehnt, den Friedrichs des Großen, der ihn aufforderte, an der Codifizierung des neuen preußischen Landrechtes mitzuwirken.

Eigenwillig im Zeitalter der Philantropie, die er haßte, ist auch Schlossers pädagogische Haltung. Ihn interessierte, weil er vor allem sozial dachte, die Volksschule. Er hatte als junger Hofmeister in Hinterpommern gesehen, wie Bauernbuben aufwuchsen. Der Niederschlag war sein «Katechismus der Sittenlehre für das Landvolk» [1771], heute eines der seltensten Bücher jener Zeit. Später war es dem Oberamtmann um seine Schwarzwälder Bauern zu tun. «Was wir sind, sind wir, gottlob, durch die Faust! In unsere borniertten Köpfe geht wenig. Die Lebensarten der Oberländer und der Unterländer sind unendlich verschieden. Es ist hier [im Oberland] noch ein kleiner Same Mannhaftigkeit übrig; verweibern uns die Schulanstalten noch so fort, so sind wir bald gar nichts mehr.» Er war im Grunde gegen viel Schulunterricht, wollte die Kinder nur für die Handarbeit schulen und mehr eine moralische als dogmatische Religionslehre. «Neun unter zehn sind gleichgültige Menschen, die muß man lau und nicht warm machen, sehend, aber nicht scharfsichtig. Die müssen lernen mit Mühe, weil sie bestimmt sind, mühsam zu arbeiten, müssen Worte lernen, weil sie Worte geben sollen, müssen beschränkt bleiben, weil sie in Schranken laufen sollen. Sollen wir Riesen ziehen, um sie dann ins Prokrustesbett zu legen?» Das ist «Sturm und Drang» in der Pädagogik und ein gutes Beispiel von Schlossers Stil; seine kräftige Sprache trifft fast immer den Nagel auf den Kopf. Aber der Mann, der so kernhaft klug an seinen Markgrafen schrieb, ging doch nur in Fürsorge auf und war schließlich auch bereit zu lernen, daß für die viel zu schwer auf dem Acker arbeitenden Kinder Schulstunden, und selbst wenn es sechs am Tag und zwei davon Religionsstunden waren, Schonung und Erholung bedeuteten.

Sein unbestechliches Rechtsempfinden und sein Mut

brachten Schlosser immer wieder Zusammenstöße mit der Regierung ein. Schon 1787 bat er seinen Markgrafen um eine Stelle, «an der er nicht reden dürfte, bis man ihn fragte», und 1794 schied er aus den badischen Diensten. Dann vertrieb ihn das Vordringen der Franzosen überhaupt aus dem deutschen Südwesten. Er ging erst nach Ansbach und lebte zwei Jahre in Eutin, wo Nicolovius, der Gatte seiner Tochter Lulu, ansässig war und wo sich nun in der Gemeinschaft von Fritz von Stolberg, Voß, Fritz Jacobi und Schlosser ein deutscher christlicher Kreis zusammenfand, dessen geistige Haltung im Gegensatz zu Weimar stand. Hier übersetzte er Aristoteles und schrieb gegen Kants Schrift vom Ewigen Frieden.

Goethe hat seinen Schwager geliebt, geschätzt und gescheut, das letztere für längere Zeit. Es war ein gegenseitiges Anziehen und Abstoßen. Als im Jahre 1784 der Herzog Karl August in Weimar Schlosser in die Präsidentenstelle seiner Regierung berufen wollte, wo er dann mit Goethe im selben Konseil gesessen hätte, da hat eben Goethe dies verhindert, weil Schlosser «zu eisern, stets auf seinem Standpunkt stehen bleibend und eine Art Pedant sei». Auf der anderen Seite hat auch in Schlossers Familie bei Cornelias Kindern «der Onkel Goethe» als Erscheinung nur aus der Ferne gegolten. Begegnungen der Schwäger waren selten und zuweilen verhängnisvoll. Als sie zum letzten Male 1793 in Heidelberg bei der Jungfer Delph, die einst die Verlobung Goethes mit Lili geknüpft hatte, zusammentrafen, besprachen sie beide die Gründung einer freien Akademie in Deutschland, einen Plan, damals viel erörtert und ganz ähnlich jenem, wie er wieder Volger bei der Gründung des «Freien Deutschen Hochstifts» vorgeschwebt hat. Als Goethe dabei meinte, dieses Institut solle dann seine Farbenlehre fördern, lachte Schlosser: eine Zeit, die ihre Könige köpfe, habe wohl kaum für Farbenlehren Sinn. Goethe war verletzt, fand aber schließlich Schlossers Ansicht bestätigt. Auch das hat beide entfremdet, daß Schlosser, der auch alle Dichtung vom Ethischen her beurteilte, zu denen gehörte, die «Wilhelm Meisters

Lehrjahre» und die «Römischen Elegien» für «Bordell-
poesie» erklärten. Und doch waren beide Männer groß
genug, über die Gegensätze hinwegzufinden.

Schließlich nahm Schlosser doch noch einmal ein Amt
an. Es war die Vaterstadt, die rief, der schon die Vorfahren
gedient hatten, und die ihn nun bat, als Syndikus in den
Rat zu treten. Auch war es ja kein Fürstenhof, sondern
eine Freie Reichsstadt, der sich Schlosser verpflichtete. Wie
es in seinem Innern aussah, wissen wir nicht. Das Leben
war ihm nie heiter erschienen; aber gewiß hatten sich die
Horizonte von Jahr zu Jahr nur verdüstert. Er muß das
Gefühl gehabt haben, daß eine Welt in Trümmer sank,
seine Welt. Zudem stand der Reichsfeind, von dem ihm
das Unheil ausging, vor den Toren der Vaterstadt. Wenn
er trotzdem aus Holstein wieder in die bedrohte Heimat
ging, so geschah es aus Pflichtgefühl.

Ein Jahr, nachdem er wieder in Frankfurt seßhaft geworden war, starb Schlosser. Die Frau Rat schrieb darüber
im Oktober 1799 nach Weimar:

«Schlosser ist nicht mehr! Eine Lungenentzündung ent-
riß Ihn uns am 17ten dieses – die paar Jahre in Eutin
schienen auf seine Cörpperliche Umstände nicht gut ge-
würckt zu haben – als Er hinreißte sahe Er gut ja blühend
aus – bey seiner Herkunft vor 11 Monathen kante mann
Ihn beynahe nicht mehr … Heut vor 14 tagen war Er in
seinem vor gantz kurtzem erkauften Garten. Er steckte
Zwieblen – pflantzen usw. Er hörte schießen arbeitete aber
imer fort – endlich kammen die Schüsse näher – Er eilte
fort – kam ans Eschenheimer thor – das war zu – die
Brücke aufgezogen – die Frantzosen standen davor – ein
Mann sagte Ihm wenn Er eilte so käme Er noch zum
Neuen thor herein – nun strengte Er alle Kräfte an – kam
auch glücklich noch herein aber erhitzt und in Angst – Er
ging zu seiner Schwägerin – die nicht wohl war, und fand
da eine sehr heiße Stube – wo Er nathtürlich noch mehr
erhitzt wurde – diesen Augenblick wurde Rathsitz ange-
sagt – nun mußte Er in Römmer in die kalte große Raths
stube – den 2ten Tag darauf bekam Er Husten – Fieber

und gleich röchlen auf der Brust – Er wolte keinen Artz – endlich kahm einer der fand Ihn tödtlich kranck – mann nahm noch einen – der erklärte auch daß es sehr gefährlich wäre – Sie hatten dißmahl recht – den Er starb.» Beerdigt ward Schlosser auf dem St.-Petri-Friedhof. Einen Grabstein hatte er sich verbeten.

DAS ERTRUNKENE MÄDCHEN

Nicht vom Gehalt der «Leiden des jungen Werthers», auch nicht von ihrer künstlerischen Formung soll in den folgenden Zeilen die Rede sein, sondern nur ein einzelnes Motiv, das allerdings im Ablauf der Handlung einen vorwärtsdeutenden Dienst erfüllt, möge auf diesen seinen Sinn und mehr noch auf seine Herkunft hin erörtert werden, nämlich jener Bericht, der im Ersten Buch unter dem 12. August das Schicksal eines Mädchens erzählt, das sich ertränkt hat. Dieses Erste Buch umfaßt die Briefe Werthers vom 4. Mai bis zum 10. September 1771, vom Eintreffen in Wetzlar bis zum bedeutungsvollen Abschiedsgespräch über Tod und Unsterblichkeit, das in Lottens Garten am Vorabend jenes Tages stattfindet, an dem Werther Wetzlar verläßt, um eine Stelle bei dem Gesandten anzunehmen. In dem Crescendo der Leidenschaft, das die zwischen diesen Daten liegenden Briefe erfüllt, erklingt mehrfach schon das Motiv des freiwilligen Todes als der letzten, der einzigen Erlösung, so am 16. Juli, wo Werther von Stimmungen spricht, «wo ich mir eine Kugel vor den Kopf schießen möchte», oder am 8. August, wo der Brief abbricht: «wenn ich nur wüßte wohin, ich ginge wohl» –. Es ist dies eben jener Brief, dessen Satz: «in der Welt ist es selten mit dem ‹Entweder-Oder› getan», später den Widerspruch Kierkegaards herausforderte, so daß er sein Hauptwerk, in dem er lehrt, wie der Mensch in der Welt seine sittlichen Entscheidungen sehr wohl radikal treffen müsse, eben gerade «Entweder-Oder» [1843] betitelt hat.

Der Brief vom 12. August, umfangreicher und gewichtiger als die anderen Schreiben, spiegelt nun in wechselnden Zügen das Geschehen im voraus, das schließlich Werthers Katastrophe wird. Werther will ins Gebirge reisen und, was später nur Vorwand wird, zur Reise sich Alberts Pistolen leihen. Das gibt diesem den Anlaß, warnend eine Geschichte vom spielerisch unvorsichtigen Gebrauch der Waffe zu erzählen. Statt zuzuhören, drückt sich Werther «die Mündung der Pistole übers rechte Aug' an die Stirn», nicht aus Spielerei, wie Albert meint, sondern in Schwermut und Hang zum Tode; und in der heftigen Auseinandersetzung über die Frage der Berechtigung des Selbstmordes, die entsteht, fällt nun jenes andere Wort, das Kierkegaard [1849] einen zweiten Titel für eins seiner Werke liefern sollte, das Wort von «der Krankheit zum Tode».

«Du gibst mir zu, wir nennen das eine ‹Krankheit zum Tode›, wodurch die Natur so angegriffen wird, daß teils ihre Kräfte verzehrt, teils so außer Wirkung gesetzt werden, daß sie sich nicht wieder aufzuhelfen, durch keine glückliche Revolution den gewöhnlichen Umlauf des Lebens wieder herzustellen fähig ist.» Goethe hat das Wort «Krankheit zum Tode» aus Johannes, Kap. 11, Vers 4, wo Christus von der Krankheit des Lazarus redet, die, wie er tröstend sagt, keine Krankheit zum Tode sei; für Kierkegaard aber ist die Erkrankung zum Tode jene Erkrankung des Selbst, die zur Verzweiflung führt; Verzweiflung aber ist Sünde, die Sünde wirkt den Tod. Auch für Goethe gilt die Kette: Erkrankung des Selbst, Verzweiflung, Tod, nur daß er eben den Begriff der Sünde auf diesem Wege zum Tod nicht gelten läßt. Die sittliche Beurteilung scheidet aus, wie sie bei der Beurteilung eines Fiebers ausscheidet; und um dies zu beweisen, erzählt er seinerseits einen Vorfall, der Albert überzeugen soll:

«Ich erinnerte ihn an ein Mädchen, das man vor weniger Zeit im Wasser tot gefunden, und wiederholte ihm ihre Geschichte. – Ein gutes, junges Geschöpf, das in dem engen Kreise häuslicher Beschäftigungen, wöchentlicher bestimmter Arbeit herangewachsen war, das weiter keine Aussicht von Vergnügen kannte, als etwa Sonntags in einem nach und nach zusammengeschafften Putz mit ihresgleichen um die Stadt spazieren zu gehen, vielleicht alle hohen Feste einmal zu tanzen und übrigens mit aller Lebhaftigkeit des herzlichsten Anteils manche Stunde über den Anlaß eines Gezänkes, einer übeln Nachrede mit einer Nachbarin zu verplaudern – deren feurige Natur fühlt nun endlich innigere Bedürfnisse, die durch die Schmeicheleien der Männer vermehrt werden; ihre vorigen Freuden werden ihr nach und nach unschmackhaft, bis sie endlich einen Menschen antrifft, zu dem ein unbekanntes Gefühl sie unwiderstehlich hinreißt, auf den sie nun alle ihre Hoffnungen wirft, die Welt rings um sich vergißt, nichts hört, nichts sieht, nichts fühlt als ihn, den einzigen, sich nur sehnt nach ihm, dem einzigen. Durch die leeren Vergnügungen einer unbeständigen Eitelkeit nicht verdorben, zieht ihr Verlangen gerade nach dem Zweck; sie will die Seinige werden, sie will in ewiger Verbindung all das Glück antreffen, das ihr mangelt, die Vereinigung aller Freuden genießen, nach denen sie sich sehnte. Wiederholtes Versprechen, das ihr die Gewißheit aller Hoffnungen versiegelt, kühne Liebkosungen, die ihre Begierden vermehren, umfangen ganz ihre Seele; sie schwebt in einem dumpfen Bewußtsein, in einem Vorgefühl aller Freuden, sie ist bis auf den höchsten Grad gespannt, sie streckt endlich ihre Arme aus, all ihre Wünsche zu umfassen – und ihr Geliebter verläßt sie. – Erstarrt, ohne Sinne, steht sie vor einem Abgrunde; alles ist Finsternis um sie her, keine Aussicht, kein Trost, keine Ahnung! denn d e r hat sie verlassen, in dem sie allein ihr Dasein fühlte. Sie sieht nicht die weite Welt, die vor ihr liegt, nicht die vielen, die ihr den Verlust ersetzen könnten, sie fühlt sich allein, verlassen von aller Welt – und blind, in die Enge gepreßt von der entsetzlichen Not ihres Herzens, stürzt sie sich hinunter, um in einem rings umfangenden Tode alle ihre Qualen zu ersticken. – Sieh, Albert, das ist die Geschichte so manches Menschen! und sag, ist das nicht der Fall der Krankheit? Die Natur findet keinen Ausweg aus dem Labyrinthe der verworrenen und widersprechenden Kräfte, und der Mensch muß sterben.

Wehe dem, der zusehen und sagen könnte: ‹Die Törin! Hätte sie gewartet, hätte sie die Zeit wirken lassen, die

Verzweiflung würde sich schon gelegt, es würde sich schon ein anderer sie zu trösten vorgefunden haben.› – Das ist eben, als wenn einer sagte: ‹Der Tor, stirbt am Fieber! Hätte er gewartet, bis seine Kräfte sich erholt, seine Säfte sich verbessert, der Tumult seines Blutes sich gelegt hätten: alles wäre gut gegangen, und er lebte bis auf den heutigen Tag!»

Albert wendet ein, es habe sich da um ein sehr einfaches, hilfloses Mädchen gehandelt. Werther aber ruft: «Der Mensch ist Mensch, und das bißchen Verstand, das einer haben mag, kommt wenig oder nicht in Anschlag, wenn Leidenschaft wütet und die Grenzen der Menschheit einen drängen.» Der Brief schließt: «Wir gingen auseinander, ohne einander verstanden zu haben. Wie denn auf dieser Welt keiner leicht den andern versteht.» –

Wir wissen heute, daß die Tragödie Gretchens als Kindesmörderin auf einem tatsächlichen Mädchenschicksal, dem der Susanna Margaretha Brandt, beruht, deren Prozeß und Hinrichtung Goethe als junger Anwalt in Frankfurt im Winter 1771/1772 miterlebt hatte. Wie nun aus diesem Prozeß sich Aktenabschriften in den Papieren des Vaters Goethe vorgefunden haben, so habe ich in den gleichen Papieren des Kaiserlichen Rates auch den Bericht über das Mädchen gefunden, «das», wie es im «Werther» heißt, «man vor weniger Zeit im Wasser tot gefunden». Der Bericht ist von Goethes Vater ebenso wie der über die Brandt im gleichen 19. Band seiner «Frankfurter Verordnungen und Deduktionen» eingeheftet, er steht dort nur eben elf Blätter vor den Prozeßakten der Brandt, diese tragen die Nummer 33, die Akten der Ertrunkenen die Nummer 26. Kannte Johann Wolfgang die einen, so kannte er auch die andern; außerdem wissen wir, wie er bei der Herstellung dieser Sammlung persönlich mitgewirkt, befinden sich in ihr doch Blätter von seiner, Johann Wolfgangs, eigener Hand. Der Bericht über die Ertrunkene ist zudem von der Hand desselben Schreibers, von dem der Bericht über die Enthauptung der Kindesmörderin stammt, nämlich von Johann Wilhelm Liebholdt, der alle

Schreibereien des Herrn Rats erledigte und der im August 1771 auch der Schreiber in der Anwaltskanzlei des jungen Goethe ward.

Der Name des Mädchens, dessen Leiche im Main geländet wurde, war Anna Elisabeth Stöber. Ihr Alter war dreiundzwanzig Jahre, der Vater war Schreiner. Archivalische Nachforschungen, für die ich Herrn Archivdirektor Dr. Harry Gerber zu Dank verpflichtet bin, haben folgendes ergeben: Die Stöbers waren eine große Schreinerfamilie der Stadt. Der Großvater Joh. David war Schreinermeister gewesen, der Vater Johann Gottfried, getauft am 15. Oktober 1714, ward 1743 Bürger und Meister. Die Mutter Anna Margarete war die Tochter des Bürgers und Weinschröders Müller. Die Ehe ward am 29. April 1744 geschlossen. Anna Elisabeth, getauft am 17. Oktober 1745, war das einzige Kind. Der Vater trieb sein Geschäft im eigenen Haus neben dem Gasthof «Zu den drei schwedischen Kronen» in der Großen Friedberger Gasse, nur wenige Häuser entfernt von dem Textorschen Anwesen und an derselben Straßenseite gelegen. Die Frau Rat, die ja hier geboren und aufgewachsen war, kannte natürlich alle Nachbarsfamilien und auch deren Kinder; und selbst für Johann Wolfgang wird die um wenige Jahre ältere Anna Elisabeth Gespielin gewesen sein. Am 9. April 1761 starb der Vater. Drei Jahre darauf, am 16. Juli 1764 – es war der Sommer der Krönungsfeierlichkeiten – heiratete die Mutter, nunmehr fünfzigjährig, wieder, und zwar den sechsunddreißigjährigen Johann Christian Hiemann aus dem Kursächsischen, der auf Grund des Verlöbnisses mit der Meisterswitwe schon 1762 Meister und Bürger ward. Kurz ehe der Stiefvater ins Haus kam, sorgten am 16. Juni der Schreiner Lucas Stöber, wohl ein Bruder des Vaters, und der Gärtner Müller, wohl ein Verwandter der Mutter, dafür, daß das väterliche Erbe der Anna Elisabeth, «so nunmehro 18 Jahre alt ist», festgestellt ward. Dies geschah vor dem Lic. jur. Joh. Georg Starck, dem Obristrichter Raab und seinem Schreiber Joh. Adolph Wagner. Diese kennen wir aus der Gretchenaffäre des jungen Goethe, in der sie beide belastet waren. Die Untersuchung deswegen war gegen Wagner, gerade vier Wochen vorher, am 14. Mai, eingeleitet worden. Raab war es auch, der 1772, angetan mit dem rotsilbernen Wappenmantel der Stadt, über Susanna Margaretha Brandt das rote Stäbchen brach und ihr zum Richtplatz vorausritt.

Als das ererbte Eigentum der Anna Elisabeth wurden 1764 festgestellt: drei Hobelbänke, Sägen, Hobel und andere Werkzeuge, ein tannener Kleiderschrank, fünf eichene Lehnstühle, eine eichene Kommode, vier Betten, ein Spiegel mit braunem Rahmen, zwölf Schildereien (also Bilder), zehn Pfund Zinngeschirr, mehrere Dutzend Wäschestücke und Leinen, an Pretiosen «ein golden Schnallenringlein» und das väterliche Haus, das aber mit einem Einsatz von 1700 Gulden belastet war. Der Freitod des Mädchens wurde amtlich verschwiegen. Weder die gerichtlichen noch die medizinischen, noch die sonst sehr ergiebigen geistlichen Protokolle bringen ein Wort. Hätte nicht der Vater Goethe durch Liebholdt eine Abschrift des Sektionsprotokolls noch rechtzeitig vor dessen Vernichtung nehmen lassen, so wäre keinerlei Kunde von allem auf uns gekommen. Daß der Fall so aus der Welt gebracht wurde, beweist, daß sehr hochgestellte Persönlichkeiten, sei es aus diesem oder jenem Grunde, sich für die Unterdrückung der Angelegenheit einsetzten. Nur Goethe hat dem Schicksal des unglücklichen Nachbarkindes ein verschwiegenes Denkmal gesetzt.

Der Sektionsbericht ist vom 29. Dezember 1769; wenige Tage vorher muß also das Unglück geschehen sein, das naturgemäß die Teilnahme der Bürgerschaft und somit auch die der Goetheschen Familie hervorrief. Der junge Goethe war damals in Frankfurt. Der letzte Brief an Käthchen Schönkopf, die bald Frau Dr. Kanne werden sollte, ward einige Wochen später am 23. Januar 1770 geschrieben. Von sich selbst sagt Goethe: «Daß ich ruhig lebe, das ist alles, was ich Ihnen von mir sagen kann, und frisch und gesund und fleißig, denn ich habe kein Mädchen im Kopfe.» Das «fleißig» wird sich nun wohl auf wirkliche juristische Studien bezogen haben, denn der juristische Doktor war damals das Ziel, von dem die Briefe am meisten reden: «Gegen Ende März will ich meinen Flug weiter nehmen. Zuerst nach Straßburg, wo ich gerne möchte meine juristischen Verdienste gekrönt haben.» In Leipzig war von juristischen Verdiensten nicht die Rede gewesen. Inzwischen hatte aber der Kaiserliche Rat seine «didaktische Liebhaberei» auf den Sohn einwirken lassen. Dieser wird «fleißig», öffnet sich dem Recht und dessen Leben im Buch und auch in der Wirklichkeit. Er liest so auch den Obduktionsbefund der Stadtphysici über die junge Selbstmörderin und die Schlüsse, die aus dem Befund gezogen werden; und wie er damals überhaupt in die Scheuern seiner Erfahrung sammelt, so nimmt er auch diesen Bericht in sich auf, der das Schicksal einer von der Liebe Verlassenen, ja Bedrohten erzählt. Verlassen glaubte auch er sich fühlen zu müssen. Und die Leidenschaft als größten, aber auch gefährlichsten Inhalt des Lebens, darum wußte er nur zu gut! Gleichgültig konnte er bei dem, was sich ereignet hatte, nicht bleiben. Er nahm das Geschehen, wie so viele Jugendeindrücke, still in sich auf, ließ das Erlebte reifen und wandelte es in Dichtung. Das geschah in diesem Falle im Frühling 1774. Vier Jahre liegen zwischen dem ersten Eindruck und der Gestaltung.

Kein größerer Unterschied ist denkbar als die beiden Berichte über den gleichen Vorfall, der Bericht der Frankfurter Stadtphysici und der Goethes im Gespräch zwischen Werther und Albert. Der erstere – vier Seiten in Liebholdts großer Schrift –, Aktendeutsch des achtzehnten Jahrhunderts, stark durchsetzt mit medizinischem Latein, beschreibt die Leiche Organ für Organ, öffnet Brust und Leib und bestimmt nach dem Befund im einzelnen den klinischen Zustand des Mädchens, umständlich, sachlich, wenn auch nicht ganz ohne verhaltenes Mitgefühl:

«Auf hohen Befehl Eines Illustren Raths haben Wir Endesunterschriebene heute Nachmittag um zwey Uhr in hiesigem Hospital den im Main Tod gefundenen Körper einer hiesigen Schreiners Tochter Nahmens Anna Elisabetha

Stöberin, welche 23 Jahre alt und ledigen Standes war, besichtigt, eröffnet und disfalls folgendes gehorsamst vorzutragen. Aeußerlich bemerkten wir an dem Toden keine Zeichen einer angethanen Gewaldt oder Verletzung. Das Gesicht war roth anzusehen, und an dem fest geschlossenen Mund zeigte sich etwas schaumigte Feuchtigkeit. Nachdem die Brust eröffnet, die Luftröhre sorgfältig entblöset und der länge nach aufgeschnitten worden, sahe man in derselben Wasser mit Schaum. Als hierauf die Lunge gedrückt, mithin die Bronchia zusammengepreßt wurden, so lief eine merkliche Menge Wasser aus eben gedachter Oefnung der Luftröhre. Die beiden Hertzkammern mit den großen Blutgefäßen waren mit Geblüt angefüllt ... usw.» Ersparen wir uns die minutiöse Sektion der weiteren Organe!

Gerade vom Körperlichen sieht Goethes Bericht ganz ab und setzt da ein, wo die Ärzte aufhören. Mit wenigen Strichen wird von ihm ein ganzes Mädchenleben hingesetzt, ein warmes gutes Herz in seiner Enge, Arbeit und Bescheidenheit, mit seinem Alltag und seinen kleinen Festfreuden. Die Freundinnen, Gespräch, Putz, Tanz und der Gang um den Wall – im achtzehnten Jahrhundert der Frankfurter Spaziergang schlechthin –, das alles steht vor Goethes innerem Auge, als Zustand und Umwelt. So, er weiß es, ist das Leben der Mädchen bei den kleinen Leuten seiner Vaterstadt. Und ein solches Mädchen erlebt nun die Liebe, erlebt sie mit der ganzen Hingabe ihres unverdorbenen Empfindens, wird getäuscht und verzweifelt und wirft sich in den dunkelsten Tagen des Jahres in den Strom.

Goethe geht dem Ablauf der seelischen Erschütterungen, die zum Tode führen, mit derselben Sorgsamkeit nach, mit der die Ärzte die körperlichen Voraussetzungen des Todes bloßlegen. Er hebt alles ins Geistige und Seelische, was dort physisch gebunden blieb. Und so wird das Leiden dieses Mädchens gleichsam eine Präfiguration von Werthers Schicksal; wie auch die eingestreuten Geschichten von dem Bauernburschen, der wegen seiner unbeherrschten Leidenschaft zu seiner Herrin vom Hof gejagt wird [Brief vom 30. Mai 1771 und 4. September 1772], und von Heinrich, dem Schreiber des Amtsmanns, der aus Liebe zu Lotte irrsinnig wird [30. November und 1. Dezember 1772], eben dieser künstlerischen Absicht dienen müssen.

Man hat gelegentlich zu unserer Erzählung die Anmerkung gemacht: «Motive zur Gestalt Gretchens im Faust», und die meisten Kommentatoren des Werther sind dieser Meinung gefolgt. Indes der Faust war längst konzipiert und im wesentlichen, soweit er in Frankfurt entstand, schon niedergeschrieben, als Goethe diese Geschichte in den Werther einlegte. Das Schicksal der Stöberin, ihre «Krankheit zum Tode», ist kein Motiv zum Faust, wohl aber eine Art Parallelfall zu dem Werthers. Immer wiederholt das Leben von sich aus seine Erscheinungen, und die menschlichen Schicksale gleichen eines dem anderen.

AUS DEM FRANKFURTER SCHREIBTISCH DES JUNGEN GOETHE

Als Goethe im November 1775 Frankfurt mit Weimar vertauschte, ward der Schreibtisch im «Zimmer des Doktors» – so hieß das Giebelzimmer in der Sprache der Familie – nicht ausgeräumt. Es war ja nur ein kurzer Besuch geplant oder, als die herzogliche Kutsche zunächst ausblieb, nur eine Italienreise auf wenige Monate. Als sich freilich dann herausstellte, daß der Aufenthalt in Weimar zur dauernden Übersiedlung werden sollte, da mußte die Rätin Goethe schweren Herzens Kisten und Kasten packen, um sie dem Fuhrmann, der zum alten Allerheiligentor hinaus die Straße ins Sächsische fuhr, zur achtsamen Mitnahme anzuvertrauen. So ward denn auch, was sich im Schreibtisch noch an Blättern und Schnitzeln fand, zusammengebündelt und von der Mutter, die jeder Zeile des Sohnes Wert beimaß, nach Weimar gesandt. Dieser Sorgfalt ist es zu danken, daß wir einen Blick in die Werkstatt des jungen Goethe tun können, der nun zwar keineswegs Erregendes enthüllt, aber doch uns manche unscheinbare Einzelheit vermittelt, die, richtig betrachtet, zeigt, wie der Dichter arbeitete.

Die Blätter enthalten nämlich Worte, auch kleine Zwiegespräche, die dem Frankfurter Alltag entnommen sind.

Da hält ein Zettel eine Kinderszene fest, aus dem Hirschgraben vielleicht oder der Weißadlergasse: «Ein Junge schlägt ein Mädgen. Sie sagt zu ihm: Du Roznase! wärst du der Junge darnach!»

Warum war das für Goethe des Aufschreibens wert? Gewiß der Prägnanz wegen, in der sich das Selbstbewußtsein des Mädchens offenbarte. Von einem ordentlichen Jungen hätte die kleine Frankfurterin den Schlag hingenommen, aber von diesem, einer «Roznase», das hätte ihr das Schicksal nicht zumuten dürfen!

Oder da ist ein Gespräch in der Küche, vielleicht auch im Flur des Goethehauses zwischen einem Bauernmädchen, das Ware bringt, der Hausmagd Dorthe und der Mutter Goethes:

«*Frau Aja:* Herr Jes, Maidel, ihr laufft bey dem Wetter in bloßen Füßen. Werdt ihr nicht krank?

Bäurin: Ja meine andern sind zerrissen beym Schuflikker. Ich hab nur ein Paar.

Dorthe: Es ist kurios, daß man sich die Füs aufgeht, wenn man schu anhat, und nit, wenn man barfüßig geht.

Frau Aja, der Bäurin auff die Füß sehend: Wenn ihr die zerreißt, so laß ich euch ein Paar neue machen.

Bäurin: Das wird ihnen Gott vergelten.

Dorthe: Und wenn mer barfüßig geht, so geht mer sie nit auf?

Bäurin: Ihr lauft eure Solen ab, wir laufen uns Solen an! – Ja so was hat eben unser Herr Gott für die armen Leut erfunden!»

Es ist klar, daß es nicht nur die Mundart, sondern mehr noch die so volksmäßigen und gespitzten Formulierungen der beiden Mädchen: «daß man sich die Füs aufgeht, wenn man schu anhat» – «ihr lauft eure Solen ab, wir laufen uns Solen an» gewesen sind, die den jungen Dichter hatten aufhorchen lassen. Man könnte – vom Inhaltlichen abgesehen – den kleinen Dialog in die ersten Szenen des «Götz» einschieben, und er würde stilistisch durchaus seinen Platz behaupten. Wir aber sehen hier, woher es kam, daß im «Götz» mit den Reden der Reiterknechte, des Bauern und des Fuhrmanns in der Herberge des Steigerwaldes eine Sprache in der deutschen Literatur laut ward, schlagend, anschaulich, mit Erdgeruch, wie dergleichen das Jahrhundert noch nicht vernommen. –

Andere Gespräche sind mehr persönlicher Art, auf Goethe selbst bezogen. Da hat im Sommer 1775 sein Diener Philipp Seidel einen Diskurs mit einem Frankfurter Syndikus, der, wie es wohl öfter vorkam, über den jungen Dichter hergezogen war. Der «Herren Syndici» gab es fünf – Schudt, Rumpel, Hoffmann, Jan und Lange. Ihre einst in der Stadt so angesehenen Namen sagen uns nichts mehr. Seidel aber, der mit sechzehn Jahren als Diener ins Haus am Hirschgraben kam, ist uns wohlbekannt. Er war als armer Seilermeisterssohn in der Kleinen Eschersheimer Gasse geboren, hat von 1772 an Cornelia unterrichtet und ist von allen Sekretären Goethes nicht nur der tüchtigste, sondern auch der begabteste gewesen. Später noch, als er schon in Weimar war, erinnerte ihn die Frau Rat daran, wie er 1773 am runden Tisch in der Blauen Stube, also dem Eßzimmer im Erdgeschoß, den «Götz von Berlichingen» abgeschrieben und sich bei dieser und jener Stelle das Lachen nicht verbeißen konnte. Zur Lilizeit führte er das Ausgabebuch Goethes und trug die Torgroschen ein, wenn dieser sich bei der Rückkehr von Offenbach verspätet hatte. In Weimar regierte er die Spinnerinnen, die für den Haushalt im Gartenhäuschen an der Ilm die Hunderte von «Hembdern», Servietten und Tischtüchern spannen. Er stellte seinem Herrn vor, weniger Wein und weniger Bücher zu kaufen, nahm – ähnlich wie später der Diener Stadelmann – an den naturwissenschaftlichen Studien und mikroskopischen Beobachtungen teil, verwaltete, als Goethe nach Italien ging, Haus und Garten und besorgte – für den Dichter in Rom – sogar die Ausgabe der Werke. Daß bei der Umarbeitung der Iphigenie aus der Prosa in Jamben zwei Szenen verloren hätten, mußte Goethe ihm einräumen. Ja, Philipp dichtete selbst, und Wieland druckte ihn in seinem «Teutschen Merkur» und schenkte ihm die ganze Zeitschrift in Lederbänden. Als im Sommer 1782 Prinz Constantin von seiner französischen Reise nach Weimar zurückkam, unerwartet und mit einer Mademoiselle, die auch noch guter Hoffnung war, wer erhielt von Karl August und dessen Geheimem Rat Goethe den Auftrag, Nanette Darsaincourt in ihre Heimat zurückzugeleiten? Philipp Seidel, der so auch Paris kennenlernte. Welches Vertrauen der Diener, der später Weimarer Rentamtmann wurde, bei seinem Herrn genoß, zeigt der folgende Brief, der sein ganzes Gewicht dadurch gewinnt, daß der Schreiber eben Goethe war: «Übrigens bleibe ja dabei und ich fordere Dich dazu auf, mir über alles, was mich selbst angeht und was Du sonst gut finden magst, Deine Meinung unverhohlen, ja ohne Einleitung und Entschuldigung zu sagen. Ich habe Dich immer als einen meiner Schutzgeister angesehen, werde nicht müde, dieses Ämtchen auch noch künftig beiher zu verwalten.»

Als ein Schutzgeist Goethes, und zwar als ein Geist, der an der Schlagfertigkeit seines Herrn geschult war, erwies sich Philipp Seidel nun auch in seinem Wortwechsel mit dem Syndikus, bei dem es sich vielleicht um den «Werther» handelte.

«Syndikus: Aber das Ding ist doch zu toll, was der Mensch zusammen geschrieben hat. Dabey bleib ich.

Philipp: Wissen Sie, was er neulich zu einem sagte, der ihn eben darüber constituierte [zur Rede stellte]?

Syndikus: Wie denn?

Philipp: Mein Herr, fragte er den. – Sind Sie nie betrunken gewesen? – Eh nun, sagte der andere, ein ehrlicher Kerl hat immer so eine Nachrede aufm Rücken! – Gut, sagte er; der Unterschied von mir zu Ihnen ist der: Ihr Rausch ist ausgeschlafen, meiner steht aufm Papier.»

Zweiundfünfzig Jahre später, 1827, taucht in der Ausgabe letzter Hand im Dritten Teil der «Zahmen Xenien» ein Vierzeiler auf, der uns zeigt, wie bei Goethe eine dichterische Keimzelle – wofür wir auch sonst Beispiele haben – ein halbes Jahrhundert lang «virulent» liegen konnte.

Nehmt nur mein Leben hin, im Bausch
Und Bogen, wie ich's führe.
Andre verschlafen ihren Rausch,
Meiner steht auf dem Papiere.

Rauschartig war das Leben des nunmehr fast achtzigjährigen Goethe gewiß nicht, auch nicht sein Schaffen. Das Dichten war ihm längst Dicht-Kunst geworden. Goldschmiedearbeit von höchster Erfahrung, von überlegender und überlegener Meisterschaft. Das Gedicht zielt natürlich auf die Jugend, aber es redet von dieser Jugend in der Form des Goetheschen Altersspruches. Der Dialog des Syndikus mit dem jungen Sekretär Seidel und der flüchtige Zettel aus dem Frankfurter Schreibtisch sind zu einem sauber und sorgfältig beschriebenen Quartblatt von der Hand des Sekretärs John geworden. Der erste und der letzte Sekretär Goethes haben hier an ein und demselben Gedicht – über ein halbes Jahrhundert hinweg – gemeinsamen Anteil.

Ein anderer Dialog, der sich unter den Frankfurter Schnitzeln findet und sich wohl auf denselben Anlaß, auf die Aufregung der Frankfurter Bürger über den «Werther» bezieht, ist derber und galliger:

«A. Das ist wieder ein gefährliches Buch!

B. Gefährlich! Gefährlich! Was gefährlich? Gefährlich sind solche Bestien, wie Ihr seyd, die alles rings herum mit Fäulnis anstecken, die alles Schöne und Gute begeifern und bescheißen und dann der Welt glauben machen, es sey alles nicht besser als ihr eigner Koth!» Das ist «Sturm und Drang»! Gerade auch in der Derbheit, – wir kennen das ja vom «Götz» her. Auch diese Vorliebe für derbe Worte ist ein neuer Ton in der Literatur. Die Dichtungen des Rokoko waren elegant lüstern gewesen. Das hört jetzt ganz auf. Dafür ist man sehr «geradezu». Wie Goethe im Elsaß die Poesie des Volkes in seinen sangbaren Liedern gesammelt hat, so lauscht er jetzt auf seine Prosa und hält so menschlich zwar sehr zutreffende, aber in ihrer Bildlichkeit erschreckende Äußerungen aus der Polizeistube fest wie diese:

«Ich hab gefunden, daß ich ein braver, das heißt Gott und den Menschen gefälliger Politikus und Polizeymeister bin, weil ich einen Nachttopf, den ich vollpißte, ausleerte; da man sonst nur voll pißt und das ausleeren dem Nachfolger überläßt.» Ja, die Blätter aus Goethes Schreibtisch sind zum guten Teil eine Sammlung solcher «Unmittelbarkeiten» aus dem Volksmund. Der Dichter wußte schon, warum er sie verschlossen im Pulte ließ, und wir wollen sie auch liegen lassen. Es war die Zeit, wo Goethe die Rokokokünstler wie Tischbein in Kassel mit ihren glatten, mondänen Damenporträts als «geschminkte Puppenmaler» verachtete. «Sie haben durch theatralische Stellungen, erlogene Teints und bunte Kleider die Augen der Weiber gefangen. – Männlicher Albrecht Dürer, deine holzgeschnitzteste Gestalt ist uns willkommener!»

Es war aber nicht Goethe allein, der so sich dem Volke nahe fühlte. Manches ist von der Frau Rat geschrieben; und auch Freunde trugen zu, was sie erlauschten. Da ist ein Diskurs, den Merck aus Darmstadt mitbringt, zwischen einem Leutnant, der dort im Gasthof «Zur Traube» – Mercks Haus lag nebenan – seinen Schoppen trinken will und den die Magd, mit der er lebt, nicht gehen läßt; oder der Monolog eines betrunkenen Frankfurter Bürgers, der vor dem Domportal zu Bette geht und seine Kleider an der Türklinke aufhängt, alles – wie die Kanevas der *commedia dell'arte* – nur in Stichworten mit flüchtigstem Bleistift festgehalten, so daß nur die Wissenden die Szene rekonstruieren, wir anderen sie nur eben erahnen können.

Aus Darmstadt stammt wohl auch das Wort des Soldaten, der seinen Sold fordert: «Ich muß essen, Herr Hauptmann! Ration will ich haben oder ich piss in die Stub!» Weder Lessing noch Klopstock, nicht Herder, nicht Wieland hätten es für der Mühe wert erachtet, dergleichen aufzuschreiben. Und doch steckt, *in nuce,* das realistische Drama in solchen Sätzen, aber eben nur: *in nuce.* Goethe hat das Ohr für die soziale Not des Volkes und seine Ausdrucksweise, hat aber selbst den Weg so naturalistischer Dialoggestaltung nicht beschritten. Die hohe Sprachkunst Pindars und der Adel des Homerischen Verses rufen mit stärkeren Stimmen; Goethe schreibt die «Iphigenie» und nicht, wie Lenz, «Die Soldaten» (1776). Er schreibt auch keinen «Woyzeck»; aber es ist doch von Interesse, zu sehen, wie erste Ansätze zum Stile dieses Dramas, das kurz nach der Julirevolution von einem Darmstädter Dichter geschaffen werden sollte und das noch immer unsere «ursprünglichste» bürgerliche Tragödie ist, schon 1775 in der Luft lagen. Denn eher tragisch als komisch ist das Wort, das Goethe festhielt, zu verstehen; es ist der Aufschrei eines gequälten Menschen, der unsinnig glaubt, mit etwas drohen zu können, was nur eine Auflehnung, aber keine Drohung ist. In die unheimlichen, bedrückenden Militärszenen des «Woyzeck» hätte der Satz sich eingefügt, als sei er dafür geschrieben. Als Beleg sei ein Brief von Büchner hier angeführt. Als dieser mittellos aus Darmstadt ins Elsaß flüchten mußte, bat er Gutzkow um Druck und Honorierung von «Dantons Tod»: «Es gibt zwar Leute, welche behaupten, man solle sich in einem solchen Falle lieber zur Welt hinaushungern; aber ich könnte die Widerlegung in einem seit kurzem erblindeten Hauptmanne von der Gasse aufgreifen, welcher erklärt, er würde sich totschießen, wenn er nicht gezwungen sei, seiner Familie durch sein Leben seine Besoldung zu erhalten. Das ist entsetzlich! Sie werden wohl einsehen, daß es ähnliche Verhältnisse geben kann, die einen verhindern, seinen Leib zum Notanker zu machen, um ihn von dem Wracke dieser Welt in das Wasser zu werfen, und werden sich also nicht wundern, wie ich Ihre Türe aufreiße, in Ihr Zimmer trete, Ihnen ein Manuskript auf die Brust setze und ein Almosen fordere.» Ein ähnliches Schicksal wie das des erblindeten Hauptmanns hörte auch der junge Goethe und merkte es sich auf einem Blättchen in Frankfurt an: «Der Kerl, der Spießruthen läuft, – seiner Kinder willen!» Büchner, mit dem das soziale Elend-Drama beginnt, schöpft also aus demselben Born, der schon Goethe spendete. Auch dieser hat seine Augen auf die soziale Not gerichtet, fühlt – wie das Motto zum Bauernkriegdrama ausspricht – das Herz des Volkes sei in den Kot getreten; aber als Dichter des Winckelmannschen, des idealistischen Jahrhunderts wendet er sich dann doch dem kastalischen Quell zu, während Büchner, der Dichter des realistischen Zeitalters, den dunklen Wassern der heimatlichen Erde treu bleibt.

Es liegt nahe, über diese Goetheschen Zettel und Notizen gering zu denken, und ihre Bedeutung soll auch keineswegs künstlich gesteigert werden. Sie haben nicht mehr Wert als etwa für die Beurteilung eines Malers kleine erste

Skizzen; aber sie haben, für das prüfende Auge, eben doch auch wieder den ganzen Reiz solch versuchend tastender Striche. Auch der «Faust» mag teilweise zunächst auf solchen Zetteln entstanden sein. Im Dezember 1774 erzählt Knebel, er habe bei Goethe einen Haufen Fragmente zu einem Doktor Faust gesehen; «er zieht die Manuskripte aus allen Winkeln seines Zimmers hervor». Nach Zimmermann, der im September 1775 bei Goethe war, habe der Dichter einen Sack voll Zettel vor ihm ausgeleert: «Da ist mein Faust.» Noch sind uns zwei solcher Frankfurter Quartblätter erhalten, teils mit Bleistift, teils mit Tinte beschrieben, die Szene «Landstraße», Faust und Mephisto am Kruzifix vorbeireitend:

> *Faust: Was gibt's, Mephisto, hast du Eil?*
> *Was schlägst vorm Kreuz die Augen nieder?*
> *Mephisto: Ich weiß es wohl, es ist ein Vorurteil,*
> *Allein genug, mir ist's einmal zuwider.*

Das andere enthält acht kleine Fragmente, Zweizeiler, Vierzeiler, für die Reden Mephistos geplant, aber dann ausgeschieden. Allein, das ist nun der sehr wesentliche Unterschied: Bei den einen Notizen handelte es sich um Aufzeichnungen aus dem wirklichen Leben, die vielleicht einmal Stoff der Dichtung werden sollten, hier aber sind wir schon mitten in der dichterischen Vision und im dramatischen Schaffensprozeß.

Und doch gibt es unter den Schnitzeln aus dem Frankfurter Schreibtisch des jungen Goethe auch ein Blatt, das merkwürdig in der Mitte steht zwischen der Wirklichkeit des «erlebten Lebens» und der Dichtung: es enthält Anfänge eines Briefes an Lili, unbeholfen, mehr ein Liebesstammeln als ein Schreiben, und bald ganz abbrechend: «Herzlich bin – – Lieber Engel, bist du mein? – Ach warum bin ich nicht immer sogleich bey – lieber Engel – Ach wie möcht ich zu deinen Wolken steil – Wo sie streben und durcheinander gleiten. Wo sie drängen und durcheinander wandern.» Hier ist die Geliebte nicht nur «Engel» genannt, hier ist sie wirklich: Engel, oben in schwebenden, gleitenden Wolken, Engel im Himmel. Wir sind an der Stelle, wo sich die Worte der Umgangsrede zur Dichtung wandeln. Nun kann es weiter nur noch lauten:

Im holden Tal, auf schneebedeckten Höhen
War stets dein Bild mir nah;
Ich sah's um mich in lichten Wolken wehen,
Im Herzen war mir's da.

Das sind die Verse, die Goethe etwa Anfang 1776 – etwa drei Viertel Jahre nach seinem Briefversuch – in das Exemplar seiner «Stella» schrieb, das er für Lili bestimmt hatte. Die Vision des «Ewig Weiblichen» taucht auf. So hatte Goethe schon Lotte gesehen, als verklärte und erhöhte Geliebte.

Und sollst mir, meine Liebe, sein
Alldeutend Ideal,
Madonna sein, ein Erstlingskind,
Ein Heiliges an der Brust,

so wird er Charlotte von Stein huldigend schreiben, daß er ihre

... Gestalt
Immerfort wie in Wolken erblicke.

Und von Ulrike von Levetzow wird es noch in der Elegie von 1823 heißen:

Sie tritt ans Himmelstor,
Zu ihren Armen hebt sie dich empor.

Auch in Goethes epischer und dramatischer Dichtung werden Frauen – aber nur wenige, bevorzugte, in denen das Ewige Gestalt wird – so erblickt. So erscheint im «Wilhelm Meister» Natalie als «Heilige» in der Mandorla, daß es Wilhelm «auf einmal vorkam, als sei ihr Haupt mit Strahlen umgeben, die sich nach und nach über ihr ganzes Bild ausbreiteten». So erscheint Klärchen am Schluß des «Egmont», «in himmlischem Gewande, von einer Klarheit umflossen, auf einer Wolke»; so endet in den «Wahlverwandtschaften» Ottilie als Heilige, und von Makarie heißt es in den «Wanderjahren»: «Ihre Kleider schienen priesterlich, ihr Anblick leuchtete sanft, Wolken entwickelten sich um ihre Füße, steigend hoben sie flügelartig die heilige Gestalt empor.» Im Zweiten Teil des «Faust», am Eingang des vierten Aktes, erscheinen Helena und Gretchen als Wolkenbilder; und wenn zum Schluß dieses selbe Gretchen als Verklärte zu Füßen der Himmelskönigin «schwebend in der höheren Atmosphäre» dem aufwärts getragenen Faust engegentritt, so haben wir eine Vision vor uns, die sich eben in jenem rührend stammelnden Briefanfang an Lili schon ankündigte und die als dichterische Konzeption auch der gleichen Zeit entstammt: «Lieber Engel – Ach wie möcht ich zu deinen Wolken steil – Wo sie streben und durcheinander gleiten – Wo sie drängen und durcheinander wandern.»

Und so sind diese Schnitzel aus des jungen Goethe Schreibtisch teilweise doch mehr als bloße Notizen aus dem Frankfurter Alltag. Sie decken das Volk, seine Nöte, sein Fühlen und seine Sprache als eine der Lebensschichten auf, aus der Goethes Dichten erwuchs, zeigen, wie auch er selbst tatsächlich «Himmel auf und Hölle ab» getrieben war, und enthalten Hindeutungen, Vorahnungen seines Werkes, – freilich nur: *«in nuce».*

CORNELIAS TOCHTER

Die quälende Erinnerung an das frühe und unglückliche
Ende der geliebten Schwester und Unstimmigkeiten mit
dem Schwager Johann Georg Schlosser haben Goethe ab-
gehalten, die verwandtschaftliche Verbindung mit den beiden Töchtern Cornelias enger und persönlicher zu gestalten. Im Jahre 1793, da er im Lager vor Mainz lag, erwog
er, ob er nach Karlsruhe eilen solle, wo die jüngere der
beiden, die sechzehnjährige Juliette, deren Geburt einst
Cornelia das Leben gekostet hatte, in schwerer Krankheit
und schon dem Tod verfallen darniederlag; aber er stand
davon ab, es war ihm entsetzlich, seine Schwester «zum
zweiten Male sterben zu sehen». Der älteren Luise sandte
er im Januar 1808 nach dem Tode der Frau Rat ein Schreiben, in dem er ihr für die Teilnahme am Tode der Mutter
dankte, und 1811, als nun Lulu selbst gestorben war,
schrieb er ihr einen Nachruf, in dem noch immer der
Schmerz über den Verlust der Schwester nachzittert und
selbst der Charakter der ihm unbekannten Nichte – er
hatte sie höchstens als fünfjähriges Kind 1779 in Emmendingen gesehen – unter dem Aspekt ihrer Mutter gedeutet
wurde. Einer Begegnung aber mit dem Gatten der Verstorbenen, dem von ihm übrigens aufs höchste geschätzten
Staatsrat Nicolovius, wich er auch weiter aus. So ist es
gekommen, daß bei allem Interesse für Goethes Sohn und
Enkelkinder im Grunde niemand nach dem Schicksal der
Tochter von Cornelia Goethe gefragt hat. Und doch verdient diese Frau, der leider nur ein kurzes Dasein geschenkt war, schon um ihrer selbst willen unsere Teilnahme; dann aber dürfte auch wegen der heute so lebhaft
erörterten Frage nach den genealogischen Zusammenhängen gerade jene Persönlichkeit eine besondere Bedeutung

beanspruchen, die die Goethe-Textorsche psychisch-physische Konstitution über die eigenartige, an und in der Ehe kranke Schwester des Dichters weitergab und fortsetzte.

Da ergibt sich denn freilich das überraschende Bild einer prachtvollen Regeneration. Die Nachkommen des Dichters, dieses geistig und körperlich fast vollkommenen Menschen, halten dem Leben nicht stand. Die Familie stirbt aus. Lulu Schlosser aber, Tochter der kranken, gezeichneten Cornelia, steht vor uns als Urtyp eines gesunden, lebensfrischen und lebenstüchtigen Geschöpfes, das mit hellem Humor und in beglückter Daseinsfülle mit diesem Erdenleben fertig wird – heiteres Mädchen, treue Gattin, vorbildliche Mutter. Trotz ihres frühen Todes – sie starb im Alter von siebenunddreißig Jahren – wurde sie durch ihre sechs Kinder Ahnherrin eines noch heute zahlreich blühenden Geschlechts. Ihre jetzt lebenden Nachkommen tragen die Namen Heuser, Nicolovius, Dieckhoff, Bergengruen, Grafen Bylandt, Freiherrn von Brockdorff, von Strahlendorff und andere mehr. Ob diese Lebenskraft und Fülle allein auf den Vater Schlosser zurückzuführen sein wird, ob wir in ihr Goethesches Erbe und Artung der Großmutter Catharina Elisabeth wiedererkennen dürfen, wer will darüber Sicheres zu sagen wagen? Nur so viel steht fest, daß, während Julie Schlosser ihrer Mutter Cornelia sehr geglichen haben soll und in ihrer peinlichen Ordnungsliebe an den Großvater Goethe erinnert, in Lulu nach Ansicht ihrer Angehörigen die Frau Rat wieder auferstanden war – im Sinne der Schlosserschen Familie war das kein reines Kompliment –, daß weiter die Frau Rat selbst erklärte, Lulu beweise durch ihr Wesen, daß sie von ihr abstamme und von ihrem Blute sei und daß schließlich uns die lebensnahen, so ganz im Augenblick ruhenden Briefe Luisens sofort auf das eindringlichste an die Briefe der Mutter des Dichters erinnern. Wenn diese, als sie sich die Frau von Staël vom Leibe halten wollte, gesagt hat: sie habe in ihrem Leben kein Abc-Buch geschrieben, und auch in Zukunft werde ihr Genius sie davor bewahren, so gilt dasselbe von ihrer Enkelin. Deren Briefe sind völlig unliterarisch, sie geben den Alltag des Karlsruher Elternhauses anschaulich und minutiös, so wie Frau Rat ihren Frankfurter Alltag im Großen Hirschgraben in ihre Briefe einfließen ließ. Aber hier wie dort steht hinter den bürgerlichen Nichtigkeiten der Briefberichte ein warmes, gutes Herz und ein ganzer Mensch. Eines darf man freilich nicht erwarten, daß etwa Weimar in diesen Briefen irgendeine Rolle spielte. Lulu ist wohl stolz auf den berühmten Verwandten, aber der «Onkel Goethe» wird nur vorübergehend im Briefwechsel erwähnt, weil er gerade die Familie der Adressatin, Jacobis in Pempelfort, aufsucht; von seinen Werken aber wird unter der Lektüre des Mädchens keines genannt.

Am 1. November 1773 war Cornelia Goethe mit Johann Georg Schlosser ehelich verbunden worden. Goethe schrieb von dieser Hochzeit, daß das ganze Haus geglänzt habe. Am 25. Oktober 1774 wurde Luise in Emmendingen geboren. Ihr fröhliches Naturell verriet sie schon als Kind. «Es ist sehr lustig und will den ganzen Tag tanzen; deßwegen es auch bei jedem lieber als bei mir ist», so das Töchterchen in den Augen der schwermütigen Cornelia, die bald darauf aus der Welt ging. Mit drei Jahren, am 8. Juni 1777, verlor Luise ihre Mutter. Der Vater heiratete deren Freundin Johanna Fahlmer, das Frankfurter «Tantchen» des jungen Goethe und seine Vertraute in der Zeit der Lili-Liebe. 1787 ward Schlosser als Geheimer Hofrat nach Karlsruhe berufen, hier wuchs Lulu mit ihrer Schwester Juliette und zwei Stiefgeschwistern, Henriette und Eduard, auf. Ihren späteren Gatten, Georg Heinrich Nicolovius, hat sie, siebzehnjährig, Mitte August 1791 kennengelernt, als dieser den Grafen Friedrich Stolberg nach Italien begleitete und so durch Karlsruhe kam, wo man Schlosser besuchte. Im Jahre 1792 weilte dann Cläre Jacobi, eine Verwandte der Stiefmutter und Tochter von Goethes Jugendfreund, des Philosophen Friedrich Jacobi, auf einige Zeit im Schlosserschen Hause in Karlsruhe, und hier knüpfte sich jene Jungmädchenfreundschaft, der wir die vorliegenden Briefe verdanken. Vom Herbst dieses Jahres an, da Cläre zu den Ihren heimgereist war, gehen wöchentlich ein bis zwei Briefe von Karlsruhe nach Pempelfort. Die größte Sehnsucht der Briefschreiberin ist, die Freundin selbst wiedersehen zu können. Vorgelegen haben mir etwa einhundertzwanzig Briefe, die inzwischen in den Besitz des «Frankfurter Goethemuseums» gelangt sind; nur ein kleiner Teil davon konnte hier zur Veröffentlichung gelangen, und auch in den ausgewählten Briefen mußte gekürzt werden. Die Schreibweise wurde im allgemeinen modernisiert. Die Mundart, die ebensosehr auf Frankfurt wie auf Baden weist – Vater wie Stiefmutter waren aus Frankfurt –, wurde erhalten. Die Briefe sind zuweilen mit Zeichnungen im Stil des Wandsbecker Boten illustriert. Zunächst sind es Backfischbriefe, die, wenigstens was das 18. Jahrhundert anlangt, in ihrer frischen, den Tag und die Umgangssprache spiegelnden Unmittelbarkeit – sehen wir von Meta Mollers Briefen ab – in der deutschen Literatur nicht ihresgleichen haben. Ein seltsamer Knäuel von Familiengeschehen, Stadtereignissen und Weltgeschehen, so kindlich unmittelbar auf das Papier gesetzt, daß die Distanz zwischen einst und jetzt schwindet. Die Mädchenbriefe der Mutter, also der jungen Cornelia Goethe, stehen dagegen zurück. Mit der Verlobung kommt ein ernster, besinnlicher Ton auf. Zuletzt spricht die junge Mutter, getragen vom Glück an ihren Kindern. Die Schreiberin ist, da der Briefwechsel einsetzt, achtzehnjährig.

Mittwoch, den 2ten Januar 1793.
Abends vor dem Nachtessen.

Liebes bestes Clärchen!

Man sollte denken, ich hätte wunders wie viel Zeit zum schreiben; aber da irrt man sich gewaltig. Seit Sonntag, da ich Deinen überherzigen Brief bekam, studiere ich dran, nur ein paar Wörtchen zusammen zu bringen, aber umsonst! Gestern auf den Neujahrs-Tag sollte es nun pardu geschehen, ich schrieb, wie ich aus dem Bette kam, gleich den Füßlis[1] ein Billetchen, daß ich nicht in die Kirche

[1] Familie des Kaufmanns und Oberbürgermeisters Christian Karl Füßlin.

130

könnte, ich rannte und machte alles in Ordnung, so schnell ich nur konnte, und als ich eben in Bereitschaft zu schreiben war und ich nur eben der Mama guten Morgen sagen wollte, so hörte ich, daß die Christine und die Lene sich in der Neujahrsnacht einen Branntweinrausch getrunken hätten und daher nun beide sterbensweh und recht krank wären. Da müssen also die Mama, die Lisel und ich die Küche versehen, wo just den Tag so viel zu machen war, daß ich mich kaum vor Tische anziehen konnte. Und den Nachmittag! sieh so einen ganz herrlichen erlebte ich noch nie, N.b. (auf diese Art). Höre also: Wir waren bei der Msll. Ring[1]. Nu, das wird Dich nicht sehr reizen! Wenn Du aber die Gesellschaft hören willst, die da war, dann wird's anders um Dich aussehn, nämlich es war der junge Krieg, sein Bruder und der junge Ring; eben höre ich, daß Dir die Juliette[2] die Frauenzimmer genannt hat, also bleibe ich bei den Chapeaus. Denke, wir spielten mit ihnen, wie wenns noch ein paar Schwesterchen wären. Die Juliette stellte sich aber sehr spröde, sie wird Dir vermutlich ihre Gedanken drüber sagen. Das Letzte, was wir spielten, war Bock und Gärtner, man mußte sich fangen und da lief man sich gemeiniglich in die Arme, bekam von ohngefähr eine Hand, drückte sie, dann kam noch ein Nachdruck, und dann war man gefangen. Du mußt nun nicht denken, daß mir's so ging, sondern ich sah's nur an den andern. Die Luise Preusch und das Lischen Reinhard stellte sich sehr frech, besonders mit dem jungen Ring; dieser spielte auf der Flöte, ganz schmachtend wie ein arkadischer Schäfer, sah alle nach der Reihe an, (denn wir saßen in einem Halb-Zirkel um ihn herum) und dudelte, bis ich das Lachen fast nicht mehr halten konnte. Einmal mußte er auch der Nanzi ein Bützchen geben. Ach! da beneidete ich sie recht! Wie fatal, da muß ich zum Essen. Morgen schlachten wir! Prost – Neu-Jahr!

---

[1] Auguste Friderike Wilhelmine Ringin, in Lulus Stammbuch unter dem 20. Januar 1791 eingetragen, Luise Preuschen unter dem 28. August 1790 (beides Namen bekannter Karlsruher Beamtenfamilien).
[2] Schlosser, die jüngere Schwester Lulus und zweite Tochter Cornelias.

Freitag abends.

Gottlob! Die Wurschterei, Speckschneiderei und alles ist fertig, ich konnt's kaum erwarten, denn es ist heute effroyable kalt, auch fuhr der ganze Hof und Adel im Schlitten; weißt Du noch, wie wir voriges Jahr so zierlich zum Fenster hinaus sahen? besonders Du? ich muß lachen, wenn ich nur dran denke.

Ach! Jetzt kann ich wieder atmen! Soeben mußte ich die längste und ennujanteste französische Zeitung der Mama und Tante Bogner[1] vorlesen, ich saß wie auf Stecknadeln, denn ich dachte immer, wie ich jetzt so herrlich Zeit hätte, Dir zu schreiben.

Samstag den 26ten Jenner 1793.

Liebstes bestes Clärchen!

Vorgestern kam Dein liebes Briefchen heranmarschiert, es hat mich recht gefreut, und etwas daraus hat mich sehr gelächert. Willst Du wissen was – – Vermutlich! – Nun höre: Erstens Deine gottserbärmlichen Beteuerungen Deiner Gleichgültigkeit gegen die zwei Questo's. Wovon ich ganz untertänig versichert bin, und dann Dein Geständnis, daß Du mit einem andern Questo lieber fixiert bist; soll ich raten? – – Ja, nun so höre, ich glaube es ist, – – wenn ich mich aber irre, so mußt Du mich nur nicht auslachen, denn ich weiß nicht wie er aussieht, sondern weiß nur, daß er älter, viel älter ist wie Du, daß er Verstand und recht viel Annehmlichkeit hat, und kurz, – – daß es der Onkel Goethe[2] ist. ... Gesteh' mir die Wahrheit, irr ich?? Wenn er's

---

[1] M.F. Bogner, Erzieherin und später Gesellschafterin von Schlossers zweiter Frau.

[2] Goethe war vom 6. Nov. bis 4. Dez. 1792 in Pempelfort bei Jacobi gewesen, er rühmt Klärchen in der «Campagne in Frankreich» als «wohlgebildet, tüchtig, treuherzig und liebenswürdig», erwähnt später gelegentlich, wie bedächtig sie die Frühstücke in Häufchen nebeneinander gelegt, und schreibt am 29. Dezember 1794 an ihren Vater: «Ferner muß ich auf jeden Fall, wenn ich euch in jener Gegend [Holstein, wovon sich Goethe nichts versprach] besuchen sollte, mir die ausdrückliche Erlaubnis ausbitten, Clärchen die Cour machen zu dürfen. Ich werde mich dabei so bescheiden betragen, als nur verlangt werden kann, um ihre Approbation und Nachsicht zu verdienen. Aber wie gesagt ein bißchen Neigung muß sie mir erlauben und ein bißchen Aufmerksamkeit für mich haben.»

aber nicht ist, so nenne ihn mir doch, denn Du hast mir beim Herrn Ruf, als wir am Fenster guckten, geschworen, mir auch jede Kleinigkeit zu sagen. Kann ich mich drauf verlassen?

Vor Tische stand der herzige Eduard[1] neben mir, und da fragte ich ihn aus Spaß: «Hascht's Clärli ger'?» (er): Jo i hab's recht lieb. (ich): «Möchts, s' wär Dein Weibli??» (er): Jo, das wär' mer grad recht! und dabei lachte er so herzig, daß ich nichts mehr wünschte, als daß er älter wäre. Hier schickt er Dir auch einen selbstgemachten Ring und läßt Dich schönstens grüßen. Er macht dem Papa rechte Freude, und Latein kann er – – ganz superfein!!!

Ach Gott! Was sagtest Du, als Du den Tod des guten Königs hörtest? so schändlich geköpft zu werden! so ganz ohne alle Ursache! und das abscheuliche Volk soll ganz haufenweis zusammengelaufen sein, und keiner hat nur einen Mux getan! Die Tante Bogner ist auch ganz außer sich, heute Morgen, als ich zum Bibel lesen kam, stellte sie mir alles so lebhaft vor, besonders seinen letzten Abschied und dabei mußte sie so weinen und zitterte dabei, daß ich kaum mehr atmen konnte, so erschütterte sie mich. Die Mama wurde ganz blaß und ich sah, wie innerlich der Papa bewegt war, als sie zum erstenmal miteinander davon sprachen. Stellst Du dir den König nicht auch ganz vor? Ah, ich hab ihn neulich beschreiben hören, wie einfach er gekleidet ist und wie gelassen und ehrwürdig er aussieht und so sehe ich ihn immer vor mir. Weißt Du auch, wie sie den Dauphin behandeln wollen, die schändlichen Teufel? Vermutlich, da brauch ich Dir's also nicht zu sagen.

Und was werden sie nicht mit den armen Prinzessinnen machen? Die älteste ist schon 14 Jahre alt. Und die arme, arme Königin! findest Du nicht auch, daß es ganz schändlich wäre, wenn man nicht für den König trauerte? ich begreifs gar nicht, wie der hiesige Hof und Adel so gleichgültig bei dem allem sein können, denn vorgestern war

---

[1] Eduard Schlosser, Sohn aus der zweiten Ehe Schlossers mit Johanna Fahlmer, also Lulus Stiefbruder, † 26. März 1807.

Ball bei den Edelsheims[1] und bis Montag wird der Hof einen im Kaffeehaus geben. Der Tante Bogner darf man Ball gar nicht aussprechen; das wirst Du auch gut begreifen, denn Du weißt, wie heftig sie gegen das Böse und vor das Gute ist.

Jetzt will ich Dir noch etwas von des Eduards Geburtstag sagen. Vorigen Dienstag war er; er bekam den schon gemeldeten Schreibtisch, den «Geschwinden Lateiner» und ein großes Dictionnaire, nämlich, Latein, Deutsch und Griechisch[2]. Von Papa und Mama Überhosen und sechs Sacktücher in einem Paketchen, von Tante Bogner und von uns drei eine Papierschere und ein herziges Leuchterchen; wenn Du mit uns hättest halbpart machen wollen, so hätte Dichs nichts gekostet, denn die Mama schenkte uns beides. Den Nachmittag hatte er große Buben-Assemblée, wovon einer recht gut Violin spielen kann, dieser geigte, die andern holten die Mädchen, ich schnitt Wurscht und holte Wein, so daß in einem Augenblick ganz unvermutet ein Ball eröffnet wurde. Ich tanzte nicht, denn die Lisel, die Lene, und alles Pêle-mêle war von der Partie; es hat mich gejuckt, aber ich fürchtete vor der Tante Bogner. Weißt Du auch, daß wir diese Ostern die Christine und Lene fortschicken? Vermutlich nicht. Die Lene ist ein grobes, unverschämtes Ding, die Christine aber dauert mich; Du kannst nicht glauben, wie sie jetzt alles tut, um zu gefallen. Aber die Mama sagt, sie wäre zu schweinisch und zu langsam. Für die Lene nimmt die Mama keine mehr, sondern da müssen wir uns nur mit einer Köchin und der Lisel behelfen, ich bin's zufrieden, hab auch selbst dazu geraten, weil wir dadurch doch viel sparen. Juliette und ich haben schon ausgemacht, daß wir dann unsere Stube ganz übernehmen, selbst kehren, jedes sein Bett machen und säubern, aber den Ofen und das Waschwasser

[1] Staatsminister Wilhelm v. Edelsheim; bei ihm war Goethe 1779 in Karlsruhe abgestiegen.
[2] In jener Zeit vertraute Schlosser die Erziehung seines Sohnes dem kurz vorher von der Universität Göttingen zum Dr. phil. promovierten Karl Philipp Kayser aus Franken an.

muß die Lisel wie natürlich besorgen. Im Sommer mags angehen, aber im Winter fürchte ich mich.

Denke, auf Carlstag war hier eine Illumination, jeder, der wollte, illuminierte, – wir natürlich so wie viele andere nicht. Diejenigen, die's nun taten, verachteten die andern, und einer sagte zum Markgrafen[1], als er vorbeifuhr, «Da seh man einmal da hinaus, wo der Adel ist, da ist alles ganz schwarz, da sieht mans recht, wo sie dem Herrn ihre Treue beweisen können, bleiben sie hübsch zu Hause.» Die Erbprinzeß, als sie aber die Illuminiererei sah, wurde sie sehr verdrießlich und sagte, die Untertanen hätten gar kein Gefühl, jetzt wärs gar keine Zeit sich zu freuen, und sie wollte wetten, in einigen Tagen würde man in der Straßburger Zeitung finden, daß Baden sich über den Tod des Königs freute und deswegen illuminiert hätte[2]. Möglich, aber affreus!!

Weißt Du auch, daß ich Dein altes, verschimmeltes Zahnbürstchen noch habe? Das behalte ich mir zum Andenken; ich kann dich mein Lebtag damit sehen, wie Du mir nachgemacht hast, wie ich meine Zähne putze. Jetzt habe ich mich aber ganz geändert, denn ich bin so hurtig! – – so vite! –

Samstags den 9ten Merz 1793.

Liebstes bestes Clärchen!

Diesen und den gestrigen Tag sollte man in Gold einfassen! So herrliche! ganz herrliche Nachrichten![3] Die Tante Bogner bekam einen Brief, worin alles haarklein beschrieben war; sie ist ganz außer sich, vergnügt und schenkte

[1] Markgraf, später Großherzog Karl Friedrich 1728-1811.
[2] Diese Illumination, die erste zum Namenstag seit der Regierung des Markgrafen, war als besonderer Treuebeweis seitens der Bürgerschaft gedacht und wurde auch so gewertet, u.a. vom preußischen Gesandten in seinem Bericht nach Berlin. – Die Straßburger Zeitung beargwöhnte alle Verhältnisse in Karlsruhe wegen der Aufnahme der französischen Emigranten am Hof. – Erbprinzessin war die Prinzessin Amalie von Hessen-Darmstadt (1754–1832).
[3] Nachricht vom Sieg bei Aldenhoven am 1. März und den Erfolgen an der Maas; am 3. März war Maastricht entsetzt, am 5. Lüttich genommen. Die Franzosen hatten mehrere tausend Tote und Verwundete, 1000 Gefangene und 120 Kanonen verloren.

jedem von den Leuten einen kleinen Taler; diese, weil sie vom andern nichts verstehen, sind darüber königlich lustig, und wir alle andern sind auch so herrlich vergnügt, daß es eine Lust ist; wir tranken auch heute Mittag mit Rheinwein auf guten Bestand. Ach, ich hoffe, jetzt geht alles gut.

Es ist doch wirklich eine Schande, auf was für lausige Bögelcher Du mir schreibst! so weit auseinander! und immer vier Wörter in eine Reihe! Dafür bedanke ich mich aber gar höflich, meine liebe Mamsell! Sie ist gar zu gescheut! ja wenn ich auch solche und die nämliche weitläufige Methode hätte wie Du, dann wollte ich nichts sagen, aber so … nein im Ernst, Du mußt Dich darin bessern, sonst werde ich noch sicherlich auszehrend für Ärger! Die blauen Tupfen gefallen weder mir noch der Mama, diese sagt und ich (denn ich papple immer nach), man würde sie gleich satt, so simpel wär's hübscher und wenn's einmal aus der Mode käme, könnte mans ohne immer tragen, aber mit, nimmermehr. Ich bin wirklich in betrübten Umständen mit meinem Argent. Ich will Dir einmal meine wirkliche Geld-Jeremiade vorsingen. Ach Geld! ach hätte ich Geld! ich muß absolut eine Farbenschachtel haben mit so Töpfcher! Leider kostet sie einen großen Taler. Denn Malen möchte ich für mein Leben. Denk', ich habe einen jungen Mensch im Wald gemalt, er hat einen Brief in der Hand – ganz zum fressen. Es ist wie Miniature. Ich begreif's noch auf die jetzige nicht, wie ich's hab machen können! so niedlich, anfangs, ehe er noch so gar, gar herzig war, wollte ich's Dir schicken, aber jetzt behalte ich's für mich und laß mir für meine paar Batzen ein Rähmchen drum machen; niemand darf's aber noch wissen. Er hat einen schwarzen Hut auf, braunes Haar, ein wenig rote Backen, einen blauen Rock, paille West und Hosen und Stiefel, er sieht so freundlich auf den Brief! und die grünen, hell und dunklen Bäume sind so gut geraten, kurz niemand glaubt, daß ich's gemacht habe; zweimal würde ich's aber auch nicht können! sicher nicht!

Ich habe Dir etwas sehr angenehmes für mich zu sagen,

denk wir sollen jetzt bald schwarze Kleider bekommen; dieses ist aber nicht das beste; sondern daß ein Koffer da ist, von unsrer seligen Mama. Es ist freilich nicht viel drin, wie die Mama sagt, denn damals war man in allem so sparsam; es sind nur drei Kleider, ein Schwarz Grotiturenes, braun und rot changeant Taft und ein Grau Taftenes, ihr Hochzeitskleid[1], Weißzeug gar, gar nichts, sondern nur etliche Röcke von altfränkischem, großblumigem Zitz, aber was mich freut, etlich artige Galanterie-Ringelchen mit Steine, dieses sollten wir zwei nun bekommen, wenn die Mama sich nicht vor dem Jettchen[2] scheute; denn daß es nichts wissen darf, wirst Du wissen. Jetzt weiß ich nur nicht, wie lange es noch dauren wird, bis wir es bekommen; wenn ich die Sachen nur einmal sehen könnte! Ich denke so bei mir selbst, auf die Kleider wird das Jettchen sicher nicht sehen, die Mama könnte ja nur sagen, sie wären von ihr, und dann die Kleinigkeiten und die Ringelcher könnten wir ja mit ihr teilen, denn etwas alleine zu bekommen, habe ich ohnedas keine Freude. Fändest Du dies nicht auch ganz natürlich? Ich mag's der Mama gar nicht ganz proponieren, ich scheue mich, warum aber, das weiß ich nicht; bei nächster Gelegenheit will ich's aber dennoch tun.

Den 17. Merz 93 Sonntags.

Heute Morgen waren wir alle miteinander in der Stadtkirche und sahen die Luise Preusch, Luise Seubert, Wipperman, Walz, Bökman, den Meier, und noch eine ganze Schwadron konfirmieren. Das Jettchen durfte zum ersten Male mit uns in die Kirche, ihre Freude kannst Du Dir denken. Ich begreife gar nicht, daß es der Papa erlaubt hat; aber weil sie uns schon hatte konfirmieren sehen, da dachte er wohl, daß es auf eins herauskömmt. Mehr darf sie aber jetzt auch nicht hinein, nur wenn sie 14 Jahre alt ist. Vor sechs Uhr standen wir schon auf, denn wir hatten

[1] Dies ist das einzige, was wir von der Hochzeit Cornelias (1. Nov. 1773) wissen; Goethes gleichzeitige Briefe schweigen sich aus.
[2] Henriette Schlosser, Tochter aus der zweiten Ehe Schlossers, später verheiratet mit Hasenclever.

ein großes Geschäft mit unsrem Anziehen, und um ein viertel nach acht Uhr mußten wir schon in der Kirche sein. Wir wurden herrlich mit Kaffee traktiert, so wie auch gestern, da der Jettchen Namens- und des Großpapa Fahlmers Geburtstag war. Wir drei ließen dem Jettchen einen großen Weckmann machen, welchen der Eduard im Hemdchen hereinbrachte und als wir im Kaffeetrinken waren, flog auf einmal jedem ein Paketchen zu, weil unsere Beutel so leer wären; es kam von der Mama und jedes bekam 1 f. 12 k., daß mich's gefreut hat, wirst Du denken.

Ach denk! ich muß jetzt ganz für mich den Tod Jesu von Ramler[1] studieren; der Papa will's gar zu gerne; wie ichs aber heraus bringe, weiß der Himmel, weil zwei ganz fremde Schlüssel drin sind. Bedaure mich! – ! Eben kömmt Herr Ruf zu Lesen hören; wirklich vorigen Sonntag hätte ich gewünscht, daß Du dabei gewesen wärest, so herrlich war's noch nie; wir lasen wieder aus Klopstocks Messiade; und das so herrlich! Von einem gut gewordenen Teufel Abadonna und seinem Freund Abdiel, daß ich fast nicht mehr sah vor weinen.

Aber was hast Du über die herrlichen Nachrichten gesagt? ich kriolte ordentlich! besonders über ein Extrablättchen, da unsre Siege (was das prächtig lautet!) alle haarklein, nebst allen eroberten Kanonen drin standen.

Es geht uns aber auch gar zu prächtig! Brüssel ist auch über; und einmal hieß es, Dumouriez wäre an einer Wunde gestorben, aber es ist nicht wahr, sondern der General Dampierre. Der Himmel gebe, daß es immer so geht![2]

---

[1] Die Passionskantate «Der Tod Jesu» erschien zuerst 1760; der Text ist von Ramler, die Musik von Karl Heinrich Graun, dem Kapellmeister Friedrichs des Großen. Es ist das dieselbe Passionsmusik, die fünf Jahre später, am Ostersonnabend, dem 7. April 1798, von Goethe in Weimar gehört ward und die das «Christ ist erstanden» der Ostermorgenszene des «Faust» veranlaßt hat. Die Bachschen Passionen waren durch die Grauns verdrängt worden.

[2] Gerüchte, die den Ereignissen vorausliefen. Am 18. März siegten die Deutschen bei Neerwinden, am 24. räumte Dumouriez Brüssel. Dampierre erhielt seine tödliche Verwundung am 8. Mai beim Sturm auf Raismes. Die Datierung des Briefes ist einwandfrei.

Es wird ganz dunkel, und ich sitze auf heißen Kohlen. Lebewohl, ich muß fort. Grüß alles und wen Du willst. Noch einmal adieu, Du liebes Herz – – behalte immer lieb   Deine treue Lulu S.

Halt's Maul, daß Dein Brief dumm ist! ich wüßte sonst gar keinen Ausdruck für den meinigen.

Samstag den 23ten Merz 1793.

Liebes Clärchen!

In der Küche bekam ich das Paket Briefe, als ich sah, daß du einen überschrieben hattest, brach ich ihn auf, er freut mich sehr. Die Lene Huyssen[1] hat aber gut schwätzen vom beantworten, wie kann ich denn das, wenn ich die Hauptpersonen darin nicht kenne? ich mache nur so meine stillen Glossen drüber und wundre mich wieder von frischem, daß man Dich ins Konzert gehen läßt, wo so viel Franzosen immer sind; und daß sie sich äußerlich stellen wie Lämmchen, und inwendig wie die Teufelcher sind, (wie Tante Bogner sagt), und um so mehr wundert's mich, weil Du so hübsch bist.

Immer muß ich über Dich lachen, wenn ich an Deine Frage denke, ob ich's mit allen Mädchen gemein hätte, daß mir die Offiziere, Franzosen und Komödianten besonders gefielen? nichts Komischers kann ich mir denken! wahrhaftig, daran habe ich noch nie gedacht und hab hier auch gar keine Gelegenheit, die mich dran erinnert. Die Offiziere! herjeh! Was sind das entweder für Affengesichter oder Milchsuppen! Östreicher sind hier recht hübsche, aber ich komm nirgends hin, daß ich sie mit Muße betrachten könne und daß sie mir gefallen sollen. Franzosen! Ja das könnte noch eher angehen, vorigen Mittwoch, als ich an die Tanten hier unten in der Wohnstube schrieb, flankierte immer im Zirkel auf und ab ein junges, recht

---

[1] In Lulus Stammbuch eingetragen: «Vergiß nie deine entfernte Freundin. Düsseldorf den 15. Nov. 1793.»

hübsches Rudera von den Mirabeaus[1], das gefiel mir recht gut, aber besonders wie Du sagst – gar nicht. Aber Komödianten! Das könnte mich wirklich ärgern, wenn man sagte, daß mir einer besonders gut gefiel. Bei Euch ist's glaube ich Mode, daß die gefallen dürfen? Hier denkt kein Mensch nur von weitem dran; überhaupt man ist so ehrbar! Weißt Du? Wir ärgerten uns als mit einander drüber über die große Unschuld! Nein, die ordentlichen Leute, – weder Franzosen, Offiziere noch Komödianten, – gefallen mir zum allerbesten sicherlich! Eben kam Tante Bogner und brachte mir ihren Brief an Dich. Weißt Du, was ihr die Mama zum Geburtstag gibt? Einen weißen taftnen Rock. Gestern bestellte sie ihn in Frankfurt und mit ihm schwarzen Rollgrotitur für unsre Kleider; der Koffer ist noch nicht aufgemacht worden. Leider!

Gestern mußte ich den ganzen Nachmittag büglen und unter andern bekam ich der Juliette schmal gestreifte Sacktücher unter die Hand, da fiel mir auf einmal dem Cousin George sein zurückgelassenes ein. Weißt Du, wie's nach Tabak roch? und wie wir als die Nasen darein stumpften, wenn Du an Dein Komod gingst, wo es in eine Ecke gestoppelt war?

Denk vielleicht kommen wir bald in eine Komödie; nämlich die Östreicher Offiziere, deren eine Menge hier sind, und alle oder viele von den adelichen Fräuleins spielen mit. Die Komödie heißt «Das Räuschchen»[2]. Ich hab's schon oft gesehen, auch möchte ich, daß sie ein besseres Stück gewählt hätten; aber einmal wieder ins Komödien-Haus zu dürfen, das wäre was ganz herrliches! Der Hof darf nichts davon wissen, und da fürchten sie, daß nichts daraus wird, weil gestern auf einmal eine alte Markgräfin von Baden sehr krank wurde, wo man fürchtet, daß sie sterben wird. Vor einer Stunde gingen die Prinzessinnen vorbei, und die hatten accurade mein Häubchen, was ich von Dir hatte, auf; die nämliche Form, nur grün, statt rot

[1] Überbleibsel aus der Emigrantenlegion des Vicomte de Mirabeau; dieser war am 15. August 1792 in Freiburg i.B. gestorben.
[2] Lustspiel, 1786, von Ch. Bretzner.

Band. Morgen tue ichs zum ersten Male auf. Ach wüßtest Du, wie michs freut!

Adieu, herzliebes Clärchen, ich bitte Dich, hab mich immer ein wenig lieb.   Deine treue Lulu.

Samstag den 13ten April 1793.

Denk vorigen Donnerstag gingen wir, nämlich Frau Präsidentin, Mama, Tante Bogner, Mslle. Jägerschmid [1] und wir zwei Visite mit der Arbeit zu machen. Ich hätte für mein Leben gern ein neu Kleidchen angetan, wenn der dumme Plätte fertig gewesen wäre! Du weißt doch, daß ich eins bekommen habe? Wo nicht, so höre; es ist herzig feines rot und weiß gestreiftes Baumwollzeug, Caraco [2] und Rock mit einer Falbelas, es würde Dir gewiß gefallen, wenn Du es sähest, obgleich Du selbst keins von der Art mehr tragen würdest, weils Baumwoll ist, und Du nur Gaze oder Seide trägst; für unser eins ist's aber prächtig! Dort wars ganz spässig! Wir strickten *en grand cercle,* dann gingen wir in den Garten; als die Sonne uns gebraten hatte (Notabene Dein silbern Häubchen hatt ich auf), marschierten wir wieder in die Stube, dann spielten wir ein Spiel von Karten mit Bilder, von Hahnreier, von Bett liegenden Madamen und so weiter – ganz komisch! und dann – gingen wir fort. Es war schon dämmrig, aber dennoch ließ ich mirs einfallen, die Jägerschmid ganz zu begleiten; und als ich wieder nach Hause kam, wurde ich sehr, sehr geschmält, denn es war schon ganz dunkel. Die Mama sagte mir allerhand, ich möchte, Du hättest's gehört.

Findest Du das aber nicht garstig vom Hof? In der Not sprach kein Mensch mehr mit den französischen Damen [3], welche immer noch hier sind, aber bei dem ersten Wind von Glück, dürfen sie gleich wieder nach Hof und waren gestern wieder zum ersten mal bei der Frau Erbprinzeß;

---

[1] Friederike Jägerschmid, im Stammbuch unter dem 21. Dezember 1792 eingetragen, vermutlich Tochter des Kammerrats Karl Victor Jägerschmidt.
[2] Mieder.
[3] Royalistische Emigranten.

viele Östreicher Offiziere[1] waren auch dort, und die in Nehret (ein klein Dörfchen von hier) sind, kamen ganz außerordentlich spät, so daß alles aufmerksam wurde, als sie endlich zur Türe herein traten. Die Frau Erbprinzeß fragte sie gleich, warum sie so spät kämen? ob der Krieg oder Fräuleins sie aufgehalten hätten, welches letztere sie nicht glauben könne, weil alle bei ihr wären. Die Offiziere wurden ganz verwirrt, brockelten etwas hervor und sagten nichts; da legte sich der Erbprinz drein und drang so arg in sie, daß zuletzt einer, der beherzteste unter ihnen, das Wort nahm und sagte: «Ja, Ihre Durchlaucht, wir sind durch Mademoisellen aufgehalten worden, welche uns in Nehret besuchten, dort verweilten wir uns schon mit ihnen, aber noch mehr, als wir mit ihnen hieher gingen und sie uns begleiteten; sie hießen (gib wohl acht) Mademoiselle Bek, Mademoiselle Henning und Mademoiselle Lindemann. Als aber die Frau Erbprinzeß diese verrufene Namen hörte, drehte sie ihnen den Rücken und eilte zu ihrem Spieltisch. Sag aber, sind das nicht abscheuliche Dinger? Offiziere besuchen! noch dazu in einem Dorf! Unbegreiflich!

Samstag den Ersten May 1793.

Liebstes bestes Clärchen!

Meinen heutigen Schreibtag mußte ich verfehlen, denn ich konnte keine Minute finden, wo ich nur ein paar Wörtcher hätte schreiben können, denn die Juliette ist gar übel und da bin ich immer bei ihr gewesen, teils um sie zu amüsieren und teils, um ihr zu helfen. Jetzt ist alles beim Nachtessen …

Da kam eben das Lisel, um mich abzulösen, damit ich auch essen kann, und da bin ich mitten drin stecken geblieben, jetzt aber wird gleich alles in den Betten liegen, nur ich nicht und das Lisel, welches bei der Juliette wachen muß; ich freute mich den ganzen Tag drauf, daß ich's alleine tun wollte, denn wenn ich im schreiben an Dich

---

[1] Am 22. März 1793 war der Reichskrieg gegen Frankreich beschlossen worden und damit auch Baden offiziell in den Kriegszustand eingetreten. Österreichische Truppen hielten die Rheinlinie.

bin, da bleib ich gewiß immer wach, aber auf den Abend wurde Juliette noch übler und da vertraut man mir sie nicht alleine an, weil jedermann glaubt, ich schlief zu fest; denn kein Mensch weiß, auch darf's kein Mensch wissen, daß ich auf bin. Ich sitz hier so appetitlich, in einem ganz kleinen Eckchen unsrer Stube vor dem Tisch, worüber der Spiegel hängt, auf diesem steht ein Spiegel von Toilettchen aufgestellt, statt Lichtschirm für die Juliette, dahinter das Licht, und strickte, vor mir der Mama Repetier-Uhr, damit ich recht exakte der Juliette alle halb Stunde Arzenei eingeben kann; auch bin ich gar nicht schläfrig, worüber ich mich entsetzlich freue; denn wenn ich jetzt nicht schreibe, so bekömmst Du gar keinen Brief. Den Morgen muß ich immer um die Juliette sein, sie ist so schwach, daß sie anhaltend fast gar nicht gehen kann, auch bekömmt sie gleich Frost und Zittern; und gehustet hat sie heute entsetzlich, ganz krampfartig, mir wird's immer ganz bang, wenn sie anfängt; Gestern Nacht tat sie's auch so arg, aber mehr ängstlich bang und dabei weinte und jammerte sie, daß ich mit gejammert habe, so arg hab ich's in mir selbst gespürt. Vorhin als ich alleine bei ihr war, klagte sie mir auch, mit kaum hörbarer Stimme, daß sie auf keiner Seite liegen könnte, denn legte sie sich auf die rechte, so täte ihr der rechte Arm weh, und auf der linken der linke, und alle ihre Glieder wären so matt und zerschlagen, daß sie vor Angst … Ach Gott, Clärchen, eben ächzt sie ganz mir durch alle Glieder wie im Schlaf leise: «Ach mir ist gar nicht wohl! weh! weh!» und liebes Mädchen, hörtest Du ihre klägliche Stimme, ich halt's nicht aus! – ich muß weinen! Wärst Du bei mir, damit Du's mit mir tun könntest; Lieber Gott! Mach mir die Juliette wieder gesund; ich war oft so unartig gegen sie! Ach! jeder Laut fährt mir durch die Seele! ich kann ohnmöglich schreiben – Die ganze Zeit! sieh so kläglich, nur eine Stimme! ach nein! – Du begreifst gar nicht, wie mir ist. Ich wollte Dir jetzt so ruhig schreiben, – aber's Herz bricht mir, die Juliette klagt und jammert zu arg!

Vorhin, ach denk! war die Mama noch hier und dann

hat sie mir nicht länger erlaubt zu schreiben als bis ein viertel nach 11 Uhr, und jetzt ist's, ach, leider! Schlafen kann ich doch nicht, – aber die Mama hat mir's verboten, und ich hab ihr's versprochen.

Sonntag Morgen!

Ich gäb alles drum, wenn ich gestern Nacht hätt fortschreiben dürfen, denn heut kann's nichts geben! Um 6 Uhr war ich schon ganz bereit und wollte eben die Feder eintunken, als die Juliette auf einmal so entsetzlich Leibweh bekömmt, daß sie ordentlich gewinselt hat, auch mußte sie gleich auf das Stechbecken; da kannst Du nun denken, daß ich bei ihr blieb; und dann kam noch mancherlei dazwischen, so daß es jetzt gleich halb neun Uhr ist. Sie hatte aber eine ziemlich gute Nacht und von ein Uhr bis halb sechs konnte sie ohne von Husten gestört zu werden fortschlafen, jetzt liegt sie im Bett und ist sehr matt, sie darf nicht eher aufstehen als bis um Mittag herum, und dann nach dem Essen muß sie gleich wieder aufs Bett, aber mit allen Kleidern, weil sie so gar matt ist.

Adieus Lieb Herz! eben kömmt der Hofrat und drum kann ich Dir just Adieu sagen. Leb wohl! Deine treue Lulu.

Karlsruhe, den 18tn Mai 93.

Liebes Herzens-Clärchen!

Heute morgen wurden wir durch ein Dacapo vom ersten Oktober[1] aus den Betten gejagt; (ich wenigstens) ja wohl! gejagt! denn es hieß (und ist auch wahr), die Franzosen wären zwei Stunden von hier[2]. Nu! das Rumor in Karlsruh wirst Du Dir denken können, der Generalmarsch wurde gleich geschlagen, alles versammelte sich wie der

---

[1] Am 30. September 1792 hatten die Franzosen Speyer überrumpelt; tags darauf verbreitete sich in Karlsruhe ein Gerücht von ihrem Rheinübergang; der Hof flüchtete damals, ebenso wurden die Archive und Kostbarkeiten in Sicherheit gebracht.
[2] In der Nacht vom 17. zum 18. Mai 1793 und am Morgen des 18. versuchten die Franzosen den Rheinübergang bei Au, wurden aber von den badischen Truppen zurückgeschlagen.

144

Blitz, die Fahnen oder die Lümpcher wurden geholt, der Markgraf, der Erbprinz[1], alles war bei der Hand; und endlich nach manchem Abschiedskuß, Abschieds-Trauer und Haudegengedanken ging der Marsch an und vor unsrem Haus vorbei, wo ich preislich ganz alleine an einem Fenster im Kabinett den ganz enormen Zug vorbeigehen sah. Der Markgraf, Erbprinz und Gayling[2] ritten voran, und dann kamen die muntern Soldaten und die Fürchtepuzelcher von Offiziercher hintendrein. Die Nacht durch haben viele Leute schießen hören (N. b. ich nicht, wie Du leicht denken kannst) und es soll auch tüchtig zugegangen sein; aber unsre wackeren Durlacher[3] (denkst Du noch an den jungen Krieg?) haben sich ganz herrlich gehalten, besonders zeichnete sich der Herr von Haran aus; jetzt haben wir noch keine Nachrichten, wie's geht, und aus aller Gefahr sind wir noch nicht; die Bürger stehen alle wieder Schildwache; ich seh's so gern; die Stadt ist gewiß besser beschützt als wie mit den Soldaten, die selbst Soldaten für sich brauchten[4].

Vorigen Montag marschierten die Durlacher (ach! Was hab ich die nicht so gerne!) vor unsrem Haus vorbei; es waren ihrer recht viele, aber ich hatte auf keine acht, als auf drei, welche ich suchte, der erste war der junge Böckmann[5], welchen ich auch fand und noch dazu so herzig, daß ich ihn hätte fressen mögen; er sah mich zweimal ganz arg an und da lief mir's durch alle Glieder. –

Ach denk! eben war ich eine Minute unten, und da hör ich, daß 5 von unsren lieben Durlacher tot und 10 blessirt sind, die guten braven Leute! Gott, was die mich dauren! – Ja, und denk, da fiel mir ein, als ich so erschrak, wie mich der Böckmann ansah, daß das vielleicht ein Zeichen war,

[1] Karl Ludwig 1755–1801.
[2] Rittmeister Christian Ludwig Frh. Gayling v. Altheim.
[3] Durlacher Füsilier-Bataillon Erbprinz, etwa 400 Mann stark.
[4] Wachtdienst der Bürger war seit dem 7. Oktober 1792 eingerichtet.
[5] Karl Wilhelm Böckmann, Sohn des Physikers B., Secondelieutenant im Füsilierbataillon Erbprinz. An den Vater schrieb der junge Goethe am 14. November 1774.

daß er sterben müßte, das läuft mir immer noch nach; und
jetzt besonders, da ich höre, wie brav sie sich halten. Ich
fragte auch gleich die Frau Präsidentin, ob keiner von den
Offizieren tot wäre? – Sag? was eine einfältige Frage! Der
andere, den ich suchte, war der junge Krieg; diesen fand
ich aber nicht; denn er war gar nicht dabei; der dritte und
letzte war der junge Fein und dann noch einen vierten den
Fritz Medicus[1]. Welche beide ich fand. Als der ganze
Train vorbei war, sagte ich zur Mama: «Ach ich hätt'
doch meine größte Freude, Offizier zu sein und durch eine
Stadt an Häusern und Leute, die guckten, vorbei zu mar-
schieren!»

«Ja, ich glaub's», sagte die Mama, «damit die Jungfern
sagten: Ach! Was ist der Major Lulu für ein schöner
Mensch! Wie groß und schlank ist er nicht und was er für
einen freundlichen Blick hat!» Du kannst denken, was ich
lachte, denn so eine Antwort vermutete ich gar nicht von
der Mama.

Vor ein Paar Stunden kamen Kreistruppen[2] hier an, und
vor etlichen Minuten kam die dem Tod entlaufene Meer-
katze, der Herr von Kindschberg mit ein paar Mann Soldaten wieder hierher; der hat sich brav aus dem Staub
gemacht, so wie der Prinz Friedrich[3]; dieser ging gestern
mit Sack und Pack nach Holland, wo er das Buhlen verler-
nen soll. Mich soll's wundern, wie's ihm geht, denn er hat,
wie ich glaub, so wenig Lust zum Streit, wie ich – mich zu
putzen. – Ja glaub's nur! Ich seh wie Dein Mäulchen sich
verzieht, aber's tut nix; ich putz mich gar nicht mehr
gerne, Du magst's glauben oder nicht. Die Prinzeß Friedrich[4] ist zu ihrer Mutter nach Frankfurt und da wird sie
des Prinzen Friedrich sein linkes Ohr recht gellen machen.
Aber mit großem Recht; denn er geht abscheulich mit ihr
um und dennoch weint die gute Prinzeß beständig, daß er

[1] Vielleicht Bruder der Freundin Jeanette Medicus, die im Stammbuch
Lulus unter dem 1. August 1794 steht.
[2] Badische Füsiliere.
[3] Prinz Friedrich (1756–1817), der zweite Sohn des Markgrafen.
[4] Aristine Louise, Tochter des Herzogs von Nassau-Usingen, 1776–1829.

146

fortgeht; das kömmt aber wie ich glaube von ihrer Dummheit her; ich wenigstens an ihrem Platz könnte ihn nicht ausstehen; die freundliche Schmeichelkatze (gegen Mädchen!) der affreuse Brummel Bär (gegen seine Frau)! Punktum! Du armer Prinz Friedrich! bist unter der Lulu Krallen gekommen, – jeh! da geht Dir's übel! Das waren gestern traurige Sachen, die ich von Papa hörte, als er ganz von ohngefähr von des Professors Reise zu reden anfing. Einmal sagte er: «Es wäre sehr einfältig von Jacobi[1], wenn er die Reise jetzt vornähm, da alles verstört, also klein Plaisir wäre und dann würde es noch einmal so viel kosten.» Ein andermal fing er an, nachdem die Mama oder Juliette etwas von der Marie[2] gesagt hatte: «O, daran wird er doch nicht denken bei den jetzigen Zeiten!» und noch viel mehr, was ich Dir gar nicht sagen mag, 's ist mir leid genug, daß ich's weiß! Von Tante Bogners Mitwollen träumt er nichts; und – Nu! – Das übrige mußt Du Dir selbst denken; denn Du weißt wie der Papa spricht, wenn er gegen etwas ist. Jetzt leb' aber wohl Schatz, herzallerliebstes Clärchen; ein Franzosen Pferd mit einem verhauenen Rücken haben wir schon erbeutet und eine ganze Last Mirabeaux tot geschlagen. Adieus   Deine treue Lulu!

Ach, die Zeit ich jetzt schreibe, ist vielleicht mancher von unsren Durlachern erschossen! Wenn sie wieder kommen! Jedem will ich ein freundlich Gesicht machen.

Sonntags den 23tn Juni 1793.

Ach Clärchen!

Ich hätte mehr Lusten mit Dir zu reden, als jetzt an Dich zu schreiben, denn diese Woche war recht traurig für mich, und ich fürchte, daß die neue Woche noch trauriger wird. Die arme Juliette ist gar schwach und sieht erbärmlich aus. Der Mama Geburtstag war ihr letzter guter Tag, da saß sie noch in ihrem Sessel am Tisch und trank Kaffee,

---

[1]   Johann Georg Jacobi, damals Professor an der Universität Freiburg i.B.
[2]   Marie Jacobi, geb. Müller, Joh. Gg. Jacobis Gattin.

der Nachmittag war schon übler, und so ging's bis den Mittwoch, da amüsierte sie sich den Nachmittag mit der Frau Präsidentin herzlich und war so vergnügt; es war just Jahrmarkt, ich mußte für die Mama etwas holen und als ich wieder nach Haus kam, nahm sie eben ein Klistier, also müßte ich vor der Türe etwas warten, auf einmal kommt die Mo und sagt «Ach Gott, es kommt Blut!» Nun kannst Du denken wie alles erschrocken war, sie hustete und mit dem kam lauter schaumiges Blut zum Hals hervor, ein ganzes halbes Lavoir voll, sie weinte und klagte schrecklich, daß es einem durch alle Glieder fuhr. Den Augenblick wurde zum Hofrat Schweickhardt[1] geschickt, welcher auch gleich kam und sehr bedenklich drüber wurde; die Juliette wurde gleich in ein Fußbad gehoben, wo ihr aber auf einmal ihr rechtes Bein ganz starr wurde und wie lauter Stecknadeln stach; da hättest Du sehen sollen, wie sie jammerte, bald war's aber vorbei, denn wir rieben sie mit geräucherten Tüchern. Aus Furcht, der Zufall mit dem Blut möchte die Nacht noch einmal kommen, so war der Hofrat Schweickhardt so gut und schlief bei uns in der gelben Stube; Gottlob aber ist er bis jetzt noch nicht wieder gekommen. Die Juliette weiß aber kein Wort, daß der Hofrat da geschlafen hat, überhaupt hält sie sich gar nicht für besonders krank; nur gestern da sah sie die Liesel so arg weinen, da sollst Du nicht glauben, wie unverwandt und starr sie sie in einem fort angeguckt hat, bis endlich das Liesel fort gegangen ist; als sie zur Stube hinaus war, sagte ich gleich «Ach das Liesel hat wieder so einen garstigen Brief von ihrem Vater bekommen, drum weint sie die ganze Zeit.» «Aha», sagte die Juliette, «drum! ich hab's nicht begriffen!» seit der Zeit ist sie aber doch trauriger, auch sagte sie zu mir, «Wenn ich nur wieder gesund werde!» «Ja natürlich!» sagte ich. «Ach nicht so natürlich!» antwortete sie und jammerte. Du weißt, wie der Papa ist, wenn nur eins von uns ein Katarrhfieber hat, und da kannst Du jetzt erst denken, wie ernsthaft und wie

---

[1] Stadtphysikus Christian Ludwig Schweickhardt.

betrübt er ist, doch sagte er noch gestern, «alle Hoffnung hätte er noch nicht aufgegeben, denn daß sie immer schwitzte und kein Kopfweh hätte, stärkten ihn sehr. Aber das Fieber, welches sie alle Tage hat, macht die Mama so traurig, und der Hofrat fürchtet, daß es endlich ein Nervenfieber werden könnte, welches das wahre Anzeichen der Auszehrung ist; der liebe Gott verhüte aber dieses! Gestern Nacht vor 11 Uhr verbetteten wir sie noch! Das ist immer ein schreckliches Geschäft; unsre zwei Better werden aneinander gerückt, meins ganz gewärmt, und dann nimmt sie der Papa oben in die Couverte gewickelt und das Liesel unten ebenso an den Beinen und so tragen sie sie schwebend auf das andere, dann wird ihr Bett gemacht, wo jetzt zwei Rehfellcher auf die Matraz genäht sind, dann transportiert man sie eben so auf ihrs. Gehen wird sie jetzt gar nicht mehr können; die gestrige Nacht war sehr übel, sie hat immer husten müssen und war doch so schwach, daß sie's nicht mehr recht gekönnt hat und da hat jeder Huster ein Jammer-Ton gegeben, es war zum weinen. Ach denk! seit Donnerstag darf ich nicht mehr bei der Juliette schlafen, ich bin jetzt in der Kinderstube, aber die Mo ist statt meiner oben; denn alles sagt, ich selbst könnte krank werden. Ich hab so gebittet, man möchte mich doch oben lassen, aber – ich durft nicht! Der Juliette sagt man, es wäre, damit jemand bei den Kindern wäre, wenn sie des Nachts pissen wollten; sonst aber von früh morgens an bin ich immer bei ihr, und jetzt sitze ich auf meinem alten Bette und kann nur schreiben, bis sie aufwacht oder jemand anders zu ihr kömmt; mein Mittagessen esse ich auch hier und bleibe bis zum Nachtessen; sonst weiß ich von nichts, was im Haus geschieht, ich koche gar nicht mehr, schreib in kein Haushaltungsbuch, kurz ich tue nichts – – als – – bei ihr sein, Arznei geben, Wasser holen, Suppe oder Gemüs herauf tragen und dann strikken. Eben wacht sie auf! – – Die Mama ist aber eben gekommen, also darf ich fort schreiben, eilen muß ich mich aber entsetzlich, sonst möcht's ihr leid tun.

Ich bitte Dich, mach Dir doch nur keine Gedanken wegen des Kommens, wenigstens halt's für eine Sünde, wenn Du an mich denkst; stell Dir vor, wie wär's möglich, die Juliette so zu verlassen und wenn sie auch besser wird und ich leider keine große Hilfe im Haus bin, so helfe ich denn doch etwas, ich kann ohne Angst gar nicht dran denken, daß ich nur je die Torheit gehabt mir Gedanken drauf zu machen; der Papa würd mir's im höchsten Grad übel auslegen, wenn er etwas davon erfahren sollte, und ich schäme mich halber vor der Mama, daß sie vielleicht denken könnte, ich dächte doch dran; was der liebe Himmel doch gewiß weiß, daß es nicht ist. Die Tante Bogner spinnt auch schon gelindere Seiten auf, denn sie hört so viel von teuren Reisen, von noch zweimal so viel Kosten, von statt sechs Gulden – achtzehn daß sie schon nicht mehr spricht von packen, von Onkel schreiben und von allem, was sie seither getan hat; auch sagt sie, könnte sie ohnmöglich die Mama so verlassen, mit der kranken Juliette, kurz was meine Vorhersage ist, – – daß der Onkel Professor alleine kömmt mit seiner Frau und Kind. Eben hör ich den Papa, daß er zur Juliette sagt, «damit wir doch nicht aus aller Konnexion kommen, so wollen wir die gewöhnliche Sonntagsstunde fortsetzen»; ach Clärchen ich bin recht erschrocken, denn wenn der Papa sie nicht für recht krank hielte, so würde er gewiß nicht Religions-Stunde halten, weil sie so schwach im Kopf ist. Vielleicht schenkt sie uns aber der liebe Gott wieder; ich will ihn recht drum bitten. Adieus. Leb tausendmal wohl und lieb immer

Deine Lulu S.

Juliette starb am 5. Juli 1793, kaum sechzehnjährig. Damals war es, da Goethe ablehnte, aus dem Lager vor Mainz nach Karlsruhe zu kommen, um seine Schwester «nicht zum zweiten Male sterben zu sehen». Im August, vom 4. bis 7. des Monats, traf er mit Schlosser in Heidelberg zusammen; Mainz war inzwischen gefallen. Goethe schrieb über die Begegnung an Clärchens Vater Fritz Jacobi: «Mit Schlossern brachte ich in Heidelberg einige glückliche Tage zu, es freut mich sehr und ist ein großer

Gewinn für mich, daß wir uns einmal wieder genähert haben.» Später stellte er die Begegnung so dar, als ob sie – vor allem weil Schlosser unter dem Eindruck der politischen Nöte der Rheingrenze keine Teilnahme für die Studien zur Farbenlehre aufbrachte – die Entfremdung eher vertieft hätte. Im selben Monat reiste Schlosser mit Lulu nach Düsseldorf und Pempelfort zu Jacobi, wo sich die Verlobung mit Nicolovius anbahnte. Auf der Rückreise wurde die Großmutter Goethe in Frankfurt besucht. Das Goethesche Familienhaus sollte damals verkauft werden. Es war zu leer und einsam geworden. Dazu drückten die Kriegslasten, die auf dem Hausbesitz lagen. Schlossers Ankunft war noch abgewartet worden. Er sollte raten und helfen. Anfang November waren die Böden und der dritte Stock schon geräumt. Schlosser und Lulu wohnten deshalb im alten Schlosserschen Familienhaus Töngesgasse 10. Den Namen trägt die Gasse nach dem Antoniterkloster, das nach der Säkularisation niedergerissen ward. Hier ist auch Goethe noch 1814 abgestiegen. In diesem Hause also ward von Lulu der folgende liebeskranke Brief geschrieben:

Frankfurt, den 26tn October 1793.

Liebes Clärchen!

Ich wollt', ich wäre in Karlsruh', mir gefällt's nirgends in der Welt mehr als in meinem lieben, vergötterten Pempelfort und Düsseldorf. Es ist mir gerade so, wie wenn ich Heimweh zu Euch hätte; ich bin weder wohl noch vergnügt. Gestern mußte ich mich von Keller und Städel nach Hause fahren lassen, so sterbensweh ward mir's, und jetzt hab ich so entsetzlich den Schnuppen, daß mir's Atmen gar nicht vergönnt ist.

Den Fritz Winkelmann[1] hab ich gesehen, er kam den nämlichen Abend als wir ankamen; er gefällt mir gut, und ich war gar nicht schüchtern gegen ihn, wie er wohl sagen wird, wenn er nicht lügt. – Mitten im Schwätzen zog er auf

---

[1] Ein F. W. Winckelmann steht in Lulus Stammbuch als Freund und Vetter aus Hannover unter: Düsseldorf, den 8. August 1791.

einmal seine Tabaksdose aus der Tasche und schnupfte; ich bin ordentlich zusammen gefahren und hab mich entsetzlich dagegen geräuspert! Ich muß mich sehr eilen, denn gleich muß ich mich anziehen, weil wir den ganzen Morgen Visiten machen, den Mittag bei der lieben herzigen Großmama essen und die Nacht in den Ritter Roland[1] gehen, das die herrlichste Oper ist und wo ein lebendig Pferd und ein Drache auf das Theater kommt.

Die Großmama ist allerliebst, und gerade so, wie wenn sie zehn Jahre jünger geworden wäre; die anderen Menschen sind aber alle noch, wie sie auch vor vier Jahren waren.

Mich aber hat fast kein Mensch mehr erkannt, und überall beguckt man mich, wie wenn ich ein Wunderkind wäre, weil, wie sie sagen, ich größer, dicker geworden wäre und bessre Farbe bekommen hätte. – –

Gestern mußte ich fort, denn alles drängte sich; die Kätchen Gerock[2] kam, und fort mußte ich und die Mama anziehen. Als die Mama ganz fertig war, und ich mir eben die letzte Stecknadel steckte, hieß es der Winkelmann wäre da; ich schoß im ganzen Haus herum und suchte ihn, endlich fand ich ihn *tête-à-tête* mit dem Onkel Schlosser[3] in seiner Studierstube.

Was sagst Du aber zu unsrer entsetzlichen Erbschaft? – 60,000 Gulden! Gestern im Visitenfahren sagte noch der Papa, jetzt könnten wir öfter kleine Feste haben, einen Ball bekämen wir sicher diesen Winter, auch hätten wir kleine Konzerte, würden öfter spazierenfahren, also z.B. nach Baden. Die herrliche Frl. Schweitzer[4]! wenn man sich nur bei ihr bedanken könnte, es ist für mich nichts inkommoderes als ein Geschenk ohne Dank anzunehmen!

---

[1] Orlando Paladius, Komische Oper von Haydn. 22. September 1793 war die Frankfurter Erstaufführung.
[2] Jugendfreundin von Wolfgang und Cornelia Goethe.
[3] Hieronymus Peter Schlosser führte 1771 Goethe als Advokat in die Geschäfte ein. Er wohnte in der Töngesgasse Nr. 10 und starb 1797.
[4] Susanna Rebecca Schweitzer, Edle von Wiederholdt, Verwandte der Familie Schlosser, Testament vom 18. Oktober 1784.

Soeben bekomme ich von Herrn Onkel und Tante Schlosser das superbe Präsent von einem Ring. Du hast keinen Begriff, wie schön er ist. Die Großmama schenkte mir gestern auch zwei Hefte allerliebster Lieder, von Stolberg, Seckendorf usw.

Adieu, lieb' Clärchen, ich bin wieder Deine alte Lulu, denn ich fühl's, Du mußt mich lieb haben, weil ich Dich so entsetzlich gern hab.

Im November 1793 herrschte in Karlsruhe wieder Panikstimmung, auch unter der höheren Beamtenschaft; v. Edelsheim redete spottend von den «geheimen Furchträten». Erst im Juli 1796 wurde Karlsruhe wirklich von den Franzosen besetzt. Der deutsche Westen war aber eben damals in dauernder Unruhe. Lili v. Türckheim, einst als Lili Schönemann Goethes Verlobte, floh 1794 aus Straßburg und ging nach Ansbach, das, weil preußisch, neutral war. In Frankfurt war Anfang 1794 große Erregung wegen einer angeblichen Beschießung Mannheims mit feurigen Kugeln; darüber schreibt Frau Rat humoristisch am 13. Januar an ihren Sohn, doch im Juli 1796 wird Frankfurt selbst mit feurigen Kugeln beschossen, das alte Haus von Goethes Großvater Textor wird ein Raub der Flammen, und Goethes Mutter flieht zu Sophie La Roche nach Offenbach. Insonderheit war es Lulus Schicksal, ihr Leben lang vor den Franzosen auf der Flucht zu sein, erst nach Düsseldorf, dann nach Pforzheim, nach Ansbach, nach Holstein, zuletzt noch in Ostpreußen.

Karlsruhe, den 7tn Dezember 1793.
Liebes Clärchen!
Den letzten ruhigen Augenblick da ich noch hier bin, will ich mit Dir verplaudern; es ist wirklich soweit mit uns armen Schelmen gekommen, daß wir Morgen früh um 8 Uhr nach Pforzheim flüchten. Der Wagen, alles ist gepackt und soeben komme ich von den Füßlis, wovon ich Abschied genommen habe.

Wir lassen entsetzlich viel zurück; und wie mich meine

Sachen dauren, kann ich Dir nicht genug sagen; Du weißt meine Körbchen, Schächtelchen, und sonst meine Sächelchen, wie ich da immer Freude mit hatte und mein Schränkchen so ordentlich raumte, jetzt muß ich dies alles hier den abscheulichen Franzosen lassen; den Hüssens ihre herzigen Zeichnungen, Deine, des Onkels und der Clermonts Silhouetten hab ich versteckt, ich hoffe nicht, daß sie's entdecken; es nutzt mich aber doch nichts, wenn sie unser Haus verbrennen; O dies glaub ich aber nicht und will's absolut nicht glauben! Meine Antipathien haben wieder 20,000 Mann Verstärkung bekommen, und die Preußen haben sich zurückgezogen und *pour le Comble* flüchten die Östreicher. Nicht wahr dies sind meschante Nouvellen? Auch ist es jetzt so entsetzlich jämmerlich kalt und scheint der Mond so süperb, daß die Franzosen sehr leicht die Nacht einmal einen Überfall hierher wagen können, – – kurz – – ich dank' dem Himmel, daß wir fort können.

Pforzheim, den 24tn Jenner 1794.

Liebstes bestes Clärchen!

Wenn Du diesen Brief bekömmst, sind wir vermutlich wieder in Karlsruhe; alle Tage wird von unserer Rückkehr gesprochen, denn jedermann sagt, den besten Zeitpunkt zum Herüberkommen hätten die Franzosen verfehlt, und es schien auch, daß sie gar keine Lust dazu hätten. Geb' der Himmel, daß es so ist. Heute wurde aber schon wieder anders gesprochen, man sagte: Wir sollten lieber noch bleiben, bis ich weiß nicht wieviel Preußen und Östreicher Verstärkung an den Rhein kämen, denn wenn sie herüber wollten, so könnten sie's ungehindert weil unsere Gegend ganz bloß wäre. Ich weiß nicht, welcher Rede wir glauben werden, vermutlich ersterer. Bei Hof ist alles guter Dinge und alle Montage Ball. Wenn ich dadran denke, schaudert's mich ordentlich! Gestern bekamen wir ein ganz Körbchen voll Neuigkeiten. «Erstens», hieß es, «der Kaiser wäre tot. Dann, der König von England dethroniert und Pitt an seiner Stelle. Und zuletzt das Beste: es würde sechs Wochen Waffenstillstand sein.» Beide erstere sind

154

gewiß erlogen, aber die letzte, weil ich sie wünsche, ist es hoffentlich nicht. Doch glaubt niemand dran. Gestern und heute früh wurde eine ganz unzählige Menge Kanonen vorbeigefahren, gewiß über 100. Auch ist noch immer ein beständiges Gefahr mit Wägen zur Armee. – Als Fort-Louis gesprengt worden ist, hätte ich nicht mögen in Karlsruh sein; des Nachts zwischen 11 und 12 Uhr geschah es; da sprangen im Schloß die Portal-Türen auf, alles zitterte und es geschah wie ein Erdbeben. Die Prinzessinnen sprangen aus den Betten beim zweiten Schlag! und kein Mensch konnte sie mehr ins Bett bekommen. Fenster zerbrachen auch, kurz es soll schrecklich gewesen sein; in Rastatt aber noch viel ärger, da sah man das helle Feuer auf der Gasse. Man sagt, es wäre dem Markgraf zu lieb gesprengt worden, damit die Franzosen diesen Trieb zum Herüberkommen nicht mehr hätten.

Ach wenn die Franzosen nicht wären! – wie viel besser wäre alles anders, und wie ruhig und glücklich könnten wir in unsrem Haus und ich in meinem nun so zerstörten Stübchen sein! So eben kömmt's Licht, daß die Mama sieglen will, fatal! sie schreibt noch ein paar Wörtchen, also schnell. Deine alte treue Lulu.

Karlsruhe, den 31tn Jenner 1794.
Clärchen! liebes Clärchen, ich bekam diesen Morgen einen lieben, herrlichen Brief von meinem Freund; ich zitterte und hatte Tränen in den Augen, als ich ihn las; hier hast Du ihn; ich will ihn Dir gleich abschreiben; er muß Dir lieber sein als alles, was ich Dir sagen kann. Mein einziges Bestreben ist und soll's immer sein, besser zu werden, um den Nicolovius recht aus Herzensgrund glücklich zu machen.

Soeben bin ich fertig mit Abschreiben, und mein Herz ist noch voll von dem, was ich schrieb; Ach Clärchen, bin ich nicht zu glücklich? Ist wirklich alles wahr – so möchte ich mich oft fragen. Morgen antworte ich gleich, ich hätt's heute gerne getan, aber es hätte mich nichts genutzt, weil mein Brief natürlich nicht alleine fortgeht. – – Heute

sprach ich zum erstenmal mit der Tante Bogner über Nicolovius und brachte ihr seinen Brief zum lesen, sie sprach
überaus lieb und gut mit mir und weinte, als sie den Brief
las. Alle Minuten, bei jedem Gedanken finde ich mich
glücklicher! Wir sind jetzt wieder zu Haus, ich hab' mein
freundliches, reinliches Stübchen wieder und alles ist wieder in Ordnung; der liebe Gott erhalte uns darin, so lange
wir selbst nicht daraus wollen! So oft ich in die Stube trete,
muß ich – ich mag wollen oder nicht, laut ausrufen: «Ach
unser Stible, unser Stible! Wie reinlich und wie hell gegen
das Pforzheimer; Es ist doch nichts bessers wie ein eigen
Haus in Ruhe!»

Nun Adieu herzliebes Clärchen, dies ist ein kleines
Wischchen, aber der andere hält Dich schadlos, schickte
ich Dir auch nur ein Tippelchen. Ich küsse Dich und grüße
im Herzen Onkel, Tanten und Alles.

Deine treue im Herzen glückliche Lulu.

Karlsruhe, den 29tn Februar 1794.
Gestern war Dein Geburtstag, ich, wir alle haben dran
gedacht und uns Deiner gefreut. Mit dem Gedanken an
Dich bin ich aufgestanden und hab' den lieben Gott gebittet, Dich recht glücklich zu machen. Nach Tische, als niemand sich versah, trat ich auf einmal in die Stube mit
sieben Kelchgläschen, jedes mit Myrthen bekränzt und in
der Mitte davon eine herrliche Bouteille Malaga, nebst
einen Teller Bisquit und frischer Makronen; das alles
stellte ich Dir zu Ehren hin, und ich empfing an Deiner
Stelle die Gesundheiten, die man Dir zutrank. Ich dacht'
an meinen Nico beim ersten Schluck, und es war mir gerade, wie wenn wir seine Gesundheit tränken.

Weißt Du die herrliche Nachricht vom Prinz Coburg?
Ich flog in der Luft drüber!! ich pauk sie in und außer dem
Haus überall aus, also mußt auch Du sie hören; Denk, er
schlug die Franzosen so gottsjämmerlich, daß sie sich nun
fast nicht mehr rühren können; auch dringt er besser vor.
4000 blieben tot und 6000 wurden gefangen. Er eroberte
auch ein ganzes Lager mit 30 Kanonen und vielen Fah-

nen[1]. Ist's nicht süperb? und noch dazu ist alles so prächtig wahr, denn des Kaisers Onkel, der hier war, und der
Markgraf bekamen drei Stafetten mit der Nachricht. – Die
abominablen Franzosen! O! Jetzt sind wir wieder in unsren Sieg-Monaten, weißt Du wie vorig Jahr? Dies Mal
sollen aber keine Flucht-Monate nachkommen, sondern
ich hoffe fest, daß der liebe Gott die garstigen Franzosen
jetzt immer verlieren läßt, sie haben lange genug gewonnen – – o, was will ich mich freuen, wenn's heißt – – Es ist
Friede! Dann soll Eutin uns erst recht wohl tun! Glaubst
Du, daß ich auch nach Eutin komme? Ich fürchte und
vermute fast nicht, denn für eine Stelle ist bis Dato gar
keine Aussicht. Geh's wie es wolle, ich mit meinem Nico
bin überall glücklich.

Nun aber Adieu in vollem Ernst, es ist zwar noch früh,
aber ich muß auf heute Mittag noch ein wenig im Kochbuch studieren. Apropos! Denk, ich kann jetzt mutterselig
alleine Hemder schneiden. Ja, noch eins! Unsre Ringe sind
wiedergefunden, sie waren in dem Ulmer Koffer. Jetzt hab
ich elf Ringe und hätte ich Deinen herzigen nicht verloren,
so hätte ich zwölf. –

Inzwischen war Lulus Verlobung mit Georg Heinrich
Ludwig Nicolovius der Großmutter Goethe in Frankfurt
mitgeteilt worden. Ihr Glückwunschbrief läßt uns einen
Blick in ihr Herz tun, das treu großmütterlich die Welten-
uhr nach den Familienwünschen stellt. In einem Atem
ermahnt sie die Enkelin, eine gute deutsche Hausfrau zu
werden und läßt doch gleichzeitig die ganze französische
Armee gegen das Reich aufmarschieren, damit durch die
Flucht vor dem Feind diejenigen, die sich nach Gottes Wil
len finden sollen, zusammenkommen können. Frau Rat
schreibt nicht nur in ihrer Frankfurter Mundart, sondern
der Kiel jagt ihr auch wahrhaftig beflügelt über die Blätter,
vor allem wenn sie erregt ist. Die Buchstaben, die dabei

---

[1] Gerüchte. Der Feldzug in Belgien wurde erst Ende März eröffnet. Prinz
Josias v. Sachsen-Coburg-Saalfeld leitete als Reichsfeldmarschall die Ope-
rationen.

unter den Tisch fallen, nicht einsetzen zu wollen, hieße die
Treue zur Handschrift übertreiben.

Den 24ten Mertz 1794.

Liebe Louise!

Siehst du nun, wie Gott gute Kinder schon hir belohnt –
ist deine Heyrath nicht beynahe ein Wunderwerck – und
daß sich alles so schicken muß, daß deine Lieben Eltern
und Geschwister nun mit dir gehen – das würde doch nicht
so leicht gegangen seyn, wäre kein Krieg ins Land gekommen – mercke dir das auf dein gantzes Leben – der Gott,
der dem Abraham aus Steinen Kinder erwecken kan, kan
auch alles, was wir mit unsern blöden Augen vor Unglück
ansehen, zu unserm besten wenden. Nun Liebe Louise, du
einzige, die mir von einer theuren und ewig geliebten
Tochter übriggeblieben ist, – Gott seegne dich! Sey die
treue Gefährtin deines zukünftigen braven Mannes – mache Ihm das Leben so froh und glücklich, als nur in deinem
Vermögen steht – Sey eine gute Gattin und deutsche
Haußfrau; so wird deine innre Ruhe, den Frieden deiner
Seele nichts stöhren können – Behalte auch in der weiteren
Entfernung deine Großmutter lieb – mein Segen begleite
dich, wo du bist – und ich bin immer

deine treue Großmutter Goethe

Inzwischen rüsten Bürgerschaft und Hof am Rhein zum
Aufbruch.

Karlsruhe, den 28tn Juni 1794.

S' ist mer doch so fatal und's wundert mer immer, daß
wir gerade vor Torschluß in so einen unerhörten Briefstill-
stand kommen; zwei Jahre schreiben wir uns ununterbro-
chen alle Samstage und vier Wochen vor unsrem immer
oder wenigstens näher Beisammensein, hören wir Punktum auf. Gestern nahm ich auf immer von den Prinzessinnen Abschied, denn sie verreisen und kommen später wieder als wir fortgehen, es ist mir weinerlich – so dumm! und
als ich nach Haus kam und erzählte, wie die Prinzessinnen

158

so herzlich gegen mich waren, mußte ich Apenkloß wirklich weinen; ich schämte mich; es tat mir aber in allem Ernst sehr leid, und das Wort «Zum letztenmal», ist mir von jeher verhaßt.

Für mein Kränzchen hab ich ein herzig Andenken, ich lasse den vier Mädchen so goldne Ringelchen machen, wie ich eins von der Sophie hab', sie sind alle drein verliebt. Die Depense ist *pour moi* ein wenig groß, aber wenn's noch mehr kostete, ich gäb's gerne, denn wenn mein letztes Geschenk lumpig heraus käm, dies könnt' mich nach vielen Jahren noch plagen. Ich fürcht' mich aufs letzte Kränzchen, denn wenn ich denke, daß die Prinzessinnen mich traurig machten, so halt' ich's dort gar nicht mehr aus.

Gestern verkauften wir so entsetzlich viel, fast alles, daß ich ordentlich dachte, die Reihe käme auch an uns. Du glaubst nicht wie gegen unsre Erwartung alles so herrlich von Statten geht; in unsren Ausruf behalten wir nichts als Gerümpel. Wir kommen nach Pempelfort!!! gerade wie voriges Jahr, ist's möglich! glaubst Du's, Clärchen! Wir sehen uns gewiß wieder, und so bald, so entsetzlich bald! Mit dem fatalen Nico, daß der so gar kein Herz zu einer Professor-Stelle hat, ich wüßt mir nichts Ordentlicheres und in Duisburg, 's wäre so nah bei allem, was ich gern hab. – – Ach, wenn dem Nico gut ist, daß er nach Duisburg kömmt, so gibt ihm der liebe Gott gewiß Lusten dazu ein und wenn es nicht geschieht und wir irgend anders hin müssen, so bin ich auch zufrieden, überhaupt, es ist mir alles lieb, nur eins lieber wie das andere und das ist auch ganz natürlich.

Scit wir von Pempelfort gekommen sind, leben wir so flott, daß ich gar nicht weiß, wie mir geschieht; diesen Nachmittag fahren wir spazieren in zwei Kutschen, ich freu mich, denn 's ist prächtiges Wetter, justement wie im Juni. Schatz, wenn ich die Sonn' einmal wieder bei Dir seh! Ich hab gewiß eine durch und durch glückliche Jugend und ich kann nicht begreifen, daß ich vielleicht einmal noch glücklicher sein werde. Die Mama erzählte, sie hätte auch so eine glückliche, frohe Jugend gehabt, mir ist's aber immer, wie wenn meine doch noch glücklicher wär; warum, das weiß ich nicht; es kömmt mir aber immer so vor.

Den 30tn September 1794.

An meinem Sonntag-Briefchen wirst Du merken, daß ich recht froh war, aber jetzt bin ich's nicht mehr so ganz, im Gegenteil, ich und wir alle sind traurig über die unglücklichen Nachrichten und über Euer Flüchten[1]. Es mag entsetzlich gewesen sein, wie Ihr aus Eurem Pempelfort fortgeführt, wenigstens ich stell mir's so vor. Wären wir doch jetzt auch in Eutin oder wär't Ihr hieher geflüchtet und daß der Onkel und die Tanten den Papa und die Mama aufgeheitert hätten! Ich bin noch ganz konfus über dies alles – – ach Clärchen, auf den Winter freu ich mich nicht! Was Du glücklich bist! Ich traue auf den lieben Gott; der wendet gewiß alles schneller und besser, wie wir's denken. Wir sind jetzt recht in der Finsternis drin, gottlob aber, daß man noch hoffen kann, daß es einmal klar wird. Ich hätt' nicht gedacht, daß ich so bald Dir statt dem Nico nach Eutin schreiben würde! Adieu Herzens-Clärchen. Deine Lulu.

Anspach[2], den 29tn Oktober 1794.

Mein Geburtstag war vor ein paar Tagen und wurde gefeiert mit – – Büglen! Geschenkt aber bekam ich etwas ganz herziges und mir lieber wie alles, ein niedliches subtiles Spinnrädchen. Ich darf's mitnehmen, dies hat die Mama mir gleich dazu gesagt. Ich hab schon fünf Stränge gesponnen. Ach, wenn der Nico hier wär und ich spinnen könnte und er dabei sitzen und schwätzen! Dies hab ich schon oft gedacht und mein auch, es müßt noch geschehen.

---

[1] Vor den Franzosen nach Wandsbek, Hamburg und Eutin d.h. zu Matthias Claudius, Klopstock und den Stolbergs.
[2] Schlosser war mit den Seinen nach Ansbach geflohen in das neutrale fränkische Gebiet des Königs von Preußen, auch der Markgraf ging mit seiner Familie später dorthin.

Anspach, den 9tn November 1794.

Liebes Herzens-Clärchen. Das Jettchen tobt fürchterlich auf dem Klavier, es tobt mir allen Verstand fort. In aller Eile noch ein paar Silben an Dich; denn gleich muß ich Teetassen rangieren, Obst und Kuchen zurecht machen auf den Besuch, den wir gleich nach der Kirche bekommen. Ich bin ganz starr vor Kält und ganz langsam vor lauter Eile. – Denk! die süperbe Feder hab ich mit des Nico's herzigen Federmesserchen geschnitten. Hier ist's uns manchmal recht triste zu Mut, zumal bei dem morosen naßkalten Wetter; doch – seit ein paar Tagen sind wir alle ein wenig alerter. – Wir lesen jetzt den Anton Reiser[1], welcher uns sehr amüsiert. Kennst Du ihn? 's ist ein mißhandelter, armer Junge. Weißt Du, daß ich wieder eine Klavierstunde die Woch' hab? Ja denk! derzu bei einem ganz herzigen Mann, Herr Petrokowski, der sich aber für die Stunde einen halben Gulden bezahlen läßt.

Apropos! Die brave Großmutter. Denk, samt allem Kriegstrubel, will sie doch das Christkindchen nicht leer ablaufen lassen; und hat gestern die Mama deswegen befragt. Ich weiß aber keinen Wunsch für mich.

Anspach, den 19tn November 1794.

Liebes Clärchen!

Wieder ein paar hurtige Wörtle an Dich, aber so fix wie möglich, denn ich muß an die Arbeit.

Fürs erste muß ich Dir sagen, daß ich gar nicht weiß, ob ich einen Brief von Dir zu beantworten hab, denn ich bin in einer affreusen Konfusion mit den Briefen, weil ich nicht ein Stückelchen Brieftasche hab und also alle in einen Bogen Papier wie Kraut und Rüben verwahrt habe. Eine Bauren-Brieftasche für neun Kreuzer wollte ich mir die Messe kaufen, aber *j'etais honteuse,* wie's dazu kam.

Schreib' mir ein wenig, wie ihr logiert seid und wie Wandsbeck aussieht, Du bist so stumm.

---

[1] Autobiographischer Roman von Karl Phil. Moritz (1785 bis 1790); der Verfasser, der mit Goethe zusammen in Rom gewesen war, war im Vorjahre gestorben.

Apropos! Denk unser braver Hausherr[1] war in Frankfurt, er aß beim Onkel Schlosser[2] zu Gast, sah die Großmutter[3] und die arme Mo[4]; Die konnte sich vor weinen nicht halten, als sie ihn sah, sie beneidete ihn, daß er immer bei uns sein könnte, und wenn sie ein Wörtchen reden wollte, fing sie wieder an zu schluchzen. Die gute Mo dauert mich entsetzlich! Der fatale Patriarch von Vater, den sie nicht lieb haben kann, hilft viel, sie traurig zu machen; jetzt glaubt man doch, daß er nicht ganz unsterblich ist und vielleicht bekömmt er bald einen Schlagfluß. S' ist wischt, daß ich so sag – aber wenn man ihn kennt – nein gewiß! Dann ist's nicht mehr garstig.

Weißt Du wie man hier die Katzen heißt? – – Pemperle! Und weißt Du wie man hier einen treuen Alten, ein bisle dummen Hausbedienten heißt? – Denk! Hans Kökerle! S' hat mich ordentlich gekitzelt, so hab ich lachen müssen über dies abgeschmackte Wort; und ich nahm mir's gleich vor, Dir's mitzuteilen. Lebewohl Herzens-Clärchen, bei jedem Briefchen, den ich Dir schreib, bekomm ich immer mehr Lust mit Dir wieder einmal schwätzen zu können. Adieu Herz,   Dein Lulüpserchen.

Das Frankfurter Goethemuseum besitzt zwei reizvolle Miniaturen, die Lulu darstellen. Daß die eine davon das Brautbild für Nicolovius gewesen, dürfen wir vielleicht aus der charakteristischen Frisur erschließen, die die neueste Mode von 1795 zeigt.

Warum kämmst du dein schönes Haar
Die freie Stirn herein, die sonst so reizend war,
Als Sittsamkeit und Unschuld auf ihr prangte? – –
Itzt scheint dein Janitscharen-Schopf
Ein häßlicher Medusenkopf,
Denn von der Bildung des Gesichts
Bleibt außer Nas' und Munde – nichts.

[1] Der Archidiakonus Roth in Ansbach, ein Studienfreund Schlossers.
[2] Hieronymus Peter Schlosser.
[3] Großmutter Goethe.
[4] Wohl eine Fahlmersche Verwandte.

162

Die mißvergnügten Verse stehen im Jahrgang 1795 der «Leipziger Monatsschrift für Damen». Der Kreissteuereinnehmer Weiße war ihr Verfasser, der Jugendfreund Lessings, der zur Zeit, da Goethe in Leipzig studierte, heitere Singspiele schrieb. Ihre kecken Arien waren das Vorbild für die Lieder an Käthchen Schönkopf gewesen. Inzwischen war Weiße mürrisch geworden. Im Übergang von Locken und Tituskopf zu Simpelfransen und Chignon sah er Verfall der Sitten. Uns aber hilft sein Gedicht Lulus Bild datieren.

Am 5. Juni 1795 ward in Ansbach die Hochzeit gefeiert. Ehe das geschah, wandte sich das junge Paar nach Weimar mit einem Brief, dem Schlosser eine Nachschrift anfügt. Die rührenden und doch scheuen Worte Lulus zeigen, wie groß die Kluft in der Familie war.

Anspach, d. 30. May 95.

Theuerster Onkel,

Erlauben Sie, daß ich jetzt neben Ihrer Nichte, meiner lieben Luise, Ihnen mit allem Zutrauen und mit Freuden diesen Namen gebe. Vor vier Monaten schrieb ich Ihnen aus Eutin, und stellte mich Ihnen als Neffe dar, und bat um Ihre Theilnehmung. Jetzt wird Luise in wenigen Tagen ganz die Meine, und ich ganz Ihr Neffe, und bitte hier aufs neue um Ihre Liebe und Vertrauen. Der edle Sinn, der meinen neuen Aeltern Nachsicht gegen mich giebt, belebe auch Sie, und stärke meinen Muth, meiner neuen Familie mich werth zu machen. Lassen Sie mich Ihrer Gewogenheit empfohlen seyn, und seyn Sie meiner herzlichsten Hochachtung versichert.   Ihr Neffe G.H.L. Nicolovius.

Lieber Onkel!

Ich hab Ihnen noch niemals geschrieben, denn ich hab gehört Sie hättens nicht gerne, weil aber der Nicolovius schreibt, muß ich's auch thun. Ich bitte Sie Lieber Onkel, haben Sie mich lieb u. haben Sie den Nicolovius lieb, und dann wollen auch wir Beide Sie recht Lieb haben, wie unsren Onkel.   Ihre Nichte Luise Schlosser.

Lieber Bruder, auch ich und die Amie bitten Dich den jungen Leuten gut zu seyn und dann und wann, wenn es Dir wohl ist, in Liebe und Freude unsrer zu denken.

Dein Joh.Gg. Schlosser.

Goethes Antwort ist nicht erhalten. Am 24. Mai hatte er an Schlosser nach Ansbach und am gleichen Tag auch an die Mutter in Frankfurt geschrieben. In beiden Briefen wird er sich über die neue Verbindung geäußert haben; die Schreiben sind indes verloren, und Luise hat jedenfalls keine unmittelbare Antwort erhalten, denn im Dezember mahnt die Mutter Goethe ihren Sohn: «Louise beklagt sich über deine Unoncklichkeit du hättest ihr nicht geantwortet – Wir sind freylich so in alle 4 Winde zerstreut das es beynahe heißt – wer ist meine Schwester u.s.w. Dem allen ohngeachtet bin ich doch vors zusammenhalten – denn so kommen wir doch nicht wieder zusammen.» –

Nicolovius erhielt eine Stellung an der bischöflichen Kammer in Eutin. Schlosser, der den badischen Staatsdienst aufgegeben hatte, siedelte gleichfalls dahin über. Auf der Durchreise ist Lulu mit den Ihren noch einmal Gast im Haus am Hirschgraben, wo sie schon 1784 und 1790 zu Besuch gewesen war. Jetzt war Frau Rat «am Ausverkauf» und konnte den Umzug in das neue, schöne Logis nicht abwarten. «Meine 3 Zimmer im Neuen Hause möblire ich hübsch und ordentlich, aber aller Kling Klang wird verkauft.» Im Frühling 1796 kann Nicolovius, an Stelle der Gattin, der Freundin in Düsseldorf die Geburt eines Sohnes melden:

Liebes Clärchen! Lulu hat gestern mittag einen dicken Buben geboren und ist so wohl als möglich. Ich weiß, Sie freuen sich mit uns und denken sich die selige, glückliche Mutter. Ein Tag wie der gestrige, liebes Clärchen, gibt Kraft und Mut zum Leben und Gutsein. Mit welcher Freude, Angst, Zuversicht und Mut Lulu alles überstanden hat, wie sie auch hier handelte ganz in ihrer eignen, ihr selbst unbewußten, himmlischen Weise, hat mich und alle, die gegenwärtig waren, mit Liebe und Freude entzückt. Liebes Clärchen, denken Sie sich mich glücklichen Mann und Vater! O, daß Gott auch Ihnen diese Freuden schenke, die das Herz groß machen und uns hochheben. Wie schön, wenn auch Sie, wie Lulu, diese reinsten Freuden der Menschheit genießen und darin ein gegenseitiges Band fänden, das keine Verschiedenheit der äußern Lage zu trennen vermag! Ich bitte Sie meine Freude in meinem Namen allen Ihrigen bekannt zu machen. Gott segne Sie, liebes bestes Clärchen, wie er uns gesegnet hat und lasse uns alle die Seligkeit, Menschen zu sein, in vollem Maß kosten. Ihr alter G.H.L. N[icolovius].

Frau Rat aber, die schon seit Monaten für den Urenkel Spitzen geklöppelt hat «und nicht etwan lirum larum, sondern ein sehr schönes Brabanter Muster», öffnet gleichsam bei Eintreffen der Glücksbotschaft ihre Fenster im Haus «Zum Goldenen Brunnen» und läßt die Fanfaren über den Platz an der Hauptwache zur Katharinenkirche hinüberdröhnen:

«Nun dancket alle Gott! Mit Hertzen Mund und Händen, der große Dinge thut – Ja wohl – an Euch, an mir, an uns allen hat Er Sich auf neue als den Manifestirt der freundlich ist und dessen Güte ewiglich wäret – gelobet seye Sein Heiliger Nahme Amen.

Lieben Kinder! Gott seegne Euch in Eurem neuen stand! Der Vater und Mutter Nahme ist Ehrwürdig – O! Was vor Freuden warten Eurer – und glückliches Knäbelein! Die Erziehung solcher vortrefflichen Eltern und Großeltern zu benüßen – wie sorgfältig wirst du mein kleiner Liebling nach Leib und Seele gepflegt werden – wie frühe wird guter Samme in dein junges Herz gesäht werden – wie bald, alles was das schöne Ebenbild Gottes was du an dir trägst verunziren könte ausgerottet seyn – du wirst zunehmen an Alter – Weißheit und Gnade, bey Gott und den Menschen. Die Urgroßmutter kann zu allem diesem guten nichts beytragen, die Entfernung ist zu groß – Sey froh lieber Johann Georg Eduart die Urgroßmutter

kan keine Kinder erziehen schickt sich gar nicht dazu –
thut ihnen allen Willen wenn sie lachen und freundlich
sind, und prügelt sie wann sie greinen, oder schiefe Mäuler
machen, ohne auf den Grund zu gehen – warum sie lachen
– warum sie greinen – aber lieb will ich dich haben, mich
hertzlich deiner freuen – deiner vor Gott ofte und viel
gedenken – dir meinen Urgroßmütterlichen Seegen geben
– ja das kan, das werde ich. Nun habe ich dem jungen
Weltbürger deutlich gesagt – was er von mir zu erwarten
hat, jetzt mit Euch meinen Lieben großen Kindern noch
ein paar Worte. Meinen besten Danck vor Eure mir so
liebe und theure Briefe – sie thun meinem Hertzen immer
wohl und machen mich überaus glücklich – besonders die
Nachricht daß das päckgen wohl angekommen wäre, –
den darüber hatte ich große Besorgnüß – machte mich sehr
froh – den denckt nur!! wenn der Urgroßmutter ihr Mach-
werck worüber die gute Matrone so manchen lieben langen Tag gesessen und geklüppelt hat wäre verlohren gegangen, oder zu spät gekommen, das wäre mir gar kein
Spaß gewesen – aber so, gerade zu rechter Zeit, vier Tage –
den ich guckte gleich in Calender – zuvor ehe das Knäbelein ankam das war scharmandt. Der kleine junge hat mir
den Kopf vor lauter Freude so verrückt, daß die eigendli-
che Gratulation die doch nach der ordtentlichen Ordnung
zu Anfang stehen solte, jetzt hintennach kommt – bedeutet
aber eben so viel, und geht eben so aus dem Hertzen. Gott!
Lasse Euch Freude und Wonne in großem Maaß an Eurem
Kindlein erleben – Es sey Eure Stütze auch in Eurem Alter
– Es sey Euch das, was Ihr Euren Eltern und der Großmutter seidt das ist der beste Wunsch besser weiß ich keinen.
Liebe Frau Gevatterin! – der Tittel macht mir großen Spaß
– wenn dieses zu Ihren Händen kommt da ist Sie wieder
frisch und flink – aber höre Sie, seye Sies nicht gar zu sehr
– gehe Sie nicht zu frühe in die Aprill Luft den der hat seine
Nücken wie die alte Gertraudt im Wandsbecker Boten.
Bleibe Sie hübsch in ihrem Kämmerlein biß der May
kommt – damit kein Catar und Husten Sie beschweren
möge – nun ich hoffe Sie wird guten Rath annehmen. Nun

Lieber Herr Gevatter! Tausendt Danck nochmahls vor alle
Eure Liebe – vor Eure schönen Briefe – der Louise ihre mit
eingeschlossen – vor die gute hertzerfreuende Nachricht –
vor die Gevatterschaft vor alles Liebes und gutes womit
Ihr schon so manchmal mein Hertz erfreut habt – Gott!
Lohne Euch dafür – Behaltet mich lieb – Ihr lebt und
schwebt in dem Hertzen derjenigen die ist und bleibt
　　　　　Eure treue Groß und Urgroßmutter Goethe

Eutin, den 10. August 1796.
Morgens 10 Uhr, mit unsrem lustige,
dicken Jungeli auf dem Schoß.
In entsetzlicher Hitze krobel ich an Deinen Brief, Jettchen, Julie, Nicolovius und ich, sind hier beieinander und
fast auseinander! Ich bin ganz stupide, und um mich wakker zu machen, will ich vom Kind schwätzen. Hör Clärchen, Du kannst Dirs nett denken, aber so herzig wies ist,
nie!! Wir beide erstaunen oft, daß es möglich ist, daß wirs
haben! Es hat große, schwarze Augen, wo jedermann über
laudiert, und ganz hübsche Augenbrauchen. So ein fromm
Gesichtchen, ein klein artig Näschen und ein zu appetitlich
Mündchen! Die Frau Hofprediger sagte diesen Sonntag, 's
wär schade, daß es kein Mädchen wär', für ein Jüngelchen
wärs zu hübsch. Jedermann freut sich über seine gesunde
Farbe und sein Dicksein; Du glaubst nicht, wie trutschelig
es ist!! und wie derbe; Wenn ichs nackt auf dem Schoß
liegen habe, springts fast herunter und fuchtelt mit Arm
und Beinchen und kräht vor Lust und Freude! Jetzt hab
ichs eben schön geputzt im blauen Kleidchen und schwarz-
samtnen Armbändchen und goldnen Schnällchen zu
Mama geschickt, da gehts alle Tage hin. Wir haben immer
ein Kindsmädchen, ich war oft zu tot – vor Müde. Könntest Du doch einmal dabei sein, wenn wir's Kindchen baden. 's ist zu prächtig – und wie's nachher lacht, wenn's
wie ein Kapuzinerchen in die Windel gewickelt ist!!
　　Mich wunderts! Daß Du nicht ein bißchen wünschest
ein Kind zu bekommen. Wir beide begreifen nicht, wie wir

haben so lange leben können ohne eins! Wie lebst Du denn eigentlich – beschreib mir einmal etwas davon.

Es sind zweimal Entrevuen die Woche, Dienstag bei Mama und Freitags bei Stolbergs[1], aber nur zum Tee von sechs bis acht. Heut will Gräfin Sophie mich besuchen. Künftigen Monat oder Ende diesen gehn alle nach Kopenhagen. Weißt Du, daß Louise Bernsdorff und Alberti nun getrennt worden sind? Louise mußte wieder nach Haus – und Alberti nach Hamburg. Ich hab' mich angegriffen Clärchen!!! Adieu –! Ich küß dich herzlich.

Deine alte Lulu.

Gräfin Sophie läßt Dich grüßen und Dir sagen, sie hatte so große Freude an ihrem Christian, sie wünsche Dir, bald eben solch' eine Freude zu haben.

Eutin, 1tn July 1802.

Endlich liebes Clärchen, kann ich Dir danken für Dein allerliebstes Geschenk. Ferdinandchen[2] ist ein Engel, wenn er's an hat! Ich hab's ihm so süß gemacht – könntst Du ihn doch sehn!! Denk aus dem enormen Stück, was Du geschickt hast, bekam er zwei große prächtige Kleidchen!

Unser frohes Leben geht jetzt wieder an, da wir Gottlob den Onkel und die Tanten wiederbekommen haben! Wir finden den Onkel[3] unaussprechlich prächtig, es gefällt ihm hier aufs Neue so gut – ach es ist recht herzerquickend ihm zuzuhören, wenn er die Gegenden und alles angenehme so lobt! Es ist recht Wasser auf meine Mühle und Trost. – Denn hier bei Mama und Jettchen hört man nicht's wie Tadel und lauter Vorurteil, wenn's noch so gut ist. Sie sind die ärgsten Frankfurtianer auf Gottes Erdboden; nur da ist alles gut! Es ist wirklich ein großes Crève-Coeur[4] immer

---

[1] Der Dichter und Jugendfreund Goethes Friedrich Leopold v. Stolberg, seit 1793 Kammerpräsident in Eutin, vermählt mit Sophie Gräfin v. Redern. Nicolovius war hier Hauslehrer gewesen.

[2] Ferdinand, der 4. Sohn Lulus, geb. 1801.

[3] Clärchens Vater Fritz Jacobi, 1743–1819.

[4] Herzeleid.

davon zu hören, wie Du wohl merken wirst, da ich gar nicht davon aufhören kann. Beide Tanten finde ich gar nicht verändert, außer, daß sie sich viel jugendlicher kleiden.

Du weißt doch hoffentlich, daß wir den Storch wieder erwarten? Ach es wär unaussprechlich selig, wenn der liebe Gott uns ein Mädchen schenkte!! Ich freu mich sehr, daß wieder ein Kleines kömmt, wenn's auch ein Junge ist! Ach sie sind gar zu schön die kleinen Jungens, alle vier – zu viel kann man gewiß nicht haben! Jetzt baden wir sie alle Tage, da solltest Du einmal sehn, was das für ein Gewühl und für eine Lust ist. Kein's will wieder heraus! Es ist mir oft unbegreiflich, daß wir schon so große Kinder haben –! Denk Eduardchen wechselt schon die Zähne, er geht ins siebente Jahr und in siebzehn Tagen wird Franz[1] fünf Jahr. Heinrich[2] ist diese Ostern auch ein Hosen-Männchen geworden. Sie sehn alle gar zu frisch und hübsch aus, ich hörte sie heute, wie ich mit ihnen aus dem Schloßgarten kam, auf Englisch, recht loben, von einer großen Gesellschaft Engländer, Damen und Herren; dies war mir gar zu angenehm! Du wirst Dich gewiß auch nicht wenig wundern über Vossens[3] Entschluß, von hier wegzugehn und daß er in Worten Demokrat aber er selbst der ärgste Aristokrat ist. Jetzt kommt er mir sogar verächtlich vor, da er vor dem Bischof und sogar vor dem Prinzen kriecht (um Geld), die er doch laut verachtet. Ich hoffe noch vielleicht, daß er etwas verrückt ist – denn sonst hätte er das scheußlichste Herz – denn es geht doch nicht's über Undankbarkeit. Die arme Ernestine Voß, die muß jetzt entsetzlich unglücklich sein!

Eutin, d. 3. Oct. 1802.

Liebes Clärchen, die alte bekannte Hand, die Ihnen so gern oft Freude brächte, bringt Ihnen hier wirklich eine

---

[1] Franz, der 2. Sohn Lulus, geb. 1797, der spätere Generalprokurator in Köln.
[2] Heinrich, der 3. Sohn, geb. 1799.
[3] Joh. H. Voß trat 1802 von seiner Schulstelle in Eutin zurück und wandte sich nach Jena, wo ihn Goethe zu halten bemüht war.

gute Botschaft, an der Ihr gutes schwesterliches Herz teilnehmen wird. Es ist uns ein liebes, kleines Mädchen[1] vom Himmel beschert worden. Am 18. Sept. abends um sechs saß Lulu vergnügt mit mir am Teetische. Das kleine Wesen klopfte an, und um neun lag es vergnügt in der Wiege. Das Mütterchen wenig erschöpft und munter im Bette. Beide Tanten wurden gleich beim Anklopfen schnell gerufen und hielten treulich Stand, und Tante Lene empfing das mit Freuden und Wundergeschrei bewillkommte Mädchen in ihrem Schoß und auf ihre Arme. Uns war wie Träumenden und noch am andern Morgen wußten wir nicht, ob unser Glück wirklich wäre. So fest hatten wir wieder einen Buben erwartet. Lulu sprach anfangs immer und noch jetzt oft von einem Er. Aber es ist, es ist wahr. Ein holdes kleines Mädchen liegt in der Wiege, das Lulu ihrer seligen Mutter zum Angedenken Cornelia heißen soll. Freuen Sie sich mit uns über die Erfüllung dieses langen sehnlichen Wunsches, liebes Clärchen, und verkündigen Sie unsere Freude Ihrem lieben Arnold[2], den treuen Aachnern und allen in Ihrem Kreise, die an uns freundlich teilnehmen. Grüßen Sie Arnold und alle. G.H.L. Nicolovius

Königsberg, d. 1. Januar 1809.

Liebes, altes, treues Clärchen! Es hat mir sehr schwer auf dem Herzen gedrückt, daß wir Ihre lieben Briefe mit undankbarem Schweigen so schlecht gelohnt haben. Aber es war nur böser Schein, nicht wirklicher Undank. Wir erkannten Ihre Liebe im Herzen und freuten uns. Lulu schreibt nur gar zu ungern. Heute am Neujahrstage hat sie der Geist getrieben und ich setze mich darauf flugs zu diesem Postscriptum hin. – Böse Jahre sind vorbeigegangen und haben tiefe Furchen in unserm Innern wie in un-

---

[1] Cornelia, verheiratete sich später mit Pastor Jacobi.
[2] Arnold v. Clermont war seit 1796 Clärchens Gatte, ein Neffe von Betty Jacobi und aus dem Tuchexporthaus der Clermonts in Vaels bei Aachen. Die Hochzeit hatte in Eutin im Hause des Grafen Friedrich Leopold v. Stolberg stattgefunden, wo sich Fritz Jacobi damals aufhielt. Die Ehe blieb kinderlos. Der Gatte starb 1824, Clärchen selbst 1849.

serm Gesicht hinterlassen. Welche Schrecken der Schlachten waren uns vor Augen, wie viele unsrer Lieben starben an unsrer Seite, und als es ruhiger ward, nahm uns Gott unser liebes, frommes Kind[1], das durch Krankheit zu einer bessern Welt gereift war. Dieser Schmerz war der tiefste. Er zerreißt noch oft aufs neue mein Inneres und wird mir, so lange ich lebe, Tränen auspressen. Gestern mußte ich hier in meiner stillen Stube mich noch satt weinen. Ich ordnete meine Papiere und fand dies Zettelchen von dem lieben Kinde, das er mir aus seiner Stube in meine schickte: «Lieber Papa, ich habe dich so lieb, und wenn du ausgefahren bist, und Du kommst wieder, dann bin ich so vergnügt, oder wenn Du ausgegangen bist und ich sehe Dich dann am Fenster wieder kommen, so freue ich mich. Dein vergnügter Eduard.» Dieser heilige, stille Schmerz bleibt mir. Aber so unaussprechlich viel Gutes gibt uns auch der Himmel. Unsere Kinder sind liebe, treue, ausgezeichnete Wesen. Sie wachsen so gut leiblich und geistig auf. Und wie viel Gutes wird uns außerdem durch Liebe der Menschen und leichtes Gelingen aller Geschäfte! Meine jetzige Beförderung kam mir wie ein Traum. Ich lebe wie ein Schoßkind der Vorsehung; sie sorgt für mich, wahrlich nicht ich. Daher ist mein Herz immer voll Freudigkeit und guten Muts, und nichts wirft mich nieder und nichts macht mich leichtsinnig. Lassen Sie uns auch von den Freuden der Zukunft träumen! Arnold muß Ihnen das feste Versprechen geben, Sie zu uns nach Berlin zu bringen. Die Reise ist auszuführen. Und was können Sie besseres tun, als zu alten Herzensfreunden zu kommen und Freude zu bringen und Lulu und meine Kinder zu sehen und Ihr Bild ihnen einzuprägen? Kommen Sie, liebe alte herzige Cläre, und geben Sie uns bald die Hand darauf. Ihr Nicolovius.

Im April 1805 hatte Nicolovius den Dienst im Oldenburgschen Staate, dem das ehemalige Bistum Lübeck-Eutin seit 1803 unterstand, verlassen und war Kammeras-

---

[1] Der Erstgeborene Joh. H. Eduard starb um diese Zeit.

sessor in Königsberg geworden, der Stadt, in der er geboren war. 1806 wurde er Kurator der Universität, dann Oberbibliothekar und 1808 Staatsrat beim Ministerium des Innern, und zwar leitete er die Abteilung für Kultus und Unterricht. So kam Nicolovius, als der Hof und die obersten Behörden nach dem Frieden von Tilsit in die Hauptstadt zurückkehrten, nach Berlin. Dort ward er Wilhelm v. Humboldts rechte Hand, vor allem bei der Reform des preußischen Bildungswesens. Inzwischen war Schlosser, Lulus Vater, 1798 in seine Vaterstadt Frankfurt zurückgekehrt und Syndikus beim Rat geworden. Er starb aber schon im Oktober 1799.

Im Frühjahr danach, April 1800, war Lulu mit Mann und Kindern noch einmal zu Besuch bei der Frau Rat, diesmal nun im Haus «Zum goldenen Brunnen» am Roßmarkt. Frau Aja hatte ein großes Familienessen mit Niersteiner gegeben, und der kleine Eduard, obschon erst vierjährig, war in der Loge des Theaters stolz als Urenkel den Frankfurtern gezeigt worden. So kostete die Großmutter hier aus, was ihr beim Enkelkind in Weimar versagt war. Am 13. September 1808 schloß auch die Frau Rat ihre Augen. Damals muß sich Lulu wieder an Goethe gewandt haben. Und diesmal ist die Antwort Goethes erhalten, vom 27. Januar 1809. Wir wissen nicht, was Goethes Herz so lange verschlossen, man kann wohl sagen, verkrampft hatte. Es wird beides gewesen sein, die nie heilende Wunde über den Verlust der Schwester, die sich in der Ehe nicht glücklich gefühlt, und die Entfremdung von dem so anders als er selbst gearteten Schwager. Auch Johanna Fahlmer gegenüber – einst die vertrauteste, verehrte Freundin der Jugendjahre – hatte sofort, als sie in Cornelias Stelle eintrat, eine kühle Distanzierung Platz genommen. Jetzt endlich aber, nach dreißig Jahren, beim Tod der eigenen Mutter, löste sich die Starre, und warme, gütige Altersworte strömten vom Mund des nun Sechzigjährigen.

«Ihr freundlicher Brief, liebe Nichte, liegt schon wieder zu lange bei mir, ohne daß ich ihn beantwortet hätte. Ich bin überhaupt kein fleißiger Correspondent; aber zwischen uns ist es das Schlimme, daß wir uns nie oder wenigstens so lange nicht gesehen haben: denn in der Persönlichkeit liegt doch eigentlich der wahre Grund menschlicher Verhältnisse. Freilich habe ich von Ihnen Liebes und Gutes genug vernommen, und wenn wir je zusammenträfen, würden Sie finden, daß mit dem Oheim auch ganz leidlich auszukommen ist. Haben Sie indessen recht vielen Dank für die Schilderung Ihrer lieben Familie, deren Verminderung ich herzlich bedaure. Unsere gute Mutter hat uns noch immer zu früh verlassen; doch können wir uns dadurch beruhigen, daß sie ein heiteres Alter gelebt und daß sie sich durch den Drang der Zeiten sicher und selbständig durchgehalten hat. Ich danke Ihnen und Ihrem lieben Gatten, daß Sie durch Ihr Schreiben ein neues Band anknüpfen wollen, indem sich das alte auflöst. ... Meine Frau grüßt herzlich und wünscht mit mir, Sie Beide einmal zu sehen, welches jetzt eher möglich und wahrscheinlich wird, da Sie uns um so vieles näher kommen. Mög' aus dieser Veränderung des Wohnorts und der äußern Verhältnisse alles Gute entspringen. ... Sagen Sie Ihrem lieben Gatten, für den ich kein besonderes Blatt einlege, daß auch ich jenem Mann [Hamann], dem er seine Bildung verdankt, gar manches, zwar nicht unmittelbar doch durch die Vermittelung unsers trefflichen Herder's schuldig geworden sei, und daß sein Andenken bei allen denen immer lebendig bleibt, die aufrichtig anerkennen, welchen großen Anteil an deutscher Cultur jene Männer gehabt, die in der zweiten Hälfte des vorigen Jahrhunderts in Königsberg zusammenlebten und wirkten. ... In Berlin treffen Sie einen meiner wertesten Freunde Herrn von Humboldt und treten mit ihm, soviel ich weiß, in ein näheres Verhältnis. Es freut mich für Beide: denn in der gegenwärtigen Lage der Hauptstadt sowohl als des Staats ist die Mitwirkung einsichtsvoller und aufrichtiger Männer höchst wünschenswert. Kommen Sie in Berlin an, so lassen sie es uns erfahren. Verzeihen Sie, daß ich durch eine fremde Hand schreibe. Es ist einmal eine eingewurzelte Unart, daß meine Hand zum Schreiben faul und unentschlossen geworden, und meine Freunde haben mich durch ihre Nachsicht verwöhnt. Grüßen Sie die Ihrigen herzlich. Von meinem Sohn in Heidelberg habe ich gute Nachricht. Gedenken Sie unser in Liebe.»

Nicolovius ging fürs erste allein nach Berlin. Die Familie sollte nachkommen. Er wohnte zunächst Wilhelmstraße 68.

Berlin, d. 28. Febr. 1810.

Hier, liebes Clärchen, sitze ich und feire in stiller Einsamkeit ihr Fest mit, der lieben abwesenden Freundin und der guten alten Zeit gedenkend. Alles ist anders worden als wir dachten und alles wird anders werden als wir denken; das aber wissen wir, daß alles besser gemacht wird als wir es verstehen. Noch bin ich in der Einsamkeit, aber morgen ist schon März und dann kommt April und mit dem 1. Mai ist hoffentlich Lulu mit den Kindern hier. Oft will es mir zu lange werden, mir ist weh zu Mute; aber geduldige dich! rufe ich mir zu und es kommt wieder ins Gleichgewicht. Die Korrespondenz ist große Freude und das Übersenden kleiner Geschenke durch jede Gelegenheit, die sich anbietet. Die Überraschung, die das macht und der herzliche Dank dafür ist reicher Lohn. Lulu schreibt mir neulich: Ferdinand war ganz entzückt, er machte Bockssprünge und rief immer: Papa, der denkt doch recht an uns! – Der Kinder Briefchen sind so natürlich, oft so komisch und Cornelia ihre mir so rührend, weil sie immer so herzlich die Artigkeit der Brüder lobt. Lulu hält sich wakker und führt gut das Regiment. Sie wird in Königsberg so sehr geliebt und so viele tun ihr wohl, um die Wette. Sie hat mir ein kleines, sprechend ähnliches Bild von ihr geschickt, mit dem ich nun täglich konversiere.

Am 13. Juni 1810 war Lulu mit den Kindern von Königsberg nach Berlin abgereist. Sie starb dort am 28. September 1811.

Berlin, d. 21. Oct. 1811.

Mein liebes Clärchen, ich danke Ihnen herzlich, daß Sie mir Ihre Teilnahme an dem großen Verlust, der mich be-

174

troffen hat, sogleich bezeigen. Nur mit denen, die meine Verklärte ganz gekannt haben, mag ich von ihr sprechen; kein anderer kann begreifen, welcher Art meine Verbindung gewesen und wie groß mein Schmerz jetzt sei. Sie, Liebe, haben sie gekannt und werden, wenn Sie alles sich zurückrufen und vergleichen, wohl überzeugt sein, ein reines, wahrhafteres Wesen auf Erden nicht angetroffen zu haben. Ebenso rein und unbefleckt und unverbrüchlich wahr, als Sie in jugendlichen Jahren sie gefunden haben, ist sie bis ans Ende beharrt und in die ihre einheimischere Welt zurückgekehrt. Das irdische Leben hat ihr nichts anhaben können und so sehr sie darüber auch hin und wieder mit ihm in Widerstreit geriet, so lernte ihr Sinn doch niemals sich mit Falschheit oder Gemeinheit vertragen. Dort in der höhern und reinern Welt wird sie ganz in Harmonie und wohl sich fühlen. Möchte ihr Geist bei mir und den armen verweiseten Kindern bleiben! Dies zu bewirken ist jetzt mein heiligstes Bestreben und mein eigentlicher Beruf.

Sie tun ihr Unrecht, liebes Clärchen, wenn Sie glauben, daß sie seit langem Sie nicht mehr geliebt habe. Ich versichere Sie, daß die Erinnerung an jene gemeinschaftlich gewordene Jugendzeit und alle dorther entsprungene Liebe ganz lebendig in ihr war und ungeschwächt blieb. Sie können aber, da Gott Sie kinderlos hat leben lassen, sich nicht wohl in die Seele einer Mutter versetzen, die ganz und gar, fast mit heiliger Leidenschaft, im Kreise ihrer Kinder lebt und in Vergleich mit diesem großen, sie beherrschenden Interesse gegen die übrige Welt gleichgültig scheint. Es ist nur Schein. Ein so unaufhörlich erwärmtes, ja glühendes Herz ist nirgends kalt und gewiß treu in jeder Verbindung. So war es auch hier, und so gelte es Ihnen auf mein Wort bei dem Andenken an unsere Verklärte. Es tut mir weh, daß keins der Kinder die Physiognomie der Mutter hat. Eduard war ihr am ähnlichsten. Ich hoffe es von dem jüngsten Mädchen[1].

[1] Die zweite Tochter Lulus, Flora, vermählt in erster Ehe mit Herrn Kabrun, in zweiter Ehe mit General von Wildenbruch, Sohn des Prinzen Louis Ferdinand von Preußen und Vater des Dichters von Wildenbruch.

Zehender[1] reisete vor acht Tagen hier durch nach Rußland. Er fand Cornelia an der Treppe, die ihm sagt: Papa ist nicht zu Hause. Er frägt schnell: «Und Mama?» Ein Strom von Tränen ist die Antwort.

Nun adieu, mein liebes altes Clärchen! Nochmals Dank, daß Sie mich Ihre Stimme haben hören lassen. Grüßen Sie Ihren lieben Arnold, Georg und alle andern Lieben, die an mir teilnehmen und das Andenken der Verklärten ehren.

Ihr G.H.L.N.

Zwischen dem Tod von Cornelia Goethe am 8. Juli 1777 und dem Tod ihrer Tochter Lulu liegen vierunddreißig Jahre. Trotzdem ist es natürlich, daß Goethe, wenn er jetzt dem Gatten freundliche Worte der Teilnahme schreibt, neben dem Bild der Nichte auch das ihrer Mutter, seiner Schwester, vor sich aufsteigen sieht. Aber es ist doch merkwürdig, wie stark dieses Bild der Schwester ist, so stark nämlich, daß es das der Nichte gleichsam überdeckt. Goethe legt der jungen dahingegangenen Frau in den Worten des Andenkens, die er ihr nachruft, Züge bei, die wohl auf Cornelia stimmen, aber – das wird jeder nach den hier mitgeteilten Briefen empfinden – nicht im geringsten auf die so harmonische, lebenszufriedene und lebensglückliche Lulu Schlosser. Und doch hatte sich der Dichter von dieser Nichte vielleicht auch deshalb ferngehalten, weil er sich nicht stark genug fühlte, um das Leiden an der Welt, unter dem Cornelia dahingesiecht war, in ihr von neuem aufleben zu sehen. Dem verlassenen Gatten aber schrieb er Worte des Mitgefühls und Trostes:

Weimar, den 20. October 1811.
Es ist eine der ernsten und ahndungsvollen Erwartungen, welche denjenigen, die ein höheres Alter erreichen, vor Augen schwebt, daß oft Jüngere, die ein größeres Recht hätten länger hier zu verweilen, unaufhaltsam früher dahingerissen werden. Der Verlust Ihrer teuren Gattin

---

[1] Vielleicht der Maler Carl Ludwig Zehender (1751–1815).

ist auch mir sehr empfindlich. Ich hatte seit langer Zeit viel Liebes und Gutes von ihr gehört, ja wer von ihr sprach, zeigte einen Enthusiasmus, der mich in der Ferne ein eignes vorzügliches Wesen ahnden ließ. Wenn sie bei so viel liebenswürdigen und edlen Eigenschaften mit der Welt nicht einig werden konnte, so erinnert sie mich an ihre Mutter, deren tiefe und zarte Natur, deren über ihr Geschlecht erhobener Geist sie nicht vor einem gewissen Unmut mit ihrer jedesmaligen Umgebung schützen konnte. Obgleich in der letzten Zeit fern von ihr, und nur durch einen seltnen Briefwechsel gleichsam lose mir ihr verbunden, fühlte ich doch diesen ihren, der Welt kaum angehörigen Zustand sehr lebhaft, und ich schöpfte daraus bei ihrem Scheiden zunächst einige Beruhigung.

Meine liebe Nichte habe ich niemals gesehen, aber doch immer an derselben, so wie an Ihnen und den lieben Ihrigen aufrichtigen Anteil genommen. Möge es Ihnen gelingen in der Erziehung und Bildung der Zurückgelassenen einen tätigen Trost zu finden und sich an den Ebenbildern der Mutter noch lange zu ergötzen.

Möge mir doch auch einmal das Vergnügen werden, Sie in dieser spätern Zeit kennen zu lernen, wo man immer mehr nötig hat, sich an diejenigen anzuschließen, von deren redlichen Gesinnungen und ununterbrochenem Bestreben man genugsam überzeugt ist.

Leben Sie recht wohl und gedenken meiner unter den Ihrigen. Goethe.

Nicolovius hat auch nach Lulus Tod die Verbindung zu Clärchen Jacobi nicht abreißen lassen. Dafür diene ein letzter Brief als Zeugnis.

Berlin, den 29. Januar 1812.
Meine liebe Freundin, ich beantworte spät den lieben Brief, womit Sie mich Einsamen im November erfreut haben. Es schien mir unbescheiden, sogleich wieder zu schreiben, als nähme ich ganz die Freundlichkeit in Anspruch, womit Sie mir so bald nach Empfang meiner ersten

Antwort wieder schrieben. Wie gern unterhalte ich mich sonst mit Ihnen, da die alten Pempelforter und Karlsruher Erinnerungen Ihnen so lebendig sind, und ich über diese mündlich mit niemand sprechen kann. Das fehlt mir, daß jene herrliche, alte Welt nun stumm in mir ruhen muß und niemand mir nahe ist, der sie kennt und im Herzen trägt. Deshalb nenne ich mich einsam; denn sonst bin ich mitten in einer sehr lebendigen Kinderwelt und mehr als je durch vielfache Teilnahme in sie verwickelt. Ich darf Ihnen davon erzählen, da Sie so vieles fragen. Heinrich hat noch sein heiteres Mondschein-Gesicht. Es hat sich in die Länge gezogen, doch ohne gravitätisch zu werden. Alfred[1] weicht nun sehr von ihm ab, hat sein ganz eigenes Gesicht und Wesen und eine besondere Lieblichkeit, so daß die Mutter ihn bisweilen den schönsten nannte. Franz wird groß, hat ein ausdrucksvolles, braunes Gesicht, sehr schöne, braune Augen und viel Ernst in seinem Wesen, vollkommen treuen Fleiß und stillen Wert in allem. Ferdinand würde Ihnen noch gefallen wie ehemals, wenn seine blonden Locken gleich geschoren sind. Seine Gesichtszüge und sein Blick ist voll Geist, sein Wesen sehr munter, offen und herzlich. Cornelia hat, ich weiß nicht ob von ihrem Vater oder von ihrem Namen, ein römisches Gesicht bekommen, ist sehr weiß, hat offne große Augen und ein fröhliches Wesen. Manchmal plagt Laune und Unstetigkeit sie. Sie faßt leicht und scheint manches Talent zu haben. Herzlicher Anhänglichkeit ist sie fähig. Das Florchen ist ein ganz eignes, mir unaussprechlich liebes Wesen, hat schöne, dunkle Augen, Ernst mit vieler Freundlichkeit und etwas ganz Eigentümliches in allen Gebärden. Ich betrachte sie als mir geliehen, als ist sie bestimmt, zuerst von uns zu den Lieben in die höhere Welt gesammelt zu werden. Sie ist gesund, lebendig und gedeiht gut. Nun sind Ihre Fragen nach den Kindern beantwortet. – Ihr Leben ist einfacher geworden als das früh geendigte meiner Verklär-

---

[1] Alfred, 1806–1890, seit 1835 Prof. der Jurisprudenz in Bonn, Biograph seines Großvaters Schlosser (1844) und Verfasser einer Schrift «Über Goethe» 1828.

ten; aber auch Sie erfahren gewiß oft, wie jeder Tag an uns erzieht, uns gibt und nimmt. In den schwersten Kämpfen des Lebens, wo das arme Mutterherz bei bittern Trennungen blutete, oder wo Not und Verlust anderer Art drohete oder uns betraf, da stand sie immer in erhöheter Kraft, in einem herrlichen Glanze da und entzückte und stärkte mich. Freunde, die in solcher Lage sie sahen, erstaunten über die Größe ihres Charakters und fühlten tiefe Eindrücke hoher Achtung. Dies Andenken wird mich ferner durch das Leben geleiten und mich über die gewiß noch bevorstehenden Bedrängnisse desselben erheben. Nun herzliche Größe an alle Ihre Lieben und Ihnen, liebes Clärchen, Dank und treue Anhänglichkeit von Ihrem   N.

Einige Jahre später, da die Söhne Nicolovius' Studenten waren, bahnte sich ein Verkehr zwischen ihnen und Goethes Enkeln an. Zumal Alfred Nicolovius, der spätere juristische Professor in Bonn, war bei Goethe, dem er äußerlich sehr geglichen haben soll, gut gelitten; und rückblickend schrieb der greise Dichter dem Vater, daß nun «endlich einmal ein wahres Lebens- und Familienverhältnis zwischen unseren Häusern entsprungen, welches bei meinem wunderlichen früheren Lebensgange nicht zustandekommen konnte. Lassen Sie es also fortan wirken und wachsen, auch die Kinder nachholen, was die Väter versäumt hatten».

LILI
WIEDERHOLTE SPIEGELUNGEN

1.

«Ein Freund, ein Bekannter schlug mir vor, gar oft mehr als dringend, mich da und dort einzuführen. Unter andern ersuchte er mich eines Abends mit ihm ein kleines Konzert zu besuchen, welches in einem angesehenen reformierten Handelshause gegeben wurde. Es war schon spät; doch weil ich alles aus dem Stegreife liebte, folgte ich ihm, wie gewöhnlich anständig angezogen. Wir treten in ein Zimmer gleicher Erde, in das eigentliche geräumige Wohnzimmer. Die Gesellschaft war zahlreich, ein Flügel stand in der Mitte, an den sich sogleich die einzige Tochter des Hauses niedersetzte und mit bedeutender Fertigkeit und Anmut spielte. Ich stand am unteren Ende des Flügels, um ihre Gestalt und Wesen nahe genug bemerken zu können; sie hatte etwas Kindartiges in ihrem Betragen; die Bewegungen wozu das Spiel sie nötigte, waren ungezwungen und leicht.

Nach geendigter Sonate trat sie ans Ende des Pianos gegen mir über; wir begrüßten uns ohne weitere Rede, denn ein Quartett war schon angegangen. Am Schlusse trat ich etwas näher und sagte einiges Verbindliche; wie sehr es mich freue, daß die erste Bekanntschaft mich auch zugleich mit ihrem Talent bekannt gemacht habe. Sie wußte sehr artig meine Worte zu erwidern, behielt ihre Stellung und ich die meinige. Ich konnte bemerken, daß sie mich aufmerksam betrachtete und daß ich ganz eigentlich zur Schau stand, welches ich mir wohl konnte gefallen lassen, da man mir etwas gar Anmutiges zu schauen gab. Indessen blickten wir einander an, und ich will nicht länger läugnen, daß ich eine Anziehungskraft von der sanftesten Art zu empfinden glaubte. Das Hin- und Herwogen der Gesellschaft und ihrer Leistungen verhinderte jedoch jede andere Art von Annäherung diesen Abend. Doch muß ich eine angenehme Empfindung gestehen, als die Mutter beim Abschied zu erkennen gab, sie hofften mich bald wieder zu sehen, und die Tochter mit einiger Freundlichkeit einzustimmen schien.»

So spann sich um die Jahreswende 1774/5 Goethes Bekanntschaft mit Lili Schönemann an. Der Bericht über diese Liebe, die zum Verlöbnis führte, bildet einen wesentlichen Inhalt der letzten fünf Bücher von «Dichtung und Wahrheit». Es ist der Höhepunkt von Goethes Frankfurter Zeit, die verworrenste, aber auch gehaltvollste Epoche seiner Jugend. –

Von den siebenundfünfzig Jahren, die der Dichter in Weimar lebte, trägt das erste Jahrzehnt den leuchtendsten Glanz. Es stand unter dem Stern der Frau von Stein. Das Gestirn Lilis strahlt uns nur in ungewissem Lichte wie einer jener Sterne, deren Feuer unruhig zu flackern scheint. Auch zieht Gewölk vorüber und verdeckt zuweilen das Licht ganz. So erklärt es sich, daß die frühe Weimarer Zeit von der Forschung mit besonderer Liebe untersucht und geschildert worden ist, daß man aber einer Darstellung der Lili-Zeit auswich. Und doch ist die Gestalt dieses Frankfurter Mädchens, das den jungen Dichter so unschuldig und doch so magisch in seinen Bann zog, gerade wegen des Halbdunkels, in welchem sie steht, von einem besonderen Reiz. Wo sie uns entgegentritt, sei es, daß Goethe von ihr spricht, sei es in einem ihrer eigenen Briefe, immer verspüren wir eine zarte, leise Anziehungskraft. Es ist, als ob hier ein stiller Zauber vorliege, der noch von Wirkungskraft ist über Tod und Grab hinaus.

Goethe hat sich schließlich gewaltsam losgerissen. Aber auch dann, als er die Stadt verließ, nahm er noch einmal den Weg über den Kornmarkt, an ihrem Hause vorbei. «Ach dacht ich wer doch –.» Aber dann rafft er sich zusammen und spricht über die Geliebte nur noch einen vertrauensvollen Segenswunsch: «Mir ist in dem Augenblick weder bange für dich noch für mich.»

Abends am 30. Oktober 1775 im Gasthause zu Eberstadt an der Bergstraße beginnt er sein Reisetagebuch, das ihn nach Italien begleiten sollte, da der Wagen, der ihn nach Weimar zum Herzog Karl August zu bringen hatte, nicht eingetroffen war:

«Bittet dass eure Flucht nicht geschehe im Winter, noch am Sabbath: Lies mir mein Vater zur Abschiedswarnung auf die Zukunft noch aus dem Bette sagen! –

Diesmal rief ich aus ist nun ohne mein Bitten Montag Morgens sechse, und was das übrige betrifft, so fragt das liebe unsichtbare Ding das mich leitet und schult, nicht ob und wann ich mag. Ich packte für Norden, und ziehe nach Süden, ich sagte zu, und komme nicht, ich sagte ab und komme! Frisch also, die Thorschliesser klimpern vom Burgemeister weg, und eh es tagt und mein Nachbaar Schuflicker seine Werckstätte und Laden öffnet, fort. Adieu Mutter! –

Am Kornmarckt machte der Spenglersiunge rasselnd seinen Laden zurechte, begrüste die Nachbaarsmagd in dem dämmerigen Regen. Es war so was ahndungsvolles auf den künftigen Tag in dem Grus. Ach dacht ich wer doch – Nein sagt ich es war auch eine Zeit – Wer Gedächtniss hat sollte niemand beneiden. – –

Lili Adieu Lili zum zweitenmal! Das erstemal schied ich noch hoffnungsvoll unsere Schicksale zu verbinden! Es hat sich entschieden – wir müssen einzeln unsre Rollen ausspielen. Mir ist in dem Augenblick weder bange für dich noch für mich, so verworren es aussieht! – Adieu –»

Das war der Abschied Goethes von seiner Vaterstadt, sein Abschiedsgruß auch an Lili. Auf der letzten Seite von «Dichtung und Wahrheit» hat er diesen Ausbruch aus der Enge der Heimat, aus den Fesseln einer Liebe, diesen Aufbruch zu einem neuen Leben nicht so süddeutsch intim, sondern großartig gesteigert, antik nach Pindar in dem Bilde des olympischen Wagenlenkers gespiegelt, der in rasender Fahrt die Herrschaft über den Lauf der Rosse in fester Hand hält und sich und den Wagen vor Sturz und Stein bewahrt.

Indes es waren eben nicht nur die Steine, die am Wegrande zurückblieben. Im Elternhause am Hirschgraben grübelte der Vater sorgenvoll dem Entschlusse des Sohnes nach, als ein freier Reichsstädter in den Hofdienst zu gehen. Als später von Weimar das Gedicht «Seefahrt» eintraf: «Lange Tag' und Nächte stand mein Schiff befrachtet», das das vergebliche Harren und Warten auf die Abreise nach Weimar schildert, dann die Gefahren und Widrigkeiten einer Fahrt unter eigenem Wimpel, aber auch den festen Willen, männlich am Steuer zu stehen und seinen Göttern zu vertrauen, da hat der Vater diese Verse Zeile für Zeile abgeschrieben, um so die Lebenssicherheit des Sohnes sich zu eigen zu machen und seinen Zukunftsmut in sich aufzunehmen. Das Blatt liegt, aus Cornelias Nachlaß, heute im «Frankfurter Goethemuseum».

Lili hat die Sorge, den Zweifel am Schicksal des Dichters, dem sie Verlobte gewesen war, nie geteilt. Sie hat an ihn geglaubt. Wir wissen aus den Aussagen ihrer Tochter, daß sie, die mehr Anlaß zur Klage gehabt hätte als um ein Jahrzehnt später Charlotte v. Stein, Goethe stets gegen jeden Vorwurf in Schutz genommen: Man dürfe den Dichter nicht mit einem anderen noch so ausgezeichneten Liebhaber vergleichen. Eine Welt von Ideen und Gefühlen bewege sich in ihm. Er gehöre weniger sich selbst als dem Genius, der Herr über ihn wäre. Konnte gerechter geurteilt werden? Wieviel einfühlendes Verständnis und welche Größe eines Herzens, das gekränkt worden war! Wie sehr Lili innerlich an Goethe, auch nach der Trennung, hing, hat sie verborgen; indes manches Wort aus späteren Jahren läßt ahnen, wie lange der Schmerz noch nachklang. Goethes Bahn führte steil empor; ihr Weg war reich an schweren Erfahrungen, und ihr Wesen, einst so strahlend und heiter, überschattete bald ein Zug von Schwermut.

Die Mutter und Brüder, denen an einer geschäftlich fördernden Verbindung lag, setzten schon im Sommer 1776 eine neue Verlobung durch. Einem jungen Straßburger aus angesehener Familie, durch weite Reisen zu weltmännischem Wesen erzogen, englischer Bildung zugeneigt, ward Lilis Hand versprochen; aber als es zur Heirat kommen sollte, ermittelte der Bräutigam, daß das elsässische Hüttenwerk, von dessen Erträgnissen das Ehepaar zu leben hatte, keinen Gewinn mehr abwarf. Voller Scham, daß er sich über seine Lage so hatte täuschen lassen, verschwand er spurlos; erst nach langer Zeit erfuhr man, daß er «in düsterer Zurückgezogenheit auf Jamaica den Tod gefunden». Diese neue Erfahrung warf Lili auf das Krankenlager. Auf all diese unerquicklichen Verhältnisse und die Wirren in der Familie bezieht sich vermutlich ein undatierter Brief an Johanna Fahlmer, mit dem Goethe, nunmehr ganz Charlotte v. Stein zugewandt, auf Frankfurter Nachrichten antwortet: «Von Lili nichts mehr, sie ist abgetan, ich hasse das Volk lang im tiefsten Grunde. Der Zug war noch der Schlußstein. Hol sie der Teufel. Das arme Geschöpf bedaur ich, daß sie unter so einer Rasse geboren ist.» Der ganze Groll gegen Lilis Brüder, der noch nach Jahrzehnten aus «Dichtung und Wahrheit» herauszuhören ist, entlud sich hier explosiv.

Etwa zwei Jahre später, am 25. August 1778, fand die Vermählung mit Bernhard Friedrich v. Türckheim statt. In «Dichtung und Wahrheit» erzählt Goethe, wie die Gespräche zwischen ihm und Lili sich um die «Kenntnis des menschlichen Herzens» bewegt hätten, «sittlich interessant auf jede Weise», und wie eins dem andern sich erschlossen und auch seine Fehler gestanden hätte. Die Verlobte habe dabei bekannt, daß sie eine gewisse Gabe anzuziehen an sich habe bemerken müssen, womit zugleich eine gewisse Eigenschaft fahren zu lassen verbunden sei. «Diese Geständnisse gingen aus einer so rein kindhaften Natur hervor [Lili war damals ein Mädchen von erst sechzehn Jahren], daß sie mich dadurch aufs allerstrengste sich zu eigen machte.» Vielleicht hatte Lili bei dem, was sie hier, nicht ganz frei von berechtigtem oder unberechtigtem Schuldgefühl, hervorbrachte, einen bestimmten Fall im Auge, eben den Fall Türckheim. Dieser war als junger Lehrling im Hause Schönemann gewesen, hatte zu Lili eine Neigung gefaßt, ohne daß es zu einer gegenseitigen Erklärung kam. In die Heimat zurückgekehrt, hatte er sich von allem, was im «Haus zum Liebeneck» am Frankfurter Kornmarkt vorging, unterrichten lassen und trat jetzt, da er das väterliche Bankhaus übernommen hatte, mit seiner Werbung hervor. Lili siedelte nach Straßburg über, wo die Türckheims in einem Anwesen an der Brandgasse wohnten, das eine Terrasse zum Broglieplatz hatte. Dort besuchte sie Goethe schon im Herbst des folgenden Jahres, da er auf seiner Schweizer Reise mit Karl August durch Straßburg kam. Er war Gast zu Mittag und zu Abend. Sein Bericht darüber an Frau v. Stein ist mit jener Vorsicht aufzunehmen, mit der alle Briefe an diese dann zu lesen sind, wenn Goethe in ihnen auf andere Frauen zu sprechen kommt. Und doch, wie warm klingt auch dieses Schreiben aus, wenn es heißt: «So prosaisch ich nun mit diesen Menschen bin [er war auch bei Friederike Brion in Sesenheim gewesen], so ist doch in dem Gefühl von durchgehendem reinen Wohlwollen und wie ich diesen Weg her gleichsam einen Rosenkranz der treusten, bewährtesten, unauslöschlichsten Freundschaft abgebetet habe, eine recht ätherische Wollust.»

Etwa aus diesen Jahren stammt das Jugendbild, das wir von Lili besitzen, ein ovales Brustbild in Pastell. Es zeigt in der Tat einen der anziehendsten Frauenköpfe der Goethezeit. Der vermutlich französische Maler – wir wissen keinen Namen – hat den Zug zum Niedlichen vermieden, den die weiblichen Porträts jener Jahrzehnte so vielfach aufweisen. Der Kopf ist ebenmäßig oval, die Züge sind bei aller Lieblichkeit ausdrucksvoll, sind offen und rein, die blauen Augen freundlich und leise versonnen. Das Haar, lichtblond, umrahmt die Stirn in lockerem Toupet; über der rechten Schulter liegen zierlich einige gelöste Locken und bilden den Übergang zum Busenausschnitt, den eine seidene Schleife und eine Rosenknospe schmücken. Während der Kopf ein wenig nach rechts geneigt ist, weist der Stengel der Knospe im Gegenzuge nach links, und dieses ruhige Schweben zwischen zwei Bewegungen verstärkt den Eindruck der verhaltenen, träumerisch nach innen gerichteten Sammlung, die aus dem Antlitz spricht.

Johann Friedrich Schönemann, Lilis Lieblingsbruder, nach dem sie ihren ältesten Sohn benannte, schreibt über seine Schwester so: «Sie war von Natur mit einer schönen und interessanten Gestalt begünstigt. Der Ausdruck eines lebhaften Geistes und talentvoller Befähigung, der aus ihren sprechenden Augen leuchtete, mischte sich mit den weichen Zügen einer edel geformten Gesichtsbildung und schuf eine Harmonie, die beim ersten Anblick auf ein gutes, allen wohlwollendes Herz schließen ließ. Darum zog diese so äußerst liebliche Erscheinung alles an, was in ihre Nähe kam.» Der Bruder starb vor dem Druck von Goethes Darstellung; seine Worte können also nicht durch diese beeinflußt sein.

So glücklich, so sorgenfrei, wie sie Goethe in Straßburg erschien, war Lili nicht. Der Glanz ihrer Familie, der Schönemannschen Handlung, war bedrohlich im Verblassen. Das Vermögen des Hauses hatte auf den sehr einträglichen Geldgeschäften beruht, die Johann Wolfgang Schönemann, Lilis Vater [geb. 1717], als Mitinhaber des Bankhauses Schönemann und Heyder, während des Siebenjährigen Krieges mit dem Kaiser gemacht hatte. Als 1763, im Jahre des Hubertusburger Friedens, der Bankier starb, hatte die Mutter die Firma übernommen, und wohl nicht zu deren Segen. Sie war die Tochter eines Bankiers d'Orville, dessen Familie, ein nordfranzösisches Adelsgeschlecht, aus dem Stifte Cambrai stammte. An den Luxus der Zeit gewöhnt, ließ sie das alte, zweigiebelige Renaissancehaus niederlegen und schuf 1770 jenes Gebäude, von dem Goethe in «Dichtung und Wahrheit» spricht. Das Anwesen, das noch bis zu dem Brand der Stadt 1944 stand, war ein auf allen vier Seiten durch Bauten und Stallungen eng und hoch umschlossener Hof an der Ecke von Kornmarkt und Rotekreuzgasse. Eine Einfahrt teilte die Fassade; links war der Comptoirraum, rechts das Musikzimmer, in dem Lili und der Dichter sich zum ersten Male begegneten. Eine Treppe mit geschmiedetem Rokokogeländer führte in die oberen Stockwerke, in denen je zwei große zweifenstrige und ein einfenstriges Zimmer lagen.

Links im hinteren Seitenflügel, entlang dem Rotekreuzgäß-
chen, war ein schmaler Saal, in dem wohl jene Assembleen
stattfanden, die Goethe so verhaßt waren. Seine Tapete,
Wachstuch und vermutlich aus Nothnagels Fabrik, war
durch aufgemalte Pilaster in lichtgraue Flächen geteilt, die
in der Mitte ein Medaillon von Früchten, Blumen und
Hirtenemblemen trugen. Eine Supraporte mit einem Gemälde aus Frankfurt, Strom und alter Brücke, die heute
das Frankfurter Goethemuseum besitzt, stammt vermutlich von der Flügeltür dieses Raumes. Man sieht, wie sehr
Anlage und Ausstattung dem Elternhause Goethes ähnlich
waren. Auch darin, daß die Fenster des Erdgeschosses
durch geschweifte, schmiedeeiserne Fensterkörbe geschützt waren, glichen sich die Häuser.

Der Bau hatte mit 40 000 Gulden Gestehungskosten
einen guten Teil des Vermögens verschlungen. Schon 1766
war der Landsitz der Familie, die Isenburger Mühle, verkauft worden. Jetzt, nach dem Neubau, löste der Teilhaber, der Bankier Heyder, die Verbindung mit der Firma;
Lilis Mutter mußte einen Angestellten in die Leitung des
Geschäftes nehmen. Gern hätte sie ihr Haus verkauft, fand
aber niemand, der es abnahm. Schon zu der Zeit, da
Goethe mit ihrer Tochter versprochen war, drückten sie
heimliche Sorgen. Während der Dichter mit den Brüdern
Stolberg in der Schweiz war, legte sie ihren letzten Willen
nieder und verbot darin den Kuratoren, über das Erbe der
Obrigkeit Rechenschaft abzulegen; auch solle kein Inven-
tar des Vermögens gefertigt werden. Die Verheiratung Lilis mit Türckheim schwächte die Handlung weiter um
10 000 Gulden. 1781 wurde der Weingarten vor dem Bok-
kenheimer Tor verkauft; er war auch entbehrlich, da die
Mutter die Sommer bei Lili in Straßburg zuzubringen
pflegte. 1782 starb sie. Eine Versteigerung des Nachlasses
hatte sie aus Rücksicht auf das Ansehen des Bankhauses
verboten, aber die Söhne hielten sich nicht an diesen
Wunsch. Fast drei Wochen lang dauerte die Auktion des
Haushaltes, der Möbel, des Silbers, des Porzellans, der
Pretiosen; den Schluß bildeten die Weine in Stückfässern,

die Bücher und die Sammlung der Gemälde. Trotz allem, am 4. August 1784 mußte die Schönemannsche Handlung die Zahlungen einstellen. Es war kein rühmliches Ende. Johann Noe Schönemann, mit zweiunddreißig Jahren der älteste der Söhne, hatte die Buchführung geändert, floh nach Heidelberg und schied dort zwei Wochen später aus dem Leben. Wiederum gab es eine Auktion im Hause «Zum Liebeneck»; auch über sie ist das Verzeichnis erhalten. Unter den feilgebotenen Gegenständen waren drei Spieltische, Kron- und Wandleuchter, Spiegel und auch ein Flügel, gefertigt vom Frankfurter Meister Heuß. Es war das jener Flügel, an dem Lili gesessen, als Goethe zu winterlicher Abendgesellschaft in ihr Haus eingeführt wurde; jener Flügel auch, auf dem, nach dem letzten Buch von «Dichtung und Wahrheit», sie sich zu dem Liede begleitete, das er auf sie gedichtet hatte und das er wenige Tage vor seiner Abreise heimlich draußen, am nächtlichen Fenstergitter lauschend, einmal noch aus ihrem Munde hören durfte. Mit diesen Versteigerungen, die ein Stadtgespräch bildeten, war eine glänzende Rokokowelt, in der der junge Goethe willig unwillig heimisch gewesen, zerstoben. Alle Pracht war dahin. Nur in den Liedern des liebenden Dichters flackert noch der Nachschein jener eleganten Assembleen der Frankfurter Gesellschaft, die sich einst im Hause «Zum Liebeneck» auf dem Kornmarkt zusammenzufinden pflegte.

Der Zusammenbruch, das unglückliche Ende der Schönemannschen Handlung, hatte nun leider auch auf die Stellung Lilis im eigenen Hause zu Straßburg ungünstig zurückgewirkt. Der älteste Brief, der uns von ihr erhalten ist, gibt einen Einblick in die Verhältnisse in der Brandgasse. Das Schreiben ist vom 23. März 1785 datiert, also ein halbes Jahr nach dem Fallissement. Empfänger war Lavater. Der war schon Goethes Seelenberater gewesen, als dieser wegen seiner Liebe im Sommer 1775 in die Schweiz gereist war. Lavater mag damals zugeraten haben, nicht von Lili zu lassen. Ihre Familie war ihm nicht unbekannt, war er doch 1774 bei ihrem Onkel Bernard in Offenbach, bei dem sie wie ein Kind im Hause war, zu Besuch gewesen, und eine Verbindung des jungen Genies mit christlichen Kreisen lag in der Linie seiner Wünsche. In Straßburg gehörte Lili zu dem von Lavater beeinflußten Zirkel; sie stand dessen Freund Stüber, dem Diakon von St. Thomas, nahe und nahm an seinen Bibelstunden teil. Später beriet Lavater sie in der Wahl ihrer Hauslehrer. Als er 1783 das Haus Türckheim in Straßburg besuchte, erschien er kaum unerwartet oder ungerufen. Mit vollem Recht konnte ihm Lili jetzt schreiben: «Bei Ihnen, meinem Herzen so nahen Freund, darf ich ohne Umschweif einen Rat begehren, den mir Ihre Liebe so oft anbot.»

Lilis Schreiben ist eine Selbstdarstellung und auch eine Beichte. «Sie wissen, bester Freund, wie viel ich im Hause durch alte, gegen mich gefaßte Vorurteile zu leiden habe, wie anhaltend ich bewacht und getadelt werde und wie der schönste Teil meines Lebens durch beständiges Stoßen und Drücken dahinfließt. Die Unglücke meiner Familie erweckten und verstärkten die eingeschläferte Aufmerksamkeit, und ich leide doppelt, durch das Unglück selbst und die Wirkungen. Ich entsagte aus eigenem Gefühl allen Erholungen und Zerstreuungen, weil mir jeder Genuß im Augenblick der schweren Leiden meiner fünf Brüder Qual und Vorwurf gewesen wäre. Aber nicht allein ich entsagte allem, es wurde mir alles entsagt. Ich wurde aufmerksamer, schärfer beurteilt; und die Stelle der ersten Magd im Haus blieb in meines Schwiegervaters Augen die, welche ich mich am eifrigsten bemühen sollte zu versehen. Ich kannte das Glück, in freundschaftlichen Verbindungen zu leben, und fühle das Leere meiner Existenz um desto mehr, da mein Herz das Bedürfnis der Liebe kannte; aber jetzt, da mir das Glück Heilung und Stärkung verleihen könnte, jetzt, da mein Herz, durch den Druck der Leiden geschlossen, der tröstenden Freundschaft bedürfte, jetzt wird mir jeder Umgang erschwert, jede Zerstreuung getadelt. Und doch fühle ich, daß mir die zu große Einförmigkeit schädlich, daß sie meine von Natur zum Leiden gestimmte Seele in einer gewissen Untätigkeit erhält, von der ich einst mei-

nen Kindern vor Gott Rechenschaft geben muß. Aber wie
kann, wie darf ich dies ändern? Im Haus meiner Schwiegereltern. Von ihnen abhängend, durch sie bemerkt und beurteilt, wie darf ich es wagen, Stoff zu neuen Entzweiungen
zu geben! Und nicht nur jede Handlung, sondern auch jede
dépense, jeder Besuch, den ich gebe und bekomme, alles,
alles wird getadelt.

Ach, lassen Sie mich Ihnen, edler, menschenliebender
Freund, das Geständnis meiner Schwäche ablegen. Ich un-
terliege oft der geringsten Last; nicht mürrisch und unzufrieden möchte ich klagen, aber traurig und wehmütig
mich vor Gott hinwerfen und um Kraft und Selbständigkeit bitten. Aber auch dazu bedarf ich oft Aufmunterung; und wer könnte mir die besser geben, wer mit so
vieler Wahrheit und Reinheit vom Segen des Gebets sprechen, als der, der so wahr und rein vor Gott treten kann
als Sie!

Noch ein Wort muß ich hinzusetzen, denn kränkend
würde mir der Gedanke sein, meinen Mann als Mitursach
meiner öftern Leiden anzugeben. Er selbst leidet durch den
Druck meiner Seele; und darinnen nur sind wir verschiedener Meinung, daß er wünscht, mich durch nicht Notizneh-
men an allen Zumutungen frei zu machen.»

Wie anders ist das Lilibild, das dieser Brief vor uns
enthüllt, als jenes, das man gewohnt ist, sich nach Goethes
Schilderung in «Dichtung und Wahrheit» zu machen!
Hier hören wir zum ersten Male sie selbst. Was sie sagt,
widerspricht nicht dem, was der Dichter schreibt; aber es
ergänzt es in höchst wesentlicher Beziehung. Dabei sind
Verzahnungen, die beide Darstellungen verbinden, deutlich sichtbar. Wenn wir lasen, wie Lili von ihrer Eigenschaft, anzuziehen und fahren zu lassen, gebeichtet hat, so
sehen wir jetzt, daß nicht auf dem, was bekannt wird,
sondern auf dem Bekennen als solchem der Ton liegt. Sich
selbst Rechenschaft zu geben über das, was man tut oder
unterläßt, gehörte zur religiös-ethischen Erziehung der reformierten Gemeinde und wurde strenger genommen als
bei den Lutheranern. «Gestand ich Dir nicht in den ersten

190

Tagen meiner vollen Liebe zu Dir alle kleinen Leidenschaften, die je mein Herz gerührt hatten? und ward ich Dir darum nicht lieber?» – mit Recht hat man in diesen Worten Stellas persönliches Erleben gesehen. Daher auch hier der Wunsch Lilis, Lavater das Geständnis der Schwäche abzulegen; daher das zunächst merkwürdige Wort, daß sie wegen der Schlaffheit ihrer Seele ihren Kindern – damals ein sechsjähriges Mädchen und zwei jüngere Knaben – einst vor Gott Rechenschaft ablegen müsse. So ernst nahm diese junge Frau das Leben; so groß war ihr Verantwortungsgefühl! Und daß es sich nicht um eine einmalige Aufwallung handelt, beweist bis zu ihrem Tode hin fast jeder ihrer Briefe. Und doch stand sie eben darin Goethe nahe, dem die Frage, wie sein Leben verantwortlich zu führen sei, gerade in seiner Verlobung die schwerste Bedrängnis war. Wir verstehen jetzt auch, wieso Lili in ihrer Mädchenzeit im Kreis des Offenbacher Pfarrers Ewald, dem Goethe und Lili das Hochzeitslied sangen, scherzhaft nach dem ersten ihrer Vornamen Anna Elisabeth die «hl. Anna» heißen konnte. Das Religiöse hat in ihren Briefen ein großes Gewicht; und wenn Goethe von dem entzweienden Unterschied der Bekenntnisse im elterlichen und Schönemannschen Hause spricht, so wäre dies Moment vielleicht weniger bedeutungsvoll gewesen, wenn man kirchlich laxer gelebt hätte.

Und wieviel verrät uns dieser Brief über Lili als Verlobte des Dichters! «Ich kannte das Glück, in freundschaftlichen Verbindungen zu leben»; Lavater wußte darum und verstand, was gemeint war. «Und fühle das Leere meiner Existenz um desto mehr, da mein Herz das Bedürfnis der Liebe kannte.» Kennt sie das Bedürfnis der Liebe denn nicht mehr? Ist sie so sehr Entsagende geworden? «Meine von Natur zum Leiden gestimmte Seele»? – «Dichtung und Wahrheit» weiß nur von ihrer jugendlich heiteren Lebensfreude. Vor allem aber, daß die Frage nach der inneren «Existenz» so bewußt aufgeworfen, über die Leere des Daseins geklagt wird, ist das verwunderlich bei einem Wesen, das mitverstehend die Faustmonologe, die Gretchenszenen in ihrem Entstehen erleben durfte – eine Faustszene ist 1775 in Offenbach gedichtet worden – und dem die schönsten Blüten Goethescher Lyrik, dem Singspiele und Dramen wie «Stella» gewidmet worden waren? Bernhard v. Türckheim – und es ist bezeichnend, wie Lili ihn gegen Vorwürfe, noch ehe diese ausgesprochen, in Schutz nimmt – war eine vornehme, reine, seiner Tüchtigkeit halber hochangesehene Persönlichkeit, ein liebender, treuer, sorgender Gatte; aber die Leere der Existenz vermochte er nicht zu füllen. Wer hätte nach dem, was vorausgegangen war, dergleichen auch je vermocht! Auch darauf sei noch hingewiesen: nicht das bedrückt Lili, daß sie Geselligkeit entbehren muß, so sehr ihr diese, zumal wenn geistiger Art, Bedürfnis ist; darüber aber klagt sie, daß man ihr die sittliche Entscheidung nimmt; es demütigt sie, daß man ihr verbietet, worauf sie frei von selbst verzichten möchte. Es sei, weil inhaltlich verwandt, noch ein Abschnitt aus Lilis zweitem Brief an Lavater vom 26. Juni des gleichen Jahres wiedergegeben. Er handelt von den Kindern und enthält wieder einen Selbstvorwurf, eine Selbstprüfung. «Ich tadele mich oft über meine zu große Anhänglichkeit an diese lieben Kleinen; denn ich muß aufrichtig gestehen, ich habe keinen Sinn für nichts. Außer dem Glück, für sie zu leben und mich für sie und mit ihnen zu beschäftigen, kenne ich keines. Es ist äußerst summarisch berechnet der Inbegriff meiner Gedanken und Beschäftigungen; und jeder Weg, der mich von dem Zweck scheint zu entfernen, würde mir beschwerlich, so wie auf der andern Seite alles, was mich ihm nähern kann, am wichtigsten ist. Der Weg aber, der schönste, den mir meine Empfindung je gebildet, wird durch unmöglich zu verändernde Nebenwege so beschwerlich und unangenehm, daß ich oft über die Unbequemlichkeit desselben klagen möchte. Doch wichtig soll und muß es mir bleiben, ihn zu gehen und mit jedem Schritt desselben meine Kinder Gott und Christus zuzuführen.» Eigenwillig ist diese Sprache; wir werden in Goethes Schilderung Zügen des Mädchens begegnen, die dieser Charakterseite entsprechen. Das Wesentliche ist auch an diesem Briefe, wie ernst auf die innere Existenz gedrungen wird, für sich, wie auch schon für die Kinder. Als diese mütterlich besorgten Schreiben entstanden, war Lili eine Frau von siebenundzwanzig Jahren.

Der junge Goethe hatte christliche Religion am eindrucksvollsten im Kreise der Freundin seiner Mutter, der Susanna Katharina v. Klettenberg, erlebt. Von dieser Herrnhuter Art war die religiöse Haltung Lilis verschieden. Sie war weltoffener, mehr dem tätigen Leben zugewandt, auch teilte sie nicht die Christusmystik der Brüdergemeine. In einem Briefe an Lavater, in dem es sich um die Erziehung ihrer Kinder handelt, setzt sie auseinander: «Liebe ist das Erste, das Wesentlichste, das ich von einem Erzieher verlange, Reinheit der Sitte, Tätigkeit, Ordnung und Religion, doch aber nicht scholastische, pedantische, nicht zu schwärmerische, sondern die Religion des Herzens, die uns gegen Egoismus und Untätigkeit schützt, indem sie unsere Liebe anfacht, und die uns jede Stunde des Trauerns durch den reinen Genuß des Gebetes versüßt. Liebe Gottes setze ich als Hauptquelle alles Glückes voraus, Liebe des Nächsten wäre als unmittelbare Folge der ersten anzusehen.»

Wahrscheinlich war es ihre reformierte Schulung, daß Lili der Tätigkeit eine fast religiöse Bedeutung beimaß, aber stand sie nicht auch darin Goethe nahe, der dem Strebend-sich-Bemühen eine erlösende Kraft zuwies? Lili ihrerseits formulierte: «Religion und Freundschaft beseligen das Herz; aber können beide ohne Tätigkeit, Arbeitsamkeit gedacht werden oder bestehen?» Die große Unterredung Goethes mit Lotte in Wetzlar über die persönliche Unsterblichkeit ist in «Die Leiden des jungen Werthers» eingegangen [Werthers Brief vom 10. September]; so ward festgehalten, was sonst verschollen wäre. Der Zeit der Liebe zu Lili ist eine gleiche Gunst der Überlieferung nicht zugute gekommen. Indes ihre Vorstellungen über das Jenseits, so wie sie sie Lavater gegenüber ausspricht, sind denen Goethes verwandt; sie glaubt an ein individuelles Fortleben nach dem Tode und meint, wie der Dichter, daß nicht alle in gleicher Weise unsterblich seien, denn: «In der Natur ist sich nichts ganz gleich.» Und wenn wir in einem weiteren Briefe Lilis an Lavater lesen: «So lange ich lebe, hat mich Gott mit seiner schonendsten Liebe geleitet. Glaube mir, ich fühle es und danke anbetend für mein Glück und für meine Leiden», dürfte uns das nicht an des Dichters berühmte Forderung erinnern: «Du danke Gott, wenn er dich preßt, Und dank ihm, wenn er dich wieder entläßt»? In diesen metaphysischen Grundüberzeugungen waren Goethe und Lili, wenn auch ihre Sprache verschieden war, einerlei Sinnes. Das ist gewiß, daß unter allen Frauen, die Goethe geliebt hat, Lili diejenige war, die am entschiedensten eine religiöse Natur gewesen ist.

Und wie spiegelt sich nun dieses Bild Lilis im Urteil des Adressaten der Briefe, im Urteile Lavaters? Er schrieb in sein Tagebuch: «Die herzlichste Bekanntschaft, die ich in Straßburg machte, war die mit der Frau Liese Türckheim. Eine liebenswürdige Trübheit, über ihr grades, bescheidenes, denkendes Gesicht verbreitet, gab ihr in meinen Augen einen hohen geistigen Wert. Sie schien sehr gedrückt.» Es war die Zeit nach dem Tod der Mutter und vor dem drohenden Fallissement des Hauses. «Liebenswürdig, grad, bescheiden und denkend», wieviel Achtung, Teilnahme ist in solchen Worten!

An Lili selbst aber schrieb Lavater nach der Abreise: «Das große Geheimnis der innigen Freundschaft ist wechselseitig sich respektierende Freiheit – ohne die mindeste Anmaßung, etwas zu dem andern hinzu oder davon zu tun. Dies unbefangene Zusammensein, dies Freilassen im Eingenuß oder Nichtgenuß, diese Behaglichkeit im Mitgenuß, dies Nichtnotiznehmen von der freiherrlichen Eigenheit des andern, auch wenn sie von der unsrigen himmelweit divergiert, diese rastlose Nonchalance in Anschauung der anscheinenden Corrigibilität des andern (ich merke mit einmal, daß ich wie ein Barbar schreibe), ist eine so seltene Sache, daß auch bloß das Gefühl ihrer Seltenheit uns auf die neu'ste froh'ste Art berührt.» Freundschaft bei großer Freiheit des Geistes und verstehendem Geltenlassen

194

des anderen, das ist es, was Lili in Lavaters Augen über den Durchschnitt hinaushebt und wofür er, weil es ihn in seiner Souveränität überrascht, in immer neuen Formeln um Ausdruck ringt; und war das nicht gerade jene Eigenschaft, die Lili einst zu einem so verständnisvollen Urteil über Goethe befähigt hatte, während dieser selbst in der Bedrängnis seiner Eifersucht zu gleichem Geltenlassen schwerer hatte finden können? Der Brief fährt fort: «Liebe Türckheim, wenn ich sehn kann, hab ich viel Freiheit des Geistes, viele Reinheit des Herzens in dir gesehn. Ganz frei ist kein Menschgeist, ganz rein kein sterblich Herz. Diese Freiheit und Reinheit wird dich, edle Seele, viel leiden und viel genießen machen, wo kein anderer leiden und genießen kann. – Leide und genieße – als Liese Schönemann und als Liese Türckheim, und bleibe, so lang du bist, Lavaters Freundin.»

Also auf Grund einer stärkeren Erlebnisfähigkeit in eine Ausnahmestellung von Leid und Genuß der Seele berufen, und das als Liese Schönemann wie als Liese Türckheim, so erschien Lili Lavater. Die merkwürdige Nennung des Mädchennamens, jetzt nach fünfjähriger Ehe, könnte man, wäre nur von Leid die Rede, auf den Kummer über die Frankfurter Verhältnisse oder den Tod der Mutter beziehen, da aber auch von Genießen gesprochen wird, so ist nur eine Auslegung möglich: die der glücklich-unglücklichen Erinnerung an das Jahr 1775. Lavater und Lili haben in Straßburg von dem Dichter gesprochen, von Goethe als dem einstigen Verlobten Lilis, aber auch von Goethe als dem Freunde Lavaters.

Denn der Brief, und das erklärt seine erregte Sprache, hat noch tiefere, für Lavater sehr persönliche Hintergründe. Eben in jener Zeit waren die alten Beziehungen zwischen Lavater und Goethe aufs höchste gefährdet. Und warum? Deshalb, weil Lavater es an dem fehlen ließ, was er an Lili bewundern mußte: am verstehenden Geltenlassen. Und so fiel gegenüber seinem andrängenden Glaubenseifer, seinem stürmischen Bemühen, den damals in Spinoza versenkten Dichter auf eine wundergläubige Dogmatik festzulegen, das überspitzt abwehrende Wort Goethes, daß er zwar kein Widerchrist, kein Unchrist, aber doch ein dezidierter Nichtchrist sei [29. Juli 1782], und in einem späteren, seine Stellung tiefer begründenden Briefe vom 9. August 1782 die Bitte: «Hauche mich mit guten Worten an und entferne den fremden Geist. Der fremde weht von allen Enden der Welt her, und der Geist der Liebe und Freundschaft nur von einer.» In diesem Geist verstehender Liebe und Freundschaft hat Lili sich bewährt. In ihm mag sie Lavater in seinem Verhältnis zu Goethe zugeredet haben. Er aber ließ 1783 als Antwort auf dessen bittende Mahnung einen Kupferstich «Satan bei Jesus in der Wüste» herstellen, auf dem der Versucher, der Christus den Stein zur Verwandlung in Brot reicht, zwar, wie es im Text heißt, als «Engel des Lichts» dargestellt ist, aber deutlich Goethes Züge trägt. Das Bild war ein Kompliment für den Teufel, aber keines für Goethe. Dieser erfuhr davon. 1786 erfolgte der Bruch, den keine Aussöhnung heilte. Selbst noch, als Lavater 1801 in Zürich von der Kugel eines französischen Marodeurs getroffen stirbt, schweigt Goethe. Dann aber im Alter, da er in «Dichtung und Wahrheit» des Jugendfreundes gedachte, wog er Vorzüge und Schattenseiten dieses merkwürdigen und in seiner Art großen Menschen ab und setzte ihm und seiner Wirkung das schöne Denkmal: «Zutraulich, schonend, segnend, erhebend, anders konnte man sich seine Gegenwart nicht denken.»

«Leide und genieße – als Liese Schönemann und als Liese Türckheim»; für die Familie Türckheim kündeten sich die Leiden mit dem Jahre 1789 an und nicht nur für die Familie Türckheim. Eine Lawine ungeheuren Leides ging über die Welt. «Jämmerliche Menschheit, Du selbst bist schuld. Das ist das Schlimmste», schrieb damals Goya unter seine Zeichnungen zu den Greueln des Revolutionskrieges, in denen er die Vorgänge des Tages wie in einem Spiegel des Entsetzens auffing. Das alte Europa wurde zerschlagen, die großen wie die kleinen Ordnungen brachen weithin zusammen. Jedes Land, jede Familie, jeder einzelne hatte zu überprüfen, wo und wie man stand. Die Politik ward, wie Napoleon sagte, das Schicksal. Und doch, die Lage war eine andere, wenn man die Folgen in Weimar, eine andere, wenn man sie in Straßburg erlebte und zu tragen hatte. Man war in Weimar zunächst geborgen, aber durch den Abstand sah man auch tiefer.

Auch für den Dichter war die französische Revolution die größte Katastrophe seines Lebens. Wie war es möglich, die «Pyramide des Daseins so hoch als möglich in die Luft zu spitzen», wenn der Boden wankte, auf dem sie stand? Die Polarität zwischen dem einzelnen und der Masse hatte sich jäh als unheilvolle Kluft aufgetan. Von nun an sind Goethes Denken und auch sein dichterisches Werk mit dem Tropfen der bitteren Erkenntnis getränkt, daß Streben und Leistung des adligen Menschen nicht mehr ihrer selbst sicher waren. Die Welt der reinen Schönheit versank, und Goethe war in einer ähnlichen Lage wie Faust, der von der entschwindenden Helena nur Kleid und Schleier als tragende Symbole in der Hand behält.

Halte fest, was dir von allem übrig blieb!
Das Kleid, laß es nicht los! Da zupfen schon
Dämonen an den Zipfeln, möchten gern
Zur Unterwelt es reißen.

Es gibt jetzt förmlich eine Epoche der Revolutionsdichtung in Goethes Kunst. Epigramme geißeln den Volksverführer. «Reineke Fuchs» zeichnet den Listigen, der Hohe wie Niedere zu betrügen weiß. Die Revolutionspossen «Der Großkophta», «Der Bürgergeneral», «Die Aufgeregten» stellen die Mittelmäßigkeit der Schwärmer und politischen Dilettanten bloß. «Das Mädchen von Oberkirch» und «Die natürliche Tochter», 1799 als große Revolutionstrilogie geplant, versuchen das Schicksal der Unterliegenden als Tragödie zu gestalten. Ja selbst der «Westöstliche Divan» ist in seinem «Buche des Unmuts» noch ein spätes Echo auf die Nachwirkungen des Umsturzes. In allem empörte sich Goethes Sinn dagegen, daß das Schicksal des Menschen nicht mehr auf seiner inneren Entfaltung

beruhen, daß er nicht mehr den ihm von der Natur anvertrauten Auftrag erfüllen sollte, sondern durch Mächte geformt wurde, die unorganisch, von außen her einebnend,
gleichmachend auf ihn eindrangen. «Vor der Revolution»,
sagte er und bezeichnete klar die Wandlung, wie er sie
erlebte, «war alles Bestreben, nach der Revolution verwandelte sich alles in Forderung.» Wie der Ausgleich zwischen den Spannungen zu finden sei, das wird jetzt mit zur
Kernfrage und zum Ziel seiner Hauptwerke. Der «Wilhelm Meister» nimmt eine Wendung zum Sozialen und der
«Faust» gipfelt in dem Wunschbild eines Bündnisses zwischen der führenden großen Natur und dem Volke.

Für Lili Türckheim war die Bedrohung durch die Pariser
Ereignisse indes doch noch unmittelbarer, vitaler. Sie
wohnte jenseits des Rheines, im Elsaß, in Frankreich. Was
in dessen Hauptstadt vor sich ging, wirkte schnell und
gefährlich auf Straßburg. Wie die Ereignisse abliefen, zuletzt sich überstürzend, spiegeln ihre Briefe.
«Mein lieber, redlicher, edler Mann hat übermenschlich
zu tragen. Er ist einer der fünf, welche alle Geschäfte der
Stadt versehen; er arbeitet Tag und Nacht und unermüdet
mit Leib- und Seelenkräften und muß doch unter dem
Namen eines Aristokraten mißkannt und getadelt werden,
weil er den feilen, leidenschaftlichen, ungesitteten Menschen nicht beistimmt, weil er Freiheit auf Sitten und Ordnung und nicht auf Ungebundenheit gründen will.» Das
war im Frühling 1790; damals schon mußte Türckheims
Bruder, der Abgeordneter bei den Etats Généraux gewesen
war, aus Straßburg fliehen.
Im Sommer 1792 trieb die Revolution dem Höhepunkt
zu. Der Frankfurter Bruder, die Jungfer Delph, die einst
die Verlobung mit Goethe herbeigeführt hatte, riefen Lili
in die alte Heimat. Sie aber, tapfer, wie sie war, stand zu
ihrem Gatten. «Ich bin entschlossen, sein Los zu teilen,
wie unglücklich es auch sein mag. Ich hoffe alles von der
Güte Gottes, vieles von der Güte unserer Mitbürger und
mehr noch von der sittlichen Haltung meines Mannes und

der Redlichkeit seiner Absichten. Es gibt Umstände im Leben, wo die Pflicht über allen anderen Erwägungen den Sieg behalten und wo man jeden Kleinmut unterdrücken muß.» So bleibt sie. Täglich laufen neue Meldungen aus Paris ein, und sie gibt sie nach Frankfurt weiter: wie die Schweizergarden zusammengehauen und der König abgesetzt seien, wie die Hauptstadt schon viertausend Tote zähle und daß das Volk den Kopf der Marie Antoinette verlange und auch Ludwig XVI. für die Bewegungen der Heere haften lassen wolle. «Nichts Sicheres gibt es hier und man debattiert sehr darüber, welche Partei man ergreifen soll; aber es ist anzunehmen, daß die Stärkeren mit den Waffen in der Hand den Schwächeren das Gesetz diktieren werden.» Im September kommen Berichte über fanatische Grausamkeiten nach Straßburg. «Der Eindruck, den diese Nachricht bei unseren Einwohnern hervorruft, ist sehr verschieden nach der persönlichen Ansicht, die noch weit auseinandergeht; und es gibt sogar Leute, die alles entschuldigen. Mein Mann ist nun wieder Posten geworden. Du wärest nicht wenig erbaut gewesen, wenn Du ihn auf Wache ziehen sähest. Ich wollte ihn besuchen oder von weitem vorübergehen, wenn er Posten stände; aber ich habe nicht die Erlaubnis dazu erhalten können.»

Türckheim wurde im Dezember 1792 von den Gemäßigten zum Maire gewählt, aber schon im Januar abgesetzt und verdächtigt. Im Sommer verließ er die Stadt und ging mit den Seinen auf ein Gut in Lothringen. Verbannt, gefangengenommen und wieder freigelassen, wurde er im Juli 1794 vor das Revolutionstribunal gefordert. Sein Vorgänger im Amt war unter der Guillotine verblutet. Jetzt drohte ihm das gleiche. Verkleidet als Holzhauer entwich er über den Rhein. Lili, gleichfalls an Leib und Leben bedroht, floh zwei Tage später. In der Tracht einer lothringischen Bäuerin, gefolgt von ihren fünf Kindern, die älteren jedes ihr Bündelchen tragend, und in Begleitung des Hauslehrers, brach sie abends auf, wanderte, immer den Kleinen zuredend, sie anfeuernd, durch die Nacht und den Morgen und erreichte nach fünfzehnstündigem Marsche

Saarbrücken. Dort waren die Stadttore bereits von Franzosen besetzt. Nur Landleute mit Lebensmitteln durften passieren. So trennte man sich, der Hauslehrer mit den Knaben ging heimlich abseits über die Saar. Lili aber überschritt als Landfrau, mit einem Korbe auf dem Kopfe, den Kleinsten in einem Tuche auf dem Rücken tragend, die Tochter an der Hand, die Brücke. Aufdringliche Soldaten wies sie mit dem Zuruf zurück: «*Est-il digne des braves soldats, d'insulter ainsi une mère de famille?*» In Heidelberg, wohl bei der Jungfer Delph am Markt, schrieben die Knaben über ihre Flucht nach Frankfurt: «Die liebe Mama läßt sich wegen ihres Nichtschreibens entschuldigen, aber da wir nichts von unsern Sachen haben retten können, so ist sie so mit Hemderschneiden und Nähen beschäftigt, daß sie nicht abkommen kann», so der Älteste, der vierzehnjährige Fritz. «Endlich sind wir in das Land der Freiheit angekommen; den vorigen Dienstag um 6 Uhr abends sind wir weg, die ganze Nacht hindurch gegangen und den andern Morgen um 9 Uhr in Saarbrükken angekommen», so der elfjährige Karl. «Ich ging so tapfer, daß mir die Mama ein paar Stiefel versprach, die sie mir nächstens wird machen lassen», so hell und kindlich der neunjährige Wilhelm. Zur Vaterstadt Frankfurt, zu ihrem Bruder, wandte sich Lili zunächst. Er war mit einer Gontard verheiratet; und von den Gontards wurden die flüchtigen Türckheims jetzt aufgenommen, und zwar von jenem Zweige der Familie, in dem die Hausfrau eine geborene d'Orville, also eine Verwandte von Lilis Mutter war. Damals sind sich auch Lili und Susette Gontard, die 1786 von Hamburg nach Frankfurt gekommen war, begegnet. Noch lebte Hölderlin nicht in ihrem Hause. Indes Abschriften seiner Gedichte fanden sich später im Nachlaß von Lilis Bruder, dessen Frau die Schwester von Jacob Gontard, dem Gatten Diotimas, war. Die Beziehungen zwischen den Familien waren sehr eng. Lilis Sohn Karl lernte in der Handlung von Franz Gontard, dem Bruder von Jacob, und hätte sich wohl mit dessen Tochter vermählt, wenn nicht Lili von dieser Schwiegertochter, als zu wenig erzogen, zu wenig gebildet, abgeraten hätte. Es ist gewiß auch kein Zufall, daß Lili sowohl wie Diotima von demselben Bildhauer, von Landolin Ohmacht, modelliert worden sind; wahrscheinlich, daß beide Frauen, in ihrem Fühlen und Wesen einander verwandt, den Künstler unter sich empfohlen haben, dessen stille und klare Art der ihren entsprach.

Als Wohnsitz wählte man Erlangen und blieb dort etwa ein Jahr. Der Gefahr war man entronnen, aber nicht der Not und noch weniger der Sorge. Die Verhältnisse waren eng; auf Lili lag die Last, in leeren Zimmern einen Haushalt für eine siebenköpfige Familie einzurichten und zu führen. Ihrem Bruder in Frankfurt schreibt sie, was sie drückt und was sie bangen läßt und wie sie verurteilt sei, sich lediglich mit ihrer Hände Arbeit und der Wirtschaft zu beschäftigen, und wie nur ihr Pflichtgefühl, ihr Gottvertrauen sie aufrecht erhalte. Sie sieht voraus, die Revolutionsheere werden über den Rhein dringen und auch ihre Vaterstadt einnehmen. «Sage mir bitte, wie Du handeln wirst, wenn Du, durch die Umstände gezwungen, Frankfurt verläßt. Kannst Du Deine und unsere Werte in Sicherheit bringen? Ich bin darüber oft in Sorge. Ich wünschte, es sei möglich, das wenige, das uns bleibt, zu bergen. Suche es bitte anderswo unterzubringen; und sei versichert, daß wir von dem, was wir noch besitzen, nichts mehr retten würden, wenn die Franzosen dort einzögen. Der Gedanke, meinen Lebensunterhalt eines Tages durch Arbeit zu verdienen, beschäftigt mich oft, und, wenn er mich auch nicht erschreckt, so möchte ich mir doch auch keine Vorwürfe zu machen brauchen.» Und noch aus einem anderen Briefe: «Was wird aus uns werden? Wohin werden uns unsere Schritte führen? Wird mein Mann beschäftigungslos bleiben oder wird er sich Mittel verschaffen, sich seinen Kindern und seinen Mitbürgern nützlich zu machen?»

Goethe hat in der Einleitung zu den «Unterhaltungen deutscher Ausgewanderten» gezeigt, wie das Dasein der Emigrierten auch von innen her gefährdet war, wie die politischen Spannungen zu entzweienden Erörterungen

führten, Freundschaften vergiftend, Familienkreise spren-
gend, und hat als Befreiung davon den Weg in die Kunst
gewiesen. Was allgemeine Erfahrung war, galt auch für die
Emigrierten in Erlangen; auch hier gab es Parteiungen,
doch die Familie Türckheim lebte still und häuslich für
sich hin. Eine Schwester der Herzogin Anna Amalia in
Weimar, die verwitwete Markgräfin von Bayreuth, die in
Erlangen Hof hielt, versuchte Türckheim und Lili in ihren
Kreis zu ziehen; Lili wich aus. «Da es nicht in meinem
Charakter liegt, mich vorzudrängen oder geschwinde Verbindungen zu knüpfen, so erwidere ich itzt bloß angebo-
tene Höflichkeit, ohne einen Zirkel zu bilden.»

Eine gewisse Bedeutung erhielt indessen eine gesellschaftliche Begegnung mit einer jungen, einundzwanzig-
jährigen Dame aus dem fränkischen Adel, Henriette v.
Egloffstein, die als Mädchen 1787/88, als Goethe in Italien war, in Weimar gelebt hatte und jetzt im Begriff war,
dorthin zurückzukehren. Lili suchte sie auf. Sie hatte auf
ihrer Flucht zum ersten Male Frankfurt wiedergesehen;
alte Erinnerungen waren lebendig geworden; über Goethe
waren umfangreiche Gerüchte im Umlauf; hier war jemand, der ihr Näheres sagen und dem sie einen Gruß auftragen konnte. Von dem, was die Gräfin nach mehreren
Jahrzehnten über diese Unterredung Goethe berichtet hat,
wird die Rede sein, wenn wir von der Niederschrift der
Lili-Kapitel in «Dichtung und Wahrheit» und ihrer Entstehungsgeschichte hören werden.

Und noch eine zweite Gelegenheit ergab sich für Lili,
den Dichter wissen zu lassen, daß er unvergessen war. Als
sie mit den Kindern im Herbst 1795 nach Straßburg zurückkehrte, nahm sie Lavaters halber den Weg über Zürich; bei ihm war sie zu Gast und lernte so seine und
Goethes Freundin Bäbe Schultheß kennen; und diese
schrieb über die Begegnung nach Weimar:

«Schon seit dem August hebe ich dir einen lieben Gruß
auf. Da sahe ich zum ersten Male die Liese Türckheim und
genoß ein paar schöne, stille Stunden mit ihr. So fühlte ich
mich wohl noch kaum mit jemandem gleich zuhause wie

202

mit ihr. Ach, aber sie ist durch Leiden und Schicksale körperlich sehr mitgenommen, aber desto erhöhter ihr Mut, desto fester die Kraft ihrer Seele. Es tat mir sehr wohl, auch von dir mit ihr zu sprechen. Sie sagte: ‹ich laß ihn grüßen und freue mich beim Andenken an ihn, das reine Bild, das er durch sein Betragen gegen mich in meine Seele gelegt, darin zu wahren, und werde es durch nichts, das mir gesagt werden mag [nämlich über Christiane], verwischen lassen.› Wie's ihr nun wohl weiter ergehen mag? Und doch, wann eine Sterbliche von guten Geistern bewacht und hindurchgeführt wird, so ist's diese. Es war mir so wohl neben ihr, als wenn ich in deiner Iphigenie lese, so wohl und so wehmütig, als wenn ich mir eine Stelle im Werthern aufschlage.»

Wie schön der Satz: «Wann eine Sterbliche von guten Geistern bewacht und hindurchgeführt wird, so ist's diese!» Die guten Geister wohnten Lili im Herzen. Bäbe Schultheß war eine ruhige, verständige Schweizerin, keineswegs schwärmerisch. Lili hingegen war in frühen Jugendjahren durch den Dichter des «Werther» in ihrem Erleben geformt und gebildet worden. Etwas von der Art, wertherisch aus der Fülle der Empfindung zu leben, ist ihr als gehegter innerer Besitz, bewußt oder unbewußt, immer verblieben. Das empfand Bäbe. Wenn sie sich aber auch an Iphigeniens Gestalt durch Lili erinnert fühlte, so war es deren eigenster Frauenadel, der hier zum Ausdruck kam und dessen Größe die Schweizerin still bewunderte.

«Das große Geheimnis der innigen Freundschaft ist wechselseitig sich respektierende Freiheit, ohne die mindeste Anmaßung, etwas zu dem andern hinzu oder davon zu tun»; diese Fähigkeit, so Freund zu sein, hatte Lavater an Lili rühmend erkannt. Wie muß es erst auf Goethe gewirkt haben, als er jetzt von der Geliebten der Jugend nach zwei Jahrzehnten diesen treuen, verstehenden Gruß erhielt, während er in Weimar Feindschaft und Schmähung dulden mußte, und zwar gerade da, wo er am tiefsten geliebt und vertraut hatte! –

Und was war Goethes Antwort auf Lilis Gruß? Es war

eine Antwort, wie sie nur dem Dichter gegeben ist. Ein Selbstgespräch, aber ein schöpferisches. Die Heimat stieg vor ihm auf und der Rhein und seine gesegneten Ufer und kleinen Städtchen. Das Bild der Mutter erschien ihm, die so oft ihm Trösterin in den Nöten seiner Jugend gewesen war, und der väterliche Weingarten. Er sah den Zug der Vertriebenen, wie er von ihm gehört, fühlte mit dem Geschick derer, die Herren gewesen waren und nun wie Dienende leben mußten, und sah das Mädchen, das er einst geliebt hatte, wie sie sich als Frau bewährte. Schicksal wurde Dichtung. Eine alte Erzählung fiel ihm ein, die er einst von den Salzburgern gelesen, die ihres Glaubens wegen ihr Land hatten räumen müssen und nun auch in die Ferne gezogen waren, heimatlos und im Elend, und von einem Mädchen, das sich verdang und im Sohne des Hauses den Bräutigam gewann. Immer ist bei Goethe seine Dichtung eine Legierung eines persönlichen Anliegens mit einer fremden Fabel. Die Gesänge von der Vertriebenen, «Hermann und Dorothea», entstanden – dem Dichter zugleich die gesuchte Bestätigung dafür, daß es ihm gegeben war, auch in dem epischen Versmaß der Antike schöpferisch zu gestalten.

Als Lili über den Rhein ins Elsaß zurückkehrte, fand sie in ihrem Hause zu Straßburg noch die Familienbilder, einen Tisch, zwei Stühle und zwei Betten vor. Alles andere war vergeben, verkauft, gestohlen worden. Einen Lehrling konnte man nicht annehmen, weil man keine Schlafstatt für ihn hatte; mußte doch der jüngste Knabe in einer Schublade, einem Bettkasten, schlafen, *«dans un tiroir sous mon lit»*, wie Lili schrieb. Türckheim mußte ganz von neuem beginnen. Dabei waren die politischen Schwierigkeiten ebenso groß wie die wirtschaftlichen. Die Mitbürger, unzuverlässig, waren bereit, jede Schwenkung mitzumachen; die Geschäfte lagen danieder, und die Brüder Schönemann, keinesfalls glückhafte und vielleicht nicht einmal ganz ehrbare Kaufleute, stellten Forderungen um Unterstützung. Nur Johann Friedrich in Frankfurt, der Lili dem Wesen nach am nächsten stand und mit dem sie eine herzliche Geschwisterliebe verknüpfte, hielt stich. Ihm schrieb sie den Stoßseufzer: «Möge der liebe Gott uns endlich jene Ruhe gönnen, deren sich unsere Familie nicht oft erfreut hat.»

Etwa um die Jahrhundertwende scheint es der Tüchtigkeit Türckheims gelungen zu sein, seinem Geschäft die frühere Stellung wiederzugewinnen, seiner Tüchtigkeit, vor allem auch seiner Redlichkeit. Lilis Briefe rühmen gerade diese seine Eigenschaft, im Gegensatz vielleicht zu den einstigen Erfahrungen in Frankfurt. Und tatsächlich hat die unbedingte Zuverlässigkeit dieses Bankherrn, mit der er trotz des Umsturzes und der Entwertungen jedem das ihm anvertraute Gut erhielt, hat die Sauberkeit seiner Geschäftsgebarung in einer Zeit wilder und verantwortungsloser Gewinnsucht, wie jede Revolution sie mit sich bringt, in erster Linie dazu beigetragen, seinem Hause den Ruf und so auch den Erfolg zu sichern. Vorübergehend war Türckheim badischer Finanzminister; die Familie wohnte dann in Karlsruhe. 1801 war Krautergersheim erworben worden, ein Schlößchen mit Wirtschaftshof, Kapelle und altem Baumbestand. Die Briefe, die Lili von hier aus schrieb, lassen ahnen, wie lebendig und heiter sie als Mädchen geplaudert haben mag. Dem einen Landsitz schlossen sich andere an. Die Söhne heirateten Töchter des elsässischen Adels. Nach Napoleons Sturz wurde Türckheim, der wie auch Lili royalistisch fühlte und die Rückkehr der Bourbonen begrüßte, als Abgeordneter in die Kammer gewählt; er nahm seinen Platz im *centre gauche*. Lili folgte dem Gatten und verbrachte nun den Winter in Paris. Die Türckheimsche Familie gehörte jetzt im Elsaß zweifellos zu den ersten des Landes. –

Was wir über Lili oder, wie sie sich in Straßburg bald zu nennen pflegte, über Liese v. Türckheim wissen, verdanken wir in erster Linie ihren Briefen. Davon sind 141 erhalten; der größte Teil davon liegt in Frankfurt. Diese Briefe sind, obwohl sich Lili immer als Deutsche gefühlt hat, zumeist französisch abgefaßt. Die Zweisprachigkeit des Grenzlandes brachte das mit sich. Auch lebten die Frankfurter Reformierten französischer Abkunft zweisprachig. Noch 1803 sagte Mme de Staël: «*Francfort est une très jolie ville; on y dine parfaitement bien; tout le monde parle français et s'apelle Gontard*»; noch 1914 gab es in der Stadt französische Predigten. So mag aus dem Romanischen her eine gewisse Neigung zum Eloquenten in Lilis Stil eingeflossen sein. Man hat den Eindruck einer durchaus gewandten Briefschreiberin. Indes die Nöte der Zeit und das Empfinden, wie sehr die Welt, wie sie leider war und wie sie andererseits sein sollte, auseinanderklaffte, geben den Schreiben einen ernsten Ton. Man sieht ihnen das Bemühen an, im Hin und Her der Meinungen und des Lebenskampfes den Charakter zu bewahren; wir müssen, wenn wir solche Briefe gerecht beurteilen wollen, uns mit der Tatsache abfinden, daß frühere Generationen sittlich verantwortungsvoller gelebt haben als die Gegenwart. Das ethische Bewußtsein war noch eine Macht, und die Mutter in Lili tat das Ihre, das Gefühl davon auch in den Kindern lebendig zu halten, freilich ohne zu moralisieren, ja mit überlegener, freundlicher Klugheit.

Im Sommer 1799 geht der Älteste zu seiner kaufmännischen Ausbildung nach Paris. Als er, dort angekommen, seinen Koffer auspackt, findet er in einem Kuvert auf schmalem Blatt einen letzten schriftlichen Abschiedsgruß der Mutter: «Was soll ich Dir in dem Augenblick der Trennung sagen, Du Lieber, das ganz die Gefühle der Mutter, ihre Hoffnungen, Ahndungen und Wünsche Dir ausdrückte? Ich glaube Dir in unserem so oft wiederholten, so innigst vertrautem Gespräche alles gesagt zu haben, was ich itzt bey so beklommenem Herzen Dir ohnmöglich so ruhig, so ausführlich sagen könnte, und setze also nur dies noch hinzu. Reise unter Gottes Leitung und an der Hand Deines Freundes glücklich, bleibe Dir selbst und Deinen Pflichten treu, lerne Menschen k e n n e n und s c h o n e n d tragen, arbeite Deiner Bestimmung entgegen und fühle die W ü r d e und die Vorzüge Deines Geschlechts um so lebhafter, wenn Du sie in dem Gewirre der Leidenschaften mißkannt und herabgewürdigt siehst; werde Mann und

ehre als solcher Religion und Tugend, bilde Dich zur Stütze und zum Tröster der leidenden Gesellschaft und befestige so unser Glück durch das Deine. – Du kennst mein Herz und weißt, wie warm es für Dich schlägt, weißt wie manche bange Nacht es in früherer Jugend, wie itzt bei Deinem Abschied, für Dich gesorgt, wie treu für Dich durchbetet hat! O! daß es der bangen Nächte keine mehr um Dich geben möchte, daß mein Geist immer in froher Hoffnung auf Dich, Du Lieber, blicken und segnend sich Deiner freuen möchte! Dies erbittet von Gott Deine Dich innigst zärtlich liebende Mutter   Elise Türckheim.
Straßburg, den 1. Juni 1799.

Wie sehr spricht es für das große gegenseitige Vertrauensverhältnis des Sohnes zur Mutter, wenn man einige Monate danach in einem Brief, der nach Paris geht, lesen kann: «Was den Besuch anbetrifft, den Du den Frauen gemacht hast, deren Charakter Du genauer kennen lernen wolltest, so gestehe ich Dir offen, daß ich nicht wünsche, daß Du ihn zu oft wiederholtest, obgleich ich im Grunde keineswegs mißbillige, daß Du dort gewesen bist, da es notwendig ist, das Laster und das Uebermaß menschlicher Herabwürdigung kennen zu lernen. Aber ich wünsche nur, daß es, wenn Du noch einmal dorthin gehst, nicht allein geschieht, auch nicht mit jungen Leuten, denen es Vergnügen machen würde, Deine Zurückhaltung zu bespötteln.» Wie kameradschaftlich-freundschaftlich ist der Ton, wenn sie leichthin fortfährt: «Ich möchte mir erlauben, hinzuzufügen, mein Lieber, daß es oft weit klüger ist, sich für schwach zu halten und sich nicht unnütz Gefahren auszusetzen.» So berät sie ihren Sohn weiter, obwohl sie im Grunde zutiefst um ihn bangt, gesellschaftlich plaudernd, dann herzlich beschwörend, gibt zu, daß die Welt diese Dinge zweifellos sehr leicht nähme, daß aber vor feinfühligen Frauen die Reinheit eines Mannes viel bedeute. «Es gibt Unterhaltungen, die man vermeiden kann, und andere, an denen man sehr passiven Anteil nimmt. Beleidige und betrübe Deinen Schutzengel nicht.» Bis hierher führt sie das Thema, dann bricht sie es ab und endet den Brief mit dem Nachsatz: «Die Kiste mit dem Kirschwasser geht ab; sie enthält zwölf Flaschen und zwölf Flaschen Strohwein [ein elsässischer Ausdruck für Trockenbeerauslese].» –

Ihre Kinder waren wirklich, wie sie schrieb, «summarisch der Inbegriff ihrer Gedanken und Beschäftigungen». Keines enttäuschte sie, alle erfüllten im Schönsten ihre Hoffnungen; aber daß sie dieses Glück erleben durfte, verdankte sie zum guten Teil sich selbst, ihrer großen Hingabe und Fähigkeit, diese Kinder verstehend gelten zu lassen und doch zu führen. Die meisten Sorgen trug sie um den Dritten, um Wilhelm, weil er Offizier in einem Husarenregiment Napoleons ward. Er wurde zweimal von den Russen gefangen, häufig verwundet, machte zwischen Madrid und Kiew elf Feldzüge als Adjutant des Generals Rapp mit und rettete diesem beim Brand von Moskau das Leben. Daß er 1801 bei Goethe in Weimar gewesen, wie man häufig lesen kann, ist ein Irrtum; aber Bettina kannte ihn und schwärmte von ihm, «dem schönsten aller Jünglinge, dem wahren Kind voll Anmut und Scherz, ... diesem Jüngling, dessen Mutter stolz sein mag auf seine Schönheit». Ihm gegenüber bewährte Lili ihre Kenntnis der Welt und der Charaktere, wenn und wie sie immer wieder den Ehrgeiz des Sohnes zügelt und ihm weist, wie er den Untergebenen, den Kameraden, den Vorgesetzten gegenüber sich verhalten soll. «Man wird auch auf die Frau des Gouverneurs sehr große Rücksichten nehmen und vorsichtig sein müssen wegen der kleinen Mißverständnisse, die es oft in diesem jungen Haushalt gegeben hat. Daher Vorsicht und noch einmal Vorsicht und Rücksicht und noch einmal Rücksichten.» Was sie aber über alles haßt, was sich in keinem ihrer Briefe findet, wovor sie dringend warnt, sind: «indiskrete Klatschereien».

Wozu hat sie im Leben Erfahrungen gesammelt, wenn diese nicht den Kindern zugute kommen sollten? Die Wunden der Jugend waren nur leicht vernarbt. Als der Älteste in Mainz ein Zweiggeschäft der väterlichen Handlung begründet, mahnt sie, daß er sich nicht einer allzu

lebhaften Phantasie hingebe und die Dinge nicht über-
stürze, um ihre Entwicklung zu beschleunigen: «Mein
Geist wird niemals die Eindrücke vergessen, die durch solches Unglück hervorgerufen wurden!!» Sie hatte einst erfahren, daß ein Herz, das in Enttäuschung sich verschloß,
gefährdet ist, allzu schnell sich hinzugeben; auch davon
spricht sie zu dem Sohne und warnt ihn, aus dem Französischen ins Deutsche überspringend: «also recht aufge-
schaut!!!» Die größte Verantwortung zeigt sie bei der Ver-
ehelichung der Tochter. Es erschreckt sie, und das Schicksal der Mutter und das Haus «Zum Liebeneck» kommen
ihr in die Erinnerung, als ein Bewerber «den Ankauf und
Bau eines sehr kostspieligen Hauses in einer kritischen Zeit
wie es diejenige ist, in der wir leben», vornimmt. Sie er-
kundigt sich genau über Gesundheit, Charakter und, ohne
den Wert des Geldes zu überschätzen, auch nach den Ver-
mögensverhältnissen. «Beurteile die Fragen bitte nicht
falsch; sie sind eine natürliche Folge des Unglücks, das ich
in meiner Jugend bei ähnlichen Anlässen erlitten habe und
das nur durch das allzu große Vertrauen und Zartgefühl
meiner guten und werten Mutter entstanden ist, die aus
Furcht, eine Freundin bloßzustellen, keine Ermittlungen
einziehen wollte.» Dieser Tochter Lilis verdanken wir das
schöne Miniaturbild ihrer Eltern. Es stammt aus dem
Jahre 1797, ist ein Doppelporträt in Profil und wirklich
eine ausgezeichnete Leistung. Die Malerin, zweifellos
künstlerisch sehr begabt, wird bei dem Freunde des Hauses, dem Direktor der Zeichenschule und Leiter der Straßburger Gemäldegalerie, bei Jean Guérin, gelernt haben,
der gleichfalls Lili porträtiert hat, und zwar im Kreise ihrer
Kinder. Sein Bild, eine Kreidezeichnung aus dem Jahre
1789, zeigt Lili im Alter von etwa dreißig Jahren. Ungefähr aus der gleichen Zeit stammt schließlich das Relief
von Landolin Ohmacht, der ebenfalls zum Freundeskreis
des Türckheimschen Hauses gehörte. Alle drei Darstellungen zeigen eine schöne Frau von Haltung und stiller Noblesse. Wir sind heute gewohnt, in einem Bilde den Maler
und nicht den Dargestellten wiederzuerkennen. Für jene

Abbildungen aber gilt, daß sich die Züge gleichen und die Künstler sich in ihrer Werktreue gegenseitig bestätigen, nur daß Guérin, mehr französisch, die Grazie der Haltung, Ohmacht, leise antikisierend, die Reinheit und den Ernst des Profils, die Tochter – ihr Bild ist am sprechendsten – den Liebreiz der Frau zum Ausdruck gebracht haben. Malerei und Plastik waren also gern gesehene Kunst im Türckheimschen Hause, und die Musik war es auch. Langsam hat Lili so versucht, eine geistige und künstlerische Atmosphäre um sich zu schaffen, an die sie einst durch Goethe in überreichstem Maße gewöhnt gewesen war. Erst mag es nur die Persönlichkeit des Hauslehrers Redslob gewesen sein – später einer der führenden Geistlichen in der Stadt und an der Universität –, mit dem sie freundschaftlich sich eine ideale Welt über der des Alltags erschuf. Wie vertraut sie zu ihm stand, zeigt ein Brief an ihn, als er in Gefangenschaft geraten war: «Ich schließe, lieber Freund, so sehr es Bedürfnis meines Herzens wäre, Ihnen alles mitzuteilen, was ich empfinde, leide; aber ich kenne meine Fehler und weiß, daß es Augenblicke in meinem Leben gibt, wo ich mich notwendig in mich selbst verschließen muß, um mir selbst gleich und meiner Empfindungen Meister zu bleiben.» Dazu traten dann zunächst die Kreise der elsässischen Gesellschaft. Wir haben ihr Echo in dem Urteil des elsässischen Kulturhistorikers Ludwig Spach: *«Le cœur de cette noble femme était si haut placé, aussi fort que son esprit était séduisant»*, und haben als zeitgenössisches Echo aus dem Jahre 1798 die Aufzeichnungen der Fanny von Berckheim: *L'excellente Madame de Türckheim. Quelle femme! Je l'ai quitté relevée, meilleure.»* Später gelang es Lili, in ihr Haus zu ziehen, was von gelehrten und künstlerischen Bestrebungen in Straßburg lebendig war. Brunck, ein angesehener Erforscher griechischer Lyrik, war Nachbar und täglicher Gast. Sein Sohn wurde Lilis Eidam. Archäologen, Mediziner, Juristen der Universität gingen ein und aus; alle diese Männer haben, soweit uns Äußerungen vorliegen, über Frau v. Türckheim nur in dankbarer Verehrung gespro-

chen. «Gehaltlose Sonntage» waren ihr eine Enttäuschung. Wenn Türckheim auch nicht wie Jacob Gontard,
der Gatte Diotimas, den Wahlspruch hatte: *«Les affaires
avant tout,* das Geschäft über alles», so war sein Haus
doch eben ein Handelshaus, und Kaufleute blieben für Lili,
wie sie sagte, «eine nicht belebende Menschenklasse».
Dem Bruder klagt sie: «Ich fürchte oft, daß mein guter
Karl, dessen Unterricht wie der meiner Aeltesten [durch
die Flucht] unvollendet geblieben ist, immer nur Kaufmann sein wird und nichts als das; und ich verhehle dir
nicht, daß mich das unendlich bekümmert»; und vom Ältesten schreibt sie einmal: «Ich alte Frau bin es, die ihn
treibt, in Gesellschaft zu gehen, obwohl er zugesteht, daß
er etwas weniger verknöchert davon heimkehrt.» –
    Und so blieb denn doch, was geistige Fülle des Daseins
anlangt, das Jahr 1775, obwohl Lili in diesen Familien-
briefen begreiflicherweise nie davon spricht, der Gipfel
ihres ganzen Lebens; und nachdem sie von Erlangen und
Zürich aus Grüße an Goethe gesandt hatte, wagte sie im
Jahre 1801 einen Brief. Anlaß dazu war, daß ein junger
Freund ihres Hauses um eine Stellung in thüringischen diplomatischen Diensten nachsuchte. Das Wort Ciceros *«lit-
terae non erubescunt,* ein Brief errötet nicht», das Gneise-
nau anführt, als er sich den Mut nahm, als Unbekannter
an Goethe ein Schreiben zu richten, für diesen Brief Lilis
gilt es nicht. Das Schreiben fällt aus der sonstigen Art ihrer
Korrespondenz heraus. Es ist fast demütig und dabei rührend umständlich, demütig, nicht weil sie als Bittende erscheint, sondern weil sie des Dichters Schaffen verfolgt,
sein Werk sich zu eigen gemacht hat und den ungeheuren
Abstand fühlt zwischen ihrem Lebenskreis und der Macht
und Weite seines Geistes und nun bei jedem Wort sich
gehemmt fühlt und dann doch das Schreiben wagt, «nach
einer Trennung von 27 Jahren» in «aufrichtiger Freundschaft» und als «alte Freundin». «Edler Mann» redet sie
Goethe an und «Verehrungswürdiger», ein Wort, das sie
wohl auch bei Lavater braucht, aber dreimal verwendet sie
es dem Dichter gegenüber in diesem Schreiben. So schreibt

nur, wer wirklich verehrt, «auf den Knien seines Herzens» verehrt, und das nicht einem äußeren, sondern einem inneren Rang gegenüber. Welche Kraft, so fühlen zu können! Vermutlich hat Goethe damals wenige Leser gehabt, die in seiner Dichtung neben allem Zauber und Glanz der Kunst so suchten und fanden, was dieser bewußt pädagogische Dichter in seinem Publikum gründen wollte, die im edelsten Sinne «moralische Existenz».

Und Goethes Antwort, zwar eigenhändig, ist genauso formell und steif, wie ihre Anfrage formell und bescheiden war: «Nach so langer Zeit einen Brief von Ihrer Hand, verehrte Freundin, zu erhalten, war mir eine sehr angenehme Erscheinung. Schon vor einigen Jahren versicherte mich Frau v. Egloffstein, daß Sie meiner, während Ihres Aufenthaltes in Deutschland, manchmal gedacht hätten, ich freute mich herzlich darüber, in Erinnerung früherer Verhältnisse.

Sie haben in den vergangenen Jahren viel ausgestanden und dabei, wie ich weiß, einen entschlossenen Mut bewiesen, der Ihnen Ehre macht.

Wie sehr verdienen Sie das Glück, daß die Ihrigen gerettet sind und Ihre Kinder alle so gutartig vor Ihnen heranwachsen.»

Er führt dann aus, daß er zwar das Seine tun werde, aber kaum auf Erfolg hoffen könne, und schließt, bezeichnenderweise einer Unterschrift ausweichend: «Leben Sie recht wohl und gedenken meiner auch künftig. Genießen Sie mit den Ihrigen, nach so viel Stürmen, der Früchte des Friedens und einer neuen Ordnung der Dinge.»

Sechs Jahre danach heiratete Karl v. Türckheim ein junges Fräulein Cäcilie Gräfin Waldner v. Freundstein. Diese hatte nächste Verwandte am Weimarer Hofe. Nach der Hochzeit machte sich das junge Paar auf, die thüringischen Verwandten zu besuchen, und Lili schrieb einen Einführungsbrief für Goethe, der nun so frei, so unbefangen, so herzlich klingt, daß er ein Echo bei Goethe weckte, das dem Aufbrechen eines Flusses nach winterlicher Vereisung gleicht. Lili schreibt:

212

«Der Gedancken, eines meiner Kinder in Weimar zu wissen, verbindet sich mit dem lebhaften Wunsche, daß es ihm in Göthe's Nähe wohl werden möchte! Gönnen Sie meinem guten Karl und seiner lieben Frau das Glück, den Freund meiner Jugend kennen zu lernen, und schenken Sie Ihre Gewogenheit einem jungen Manne, dessen Leben bis izt eine Reihe beglückender Tage für seine Eltern war. – Der reißende Strom der Begebenheiten und das zu frühe Eintreten in das Mechanische seiner Laufbahn haben seinem Geiste zwar eine bestimmte, ruhige Richtung gegeben, aber ihn des Glücks einer feineren Bildung im Wissenschaftlichen beraubt.

Beurteilen Sie meinen Karl mit Schonung und Liebe und lassen Sie des Gedankens mich froh werden, daß Ihr belehrender Umgang eben so glücklich auf meine Kinder wirken wird, als die in meinem Herzen so unauslöschbar tief eingegrabene Erinnerung an Ihre Freundschaft.

Ihre Freundin Elise v. Türckheim. »

Und Goethe antwortet auf dieses Bekenntnis einer «unauslöschbar tief eingegrabenen Erinnerung»:

«Ihr lieber Brief, verehrte Freundin, kam zu spät; Ihr Hr. Sohn schickte mir ihn von Dresden. Er war bei mir gewesen, ohne daß ich's wußte, er sei es. Ich verwechselte die beiden Familien ähnlichen Namens und hielt ihn vor den andern. Aber auch so, als mir ganz fremd, hat er mir sehr wohlgefallen. Das zweitemal kam ein Regenguß gelegen, der ihn lange bei mir festhielt. Ich machte mir Vorwürfe, ihn nicht bei Tische behalten zu haben, da es eben an der Zeit war, denn ich empfand eine wahrhafte Neigung zu ihm. Mit Ungeduld erwarte ich den andern Angekündigten schon lange vergebens, ich wünschte bei diesem nachzuholen, was ich bei dem ersten versäumte.

Zum Schluß erlauben Sie mir zu sagen: daß es mir unendliche Freude machte, nach so langer Zeit einige Zeilen wieder von Ihrer lieben Hand zu sehen, die ich tausendmal küsse in Erinnerung jener Tage, die ich unter die glücklichsten meines Lebens zähle. Leben Sie wohl und

213

ruhig nach so vielen äußern Leiden und Prüfungen, die zu uns später gelangt sind und bei denen ich oft Ursache habe, an Ihre Standhaftigkeit und ausdauernde Großheit zu denken. Nochmals ein Lebewohl mit der Bitte meiner zu gedenken. Ihr ewig verbundener Goethe.»

Gesiegelt ist der Brief mit einem Amor, der mit Löwenhaut und Keule bewehrt ist.

«Die Leiden und Prüfungen, die zu uns später gelangt sind», damit meint Goethe die Schlacht von Jena und ihre Folgen für Weimar. Mit dem Satze aber: «daß es mir unendliche Freude machte, nach so langer Zeit einige Zeilen wieder von Ihrer lieben Hand zu sehen, die ich tausendmal küsse in Erinnerung jener Tage, die ich unter die glücklichsten meines Lebens zähle», fällt nun das große Stichwort, unter das von jetzt ab für Goethe die Zeit der Lili-Liebe tritt, das die Darstellung dieser Jugendepoche in «Dichtung und Wahrheit» bestimmt und das ihr jenen beglückenden und wehen Zauber verleiht, der die Lili-Kapitel zu den schönsten und zu den ergreifendsten dieses Werkes macht.

2.

Goethes Brief an Lili war vom 14. Dezember 1807 datiert. Das war jenes Jahr, in dem Goethe dem Plane nähertrat, die Geschichte seines Lebens zu schreiben. – Es war alles anders geworden. – Das alte Römische Reich Deutscher Nation, in dem er aufgewachsen, hatte 1803 aufgehört zu sein. Nun, 1806, war auch das friderizianische Deutschland zusammengebrochen. Die Männer, mit denen er gewirkt hatte, Herder und Schiller, waren gestorben. Zuletzt war auch die Fürstin, die Weimar zu dem gemacht hatte, was es war, aus dieser Welt gegangen. Einsamkeitsgefühle des Alters begannen den Dichter zu überschleichen. Es war Zeit, Rückschau zu halten. Von solchen Gefühlen wehmütigen Jugendgedenkens ist das Wort an Lili über «die glücklichsten Tage meines Lebens» getränkt. Wie lebhaft Erinnerungen geweckt worden waren, hören wir von Riemer, der später einmal erklärte, daß der Dichter ihm auf einer Wagenfahrt die Geschichte seiner Liebe zu Lili in dreistündiger Schilderung mit einer jugendlichen Fülle und Glut dargestellt habe, an die die Erzählung in «Dichtung und Wahrheit», so zart, innig und warm sie auch gehalten sei, nicht heranreiche. Das war 1807, am 18. Dezember abends auf der Fahrt von Jena nach Weimar geschehen. Vier Tage vorher hatte Goethe an Lili nach Straßburg jenes Antwortschreiben gerichtet, in dem er von den glücklichsten Tagen seines Lebens sprach.

Und wie entstand nun das Lili-Bild in «Dichtung und Wahrheit»? Wie sah der alte Goethe im Zurück der Erinnerung seine Verlobung und wie sich selbst als Bräutigam? Die Niederschrift des Werkes hatte, nachdem die Jahre früher Vorarbeiten gegolten, Anfang 1811 begonnen. Der erste Band, dessen eigentlicher Held die Vaterstadt und das Elternhaus sind, erschien im Oktober des gleichen Jahres, der zweite, die Leipziger und Straßburger Studentenzeit, im Oktober 1812, der dritte, die Werther- und Genieperiode, im Mai 1814. Damit war die Darstellung bis zum Herbst 1774 vorgerückt, also bis vor Goethes Eintritt in das Haus Schönemann. Um zu den Wirrnissen der Bräutigamszeit, die diese Wendung mit sich brachte, einen Gegensatz zu schaffen und doch auf Verlobung und die Frage der Eheschließung hinzuweisen, läßt der Dichter das Heiratsspiel des Frankfurter Freundeskreises, das im Sechsten Buch erzählt ward und das in Wirklichkeit in den April 1769 fällt, in diesem Herbst wieder aufleben. Das Los verbindet ihn mit Cornelias Freundin Katharina Anna Sibylla Münch. Die Eltern sehen in diesem Mädchen die Schwiegertochter, deren Einzug in ihr Haus sie sich nach Cornelias Weggang von Frankfurt wünschen. Der Sohn überrascht die Mutter, als sie oben in der Bodenkammer die alte Wiege mustert, aus poliertem Nußbaumholz, mit weißem Elfenbein und schwarzem Ebenholz eingelegt, wie sie im Frankfurt der Barockzeit Mode gewesen und in der sie 1749 den Knaben selbst gewiegt hatte.

Und nun stockt Goethes Feder. – Der Dichter hat später

gegenüber Boisserée, aber auch gegenüber Riemer und Eckermann erklärt, Rücksichten auf Lili hätten ihn verhindert, «die Glücks- und Leidens-Geschichte seiner Liebe» zu erzählen. «Ich wäre stolz gewesen, es der ganzen Welt zu sagen, wie sehr ich sie geliebt; und ich glaube, sie wäre nicht errötet zu gestehn, daß meine Neigung erwidert wurde. Aber hatte ich das Recht, es öffentlich zu sagen ohne ihre Zustimmung? Ich hatte immer die Absicht, sie darum zu bitten; doch zögerte ich damit hin, bis es dann endlich nicht mehr nötig war», so zu Eckermann am 5. März 1830. Aber wenn auch 1814 eine Pause in der Niederschrift für «Dichtung und Wahrheit» eintrat, und zwar eine Pause auf viele Jahre, so hatte Goethe doch die Gepflogenheit, in Stichworten Schemata zu diktieren, wie er sich die weitere Ausarbeitung dachte. Die Schwierigkeit für den, der die Entstehungsgeschichte verfolgen will, ist nur die, daß sowohl diese Schemata, meist wenige Blätter in Folio oder Quart, wie die späteren Niederschriften kaum zu datieren sind. Und im Druck erschienen ist der Vierte Band von «Dichtung und Wahrheit», der in Buch 16 bis 20 auch die Lili-Epoche erzählt, erst nach Goethes Tode im Herbst 1833. Indes hier hilft nun Eckermann weiter. Er erzählt unter dem 10. August 1824:

«Vor einigen Tagen kommunizierte Goethe mir die Anfänge einer Fortsetzung von Wahrheit und Dichtung, ein auf Quartblättern geschriebenes Heft, kaum von der Stärke eines Fingers. Einiges ist ausgeführt, das Meiste jedoch nur in Andeutungen enthalten. Doch ist bereits eine Abteilung in fünf Bücher gemacht und die schematisierten Blätter sind so zusammengelegt, daß man bei einigem Studium den Inhalt des Ganzen wohl übersehen kann.

Das bereits Ausgeführte erscheint mir nun so vortrefflich und der Inhalt des Schematisierten von solcher Bedeutung, daß ich auf das Lebhafteste bedaure, eine so viel Belehrung und Genuß versprechende Arbeit in Stocken geraten zu sehen und daß ich Goethe auf alle Weise zu einer baldigen Fortsetzung und Vollendung treiben werde.

Die Anlage des Ganzen hat sehr viel vom Roman. Zartes, anmutiges, leidenschaftliches Liebesverhältnis, heiter im Entstehen, idyllisch im Fortgange, tragisch am Ende durch ein stillschweigendes gegenseitiges Entsagen, schlingt sich durch vier Bücher hindurch und verbindet diese zu einem wohlgeordneten Ganzen. Der Zauber von Lilis Wesen, im Detail geschildert, ist geeignet jeden Leser zu fesseln, so wie er den Liebenden selbst dergestalt in Banden hielt, daß er sich nur durch eine wiederholte Flucht zu retten im Stande war.

Die dargestellte Lebensepoche ist gleichfalls höchst romantischer Natur, oder sie wird es, indem sie sich an dem Hauptcharakter entwickelt. Von ganz besonderer Bedeutung und Wichtigkeit aber ist sie dadurch, daß sie, als Vor-Epoche der Weimarischen Verhältnisse, für das ganze Leben entscheidet. Wenn also irgend ein Abschnitt aus Goethes's Leben Interesse hat und den Wunsch einer detaillierten Darstellung rege macht, so ist es dieser.»

Prüft man nun in Goethes Nachlaß die Niederschriften zu «Dichtung und Wahrheit», so ergibt sich, daß von Quartblättern zum Sechzehnten Buche tatsächlich nur die vordere Hälfte vorhanden ist. Die erste Begegnung mit Lili bei dem Schönemannschen Hauskonzert war also 1824 noch nicht geschrieben; Eckermanns Rat, schon in diesem Buche das Verhältnis der Liebenden anzuknüpfen, hat Goethe später denn auch befolgt. Ja, es ist überhaupt nur eine einzige Szene aus der Lili-Erzählung, die uns auf Quartblättern niedergeschrieben vorliegt, und zwar Goethes verstohlener, nächtlicher Abschied vor dem Aufbruch nach Weimar; hierzu stimmte Eckermanns Angabe, daß das letzte Buch 1824 so gut wie vollendet gewesen sei. Da diese Abschiedsszene in die berühmten, durch Napoleons Sturz veranlaßten Ausführungen über das Dämonische verwoben ist, diese aber nach dem Tagebucheintrag «Biographisches, Conception des Dämonischen und Egmonts» am 4. April 1813 entstanden sind, gewinnen wir also für sie ein festes Datum der Niederschrift. Der Dichter hat demnach die Schilderung seiner Verlobungszeit im Frühjahr 1813 mit der Trennung, mit dem Abschied begonnen;

er hat – und wir können das bei seinem Schaffen öfter beobachten – sozusagen von rückwärts nach vorn geschrieben.

«Dichtung und Wahrheit», das ist die vieldeutige Überschrift des ganzen Werkes. War es Zufall des Geschehens oder ist es Goethes bewußt darstellende Kunst, daß Lilis Gestalt, so wie sie uns, durch den Zauber der Musik gehoben, zum erstenmal entgegentritt, nun auch beim Abschied durch Musik verklärt wird? Sollten wir, da wir ihre Erscheinung aus den Augen verlieren, als Letztes noch ihre Stimme, ihren liebenden Gesang vernehmen? Fast scheint es, als ob hier ein gestaltender Kunstgriff Goethes vorliege, Anfang und Ende novellenartig zusammenzufügen; und doch, es ist Goethes Eigenart gewesen, eine Schöpfung mit dem stärksten Eindruck des Gemütes und der Sinne zu beginnen, sei es, um sich zu befreien, sei es, weil eben dieser Eindruck am festesten in seinem Innern verhaftet war. So hat er die Fausttragödie unter dem Eindruck der Hinrichtung der Susanna Margaretha Brandt mit der Kerkerszene begonnen. So gilt das älteste Blatt der Wertherdichtung der Szene, da Werther durch seinen Bedienten die Pistolen aus Lottens Hand erhalten hat. Es ist wahrscheinlich, daß Goethe auch hier wieder schrieb, was ihm am lebendigsten vor Augen stand, und die Kunst des Aufbaues erst anwandte, als schon Gestaltetes vor ihm lag. Soviel aber ist gewiß, daß die Szene dadurch, daß sie noch 1813 entstand, unberührt ist von dem Reif kühler Abstraktion und jener langatmig verschnörkelten Satzgestaltung, die zuweilen die Diktion der Spätjahre färbt, daß vielmehr noch der frische, sinnlich warme Glanz Goethescher Schreibkunst leuchtend auf ihr liegt:

«Schon einige Abende war es mir nicht möglich gewesen zu Haus zu bleiben. In einen großen Mantel gehüllt schlich ich in der Stadt umher, an den Häusern meiner Freunde und Bekannten vorbei, und versäumte nicht, auch an Lili's Fenster zu treten. Sie wohnte im Erdgeschoß eines Eckhauses, die grünen Rouleaux waren niedergelassen; ich konnte aber recht gut bemerken, daß die Lichter am

218

gewöhnlichen Platze standen. Bald hörte ich sie zum Klavier singen; es war das Lied: Warum ziehst du mich unwiderstehlich! das nicht ganz vor einem Jahr an sie gedichtet ward. Es mußte mir scheinen, daß sie es ausdrucksvoller sänge als jemals, ich konnte deutlich Wort für Wort verstehn; ich hatte das Ohr so nahe angedrückt, wie nur das auswärts gebogene Gitter erlaubte. Nachdem sie es zu Ende gesungen, sah ich an dem Schatten, der auf die Rouleaux fiel, daß sie aufgestanden war; sie ging hin und wieder, aber vergebens suchte ich den Umriß ihres lieblichen Wesens durch das dichte Gewebe zu erhaschen. Nur der feste Vorsatz mich wegzubegeben, ihr nicht durch meine Gegenwart beschwerlich zu sein, ihr wirklich zu entsagen und die Vorstellung, was für ein seltsames Aufsehen mein Wiedererscheinen machen müßte, konnte mich entscheiden, die so liebe Nähe zu verlassen.»

Das also ist das erste, was Goethe über Lili gestaltete, als er daran ging, die Erscheinung der Jugendgeliebten für «Dichtung und Wahrheit» zu beschwören. Ein Jahr später fuhr er nach langer Pause zum ersten Male wieder in die Heimat und wiederholte diese Reise auch im Sommer 1815. So wie für Lili, als sie 1794 auf der Flucht aus Straßburg Frankfurt wieder berührte, die Jugendzeit von neuem lebendig ward, so erging es auch dem Dichter. Boisserée berichtet, daß Goethe ihm am 3. Oktober 1815 in der Kutsche auf der Fahrt von Heidelberg nach Karlsruhe die Geschichte seiner Liebe zu Lili erzählt habe: wie oft er den Pfad durch die Gerbermühle nach Offenbach zu ihr gegangen sei, welche Lieder er an sie gerichtet und wie sie dann doch getrennt worden wären durch einen Dritten, ohne es selbst zu wissen. Religionsverhältnisse seien der erste Anlaß gewesen; sie war reformiert, er lutherisch. «Wir waren unglücklich wie die Kinder, die ein Leid haben und es sich wechselseitig klagen – und nicht wissen warum.» Sie habe ihm den größten Teil ihrer Bildung zu danken. Jetzt hoffe er in Karlsruhe Jung-Stilling, der damals in Frankfurt in seinem Elternhause gewohnt habe, wiederzusehen. «Die Schönemann müßte auch da sein!» Das letztere Wort beweist, daß Goethe darum wußte, daß Türckheim als badischer Finanzminister 1809/10 mit Lili in Karlsruhe gelebt hatte.

Aufgerufen durch den Wiederanblick der heimatlichen Häuser und alten Gassen, des lieben Flusses, der heiteren Gärten und Wiesen diktierte nun Goethe in Weimar in Stichwörtern, wie er sich den Plan der Darstellung dachte. Das Tagebuch gibt für den 15. Dezember 1816 die Worte: «Diktiert. Briefe. Verhältnis zu Lili im 4. Band meines Lebens.» Wer kennt nicht das kleine Bild von Josef Schmeller, das Goethe in seinem Arbeitszimmer darstellt: im Hintergrunde rechts und links die Fenster mit Blumentöpfen auf den Simsen, dazwischen auf einer Konsole die Uhr; der Dichter selbst steht im weißen Flauschmantel, die Hände auf den Rücken gelegt, rechts neben dem bescheidenen Arbeitstisch, an dem, mit dem Rücken dem Beschauer zugekehrt, der Sekretär John sitzt und schreibt. So haben wir uns auch die Entstehung des Schemas zu «Dichtung und Wahrheit» vorzustellen. Folgendermaßen lautet dieses Schema:

«*Verhältnis zu Lili*. Der quasi Fremde, angekündigt als Bär, Hurone, Westindier, als Naturkind bei so vielen Talenten, erregt Neugierde. Man negoziiert in verschiedenen Häusern ihn zu sehn. Reformierter Handelszirkel, reichliche, breite, gesellige Existenz: Einladung zum Konzert, Lili, Gestalt, Wesen, Klavierspiel. Wechselseitiges Anblicken, Anziehungskraft. Behagen. Wiederkehr, Umgang. Eher heiter als liebend.»

Die Ausarbeitung des so in Stichworten Skizzierten kennen wir bereits; sie ward auf Eckermanns Rat dem Sechzehnten Buch zugewiesen; was folgt, ward in das Siebzehnte aufgenommen, in dem Goethe ursprünglich alles, was Lili betraf, als geschlossen fortlaufende Erzählung darbieten wollte:

«Wiederholte Besuche. Mit den Verw. der W. [Was hier abgekürzt ist, bleibt unklar]. Sittlich interessante Gespräche. In Gegenwart der Mutter. Auch wohl zu zweien. Zutrauen, Vertrauen; Geschichte ihrer Jugend, früher Genuß aller geselligen Vorteile und Weltvergnügungen. Befriedigte und angeregte Eitelkeit; Gewohnheit anzuziehen und abzustoßen. Bekenntnis, dergleichen auch an mir geübt zu haben. Geständnis von mir auch angezogen zu sein. Wechselseitiges Vertrauen, bezüglich auf die nächsten Zustände, Gewohnheit sich zu sehen.»

Daß sich diese Liebe anbahnte und vertiefte auf Grund von sittlich interessanten Gesprächen, die, zu dritt oder eben auch zu zweit geführt, die Herzen einander öffneten und verbanden, das ist von denen, die Goethes Leben geschildert haben, gemeinhin überlesen worden. Und doch hebt gerade dies die Neigung zu Lili über die Bindungen an Friederike Brion und an Lotte Buff hinaus, die zwar auch leidenschaftliche Liebe, aber doch ohne tieferen, geistigen Austausch waren, wie ja auch der spätere Lebensweg beider Frauen in schlicht bescheidener Sphäre verlaufen ist. Freilich diese «sittlich interessanten Gespräche» hat uns Goethe in «Dichtung und Wahrheit» eben nicht mitgeteilt. Wir stehen hier schon vor der erlahmenden Kraft des Alters. Was im Schema in Stichworten angedeutet ist, wird später bei der Ausführung oft nur wortreicher umschrieben, aber nicht wirklich gestaltet. Wie Werther-Goethe und Lotte beim Ball im Forsthaus angesichts des Gewitters am Fenster stehen und sich in der Erinnerung an die große Klopstocksche Gewitterode innerlich finden, eine solche Szene ist uns hier der Dichter schuldig geblieben. – War also der seelische Austausch mit Friederike und Lotte auch anspruchsloser als der im Schönemannschen Hause, so waren ihre ländlich-kleinstädtischen Lebenskreise dafür auch frei von den unerwünscht geselligen Zuständen, die dem Dichter den Umgang mit Lili so verleiden konnten: «Notwendigkeit in ihre Zirkel einzugehen. Für mich eine große Qual. Verglichen mit Sesenheim und Wetzlar. Beinahe unerträglicher gegenwärtiger Zustand. Unbezwingliches Verlangen sich einander zu nähern. Geschichte von Spazierfahrten, Treffen, Verfehlen, Ungeduld, Entbehrung. Geschichte der Vorausfahrenden. Folge mit dem Bruder. Sie erlaubt sich die Eitelkeit, mich öffentlich zu beherrschen, da reine Neigung zum Grund liegt. Diese betrachtende Darstellung in lebendige Anschauung und Mitgefühl zu verwandeln, singe man die Lieder; Herz, mein Herz, was soll das geben? Warum ziehst du mich unwiderstehlich? und ähnliche, die man leicht herausfinden wird, und ein Hauch der Liebeslust, die uns umwehte, wird herüberkommen.»

Erinnerungen an einzelne Erlebnisse aus den Wochen der ersten Bekanntschaft hat Goethe hier in Merkworten festgehalten. «Geschichte von Spazierfahrten, Treffen, Verfehlen, Ungeduld, Entbehrung. Geschichte der Vorausfahrenden.» All diese Stichworte sind aber in «Dichtung und Wahrheit» nicht ausgeführt und eben darum nicht wirklich Geschichte geworden. Rührend hat der greise Dichter sein Versagen durch die Weisung ausgeglichen, man solle durch Singen seiner Lieder an Lili die betrachtende Darstellung in lebendige Anschauung und Mitgefühl verwandeln. Ausführlicher wird die Erzählung erst bei dem Szenenwechsel von Frankfurt nach Offenbach und der Schilderung des dortigen Kreises:

«*Offenbach*. Befreiung aus dem Zwang durch Landleben. Offenbach. Bernhard d'Orville, Pfarrer Ewald. André. Meine Wohnung bei ihm. Allzeit fertiger Dichter und Komponist. Einwirkung des Frankfurter Theaters. Der Töpfer Techniker Kapellmeister und Dillettant zugl. *La belle et la bête.*»

Die drei Offenbacher Familien, bei denen Goethe und Lili ein und aus gingen, Lilis Onkel Nicolaus Bernard, neben dessen Haus seine Schnupftabakfabrik lag, weiter Bernards Schwager, Johann Georg D'Orville, und schließlich der Komponist Johann André, bei dem Goethe abzusteigen pflegte, wohnten alle drei am Main in der Herrengasse. Terrassenartige Gärten führten hinab zum Flusse. D'Orville ließ sich gerade als neues Wohnhaus jenen schönen Bau im Zopfstil errichten, den im 19. Jahrhundert die Stadtverwaltung für ihre Zwecke erwarb. Auf dieses Haus zielt das spätere Stichwort «Errichtung palastähnlicher Gebäude». Wenn Goethe am 7. März in einem Briefe schreibt: «Guten Morgen! Die Zimmerleute, die da drüben einen Bau aufschlagen, haben mich aufgewegt und ich habe keine Rast im Bette», so geht das auf diesen Bau.

Auch André stammte aus einer Hugenottenfamilie; die Vorfahren waren Seidenfabrikanten gewesen. Er selbst war eine unruhige, vielseitige Natur. Künstlerisch begabt und geschäftsgewandt war er Komponist, Kapellmeister, Fabrikant, Musikverleger und Notendrucker. Er förderte und unterhielt Goethes Verbindung mit dem Frankfurter Theater und hat ihn vermutlich auch bei dem Schönemannschen Hauskonzert eingeführt, wo sich die Bekanntschaft mit Lili anspann. Von seinen Vertonungen haben sich in Studentenkreisen noch die zu dem Liede von Matthias Claudius «Bekränzt mit Laub den lieben, vollen Becher» und die zu Goethes Gedicht «In allen guten Stunden» erhalten; das letztere, allerdings persönlicher abgefaßt, als es heute gesungen wird, war für die Hochzeit des Pfarrers Ewald in Offenbach gedichtet und ist zuerst von Goethe und Lili bei dieser Feier vorgetragen worden. 1790 bei der Krönung Leopolds II. war Mozart bei André zu Gaste und führte bei einem Fest, das dieser ihm gab, die schönste seiner Arbeiterinnen zum Tanze. Der Sohn André, den Goethe im Oktober 1775 mit aus der Taufe gehoben, erwarb 1799 den größten Teil des Mozartschen Nachlasses, der auf diesem Wege später in die Preußische Staatsbibliothek gelangt ist. Der Andrésche Musikverlag in Offenbach, gegründet am 1. August 1774, ist noch heute im Besitz der Familie. Der vierte im Bunde war der eben erwähnte junge Pfarrer der reformierten Gemeinde, ein geistig lebendiger, schriftstellerisch höchst produktiver und verdienter Mann. Jung-Stilling – seinem Urteil merkt man an, daß er Herrnhuter war – schrieb über ihn [9. Juli 1802]: «Er war in seiner Jugend ein großes Genie, Belesprit und verliebter Bonvivant; so wurde er Prediger in Offenbach bei Frankfurt und so traf ich ihn Anno 1775 in Frankfurt bei Goethe an.» Er war damals, wie Goethe, verlobt, und vielleicht stammt aus seiner Feder das namenlose Büchlein: «Uiber meine künftige Gattin. Früh-

lingsbetrachtung von einem Jüngling». Die äußerst seltene
Schrift, das vielleicht einzige Exemplar besitzt der Cotta-
sche Verlag, ist insofern ein Denkmal der Lili-Liebe, als sie
Bräutigamsbetrachtungen zum Inhalt hat, im Frühling
1775 entstanden und in Offenbach gedruckt und «Dem
Herrn Doktor Goethe in Frankfurt gewidmet» ist.

Die französische Operette «*La belle et la bête*» ist von
Grétry, der Text von Marmontel. Die Uraufführung war
Ende 1771 in Fontainebleau. In Frankfurt gab Marchands
Truppe die Oper schon im folgenden Frühjahr. Sie regte
Goethe zu seiner Arie «Ihr verblühet süße Rosen» an;
davon wird noch die Rede sein. Die Fabel selbst, aus dem
alten China stammend, ist nicht in den deutschen Mär-
chenschatz eingegangen, aber uns heute durch Cocteau
nahegebracht.

Das Schema zu «Dichtung und Wahrheit» fährt nun
fort, erst über die damalige Operette, dann über das Offenbacher Landleben berichtend:

«*Operette*. Marchand. Das Milchmädchen, der Faßbin-
der, Handwerks-Opern. André wählt sich den Töpfer. Be-
streben, Fleiß, Belebung des geselligen Vergnügens durch
Musik. Lustpartien aller Art. Schöne Garten Umgebungen.
Errichtung palastähnlicher Gebäude. Nähe des Mains.
Glücklicher heiterer Himmel, schöne Jahreszeit. Bürgers
Leonore. Andrés Komposition. Meine Deklamation,
Wahl, oft von der Gesellschaft zu meiner Gunst entschieden. Verlängerung der musikalischen Unterhaltung. Liebende wissen kein Ende zu finden, wechselweise André zu
Fortsetzung seiner Musik bis nach Mitternacht anzuregen.
Scherz der Liebenden; anmutige stille Versicherung, wie
wert uns Gegenwart. Durchaus glänzende Zeit. Geburts-
tagsfeste, sorgfältig und mit Abwechslung gefeiert. Geburtstag des Pfarrers Ewald. Tischlied: In allen guten
Stunden. Musik von André. Besuch aus der Stadt, teilneh-
mend und sich wundernd. Poetische und musikalische Blüten regneten nur so. Eine gewisse Exaltation in der Gesellschaft. Unser offenbares Geheimnis waltet so fort. Andere,
mehr oder weniger versteckte Verhältnisse schlichen unter

der Decke. Fortgesetzte Unterhaltung und Zerstreuung des Tags. Durch Vorlesen und Musik verlängerte Nachtgesellschaft. Geschichte der im Freien zugebrachten Nacht.»

Geschichte der im Freien zugebrachten Nacht, – für dieses Stichwort liegt in «Dichtung und Wahrheit» nun einmal eine wirkliche Ausführung vor. Es muß sich um eine besonders eindringliche Erinnerung, um eine von Stimmungen besonders ausgefüllte Nacht gehandelt haben; und tatsächlich noch in der Nacherzählung des alten Goethe verspüren wir etwas von der Spannung und Erregtheit des liebenden Gefühls, von der Majestät und Stille der Sternennacht, dem Ahnungsvollen der nächtlichen Geräusche und dem Zauber der Stadtsilhouette im Morgennebel:

«Konnt' ich denn auch wegen vermannichfaltigter Geschäfte die Tage dort draußen bei Lili nicht zubringen, so gaben die heiteren Abende Gelegenheit zu verlängertem Zusammensein im Freien. Liebende Seelen werden nachstehendes Ereignis mit Wohlgefallen aufnehmen.

Es war ein Zustand, von welchem geschrieben steht: ‹ich schlafe, aber mein Herz wacht›; die hellen wie die dunkeln Stunden waren einander gleich; das Licht des Tages konnte das Licht der Liebe nicht überscheinen, und die Nacht wurde durch den Glanz der Neigung zum hellsten Tage.

Wir waren bei'm klarsten Sternhimmel bis spät in der freien Gegend umherspaziert; und nachdem ich sie und die Gesellschaft von Türe zu Türe nach Hause begleitet und von ihr zuletzt Abschied genommen hatte, fühlte ich mir so wenig Schlaf, daß ich eine frische Spazierwanderung anzutreten nicht säumte. Ich ging die Landstraße nach Frankfurt zu, mich meinen Gedanken und Hoffnungen zu überlassen; ich setzte mich auf eine Bank, in der reinsten Nachtstille, unter dem blendenden Sternhimmel mir selbst und ihr anzugehören.

Bemerkenswert schien mir ein schwer zu erklärender Ton, ganz nahe bei mir; es war kein Rascheln, kein Rauschen, und bei näherer Aufmerksamkeit entdeckte ich, daß es unter der Erde und das Arbeiten von kleinem Getier sei. Es mochten Igel oder Wieseln sein, oder was in solcher Stunde dergleichen Geschäft vornimmt. Ich war darauf weiter nach der Stadt zugegangen und an den Röderbergweg gelangt, wo ich die Stufen, welche nach den Weingärten hinaufführen, an ihrem kalkweißen Scheine erkannte. Ich stieg hinauf, setzte mich nieder und schlief ein.

Als ich wieder aufwachte, hatte die Dämmerung sich schon verbreitet, ich sah mich gegen dem hohen Wall über, welcher in frühern Zeiten als Schutzwehr wider die hüben stehenden Berge aufgerichtet war. Sachsenhausen lag vor mir, leichte Nebel deuteten den Weg des Flusses an; es war frisch, mir willkommen.

Da verharrt' ich bis die Sonne nach und nach hinter mir aufgehend das Gegenüber erleuchtete. Es war die Gegend, wo ich die Geliebte wieder sehen sollte, und ich kehrte langsam in das Paradies zurück, das sie, die noch Schlafende, umgab.»

Liest man nun das Siebzehnte Buch und vergleicht es mit dem Schema, so kann man nicht nur im einzelnen nachfühlen, wie «Dichtung und Wahrheit» entstand, sondern wird vor allem sehen, wie eng sich Goethe bei der Ausarbeitung an seine Stichworte gehalten hat; und da das Schema an sich keinerlei künstlerische Komposition verrät und man von der Ausführung sagen kann, daß sie unter solchem Fehlen fast leidet, so ergibt sich, daß, was Goethe hier erzählt, wirkliche Erinnerung ist und nicht Dichtung. Selbst die «Geschichte der im Freien zugebrachten Nacht», die man mit ihren unheimlich unterminierenden Geräuschen als vorweisendes Motiv auf den elegischen Ausgang hat deuten wollen, steht als «Geschichte» sehr glaubwürdig in der Reihe der anderen Notizen. Jugend genießt solche Nächte. Noch in Weimar liebte es Goethe, auf dem Altan seines Gartenhauses an der Ilm zu schlafen. «Und nun Erdkulin für ewig», schrieb er dann an Charlotte und fühlte sich der Erde, verbunden wie die Erdkühlein, Thüringens geheimnisvolle Märchentiere. Nur eine Retouche ist bemerkenswert: wenn im Schema einmal von einer Eitelkeit des Mädchens die Rede ist – auch dies Erinnerung an die Eifersuchtsqualen, die der junge Goethe einst durchlitten –, so ist davon in der Ausführung nicht mehr die Rede. Die Huldigungen, die das Mädchen empfing, werden nicht einer Gefallsucht – wie es einst der Bräutigam zu sehen glaubte –, sondern eben ihrer Anmut und ihren gesellschaftlichen Talenten zugesprochen. –

An die Schilderung der Nacht im Freien schließt Goethe nun die Darstellung seiner Verlobung an. Im Schema wird das mit folgenden Worten skizziert: «Abwechselung zwischen Stadt und Land, den Genuß erhöhend. Mehr und mehr offenbares Verhältnis, das man sich gefallen ließ. Geheime Beredung, Gefühl unmöglicher Trennung. Wechselseitiges unbedingtes Behagen, wechselseitiges Vertrauen. Man fühlt, wie ernst es sei, daß es Ernst bleiben müsse. Man verspricht sich die Hand. Bräutigams Stand. Mein Trugschluß, daß in unserm Haus alles auf eine Schwiegertochter eingerichtet sei. Wodurch Lili sich verblendet, wüßt ich kaum zu sagen. Fester Vorsatz. Vermittlerin. Längst Vertraute Demoisell Delph. Beschreibung derselben. Derselben Geschäfte und Lage. Halb Wunsch halb Auftrag. Teilnehmender tätiger Charakter. Sie unterhandelt mit den Eltern; diese stimmen ein.» Es ist dieselbe Demoiselle Delph in Heidelberg, die Goethe die erste Nacht beherbergte, als er Anfang November 1775 von Frankfurt zur Reise nach Italien aufgebrochen war, wovon die letzten Seiten von «Dichtung und Wahrheit» erzählen, dieselbe Demoiselle auch, zu der sich Lili wandte, als sie im Juli 1794 das Elsaß verlassen mußte und bei der dann die Söhne ihre Kinderbriefe über die Flucht an ihren Frankfurter Onkel schrieben. Aus den angeführten Stichworten erwächst nun in «Dichtung und Wahrheit» folgende Darstellung: «Man nannte sie Demoiselle Delph; sie stand mit ihrer ältern Schwester einem kleinen Handelshaus in Heidelberg vor und war der größern Frankfurter Wechselhandlung bei verschiedenen Vorfällen vielen Dank schuldig geworden. Sie kannte und liebte Lili von Jugend auf; es war eine eigene Person, ernsten männlichen

Ansehens und gleichen, derben, hastigen Schrittes vor sich hin. Sie hatte sich in die Welt besonders zu fügen Ursache gehabt und kannte sie daher wenigstens in gewissem Sinne. Man konnte sie nicht intrigant nennen; sie pflegte den Verhältnissen lange zuzusehen und ihre Absichten stille mit sich fortzutragen; dann aber hatte sie die Gabe, die Gelegenheit zu ersehen, und wenn sie die Gesinnungen der Personen zwischen Zweifel und Entschluß schwanken sah, wenn alles auf Entschiedenheit ankam, so wußte sie eine solche Kraft der Charaktertüchtigkeit einzusetzen, daß es ihr nicht leicht mißlang, ihr Vorhaben auszuführen. Eigentlich hatte sie keine egoistischen Zwecke; etwas getan, etwas vollbracht, besonders eine Heirat gestiftet zu haben, war ihr schon Belohnung. Unsern Zustand hatte sie längst durchblickt, bei wiederholtem Hiersein durchforscht, so daß sie sich eigentlich überzeugte: diese Neigung sei zu begünstigen, diese Vorsätze, redlich aber nicht genugsam verfolgt und angegriffen, müßten unterstützt und dieser kleine Roman fördersamst abgeschlossen werden.

Seit vielen Jahren hatte sie das Vertrauen von Lilis Mutter. In meinem Hause durch mich eingeführt, hatte sie sich den Eltern angenehm zu machen gewußt; denn gerade dieses barsche Wesen ist in einer Reichsstadt nicht widerwärtig und, mit Verstand im Hintergrunde, sogar willkommen. Sie kannte sehr wohl unsre Wünsche, unsre Hoffnungen, ihre Lust zu wirken sah darin einen Auftrag; kurz, sie unterhandelte mit den Eltern. Wie sie es begonnen, wie sie die Schwierigkeiten, die sich ihr entgegenstellen mochten, beseitigt, genug, sie tritt eines Abends zu uns und bringt die Einwilligung. ‹Gebt euch die Hände!› rief sie mit ihrem pathetisch gebieterischen Wesen. Ich stand gegen Lili über und reichte meine Hand dar; sie legte die ihre, zwar nicht zaudernd, aber doch langsam hinein. Nach einem tiefen Atemholen fielen wir einander lebhaft bewegt in die Arme.»

Und nun auf dem Gipfel des Glückes, ehe die Waagschalen im Gleichgewicht zu schwanken beginnen, noch einmal ein Zusammenfassen dessen, was die Verlobte für Goethe bedeutete und was sie als Gattin ihm zu geben versprach: «War die Geliebte mir bisher schön, anmutig, anziehend vorgekommen, so erschien sie mir nun als würdig und bedeutend. Sie war eine doppelte Person; ihre Anmut und Liebenswürdigkeit gehörten mein, das fühlt' ich wie sonst; aber der Wert ihres Charakters, die Sicherheit in sich selbst, ihre Zuverlässigkeit in allem, das blieb ihr eigen. Ich schaute es, ich durchblickte es und freute mich dessen als eines Kapitals, von dem ich zeitlebens die Zinsen mitzugenießen hätte.» Dann leitet das Schema den Rückschlag mit folgenden Worten ein: «Mit einiger Nüchternheit mußte doch mein Haus und meine häusliche Lage betrachtet werden. Hier schien Lili sich nicht einpassen zu wollen. Andere Religionsgebräuche, andere Sitten; und wenn sie einigermaßen ihre Lebensweise fortsetzen wollte, kein Raum.»

«Andere Religionsgebräuche, andere Sitten.» Vor diesen Worten steht in einem weiteren Schema: «Kein Verhältnis der Eltern zueinander.» Die Frau Rat hat später einmal zu Bettina Brentano gesagt, die Liebe zu Lili sei ihres Sohnes ernsteste Leidenschaft gewesen. Sich anpassend und liebende Mutter, wie sie war, wird sie sich den Wünschen des Sohnes gefügt haben. Anders der Vater. Ihn störten die «anderen Religionsgebräuche». Er war durchaus kein toleranter Mann. Die lateinischen Jugendarbeiten, die er dem Knaben Wolfgang diktiert hatte, enthalten Anwürfe gegen die Katholiken. Ebenso ablehnend war er gegen die Reformierten. Diese durften in der Stadt kein eigenes Gotteshaus haben und mußten deshalb zum Gottesdienst nach Bockenheim fahren; daher in Frankfurt «das reformierte Rindfleisch», das so lange kochte, bis die Wagen von Bockenheim zurück waren. Als nun die Gemeinde eine Eingabe machte, man solle ihr eine Kirche außerhalb der Stadtmauer und eine Durchbruchspforte durch diese gestatten, da hat sich der Rat Goethe gutachtlich für die Ablehnung ausgesprochen. Seine Stellungnahme ist noch bei den Akten des Goethehauses. – Und «andere Sitten»! – Der Vater hatte sich Anna Sibylla Münch als Schwiegertochter gewünscht. Lili, «diese Staatsdame, wie er sie im Vertrauen gegen seine Gattin zu nennen pflegte, wollte ihn keineswegs anmuten», heißt es am Ausgang des Neunzehnten Buches. Warum war Lili Staatsdame, Anna Sibylla aber nicht? Wir können am Schönemannschen Hause einen Wandel in der Lebensführung der Frankfurter Bürgerhäuser feststellen. Die Familie Heyder, die mit Schönemanns Witwe, Lilis Mutter, bis 1772 assoziiert war, ließ ihre Töchter mit an der Kasse des Bankhauses tätig sein. Vor allem fiel ihnen das Aussortieren der vielen verschiedenen Geldsorten zu. Eine Frankfurter Familienchronik erzählt, wie einst ein Lehrling, in den Anblick eines dieser hübschen Mädchen versunken, beim Auswechseln zweier Brabanter Taler zu kurz gekommen sei und wie sich der alte Heyder, obwohl er das Unrecht erkannt, doch nicht habe entschließen können, das Geld herauszugeben. Lili aber erschien nicht in den Büroräumen des Bankhauses, dagegen repräsentierte sie als Tochter des Hauses bei der aus geschäftlichen Gründen gepflegten reichen Geselligkeit. Dem Kaiserlichen Rat wäre eine Schwiegertochter im Heyderschen Stile lieber gewesen. In solchen Stichworten des Schemas also skizzierte sich Goethe am 15. Dezember 1816 die Darstellung. Dann wurden die Blätter beiseite geschlossen, aus Rücksicht auf Lili. Auch als im Mai des folgenden Jahres die Nachricht eintraf, daß diese entschlafen und in ihrer Kapelle in Krautergersheim bestattet sei, änderte sich nichts. Erst als im Winter und Frühjahr 1821 Karl v. Türckheim, eben jener Sohn Lilis, den sie 1807 bei Goethe eingeführt hatte, mit seiner Gattin am Weimarer Hof zum Verwandtenbesuch eintraf, ward der Wille zur Fortsetzung geweckt. Das Straßburger Paar war öfter bei Goethe zu Tisch. Karl v. Türckheim, jetzt achtunddreißig Jahre alt, war inzwischen Mitglied des Handelsgerichts und seit 1815, also mit der einsetzenden Wiederherstellung, auch Mitglied des Gemeinderates geworden. Frankfurt kannte er gut; als junger Mann war er drei Jahre bei Franz Gontard, dem Schwager Lilis und dem der Diotima, tätig gewesen. Seiner Frau sandte Goethe noch im Jahre darauf Zeichnungen des Weimarer Malers Lieber nach Straßburg. Durch solche persönliche Beziehungen aufgerufen, wandte sich Goethe nun wieder seiner Lebensbeschreibung zu und diktierte am 26. Oktober 1821 in Jena seinem Schreiber John, was schon 1808 geplant war: Lilis Geburtstag.

Die Episode steht mitten im Siebzehnten Buch. Es muß sich bei dem Fest um einen anderen Anlaß gehandelt haben. Als Lili siebzehn Jahre ward, am 23. Juni 1775, befand sich Goethe, unsicher, ob er sich von ihr lösen solle oder nicht, in der Schweiz, und zwar auf dem St. Gotthard. Gleichviel, es war ein Fest im Offenbacher Verwandtenkreise, für das Lili plötzlich am Tage vorher ihre Teilnahme nur auf den Abend beschränkte. Ihr Bruder, der fünfzehnjährige Georg, der Goethe nicht wohlgesonnen war und auch später seiner Schwester geschäftlich nur Sorgen gemacht hat, brachte schadenfroh die Absage vom Kornmarkt in das Haus am Hirschgraben. Indes Lili hatte das Zutrauen zu ihrem Verlobten, daß er ein Mittel finden werde, das Mißliche ihres Ausbleibens zu überbrücken. Und Goethe entsprach ihrem Wunsch; er erdichtete das Stück «Sie kommt nicht». Alle Mitglieder der Bernardschen Familie, auch die Freunde und das Gesinde, treten auf und äußern ihre Enttäuschung; und eben die persönlich charakteristische Art ihrer Klagen machte den Humor des kleinen Dramas aus. Die Dichtung ist uns nicht erhalten, und sie wird auch nur demjenigen ganz verständlich gewesen sein, der die Eigenarten der auftretenden Personen kannte. Wir haben aus dem Jahre 1772 einen ähnlichen Scherz, in dem Goethe den Darmstädter Freundeskreis musikalisch charakterisierte, das «Concerto dramatico». Den eigentlichen Kernpunkt des Offenbacher Stückes aber bildete die Anspielung auf Lilis «Streichen».

«Es gehörte zu Lili's anmutigsten Eigenheiten eine, die hier durch Wort und Gebärde als Streichen ausgedrückt ist, und welche stattfand, wenn etwas Anstößiges gesagt oder gesprochen wurde, besonders indem man bei Tische saß oder in der Nähe von einer Fläche sich befand.

Es hatte dieses seinen Ursprung von einer unendlich lieblichen Unart, die sie einmal begangen, als ein Fremder, bei Tafel neben ihr sitzend, etwas Unziemliches vorbrachte. Ohne das holde Gesicht zu verändern, strich sie mit ihrer rechten Hand gar lieblich über das Tischtuch weg, und schob alles, was sie mit dieser sanften Bewegung erreichte, gelassen auf den Boden. Ich weiß nicht was alles, Messer, Gabel, Brot, Salzfaß, auch etwas zum Gebrauch ihres Nachbars gehörig; es war jedermann erschreckt; die Bedienten liefen zu, niemand wußte was das heißen sollte, als die Umsichtigen, die sich erfreuten, daß sie eine Unschicklichkeit auf eine so zierliche Weise erwidert und ausgelöscht.

Hier war nun also ein Symbol gefunden für das Ablehnen eines Widerwärtigen, was doch manchmal in tüchtiger, braver, schätzenswerter, wohlgesinnter, aber nicht durch und durch gebildeter Gesellschaft vorzukommen pflegt. Die Bewegung mit der rechten Hand als ablehnend erlaubten wir uns alle; das wirkliche Streichen der Gegenstände hatte sie selbst in der Folge sich nur mäßig und mit Geschmack erlaubt.

Wenn der Dichter nun also dem Hausherrn diese Begierde zu streichen, eine uns zur Natur gewordene Gewohnheit, als Mimik aufgibt, so sieht man das Bedeutende, das Effektvolle; denn indem er alles von allen Flächen herunter zu streichen droht, so hält ihn alles ab; man sucht ihn zu beruhigen, bis er sich endlich ganz ermattet in den Sessel wirft.»

Diese Entschiedenheit der Gebärde, in der eine feste Bestimmtheit in den Wertmaßstäben Ausdruck suchte, hatte Goethe beeindruckt. Um sie herum dichtete er das Stück; sie war ihm bis ins Alter als charakteristisch im Gedächtnis geblieben; und wer Lilis Briefe und Lebensführung bedenkt, wird in diesem Gebaren des jungen Mädchens erkennen, was sich später in der Haltung der Frau und Mutter offenbarte und bestätigte. Goethe aber, nachdem er so im Herbst 1821 diese Erinnerung festgehalten, wandte sich wieder von «Dichtung und Wahrheit» ab und anderen Arbeiten zu.

Von Eckermanns Bemühungen um die Fortsetzung des Werkes im Jahre 1824, von seiner Überprüfung des Ausgeführten und des Geplanten und von seinen Ratschlägen ist schon gesprochen worden. Sie hatten zunächst wenig Erfolg. Schließlich kam Goethe auf einen Ausweg, den er zur Förderung von «Dichtung und Wahrheit» schon früher angewandt hatte. Hatte er doch Bettina v. Arnim gebeten, sie möchte aus den Gesprächen mit seiner Mutter, der Frau Rat, ihm mitteilen, was für die Darstellung seiner Frankfurter Jugendzeit von Bedeutung sein könnte. Bettinas Berichte sind vor allem in das Buch der Kindheit, in das Erste Buch, aber mit der Erzählung vom Eislauf im mütterlichen Pelz auf dem Main auch noch in das Sechzehnte Buch eingegangen. Jetzt, 1830, erinnerte sich Goethe, daß Frau v. Beaulieu als Mädchen von einundzwanzig Jahren, damals noch Gräfin v. Egloffstein, im Jahre 1794 in Erlangen Lili gesprochen hatte. Er bittet sie, ihm über dieses Gespräch zu schreiben, und hofft so, seinen Stoff erweitern, seinem eigenen Gedächtnis aufhelfen zu können. Freilich, zu der Zeit, da er Bettina gebeten, war die Mutter soeben gestorben, und aus frischester Erinnerung konnte Bettina schreiben, was die Frau Rat in ihren letzten Lebensjahren erzählt hatte. Für Frau v. Beaulieu war es schon eine außergewöhnliche Zumutung, nach sechsunddreißig Jahren eine Unterhaltung wiederzugeben, der sie seinerzeit doch keine dokumentarische Bedeutung beigelegt hatte. Zudem, irgendein echtes Verhältnis zu Lili hatte sie nicht gewonnen. Was sie angeblich Goethe hätte ausrichten sollen, als sie 1795 nach Weimar zurückging, hatte sie diesem 1830 noch nicht bestellt und nur eben einen Gruß weitergegeben. Aber auch dem Dichter selbst stand sie mit Vorbehalt gegenüber, «seiner ominösen Liäson mit dem Bertuchschen Blumenmädchen» halber; und der alte Goethe hat sie noch kurz vor seinem Tode zu seinen Feinden gezählt. Daß er sich, als er im Jahre 1801 den Versuch machte, die Weimarer Geselligkeit wieder zu beleben, zuerst an sie wandte, zeigt nur, wie tot die Stadt damals schon war. Auch lag es eben an Frau v. Beaulieu, daß die von Goethe damals begründete Mittwochsgesellschaft schon nach einem Jahr wieder einging. Der Versuch, mit ihrer Hilfe das Weimarer Leben anzufrischen, war mißlungen. Als nun aber 1830 Lilis Enkelin in Weimar weilte, muß Frau v. Beaulieu in Hofkreisen auf Grund ihrer Erlanger Bekanntschaft geredet haben. So hat Soret gehört, Lili sei bereit gewesen, sich von Goethe nach Amerika führen zu lassen. Vermutlich hat die alte, seit Jahren taube Hofdame zwei Dinge miteinander vermengt: Lilis Bekenntnis, daß sie Goethe ihre moralische Existenz verdanke, und ferner die Tatsache, daß Lilis zweiter Verlobter nach Offenbarung seiner Mittellosigkeit über den Ozean auswanderte. Unter moralischer Existenz verstand die Aufklärung, was die klassische Zeit dann Bildung nannte, und daß Lili ihm den größten Teil ihrer Bildung schulde, hat Goethe ja Boisserée gegenüber selbst erklärt. Wahrscheinlich, daß dem Dichter jetzt zugetragen wurde, was Frau v. Beaulieu über Lili erzählte, und so bittet er sie um einen ergänzenden Bericht. Was 1794 in Erlangen gesprochen worden ist, wird sich vermutlich nie klären lassen. Daß eine Frau wie Lili v. Türckheim, Gattin eines hochangesehenen Mannes, Mutter von fünf Kindern und so wie wir sie kennen, einem jungen und fremden Mädchen Konfidenzen gemacht haben sollte, ist ausgeschlossen. Wenn Frau v. Beaulieu jetzt schreibt, Lili habe erklärt, ihre Leidenschaft für Goethe sei mächtiger gewesen als ihr Pflicht- und Tugendgefühl, so ist das auf eine gegen Willen der Mutter und der Familie geplante Flucht nach Amerika zu deuten. Aber selbst dieser Auswanderungsplan ist vielleicht eine Erfindung der alten Dame, der sich dunkel in der Erinnerung verschob, was sie über Lilis zweiten Verlobten gehört hatte. Daß die Staaten drüben um 1775 noch kein Zufluchtsort für unglücklich Liebende waren, daß sich vielmehr damals noch Washingtons Farmer, oft ohne Verpflegung, vielfach ohne Montur und ohne Schuhwerk, verbissen mit Huronen, Engländern und Hessen herumschossen, das wurde 1830 nicht in Betracht gezogen. Die Bereitschaft Lilis, unter solchen Umständen ihre glänzenden Frankfurter Verhältnisse aufzugeben und mit dem Freund nach Amerika zu fliehen, wäre so etwas ganz Außergewöhnliches gewesen, daß Goethe in seinen Schemata, wo nebensächliche Dinge erwähnt sind, doch wohl davon gesprochen hätte; aber kein Wort weiß davon. Das Schema spricht nur von dem Gegensatz zwischen dem Haus am Kornmarkt und dem am Hirschgraben. «Hier schien Lili sich nicht einpassen zu wollen.» Und dennoch, der Dichter nimmt die Darstellung der Hofdame auf und fügt sie bei der Schilderung seines Zustandes nach Rückkehr aus der Schweiz dem Ende des Neunzehnten Buches ein. Und wie begründet er nun, daß er Lilis großmütigen Entschluß nicht annahm? «Aber eben das, was meine Hoffnungen hätte beleben sollen, drückte sie nieder. Mein schönes väterliches Haus, nur wenig hundert Schritte von dem ihrigen, war doch immer ein leidlicher zu gewinnender Zustand als die über das Meer entfernte ungewisse Umgebung.» Welch seltsame Verzeichnung! Der Dichter des «Götz», des «Faust», des «Prometheus», der Führer des «Sturms und Drangs» und des Geniekultes, ein, wie wir noch sehen werden, von guten und bösen Geistern gehetzter, zu jedem Aufbruch nur allzu bereiter Mensch, einer mutigen Geliebten gegenüber als behaglicher Hausbesitzerssohn! Es war eine trübe Quelle, die Goethe angeschlagen hatte. Wie es 1775 wirklich im Herzen des jungen Bräutigams ausgesehen, hören wir aus dem Aufschrei im Brief vom 3. August: «Lang halt ich's hier nicht aus. Ich muss wieder fort – Wohin! – – – – – Ich mache Ihnen Striche, denn ich sas eine Viertelstunde in Gedancken und mein Geist flog auf dem ganzen bewohnten Erdboden herum.» Sollte Lili von solchen Stimmungen und Fluchtgedanken erfahren und darum, tapfer, wie ihre Natur war, die Fahrt über den Ozean erwogen haben, so ist es jedenfalls nicht der Hausbesitz gewesen, der Goethe festhielt, sondern das Wissen um die Tatsache, daß ein Dichter nirgends anders werden und sich entwickeln kann als in dem Lande und unter dem Volke, in dessen Sprache er dichtet.

Der größte Teil der Lili-Erzählung ist in den letzten Lebensjahren ausgeführt worden. Nach den Etappen von 1813, 1816, 1821 und 1824 steht als Abschlußdatum im Tagebuch der 21. Januar 1831; Goethe suchte in der Arbeit ein Gegengewicht wider den Kummer und die Trauer um den Tod seines Sohnes. Vielleicht, daß auch jetzt wiederum persönliche Einflüsse fördernd gewirkt haben: Anfang des Jahres 1830 hielt sich eine Enkelin Lilis, die zweiundzwanzigjährige Tochter Karls v. Türckheim, der 1807 und 1821 bei Goethe gewesen, in Weimar auf. Eckermann gibt, auf Soret fußend, ein Gespräch darüber unter dem 5. März. Goethe bedauert, das Mädchen nicht öfter gesehen zu haben und daß er anfänglich es immer verschoben, sie einzuladen und die geliebten Züge ihrer Verwandten in ihr wieder aufzusuchen. Eckermann rühmt die «erhabene Gesinnung und den reifen Geist» des Gastes, der in Weimar großen Eindruck gemacht und der bei längerem Aufenthalt manchem hätte gefährlich werden können.

«Indem Sie», sagte Goethe, «mit solchem Anteil über das liebenswürdige junge Mädchen reden, das uns jetzt verläßt, erwecken Sie in mir alle meine alten Erinnerungen. Ich sehe die reizende Lili wieder in aller Lebendigkeit vor mir, und es ist mir als fühlte ich wieder den Hauch ihrer beglückenden Nähe. Sie war in der Tat die Erste, die ich tief und wahrhaft liebte. Auch kann ich sagen, daß sie die Letzte gewesen; denn alle kleinen Neigungen, die mich in der Folge meines Lebens berührten, waren, mit jener ersten verglichen, nur leicht und oberflächlich.»

«Ich bin», fuhr Goethe fort, «meinem eigentlichen Glücke nie so nahe gewesen als in der Zeit jener Liebe zu Lili. Die Hindernisse, die uns auseinander hielten, waren im Grunde nicht unübersteiglich, – und doch ging sie mir verloren.»

«Meine Neigung zu ihr hatte etwas so Delikates und etwas so Eigentümliches, daß es jetzt, in Darstellung jener schmerzlich-glücklichen Epoche, auf meinen Stil Einfluß gehabt hat. Wenn Sie künftig den vierten Band von Wahrheit und Dichtung lesen, so werden Sie finden, daß jene Liebe etwas ganz anderes ist, als eine Liebe in Romanen.»

Hier ist über Goethes Bindung an Lili das Höchste und Letzte ausgesagt. «Sie war in der Tat die Erste, die ich tief und wahrhaft liebte. Auch kann ich sagen, daß sie die Letzte gewesen.» Über solche Beteuerung hinaus gibt es keine Steigerung. Das Wort ist viel und immer wieder angegriffen worden. Das berüchtigte, schulmeisterliche Urteil der Forschung «Hier irrt Goethe» knüpft sich an diese Erklärung; und diejenigen, die sich scheuten, dem Dichter eine Selbsttäuschung zuzuweisen, haben den Irrtum bei Eckermann und Soret gesucht. Und doch, wenn man Goethes Leben überblickt: keine Liebe, auch nicht die zu Frau v. Stein, war von so aufwühlender Leidenschaft getragen, war so gepeitschter Sturm mit Höhen und Tiefen. Weder von der Neigung zu Charlotte noch etwa von der zu Marianne v. Willemer kann man sagen, sie sei im eigentlichen Sinne dämonischer Natur gewesen. Hier aber herrschte das Dämonische. «In meinem Verhältnis zu Lili», sagt Goethe, «war das Dämonische besonders wirksam.»

Was heißt hier, was bedeutet hier das Dämonische? Schwerlich eine Mächtigkeit außerhalb der Menschen, sondern einen besonderen Zustand des Gemütes, des Charakters, der Seele. Ein Getriebensein aus gewaltigen Urmächten, ein Fehlen der sicheren Mitte und des Maßes, ein Schwanken, ein Geworfenwerden in die Extreme. Da für Lili dies alles in keiner Weise zutrifft, kann das Dämonische nur in Goethe selbst gelegen haben. Er hat zwar einmal zu Eckermann (2.III.1831) gesagt, er selbst sei keine dämonische Natur; und das stimmt auch, auf sein Leben als Ganzes gesehen, durchaus. Indes die letzte Frankfurter Epoche, anhebend mit dem Wetzlarer Aufenthalt, ist doch dämonischer Art gewesen, und das Jahr 1775 war es zweifellos in besonderem Ausmaße. Jeder Brief – wir werden diese Briefe noch hören – legt davon Zeugnis ab; und wenn der junge Dichter sich dem Orestes vergleicht und fürchtet, daß die Erinnyen ihn noch einmal aus seinem

Vaterlande vertreiben werden, so kennzeichnet er unter diesem Bilde eben seinen Zustand als den eines Menschen, der sich von unsichtbaren Mächten gejagt fühlt. Inwieweit die Beruhigung, die Heilung, die in Weimar eintrat, Charlotte-Iphigenie zuzuschreiben ist, inwieweit sich nicht auch eine Kurve der seelisch-körperlichen Entwicklung in Goethes Natur vollzogen hat, das wird sich nie ausmachen lassen. –

Aber noch ein Weiteres. Die Liebe zu Frau v. Stein, zu Marianne hatten ihre Zeit; dann ward aus der Leidenschaft Entfremdung oder liebende Freundschaft. Der Neigung zu Lili aber war ein ganz eigenartiges Schicksal vorbehalten. Nachdem sie verloschen war und in Jahrzehnten vergessen, glühte sie wieder auf. Die Enttäuschung über Charlottens Verrat – man darf es so nennen –, die tieferen Kenntnisse der weiblichen Seele im Laufe des Lebens, die Kunde von der außerordentlichen Bewährung Lilis in gefährlichster Lage, die rühmenden Berichte über den reinen Adel und die Größe ihrer Seele wandeln mählich das Bild der Verlobten, die ja ein Kind war, als sie ihm zugehörte, in Goethes Augen. «Ach, du warst in abgelebten Zeiten/ Meine Schwester oder meine Frau» – so hat Goethe das Geheimnis der Liebe zu Frau v. Stein sich zu deuten versucht, indem er an ein Vor-Begegnen, dem eigentlichen Leben voraus, glaubte. Die Spätliebe zu Lili dagegen ist eine Wiederauferstehung. Sie ist eine «*revenante*». Man spürt es den Briefen an, wie Goethe zuerst nur sehr zurückhaltend seiner Achtung Stimme gibt; aber die Achtung wächst sich aus zur Verehrung, ja zu einer Fernliebe, zu einer Traumliebe, die immer mehr von ihm Besitz nimmt, je mehr ihm das Leben selbst entschwindet und je mehr er sich, durch «Dichtung und Wahrheit» veranlaßt, der dichterischen Nachgestaltung der Jugend hingibt. Und auf einmal überkommt es ihn wie eine zu späte Erkenntnis. «Ich bin meinem eigentlichen Glücke nie so nahe gewesen als in der Zeit jener Liebe zu Lili.» Und nun bittet er ihr jedes Unrecht ab, was er ihr getan, und malt ihr Bild auf Goldgrund; und er hat recht, wenn er sagt, daß die Neigung des

Sechsundzwanzigjährigen etwas so Delikates, so Eigentümliches hatte, daß sie noch im Stil des Achtzigjährigen nachzittert. Und darum ist es auch richtig, wenn er meint, diese Liebe sei nicht nur seine erste, es sei auch die letzte gewesen. «*A la recherche du temps perdu*», das könnte man über die Lili-Kapitel von «Dichtung und Wahrheit» schreiben: «Auf der Suche nach der verlorenen Jugendzeit, – auf der Suche nach dem versäumten Glück.» Ohne daß die Darstellung nur irgendwie dem Empfindsamen verfiele, – daß ein leichter Schleier der Wehmut, wie wir ihn so an Goethes Werk nicht kennen, über ihr liegt, wird jeder verspüren. «Die Hindernisse waren im Grunde nicht unübersteiglich, – und doch ging sie mir verloren.»

Und nun erlebt diese Liebe auch noch eine letzte dichterische Verklärung, in dem Gedicht «Der Bräutigam». Man darf es, um es richtig zu verstehen, nicht für sich allein betrachten, sondern im Zusammenhang mit einem anderen, mit dem es nicht nur den sehr bezeichnenden Anfang, sondern auch Ton und Stimmung gemeinsam hat. Dies andere lautet:

> *Um Mitternacht.*
>
> *Um Mitternacht ging ich, nicht eben gerne,*
> *Klein kleiner Knabe, jenen Kirchhof hin*
> *Zu Vaters Haus, des Pfarrers; Stern am Sterne,*
> *Sie leuchteten doch alle gar zu schön;*
>   *Um Mitternacht.*
>
> *Wenn ich dann ferner, in des Lebens Weite,*
> *Zur Liebsten mußte, mußte, weil sie zog,*
> *Gestirn und Nordschein über mir im Streite,*
> *Ich gehend, kommend Seligkeiten sog;*
>   *Um Mitternacht.*
>
> *Bis dann zuletzt des vollen Mondes Helle*
> *So klar und deutlich mir ins Finstere drang,*
> *Auch der Gedanke willig, sinnig, schnelle*
> *Sich ums Vergangne wie ums Künftige schlang;*
>   *Um Mitternacht.*

Es ist eines jener Nachtgedichte, wie wir sie auch aus dem Divan kennen, Gedicht des Schlaflosen, dessen Gedanken unter dem Eindruck des Sternenhimmels über ihm zu früheren Nächten schweifen, da die gleichen Gestirne über ihm erglänzten. Und nun fällt ihm aus der Kindheit der Weg ein, der das großväterliche und väterliche Haus verband, am Peterskirchhof hin, dem einzigen Friedhof in Frankfurt innerhalb der Mauern, auf dem die Vorfahren lagen und auf dem auch später der Kaiserliche Rat und die Mutter ihre Ruhestätte finden sollten, nachts ein unheimlicher Weg, der auch an jener Schlimmauer entlang führte, die den Brunnen und die geheimnisvolle Pforte zum Märchengarten des «Neuen Paris» barg, wo das zierliche Mädchen wohnte und Zinnsoldaten sich an vergitterten Kanälen Schlachten lieferten, wie im Zweiten Buch von «Dichtung und Wahrheit» nachzulesen. Und der Weg zur Liebsten kommt ihm in den Sinn, oft beschritten und keineswegs immer derselbe. Wie das Leben reich war, so war es auch die Liebe. Und noch war es nicht zu Ende gelebt, enthielt noch immer Wünsche und Versprechungen:

Auch der Gedanke willig, sinnig, schnelle
Sich ums Vergangne wie ums Künftige schlang:
    Um Mitternacht. –

Und nun das Gedicht: Der Bräutigam.

Um Mitternacht – ich schlief, im Busen wachte
Das liebevolle Herz, als wär' es Tag;
Der Tag erschien – mir war, als ob es nachte:
Was ist es mir, so viel er bringen mag.

Sie fehlte ja; mein emsig Tun und Streben,
Für sie allein ertrug ich's durch die Glut
Der heißen Stunde; welch erquicktes Leben
Am kühlen Abend! lohnend war's und gut.

Die Sonne sank, und Hand in Hand verpflichtet
Begrüßten wir den letzten Segensblick,
Und Auge sprach, ins Auge klar gerichtet:
«Von Osten, hoffe nur, sie kommt zurück.»

240

Um Mitternacht – der Sterne Glanz geleitet
Im holden Traum zur Schwelle, wo sie ruht.
O sei auch mir dort auszuruhn bereitet!
Wie es auch sei, das Leben, es ist gut.

Das Gedicht ist wie eine Fortführung des vorigen. Wollte
man sich beide komponiert denken, so dürfte in der Begleitung das Cello führend sein. «Um Mitternacht» – so setzt
das erste Gedicht ein und wiederholt dann die Worte, wie
eine Fermate, am Schluß jeder Strophe. Auch das zweite
Gedicht wird in gleicher Weise feierlich zusammengeschlossen. Die letzte Strophe hebt an, wie die erste begonnen, eben mit diesem «Um Mitternacht». Zehn Jahre
liegen zwischen den beiden Dichtungen; das erste entstand
im Februar 1818, das zweite im Spätsommer 1828 auf
dem Dornburger Schlosse. Für den alten Goethe und sein
Schaffen zählen Jahre nicht mehr. Die Überschrift ist keineswegs, wie man gesagt hat, «irreführend». Wen hätte
Goethe irreführen wollen und warum? Und wie kann die
Überschrift irreführen, da sie eben das umschreibt, was
das Gedicht aussagt? Wie im ersten Gedicht, so ist auch
hier der Ausgangspunkt eine Jugenderinnerung. Das
Ganze ist überhaupt zunächst aus dem Sinn eines Jugendlichen gesprochen. Ein Verlobter gedenkt seiner Braut. So
sah der alte Goethe die Tage seiner Bräutigamszeit; so
erlebte er sie nach. Man vergleiche zur ersten Strophe die
Worte, mit denen Goethe die Geschichte der im Freien
verbrachten Nacht einleitet: «Es war ein Zustand, von
welchem geschrieben steht: ‹ich schlafe, aber mein Herz
wacht›; die hellen wie die dunkeln Stunden waren einander gleich; das Licht des Tages konnte das Licht der Liebe
nicht überscheinen, und die Nacht wurde durch den Glanz
der Neigung zum hellsten Tage.» Und man höre das
Schema: «Gefühl unmöglicher Trennung. Wechselseitiges
unbedingtes Behagen, wechselseitiges Vertrauen. Man
fühlt wie ernst es sei, daß es ernst bleiben müsse. Man
verspricht sich die Hand. Bräutigams Stand.» Ist das nicht
alles wie eine Umschreibung unserer Strophen? Aber

241

der Ton des Ganzen, der sonore Klang der Worte, der getragene Rhythmus der Zeilen ist Reife des Alters; und so wird das Bräutigamsgedicht zu dem, was Goethe in dem ersten Gedicht sah, zum: Lebenslied. Mann und Weib, die sich hier einander zugelobt haben, tragen keine Namen mehr. Sie stehen – urbildhaft – für das Verlöbnis überhaupt, für das Verlöbnis, wie es sein soll, wenn das Leben gut ist.

Man hat das Gedicht zu einem weltanschaulichen Bekenntnis Goethes machen wollen, zum Credo einer Weltfrömmigkeit überhaupt. Damit hat man es überspannt. Es gibt eine Stimmung wieder, vielleicht einen Wunsch, aber nicht mehr. Goethe wußte zu gut um die Abgründigkeit aller irdischen Existenz, die schon der fünfjährige Knabe am Erdbeben von Lissabon nicht ohne Grauen empfunden, die der Mann sich dann durch das Gesetz der Polarität erklärte. Es ist bedeutungsvoll, daß dasselbe Blatt, das die Handschrift dieser vier Strophen trägt, auf der Rückseite das Türmerlied des Lynkeus aus dem «Faust» enthält, mit dem Schlusse:

Ihr glücklichen Augen
Was je ihr gesehn,
Es sei wie es wolle
Es war doch so schön, –

ein Lebenspreis, dem gleich darauf der Weheruf über die brennende Hütte und der Mord an Philemon und Baucis folgen. –

Der Sterne Glanz geleitet
Im holden Traum zur Schwelle, wo sie ruht.
O sei auch mir dort auszuruhn bereitet!

Wie alles in diesem Gedicht symbolhaft ist, nicht auf eine einzelne Situation bezogen, so sind auch diese Worte hintergründig. «Die Schwelle, wo sie ruht», das ist die Kammer der Liebe, – aber ist sie nicht auch das Grab?

«Die Sonne sank, und Hand in Hand verpflichtet», –

242

das meint den Tag, der zu Ende geht; aber zielen die Worte nicht auch auf das Leben überhaupt?

Und Auge sprach, ins Auge klar gerichtet:
«Von Osten, hoffe nur, sie kommt zurück.»

Daß die Sonne, die den Tag regiert, zurückkommt, ist ein Wissen, kein Hoffen. Wenn aber hier von Hoffnung die Rede ist, verweist das nicht auf ein anderes Hoffen, auf einen anderen Glauben, eine überzeitliche Liebe, gleicht es nicht jenem «Stirb und Werde», von dem das Divan-Gedicht am Schluß des «Buches des Sängers» spricht? – Und insofern kann man allerdings sagen, daß das Gedicht von einem Gefühl der Frömmigkeit getragen ist, nur daß man dieses zu vordergründig faßt, wenn man es Weltfrömmigkeit heißen wollte. –

Liebe, die Fähigkeit, wirklich tief lieben zu können, ist Gnade. Sie ist viel seltener, als die Menschen im allgemeinen annehmen. Goethe war diese Gnade in besonderem Maße geschenkt. Sie steht hinter allem, was er fühlt und tut. Auch die Natur umfaßt er, wie nur sehr wenige vor ihm, mit liebendem Blick. Und so empfindet er nun auch eine persönliche Neigung zu einem Mädchen, zu einer Frau als unvergänglich, sieht in ihr wie in der Sonne einen Klang des Weltalls und hebt sie so in das Metaphysische. –

3.

Wir haben das Leben Lilis kennengelernt, wie es sich gestaltete, nachdem der Dichter sie verlassen hatte. Wir haben verfolgt, wie trotz der Lossage die Verbindung nie ganz abriß und wie dem alten Goethe sich die Offenbacher Zeit immer mehr als das verlorene, verscherzte Paradies der Jugend spiegelte. Es bleibt noch übrig, zu fragen, wie diese Zeit wirklich gewesen, wie sie uns, nicht im Traumlicht der Erinnerung, sondern aus den unmittelbaren Zeugnissen der Tage entgegentritt.

Man kennt, am sichtbarsten aus den Briefen an Frau

v. Stein, Goethes Art, der Geliebten auch bei nur geringer räumlicher Trennung Grüße, Liebesbeteuerungen, Berichte über das eigene Denken und Tun in kurzen Zeilen zukommen zu lassen. Dergleichen Zettel und Zettelchen sind auch im Jahre 1775, durch Philipp Seidel, der des Kaiserlichen Rates und Goethes Diener war, oder sonst einen Boten befördert, vom Hirschgraben zum Kornmarkt oder nach Offenbach geflattert; aber nicht ein einziges Blatt ist erhalten. Dafür haben wir aber Schreiben, freilich vor allem aus den Stunden der Spannung zu Lili, die über die Nöte dieser Liebe an eine dritte Person, an eine Vertraute berichten und eben dadurch Zeugnis sind, wie sehr es dem Dichter Bedürfnis war, das Fühlen jeden Momentes festzuhalten und, sei es beglückt, der Geliebten, sei es gequält, der Vertrauten mitzuteilen. «Lassen Sie nur meine Briefe sich nicht fatal werden, wie ich mir selbst bin, da ich schreibe. Ich meine, alle Falten des Gesichts drückten sich drin ab.»

Die erste Niederschrift dieser Art ist der berühmte Brief vom 13. Februar 1775 an Auguste Gräfin zu Stolberg:

«Wenn Sie sich, meine liebe, einen Goethe vorstellen können, der im galonierten Rock, sonst von Kopf zu Fuse auch in leidlich konsistenter Galanterie, umleuchtet vom unbedeutenden Prachtglanze der Wandleuchter und Kronenleuchter, mitten unter allerley Leuten, von ein Paar schönen Augen am Spieltische gehalten wird, der in abwechselnder Zerstreuung aus der Gesellschaft, ins Conzert, und von da auf den Ball getrieben wird, und mit allem Interesse des Leichtsinns, einer niedlichen Blondine den Hof macht; so haben Sie den gegenwärtigen Fassnachts Goethe, der Ihnen neulich einige dumpfe tiefe Gefühle vorstolperte, der nicht an Sie schreiben mag, der Sie auch manchmal vergisst, weil er sich in Ihrer Gegenwart ganz unausstehlich fühlt.

Aber nun giebts noch einen, den im grauen Biber-Frack mit dem braunseidnen Halstuch und Stiefeln, der in der streichenden Februarlufft schon den Frühling ahndet, dem nun bald seine liebe weite Welt wieder geöffnet wird, der immer in sich lebend, strebend und arbeitend, bald die unschuldigen Gefühle der Jugend in kleinen Gedichten, das kräfftige Gewürze des Lebens in mancherley Dramas, die Gestalten seiner Freunde und seiner Gegenden und seines geliebten Hausraths mit Kreide auf grauem Papier, nach seiner Maase auszudrücken sucht, weder rechts noch links fragt: was von dem gehalten werde was er machte? weil er arbeitend immer gleich eine Stufe höher steigt, weil er nach keinem Ideale springen, sondern seine Gefühle sich zu Fähigkeiten, kämpfend und spielend, entwickeln lassen will. Das ist der, dem Sie nicht aus dem Sinne kommen, der auf einmal am frühen Morgen einen Beruf fühlt Ihnen zu schreiben, dessen gröste Glückseligkeit ist, mit den besten Menschen seiner Zeit zu leben.

Hier also meine beste sehr mancherley von meinem Zustande, nun thun Sie dessgleichen und unterhalten mich von dem Ihrigen, so werden wir näher rücken, einander zu schauen glauben – denn das sag ich Ihnen voraus, dass ich Sie offt mit viel Kleinigkeit unterhalten werde, wie mirs in Sinn schiesst.

Noch eins, was mich glücklich macht, sind die vielen edlen Menschen, die von allerley Enden meines Vaterlands, zwar freylich unter viel unbedeutenden, unerträglichen, in meine Gegend, zu mir kommen, manchmal vorübergehn, manchmal verweilen. Man weiss erst, dass man ist wenn man sich in andern wiederfindet.

Ob mir übrigens verrathen worden: wer und wo sie sind thut nichts zur Sache, wenn ich an Sie dencke fühl ich nichts als Gleichheit, Liebe, Nähe! Und so bleiben Sie mir, wie ich gewiss auch durch alles Schweben und Schwirren durch unveränderlich bleibe. Recht wohl –! diese Kusshand – Leben Sie recht wohl.»

So schrieb damals nur einer, eben Goethe. Der Brief ist eine Art Rechenschaftsbericht. – Inhaltlich und melodisch gehören die beiden ersten Abschnitte eng zusammen; zunächst ein Vorder-Satz, mit «wenn» eingeleitet, in berükkend farbigen Strichen das Bild einer Rokokoliebschaft, mit dem Abschluß: so haben Sie den Fastnachts Goethe.

Dann, als Gegen-Satz, tiefer, gefühlter, den Wanderer, den Dichter, den Maler, den ringenden Menschen, «das ist der, dem Sie nicht aus dem Sinn kommen», das ist der, der eben jetzt am frühen Morgen in seinem Giebelzimmer sitzt und schreibt, weil er schreiben muß. Und nun, nach diesen sich ebenmäßig in Thema und Gegenthema wölbenden Satzbögen drei gleich lange Kadenzen: Seien Sie offen zu mir wie ich zu Ihnen. – Was mich glücklich macht, ist die Anerkennung durch die Besten des Landes. – Bleiben auch wir uns, was wir uns sind, «durch alles Schweben und Schwirren». Zum Finale eine Kapriole: «Recht wohl –! diese Kusshand – Leben Sie recht wohl.» – So, mit einer Kußhand, leichtfüßig, springt das Beichtkind aus dem Beichtstuhl.

Das ist reine Musik, Mozart so nahe wie möglich. Wie diese Sätze innerlich gefühlt, gehört sind, sind sie Ausströmen eines schöpferischen Impulses, der sich zwar noch in ungebundener, bis zum Höchsten gesteigerter Rede ergießt, indes schon so an der Grenze der Poesie ist, daß ein Mehr von melodischer Dynamik sich zur Rhythmik der Strophenform verdichtet hätte, wenn das Ganze nur Selbstgespräch und nicht an einen Empfänger gerichtet gewesen wäre. Und tatsächlich ist ja der erste Abschnitt die prosaische Vorform des ersten Lili-Gedichtes, in dem auch der Rokokoglanz von Lilis Umgebung im Schönemannschen Hause in Gegensatz steht zur in sich glücklichen Einsamkeit des Dichters im Kämmerlein im Hirschgraben. Später, als die Liebe vorbei und ausgeklungen war, ward auch das Gegenbild, der Wanderer, Gedicht in Weimar, in «Jägers Abendlied».

Was sind Briefe sonst? Nachrichten, Fragen, Füllsel zusammengestoppelt. Dieser Brief ist ein Organismus, einer Pflanze gleich, aus dem Gesetz eines geistigen Wachstums schön und blühend emporgetrieben. Und sicher in einem Federzug aufs Papier geworfen. Mathematisch genau entsprechen sich im Aufbau die beiden «Sätze». Zuerst die Tracht, weil tonangebend, gleichsam der «Schlüssel» zur Melodie: der galonierte Rock, dann die Leuchter, der

Spieltisch, die Gesellschaft, das Mädchen. Im zweiten Satz: der graue Biberfrack mit braunseidenem Halstuch, Stulpenstiefel, statt des Interieurs der Stadt die streichende Februarluft des Frühlings – wie ist hier das Frankfurter Klima erfaßt! – und nun sich steigernd lauter Trumpf- und Triumphworte sich selbst genießender Daseinsfreude: liebe weite Welt, lebend, strebend, arbeitend, Gefühle der Jugend, kräftiges Gewürz des Lebens bis hin zu dem Jubelruf, über die «größte Glückseligkeit mit den Besten seiner Zeit zu leben». Mit den Besten seiner Zeit! Und nicht, wie Lili, mit allerlei Leuten. Ja, in einem Jubel des Selbstvertrauens klingt der Brief aus: «Noch eines, was mich glücklich macht, sind die vielen edlen Menschen, die zu mir kommen, von allerlei Enden meines Vaterlandes.» Soeben war Fritz Jacobi da. Ende März kam Klopstock.

Darum ist dieser Brief so in sich geschlossen, so ebenmäßig, einheitlich gebaut, weil die Ordnung der Rede aus der Ordnung der Seele kommt. Nur wer seiner sicher war, konnte so schreiben. Oder – wer seiner sicher zu sein glaubte. Wie aber, – wenn der Brief Täuschung wäre? Selbsttäuschung eines sich unbewußt gefährdet fühlenden Herzens? Wenn die beiden Welten, die hier sorglich getrennt und auseinandergehalten werden, sich verwirrten, ineinanderstürzten? Wenn die Werte sich verschöben? Noch wird die Sphäre des Mädchens nur herabgesetzt: der Prachtglanz der Wandleuchter ist unbedeutend, ihre Umgebung «allerlei Leute», sie selbst noch ohne Eigenwert, nur ein Teil dieser Umwelt, nur ein paar schöne Augen, eine niedliche Blondine. Noch ist das Attachement an sie nur Leichtsinn, Zerstreuung, Fastnacht. Bloß der Rahmen, in dem sie lebt, ist erfaßt, nicht ihr Wesen, nur der Kelch gesehen, die Blüte kaum geahnt. Noch sind Lili und Natur Gegensätze.

Das Gedicht, das ganz kurz nach diesem Briefe entstanden sein muß – es war am 26. März bereits von André vertont und wurde von Goethe an Jacobi gesandt –, wiederholt das alles: Lichter, Spieltisch, unerträgliche Gesichter:

Warum ziehst du mich unwiderstehlich,
Ach! in jene Pracht?
War ich guter Junge nicht so selig
In der öden Nacht?

Heimlich in mein Zimmergen verschlossen,
Lag im Mondenschein,
Ganz von seinem Schauerlicht umflossen –
Und ich dämmert ein.

Träumte da von vollen goldnen Stunden
Ungemischter Lust!
Ahndungsvoll hatt' ich dein Bild empfunden
Tief in meiner Brust.

Bin ich's noch, den du bey so viel Lichtern,
An dem Spieltisch hältst?
Oft so unerträglichen Gesichtern
Gegenüber stellst?

Aber dann schließt es, ein Beweis, daß die verwirrende Katastrophe eingetreten ist, mit einem umstürzenden Szenenwechsel:

Reizender ist mir des Frühlings Blüte
Nun nicht auf der Flur;
Wo du Engel bist, ist Lieb und Güte,
Wo du bist, Natur.

Konnte Goethe lauter widerrufen, was er eben an Gustchen geschrieben hatte? Ist es nicht, als ob er der Geliebten das Bild abbitten wollte, das er von ihr entworfen? Ja, der Brief war Selbsttäuschung gewesen! Und wunderlich ist nur, daß die, die Goethes Leben zu schildern unternahmen, sich gleichfalls so vielfach täuschen ließen und sich so weitgehend diesem Briefe anschlossen, daß sie Lili zur kleinen Kokette machten. Selbst Herman Grimm spricht abschätzig von «dem armen Mädchen mit seinen paar Künsten». Und das, obwohl in dem Briefe das Hofmachen, das Werben «mit allem Interesse des Leichtsinns» vom Dichter ausdrücklich sich selbst zugeschrieben wird und das

Gedicht von dem Mädchen warm als Lieb' und Güte und Natur spricht.

Ahndungsvoll hatt' ich dein Bild empfunden
Tief in meiner Brust.

«Tief in meiner Brust.» Im Unterbewußtsein auch des Briefschreibers lag das Vorgefühl des Kommenden. Und darum überhaupt der ganze Brief, mit dem Goethe sich, ohne sich Rechenschaft zu geben, eine verborgene, leise Angst triumphierend wegredete.

Denn an wen schreibt er? Er, der gefeierte Autor, wendet sich an ein junges Mädchen von zweiundzwanzig Jahren, das er nie gesehen hat, die Schwester von Literaten, die er auch nicht persönlich kannte, die ihm nur wegen seines Werthers huldigten, wobei die Schwester dem Schreiben des Bruders einige gefühlvolle Worte angefügt hatte, die bei Goethe auf eine empfängliche Stunde getroffen waren. Sie zeugten Vertrauen; und so erhielt Gustchen diesen Brief, der eine Beichte ist. Auch der Werther ist ja eine Beichte in Briefen. Damals war, soweit die Briefe des Romans nicht reine Dichtung sind, im wesentlichen Merck der Empfänger gewesen, der Freund in Darmstadt. Der war längst als zu kritisch erkannt, als zu mephistophelisch, um ihm so das Innerste zu offenbaren. Um so näher stand Goethe dieses fremde Mädchen, gerade weil es so weit, weit entfernt war, hoch oben im Norden, aber vertrauend und so auch vertrauenswürdig, die «teuere Ungenannte», eine Irdische gewiß, und doch vielleicht, ja gewiß gleich einer Himmlischen. Ihr konnte man sagen, was man empfand. Sie würde verstehen. Und tatsächlich, obwohl sich beide im Leben nie begegnet sind und der Briefwechsel bald einschlief, ist die innere Bindung, allein auf die Reinheit des Vertrauens gegründet, so groß gewesen, daß fast ein halbes Jahrhundert später, am 15. Oktober 1822, Auguste Stolberg, nun eine Greisin von fast siebzig Jahren, zur Feder griff und aus sorgenvoll bewegtem Herzen sich an Goethe wandte, um sich dessen zu versichern, daß der Seelenfreund der Jugend nicht, wie Gerüchte sagten, der

Glaubenslosigkeit verfallen sei. Und Goethe hat ihr mit einem seiner schönsten und wärmsten Briefe geantwortet.

Wie sehr für Goethe der sichere Bau seines Lebens, den er eben noch Gustchen so gerühmt hatte, zusammengebrochen war, das bekennt er nun in drei Strophen «Neue Liebe neues Leben», nicht einem Dritten, sondern in einer Zwiesprache seinem Herzen. Das Gedicht erschien unmittelbar hinter den Strophen «An Belinde», von denen soeben die Rede war, im Märzheft der Zeitschrift «Iris», ist also kurz nach diesem Ende Februar oder Anfang März 1775 entstanden.

Herz, mein Herz, was soll das geben?
Was bedränget dich so sehr?
Welch ein fremdes neues Leben!
Ich erkenne dich nicht mehr.
Weg ist alles, was du liebtest,
Weg warum du dich betrübtest,
Weg dein Fleiß und deine Ruh –
Ach wie kamst du nur dazu!

«Weg dein Fleiß und deine Ruh»; das Dramendichten, das Zeichnen, von dem er an Gustchen eben noch so stolz geschrieben, hatte aufgehört, und warum?

Fesselt dich die Jugendblüte,
Diese liebliche Gestalt,
Dieser Blick voll Treu' und Güte,
Mit unendlicher Gewalt?
Will ich rasch mich ihr entziehen,
Mich ermannen, ihr entfliehen,
Führet mich im Augenblick
Ach mein Weg zu ihr zurück.

Die Tragik dieser Liebe enthüllt sich. Von vornherein steht für Goethe der Wille fest, sich nicht zu binden, weil er weiß, daß er sich nirgends binden darf. Daher, nicht ganz ohne Schuldbewußtsein, das Bekenntnis des «Leichtsinns» schon im ersten Briefe. Und auf der anderen Seite ist der Zauber dieses Mädchens, «dieser Blick voll

250

Treu' und Güte», eine Magie, der er zu seiner, ja zu beider
Qual sich nicht entziehen kann.

Und an diesem Zauberfädchen,
Das sich nicht zerreißen läßt,
Hält das liebe lose Mädchen
Mich so wider Willen fest;
Muß in ihrem Zauberkreise
Leben nun auf ihre Weise.
Die Verändrung ach wie groß!
Liebe! Liebe! laß mich los!

Diesen Ton der Verquältheit hören wir nun auch aus
den Briefen. Am Freitag, dem 17. Februar, also kaum vier
Tage nach dem Schreiben an Gustchen, schreibt Goethe an
Bürger, den er auch nicht persönlich kannte, und gleichfalls in einer Antwort auf eine Huldigung über den Werther: «Von meinen Verworrenheiten ist schwer was zu
sagen; fleißig war ich eben nicht seither. Die Frühlingsluft,
die so manchmal schon da über die Gärten herweht, arbeitet wieder an meinem Herzen.» Und am 6. März an Johanna Fahlmer: «Gestern bin ich mit den Runckels
[Freundinnen von Cornelia] ums Thor gegangen. Lili ist
mir mit ihrer Mutter in einer Kutsche begegnet, ich war
sehr dumm und toll, und habe mit der Loisgel und Ries
[der Jugendfreund Riese] von sechs bis acht L'hombre gespielt.» Es ist der Zustand, den Goethe ein andermal mit
einer im Elternhaus beliebten gut Frankfurter Redensart
kennzeichnet: «So geht's mit mir immer unterst der
öberst!» Und so entstehen dann so erregte Briefe wie der
vom 7./8. März, der an Gustchen geschrieben wurde bei
d'Orvilles in Offenbach in Erwartung der Ankunft Lilis.
Diese wird nicht genannt, und doch ist sie, obwohl noch
abwesend, in jeder Zeile gegenwärtig, ersehnt, aber mit
Bangen. «Warum soll ich Ihnen nicht schreiben, warum
wieder die Feder liegen lassen, nach der ich bisher so offt
reichte. Wie immer immer hab ich an Sie gedacht. Und
iezzo! – Auf dem Land bey sehr lieben Menschen – in
Erwartung – liebe Auguste – Gott weis ich bin ein armer

Junge – d. 28. Febr. haben wir getanzt die Fassnacht beschlossen – ich war mit von den ersten im Saale, ging auf
und ab, dachte an Sie – und dann – viel Freud und Lieb
umgab mich – Morgends da ich nach Hause kam, wollt
ich Ihnen schreiben, liess es aber und redete viel mit Ihnen
– Was soll ich Ihnen sagen, da ich Ihnen meinen gegenwärtigen Zustand nicht ganz sagen kann, da Sie mich nicht
kennen. Liebe! Liebe! Bleiben Sie mir hold – Ich wollt ich
könnt auf Ihrer Hand ruhen, in Ihrem Aug rasten. Grosser
Gott was ist das Herz des Menschen! – Gute Nacht. Ich
dachte mir sollts unterm Schreiben besser werden – Umsonst mein Kopf ist überspannt – Ade. Heute ist der
6. Merz denck ich. Schreiben Sie doch auch immer die
Data in solcher Entfernung ist das viel Freud.

Guten Morgen liebe. Die Zimmerleute, die dadrüben
einen Bau aufschlagen, haben mich aufgewegt, und ich
habe keine Rast im Bette. Ich will an meine Schwester
schreiben, und dann mit Ihnen noch ein Wort.

Es ist Nacht, ich wollte noch in Garten, musste aber
unter der Thüre stehen bleiben, es regnet sehr. Viel hab ich
an Sie gedacht! Gedacht daß ich für Ihre Silhouette noch
nicht gedanckt habe! Wie offt hab ich schon dafür
gedanckt, wie ist mein und meines Bruders Lavaters Phi-
siognomischer Glaube wieder bestätigt. Diese rein sin-
nende Stirn diese süsse Festigkeit der Nase, diese liebe
Lippe dieses gewisse Kinn, der Adel des ganzen dancke
meine Liebe dancke. – Heut war der Tag wunderbar.
Habe gezeichnet – eine Scene geschrieben. O wenn ich
ietzt nicht Dramas schriebe ich ging zu Grund.» Es wird
vermutlich eine Stella-Szene gewesen sein, die Goethe
schuf; indes auch «Claudine von Villa Bella» und «Faust»
beschäftigten ihn damals. Nur in diesem Schöpfertum hielt
er sich aufrecht.

Der Brief ist eine Flucht vor sich selbst, eine Zu-Flucht.
Lili, in seelischer Not, würde ihre Haltung im Gebet ge-
sucht und gefunden haben. Goethe, geneigt, das Ewige im
Weiblichen zu sehen und zu verehren, betet zu Gustchen.
«Bleiben Sie mir hold. Ich wollt ich könnt auf Ihrer Hand

ruhen, in Ihrem Aug rasten», das sind nicht Wünsche der Liebe, sondern Hilferufe eines kranken Herzens.

Gegen Ostern zu, wo die Verlobung stattfand, ward der Ton zuversichtlicher: «Es sieht aus, als wenn die Zwirnsfädchen, an denen mein Schicksal hängt und die ich so lange in rotierender Oszillation auf und zutrille, sich endlich knüpfen wollten. Übrigens machen mich allerlei Umstände ziemlich zahm, ohne mir doch den guten, jungen Mut zu nehmen», so, mehr andeutend als enthüllend, an Herder. Und bei Beginn der Frühjahrsmesse an Johanna Fahlmer: «Liebste Tante, ich komme von Offenbach! – Kann Ihnen weder Blick noch Zug geben von der Wirthschafft. Mein Herz immer wie ein Strumpf, das äußere zu innerst, das innere zu äußerst gekehrt. Bitte! Bitte! – Sehen Sie sich in der Messe um, nach was – für Lili!!! Galanterie Bijouterie, das neueste, eleganteste! – Sie fühlens allein, und meine Liebe dazu! aber heilig unter uns, der Mama nichts davon. Den Gerocks nichts. Ich bitte. Und schreiben Sie, was es kostet!!! –» Noch wird also das Geschenk vor der Mutter und den Freundinnen der Schwester geheim gehalten. – Kurz darauf, beseligt an dieselbe Adressatin: «Ja, Tante, sie war schön wie ein Engel, und ich hatte sie in vier Tagen nicht gesehn. Und, lieber Gott, wieviel ist sie noch besser als schön!» In jene Tage ist vermutlich nun auch ein undatiertes Blatt zu setzen, das wohl die Mutter nach der Abreise nach Weimar in seinem Schreibtische gefunden hat. Es ist der einzige Brief an Lili, der sich erhalten hat, aber dies nur, weil er nicht abgesandt wurde, ja kein Brief, sondern nur ein überseliges Liebesstammeln, fünfmal ansetzend und immer wieder abbrechend, weil Gefühle und dichterische Visionen sich überstürzend jagen: «Herzlich bin – Lieber Engel, bist du mein? – Ach warum bin ich nicht immer sogleich bey – lieber Engel – Ach wie möcht ich zu deinen Wolken steil – Wo sie streben und durcheinander gleiten. Wo sie drängen und durcheinander wandern.» –

Das eben scheidet den Dichter von der Menge, daß hinter dem Worte bei ihm noch wirkliche Gesichte stehen, so wie hier die Geliebte nicht Engel benannt, sondern als Engel geschaut wird, in Wolkenglorie, schwebend, strahlend, sich neigend. –

Je höher der Flug, um so tiefer der Sturz. Wir werden noch sehen, warum der Rückschlag einsetzen mußte, wenn es auch verborgen bleibt, in welcher Form es den Liebenden offenbar ward, daß ihrer Neigung, so tief sie beide davon ergriffen waren, weder Glück noch Stern beschieden sein sollte. Schon im Mai war alles wie zerbrochen, alles in Frage gestellt. Trutzig und enttäuscht schreibt Goethe an Herder: «Meinen Ballen spiel ich wider die Wand und Federballen mit den Weibern. Dem Hafen häuslicher Glückseligkeit und festem Fuß in wahrem Leid und Freud der Erde wähnt ich vor kurzem näher zu kommen, bin aber auf eine leidige Weise wieder hinaus in's weite Meer geworfen.» Zwei Tage später, am 14. Mai, brach der Dichter mit den Brüdern Stolberg zur Reise in die Schweiz auf.

Wie hatte doch der alte Goethe diese Frühlingsmonate im Schema zu «Dichtung und Wahrheit» charakterisiert? «Belebung des geselligen Vergnügens durch Musik. Lustpartien aller Art. Schöne Gärten, Umgebungen, Errichtung palastähnlicher Gebäude. Nähe des Mains. Glücklicher, heiterer Himmel. Schöne Jahreszeit. Bürgers Lenore. Durchaus glänzende Zeit.» Wieviel lustbetonte Hauptworte und Beiworte in diesen wenigen Zeilen, und wie wenig ist von dieser Lust den Briefen anzumerken! Daß trotzdem nicht nur die Abendröte der Erinnerung diese Landschaft so verklärte, sondern daß es wirklich in Offenbach heiter, ja jugendlich ausgelassen herging, dafür haben wir das Zeugnis in der Überlieferung der Familie André. Sie bestätigt zunächst, daß der Komponist, unerschöpflich in Gesängen und in Schwänken zum Klavier, oft bis der Nachtwächter die zwölfte Stunde abrief, die Liebenden unterhielt und ihnen so ein längeres Beisammensein ermöglichte. Darüber hinaus weiß sie zu berichten: Einst, bei einer dämmernden Mondnacht, habe Goethe sich in weiße Laken gehüllt und so, auf hohen Stelzen in dem

Städtchen herumschreitend, habe er vielen Leuten zu den Fenstern des ersten Stockwerkes hineingeschaut, daß jene ein panischer Schreck befiel ob der langen, weißen, geisterhaften Gestalt. «Bürgers Lenore», – was das Wort im Schema bedeutet, jetzt wird es klar. Die großartige Gespensterballade ward, kaum daß sie bekannt geworden, nicht nur deklamiert, vertont, gesungen, sondern von Goethe sogleich höchst wirksam ins Leben umgesetzt. Uns aber sind alle diese Andréschen Nachrichten zugleich ein schöner Beweis für die Zuverlässigkeit der Erinnerung des Dichters. Die Chronik erzählt dann noch weiter, freilich vom Anfang Oktober: Einmal, bei der Taufe des Anton André, habe die ganze Gesellschaft bei dem Festschmause gesessen. Da sei Goethe nach kurzer Entfernung mit einem verdeckten Gerichte hereingetreten, das er schweigend auf den Tisch gesetzt; und als man später die Serviette von der Platte hob, habe der kleine Täufling, sorgsam eingewickelt, darin gelegen. Das waren harmlose Hanswurstiaden. Es gab auch weniger harmlose. Goethe spricht im Achtzehnten Buch von «Dichtung und Wahrheit» von seiner Farce «Hanswursts Hochzeit» mit grandioser Unbekümmertheit. Er verlegt sie zwischen den Bericht über die Offenbacher Zeit und vor die Erzählung seiner Schweizer Reise und stellt es den Herausgebern anheim, ob sie Proben des Textes abdrucken wollten. Die hinterlassenen Handschriften machen es verständlich, daß Eckermann und der Kanzler v. Müller wohlweislich auf den Abdruck verzichtet haben. Die Posse ist die Laune einer Stunde, die Improvisation eines tollen Abends. Die Listen der langen Reihe von auftretenden Personen – in ihren unanständigen Namen bestand im Grunde der Witz des Ganzen – sind zum Teil auch von Merck geschrieben. Aber noch zwei weitere, unbekannte Teilnehmer haben den Handschriften nach mitgewirkt. Man wird oben im Mansardzimmer «des Doktors» zu viert gesessen und jubelnd sich überbietend die Namen einander zugerufen haben. «Den verfluchten Dreck schrieb ich in der Trunkenheit», so entschuldigte Goethe seine Spottschrift gegen Wieland. Auch bei der Niederschrift von «Hanswursts Hochzeit» haben die Flaschen auf dem Tisch gestanden. Es wird hoch hergegangen sein bei diesem *convivium*, voll Sturm und Drang.

Der Eingangsmonolog des «Urfaust» muß damals schon vorgelegen haben. Mit seiner Parodie, zumal der Verse:

> *Hab nun, ach! die Philosophey – – –*
> *Daß ich nicht mehr mit saurem Schweis*
> *Rede von dem, was ich nicht weis*

setzt das Spiel ein, auch über die Vergeblichkeit des Lehrens klagend, nur daß hier die Ursache beim Zögling und seinem bösen Willen liegt und nicht im ungestillten Wissensdrang des Gelehrten und Forschers.

> *Hab ich endlich mit allem Fleis,*
> *Manchem moralisch politischen Schweis*
> *Meinen Mündel Hanswurst erzogen*
> *Und ihn ziemlich zurecht gebogen,*
> *Zwar seine tölpisch schlüffliche Art*
> *So wenig als seinen kohlschwarzen Bart,*
> *Seine Lust in den Weeg zu scheissen,*
> *Hab nicht können aus der Wurzel reissen.*
> *Was ich nun nicht all kunt bemeistern,*
> *Das wusst ich weise zu überkleistern.*
> *Hab ihn gelehrt, nach Pflichtgrundsäzzen*
> *Ein paar Stunden hintereinander schwäzzen,*
> *Indeß er sich am Arsche reibt*
> *Und Wurstel immer Wurstel bleibt,*

so beginnt Hanswursts Oheim Kilian Brustfleck, muß aber eben das Vergebliche seiner Erziehung eingestehen: «Wurstel immer Wurstel bleibt.» Und darum geht es nun. Hanswurst soll die Ursel, ein honettes Mädchen, heiraten. Er ist ein berühmter Mann. Es kommen vornehme Verwandte, feine Leute. Der Oheim bittet seinen Neffen, sich entsprechend aufzuführen.

Ich habs, dem Himmel sey's geklagt,
Euch doch so öffter schon gesagt,
Daß ihr euch sittlich stellen sollt
Und thut dann alles, was ihr wollt.
Kein leicht unfertig Wort wird von der Welt vertheidigt,
Doch thut das niedrigste und sie wird nie beleidigt.
Der Weise sagt, der Weise war nicht klein:
Nichts Scheinen aber alles seyn.
Doch, ach, wie viel geht nicht an euch verlohren,
Zu wieviel grosem wart ihr nicht gebohren!
Was hofft man nicht, was ihr noch leisten sollt!

Darauf der Hanswurst:

Mir ist ja alles recht, nur laßt mich ungeschoren.
Ich bin ja gern berühmt, so viel ihr immer wollt.
Redt man von mir, ich will's nicht wehren,
Nur muss mich's nicht in meinem Wesen stören.
Was hilfts, dass ich ein dummes Leben führe?
Da hört die Welt was rechts von mir,
Wenn man ihr sagt, dass um von ihr
Gelobt zu seyn, ich mich genire.

Das ist das trotzig selbständige, jugendlich unabhängige, auch launisch eigenwillige Genie, plötzlich durch seine Werke in den Scheinwerferkegel des Ruhmes gestellt, das ist der «Westindier», das heißt Naturbursche von Indianer, ist der Hurone, der Bär, der mit der Bürgerlichkeit in Konflikt kommt und nun dieser Bürgerlichkeit die Maske vom Gesicht reißt. Denn das ist nun das zweite Motiv: diejenigen, die des berühmten Dichters Freiheit oder in der Posse Wurstels Unanständigkeit beschränken wollen, haben ihre wahre Natur, im Wurstelspiel ihre Triebhaftigkeit, nur übertüncht. Was sie wirklich sind, enthüllen ihre Namen. Und wie lauten diese? «Es sind», wie Goethe in «Dichtung und Wahrheit» sagt: «lauter deutsch herkömmliche Schimpf- und Ekelnamen, wodurch der Charakter der Einzelnen zugleich ausgesprochen und das Verhältnis zueinander gegeben war.»
Wissenschaftlichen Nachschlagewerken war dieser

Wortschatz freilich nicht entnommen. Goethe hatte ihn auch nicht, wie das Volkslied im Elsaß, «aus den Kehlen der ältesten Mütterchen» gesammelt. Es war die Sprache der Rosengasse, die sich zwischen Kornmarkt und Großem Hirschgraben hinzog und vom Mittelalter her immer derselben Bestimmung diente.

O Vater alles wahren Sinns
Und des gesunden Lebens,
Du Geber köstlichen Gewinns,
Du Fördrer treuen Strebens,
Sprich in mein Herz dein leises Wort,
Bewahre mich so fort und fort
Für Heuchlern und für Huren.

Mit diesem choralartigen Stoßseufzer – der Überschrift gemäß zu singen nach der Melodie: «O Vater der Barmherzigkeit» – hat der junge Goethe die unerfreuliche Nachbarschaft abgeschüttelt. Aber das Idiom, das dort gesprochen wurde, verschwenderisch reich wie der Wortschatz eines Grimmelshausen, volkhaft derb wie der des Hans Sachs, hat den Sprachschöpfer in Goethe gereizt. Wir haben auch sonst Belege dafür, wie er, um mit Luther zu reden, dem Volke aufs Maul sah. Die derbe Wucht und treuherzige Anschaulichkeit, die Nestwärme und Trautheit der Sprache des Frankfurter Goethe ziehen ihren Atem aus dem Umgang mit dem Volke; und in «Hanswursts Hochzeit» kommt eben dessen unterste Schicht zu Worte.

Mit diesem Personenverzeichnis von etwa zweihundert üblen und höhnenden Namen war der Sinn des Spieles aber nun auch erschöpft. Einer weiteren Handlung bedurfte es nicht. Was in «Dichtung und Wahrheit» von einer solchen gesagt wird, beweist nur, daß im Grunde keine da war. Aber dem alten Dichter waren diese kecken Blätter aus seiner Jugendzeit doch wichtig genug, um von ihnen zu reden. Sie waren ihm ein, wenn auch burleskes, Dokument seines damaligen Freiheitssinnes und dessen aggressiver Unbedingtheit. Ein grobianischer Titanismus brüskiert alle Welt und mit besonderer Freude, ja mit

Hohn die gute Gesellschaft. Diese Seite gehört in das Wesen des jungen Goethe. Sie lehrt die Gegensätze verstehen zwischen dem Verlobten, der sich als Wurstel fühlen konnte, und einem Mädchen, das «das Streichen» liebte, «wenn etwas Anstößiges gesagt oder gesprochen wurde», um so eine Unschicklichkeit auf zierliche Weise auszulöschen. Im ältesten Schema zu «Dichtung und Wahrheit» stehen vor «Lilis Bekanntschaft» die Worte «Betragen, Trunkenheit, Betragen als Naturkind»; und Georg Melchior Kraus, der Frankfurter Maler, mit dem der Dichter eben damals zusammenkam, schrieb auf: «Goethe hat noch immer seine alte Laune. Im eifrigsten Gespräch kann ihm einfallen, aufzustehen, fortzulaufen und nicht wieder zu erscheinen. Er ist ganz sein, richtet sich nach keiner Menschen Gebräuche; wenn und wo alle Menschen in feierlichsten Kleidungen sich sehen lassen, sieht man ihn im größten Negligé [Tagesanzug] und ebenso im Gegenteil.» Im Schönemannschen Hause muß es Schwierigkeiten über Schwierigkeiten gegeben haben. Noch in dem berüchtigt genialen Treiben der ersten Weimarer Jahre mit ihrem Affront gegen Konvention und Sitte tritt, der Hofdame Charlotte von Stein zu nicht wenigem Anstoß, diese Unbändigkeit Goetheschen Jugendwesens zutage.

Aber mit all dem Gesagten ist das Verständnis von «Hanswursts Hochzeit» doch noch nicht völlig erschlossen. Wir müssen uns noch tiefer einlassen, bis hinab in den Stadtklatsch. Johann Christian v. Senckenberg, der große Arzt, Naturforscher und durch seine umfangreichen Stiftungen heute noch ein Wohltäter der Stadt, hat ein Tagebuch geführt, in dem über das Treiben im Schönemannschen Hause Unerfreuliches zu lesen steht. Die Eintragungen sind vom 5. April 1764. Lili war damals ein Kind von noch nicht fünf Jahren, die Mutter hatte im Jahre vorher den Gatten verloren, und eben der Witwe und ihrer Lebensführung gelten die Bemerkungen Senckenbergs. In einem weiteren Eintrag vom Abend desselben Tages wird von einem jungen Mann gesagt, daß er «in der Hurengesellschaft bei Frau Schönemann bediente». Nun muß man

Senckenbergs Einträge nicht für voll nehmen. Er selbst war, obschon nicht Herrnhuter, doch Pietist und ein moroser, galliger Junggeselle. Wem in Frankfurt hat er in seinem Tagebuch nicht Übles nachgesagt! Dem Vater Goethe und der Frau Rat, dem Großvater Textor und seiner Gattin, der Stadtschultheißin, dem Pfarrer Starck, der Goethes Onkel war, und dem Schöffen v. Olenschlager, der als Bräutigam der Susanna Katharina v. Klettenberg im Sechsten Buch von «Wilhelm Meisters Lehrjahren» unter dem Namen Narzissus auftritt und der auch in diesem Tagebuch Narzissus heißt, woraus sich ergibt, daß es sich um einen Spottnamen handelt, den die Stadt dem eitlen und selbstgefälligen Genießer beigelegt hatte. All diese Personen nur aus dem Goetheschen Kreise, von anderen zu schweigen! Senckenberg hatte einen Bruder, den Reichshofrat, der, der korrupteste Mann der Stadt, seiner Übeltaten halber vom Rat jahrzehntelang in den Mansardzimmern der Hauptwache gefangengehalten wurde. Er war ein krankhafter, geistig schwer belasteter Mensch. Und auch bei Johann Christian v. Senckenberg war es ein kranker Zug, daß er die Frankfurter Gesellschaft belauerte und über alles Nachträgliche, was er hörte, Buch führte. Was er hörte! Denn wählerisch war er nicht in seinen Quellen und Gewährsleuten. «Refert Frau Diesterwegin: Ihre Magd sei gestern nach Bockenheim in die Kirche gegangen und auf dem Wege haben ihr die Leute erzählt, Frau Perret habe sich tot gehurt.» Uns kümmert Frau Perret nicht, wohl aber die Art, wie Senckenberg seine Nachrichten zusammentrug. Es war, mindestens zum großen Teil, Gassengerede; und im einzelnen wird niemand mehr unterscheiden können, auch nicht unterscheiden wollen, was wahr, was übertrieben, was gänzlich erlogen ist. Indes im Falle der Schönemannschen Soireen liegen ja auch von anderer Seite einschränkende Urteile vor, eben von Goethe. Und wenn wir beide Aussagen zusammenhalten, so ergibt sich, daß der Ton bei den Einladungen im Hause am Kornmarkt jene Leichtigkeit und zuweilen auch Leichtfertigkeit gezeigt haben mag, wie sie für das Rokoko eben typisch gewesen. Senckenberg, fromm und sittenstreng, sprach deshalb über diese Sozietäten mit stärkstem Ausdruck seinen Bann aus, und Goethe, dem alles Rokoko zur Zeit des Sturms und Drangs verhaßt war, bannte gleichfalls. Er stellte die Gäste des Hauses bloß, die ehrbar taten, aber vielleicht nicht alle ganz so ehrbar waren, und er ist in der Wahl seiner Sprache nicht weniger derb als Senckenberg war.

Es war Goethes persönlicher Protest, aber auch der einer ganzen Generation, der Protest der Geniezeit gegen die Frivolität der von ihr überwundenen Epoche. Das Rokoko selbst hat um seine Fragwürdigkeit nur zu gut gewußt und in seiner größten künstlerischen Schöpfung, in «Figaros Hochzeit», sie auch lächelnd eingestanden. Aber was Mozart mit olympischer Heiterkeit und überlegen in seiner Brüchigkeit aufdeckte, das verspottete Goethe in der Sprache des Hans Sachs und aus dem Ethos des Sturms und Drangs heraus. Er wußte: *Così fan tutte, così fan tutti;* aber er ließ solche Entschuldigungen nicht gelten. Er wehrte sich. Ja und auch Lili wehrte sich, wenn in ihrer Gegenwart Entgleisungen vorkamen. Sie wehrte sich, indem sie «strich». Und so steht sie unter der Rokokogesellschaft ihres Elternhauses wie die Gräfin in «Figaros Hochzeit» als die Wahrerin der Sitte und jeden reinen und guten Gefühles.

Die Frau, die später ihre Kinder mit solch in sich selbst klarem und festem Sinn ins Leben einführen konnte, die die Besten der Straßburger Gesellschaft verehrten, an der Bäbe Schultheß die Iphigeniennatur rühmte, sie kündigt sich schon hier im Mädchen an. Und eben darum hört man es auch aus «Dichtung und Wahrheit» heraus, wie sehr sich der Dichter verpflichtet wußte, dafür zu sorgen, daß auch nicht der leiseste Schatten, auch nicht aus ihrer Umwelt, auf die Geliebte fiele, wenn er, um das «Streichen» zu erklären, von den Gästen im Hause als einer «tüchtigen, braven, schätzungswerten, wohlgesinnten, aber nicht durch und durch gebildeten Gesellschaft» spricht.

«Hanswursts Hochzeit» ist im äußeren Rahmen eine

Nachahmung eines alten Leipziger Singspieles der Barockzeit, das in einer Bearbeitung von 1752 «Pickelhärings
Hochzeit», gedruckt in Frölichshausen, Goethe wohl damals in die Hände gefallen war. Das einzige Exemplar, das
sich von dem Büchlein erhalten zu haben scheint, besitzt
das Frankfurter Goethemuseum. Was für gegensätzliche
Welten lagen doch in Goethe unausgeglichen nebeneinander! Derselbe Dichter, der mit diesem derben Hanswurst-
schwank gegen eine unlautere Bürgerlichkeit Sturm lief,
gibt sich seinem Mädchen gegenüber als den Gekränkten,
den Empfindsamen in dem schmelzenden Singspiel «Erwin
und Elmire», proklamiert wiederum seinen Freiheitstrutz
in «Claudine von Villa Bella» und erhebt, eben dieses Frei-
heitswillens halber, gegen sich selbst die bittere Anklage
der Treulosigkeit in der «Stella». In allen drei Bühnenstük-
ken, aus der Teilnahme für das Frankfurter Theater entstanden, spüren wir den unmittelbaren Pulsschlag der Lili-
Zeit und der Lili-Liebe. Sie sind, wenigstens bis zu einem
gewissen Grade, ein Ersatz für die verlorenen Briefe an Lili
und eine Bestätigung für Goethes Wort: «O wenn ich ietzt
nicht Dramas schriebe ich ging zu Grund.»

Den Inhalt zu dem Singspiele «Erwin und Elmire» hatte
Goethe aus einer neunstrophigen englischen Ballade, die er
im Achten Kapitel von Goldsmiths «*Vicar of Wakefield*»
gefunden. Unter reichen Freiern wirbt Edwin – «*wisdom
and worth were all he had*» – um ein Mädchen, das ihn
zwar liebt, aber ihre Empfindung in launischem Spiele versteckt, bis Edwin verzichtet und sich in der Einsamkeit
birgt. Das Mädchen, von Reue getrieben, flieht gleichfalls
in die Öde und findet in einem Eremiten ihren Liebhaber
wieder, – als Stoff einer Operette, wie der Dichter selbst
gesteht, «ohne großen Aufwand von Geist und Gefühl auf
den Horizont unserer Akteurs und unserer Bühne gearbeitet». Entzweiung eines liebenden Paares am Anfang und
Versöhnung am Schluß war eben der schlichte Typ der
damaligen Singspiellibretti.

Nach dem Erfolg des Götz hatte Goethe Freude daran
gefunden, Theaterautor zu sein. Er war auch mit Operet-

tenkomponisten in Verbindung gekommen. So lieferte er einen Text für die Marchandsche Truppe, die in Frankfurt in der Junghofstraße spielte. Zunächst änderte er den Namen des Titelhelden; «Edwin» sagte ihm nichts, «Erwin» aber war ihm von Straßburg her durch den Erbauer des Münsters lieb und teuer. Dann läßt er das Stück erst nach der Entfernung des gekränkten Liebhabers mit der Reue des verlassenen Mädchens beginnen und fügt dem Paar noch die Mutter Elmirens bei, die, wenn sie auch den wahren Grund kennt, doch die gelehrte Erziehung der Tochter als Ursache ihrer Unlust und Weltverzagtheit hinstellt: «Ich sagt's Deinem Vater oft; er wollte nun einmal ein kleines Meerwunder aus dir gemacht haben. Du wurdest's und bist nicht glücklicher.» Weiter wird ein «Grazioso», ein freundlicher Vermittler, eingeführt, vermutlich nach Lilis Oheim in Offenbach Bernardo genannt, der Elmire rät, ihr Schuldgefühl durch Beichte zu entlasten, und sie so zu dem Klausner bringt, aus dessen Mönchshabit sich der vermißte Geliebte enthüllt. Wirklich eine anspruchslose Handlung.

Das Stück ist vergessen; aber eine Arie daraus ist durch Mozart weltbekannt geworden. «Er hatte so ein Liedchen, mein Fräulein», sagt Bernardo zu Elmire, da sie sich anklagt, daß sie den Geliebten so oft gekränkt habe, «das er wohl in so einem Augenblick dichtete.» – «Erinnerst du dich daran! Schwebt mir's nicht immer vor Seel' und Sinn! Sing' ich's nicht den ganzen Tag? Und jedesmal, da ich's ende, ist mir's, als hätt ich einen Gifttrank eingesogen.

Ein Veilchen auf der Wiese stand,
Gebückt in sich und unbekannt,
Es war ein herzigs Veilchen.
Da kam eine junge Schäferin
Mit leichtem Schritt und muntrem Sinn,
Daher! Daher!
Die Wiese her, und sang.»

Erwin im Singspiel mag solch ein Veilchen gewesen sein; Goethe in Offenbach war es nicht.

Die Niederschrift begann schon Ende 1773. Auf der Rheinreise im Sommer darauf, zu Andernach und Bonn, las der Dichter Lavater aus dem Stück vor. Das Ganze umfaßt nur wenige Blätter und muß demnach im wesentlichen vorgelegen haben, ehe Lili in Goethes Gesichtskreis getreten. Ganz fertig indes war es, wie wir aus einem Briefe Jacobis wissen, noch nicht. Als sich nun das Verhältnis zum Schönemannschen Hause anspielte, erschien die Handlung Goethe allerdings in neuem Lichte. Jetzt mögen einige Retouchen vorgenommen worden sein, die persönliche Erfahrungen spiegeln. Dergleichen deutet unter dem Titel nach dem Personenverzeichnis die Bemerkung an: «Der Schauplatz ist nicht in Spanien.» Das verrät auch, als das Stück in Frankfurt gegeben werden sollte, ein Straßburger Brief Goethes an Johanna Fahlmer: «[Ich] hoffe von der Aufführung Erwins», was vermutlich heißt: Lili möchte doch aus dem Spiel für sich selbst eine Lehre ziehen. Indes, da die Kernmotive der Handlung schon alle in der englischen Ballade vorliegen, läßt sich von keiner Stelle nachweisen, ob sie früher oder später, ob sie allgemeine oder persönliche Aussage ist.

Besonders wird, am Anfang des Singspiels, die große Rede der Mutter wider die neumodische Mädchenerziehung – gegenüber der Ballade ein Zusatz Goethes – als ein Echo der Abneigung gegen Staatsdamen im Goetheschen Hause gedeutet. Lilis Mutter hatte sich eine besonders sorgfältige Erziehung ihrer Tochter angelegen sein lassen. Der Bruder Friedrich schrieb darüber: «Der Hausunterricht, den unter der Obhut eines Gouverneurs und einer Gouvernante verschiedene Lehrer erteilten, dehnte sich nicht allein auf die Fächer der Wissenschaft aus, sondern auch auf Zeichnen, Musik, Tanzen, Reiten, Fechten.» Dagegen, so meint man, komme nun in Elmires Mutter die Frau Rat zu Wort; und es ist wahr, wenn man diese Philippika liest, die in ihrer frischen Anschaulichkeit aus dem Ton des Stückes herausfällt, so ist es, als hätte man einen der Temperamentsausbrüche aus den Briefen der Frau Aja vor sich: «Wie ich iung war, man wußte von all den Verfeinerungen nichts, so wenig man von dem Staate was wußte, zu dem man iezt die Kinder gewöhnt. Man ließ uns lesen lernen und schreiben, und übrigens hatten wir alle Freiheit und Freuden der ersten Jahre. Wir vermengten uns mit Kindern von geringem Stand, ohne daß das unsre Sitten verderbt hätte. Wir durften wild sein, und die Mutter fürchtete nicht für unsern Anzug, wir hatten keine Falbalas zu zerreißen, keine Blonden zu verschmutzen, keine Bänder zu verderben; unsre leinene Kleidchen waren bald gewaschen. Keine hagere Deutsch-Französin zog hinter uns her, ließ ihren bösen Humor an uns aus, und prätendierte etwa, wir sollten so steif, so eitel, so albern tun, wie sie. Es wird mir immer übel, die kleinen Mißgeburten in der Allee auf und ab treiben sehn. Nicht anders siehts aus, als wenn ein Kerl in der Messe seine Hunde und Affen mit Reifröcken und Fontangen [Kopfputz] mit der Peitsche vor sich her in Ordnung und auf zwei Beinen hält und es ihnen mit derben Schlägen gesegnet, wenn die Natur wiederkehrt und sie Lust kriegen, einmal à leur aise auf allen vieren zu trappeln.» Die Allee war im alten Frankfurt die große Promenade innerhalb der Stadtmauern und lag neben dem Großen Hirschgraben; seit 1844 stand hier das Goethedenkmal der Stadt, bis es, genau nach hundert Jahren, durch den Krieg vom Sockel gestürzt ward.

Hier soll also in der Mutter Elmirens die Frau Rat zu Worte kommen. Das ist möglich. Die Szene entstand dann, vielleicht an Stelle einer gestrichenen, im Januar 1775 und während Fritz Jacobis Besuch und hat diesen so beeindruckt, daß er am 28.d.M. dem Bruder schrieb, das Spiel sei «gewissermaßen ein Stück zur Erziehung der Töchter», eine Idee, die keineswegs im ursprünglichen Plane lag. Doch hatte schon Goethe als Leipziger Student Dora und Minna Stock verärgert, als er auf die Frage ihres Vaters, wozu man Mädchen erziehen sollte, antwortete: für die Küche! Andererseits, gerade die Frau Rat hat sich noch gegenüber Bettina Brentano über die Enge und Unzulänglichkeit ihrer eigenen Erziehung beklagt. Nein, es ist nicht so sehr die Mutter Goethe, es ist der Sohn, das seine Freiheit wahrende Kind der Natur, das ungezähmte Genie, der «Westindier», der Bär in «Lilis Park», der seinem Unmut hier Luft macht. Die Affen in Haarschleifen auf der Allee, das sind die gut erzogenen, beherrschten Mädchen der Gesellschaft, die feine Urschel, die der Hanswurst heiraten soll und nicht heiraten mag.

Wie gesagt, es ist uns Heutigen nicht leicht, die Simplizität und Empfindsamkeit einer Dichtung wie «Erwin und Elmire» nachzufühlen, zumal auch sprachlich jetzt manches abgegriffen klingt, was seinerzeit ein neuer Ton war; und doch erfaßt uns sogleich von der Musik her die ganze Stimmung der Lilizeit, wenn wir die Arie hören, die Erwin als Klausner vor den Rosenstöcken neben seiner Hütte singt:

Ihr verblühet, süße Rosen,
Meine Liebe trug euch nicht,
Blühtet ach! dem Hoffnungslosen,
Dem der Gram die Seele bricht.

Jener Tage denk ich traurend,
Als ich, Engel, an dir hing;
Auf das erste Knöspchen laurend,
Früh zu meinem Garten ging.

Alle Blüten, alle Früchte
Noch zu deinen Füßen trug,
Und vor deinem Angesichte
Hoffnungsvoll die Seele schlug.

Ihr verblühet, süße Rosen,
Meine Liebe trug euch nicht,
Blühtet ach! dem Hoffnungslosen,
Dem der Gram die Seele bricht.

Kayser, Goethes Jugendfreund und Sohn des Organisten der Katharinenkirche, in der die Familie Goethe durch Erbgang ihre Sitze hatte, hat die Strophen vertont, und zwar im Frühjahr 1775 und in Anlehnung an eine Melodie von Grétry, die Goethe dafür vorgeschlagen hatte. Es war die Arie der Zemire «Schönste der Rosen, du meine Lust» im zweiten Akt der Oper «Die Schöne und das Ungeheuer oder Zemire und Azor». In dieser, also von Goethe inspirierten Musik muß man das Lied auf sich wirken lassen. Nicht nur Mozarts «Veilchen», auch diese Arie von Kayser gehört in unsere Konzertsäle. Wir verstehen, wenn es im Schema zu «Dichtung und Wahrheit» heißt: «‹Ihr verblühet, süße Rosen› entlockte Lili manche Träne. Die herrliche Romanze von Goldsmith, welche hier dramatisiert worden, hatte uns gerührt, aber sanft, weil sie befriedigend endigte. Jetzt aber sahn wir nun eine völlige Auflösung des Verhältnisses vor uns.»

Der andere Operettentext, den Goethe während des Verlöbnisses mit Lili unter der Feder hatte, war «Claudine von Villa Bella». Hier ist der Schauplatz nun wirklich «in Spanien». Und Räuber sind die Helden! Klausnerische Weltflucht, Schäfer und Schäferinnen, empfindsame Bürgerlichkeit sind abgetan. Auf den Ruf: «Wer da?» heißt die Antwort: «Eine Degenspitze!» War «Erwin und Elmire» noch ein schwacher Nachtrieb der Wertherzeit, so ist diese Operette Sturm und Drang und damit Übergang zur Romantik, im besonderen zur Räuberromantik, wie sie über Schiller bis zum «Nachtlager von Granada» und zu «Carmen» hin auf der Bühne heimisch werden sollte. Das Stück ist ein kleines Juwel, hat noch vom Götz her eine köstliche Frische und Kraft der Sprache wie auch den raschen Gang der Handlung. Mit einer Drehbühne könnte man es sehr wohl aufführen und würde, theatralisch, wie es ist, bei geschickter Vertonung Erfolg haben. Von den lyrischen Einlagen sind das Lied:

Mit Mädeln sich vertragen,
Mit Männern ’rumgeschlagen
Und mehr Kredit als Geld –
So kommt man durch die Welt!

und, auch ein Nachklang der «Lenore», die Geisterballade: «Es war ein Buhle frech genug» die Höhepunkte.

Der Held, zum Liebhaber, aber nicht zum Gatten geboren, ist ein Don Juan noch vor Mozarts Oper. Ländliche Feste, Mondscheinnacht und Zitherspiel, Masken, Pistolenschüsse und Entführung, weiblich-männliche Verkleidung, Flucht und Gefängnis, alles das geistert durch die Kulissen, atemberaubend. Das Wort: «Liebes Herz, ich wollte dich noch einmal so lieb haben, wenn du nur nicht immer so pochtest», könnte als Motto über dem Ganzen stehen, und mehr noch die Rede, mit der der Held sein Abenteurerleben entschuldigt, als man ihn mahnt, sich besser aufzuführen:

«Mit Erlaubnis, mein Herr! Davon versteht Ihr nichts! Was heißt das, aufführen? Wißt Ihr die Bedürfnisse eines jungen Herzens wie meins ist? Ein junger, toller Kopf? Wo habt Ihr einen Schauplatz des Lebens für mich? Eure bürgerliche Gesellschaft ist mir unerträglich! Will ich arbeiten, muß ich Knecht sein; will ich mich lustig machen, muß ich Knecht sein. Muß nicht einer, der halbwegs was wert ist, lieber in die weite Welt gehn? Verzeiht! Ich höre nicht gern anderer Leute Meinung; verzeiht, daß ich Euch die meinige sage. Dafür will ich Euch auch zugeben, daß, wer sich einmal ins Vagieren einläßt, dann kein Ziel mehr hat und keine Grenzen; denn unser Herz – ach! das ist unendlich, so lang ihm Kräfte zureichen!»

«Eure bürgerliche Gesellschaft ist mir unerträglich! Wo habt Ihr einen Schauplatz des Lebens für mich?» Das war ganz die Situation des jungen Goethe, und eben deshalb kann er wohl lieben, aber sich nicht binden. Dieser innere Nerv macht das Stück mehr zu einem Bekenntnis der Lili-Zeit als die Tatsache, daß in der Mondscheinterrasse mit Kastanienallee und Nachtigallenschlag Offenbacher Landschaft auf die Bühne gebracht wurde. –

Das eigentliche Drama der Lili-Zeit aber ist «Stella, Ein Schauspiel für Liebende». Es ist ganz aus den Drangsalen des Jahres 1775 geboren und ist uns, seit wir die Briefe Lilis als Frau v. Türckheim kennen, viel mehr ein Spiegel ihrer Persönlichkeit geworden, als man früher glaubte annehmen zu dürfen. Wir werden heute nicht mehr sagen:

die Titelheldin sei ein verklärtes Abbild der Geliebten, nach der seelischen Seite hin bedeutsam vertieft, die Züge der Empfindsamkeit seien in sie hineingetragen, etwa dem Idealbild Gustchens entnommen oder Goethes Darmstädter Freundinnen. Lilis Briefe an Lavater, die an Redslob, an ihre Kinder enthüllen ein so weiches, zartfühlendes Herz, offenbaren so viel Hingabe und schwärmerische Phantasie, daß uns hier eine Seite ihres Wesens entgegentritt, die Goethe in den Gedichten wohl manchmal andeutet, aber von der seine Briefe an Gustchen nichts ahnen lassen. In diesem Schauspiel ist die Geliebte ganz Herz, ganz Gefühl. Und wir verstehen nun, wieso ein junger Geistlicher, der in Straßburg in das v. Türckheimsche Haus kam, urteilen konnte, Lili sei eine sanfte, angenehme Schwärmerin, und daß Bäbe Schultheß, als sie Lili begegnete, an Goethe schrieb: «Es war mir so wohl und so wehmütig, als wenn ich mir eine Stelle im Werthern aufschlage.» Ossianstimmung herrscht im «Werther» wie in der «Stella». Wie hätte Lili Goethes Vertraute sein können, wäre sie nicht für diese Töne seiner Dichtung empfänglich gewesen!

Mir ist es, denk' ich nur an dich,
Als in den Mond zu sehn;
Ein stiller Friede kommt auf mich,
Weiß nicht wie mir geschehn.

Das sind die letzten Verse, die der junge Goethe der Geliebten widmete. So unter dem weichen Lichte des nächtlichen Gestirnes, das sich mit sanfter Wehmut in die Seele schleicht, steht sie in der Erinnerung vor ihm. Auch das sind Stella-Töne.

Lili ist eine reiche und vielseitige Persönlichkeit gewesen. Das eben war es, was Goethe an sie fesselte. Große Liebenswürdigkeit, kindliche Offenheit und Heiterkeit und doch schon sichere Beherrschung der Form standen neben Tiefe des Gemüts, Fähigkeit zur Hingabe und Festigkeit des Charakters. Nimmt man all die Züge zusam-

269

men, die sich aus den Selbstzeugnissen, den Urteilen anderer, den Spiegelungen in Goethes Dichtung ergeben, so steht ein außergewöhnliches Mädchen, eine außergewöhnliche Frau vor uns.

Die Sprache freilich, die der Dichter seiner Heldin geliehen hat, ist bis zum letzten seine Sprache, ist jene blühende Fülle und Glut, ist jener melodische Schwung und Anhauch der Jugend, die nur einmal in deutscher Dichtung in Erscheinung getreten sind, eben in den letzten Frankfurter Jahren. Allein um dieser Sprache willen werden wir dieses Stück immer lieben und über einen Ausgang der Handlung hinwegsehen, der wohl ein Vorhangfallen, aber keine Lösung ist. Und auch Stellas wegen wird uns das Stück teuer sein, die unter den vielen Frauengestalten Goethescher Dichtung nicht ihresgleichen hat, durch die Verbindung von Noblesse und Zartheit des Herzens, schwärmerischer Hingebung und Unbedingtheit der Leidenschaft.

In Fernando, dem treulos treuen Liebhaber, dem Unruhigen, Schweifenden hat Goethe viel von seinem eigenen Schicksal Gestalt werden lassen. Er sah sich in das Verhältnis zu Lili verwickelt, fühlte sich mit allen Fasern seines Herzens gebunden und drängte mit allen Kräften seines Genius hinaus in die Freiheit des Lebens. Er wußte auch keine Lösung. So schuf er dieses Drama. «Ich bin müde», schrieb er im März 1775 an Johanna Fahlmer, «über das Schicksal unsres Geschlechts von Menschen zu klagen. Aber ich will sie darstellen. Sie sollen sich erkennen, wo möglich, wie ich sie erkannt habe, und sollen, wo nicht beruhigter, doch stärker in der Unruhe sein.»

Stella hat Lilis blondes Haar, ihre blauen Augen und genau ihr Alter. Daß viel persönliche Momente in das Stück eingeflossen sind, zumal aus der Offenbacher Zeit, fühlen wir der Dichtung an. In Straßburg hatte Goethe gelernt, Cello zu spielen. Lili spielte Piano und sang; noch mehr sorgte André für musikalisches Leben. Offenbacher Erlebnisse und Erinnerungen an die erste Begegnung beim Schönemannschen Hauskonzert mögen die reizende Schilderung geboren haben, mit der Stella, am Anfang des vierten Aufzuges, Fernando an das erste Zusammentreffen mahnt:

«Weißt du den Nachmittag noch im Garten, bei meinem Onkel? Wie du zu uns hereintratst? Wir saßen unter den großen Kastanienbäumen hinter dem Lusthaus! Ich weiß nicht, ob du bemerktest, daß du im ersten Augenblick meine Aufmerksamkeit gefesselt hattest? Ich wenigstens merkte bald, daß deine Augen mich suchten. Ach, Fernando! da brachte mein Onkel die Musik, du nahmst deine Violine, und wie du spieltest lagen meine Augen sorglos auf dir; ich spähte jeden Zug in deinem Gesicht, und – in einer unvermuteten Pause schlugst du die Augen auf – auf mich! sie begegneten den meinigen! Wie ich errötete, wie ich wegsah! Du hast es bemerkt, Fernando; denn von der Zeit an fühlt' ich wohl, daß du öfter über dem Blatt wegsahst, oft zur ungelegenen Zeit aus dem Takt kamst, daß mein Onkel sich zertrat. Jeder Fehlstrich, Fernando, ging mir durch die Seele. – Es war die süßeste Konfusion, die ich in meinem Leben gefühlt habe. Um alles Gold hätt' ich dich nicht wieder grad ansehen können. Ich machte mir Luft und ging –»

Wir hören Lilis glückliches Mädchenlachen, wenn Stella den Geliebten an die heiteren Tage der ersten Liebe erinnert, – auch eine Gartenszene, wie die im Urfaust, die etwa gleichzeitig mit der «Stella» entstanden sein wird: «Ich erstaune oft selbst, wie ich dich liebe, wie ich jeden Augenblick bei dir mich ganz vergesse, doch alles vor mir noch zu haben, so lebhaft als wär's heute! Ja wie oft hab' ich mir's auch erzählt, wie oft, Fernando! – wie ihr mich suchtet, wie du an der Hand meiner Freundin, die du vor mir kennen lerntest, durch's Boskett streiftest, und sie rief: Stella! – und du riefst: Stella! Stella! – ich hatte dich kaum reden gehört, und erkannte deine Stimme, und wie ihr auf mich traft und du meine Hand nahmst! Wer war konfuser, ich oder du? Eins half dem andern –» «Konfus» muß eine Lieblingswendung Lilis gewesen sein; der junge Goethe braucht das Wort nicht. Daß auch in der Quartettszene mit dem Oheim sich Lilis Sprachgebrauch widerspiegelt in der Beteuerung «um alles Gold», davon werden wir noch hören.

Und noch eine andere Spracheigentümlichkeit Lilis sei festgehalten. Es gibt den Bericht eines Augenzeugen über einen Besuch Lilis in einer ihr aus der Jugend vertrauten Frankfurter Familie, der etwa um 1805 stattgefunden hat. Da sei ihr die Tochter des Hauses als junge Dame entgegengetreten. Lili habe dieser freundlich unter das Kinn gefaßt und habe gesagt: «Ei, Liesche, bist du aber ein großes Mädchen geworden!» Wenn Lili nach so langer Abwesenheit von der Vaterstadt noch der Frankfurter Mundart gemäß: «Ei, Liesche» gesagt hat, so hat sie 1775 zweifelsfrei auch: «Ei, Wolfgang» gesagt. Der Schluß muß gezogen werden, selbst wenn sich der Literaturwissenschaft die Haare sträuben. – –

Lili hat, nach der Trennung und als sie Frau v. Türckheim geworden war, es für ihre Pflicht gehalten, alles, was sie von Andenken an den Dichter besaß, zu vernichten. Nur so erklärt es sich, daß nicht ein einziger Brief, keine Handschrift eines Gedichtes auf uns gekommen ist. Einzig das Exemplar der «Stella», das ihr Goethe Anfang des Jahres 1776 von Weimar aus mit Widmungsversen zusandte, hat sie von der Vernichtung ausgenommen. Dieses ihr Bild erkannte sie an. Es muß ihr mehr bedeutet haben als alles andere. Das schmale Bändchen liegt heute im Goethe-Schiller-Archiv in Weimar.

Am 14. Mai 1775 brachen Goethe und die Brüder Stolberg nach der Schweiz auf, nachdem sie sich in Frankfurt Werthers Uniform hatten machen lassen, blauen Frack mit gelber Weste und Hose, dazu runder grauer Hut. Aber kaum war man von zu Hause weg, noch im Badischen, da schwankte Goethe schon, ob er die Reise fortsetzen sollte. Sein Herz zog ihn, schreibt Fritz v. Stolberg, nach Frankfurt zurück, und das gleiche schreibt Stolberg in der Schweiz: Goethe sei zum St. Gotthard gewandert; da er nicht lange von Frankfurt fort sein könne, wolle er den noch sehen. Und tatsächlich, überall auf der Schweizer Reise steht Lilis Bild vor Goethes Augen. An einem Donnerstagmorgen, dem 15. Juni, mit Lavater und den Freunden im Kahn auf dem Züricher See, vertraut er dem Tagebuch folgende Verse an:

Aug mein Aug, was sinckst du nieder?
Goldne Träume kommt ihr wieder?
Weg du Traum! So Gold du bist.
Hier auch Lieb und Leben ist.
Auf der Welle blincken
Tausend schwebende Sterne.
Liebe Nebel trincken
Rings die türmende Ferne.
Morgenwind umflügelt
Die beschattete Bucht,
Und im See bespiegelt
Sich die reifende Frucht.

Aber das Traumbild läßt sich nicht bannen. Es verdrängt die Landschaft. Und so stehen unter diesen Versen auf dem gleichen Blatt die folgenden:

Wenn ich, liebe Lili, dich nicht liebte,
Welche Wonne gäb mir dieser Blick!
Und doch, wenn ich Lili dich nicht liebte,
Wär, was wär mein Glück!

Der Eintrag ist oberhalb des Sees auf aussichtsreicher Paßhöhe gemacht, während des Anstieges zum Kloster Mariä Einsiedeln. Er hat die Überschrift: «Vom Berge in die See, *Vide* das Privat Archiv des Dichters *Lit. L.*» In solcher Kanzleisprache, als handele es sich um eine seiner Anwaltssachen, wird auf das Geheime verwiesen, das als Goethes innerstes Anliegen neben dem äußeren Gehaben und Leben einhergeht. *Littera L.*, das eben heißt: Lili.

Es war gerade Fronleichnamsfest. Unzählige Pilger waren zusammengeströmt, teils von fern her, vom Elsaß, aus Lothringen, Frankreich, ja aus Italien. Man trat in das Heiligtum, besichtigte die Schatzkammern, stand vor einem Schrank mit Reliquien und Kronen in kostbarer

Goldschmiedearbeit. Und wieder verdrängt die Erinnerung die Gegenwart. «Ich erbat mir», erzählt «Dichtung und Wahrheit», «die Erlaubnis, das Krönchen hervorzunehmen und, als ich solches in der Hand anständig haltend in die Höhe hob, dacht ich mir nicht anders, als ich müßte es Lili auf die hellglänzenden Locken aufdrücken, sie vor den Spiegel führen und ihre Freude über sich selbst und das Glück, das sie verbreitet, gewahr werden.»

Am 23. Juni stand der Dichter auf der Paßhöhe des Gotthard. Er schwankte, sollte er nach Italien hinabsteigen oder nach Deutschland heimkehren. Es war Lilis siebzehnter Geburtstag. Kein Wunder, daß die Gedanken mehr nach Norden gingen, und wir haben deshalb allen Grund, der Erinnerung des Dichters zu trauen, wenn er in «Dichtung und Wahrheit» schreibt: «Ein goldnes Herzchen das ich in schönsten Stunden von ihr erhalten hatte, hing noch an demselben Bändchen, an welchem sie es umknüpfte, liebeerwärmt an meinem Halse. Ich faßte es an und küßte es.» Und wie er auf dem Gotthard an Lili dachte, so auch, als er am 13. Juli auf der Plattform des Straßburger Münsters stand und dort die «Dritte Wallfahrt nach Erwins Grabe» niederschrieb. Auch da ging der Blick, wie er sagt: «vaterlandwärts, liebwärts».

In einem Schema zu «Dichtung und Wahrheit» heißt es: «Vom Gotthard zurück, Genie, Geniestreiche. Unkluge Rückkehr.» – Unklug, – das war im Hinblick auf die Wirren, in die der Zurückkehrende nun hineintreiben sollte, ein Urteil aus der Weisheit des Alters.

Am 22. Juli war Goethe wieder bei den Eltern im Hirschgraben. Schon unter dem folgenden Tage, obwohl ein Sonntag, verzeichnet das Ausgabebüchlein von Philipp Seidel: «6 Stück zinnerne Rüstwägen, 4 Stück Canonen, 2 Schachteln = 2 Gulden.» Unter Mittwoch, dem 26., steht der Kauf von Blumen. Die erste Ausgabe war für die d'Orvilleschen Kinder in Offenbach, die andere für Lili. Goethe nahm also die Beziehungen sofort wieder auf. Diese zweite Lili-Zeit, nach der Schweizer Reise bis zur Krisis während der Herbstmesse Anfang September, wird nun eingerahmt von zwei großen Gedichten, die beide Lili zum Gegenstand haben. Das erste schildert sie in ihrem Offenbacher, das zweite während der Messe in ihrem Frankfurter Milieu. Nur das letztere, «Lilis Park», reihte der Dichter in seine Werke ein. Das andere lag ihm nicht mehr in der Handschrift vor, weil es ein Brief war, der, an das Ehepaar d'Orville gerichtet, aus dem Besitz der Familie später in die v. Türckheimsche kam und erst 1910 an die Öffentlichkeit trat. Da das Ausgabebüchlein Seidels einen Brief an Frau d'Orville unter Montag, dem 31. Juli, führt, das Gedicht aber an einem Sonntag verfaßt ist, ist es auf den 30. Juli zu datieren. Es geht, nicht ohne Reue, von einem vorhergehenden, plötzlich abgebrochenen Aufenthalt in Offenbach aus, vermutlich dem vom Mittwoch, dem ersten nach der Rückkehr, und malt höchst lebendig und mit den Farben der Sehnsucht den heiter behaglichen Tageslauf eines solchen Besuches im Hause d'Orville im Gegensatz zur Sonntagslangeweile in Frankfurt. Wenn sich dabei Goethe mit Kain vergleicht, der Abel erschlug, so ist die Mitte des Vergleichs das unselige Handeln und die Unstäte derer, die aus dem Paradies vertrieben sind.

Lieber Herr Dorville, liebe Frau,
Ich bitt euch, nehmts nicht so genau;
Ihr kennt nun doch einmal den Affen,
Wisst ist nichts gescheuts mit ihm zu schaffen.
Lauft da, was kann wohl tollers seyn,
Wie Kain in die Welt hinein.
Dafür sizt er auch auf dem Sand,
Die Stadt ist ihm ein ödes Land,
Und ist ihm halt die Welt so leer,
Als wenn er erst 'nein gekommen wär.
Ihm ist so weh, er schauet nicht
Des liebsten Buben Angesicht,
Hängt nicht dem Mann um Hals und Leib,
Küßt nicht das liebe treue Weib,
Spaziert nicht mehr im Frauenschlepp
Und hört, ach, nicht mehr das Beb Bepp!

Was hilft mir nun das Glockengebrumm,
Das Kutschengerassel und Leut Gesumm!
Was thät ich in der Kirche gar,
Da ich schon einmal im Himmel war?
Ich Hand in Hand mit Engeln sas,
Mich in des Himmels blau vergaß,
Das aus dem süsen Auge winckt,
Drinn Lieb und Treu wie Sternlein blinckt.
Was hört ich an des Pfarrers Lehr,
Die doch nicht halb so kräfftig wär,
Als wenn ihr Mündlein lieb und mild
Mich über Fluch und Unart schilt?

Das Zimmer Goethes in seinem Vaterhause lag nach
Osten. Sonne und Mond im Aufgang hatten Zutritt. In
Fausts «O sähst du voller Mondenschein Zum letzten Mal
auf meine Pein» oder in der Strophe an Belinde:

Heimlich in mein Zimmergen verschlossen
Lag im Mondenschein,
Ganz von seinem Schauerlicht umflossen –
Und ich dämmert ein

klingt das an. Ebenso in der Weihe des Altars, die der
Knabe der Morgensonne darbrachte, und nun auch hier in
dem Brief an Frau Rahel d'Orville. Dabei ist herauszuhören, daß jetzt der Vers «Ich bitte dich, laß mich allein» der
Faustdichtung entnommen ist. Faust spricht ihn zu Mephisto, als dieser ihn in Gretchens Zimmer führt. Hier ist von
Goethes eigenem und von Lilis Zimmer die Rede, in das
sich die Sonne eindrängen will.

Was lachst du Sonne daherein?
Ich bitte dich, laß mich allein.
Du lächelst ihren Laden an,
Der heut mir nicht wird aufgethan.
Aha! Du bist so freundlich hier,
Blickst durch die Rizzen schlau nach ihr,
Und meynst du hättst wohl nie so schön
Dadroben einen Engel ruhen sehn.

276

Der Tag rückt weiter nun heran –
Besuch! – Ach was geht der mich an!
Ich bilde mir so freundlich ein,
Ich säs noch draus mit euch allein.
Der Mann raucht seine Pfeif Toback,
Man fuschelt in dem Arbeitssack,
Man wickelt Seide, es läßt sich an
Als würden Wunderstreich gethan.
Ein Medizinisch Dejeuné,
Mit Selzer Wasser und Caffee;
Nach Fastenbrezeln wohlgeschmiert,
Kommt Haas und Wein hereinspaziert.
Lili muß jeden Lusten stillen,
Das all um ihres Magens willen.

Die Kinder kommen angehuppt,
Mann wird zur Thüre 'naus geschwuppt.
Ist allen so wohl ohn Unterlaß;
Ach lieber Gott, mir auch so was!

«Mann» ist wohl, wie unser Männe, ein Dackelname.
Dem Seufzer und dem Wunsche Goethes, es möchte ihm
so wohl sein wie den andern, folgt die Erinnerung des
Dichters, wie er die Geliebte dadurch gekränkt hat, «daß
ihn der Unmut rausgejagt». Sie schmeichelnd zu versöhnen, schickt er die Kinder vor; es sind dieselben, denen er
die zinnernen Rüstwagen und Kanonen mitgebracht. Die
arabischen Scherznamen, die sie tragen, stammen aus der
politischen Zeitgeschichte. «Du Gold», als Kosewort Lilis,
ist echt Frankfurtisch, spiegelt aber im besonderen die
Handelssphäre, die der Stadt das Gesicht gab. Gold und
golden, diese Worte ziehen sich bezeichnend durch alle
Liligedichte, ja, wir hören sie auch von Stellas Munde;
ebenso wie für die Geliebte vor allem das Beiwort hold
charakterisierend verwendet wird, aber nie mit Gold im
Reim gebunden. Und nun lernen wir auch noch im alten
Friedrich den Diener kennen, der Goethe Lilis Briefe zu
überbringen pflegte. Es wird diniert, und zwar gut diniert.

Der Herr Doktor, nach dem gefragt wird, ist Goethe selber. Vom Hof her hört man das Geklirr sich kreuzender Degenklingen; Freunde des Hauses üben ihre Gänge. Wahrscheinlich liegt auch hier persönliche Erinnerung an den letzten Besuch vor, da Seidel am 1. August Herrn Streng vierzig Kreuzer auszahlt: «den Degen zu verbuzen». Und nun kann der Dichter es schon gar nicht mehr in Frankfurt aushalten; über kurz oder lang, er muß nach Offenbach!

Frau Dorville, wo mag Lili sein?
Ist sie in ihrer Stub allein? –
Sie hat die Stirn in ihrer Hand!
Was ist ihr in dem Freudenland?
Soll das ein böses Kopfweh sein?
Oder ach! ists etwan andre Pein?
Geh, liebes Mufti, ich bitte dich,
Klettr ihr auf den Schoß, küß sie für mich.
Schleich Daher, Hanne Buzzi du,
Küß ihr die Hand, laß ihr nicht Ruh.
Mach, Ali Bey, dich auch an sie,
Schmieg dich ihr liebend an das Knie.
Und Abu Dahab, komm getrollt,
Sei freundlich, bis sie sagt: Du Gold!
Dich herzlich auf dem Arme küßt,
Und hoffend allen Schmerz vergißt.
Der alte Friedrich kommt und fragt:
Was heut den Damen wohl behagt?
Er soll Kapaun und Wildbret tragen!
Lili, hast du ihm nichts zu sagen?
Schon wart ich auf das alte Gesicht,
Ich bin untröstlich, kömmt er nicht.
War der Herr Doktor noch nicht da?
Sang André noch kein Trallallra?
Oho, da drauß' gehts bunt ja her,
Als ob der Teufel ledig wär.
Eins, zwei, drei! Kling! Klang! Krack! en garde
Kling! Rompes! Klang! paies ma quarte.

278

So mag es wohl dem Teufel sein,
Wenn er, in seiner Höll allein,
Nach Himmels Freuden seufzt und klagt,
Daß ihn der Unmut rausgejagt.
Doch hab ich weit ein besser Los,
Die Kluft ist lange nicht so groß;
Bin euch mit Leib und Seele nah.
Pliz! Plaz! So bin ich wieder da.

Es ist dies eins der liebenswürdigsten Gedichte des jungen Goethe. Die Sonntagsmorgensonne, die Heiterkeit des ländlichen Daseins, die Wärme eines glücklichen Familienkreises, der frohe Lebensgenuß eines gesunden Reichtums und das alles als Rahmen für das Bild des Mädchens, mit Paradiesesfarben gemalt:

Ich Hand in Hand mit Engeln sas,
Mich in dem Himmels blau vergaß,
Das aus dem süsen Auge winckt,
Drinn Lieb und Treu wie Sternlein blinckt.

Lieb und Treu auf seiten der Geliebten, Fluch und Unart, wie Goethe sich leise anklagt, auf der des Bräutigams. Und dann plötzlicher Aufbruch im Unmut. Aber über die Qual, die beide empfinden, doch die tiefe Liebe des Dichters, ebenso hell und warm wie die Morgensonne, und ebenso jugendlich und sieghaft freudig: «Pliz! Plaz! So bin ich wieder da!»

Nur in seiner Jugend hat Goethe Briefgedichte geschrieben. So überquellend war damals in ihm die schöpferische Kraft, daß seine Sprache selbst im täglichen Umgang zur künstlerischen Form drängte, wenn er sich mitzuteilen, zu erzählen hatte. Das erzählende Gedicht ist sonst die Ballade. Aber für eine komische Ballade ist der Stoff des Briefgedichtes zu persönlich und zu ernst, für eine ernste ist er zu heiter. Auch widerstrebt der Plauderton der Gattung einer Bindung durch Strophen. Wie weit dabei von der Antike über Humanismus und Barock her eine literarische Überlieferung vorliegt, soll hier nicht verfolgt werden. Als

Versform diente dem Leipziger Studenten der Alexandriner; dann verwandte Goethe den Knittelvers. Mit beiden Maßen läßt sich spielen; und eine gewisse Überlegenheit des geistigen Spiels, das ist es, was das Briefgedicht verlangt. Es schließt sich an den Alltag an, denn der Dichter schreibt ja einen Brief, an den Alltag auch in der Sprache, aber dann plötzlich wird die Erzählung, verhüllt oder offen, zum Bekenntnis. Der Dichter läßt in sein Herz blikken; aber er gibt es nicht preis. Mit der nächsten Verszeile wird schon wieder geplaudert, getändelt, gelacht. In der reinen Lyrik spricht der Dichter mit sich selbst, und so gibt es hier keine Falten und kein Verstecken; das Briefgedicht ist mehr gesellschaftlicher Art und wahrt die verhüllenden Formen der Gesellschaft. Goethes Vorbild fand Anklang. Auch Merck, auch Frau Rat und in Weimar Thusnelda von Göchhausen versuchten sich in Briefgedichten.

Und nun dient uns wieder Seidels Ausgabebüchlein als Chronik. Für den 3. und 26. August ist notiert: «nach Offenbach, Einlaß, Trinkgeld», d.h. die Rückkehr nach Frankfurt lag so spät, daß das Affentor – der Name nach einer alten Ave-Maria-Kapelle – schon geschlossen war. Für das Übrige sind wir wieder auf das Bild angewiesen, das uns die Briefe, zumal die an Gustchen, vermitteln. Von diesen Briefen hat keiner mehr den melodisch-harmonischen Aufbau wie jener vom 13. Februar. Sie sind mit fliegendem Atem geschrieben, nur noch Ausrufe, hervorgestoßen aus Qual und Verzweiflung. Sie sollen hier in Auszügen, soweit sie unmittelbar von Lili sprechen, aneinandergereiht werden wie ein Tagebuch des Unglücks.

Der erste ist eben von jenem Donnerstag, dem 3. August, den auch Seidel notiert, und zwar aus Offenbach. «Gustgen! Gustgen! Ein Wort, daß mir das Herz frey werde, nur einen Händedruck. Ich kann Ihnen nichts sagen. Hier! – Wie soll ich Ihnen nennen das h i e r ! Vor dem Stroheingelegten bunten Schreibzeug – da sollten feine Briefgen ausgeschrieben werden, und diese Thränen und dieser Drang! Welche Verstimmung. O daß ich Alles sagen könnte. Hier in dem Zimmer des Mädgens, das mich unglücklich macht, ohne ihre Schuld, mit der Seele eines Engels, dessen heitre Tage ich trübe, ich! Gustgen! – – Vergebens, daß ich drey Monate in freyer Lufft herumfuhr, tausend neue Gegenstände in alle Sinne sog. Engel, und ich sitze wieder in Offenbach, so vereinfacht wie ein Kind, so beschränkt als ein Papagey auf der Stange. – – Hundertmal wechselts mit mir den Tag! – Lang halt ich's hier nicht aus; ich muß wieder fort! – Wohin? – –

Ich mache Ihnen Striche, denn ich sas eine Viertelstunde in Gedancken und mein Geist flog auf dem ganzen bewohnten Erdboden herum. Unseeliges Schicksal, das mir keinen Mittelzustand erlauben will. Entweder auf einem Punckt, fassend, festklammernd, oder schweifen gegen alle vier Winde. – Seelig seyd ihr verklärte Spaziergänger, die mit zufriedener Anständiger Vollendung jeden Abend den Staub von ihren Schuhen schlagen, und ihres Tagwercks Göttergleich sich freuen – – Hier fliest der Mayn, grad drüben liegt Bergen auf einem Hügel hinter Kornfeld. Von der Schlacht bey Bergen haben Sie wohl gehört? Da links unten liegt das graue Frankfurt mit dem ungeschickten Turn, das iezt für mich so leer ist als mit Besemen gekehrt, da rechts auf artige Dörfgen, der Garten da unten, die Terrasse auf den Mayn hinunter. – Und auf dem Tisch hier ein Schnupftuch, ein Pannier, ein Halstuch drüber, dort hängen des lieben Mädgens Stiefel. NB. heut reiten wir aus. Hier liegt ein Kleid, eine Uhr hängt da, viel Schachteln und Pappedeckel, zu Hauben und Hüten – Ich hör ihre Stimme – Ich darf bleiben, sie will sich drinne anziehen. – Gut Gustgen ich hab ihnen beschrieben, wie's um mich herum aussieht, um die Geister durch den sinnlichen Blick zu vertreiben – – Lili war verwundert, mich da zu finden, man hatte mich vermißt. Sie fragte an wen ich schriebe. Ich sagt's ihr. Der unruhige.»

Über denselben Tag noch an Lavater vom 4. August:

«Gestern waren wir ausgeritten. Lili, D'Orville und ich, Du solltest den Engel im Reitkleide zu Pferd sehn! In Oberrad wartete die übrige Gesellschaft auf uns, und ein Gewitter trieb die alte Fürstin von Waldeck mit ihren

Töchtern, der Herzogin von Curland und der Fürstin von Usingen, in unser Haus und Saal. Da sie mich erkannten, wurde gleich viel nach dir gefragt, und die alte Fürstin hat mit solcher Wahrheit und Wärme von dir geredt, daß mir's wohl wurde. Sie sagte, wenn ihm heut die Ohren nicht klingeln, so halt ich nicht viel auf seine Ahndungskrafft, an uns liegt die Schuld nicht. Sie läßt dich herzlich grüßen. Lili grüßt dich auch! –»

Einige Tage später aus Frankfurt an Merck: «Ich bin wieder scheisig gestrandet und möchte mir tausend Ohrfeigen geben, daß ich nicht zum Teufel gieng, da ich flott war. Ich passe wieder auf neue Gelegenheit abzudrücken: nur möcht ich wissen, ob du mir im Fall mit einigem Geld beistehn wolltest, nur zum ersten Stos. – Allenfalls magst du meinem Vater beim künftigen Congreß klärlich beweisen, daß er mich aufs Frühjahr nach Italien schicken müsse; das heißt, zu Ende dieses Jahres muß ich fort. Daur' es kaum bis dahin, auf diesem Bassin herum zu gondoliren und auf die Frösch- und Spinnenjagd mit großer Feyerlichkeit auszuziehen.»

Nichts zeichnet besser die Beklemmung, die Goethe an Lilis Seite überfallen konnte, als dieser Brief. Keineswegs Lilis halber, aber des Verlöbnisses wegen. Verlöbnis bedeutete Ehe, Ehe bedeutete Beruf. Und welchen Beruf hatte ihm Frankfurt zu bieten? Als Kanzleirat oder Resident Vertreter irgendwelcher Reichsstände oder deutscher Fürsten beim Rat der Freien Stadt. So lebten manche von den Freunden des Vaters. Aber war das ein Aufgabe für seine Schultern? Eine Aufgabe für sein Herz? War das eine Zukunft? Hieß das nicht, ein Genie unter einer Perücke ersticken wollen? Man muß sie lesen, diese Eingaben des Lizentiaten und Anwalts Goethe an die Schöffen im Römer: «Wohl- und Hochedelgeborne, Gestrenge, Vest- und Hochgelahrte, Hochfürsichtige und Hochweise Herren; Großgünstig Hochgebietend und Hochgeehrteste Herren Gerichts Schultheiß und Schöffen!» Und das als Eingang zu einem Schriftsatz über Grundstücksbelastungen, Erbschaftsstreitigkeiten und Schuldversäumnisse oder zu

einem Prozeß der Niedererlenbacher gegen die Dortelwei-
ler Bauern um die Heumahd. Ja, das bedeutete wahrlich
auf einem Bassin herumgondolieren und auf die Frösch-
und Spinnenjagd mit großer Feierlichkeit ausziehen! In
einem Bassin. Goethe aber brauchte «Seefahrt»:

Und die Segel blühen in dem Hauche,
Und die Sonne lockt mit Feuerliebe;
Ziehn die Segel, ziehn die hohen Wolken – –
Aber aus der dumpfen grauen Ferne
Kündet leisewandelnd sich der Sturm an,
Drückt die Vögel nieder aufs Gewässer,
Drückt der Menschen schwellend Herz darnieder.
Und er kommt. Vor seinem starren Wüten
Streckt der Schiffer klug die Segel nieder,
Mit dem angsterfüllten Balle spielen
Wind und Wellen. –
Doch er stehet männlich an dem Steuer:
Mit dem Schiffe spielen Wind und Wellen,
Wind und Wellen nicht mit seinem Herzen.
Herrschend blickt er auf die grimme Tiefe
Und vertrauet, scheiternd oder landend,
Seinen Göttern.

Das war das Bild, das Goethe von seinem Leben im
Herzen trug. Das war es, was er vom Schicksal forderte.
  In die Wochen nach der Rückkehr in die Vaterstadt
fallen dann folgende zwei Briefe, von denen der erste an
die Dichterin Anna Luise Karsch in Berlin, der andere an
Frau Rahel d'Orville in Offenbach gerichtet ist. Der erste:
«Von meiner Reise in die Schweiz hat die ganze Circula-
tion meiner kleinen Individualität viel gewonnen. Vielleicht peitscht mich bald die unsichtbare Geisel der Eumeniden wieder aus meinem Vaterland, wahrscheinlich
nicht nordwärts [d.h. nicht nach Berlin, sondern nach Ita-
lien], ob ich gleich gern Lot und seine Hausgenossen in
euerm Sodom wohl einmal grüssen möchte.» Darunter die
Nachschrift vom gleichen oder einem späteren Tage: «Die

Aufgabe von der Männer Schlappsinn unter gewissen Umständen kann und darf ich heute nicht erörtern. Die Ursachen liegen in dem Schreibtisch hier, dem Caffee Tisch dort und der Figur dran im Neglischee, die mir den Rücken kehrt und ihr Frühstück schlürpft.» Der andere: «Da ist Käs, liebe Frau, und gleich in Keller mit ihm. Der Kerl ist wie ich; solang er die Sonne nicht spürt und ich Lili nicht sehe, so sind wir feste, tapfre Kerls. Drum in den Keller mit ihm, wie ich auch gegenwärtig in Franckfurt sizze, vollkommen wie in einer Eisgrube. Hierauf folgt die gewöhnliche Litaney von Empfehlungen an den Kayser und das heilige Römische Reich mit einem treugemeinten Amen.»

Ende des Monats oder im frühen September entstand dann in Offenbach das Herbstgedicht:

Fetter grüne, du Laub,
Das Rebengeländer
Hier mein Fenster herauf!
Gedrängter quillet,
Zwillingsbeeren und reifet
Schneller und glänzend voller!
Euch brütet der Mutter Sonne
Scheideblick, euch umsäuselt
Des holden Himmels
Fruchtende Fülle;
Euch kühlet des Mondes
Freundlicher Zauberhauch,
Und euch bethauen, ach!
Aus diesen Augen
Der ewig belebenden Liebe
Vollschwellende Thränen.

Ein Gebilde der Schwermut. In langsamen Takten, in gedehnten Vokalen ein klagender Anruf. Das eigene Leid wird in das Naturgeschehen hineingenommen, die eigene Liebe in die ewige Liebe. Aber diese Einung ist doch nur eine dichterische, ist keine wirkliche Erlösung. Das Leid

284

bleibt und mit ihm die Sehnsucht, die doppelte Sehnsucht nach Freiheit und nach Liebe. Und damit bleibt auch die Qual.

Anfang September kamen die Meßfremden in Frankfurt an und auch ins Schönemannsche Haus am Kornmarkt. Damit spitzte die Lage sich weiter zu. Die Frankfurter Bürger, mit denen der Kaiserliche Rat Umgang pflegte und die im Zweiten Buch von «Dichtung und Wahrheit» geschildert werden, die v. Uffenbach, v. Häckel, v. Loen, v. Orth, v. Ochsenstein und v. Olenschlager, waren zwar trotz des Adels nicht Patriziat, aber sie waren zumeist hochstudierte Männer, Liebhaber von Büchern und Handschriften, Sammler von Bildern und somit eben die geistige Oberschicht der Stadt. Kaufmännisch tätig waren sie kaum. Was sich aber jetzt im Schönemannschen Hause zusammenfand, war eine andere Schicht. Es waren Leute, die nur dem Gelderwerb lebten und die noch nicht gelernt hatten, in die Schichten jenes kaufmännischen Bildungsadels aufzusteigen, der später für Goethes Vaterstadt so charakteristisch werden sollte. Die Mutter Lilis stammte freilich aus einem Hause von alter Kultur; der Vater Schönemann aber war im Grunde ein Neureicher gewesen, aus Groß-Gerau gebürtig. So vereinigte Lili in sich die süddeutsche Heiterkeit der Rhein- und Maingegend mit jenem Lebensernst, der in den Hugenottenfamilien gehütete Überlieferung ist. Die Söhne aber ließen es an diesem Ernste fehlen. Sie bestimmten durch ihre Handelsbeziehungen zum guten Teil den Charakter der Gäste, die jetzt ins Haus strömten. Und es ereignete sich, was zwanzig Jahre später sich im Gontardschen Hause wiederholte. Wie dort Hölderlin, so litt jetzt Goethe unter dem breiten, öden Tone, der in den Räumen der Geliebten laut wurde. Deren spätere Klage um die ungeistige Luft im Haushalt der Schwiegereltern, ihre Sorge um die Ausbildung ihrer Söhne und ihr Wort, daß sie Kaufleute nicht für eine belebende Menschenklasse halte, beweist, wie sie selbst den Unterschied fühlte. Und doch durfte sich die Tochter des Handlungshauses diesem Kreise nicht entziehen und wurde vielleicht von den Brüdern, die ja tiefer sahen, wie es um ihr Haus stand, noch zu gastlicher Freundlichkeit angehalten.

«Gestern führte mich ein böser Geist zu Lili, in einer Stunde, da sie mich so ganz entbehren konnte, da es denn meinem Herzen ward, als wenn's gemangt würde, und ich mich eilig fortmachte.» So am 5. September an Rahel d'Orville über einen Besuch am Kornmarkt. Diese fatale Gesellschaft im Schönemannschen Hause nun auch noch als Hofmacher der Verlobten zu sehen, täppisch zutraulich, als ob diese noch Kind wäre, empörte Goethe. Und so verspottet er diese Gäste in «Lilis Park», zeichnet sie als quiekendes, quakendes, gackerndes Hausgetier aller Art, abhängig von Lilis Futterkorb, darunter freilich auch sich selbst als mühsam gebändigten Bären, Lili aber als die umschwärmte Herrin, die ihn, den Bären, bald zurechtweist, bald liebkost und dann wieder kurzhält.

Ist doch keine Menagerie
So bunt als meiner Lili ihre!
Sie hat darin die wunderbarsten Tiere,
Und kriegt sie 'rein, weiß selbst nicht wie.
O wie sie hüpfen, laufen, trappeln,
Mit abgestumpften Flügeln zappeln,
Die armen Prinzen allzumal,
In nie gelöschter Liebesqual.

«Wie hieß die Fee? – Lili?» Fragt nicht nach ihr!
Kennt ihr sie nicht, so danket Gott dafür.

Das umfangreiche Gedicht soll hier nicht abgedruckt werden; es steht in Goethes Werken unter der Abteilung «Vermischte Gedichte». Schon in dem Briefgedicht an das Ehepaar d'Orville waren Motive vorweggenommen:

Spaziert nicht mehr im Frauenschlepp
Und hört, ach, nicht mehr das Beb Bepp.

Dem «Beb Bepp» entspricht in «Lilis Park» das «Pipi Pipi», womit Lili unter ihren Tieren das Geflügel an sich lockt:

286

Aber der Blick auch! der Ton!
Wenn sie ruft Pipi! Pipi!
Zöge den Adler Jupiters vom Thron:
Der Venus Taubenpaar,
Ja der eitle Pfau sogar,
Ich schwöre, sie kämen.
Wenn sie den Ton von weitem nur vernähmen.

Was aber das Spazieren im Frauenschlepp anlangt, so könnte man sagen, daß es auch für die Weimarer Zeit noch Geltung gehabt hat, nur mit dem Unterschied, daß Frau v. Stein älter, erfahrener, reifer und deshalb Goethe in manchem überlegen, Lili aber ein Mädchen von doch eben nur siebzehn Jahren war, das trotzdem ihr Selbst wahrte und sich dem Dichter und der Eigenmächtigkeit seines Genius nicht so fügte, wie es etwa Friederike in Sesenheim getan hatte, und das doch eben dieser seiner großen Jugend halber auf ihn nicht jene beruhigende und befriedigende Wirkung ausüben konnte, wie es ein Jahr darauf Charlotte tat.

Zusammenfassend wäre über das Gedicht zu sagen, daß das eigentliche Thema, wie schon die Überschrift erweist, der Park ist, die Fülle und Verschiedenheit der Anbeter, das Getier, die Menagerie, zu der auch und vor allem der Bär gehört. So steht das Gedicht zwischen «Hanswursts Hochzeit», wo gleichfalls die Gäste der Schönemannschen Soireen aufs Korn genommen werden, und Mephistos grimmem Rattenlied, wo aus dem mit Pipi gestreuten Futter Gift werden und der Dichter glauben wird, an seiner Liebe zu sterben. Die Situation ist ähnlich der im Briefgedicht an Johann Georg und Rahel d'Orville. Wie Goethe dort sich entschuldigt:

Ihr kennt nun doch einmal den Affen,
Wisst, ist nichts gescheuts mit ihm zu schaffen.
Laufft da, was kann wohl tollers seyn,
Wie Kain in die Welt hinein,

so ist es auch hier gewesen, es hat Zwist gegeben, tiefer als der in Offenbach, weil hinter ihm, wie ja auch «Dichtung und Wahrheit» sagt, die Schönemannsche Geselligkeit stand.

> *Doch wie das alles zugegangen,*
> *Erzähl ich euch zur andern Zeit,*
> *Dazu bin ich zu wütig heut.*

Anlaß zur Entzweiung hatte der alte Gegensatz von Goethes Unabhängigkeitssinn gegeben, wie ihn Kraus schildert: «Im eifrigsten Gespräch kann ihm einfallen, aufzustehen, fortzulaufen und nicht wieder zu erscheinen. Er ist ganz sein, richtet sich nach keines Menschen Gebräuche» und Lilis Gefühl für Sitte und Konvention und für die Rücksichten der Menschen untereinander. Im Briefgedicht hatte Goethe bekannt, wie

> *ihr Mündlein süß und mild*
> *Mich über Fluch und Unart schilt;*

jetzt ward er, und wie er empfand, «mit süßem, eitlem Spotte» von der Geliebten ermahnt, ganz brav zu sein:

> «*Allons tout doux! eh la menotte!*
> *Et faites Serviteur*
> *Comme un joli Seigneur.*»

Der Bär soll Pfötchen geben, soll einen Diener machen, sich wie ein richtiger Herr benehmen, wie in der Rede von Elmirens Mutter die Hunde und Affen auf der Messe in Reifröcken und Fontangen [Haarschleifen] ihre Kunstsprünge machen sollen, statt der Natur zu folgen und auf allen vieren zu laufen. In jenem Singspiel, wenn man es biographisch auslegen will, richtete sich der Protest gegen die modische Erziehung Lilis, jetzt sträubt sich Goethe, daß er nun seinerseits erzogen werden soll, und noch dazu von einem Mädchen, das fast zehn Jahre jünger war als er. «Sie erlaubt sich die Eitelkeit, mich öffentlich zu beherrschen, da reine Neigung zum Grunde liegt», hatte es im Schema zu «Dichtung und Wahrheit» geheißen.

Das eben wollte der junge Dichter zuallerletzt sein: «*un*

joli Seigneur.» Er, der den Faust, aber auch den Mephisto in sich trug, fühlte sich als Wanderer im Sinne von «Wanderers Sturmlied», mit den Worten seiner Zeit: als Original und als Genie. Gesellschaftliche Regel verachtete er. Den Sinn für Konvention als Ordnung hat Goethe sich erst im Weimarer Hofleben zu eigen gemacht, dann aber im Laufe der Jahre so durchaus, daß später die Jugend der Freiheitskriege nun ihrerseits wieder protestierte und den, wie sie meinte, in höfischer Konvention erstarrten Greis nicht verstehen konnte und wollte.

Das Gedicht ist eine launige Schöpfung des Unmutes, es ist ein Scherzgedicht, im Stil ähnlich dem des komischen Epos. Keinesfalls sollte es ein Affront sein, sonst hätte es Goethe nicht in Offenbach vorgelesen. Daß er das getan, hat noch 1816 Ewald, inzwischen Ministerialrat in Karlsruhe, gegenüber Varnhagen v. Ense erzählt. Es ist ein Scherzgedicht, spielend in unregelmäßigen Versen und mit humorvoller Selbstverspottung; aber zum Schluß schlägt der Ton um, strafft sich, wird lauter, ein Grollen, ja fast eine Drohung.

> *Götter, ists in euren Händen,*
> *Dieses dumpfe Zauberwerk zu enden:*
> *Wie dank ich, wenn ihr mir die Freiheit schafft!*
> *Doch sendet ihr mir keine Hilfe nieder,*
> *Nicht ganz umsonst reck ich so meine Glieder,*
> *Ich fühls! Ich schwörs, noch hab ich Kraft. –*

Ansätze, sich so seiner Liebe zu erwehren, sich das Erlebnis wegzuspotten, waren auch früher schon dagewesen, so wenn der Dichter Lili abschätzig als niedliche Blondine, sich selbst als Fastnachts Goethe, als Hanswurst, als Frosch- und Spinnenjäger, als schmelzenden Käs, als Papagei auf der Stange, hier als gezähmten Bären, schließlich als vergiftete Ratte bezeichnete. Auch daß das erste Gedicht, das er Lili widmete, «An Belinde» überschrieben ist, ist ungewollt noch ein leiser Unterton einer Selbstironisierung; Belinde ist der Name jener schönen und eleganten Lady, die die Heldin von Popes komischem Epos «Der

Lockenraub» ist, eines Poems, das damals jeder kannte und nach dessen Vorbild alle komische Dichtung in England und Deutschland gestaltet wurde.

Daß auch sie schön und, wie des Dichters Briefe zur Genüge bezeugen, auch elegant war, wußte Lili natürlich. Der junge Goethe aber war ein gesteigert eifersüchtiger Liebhaber. «Die Laune des Verliebten» ist Selbstporträt, zeigt, daß er mißtrauisch zu quälen vermochte und wie er, wen er liebte, ganz für sich beanspruchte. Die Leipziger Briefe an Behrisch, vom 11. bis 14. November 1767, da er Käthchen Schönkopf in Gesellschaft eines Fremden in der Theaterloge beobachtet hatte, sind in einem Sturm rasender, dabei unsinniger und unberechtigter Eifersucht geschrieben. An diese Briefe Goethes muß man denken, wenn man das Bild, das er sich von Lili unter ihrer Menagerie machte, richtig beurteilen will.

Schon in Leipzig hatte Goethe bekannt, daß die Schuld bei ihm, eben an seinen Launen als Verliebter liege: «Allen Verdruß, den wir zusammen haben, machte ich. Sie ist ein Engel und ich bin ein Narr» [März 1768]. Entsprechend heißt es jetzt von Lili, «ein Mädchen, das mich unglücklich macht, ohne ihre Schuld, ein Mädchen mit der Seele eines Engels, dessen heitre Tage i c h trübe, i c h –». Diese Eifersucht war eine Übersteigerung, eine Art Titanismus seiner Liebe. Darum verstand er auch hierin, wenigstens ehe Christiane in sein Leben trat, Frau v. Stein:

Den Einzigen, Lida, welchen du lieben kannst,
Forderst du ganz für dich, und mit Recht,
Auch ist er einzig dein, –

das sind Verse, um ihre Eifersucht zu begütigen. Was Goethe vordem anderen angetan, darunter sollte er jetzt zu leiden haben. 1776 nannte Frau v. Stein ihn «eine Kokette», wie er in «Lilis Park» über Lili klagt. Schönheit, Jugend, Liebenswürdigkeit und Geist werden immer umworben sein und sich auch gerne werben lassen, zum Mißvergnügen dessen, der glaubt, allein auf alle Gunst Anspruch zu haben.

Aber auch in diesem Gedicht «Lilis Park», bei allem
drohenden Gebrumm des nur halb gezähmten, freiheitslü-
sternen Bären, bricht plötzlich in wärmsten Tönen die liebende Huldigung durch.

Auf einmal! Ach, es dringt
Ein seliges Gefühl durch alle meine Glieder,
Sie ist's, die dort in ihrer Laube singt.
Ich hör die liebe, liebe Stimme wieder.
Die ganze Luft ist warm, ist blütevoll.
Ach, singt sie wohl, daß ich sie hören soll?
Ich dringe zu, tret alle Sträuche nieder.
Die Büsche fliehn, die Bäume weichen mir,
Und so – zu ihren Füßen liegt das Tier.

Freiheit und Liebe, Eigen-Sinn und Konvention, Genie
und Bürgerlichkeit, das waren die Spannungen, die Goethe
in seiner letzten Frankfurter Zeit leiden machten und denen gegenüber er sich nur zu erhalten vermochte, indem er
sie dichterisch aussprach, sie so gleichsam bannte und sich,
wenn auch nur für den Augenblick, erlöste. Schon im Fe-
bruar-Brief an Gustchen waren diese Motive angeschlagen, sie bilden auch den Inhalt von «Lilis Park». –
   Am Sonntag, dem 10. September, feierte Ewald in Offenbach Hochzeit; er verband sich mit Rachel Gertrud du
Fay aus Frankfurt. André wünschte, die Festlichkeit der
Feier durch den Vortrag eines Quartetts, das er komponierte, zu erhöhen; und Goethe dichtete ihm den Text. Er
und Lili, André und seine Gattin sangen so dem jungen
Paare das «Bundeslied». Es ist ein Hochzeitslied, aber darüber hinaus ein Gesellschaftslied, wie die Zeit sie liebte,
und wie sie Goethe noch in Weimar zur Belebung der
Geselligkeit in seinem Hause gern gedichtet hat. Zelter
oder auch Eberwein waren dann die Komponisten; hier
war es André.

Den künftgen Tag und Stunden,
Nicht heut dem Tag allein,

Soll dieses Lied, verbunden
Von uns, gesungen sein.
Euch bracht ein Gott zusammen,
Der uns zusammenbracht.
Von schnellen ewgen Flammen
Seid glücklich durchgefacht.

Das Gedicht hat sechs Strophen. Die beiden letzten beziehen sich auf Goethe und Lili.

Mit jedem Schritt wird weiter
Die rasche Lebensbahn,
Und heiter immer heiter
Steigt unser Blick hinan;
Und bleiben lange lange
Fort ewig so gesellt.
Ach! daß von einer Wange
Hier eine Träne fällt!

Ist es Lili, die hier gemeint ist? Ist es Goethe? Die letzte
Strophe bezieht sich zweifelsfrei auf den Dichter selbst:

Doch ihr sollt nichts verlieren,
Die ihr verbunden bleibt,
Wenn einen einst von Vieren
Das Schicksal von euch treibt;
Ist's doch, als wenn er bliebe!
Euch ferne sucht sein Blick;
Erinnerung der Liebe
Ist, wie die Liebe, Glück.

Wie muß den beiden zumute gewesen sein, da sie so in
dem Hochzeitslied des jungen Paares der eigenen Liebe
Grablied sangen? Das enthüllt ein Brief Goethes, am Sonntag darauf in Offenbach geschrieben. «Heut vor acht Tagen war Lili hier. Und in dieser Stunde war ich in der
grausamst feyerlichst süsesten Lage meines ganzen Lebens,
mögt ich sagen. O Gustgen, warum kann ich nichts davon
sagen! Warum? Wie ich durch die glühendsten Tränen der

Liebe Mond und Welt schaute und mich alles seelenvoll
umgab. Und in der Ferne die Waldhorn, und der Hochzeit
Gäste laute Freuden.»

Erinnerung der Liebe
Ist, wie die Liebe, Glück, –

indem sie das einander zusangen, nahmen Lili und Goethe
voneinander Abschied. Darum die «grausamst feyerlichst
süseste Lage meines ganzen Lebens».

Doch ihr sollt nichts verlieren,
Die ihr verbunden bleibt –

Sie ahnten beide, daß sie nicht verbunden bleiben würden
und wieviel sie verlören.

Lili mied von jetzt an, mit Goethe zusammenzutreffen.
Wie sie am Sonntag, dem 17., schon nicht mehr in Offenbach war, so unterließ sie es in Frankfurt, einen Ball zu
besuchen, um dem Freund aus dem Wege zu gehen. Am
Donnerstag, dem 14., schrieb Goethe an Gustgen: «Sollts
nicht übermäßiger Stolz seyn, zu verlangen, daß dich ganz
das Mädgen erkennte und so erkennend liebte. Erkenn ich
sie vielleicht auch nicht? Und da sie anders ist wie ich,
ist sie nicht vielleicht besser?» Am Freitagmorgen: «Sie
rathen nicht, was mich beschäfftigt, eine Maske, auf kommenden Dienstag, wo wir Ball haben. – Meine Masque
wird eine altdeutsche Tracht, schwarz und Gelb, Pumphose, Wämslein, Mantel und Federstuzhut. Ach, wie dank
ich Gott, daß er mir diese Puppe [nicht norddeutsch, sondern vom Frankfurter ‹Bobbelche› her zu verstehen] auf
die paar Tage gegeben hat, wenns so lang währt. – halb
viere. In Brunnen gefallen, wie ichs ahndete. Meine Masque wird nicht gemacht. Lili kommt nicht auf den Bal. –
Ich thats, sie zu ehren, weil ich deklarirt für sie bin und
eines Mädgens Herz pp. – Ich thats auch halb aus Truz,
weil wir nicht sonderlich stehn die acht Tage her.» Am
Sonnabend: «Ich that was, Lili eine kleine Freude zu machen. – Gehe jetzt nach Offenbach, um Lili heute Abend

nicht in der Comödie, morgen nicht im Conzert zu sehen.»
– «Offenbach! Abends sieben. In einem Kreise von Menschen, die mich recht lieb haben, offt mit mir leiden! Es ist
nun so! ich sizze wieder an dem Schreibtischgen, von dem
ich Ihnen schrieb, eh ich in die Schweiz ging. Lieb Gustgen
– da ist ein junges Paar [Ewald] in der Stube, das erst seit
acht Tagen verheurathet ist! eine junge Frau [André] liegt
auf dem Bette, die der angenehmsten Hoffnung eines lieben Kindes entgegen schmerzet. Ade für heute. Es ist
Nacht und der Mayn blinckt noch aus den duncklen
Ufern.» – Sonntag, den 17.: «Da ich aufstund war mirs
gut, ich machte eine Scene an meinem Faust. [Vermutlich
Urfaust, Auerbachs Keller, mit dem Liede: «Es war ein
Ratt im Keller Nest.»] Vergängelte ein paar Stunden. Ver-
liebelte ein paar mit einem Mädgen [Charlotte Nagel in
Offenbach, an die das schöne Briefgedicht: «Mitten im
Getümmel mancher Freuden» gerichtet ist], davon dir die
Brüder erzählen mögen, das ein seltsames Geschöpf ist. Aß
in einer Gesellschaft ein Duzzend guter Jungens, so grad
wie sie Gott erschaffen hat. Fuhr auf dem Wasser selbst
auf und nieder, ich hab die Grille selbst fahren zu lernen.
Spielte ein Paar Stunden Pharao und verträumte ein Paar
mit guten Menschen. Und nun sizz ich, dir gute Nacht zu
sagen. Mir wars in all dem wie einer Ratte, die Gift gefressen hat, sie läuft in alle Löcher, schlurpft alle Feuchtigkeit,
verschlingt alles Eßbare, das ihr in Weeg kommt und ihr
innerstes glüht vor unauslöschlich verderblichem Feuer.»
    Eben noch verglich sich Goethe als Liebhaber mit dem
Käs, der in der Augustglut zu laufen anfing, jetzt mit einer
vergifteten Ratte. Im ersten Falle war Lili die Sonne, im
andern rührt von ihr das Gift der Liebe her. Beide Vergleiche stammen aus dem Küchen- und Kellerreich der Frau
Rat. Der Brief fährt dann fort: «Heut vor acht Tagen war
Lili hier», und nun folgen die schon angeführten Worte
der Erinnerung an die Hochzeitsfeier.
    Montag, den 18.: «Mein Schiffgen steht bereit, ich
werds gleich hinunter lencken. Ein herrlicher Morgen, der
Nebel ist gefallen, alles frisch und herrlich umher! – Und

294

ich wieder in die Stadt, wieder ans Sieb der Danaiden! Ade! –»

Fühlen wir nicht, wie Goethe sie einsog, diese Wärme und sommerliche Luft des Maintals? Diese Landschaft war ihm so viel, weil sie Natur war; und die Natur war ihm so viel, weil sie die Freiheit war. Was dann in Frankfurt der Mittag, was der Abend brachte, wird wie in einem Tagebuche Gustchen auf demselben Blatte noch vor Mitternacht mitgeteilt:

«Montag Nacht halb zwölf. Frankfurt, an meinem Tisch. Komme doch, dir gute Nacht zu sagen. – Lili heut nach Tisch gesehn – in der Comödie gesehn. Hab kein Wort mit ihr zu reden gehabt – auch nichts geredt! – Wär ich das los. O Gustgen – und doch zittr' ich vor dem Augenblick, da sie mir gleichgültig, ich hoffnungslos werden könnte. – aber ich bleib meinem Herzen treu, und laß es gehn – Es wird – Dienstag sieben Morgens. – Im Schwarm! Gustgen! ich lasse mich treiben, und halte nur das Steuer, daß ich nicht strande. Doch bin ich gestrandet, ich kann von dem Mädgen nicht ab – heut früh regt sichs wieder zu ihrem Vortheil in meinem Herzen. – Eine grose schwere Lektion! – Ich geh doch auf den Ball, einem süsen Geschöpf zu lieb, aber nur im leichten Domino, wenn ich noch einen kriege. Lili geht nicht.

Nach Tische halb vier. Geht das immer so fort, zwischen kleinen Geschäften durch immer Müßiggang getrieben, nach Dominos und Lappenwaare. Hab ich doch mancherley noch zu sagen. Adieu, ich bin ein Armer verirrter verlohrner – – Nachts Achte, aus der Comödie und nun die Toilette zum Ball! O Gustgen, wenn ich das Blat zurück sehe. Welch ein Leben. Soll ich fortfahren? oder mit diesem auf ewig endigen. Und doch Liebste, wenn ich wieder so fühle, daß mitten in all dem Nichts sich doch wieder so viel Häute von meinem Herzen lösen, so die convulsiven Spannungen meiner kleinen närrischen Composition nachlassen, mein Blick heitrer über Welt, mein Umgang mit den Menschen sicher, fester, weiter wird, und doch mein innerstes immer ewig allein der heiligen Liebe gewiedmet bleibt, die nach und nach das Fremde durch den Geist der reinheit, der sie selbst ist, ausstöst und so endlich lauter werden wird wie gesponnen Gold. – Da lasse ich's denn so gehn – Betrüge mich vielleicht selbst – Und dancke Gott. Gute Nacht. Adio. – Amen: 1775.»

Diese Blätter des jungen Goethe sind keine Briefe, sie sind Fieberkurven. Nur der schon erwähnte Leipziger Brief von 1767 ist ihnen zu vergleichen. Wie innerlich unhaltbar war die Frankfurter Existenz geworden! Wenn der Vater seinem Sohne beim Aufbruch den Bibelspruch mitgab: «Bittet, daß eure Flucht nicht geschehe im Winter», so hatte er recht; es war wirklich Flucht, die ihn aus der Heimat trieb. Merkwürdig dabei, wie in all der wirbelnden, lärmenden Dissonanz von Verlorenheit und Selbstbetäubung immer wieder, wie ein ruhig fester Bachscher Geigenstrich, der Glaube aufklingt: «aber ich bleib meinem Herzen treu», oder das Wort von den Häuten, die sich lösen, oder das von der heiligen Liebe, die nach und nach das Fremde durch den Geist der Reinheit ausstößt, der Glaube an die eigene Läuterung und das Bewußtsein, in einer steigenden Entwicklung zu leben, wie es sich durch die Datierung mit der Jahreszahl ausspricht. Amen: 1775. Wie ein letzter verlorener Nachklang aus der Wertherzeit stehen die Worte da: «Soll ich fortfahren? oder mit diesem auf ewig endigen?» Aber das ist nur die Stimmung eines Augenblicks. 1775, – eben mit dieser Art der Datierung setzt sich der Dichter selbst sehr bewußt gegen den Werther-Goethe ab. Er weiß, daß er eine Stufe höher steht, freier, sicherer und voller Vertrauen zu sich selbst und zum Leben und zum eigenen Schicksal. Und deshalb schließt er seinen Brief auch mit einem «Und danke Gott» und mit «Amen».

Als ein Fieber, eine Krankheit hat Goethe selbst seinen Seelenzustand in dieser letzten Frankfurter Zeit empfunden. Noch eine «schröckliche Woche», dann konnte er schreiben: «Ich bin biß zehn im Bett liegen blieben, um einen Catharr auszubrüten, mehr aber, um die Empfindung häuslicher Innigkeit wieder in mir zu beleben, die das gottlose Geschwarmme der Tage her so ganz zerflittert hatte. Vater und Mutter sind vors Bett gekommen, es ward vertraulicher diskurirt, ich hab meinen Thee getruncken und so ists besser. Ich hab wieder ein Wohngefühl in meinen vier Wänden, wie lange es währt», so an Lavater. Es war die Entspannung nach überstandener Krise. Von Lili ist in den Briefen der letzten sechs Wochen nicht mehr die Rede.

Seidels Ausgabebuch verzeichnet zum 19. September, dem Tag des Balles, 24 Kreuzer für eine weiße Venezianische Maske und ebensoviel für ein Paar weiße Handschuh. Mit dem ursprünglich gewählten Kostüm aber, altdeutsche Tracht, Pumphose, Wämslein, Mantel und Federstuzhut, sind wir schon mitten im «Egmont». Dieser Dichtung galt die Arbeit der letzten Wochen in der Vaterstadt. Wie Goethe auf diesen Stoff verfallen ist, läßt sich nicht sagen. Es ist auch nicht mehr genau auszumachen, was in Frankfurt niedergeschrieben wurde und was in den späteren Jahren in Weimar. Nach Frankfurt fällt jedenfalls der erste Aufzug, von dem schon früh in Theaterkreisen als einem ungedruckten Schauspiel Goethes «Das Vogelschießen von Brüssel» die Rede war; ferner der zweite Akt, dessen Eingangsszene mit ihrer kräftigen Sprache noch durchaus den jungen Goethe spiegelt, und von den folgenden Akten die Klärchen-Handlung, der eigentliche Kern des Dramas. Da Goethe noch im Jahre 1776 die Erinnerung an Lili in einem Drama gestalten wollte, so liegt die Frage nahe, welche Züge der Geliebten er Klärchen verliehen haben mag. Die Antwort lautet: ihren Mut, ihre Treue, ihre Unbedingtheit. Aber Klärchen ist jetzt mit Absicht als ein Kind aus dem Volke gehalten. Ohne Ansprüche einer gesellschaftlichen Schicht oder einer eigenen Welt nimmt sie ihr Lebensgesetz allein aus ihrer Liebe. Formal ist das Lied «Freudvoll und leidvoll» noch der Ton der Lieder aus «Erwin und Elmire», ist somit den Frankfurter Singspielen und dem «Meine Ruh ist hin» und «Ach, neige, du Schmerzensreiche» Gretchens verwandt, alles arienmäßige Liedeinlagen, als solche hervorgerufen durch die Freundschaft mit André und seine Verbindung mit der Frankfurter Oper.

Diese Entstehungsgeschichte bestätigt «Dichtung und Wahrheit» [Ende des Neunzehnten Buches]: er habe, heißt es da, «Egmont» begonnen, um nach der Trennung von Lili die fürchterliche Lücke durch Geistreiches und Seelenvolles auszufüllen, und zwar habe er nicht wie beim «Götz» in Reih und Folge geschrieben, sondern nach der ersten Einleitung gleich die Hauptszenen angegriffen, ohne sich um die allenfallsigen Verbindungen zu kümmern. «Die fürchterliche Lücke» bekennt Goethe. «Die Leere der Existenz» klagte Lili noch nach Jahren. Die Tiefe ihrer gegenseitigen Bindung wird offenbar. Und was meint Goethe mit den Hauptszenen des «Egmont»? Die Szenen, die die beiden großen Gegenthemen des Jahres 1775 gestalten, den Genieglauben mit seinem Freiheitssehnen und die Liebe mit der Gefahr und dem inneren Anspruch des Verharrens.

Insonderheit spiegelt die große Szene zwischen Egmont und seinem Sekretär die Problematik der Lili-Zeit: «Ich stehe hoch und kann und muß noch höher steigen; ich fühle mir Hoffnung, Mut und Kraft. Noch hab ich meines Wachstums Gipfel nicht erreicht, und steh ich droben einst, so will ich fest, nicht ängstlich stehen. – Sollt' ich knickern, wenn's um den ganzen, freien Wert des Lebens geht?» Und ein Gegenbild, in der Charakteristik der Regentin: «Sie ist ein Weib, und die möchten gern, daß sich alles unter ihr sanftes Joch gelassen schmiegte, daß jeder Herkules die Löwenhaut ablegte und ihren Kunkelhof verehrte [Frauenschlepp hieß es im Brief an das Ehepaar d'Orville]. Das ist ihr Fall, und da sie es dahin nicht bringen kann, so hat sie keinen Weg als launisch zu werden, sich über Undankbarkeit, Unweisheit zu beklagen.» Und den Fastnachts-Goethe, den Schwärmer auf den Maskenbällen, hören wir sich rechtfertigen, wenn es heißt: «Ist ein Fastnachtsspiel gleich Hochverrat? Sind uns die kurzen, bunten Lumpen zu mißgönnen, die ein jugendlicher Mut, eine angefrischte Phantasie um unsers Lebens arme Blöße hängen mag? Wenn ihr das Leben gar zu ernsthaft nehmt, was ist denn dran?» Den Schluß der Szene: «Kind! Kind! nicht weiter! Wie von unsichtbaren Geistern gepeitscht, gehen die Sonnenpferde der Zeit mit unsers Schicksals leichtem Wagen durch; und uns bleibt nichts, als mutig gefaßt die Zügel festzuhalten und bald rechts, bald links, vom Steine hier, vom Sturze da, die Räder wegzulenken», hat Goethe selbst als letztes Wort über das Frankfurt von 1775 an das Ende von «Dichtung und Wahrheit» gesetzt. Er erzählt, wie er sich mit diesem Ausruf Egmonts gegen die Absichten der Jungfer Delph gewehrt habe, ihn von der Reise nach Weimar zurückzuhalten. Er deutet damit an, daß die betreffende Egmont-Szene schon gedichtet vorlag. Wir haben keinen Grund, daran zu zweifeln.

«Wenn ihr das Leben gar zu ernsthaft nehmt, was ist denn dran?» Die Antwort würde lauten: eben der Ernst! Und um diesen Lebensernst ging es dem jungen Goethe, als er sich von Lili losriß, um der ihm bestimmten Lebensbahn treu zu bleiben. Goethe hat öfter in seinen Dichtungen, zumal seinen Tragödien, sich selbst zum Spiegel, seine Gefährdungen dargestellt: im Werther und Tasso den unbeherrschten Stimmungs- und Gefühlsmenschen, im Faust den Titanen. Auch im Egmont muß ein gefährlicher Weg zu Ende verfolgt werden, weil dessen Lockung nicht rechtzeitig widerstanden worden war. Egmont geht zugrunde, weil er den ihm vom Schicksal gegebenen Auftrag, sein Volk zu führen, über seiner Liebe vergißt. Das Drama ist aus den Problemen und Nöten der Lili-Liebe entstanden. In ihm schrieb Goethe sich frei.

Denn Goethe hatte, wie eine Antonio-Natur, so auch eine Oranien-Natur. Gerade die überlegene Art, mit der er schließlich stets trotz aller Wirren seine Lebensführung einzurichten pflegte, legt das an den Tag. Den Werther, den Faust, den Egmont, den Tasso hat er wohl empfunden, aber nur als Möglichkeiten, die in ihm waren und die es zu überwinden galt. Seine Helden scheitern. Er selbst beharrte und bestand.

Im Schema zu «Dichtung und Wahrheit», in diesem

Werke selbst, in dem Gespräch mit Sulpiz Boisserée erwähnt Goethe einen Zwischenträger, der die Verlobten auseinandergebracht habe; vermutlich ist ein Bruder Lilis gemeint. Er spricht auch von Cornelias eifersüchtigen Abmahnungen und von den Bemühungen der Mutter Lilis, die von Friederike und Sesenheim gehört hatte und nun ihre Tochter zu warnen suchte. Das alles ist unwesentlich.

Der Todeskeim in der Liebe zu Lili lag von vornherein in Goethes innerer Untreue. Er wollte sich nicht binden. Er durfte sich nicht binden. Immer wieder klingt das aus den Gedichten, Dramen und Briefen, die wir haben kennenlernen, sehr klar und sehr entschieden heraus. Es war, als ob man einen Planeten an einen Fixstern hätte ketten wollen.

Das Genie ist einsam. Das ist sein Fluch, den es zu tragen hat. Eine geheimnisvoll lockende Ferne liegt sein Weg vor ihm, Abenteuer und gefährliche Aufgabe, in deren Strudel und Wirren kein anderes Schicksal hineingerissen werden darf. Und doch auch wieder der einzige Inhalt und Sinn seines Daseins, dessen Erfüllung der Genius zustrebt, ja zustürzt wie das Eisen dem Magneten. Alles, was ihn zurückhielt, mußte der Dichter wie eine Verführung empfinden. Ja, so geradezu als «Verführung» bezeichnet er, auf einem Notizenblatt zu «Dichtung und Wahrheit», sein Verhältnis zu Lili, das er sich nur unter dem Gleichnis der Zauberei erklären kann. Zauberkreis, Zauberfädchen, dumpfes Zauberwerk, ein Zauber bleit mich nieder, ein Zauber häckelt mich wieder, bannen, Anziehungskraft von der sanftesten Art, unwiderstehlich ziehen, – all das sind Worte, die er über sein Verfallensein an Lili braucht. Und darum steht auch hinter der Schilderung von Lilis Tierpark letzten Endes die Erinnerung an die Homerische Gestalt der mythischen Zauberin, die den Helden Odysseus auf seinem Wege festhält. Gegen solche Bannung setzt der junge Dichter seinen ganzen Trotz und seinen prometheischen Glauben an sich selbst. «Es wildst [wird wild] die innere Natur», so heißt es in «Lilis Park».

Goethes besondere Tragik dabei war, daß er einer der

liebebedürftigsten und an Liebe verschwenderisch reichsten Menschen gewesen ist, die es je gegeben hat. Aber er wußte, nur wo er frei blieb, durfte er lieben. Das Schicksal Friederikens sollte sich nicht wiederholen. An dieser einen Schuld trug er schon schwer genug. Und so erklärt sich auch jene Scheinliebe zu Gustchen v. Stolberg, Anbetung des Weiblichen an sich in einem Phantom, eine unverbindliche Fernliebe. Auch in dem Verhältnis zur Frau v. Stein war trotz Goethes beschwörender Bitten um Gewährung der Ehe ein wesentliches, die Dauer erhaltendes Moment die Tatsache, daß Charlotte schon gebunden war. Und wie lange hat es gewährt, bis Christiane bürgerlich ebenbürtige Gattin wurde! Schiller hat, wahrscheinlich unter dem Einfluß der Gattin, mißbilligend und ohne rechtes Verständnis, von Goethes unseliger Ehescheu und falschen Begriffen über eheliches Glück gesprochen. Der Dichter wußte es besser. Nur einmal hat er um Ehe geworben, als Greis um Ulrike v. Levetzow. Was, auf die Lebensalter gesehen, widersinnig erscheint, war, an der Lebenskurve Goethes gemessen, durchaus sinngemäß. Jetzt war die Bahn des Lebens durchschritten. Nun wußte er, wo er stand und nach dem Gesetz der Natur stehenbleiben mußte; jetzt brauchte er nicht mehr zu fürchten oder zu erwarten, daß er ins Ungemessene fortschreiten werde. Er übersah sich und die Welt als feste und beharrende Gegebenheiten.

Raffael, Lionardo da Vinci, Michelangelo, Tizian, Beethoven, Kant, alle sind unvermählt geblieben. Im einzelnen mögen jeweils die Gründe, soweit wir sie beurteilen können, verschieden gewesen sein; indes, Ausnahmemenschen haben ein Ausnahmeschicksal. Und Raffael hat das auch klar ausgesprochen: er wolle keine Frau, er würde niemals mit einer Frau dahin gekommen sein, wo er jetzt stände, und täglich danke er Gott dafür, so weise gehandelt zu haben.

Und doch, – und doch! Was war es, das dem greisen Michelangelo in seinem Leben am meisten der Reue wert erschien? Es war dies, daß er der Marchesa von Pescara, Vittoria Colonna, bei seinem letzten Besuche am Lager der

Sterbenden nicht auch Stirn und Antlitz geküßt habe, wie er ihr damals die Hand küßte.

Und so rief der junge Goethe der Geliebten beim Abschied zu: «Es hat sich entschieden. Wir müssen einzeln unsre Rollen ausspielen. Mir ist in dem Augenblicke weder bange für dich noch für mich.» Der alte Goethe aber sann seiner Jugend und seiner Liebe nach und schrieb das Traumgedicht «Der Bräutigam». –

Die Tragik in dem Verlöbnis Goethes war aber nicht einseitig; sie überschattete auch Lili. Was sollte sie von einem Freunde halten, der ihr verhüllt und offen zu fühlen gab, wie fragwürdig die Verbindung war. Der Zustand, den Goethe in dem Schema mit den Worten charakterisiert: «Gefühl unmöglicher Trennung, wechselseitiges unbedingtes Behagen, wechselseitiges Vertrauen. Man fühlt, wie ernst es sei, daß es ernst bleiben müsse», hat vielleicht mehr in der Erinnerung bestanden als in der Wirklichkeit, jedenfalls war er nur von kurzer Dauer, war Selbsttäuschung, Wunschbild. Auch für Lili war das Verlöbnis ein Leidensweg, und doch, weil es eben Verlöbnis mit Goethe war, die größte Erfüllungsstunde ihres Lebens, köstlich und inhaltreich und nie vergessen.

Noch ehe Goethe nach Weimar ging, versuchte er, in einem Briefe an Bürger, die Summe aus der Zeit der Lili-Liebe zu ziehen. Er nennt sie, noch wund von all den Nöten und Schmerzen: die zerstreutesten, verworrensten, ganzesten, vollsten, leersten, kräftigsten und läppischsten drei Vierteljahre, die er in seinem Leben gehabt habe. «Was die menschliche Natur nur von Widersprüchen sammeln kann, hat mir die Fee Hold oder Unhold, wie soll ich sie nennen? zum Neujahrsgeschenk von 75 gereicht.» Einige Jahrzehnte später, 1807, und Goethe schreibt der einstigen Verlobten von demselben Jahr 1775, daß er es zu den glücklichsten Tagen seines Lebens zähle; und 1830 hat er zu Eckermann gesagt: «Ich bin meinem eigentlichen Glücke nie so nahe gewesen als in der Zeit jener Liebe zu Lili.»

Was ist Glück? Es war nicht so, daß Goethe die Schmerzen jener Zeit vergessen hatte. Er verstand wohl unter Glück, wenn ein Herz in seinen tiefsten Tiefen durch eine Begegnung erschüttert wird, die ihm letzte Erfüllung ist, sei es in Qual oder Freude.

Und was ist nicht alles in jenem letzten Frankfurter Jahre geschaffen worden! In wieviel Dramen hat nicht die Lili-Liebe hineingewirkt? In «Hanswursts Hochzeit», in «Erwin und Elmire», in «Claudine von Villa Bella», mehr als man ahnt in die Struktur des «Urfaust», von dem etwa ein Drittel unter Lilis Augen gedichtet sein mag, in «Stella», zuletzt in den «Egmont». Schönste Blüten Goethescher Lyrik waren entstanden und als Frucht der Schweizer Reise die «Dritte Wallfahrt nach Erwins Grab», ferner, seelische Tiefenforschung, die Beiträge zu Lavaters «Physiognomischen Fragmenten». Auch Goethes Nachdichtungen nach Salomo, der Preis der stolzen und hohen Ceder auf dem Libanon als Ruhm des freien Genies, das Hohelied aber als Preis der Liebe, sind in dieser Thematik nichts anderes als ein Echo der Lili-Zeit. Und nicht zum wenigsten sind die Briefe jener Monate unter das dichterische Gut zu zählen. Sie sind an Tiefe der Empfindung, Ideenfülle und sinnlicher Bildlichkeit die eindrucksvollsten der Frankfurter Jugend und wirken wie der Rohstoff zu einem Gegenbild des Werther, eines Werthers, der sich behauptet und den Nöten und Wirren des Daseins standhält. Die kurze Zeit der Lili-Liebe bedeutet in Goethes Leben die fruchtbarste, die erregteste und erregendste Epoche. Die folgenden Weimarer Jahre waren weniger stürmisch, aber auch dichterisch, auf die Spanne der Entstehungszeit gesehen, sehr viel weniger ertragreich.

Auch in Thüringen beschäftigte, trotz der Trennung, die Gestalt Lilis Goethes Phantasie noch immer. Im August 1776 taucht ihr Name von neuem auf, abermals in Verbindung mit einem Drama, und zwar wiederum einem Schauspiel für Liebende, wie es die «Stella» gewesen war. Den Vorwurf zu diesem Drama bot die neunte Novelle im Fünften Buch von Boccaccios Dekamerone. Das ist der Inhalt: Ein Liebender, Federigo, vergeudet all sein Vermö-

gen, um Giovanna zu gewinnen, die aber in ihrer Gatten-
treue nicht wankend wird. Federigo verarmt durch seine
Liebe. Giovannas Gatte stirbt. Verwitwet kommt sie eines
Sommers in die Gegend, wo Federigo auf einem Gütchen
lebt. Ihr einziges Söhnchen erkrankt schwer und hat den
Kinderwunsch, einen Falken sein eigen nennen zu dürfen,
der Federigos geliebtester Besitz ist. Der Mutterliebe bringt
Giovanna das Opfer, deswegen zu Federigo zu gehen, von
dem sie erfreut aufgenommen wird und der, um sie nur
bewirten zu können, eben den Falken ihr als Mahl vor-
setzt, um den Giovanna dann vergebens bittet. Ihr Knabe
stirbt. Aber als ihre Brüder sie bedrängen, sich wieder, und
zwar mit einem begüterten Manne, zu vermählen, wählt
sie Federigo und rechtfertigt ihre Entscheidung mit den
Worten: «Ihr habt recht, er ist arm, aber ich will lieber
einen Mann, der der Reichtümer ermangelt, als Reichtümer, denen der Mann mangelt.»

Diese rührende Geschichte von der aufopferungsvollen
Liebe Federigos ist in die Weltliteratur eingegangen. Lope
de Vega, La Fontaine, Hagedorn, de la Motte-Fouqué,
Longfellow und andere haben den Stoff bearbeitet. Wie
Goethe auf ihn gestoßen ist, wissen wir nicht. Wir kennen
von seinem Planen außer ein paar Tagebuchnotizen nur
die Worte an Frau v. Stein: «Ich hab an meinem Falken
geschrieben, meine Giovanna wird viel von Lili haben, du
erlaubst mir aber doch, daß ich einige Tropfen deines Wesens drein gieße. Vielleicht machts mir einige Augenblicke
wohl, meine verklungene Leiden wieder als Drama zu verkehren.» Von diesem Drama ist nur sehr wenig niedergeschrieben worden. Auf uns gekommen ist so gut wie
nichts; ein Blatt, Beteuerungen der Liebe zu einer Frau in
einem Dialog zwischen zwei Männern, hat man als Fragment angesprochen, ob mit Recht, ist unsicher. Die Liebe
als solche, von der als dramatischem Thema der Brief an
Charlotte nur andeutend spricht, hätte ihren Atem aus der
Verehrung der Frau v. Stein gezogen, so daß in merkwürdiger Weise der Plan unter dem Doppelgestirn der Venus als
Abendstern und als Morgenstern gestanden hätte.

Was war es aber, was bei der Erzählung von Federigo und Giovanna Goethe an Lili und seine Leiden erinnert haben mag? War es die treue Hingabe des Liebenden? Kaum, denn der Dichter selbst war es ja gewesen, der von sich aus die Verbindung gelöst hatte. War es die Gestalt Giovannas? Boccaccio zeichnet sie als «*donna non meno onesta che bella*», rühmt ihre weibliche Anmut als «*piacevolezza*», Züge, die gewiß auf Lili passen, aber doch nicht so charakteristisch sind, um die Idee eines Giovanna-Lili-Dramas zu erklären. Es gibt nur einen Vergleichspunkt zwischen dem Liebesschicksal in der Novelle und dem Lilis und Goethes, das ist der, daß die Brüder Giovannas, ohne nach Herz und Gefühl zu fragen, diese zu einer reichen Ehe drängen, so wie die Brüder Lilis ihrer Verlobung mit dem Dichter mißgünstig gegenüberstanden, vermutlich die Auflösung förderten und dann Lili aus geschäftlichen Gründen zu dem unglücklichen zweiten Verlöbnis gedrängt haben. Unter Lilis Brüdern und ihrem Kreise hatte Goethe wirklich gelitten, während die Geliebte ohne Wanken seinen wahren Wert erkannte und ihm die Treue hielt.

Wie kam es aber, daß ihm diese «verklungenen Leiden» jetzt in Weimar wieder lebendig wurden? Eben damals hatte ihm Johanna Fahlmer über die neuesten Vorgänge im Schönemannschen Hause berichtet. Goethe suchte sich gegen die Erinnerungen zu wehren. Wieviel hatte er nicht im Vorjahre durch seine unzeitige Rückkehr aus der Schweiz gelitten. Jetzt war die Verbindung endgültig gelöst. Es durfte keine neuen Halbheiten geben. Und so antwortete er auf den Frankfurter Bericht mit dem schon angeführten Ausbruch: «Von Lili nichts mehr, sie ist abgetan, ich hasse das Volk im tiefsten Grunde. Der Zug war noch der Schlußstein. Hol sie der Teufel. Das arme Geschöpf bedaur ich, daß sie unter so einer Rasse geboren ist.» Der Brief, undatiert, ist in der Weimarer Ausgabe irrtümlich auf den 10. April 1776 gesetzt worden; er gehört aber in den Juli, liegt also unmittelbar vor dem Falkenplane. Aber auch dieser Brief war, wie schon mancher frühere, eine Selbsttäuschung des Dichters über sein Ver-

hältnis zu Lili. Sie war eben nicht abgetan! Wie wenig sie
es war, das zeigt ja gerade der Plan, die Gestalt der Verlobten zum Mittelpunkt eines neuen Schauspiels zu machen.
Noch der Besuch in Straßburg, drei Jahre später, beweist,
daß, was gewesen, nicht verklungen war.

Wichtiger als die Idee dieses Dramas, schnell ergriffen
und schnell fallengelassen, ist die Tatsache, daß in Thüringen noch eine Reihe schönster Gedichte an Lili entstand.

Es scheint, daß die Liebenden als Pfand der Treue zwar
keine Ringe gewechselt, aber sich je ein goldenes Herz
einander um den Hals gebunden hatten. Goethe hatte,
nach Philipp Seidels Ausgabebuch, am 21. April 1775 ein
«golden Herzgen für 3 Gulden 36 Kreuzer» gekauft und
am 28. d.M. ein zweites, demselben Preis zufolge, gleicher
Art. Als er sich von Lili gelöst, vermochte er es doch nicht,
dieses Herz abzulegen. Es begleitete ihn nach Weimar, wie
ein Talisman erlebten Glückes.

Angedenken du verklungner Freude,
Das ich immer noch am Halse trage,
Hältst du länger als das Seelenband uns beide?
Verlängerst du der Liebe kurze Tage?

Flieh ich, Lili, vor dir! Muß noch an deinem Bande
Durch fremde Lande,
Durch ferne Täler und Wälder wallen!
Ach, Lilis Herz konnte so bald nicht
Von meinem Herzen fallen.

Wie ein Vogel, der den Faden bricht
Und zum Walde kehrt,
Er schleppt, des Gefängnisses Schmach,
Noch ein Stückchen des Fadens nach;
Er ist der alte, freigeborne Vogel nicht,
Er hat schon jemand angehört. –

Um die Weihnachtszeit 1776 war Goethe auf einem
thüringischen Forsthause im Amte Bürgel. Da schrieb er,
in Erinnerung an die erste Begegnung mit Lili um die Jahreswende 1774/75 an Carl August: «Hier liegen wir recht

in den Fichten drin, bei natürlich guten Menschen. – Wie
ich so in der Nacht gegen das Fichtengebirge ritt, kam das
Gefühl der Vergangenheit, meines Schicksals und meiner
Liebe über mich und sang so bei mir selber:

Holde Lili, warst so lang
All' mein Lust und all mein Sang;
Bist ach! nun all mein Schmerz, und doch
All mein Sang bist du noch. »

Wenige Wochen darauf erschien der Druck der «Stella». Goethe übersandte ein Exemplar in das Haus am
Kornmarkt und trug auf das erste Blatt folgende Verse ein:

Im holden Tal, auf schneebedeckten Höhen
War stets dein Bild mir nah:
Ich sah's um mich in lichten Wolken wehen,
Im Herzen war mir's da.
Empfinde hier, wie mit allmächt'gem Triebe
Ein Herz das andre zieht –
Und daß vergebens Liebe
Vor Liebe flieht.

«Vergebens Liebe vor Liebe flieht», – was mochte Lili
empfinden bei solchem Geständnis? Dieses Gedicht, eben
da die Brüder ihr zusetzten, sich neu zu binden. Jedenfalls
erfuhr sie, daß, trotz aller Trennung, sie nicht vergessen
war. Und auch von ihr scheinen solche Grüße, in denen die
alten Gefühle nach Ausdruck rangen, an den Freund in
Weimar gegangen zu sein. «Ich bin geplagt. – Ich hab
liebe Briefe kriegt, die mich aber peinigen, weil sie lieb
sind», so Goethe Anfang Januar an Charlotte v. Stein.

Und noch ein viertes Gedicht an Lili entstand in Thüringen, und zwar auf einer Jagd mit dem Herzog gleich in den
ersten Weimarer Wochen; denn schon im Januar 1776
erschien es in Wielands «Teutschem Merkur». Es heißt
«Jägers Abendlied». Reichardt hat es später vertont, und
noch im Alter ließ der Dichter es sich gern vorsingen, wobei er für die erste und dritte Strophe einen kräftig entschiedenen, stoßweise betonten Rhythmus verlangte, für

die beiden andern aber einen weichen und zarten Vortrag.
Und tatsächlich nimmt dieser Gegensatz noch einmal auf
und spiegelt alles wider, was in Glück und Qual das
Schicksal der beiden Liebenden gewesen ist.

Im Felde schleich ich still und wild,
Gespannt mein Feuerrohr.
Da schwebt so licht dein liebes Bild,
Dein süßes Bild mir vor.

Du wandelst jetzt wohl still und mild
Durch Feld und liebes Tal,
Und ach, mein schnell verrauschend Bild,
Stellt sich dir's nicht einmal?

Des Menschen, der die Welt durchstreift
Voll Unmut und Verdruß,
Nach Osten und nach Westen schweift,
Weil er dich lassen muß.

Mir ist es, denk ich nur an dich,
Als in den Mond zu sehn;
Ein stiller Friede kommt auf mich,
Weiß nicht, wie mir geschehn.

So volksliedmäßig, so friedevoll klang das stürmische
Drama der Lili-Liebe aus. –

«DER KÖNIG IN THULE»
UND DIE DICHTUNGEN
VON DER LORELAY

Im Sommer 1774 hatten sich Goethe und Lavater, der
Philantrop Basedow und der Schweizer Maler Schmoll,
der eben als Gast im Haus am Hirschgraben den Dichter
und seine Eltern porträtiert hatte, zu einer gemeinsamen
Lahn- und Rheinreise zusammengefunden. Am Montag,
den 18. Juli, war man in der Frühe von Ems aufgebrochen
und hatte sich, während das Schiff langsam die Lahn hin-
abglitt, auf Goethes Vorschlag im Dichterwettstreit mit
Reimspielen unterhalten. Die Zeit liebte dergleichen. Etwa
ein Jahr später, am 14. Juni 1775, entstehen, hervorgerufen durch solches Spiel mit Reimen, während einer morgendlichen Kahnfahrt, wiederum in Begleitung Lavaters,
Goethes Naturgedichte auf den Züricher See. Auch hier
mag gegolten haben, was für Helena gilt, thronend neben
Faust im Reimgespräch:

Die Wechselrede lockt es, rufts hervor.

Über die Reise von Ems aus die Lahn hinab hat nun
Lavater folgendes in sein Tagebuch geschrieben, sinnen-
haft anschaulich, wie es seine Art war:

«In einem wohl besetzten Schiff auf der Lahne, wo
Basedow raucht und Grammatik doziert, Goethe Reim-
endungen für die Gesellschaft schreibt, Ulrich und Alsdorf
den Schirm hält, hier einer einen prosaischen Gedanken in
Versen oder einen poetischen in Prosa in ein Papierchen
hinschreibt, Kaffee getrunken wird, ob wir gut Wetter
kriegen, beim Sieden des Rindfleisches deliberiert wird,
schreib ich dies, in einem roten Dragoner Mantel mit mes-
singnen Schließen eingehüllt. Izt eine Schleuse –

Ha, wie schießt im gedrängten Strom das Schiff durch
die Wellen.
Ha, wie stürmt es hindurch! Nun spritzt der Regen aufs
Blatt mir.
Goethe
Wir werden nun recht gut geführt.
Weil Basedow das Ruder rührt.

Die letzte Schleuse. Es kocht und braust – – Rindfleisch
und Wellenschaum – überstanden – überstanden – die
letzte. – Eine hohe Einsiedelei blickt bei Lahnstein auf uns
herab, die Eremitage heißt – der Allerheiligenberg. Basedow hielt eine witzreiche und gütige Standrede über mich.
Herrlich altes Schloß Lahneck herab auf die Lahne blin-
kend. Goethe diktierte:

Hoch auf dem alten Thurne steht
Des Helden edler Geist,
Der, wie das Schiff vorübergeht,
Es wohl zu fahren heißt.

«Sieh, diese Sehne war so stark,
Dies Herz so fest und wild –
Die Knochen voll von Rittermark,
Der Becher angefüllt –

Mein halbes Leben stürmt ich fort,
Verdehnt die Hälft' in Ruh.
Und du, du Menschenschifflein dort,
Fahr immer, immer zu! – –»

Izt fahren wir Lahnstein vorbei, zur Rechten liegt der
Flecken – –. Izt liegen wir an Bord. – Ich stieg aus. –
Basedow vor uns in ein Haus, wo man zu Mittag aß. Über-
fiel und aß mit. Speck und Bohnen. Alle ihm nach! Gewirr
und Leben und Freude. – Wieder ins Schiff. – Kapelle. –
Ein zerstörtes Schloß vorbei. Goethe über die Kerls in
Schlössern. – Nun von der Lahne in den Rhein.»
Das war Jugend im Sturm und Drang, – unbekümmer-
ten Zugriffes im Genuß der Stunde, und auch der Rück-

310

blick auf die Vorzeit von starkem Gefühl kraftgeschwellten Daseins getragen.

Goethe selbst, im Alter, da er das Vierzehnte Buch von «Dichtung und Wahrheit» schrieb, erinnerte sich sehr wohl noch dieses Tages. In der abgeklärten Sprache, die ihm nun eigen war, berichtet er: «Eine sehr angenehme, Herz und Sinn erfreuende Fahrt hatten wir die Lahn hinab. Beim Anblick einer merkwürdigen Burgruine schrieb ich jenes Lied ‹Hoch auf dem alten Turme steht› in Lipsens [1] Stammbuch.» – Das Gedicht erhielt, als es in die Werke aufgenommen wurde, die Überschrift «Geistesgruß».

Und in der Tat, es war eine Vision, ähnlich der Geistererscheinung des toten Dänenkönigs auf der Schloßterrasse von Helsingör in der Eingangsszene zum «Hamlet», wie denn der junge Goethe mit Shakespeare lebte. Nur daß es sich hier, auf der Burg an der Lahn, um keine mitternächtige Erscheinung handelt, und daß dieser Geist nicht wie Hamlets Vater stumm bleibt, sondern spricht; er blickt auf sein Leben zurück, reckenhaft wie ein echter Held der Geniezeit und wünscht aus seiner Geisteshöhe dem «Menschenschifflein» unten auf den Wogen Glück und gute Fahrt.

Das Gedicht fand den Beifall der Fahrtgenossen, aber es war doch nur ein Anfang, eine Skizze. Was da in lärmender Reisegesellschaft gestaltet worden war, hatte noch nicht seine endgültige Reife. Vom Anblick der Ruine entzündet, war die Improvisation *«forte* und *crescendo»* dahingerauscht bis zu dem «Verdehnt die Hälft' in Ruh». Dann kam sie ins Stocken. Der Atem des Vortrags, bisher stark und weit, wird schwach. Was der Dichter anfügt, um die Strophe zu runden, der Gute-Reise-Wunsch an die Bootsgefährten unten im Flusse, wenn auch im Eingang schon angedeutet, ist doch nur ein notdürftig und äußerlich angesetzter Reim, kein innerlich vollwertiger Ab-

---

[1] Ein Gedächtnisirrtum. Goethe lernte den Maler Lips erst im Sommer 1775 in Zürich kennen. In Schmolls Stammbuch findet sich das Gedicht nicht, wohl aber enthält es andere Verse Goethes, von diesem eingetragen.

schluß des Gedankenablaufes. Das Gedicht sinkt zurück
auf das Niveau des poetischen Unterhaltungsspiels, aus
dem es aufgestiegen war.

Den Dichter in Goethe konnte dergleichen nicht befrie-
digen. Er hat uns des öfteren bekannt, wie ihn Entwürfe
und Pläne, Halbgestaltetes, Jahre, ja Jahrzehnte lang nicht
losließen und in immer wechselnden Formen seine Phantasie beschäftigten. So arbeitete auch das unfertige Gedicht
in ihm weiter. – Die Motive wandeln sich, füllen sich. –
Persönliches strömt ein und färbt die Stimmung. – Die
Ausgangssituation, die Erscheinung des greisen Recken
hoch auf der Zinne über den Wassern, wird zwar festgehalten, aber sie bekommt ein anderes Kolorit und löst sich
von der Gegenwart. – Aus der Improvisation des «Geistes-
grußes» entsteht, als ein neues, tieferes Erlebnis:

Der König in Thule

Es war ein König in Thule
Gar treu bis an das Grab,
Dem sterbend seine Buhle
Einen goldnen Becher gab.

Es ging ihm nichts darüber,
Er leert' ihn jeden Schmaus;
Die Augen gingen ihm über,
So oft er trank daraus.

Und als er kam zu sterben,
Zählt' er seine Städt im Reich,
Gönnt' alles seinen Erben,
Den Becher nicht zugleich.

Er saß beim Königsmahle,
Die Ritter um ihn her,
Auf hohem Vätersaale,
Dort auf dem Schloß am Meer.

Dort stand der alte Zecher,
Trank letzte Lebensglut,

312

Und warf den heil'gen Becher
Hinunter in die Flut.

Er sah ihn stürzen, trinken
Und sinken tief ins Meer,
Die Augen täten ihm sinken,
Trank nie einen Tropfen mehr.

Vielleicht unter dem Einfluß Shakespeares, im Gedenken an den greisen Dänenkönig in Helsingör oder in Erinnerung an Herdersche Gespräche über altgermanisches Sagen- und Heldentum hat sich die Szenerie nach Norden verschoben. Von Ossian her, von dem Goethe eben damals Teile in den Werther eingefügt hatte, legt sich, wie leiser Nebel, Schwermut über die Gestalt des Greises. Das fröhliche Kämpfertum eines Ritters, wie etwa der Berlichingen einer gewesen, weicht Wertherscher Liebesfülle. Der Becher – die entscheidendste Wendung – ist nicht mehr Zeichen aufschäumender Lebenslust. Er wird feierlich goldenes Symbol treuer Liebe. Keine Rede erklingt mehr in dem Gedicht. Es wird still, verhalten berichtend, erst vom Tode der Buhle, dann von dem des Königs. Statt der «Kerls in Schlössern», statt der festen und wilden Herzen, der «Knochen voll von Rittermark» – nun Tränen der Wehmut. Dementsprechend wandelt sich die Tonfarbe vom sieghaften Dur zum schmerzlichen Moll. In der Strophenform wird die weichere und wärmere Haltung durch eine nur kleine Änderung erreicht; die erste und dritte Zeile schließen nicht mehr mit männlichem Reim, sondern weiblich zweisilbig. Das übrige tut der Wechsel der kurzen zu gedehnten Vokale. Auch weitet sich das Lied episch aus von drei auf sechs Strophen. Und nun hat das Gedicht so viel schwebende Zartheit, solche Fülle der Empfindung und vor allem so viel Melodik gewonnen, daß der Dichter selbst es in die Sphäre des erhöht Musikalischen gesteigert wissen will. Er läßt es singen. Vorbild war auch hierfür Shakespeare. Desdemona singt in der dritten Szene des vierten Aktes des «Othello» vor dem Schlafengehen ein schwermütiges Volkslied. So singt nun auch Gretchen, indem sie ihre Flechten ums Haupt ordnet. Ob das Lied unabhängig vom «Faust» entstand, oder ob Goethe nach einem Liede suchte, das er Gretchen in den Mund legen konnte, das sei zunächst dahingestellt; und wie im einzelnen aus dem «Geistesgruß» das Lied von der treuen Liebe und vom greisen Könige ward, das ist und bleibt Geheimnis dichterischen Schöpfertums. Nur so viel läßt sich sagen, die Umwandlung vollzog sich schon unmittelbar nach dem 18. Juli und noch während der Fahrt auf dem Rheine und des Aufenthaltes in seinen Uferstädten.

Um viele Jahrzehnte später nämlich, Ende 1812, erinnert Fritz Jacobi, als er nach einer Zeit der Spannung bei Goethe um Erneuerung der Jugendfreundschaft wirbt, den nun schon mehr als sechzigjährigen Dichter in Weimar an ihr Zusammensein in Köln am 24. Juli 1774. «Ich hoffe, du vergissest nicht des Saals im Gasthofe ‹Zum Geist›, wo wir über das Siebengebirg den Mond heraufsteigen sahen, wo du in der Dämmerung auf dem Tische sitzend uns die Romanze ‹Es war ein Buhle frech genug› und andere hersagtest. Welche Stunden! Welche Tage! Um Mitternacht suchtest du mich noch im Dunkeln auf. Mir wurde wie eine neue Seele. Von dem Augenblick konnte ich dich nicht mehr lassen.»

Und nun kommt auch Goethe jener Abend wieder ins Gedächtnis, und so schreibt er im Vierzehnten Buch von «Dichtung und Wahrheit», an dem er gerade arbeitet, über die Begegnung mit Jacobi: «In Gefolg von diesem Seelen- und Geistesverein, wo alles, was in einem jeden lebte, zur Sprache kam, erbot ich mich, meine neusten und liebsten Balladen zu rezitieren. ‹Der König in Thule› und ‹Es war ein Buhle frech genug› taten gute Wirkung.»

Damit ist die Entstehungszeit auf die Woche vom Montag, dem 18., bis Sonntag, dem 24. Juli 1774, eingegrenzt, die Woche also zwischen jenem Morgen, da die Schiffsgefährten unter der Burg Lahneck dahinfuhren und der «Geistesgruß» improvisiert ward, und diesem Abend im alten Gasthof «Zum Geist» zwischen Dom und Strom, wo bei einfallender Dämmerung der junge Dichter im Saal auf

314

dem Tisch sitzend den Freunden seinen «König in Thule» vortrug. Goethe hatte recht, wenn er das Lied eine seiner neuesten Balladen nannte. Jedoch – ließe sich nicht, wenigstens rein vom Logischen her, der Einwand erheben, das Werden der beiden einander so verwandten Gedichte vom greisen Recken auf dem Schlosse über den Wassern und dem Becher dürfte auch in umgekehrter Reihenfolge vor sich gegangen sein? Könnten nicht die Verse vom «König in Thule» schon seit langem vorgelegen haben? Vielleicht von den Tagen der Straßburger Volksliedstudien her? Und nun, im Juli 1774, sei in Rückerinnerung an jene Motive «Der Geistesgruß» als ein, freilich schwächlicher, Nachklang entstanden? Allerdings wäre dann die Konzeption vom Literarischen ausgegangen, nicht, wie Goethe von seiner Art zu dichten bekannt hat, «Gelegenheitsgedicht», nicht aus dem Erlebnis der Landschaft entsprungen und des Ichs in dieser Landschaft. Entscheidender aber ist dies. Man liebt es heute, das Wort ‹dichten›, das vom mittellateinischen *dictare,* d.h. schreiben, kommt, mit ‹verdichten› zusammenzubringen. Nun, im vorliegenden Falle könnte bei so umgekehrter Reihenfolge der Gedichte nur von ‹verdünnen› die Rede sein. Niemand, der die sich überstürzende, blühend sich steigernde Schaffenskraft des jungen Goethe kennt, wird ernstlich diesen Rückfall vom großartig durchgeführten Bilde zur unsicher tastenden Skizze im Werdeprozeß eines Kunstwerkes für wahrscheinlich halten. Auch hätte der Dichter dann schwerlich vom «König in Thule» als einer seiner «neusten» Balladen sprechen können.

In «Dichtung und Wahrheit» erzählt Goethe weiter, wie er auf jener Lahn- und Rheinreise, bis er auf Jacobi und die Seinen traf, im Grunde innerlich allein gewesen, liebelos und doch liebebedürftig. Erst später in Düsseldorf im Zusammensein mit den Frauen des Jacobischen Kreises sei ihm wieder wohl und warm ums Herz geworden. Wem der Sinn schwer ist, dem antwortet selbst die heiterste Stromlandschaft mit Trauer. Und so ist das schwermütige Lied vom greisen König, «ein Märchen aus alten Zeiten», am Rhein entstanden, und ist, vom Dichter aus gesehen, die Sehnsuchtsklage eines einsamen Herzens. In den «Faust» eingelegt aber wird es ein Bekenntnis und ein Höhepunkt der Gretchenhandlung. Was Gretchen gerade dieses Lied singen läßt, ist die Unbedingtheit und Treue in der Liebe, von der es erzählt. So ist sie selbst bereit zu lieben, wie dieser König geliebt hat. Darum singt sie von ihm. In diesem Lied offenbart sie ihren Wert, die Reinheit und die Tiefe ihres Gemütes.

Die Szene «Abend», in der das Lied vom König in Thule gesungen wird, ist die stillste und innigste des Urfaust. Im Grunde besteht sie nur aus zwei Monologen. Erst spricht Faust. Er kommt von der Straße herein, voll Lust nach Abenteuer. Da umfängt ihn Gretchens Zimmer. Die Reinheit, die Ordnung, die trauliche Geborgenheit. Er empfindet, dies ist eine Welt für sich, ist ihre Welt und irgendwie eine heilige Welt. Er fühlt Mephisto als feindliches Element. Er weist ihn hinaus. «Ich bitte dich, lass mich allein.» Dann versinkt er in Betrachtungen; sein Monolog ist ein kleines Melodram, zweimal von einer Handlung unterbrochen, von denen jede ihn tiefer in Gretchens Sphäre hineinzieht. Er läßt sich an ihrem Lager auf den Sessel des Ahnen nieder. Er schlägt den Bettvorhang zurück. Die Kindlichkeit ihres Herzens, die Unschuld ihres Seins erfüllt ihn ganz. Reue faßt ihn, Reue vor der Tat. Er will fliehen. Da erscheint Mephisto mit dem befohlenen Schmuck, mit dem Kästchen, dem Golde. Das ist das Verhängnis. Nicht nur Gretchens, auch Fausts Schicksal hängt an diesem Golde. Mephisto will sich nicht umsonst bemüht haben. Er bestimmt Faust, sein Abenteuer durchzuführen.

Der zweite Teil der abendlichen Szene, der Gretchen gehört, wiederholt wie in einem Musikstück alle Themen des ersten. Der Eintritt in das Zimmer, mit dem Gefühl des Gegensatzes von draußen und drinnen, dem Empfinden der Atmosphäre. Dann das Selbstgespräch, in dem das Herz zu sich selbst findet. Und schließlich doch der Absturz, das Sichverfangen am Golde.

316

Gretchen, – noch hat sie in dem ganzen Stück nicht mehr als vierzehn Verse gesprochen. Und diese sind verteilt über drei Szenen. Erst vor dem Domportal die kurze Abweisung Fausts:

> *Binn weder Fräulein weder schön,*
> *Kann ohngeleit nach Hause gehn,*

dann daheim vor dem Spiegel beim Zöpfeflechten die Selbstbefragung:

> *Ich gäb was drum, wenn ich nur wüsst,*
> *Wer heut der Herr gewesen ist.*
> *Er sah gewiss recht wacker aus*
> *Und ist aus einem edlen Haus,*
> *Das konnt ich ihm an der Stirne lesen.*
> *Er wär auch sonst nicht so keck gewesen.*

Nun ist sie in ihr Stübchen zurückgekehrt, in das inzwischen Faust und Mephisto eingedrungen waren, und sie empfindet beklommen das Fremde, fühlt, daß irgendwie der Friede und die reine Stille des Raumes gestört sind.

> *Es ist so schwül und dumpfig hie,*
> *Und macht doch eben so warm nicht draus.*
> *Es wird mir so – Ich weis nicht wie!*
> *Ich wollt, die Mutter käm nach Haus!*
> *Mir läufft ein Schauer am ganzen Leib,*
> *Binn doch ein töhrig furchtsam Weib!*

Und wie Kinder singen im Dunkeln, wenn sie sich fürchten, so singt Gretchen und gewinnt mit dem Liede ihre Ruhe wieder. Sie singt den «König in Thule». In keiner anderen Szene des Stückes ist sie so ganz sie selbst wie während dieses Gesanges. Wohl hat Faust sie beeindruckt, aber noch ist sie ganz sich eigen. Schon unmittelbar danach, mit dem Blick auf das Kästchen, verfällt sie den Lockungen Mephistos und durchläuft nun eine schnelle Skala verwirrend beunruhigter Empfindungen: der Verwunderung, der Neugier, Erregung, Eitelkeit und zuletzt resigniert verzagten Mitleids mit sich selber:

«Nach Golde drängt, Am Golde hängt Doch alles! Ach, wir Armen!»

Dieses Gefühl der Niedrigkeit beherrscht Gretchen noch in den folgenden Gesprächen, auch in den Gartenszenen. An sich ist sie nicht arm. «Wir könnten uns weit eh als andre regen: Mein Vater hinterlies ein hübsch Vermögen, Ein Häusgen und ein Gärtgen vor der Stadt.» Faust freilich hatte geklagt: «Auch hab ich weder Gut noch Geld Noch Ehr' und Herrlichkeit der Welt: Es mögt kein Hund so länger leben!» Aber durch Mephistos Hilfe und das trügerische Geschenk der Juwelen wird er dem Mädchen ein Edelmann aus der Sphäre der ganz großen Welt, demgegenüber das eigene, treu arbeitsame Leben nichtig erscheint. Ja, wie Faust sich durch Mephistos Kästchen zum Verweilen bestimmen läßt, so entscheidet es auch Gretchens Schicksal. Da sie es erblickt, ist sie verloren, verloren an das Gold, an den Geliebten, an ihr Kind, an die Untat und zuletzt an den Tod. Das alles entwickelt sich aus dieser Szene. Wenn man vermuten wollte, sie wäre ursprünglich so angelegt gewesen, daß Gretchen mit der Lampe auftritt, der Schwüle halber, die sie fühlt, das Fenster öffnet und das Kästchen findet, so wäre das Einlegen des Liedes vor Entdeckung des Schmuckes ein glückliches Kunstmittel gewesen, die Szene zu füllen, zu steigern, zu kontrastieren und zugleich die Seele des Mädchens zu enthüllen. Das Lied ist die Achse der Szene. Es ist Schönheit schlechthin, wunderbar in sich geschlossen und abgerundet. Unter allen Liedern im Volkston ist Goethe keines so geglückt wie dieses, in seiner Schlichtheit bei starker Bildhaftigkeit, in seiner Fülle der Empfindung und seiner Melodik. Es bestehe, hat Ferdinand Avenarius einmal gesagt, aus zwei Weltbildern, einem vordergründigen der körperhaften Vorgänge und dahinter einer Welt, die nur leuchte, das sei die einer Liebe jenseits von Zeit und Tod. Was im Gedicht geschähe, das schreite vor diesem Ewigen hin, wie auf alten Mosaikbildern die Gestalten vor dem Golde schreiten. Sie seien wohl für sich da, aber statt der Erdenluft umflute sie ein Leuchten aus der Höhe.

Das ist das Wesentlichste, worin sich «Der König in Thule» vom «Geistesgruß» unterscheidet, daß hier eine Dimension mehr vorhanden ist, ein Pathos des Ethischen, das still, aber stark die Handlung trägt. Verglichen mit solcher Sicht in die Tiefe wirkt der «Geistesgruß» oberflächig.

Schon in den ersten Worten liegt bei aller Einfachheit der Sprache irgendwie Magie. «Es war ein König in Thule.» Höbe die Strophe an, was denkbar wäre, «Es war einmal ein König», so gäbe sich das Lied tatsächlich als Märchen. Durch das Fehlen des einmal wird die Handlung Geschichte, ein wirkliches und einmaliges Geschehen; auch wird der König unter anderen Königen durch die Nennung seines Reiches herausgehoben, und zugleich läßt der dunkle Klang des Wortes Thule das Geschehen tief in die Vorzeit zurückfallen. «Gar treu bis an das Grab», diese zweite Zeile durcheilt das ganze Gedicht bis zu seinem Ausgang und gibt schon all seinen Inhalt: die Treue bis hin zum Tode. Denn auch das Sterben verbindet die Liebenden. Und der Becher ist das Sinnbild dieser Verbundenheit. Dabei sinkt mit dem Wort Buhle, von Goethe sonst nie, nur hier, für eine Liebende gebraucht, die Melodie von neuem in die Tiefe, und zwar, von dem üblichen Sinne des Wortes unberührt, in die Tiefen des Geheimnisvollen, des Adels und der Würde. Und damit ist eigentlich, was das Lied vermitteln soll, ausgesagt. Alles, was folgt, führt die Motive nur noch im einzelnen durch und malt sie aus.

Im ersten Wurf, wie ihn der «Urfaust» überliefert, war die Strophe nicht so vollkommen:

Es war ein König in Tule,
Einen goldnen Becher er hätt
Empfangen von seiner Bule
Auf ihrem Todtesbett.

Man fühlt, wie das «Einen goldnen Becher er hätt» entstanden ist aus der Zeile «Der Becher angefüllt» im Gedicht «Geistesgruß». Der Becher wird zum Liebes-

pfand, wie Goethe auf der Lahnfahrt nach Lavater gleichfalls ein Liebespfand bei sich trug: «in romantischer Gestalt, grauem Hut, mit halb verwelcktem lieben [bei Lavater gesperrt] Blumenbusch.» Wir wissen, daß Goethe
lange Lottes Brautstrauß am Hut getragen hat, indes, wir
fragen diesen Blumen nicht nach, genug, auch sie waren
ein Pfand der Liebe. Noch aber fehlt dieser ersten Strophe
das Thema des Gedichtes, die Liebestreue des Königs,
auch die Vordeutung auf seinen Tod. Und die Reime ‹hätt›
und ‹Bett›, hart und profan, hatten erst dem feierlich gedehnten ‹Grab› und ‹gab› zu weichen, damit jene schwere
und getragene Melodie entstand, die dann unverändert in
allen Reimen der weiteren fünf Strophen durchgehalten
wird. Auch rhythmisch ist es ein Gewinn, daß der unbe-
tonte Doppelanschlag vom Einsatz der zweiten Zeile in die
Schlußzeile der Strophe verlegt worden ist: ‹einen goldnen
Becher gab›; er kommt so reizvoller zur Wirkung, als
wenn er in die Mitte eingebaut wäre. Von den folgenden
Strophen ist jede, ein Dramolett ins Epische übersetzt, eine
Handlung für sich. Die zweite umreißt mit dem Bilde der
Rittertafel, wie der König sein ganzes Leben hindurch den
Becher nicht von sich läßt, wie jeder Trunk daraus ihn von
neuem ergreift. «Die Augen gingen ihm über, So oft er
trank daraus.» Hinter diesem schönen, altertümlichen
Wort für Tränen der Liebe stehen Luther und das Johan-
nes-Evangelium. Da Christus an die Stätte trat, wo Lazarus im Grabe lag, heißt es (Kap. II, V. 35/36): «Und Jesu
gingen die Augen über. Da sprachen die Juden: ‹Siehe, wie
hat er ihn so lieb gehabt.›» Alle weiteren Verse handeln
nur noch vom Tode des Königs. Vom Thron aus wird das
Reich verteilt, leicht und gern dahingegeben. Den Becher
vergibt er nicht. Wem hätte er auch sein können, was er
ihm gegolten?

Die vierte Strophe zeichnet das Bild vom letzten Mahle,
in knappesten Strichen eine Reihe von Vorstellungen vermittelnd, die der Königswürde, des ritterlichen Gefolges,
die Festlichkeit des Saales, in dem das Andenken der Ahnen lebendig ist; dann das Schloß und, jetzt zum ersten

320

Male genannt und doch so wichtig, das Meer als das heilige Grab einer heiligen Liebe. Das Feuer des Lebens ist niedergebrannt. Ein letzter Trunk der Erinnerung, ein letztes Glühen. Dann tritt der Greis an die Brüstung, um wie in einer Opferhandlung den Becher den Wellen zu übergeben. Es ist so viel Würde, so viel große Haltung in diesem Gedichte, daß es dem Könige nicht einen Zoll seiner Hoheit nehmen kann, daß er hier «der alte Zecher» heißt, ebenso wie sein Lieb, sei dem wie es sei, ein königliches Lieb war, dem Wort Buhle zum Trotz. Man vergegenwärtige sich, wie ein Gedicht von einer «Buhle» und einem «alten Zecher», beides Worte einer niedrigen und liederlichen Sphäre, wohl sonst lauten würde, und es kommt zum Bewußtsein, welche Macht großer Verzauberung in der Dichtung liegt, daß sie so die Werte verrücken und alle Normen umprägen kann.

Die letzte Strophe – der Blick folgt dem Wurfe und Falle des Bechers, dreifach wahrgenommen, ‹stürzen›, ‹trinken›, ‹sinken›. Die Zeit wird angehalten. Wir sind im Innersten des Gedichtes. Das Meer nimmt das Symbol des Liebesbundes auf. Der König stirbt. Es ist alles vorüber. Nur damit noch einmal die Verbundenheit zwischen Liebessymbol und Liebenden aufleuchtet, wird von beider Geschick mit dem gleichen Worte berichtet. Der Becher sinkt, und auch die Augen sinken. –

Wann ist nun dieses Gedicht von dem König in Thule in die Gretchentragödie eingelegt worden?

Das Entstehen des zweiten Teiles der Faustdichtung liegt durch die Zeugnisse vieler Gespräche, Briefe und Tagebucheintragungen verhältnismäßig klar und offen vor uns; das Werden des Urfaust aber, der Frankfurter Dichtung, ist ein seit vielen Jahrzehnten von der Wissenschaft heißumworbenes Rätsel, heiß umworben mit wenig Ergebnissen. Nur für die beiden letzten Szenen, die im Kerker und die vorhergehende «Trüber Tag, Feld», beide noch nicht in Knittelversen geschrieben, läßt sich die Entstehung um etwa 1772 wahrscheinlich machen, durch den Vergleich mit der Prosa der «Geschichte Gottfriedens von Berlichingen mit der eisernen Hand» und durch die Akten über die Hinrichtung der Kindsmörderin Susanna Margaretha Brandt am 14. Januar 1772 vor der Hauptwache in Frankfurt. Wann aber die eigentliche Gretchenhandlung, wann die Monologe Fausts, das Spiel vom großen Magier, geschaffen wurden, dafür fehlen uns bestimmte Anhaltspunkte.

Von Goethe selbst gibt es aus seiner Frankfurter Zeit nur einen einzigen Hinweis. Ein Brief an Gustchen Stolberg von Sonntag, dem 17. September 1775, enthält den Satz: «Ich machte eine Scene an meinem Faust», darauf nur wenige Zeilen weiter: «Mir war in all dem wie einer Ratte, die Gift gefressen hat, sie läuft in alle Löcher, schlurpft alle Feuchtigkeit, verschlingt alles Essbare, das ihr in Weg kommt, und ihr innerstes glüht vor unauslöschlich verderblichem Feuer.» So war auch Goethe zumute, als er nach dem Bruch mit Lili Schönemann zum erstenmal wieder in Offenbach war, wo er noch eben so glückliche Tage verlebt hatte. Man darf annehmen, daß die Faustszene, die er am 17. September 1775 schuf, die Romanze in Auerbachs Keller gewesen ist, das Lied von der Ratte im Kellernest, der auch das Leben vergällt war,

Sie fuhr herum, sie fuhr heraus
Und soff aus allen Pfüzzen,
Zernagt, zerkrazt das ganze Haus,
Wollt nichts ihr Wüthen nüzzen.
Sie täht so manchen Ängstesprung,
Bald hätt das arme Tier genung,
Als hätt es Lieb im Leibe.

In ähnlicher Weise kann man auch für die Szene «Abend», eben jene, in der Gretchen das Lied vom König in Thule singt, eine Datierung gewinnen. Faust, von Mephisto geführt, hat in Gretchens Zimmer sich im Sessel vor ihrem Bett niedergelassen. Sein erstes Wort gilt Mephisto:

Ich bitte dich, lass mich allein!

Derselbe Vers findet sich in einem Briefgedicht der Lili-

Zeit. Es ist von Sonntag, dem 30. Juli 1775, und an das Ehepaar d'Orville in Offenbach gerichtet. Goethe, der, ein wenig vergrämt, im Elternhaus am Hirschgraben sitzt, träumt sich in Lilis heiteres Mädchenzimmer im d'Orville-schen Landhaus am Mainufer. «Ich bitte dich, lass mich allein», mit diesen Worten wehrt er eifersüchtig die Morgensonne ab, die er mit ihren Strahlen durch die Ritzen der Fensterläden in den Raum eindringen sieht und die die holde Schläferin zu wecken droht. Hier wie dort will der Liebende allein vor dem Lager der Geliebten verweilen, sei es wirklich, sei es im Geiste. Hier wie dort wird mit denselben Worten die Störung, sei es Mephisto, sei es der morgendliche Sonnenstrahl, abgewiesen. Aus solcher Wiederholung des gleichen Verses, noch dazu in einer so verwandten Situation, darf man wohl, wenn überhaupt dergleichen Beobachtungen als Leitfossilien gelten dürfen, den Schluß ziehen, die Szene «Abend» sei zur Zeit der Lili-Liebe, vielleicht gleichzeitig mit dem Briefgedicht, im Sommer 1775 entstanden. Das Lied «Der König in Thule» wäre demnach etwa um ein Jahr älter als die Szene, in die Goethe es eingefügt hat. Erwägt man, wie sehr die Frage nach dem Entstehen des Urfaust im dunkeln liegt, so ist es schon ein Gewinn, wenn es gelingt, auch nur für kleine Szenenteile, wie das Lied einer ist, eine Datierung zu gewinnen und dabei dem Sich-Entfalten und Reifen der Motive zuschauen zu dürfen, so wie man etwa das Erblühen einer Pflanze aus Kelch und Knospe mit Teilnahme beobachtet. –

Soviel über den «König in Thule», über seine Entstehung im Juli 1774 und seine Stellung innerhalb der Faustdichtung. Mit dem ersten Druck des Dramas als Fragment im Jahre 1790 im 7. Band von «Goethes Schriften» bei Göschen in Leipzig beginnt nun ein Weiteres, beginnt die Geschichte der Wirkung, der unmittelbaren und mittelbaren Nachwirkung der Goetheschen Ballade. Eine neue Jugend tritt auf den Plan, die der Romantik, der dann wiederum und wiederum eine nächste Generation folgt. Sie alle schauen auf Goethe. Ihre Lyrik wird von der seinen geformt. Er ist der Dichter König. Man kann von einer vorgoetheschen und nachgoetheschen Epoche in der deutschen Lyrik sprechen. Die Zeiten ändern sich, und das Lebensgefühl wandelt sich, aber immer wieder hören wir heraus, wie die Macht der Goetheschen Kunst mitbildet an dem, was neu entsteht. Die Romantik lebte gleichsam Goethes Jugend weiter, in der Nachfolge und im Widerspruch. In solcher Nachwirkung hat die Ballade vom «König in Thule» ihre besondere Geschichte. In dieser begegnen wir Clemens Brentano und eine Generation später der Gestalt Heinrich Heines. Von beiden soll nunmehr die Rede sein, zuvörderst von Clemens Brentano, und auch von seinem Rheinerlebnis, das zwischen dem des jungen Goethe von 1774 und dem des alten, der 1816 «Das St. Rochusfest zu Bingen» schrieb, sich einfügt als ausgesprochen romantisch und den Rheinmythos erst schaffend, aber doch mit Goethe und auch mit dem «König in Thule» verbunden. Dieses Rheinerlebnis Brentanos hat eine Fülle von Dichtungen entstehen lassen, von denen eine alle überragt, seine Ballade von der Zauberin zu Bacharach, sein Lied von der Lorelay. Die Gestalt der Lorelay, so schillernd und vieldeutig sie sein mag, ist wie die des Königs in Thule Phantasiegut des Volkes geworden, jedem vertraut, jedem zugehörig. Beide sind gleichsam Urphänomene schicksalhafter Liebe. Wären wir eine Nation, wie die Griechen waren, beide Gestalten wären Mythen geworden. So nahe sie sich aber stehen in ihrer zeitlosen Gültigkeit, so sehr trennt sie eine Welt, wenn wir ihre Haltung zum Leben und das Schicksal betrachten, das sie verkörpern. So groß ist diese Kluft, wie jene war, die Goethes klare Führung des Lebens vom Schweifen und Treiben Brentanos trennte. Symbolhaft sind sie beide und gewaltig wie Figuren der Sibyllen, wie nur echte Dichtergröße sie schaffen konnte, aber sie deuten auf ganz verschiedene Weltaspekte, wie sie auch aus ganz verschiedenen seelischen Urgründen erwachsen sind – der König die Unbedingtheit in der Liebestreue, die Lorelay das Verlorensein in der Untreue und an die Dämonie der Liebe.

Als die Romantiker «Des Knaben Wunderhorn» «Sr. Exzellenz des Herrn Geheimerath von Göthe» widmeten, haben sie das getan, weil sie in Goethes volkstümlichen Balladen die Verwandtschaft mit ihrer Liedersammlung verspürten. Brentano liebte besonders den «Fischer», das «Heidenröslein», über alles aber liebte er den «König in Thule». Diese Ballade war ihm mehr als ein Gedicht. Sie war ihm ein Symbol. In seinen Briefen, in seinen Gedichten tauchen auf – das Meer von Thule, der Becher von Thule. Von Thule spricht auch die «Chronika eines fahrenden Schülers». «Die Romanzen vom Rosenkranz» variieren Verse der Goetheschen Ballade, und in einem autobiographischen Schema über seine Jugendentwicklung hat Brentano dem «König in Thule» eine bedeutungsvolle Stelle zugewiesen. Später in Berlin pflegte er das Lied, «weil es ein Lieblingsgesang von ihm war», Luise Hensel vorzutragen; und in der Einleitung zu «Gockel, Hinkel und Gackeleia» erzählt er Marianne von Willemer, der er das Märchen widmet, von seinem Traumland Vaduz, wie ihm dort das Land Thule gewesen, wo der König den liebsten Becher, ehe er starb, in die Flut hinabgeworfen. So der fast Sechzigjährige. Der junge Brentano aber hatte 1801 an Arnim geschrieben: «Ich war mit Savigny am Rhein und werde den Frühling im Schlosse der Gisella wohnen. Als ich oben auf dem Punkt der Aussicht stand, war mein Herz bewegt, und ich bin so begeistert gewesen wie noch nie und ich sang mit Andacht: ‹Ich bin ein König in Thule.›» Vom Turm der Brömserburg bei Rüdesheim also hat Clemens Brentano den «König in Thule», sich selbst als diesen König fühlend, über den Strom gesungen. Was hat ihn dazu getrieben? Was band ihn an dieses Lied? Welcher Frau galt seine Treue?

Im Sommer 1802 war Brentano wieder am Rhein, in Rüdesheim, und zwar mit Achim v. Arnim. Es war der Überschwang und die seligste Zeit ihrer jungen Freundschaft. Im Vorjahr als Studenten in Göttingen hatten sie sich gefunden. Nun wird Achim in den großen Brentanoschen Familienkreis aufgenommen, gewinnt sich die siebzehnjährige Bettine und wird heimisch im Haus «Zum Goldenen Kopf» in der Großen Sandgasse in Frankfurt, bei der alten La Roche in Offenbach und bei den Savignys auf Hof Trages. Und dann fahren er und Clemens den Main hinab zum Rhein auf dem Frankfurter Marktschiff, wie es zwischen der Stadt und dem nahen Mainz verkehrte, Fluß zu Tal vom Strom getragen, Fluß zu Berg von Pferden auf dem Treidelweg gezogen. Wenn das Schiff morgens um 10 Uhr beim alten Krahn am Holzpförtchen loswarf, bliesen noch die Türmer vom Dom und von St. Nikolai am Römerberg; das Gegenboot legte gegen Abend am Frankfurter Kai an. Vormals waren die Trompeten das Signal für die Geleitssöldner gewesen. Jetzt war das fröhliche Geschmetter nur noch um seiner selbst willen da und daß die Bürger ihren Tageslauf danach regelten.

Die Gestalt des jungen Goethe, wie er mit den Freunden auf der Lahnfahrt Mahlzeiten und Lager teilte, hat uns die Feder Lavaters festgehalten, mit seinem starken Sinn für das Zuständliche, seiner Lust an der unmittelbaren Anschaulichkeit des gelebten Lebens. «Morgens nach 6 Uhr im Schiff unter nassen Decktuch neben Goethe, der in romantischer Gestalt, grauem Hut, mit halb verwelcktem, lieben Blumenbusch, sein Butterbrot hinter dem braun seidnen Halstuch und grauen Kaputkragen wie ein Wolf verzehrt und sich nach dem übrigen eingepackten Essen schon weiters umsieht.» Die beiden Reisegesellen des Sommers von 1802, – Achim, schön wie ein junger Gott, studentenhaft in der Kleidung mit romantisch betonter Lust zur Unordnung, Clemens, der südländische Sohn des reichen und gepflegten Frankfurt, sie hat Bettine beim Abschied am Kai gezeichnet: «Arnim so schlampig in seinem weiten Überrock, die Naht im Ärmel aufgetrennt, mit dem Ziegenhainer, die Mütze mit halb abgerissnem Futter, das neben heraussah, Du, Clemens, so fein und elegant, mit rotem Mützchen über Deinen tausend schwarzen Locken, mit dem dünnsten Röhrchen, einem lockenden Tabaksbeutel aus der Tasche, und wie Arnim unterwegs die Bemerkung machte, die Mädchen am Brunnen sähen Dir mit

Wohlgefallen nach, und wie Du mit Deinem zierlichen Sprung ins Mainzer Schiff mit einem so selbstbewußten Genuß hineinsprangst.»

Hier auf der Mainfahrt zwischen der Geburtsstadt Goethes und dem alten Erzbistum ist Achim v. Arnim der Plan zu «Des Knaben Wunderhorn» aufgegangen. Er ist in Briefen und Schriften öfter darauf zurückgekommen, sich der Bedeutung dieser Stunde bewußt, und hat dabei mit großen dichterischen Zügen eine längst versunkene Welt uns unvergeßlich vor Augen gestellt. Er erlebt, wo er es nicht erwartet hatte, Geist, Kunst, Lied als ordnende Macht, im Triumph über die Alltagsinteressen des Handels und über das Gerede kleiner und großer Leute. Er sieht diese Kunst in ihrer Spannung zwischen Himmel und Erde und findet, so weitschweifend sein Wort sonst ist, Formeln shakespearescher Prägnanz: «Staunend saß ich unter den lustigen Zechern im vollen Marktschiffe, sah drei wunderlichen Musikern mit immer neuem Liede zu, jeder ihrer Züge eine alte ausgespielte Saite, jeder ihrer Töne ein ausgebissen Trinkglas. – Ewig hin und zurück geht das Schiff, ihre Wiege, ihr Thron. Sie sinds, die diese arme, wüste Marktwelt – wie Kraut und Rüben untereinander geworfen – zu einem wechselnden, lauten und stillen Gedankenchore verbinden, daß neben ihnen die ruhigen reichern Dörfer wie Sterne und Monden ohne Sehnsucht, ohne Preis vorüberschwimmen.» So hat Achim v. Arnim die Erinnerung an jene Mainfahrt in seinem schönen Aufsatz «Von Volksliedern» (1805), den er dem «Wunderhorn» beifügte, festgehalten und hat ihn dem Kapellmeister Reichardt gewidmet als dem Vertoner von Goethes «Fischer» und der Mignonlieder. Und nun beginnen die Freunde überall Lieder aus dem Volksmunde zu sammeln. Sie lauschen den Gesängen der Schiffer, der Handwerker, der Soldaten, der Wanderer, der Winzer, der Bergleute, der «herrlichen Studenten». «Des Knaben Wunderhorn» entsteht.

Und auch ein anderer Rückblick Arnims auf jene Fahrt sei angeführt: «So möchte ich wohl noch einmal leben», schreibt er in einem Briefe jener Tage, «das Leben war frisch angebrochen wie die echte Quelle des rheinischen Weines. Wir trafen viele frohe Menschen und wurden in ihre Fröhlichkeit eingeweiht, zogen mit Schauspielern und färbten ihnen die Backen und sahen ihre Probestunden bei Kindergeschrei und hörten ihre eignen Klagen über Kindergeschrei. Dann zog ich wieder mit der Prozession nach Nothgottes und sang mit der auftretenden Morgenröte mit der lieblichen Walpurgis von dem Chor herab heilige Gesänge, die langsam und herrlich duftend wie Balsam über die Menge hinströmten. Ich möchte wohl gut dichten und singen können, um mein Leben auf dem Marktschiff zwischen Frankfurt und Mainz zu versingen. Hier in dem bunten Gemisch alles Volks standen anteillos drei Bänkelsänger, der eine mit der großen Gesichtsbildung des Dante, aber durch den Kot der Welt gezogen.»

«Die große Gesichtsbildung des Dante», wo mag Achim v. Arnim, kaum einundzwanzig Jahre alt, sein Wissen um das Danteporträt her haben, wenn nicht aus den Kunstsammlungen der italienischen Brentanos in Frankfurt? Von Dante wendet sich sein Brief zu Goethe. «Erst hier habe ich Goethes ‹Hermann und Dorothea› verstehen gelernt in seiner ganzen Schönheit.» Erst hier, – das heißt auf dem Marktschiff und am Rhein. Goethes Epos war zur Herbstmesse 1797 erschienen. Wir neigen dazu, als klassisch zu empfinden, was volkhaft und deutsch daran ist, kühl verschleiert durch das der Antike nachgebildete Versmaß. Arnim fühlte anders. Unter den Fahrgästen des Bootes und in den Dörfern am Strom fand er die Bürger von Hermanns Städtchen wieder; im Umgang mit den Rheinländern werden ihm die Menschen aus Goethes Gedicht lebendig. Und nun zum Schluß des Briefes in einer stolzen Selbstapotheose das gefahrvolle Glaubensdogma der Romantik, wie er es eben im Marktschiff meinte erlebt zu haben, daß nämlich, um seine eigenen Worte zu gebrauchen, alles in der Welt der Poesie wegen geschähe: «Ich fühle jetzt recht, wo ich in meinen Gedanken in dem Eichenwald des Osteins [d.i. auf dem Niederwalde] stehe und ich endlich in den schönen, einfachen, freien, griechischen Tempel trete, daß eine gewaltige Dichtung durch die ganze Natur weht, bald als Geschichte, bald als Naturereignis hervortritt, die der Dichter nur in einzelnen Widerklängen aufzufassen braucht, um ins tiefste Gemüt mit unendlicher Klarheit zu dringen. Denn sehe ich nun hinab aus dem griechischen Tempel, in den ich durch den deutschen Eichenwald getreten, so braust unter mir zwischen den Binger Felsen der starke Rhein und schäumt unwillig über den nutzlosen Widerstand. Aber die Berge scheinen noch immer sich an ihn drängen zu wollen, die sinkenden Felsstücke mit den alten Schlössern auf ihren Spitzen fallen in ihn hinab, auch die Bäume in der Höhe und die Weinstöcke tieferhin saugen ihm sein feuriges Blut aus – und wir in der Höhe nähren uns von allem dem, als wenn es aus uns hervorgegangen wäre als aus dem ewigen, schöpferischen Geiste.»

Auch die Briefe Brentanos im «Frühlingskranz» muß man lesen, wenn man die reiche Atmosphäre jener Jahre nachfühlen und ihre Hintergründe von Liebe, Liebeseifersucht und Reue und deren dichterische Spiegelungen erspüren will, den kleinen Roman mit der Walpurgis, dem Schenkmädchen von Rüdesheim, und dem weltüberlegenen Bettler aus der Brömserburg, die Begegnungen mit der französischen Emigrantin de Gachet und mit den Freundinnen von Koblenz und Ehrenbreitstein; einige Zeugnisse dieser Zeit sind noch vor wenigen Jahrzehnten von der Familie vernichtet worden. Ja, auch die Gestalt Sophie Mereaus haben wir uns zu vergegenwärtigen, mit der Brentano 1803 seine glücklich-unglückliche Ehe schloß. «Der Clemens wird allemal ein Narr, wenn er an den Rhein kommt», meint Bettine; und dem Bruder selbst hält sie vor: «Das erstemal Walpurgis, das zweitemal de Gachet, und nun Benediktchen, hinter all dem steckt nun noch Mienchen, da steckt die Günderode, da steck ich auch, dahinter steckt auch die Eitelkeit.»

Noch in seinem Novellenbande «Der Wintergarten» (1809) denkt Achim v. Arnim wehmütig rückblickend des

Reichtums und des Glanzes jener Tage und des Wandels
der Zeiten. «Ich sehe dich nicht, mein Clemens, wie ich
dich sonst gesehen, die blaue Blume auf deiner Guitarre,
wie du in fröhlichen Liedern zum ersten Mal die Gegend
mir ausgedeutet, glänzend deine Augen, zum prasselnden
Donner, zum brausenden Regen, der uns in alten Ritter-
burgen belagert hielt, spielend deine Worte am warmen,
stillen Abende vor den Türen in Weinlauben am rauschenden Ufer, wenn du den schönen Töchtern des Städtleins
neue Melodien lehrtest für ihre alten Lieder. Waren wir
nicht fromme Pilger nach Nothgottes und hielten den singenden Engeln so treulich die Notenbücher, und doch
mußten wir fortziehen, wir beide, auch du, der du so nahe
geboren?»

Das Freie Deutsche Hochstift bewahrt die Handschriften der meisten Gedichte Brentanos, die damals entstanden sind. Das erste ist auf die Rückseite eines Theaterzet-
tels vom 25. Mai 1802 geschrieben.

Am Rheine schweb' ich her und hin,
Den Frühling such ich auf,
Mein Herz so schwer, so leicht mein Sinn –
Wer wiegt die beiden auf?

Das ist in wenig Zeilen die ganze Brentanosche Lebensnot, ja die Problematik des künstlerischen Temperamentes
überhaupt. Das Herz tief fühlend, aber zu rasch von jedem
Reize angesprochen, so leicht der Sinn. «Wer wiegt die
beiden auf?»

Die Berge drängen sich heran
Und lauschen meinem Sang,
Sirenen schwimmen um den Kahn,
Mir folget Echoklang.

O halle nicht, du Widerhall,
O Berge kehrt zurück,
Gefangen liegt so eng und bang
Im Herzen Liebesglück.

330

Sirenen, tauchet in die Flut,
Mich fängt nicht Lust, nicht Spiel,
Aus Wassers Kühle trink' ich Glut
Und ringe heiß zum Ziel.

O wähnend Lieben, Liebeswahn,
Allmächtiger Magnet,
Verstoße nicht des Sängers Kahn,
Der stets nach Süden geht.

«Am Rheine schweb' ich her und hin», – auch von
diesem Gedicht selbst kann man sagen, daß es schwebend
sei. Die Berge, der Strom, die Sirene, das Echo, der Kahn,
der Schiffer, der Liebeszauber, die Betörung, die kühle
Flut, all dies sind die Motive der Lorelayballade Brentanos, wie sie im Vorjahre entstanden war, aber was dort
Ballade war, ist jetzt reine Lyrik geworden. Kein Hand-
lungsverlauf, nicht die Tragik der Ballade, aber es ist auch
nicht eine Situation zu einem Bilde aufgebaut wie im Gedicht Heinrich Heines. Alles ist so in Musik aufgelöst, daß
man der Not nicht recht gewahr wird, in der das Herz lebt.
Man hört das Lied mehr, als daß man es versteht. Ja man
fragt nicht einmal mehr nach seinem Sinn, weil man so
ganz vom Klingen der Vokale eingenommen ist. Es ist alles
wie ein Spiel. Die heiteren und ernsten Töne scheinen sich
das Gleichgewicht zu halten, ein Anziehen und Abstoßen,
ein Hoffen auf Erlösung von der Liebe durch die Liebe.
Und diese Hoffnung, in Verbindung mit der Liebe und der
Poesie, der Poesie im Symbol der Blauen Blume der Romantik, sie scheint schließlich die Oberhand zu behalten.
Trotzdem, der Ausklang bleibt zweideutig. «Vergifte
mich, umdüfte mich.» Es bleibt das Los der romantischen
Liebe, daß sie Rausch ist und Zauber und daß sie Heil wie
Unheil im gleichen Kelche birgt.

O Liebesziel, so nah, so fern,
Ich hole dich noch ein,
Die Frommen führt der Morgenstern
All zu der Liebe ein.

O Kind der Lieb', erlöse mich,
Gib meine Freude los,
Süß Blümlein, ich erkenne dich,
Du blühest mir mein Los.

In Frühlingsauen sah mein Traum
Dich Glockenblümlein stehn,
Vom blauen Kelch zum goldnen Saum
Hab' ich zu viel gesehn.

Du blauer Liebeskelch, in dich
Sank all mein Frühling hin,
Vergifte mich, umdüfte mich,
Weil ich dein eigen bin.

Und schließest du den Kelch mir zu,
Wie Blumen abends tun,
So lasse mich die letzte Ruh'
Zu deinen Füßen ruhn.

Im Juli 1774 waren es die jungen «Genies», die «Stürmer und Dränger» gewesen, die von der Lahn den Rhein hinabfuhren, ihrer Jugend genossen, dichteten und sangen. Nun sind es die Romantiker. Beide Male war es der Aufbruch einer neuen Generation. Die «Deutsche Bewegung» hat man, Sturm und Drang und Romantik zusammenschauend, die geistige Entfaltung von 1770 bis 1820 genannt. Und tatsächlich, wie verwandt das Erlebnis, – Jugend und Poesie, Liebe zum einfachen Volk und Verehrung der Vorzeit! Und merkwürdig, wie die zweite Schar auf die Dichtung der ersten zurückgreift, in ihr sich spiegelt und bejaht, von ihr sich zu Eigenem anregen läßt. Wird es offenbar, wie sehr sich hier das Leben wiederholt, wie das Spätere von Früherem inspiriert wird und aus ihm sich anfüllt? Denn wie Brentano im Frühling 1801, so stellt auch Achim v. Arnim die Erinnerung an jene rheinischen Sommertage unter das Zeichen des «Königs in Thule». «Besonders aber ist es der Rhein», heißt es in dem Aufsatz «Von Volksliedern», «wenn sich die Winzer zur schönsten aller Ernten im alten Zauberschlosse der Gisella nachts versammeln; da flammt der Herd, die Gesänge schallen, der Boden bebt vom Tanz. Durch die lustige Schar der Winzer zieht dann wohl ein Frankfurter mit der Guitarre; sie sammeln sich um ihn, sie staunen dem König von Thule, der Becher stürzt in den Rhein, der Ernst ihres Lebens wird ihnen klar, wie wir klar sehen in wunderbaren Gedanken durch die dunkle Nacht.» – Der Frankfurter mit der Gitarre, das war Clemens Brentano; und ein Lied vom Lebensernst, dazu war den Freunden also Goethes Ballade geworden. Wie schön hatten sie ihren Sinn erfaßt und sich zu eigen gemacht! Nicht ins Meer sinkt der Becher, er stürzt in den Rhein.

«Ich bin ein König in Thule», inwiefern konnte sich Clemens Brentano so mit diesem Gedicht identifizieren? Vielleicht war es ursprünglich die Liebe zu Sophie Mereau oder seine Freundesliebe, die Liebe zu Achim v. Arnim gewesen, auf die Brentano das Gedicht bezog. Aber da es ihn durch sein ganzes Leben begleitet, weitet es sich doch aus, gewinnt irgendwie allgemeingültige Bezüge für Brentano. Warum liebt Brentano dieses Gedicht so? Warum sang er es? Es war vieles, was ihn hier zauberhaft bannte. Die Melodie der Worte, der dunkle Atem der Vorzeit, der Abgrund und das Meer, die leise Magie des Bechers, die Todesschwermut, vor allem aber als Wunschbild das von ihm schon in der Jugend in seiner Schwere erahnte, dann später im Leben heiß umrungene, in jeder Dichtung umspielte, schmerzlich durchlittene Geheimnis der Treue in der Liebe.

> *Wo schlägt ein Herz, das bleibend fühlt?*
> *Wo ruht ein Grund, nicht stets durchwühlt?*
> *Wo strahlt ein See, nicht stets durchspült?*
> *Ein Mutterschoß, der nie erkühlt?*
> *Ein Spiegel, nicht für jedes Bild –*
> *Wo ist ein Grund, ein Dach, ein Schild,*
> *Ein Himmel, der kein Wolkenflug,*
> *Ein Frühling, der kein Vogelzug,*
> *Wo eine Spur die ewig treu,*

Ein Gleis, das nicht stets neu und neu?
Ach, wo ist Bleibens auf der Welt,
Ein redlich, ein gefriedet Feld,
Ein Blick, der hin und her nicht schweift,
Und dies und das, und nichts ergreift,
Ein Geist, der sammelt und erbaut –
Ach, wo ist meiner Sehnsucht Braut? –

Ich trage einen treuen Stern,
Und pflanzt ihn in den Himmel gern,
Und find kein Plätzchen tief und klar,
Und keinen Felsgrund zum Altar;
Hilf suchen, Süße, halt, o halt!
Ein jeder Himmel leidt Gewalt.

Das Gedicht ist ein einziger Aufschrei. Ein Schrei aus einem unendlich gequälten Herzen. Ein Ruf nach einer festen Hand, die führt, nach Schutz vor der Dämonie der Lust. In neuen und immer neuen Bildern, von denen doch keines den Jammer der Seele ausschöpft, so daß immer ein weiteres beschworen werden muß, klagt sich Brentano an und klagt sich aus. Es ist, als ob jemand mit verzweifelten Fäusten an die Wände seines Schicksals schlüge.

Das ist die Nachtseite der Romantik, der wir hier gegenüberstehen. Das frohe Schweben und Schweifen ist zur Heimatlosigkeit geworden, und der selige Glanz verloschen. Was in diesem späten Gedicht Brentanos aus tiefster Herzensnot als persönliches Bekenntnis hervorbricht, das «Treulieb, Treulieb ist verloren», diese Klagen und solche Stimmungen kennen auch schon Brentanos Briefe vom Rhein im Jahre 1802. «Ich hätte manchmal Lust, mich in ein Hospital einzumieten. Was wird aus allem meinen Treiben? Wo sind alle die Abend- und Morgenflammen hingebrennt, wo sind alle die Frühlinge hingeblüht, die mein Herz Minuten lang entzündeten? Wo sind die ewigen Sekunden der Mereau hin, die mich mit der lügenhaften Freude einer Zukunft erschreckten, von der ich schon damals geschworen hätte, daß sie nie kommen würde. Ich gewöhne mich an alles, selbst an meine

Schlechtigkeit. Ach, diese liebe Schlechtigkeit! Wo will sie hinaus, da ich mich nicht einmal selbst verachten kann; so gar nicht der Mühe wert ist es. Ich habe deutlicher in jeder Minute den Begriff des Schicksalslosen.» Und dann weiter in demselben Briefe: «Ich habe viele Liebeshändel mit rechten Engeln und habe schon zweimal darüber geweint, daß ich sie betrüge. Es gibt sich kein Wesen mehr recht mit mir ab, ich liege zwischen dem Unendlichen und dem Endlichen, wie Ehrenbreitstein, die gesprengte Festung vor meinen Fenstern, zwischen Frankreich und Deutschland. Alle Tore meiner Seele stehn offen, die Dächer meines Gemütes sind eingestürzt, die Gewölbe zersprengt. Ich habe gestern noch ein liebendes Mädchen mit weinenden Augen gebeten, sie möge Besitz von mir nehmen, indem sie mich mit dem Finger berühre.»

Wie rührend wundergläubig, wie kindlich hilflos, wie traurig verloren ist das alles! «Läge ich nicht so hoch und so frei, mitten in einem organisierten Staate, so könnte sich leicht schlecht Gesindel in mich niederlassen.» Eine Tassonatur ist dieser junge Dichter, nein, noch gefährdeter, noch viel mehr verletzbar, aber doch jenem insofern ähnlich, als er den Ausgleich und die Rettung nur von Frauenhand erhofft. So wie Jesus Dämonen austrieb, indem er die Kranken mit dem Finger anrührte, so fühlt sich Brentano von Dämonen besessen und hofft Heilung durch rettende Berührung. Und nun streckt er sehnend, suchend, die eigenen Hände jedem Mädchen, jeder Frau entgegen, auch auf die Gefahr hin, daß schlecht Gesindel sich in ihm niederlasse.

Wem er dann verfallen war, das sah Brentano wohl. Das Romanfragment vom «Schiffbrüchigen Galeerensklaven im Roten Meer», die «Freudenhausballade» oder Lieder wie:

Die Welt war mir zuwider,
Die Berge lagen auf mir,
Der Himmel war mir zu nieder,
Ich sehnte mich nach dir, nach dir!
O lieb Mädel, wie schlecht bist du!

Solche Verse decken alle Nöte auf. Aber menschlich gütig, selbst steuerlos und erdichtend gläubig verfiel er immer wieder seiner Selbstverzauberung.

> *Treulieb, Treulieb ist nicht allhie,*
> *Sie spukt dir im Gehirne,*
> *Treulieb ist Dichterphantasie –*
> *Und ich bin – eine Dirne! –*
> *Treulieb, Treulieb ist verloren!*

Ja, so stand es um Brentano. Er war an die Liebe verloren. Was den Mann sonst ausfüllt, Leistung und Tatenlust, um es bürgerlich auszudrücken: Beruf und Ehrgeiz, um es faustisch auszudrücken: das Streben seiner ganzen Kraft als Wirken auf die Welt, – all das bedeutete ihm wenig. Seinen Schwager v. Savigny, «die Studiermaschine», konnte er nicht verstehen. Brentano sah, wie er in einem der schönen Werbebriefe an Wilhelmine Reichenbach dieser darlegt, den Sinn des Seins im Zueinander der Geschlechter: die ganze Bestimmung des Männlichen in der Natur sei Kraft ohne Stoff, die ganze Bestimmung des Weibes sei Überfluß des Stoffes ohne Kraft. Und dann das Bekenntnis: «Ich strebe nach Liebe, weil ich fühle, daß ich in ihr allein rein und schön dastehen kann, weil ich fühle, daß ich allein liebenswürdig in ihr sein kann. Ich bin zur Liebe geschaffen.» Es gab nicht wenig Stunden, da empfand Brentano solche Ausschließlichkeit der Liebe als Fluch und Dämonenspiel. Eben in jenen Altenburger Briefen vom Sommer 1800 an Minna Reichenbach spricht er von dem Druck der bösen Zauberei, die über seinem Leben brüte, den nur ein schöner Gegen-Zauber reiner Liebe lösen könne, und dann das verzweifelte: «Ich habe gar nichts in der Welt, was mich liebt, und bin verdammt alles zu lieben.» Verdammnis alles zu lieben und alle zu entzünden, ohne wirkliche Erfüllung, ohne Herz, «das bleibend fühlt».

Liebe als Zauber, als Fluch, das aber ist das Schicksal jener Zauberin von Bacharach, deren Gestalt sich Brentano erfunden hat, um zu zeigen, wie es in ihm aussah. Das sind die erlebten Hintergründe seiner großen Rheinballade, sind die Welt, aus der das Lied von der Dämonie der Liebe, sein Lied von der Lorelay geboren ist.

> *Zu Bacharach am Rheine*
> *Wohnt eine Zauberin.*
> *Sie war so schön und feine*
> *Und riß viel Herzen hin.*
>
> *Und brachte viel zu Schanden*
> *Der Männer rings umher:*
> *Aus ihren Liebesbanden*
> *War keine Rettung mehr.*

Wie ein Nachklang zur zweiten Nibelungenstrophe hebt das Lied an, wie die Sage von Kriemhild, deren Königsburg auch am Rhein gestanden und die auch, wie die Zauberin von Bacharach, allen Helden, die ihr nahten, den Tod gebracht. Brentano kannte das Epos aus Christoph Heinrich Myllers «Sammlung deutscher Gedichte aus dem 12., 13. und 14. Jahrhundert» (1784). Es ist dies das Buch, aus dem auch Goethe das Epos hatte kennenlernen und aus dem Brentano noch im Vorjahre Minnelieder übersetzt hatte. Vergegenwärtigen wir uns aus dem Text bei Myller, wie die Strophe Brentano im Ohr gelegen haben mag:

> *Ez wuochs in burgonden*
> *ein schöne magedin.*
> *Daz in allen landen*
> *niht schöners mohte sin.*
>
> *Criemhilt was sie geheizzen*
> *unde was ein schöne wip.*
> *Darumbe muosen daegene*
> *Vil verliesen den lip.*

Daß dem jungen Romantiker die Nibelungensage am Rhein lebendig ward, lag nahe genug. Aber er bezeugt es auch selbst, eben in jenem Pfingstbriefe aus Rüdesheim an Bettine, in dem er erzählt, wie Walpurgis ihm abends Maitrank und Festkuchen vor die Schwelle seines Giebelstübchens niedergesetzt hat. Da ist rühmend auch von einer Französin aus der Vendée die Rede: «Sie soll so schön sein, so vollkommen wohlgebildet wie ein Weib aus den ‹Nibelungen›.» *«Daz in allen landen / niht schöners mohte sin.»* Darüber hinaus besteht auch eine unmittelbare Verbindung zwischen Nibelungenlied und Lorelay. Im Mittelalter war der Glaube verbreitet, daß es in der Nähe des Lurlei war, wo Hagen den Hort in den Strom versenkte. Ein Dichter des 13. Jahrhunderts, Der Marner, weiß es: *«Der Nibelunge horte lît in den Lurlenberge in bî.»*

Indes, weder das ehrwürdige Worms des Königs Gunther, nicht Xanten, weder Mainz noch Bingen, nicht St. Goar noch Oberwesel macht Brentano zur Heimat seiner Zauberin. Bacharach – das klingende Geheimnis dieses Namens tönt betörend, beschwörend wie eine geraunte Zauberformel. Und die ersten Zeilen

> *Zu Bacharach am Rheine*
> *Wohnt eine Zauberin.*
> *Sie war so schön und feine –*

sind von so einschmeichelndem Wohllaut, daß alles glaubhaft wird, was die folgenden Strophen berichten. Man lese die entsprechenden Zeilen der Nibelungenstrophe und man wird es hören, wie dort eine so andere, eine harte und eiserne Welt zu uns spricht.

Wir wissen nicht genau, wann Brentanos Dichtung entstanden ist. Gedruckt erschien sie zuerst in dem Roman seiner Jugend, den er den Schwestern Reichenbach in Altenburg gewidmet hat, in den letzten Kapiteln des «Godwi», dessen 2. Teil zwar 1802 als Druckjahr auf dem Titelblatt angibt, aber der doch schon im ausgehenden Jahre 1801 im Handel war. Man möchte annehmen, daß die Ballade im Frühling 1801, da Clemens Brentano in Rüdesheim von sich als einem König in Thule sang, vielleicht auch schon etwas früher gedichtet sein mag. –

Brentanos «Lorelay» ist das Gegenthema zum «König in Thule». Sie ist das negative Spiegelbild der Dichtung Goethes. «Ich bin ein König in Thule», das war ein Wunschbild, und Brentano wußte, daß es das sei. Die Spannung zwischen Traum und Wirklichkeit, seine Sehnsucht nach klarer Lebensgestaltung und der Schmerz über das stete Getriebenwerden, das ist seine «Lorelay». Sie ist aus eigener Not Brentanos persönlichste Antwort auf Goethes Dichtung, ist der Widerklang der schweifenden Romantik auf Goethes feste Lebensführung. Im «König in Thule» ist nichts in der Welt als das Paar der Liebenden, eine heilige stille Flamme. In der «Lorelay» herrscht die Dämonie der Liebe als sprühendes Feuer, das alle Kreatur bedroht und jeden verzehrt, die Ritter und die Weltlichen, die Geistlichen, ja schließlich sich selber. Unbedingtheit in beiden Gedichten, dort in der Bindung, hier im Sichvergeuden. Und beidemal am Ende der Tod, dort krönend, hier erlösend:

Herr Bischof laßt mich sterben
Ich bin des Lebens müd,
Weil jeder muß verderben,
Der meine Augen sieht. –

Die Blicke sanft und wilde,
Die Wangen rot und weiß,
Die Worte still und milde,
Das ist mein Zauberkreis.

Ich selbst muß drin verderben,
Das Herz tut mir so weh,
Vor Schmerzen möcht ich sterben,
Wenn ich zum Spiegel seh.

Zunächst scheint das Gedicht nur die Tragödie der übermäßigen Schönheit zu sein, so wie Hebbel sie 1845 in seinem römischen Tagebuch von einer jungen Italienerin berichtet: «Ein Mädchen, noch unbekannt mit der Gewalt ihrer körperlichen Reize, tritt aus der klösterlichen Abgeschiedenheit ins Leben; Freundschaftsbande zerreißen, ihre eigenen Freundinnen werden neidisch, weil sie ihre Liebhaber verlieren; da schaudert das Mädchen vor sich selber und tritt ins Kloster zurück.» Ebenso will Hebbels Agnes Bernauer, «der Engel von Augsburg», in ein Kloster fliehen, als sie sich der Wirkung ihrer Schönheit bewußt wird; dann zeiht man sie eben dieser Schönheit wegen der Zauberei, zieht sie vors Gericht und stürzt sie in den Donaustrom, um ihren Zauber aus der Welt zu schaffen.

Vor das geistliche Gericht wird auch die Lorelay geladen. Sie bittet selbst um Erlösung durch den Flammentod. Doch auch der Bischof verfällt ihrem Bann. Um sie zu retten, übergibt er sie den drei Echo-Rittern. Die sollen sie in ein Kloster bringen. Und nun enthüllt sich der Urgrund ihrer Dämonie. Die Schönheit der Lorelay ist nur darum Gefahr, weil ihr Liebesverlangen nicht in einem stillen Bunde befriedet worden ist. Hinter der Tragödie der Schönheit steht die Tragödie der Untreue.

Mein Schatz hat mich betrogen,
Hat sich von mir gewandt,
Ist fort von mir gezogen,
Fort in ein andres Land.

Drum laßt mein Recht mich finden,
Mich sterben, wie ein Christ!
Denn alles muß verschwinden,
Weil er nicht bei mir ist. –

O Ritter, laßt mich gehen
Auf diesen Felsen groß!
Ich will noch einmal sehen
Nach meines Buhlen Schloß. –

Goethes «König in Thule» war, so sehr sich die Ballade als ein solches gibt, kein «Märchen aus alten Zeiten», kein altes Volksgut, sondern eine freie Schöpfung des Dichters. Und auch Brentano hat, wir wissen es sehr genau, die Sage von der Lorelay selbst erfunden, ergriffen von der Schön-

340

heit der Stromlandschaft und angerufen durch den lockenden Klang im Namen des Felsens und durch seine Bedeutung. Der Berg ist ein Echofelsen, ein Elf ruft aus ihm
heraus, und darum heißt er Lure Lay, das ist Elfenstein.
Vor allem aber, und das ist das Wesentlichste, schuf Brentano seine Ballade beunruhigt durch die vielfältigen Erfahrungen eines allzu reizbaren Herzens. Ihr wahrer Gehalt
kommt ganz erst in jener Fassung zum Ausdruck, die sie in
einer Handschrift des Dichters hat, die sich im Besitz von
Sophie Brentano befand, der Enkelin von Christian Brentano, dem Bruder von Clemens und der Bettina.

> *Der Felsen ist so jähe,*
> *So steil ist seine Wand,*
> *Sie klimmen in die Höhe,*
> *Da tritt sie an den Rand.*

> *Und sprach: «Willkomm, da wehet*
> *Ein Segel auf dem Rhein,*
> *Der in dem Schifflein stehet,*
> *Der soll mein Liebster sein.*

> *Mein Herz wird mir so munter,*
> *Er muß der Liebste sein!» –*
> *Da lehnt sie sich hinunter*
> *Und stürzet in den Rhein.*

> *Es fuhr mit Kreuz und Fahne*
> *Das Schifflein an das Land,*
> *Der Bischof saß im Kahne,*
> *Sie hat ihn wohl erkannt.*

> *Daß er das Schwert gelassen,*
> *Dem Zauber zu entgehn,*
> *Daß er zum Kreuz tät fassen*
> *Das konnt sie nicht verstehn.*

Was die Lorelay nicht verstehen konnte, ist dies, daß
der Bischof die unbedingte Heillosigkeit ihres Seins nicht
erkannt hat, daß er noch glaubte, sie durch das Kloster

retten zu können, statt sie zu richten und so zu erlösen, die Welt von ihr und sie von der Welt. Nun ist er selbst von ihrem Zauber erfaßt und muß ihr nachfahren, «mit Kreuz und Fahne», in ihrem Bann. Ja, gerade darin zeigt sich die Unbedingtheit des Fluches, der aus der Liebesuntreue erwächst, daß nicht irgendein Schiffer auf dem Rheine, sondern der hohe Fürst der Kirche, die alle irdische und himmlische Seligkeit vergibt, in die Mächtigkeit des unseligen Schicksals der Lorelay hineingezogen wird.

Wer hat dies Lied gesungen?
Ein Priester auf dem Rhein,
Und immer hat geklungen
Von hohen Felsen-Stein:
    Lureley
    Lureley
    Lureley,
Als wären es meiner drei.

Die Schauer der Geisterklage aus dem Felsen heraus, die Rufe der Ritter, die mit der Lorelay verderben mußten, wie alles verdarb, was ihr nahte, hallen echohaft über die Wasser.

«Ich habe gar nichts auf der Welt, was mich liebt, und bin verdammt alles zu lieben», hatte der Student Brentano geklagt. Die Lorelay war verdammt, von allen begehrt zu werden und den nicht zu besitzen, den sie sucht. Immer bleibt die ach so liebebedürftige Seele ohne Erfüllung, ist sie betrogen, verkauft an das Allenthalben, verraten an das Nichts. Daher das Gefühl des Fluches, der über dem Leben brütet, die Verzweiflung und die Sehnsucht nach Erlösung. Wenigen war ein Schicksal zugemessen, wie hier getragen wurde. Brentano war ein Versinkender. Die Tiefe seines Abgrunds ist seine Größe als Dichter. Wenn aber je Hoffnung in sein Leben fiel, so waren es die Stunden, wo sich das zu erfüllen schien, was er einst bildhaft angedeutet, wenn er flehte, ein Mädchen möchte ihn mit seinem Finger berühren und Besitz von ihm nehmen. Und solche metaphysische Erlösung unter der Führung an fraulicher Hand, die ihm wie die Erscheinung einer Heiligen nahetrat, ist ihm geworden. So fand er zu den Stufen des Altares und schritt sie empor, so wie er sich selbst gesehen hat, als Einfalt, Schwermut, Sehnsucht und Armut.

Sucht Lieb', die für ihn untergeht,
Sucht Lieb', die mit ihm aufersteht,
Sucht Lieb', die sie kann lieben.
O Stern und Blume, Geist und Kleid,
Lieb, Leid und Zeit und Ewigkeit. –

Die Dichter sprechen das Leben aus. Ihre Natur läßt sie tiefer empfinden, ihre Begabung mit dem Wort läßt sie kundtun, was sie fühlen. Das gibt Clemens Brentano seine große Stellung, daß ihm mehr gegeben war als anderen, in die Tiefe des Leides zu loten und von diesem Leide auszusagen. –

Seinem Gedicht von der Zauberin zu Bacharach aber widerfuhr etwas höchst Sonderbares. Was aus persönlichem Schicksal eines jungen Menschen um 1800 geboren war, wird im Munde des Volkes zu einer Sage aus grauer Vorzeit, so sehr Sage, daß die Dichtung selbst und der Dichter als ihr Schöpfer darüber vergessen werden.

Mit Goethes Ballade hat sich ein gleiches nicht zugetragen. Sie war nicht örtlich gebunden. Thule, das war dem Volke ein Irgendwo, ein Überall hoch oben im Norden, oder vielleicht auch ein Nirgendwo. So blieb die Liebestreue des greisen Königs und sein Tod ein zeitloses und fernes Schicksal. Die Lorelay aber lag mitten im deutschen Lande, als *montes Lurleiani*, als *mons Lurlaberch*, als Elbenstein schon im frühen Mittelalter vom Geisterhaften umwittert. Nicht nur daß hier der Nibelungenhort verborgen lag, es sind auch aus dem 13. Jahrhundert Verse überliefert, wie Vorüberfahrende dem Berg und seinen Bewohnern Orakelfragen zuschreien, über Glück und Unglück, Armut oder Gewinn, auf die die Zwerge, «*daz clein getwerg*», aus dem Felsen heraus die Antwort rufen.

Ich kam zu tal in nyderlant gefarn by kurczer zyt
fur daz gebirge, da der lorleberg nah inne lyt.
ich kam da fur und rieff dar yn;
ich fragte, wann myn armut hett ein ende.
Mir antwurt eins herwyder luss, ich weyss nit, waz es
was.
es sprach zu mir: myn frunt, ich kan dich nit getrösten
bass
wan du und die gesellen din,
ir mochtent römsche rich wol verswenden.

Der Fragende, der fahrende Ritter, weiß zunächst nicht,
wer es ist, der aus dem Felsen ruft. Er bezeichnet die ant-
wortenden Zwerge als «es». Der Ritter selbst aber ist von
dem Orakel als Schlemmer und ganz großer Prasser erkannt. Die Zwerge schreien über das Wasser, er würde mit
seinen Gesellen das Römische Reich vertun. Solange der
jetzige König lebe, sei nichts zu hoffen – es wird Rudolf
von Habsburg gemeint sein, der mit Reichsgut haushälteri-
scher umging, als die Staufen getan –, aber auch dieser
König werde ja einmal sterben.

den trost gab mir daz edel twerg:
der Kung mag doch nit ymmer me geleben.

Auch aus der Zeit der Renaissance liegt ein Zeugnis
dafür vor, wie berühmt das Echo der Lorelay war. Konrad
Celtes, der geniale Wanderpoet des Frühhumanismus, gebürtig aus Mainfranken, beschreibt seiner Ursula, dem
Mainzer Mädchen, das er liebt und das nach Aachen reisen will, den Berg und sein Echo, den Strudel und seine
Gefahren und die Gottheiten in den tiefen Höhlen. Die
Verse, lateinische Distichen, wurden 1491 in Mainz gedichtet.

Sed cum perventum est obliquae ad cornua vallis,
  Quam rapidus vortex saevaque syrtis habet,
Voxque repercussis specubus reboabit ab altis,
  Fertur silvicolas quos habitasse deos.

«Aber kommt man zur engen Krümmung des Tales, wo reißend und wild der Strudel tobt, da ruft widerhallend eine Stimme aus tiefen Höhlen, in denen Waldgötter gewohnt haben sollen.» Das wären denn also zwei alte Lorelaydichtungen, dreihundert, ja fünfhundert Jahre vor Heinrich Heine. Waldgötter, sagt Celtes, weil ihm für die nordischen Zwerge das Wort fehlt, nicht aber spricht er von Sirenen. Und in der Tat, die Lorelay als Frau, als Zauberin und später als Nixe, das ist Erfindung Brentanos, ein Nachklang von Goethes «Fischer», den er nächst dem «König in Thule» unter Goethes Balladen ja vor allem liebte. Auch aus dem 17. Jahrhundert liegt in Barockwerken eine Anzahl von Berichten über Fels und Echo vor; nur Merian [1645] sei genannt. Ein Bremer Druck von 1697 schreibt: «Dieser Lurleyberg gibt einen natürlichen starken Widerhall, dahero die Schifleute und fürüber Reisende mit Trompeten, Schießen und Schreyen viele Kurzweil verüben.» So war der Berg im Gegensatz zum fremden Thule, ähnlich dem Kyffhäuser und dem Hörselberg, im ganzen Reich bekannt, nicht nur in seinem Stromtale. Und so ist es verständlich, daß hier sich Dichtung als Sage ansetzen konnte. Brentanos Jugend, das war die Zeit, wo die Rheinlande sich selbst erkannten, sich ihrer Sonderstellung im Vaterlande, sich der Fülle ihrer Geschichte, ihrer landschaftlichen Schönheit bewußt wurden. So fügte sich auch die Gestalt der Lorelay, wenn auch nicht ohne sich zu wandeln, diesem rheinischen Bewußtsein ein. Wie dies vor sich ging, läßt sich im einzelnen merkwürdig genau verfolgen.

Noch 1812 wußte der Heidelberger Professor für Ästhetik Aloys Schreiber in seiner «Anleitung, den Rhein von Schaffhausen bis Holland zu bereisen» vom Lorelayfelsen nur folgendes zu erzählen [S. 75]: «Hier wohnte einst der fromme Einsiedler Goar und unterrichtete die Fischer. Etwas weiterhin, gleichfalls am rechten Ufer, steht ein ungeheurer Fels, der Lurleyberg genannt. Drei und viermal tönt hier ein Echo dem Ruf der Schiffenden zurück.» Und noch 1816 ist in der neuen Auflage dieser Schrift, nun unter dem Titel «Handbuch für Reisende am Rhein» wohl vom Lurleyberg, [S. 167], aber von keiner Sage die Rede. Aber in den späteren Ausgaben des Handbuches [1818 und 1822] ist die Sage da.

Inzwischen hatte nämlich Niklas Vogt 1811 in einer rheinischen Zeitschrift und 1817 in seinem schönen vier-bändigen Werk «Rheinische Geschichten und Sagen» die Gestalt der Lorelay von Brentano her in die rheinische Sagenwelt eingeführt [Bd. 3, S. 159]. Vogt, das war ein Romantiker und Gelehrter zugleich, und beides vom be-sten Blute. Beruflich war er Professor an der Universität von Mainz, dazu als Bibliothekar des Erzbischofs der Nachfolger Heinses. Später wurde er Senator und Schöffe in Frankfurt und dort eng verbunden mit dem Brentano-schen Zirkel und den Freunden Goethes aus der Divanzeit. Er selbst war Goethe nicht unbekannt. Briefe wurden ge-wechselt und Bücher zugesandt. So erhielt Vogt die Far-benlehre. Wem er dieses Werk schenkte, das pflegte Goethe sehr abzuwägen. In der Zeit Dalbergs und in den Jahren, die folgten, gehörte Vogt zu den Männern, die das geistige Gesicht der Freien Stadt bestimmten. Frankfurt, noch mehr Mainz, über allem der Rhein, – das war ihm die Welt, und so wurde es sein letzter Wille, daß sein Herz in einer Kapsel bei Rüdesheim in den Strom versenkt ward und sein Leib oben auf dem Johannisberg bestattet. Dort hat ihm der Fürst Metternich, sein Schüler, einen Denk-stein setzen lassen.

Vogt hat den Eindruck erfahren, den die einbrechende Nacht in der Talenge des Stromes hervorzubringen ver-mag. Er nimmt voraus, was Heine in der Eingangsstrophe seines Gedichtes zu einem unvergeßlichen Stimmungsge-mälde gestaltet hat: «Der Lurlei gibt dem ganzen Bilde ein schauerliches und dazu sogar beängstigendes Ansehen. Man wünscht, wenn die Schatten des Abends eintreten, aus dieser gefährlichen Felsen- und Wasserkluft erlöst zu sein; aber da hallt aus ihr eine freundliche Stimme in drei-fachem Echo den Vorüberfahrenden entgegen, wenn sie es ansprechen. Dieser Widerhall lautet nicht wie ein von dem

Felsen abgeprellter Ton, sondern er scheint wie ein Orakel aus einer heiligen Halle hervorzukommen. Es war also kein Wunder, wenn der romantische Geist der Rheinbewohner ihn als Zauberwerk betrachtete und für die Stimme einer schönen Zauberin hielt.» Der romantische Geist der Rheinbewohner, – das war Clemens Brentano. Vogt scheint geglaubt zu haben, dessen Ballade beruhe auf einer alten Sage. Er berichtet dann weiter, wie der heilige Goar im Jahre 575 gerade hier seine Zelle gebaut habe, um Schiffbrüchigen zu helfen, denn beim Lurleiberg wäre ein gefährlicher Strudel und Schiffstrümmer seien häufig. Freilich, wenn wir nun genauer zusehen, wird es fraglich, inwieweit die Lorelaysage Vogts der Balladengestalt Brentanos entspricht. Bei diesem erleidet eine Frau alle Nöte der Untreue und der Liebesdämonie. Vogt aber hört die Stimme einer schönen Zauberin orakelhaft aus heiligen Felsen tönen. Und doch geht auch die so verwandelte Gestalt der Lorelay auf Brentano zurück. Wie dieser selbst im Leben nie Ruhe fand, so auch nicht seine schöpferische Phantasie. Brentano hat nicht immer das Gefühl dafür, wann sich die Vollkraft des dichterischen Schaffensvorganges erschöpft hat. Er ist der Poet, der sich verschwendet. Das gilt vom Aufbau eines Werkes im ganzen wie von der Durchführung im einzelnen. Bei Goethe hat jedes Lied seine notwendige klare Kontur. Keine Strophe zuwenig, keine zuviel. Alle auf gewisse organische Mittelpunkte bezogen. Gedichte geformt gleich Kristallen. Brentanos Schöpfungen hingegen sind oft, gleich Strömen, ein dauerndes Fließen. Von vollkommener Schönheit immer das erste Erklingen, die ersten Zeilen – im Zauber des Einsatzes wird er von keinem Dichter, er sei wer er sei, übertroffen; das weitere dann ausführend, variierend, nicht selten zu ausführlich und zuweilen versandend. Es ist dann, als ob die Dichtung sich selbst weiter dichte. Wir haben Handschriften, wo nach der letzten Strophe die Endreime von anschließenden Versen auf dem Papiere stehen am Schlusse von leeren Zeilen, wie ein Schema, das noch auszufüllen ist. Die Reime strömen kataraktmäßig zu, aber die Gedanken können nicht folgen. Der inhaltliche Leib der Strophe wächst nicht mit. Das Gedicht, nur noch spielende Form, verödet.

Ähnlich ging es Brentano mit seinen Gestalten. Auch sie stehen im Flusse. Er modelt sie. Etwa zehn Jahre, nachdem er die Zauberin zu Bacharach geschaffen hatte, um 1809 bis 1811, da er in Berlin an seinen Rheinmärchen arbeitet, wird ihm Frau Lureley – so lautet der Name jetzt – zur Hüterin des Nibelungenhortes. Mit sieben Töchtern sitzt sie im Innern des Rheinfelsens und siebenmal schallt ihr Gegenruf zum Zeichen ihrer Wachsamkeit, sooft sich draußen nur ein Ton hören läßt. Und in seinem Märchen vom Murmeltier ist Frau Lureley eine gute und schöne Wasserfrau, die über Land reist und bei den Brunnenfrauen in den Quellen Nachtherberge nimmt. Im Märchen von den Vorfahren des Müllers Radlof sitzt sie oben auf dem Rheinfelsen als wunderschöne junge Frau, ganz schwarz ihr Röcklein, weiß ihr Schleier, blond ihr Haar, das sie unter Trauer und Tränen kämmt. Unten fahren im Nachen spottend die Mühlknappen vorbei und werden vom Strudel verschlungen. Ja, diese Lureley ist eine der Hauptfiguren des Rheinmärchens. Als Wassernixe heiratet sie einen Prinzen, der ihr zuliebe Müller wird, und ein höchst melodisches und zartes Gedicht Brentanos wird von ihr gesungen, das liebliche Schlummerlied für die Kinder der Bürger von Mainz, wie sie beim Vater Rhein in dessen gläsernem Wasserschloß in ihren Bettlein schlafen.

Singet leise, leise, leise,
Singt ein flüsternd Wiegenlied,
Von dem Monde lernt die Weise,
Der so still am Himmel zieht.

Singt ein Lied so süß gelinde,
Wie die Quellen auf den Kieseln,
Wie die Bienen um die Linde
Summen, murmeln, flüstern, rieseln.

348

Was hat diese gütig mütterliche Lureley noch mit der unglücklichen Zauberin von Bacharach gemein? Kaum den Namen. Und doch hat Brentano auch dieses Märchen aus der Erinnerung an seine Jugendtage in Rüdesheim und Koblenz geschaffen und im Andenken an die Fahrt den Rhein hinab, wie er sie im Juni 1802 mit Arnim, diesmal auf dem Marktschiff von Mainz, erlebt und genossen hat. In dem Märchen vom Wasserschloß des alten Rheins, da wird dieser Freundesfahrt gedacht. Der Tagesanbruch wird beschrieben, wie er unten auf dem Grunde im Schloß des Stromgottes erlebt wird: «Die Sonne ließ eben ihre ersten Strahlen in den Rhein niedersinken, der wie ein fließendes Gold zitterte. Man sah die Felsen oben und die Städte und die Berge und die Menschen und die Schiffe, man sah an der Felswand das ganze Haus der Frau Lureley hinauf bis an den blauen Himmel, wo die Vögel hin und her schwebten, man sah den Reiher niederstürzen und einen vorwitzigen Fisch holen. Ein Schifflein zog oben, und darauf fuhren zwei Knaben, der eine freudig, mit braunen Haaren, der andere traurig, mit schwarzen Haaren. Als sie an dem Fels waren, riefen sie:

‹Lureley, Lureley,
Es fahrn zwei Freunde vorbei.›»

Und nun singt erst der schwarze, also Clemens, Variationen zu dem Gedicht: «Am Rheine schweb' ich her und hin / Und such' den Frühling auf», dann singt Arnim zu dem Thema «Lieben und geliebt zu werden / Ist das einzige auf Erden». Und jedem ruft die Lureley siebenmal zurück.

Gedruckt wurden die Rheinmärchen erst nach Brentanos Tode in den Jahren 1846/47; aber im Bekanntenkreise gingen sie schon frühzeitig von Hand zu Hand; und so kam es, daß auch diese Lureleyphantasien des Dichters für die sich bildende Rheinsage bedeutungsvoll wurden. An der Art, wie das Echo als Orakelmotiv weitergereicht wurde, kann man das beispielhaft erkennen. Erst hatte im

13. Jahrhundert der Schreiber der Kolmarer Liederhand-
schrift die Sprüche vom Lorelayorakel in seine Sammlung
aufgenommen. Brentano, in der germanistischen Literatur
bewandert wie keiner, wandte sie auf seine Rheinfahrt mit
Achim v. Arnim an. Vogt wiederum kennt Brentanos
Rheinmärchen und erzählt nun in seinen «Rheinischen
Geschichten und Sagen» von der freundlichen Stimme
einer schönen Zauberin, die orakelhaft aus den heiligen
Hallen des Felsens antwortet. –

Daneben ging aber doch auch eine unmittelbare Wirkung von der Ballade im «Godwi» aus. Zur selben Zeit,
da Brentano in Heidelberg war und mit Achim v. Arnim
das «Wunderhorn» vollendete, lebten dort als Studenten
und Freunde zwei junge Adlige, ein sächsischer Graf, Otto
Heinrich v. Loeben, und ein schlesischer Freiherr, Josef
v. Eichendorff. Beide waren mit Clemens gut bekannt; vor
allem Eichendorff ist in den Jahren 1807/8 allabendlich
auf der Stube von Görres mit ihm zusammen gewesen.
Brentanos Dichtung hatte es den Freunden angetan; zumal
die Gestalt der Lorelay stand ihnen immer vor Augen, und
schließlich ward sie auch ihnen zum Liede. Der eine, Eichendorff, sieht sie als verlockende Waldfee, der andere als
Wassernixe.

Eichendorff kennt nur die Ballade im «Godwi»; sein
Gedicht ist das frühere; es muß zwischen 1808 und 1811
entstanden sein, denn er legt es in seinen Roman «Ahnung
und Gegenwart» ein, dessen Manuskript 1811 abgeschlossen war. Auch darin folgt Eichendorff Brentano, daß es
Liebesverrat war, durch den die Lorelay erst zur Dämonin
ward. Aber er bleibt ganz Eichendorff, wenn er die Handlung vom Strome löst und in seine Wälder verlegt, die nun
einmal seine Heimat sind und die ihm die wahre Poesie
waren. Wären uns seine Strophen ohne Verfasser überliefert, aus ihrem Waldesrauschen, aus dem irrenden
Klang des Waldhorns würden wir den Dichter erkennen.
Ja, dieser sonst so fröhliche Eichendorffsche Waldhorn-
ruf, hier wird er zur gefährlich täuschenden Lockung.
Zwei Reitende, ein Ritter, eine Frau, begegnen sich im

Forst zu abendlicher Stunde. Ihre Wechselrede, das ist das Gedicht:

> *«Es ist schon spät, es wird schon kalt,*
> *Was reit'st du einsam durch den Wald?*
> *Der Wald ist lang, du bist allein,*
> *Du schöne Braut! Ich führ' dich heim!»*

> *«Groß ist der Männer Trug und List,*
> *Vor Schmerz mein Herz gebrochen ist,*
> *Wohl irrt das Waldhorn her und hin,*
> *O flieh! Du weißt nicht, wer ich bin.»*

> *«So reich geschmückt ist Roß und Weib,*
> *So wunderschön der junge Leib,*
> *Jetzt kenn ich dich – Gott steh mir bei!*
> *Du bist die Hexe Lorelei.»*

> *«Du kennst mich wohl – von hohem Stein*
> *Schaut still mein Schloß tief in den Rhein,*
> *Es ist schon spät, es wird schon kalt,*
> *Kommst nimmermehr aus diesem Wald!»*

Der Wald, nicht der Strom ist das magische Grab. Für Brentanos Ballade hatte das Nibelungenlied Töne geliehen. In der Wechselrede zwischen Frowe und Ritter, der Wortwahl und der Hörselbergstimmung folgt Eichendorff den Minnesängern. Frühgeborene, Spätgeborene, alles ist eine Dichterreihe, eine Melodienkette. Als «Waldesgespräch» steht das Gedicht in dem Liederkreis, den Robert Schumann vertont hat. Lyrik der Romantik, Musik der Romantik, so verschwistert beglücken uns beide noch heute, nach mehr als hundert Jahren. –

Loebens Gedicht ist später entstanden, etwa zwischen 1810 und 1820. Es fußt zunächst auf Brentanos Märchen von den Vorfahren des Müllers Radlof. Loeben, seit 1809 in Berlin, verkehrte dort in jenen literarisch politischen Zirkeln, denen auch Heinrich v. Kleist, Achim v. Arnim und Brentano angehörten. So kam das Rheinmärchen in seine Hände, und er las von der singenden Lureley, die den

Mainzer Kindern den Schlummer bringt, las von der Wassernixe oben auf dem Felsen, ganz schwarz ihr Röcklein, weiß ihr Schleier, blond ihr Haar, das sie unter Trauer und Tränen kämmt. Aber Loeben kannte auch die Zauberin von Bacharach. Er verschmilzt – und das sollte nun entscheidend werden – die verschiedenen Brentanoschen Schöpfungen zu einer, zur Gestalt der dämonischen Wasserfee. Er legt ihr die hold verführenden Gesänge in den Mund, gibt ihr die schweifenden Blicke, schmückt sie mit Locken und Perlenkranz im Haar und läßt über ihrer Erscheinung die Nacht aufsteigen.

> *Da wo der Mondschein blitzet*
> *Um's höchste Felsgestein,*
> *Das Zauberfräulein sitzet*
> *Und schauet auf den Rhein.*

> *Es schauet herüber, hinüber,*
> *Es schauet hinab, hinauf,*
> *Die Schifflein ziehen vorüber,*
> *Lieb Knabe, sieh nicht auf.*

Auch Loeben hat den romantischen Zug zum Grenzenlosen, und so gefällt es ihm, da capo alle Motive zu wiederholen, nicht gesteigert, sondern verwässert, die Warnung am Schluß mit einer Wendung zu moralischer Belehrung.

> *Sie singt dir hold zum Ohre,*
> *Sie blickt dich töricht an,*
> *Sie ist die schöne Lore,*
> *Sie hat dir's angetan.*

> *Sie schaut wohl nach dem Rheine,*
> *Als schaute sie nach dir,*
> *Glaub's nicht daß sie dich meine,*
> *Sieh' nicht, horch nicht nach ihr.*

> *So blickt sie wohl nach allen*
> *Mit ihrer Äuglein Glanz,*
> *Läßt her die Locken wallen*
> *Unter dem Perlenkranz.*

352

Doch wogt in ihrem Blicke
Nur blauer Wellen Spiel,
Drum scheu die Wassertücke,
Denn Flut bleibt falsch und kühl.

Das Gedicht erschien 1821 im Taschenbuch «Urania».
Drei Jahre darauf, 1824, ward Heines Loreley in der Zeit-
schrift «Der Gesellschafter», die Gubitz in Berlin heraus-
gab, gedruckt. Entstanden war sie im Herbst vorher in
Lüneburg. Goethe war damals Heines hauptsächlichstes
Studium. –

Nicht Loebens Gedicht, sondern das Heinrich Heines ist
Volkslied geworden. Hier bei Heine sind wir wieder wie
bei Goethe und Brentano im Bereiche großer Kunst. Wer
beide Gedichte, das von 1821 und das von 1824, Zeile für
Zeile vergleicht, dem enthüllt sich das Geheimnis des
Schöpferischen. Die Vision ist hier wie dort die gleiche,
aber der Wortwahl Loebens fehlt die Größe, dem Atem
seines Vortrags die Weite, seine Strophen sind ebenso spielerisch unruhig wie sein Zauberfräulein oben auf dem Felsen. Heine überträgt zunächst die Tonart von Dur in Moll,
das hüpfende Allegro in ein Adagio. Und dann beginnt er,
wie von einem schwermütigen Cello begleitet, mit einem
Einsatz, ruhig und einfach:

Ich weiß nicht, was soll es bedeuten,
Daß ich so traurig bin.

Worte fast wie Tagessprache. Das hatte Heine aus
Goethes Divan gelernt, wie Umgangston Dichtersprache
werden kann.

Wieder, wie bei Brentano, ist die Seele der Schauplatz
des Gedichtes. Nur daß Heine dies ausspricht, während es
Brentano durch eine Erzählung verschleiert. Und darum
fühlt jeder Hörer sich selbst in diesen Versen. Des Dichters
Schwermut ist seine eigene Schwermut. Wer wüßte nicht
um unerklärbare Traurigkeit?

Ein Märchen aus alten Zeiten,
Das kommt mir nicht aus dem Sinn.

Aber dieses Märchen ist nicht der Grund der Melancholie. Es ist nur ihr Symbol. Das Märchen steht im Zwielicht der Geschichte. Seine Stunde ist die Dämmerung, und die Dämmerung ist auch die Stunde der Traurigkeit. Die wohlige Wärme des Tages ist gewichen. Das Licht scheidet. Wie aus solcher Stimmung die Erscheinung der Loreley wird, nur durch das deutende «Dort oben» eingeführt, wie mit dem dunkeln Wohlklang getragener Töne die sich umdüsternde Tallandschaft vergegenwärtigt, dann mit sonoren Klängen und Reimen hell wie Strahlen die Vision der Frauengestalt aufsteigt, übermächtig, betörend, das ist Kunst, mit der die Dichtung zu dem zurückkehrt, was sie wahrscheinlich zu Urzeiten gewesen ist, Beschwörung.

Die Luft ist kühl, und es dunkelt,
Und ruhig fließt der Rhein;
Der Gipfel des Berges funkelt
Im Abendsonnenschein.

Die schönste Jungfrau sitzet
Dort oben wunderbar,
Ihr goldnes Geschmeide blitzet,
Sie kämmt ihr goldenes Haar.

Geheime Magie ist im Haar verborgen. Heine weiß darum. Dämonen nisten im Haar, und die Kirche läßt es scheren, um ihre Diener zu schützen.

Sie kämmt es mit goldenem Kamme,
Und singt ein Lied dabei;
Das hat eine wundersame,
Gewaltige Melodei.

Den Schiffer im kleinen Schiffe
Ergreift es mit wildem Weh,
Er schaut nicht die Felsenriffe,
Er schaut nur hinauf in die Höh.

Von Treue und Untreue wie bei Brentano ist nicht mehr die Rede. Die Zauberin von Bacharach, die ja ein menschliches Schicksal zu tragen hatte, ist zur Meerfrau geworden, deren Erscheinung aus dem alten Namen des Felsens aufsteigt. Geblieben ist nur der Liebeszauber, diesmal in der Form eines wirklichen Zaubergesanges. Aber das menschlich Ergreifende, Schicksalsmäßige seiner Wirkung ist gebrochen, denn gerade, was den beiden Balladen, der Goethes und der Brentanos, der Ballade der Liebestreue und der der Untreue, als Besonderes eigen war, die Unbedingtheit der Sicht, das ist aus dem Gedichte gewichen.

Ich glaube, die Wellen verschlingen
Am Ende Schiffer und Kahn.

Mit diesem kühlen, schon leicht ironischen Worte des Dichters, der als Beobachter der Szene beiwohnt, schwermütig berührt von der Natur und dem, was er sieht, aber doch nicht eben bis ins Innerste ergriffen und erschüttert, löst sich die Spannung. Ein geistiger Schwebezustand tritt ein. Das Herz hat an Kraft verloren. Es will scheinen, als ob es weder in der Treue noch in der Untreue eines Letzten mehr fähig wäre. – Darum ist es so traurig. –

Und das hat mit ihrem Singen
Die Loreley getan.

Daß sie so schön gewesen, das hatte der Lorelay von Bacharach Gewalt über alle gegeben:

Die Augen sanft und wilde,
Die Wangen rot und weiß,
Die Worte still und milde,
Das ist mein Zauberkreis.

Die abgründige Macht einer Melodie ist es bei Heine, die den Schiffer in den Strudel, in die Tiefe zieht. Musik, wie sie keine Zeit vorher, wie erst die Romantik sie geschaffen hatte.

Der Zaubersang ist jetzt das eigentliche Tragende. Nicht mehr die Liebe und nicht mehr der Widerklang des Echofelsens. Schon für Eichendorff und Loeben war dieser, von dem doch alles ausgegangen, nicht mehr vorhanden. Ihre Dichtungen waren fern vom Rhein entstanden,

Brentanos Ohr aber hatte noch die wider und wider hallenden Töne gehört. Sie hatten seine Phantasie erregt. Inzwischen haben große Felsstürze die Mächtigkeit des Echos zerstört. Wie alle Orakel, so ist auch dieses verstummt. –

Die drei vom Rheine her bestimmten Balladen, die Goethes, Brentanos und Heines, stehen miteinander in unterirdisch geheimer Verbindung. Auch metrisch verbindet sie eine Grundform, freilich mit kleinen Varianten, die vierzeilige Strophe mit steigendem Viertakter. Bezieht man auch noch den «Geistesgruß» in die Ahnenkette dieser Gedichte ein, so ergibt sich als immer gleichbleibende Szene die Landschaft mit Turm oder Fels über den Wassern. Schon im ersten Gedicht tritt neben die Gegenwart bedeutungsvoll die Vorzeit, in den weiteren Gedichten dann Schwermut, Liebe, Liebesmagie und Tod. Die Handlung spannt sich polar zwischen Felsenhöhe und Wassertiefe, in der die Liebe ihr Grab und ihre Ruhe findet. Goethes Gedicht verklärt die Liebestreue, die *«staete»*, um ein Wort der deutschen Sprache des Mittelalters zu brauchen, das Brentanos aber spiegelt die *«unstaete»*, das ist der Zustand, da die Seele keine Stätte hat, wo sie heimt und haust, und wo das hoffnungslose Suchen des Herzens nach Geborgenheit in einem Du zum dämonischen Fluch wird. Das Gedicht Heines spiegelt, ohne nach Gesetzen und Werten zu fragen, die reine Magie der Liebe. Und vielleicht kann man sagen, daß in gewissem Sinne jedes Gedicht ein gültiger Ausdruck der Lebenshaltung seiner Epoche oder seines Verfassers ist. Wie im ersten der vier Gedichte, im «Geistesgruß», der Dichter aus seiner Gegenwart heraus den Weg in die Vorzeit fand, so tritt er im letzten aus der Vorzeit in die Gegenwart. Beide Vorgänge entsprechen dem Gefühl der jeweiligen Zeitlage, die um 1770 eine Rückwendung zum Mittelalter verklärend vollzog, während Heine sich von der Romantik schon wieder löste, um dem «Jungen Deutschland» zuzustreben. Zeitlich liegen alle diese Gedichte in einer Spanne von einem halben Jahrhundert, eben zwischen 1774 und 1824. Und immer standen die Dichter in der Jugend. Goethes Alter, da er den «König in Thule» schuf, betrug fünfundzwanzig Jahre, Brentanos dreiundzwanzig, als er die «Lorelay» dichtete. Eichendorff war etwa zweiundzwanzig, v. Loeben mag um dreißig gewesen sein. Heine, erst Bonner, jetzt Berliner Student, war, wie Goethe, fünfundzwanzig Jahre alt. Die Dichter stehen also jeweils für ihre Generation. Geniezeit und Romantik, was sie bindet, was sie scheidet, am «König in Thule» und der «Lorelay» wird es beispielhaft offenbar. – Welches Licht aber fällt auf die beiden Gedichte, wenn man sie an der Entwicklung der abendländischen Lyrik mißt? Auch Gottfried August Bürger hat erklärt, seine Balladen in ähnlicher Weise wie Goethe und Brentano frei erfunden zu haben, ohne an alte Sagen anzuknüpfen. Und dennoch liegt der Ursprung dieses Dichtungsstromes in der Vorzeit, liegt bei jenen alten englischen und schottischen Balladen, wie sie 1765 durch Percys *«Reliques of Ancient English Poetry»* in den Gesichtskreis der deutschen Dichter getreten waren, um nun auch eine deutsche Balladendichtung hervorzurufen.

Es ist für Heines «Loreley» wie für den «König in Thule» charakteristisch, daß, wenn wir uns dieser Gedichte erinnern, unser inneres Ohr sie nicht gesprochen, sondern gesungen hört. Heines Gedicht hat in der Vertonung von Silcher erst seine letzte und gültige Form gefunden. Das dramatische Element in Brentanos Ballade hat eine Reihe von Opern hervorgerufen.

Es erhebt sich für uns zum Abschluß noch die Frage, welche Wege ins Reich der Musik der Goetheschen Ballade vom «König in Thule» beschieden waren. Ehe Lavater sich in Frankfurt mit Goethe zu der Reise an die Lahn und den Rhein verbunden hatte, war er bei dessen Schwester Cornelia Schlosser in Karlsruhe gewesen. Von ihr, die den Bruder so liebte und auf ihn so stolz war, berichten Freunde, die sie in den nächsten Jahren in Emmendingen besuchten, daß sie ihren Gästen gern Romanzen aus dem «Faust» vorgesungen habe. Es wird eine Melodie im Volkston gewesen sein, die Cornelia dabei dem Gedicht zugrunde legte. In Weimar war neben Anna Amalia und Corona Schröter der Freiherr v. Seckendorf tätiger Musikfreund und Komponist. Durch ihn fand «Der König in Thule» 1782 seine erste Veröffentlichung und seine erste Vertonung. 1809 folgte Reichardt, 1812 Zelter, 1816 Schubert, 1823 Silcher, dann Berlioz, Marschner, Liszt, Schumann, Gounod, Hans v. Bülow und viele andere. Im ganzen kennt man etwa achtzig Melodien. Soweit sich überblicken läßt, sind nur wenige Dichtungen Goethes noch öfter komponiert worden, so «Über allen Gipfeln ist Ruh» etwa 170mal und «Der du von dem Himmel bist» 150mal; auch mag es von dem Lied der Mignon «Kennst du das Land» wohl gegen hundert Vertonungen geben und vom «Heidenröslein» kaum weniger.

Im Grunde ist jede Komposition dem Gedicht gegenüber Wagnis und sehr häufig ein Gewaltakt. Sie ist und bleibt eine Übertragung in eine andere Sprache, bei der Werte des Originals vielfach als unübersetzbar verlorengehen dürften. Es wird dahingestellt bleiben, ob das, was jeweils an neuen Valeurs hinzutritt, für das, was an Reiz verlorengeht, entschädigt. Eine Vertonung hat um so mehr Aussicht auf Gelingen, je weniger weit die ursprüngliche Wortmelodie ausschwingt. Es ist deshalb kein Wunder, daß von allen deutschen Gedichten am meisten die Heinrich Heines komponiert worden sind, dessen ruhige, leise, um eine Tonmitte schwebende Sprachmelodie dem Komponisten viel originale Freiheit läßt. Brentanos schweifende Lyrik ist in ihrem Sprachleib schon so rein Musik, daß der Komponist sich scheu zurückhält. Goethes Gedichte, lockend und doch beharrend, fordern zur Vertonung heraus. Den «König in Thule» hatte Goethe selbst dazu bestimmt, daß er gesungen werde. Daß die Zeltersche Melodie am meisten den Absichten Goethes entspricht, ist wahrscheinlich, und sie wird es denn auch gewesen sein, in der «Der König in Thule» bei der ersten Vorstellung des «Faust» in Weimar am 29. August 1829 erklungen ist.

Die Aufführung war stark mit Musik durchsetzt. Eberwein, als Kind ein Spielgefährte Augusts von Goethe, dann

Schüler Zelters, und jetzt Leiter der Goetheschen Hauskapelle, hatte sie geschaffen. Die Originalpartitur ist erhalten. «Der König in Thule» findet sich nicht in ihr. Es
entspricht Goethes und Eberweins Stellung zu Zelter, daß
dessen Vertonung des Liedes auch hier zur Geltung kam.
Sie ist auch noch heute auf der Bühne heimisch. Denn
gerade bei dem Volksliedhaften dieser Ballade war Zelters
musikalische Zurückhaltung so recht am Platze. Er selbst
hat es Goethe gegenüber bekannt: «Mit keinen Worten
bin ich vorsichtiger, ja keuscher umgegangen als mit den
Deinigen. Das Totalgefühl und der Sinn Deiner Gedichte
ist bei mir bei der ersten Lesung vorhanden und eine Melodie im Augenblick da.» Und dankbar antwortet der Dichter: «Deine Kompositionen fühle ich sogleich mit meinen
Liedern identisch, die Musik nimmt nur wie ein einströ-
mendes Gas den Luftballon mit in die Höhe. Bei andern
Komponisten muß ich erst aufmerken, wie sie das Lied
genommen, was sie daraus gemacht haben.»
    Und wie wollte Zelter selbst seine Vertonung des «Kö-
nigs in Thule» vorgetragen haben? Die Schauspielerin Ka-
roline Bauer erzählt in ihren Erinnerungen von einer Soiree
bei dem Komponisten, an der auch der junge Felix Mendelssohn teilnahm. Goethesche Gedichte wurden gesungen. Zelter selbst saß am Klavier, schlug mächtige Ak-
korde und begleitete die Altstimme eines jungen und schönen Mädchens, das die Lieder vortrug. Als dieses zuletzt
an den «König in Thule» kam, neigte sich Zelter zu ihr hin
und flüsterte ihr zu: «Bitte – sanft und frei, – als säßen Sie
am Ufer des Meeres, ganz in Gedanken versunken.»

DIE BOISSERÉE-GESPRÄCHE
VON 1815 UND DIE ENTSTEHUNG DES
GINGO-BILOBA-GEDICHTES

Es ist eine alte Frage, welches Gingobäumchen es denn nun gewesen sei, das Goethe zu seinem berühmten Gedicht veranlaßt habe, und wie seine Dichtung und ob sie in Heidelberg oder Frankfurt entstanden sei. Zugegeben, daß es wichtigere Fragen gibt, so bringen diese doch das Gute mit sich, daß sie uns in eine der gesegnetsten Zeiten des Goetheschen Daseins führen; und immer wird auch derjenige beglückt und gesegnet, der in den Strahlungskreis solcher Goethescher Sternenstunden eintritt, die nichts von ihrer Kraft, nichts von ihrer Wärme verlieren, so oft man sie auch nacherlebt, ja die auf eine geheimnisvolle Weise immer tiefer ergreifen, je öfter man sich ihren Dichtungen hingibt.

Wenn man in Weimar den Hof des Goetheschen Hauses durchschreitet, so kann man im hinteren Bau noch die große Reisekalesche sehen, mit der Goethe im Mai 1815 nach Wiesbaden gefahren ist. Man wird die schweren Lederriemen bewundern, in denen das Gehäuse hängt, den hohen Kutschersitz, die vielfältigen Fensterchen und, hinten aufgeschnallt, die Koffer, die so geformt sind, daß auch der biedermeierliche Zylinderhut wie in einer angewachsenen Hutschachtel staub- und regensicher die Reise mitmachen konnte. Selbst jene berühmten Kutschen in der alten Orangerie von Belvedere, wo noch der kaiserlich russische Wagen steht, in dem Maria Paulowna vierzehn Tage von Petersburg nach Weimar gefahren «unter Wahrung jeglicher Kommodität», können Goethes Reisegefährt nicht in den Schatten stellen. Von dieser Fahrt des Dichters nach Wiesbaden berichten uns die Briefe und sein Tagebuch, auch dasjenige seines Dieners Stadelmann; aber die glückbeschwingte Reisestimmung Goethes auf solchem Wege in die Heimat und zum Main und Rhein spiegelt nichts so heiter wider wie sein Preislied auf seinen Reisewagen, wie er es, auf derselben Route begriffen, im Jahre vorher am 25. Juli abends 6 Uhr in Eisenach niedergeschrieben hat:

Art'ges Häuschen hab' ich klein,
Und, darin verstecket,
Bin ich vor der Sonne Schein
Gar bequem bedecket.

Denn da gibt es Schalterlein,
Federchen und Lädchen,
Finde mich so wohl allein
Als mit hübschen Mädchen.

Denn, o Wunder! mir zur Lust
Regen sich die Wälder,
Näher kommen meiner Brust
Die entfernten Felder.

Und so tanzen auch vorbei
Die bewachsnen Berge,
Fehlet nur das Lustgeschrei
Aufgeregter Zwerge.

Doch so gänzlich still und stumm
Rennt es mir vorüber,
Meistens grad und oft auch krumm,
Und so ist mir's lieber.

Wenn ich's recht betrachten will
Und es ernst gewahre,
Steht vielleicht das alles still
Und ich selber fahre.

Vielleicht könnte man glauben, die «aufgeregten Zwerge» hätten «nur des Reimes wegen» in Erscheinung zu treten; indes Goethe stand mit den Thüringer «Gütchen» auf bestem Fuße und hatte erst wenige Jahre zuvor in einer seiner anmutigsten Balladen, dem «Hochzeitlied», heiter geschildert, wie diese Wichtelmänner im Schlafzimmer eines vom Kreuzzug heimgekehrten Ritters nächtlich Hochzeit gehalten, mit Reitern und Wagen, mit Tanzen und Schmaus. Das Lied aber auf das «art'ge Häuschen», seine Reisekalesche, kannte der Dichter auswendig. Als er am 5. Oktober 1815 mit Boisserée von Karlsruhe nach Heidelberg fuhr, trug er es diesem vor.

Eine Badekur soll eine Zeit ruhiger Erholung sein, aber darin hatte es der Dichter schlecht getroffen: Napoleon war von Elba ausgebrochen und stand mit seinen Armeen vor den Toren Brüssels. Drei Wochen nach Goethes Ankunft im «Bären» zu Wiesbaden fand die Schlacht von Waterloo statt. Und nun folgen auch für Goethe politisch bewegte Tage, Begegnungen mit hohen Militärs, Stäben, Diplomaten, und Reisen hierhin und dorthin. Das Bild ist ja falsch, das man sich bislang von Goethe gemacht hat, als sei er der Dichter gewesen, der vor dem Sturm der Waffen sich teilnahmslos und wirklichkeitsfremd in seine Phantasien, in ferne Zeiten fremder Kulturen geflüchtet habe. In Wirklichkeit hat Goethe, seitdem er in Weimar Minister war, nicht nur verwaltet, sondern, das ergab sich aus der Stellung, auch politisches Geschehen mit bestimmt. Aber im Gegensatz zu seinem Herrn Karl August und seinem Vater in Frankfurt war er nicht fritzisch, sondern wie der Großvater, der reichsstädtische Stadtschultheiß Textor, gut kaiserlich, d.h. noch oder schon unbedingt großdeutsch gesinnt. So warnte er den Herzog vor der Teilnahme am Fürstenbund, jener großen Koalition deutscher Mittel- und Kleinfürsten, der der Alte Fritz 1785 noch einmal eine Spitze gegen Österreich gab, weil er fürchten mußte, daß Joseph II. mit Hilfe Rußlands, ja vielleicht auch Frankreichs, einen neuen Versuch machen würde, Schlesien zurückzugewinnen. Goethe warnte auch 1789; als der Krieg zwischen Österreich und Preußen drohend bevorstand und die Magyaren, mit der Wiener Herrschaft unzufrieden, die Gelegenheit benutzen wollten, mit Preußens Hilfe selbständig zu werden, so daß man deshalb in Berlin plante, Karl August von Weimar zum König von Ungarn zu machen und so Goethes Herzog mitten in den

Strudel der Kämpfe hineinzuziehen. Karl August, ehrgeizig und voll Sehnsucht nach großen Aufgaben – den unruhigsten Fürsten Europas hat ihn Napoleon einmal genannt –, war an sich nicht abgeneigt. Indes Goethes vorsichtige, abmahnende Stellungnahme – durch seine Hand gingen die Korrespondenzen – bestimmten den Herzog dann doch, aus einem Spiel fernzubleiben, das bald in sich selbst zerfiel. In den gleich darauf anschließenden Revolutionskriegen und in den Kämpfen gegen Napoleon ist Goethe, obwohl er 1792 und 1793 bei der Armee im Felde war, nur Zuschauer geblieben, aber es ist irrig, anzunehmen, daß er als solcher innerlich unbeteiligt gewesen sei. Wenn er sich auch das politische Gerüchte-Gerede als Zeitverlust immer leidenschaftlich verbeten hat, so hat er doch in diesen Jahren wie auch dann eben später in den Befreiungskriegen in enger Verbindung mit den führenden Männern der deutschen Armeen gestanden. Umgekehrt nahmen auch diese viel mehr, als man gewöhnlich annimmt, an der Geistigkeit Weimars teil. Die alte These von dem zweierlei Deutschland, dem von Weimar und dem von Potsdam, als Lagern, die einander ausschlossen, kann vor einer gründlichen Überprüfung der Tatsachen nicht bestehen. Und so treffen wir denn auch Goethe jetzt in diesen hochgespannten politischen Wochen im Generalquartier des Herzogs Karl in Biebrich, der ihn mit seinem Werk über die «Grundsätze der Strategie» beschenkt, dann weiter wieder zusammen mit dem österreichischen Fürsten und Heerführer auf dem Johannisberg, dann bei dem Freiherrn vom Stein in Nassau und mit diesem wieder zusammen mit Ernst Moritz Arndt in Köln, – um nur die bedeutendsten Begegnungen zu nennen.

Freilich, mit dem Datum des 11. August, dem Tage, da der Dichter die Wiesbadener Kur als beendet abbrach und sich nach Frankfurt auf den Weg machte, ließ er auch Politik und Zeitgeschehen hinter sich. Reisegefährte war ihm sein junger, damals zweiunddreißigjähriger Kölner Freund, Sulpiz Boisserée, einer der edelsten Repräsentanten der jungen Generation und mit merkwürdigem Lebensweg: mit vierzehn Jahren Lehrling im väterlichen Geschäft, mit einundzwanzig Jahren schon Kenner und Sammler alter Kölner Bilder, dann 1811 von Goethe nach Weimar geladen zur Besprechung der Kölner Domfrage; 1814 hatte Goethe ihn in Heidelberg aufgesucht, jetzt war man in Wiesbaden zusammengewesen. Einen Tag blieben die beiden Reisenden in Mainz in den «Drei Reichskronen». Der Gasthof, in dem Goethe einst im Dezember 1774 mit dem jungen Karl August und Knebel zusammengetroffen war, lag auf dem Brand; sieben Jahre nach Goethes letztem Besuch, 1822, ist Wilhelm Hauff Gast im gleichen Hause, dem er einen Ruf durch ganz Deutschland dadurch schaffte, daß er die spukhafte Einleitung seiner «Memoiren des Satans» dort spielen läßt; heute steht am gleichen Platz die Post. Goethe und Boisserée besuchen nun die Bibliothek, besichtigen römische Gräber, auch Altertümer und Gemälde, so die des alten Caspar Schneider, eines der frühsten Maler von Rhein- und Mainlandschaften; aber schon am nächsten Morgen um 7 Uhr rollt der Wagen wieder ab. «Auf der Höhe von Höchst still gehalten, schöne prächtig reiche Aussicht.» Dann geht es in einer Fahrt selbst durch Frankfurt hindurch – nur am «Schwanen» ein kurzer Aufenthalt, weil Boisserée dort absteigt – zur Gerbermühle. Jeden Moment dieser Fahrt hält das Tagebuch als köstlich und unverlierbar fest: «Von Maynz mit Boisserée. Schwanen gehalten. Durch Frankfurt. Gegen Mittag Gerbermühle. – Unterhaltung. – Gesang. – Gespräch.» – Wie knapp ist hier mit drei Worten der geistige Ablauf eines beglückenden Wiedersehens skizziert. «Unterhaltung» zuerst, oberflächlich, Reise, Kur, Zeitgeschehen. Dann «Gesang». Marianne greift zur Gitarre, dem uns noch erhaltenen Instrument, statt mit den gewöhnlichen sechs mit acht Saiten bespannt und vor vier Jahren auf der italienischen Reise in Neapel gekauft. Was sie zu singen liebte, das überliefert uns wieder Boisserées Tagebuch, das dasjenige Goethes, und zwar um vieles ausführlicher, begleitet. Sie singt: «Der Gott und die Bajadere», «Kennst du das Land», «O gib vom weichen

Pfühle», österreichische Volkslieder – war sie doch selbst allen Vermutungen nach ein Wiener Kind – und die große Arie «Reich mir die Hand, mein Leben» – selber ein kleiner Don Juan, wie Goethe sagte. Die hohe Zeit des West-östlichen Divans, das Hatem- und Suleika-Spiel beginnt. Und schließlich: – «Gespräch». – Von der Musik gelockkert, greift die Rede tiefer, enthüllt, bekennt und wirbt. Es sind besonders freimütige und persönlichste Gespräche, die wir von Goethe aus diesen Wochen haben. Vielleicht ist das Zufall der Überlieferung, vielleicht auch, daß Goethe in diesem frohen süd- und westdeutschen Sommer und in diesem Kreise aufgeschlossener war als zu anderen Zeiten, wahrscheinlich auch, daß ihm jetzt Gesprächspartner gegeben waren, die ihm gegenüber geistig unabhängiger waren als die gewohnte Weimarer Umgebung, wesenhafte Naturen, innerlich glühend und bestimmt in Wissen und Wollen, – auf alle Fälle, wenn man die Stichworte von Boisserées Tagebuch liest, denn nur er hat diese Unterhaltungen aufgezeichnet, dann empfindet man, daß selbst Ekkermanns großartiges Dokument des alten Weisen nicht so das sprühende Wort, das magische Gefühl der Gegenwart Goethes, nicht so den leuchtenden Augenblick der Stunde heraufzuzaubern vermag wie die flüchtigen Notizen dieses leidenschaftlich deutschen Katholiken, der Johannes und St. Georg in einer Person war. Es ist wie in der Malerei: die Skizze hat einen Reiz, der dem besten Gemälde abgeht.

Daß Sulpiz Boisserée Katholik war, war für Goethe wesentlich, wie es auch für uns noch wesentlich ist. Wäre er es nicht gewesen, er hätte nicht den Ausbau des Kölner Domes angeregt und durchgesetzt, hätte nicht mit solcher Inbrunst jene herrlichste Sammlung mittelalterlicher, im protestantischen Aufklärungszeitalter fast schon dem Untergang preisgegebener Kirchenbilder zusammengetragen, die so viel dazu geholfen hat, den Deutschen und unter ihnen zuerst Goethe ihr Mittelalter wieder zu erschließen, und die noch heute den Grundstock der Sammlung in der Alten Pinakothek in München bildet. Hätte er nicht mit seinem ganzen Wesen so tief und ernst in seinem Glauben gestanden, es wäre ihm auch nicht gelungen, Goethe über seine geheimsten und heiligsten Gefühle zum Reden zu bringen. Denn immer wieder werden nun die Unterhaltungen zum metaphysischen Gespräch.

Als erste solcher Unterhaltungen sei jene angeführt, die an dem eben erwähnten Morgen in Mainz nach Betrachtung der römischen Altertümer stattfand. Das meiste waren Grabsteine von Kriegsleuten aus den verschiedensten Teilen von Europa gewesen. Goethe hatte bemerkt, die römische Herrschaft habe hier ganz auf dieselbe Weise gewirkt wie die französische. Überhaupt, bekennt er, habe er eine Vorliebe für das Römische. Er habe gewiß schon einmal unter Hadrian gelebt. Alles Römische zöge ihn unwillkürlich an. Dieser große Verstand, diese Ordnung in allen Dingen sage ihm zu, das griechische Wesen nicht so. Die Liebe und Neigung dafür habe er sich nur angeeignet. – Man sieht: hier steht der reife Goethe gegen den Pindar- und Homerenthusiasten der Wertherzeit, spricht der Mann, dem Rom die wahre Heimat ward, der aber nur kolonialen griechischen Boden in Sizilien und Unteritalien betreten hat. – Nun aber wird das Wort zur Anrede: Auch Boisserée habe gewiß schon früher einmal auf Erden gelebt, im 15. Jahrhundert. Und verlegen gesteht dieser, daß ihm im vorigen Sommer der Wahn durch den Kopf gefahren, als ob er in der Zeit des Jan van Eyck und in dessen Heimat, aus der auch seine Vorfahren stammten, schon einmal gewesen sei. So reden sie geheim an der Mainzer Gasthaustafel in den «Drei Reichskronen», necken sich lachend und wissen doch voneinander, daß sie hier an Geheimstes rühren, das sie beide beschäftigt: das große Divanthema von der Verwandlung der Seele. –

Dann am folgenden Morgen, da sie von Mainz nach Frankfurt fahren: Boisserée spricht den Wunsch aus, mit seiner Galerie nach Weimar zu kommen. Goethe lehnt ab, das sei zu nüchtern für ihn, da sei nur das Theater, und das sei kein Ersatz für das schaureiche, mannigfaltig bewegte Leben, welches er als Kölner gewohnt sei. Boisserée räumt ein, das entbehre er auch im protestantischen Heidelberg –

dort hielten von 1810 bis 1819 die Brüder Boisserée ihre Sammlung ausgestellt –; und nun rühmt er in beredten Worten, was in Köln noch übriggeblieben von würdigen kirchlichen und volksmäßigen Festen. Er schildert, wie es ehemals gewesen, wie leicht die Menschen auch heute noch zum Rechten zu führen wären durch das Beispiel, wie empfänglich sie seien, wie sehr der große Maßstab alter, edler Umgebung noch wirke. Hierauf komme alles an. Prozessionen, Altäre und Altargemälde, Gottestracht, Zünfte, und daß jetzt (1810) auf seine Anregung das Bild der Stadtpatrone – Stephan Lochners schon von Dürer aufgesuchtes und soeben auch von Goethe, Stein und Arndt bewundertes Dreikönigsbild – von der Ratskapelle in den Dom gebracht worden sei. Wie sich Wallraff um Kirchenmusik bemühe, wie man die Kreuzbeleuchtung in der Karwoche nach dem Vorbild Roms übernommen. Die Messe sei ein vortreffliches Thema; Einheit sei darin, und doch gäbe sie Anlaß zu großen Kompositionen. In all diesem alten Kult sei doch Substanz. Modernes Wesen ginge nur auf Schein aus. – Darauf Goethe: Ja, einigemal im Jahr lasse man sich wohl eine Messe gefallen, aber das immer Einerlei leuchte ihm doch nicht ein. Freilich die Liebe zum Altehrwürdigen in Köln, das Dreikönigsfest, die Übertragung des Lochner-Bildes, vor allem der Dom selber [der stand damals erst halbfertig, wie ihn das Mittelalter gelassen], das sei doch ein Leben. Sie in Weimar müßten sich behelfen mit der Gelehrsamkeit, stoppelten den Tempel von Ephesus mit aller Mühe auf dem Papier zusammen und den Wagen Alexanders, und am Ende sei es nur für wenige Einzelne. – Goethes Antwort wahrt seine Position und gibt doch zugleich ihre Schwäche zu. Er nimmt die Messe nicht religiös wie Boisserée, sondern nur ästhetisch, aber er gesteht ein, wie sehr Religion als erlebte Wirklichkeit einer religionslosen Wissenschaft überlegen ist. Es zieht das jene Spruchweisheit in Zweifel, daß Wissenschaft und Kunst an sich schon Religion seien, und klingt an des Thales rühmendes Wort über das Heilige, das sich lebend hält, im Faust an. Aus dem Gespräch aber erwächst, angeregt vom Freiherrn vom Stein, der Plan einer gemeinsamen Denkschrift an Metternich und Hardenberg zur Erhaltung der alten Kultur am Rhein. Das schließliche Ergebnis war die Gesellschaft für die «Monumenta Germaniae», die großartige Sammlung aller mittelalterlichen deutschen Chroniken und Kaiserurkunden, und Goethes Zeitschrift: «Über Kunst und Altertum in den Rhein- und Maingegenden» (1816), die dann 1818, als Goethe sich wieder mehr der Antike zuwandte, den kürzeren Titel «Über Kunst und Altertum» annahm. Am Freitag dem 8. September zieht Goethe von der Gerbermühle in Willemers Stadtwohnung «Zum Roten Männchen» am Fahrtor, wo die Schiffe landen. Es ist Messezeit. Goethe sieht das bewegte Leben der Handelsstadt und genießt den Blick von seinem Fenster auf den Mainkai, eben jene Ansicht, die einst der Freund seines Vaters, der Maler Hirt, im Jahre 1757 für den Herzog Anton Ulrich von Meiningen in einem gewaltigen Gemälde festgehalten hat als Erinnerung an einen gleichen Fensterblick; das Hirtsche Bild ist, wie Adolf Feulner nachgewiesen, wenige Häuser mainabwärts von der Gegend der Leonhardskirche her genommen (abgebildet Goethekalender 1936, S. 88). Der Dichter streift wohl selbst, wie er schreibt, «maulaffend», durch die Fahrgasse und durch die Budenreihen am Main, wo von den Kindertrommeln an bis zum raffiniertesten Luxus alle Waren ausgebreitet zur Schau stehen. Er meint, es sei ein Trost für die «Seelenwanderer», daß die menschlichen Wünsche immer die gleichen blieben und daß zu allen Zeiten alle Länder für diese Bedürfnisse Sorge trügen. Am großen Kran fragt er nach allen Kisten und Fässern, was darin, und spricht mit den Schiffern. Damals fällt das Wort über die Vaterstadt: «Frankfurt stickt voller Merkwürdigkeiten.» Am Abend steht er am Fenster seines neuen Stadtquartiers, bewundert unten die Pracht brasilianischer Trockenhäute, rühmt, was das für ein Glanz und eine Farbe sei, und trägt Boisserée vor: über Kochung der Farbe bei den Tieren, den Metallglanz bei Vögeln, und daß Indigo die höchste Konzentration sei. Überall sei Expansion und Konzentration, überall dasselbe, alles nur Metamorphose. Es ist das Goethes Lehre von der Polarität, der Systole und Diastole. Boisserée kennt sie und erwidert: In der Naturansicht lasse er sich einen solchen Pantheismus schon gefallen, er wisse wohl, daß man damit am weitesten ausreiche. Der Ton liegt ihm dabei auf dem Wort: in der Ansicht der Natur; für die ethische Welt aber, das ist Boisserées nicht ausgesprochener Vorbehalt, gelte es keineswegs, daß alles nur Metamorphose sei, sondern hier ist ihm das Gute absolut gut, das Böse radikal bös, oder, wie er Goethe einige Wochen vorher erklärt hatte, hier ist er für Dualismus. Das wären also dieselben religiösen Aufspaltungen, die Goethe Jacobi gegenüber vertreten mit dem Wort, als Dichter sei er Polytheist, als Naturwissenschafter Pantheist, als ethischer Mensch Theist. Indes so doch nicht hier, – denn mit einem großartigen und humorvollen Bild zieht Goethe die Unterscheidungen zur Allgemeingültigkeit zusammen, indem er seinem Freunde erwidert: «Die Natur ist so, daß die Dreieinigkeit sie nicht besser machen könnte. Sie ist eine Orgel, auf der unser Herrgott spielt, und der Teufel tritt die Bälge dazu.» «Pantheismus, Monotheismus», – schreibt Boisserée weiter, nur andeutend, wie sich das Gespräch fortgesetzt habe. Wir aber erinnern uns an das Wort des jungen Goethe in der Shakespeare-Rede von 1772, daß, was wir böse nennen, nur die andere Seite des Guten sei, die notwendig zu seiner Existenz und zum Ganzen gehöre, wie es eine heiße Zone geben müsse, damit eine kalte und gemäßigte sein könne, und noch mehr aber an jenes Wort Hamlets (2. Akt 2. Szene): «An sich ist nichts weder gut noch böse, das Denken macht es erst dazu.» Freilich bei Shakespeare ist diese Sentenz Renaissance-Subjektivismus, wie ihn auch Montaigne in seinen Essays (1580), die Shakespeare liebte, ausgesprochen hat: «La vie n'est de soy ny bien ny mal; c'est la place du bien et du mal, selon que vous la leur faictes.» Für Goethe aber ist es gerade charakteristisch, daß er diesen Subjektivismus überwindet und das Böse als Teil des Guten in seinen Pantheismus hineinnimmt. Eindeutige Formel dafür ist Mephistos Selbstcharakteristik als Teil von jener Kraft, die stets das Böse will und stets das Gute schafft, und daß nach Falks Bericht Goethe für den Schluß des Faust sogar die Rettung Mephistos erwogen: «Nemo contra deum nisi deus ipse» steht darum als Motto vor dem 4. Teil von «Dichtung und Wahrheit», nachdem schon im Ausgang des 8. Buches in einer kosmogonischen Emanationslehre Goethe, wie er selbst von sich sagt, «mit peinlicher Bemühung» versucht hatte, «das Böse aus dem Guten zu entwickeln». Nicht nur neuplatonische Spekulationen, sondern auch Arnolds «Kirchen- und Ketzergeschichte» 1688/93 wirken in all dem nach.

Das ist – wenn auch Goethe später den Pantheismus abgelehnt hat – doch eben pantheistisch gefühlt. Auch im Bösen ist Gott, denn er ist und wirkt in allem. Damit wird der einzelne freigesprochen und die Verantwortung Gott, den «himmlischen Mächten», zugeschoben:

Ihr führt ins Leben uns hinein,
Ihr laßt den Armen schuldig werden.

Boisserée vertritt gegenüber einer solchen Weltbetrachtung, welche stufenweise Entwicklung und in allen Erscheinungen zuvörderst die kosmische Einheit sieht, den Monotheismus; er bestreitet, daß im Bösen das Gute sei, daß das Böse das Gute wirke. Er sieht in Goethes These die Gefahr der sittlichen Auflösung und läßt sie daher ausdrücklich nur für die Schau der Natur gelten. Denn seine Auffassung vom Leben geht vom Menschen aus, der Leben und Tod gegenüber für sich allein ist, von seiner Stellung unter einer ethischen Verantwortung, unter dem: «Du sollst, und Du sollst nicht», und sie wurzelt letzten Endes im Glauben an den persönlichen Gott. Er nimmt somit eine Situation wieder auf, die wir aus dem Religionsgespräch im «Faust» kennen, wo Gretchen als der ethisch gebundene Mensch Faust fühlen läßt, daß er mit seiner schwärmerischen All-Eins-Religion die Verantwortung und die Schwere der religiös-sittlichen Entscheidungen umgeht. Goethe ist nicht Faust, aber der Ausgangspunkt der Diskussion ist hier wie dort derselbe. Boisserée mag gegenüber der ethischen Relativierung, wie er sie hier bei Goethe sah, empfunden haben, wie es in einem Faustparalipomenon ausgedrückt ist:

Das Böse das Gute?
Ich weiß es nicht, doch ist mir schlecht zumute.

Das ist es, was die Worte «Pantheismus, Monotheismus» hier bedeuten. Es läßt sich dazu allgemein noch sagen, daß Goethes zurückhaltende Stellungnahme gegenüber der Frage von Gut und Böse nicht nur eine philosophische, sondern auch eine psychologische ist. Im Werther heißt es: «Das ist gut, das ist bös! Und was will das all heißen? Habt ihr deswegen die inneren Verhältnisse einer Handlung erforscht? Wißt ihr mit Bestimmtheit die Ursachen zu entwickeln, warum sie geschah, warum sie geschehen mußte? Hättet ihr das, ihr würdet nicht so eilfertig mit euren Urteilen sein» (12. August). Und in einem Brief an Sophie Laroche (Juni 1774) steht die Frage: «Und ist das Böse nicht gut und das Gute nicht bös?» Auch sind schon in einer Zeit, da Goethe Shakespeare noch nicht kannte, die Mitschuldigen entstanden, deren resigniertes Fazit der Schlußvers ist: «So, diesmal blieben wir wohl alle ungehangen.» Vielleicht geht diese Ambivalenz, diese Unbestimmtheit der Werte, auf die frühen Einblicke und seelischen Erfahrungen zurück, die der Knabe an den kriminellen Verwicklungen des Gretchenabenteuers machte. Auf jeden Fall wird hier evident, wie verschieden die Atmosphäre in Boisserées Elternhaus von der weltläufig nachsichtigen in der Freien Reichsstadt war, deren fragwürdige Verhältnisse Goethe als Mitglied einer Familie der Oberschicht in seiner Jugend durchschauen lernte. Zu alledem kam dann später auch bei dem Dichter die ästhetische Freude an den großen Immoralisten, wie sie die Geniezeit im Gegensatz zur bürgerlichen Aufklärung kultivierte, und das politische Erlebnis der dämonischen Naturen – wie Napoleon –, die Goethe jenseits von Gut und Böse sah.

Auch dieses Erlebnis spiegelt der Divan, und zwar am klarsten im «Buch Timur».

An solcher Gesprächsanalyse wird der Unterschied zwischen Boisserées Unterhaltungen mit dem Dichter und den Eckermannschen Gesprächen deutlich. Eckermann würde als Redepartner des Dichters Ideen einfühlend aufgenommen und in einer weiterführenden Antwort zurückgespiegelt haben, und Goethe hätte dann gesagt: «Sie haben vollkommen recht» oder «Ich muß Euch loben.» Boisserée widerspricht und verharrt auf seinem Widerspruch, ja gelegentlich neckt er seelenruhig Goethe mit dessen Ideen. Deshalb sind Eckermanns Gespräche im Grunde verschleierte Goethesche Monologe; mit Boisserée aber ist er wirklich in Diskussion. 1826 kommt dieser nach Weimar. Er findet Goethes Umgebung reichlich philiströs. Besonders empfindet er Eckermann als Gegensatz. «Eckermann ein subordiniertes, treues Männchen voll hübschen Talentes.» Das Urteil trägt die ganze Ungerechtigkeit des Gegennaturells in sich; aber die Enthüllung des wirklichen Eckermann, eben sein Buch, konnte Boisserée noch nicht kennen; dies Buch war erst in seinen Anfängen.

Besonders ertragreich ist Boisserées Tagebuch über Freitag, den 15. September. Goethe bricht sein Stadtquartier ab und siedelt wieder, und diesmal in Begleitung des Freundes, nach der Gerbermühle. Am Morgen besuchen sie noch die Kunstsammlung des französischen Gemäldehändlers Serrand, und das gibt Anlaß zu einem Gespräch über die alte Frage, ob das Gegenständliche in der Kunst von Bedeutung sei oder nur das Können des Künstlers; Goethe verficht hier die rein ästhetische Position, während Boisserée nicht vom Gehalt der Bilder absehen will. «Schon oft» – schreibt er – «war dies zwischen uns zur Sprache gekommen, zuerst und am auffallendsten am 7. draußen auf der Mühle, als von der Beschreibung der Reise der drei Könige von Memling die Rede war.» Es handelt sich um das berühmte Bild Memlings, das jetzt im ersten Saal der Alten Pinakothek hängt und über das Boisserée einen Aufsatz geschrieben als Vorstudie zu einer Geschichte der nordischen, d.h. mittelalterlichen deutschen und holländischen Malerei und Plastik. «Die Beschreibung sei nicht recht», – urteilt Goethe nach Boisserées Aufzeichnung –, «man müsse sie nicht von der Verkündigung, sondern von den drei Königen anfangen, welche auf dem Berg den Stern beobachten, und die anderen Darstellungen episodisch mitnehmen. Sonst sei die ganze Art meiner Beschreibung gut, nur würde er sie nicht so machen, weil er eine ganz andere Ansicht der Kunst habe. – Auf meine Frage, worin diese Verschiedenheit bestehe, wollte er anfangs nicht heraus. Es sei die wunderliche Bedingtheit des Menschen auf seine Vorstellungsart, die Kant sehr richtig als Antinomie der Vorstellungsarten erkläre. Da helfe alles nichts. Sich darüber zu verstehen wäre vergebens. Wir hingen am Gegenstand und müßten daran hängen, das sei recht. Das gehöre zur ganzen Ansicht, aber es sei nicht das Höchste. Der Spielmann sei noch irgend anders begraben. Ich erwiderte, daß ich nicht begriffe, was er meine; ich glaubte sehr, daß es einen Punkt gäbe, worin wir zusammen kämen, und ich brauchte das Gleichnis von einem Spitzbogen oder einer Parabel. Einerseits setzte ich den Gegenstand, die Bedeutung, andererseits die Form, die Regel, das freie Spiel der Kunst mit dem Gegenstand. Ich fände das Höchste nur in der Vereinigung von beiden; in Raffael zum Beispiel und in den schönsten antiken Werken. Er mußte sich damit wohl zufrieden stellen, wollte aber nicht recht zugeben, daß mir ernst sei. Wir kamen wieder auf den Pantheismus, ich brachte es darauf mit einiger Neckerei, wegen dem Abstrahieren vom Gegenstand, und so waren wir bald im Allgemeinen. Er sagte mir in Beziehung auf meine Arbeiten, auf mein Treiben und Vorhaben, ich säße im Fegefeuer und dächte nicht, daß mich nur eine papierene Wand vom Himmel trenne. Hätte ich nur den Mut, diese durchzuschlagen, so wäre mir geholfen.» So also haben die beiden sich unterhalten, – auf der kurzen Fahrt vom «Roten Männchen» über die Mainbrücke durch Sachsenhausen und durchs Aschaffenburger Tor hinaus zur Mühle, wo, wie Boisserée weiter vermerkt, das ländliche Wesen nach dem Messetreiben ein heiter angenehmer Eindruck war. Das Gespräch sei kurz kommentiert:

Goethe liebte es, seinen Argumenten durch sprichwörtliche Redensarten Nachdruck zu geben, wie: «Ich weiß den Weg ins Holz» oder wie hier: «Da liegt der Spielmann begraben», letzteres legt er im «Faust» Mephisto in den Mund, und zwar in der Szene: Kaiserliche Pfalz (V. 4992). Im übrigen hatte Goethe seine Meinung schon am 25. August in einem Gespräch auf der Gerbermühle umrissen, wo er zu Boisserée bei einer Aussprache über dessen Bilderbeschreibungen sagte: «Sie sind gut, und was noch mehr ist, sie sind recht; denn, was mir immer die Hauptsache, der Ton ist getroffen; dabei sind sie mit Neigung und frommem Sinn geschrieben; ich würde sie vielleicht nicht so gut machen, weil mir der letztere fehlt.» Das was Goethe hier mit «fromm sein» bezeichnet, heißt im andern Gespräch: «hängen am Gegenstand». «Das Gegenständliche sei ihm aber nicht von Belang. In Hobbema, in Paolo Veronese, in Rubens, im Wouverman erscheine die Selbständigkeit der Kunst, wo der Kunst der Gegenstand gleichgültig werde, sie rein absolut, der Gegenstand nur der Träger sei: Dies sei die höchste Höhe.» Auch diese Worte Goethes nehmen nur eine alte These auf, die er schon in seiner Frankfurter Zeit vertreten hat: «Der Künstler mag die Werkstätte eines Schusters betreten, oder einen Stall, er mag das Gesicht seiner Geliebten, seine Stiefel oder die Antike ansehen, überall sieht er die heiligen Schwingungen und leisen Töne, womit die Natur alle Gegenstände verbindet.» Auch jene Verse, die von Goethe auf die Naturbetrachtung geschrieben wurden, könnte man heranziehen: «Nichts ist innen, nichts ist außen, Denn was innen ist, ist außen.» In unserer Unterhaltung ist es diesmal Boisserée, der die verbindende Formel sucht und sehr glücklich findet: er spricht von dem gotischen Spitzbogen, dessen einer Schenkel das Gegenständliche, der andere die Form bedeuten soll, dann sei das Höchste der Schnittpunkt, da sich beide Schenkel träfen. «Goethe» – erzählt Boisserée weiter –

«mußte sich damit wohl zufrieden geben, wollte mir aber nicht recht zugeben, daß es mir ernst sei!» – Warum glaubte ihm Goethe nicht? wohl weil er meinte, obgleich Boisserée neben Raffael sich ausdrücklich auch auf die Antike bezogen hatte, der Freund würde doch nur den christlichen Gegenstand gelten lassen. Und wie Goethe darüber im Grunde zu denken geneigt war, enthüllte er zehn Jahre später Boisserée bei dessen Besuch in Weimar, wo er geradezu erklärte: «Das Christentum eignet sich nicht für die Kunst, weil es rein ethischer Natur ist» (29. Mai). Dazu kommt nun, daß Goethe überhaupt das wiedererwachte Verständnis für die deutsche Malerei des Mittelalters, so sehr ihn zeitweise einzelne Bilder hinrissen, im Grunde doch nur für eine vorübergehende Mode ansah, oder – wie er es in einem Brief an Reinhard vom 7. Oktober 1810 ausgedrückt hat – für einen «Übergang», den er gelten lassen will, weil er vor dreißig bis vierzig Jahren, da er den Götz schrieb, auch diese «Rücktendenz nach dem Veralteten» gehabt habe. Aber es ist ihm nicht seine freie Luft und sein Himmel. Das meint das Wort von dem Fegefeuer, in dem Boisserée säße. Ähnlich hatte er Achim von Arnims Roman der Gräfin Dolores zurückgewiesen mit den Worten: «Aus dieser Hölle ist keine Erlösung.»

Wieder, wie im ersten Gespräch, klafft der Gegensatz zwischen den Weltanschauungen. Hier die reine ästhetische Schau, dort eine Betrachtung, die nach dem göttlichen Gebot fragt. Indes Goethes Mißtrauen – es ist ihm ja schwer genug geworden, vom Schleier der Helena zum Schweißtuch der Veronika hinzufinden – war nicht gerechtfertigt. Es war nicht die Meinung Boisserées, daß Kunst christlich sein müsse. Und wenn der junge Goethe die Kunst auch in gemalten Stiefeln fand, vor jenem Bild der ausgetretenen Schuhe van Goghs, in denen die ganze Mühsal eines schweren Lebens liegt, hätten Goethe und Boisserée – wenn man sich solche Situationen denken, solche Fragen vorlegen darf –, beide wohl in gleicher Weise fremd und in gleicher Weise verstehend gestanden.

Nun aber kommen wir mit einem fünften Gespräch zu jener Stunde, wo zum erstenmal vom Gingo-Blatt die Rede ist, und es ergibt sich, wie sehr Goethes Deutung des Blattes und sein Gedicht dem Gehalt jener vier früheren Gespräche, denen wir bisher zuhören konnten, verwandt ist. Es war auf der Gerbermühle und der Abend desselben Tages. «Wir saßen» – schreibt Boisserée – «in der schönen warmen Abendluft auf dem Balkon. Goethe hatte der Willemer ein Blatt des Gingo biloba als Sinnbild der Freundschaft geschickt aus der Stadt. Man weiß nicht, ob es eins, das sich in zwei teilt, oder zwei, die sich in eins verbinden. So war der Inhalt des Verses.» Das ist also die älteste Erwähnung; und da das Tagebuch nicht nur das Blatt erwähnt, sondern auch ausdrücklich schon den Vers und seinen Inhalt kennt, und da es eben als Tagebuch doch gleichzeitig mit den Ereignissen entstanden sein muß, wie auch seine Ausführlichkeit, zumal die Ausgiebigkeit in der Wiedergabe von Gesprächen, beweist, so stand der Gingo-Baum also in Frankfurt oder seiner näheren Umgebung, wahrscheinlich im Garten einer der befreundeten Familien, die Goethe besucht hatte, etwa bei den Neufville-Gontards in der Stadt oder den Brentanos in Rödelheim; und demnach ist auch von dem Gedicht auf jeden Fall die mittlere Strophe, «der Vers», den Boisserée erwähnt und inhaltlich umschreibt, in den Tagen entstanden, da Goethe im «Roten Männchen» wohnte, also in der Woche zwischen Freitag dem 8. und 15. September. So aber lautet die Dichtung in allen drei Strophen:

Dieses Baums Blatt, der von Osten
Meinem Garten anvertraut,
Gibt geheimen Sinn zu kosten,
Wie's den Wissenden erbaut.

Ist es ein lebendig Wesen,
Das sich in sich selbst getrennt?
Sind es zwei, die sich erlesen,
Daß man sie als eines kennt?

Solche Fragen zu erwidern,
Fand ich wohl den rechten Sinn:
Fühlst du nicht an meinen Liedern,
Daß ich eins und doppelt bin?

Wenn Goethe und Boisserée in Mainz von der Einheit der Persönlichkeit in einem doppelten Leben gesprochen, wenn Goethe am 8. September am Fenster seiner Stadtwohnung auseinandergesetzt hat, wie überall in der Natur Expansion und Konzentration sei, Systole und Diastole, Analyse und Synthese, wie also alles Leben aus dem Rhythmus von Polarität und Vereinigung bestehe, ja wenn er eine Synthese von böse und gut in der Natur sieht, so hat er das Thema angeschlagen, das die Verse auf das Gingo-Blatt zum Inhalt haben. Und wenn Boisserée auf der Fahrt zur Mühle von dem gotischen Spitzbogen sprach, seinen beiden Schenkeln und ihrer Vereinigung in der Spitze, so hat auch er sich hier für sein Gleichnis Goethes Anschauungsart von der Einheit in der Zweiheit zu eigen gemacht. Die gemeinsamen Gespräche mit Boisserée sind also gleichsam die Präludien zur Dichtung gewesen.

Drei Tage ist Goethe noch auf der Gerbermühle geblieben. Es war sein letzter Aufenthalt dort. Am Montag, dem 18. September, bricht er auf, wie Boisserée schreibt: «in großer Hetze. Die kleine Frau dringt gewaltig auf die Abfahrt».

Immer haben die Begegnungen von Goethe mit Marianne unter stürmischen Zeichen gestanden. Jedem der drei, gegenseitig in aufrichtiger Neigung Verbundenen, ist es immer einmal ein wenig angst geworden. Am 4. August 1814 in Wiesbaden war Marianne zum erstenmal Goethe entgegengetreten; Willemer war, den Dichter zu besuchen, dorthin gefahren und hatte sie mitgenommen. Sechs Wochen darauf, kurz ehe es zu einer zweiten Begegnung kommen sollte, am 27. September, ward Marianne, damals dreißigjährig, Gattin Willemers, der vierundfünfzig Jahre alt war. Bis dahin hatte sie in seinem Hause gelebt wie Christiane Vulpius im Hause Goethes. Die Eheschließung

ging überstürzt vor sich. Mit behördlicher Erlaubnis
wurde von einem Aufgebot abgesehen. Die Trauung zwischen dem Lutheraner und der Katholikin nahm der Pfarrer Kirchner von der Heiligen-Geist-Kirche vor, die zwischen Main und Saalgasse nahe dem «Roten Männchen»
stand, doch fand die Feier nicht in der Kirche statt; es war
eine Privattrauung. Maria Anna Catharina Theresia waren
die Vornamen der Braut. Die hohe Gottesmutter selber,
zwei Heilige der Kirche und Wiens größte Kaiserin waren
die Namensspaten gewesen. Aber der Taufschein fehlte.
Auch der Totenschein des Vaters war nicht beizubringen.
Die Papiere sollten aus Linz, wo Mariannens Mutter damals lebte, nachgeliefert werden. Das ist nie geschehen; sie
waren nicht vorhanden. Marianne konnte deshalb auch
nie Frankfurter Bürgerin werden. Aber als Goethe, der
inzwischen in Heidelberg die Gemäldesammlung der Brüder Boisserée hatte kennenlernen, am 12. Oktober Marianne im Schlosserschen Hause zu Frankfurt wieder entgegentrat, war sie Willemers Gattin. Im nächsten Jahr ist
der Dichter – wir sprachen schon davon – wieder Gast auf
der Gerbermühle, aber schon nach wenigen glücklich frohen Tagen hält er es für richtig, sich zu distanzieren. Er
bittet um ein Quartier in der Stadt. Wie er von Lotte floh,
von der Offenbacher Freundin, von Lili, wie er plötzlich
sich von Charlotte von Stein löste, so auch hier. Er wohnte
eine Woche in der Stadt. Kaum ist er dann für drei Tage
auf die Mühle zurückgekehrt, so «dringt die kleine Frau
gewaltig auf Abfahrt». Wiederum vergehen nur wenige
Tage, da eilt sie ihm ohne sein Wissen mit dem Gatten
nach, und im Wagen auf der Fahrt an der Bergstraße hin,
zwischen Darmstadt und Heidelberg, entsteht ihr erstes
großes Gedicht, an den Wind, der ihr die heißen Wangen
kühlt:

Was bedeutet die Bewegung?
Bringt der Ost mir frohe Kunde?
Seiner Schwingen frische Regung
Kühlt des Herzens tiefe Wunde.

Kosend spielt er mit dem Staube,
Jagt ihn auf in leichten Wölkchen,
Treibt zur sichern Rebenlaube
Der Insekten frohes Völkchen.

Lindert sanft der Sonne Glühen,
Kühlt auch mir die heißen Wangen,
Küßt die Reben noch im Fliehen,
Die auf Feld und Hügel prangen.

Und mich soll sein leises Flüstern
Von dem Freunde lieblich grüßen,
Eh noch diese Hügel düstern,
Sitz ich still zu seinen Füßen.

Und du magst nun weiterziehen,
Diene Frohen und Betrübten.
Dort wo hohe Mauern glühen,
Finde ich den Vielgeliebten.

Goethe hat das Gedicht, als wäre es sein eigen, in seinen
Divan aufgenommen und es leise abgewandelt, aber Marianne hat später mit Recht geklagt, daß ihre, hier abge-
druckte, Fassung wirklich schöner war als seine Änderung.

Über diese Heidelberger Begegnung schreibt Boisserée
nun folgendes: «Samstag, den 23. September: Goethe
morgens früh auf dem Schloß, dichtend. Mittags, als wir
bei Tische, kommt Willemer unerwartet. Ich hatte ihm,
weil der Herzog immer erwartet wurde, am Montag zu
kommen geschrieben. Nachdem wir eine kurze Weile gesessen und uns von der ersten Überraschung erholt, springt
Goethe plötzlich auf; ich folge ihm in sein Zimmer, er
sagt: Wir können doch nicht essen, während die Frauen im
Gasthof warten. Ich ging hin zu den Frauen [außer Marianne war Willemers Tochter Rosette Städel mitgefah-
ren], und erst, als ich sie bringe, setzt sich Goethe wieder
zu Tische.» Täglich gingen damals russische Kolonnen
durch Heidelberg, von Osten nach Westen; auf dem
Schloß trifft Goethe einen Russen, den er schon in Weimar
kennengelernt hatte. Aber vor allem ist er mit Marianne

auf dem Schloß. Und hier im Schloßgarten, «seinem Garten», findet Goethe nun auch den Gingo-biloba-Baum wieder. Blätter werden abgebrochen und sind Gegenstand neuer Betrachtungen mit Marianne, mit Rosette Städel, dann auch mit Creuzer, dem Heidelberger Professor für Altertumswissenschaft, dessen romantische Mythenforschung auch Goethes «Urworte Orphisch» [1817] angeregt haben. Davon gibt zunächst ein Brief Kunde, den Goethe am Dienstag, einen Tag nachdem Willemer mit den Seinen wieder zur Gerbermühle zurückgereist war, an Rosette sendet, der aber wohl in erster Linie für Marianne gedacht war und der es wahrscheinlich macht, daß jetzt erst, hier in Heidelberg und nach der endgültigen Trennung von Marianne, die erste und letzte Strophe des Gingo-Gedichtes entstanden waren. «Da jedoch jenes bekannte wunderliche Blatt, durch seine *prosaische* Auslegung einigen Anteil gewonnen, so stehe hier seine *rhythmische* Übersetzung», mit diesen Worten übersendet Goethe Rosette das Gedicht. Von Creuzer wissen wir, daß er gerade in jenen Heidelberger Tagen – er sprach den Dichter am 21., 25. und 27. – Unterredungen mit ihm über die Symbolträchtigkeit und Vieldeutigkeit der alten griechischen und asiatischen Mysterien gehabt habe, daß Goethe dabei das Gingo-Blatt, seine «organische Entzweiung» als Symbol solchen Doppelsinnes angeführt und ihm auch eine Handschrift mit dem Gedicht geschenkt habe.

Dieses Gespräch Creuzers mit Goethe ist ausführlich durch einen Dritten überliefert, Gustav Parthey, der aus seiner Heidelberger Studentenzeit erzählt: Eines Nachmittags [1820] begegneten wir Creuzern oben auf dem Schloß und begleiteten ihn durch ein paar Gänge. Er hielt ein Blatt des wunderbaren chinesischen oder japanischen Baumes Gingo biloba in der Hand, von dem ein Stämmchen im Schloßgarten steht. Dabei teilte er uns mit: er habe, als Goethe 1815 Heidelberg besuchte, mit diesem bei einem Spaziergang im Schloß ein langes und interessantes Gespräch über die symbolische Deutung und Sinnigkeit der hellenischen mythologischen Personen und Erzählungen geführt; er habe versucht, Goethen auseinanderzusetzen, wie jede hellenische Gestalt doppelt anzusehen sei, weil hinter der bloßen Realität ein höheres Symbol verborgen liege. Die einfachen Fälle seien bekannt genug: Ares als Kriegsgott bedeute auch den Krieg, Hebe als die Jugendgöttin auch die Jugend ... Dieser Doppelsinn sei allen antiken Mythen immanent, wenngleich nicht immer leicht herauszufinden. Den Glaubenden genüge das strikte Wortverständnis, den Wissenden ward der höhere Sinn in geheimen Weihen aufgeschlossen. Goethe ging auf diese Erörterungen mit regstem Eifer ein, als sie gerade bei dem Gingo biloba stillstanden; er pflückte ein Blatt und sagte: «Also ungefähr wie dieses Blatt: eins und doppelt!» Creuzer fand den Vergleich sehr glücklich und erhielt am andern Morgen das Blatt nebst dem beifolgenden Gedicht von Goethe zugesendet. So Parthey; Creuzer selbst erzählt in seiner Autobiographie «Aus dem Leben eines alten Professors», Goethe habe ihm das Gedicht zusammen mit dem Baumblatt im Spätherbst 1815 zugesandt: «Zur Erinnerung glücklicher Septembertage.» Auch von der Heidelberger Professorenfamilie Paulus wissen wir, daß Goethe bei einem Spaziergang in den Schloßruinen ein Mitglied der Familie auf ein besonderes Blatt aufmerksam gemacht, das dieser dann aufbewahrte. Es befand sich noch im Paulusschen Nachlaß mit der Beischrift: «Ein Blatt, auf welches Goethe aufmerksam machte.» Auch hier wird es sich um den Gingo biloba gehandelt haben.

Ziehen wir aus alledem die Summe. Es läßt sich nicht schlüssig beweisen, aber die Annahme hat doch viel für sich, daß es der Nachklang dieser Erörterungen mit Creuzer ist, wenn die erste Gedichtstrophe von dem geheimen Sinn des Blattes spricht, seine östliche Herkunft betont – «im Osten sind Mysterien zuhaus» – und von den Wissenden – das sind die Mysten, die in die Mysterien Eingeweihten – redet. Somit erklärt sich auch, daß Boisserée am 15. September auf der Mühle nicht von einem Gedicht, sondern nur von einem Vers weiß, dessen Inhaltsangabe genau der zweiten Strophe und nur ihr entspricht, und daß

Goethe nach Tagen das Ganze doch als etwas Neues, als Rhythmisierung einer prosaischen Auslegung an Willemers senden kann, in deren Händen bis dahin eben nur die zuerst gedichtete zweite Strophe war, und daß schließlich später Creuzer behaupten konnte, das Gedicht sei in Heidelberg auf Grund seiner mythologischen Gespräche mit Goethe entstanden. Das Blatt, das ursprünglich und in Frankfurt als Symbol der Liebe oder, wie Boisserée sagt, der Freundschaft, besungen war, bekommt nun durch die Heidelberger Erweiterung des Gedichts, durch die Einleitungsstrophe noch eine umfassendere Bedeutung; es wird mystisches Symbol für den alternierenden Pulsschlag des kosmischen Geschehens, eben jene Polarität und Verwandlung, die für Goethe ein Grundgesetz allen Lebens und Seins war, während dann die dritte, die Schlußstrophe der Dichtung, auf das Mysterium der Liebe als Grunderlebnis zurückführt. Gespräche mit Boisserée, die Liebe zu Marianne, Gespräche mit Creuzer, alles hat zusammengewirkt. Dazu ist diese Art des Schaffens in Zusätzen für Goethe nicht ungewöhnlich. Auch die berühmten Divanstrophen «Selige Sehnsucht» und jene auf die Persönlichkeit als höchstes Glück sind gleichfalls nicht einheitlich konzipiert worden.

Und auch jenes andere, großartige Gedicht, das damals auf der Heidelberger Schloßterrasse entstand, und zwar am Morgen nach der Ankunft Mariannes, und das «Wiederfinden» überschrieben ward, eben weil der Dichter unerwartet die Geliebte wiederfand, ist in gewissem Sinne eine Variation des Gingo-biloba-Themas von der Einheit in der Zweiheit, vom Auseinander-Gerissensein und wieder Zueinander-Hinfinden. Auch hier ist der Gedanke von Trennung und Vereinigung sowohl auf die Liebe wie auf die ganze Welt bezogen. Das Lied ist eine erhabene Kosmogonie. Die Weltschöpfung entsteht durch die Trennung von Licht und Dunkel. Harmonie aber kommt in diese Welt erst durch das in irdischen Farben gebrochene himmlische Licht – hier hören wir Goethes Farbenlehre – und durch die Liebe. Nacht, Dunkel und Trennung und Einsamkeit werden einander gleichgesetzt. Selbst Gott muß darunter leiden. Aber er überwindet durch die Erschaffung des frohen Spiels der Farben, wie die Einsamkeit überwunden wird durch die Geburt der Liebe.

Ist es möglich! Stern der Sterne,
Drück' ich wieder dich ans Herz!
Ach, was ist die Nacht der Ferne
Für ein Abgrund, für ein Schmerz!
Ja du bist es! meiner Freuden
Süßer, lieber Widerpart;
Eingedenk vergangner Leiden
Schaudr' ich vor der Gegenwart.

Als die Welt im tiefsten Grunde
Lag an Gottes ew'ger Brust,
Ordnet' er die erste Stunde
Mit erhabner Schöpfungslust,
Und er sprach das Wort: «Es werde!»
Da erklang ein schmerzlich Ach –
Als das All mit Machtgebärde
In die Wirklichkeiten brach.

Auf tat sich das Licht: so trennte
Scheu sich Finsternis von ihm,
Und sogleich die Elemente
Scheidend auseinanderfliehn.
Rasch, in wilden wüsten Träumen
Jedes nach der Weite rang,
Starr, in ungemeßnen Räumen,
Ohne Sehnsucht, ohne Klang.

Stumm war alles, still und öde,
Einsam Gott zum erstenmal!
Da erschuf er Morgenröte,
Die erbarmte sich der Qual;
Sie entwickelte dem Trüben
Ein erklingend Farbenspiel,
Und nun konnte wieder lieben
Was erst auseinanderfiel.

Und mit eiligem Bestreben
Sucht sich was sich angehört;
Und zu ungemeßnem Leben
Ist Gefühl und Blick gekehrt.
Sei's Ergreifen, sei es Raffen,
Wenn es nur sich faßt und hält!
Allah braucht nicht mehr zu schaffen,
Wir erschaffen seine Welt.

So, mit morgenroten Flügeln,
Riß es mich an deinen Mund,
Und die Nacht mit tausend Siegeln,
Kräftigt sternenhell den Bund.
Beide sind wir auf der Erde
Musterhaft in Freud und Qual,
Und ein zweites Wort: «Es werde!»
Trennt uns nicht zum zweitenmal.

Am Dienstag in der Frühe fährt Marianne nach Frankfurt zurück. Sie hat Goethe nie wieder gesehen. Den Schmerz der Heimfahrt spiegelt ihr Lied an den Westwind, in allem das Gegenstück zu jenem Gedicht, das drei Tage vorher auf der gleichen Straße aus ihrer Sehnsucht entstand. Damals Erwartung, jetzt Wehmut, damals heiterer Wind von Osten, spielende Mücken, Reben, Sonnenschein, das Schloß im Abendglühen, jetzt regnerischer Wind vom Westen, die Landschaft schimmert durch Tränen.

Ach, um deine feuchten Schwingen,
West, wie sehr ich dich beneide:
Denn du kannst ihm Kunde bringen,
Was ich in der Trennung leide!

Die Bewegung deiner Flügel
Weckt im Busen stilles Sehnen;
Blumen, Augen, Wald und Hügel
Stehn bei deinem Hauch in Tränen.

Doch dein mildes sanftes Wehen
Kühlt die wunden Augenlider;
Ach, für Leid müßt' ich vergehen,
Hofft' ich nicht, wir sehn uns wieder.

Eile denn zu meinem Lieben,
Spreche sanft zu seinem Herzen;
Doch vermeid ihn zu betrüben
Und verbirg ihm meine Schmerzen.

Sag' ihm, aber sag's bescheiden:
Seine Liebe sei mein Leben.
Freudiges Gefühl von beiden
Wird mir seine Nähe geben.

Über Goethe kommt eine krankhafte Erregung. Höfische Verstimmungen steigern seinen Zustand. Er fühlt, daß er ein Sechsundsechzigjähriger ist, fürchtet Krankheit, will sein Testament machen, muß flüchten. Am 7. Oktober rollt sein Wagen durchs Karlstor. In Würzburg verläßt ihn Boisserée. «Nun war ich denn allein, auf den weiten fruchtbaren Räumen zwischen Main und Main [d.h. im Mainbogen]. Zu Werneck nahm ich nochmals von dem geliebten Wasser Abschied.» Er ist nie mehr zu dem Fluß seiner Jugend, auch nie mehr zu Rhein und Neckar zurückgekehrt. Donkosaken jagen vorbei, ein russischer Train sperrt den Weg. Abends, kurz vor Meiningen, «wo die Wasser nicht mehr nach dem Main fließen», legt sich der Wagen um. Goethe geht, es ist heller Mondschein, zu Fuß nach der Stadt. Am nächsten Morgen, während Karl Stadelmann, der treue Diener, den wiederhergestellten Wagen von neuem bepackt, schreibt Goethe an Rosette Städel – und meint Marianne.

Im Sommer des nächsten Jahres, nach langem Zaudern, machte sich Goethe wieder auf nach den geliebten Rhein- und Maingegenden. Er wollte über Frankfurt nach Baden-Baden, wo Willemers und Boisserée warten. Da «um 9 Uhr, kurz vor Münchenholzen, warf der ungeschickteste aller Fuhrknechte den Wagen um, die Achse brach». Das vom Dichter so liebevoll besungene artige Häuschen hatte wieder versagt. Goethe nahm es als ein Vorzeichen. Er blieb in Thüringen.

Was nun folgt, ist nur noch Rückblick und Erinnerung. Zuvörderst möge da jener schöne Brief stehen, mit dem Marianne dem fernen Freund im Jahre 1825 zum Geburtstag Glück wünscht, in Gedenken daran, wie übermütig fröhlich neun Jahre vorher derselbe Geburtstag auf derselben Gerbermühle begangen wurde. Damit Mariannes Gedicht auf Heidelberg, in das nun Goethes Gingo-Gedicht eingewoben wird und in dem auch die störenden Russen andeutende Erwähnung finden, ganz verständlich werde, sei vorher ein Gedicht aus dem Divan angeführt, das Goethe am 22. August, also am Tag vor Mariannens Ankunft in Heidelberg, geschrieben hatte, eine aus orientalischen Anregungen entstandene Vision einer Liebenden, die im Sand am Brunnen, dem Ort des Werbens im ganzen Osten, Buchstaben als Liebesgruß entdeckt. Die Zeile in Mariannens Gedicht «Die Chiffer von der lieben Hand gezogen» nimmt dies dann auf. So verschmilzt Wirklichkeit und Dichtung.

An des lust'gen Brunnens Rand,
Der in Wasserfäden spielt,
Wußt' ich nicht, was fest mich hielt;
Doch da war von deiner Hand
Meine Chiffer leis gezogen,
Nieder blickt' ich, dir gewogen.

Hier, am Ende des Kanals
Der gereihten Hauptallee,
Blickt' ich wieder in die Höh,
Und da seh' ich abermals
Meine Lettern fein gezogen:
Bleibe! bleibe mir gewogen!

Und so lautet nun Mariannens Brief und Gedicht: «Nur wenige Worte mögen Sie an dem Tage begrüßen, der für so viele ein Tag des Segens geworden; mit inniger Liebe gedenken wir Ihrer und segnen still und einsam das Fest Ihrer Geburt. Der Himmel scheint es verherrlichen zu wollen, denn die Sonne färbt mit glühendem Purpur den klaren Abendhimmel, der Main ist dunkelblau wie die Schatten, die Wolken sind beinahe grün, und der Berg ist violett, ganz so wie damals; aber einer fehlt, der es betrachtet und deutet [die Farben nämlich], und andere dadurch beglückt.

Ihre Tochter wird noch immer mit Sehnsucht erwartet; ich hoffte, sie sollte früh genug kommen, um ein Kästchen mitzunehmen, das nun, so verspätet, vielleicht um einen Tag zu spät kommen muß. Wie sehr hätte mich gefreut, wenn auch nur durch ein Geringes, zur Feier des Tages beizutragen!

Gedenken Sie meiner, und in Liebe! daß ich Ihrer gedenke, möge Nachstehendes beweisen, so wie, daß die schönste Gegend immer eine fremde bleibt, wenn nicht durch Liebe und Freundschaft sie heimisch geworden. Wo fände sich für mich eine schönere als Heidelberg!

Leben Sie hoch und glücklich! Marianne

Euch grüß ich, weite lichtumfloßne Räume,
Dich, alten reichbekränzten Fürstenbau.
Euch grüß ich, hohe, dicht umlaubte Bäume,
Und über euch des Himmels tiefes Blau.

Wohin den Blick das Auge forschend wendet,
In diesem blütenreichen Wunderraum,
Wird mir ein leiser Liebesgruß gesendet;
O freud- und leidvoll schöner Lebenstraum!

Auf der Terrasse hochgewölbten Bogen
War eine Zeit sein Kommen und sein Gehn;
Die Chiffer von der lieben Hand gezogen,
Ich fand sie nicht, sie ist nicht mehr zu sehn.

Dort jenes Baums Blatt, das aus fernem Osten
Dem westöstlichen Garten anvertraut,
Gibt mir geheimer Deutung Sinn zu kosten,
Ein Selam, der die Liebende erbaut.

Durch jenen Bogen trat der kalte Norden,
Bedrohlich unserm friedlichen Geschick;
Die rauhe Nähe kriegerischer Horden
Betrog uns um den flüchtgen Augenblick.

Dem kühlen Brunnen, wo die klare Quelle
Um grünbekränzte Marmorstufen rauscht,
Entquillt nicht leiser, rascher, Well' auf Welle,
Als Blick um Blick und Wort um Wort sich tauscht.

O schließt euch nun, ihr müden Augenlider!
Im Dämmerlicht der fernen schönen Zeit
Umtönen mich des Freundes hohe Lieder;
Zur Gegenwart wird die Vergangenheit.

Aus Sonnenstrahlen webt, ihr Abendlüfte,
Ein goldnes Netz um diesen Zauberort!
Berauscht mich, nehmt mich hin, ihr Blumendüfte!
Gebannt in euren Kreis, wer möchte fort?

Schließt euch um mich, ihr unsichtbaren Schranken!
Im Zauberkreis, der magisch mich umgibt,
Versenkt euch willig, Sinne und Gedanken!
Hier war ich glücklich, liebend und geliebt.»

Diese drei Gedichte Mariannens, das auf Heidelberg und die beiden an den Wind als Liebesboten, sind die schönsten Dichtungen, die je eine deutsche Frau geschaffen hat. Es ist nicht so, daß Mariannens Name nur deshalb weiterlebt, weil ihr Schicksal mit dem Goethes verbunden ist. Sie steht selbständig und zu eigenem Recht auf Grund eigener Leistungen unter denen, die einem Volke unsterblich sind. Und doch gilt in einem anderen Sinne, daß sie nur durch die Verknüpfung ihres Seins mit dem Leben Goethes genannt werden kann, denn nur durch ihn, nur unter dem schöpferischen Anhauch seiner Liebe ist sie Dichterin geworden. Man könnte wohl einen Band füllen mit den Strophen, die sie geschrieben hat. Aber die andern sind alle nur eben Verse, launige, geistreiche Geburten eines heiteren Witzes; doch nur, was an Goethe gerichtet war, ist hohe Dichtung. Staunend steht man vor diesem Wunder. Wie entzündbar muß dieses Herz gewesen sein und wie groß diese Seele, daß die Ekstase dieser Liebe alle Fähigkeiten so ins Außerordentliche steigern konnte.

Für alle, die an ihm teilgehabt, blieb der September 1815 unvergessen: «Ich denke immer», schrieb 1831 Boisserée an Marianne, «mit der reinsten Freude an die sonnigen Morgen, Mittage und Abende, ja an die mondhellen Nächte, die ich mit Ihnen und Willemer, mit dem alten Herrn [d. i. Goethe] und mit den übrigen Freunden in mannigfaltigstem Wechsel vertraulicher Geselligkeit und schöner Gespräche zugebracht habe. So bewegt und sorgenvoll auch dann und wann mein Gemüt dabei war, so trostvoll und heilend war mir diese heitere, geistreiche Umgebung der Freunde. Es sind mir die schönsten Bilder unauslöschlich in der Seele geblieben.»

Marianne aber kam noch einmal, ein Vierteljahr vor Goethes Tod, in einem ihrer letzten Briefe auf Heidelberg und das Gingo-Blatt zurück:

«Wie vieles hätte ich nicht zu erzählen, wenn ich Ihnen gegenüber säße, aber mit dem Schreiben ist es eine eigene Sache! – Vor allem würde ich sagen, daß ich diesen Herbst in Heidelberg war, wie es einer andächtigen Pilgerin geziemt, die durch Freud und Leid geweihten Orte alle besucht habe, ein Blatt von der bekannten Gingo biloba zu mir steckte und dies alles dort an Ort und Stelle sogleich berichten und senden wollte. Die Ursache, warum ich an diesem löblichen und lieblichen Vorsatze verhindert wurde, ließe sich wohl recht gut erzählen, aber mit dem Schreiben ist es eine eigene Sache!»

Das letzte Echo stammt aus dem Jahr 1860, Ende September oder Anfang Oktober, zwei Monate vor dem Tod Mariannens. Diese war inzwischen Greisin von sechsundsiebzig Jahren geworden, das Großmütterchen, wie sie, obwohl kinderlos, im großen Willemerschen Familienkreise hieß. Noch einmal wünschte sie Heidelberg zu sehen. An einem sonnigen Herbsttag fährt sie von Stift Neuburg, wo sie bei Schlossers zu Gaste ist, nach dem

Schloßberg. Eine junge, angeheiratete Verwandte, Emilie Kellner geb. Andreae, ist in ihrer Begleitung, und von dieser haben wir den im ganzen doch wohl zuverlässigen Bericht. «An einem kleinen, steinernen Pförtchen stehen bleibend – etwa gegenüber dem Brunnen links am Eingang des großen Tores, welches in den sogenannten Stückgarten führt –, bittet Marianne allein gelassen zu werden. Sie geht in den Garten und, da sie nicht zurückkommt, tritt die Begleiterin besorgt schließlich gleichfalls durch die Pforte. Der Garten war eine grüne Wildnis. Dicht wucherten die Schlingpflanzen an den hohen Bäumen empor, deren Äste und Kronen ungehindert gen Himmel strebten, so daß es fast düster in dem stillen Raum war. Da stand sie in dieser grünen Waldeinsamkeit in sich versunken, die herabhängenden Hände gefaltet und ihr Angesicht überströmt von Tränen. Und nun erzählt sie, daß in diesem Garten Goethe sie geküßt habe. ‹Hier saß ich lange ganz allein mit ihm in traulichem Gespräch. Hier schrieb er mit seinem Stock mir einen Vers in den Sand und dann wurden wir durch eine Horde jubilierender Studenten und Soldaten gestört.›» Die Erzählerin fährt dann fort: «Im Heraustreten aus dem Schloßhof, wenn man sich rechts wendet, gleich vornen am Wege in der Anlage steht der Baum Gingo biloba. Frau von Willemer blieb hier stehen, suchte mit ihrem Sonnenschirm einige Blätter desselben zu erhaschen und sagte: ‹Dies ist der Baum, von welchem er mir damals ein Blatt brachte und schenkte und mir dann das Gedicht machte und zuschickte.›» Und nun machte sie der Begleiterin offenbar, was außer Boisserée, Herman Grimm und Jenny Lind niemand wußte, daß sie die Suleika des Westöstlichen Divans gewesen. «Aber davon weiß die Welt nichts, und es ist auch nicht nötig, daß es alle Leute erfahren.»

ILM UND SAALE

DAS GOETHESCHE
FAMILIENVERMÖGEN
VON 1687 BIS 1885

«Eine halbe Million meines Privatvermögens ist durch meine Hände gegangen, um das zu lernen, was ich weiß, nicht allein das ganze Vermögen meines Vaters, sondern auch mein Gehalt und mein bedeutendes literarisches Einkommen seit mehr als fünfzig Jahren» – so der alte Goethe am Ende seines Lebens. Jedes Bonmot habe ihn eine Börse voll Gold gekostet. Nur weil er vermögend genug gewesen sei, den spielenden Personen der Zeit in die Karten zu sehn, wisse er, was und wie gespielt werde. –

Mit Knotenstock und Ranzen hatte der Großvater Friedrich Georg angefangen, war mit achtzehn Jahren als Schneidergeselle auf die Wanderschaft gegangen. Zwölf Jahre arbeitete er bei fremden Meistern, meist in Frankreich. In Paris ist er, der Stadt der Mode, und in Lyon, der Stadt der Seide. 1687 kommt er wieder über den Rhein und heiratet in Frankfurt eine Schneiderstochter. Aus dieser Ehe erhält Friedrich Georg Goethe 8000 Gulden, die er, da der Schwiegervater sein Vermögen geheimgehalten hatte, nur langsam und in Teilbeträgen der Steuerbehörde anmelden konnte, so daß wir bei seinem deklarierten Vermögenszuwachs von jährlich 1 bis 2000 Gulden nicht wissen, wieviel ist Arbeitsverdienst, wieviel decouvriertes Erbe.

Goethe ist Damenschneider. Er liefert dem Patriziat, den reichen Kaufleuten und dem Darmstädter Hof die beblümten, schwer seidenen und broschierten Barockkostüme der Zeit. Sein Haus ist das «Zum goldnen Rad» in der Großen Sandgasse; nebenan ist die Wirtschaft «Zur silbernen Schlange», wo Goethes Malerfreund Georg Melchior Kraus geboren ward; gegenüber liegt der «Goldene Kopf», später das Haus der Maxe, der Bettina und des

Clemens Brentano. Sechs Gesellen arbeiten in der Werkstatt, fünf unten, einer heimlich in der oberen Stube. Kein anderer Meister beschäftigt soviel Gehilfen. Erlaubt sind nur drei. Was kommen muß, kommt: Denunziation, Haussuchung, Händel – aber der Meister setzt sich durch, und als er sich 1705 zum zweitenmal verehelicht, besitzt er schon 19000 Gulden.

Diesmal heiratet er reich – wieder eine Tochter seiner Zunft, die aber von ihrem ersten Mann, einem Gastwirt, der 1672 als Stallknecht angefangen, einen einträglichen Gasthof, den «Weidenhof» an der Zeil, mitbringt. Fünfundzwanzig Jahre, von 1705 bis 1730, ist Friedrich Georg Goethe Wirt des Weidenhofes gewesen. Dies Vierteljahrhundert ist entscheidend. Hier wird das Goethesche Familienvermögen zusammengebracht. Ein Gasthof an der Zeil war in der Messestadt ein gutes Geschäft, die Haupteinnahme aber ist jetzt der Weinhandel. Vor allem Moselwein ward in den Zeiten, da der Westen dauernd Kriegsgebiet war, von den Weinbauern in Angstverkäufen schnell und billig losgeschlagen, und hier scheint Goethe große und erfolgreiche Spekulationen durchgeführt zu haben. Als er im Jahre 1730 stirbt, hinterläßt er 17 Sack Geld: einen Sack voll Louisdors, einen Sack voll Louisblanks, einen Sack voll Dukaten, einen Sack mit Vikariatstalern, einen Sack mit Talern in preußisch Kurant, einen Sack französisches Geld und so noch elf weitere Geldsäcke in den verschiedensten Münzsorten, alles zusammen gestrichen 19000 bare Gulden wert; im ganzen aber – Grundstücke, Hypotheken und Waren eingerechnet – war es ein Nachlaß von 90000 Gulden. Für Frankfurt war das kein besonders großes Vermögen – der Vater der Lili Schönemann hat das Zwei- bis Dreifache besessen. Es gab damals in Frankfurt bei 35000 Einwohnern über 400 Familien, die ein Vermögen von mehr als 30000 Gulden besaßen, darunter, schon um 1730, an 83 Familien mit einem Vermögen von 100000 bis 800000 Gulden. Immerhin, Friedrich Georg Goethes Nachlaß von 90000 Gulden ist der Vermögensstock, von dem alle folgenden Generatio-

394

nen der Familie, der Dichter eingeschlossen, gezehrt und gelebt haben.

Als erster Johann Caspar, der Vater des Dichters, bekanntlich ein Mann ohne Amt. Unter seiner Verwaltung verminderte sich das Vermögen auf etwa 70 000 Gulden. 14 000 Gulden kostete der Hausumbau, 7 000 Gulden die Erziehung des Sohnes; keine Ausgabe für ihn war dem liebenden Vater zu teuer. Wir wissen, daß Johann Wolfgang als Student einen Monatswechsel bezog, von dem man berechnet hat, daß er in heutigem Gelde über 900 Mark betragen würde; jedenfalls hat der Vater die Hälfte seines Einkommens jährlich dem Sohne auf die Universität geschickt. Johann Caspar hob sein Geld auch nicht mehr in Säcken auf; er legte es in Grundbesitz und in Obligationen der Grafen Erbach-Schönberg und des Hochstifts Paderborn an. Auch belieh er Häuser und erlebte den Ärger, der mit solchen Geschäften verknüpft ist. Später, als der Sohn aus Straßburg zurück und Anwalt war, versuchte er, einen Teil der Lasten auf diesen abzuladen. Der aber fühlte sich wenig als Jurist, hatte schon den «Götz» geschrieben, «Faust» im Kopfe und Lotte im Sinn. So gab es Reibungen, deren Echo uns noch aus dem «Werther» herausklingt.

Da war nämlich das Haus «Zum Ritter» auf der Freiheit in Friedberg. Es gehörte einem Vetter Goethe, der dort eine kleine Schankwirtschaft und eine Schreinerei hatte. Wenn dieser Vetter, dem es nicht gut ging, nach Frankfurt kam, pflegte ihm der Herr Rat einen Gulden zu schenken. Außerdem aber standen 1 800 gute Gulden auf dem «Ritter», und dies machte Sorgen. Deswegen ist am 10. November 1772 Johann Wolfgang in der Wetterau. Noch am Abend vorher war er in Wetzlar im Deutschordenshaus bei Lotte Buff und Kestner gewesen und hatte sich von dem Selbstmord des jungen Jerusalem, der vor zehn Tagen vorgefallen, erzählen lassen. «Gestern war ich noch bey euch, und jetzo sitz ich im leidigen Friedberg und harre auf einen Steindecker, mit dem ich die Reparatur meines verwünschten Schlosses akkordiren will. – Ich wollte, ich hätte gestern Abend förmlich Abschied genommen; es war eben so viel, und ich kam um einen Kuß zu kurz, den sie mir nicht hätte verweigern können. Fast wär ich heute früh noch hingegangen. Schlosser hielt mich ab; dafür spiel ich ihm nächstens einen Streich; denn ich will doch nicht allein leiden. Gewiß Kestner, es war Zeit, daß ich gieng. Gestern Abend hatt ich rechte hängerliche und hängenswerthe Gedanken auf dem Canapee –.» Schlosser, Verlobter Cornelias und Anwalt in Frankfurt, den hatte der Vater mitgeschickt, vielleicht weil er dem Sohn als Juristen noch nicht recht traute; und ein ernster Brief des Rates war auch eingetroffen, voll geschäftlicher Mahnungen, sich mehr um das Haus in Friedberg als um das Deutschordenshaus in Wetzlar zu kümmern. «Der Brief meines Vaters ist da; lieber Gott, wenn ich einmal alt werde, soll ich dann auch so werden? Soll meine Seele nicht mehr hängen an dem, was liebenswerth und gut ist. Sonderbar das, da man glauben sollte, je älter der Mensch wird, desto freyer er werden sollte von dem, was irdisch und klein ist. Er wird immer irdischer und kleiner.» Im Roman tritt an die Stelle des mahnenden Vaters der pedantische Gesandte. So werden zwischen Liebessehnsucht und Geschäftsverdruß Stimmungen und Uranfänge von «Werthers Leiden» vorempfunden. Wie eng und irdisch die Ansätze einer Dichtung, die ganz Herz ist und die Welt gewonnen hat! Die Vermögensgeschäfte aber blieben fortan in der Hand des Vaters, der, je mehr der Sohn als Dichter Erfolg hatte, diesem auch noch die Anwaltsmühen erleichterte.

Was dem Rat Goethe im ganzen an jährlichen Zinsen – ohne die Hausmiete – zukam, waren etwa 2700 Gulden. Wieviel das bedeutet, wird klar, wenn man bedenkt, daß der höchste Beamte, der Stadtschultheiß, d. i. ein Richteramt, 1800 Gulden, der erste Bürgermeister 1700, der Stadtprediger neben seiner Wohnung 500, der Bibliothekar und der Stadttrompeter 300, ein Torschreiber und Hellepartier 150 Gulden jährlich erhielten.

Des Dichters Anfänge in Weimar waren schwierig, nicht nur gesellschaftlich. Der Vater, dem Fürstenfreundschaft wie Fürstendienst in gleicher Weise suspekt waren, sandte nobel auch jetzt noch dem Sohn, 1775 und 1776, vierhundert Gulden als «väterliche Beyhülfe» nach Weimar, aber er meinte: wollte der Herzog seinen Sohn in Dienst nehmen, so sollte er ihn auch bezahlen. Carl August wiederum mußte sich hüten, in Weimar den Unwillen gegen den landfremden bürgerlichen Eindringling noch zu steigern. Das Geschenk des kleinen baufälligen Gartenhauses vor der Stadt an der Ilm gab Goethe wenigstens zunächst ein Dach über dem Kopf, so anspruchslos und bescheiden, daß es bei dem Beamten- und Hofadel keinen Neid erregte. Auch das einfache Mobiliar war ein Geschenk des Fürsten.

Im Juni 1776 erfolgte Goethes Anstellung als Geheimer Legationsrat im Konseil. Ein Amt und Gehalt! Indes sein erster Eindruck, Herder geäußert, verkörpert sich in einem Wort von nur bedingtem Optimismus: «scheißig». – Und gewiß war es nicht immer erfreulich. Da saßen sie denn zu viert und regierten ihre 100 000 Untertanen, Carl August, von Fritsch [die Seele des Widerstandes gegen Goethe], Schnauß und als letzter der Wertherdichter aus Frankfurt. «Konseil. Dumme Luft drinne. Fataler Humor von Fritsch. Jupiter [d. i. der Herzog] zu viel gesprochen.» Trotzdem: in diesem Konseil bringt Goethe Ordnung in das Land, reduziert die Armee von 800 auf 200 Mann, beseitigt die ungerechte Kopfsteuer und gleicht das Budget aus.

Sein eigenes Gehalt war anfangs 1200, dann 1400 Taler und mehr im Jahr. Ein Weimarer Taler war etwas mehr als zwei Frankfurter Gulden; Goethe erhielt also etwa so viel, wie das jährliche Zinseinkommen des Vaters in Frankfurt war. Der Kammerpräsident von Fritsch mit 2000 Talern war naturgemäß besser besoldet, der Oberstallmeister von Stein erhielt 1600, Herder erhielt 1100, die Kammerherren 1000, Corona Schröter 400, eine Hofdame 300 Taler. Die private Rechnungsführung in Goethes Haushalt übernahm Philipp Seidel, der Diener des Vaters, der aus Frankfurt mit nach Weimar gegangen war und schon 1775 die Torgelder gebucht hatte, wenn Goe-

the, von Lili in Offenbach kommend, noch abends spät
Einlaß in die Vaterstadt begehrte. Unsicher, wieviel Seidel
vom «Urmeister» wußte, aber es ist so, als ob er die Worte
Werners im zweiten Buch über «die großen Vorteile, welche die doppelte Buchhaltung gewährt» gekannt hätte:
«Sie ist eine der schönsten Erfindungen des menschlichen
Geistes und ein jeder guter Haushalter sollte sie in seiner
Wirtschaft einführen!» Solchen Geist, solche Hingabe at-
met Seidels Buchführung: Tagesabschlüsse, Wochenab-
schlüsse mit zahlreichen Rubriken, sorgsame Voran-
schläge für jedes neue Jahr. Ganz im Stil eines gut geführten Frankfurter Hauses jener Zeit der große Wäschevor-
rat; neun Spindeln arbeiten für den kleinen Haushalt, mit
dem Erfolg, daß 1778 – wenn die Unterlagen stimmen –
folgender Bestand da war: 267 Servietten, 34 Tischtücher,
58 Bettücher, 108 Handtücher, 194 Hemden mit Manschetten, 82 Hemden ohne Manschetten. Uns scheint das
zuviel. Indes die Mutter in Frankfurt ist sehr zufrieden mit
so vollgespeicherten Wäscheschränken. «An der Spinnerey
vom Doktor habe ich so meine Freude, daß ich ihm ehe-
stens 25 Pfund schönen feinen Flachs zum geschenk über-
schicken will», so schreibt sie im November 1778 an die
Herzogin Anna Amalia. Sie fühlt hausfraulich. Goethe
selbst aber dachte wohl anders. Mit Spinnen und Weben
erwehrten sich auf dem kargen thüringischen Boden die
Unbemittelten der Not. In anderen Gegenden Deutschlands entstehen damals, weniger des Gewinnes halber als
um der Not zu steuern, die ersten Fabriken. Der Schwager
Schlosser gründet eine solche 1784 in Emmendingen,
Merck im Jahre 1787 eine Fabrik in Darmstadt. Wohltätigkeit ist es also, wenn Seidel so viel Spindeln im Surren
erhält. Wohltätigkeit, die den eigenen Mitteln nicht immer Rechnung trägt. Dazu kommt, daß der Dichter auch
sonst einen hohen Betrag für Unterstützungen aussetzt, –
meist verschwiegene Hilfen bei verarmten Familien.
Wenn das Gehalt 1200 Taler einbringt, so gibt der Dichter 1600 bis 3000 aus, und 1781 macht Seidel eine ernste Eingabe an seinen Herrn, weniger Wein solle er kau-

fen, am Porto sparen und für Bücher nicht mehr als 10 Taler jährlich brauchen. Indes der Herr folgt nicht, und so muß Jahr für Jahr das Elternhaus in Frankfurt aushelfen und den Weimarer Fehlbetrag decken, eben aus jenem Vermögen, das der Großvater, der Weinhändler Friedrich Georg Goethe, vor einem halben Jahrhundert angesammelt hatte.

1782 bezieht Goethe das Haus am Frauenplan: Monatsmiete 12 Taler. Die Ausgaben wachsen mit dem größeren Haushalt, aber die Verhältnisse werden nicht besser. Die Reise nach Italien, ein Geschenk des Herzogs, ist daher auch finanziell eine erwünschte Erleichterung. 1794 wird Goethe durch die Freigebigkeit Karl Augusts Eigentümer seines Hauses, aber noch im Jahre darauf, als die Kriegssteuer eingeschätzt wird, gibt der Dichter an: er sei ein Mann ohne Vermögen. Am Ilmenauer Silberbergwerk, dessen Ingangsetzung er leitet, war er von je nur *pro forma* mit einem Zwanzig-Taler-Kux beteiligt, den er, als das Werk ersäuft, verfallen läßt, um nicht neue Zubuße zahlen zu müssen. Lotterie spielen, bei Dumont in Frankfurt, bringt auch nichts. Wäre Goethe in dem Alter gestorben, da Schiller starb, er hätte nicht mehr hinterlassen, als Schiller hinterließ.

Und doch ward Goethe jetzt Gutsbesitzer, 1798 erwirbt er – er ist neunundvierzig Jahre alt – das Freigut Ober-Roßla [sprich Rossel] bei Apolda: 175 Acker Land, mit Lerchenstrich, Recht, 100 Schafe zu halten, und Sitz und Stimme im Landtag. Die Kaufsumme beträgt etwas über 13000 Taler. Kaufgeld ist zwar nicht vorhanden, indes Goethe – um nicht die Mutter anzugehen – leiht sich das Nötige von befreundeten Familien zusammen, von Geheimrat Schnauß, der Pfarrerswitwe Slevoigt und anderen mehr. Und 8000 Taler können als Hypothek stehenbleiben. Goethe hat später den Kauf mit der modischen Liebe zum Landleben begründet. Der wahre Grund ist wohl, daß er für Christiane Vulpius, die ja unverehelicht und unversorgt ist, und für den gemeinsamen Sohn August für den Fall des eigenen Todes einen gesicherten Besitz erwerben will. Auch grassiert damals in Weimar – unter dem Eindruck der französischen Assignaten – die Inflationsangst in allen Kreisen so stark, daß Karl August in New York Dollar und in Mexiko Silberminen kauft, wobei Goethe sein Berater ist, glücklicherweise ohne sich zu beteiligen. Wenn im «Wilhelm Meister» Lothario plötzlich erklärt, es wäre eigentlich klüger, im Ausland wertbeständiges Grundeigentum zu erwerben als eine zweifelhafte pädagogische Geheimgesellschaft zur Erziehung Wilhelms zu leiten, so ist das ein ironischer Reflex solcher Panikstimmung.

Die Übergabe von Ober-Roßla erfolgt am Tage der Sonnenwende durch Anmachen und Löschen des Herdfeuers, Ausstechen eines Stückes Erde im Küchengarten und Abbrechen eines Zweiges. Kirchgang, Musikumzug, Tanz, und vor allem der Einzugsschmaus! Anwesend sind zwanzig Personen, darunter Wieland als Gutsnachbar von Osmannstedt und der Ortspfarrer. Christiane nimmt nicht teil, aber wissend, was sich ziemt, bestimmt sie die Speisenfolge. Man ißt Sagosuppe, Rindfleisch mit Senf, junge Hühner mit grünen Erbsen, Forellen oder Backfisch, Wildbret und Gansbraten, Torte und Rührkuchen. Dazu stehen 50 Flaschen französischer Wein und 12 Nösel Dessertwein bereit.

So hatte sich Rousseau die Rückkehr zur Natur nicht vorgestellt.

Überhaupt die Gastereien! Goethe selbst sagt darüber: «Weil die Konklusion *Ergo bibamus* zu allen Prämissen paßt, so ward manches herkömmliche und willkürliche Fest gefeiert. Es fehlte nicht an Besuchen [auch Schiller war darunter], und die Kosten einer wohlbesetzten Tafel vermehrten das Defizit.» Der Pächter zahlt 350 Taler bar und hat jährlich an Goethe zu liefern 340 Stück Butterweck, 100 Stück Maibutter, 192 Paar Käse, 24 Schock Eier, 3 Schweine, 12 Gänse, 4 Schock Lerchen, von Enten, Tauben, Truthühnern und Schöpsenkeulen zu schweigen. Leider bleibt er im Rückstand, stiehlt und betrügt, und solcher Ärger verleidet Goethe das Gut. Er verkauft es

400

1803 mit einem Gewinn von gut 2000 Talern und ist glücklich, «sein Verhältnis zu den Erdschollen von Roßla völlig aufgehoben zu sehen». Und doch ist er durch das Gütergeschäft zu einem bescheidenen ersten Ansatz von Vermögen gekommen. Vier Jahre später, 1807, deklariert er als Besitz 4600 Taler.

Das ist das ganze finanzielle Ergebnis von zweiunddreißig Jahren Aufenthalt und Arbeit in Weimar.

Und tatsächlich, zu größerem Kapital kommt Goethe erst, als sein Erbanteil an dem Frankfurter Familienvermögen an ihn gelangt. 1808 stirbt die Mutter. Der väterliche Besitz war in ihren nicht eben wirtschaftlichen Händen durch den Krieg und vor allem durch die Ansprüche aus Weimar um die Hälfte zurückgegangen. Was noch vorhanden war, ging im Halbteil an die Erben Cornelias, zum andern an den Dichter. 22 000 Gulden, der Rest der Kapitalsammlung des Großvaters, des einstigen Schneidergesellen aus Lyon, wird somit der Rückhalt des Goetheschen Besitzes in Weimar. Auch die Besoldung steigt allmählich; sie beträgt nach 1815 etwas mehr als 3000 Taler.

Die beste Einnahme wird am Ende doch die Schriftstellerei. Freilich, die ersten zwanzig Jahre verdienen ganz allein Verleger und Nachdrucker. Dann, durch die erste Ausgabe seiner Schriften, acht Oktavbände, bei Göschen in Leipzig [1787/90] – Bertuch, der Großunternehmer Weimars, war mit einem Drittel beteiligt – erhält Goethe 2000 Taler in Gold. Später, in seiner mittleren Lebensperiode, kann der Dichter im Durchschnitt mit jährlichen Honorareinkünften von 1500 bis 2000 Talern und mehr rechnen.

Dann übernimmt Cotta die Werke und zahlt 10 000 Taler für die Ausgabe von 1806, 16 000 für die Ausgabe von 1816. – Für die Ausgabe letzter Hand gibt Cotta 72 500 Taler, das höchste Honorar, das in Deutschland bis dahin gezahlt worden ist. Anders freilich in England. Walter Scott, der jährlich 10 000 Pfund Sterling an Honoraren erhält, verdient in drei Jahren mehr aus seiner Schriftstellerei als Goethe in seinem ganzen Leben.

Das letzte Jahrzehnt hält Goethe Hof als ein Fürst des Geistes. Die großen Kunstsammlungen, die er besitzt, die Zahl der Gäste aus aller Welt, dazu die Sorge für Kinder und Enkel verschlingen jetzt ein Budget von jährlich sechs- bis acht-, ja selbst bis zwölftausend Talern. Die Steuer freilich beansprucht jährlich zumeist nur 150 Taler. Glückliche Zeiten! Als der Dichter stirbt, sind nur ungefähr 30 000 Taler Vermögen da, dazu das Haus mit den beiden Nebenhäusern und den unschätzbaren Kunstsammlungen.

Nach seinem Tode geht es schnell bergab. Was einst Seidel besorgt hatte, die Rechnungsführung, das leistete noch für den Vater August von Goethe klug und umsichtig bis 1830. Aber Augusts Witwe, Ottilie, versteht nichts vom Handwerk. Unordnung und Untreue müssen sich beängstigend breit gemacht haben, so daß der nunmehr achtzigjährige Dichter alle Schlüssel, selbst den zum Holzstall, in Verwahrung nehmen und alle Abrechnungen nachprüfen muß, während die Schwiegertochter daneben sitzt und in den Briefen Zelters an Goethe liest. Aus dieser Zeit stammt etwa das Milchbuch des Dieners Krause im Frankfurter Goethemuseum und das Buch über die täglich dem Keller entnommenen Weinflaschen, beide eigenhändig vom alten Goethe kontrolliert und quittiert. Und als eben diese Kontrolle nun seit dem 22. März 1832 fehlt, kommt die Familie allmählich immer mehr in Schwierigkeiten und Sorgen.

Goethe hatte noch, vor allem durch Metternichs Vermittlung, erreicht, daß seine Werke bis 1867 gegen Nachdruck geschützt waren. Über 460 000 Mark – verteilt auf 35 Jahre waren das 13 000 Mark jährlich – sind der Familie noch zugeflossen. Dazu kommen die Mieteingänge aus dem Haus. Im Jahre 1844 schweben auch einmal Pläne, noch eine Verbesserung der Lage durch den Verkauf des Hauses und der Sammlungen an den Deutschen Bund herbeizuführen und ein Goethe-Museum im Weimarer oder Frankfurter Goethe-Haus zu schaffen. Doch das zerschlägt sich. Ottilie von Goethe, viel in Wien und auf Reisen, kehrt erst im Alter, als Vierundsiebzigjährige, wieder in das Weimarer Haus zurück, wo sie in den Mansarden, die sie einst mit August bewohnt hatte, ihre letzten beiden Lebensjahre in fast ärmlichen Verhältnissen zubringt und im Herbst 1872 stirbt.

Ihre Söhne, des Dichters Enkel, starben 1883 und 1885, und zwar beide in Leipzig. Wolfgang – einst als «Wölfchen» der verwöhnte Liebling des greisen Dichters fast täglich in dessen Tagebuch und in den Briefen erwähnt – hatte die vier letzten Lebensjahre als einsamer, kranker Zimmerherr bei einer bescheidenen Leipziger Familie verbracht, Walther starb auf der Durchreise im Gasthof. Sich durch Verkauf aus den Sammlungen und Manuskripten des Großvaters Geld zu verschaffen, hatten sie stets entschieden und vornehm abgelehnt. Lieber haben sie entbehrt und gedarbt. Durch ihre letztwillige Verfügung fielen Dichterhaus und Sammlungen dem Großherzoglichen Hause und dem Weimarer Staate zu. «Das Haus der Eumeniden geht zu Ende», schrieb Walther von Goethe. «Ein Überbliebener von Tantalus Haus», so bezeichnete er sich. Der Ahne hat an den Tischen der Götter gesessen, dafür müssen die Enkel büßen. Überblickt man die Deszendenzkurve der fünf Generationen, so bietet sich das Bild eines merkwürdig ebenmäßigen Aufstiegs und Absinkens. Die Linie setzt mit dem vitalen Wandergesellen, geschickten Schneider, tüchtigen Gastwirt und weltkundigen Weinhändler Friedrich Georg Goethe ein. Auf der Grundlage des durch ihn erworbenen materiellen Vermögens schafft Johann Caspar den geistigen und künstlerischen Mutterboden in der gepflegten Atmosphäre eines feinkultivierten Bürgerhauses. In der dritten Generation erreicht das Geschlecht seinen Zenit. Der Sohn des Dichters ist noch eben ein treuer Verwalter, den Enkeln aber zerrinnt Vermögen und Leben zwischen den kraftlosen Händen.

BEGEGNUNG MIT MOZART

Willkommen, o silberner Mond,
  Schöner, stiller Gefährt der Nacht!
    Du entfliehst? Eile nicht, bleib, Gedankenfreund!
    Sehet, er bleibt, das Gewölk wallte nur hin.

Des Maies Erwachen ist nur
  Schöner noch wie die Sommernacht,
    Wenn ihm Tau, hell wie Licht, aus der Locke träuft,
    Und zu dem Hügel herauf rötlich er kömmt.

Ihr Edleren, auch es bewächst
  Eure Male schon ernstes Moos!
    Oh, wie war glücklich ich, als ich noch mit euch
    Sahe sich röten den Tag, schimmern die Nacht.

Das ist die Ode «Die frühen Gräber». Klopstock hat sie
geschrieben – im Jahre 1764. Und wir wundern uns, daß
Worte, daß Bilder, die uns so berühren, nicht von heute
sind, sondern fast zweihundert Jahre alt sein sollen. Klingt
aus Rudolf G. Bindings letztem Gedicht nicht die gleiche
Weltmelodie? – Wie schwermütiges Raunen?

Schlaf ein, o Mond,
schlaf ein auf meinem Becher.
Ich seh dir zu.
Ich seh dir zu, o Mond, – ein Zecher
so still wie du.
So still wie du
mit dir und fast gestorben
Durchwandle ich ein nächtliches Bereich.
Wir sehn uns zu.
Du trinkst aus meinem Becher:
und wir sind gleich.

404

Dieses Gedicht ist noch mehr vereinfacht als das Klopstocks, noch mehr in sich zusammengezogen, tiefer verinnerlicht – aber wie dieses von schwermütig getragener Musikalität, unverkennbar dem Ahnherrn verwandt; es sind Verse, die mit der Reihe der Goetheschen Mondgedichte wenig gemein haben, aber in ihrer Esoterik mit jenem stillsten aller Gedichte Goethes, mit «Über allen Gipfeln ist Ruh» zusammenklingen.

Warte nur, balde
Ruhest du auch,

das ist das Letzte, was die drei Gedichte aussagen, das Klopstocks, das Bindings, das Goethes; und auch der Becher, von dem in Bindings Versen die Rede ist, ist mehr Libation an Dionysos als Gott der Unterwelt und Schatten, denn als Gott des Weins und des Enthusiasmus.

Klopstocks Gedicht ist diesseitiger. Jede Strophe sagt ein anderes aus. Erst der stille Betrachter und der stille Mond, der die Bewegung nur vortäuscht – Aug in Aug sich befragend, sich ineinander versenkend, voll Zutrauen und Bänglichkeit. Als Gegenbild zu solcher Sommernacht die Vision des Mais als des Jünglings, dem «hell wie Licht» Tau aus der Locke träuft, und der nun eins wird mit der Frühlingsmorgensonne, die sich glühend über dem Hügel hebt. Und dann die Gräber – «der Edleren», schon moosbewachsen! Und nun wird dieser ganze Gedichtinhalt hineingenommen in das letzte Bild stetigen Wechsels von Morgenaufgang und Glanz der Nächte als ewigen Ablaufs der Schöpfung, vor dem das Schicksal des Menschen ein Nichts ist und schwindet wie sein Glück.

Diese Odenpoesie ist groß. Mit ihr setzt die neue deutsche Dichtung ein. Sie wird auch wieder auferstehen, wie so manches in Deutschland wieder auferstanden ist, das die Zeit aus dem Gedächtnis verloren hatte, Caspar David Friedrich zum Beispiel, und die romantische Dichtung und Hölderlin. Was aber diese Klopstocksche Ode davor bewahrt hat, je ganz vergessen zu werden, das ist ihre Musik – nicht die Musik, die ihr vom Dichter eingeboren ward, da sie entstand, sondern jene Melodie, mit der ein Musiker, der vom Gehalt und Wohllaut des Gedichtes getroffen war, brüderlich Wort und Ton verband, so daß sie beide, die Schöpfung des Dichters und die des Musikers, nun ein gemeinsames Dasein führen und jedes den andern belebt, keines den andern sterben läßt. Glucks Vertonung hat Klopstocks Verse noch in der Erinnerung unseres Volkes erhalten, als der Dichter von der Mode schon zu dem, was angeblich abgetan sei, hinübergedrängt war. Unsterblichkeit zu verleihen ist Zauber. Und es ist auch wirklich Zauber um diese Glucksche Musik. Als wäre er selber silbern und ein Mond oder eine helle Wolke der Nacht, so schwebt der Sopran einher, selig, gelöst, feierlich – wie die Gesänge der Jenseitigen auf den Asphodeloswiesen in «Orpheus und Eurydike», wie – Musik von Gluck, möchte man sagen, wenn es nicht töricht wäre, eine Erscheinung erklären zu wollen, indem man sie mit sich selbst vergleicht.

Von dieser Musik sind wir heute noch gebannt, und unsere Vorfahren um 1770 waren es auch. So suchte denn auch Johanna Fahlmer, «das Tantchen» des Frankfurter Goethe – freilich nur eben fünf Jahre älter als dieser «Neffe» – nach einem Weg, Gluck für die Vertonung Goethescher Lyrik zu gewinnen. Johanna stammte ursprünglich aus Düsseldorf, wo ihr Vater ein großes Handelshaus leitete; aber die Familie war, als Düsseldorf im Siebenjährigen Krieg belagert ward, nach Mannheim geflohen. Man fand dort in dem Hause eines lutherischen Geistlichen Zuflucht, in dem auch ein junger Maler lebte, der bei Verschaffelt nach Gipsen zeichnen lernte, demselben Verschaffelt, der den jungen, aus Straßburg heimkehrenden Goethe im August 1771 durch das Mannheimer Antikenkabinett führte. Der Maler war Johann Christian Mannlich, der spätere Galeriedirektor von München und Schleißheim. Mannlich erzählt in seinen Erinnerungen, wie er bei seinem Mietsherrn in Fräulein Jeanette Fahlmer, jetzt Frau Schlosser, ein junges, höchst liebenswürdiges Mädchen seines Alters kennengelernt habe, der sein Herz in aufrichtiger Liebe zugeflogen sei. Die Briefe – der Freundschaft, der Liebe –, die Johanna an Mannlich geschrieben, wurden 1793 von den Sansculottes zu Kartuschen verarbeitet; so ist uns ein vermutlich sehr aufschlußreicher Briefwechsel der Goethezeit verlorengegangen. An diesen ihren Jugendfreund Mannlich, der gerade mit Gluck zusammen in Paris im «*Hôtel des Deux-Ponts*», d.h. im Palais des Herzogs von Zweibrücken, wohnte, wandte sich also jetzt Johanna, legte auch ein Gedicht ihres Freundes Goethe, der eben seinen «Werther» vollendete, dem Schreiben bei und bat um Mannlichs Fürsprache bei Gluck. Es war im Frühjahr 1774. Der Meister stand damals in den Kämpfen um seinen «Orpheus», dessen Erstaufführung am 2. August den Sieg der neuen Oper über die Tradition Lullys und Rameaus vollenden half. Mannlichs Bitte lehnte Gluck kurzerhand ab: er habe keine Zeit. Und als der junge Maler nach einigen Tagen einen neuen Versuch wagte, wiederholte er ärgerlich: «Ich habe es Ihnen schon einmal gesagt, daß ich keine Zeit dafür übrig habe. Ich muß alle Jahre zwei große Opern für Paris schreiben, außerdem verpflichten mich meine Beziehungen zu Wien. Ich schreibe meine Musik nicht wie andere Leute, die in ihrer Brieftasche stets Motive zu fertigen Arien bei sich herumtragen, denen sie einen beliebigen Text unterlegen. Die bringen ohne Mühe in kurzer Zeit eine Oper zustande. So mache ich es nicht. Bei mir sind es die Worte, die mir die Motive und Gesänge eingeben. Ich suche die Natur wiederzugeben und mit den Tönen zu malen, wobei ich oft genug Blut und Wasser schwitze. Übrigens habe ich es bereits Marmontel, Sedaine und anderen geschickten Verseschmieden verweigert. Ich bitte Sie daher, mich von nun ab damit in Ruhe zu lassen.» In diesen Worten hatte Gluck sein ganzes Wollen umrissen. Das unterschied ihn allerdings von den Komponisten vor seiner Zeit, daß er nicht von der Melodie, sondern vom Text ausging. Und gerade darum hatte man ihm ja Lyrik von Goethe vorlegen wollen.

Zwei Jahre später wandte sich Gluck an Goethe. Nanette, seine Nichte und Adoptivkind, eine junge, schöne Sängerin, war plötzlich gestorben. Er wollte ihrem Andenken eine Kantate widmen und suchte nach einem deutschen Text. Erst bat er Klopstock, dann Wieland, dieser wies ihn an Goethe. Und tatsächlich griff Goethe die Aufgabe auf, ganz im Sinne Glucks, wie er diesen aus seinen Opern kannte. Er schrieb die «Proserpina», aber nur eine Szene. Und so ist auch diese Zusammenarbeit zwischen Dichter und Komponist gescheitert. Dafür setzt zwar Mozart im Jahre 1785 Goethes «Veilchen» in Musik – das einzige Gedicht Goethes, das er vertonte. Davon hat aber nun der Dichter wahrscheinlich nie erfahren. 1825 schickt ein achtundzwanzigjähriger Lehrerssohn, Schubert, übrigens damals auch in seiner Heimat Wien ein unbekannter Mann, mit einem rührenden Begleitbrief sein Opus 19 mit den Vertonungen des «Ganymed», des «An Schwager Kronos», «An Mignon» an den nun schon sechsundsiebzigjährigen Dichter; er wartet vergebens auf Dank und Antwort.

Man sieht, kein glücklicher Stern hat über den Beziehungen zwischen Goethe und den größten Tondichtern seiner Zeit gestanden.

Dabei ist es sehr falsch anzunehmen, Goethe habe kein Verhältnis zur Musik gehabt. Das früheste Büchlein seiner Gedichte, das er als junger Student herausgab, ist ein Notendruck; er hatte sich selbst den Komponisten gesucht. Auch schrieb er Libretto über Libretto für Singspiele und Opern und tat sich um und mühte sich, Komponisten dafür zu finden. Im Alter gründete er sich gar eine Hauskapelle, die fünfundzwanzig Jahre, bis zu seinem Tode, bestand. Jeden Donnerstag kamen die Sänger und Sängerinnen, Mitglieder des Theaters und Herren und Damen der Gesellschaft, in Goethes Haus zusammen und konzertierten im Zimmer von Christiane Vulpius. Erst gab es geistliche, dann weltliche Musik; Goethe selbst regelte den Vortrag, und jeder Musikabend schloß mit einem Mahl. Das war die Probe. Am Sonntag fand die Aufführung statt, in den vorderen Räumen des Hauses, vor geladenen Gästen, verbunden mit einem Frühstück. Musik ist noch dienende Kunst; und so gehören Musik und Mahl durchaus zusammen. Beide sollen der Geselligkeit dienen und so das Leben erheitern. Das gilt für die Renaissance, das Barock, das Rokoko und zum guten Teil noch für das Biedermeier.

Auch hängt heute noch in Weimar, im Sterbezimmer, eine handgeschriebene Tontabelle, ein 1814 von Goethe selbst entworfenes Schema über das akustisch-mathematische Verhältnis der Töne zueinander; denn immer und immer wieder hat man versucht, dem Geheimnis der Musik, die Leibniz eine «unbewußte Rechenübung der Seele» genannt hatte, gerade von der Mathematik aus am ehesten nahezukommen.

Es war die schwache Seite des Weimarer Kunstlebens zu Goethes Zeiten, daß gerade die musikalischen Stellungen, die des Stadtorganisten – einst war das Bachs Großvater, Christoph Bach, gewesen, und Hoforganist war von 1708 bis 1717 Johann Sebastian Bach selbst – wie auch die Stelle des Hofkapellmeisters schlecht besetzt waren, während doch die bildenden Künste im Bildhauer Klauer und im Maler Georg Melchior Kraus Persönlichkeiten besaßen, die sich in den Dichterstaat, wenn auch nicht ebenbürtig, so doch tätig ergänzend einfügten. Goethe mußte die musikalischen Anregungen und Freunde auswärts suchen. Er fand sie in dem Berliner Liederkomponisten Johann Friedrich Reichardt und mehr noch in dem Leiter der Berliner Singakademie Karl Friedrich Zelter; aber beide sind, so respektabel auch Zelter war, doch nicht die führenden Männer der Zeit gewesen. So ist es gekommen, daß Goethe in seinen musikalischen Interessen nicht ausgesprochen vorwärts gewandt war. Gerade in seiner Hauskapelle zeigte sich das. Im 19. Jahrhundert hätte man, wollte man Hausmusik haben, ein Quartett oder ein kleines Instrumentalorchester gepflegt; daß man aber bei Goethe zum Singen zusammenkam, das war alte Mode, war 18. Jahrhundert. Mit der modernen, großen Symphoniemusik Beethovens ward Goethe erst später bekannt; 1811 übersandte Beethoven, der schon vorher einige Lieder Goethes vertont hatte, diesem seine Egmont-Ouvertüre. 1812 trafen sich beide in Teplitz. Goethe empfing den größten Eindruck: «Zusammengeraffter, energischer, inniger habe ich noch keinen Künstler gesehen.» In ihrer Wirkung aber empfand er Beethovens Musik als zu «vulkanisch».

Als Goethe und Beethoven sich trafen, war Goethe 63 und Beethoven 42 Jahre alt; als Goethe und Mozart sich sahen – und auch hier war die Begegnung nur eine einmalige –, war Wolfgang Amadeus 7, Johann Wolfgang 14 Jahre. «Ich erinnere mich des kleinen Mannes in seiner Frisur und Degen noch ganz deutlich», erzählt Goethe noch kurz vor seinem Tode. Es war am Donnerstag, dem 25. August 1763, im «Scharfischen Saal» hinter der Liebfrauenkirche gewesen. Leopold Mozart führte seine beiden Kinder, den Wolfgang und das Nannerl, vor. Die Ankündigung versprach: «Der Knab wird ein Concert auf der Violin spielen, bey Synfonien mit dem Clavier accompagnieren, das Manual oder die Tastatur des Clavier mit einem Tuch gänzlich verdecken, und auf dem Tuche so gut spielen, als ob er die Claviatur vor Augen hätte; er wird ferner in der Entfernung alle Töne, die man einzeln oder in Accorden auf dem Clavier, oder auf allen nur erdenklichen Instrumenten, Glocken, Gläsern und Uhren usw. anzugeben imstande ist, genaust benennen. Letztlich wird er nicht nur auf dem Flügel, sondern auch auf einer Orgel vom Kopfe phantasiren.»

Aber nicht diese beneidenswerten Künste waren es, die den jungen Wolfgang so beeindruckt haben, daß er noch am 3. Februar 1830 diese Begegnung im Gedächtnis trug. «Ich erinnere mich des kleinen Mannes in seiner Frisur und Degen noch ganz deutlich.» Das war es: «der Degen». In Frankfurt durften nur Angehörige der ersten Stände, Patrizier, Großkaufleute und Doktorensöhne, einen Degen tragen. Und hier kam ein fremder Junge, auch noch ein Musiker, und trug einen solchen, und das mit sieben Jahren, während er selbst, Johann Wolfgang, erst knapp vor zwei Jahren, als Zwölfjähriger, einen silbernen Degen erhalten hatte; – «*gladius Guelfi argenteus,* 15 Gulden»,

410

steht unter dem 16. September 1761 in dem Ausgabenbuch des Vaters.

Die Geburtsjahre der beiden Künstler sind für ihr gegenseitiges Verhältnis wichtig, denn der Satz besteht weithin zu Recht, daß man, um gemeinsam empfinden zu können, zur selben Generation gehören muß. Und Goethe und Mozart sind aus der gleichen Generation; deshalb sind sie sich auch in der Sprache ihrer Kunst verwandt. Wie der Werther ein Durchbruch des Gefühls in der Literatur war, so sind auch Mozarts Opern, im Gegensatz zur vorher herrschenden konventionellen italienischen *opera seria,* voll süßer Empfindung und individuell sich entwickelnder Charaktere, persönlicher Schicksale.

Goethe hat von 1791 bis 1817 das Weimarer Theater und damit auch die Oper geleitet. Er hat die «Hochzeit des Figaro» 20mal, «Titus» 28mal, «Così fan tutte» 33mal, die «Entführung aus dem Serail» 49mal, den «Don Juan» 68mal, die «Zauberflöte» 82mal aufgeführt. Besonders also hatte es ihm und seiner Zeit die «Zauberflöte» angetan. Emanuel Schikaneder, von dem das Textbuch der Mozartschen Oper stammt, hatte sich die märchenhafte Fabel seiner Volks-Zauberoper aus mehreren Büchern zusammengeklaubt. Da war 1789 in einer Sammlung von Feenmärchen eine Erzählung erschienen: «Lulu oder die Zauberflöte.» Lulu ist der Prinz, der wie Tamino auf Jagd ausgeht und der Fee begegnet, so wie Tamino der Königin der Nacht. Auch hier gibt es feindliche Zauberer und geraubte und gefangene Töchter sowie die zaubermächtige Flöte, die alles überwindet. Ein anderes Märchen, «Die klugen Knaben», steuerte die Gestalten der drei Damen bei. Der Name Sarastro ist ein verstümmeltes «Zarathustra». Der Isis- und Osirisdienst und die Feuer- und Wasserprobe, die letzten Endes auf Reinigungszeremonien antiker Mysterien zurückgehen, sind damaligen Moderomanen, die in einem sagenhaften Ägypten spielen, entnommen. Das alles vereinte der geschickte Wiener Theaterdirektor zu einer Handlung und machte diese zum Gefäß für die Tugendphilosophie der rationalistischen Orden seiner Zeit.

Mit Mozarts «Zauberflöte» – die Uraufführung in Wien war am 30. September 1791 – beginnt die deutsche Oper schlechthin. Noch der Text von «Don Juan» war italienisch gewesen. Hier aber, bei der «Zauberflöte», hatte das Publikum – nicht zum wenigsten durch Papageno, in dem es seinen Kaspar wiedererkannte – das Empfinden, trotz der Kostümferne der phantastischen Vorgänge, einem durchaus deutschen Werk gegenüberzustehen; und weil die deutsche Oper eben erst geschaffen werden mußte und Goethe als Theaterdirektor hier eine nationale Aufgabe sah, beschloß er, dieses Werk weiterzuführen, gleichsam eine «Zauberflöte, Zweiter Teil» zu schreiben.

Damit die Oper überall schnell und ohne neue Kostüme aufgeführt werden könne, fügte Goethe keine weiteren Rollen zu, sondern ließ einfach die Personen der Mozartschen Oper wieder auftreten und ihr Leben fortsetzen. Auch der Grundgedanke blieb, so wie ihn Herder charakterisiert hatte: «Licht ist im Kampfe mit der Nacht; jenes durch Vernunft und Wohltätigkeit wirkend, diese durch Grausamkeit, durch Betrug und Ränke.» Im Jahr 1795, im Jahre nach der ersten Aufführung in Weimar, begann der Dichter seinen Text zu schreiben, 1798 schloß er die Arbeit ab, nicht weil sie fertig war, sondern weil es ihm nicht gelungen war, einen Komponisten zu finden, dessen Teilnahme ihn vorwärtsgetrieben hätte; 1807 wurde, was gedichtet war, als Fragment in der Ausgabe der Werke bei Cotta gedruckt.

Aus den fertig gewordenen Partien, die etwa die zwei ersten Akte umfassen, und aus den Stichworten für das Weitere ergibt sich folgende Handlung: Die Königin der Nacht hat Taminos und Paminas Vereinigung nicht hindern können; aber sie hat den Mohren Monostatos ausgesandt, das Kind beider zu rauben. Das ist dem Mohren freilich nicht geglückt, aber er hat es durch Zauber in einem goldenen Sarg verschlossen. Auch über der Ehe Papagenos waltet kein reines Glück, dem Bunde fehlen die Kinder; am ehesten ist diesem Paar geholfen, indem Sarastro aus Zaubereiern die gewünschte Nachkommenschaft herausspazieren läßt. Das war damals ein beliebter Theatertrick; auch Marianne von Willemer ist als junge Tänzerin auf der Frankfurter Bühne, zu Clemens Brentanos Freude, so aus dem Ei gesprungen. Pamino und Tamina hingegen müssen in eine geheimnisvolle Höhle hinabsteigen, von neuem Feuer und Wasser durchschreiten, dann wird das Kind befreit. So weit sind Verse vorhanden. Aus den anschließenden Notizen ergibt sich nur noch, daß ein Kampf geplant war, in dem aber Tamino und die Seinen über Monostatos Sieger bleiben.

Die Symbolik, die Goethe, der damals ja auch seine in der Deutung so vielumstrittenen Märchen schrieb, dem Ganzen zugrunde gelegt hatte, bleibt im Dunkeln. Sicher ist mit dem im goldenen Sarg verschlossenen Kind ein Genius gemeint, sei es der Kunst oder des Glückes; und schön ist der Gedanke, daß das Kind im Sarg so lange am Leben erhalten wird, als der Sarg getragen wird. «So lang ihr wandelt, lebt das Kind», wird den Frauen zugerufen, die in der Prozession mit dem goldenen Sarg einherziehen. Das ist Goethes Glaube an die Leben weckende Kraft der Bewegung, an die *«vita activa»;* auch Faust sieht kein Heil im Erstarren und bekräftigt: «Nur rastlos betätigt sich der Mann.» – Vielleicht, daß der Plan der Euphorionhandlung manches geerbt hat, was einmal dem Kinde Paminas und Taminos zugedacht war.

Man hat die Verse zu Goethes «Zauberflöte» rühmen wollen, als ob sich auch hier der große Dichter offenbart hätte. Davon ist nun keineswegs die Rede. Sie sind Librettotext, schlecht und recht, und wollen auch weiter nichts sein. Man hat auch vermutet, daß die Handlung eine Schlüsseldichtung sei, hat daran erinnert, daß soeben, 1794, Charlotte von Stein den Dichter, dem sie seit 1788 verfeindet war, in einem Drama von der verlassenen Königstochter Dido in der Maske des Orgon sehr unfreundlich, aber jedem in Weimar erkennbar, charakterisiert hatte. Man meinte, in der rachsüchtigen Königin der Nacht habe Goethe Charlotte vor Augen gehabt, die ihm,

Tamino, sein Glück mit Christiane, Pamina, mißgönne, und man hat Goethes Klage um einen früh verstorbenen Sohn in Taminos Versen erkennen wollen:

> *Wenn dem Vater aus der Wiege*
> *Zart und frisch der Knabe lächelt,*
> *Und die vielgeliebten Züge*
> *Holde Morgenluft umfächelt,*
> *Ja dem Schicksal dieser Gabe*
> *Dankt er mehr als alle Habe,*
> *Ach es lebt, es wird geliebt,*
> *Bis es Liebe wieder gibt.*
> . . .
> *Ach! ein grauser Donnerschlag*
> *Hüllt in Nacht die Freudenszene.*
> *Und was mir das Schicksal gab,*
> *Deckt so früh ein goldnes Grab.*

Mir scheint diese Beziehungnahme nicht eben wahrscheinlich, aber ich glaube, daß Goethes Planen an einer Fortsetzung der Mozartschen Oper in anderer Weise einen tieferen Sinn hat. Wie Goethe 1805 nach Schillers Tode daran dachte, dem verstorbenen Freund eine würdige Totenfeier auf der Bühne zuzurichten, so mag wohl auch hier der Gedanke maßgebend gewesen sein, durch Fortsetzung des Werkes dem so früh verschiedenen Mozart – er starb 1791 und die Zauberflötenmusik ist schon voll Todesstimmungen – ein Denkmal der Dankbarkeit zu setzen.

Denn Mozart war für Goethe das Genie schlechthin. Immer wieder, wenn er von der Gnade künstlerischer Begabung spricht, ist ihm Mozart das Beispiel. «Was ist Genie anders», sagt er am 11. März 1828, «als jene produktive Kraft, wodurch Taten entstehen, die vor Gott und der Natur sich zeigen können, und die eben deswegen Folgen haben und von Dauer sind? Alle Werke Mozarts sind dieser Art; es liegt in ihnen eine zeugende Kraft, die von Geschlecht zu Geschlecht fortwirkt und so bald nicht erschöpft und verzehrt sein dürfte. Mozart starb in seinem 36. Jahre, Raffael im gleichen Jahre, Byron nur um weniges älter. Alle aber hatten ihre Mission auf das vollkommenste erfüllt, und es war wohl Zeit, daß sie gingen, damit auch anderen Leuten in dieser auf eine lange Dauer berechneten Welt noch etwas zu tun übrigbleibe.» Oder ein andermal [am 14. Februar 1831]: «Das musikalische Talent kann sich wohl am frühesten zeigen, indem die Musik ganz etwas Angeborenes, Inneres ist, das von außen keiner großen Nahrung und keiner aus dem Leben gezogenen Erfahrung bedarf. Aber freilich, eine Erscheinung wie Mozart bleibt immer ein Wunder, das nicht weiter zu erklären ist. Doch wie wollte die Gottheit überall Wunder zu tun Gelegenheit finden, wenn sie es nicht zuweilen in außerordentlichen Individuen versuchte, die wir anstaunen und nicht begreifen, woher sie kommen!» Und noch ein drittes Wort, wenige Tage vor seinem Tode gesprochen: «Versuche es aber doch nur einer und bringe mit menschlichem Wollen und menschlichen Kräften etwas hervor, das den Schöpfungen, die den Namen Mozart, Raffael oder Shakespeare tragen, sich an die Seite setzen lasse! Ich weiß recht wohl, daß diese drei Edlen keineswegs die einzigen sind und daß in allen Gebieten der Kunst eine Unzahl trefflicher Geister gewirkt hat, die vollkommen so Gutes hervorgebracht als jene Genannten. Allein, waren sie so groß als jene, so überragten sie die gewöhnliche Menschennatur in eben dem Verhältnis und waren ebenso gottbegabt als jene.» Man sieht, Mozart ist ihm ein Zeugnis für seinen Glauben, daß in den Schöpfungen großer Künstler sich Gott offenbart.

Goethe hätte gern die Originalhandschrift der Zauberflöte besessen. «Der Herr Geheime Rath beklagt» – schreibt sein Theaterbeirat Kirms an Bertuch –, «daß man ein Manuskript nicht kaufen könne. Wir getrauen uns nicht ‹die Zauberflöte›, die schönste Oper von Mozart, zu kaufen, weil man noch 30 Thaler dafür haben will.» Dieser Wunsch der «sinnlichen Nähe», denn das bedeutete ihm der Reliquienkult seiner Handschriftensammlung, ist bezeichnend genug. Als sich einmal ein Gespräch mit Ekkermann entspann, wie man den «Faust», dessen zweiter

Teil ja in vielen Partien opernhaft geworden war, komponieren müsse, fand man keinen Rat. «Doch gebe ich», sagte Eckermann, «die Hoffnung nicht auf, zum ‹Faust› eine passende Musik kommen zu sehen.» Goethe antwortete: «Es ist ganz unmöglich. Das Abstoßende, Widerwärtige, Furchtbare, was sie stellenweise enthalten müßte, ist der Zeit zuwider. Die Musik müßte im Charakter des ‹Don Juan› sein. Mozart hätte den ‹Faust› komponieren müssen.»

So ist es wohl richtig, zu sagen, daß für Goethe in der Musik Mozart bedeutet hat, was ihm Shakespeare in der Literatur gewesen: der große Ebenbürtige – die Natur, die ihm zuinnerst verwandt war. Gibt es nicht Melodien in «Così fan tutte» und noch mehr in «Figaros Hochzeit», die wie Musik zu Partien der Frankfurter «Stella» erklingen? Ist nicht zwischen der Schwermut und dem Rokokoglanz im «Wilhelm Meister» und im «Figaro», im Tragischen wie im Heiteren, der Einklang einer verschwisterten Seelenmusik? Auf die höllische Dämonie im «Don Juan» als Gegenstück zum «Faust» hat Goethe selbst hingewiesen; und sein Versuch, «Der Zauberflöte Zweiten Teil» zu schaffen und somit gleichsam Hand in Hand mit Mozart seiner Zeit gegenüberzutreten, das zeigt, wie Genius sich zu Genius fand. Vor allem aber sei von «Iphigenie» die Rede! Wenn man sich eine Begleitmusik zu ihr vorstellen wollte, müßte man nicht auch hier – trotz Glucks «Iphigenie» – in erster Linie an Mozart denken? An den Mozart des «Idomeneo» und des «Titus»? Und kann, wer mit der Goethezeit lebt, diese Opern hören, ohne an die «Iphigenie» erinnert zu werden? Wenn im 3. Akt des «Idomeneo» die Statue Poseidons zu tönen anfängt und die Opferung des Idamantes verbietet,

Ha vinto amore – –
contento il ciel
premiata l'innocenza[1],

---

[1] Die Liebe hat gesiegt, / Der Himmel ist zufriedengestellt, / Die Unschuld belohnt.

erklingt eine Musik, so über allem Irdischen schwebend, so jenseitig, wie von fernem, strahlendem Berg der Götter her, daß nicht nur das Iphigenienschicksal, sondern eindringlicher die Stimmung der Goetheschen Dichtung, wie auf verwandten Saiten gespielt, unsere Herzen anrührt und erschauern läßt. Der «Idomeneo» entstand 1780/81, und sein Textbuch geht in den Anfang des Jahrhunderts zurück. Der «Titus» aber steht am Ausgang von Mozarts Schaffen; er ward 1791 als Prager Festoper für die Krönung Leopolds II. zum König von Böhmen komponiert. Auch hier sind zunächst textliche Parallelen, die auffallen. Das Libretto stammt gleichfalls aus der Zeit vor Mozart; es ist noch von Metastasio, und es ist typisch für das 18. Jahrhundert. Im «Titus» wie in der «Iphigenie» geht es um den Mut zur Wahrheit, auch dem Herrscher gegenüber,

> *Ah se fosse intorno al trono*
> *ogni cor così sincero!*
> *Non tormento un vasto impero,*
> *ma saria felicità[1],*

und um die Entscheidung des Fürsten zwischen Tyrannis und Menschlichkeit. Dabei wollen wir uns aber nicht an den Text im einzelnen halten, sondern daran, wie Metastasios Thematik bei Mozart Musik wird, an den Geist, von dem diese Kunst getragen ist und in dem das 18. Jahrhundert seine musikalische Verklärung empfangen hat wie in Goethe seine dichterische. So empfanden jedenfalls Goethes und Mozarts Zeitgenossen, und darauf kommt es an – nicht auf die Urteile des 19. Jahrhunderts, das, in anderen geistigen Erfahrungen und auch in anderen politischen Wünschen lebend, sich nicht mehr zurückdenken konnte. Hat dies doch Goethe selbst später nicht mehr vermocht, wenn er seine «Iphigenie» als «verteufelt human» in Zweifel zog.

---

[1] Ach, wär' vor dem Throne / Jedes Herz rein, / Qual wäre nicht Herrschaft, / Glück würde es sein.

417

Als Tantalus noch auf goldenem Stuhle an den Tischen der Götter saß, das war das goldene Zeitalter. Und die Gegenwart müssen wir wohl das eherne nennen. Vor ihrer Pforte aber liegt ein Traumland des 18. Jahrhunderts, das man einem Nachklang des silbernen Zeitalters vergleichen kann. Es ist schon «gezeichnet» und am Firmament grollen schon die Donner. Die Erinnyen schwingen schon ihre furchtbaren Geißeln. Aber noch können sie sich zu Eumeniden wandeln, und noch ist die Menschheit begnadet genug, um Musik wie die Mozarts aus sich erklingen zu lassen und an den Adel einer «Iphigenie» und eines «Thoas» zu glauben.

GEORG MELCHIOR KRAUS

«Ein gut Kerlchen» – so hat Wieland den Maler Georg
Melchior Kraus genannt, den Mann, den Goethe mit auf
seine Ritte zu den Bergen des Harzes oder in den Thüringer Wald zu nehmen pflegte, wenn er einen fröhlichen
Gesellen und einen geschickten Zeichner als Begleiter zu
haben wünschte. Er ist derjenige Künstler, dem wir die
besten Porträts des jugendlichen Dichters und die schönsten Landschaftsbilder des Weimars jener Tage zu danken
haben.

Arg früh am Morgen müssen sie aufgestanden sein,
diese Vedutenmaler des 18. Jahrhunderts. Nur unmittelbar
nach sommerlichem Sonnenaufgang ist die Landschaft so
schichtweise in jene zartesten Töne getaucht, das duftig
verschwommene Blau der Ferne, den weichen Glanz der
Mitte, die kräftige Lokalfarbe des Vordergrundes, wie sie
die kolorierten Umrißstiche der Goethezeit zeigen. Die Geschichte der Vedute ist noch nicht geschrieben. Das Wort
heißt das Gesehene, Ansicht des Wirklichen im Gegensatz
zur Ideallandschaft, zum künstlerischen Traum. Die Vedute entwickelte sich aus dem Kupferstich und der Malerei
des Barock und hat ihre eigenen Gesetze. Für die Wirkung
in die Tiefe sorgt der Baum im Vordergrund, *«repoussoir»*
genannt, weil er das Blickfeld zurückschiebt; zuweilen
sind es auch zwei Bäume oder Baumgruppen, die rechts
und links das Bild umrahmen und die nach der Mitte hin
einander sich zuneigen. Niemals ist Winter auf diesen Bildern, den doch die Niederländer gern gemalt haben und
der der Romantik wieder so symbolhaft ward, ja nicht
einmal Spätherbst. Niemals gibt es Sturm oder Regen. Das
«Zurück zur Natur» Rousseaus wurde darum so beifällig
aufgenommen, weil man nur die schöne, nur die heitere
Natur gelten ließ. Fast ist es eine arkadische Landschaft,

die dargestellt wird, indes keine mythologische, sondern eine wirkliche, jeweils ganz bestimmte. Man will eine besondere Gegend wiedergeben, wie sie ist, ohne die Felsen wilder zu machen und die Berge höher. Ja, Goethe pflegte zu fordern, daß auch die Gesteinsschichtung naturgetreu und geologisch erkennbar angedeutet sei. Andererseits galt auch kein unbedingter Realismus. Ästhetische Komposition war Gesetz.

Tatsächlich kann man mit Goethes Leben auch die Dauer dieser Art von Malerei umreißen; sie kam auf um 1750 und erlosch um 1830. Von wo in Europa sie ihren Ausgang genommen, welche Kräfte und Verhältnisse sie gefördert haben, sei dahingestellt. Sicher haben die wachsende Reiselust, die Kavalierstour, die Italienfahrt, die Rheinwanderung zu ihrem Entstehen und zu ihrer Entwicklung beigetragen. Ölbilder waren teuer und nicht handlich, und dem Stich fehlte die Farbe; aber diese kolorierten Blätter konnte man bequem und wohlfeil als Erinnerung mitnehmen. Auch das Guckkastenbild, das man wohl zu gleichem Zwecke erwarb, wird von Einfluß gewesen sein; obgleich dieses mehr die Städtebilder und, dem Barock entsprechend, die Herrlichkeit großer Architektur vorführt, während der kolorierte Landschaftsstich, dem Louis Seize gemäß, sich eben an die Natur als solche hält und Städteansichten nur in der Ferne zeigt und in die Landschaft eingebettet. Und darum war auch das Entstehen des englischen Parkes – man denke an München und Dresden, an Wörlitz und Weimar – für diese Malerei von Bedeutung.

Die «empfindsamen Reisen» durch Deutschland, wie sie auf Grund von Lawrence Sterne's «*Sentimental journey*» [1768] jetzt von deutschen Autoren geschrieben wurden, boten gleichsam den Text. Auch daß die Lyrik eine Wendung vom Gesellschaftslied zum Naturgedicht nahm, war von Einfluß. Sollte die Dichtung nach Ansicht der ästhetischen Lehrer Malerei sein – *pictura poesis* –, so wollten die Maler jetzt lyrische Werte geben. Beide Künste überschneiden sich; der Hamburger Senator Brockes, der um 1730 Band auf Band beschreibender Naturlyrik veröffentlichte, war ein leidenschaftlicher Sammler von holländischen Gemälden, von Blumenstücken und Landschaften. Solange das Epos herrschte, war die Landschaft der Malerei heroisch; je mehr die Lyrik, das subjektive Lied, in den Vordergrund trat, um so mehr ward sie empfindsam.

Der Schwerpunkt der kolorierten Stiche lag in Süd- und Mitteldeutschland, wohl weil die liebliche und fruchtbare Landschaft eher dem Zuge der Zeit entsprach als die ernste Ebene des Nordens, sicher aber auch, weil die Heiterkeit des südlichen Künstlers hier die Kunstübung fand, die seinem Naturell lag. Indes fallen Städte, die im 18. Jahrhundert nicht an der Reiseroute lagen, wie etwa Nürnberg, ganz aus; dagegen waren kunstsinnige Höfe, München, Dresden, Mannheim, Kassel, Dessau und eben auch Weimar, mit ihren Akademien und Zeichenschulen Mittelpunkte. Die Zeichnung entstand nicht im Atelier, sondern vor der Natur; der Künstler stach in zarter Linie den Umriß, verzichtete aber fast ganz auf Schattenwirkung durch Schraffierung; das war dann Aufgabe des Kolorits. Gegen die Jahrhundertwende wandelte sich das Farbenempfinden, es wurde kräftiger und stumpfer, und das Bild durch Zusatz von Eiweiß zur reinen Wasserfarbe körperlicher. Die Herstellung darf man sich nicht in zu großem Umfang denken. Die Blätter – ihr Format ist höchstens etwa 40 zu 60 cm – sind heute selten; es wurden fürs erste vielleicht nur ein Dutzend Abzüge von der Platte genommen, dann je nach Bedarf ein paar davon koloriert, vom Künstler selber oder von einem seiner Schüler; so kommt es, daß ein Blatt gelegentlich auch unfarbig im Handel erscheint. Die Preise waren niedrig; ein Blatt von Kraus kostete einen bis zwei Laubtaler.

Wann sich Goethe und Georg Melchior Kraus zuerst begegnet sind, läßt sich nicht sagen. Vielleicht haben sie sich schon in früher Jugend kennengelernt, wenn Kraus auch zwölf Jahre älter war. Sein Vater war Frankfurter Bürger und Weinschenk und besaß in der Großen Sandgasse den Gasthof «Zur Weißen Schlange», gegenüber dem Hause «Zum Goldenen Kopf», das später die Familie

Brentano erwarb, und neben dem «Goldenen Rad», in dem einst Friedrich Goethe, der Großvater des Dichters, seine Schneiderwerkstatt betrieben hatte. Alle diese Häuser liegen oder lagen kaum mehr als hundert Meter vom Haus am Hirschgraben entfernt. Jedenfalls waren der Maler und der Dichter, der ja selbst zeichnete und in dem Frankfurter Künstlerkreis der Schütz, Junker, Bager und Hirt die gleichen Bekannten wie Kraus hatte, zur Zeit, als der Werther und die Anfänge der Faustdichtung entstanden, schon gut miteinander vertraut. Kraus, der 1761 auf fünf Jahre nach Paris und 1770 in die Schweiz gegangen war und überhaupt das Reisen liebte, hatte im väterlichen Hause sein Atelier. Wir wissen, daß er schon 1767 dort eine Kunstakademie begründet hatte, in der sich diejenigen Frankfurter Maler zusammenfanden, die sich vom mittelalterlichen Zunftzwang lösen wollten, und wir erfahren auch aus seinen Briefen, daß man in sein Atelier kam und seine Bilder betrachtete. Einheimische und durchreisende Fremde sprachen vor: die Herzogin von Kurland, die Schriftstellerin Sophie La Roche aus Ehrenbreitstein, der Philosoph Fritz Jacobi aus Düsseldorf, Johanna Fahlmer – später, nach Cornelias Tod, die Gattin von Johann Georg Schlosser –, vor allem aber kam Goethe selbst. Kraus schreibt darüber am 5. März 1775 an seinen Freund Bertuch in Weimar: «Goethe ist jetzo lustig und munter in Gesellschaften, geht auf Bälle und tanzt wie rasend! Macht den Galanten beim schönen Geschlecht. [«Fastnachts Goethe» nannte er sich selbst im Brief an Gustchen Stolberg am 13. Februar; es war die Lili-Zeit.] Das war er sonsten nicht; doch hat er noch immer seine alte Laune. Im eifrigsten Gespräche kann ihm einfallen aufzustehn, fortzulaufen und nicht wieder zu erscheinen. Er ist ganz sein, richtet sich nach keines Menschen Gebräuche; wenn und wo alle Menschen in feierlichster Kleidung sich sehen lassen, sieht man ihn im größten Negligé [einfachstem Tagesanzug], und ebenso im Gegenteil. Goethe will oft zu mir kommen und bei mir zeichnen, welches ich ihm sehr gern erlauben werde. Er hat seit einem Jahr viel gezeichnet und auch

etwas gemalt. Viele Schattenbilder und auch andere Gesichter im Profil macht er, trifft öfters recht gut die Gleichheit.» Kraus überliefert auch, wie einzelne seiner Bilder
von Goethe beurteilt wurden; es handelte sich vor allem
um Porträts der kleinen Töchter auf dem Bild der Familie
Wielands: «Carolingen heißt er seine favorite. ‹Man sieht
ihr die Gutheit in ihren Gesichtszügen!› ‹Sophiegen›, sagt
er, ‹ist eine kleine Schönheit, aber etwa schalkhaft und
gefährlich! Die wird Männer rasen machen, Dorgen ist ein
kleiner Teufel. Malgen sehr unschuldig und angenehmes
Kind›.»

Auch Goethes Mansardenzimmer im Elternhause war
ein Atelier; und man kann sich vorstellen, daß aus solcher
Atelieratmosphäre und aus gemeinsamen Unterhaltungen
und Künstlersorgen das Zwiegespräch entstanden ist:

Kenner:
Gut! Brav mein Herr!
Allein – –
Die linke Seite
Nicht ganz gleich der rechten!
Der Mund noch aufgeschwollen!
Hier zuckts ein wenig!
Und das Kinn
Nicht ganz Natur!
Noch alles zu todt.

Künstler:
O rathet! Helft mir!
Daß ich mich vollende!
Wo ist der Urquell der Natur,
Daraus ich schöpfend
Himmel fühl' und Leben
In die Fingerspitzen hervor!
Daß ich, mit Göttersinn
Und Menschenhand,
Vermög' zu bilden,
Was bey meinem Weibe
Ich animalisch kann und muß!

423

Kenner:
Da sehn Sie zu.

Künstler:
So!

Der Dialog ist wie ein Gegenbild zum «Prometheus», beides übrigens Dichtungen aus dem Jahre 1774. Dort in der Ode die trotzig selbstbewußte Herausforderung an die Gottheit:

Hier sitz' ich, forme Menschen
Nach meinem Bilde,
Ein Geschlecht, das mir gleich sei, –

hier aber in dem Ateliergespräch scheitert der Künstler bei seinem Menschenformen schon am Versuch, die linke Gesichtshälfte gleich der rechten zu machen. Was Goethe, dem Dichter, gegeben war, war ihm als Zeichner versagt; und tatsächlich hat er in seinen Frankfurter Porträts – von Klinger, Horn, Riese, Crespel, Lavater – sich vorsichtig auf Profilzeichnungen beschränkt, dem Seitenumriß folgend, wie er es vom Silhouettenschneiden her gewohnt war. Der Kenner im Dialog tritt dem Maler gegenüber wie Mephisto dem Faust, nur gutmütiger, bürgerlicher: «Da sehn Sie zu!» – Ganz faustisch aber ist der Aufschrei des Künstlers.

O rathet! Helft mir!
Daß ich mich vollende!
Wo ist der Urquell der Natur,
Daraus ich schöpfend
Himmel fühl' und Leben
In die Fingerspitzen hervor!

Faustisch auch jene andere, fast entsagende Klage aus denselben Tagen; – der Künstler verzweifelnd unter seinen antiken Büsten:

Was frommt die glühende Natur
An deinem Busen dir?

Was hilft dich das Gebildete
Die Kunst rings um dich her?
Wenn liebevolle Schöpfungskraft
Nicht deine Seele füllt,
Und in den Fingerspitzen dir
Nicht wieder bildend wird?

Wenn Kraus schreibt, Goethe sei jetzt lustig und munter, so kannte er ihn eben aus solchen Stunden der Nieder-
geschlagenheit. Er ist der Freund gewesen, dem Goethe,
der Zeichner, das Glück und Unglück, das Himmelauf und
Höllenab seines Künstlertums zugetragen hat. Er war derjenige, der ihn hier am besten verstand, jung wie Goethe
und selbst mit Stift und Pinsel schöpferisch tätig. Ihn
haben wir uns als das Publikum zu denken, dem Goethe
sein Dramolett «Des Künstlers Erdewallen» vorlas, das
Stück von der Lebensnot des Malers, dem das Brot für
Frau und Kinder fehlt, den ein Ehepaar – neureiche Auf-
traggeber – anspruchsvoll mit Porträts quält und dem
dann, «ungesehen den anderen», die Muse zur Seite tritt,
mit Trostworten:

Mein Sohn, fängst jetzt an zu verzagen,
Trägt nicht ein jeder Mensch sein Joch!
Ist sie garstig, bezahlt sie doch;
Und laß den Kerl tadlen und schwäzzen.
Hast Zeit genug dich zu ergözzen
An dir selbst und an jedem Bild,
Das liebevoll aus deinem Pinsel quillt.
Wer muß eine Zeitlang hacken und graben,
Der wird die Ruh erst willkommen haben.
Der Himmel kann einen auch verwöhnen,
Daß man sich thut nach der Erde sehnen.
Dir schmeckt das Essen, Lieb und Schlaff,
Und bist nicht reich, so bist du brav.

Goethe charakterisiert, was Kraus ihm damals war, in
den Entwürfen zu «Dichtung und Wahrheit»: «Nimmt
Teil an meinen dilettantischen Beschäftigungen – Zeichnungen nach Natur – landschaftliche – persönliche – Pro-

fil auf graues Papier, weiß gehöht – hilft mir nach – Dilettant am Künstler sich erhebend – erzählt von Weimar.» Kraus war sicher der wichtigste unter all den Lehrern, die der junge Goethe im Zeichenunterricht gehabt hat. Morgenstern führte ihn auf Wunsch des Kaiserlichen Rates in die Perspektive ein; wir haben Zeichnungen, denen man deutlich ansieht, wie hier sorgfältig mit dem Lineal die Verkürzungslinien durchzogen wurden. Oeser in Leipzig wurde bedeutungsvoll als Persönlichkeit; seine Stärke lag in seinem Wissen um die Kunst, um ihr Werden und ihre Gesetze, in seiner Verbindung zu Winckelmann und seiner Kenntnis der Antike. Was uns aber an Blättern von ihm erhalten ist, macht einen fast schülerhaften Eindruck. Alles ist verschwommen, saft- und kraftlos; nirgends ein fester Strich, eine sichere Kontur. Das aber konnte Goethe eben bei Kraus lernen, der sich bei guten französischen Meistern umgetan und der, wie etwa die Kreidestudie eines lesenden Herrn im Weimarer Schloßmuseum beweist, eine sehr kecke und frische Manier der Stiftführung haben konnte. Oesers Figuren erscheinen kaum lebensfähig, bei Kraus aber hat alles Hand und Fuß.

Andererseits war Kraus – wüßten wir es nicht aus seinem Lebenslauf, der angeführte Brief an Bertuch verriete es – durchaus sich der Erscheinung Goethes bewußt, seines Ranges als Mensch und als Dichter. In diesem Sinne schreibt er nach Weimar und wird so, da er selbst dort an den Hof berufen wird, eine, wenn auch nicht entscheidende, Figur in jenem Spiel des Schicksals, durch das der Frankfurter Goethe zum Weimarer Goethe ward. Der Dichter erzählt, wie ihm Kraus, aus Thüringen zurückgekehrt, Darstellungen der Weimarer Landschaft, Porträts der dortigen Kreise vorgelegt, wie er Grüße bestellt und Einladungen ausgesprochen, die alle Bilder nur zu einem einzigen Text gewesen, dem: daß man ihn dort zu sehen wünschte.

Wie man am Weimarer Hof auf den Maler in der «Weißen Schlange» aufmerksam geworden war, deutet «Dichtung und Wahrheit» gleichfalls an. Kraus hatte gute Verbindungen zum Adel, und das erklärt sich, wenn man liest, wie Goethe ihn schildert: «Er war der angenehmste Gesellschafter: gleichmütige Heiterkeit begleitete ihn durchaus; dienstfertig ohne Demut, gehalten ohne Stolz, fand er sich überall zu Hause, überall beliebt, der Tätigste und zugleich der Bequemste aller Sterblichen.» Die Dienstfertigkeit mag er als Wirtssohn gelernt haben; das gehaltene Selbstbewußtsein gab ihm das Wissen um sein Können, und mit den Worten: «der Tätigste und zugleich der Bequemste aller Sterblichen» kennzeichnet ihn der Dichter als guten Sohn seiner Vaterstadt. Also wohl gelitten und gern willkommen, porträtierte Kraus auf den umliegenden Schlössern und unterrichtete so auch die junge Baronesse Jeanette Louise vom Stein in Nassau an der Lahn, die Schwester des großen deutschen Staatsmannes, die 1773 Gräfin von Werthern auf Neunheiligen in Thüringen wurde und später, von Goethe verehrt, auf die Gestaltung des Wilhelm Meister von Einfluß ward. Durch sie kam Kraus nach Thüringen und schon im Winter 1774/75 als Gast an die Höfe von Gotha und Weimar; auf den 1. Oktober 1775, noch vor Goethes Eintreffen, lautet sein Anstellung im Dienst Carl Augusts als Zeichenmeister.

Vordem lernte, wer Maler werden wollte, vor der Staffelei eines Künstlers, der ihn als Schüler annahm. Es geschah im Zuge der Aufklärung, daß im 18. Jahrhundert der Fürst die künstlerische Ausbildung des Nachwuchses im Lande in die Hand nahm. In Weimar erwog, schon ehe Carl August zur Regierung kam, Anna Amalia, vor allem auch um den verschiedenen Handwerkern etwas aufzuhelfen, die Errichtung einer Zeichenschule. Ihre Ausführung ist dann Goethes mit Liebe gefördertes Werk gewesen; hier haben die beiden Jugendgenossen Pläne verwirklichen können, wie sie als Wunschbilder künstlerischer Erziehung von ihnen gewiß schon in der Heimat erörtert worden waren, wo Kraus ja 1767 in seinem Vaterhause einen Frankfurter Versuch in ähnlichem Sinne unternommen hatte.

«Fürstliche freye Zeichenschule» hieß die Anstalt, frei

deswegen, weil der Unterricht kostenlos war. Aufgenommen wurden vom zehnten Lebensjahr an Knaben und Mädchen, vor allem die Lehrlinge der Steinmetzen, Zimmerleute, Tischler, Schlosser, Dreher, Sattler und anderer Handwerke. Aber auch die Hofgesellschaft, die Pagen, die Kreise der Beamtenschaft nahmen an den höheren Kursen teil. Nicht ohne Selbstgefühl hat Kraus Corona Schröter und beide Herzoginnen malend, als seine Schülerinnen, mit Stift und Zeichenmappe oder vor der Staffelei porträtiert; auch Charlotte v. Stein ist in den Listen eingeschrieben. Die Zahl der männlichen Eleven betrug, als die Anstalt zur Blüte kam, um hundert, die der weiblichen um fünfzig bis siebzig. Die Schule, auch die Dienstwohnung von Kraus als Direktor, lagen im Roten Schlosse. In drei Sälen wurde unterrichtet, von morgens 6 Uhr an und in mehreren Kursen. Unter den Lehrern – acht an der Zahl – befand sich der Herzogliche Kabinettmaler Heinsius und der Hofbildhauer Klauer. Goethe selbst nahm lernend und lehrend teil, zeichnete nach Vorlagen und Gipsen und hielt im Winter 1783/84 Vorträge über menschlichen Knochenbau, darin seine naturwissenschaftlichen, osteologischen Studien mit seiner Teilnahme an der Kunstpflege verbindend. Zudem führte er gemeinsam mit seinem Amtskollegen, dem Geheimen Rat Schnauß, die Oberaufsicht. Jeweils am 3. September, dem Geburtstage Carl Augusts, fand eine Ausstellung der besten Arbeiten statt, zum ersten Male 1779. «Jedermann hatte doch auf seine Art eine Freude dran, und es ist gewiß die unschuldigste Art der Aufmunterung, wenn doch jeder weiß, daß alle Jahre einmal öffentlich auf das, was er im Stillen gearbeitet hat, reflektiert und sein Name in Ehren genannt wird. Den Herzog hat's vergnügt, daß er doch einmal was gesehn hat, das unter seinem Schatten gedieh, und daß ihm Leute dafür danken, daß er ihnen zum Guten Gelegenheit gibt.» Im Jahr darauf stiftete Carl August 36 Taler und 3 Groschen für Prämien und ernannte Kraus zum Herzoglichen Rat.

Die Gesellschaft von Weimar zerfiel in verschiedene,

sich überschneidende Gruppen. Es gab den Militäradel – das Land hatte, wenn auch wenig Gemeine, so doch eine Reihe Offiziere –, die Schichten der Beamtenschaft, einen Kreis um Goethe und Carl August und einen anderen um Herder und die Herzogin, und schließlich gab es den der Herzogin-Mutter Anna Amalia, die im Winter im Wittumspalais, im Sommer in Tiefurt Hof hielt. Kraus gehörte wie Wieland, dem er wohl in manchem ähnlich war, zu den Getreuen der Herzogin-Mutter, deren Hofstaat mehr als die anderen Kreise das war, was man im guten Sinne «dixhuitième siècle» nennt. Auch im Alter standen sie sich nahe; Wieland war 1733, Kraus 1737, Anna Amalia 1739 geboren. Sie lebten froh, und sie lebten gut. Als Kraus in Weimar einzog, brachte er von Frankfurt für Wieland ein Faß Wein mit; und von Anna Amalia berichtet ein Tiefurter Versbrief des Hofmarschalls Graf Putbus an den Herzog:

Die Fürstin sitzt im tiefen Wald,
Aufmerksam wie ein Mäuschen,
Und malt den holden Aufenthalt
Mit Hilfe ihres Kräuschen.

Ja, das taten sie beide, sie malten; nicht nur das, es gibt von Anna Amalia auch eine Radierung von Schloß Ettersburg. Und sie gingen auch gemeinsam auf Reisen, und zwar 1778 auf eine Kunstreise. Das Ziel war die Gemäldegalerie von Düsseldorf, die damals noch nicht ihre besten Bestände an München und an die Eremitage von Petersburg abgegeben hatte und neben Dresden die führende Galerie von Deutschland war. Nur das Hoffräulein v. Göchhausen und der Kammerherr Hildebrand v. Einsiedel nahmen außer der persönlichsten Dienerschaft teil. In Ilmenau blieb man über Pfingsten – «seit gestern und heute, da es regnet, sitzen wir im Zimmer und tuschen die Zeichnungen aus, die hier nach der Natur schon sind entworfen worden, und dabei ists uns wohl», so Kraus an Bertuch –, dann fuhr man über Schmalkalden, Fulda, Hanau «in das liebe Frankfurt». «Ich schlich mich gleich nach unserer hiesigen Ankunft ganz stille in meines Vaters Haus, wo ich ganz unerwartet war; mein redlicher ehrlicher Vater und meine Geschwister waren ganz außer sich, erst für Schrecken und dann für Freude, mich so unvermutet zu sehn. Unsere gute Amalia wird hier ganz incognito behandelt, aber jedermann weiß doch, wer sie ist. Wir wenden unsere Zeit hier gut an, besehen Kabineten, Kunstsachen, Promenaden und alles das wenige, was hier zu sehen ist. Mutter Goethe ist täglich von morgens bis abends bei uns. Freund Merck kam heute auch hier zu uns und wird uns bis Düsseldorf begleiten. Künftigen Freitag, als den 19ten, werden wir von hier mit einer sehr bequemlichen Jacht absegeln und uns vom Strom des Rheins wenigstens bis Düsseldorf treiben lassen.» – Man ließ sich treiben. – Kornhändler Bölling, der Freund des Vaters Goethe und der Frau Rat, hatte noch Rheinweinrömer an Bord bringen müssen, – dann war man sieben Tage auf dem Wasser. – «Wo es uns gefiel, ließen wir Anker werfen und so hielten wir öfter Mittag und Nachtruh in unserer Yacht mitten im Fluß des Rheins.»

Es war eine Zeit, wo man zu feiern verstand und in dem Dasein eine Gnade, ein beglückendes Geschenk Gottes sah. Die Erde war nicht mehr ein Tal des Jammers wie vordem in den Tagen des großen Krieges. Daß vielmehr die Welt die beste aller möglichen Welten sei, so hatte Leibniz, der große Denker des Jahrhunderts, gelehrt, und ein gewaltiges Vertrauen erwuchs aus diesem Glauben und eine Lust zur Freude und ein Wissen um sie. Noch hatte der Philosoph des Nordens seinen kategorischen Imperativ nicht verkündet, noch kein Fichte bewiesen, daß «die Welt das versinnlichte Material der Pflicht» sei. Noch war die Arbeit nicht zur Religion geworden; man hatte kein schlechtes Gewissen, wenn man fröhlich war, hielt vielmehr, wie die Frau Rat sagte, «mit Chilian das Leben vor gar eine hübsche sache». Kilian, das ist der Oheim des Hanswursts in Goethes Farce von 1775. Und ließ Goethe nicht auch seinen Egmont sagen: «Wenn ihr das Leben gar zu ernsthaft nehmt, was ist denn dran?» In Düsseldorf führt Kraus durch die Galerie, man besah die großen Rembrandts und die anderen Holländer. Die Herzogin kaufte für Goethes Mutter vier Höllen-Breughel, deren Teufel und Dämonengestalten, Visionen eines von der Weltangst getriebenen Künstlers, für die Beschenkte «Karikaturen» und «ein herrlicher spaß» waren und sie «so lachen machten, daß sie es endlich gar weglegen mußte»; und so hatte wohl auch die Herzogin ihre Gabe empfunden. Kraus machte der Madame La Roche, die drei Jahre zuvor in Frankfurt sein Atelier besucht hatte, einen Gegenbesuch in Ehrenbreitstein, und schließlich hielt man sich wieder eine Woche in Frankfurt auf. «Frau Rat ist täglich, zu unser aller Freude, von morgens früh bis in die späte Nacht bei uns.» Ja, Goethes Mutter ließ sich keine Stunde entgehen, in der sie vom «Doctor Wolf», von seinem Treiben, von Weimar hören konnte. Eine Reise der Mutter nach Weimar, wenn einmal der Gedanke auftauchte, hat der Sohn nicht gefördert, weil er sie und ihre sehr ursprüngliche Art vor höfischen Mißdeutungen schützen wollte. Die Frau Rat war nicht reisefreudig. Sie fühlte sich in ihrem Frankfurt am wohlsten und ist nur gelegentlich, ausflugshalber, nach Offenbach, Wiesbaden, Rüdesheim, Worms, Mannheim und Heidelberg gefahren. Das waren ihre Reisen. Selbst die Tochter oder Enkel in Emmendingen hat sie nicht besucht.

Um so reiner vollzogen sich Begegnungen auf Frankfurter Boden. Die Herzogin und die Frankfurter Bürgerfrau fanden Gefallen aneinander, weil sie beide echt waren und ihre Temperamente zusammenstimmten; es entstand eine wirkliche Freundschaft, der wir mit die schönsten und inhaltsreichsten Briefe der Frau Rat danken. An Lavater schrieb sie über die Herzogin: «eine vortreffliche Frau das glaubt mir auf mein Wort – großes edeles Menschengefühl belebt Ihre gantze Seele, aber Sie schwätz und prahlt nicht, wie das so viele falsch empfindsame zu thun gewohnt sind.»

Für Kraus war diese Reise nicht die einzige Gelegenheit, seine Vaterstadt wiederzusehen; er fuhr fast alljährlich auf die Frankfurter Messe. Sein Freund Bertuch, der regste Kaufmann Weimars, ein wirklicher Unternehmer, hatte im Jahre 1776 sein Gartenhaus an der Ilm Carl August auf dessen Wunsch für Goethe überlassen, auf dem dafür eingetauschten Platz am Schwansee ein großes und schönes Haus erbaut und in dessen Mansardenstock unter der Leitung seiner Schwägerin seit 1782 nach Wiener Vorbild eine Blumenfabrik errichtet, in der etwa fünfzig Mädchen des mittleren Bürgertums sich ihren Lebensunterhalt verdienten; unter ihnen hat sich auch Christiane befunden. Um nun diesen künstlichen Putz- und Modewaren, die so hergestellt wurden, Absatz zu schaffen, kam Bertuch auf den Gedanken, entsprechend dem Pariser *«Journal des Modes»* ein deutsches «Journal des Luxus und der Moden» zu begründen, das seine Waren empfahl. Das erste Heft erschien im Januar 1786. Er und Kraus zeichneten als Herausgeber. Die Bände sind heute selten und zählen zu den Kostbarkeiten der Bibliotheken, und das mit Recht. Sie sind eine kulturgeschichtliche Quelle ersten Ranges, denn sie berichten wie keine andere Zeitschrift über das künstlerische Leben Deutschlands, über Theater, Kunstausstellungen, Architektur, Innendekoration und Gartenkunst, über Glas, Porzellan und Silberarbeiten, über Equipagen, Pferdezeug und Livreen, vor allem aber auch über die Kleidertracht der Gesellschaft. Und dies war nun das Gebiet der Mitarbeit von Kraus. Er zeichnete die Modeblätter, ließ sie zierlich stechen und reinlich austuschen. Es ist ein Genuß, diese Tafeln zu betrachten: die Herren und Damen im Wandel des Geschmackes einer kunstsinnigen, farbenfrohen Zeit jeweilig nach neuestem Schnitt und Ton, so genau, daß der Museumsdirektor danach Porträts datieren kann. Man hatte ursprünglich Chodowiecki für die Mitarbeit gewinnen wollen; der aber lehnte ab: «Ich werde alt, habe wenig Umgang mit dem schönen Geschlecht; wo soll ich all die neuen Eitelkeiten hernehmen und die Namen davon erfahren?» Kraus aber wurde nicht alt. Und, was die neuen Eitelkeiten anlangte, so fuhr er nach Frankfurt. Er hatte auch Umgang mit dem schönen

Geschlecht. «Die Pariser Putzhändlerinnen [auf der Messe] schimpfen und fluchen gegen das Pariser und unser Journal der Moden, weil wir alle Monat und sie in Paris nur alle sechs Monate mit neuen Modens erscheinen können. Da ich mich bei diesen eifersüchtigen Damens als Journaliste nicht zeigen dörfte, besuchte ich die meisten unter dem Namen als Kaufmann, und mit Hilfe einiger guten Freundinnen bekam ich das Schönste und Neueste aus allen Putz-Laden.» Ein graziös gezeichnetes, zart in Rosa und Grün getuschtes Neujahrsblatt im «Journal des Luxus und der Moden» von 1791 bringt in einem Ovale, um das sich keck und lustig ein Geranke von Palmen und Hütchen, Lorbeer und Mützchen, Röschen und Schleifen und Bändern zieht, schwungvoll gestochen den Spruch: «Frieden der Welt, die Palme den Helden, Lorbeer den Musen und Hauben und Hütchen den Schönen zum Neuen Jahre.» Auch das war eine Frucht der Frankfurter Messe. Trotz der «guten Freundinnen» blieb Kraus Hagestolz, vielleicht gerade weil er überall auf Händen getragen wurde. Er schreibt immer wieder, wie er in allen Zirkeln festgehalten werde, wie er sich ein Gesetz daraus machen müsse, den meisten Dejeuners, Diners und Soupers zu entsagen, um Herr über Magen und Kopf zu bleiben:

«Ein ganzes Jahr würde nicht hinreichend sein, alle die mir angebotenen Freundschaften wirklich zu genießen.» Vielleicht gibt nichts ein so gutes Bild von seiner schalkhaften Liebenswürdigkeit wie sein Rebusbrief an die Schwestern Friederike und Karolinchen Schnauß. Ihr Vater war jener Geheimrat Schnauß, der mit Goethe die Oberaufsicht über die Zeichenschule hatte. So war er der Vorgesetzte von Kraus, indes, da er die Schule selbst besuchte, auch wieder sein Schüler, vor allem aber war er sein Freund und sein Nachbar im Schlosse. Die Mädchen waren einer Einladung zu Assembleen und Bällen in Eisenach gefolgt. Kraus schreibt ihnen in mit flüchtiger Feder hingeworfenen Bildern, freilich in Rebusbildern am 27. August 1789.

Da es hier nicht auf ein Rätselraten, sondern auf die

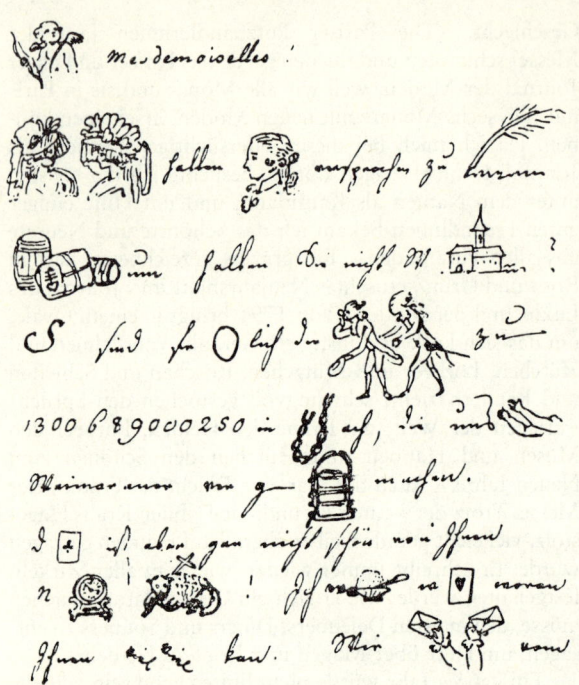

Charakterisierung von Georg Melchior Kraus ankommt,
sei mit der Auflösung nicht zurückgehalten. Sie lautet:
«Liebe Mesdemoiselles! Friederike und Carolinchen hatten Kraus versprochen zu schreiben. Warum halten sie
nicht Wort? Es sind freilich der Herren zu viel in Eisenach,
die uns armen Weimaraner vergessen machen. Das ist aber
gar nicht schön von Ihnen. Nur Geduld! Ich weiß was,
woran Ihnen viel liegen kann. Wir haben Briefe vom jungen Rat, die sehr interessant sind; aber Carolinchen soll
nichts erfahren. Kraus kann auch schweigen. Haben Sie
meine Küsse überbracht? Ja? O, so überbringen Sie deren
noch 1000 an alle Herren und Damen, die ich intressieren
kann und darf. Lassen Sie mir etwas von Ihren Assembleen

zu Ohren oder zu Augen kommen, und glauben, daß ich stets bin Ihr ergebener Diener Kraus.» Gewiß, Weimar ist diejenige Stadt Deutschlands, in der die zartesten, innigsten, dichterischsten, weisesten Briefe geschrieben wurden. So aber schrieb man eben, wenn man Kraus hieß und Direktor der «Fürstlichen freyen Zeichenschule» war.

Um Friederike Schnauß, die eine der beiden Adressatinnen des Rebusbriefs, warb im Jahre 1799 ein Frankfurter Neffe von Kraus, Heinrich Mylius, der die junge Gattin, nachdem Herder beide getraut, mit nach Mailand nahm, wo er ein großes Handelshaus führte; und diese Verbindung wurde sehr von Wichtigkeit für Goethe und seine Beziehungen zu Italien. Der Dichter hatte im Alter, wo sich nur die Möglichkeit dazu bot, seine Geschäftsträger in künstlerischen und literarischen Angelegenheiten. Diese Männer unterrichteten ihn in Briefen und durch Zusendungen über das geistige Leben in ihren Städten und Ländern, vermittelten Ankäufe für seine Sammlungen, förderten auf seinen Wunsch deutsche Künstler und Gelehrte. Für Italien hat das alles Mylius getan, mit großer Hingebung, mit großer Verehrung für den Dichter. Er ersetzte Goethe eine dritte Reise nach Italien, in das Italien der Romantik und des Risorgimento; er war ein ebenso leidenschaftlicher wie redlicher Treuhänder zwischen den beiden Völkern, in denen er Heimatrecht hatte, einer von jenen guten Europäern, deren es zum Unglück des Abendlandes zu wenig gegeben hat. Als äußeren Ausdruck dieser seiner Lebenshaltung stiftete er für seine Vaterstadt 1840 ein überlebensgroßes Marmordenkmal Goethes, das den Dichter wie einen griechischen Philosophen, sitzend in antikem Gewande, darstellte. Das schöne Werk, vornehm und wahr, war von Pompejo Marchesi geschaffen worden; es war das erste Goethedenkmal in Deutschland und fand im Ehrenhof der Stadtbibliothek am Main seine Aufstellung. Am 29. Januar 1944 ward es samt dem Schutzbau, von dem es umgeben war, durch einen Volltreffer aus feindlichem Flugzeug restlos zu Staub zermalmt.

Als man Georg Melchior Kraus zu Grabe trug, bestattete man ihn neben Lukas Cranach. Der Abstand ist groß, er vergegenwärtigt jäh das Auf und Ab der deutschen Malerei; aber es ehrt die Weimarer, daß sie empfanden, der Künstler gehöre zum Künstler.

Fragen wir nun nach dem Werk von Kraus, so tritt uns denn doch seine Erscheinung als in doppeltem Sinne bemerkenswert entgegen, einmal weil wirklich zwei Jahrhunderte lang die Malerei in Weimar so gut wie geruht hatte und erst mit ihm, freilich auch mit seinem Amtskollegen Heinsius, wieder auflebte, dann, und das ist noch wichtiger, weil für ihn dasselbe gilt wie für den Bildhauer Klauer: er hat uns das Gesicht des Weimar der Goethezeit festgehalten sowohl in den Persönlichkeiten wie in der Landschaft. Wir haben von ihm die beiden besten Bilder des jungen Goethe, eine Tuschzeichnung des Kopfes für Nicolai und das Ölgemälde, das kurz nach des Dichters Ankunft in Weimar entstand: Goethe sitzt mit lässiger Eleganz an einem Tischchen; man hat den Eindruck, daß er sich eben in den Sessel geworfen hat und nun, das linke Knie bequem über dem rechten, mit rascher Gebärde ein Blatt, eine Silhouette aufgreift, die er überprüfen will. Das Auge ist groß, ruhig, forschend, das Antlitz, von links im Profil gesehen, bedeutend. Der offene Hemdkragen, die Spitzenmanschetten, die schön geschwungene Linie des linken Rockaufschlages, die gute Verteilung der Lichter geben dem Bild einen gewissen Glanz, der mit dem Ernst des Gehaltes gut kontrastiert. Die Darstellungen des alten Goethe zeigen alle etwas Statuarisches; in dieser ist die Beweglichkeit, ja die Unruhe des jungen, des «Wanderers» glücklich eingefangen und festgehalten. Es ist das jenes Bild, das die Herzogin Anna Amalia nach ihrem Besuch in Frankfurt 1778 durch Schuhmann kopieren ließ und der Frau Rat sandte und in dem diese so recht ihren Sohn in seiner Frankfurter Zeit wiedererkannte. Leider ist das Original im Weimarer Goethehaus stark nachgedunkelt, so daß wir an der Kopie mehr Freude haben als an der ursprünglichen Arbeit von Kraus.

Dann hat Kraus drei Frauenbildnisse geschaffen, das

der Herzogin Anna Amalia, der Herzogin Luise und das der Corona Schröter. Bei allen dreien ist wiederum die Freiheit der Haltung zu rühmen, der es – sehr im Gegensatz zur üblichen Porträtkunst der Zeit – gelingt, den Körper bewegt und gefällig in den Raum zu stellen. Was das Bild der Corona besonders auszeichnet, ist der erlesene Geschmack der Komposition und der Reiz einer zierlichen Kontur, der, fast an antike Malerei erinnernd, den Bildinhalt gegen einen glatten, schwarzen Hintergrund abhebt. Wiederum ist es ein Profilbild von links. Die Sängerin, der Schwesterkunst huldigend, sitzt vor einem pultartigen Zeichengestell, hält mit der Linken das Blatt und führt mit der Rechten die Reißfeder; der edle Schnitt des Gesichtes, die reichen offenen Locken, ein breitrandiger Sommerhut mit langem, nach hinten fallendem Schleier, die Eleganz der Toilette kennzeichnen sie als Schönheit und als Dame von Welt. Ihr gegenüber, am linken Bildrand, steht auf grauem Postament, an das sich ein Portefeuille und eine Papierrolle lehnen, eine antike Gipsbüste, die von Corona kopiert wird.

Von den Bildern der beiden Herzoginnen hängt das eine im Wittumspalais, das der Herzogin Luise ist großherzoglicher Privatbesitz. Anna Amalia wird von Kraus im Herbst 1774 gemalt worden sein – lang ist sie Witwe und abgedankte Regentin und doch erst fünfunddreißig Jahre alt. Die Züge haben noch etwas sehr Jugendliches; um den Mund herum zuckt es schelmisch vergnügt, die großen blauen Augen, die die Herzogin mit ihrem Oheim, dem König in Sanssouci, gemein hatte, schauen lebendig ins Weite. Links strebt ein weißschwarzes Hündchen der Herrin auf den Schoß, rechts liegen Bücher, Flöte, Noten; Anna Amalia liebte Musik und hat Goethes Singspiel «Erwin und Elmire» komponiert. Das Bild der Herzogin Luise, der Tracht nach etwas später, Anfang der achtziger Jahre entstanden, ist spröder und zeigt so den Gegensatz der Fürstinnen. Die Herzogin lehnt die Hände auf eine Stuhllehne und blickt über diese hinweg kühl und fast scheu auf den Beschauer. Auch hier hält die Rechte die

Reißfeder, eine Apollobüste steht links, ein Portefeuille liegt auf dem Polster des Sessels.

Den Herzog malte Kraus in seinem Schloßpark als Kommandeur seines preußischen Kürassierregimentes von Rohr in Aschersleben, in weißer Uniform, in Küraß und orangefarbener Schärpe; Dreispitz und Handschuhe liegen rechts hinter ihm auf einem denkmalartigen Steine. Das Gesicht ist frisch, klug und bestimmt und die ganze Darstellung so recht ein Gegenstück zu dem bekannten Bild des späteren Großherzogs von Schwerdgeburth, das den Alten, brummig bieder, in schwarzer Pekesche und Mütze mit seinen beiden Hunden im selben Park vor dem Gotischen Hause zeigt.

Und dann hat Kraus auch das gesellig künstlerische Leben, wie es sich in Weimar und Tiefurt abspielte, der Nachwelt überliefert. Goethe dichtet für Corona Schröter ein Singspiel «Die Fischerin» [1782], und Kraus malt dieses «Wald- und Wasserdrama», wie es als Freilichtaufführung im Park zu Tiefurt gegeben wird, mit Ilm und Kahn und Fischerhütte, mit den Feuern, die den Park erhellen, und der Sängerin, ihre Arie singend, in großer Robe und mit elegischem Portebras. Er malt kleine Szenenbilder des Liebhabertheaters zum «Postzug» und zum «Milchmädchen», malt das reizvolle Durcheinander hinter den Kulissen bei einer Aufführung der «Zobeis» und der «Zauberflöte» und zeichnet auch das Bild zu Goethes literarischer Bänkelsängerposse: «Das Neueste aus Plundersweilern.»

Das populärste von allen diesen Bildern, den ganzen Kreis in eins zusammenfassend, ist die abendliche Tafelrunde im Wittumspalais. Die Aufgabe, zehn Personen, gruppiert um einen Tisch sitzend, darzustellen, ist höchst geschickt gelöst. Wie hier die Stühle gesetzt, die Rücken gebeugt, die Köpfe durcheinander geschoben sind, daß jeder möglichst zu seinem Rechte kommt, wie die Herzogin obenan sitzend eine Zeichnung austuscht und das Bild in zwei Hälften aufteilt, wie da Mappen besehen werden, gelesen, gemalt, gestickt und genäht wird, das alles gibt wirklich den Eindruck eines behaglichen, geistigen, geselligen Beisammenseins und verrät ein souveränes Können des Malers.

Ein seltsames, höchst abenteuerliches Schicksal hat das berühmte Bild gehabt, das Goethe und Corona Schröter als Orest und Iphigenie darstellt. Es war bis 1935 nur in dem einzigen Exemplar eines Kupferstiches bekannt, den das Goethe-Nationalmuseum besitzt, mit der Unterschrift: «*Orestes and Iphigenia. Painted by G. M. Kraus. Engraved by Facius. Publish'd June 1ˢᵗ 1805 for Mess. Facius by Boydell and Co. Nᴼ 90. Cheapside London.*» Wie ist es gekommen, daß ein Gemälde von Kraus nicht in Weimar, sondern in England gestochen worden ist? Wie erklärt es sich, daß von diesem Stich nur ein einziges Blatt sich erhalten hat? Und wo war das Urbild verblieben?

Nach dem Erscheinen des Buches der Madame de Staël über Deutschland (1810), durch das deutsches Geistesleben in die Weltliteratur eingeführt wurde, und nach dem Siege Wellingtons und Blüchers bei Waterloo ward Weimar in England ein bedeutungsvoller Name; damals wäre es möglich gewesen, daß von London aus der Wunsch entstand, das fragliche Bild mit Goethe als Darsteller in einer seiner vornehmsten Dichtungen nachzubilden und zu verbreiten. Vor 1806 aber kann der Gedanke nur von Deutschland, also von Weimar ausgegangen sein. Goethe selbst – wir wüßten es, wenn es anders wäre – hat keinen Schritt unternommen. Irgendein Bedürfnis von fremder Seite ist nicht nachzuweisen. So bleibt nur Kraus als Urheber anzunehmen. Der englische Kupferstich ist – in London, und zwar, wie Hans Wahl gezeigt hat, durch die Augsburger Stecher Facius – für die Firma Boydell gestochen worden, für denselben Verleger Boydell, der seit etwa 1790 die großartige Reihe der Stiche zu Stücken Shakespeares nach Gemälden von Füßli erscheinen ließ, die in Weimar Aufsehen erregten. Kraus dachte weltmännisch, und Europa war ihm kein leeres Wort. Könnte man nicht vermuten, daß er den Wunsch gehabt, in gleicher Weise sein Bild nach dem Schauspiel Goethes gestochen zu sehen, und Bertuch, der – worauf Wahl aufmerksam macht –

Agenten in England hatte, war der Vermittler? Dafür spricht auch dies, daß im «Journal des Luxus und der Moden» die Gemälde der *«Shakespeare Gallery»* Boydells seit 1792 Blatt für Blatt einzeln besprochen wurden, zuweilen unmittelbar im Anschluß an eine Anzeige Krausscher Landschaftsbilder. Auch von Charles Gore, jenem Engländer in Weimar, den Kraus zum Freund hatte und von dem gleich noch die Rede sein wird, dürfte man annehmen, daß er ratend und helfend seine Hand im Spiele gehabt habe. Als das Bild gestochen und ein erster Abzug nach Deutschland gesandt worden war, starb Kraus. Kurz darauf auch Gore. Weimar kam unter den Einfluß Napoleons. Die Kontinentalsperre machte auf lange Zeit jeden Verkehr mit England unmöglich, und als 1814 die Handelswege sich wieder öffneten, waren Bild und Kupferplatte vergessen.

Und nun verschwindet das Original und geht wer weiß durch welche Hände, um erst nach 130 Jahren wieder aufzutauchen – und zwar zwischen Südamerika und Australien, im Pazifik, auf der Insel Neuseeland. Der Besitzer, ein Anwalt aus englischer Familie, hält nach einer Signatur *«T.L.R.A. 1810»* das Gemälde für ein Werk des angesehenen englischen Malers Thomas Lawrence; und da er die dargestellte Szene als solche bei Shakespeare anspricht, sie dort aber nicht zu finden vermag, veröffentlicht er Bild und eine Anfrage in einer Londoner Zeitschrift für den Kunstmarkt. Von einem Buchhändler deutscher Abkunft in Finnland, in Helsingfors, werden Szene und Maler erkannt; und nun glückt es Hans Wahl, Wege zu finden, um das Bild in Neuseeland für Weimar und das Goethe-Nationalmuseum erwerben zu lassen. Er löst auch das Rätsel der Signatur, indem er nicht *R. A.,* das hieße *Royal Academy,* liest, sondern *R D,* also *restored;* das Gemälde wäre demnach 1810 von einem englischen Maler mit Anfangsbuchstaben *T.L.* restauriert worden; die Spuren der Arbeit sind noch am Bild zu sehen.

Die dargestellte Szene ist die erste des dritten Aufzuges, da die Priesterin sich dem Bruder zu erkennen gibt, dieser aber, noch vom Wahnsinn umfangen, sie zurückweist. Den Hintergrund bilden Bäume des Parkes und links ein korinthischer Rundtempel. Ein Augenzeuge der Aufführung in Ettersburg im Juli 1779, der junge Hufeland, später des Dichters Arzt, erinnert sich noch im Alter: «Nie werde ich den Eindruck vergessen, den der Dichter als Orestes in griechischem Kostüm machte; man glaubte einen Apollo zu sehen. Noch nie erblickte man eine solche Vereinigung physischer und geistiger Vollkommenheit und Schönheit in einem Manne als damals an Goethe.» Das griechische Kostüm, auch für die Rolle der Iphigenie, war damals eine Neuerung, letzten Endes unter Winckelmanns und Oesers Einfluß: vordem pflegten antike Helden auf deutschen Bühnen in einer heroischen Phantasietracht des Barock aufzutreten. Und eben weil das Schauspiel, als Dichtung wie als Aufführung, nach allen Seiten hin einen Höhepunkt darstellte, wird es Kraus gedrängt haben, die Erinnerung daran in einem Gemälde festzuhalten, auf das er in Aufbau und Farbengebung sein bestes Können verwandte und das dann, so wünschte er, auch in einem englischen Stich eine möglichst weite Verbreitung finden sollte. – «Was er tat, tat er mit Liebe», so hat Goethe Kraus charakterisiert, und diese Liebe, die doppelte, zur Natur und zur Kunst, ist denn auch seinen Veduten zugute gekommen, von denen nun zuletzt die Rede sein soll. Eberhard Schenk zu Schweinsberg hat in den Museen und privaten Sammlungen, unter denen in erster Linie die Sammlung Kippenberg zu nennen ist, Nachforschungen nach Blättern von Kraus gehalten und über hundert Radierungen festgestellt. Die schönsten davon sind die kolorierten Blatter der Weimarer Landschaft. In immer neuen Varianten sehen wir den Park an der Ilm, das Gartenhaus Goethes, den Schloßbau, die Wiesenbrücke, die Kegelbrücke, die Sternbrücke und die Schloßbrücke, das Gotische und das Römische Haus, die Klause und die Schnecke, die Treppen, Ruhesitze und Denkmäler. Unendlich beglückend wirken diese heiteren Sommerlandschaften in ihrem Frieden und in ihrer Stille. Ein Maler, ein Jäger mit einem

Hund, ein Gärtner mit einem Schiebkarren, heumachende Bauern mit einem Wagen, Wäscherinnen, ein Angler und in seiner Gesellschaft ein freundliches Mädchen, Herren und Damen der Hofgesellschaft, das sind die Menschen, die, selig in sich selber, diese paradiesischen Gefilde genießen. Wenn wir uns Weimar und sein Leben so unbeschwert vorstellen, so liegt das zum guten Teil an den Bildern dieses Malers. Seine Blätter überdecken die Schatten und Dunkelheiten, die es auch hier gab. Ja, selbst als Kraus einmal den Krieg darzustellen hatte, 1793 bei der Belagerung von Mainz, da triumphiert über den rauchenden Trümmern der Stadt weithin die gesegnete Landschaft von Rhein und Main; und die Zeltlager der Heere und die Marschkolonnen mit ihren bunten Uniformen sehen mehr nach fröhlichem Manöver aus als nach Blut und Tod. –

Zuletzt, als das Weimarer Thema erschöpft war, gab Kraus fünf Lieferungen von «Ansichten aus verschiedenen Ländern von Europa» heraus. Sein Europa begann bei Frankfurt mit den Taunus-Burgen Kronberg, Falkenstein und Königstein. Sie hatte Kraus sehr wohl selber gesehen und gezeichnet. Im übrigen saß in Weimar ein alter englischer Schiffsbauer und Marinemaler, Charles Gore, der Kraus seine Aquarelle der Ossianischen Inseln und italienischer Landschaften an die Hand gab, die dieser nun stach und kolorierte. Ja, 1794 gingen sie beide auf Reisen, nach Oberitalien; und dort schuf Kraus einen Zyklus so bezaubernder Veduten der Isola Madre und S.Giovanni, der Isola Bella und der Isola dei Pescatori im Lago Maggiore, auch von Bellagio und Cadenabbia am Lago di Como, daß Goethe in dem Mignonkapitel von «Wilhelm Meisters Wanderjahren» und daß Jean Paul in seinem «Titan» auf diesen Bildern ihre Schilderungen dieser Seelandschaften aufbauten. Und das war der letzte Triumph seiner Palette. –

Denn während auf den Blättern von Kraus der Horizont immer klar und heiter blieb, der des wirklichen Europa hatte sich düster umzogen. Und plötzlich dröhnten von Jena herüber Kanonenschläge. Truppen strömten durch die Stadt und Marodeure brachen in die Wohnung des

Malers und zerschlugen seine Habe und zerstreuten seine Bilder und bedrohten sein Leben. Nur an die Sonne gewöhnt, hielt die Kraft des Künstlers, der nun hoch in Jahren stand, der Nachtseite des Daseins nicht stand. Er brach zusammen, ward von Bertuch in dessen Haus genommen und gepflegt, aber immer sah er die Schreckensszenen vor sich und die fremden Krieger auf sich eindringen. Seine Sinne verwirrten sich. Er starb.

Als Charlotte v. Stein die Nachricht erhielt, klagte sie: «Er war immer glücklich. Aber es sollte kein Glücklicher mehr auf Erden sein. – Und man soll sich keinen Winkel der Ruhe und Sicherheit mehr denken können.» –

Eine Epoche war zu Ende. Eine heitere Welt war zerstört. – Unwiederbringlich. –

PETER IM BAUMGARTEN

Die Geschichte von Goethes Schützling Peter im Baumgarten[1] beginnt wie ein schlechter Roman. Eine kleine Stadt, ein kleiner Hof, an dem eines Tages ein fremder Knabe auftaucht, dem sich in auffallender Weise die Teilnahme führender Personen zuwendet. Ein Geheimer Rat aus dem Herzoglichen Conseil übernimmt die Erziehung. Eine Dame des Hofes gesellt den Fremden als Gespielen den eigenen Kindern zu. Ein Prinz verwendet ihn in seinem Dienste. Mußte nicht die Vermutung laut werden, es handele sich bei dem Knaben um ein Kind diskreter Herkunft – wie man, meistens nicht eben diskret, zu sagen pflegt?

Diese Vermutung wurde laut, und zwar bei den Nachkommen des Kindes selbst. In Goethes Nachlaß – denn Goethe war ja der Erzieher und Weimar der Schauplatz – findet sich ein Brief, in dem ein Bürger und Seifensieder in Berka, der Sohn jenes fremden Knaben, Auskunft über die Eltern seines Vaters verlangt. Ja, die Überlieferung berichtet, dieser Bürger Berkas habe sich gern und selbstgefällig als Enkel Goethes anreden lassen. Ein anderes Schreiben von seiner Hand, drei Jahre nach des Dichters Tod datiert, gibt noch verwegeneren Gedanken über die eigene Abstammung Raum. Da wird angedeutet, die hochselige Landesmutter, die Herzogin Anna Amalia, habe auf ihrer Reise in die Schweiz geheim einem Kinde das Leben geschenkt.

Wir wissen, oft haben im Leben Dinge, die sich ideal gebärden, einen dunklen Hintergrund. Aber zuweilen haben auch Zustände, die von mehrdeutiger Unbestimmtheit sind, einen sehr reinen und lichten Ursprung. Nein,

---

[1] Schweizerische Namensform; hochdeutsch Peter Baumgarten.

444

Anna Amalia hatte keinen Seifensieder zum Enkel; und Peter im Baumgarten ist auch kein Sohn Goethes gewesen. Er war ein freier Schweizer und ehelicher Abstammung und 1765 oder 1766 im Haslital im Berner Oberland geboren. Im Angesicht der Finsteraarhorngruppe hat er als Hirtenjunge auf einsamen Alpenmatten zwischen Ziegen, Schafen und Murmeltieren seine Kindheit verlebt. Da greift eine fremde Hand in sein Leben ein. Ein deutscher Baron, einundzwanzig Jahre alt, den Liebesschmerz in das Hochgebirge getrieben hat, erblickt den aufgeweckten hübschen Hirten. Und da er an der Welt gutmachen will, was diese an ihm selbst schlecht gemacht habe, beschließt er, ihn einem höheren menschlichen Dasein zuzuführen. Ja, genau das ist es, was der Baron von Lindau für Peter will, ein höheres menschliches Dasein – aber eben auch ein glücklicheres, als ihm selbst beschieden war.

Heinrich Julius – die Vornamen des Freiherrn weisen darauf hin, daß er in welfischen Landen geboren war – lebte in seiner Jugend in Hamburg, in einem Hause, das, unmittelbar an der Elbe gelegen, den Blick freigab auf die vielen und stolzen Segler, die von jenseits der Meere kamen und über den Ozean zogen. Mit siebzehn Jahren verliebte er sich in die vierzehnjährige Manon Poel, die einen Kaufmann Pauli aus Lübeck heiraten und später noch durch einen Herzensroman mit Kaspar von Voght, dem Kompagnon Sievekings, in die Geschichte der Hamburger Gesellschaft eingehen sollte. Dem jungen Freiherrn aber brach das Nein ihres Vaters das Herz; und da er in Rousseaus *«Nouvelle Héloïse»* gelesen hatte, wie Saint-Preux in Liebesnöten in den Gebirgstälern des Wallis Heilung und Ermannung suchte, brach auch er in die Alpen auf.

Dort traf er Goethe. Der war, gleichfalls auf der Flucht vor der Liebe – es war im Juni 1775 –, mit den Brüdern Stolberg und Graf Haugwitz bei Lavater in Zürich eingetroffen; und Lavater wird es gewesen sein, der Lindau und ihn zusammenführte. Will man sich vergegenwärtigen, wie diese Jugend ausschaute, so braucht man nur die «Physiognomischen Fragmente» aufzuschlagen; denn hier hat La-

445

vater alle in Kupfer stechen lassen, Goethe und seine Wander- und Weggenossen, Lindau und später auch den kleinen Peter. Ja, gerade dieses sehr reizvolle Knabenprofil wird man am wenigsten vergessen. Lavater charakterisiert es: ein tiefes, treffendes, bestimmtes Auge, hinschauende Helle, im Munde froher Knabenmut, viel feiner Sinn in der Nase, etwas Wollüstiges in der unteren Hälfte des Gesichts. Ein Knabe «von denen, die entweder außerordentlich gut oder außerordentlich schlimm werden».

Lindau hätte sich gern Goethe auf dessen Wanderung zum Gotthard angeschlossen; jedenfalls machte er den Dichter zum Vertrauten seines Herzens und seines Schicksals; und als es ihm darum ging, seinem Schützling Peter im Baumgarten einen neuen Lebenskreis zu eröffnen, wandte er sich auch an Goethe um eine geldliche Beihilfe. Noch ist die Subskriptionsliste vorhanden, mit der das Erziehungsgeld eingeworben ward, um Peter in die beste und modernste Knabenanstalt des Landes zu geben, nach Marschlins zu Ulysses v. Salis. Denn in der Schweiz wurde damals pädagogisch die Summe der Aufklärung gezogen, wurden Europas Erziehungssysteme ausprobiert. Salis war ein Vorläufer Pestalozzis; auf dessen Schultern steht Fellenberg. Als Goethe im «Wilhelm Meister» die «Pädagogische Provinz» schilderte, hatte er bald Marschlins, bald Yverdon, bald Hofwyl als pädagogische Erfahrungen vor Augen.

Seltsam der Brief, mit dem die Freunde um ihre Hilfe angegangen wurden. «Auferstehungsplan für Heinrich Julius» ist er überschrieben. In Bildern und Worten, als ob es sich um eine Totenklage aus Ossian handele, spricht Lindau von sich als einem Verstorbenen: «Fromme Kinder der Natur! Heinrich Julius ist nicht mehr. Es steht bei Euch, ihn auferstehen zu lassen. Julius liebte ein Kind, das den schönen Lebensweg zu Ende schreiten kann, den er selbst zu spät betrat. Öffnet diesem Kinde den Lebensweg, Söhne der Natur! Dann wird die Seele Eures Bruders zu diesem Kinde herniedersteigen und Heinrich Julius wieder leben in Peter!» Wie schwärmerisch, wie verstiegen erscheint uns das alles! Aber Goethe verstand diese Sprache. Hatte nicht auch Werthers Herz den Kindern besonders nahegestanden? Hatte nicht auch er in ihnen die Hoffnungen gesehen, deren Erfüllung ihm das Leben versagt hatte? Und so verpflichtete sich der Dichter, für Peter väterlich zu sorgen, falls Lindau nicht mehr sorgen könnte.

Dieser Fall trat unerwartet schnell ein. Den jungen Freiherrn litt es nicht in Europa, das ihm nichts zu bieten hatte. Die Wimpel der Schiffe, die er in Hamburg von seinem Knabenstübchen aus hatte vorüberflattern sehen, zogen ihn nach. Er bot seinen Degen dem Landgrafen von Hessen an, nicht Kriegsruhmes halber, sondern – ein anderer Werther – den Tod zu suchen. Am 3. März 1776 wurde er als Sekondeleutnant in das für Amerika bestimmte Regiment Wuthenau eingestellt. Ende Mai stach er in See. Am 16. November traf ihn auf Manhattan Island vor New York beim Sturm auf das Fort Washington die Kugel aus amerikanischem Geschütz. «Heinrich Julius ist nicht mehr.» Nun war es wahr geworden.

Wer war es, der so zugrunde gegangen? Ein Abenteurer? Ein überempfindlicher, gutherziger Träumer? Ein frühzeitig müder Weltenwanderer? So wenig wir von Heinrich v. Lindau wissen, sein Name steht hoch oben im Straßburger Münsterturm auf der gleichen steinernen Tafel, die die Namen Goethes und der Grafen v. Stolberg und Lenzens enthält. Daß er in diesen Dichterkreis aufgenommen worden war, daß er hier als Freund unter Freunden, als Bruder unter Brüdern galt, das bürgt für den Schwung seiner Seele und die Lauterkeit seines Herzens; eine echte Erscheinung des «Sturm und Dranges» ist Lindau gewesen, jener Epoche, die ihren Namen nach einem Schauspiel führt, das eben jene Freiheitskämpfe Amerikas verherrlicht, deren Opfer er werden sollte. – Ein anderes, verborgenes Denkmal hat Goethe dem früh Verblichenen gesetzt; in «Werthers Briefen aus der Schweiz», in denen der Dichter Erinnerungen und Betrachtungen aus den beiden Schweizer Reisen, der von 1775 mit den Stolbergs und von 1779 mit Carl August, fragmentarisch zusammenwob,

447

hier ist mit «Freund L.» auch des Freiherrn v. Lindau gedacht. Ein Reisegenosse Werthers, so also hat ihn Goethe gesehen; und eine Tat aus Werthergesinnung mag man wohl die Handlung nennen, mit der er in das Leben des Schweizer Hütejungen eingegriffen. –

Und Peter selbst? Der war, um glücklicher als Heinrich v. Lindau zu werden, auf Kosten des Freundeskreises bei Herrn v. Salis in der besten Erziehungsanstalt des Landes und durfte jeden Sonntag und Mittwoch nur französisch, jeden Montag und Donnerstag nur lateinisch sprechen. Das hatte er auf der Alm nicht gelernt, und in Marschlins wollte er es nicht lernen. So verließ er eines Tages eigenmächtig das Institut und wanderte durch Oberdeutschland und über den Thüringer Wald nach Weimar. Am 12. August 1777 überraschte er Goethe im Gartenhaus am Stern. Einen bellenden Spitz hatte er bei sich; und, obwohl er erst elf Jahre alt war, ließ er die Pfeife nicht ausgehen. – Wir wissen, wie Goethe über Hunde und Tabak dachte.

«Der Junge ist nun mein! – Mich machts lachen, daß er zum Antritt einen Spießruten laufen und einen ausprügeln sieht; das er, wie er sagt, nicht wieder sehen mag.» Spießruten und Prügel waren aber nicht die einzigen Erziehungsmittel im Staate Carl Augusts. Der erste Geistliche des Landes, Herder, wird über Peter zu Rate gezogen; und fast täglich ward der Junge zu Charlotte von Stein geschickt, damit er auch den Einfluß dieses zartesten Frauengemütes am Hofe erfahre. Denn seine Ziele hat sich Goethe nicht weniger hoch gesteckt als Lindau. «Ich will sehen, obs glückt, was ich mit ihm vorhabe. – Wenn ichs recht kann, so soll er, wenn ich die Augen zutue oder ihn verlasse oder er mich, von niemandem abhängen, weil er von allen abzuhängen fühlen muß.» Tätige Einordnung in das Ganze – das also wollte Goethe den Knaben lehren.

Tätige Einordnung? – Das lag Peter fern. Störrisch war er und immer voll neuer Torheiten. Nächtlich entwich er über den Zaun in die Stadt. «Szene mit Peter» heißt es im Tagebuch. Der Dichter kam bald zu der Erkenntnis: «In der Jugend traut man sich zu, daß man den Menschen Paläste bauen könne; und wenn's um und an kömmt, so hat man alle Hände voll zu tun, um ihren Mist beiseite zu bringen.» Heute steht im Gartenhaus am Stern die schöne Lavaterbüste, die Sonnenschein, der Vorgänger Dannekkers in Stuttgart, schuf. Zur Zeit, da Peter am Stern hauste, hatte Goethe gerade die Begabung Klauers entdeckt und mühte sich, mit ihm in Weimar eine Pflegestätte plastischer Porträtkunst zu schaffen. So wird es eine Lavaterbüste von Klauer gewesen sein, die 1779 das Gartenhaus zierte. Düster umschwärzt, mit Tinte beschmiert, stand sie eines Tages da. Nur Augen und «Schnauz» leuchteten weiß. Da gab Goethe den Knaben aus dem Haus – indes nicht aus der Hand.

Die Weimarer Atmosphäre hatte sich Peter verscherzt. Goethe aber wagte nun ein Experiment, das vielleicht noch kühner war als die Verpflanzung des Schweizer Almbuben an den kunstsinnigsten Hof von Deutschland. Er gab ihn in die Pflege von Johann Friedrich Krafft. Wer dieser Mann eigentlich gewesen, das weiß niemand. Nur so viel ist bekannt: Er war einer jener Unglücklichen, an sich und am Leben Verzagenden, die sich gläubig an den Dichter wandten und seine hilfreiche Hand suchten. Und Goethe hat sich ihm nicht versagt. Er hat dem Bittenden eine stille Unterkunft in Ilmenau verschafft und unterstützte ihn bis zu einem vollen Siebentel seines eigenen Gehaltes. Jetzt sollte Krafft in der Erziehung Peters eine Aufgabe und eine Verantwortung, der Knabe aber einen verständnisvollen älteren Freund finden.

Wie menschlich zart der Brief dem Bedrückten gegenüber, mit dem der Dichter dieses Verhältnis einleitete! «Nun hab ich einen Vorschlag. Wenn Sie in Ihrem neuen Quartier sind, wünsch' ich, daß Sie einem Knaben, für dessen Erziehung ich zu sorgen habe und der in Ilmenau die Jägerei lernt, einige Aufmerksamkeit widmeten! Er hat einen Anfang im Französischen, wenn Sie ihm darin weiter hülfen! Er zeichnet hübsch, wenn Sie ihn dazu anhielten! Alles kommt darauf an, ob Sie eine solche Beschäftigung mögen. Wenn ich von mir rechne, der Umgang mit Kindern macht mich froh und jung.»

Peter lernte also die Jägerei. Vielleicht hat nichts so sehr das Gerücht von seiner hohen Abkunft bestärkt wie eben dies. Denn das war freilich Tatsache: die Jägerburschen im Lande waren zum guten Teil Söhne Carl Augusts. Er behandelte sie nicht als Prinzen von Geblüt; aber er nannte sie «du» und nicht «Er», rief sie auch beim Vornamen und war zu ihnen wie ein echter Vater zu seinen echten Kindern.

Auch als Jägerbursche tat Peter nicht gut. Der Wildmeister Öttelt versicherte bitter: «daß niemals ein Jäger aus ihm werden würde, daß er nicht das Geringste davon verstünde noch zu lernen Lust hätte, daß er in allen Sachen widerspenstig wäre, grob gegen die Pursche und das Hausgesind, liederlich in seinen Sachen und Aufführung und ohngeweckt für zehn Uhr nicht aufstünde.»

Aber wäre es nur das gewesen, daß er bis zehn Uhr schlief. Peter trank, spielte, machte Schulden. Ja, in Berka verführte er die Pfarrerstochter. Die Ehe, die er nun eingehen mußte, war mehr Fessel als Glück. Sechs Kinder sind ihr entsprossen; bei dem dritten, einer Tochter, stand Goethe Pate.

Und schließlich wünschte Peter im Baumgarten auch nicht bei der Jägerei zu bleiben. Er wollte Künstler werden. Auch diesen Weg gab Goethe ihm frei. Er knüpfte an das Zeichentalent des Knaben an und vermittelte ihm Unterricht im Kupferstechen. Vielleicht ist der Schweizer Lips, Goethes Freund und Professor an der Zeichenschule in Weimar, sein Lehrer gewesen; jedenfalls war er Gevatter bei einem von Peters Kindern. Es gibt – nur in wenigen Abzügen erhalten – einen Stich, der Goethe darstellt und den Peter nach dem Bilde von Schmoll geschaffen hat; und es gibt eine gestochene Karte «An die Herren Buch- und Kunsthändler», auf der sich «Peter im Baumgarten, zu Weimar» erbietet: «mathematische, geometrische und musikalische Sachen, Titel zu Büchern, mit und ohne Vignetten, Umschläge zu periodischen Schriften mit beliebiger Einfassung, Visiten-Billetts und überhaupt jede Zeichnung, gut und in angemessenen billigen Preisen in Kupfer zu stechen.» Das Blatt ist ausnehmend schön, schwungvoll und von großer Klarheit der Linienführung. Auch das Porträt des Dichters ist eine saubere, peinlich korrekte Arbeit. Aber gerade jetzt, wo es schien, Peter im Baumgarten habe nach manchen Irrwegen seinen Beruf gefunden, verschwindet er. 1793 bei der Geburt seines sechsten Kindes war er schon nicht mehr in Weimar, sondern «derzeit in Leipzig». Dann sind Frau und Kinder allein. Vielleicht, daß eine kleine Erbschaft von 154 Kronen, die ihm aus Bern zufiel, den ersten Zehrpfennig zu recht weiter Reise gab. Denn gerade in jenem Jahre 1793, da Peter verschwand, tauchte in Weimar als Werbeoffizier ein amerikanischer Colonel Pearce auf. Goethe warnte die Behörden vor ihm; aber Peter – damals siebenundzwanzig Jahre alt – scheint mit ihm in Verbindung getreten zu sein. Nach Hamburg führen die letzten Spuren. –

Die unerfüllte Liebe Lindaus zur schönen Manon Poel in Hamburg war letzten Endes der Anlaß gewesen, daß Peter seiner Schweizer Heimat fremd wurde. In Hamburg hatte Heinrich Julius v. Lindau die erste Sehnsucht nach den Ländern über dem Ozean vorgefühlt. Nun scheint es, als habe er seinen Schützling nach sich gezogen. Etwas Ähnliches hatte ihm, solange er lebte, tatsächlich vorgeschwebt. Hat nun Peter im Baumgarten unter dem Sternenbanner Waffen getragen? Hat er etwa als ausgedienter Soldat ein Dasein als «Frontier» geführt, als Jäger oder Siedler? Oder hat er sein Können als Kupferstecher unter den deutschen Kolonisten etwa in Germantown, Philadelphia oder Reading in einem friedlich bürgerlichen Beruf verwertet? Ist er in Trunk und Spiel untergegangen? Wir wissen es nicht. Die Nachkommen jener hessischen Soldaten, deren Heimfahrt nach Deutschland nach dem Siege Washingtons niemand bezahlen konnte und wollte, sind heute die reichsten Farmer in den Staaten Ohio, Illinois und Indiana. Die Schweizer und die Deutschen in Amerika wissen um ihre Vorfahren. Ausgeschlossen ist es nicht, daß wir eines Tages doch noch erfahren, wie Goethes Schützling sein abenteuerliches Leben beendet hat. –

Schon im 18. Jahrhundert ist die Frage laut geworden, ob nicht Lindaus Handlung «voreilige Güte» gewesen, ob man Peter nicht in seinen heimatlichen Bergen hätte belassen sollen. – Darauf läßt sich zunächst antworten: Wer als Jäger in Thüringen beruflich und menschlich versagt hat, wäre wohl auch als Jäger im Berner Oberland nicht am Platze gewesen. Vor allem aber hat Fritz Ernst, dessen sorgsamem und schönem Buche über Peter im Baumgarten wir die nähere Kenntnis der hier vorgetragenen Ereignisse verdanken, mit Recht gefragt: ob wirklich nur erlaubt sei, was augenblicks zu greifbarem Erfolge führt und was aus der Güte werde, wenn sie nicht einmal voreilig sein dürfe. Ja weiter: «Wer möchte überhaupt die Geschichte eines Menschen beschränken auf sein Leben? Sind nicht vielleicht viel später Urenkel die Erfüllung aller Hoffnungen, die einmal dem Ahnherrn galten?» –

Von Lindau und Peter und wie ihr Leben zerrann, haben wir gehört; wenden wir uns nun dem Dritten in diesem merkwürdigen Bunde, den eine Laune des Schicksals geschaffen, dem Dichter zu, durch den und um dessentwillen doch ganz allein die Namen der beiden anderen auf uns gekommen sind.

Als Peter im Baumgarten bei Goethe lebte, schrieb dieser an der «Iphigenie auf Tauris», dem Schauspiel vom Sieg der Reinheit der Seele. Er schrieb an der Tragödie vom Untergang des nicht in sich ruhenden Herzens, dem «Torquato Tasso». Er schrieb an dem großen Erziehungsroman vom Wilhelm Meister. Aber damals entstand auch das Gedicht «Das Göttliche». Die Welt ist oberflächlich geworden, sie liest sehr leicht über eine solche Überschrift hinweg. Goethe aber war sich des ungeheuerlichen Anspruches einer menschlichen Aussage über das Göttliche sehr wohl noch bewußt. –

Das Gedicht offenbart uns, wie es innerlich um den Menschen bestellt war, der das Wagnis der Erziehung eines wildfremden, zugelaufenen Hirtenknaben auf sich nahm. Es läßt uns ahnen, welcher Ernst und welche Stärke der Gesinnung in seinem Herzen für die fühlbar gewesen sein muß, die, wie der kleine Peter oder Lindau oder Krafft, von anderen zu schweigen, sich an ihn drängten. Aber es ist darüber hinaus – aus welchem uns unbekannten Anlaß es auch immer entstanden sein mag – eines der großartigsten Bekenntnisse über die Fundamente seiner Lebenshaltung. Und es spricht deutlicher und unmittelbarer zu uns als die Gestalten seiner Dichtungen, die doch ihr eigenes Leben führen, während hier heischend angeredet wird und der Dichter mit sich verpflichtendem «Wir» und «Uns» die eigene Persönlichkeit für die Wahrheit der Lehre verpfändet, die er in feierlichem Hymnentone vorträgt.

Edel sei der Mensch
Hülfreich und gut!
Denn das allein
Unterscheidet ihn
Von allen Wesen,
Die wir kennen. –

«Das allein.» – Das allein! – Adel der Gesinnung und Güte werden gefordert, daß der Mensch zum Menschen werde. Durch sie erst sondert er sich vom Tiere, – durch sie wird er aber auch Abglanz und Abbild der Gottheit.

Heil den unbekannten
Höhern Wesen,
Die wir ahnen!
Ihnen gleiche der Mensch;
Sein Beispiel lehr' uns
Jene glauben.

Der edle, gute Mensch ist die Mitte der Schöpfung. In ihm offenbart sich die Kraft der Liebe, die das Weltall durchströmt. Von der Erfahrung dieser seiner Liebeskraft aus wird der Schluß auf die liebende Gottheit gezogen. – «Sein Beispiel lehr' uns Jene glauben.» – Mittler ist er also zwischen Himmel und Erde, ist Urphänomen, ist Spiegelbild der Gottheit und somit Beweis für das Urbild. In dieser Überzeugung blieb sich Goethe durch sein ganzes Leben gleich. Eckermann erzählt unter dem 1. April 1827 von einem Gespräch über Sophokles und die Antigone und daß er dabei die Frage gestellt, wie das Sittliche in die Welt gekommen. «Durch Gott selber», erwiderte Goethe, «wie alles andere Gute. Es ist kein Produkt menschlicher Reflektion, sondern es ist angeschaffene und angeborene schöne Natur. Es ist mehr oder weniger den Menschen im allgemeinen angeschaffen, in hohem Grade aber einzelnen, ganz vorzüglich begabten Gemütern.» – Gott offenbart sich in dem Menschen seiner Gnade. –

Wo ein Held und Heiliger starb, wo ein Dichter gesungen,
Uns im Leben und Tod ein Beispiel trefflichen Mutes,
Hohen Menschenwertes zu hinterlassen, da knien
Billig die Völker in Andachtswonne, verehren
Dorn und Lorbeerkranz, und was ihn geschmückt und gepeinigt.

Diese Hexameter mögen fast gleichzeitig mit der Hymne «Das Göttliche» entstanden sein, 1781 oder wenig danach. – Dem späten Goethe aber gehören Bekenntnisse an wie dies:

Wär' nicht das Auge sonnenhaft,
Die Sonne könnt' es nie erblicken;
Läg' nicht in uns des Gottes eigne Kraft,
Wie könnt' uns Göttliches entzücken? –

oder jene Strophe aus dem Februar 1829, in der dem regierenden Weltgestirn, der Sonne, das Gewissen gegenübergestellt wird als Regent unseres sittlichen Handelns.

Sofort nun wende dich nach innen,
Das Zentrum findest du da drinnen,
Woran kein Edler zweifeln mag.
Wirst keine Regel da vermissen:
Denn das selbständige Gewissen
Ist Sonne deinem Sittentag.

454

«Das allein», so hieß es in dem Gedicht «Das Göttliche», hier ist mit der Selbst-Ständigkeit des Gewissens das
gleiche ausgesagt. In allen diesen Äußerungen Goethes,
denen sich noch manche andere, etwa die über die Ehrfurcht in «Wilhelm Meisters Wanderjahren» anschließen
könnten, wird die Brücke zwischen Gottheit und Menschheit geschlagen, und zwar im sittlichen Bewußtsein. Mag
der Mensch in allem anderen als ein Unfreier dem Kreis-
lauf der Natur eingeordnet und auf das Rad des Schicksals
geflochten sein, in seinem Ethos tritt er aus all diesen Bindungen heraus, erlöst, und selbst ein Erlöser.

Denn unfühlend
Ist die Natur:
Es leuchtet die Sonne
Über Bös' und Gute,
Und dem Verbrecher
Glänzen, wie dem Besten,
Der Mond und die Sterne.

Wind und Ströme,
Donner und Hagel
Rauschen ihren Weg,
Und ergreifen,
Vorüber eilend,
Einen um den andern.

Auch so das Glück
Tappt unter die Menge,
Faßt bald des Knaben
Lockige Unschuld,
Bald auch den kahlen
Schuldigen Scheitel.
Nach ewigen, ehrnen,
Großen Gesetzen
Müssen wir alle
Unseres Daseins
Kreise vollenden.

Das ist keine optimistische Weltschau! Unsere völlige

Preisgegebenheit gegenüber einer fast mechanistisch gesehenen Natur, die unfühlend weder Gut noch Böse noch Gerechtigkeit kennt, das ist ihr Inhalt. Dann aber erstrahlt, wie über einer Sintflut, in der alle Hoffnungen und Sehnsüchte des Herzens untergehen, der Regenbogen der Verheißung.

> *Nur allein der Mensch*
> *Vermag das Unmögliche:*
> *Er unterscheidet,*
> *Wählet und richtet;*
> *Er kann dem Augenblick*
> *Dauer verleihen.*

Nur durch den guten Menschen wird die Erde gut. – Er setzt die Tafeln der Werte. – Und noch ein anderes: er vermag dem Augenblick Dauer zu verleihen; das heißt vordergründig zunächst: er kann planen, dann aber, da in diesem Gedicht immer das Sterbliche dem Unsterblichen entspricht, das Ewige vom Zeitlichen, das Zeitliche vom Ewigen her bestimmt wird, doch auch dies: die Vergänglichkeit wird überwunden im ewigen Gesetz. Das wäre der Flug «ins Unbetretene, nicht zu Betretende». *«Als wir zît und zîtlich dinc hân übertreten, sô sind wir vrî und alle zît vrô, und denne ist vüllede der zît, und denne sô wirt der sun gotes geborn in dir,* – wenn wir Zeit und die zeitlichen Dinge hinter uns gelassen haben, so sind wir frei und für immer froh, und dann ist die Zeit erfüllet, und dann wird der Sohn Gottes geboren in dir», so in der Sprache seiner Mystik der Meister Eckart in der Predigt: *Impletum est tempus.*

> *Er allein darf*
> *Den Guten lohnen,*
> *Den Bösen strafen,*
> *Heilen und retten,*
> *Alles Irrende, Schweifende*
> *Nützlich verbinden.*

Heinrich v. Lindau, selbst ein Irrender, Schweifender,

hatte, ehe er nach Amerika ging, Goethe noch zweimal in Weimar besucht. Wovon sollte da die Rede gewesen sein, wenn nicht eben von solcher Kraft, von solcher Berufung, von solchem Adel des Menschen? Weil dieser Adel sich in Goethe verkörperte, darum hatte ja Lindau seinen Schützling gerade dem Dichter ans Herz gelegt. Denn hier fand er noch den Glauben, den er selbst verloren hatte.

Und wir verehren
Die Unsterblichen,
Als wären sie Menschen,
Täten im Großen,
Was der Beste im Kleinen
Tut oder möchte.

Der edle Mensch
Sei hülfreich und gut!
Unermüdet schaff' er
Das Nützliche, Rechte,
Sei uns ein Vorbild
Jener geahneten Wesen!

Unterordnung unter das Jenseitige, Einordnung in das Diesseitige, – oder wie es in Peters Erziehungsplan heißt: «unabhängig sein, weil man sich von allen abhängig fühlt.» Haben nicht auch andere Denker in der «schlechthinnigen Abhängigkeit» eine der tiefsten Formeln für alle Religion gesehen?

Im Alter hat Goethe einmal rückschauend geäußert: «Leichtsinnige, leidenschaftliche Begünstigung problematischer Talente war ein Fehler meiner früheren Jahre, den ich niemals ganz ablegen konnte.» Es war eine seiner schönsten Eigenschaften, um die sich der Dichter hier anklagt; und wir fühlen ja, daß er den Vorwurf nicht ernst meint. Denn daß er neben seiner dichterischen auch eine im schönsten Sinne pädagogische Sendung zu erfüllen habe, dessen war sich Goethe sehr wohl bewußt. Aus Schöpferdrang hat er seine Werke geschrieben und um sich von inneren Erlebnissen zu befreien; aber irgendwie sind sie immer auch eine Antwort auf die uralte Frage: Wozu lebt der Mensch? Werther, Tasso, Faust sind Warnungen vor einer Daseinshaltung, die sich weigert, «von allen abhängig zu sein». Und Wilhelm Meisters Lehrjahre und Wanderjahre suchen und prüfen die Wege, die uns in die echten Abhängigkeiten hineinführen. Ja, genau besehen, könnten nicht beide Gestalten, Lindau sowohl wie Peter, als Figuren in diesem Roman auftreten? Als sehr glaubhafte Figuren sogar? Peter etwa als Kumpan des Schlingels von Friedrich, Lindau als Gegenbild zu dem männlichen Jarno, der auch in den Staaten gefochten, dann aber in die Heimat zurückgefunden hat?

Denn über den Ozean zieht es sie merkwürdigerweise alle, den Freiherrn von Lindau, weil er ein durchaus Entwurzelter ist, Peter, weil er das Abenteuer sucht, die Auswanderer der «Wanderjahre», weil sie glauben, nur in den Staaten neue, nicht von der Maschine bedrohte Lebensformen verwirklichen zu können. Aber dieser Freiheitskontinent ist, wie der Kolonistentraum des alten Faust, eine Utopie. Auch in Amerika wird die Technik den Menschen im Menschen gefährden. In Fausts Zukunftsland werden Philemon und Baucis immer von neuem erschlagen werden. Und darum gilt für Goethe selbst das Wort Jarnos: «Hier oder nirgends ist Amerika!» Darum ruft er in seinem Gedicht «Seefahrt» allen Segelnden und Scheiternden zu, «männlich an dem Steuer» zu stehen. –

Goethes Leben ist von großartiger Folgerichtigkeit. Die Begegnungen mit dem Freiherrn von Lindau und mit Peter im Baumgarten waren Zufall. Indes, Goethe läßt keinen Zufall gelten. Er fügt ihn ein in das Gewebe seines Daseins. Sie werden Stoff, an dem er sich versucht und an dem er sich bewährt, zunächst als Mensch, aber oft genug auch als Dichter. Darum wird sein Verhalten im Leben zur Deutung seiner Werke. Denn Leben und Werke sind bei ihm eins.

CORONA SCHRÖTER

Als Goethe und Corona Schröter sich in Leipzig zum ersten Male sahen, waren beide noch nicht allzu lange der Kindheit entwachsen, der Student sechzehn, die Sängerin vierzehn Jahre alt. Goethe hörte sie im Gasthaus «Zu den drei Schwanen» auf dem Brühl in den großen, von Johann Adam Hiller geleiteten Konzerten, die, als älteste Konzertvereinigung Deutschlands, 1743 von Kaufleuten gegründet worden waren und aus denen 1781 die Gewandhaus-Konzerte hervorgehen sollten. Das Leipziger Musikleben hatte seine Wendung zum Weltlichen vollzogen. Im Sommer 1750 hatte Johann Sebastian Bach, der Thomaskantor, seine letzten Noten diktiert, eine Choralphantasie über die Melodie «Wenn wir in höchsten Nöten sein», und er hatte darüber schreiben lassen «Vor deinen Thron tret ich allhier», – schon eine Musik der Verklärung und der Harmonie der Sphären. Bald darauf übergab man seinen Leib der Erde. Die großen Passionen waren verklungen, die Kantaten vergessen; höchstens daß in einem Leipziger Vorort ab und zu Tanzmusiker, vielleicht Studenten oder Thomasschüler, noch einmal Stücke aus den Orchestersuiten spielten. Und schließlich war selbst das Grab des Meisters verschollen. Soweit Hiller geistliche Musik aufführte, wählte er Händel oder Hasse, der sein Lehrer gewesen. Im übrigen stand er, wenn er auch zuletzt Thomaskantor ward, dem Theater näher als der Kirche, der Oper näher als dem Oratorium. Er schuf das deutsche Singspiel.

Über die Konzertbesuche des jungen Goethe sind wir im einzelnen nicht unterrichtet, wissen aber von seiner Anwesenheit bei der Erstaufführung von Hasses Oratorium *«Santa Elena al Calvario»* in der Karwoche 1767. Das Orchester bestand aus 23 Streichern, 8 Bläsern und der Laute; Hiller dirigierte vom Flügel aus. Corona Schröter sang die Kaiserin Helena. Ihre Partnerin als Eustasia, ebenso jung wie Goethe, war Elisabeth Schmeling, die später am Hofe Friedrichs des Großen den Flötisten La Mara heiratete. Da die Sängerinnen aber die Rollen auch wechselten, konnte das Publikum die Leistungen vergleichen und spaltete sich in zwei Lager.

Es war eine künstlerisch sehr frühreife Jugend, die sich hier begegnete. Wenn Corona schon mit vierzehn Jahren aufgetreten war, so hatte Elisabeth Schmeling bereits mit neun Jahren in Wien, mit elf in London Erfolge gehabt. Goethe hat diese Leipziger Konzerteindrücke nie vergessen. 1824 schreibt er in Erinnerung an die Schmeling: «Die Arien ‹Sul terren piagata a morte› und ‹Par che di giubilo› aus Hassens Helena auf dem Calvariberg weiß ich mir noch im Geiste hervorzurufen»; und als ihn die Sängerin, aus Frankreich kommend, in Weimar besuchte, gab er ihr eine Gesellschaft und erzählte ihr, wie er vor mehr als fünfzig Jahren nach ihren Konzerten mit seinen Freunden bei Pfannkuchen und Wein auf ihr Wohl getrunken. Noch kurz vor seinem Tode hat er diese musikalischen Jugendtage wieder erstehen lassen, mit den Versen auf die einstige «Demoiselle Schmeling», – jetzt eine zweiundachtzigjährige Greisin –, die er zum Geburtstag grüßte, das entscheidende Wort sprachlich kühn im zweiten Fall an den Anfang vorgeschoben:

Klarster Stimme, froh an Sinn,
Reinster Jugendgabe,
Zogst du mit der Kaiserin
Nach dem heiligen Grabe.
Dort, wo alles wohlgelang,
Unter die Beglückten
Riß dein herrschender Gesang
Mich, den Hochentzückten.

Sangreich war dein Ehrenweg,
Jede Brust erweiternd,
Sang auch ich auf Pfad und Steg,
Müh und Schritt erheiternd.

Nah dem Ziele, denk' ich heut
Jener Zeit, der süßen.
Fühle mit, wie mich's erfreut,
Segnend dich zu grüßen!

An Corona Schröter aber richtete er dichterische Huldigungen schon als Leipziger Student, jedoch, wie er sagt, in fremdem Auftrag; die Gedichte wurden zwar gedruckt, sind indes verloren. Mit ihr verband ihn das freundschaftliche Du; schon damals war sie ihm das «Crönchen». Die Bekanntschaft wird die musik- und theaterfreudige Familie Breitkopf im «Goldenen Bären» vermittelt haben. Hier versuchten sich die Tochter Constanze und ihre Freundinnen wie Käthchen Schönkopf, dazu Goethe und seine Freunde in Stücken von Lessing und Gellert. Hier musizierte und komponierte man; der junge Breitkopf, gleichaltrig mit Goethe, vertonte dessen Leipziger Gedichte. Auch Corona ging hier ein und aus und nahm, wie Reichardt berichtet, schon damals mit Goethe als Partner, an den Liebhaberaufführungen teil. Und dann mögen sich der junge Student und die Künstlerinnen bei Oeser getroffen haben; Elisabeth Schmeling ward von ihm porträtiert; Corona besuchte dort, ebenso wie Goethe, den Mal- und Zeichenunterricht. Auch in Oesers Familie verkehrte Corona; Goethes Jugendfreundin, Friederike Oeser, stand ihr nahe.

Coronas Vater war «Königl. Polnischer und Kurfürstlich Sächsischer bei dem löblichen Graf Brühlschen Regiment bestallter Hautboist» gewesen, die Mutter die Tochter eines Schuhmachers und Lohgerbers zu Guben, bei der der Regimentsmusikus in Quartier gelegen. Von 1755 bis 1763 waren die Eltern in Warschau, von Coronas viertem bis zwölftem Jahre; und hier hat das hochbegabte Kind eine über ihren Stand hinaus vorzügliche Ausbildung genossen, lernte Polnisch, Französisch, Englisch und Italienisch, vor allem aber Singen. Dann ging Schröter mit den Seinen, von Hiller, mit dem er verwandt war, gerufen, nach Leipzig, eine richtige Musikerfamilie: der Vater blies

461

die Oboe, der eine Bruder war ein Klaviervirtuose, der andere ein angesehener Violinspieler, eine Schwester ward Kammersängerin, und auch Corona sang. Sie trieb ihre Kunst mit leidenschaftlichem Ernst. Johann Friedrich Reichardt, später Komponist vieler Goethescher Lieder und einer seiner musikalischen Berater, trat als junger Student in Leipzig Corona näher und schreibt darüber: «Jeder Morgen und jeder Nachmittag ward fast ganz mit ihr, in ihrer Gartenwohnung vor der Stadt, an ihrem Flügel bei Hasseschen Partituren verlebt. Und wie verlebt! Sie sang, wenn gleich mit bedeckter Stimme – denn diese war durch unvernünftige Anstrengung beim Unterricht, um den höchst möglichen Umfang zu erzwingen, früh geschwächt worden – mit ganzer Seele und großem Ausdruck. Besonders deklamierte sie das Recitativ meisterhaft. Ihre schöne Gestalt, ihre edle, hohe Haltung, ihr bewegliches, ausdrucksvolles Gesicht gab diesem recitativischen Vortrag eine Kraft, einen Zauber, den ich nie gekannt, vorher nie empfunden hatte. Nie habe ich ihr ohne die tiefste Herzensbewegung gelauscht. Dieser hohe Genuß hat mich vielleicht allein zu dem Künstler gemacht, der ich geworden bin.» – «Wenn gleich mit bedeckter Stimme», – das war Coronas Schicksal als Sängerin; der Vater hatte, da sie noch Kind war, ihre Stimme gewaltsam in die Höhenlage getrieben; nun reichte sie bei den Coloraturen nicht aus und war auch dem Orchester gegenüber nicht stark genug. Friederike Oeser, die Freundin, urteilt 1775: «Allein ungeachtet sie nur selbst einige zwanzig ist, hat sie doch fast gänzlich ihre Stimme verloren. Sie spielt sehr schön Klavier und bläst ganz allerliebst die Flöte, spricht französisch und italienisch vollkommen und würde eine unserer ersten Schauspielerinnen sein, wenn sie sich entschließen könnte, aufs Theater zu gehen. Sie spielt zuweilen zu ihrem Vergnügen, wo sie ihre Freunde und Bekannten dazu einladet.»

Was hinderte Corona, sich zu einem Schritt zu entschließen, den ihr die Freunde nahelegten? Der Zustand des deutschen Theaters, das sich eben erst vom Harlekin freimachte, der schlechte Ruf der Comödiantinnen, wie Goethe sie, eben im Gegensatz zu Corona, in «Miedings Tod» zeichnete:

Ihr Schwestern, die ihr, bald auf Thespis' Karrn,
Geschleppt von Eseln und umschrien von Narrn,
Vor Hunger kaum, vor Schande nie bewahrt,
Von Dorf zu Dorf, euch feil zu bieten, fahrt;
Bald wieder durch der Menschen Gunst beglückt,
In Herrlichkeit der Welt die Welt entzückt;
Die Mädchen eurer Art sind selten karg.

Philinen. – Verächtlich, – zumal für eine Natur wie Corona Schröter, die überlegen war, aristokratisch, nicht ungesellig, aber zurückhaltend, den Umgang wählend. Dazu kam, daß das deutsche Theater kein Repertoire hatte. Abgesehen von den Stücken Lessings, gab es kaum deutsche Schauspiele oder Tragödien. Mit Shakespeare wurden eben die ersten Versuche gemacht. Die Bühne war selten ein Haus der Kunst, zumeist eine Stätte der Unterhaltung, oft einer niedrigen Unterhaltung. Da war die Einladung, als Kammersängerin an den Hof von Weimar zu kommen, wünschenswerteste Lösung. Denn was für ein Hof war das! Dort lebten die Dichter, von denen jeder sprach. Statt toter Etikette regierte das menschliche Herz. Und dieses Herz schlug frisch und jugendlich. Fürst und Fürstin waren erst neunzehn Jahre, und die sie umgaben, waren nicht viel älter. Auch verpflichtete dieser Wirkungskreis zu keinen großen Konzerten, die Stellung war unabhängig und entsprechend dotiert; 400 Taler, das gleiche Gehalt, das Corona als Sängerin des Leipziger Großen Conzertes bezogen hatte, wurden lebenslänglich zugesichert.

Vermittler war Goethe gewesen. Er war im Frühling 1776 nach Leipzig gefahren, zum ersten Male wieder in diese Stadt seiner Studentenjahre. In Naumburg war er in demselben Gasthause über Nacht wie im Herbst 1765. «Wie anders! Lieber Gott wie anders! als da ich vor zehen Jahren als ein kleiner, eingewickelter, seltsamer Knabe in eben das Posthaus trat – Wie viel hat nicht die Zeit durch den Kopf und das Herz müssen, und wieviel wohler, freier, besser ist mir's nicht!» Und am andern Morgen, wiederum an Charlotte v. Stein, Sonne und Liebe in eins verschmelzend: «Bis die Pferde kommen, ein Wort. Hinter Naumburg ging mir die Sonne entgegen auf! Liebe Frau, ein Blick voll Hoffnung, Erfüllung und Verheißung – die Morgenluft so erquickend, der Duft zwischen den Felsen so schauerlich. Die Sonne so golden blickend als je. – Nicht diesen Augen nur, auch diesem Herzen – Nein! es ist der Born, der nie versiegt. Das Feuer, das nie verlischt, keine Ewigkeit nicht – – Ich will nun ganz den Eintritt in Leipzig genießen.»

Als der Dichter dann aber in Leipzig angekommen, war der erste Eindruck Enttäuschung. Er hatte gelernt, in und mit der Natur zu leben, seine Seele war weit und groß geworden, und hier war alles in städtischer Engbrüstigkeit wie versteint. Und seine Sprache wird wieder studentenhaft, wenn er jetzt an Carl August seinem Herzen Luft macht. «Lieber Herre, da bin ich nun, in Leipzig, ist mir sonderlich worden beym Nähern, davon mündlich mehr, und kann nicht genug sagen, wie sich mein Erdgeruch und Erdgefühl gegen die schwarzgrau, steifröckigen, krummbeinigen, Perückengeklebten, Degenschwänzlichen Magisters, gegen die Feyertags berockte, Allmodische, schlanckliche, vieldünckliche Studenten Buben, gegen die Zukkende, krinsende, schnäbelnde, und schwumelende Mägdlein, und gegen die Hurenhaffte, strozzliche, schwänzliche und finzliche Junge Mägde ausnimmt, welcher Greuel mir alle heut um die Thoren als an Marientags Tags Feste entgegnet sind. Deswegen preservirt mein äuseres und inneres der Engel die Schrötern, von der mich Gott bewahre was zu sagen.»

Um drei Uhr war Goethe in der Stadt eingetroffen. Sein erster Gang hatte Corona gegolten. Sie hatte sein Schaffen verfolgt, kannte seine Werke und trug ihm einen Monolog der Stella vor. Es wird der am Beginn des fünften Aktes gewesen sein, «Stellas Cabinet. In Mondenschein», der so weich, so melodisch anhebt: «Fülle der Nacht, umgib mich! fasse mich! leite mich! ich weiß nicht wohin ich trete!» und der so verzweifelt mit dem Zücken des Messers gegen Fernandos Porträt endet, – schauspielerisch eine reizvolle, große Aufgabe.

«Ich bin bei der Schrötern, ein edel Geschöpf in seiner Art, – ach wenn die nur ein halb Jahr um Sie wäre! beste Frau, was sollte aus der werden», und an einem anderen Tage, gleichfalls an Charlotte v. Stein: «Die Schröter ist ein Engel – wenn mir doch Gott so ein Weib bescheren wollte, daß ich euch könnt' in Frieden lassen.»

Die beiden Briefe umreißen die Situation des Spieles zu dritt, das nun begann. Es ist kein Zweifel, beide Frauen, jede in ihrer Art, haben um den Dichter geworben, aber der Ausgang war schon aus diesen Leipziger Worten an Frau v. Stein zu erschließen: daß sie, Charlotte, von vornherein die Stärkere war, die den Geliebten festhielt, obwohl sie ihm selbst nie Gattin werden konnte noch wollte. Was war das Geheimnis dieser Frau, daß sie, die weder an Jugend noch an Schönheit sich mit Corona messen durfte, in diesem stillen Ringen siegte?

«Die Freundinnen», hat der alte Goethe einmal zum Kanzler von Müller gesagt, «teilen sich in zwei Klassen: in solche, die *action à distance* haben, und in solche, die nur in Gegenwart etwas sind. Mit jenen unterhalte ich mich oft lange im Geiste, diese sind mir rein nichts, wenn ich sie nicht vor mir sehe.»

Zunächst freilich stand Corona vor Goethe und war ihm viel. Noch am Abend des 16. November, da sie in Weimar eingetroffen und bei Bertuch Wohnung genommen, galt ihr sein Besuch, ebenso am Tage darauf. Er übernahm ihre Betreuung. Am 24. November sang sie zum ersten Male bei Hofe. Zu Weihnacht war Redoute. «Crone sehr schön», heißt es im Tagebuch.

Berichte rühmen ihre Kunst, sich zu tragen. Sie empfand – auch hierin ganz Künstlerin – unabhängig genug, um, der Mode um Jahre voraus, sich vom Kostüm des Rokoko und Louis-Seize freizumachen. Sie trug sich griechisch, wie es später im Directoire Mode wurde. Wieland, höchst empfänglich für Frauenreiz, schrieb, nach einer Begegnung in den Grotten an der Ilm, daß «die schöne Schröterin in der unendlich edlen, attischen Eleganz ihrer ganzen Gestalt und in ihrem ganz simplen und doch unendlich raffinierten und insidiosen Anzug wie die Nymphe dieser anmutigen Gegend aussah». Die ersten Anlagen an den Ufern des Flusses, der werdende Park entstanden unter ihren Augen und ihrer Teilnahme. Wie oft war sie bei dem Dichter im Garten am Stern, wie oft Gast in seinem Hause.

Bei einem dieser Besuche, im Juli 1777, zeichnete er sie. Häufig teilte sie mit ihm die Mahlzeit; «mit Crone gessen», heißt es dann, noch sehr mundartlich, im Tagebuch. Kaum weniger häufig war er bei ihr zu Tisch. Sie war seine Partnerin beim winterlichen Eislauf, ritt mit ihm in schönen Frühlingstagen auf die Höhen des Thüringer Waldes; sie spielte und sang ihm vor, Gluck, Pergolese und Lieder von Rousseau. Proben und Aufführungen brachten sie ständig zusammen. Man gab Singspiele, Komödien. Der Hof dichtete und spielte sich selbst. Wieland hatte seine Oper «Alceste» geschrieben, Friedrich v. Einsiedel, Kammerherr bei Anna Amalia, dichtete ein Zigeunerstück, Sekkendorf, Kammerherr des Herzogs, ein Singspiel «Robert und Callisto» und zu Goethes 32. Geburtstag das Tiefurter Schattenspiel «Minervens Geburt», das in der Mooshütte des Parkes vorgeführt ward; auch schuf er die Musik zu Goethes Singspielen. Von Goethe wurden alte und neue Stücke aufgeführt, am 9. Januar 1777, noch voller Leipziger Reminiszenzen, «Die Mitschuldigen». Es war die erste Darstellung dieser Dichtung und auch das erste Auftreten Coronas in Weimar als Schauspielerin. Sie spielte die Wirtstochter Sophie, unter fragwürdigen Männern und in der leicht und liebenswürdig verruchten Atmosphäre des Stükkes die verhältnismäßig schuldloseste der Mitschuldigen. Goethe gab den Verführer Alcest. Wenige Wochen danach, am 30. Januar, dem Geburtstag der Herzogin Luise und für dieses Fest gedichtet, wurde das Singspiel «Lila» vorgeführt, mit den berühmten, allerdings nicht für Corona, sondern für Männerstimme gesetzten Versen:

Allen Gewalten
Zum Trutz sich erhalten,
Nimmer sich beugen,
Kräftig sich zeigen,
Rufet die Arme
Der Götter herbei!

In Coronas Händen lag vermutlich die Titelrolle. Besonders beliebt war, wohl der Musik wegen, «Erwin und Elmire», das Singspiel aus der Zeit der Lili-Liebe; es ward von 1776 bis 1778 neunmal gegeben. Corona sang die Elmire und damit auch «Das Veilchen», freilich nicht in der Vertonung von Mozart, sondern in der der Herzogin Anna Amalia. Goethes frühestes Stück «Die Laune des Verliebten» ging in Ettersburg im Mai 1779 zum erstenmal in Szene; der Dichter war der Schäfer Eridon, Corona die Schäferin Egle, die seine Eifersucht schalkhaft kokett zu kurieren weiß. Im August 1780, nach der Reise Carl Augusts, Goethes und des Kammerherrn v. Wedel in die Schweiz, spielte man als eine scherzhafte Verspottung dieser Fahrt, der Reisenden und Bodmers, des Schuhus unter den Kritikern, in Ettersburg einen Akt nach den «Vögeln» des Aristophanes, des «ungezogenen Lieblings der Grazien» – das Wort wird hier geprägt; den Epilog sprach Corona. Auch gab man «Jery und Bätely», eine «kleine Operette, worin die Akteurs Schweizer-Kleider anhaben und von Käs und Milch sprechen werden»; Corona sang die Rolle der Bätely, der spröden Sennerin, der erst fremdes Vieh die Matte abweiden muß, bis sie einen Gatten als Beschützer wählt. Und schließlich in einer Sommernacht des Juli 1782 zauberte man in Tiefurt unter den Erlen an der Ilm, in «des Erlenkönigs Reich», ein Rembrandtsches Nachtstück herauf, «Die Fischerin». Die Rolle des Dortgens, das die Ballade vom Erlkönig singt, war eigens für Corona geschaffen. Um den säumigen Bräutigam zu necken und zu strafen, erweckt Dortgen den Anschein, als sei sie im Fluß verunglückt. Alles war auf den Moment eingerichtet, da die Fackeln der besorgt suchenden Fischer im

Kahn, am Ufer, auf dem Fels sich im Flußlauf spiegelten,
die Zuschauer überraschend mit dem:

schönen Blick, wie Wald und Flur und Feld
Auf einmal rege wird und wie die Nacht
Von Feuer leuchtet um ein loses Kind.

Alle diese Spiele und andere, nicht von dem Weimarer
Kreis geschaffene Stücke, boten Corona die Rollen und
dem Dichter den Anlaß zur Regie; zugleich waren sie immer gesellschaftliche Feste. Nach der Probe der «Callisto», in der Corona die Titelrolle verkörperte, schrieb
Goethe: «Gestern Abend hat mich das schöne Misel [wohl
aus der Abkürzung von Mademoiselle entstanden] gleich
einem Kometen aus meiner gewöhnlichen Bahn mit sich
nach Hause gezogen. Es war viel übler Humor in der
Probe, besonders der Autor und die Heldin schienen nicht
zusammen zufrieden zu sein.» Von der Aufführung des
Scherz- und Singspieles «Das Jahrmarktsfest zu Plundersweilern», das 1773 in Frankfurt als Spottstück auf die
Schriftstellerei der Zeit gedichtet worden war und nun im
Oktober 1778 zu Anna Amalias Geburtstagsfeier in Ettersburg gegeben wurde, erzählt Fräulein v. Göchhausen
der Frau Rat in Frankfurt: «Drei ganze Wochen war des
Malens, des Lärmens und des Hämmerns kein Ende, und
unsere Fürstin, Dr. Wolf, Kraus usw. purzelten immer
übereinander ob der großen Arbeit und Fleißes. Bei der
Leseprobe, die hier im Palais war, wurde an die Akteurs
ein herrliches Souper gegeben und nachher ein Ball, der bis
drei Uhr dauerte. Zu den Proben in Ettersburg wurden die
Akteurs jedesmal in sechs Kutschen hinaufgeholt und
abends mit Husaren, die Fackeln hatten, wieder zurück
begleitet. Nach der Aufführung wurde uns Comedianten-
Pack noch ein mächtiger Ball bereitet, der bis an hellichten
Morgen dauerte, und alles war lustig und guter Dinge.» In
diesem Spiel sang Corona, diesmal soubrettenhaft, die Tirolerin, die ihre Ware anbietet. Die zweite Strophe und die
szenarischen Bemerkungen hatte Goethe für die Auffüh-

rung hinzugedichtet; Palatinen sind Pelzbesätze des Busen-
ausschnittes. Den Doktor spielte Goethe.

Tirolerin.
Gemalt neumodisch Band,
Die leichtesten Palatinen
Sind bei der Hand; ˙
Sehn Sie die allerliebsten Häubchen an,
Die Fächer! was man sehen kann!
Niedlich, scharmant!

[Der Doktor tut artig mit der Tirolerin während des
Beschauens der Waren: wird zuletzt dringender.]

Nicht immer gleich
Ist ein galantes Mädchen,
Ihr Herrn, für euch;
Nimmt sich der gute Freund zu viel heraus,
Gleich ist die Schneck' in ihrem Haus,
Und er macht so! –
[Sie wischt dem Doktor das Maul.] –

In Seckendorfs Stück, das im Sommer 1780 zum Abschluß einer großen Jagd abends bei Fackelschein im Forst
von Ettersburg in Szene ging und das sich an die Zigeuner-
bilder im «Götz von Berlichingen» anschloß, gab Goethe
den Zigeunerhauptmann, Corona die Zigeunerbraut. Immer und immer wieder traten sich der Dichter und die
Schauspielerin als Partner in den führenden Rollen gegenüber. Wie sehr beide als für einander geschaffen erschienen, das hören wir noch aus den Berichten über ihr Spiel
als Orest und Iphigenie heraus. Hier die Titelrolle zum
ersten Male verkörpert zu haben, in gemeinsamem Spiel
mit dem Dichter, das war die größte Stunde in Coronas
Leben und auch eine große Stunde des deutschen Theaters,
am Osterdienstag, dem 6. April 1779, auf einer Freilicht-
bühne im Schloßpark zu Ettersburg.

Es war dies noch nicht jene Iphigenie, die wir heute auf
der Bühne sehen. Diese erste Fassung des Stückes ist noch
in Prosa geschrieben. Indes die Sprache, dichterisch, bild-

reich, drängt schon zum Vers. Es ist noch kein reiner Guß, es stören hie und da Schlacken; es ist ein Edelstein vor dem Schliff, zuweilen gleicht die Rede einem Opernlibretto. Aber es ist doch gut, daß auch diese Form erhalten ist. Sie lehrt, wie selbst dem größten Dichter nichts geschenkt ward und aus wieviel Mühe und Fleiß ein Werk geboren wurde, das heute melodisch tönt wie reine Musik. «Iphigenie gespielt; gar gute Wirkung davon, besonders auf reine Menschen», so Goethes Eindruck der Aufführung. Die geheime Mitte, die Achse des Dramas, ist am Schluß des vierten Aktes das Parzenlied: Iphigenie spricht es in ärgster Not, da der Fluch ihres Hauses auch sie zu ergreifen und sie den Glauben an Güte und Gerechtigkeit der Götter zu verlieren droht, spricht es, da sie sich vor der Wahl sieht, den König zu betrügen oder den Bruder zu töten. Es war auch der Höhepunkt für Coronas Darstellung. Sie wird es zwischen gesprochenem Wort und Gesang schwebend vorgetragen haben, wie sie es von den Oratorien her geschult war:

«Es sangen die Parzen ein grausend Lied, als Tantal fiel vom goldnen Stuhl; die Alten litten mit ihrem Freund. Ich hört' es oft! In meiner Jugend sang's eine Amme uns Kindern vor.

Es fürchte die Götter das Menschen-Geschlecht, sie haben Macht und brauchen sie, wie's ihnen gefällt. Der fürchte sie mehr, den sie erheben! Auf schroffen Klippen stehn ihre Stühle um den goldnen Tisch. Erhebt sich ein Zwist, so stürzt der Gast unwiederbringlich in's Reich der Nacht, und ohne Gericht liegt er gebunden in der Finsternis. Sie aber lassen sich's ewig wohl sein am goldnen Tisch. Von Berg zu Berg schreiten sie weg, und aus der Tiefe dampft ihnen des Riesen erstickter Mund, gleich andern Opfern ein leichter Rauch. Von ganzen Geschlechtern wenden sie weg ihr segnend Aug' und hassen im Enkel die ehmals geliebten und nun verworfnen Züge des Ahnherrn.

So sangen die Alten, und Tantal horcht in seiner Höhle, denkt seine Kinder und seine Enkel und schüttelt das Haupt.»

470

Solcher Sprache war Coronas schauspielerischer Stil gemäß; er war nicht realistisch, liebte, wie Goethe es vom Theater immer gefordert hat, die schöne Geste, war leise pathetisch. Ein Mann wie Gotter, der das deutsche Theaterleben kannte und der zuerst voller Mißtrauen gegen den höfischen Ruhm Coronas war, schrieb 1786 hingerissen von ihrer Kunst: «Denken Sie sich die Figur der Koch, die Innigkeit der Brandes, die Deklamation der Seilerin, aber dabei eine so sonore Stimme und so viel Grazie des Spiels als – ich muß abbrechen, um das Ansehen von Übertreibung zu vermeiden.»

Die Brandes, die Koch, die Seilerin? Das waren die führenden Schauspielerinnen der Zeit und alle drei mit Weimars Namen eng verbunden, denn sie hatten das Hoftheater bis zum Schloßbrand von 1774 getragen. Sophie Friederike Seiler war, ehe sie in Weimar die Ehe mit dem Theaterleiter Abel Seiler einging, jene Madame Hensel gewesen, die die «Hamburger Dramaturgie» rühmt, eine gefeierte Sara Sampson und in der «Emilia Galotti» die Orsina; wahrscheinlich hatte Lessing diese Rolle für sie geschrieben. Die hochbegabte Romana Koch hatte in der ersten deutschen Oper, in Wielands «Alceste», die Titelrolle gegeben; die Aufführung hatte am 28. Mai 1773 in Weimar stattgefunden. Charlotte Brandes aber hatte in ihrer «Ariadne» nicht nur eine große Rolle kreiert, sondern auch eine neue Gattung von Theaterstück, die zwischen Oper und Schauspiel lag, das Melodrama. Die «Ariadne» war am 27. Januar 1775 in Szene gegangen, und zwar auf dem Schloßtheater von Gotha, wohin die Truppe nach dem Brand, nicht mehr unter Seilers, sondern unter Ekhofs Leitung, übergesiedelt war. Das Schicksal der Königstochter Kretas, wie sie von Theseus verlassen wird, ihre Klagen, ihre Verzweiflung, ihr Ende in den Wellen des Meeres bildeten den Inhalt des Stückes – Deklamation, von Musik akkompagniert.

Es war hier zum erstenmal, daß die Rolle einer antiken Heldin nicht in Reifrock und Taille und weißgepuderter Haarfrisur, sondern in griechischer Tracht, nach Bildern bei Winckelmann, dargestellt wurde. Der Erfolg war gewaltig. In Gotha folgten neun Wiederholungen. In Berlin fanden 35 Aufführungen statt, die erste im August 1776. In Hamburg war die «Ariadne» nächst dem «Hamlet» das beliebteste Repertoirestück; Schröders Stiefschwester, Dorothea Ackermann, trug zum ersten Male am 6. September 1776 die Titelrolle. Nach Mannheim kam das Stück 1778; auch Goethe hat, als er von 1791 bis 1817 das Weimarer Theater leitete, das Stück öfter aufführen lassen. Und noch bei Richard Strauß, in seiner Oper «Ariadne auf Naxos», lebt die Erinnerung an jene Epoche des deutschen Theaters fort.

Erst wenn wir uns so vergegenwärtigen, welche Rolle jene von Gotter in seinem Brief genannten drei großen Künstlerinnen in der Geschichte unserer Bühne gespielt haben, bekommt das Lob, in Corona Schröter hätten sich die Vorzüge, die die anderen einzeln vertraten, vereint gefunden, sein volles Gewicht. Im gleichen Brief aber – er ging an v. Dalberg nach Mannheim, der Corona für sein Nationaltheater gewinnen wollte – mußte Gotter freilich andeuten, daß die Mannheimer Bühne nichts zu erwarten habe, «schade, daß ein so seltenes Geschöpf ihre Bestimmung verfehlt hat, verfehlen will!»

Schon dieser flüchtige Blick, den wir hier auf das Theaterleben zu Anfang der siebziger Jahre geworfen haben, mag uns gelehrt haben, welche Bedeutung den Höfen von Weimar und Gotha damals zukam. Sie waren Brennpunkte deutscher Theaterkunst gewesen, noch ehe Goethe nach Thüringen kam. Er fand eine große Überlieferung, große Erinnerungen vor. Wir wissen, daß er sie pflegte und daß er auch Ekhof, der unstreitig unter allen Schauspielern über den kultiviertesten Vortrag verfügte, nach Weimar bat, in Gotha ihn aufsuchte und mit ihm die Fragen des Theaters durchsprach. Denn die Bühne, ihre Wichtigkeit für die Bildung einer Nation, ihr Verhältnis zur Gesellschaft, zur Sitte, ihre Aufgabe und ihre Fragwürdigkeit, das alles waren Dinge, die Goethe, der selbst für das Theater dichtete, den es lockte, Rollen zu verkörpern, Regie zu führen, auf das gründlichste beschäftigten. Eben damals im Sommer 1777, begann er seinen großen Roman, den Wilhelm Meister, der mindestens in seiner ersten Hälfte ein Theaterroman ist. Die Fragestellung dieser Dichtung, das Schwanken des Helden zwischen der Bühne hier als einer Sphäre der Kunst, aber einer menschlich zweifelhaften Umwelt, und dort der Gesellschaft, ja einer gehobenen, fest gefügten, die Persönlichkeit formenden Gesellschaft, der des Adels, war das nicht auch das Problem des Künstlertums der Corona? «Prüderie und das sogenannte ewige Brot», so erklärte sich Gotter in seinem Briefe weiter, hielte sie in ihrer Hofstellung fest. Das war nun seine Art zu sehen und seine Ausdrucksweise. Was er als Prüderie bezeichnet, hätte Goethe Reinheit genannt, von der wir wissen, wie sie ihm gerade in jenen Weimarer Jahren, aber dann doch auch dauernd durch sein ganzes Dasein eine Lebenshaltung von religiöser Bedeutung gewesen ist. Noch in «Dichtung und Wahrheit», dort, wo der Dichter seiner ersten Begegnung mit Corona gedenkt, rühmt er an ihr, daß neben Schönheit und Kunst, ihr vollkommen sittliches Betragen ihr Neigung, Liebe, Achtung und Verehrung gewonnen hätten. Das «ewige Brot» aber war die Abneigung der Frau, sich den schmählichen Wechselfällen auszuliefern, in die der Zufall und die Unfähigkeit der Theaterdirektoren bei den Wanderkomödianten ihre Truppen immer wieder brachten, wie man sie soeben noch am Zusammenbruch der Seilerschen Truppe erlebt hatte und wie sie auch der «Wilhelm Meister» schildert. Wie oft mögen alle diese Fragen, die der Bühne, der künstlerischen Gestaltung, des Mangels und der Reform des Theaterlebens, mit Corona besprochen worden sein! Wir haben keine Gespräche Goethes mit Corona Schröter, wie wir sie aus dem Alter des Dichters mit den ihm nahestehenden Freunden haben; aber was ihm die Künstlerin gewesen, können wir noch aus seinen Werken erschließen.

Drei Schöpfungen Goethes aus dem ersten Weimarer Jahrzehnt, wenn auch als Dichtungen ganz verschiedener Art, gehören unter diesen Gesichtspunkten zusammen:

«Wilhelm Meisters Lehrjahre», «Auf Miedings Tod» und die «Proserpina». Der Roman enthüllt das Theater in seinem Ungenügen, ein Lebenskreis, den Wilhelm darum verläßt und den Corona meidet. Wir wissen nicht des Näheren, was den Anstoß zu seiner Entstehung gegeben hat, können uns aber sehr wohl denken, daß der Umgang des Dichters mit der Schauspielerin für seine Konzeption von Bedeutung gewesen ist.

Das Gedicht «Auf Miedings Tod» zeigt das Liebhabertheater des Weimarer Hofes und in Corona die Idealgestalt der Schauspielerin. Die «Proserpina» aber ist die Dichtung, die Goethe eigens und nur für Corona geschrieben hat – und das ist gleich nach ihrer Ankunft in Weimar gewesen –, die merkwürdigste Leistung des höfischen Liebhabertheaters, nicht vom Dichterischen, aber vom Schauspielerischen her gesehen. Hier wollte Goethe die Überlieferung des Melodramas fortsetzen, dessen Anfänge nach Weimar reichen, und wollte andererseits für Corona die große Rolle schaffen, die Charlotte Brandes in der «Ariadne» gehabt hatte. Und sicher wären alle Hoffnungen erfüllt worden, wenn man für das Werk nicht Seckendorf als Vertoner, sondern einen gewandten Komponisten wie Benda gehabt hätte, von dem die so erfolgreiche Musik zur «Ariadne» stammt.

Denn von der Musik, von der Oper her kam die Gattung des Melodramas, und von der Oper ward sie wieder aufgesogen; und ihre Dauer war nur die eines Jahrzehnts, bezeichnenderweise desjenigen, in dessen Mitte der «Werther» stand. Die Anregung hatte in Paris Rousseau mit seinem «Pygmalion» gegeben, einer *«scène lyrique»*, in der ein Bildhauer um die von ihm geschaffene Statue der Galathea wirbt, bis sie sich belebt. Im Mai 1772 ging dieser «Pygmalion» in deutscher Übersetzung mit Musik von Schweitzer im Weimarer Schloß über die Bretter. Die Galathea gab Charlotte Brandes. Unter dem Eindruck ihres Erfolges schrieb ihr Gatte für sie eben jene «Ariadne», von der schon die Rede war. Und nun folgten die Nachahmungen. Gotter dichtete 1775 eine «Medea», die Musik gab

Benda. Neefe, der Kapellmeister bei Seilers Truppe, später in Bonn der Lehrer Beethovens, vertonte 1776 eine «Sophonisbe». 1777 schuf Reichardt eine «Ino»; in Mannheim vertonte der junge Mozart die «Semiramis» von v. Gemmingen. Alle diese Stücke standen und fielen mit dem einen Schauspieler, der einen Künstlerin, die die Titelrollen trugen. Das ganze Spiel lag nur in einer Hand, gab aber eben dadurch einem Virtuosen eine ungeahnte Möglichkeit, sich zu entfalten, alles, was an schauspielerischem und deklamatorischem Können zu geben war, auch zur Geltung zu bringen.

Über eine solche Möglichkeit sollte auch Corona verfügen. Darum dichtete Goethe die «Proserpina». Eine Bitte Glucks um eine Schöpfung zum Andenken an seine früh verstorbene Nichte mag möglicherweise den äußeren Anlaß gegeben haben und führte vielleicht zur Wahl des notwendigerweise tragischen Themas: das Verfallensein an die Schatten der Unterwelt, der ausweglose Gang hinab, «der Tod und das Mädchen». Proserpina heißt auch Kore, Kore heißt das Mädchen. Proserpina, das Kind Jupiters und der Ceres, ist beim Blumenpflücken vom Gott der Toten entführt worden. Auf die Klagen der Mutter gestattet Jupiter die Rückkehr, wenn die Tochter noch von keiner Frucht des Hades gegessen hätte. Durch Glucks «Orpheus und Eurydike» und Wielands «Alceste» war das Publikum mit dieser griechischen Vorstellungswelt vertraut. Goethes Dichtung umfaßt 271 Verse; länger war auch ein solcher Monolog nicht durchzuhalten. Freilich –, wollen wir uns nun Corona in dieser Rolle vergegenwärtigen, so pochen wir an jenes verschlossene Tor, das dem Geschichtsschreiber des Theaters zu seinem Unglück immer den Weg zur Erkenntnis versperrt, wenn er vergangene Kunst wieder beleben will. Denn verklungen bleibt verklungen – mag uns auch das Gefühl der Gerechtigkeit, das die Nachwelt wie jedem Künstler, so auch dem Schauspieler schuldig ist, noch so sehr mahnen, keinen Weg, auch keinen noch so weiten Umweg zu scheuen, um wenigstens die Schatten der Erscheinungen zu beschwören, die einst von der Bühne her das Wort des Dichters verkündet und seinen Gestalten Atem gegeben haben. Merkwürdigerweise sind wir ja Charlotte v. Stein gegenüber in einer ähnlichen Lage wie Corona. Auch von ihr vernehmen wir aus den Jahren, da sie für Goethe alles war, kaum ein eigenes Wort. Indes wir lesen, was der Dichter ihr schrieb. Aus dem Bilde, das er von ihr hatte, bemühen wir uns, ihre Gestalt zu erschließen. Ein Entsprechendes gilt für Corona. Versuchen wir, die Rolle, die Goethe für sie schuf, bei deren Konzeption er sie als Repräsentantin vor Augen hatte, uns so zu verdichten, ihr so viel Materie, so viel Substanz zu geben, daß aus der Art der Aufgabe, daß aus dem Wortlaut der Rolle die Künstlerin, die sie verkörperte, wenigstens ahnungsweise transparent wird. Denn allein vom Theater her kann Bühnenkunst verstanden werden und nicht von Tagebuchnotizen hier und Briefstellen dort.

Und darum, um sie uns zu verlebendigen, vergessen wir jetzt Corona Schröter. Sie lebt in dem Namen Proserpina, deren Schicksal sie verkörpert, deren Worte sie spricht.

Proserpina irrt in der dämmernden Öde zwischen Erde und Unterwelt umher und sucht vergebens den Weg zurück. Die ersten Verse sind elegische Klage.

Die schwarze Höhle des Tartarus
Verwölbt die lieben Gegenden des Himmels,
In die ich sonst
Nach meines Ahnherrn froher Wohnung
Mit Liebesblick hinaufsah.
Ach! Tochter du des Jupiters,
Wie tief bist du verloren! –

Man könnte diese freien Rhythmen, die an den «Prometheus» erinnern, auch als Prosa schreiben und hätte die Sprache der «Iphigenie» in ihrer ersten Fassung, von der es von Lavaters Hand eine Abschrift gibt, in der die Prosa des Stückes in rhythmischen Zeilen wie hier die «Proserpina» geschrieben ist, ein Mittelzustand also zwischen der ersten prosaischen und der späteren «Iphigenie» in fünffüßigen Jamben. Tatsächlich hat auch Goethe die «Proserpina» bei ihrer ersten Veröffentlichung im «Teutschen Merkur» 1778 als Prosa gedruckt.

Auf den ersten klagenden Satz folgt ein idyllischer, die Erinnerung an die verlorenen Tage der Jugend!

Gespielinnen!
Als jene blumenreichen Täler
Für uns gesamt noch blühten,
Als an dem himmelklaren Strom des Alpheus
Wir plätschernd noch im Abendstrahle scherzten,
Einander Kränze wanden
Und heimlich an den Jüngling dachten,
Dessen Haupt unser Herz sie widmete;
Da war uns keine Nacht zu tief zum Schwätzen,
Keine Zeit zu lang,
Um freundliche Geschichten zu wiederholen. – –

In diesen Frieden bricht pathetisch die Gewalttat des Gottes.

Weggerissen haben sie mich,
Die raschen Pferde des Orcus;
Mit festen Armen
Hielt mich der unerbittliche Gott! – –
Herunter gerissen
In diese endlosen Tiefen!
Königin hier!
Königin?
Vor der nur Schatten sich neigen!

Schatten und Unglückliche, die Bestraften, zu dauernden Qualen Verdammten, die ewig Hungernden und Dürstenden, ewig Gefolterten, denen Proserpinas Mädchenherz helfen möchte und nicht helfen kann!

Ach das fliehende Wasser
Möcht' ich dem Tantalus schöpfen,
Mit lieblichen Früchten ihn sättigen!
Armer Alter!
Für gereiztes Verlangen gestraft! –

In Ixions Rad möcht' ich greifen,
Einhalten seinen Schmerz!
Aber was vermögen wir Götter
Über die ewigen Qualen!
Trostlos für mich und für sie,
Wohn' ich unter ihnen und schaue
Der armen Danaiden Geschäftigkeit!
Leer und immer leer!
Wie sie schöpfen und füllen!
Leer und immer leer!
Nicht e i n e n Tropfen Wassers zum Munde,
Nicht e i n e n Tropfen Wassers in ihre Wannen!
Leer und immer leer!
Ach, so ist's mit dir auch, mein Herz!
Woher willst du schöpfen? – und wohin? –

Heiter dagegen, an Glucksche Klänge erinnernd, die strahlende Vision der Seligen! In tiefen Hainen, in leichten Tänzen genießen sie Fülle wunschlosen Glückes.

Euer ruhiges Wandeln, Selige,
Streicht nur vor mir vorüber;
Mein Weg ist nicht mit euch!

Denn Proserpinas harrt der düstere Gemahl, der ungeliebte Gott.

Warum ergriff er nicht eine meiner Nymphen
Und setzte sie neben sich
Auf seinen kläglichen Thron?
Warum mich, die Tochter der Ceres?
O Mutter! Mutter!

Damit wendet sich die Klage vom eigenen Geschick zum Bild der Mutter. Wie zart wird die Sprache! –

Ach du kamst gewiß
Und fragtest nach mir,
Was ich bedürfte?
Etwa ein neues Kleid,
Oder goldene Schuhe?

Und du fandest die Mädchen
An ihre Weiden gefesselt,
Wo sie mich verloren,
Nicht wieder fanden,
Ihre Locken zerrauften,
Erbärmlich klagten –

Eine Medea wird Ceres jetzt rasen. Wie Medea jagt sie durch die Lüfte auf Drachengespann. Die weichen Töne schlagen um in ein Presto und Furioso.

«Fackeln her!
Durch die Nacht will ich ihn verfolgen!
Will keine Stunde ruhen, bis ich sie finde,
Will keinen Gang scheuen
Hierhin und dorthin.»
Dir blinken deine Drachen mit klugen Augen zu,
Aller Pfade gewohnt folgen sie deinem Lenken:
In der unbewohnten Wüste treibt dich's irre –
Ach, nur hierher, hierher nicht! – –

Zum Vater soll sie eilen, dort bitten und flehen.

Wende aufwärts,
Aufwärts den geflügelten Schlangenpfad,
Aufwärts nach Jupiters Wohnung.
Der weiß es,
Der weiß es allein, der Erhabene.
Wo deine Tochter ist! –

Der Monolog wird Gebet zu Jupiter, dem Vater. Das Parzenlied der Iphigenie klingt vor, wenn wir von den goldenen Sitzen der Götter hören.

Vater der Götter und Menschen!
Ruhst du noch oben auf deinem goldenen Stuhle,
Zu dem du mich Kleine
So oft mit Freundlichkeit aufhobst,
In deinen Händen mich scherzend
Gegen den endlosen Himmel schwenktest,
Daß ich kindisch droben zu verschweben bebte?
Bist du's noch, Vater? –

Welch grandioses Bild jauchzenden Kinderglücks im
Olymp! In seiner Erinnerung wird die Haltung ganz kind-
liches Vertrauen. Der Vater wird die Mutter leiten, daß sie
die Tochter finde.

O du hörst mich,
Freundlichlieber Vater,
Wirst mich wieder,
Wieder aufwärts heben;
Daß, befreit von langer, schwerer Plage,
Ich an deinem Himmel wieder mich ergetze!

Schon glaubt sie sich erhört, fühlt sich befreit, aufwärts
getragen. «Hoffnung gießt in Sturmnacht Morgenröte.»
Die Landschaft belebt sich ihr, grünt. Sie sieht den Granat-
baum. «Sie bricht den Granatapfel ab.» Seckendorfs Vertonung, die zwischen unbegleiteter Deklamation, begleite-
tem Vortrag und Gesang wechselt, wird Arie.

Laß dich genießen,
Freundliche Frucht!
Laß mich vergessen
Alle den Harm!
Wieder mich wähnen
Droben in Jugend,
In der vertaumelten
Lieblichen Zeit,
In den umduftenden
Himmlischen Blüten,
In den Gerüchen
Seliger Wonne,
Die der Entzückten,
Der Schmachtenden ward.

– «Sie ißt einige Körner.» – Sie ißt den Tod. Paukenwir-
bel, erst leise, dann dumpf sich steigernd und steigernd,
kündigen Unglück – so in der Musik Eberweins von 1815.

Wie greift's auf einmal
Durch diese Freuden,

Durch diese offene Wonne
Mit entsetzlichen Schmerzen,
Mit eisernen Händen
Der Hölle durch! – –

Proserpina fühlt, daß die Felsen sie umfassen, Wolken drücken, Gewitter tosend drohen, hört, wie es aus dunkler Ferne herübertönt: «Du bist unser.» Jetzt, am Schluß, wird der Monolog zum Wechselgespräch, richtiger zum Wechselgesang. Fünfmal rufen unsichtbar die Parzen, künden Jupiters Ratschluß, daß der Genuß der Frucht den Tod bedeute, grüßen die Königin, ehren die Königin, neigen sich ihr. Unter allen dramatischen Dichtungen Goethes ist diese die einzige, die in hoffnungsloser Verzweiflung endet, mit dem anklagenden «Warum» des Menschen:

Hast du's gesprochen, Vater?
Warum? warum?
Was tat ich, daß du mich verstießest?
Warum rufst du mich nicht
Zu deinem lichten Thron auf?
Warum den Apfel?
O verflucht die Früchte!
Warum sind Früchte schön,
Wenn sie verdammen? – –
So schöpfet, Danaiden!
Spinnt, Parzen! wütet, Furien!
In ewig gleich elendem Schicksal.
Ich beherrsche euch
Und bin darum elender als ihr alle,

– Fluch dem Schicksal, Haß den Parzen, Abscheu dem Gemahl! –

Gib mir das Schicksal deiner Verdammten!
Nenn' es nicht Liebe! –
Wirf mich mit diesen Armen
In die zerstörende Qual!

Dieser Schluß ist ein Aufschrei. Wie höhnendes Echo antwortet die Huldigung der Parzen: «Unser! unser! hohe Königin!» – Dann fällt der Vorhang.

Die Aufführung fand in Ettersburg am 17. Juni 1779 statt; aber schon vorher war das Spiel im gleichen Schloß, und zwar am Geburtstag der Herzogin Luise, am 30. Januar 1778, auf einer schmalen Saalbühne, wie sie in einen der nicht eben großen Räume des Jagdschlosses eingebaut war, über die Bretter gegangen, und zwar nach einer vorbereitenden Musik als Abschluß des 4. Aktes des Lustspiels «Triumph der Empfindsamkeit»; die Hauptrollen in diesem Rahmenspiel lagen in den Händen Coronas und Goethes. Wie es dem Dichter möglich war, ein so ernstes Stück in eine groteske Komödie einzulegen, verstand Goethe später selbst nicht mehr; und er bezeichnet sein Verfahren als freventlich. Vielleicht daß der Wunsch maßgebend gewesen war, der Schauspielerin möglichst schnell das Auftreten in dieser großen Rolle zu ermöglichen, wobei die Totenklage zur Geburtstagsfeier eben dadurch erträglich wurde, daß als Haupthandlung ein fröhliches Spiel vorausging und folgte.

Wir aber erinnern uns der Worte, die Reichardt über Corona und die einst in Leipzig gemeinsam bei Hasseschen Partituren verlebten Stunden gesprochen hat. «Besonders deklamierte sie das Rezitativ meisterhaft. Ihre schöne Gestalt, ihre edle, hohe Haltung, ihr bewegliches, ausdrucksvolles Gesicht gab diesem rezitativischen Vortrag eine Kraft, einen Zauber, den ich nie gekannt, vorher nie empfunden hatte. Nie habe ich ihr ohne die tiefste Herzensbewegung gelauscht.» Das Melodram «Proserpina» war der Kunst des Oratoriums verwandt. Es zeigte Corona auf dem Gipfel ihres Könnens. Das Auf und Ab der Gefühle, der vielfach verschlungene Wechsel der Rhythmen gaben ihrem Vortrag, ihrem Spiel freies Feld, hinreißend sich zu entfalten. Das gefährliche Nebeneinander von Musik und Deklamation fand in ihr seinen Meister. Sie hat in Weimar auch ihre alte Rolle der Helena in Hasses Oratorium und Händels «Messias» vorgetragen. Es sagt viel, daß Goethe sich darüber die Anmerkung machte, daß er «neue Ideen von Deklamationen empfangen habe».

Leider haben wir keinen Bericht über den Eindruck der Aufführung; aber was uns für die Jahre 1778 und 1779 fehlt, steht uns für die Wiederholung im Jahre 1815 reich zu Gebote. Es war eine Festaufführung zum Geburtstage des Erbprinzen Carl Friedrich, vermutlich ging die Anregung von Eberwein aus, der, ein Schüler Zelters, den Ehrgeiz hatte, eine neue Musik zur «Proserpina» zu schaffen. Wir besitzen seine Erinnerungen, aber auch die der Schauspielerin Amalia Wolf, haben grundsätzliche Auslassungen Goethes über seine Absichten bei der Darstellung, haben einen erzählenden Brief aus dem Zuschauerraum, aus der Feder von Gries, dem Calderon-Übersetzer, und schließlich eine ausführliche Besprechung, vermutlich von Riemer, im «Journal des Luxus und der Moden». Goethes Wille war: dem kleinen Stück wunderlich einzuheizen, daß es als Luftballon steigen und zuletzt noch als Feuerwerk zerplatzen könne. Die Szene ward jetzt eine heroische Landschaft im Stile Poussins, zu deren Darstellung Schinkel aufgerufen wurde. Goethe wünschte sich, da der Orkus das Reich des Gewesenen sei, verfallene Burgen, Ruinen von Aquädukten und Brücken, Wald und Busch ungepflegt der Natur überlassen. Das Gebärdenspiel nahm die klassischen Attitüden zum Vorbild, wie sie die Lady Hamilton nach antiken Vasenbildern und Basreliefs vorzuführen liebte; Goethe hatte sie in Neapel gesehen und auch im Jahre 1810 die Frau Hendel-Schütz in ähnlichen Posen bewundert. Die Schauspielerin, die jetzt die Proserpina zu geben hatte, war zuerst etwas bekümmert über die Gestaltung ihrer Rolle, da Goethe nur andeutend einiges gemurmelt und die Ausführung ganz ihr überlassen hätte; dann aber ward sie in das Junozimmer bestellt, um Goethe und dem Hofrat Meyer vorzuspielen, wobei Meyer diejenigen Stellungen verbesserte, die zwar graziös, aber nicht antik waren. Goethe ließ das pantomimische Element ganz in den Vordergrund rücken. Proserpina mußte als Königin auftreten, in prächtigen übereinandergefalteten Mänteln, mit Schleier und Diadem, um sich dann dieses ihr verhaßten Ornates Stück für Stück zu entkleiden, bis sie blumenbekränzt wieder als Nymphe dastand. Goethe sagt: «Daß nun dieses Entäußern der faltenreichen Gewänder zu den schönsten mannigfaltigsten Gestaltungen Anlaß gebe, daß der Kontrast einer königlichen Figur mit einer daraus sich entwickelnden Nymphengestalt anmutig überraschend sei, wird niemandem entgehen und jede geschickte Schauspielerin reizen, sich auf diese Weise darzustellen.» Gries aber schreibt: «Die Wolf gab eine rein plastische Darstellung, wie man jetzt zu sagen pflegt. Anfangs mißfiel es mir, daß sie ihre ganze Garderobe mit in die Hölle gebracht hatte; denn nicht weniger als drei Shawls hatte sie um und an sich, die sie an den Bäumen und Büschen umher aufhing und wovon sie, nach Maßgabe des Textes, bei den majestätischen Stellen den purpurnen, bei den tragischen den dunkelfarbigen, bei den heiteren den himmelblauen gebrauchte. Das alles läßt freilich ein wenig absichtlich – aber davon abgesehen –, wie herrlich wußte sie diese Gewänder zu gebrauchen! Jede ihrer Stellungen war im höchsten Grade malerisch; ich glaube nicht, daß die Hendel-Schütz es besser gemacht hätte. Einen äußerst überraschenden Eindruck machte es, als bei der Stelle:

Weh mir! ich fühle schon
Die verhaßten Umarmungen!

der hintere Vorhang aufging und nun das ganze Höllenreich in seiner finsteren Pracht sich zeigte. In einer Höhle saßen die drei Parzen. Auf dem Felsen darüber der Höllenkönig in seiner ganzen Majestät. Umher, auf dem Gestein zwischen den Felsstücken, waren die übrigen Bewohner des Tartarus in ihren bekannten Beschäftigungen gruppiert. Da war Ixion, Tantalus, die Danaiden, alle unbeweglich, wie versteinert.» Aus Goethes Beschreibung erfahren wir noch weiteres: als lichte Gegenseite zu den ewigen Strafen waren die Seligen vorgestellt. Wie nun das Laster und Verbrechen am Individuum klebe und dieses zugrunde richte, so sei alles Gute auf das Allgemeine bezogen, und dies müsse durch Geselligkeit veranschaulicht werden. Eine Mutter mit Kindern, Gatte und Gattin sich entgegeneilend, Freunde, Liebende sah man auf einem frohbegrünten Hang. «Den Farbenkreis hatte der Künstler über das Ganze verteilt, wie es den Gruppen und der Licht- und Schattenseite zukam. Denke man sich nun Proserpina im königlichen Schmuck, zwischen der kinderreichen Mutter und den Parzen, hinanstaunend zu ihrem leeren Thron, so wird man das Bild vollendet haben. – Die löbliche Gewohnheit, das Bild nach einer kurzen Verdeckung zum zweiten Male zu zeigen, benutzte man zum Abschluß. Ein niederfallender Vorhang hatte auch Proserpina mit zugedeckt; sie benutzte die kurze Zwischenzeit, sich auf den Thronsitz zu begeben, und, als der Vorhang wieder aufstieg, sah man sie neben ihrem Gemahl, einigermaßen abgewendet, sitzen und sie, die Bewegliche, unter den Schatten erstarrt.»

Wie war doch – wenn anders die Vermutung richtig ist, daß Glucks Bitte die Dichtung veranlaßt habe – die «Proserpina» entstanden? «Ich wohne in tiefer Trauer über ein Gedicht, das ich für Gluck auf den Tod seiner Nichte machen will», so hatte Goethe im Frühling 1776 aus seinem Gartenhäuschen an der Ilm an Charlotte v. Stein geschrieben. Das also war nun innerhalb von vierzig Jahren aus der «stillen Trauer» geworden! Das auch aus der «edlen Einfalt und stillen Größe» Winckelmanns! Wenn irgendwo, so kann man hier den Unterschied zwischen Frühklassizismus und Hochklassizismus mit Händen greifen. Coronas Spiel beruhte ganz auf der Sprache der Innerlichkeit und der Innerlichkeit der Sprache. Jetzt war alles schöne und bedeutungsüberladene Geste, archäologischer Ästhetizismus. Coronas Spiel endete mit einem Aufschrei. Jetzt schloß die Vorstellung mit einem Tableau, das zweimal gezeigt wurde.

Dementsprechend war auch das Echo. Die Kritik schreibt: «Eine behagliche Zufriedenheit, die nach Teutscher Art sich erst am Schlusse zu erkennen gibt, regte sich, als der Vorhang fiel, auf allen Plätzen. Ein jeder fühlte sich bei Auflösung des täuschenden Zaubers durch das Bewußtsein geschmeichelt, wie alles Bisherige aus der Freiheit des Gemüts hervorgegangen und in einem anmutigen Spiele seiner Bildkraft bestanden hatte. Und jedes wahrhafte und reine Kunstwerk wird auch den Empfänger zu dieser Klarheit erheben und mit dieser Stimmung entlassen.» Corona Schröter ist es um solche Klarheit und behagliche Zufriedenheit sicher nicht zu tun gewesen, wohl aber um die echte tragische Erschütterung.

Von der Musik hatte Goethe 1815 gleichfalls «Mantelspiel» gefordert; sie hatte also bei der bewegten Plastik Anlehnung zu suchen, nicht bei der Deklamation. Dagegen hatte Corona Schröter mit ihrem Vortrag die Musik geführt.

Es bleibt deshalb noch übrig, wenigstens andeutend, so wie vom Text gesprochen wurde, auch von Seckendorfs Musik und ihrer Verbindung mit Coronas Deklamation zu handeln. Weil Corona beide Künste vertrat, darum hatte ja Goethe dieses Stück für sie geschrieben. Die bloße Rezitation wäre schnell vorübergerauscht; erst durch die Musik bekam das Stück seine Fülle und sein Gewicht und auch zeitlich die Dauer, um das Ganze zu einer theatralischen Aufführung zu machen. Die Partitur zählt 63 Seiten, ist als Handschrift und nur in einem Exemplar in Darmstadt erhalten und vermutlich ein Geschenk der Herzogin Luise an ihren Bruder, den Landgrafen Ludwig. Schlagen wir sie auf, so lesen wir den Titel: «Proserpina ein Monodrama in einem Aufzuge von Herrn Geheimen Legations-Rath Göthe in Musik gesetzt von Siegmund Freyherrn von Seckendorf Weimar 1777». Als Orchester sind angegeben 2 Hörner, 2 Klarinetten, 2 Oboen, 2 Flöten, die Violinen, Viola, 2 Fagotten und der Baß. Ein Allegro furioso war, ehe sich der Vorhang hob, die Ouvertüre und war auch das Finale. Im übrigen gliederte sich die Musik in etwa 40 Sätze, die, zuweilen nur wenige, zumeist aber zehn bis zwanzig Takte umfassend, zwischen die Deklamation, diese untermalend, eingeschoben sind, – wohl verstanden: zwischen die Deklamation. Corona sprach die Verse meist ohne jede musikalische Begleitung, also in die Pausen, manchmal freilich auch zu einem liegenden Akkord.

Um durch ein Beispiel dies zu veranschaulichen: die Schilderung der Strafen im Hades wurde so vorgetragen, daß ein Andante lamentabile einleitend die Stimmung gab; dann beklagte Corona in fünf Versen das Schicksal des Tantalus; ein Allegro schloß sich an, und nun wurde in sieben Versen von Ixion und den Danaiden gesprochen; wieder folgte ein Allegro; dann nahm Corona mit sechs Versen das Wort, darunter dem ergreifenden dreimaligen «leer und immer leer», und zwar so, daß vor diesem «leer und immer leer» jeweils vier Takte Allegro lagen; wiederum folgte ein Zwischenspiel von acht Takten, und schließlich zog Proserpina aus all dem Jammer die Summe für sich selbst:

Ach, so ist's mit dir auch, mein Herz!
Woher willst du schöpfen? – und wohin? –

Auf die Vision der Verdammten folgte das Bild der Seligen. Mit einem Adagio grazioso leitete die Musik über. Während Corona die Verse sprach, es sind im vollständigen Text neun, schwieg die Musik, setzte aber, sowie die Schauspielerin verstummt war, wieder mit einem Adagio grazioso ein.

Oder eine andere Stelle. Die Vision der Mutter, die wie eine rasende Medea, von ihrem Drachengespann durch die Lüfte getragen, ihre Tochter sucht, wurde von Corona nicht gesprochen, sondern gesungen, und zwar zu einem Furioso von Hörnern, Streichern und Oboen. Die Verse, mit denen dann Ceres zu Jupiter gewiesen wird, «wende aufwärts, aufwärts den geflügelten Schlangenpfad», wurden ohne Musik deklamiert, dann spielte das Orchester ein Maestoso, und es folgte, acht Verse, Proserpinas Gebet: «Vater der Götter und Menschen», zu wechselnden liegenden Akkorden gesprochen und von der Musik wieder durch ein Maestoso abgeschlossen. Die sich anreihenden Verse waren, wenn auch ab und zu durch Musik unterbrochen, reine Deklamation. Gesungen aber wurden wieder

487

die sechs Verse der vermeintlichen Erhörung «O du hörst mich freundlichlieber Vater», und zwar zum vollen Orchester von den Hörnern bis zum Baß. Reiner Gesang, und zwar arienmäßig, waren auch die vierzehn Verse, die zwischen dem Brechen der Granatfrucht und ihrem Genuß liegen; voraus ging ein Grazioso, ein Andante schloß.

Nimmt man dazu die Akzente dramatischer Pausen und die Steigerung durch die Soloszene mit Chor am Schluß, wo die Parzen, Sopran, Alt, Tenor, Baß, teils Proserpina antworten, teils gleichzeitig mit ihr singen, Proserpina ihr verwünschendes: «Fern, weg von mir!», die Parzen: «Du bist unser!», so hat man einen ungefähren Eindruck von der Reichhaltigkeit und Farbigkeit des kleinen Kunstwerkes. Es forderte von Corona ein gutes Zusammenspiel mit dem Orchester, vor allem aber eine sehr überlegte und gewählte Gebärdensprache, die, ohne einer leeren Geste zu verfallen, die musikalischen Zwischenspiele sinngemäß und anschaulich schön durchzuhalten verstand. –

Das also war Corona Schröter, war ihre Stellung in der Geschichte des deutschen Theaters, das war ihre Kunst und deren Bedeutung für Goethe. Sie war die Schauspielerin des Frühklassizismus. Was sie dem Dichter in jener ersten Weimarer Zeit gewesen, das klingt verhalten noch in einem Gespräch nach, das Riemer aus dem Jahre 1810 berichtet. Man sprach da über das Theater und frühere Aufführungen in Weimar. «Ich erinnerte ihn», schreibt Riemer, «an die Corona. Er sprach über sie, ihr Talent, ihre ausdrucksvolle Schönheit lang, aber ganz still, mit tiefer, zurückgedrängter Rührung.» –

Es ist eine wunderliche Fügung des Schicksals gewesen, die den Dichter, kaum daß er nach Weimar gekommen, so zwischen zwei bedeutende Frauen stellte, zwischen Corona und Charlotte, jeder befreundet und auch jeder durch sein Schaffen verbunden. Frau v. Stein nahm an den Aufführungen selten teil, selbst nicht an der der «Iphigenie», hielt sich auch den Festen meist fern; und wir lesen es Goethes Briefen an sie ab, wie er diesem ganzen Theatertreiben in ihren Augen nur wenig Wert beimessen wollte.

Er klagte über schlechtes Spiel, über das Publikum und versicherte ihr in immer neuen Worten, wie sehr er nur in ihr lebe. Dasselbe wiederholten ihr die Verse:

Den Einzigen, Lida, welchen du lieben kannst,
Forderst du ganz für dich, und mit Recht.

Charlotte v. Stein wirkte tiefer, im Schöpferischen doch noch nachhaltiger erregend auf den Dichter in Goethe, auf seinen Geist, sein Empfindungsleben, seine Phantasie; sie beunruhigte und befriedete zugleich, war zum Flug in jede Höhe bereit und nicht nur, wie die schöne Schauspielerin, sich einfühlend, sondern in Frage und Antwort ein starker Gegenspieler. Wir haben etwa 1700 Briefe und Briefchen von Goethe an Charlotte; von Briefen an Corona kennen wir nur einen einzigen.

Und doch hieße es den Wert dieser beiden Frauen verkennen, wenn man sie nur aneinander messen oder gar gegeneinander ausspielen wollte. Daß sie beide da waren, mit dem Adel ihrer Seele und der Reinheit ihrer Gesinnung, daß sie neben den Fürstinnen von Geblüt ein fürstliches Frauentum verkörperten, das gab diesem Hof von Weimar seine Ausnahmestellung unter allen Höfen Deutschlands. Sie machten es möglich, daß Goethe an diesem kleinen Orte blieb. Sie schufen die Atmosphäre, aus der die dichterischen Welten der «Iphigenie auf Tauris» und des «Torquato Tasso» erwachsen konnten, Dichtungen, die getragen sind und durchseelt von einem Glauben an die Frau, wie ihn, vom Minnesang abgesehen, keine Zeit vorher, aber erst recht keine Zeit nachher erlebt hat. Sie hüteten die Tafeln der Werte, – der Wahrheit, der Sitte, der Zucht –, wie sie dann durch des Dichters Wort verbindlich geworden sind für die Nation, ein klarer Spiegel des Gewissens und – so fern, fernher es klingt – eine unüberhörbare Mahnung. Man versuche es, sich diese beiden Dichtungen Goethes wegzudenken, und man wird gewahr werden, daß man an die Herzadern unseres innersten Wesens rührt. Gerade die Iphigenie kann man als Symbol der Wirkung dieser beiden Frauen ansehen, die Titelrolle von

489

der Seele der einen genährt, durch die andere vollendet verkörpert.

Was einmal Geschichte geworden ist, erscheint den Nachfahren wie selbstverständlich; und so nehmen auch wir jene Blütezeit Weimars hin, als hätte es so sein müssen, und wir vergessen, daß durchschnittlich die Rokokohöfe des Reiches ein ganz anderes Bild gaben. Die Grafschaft Hanau hatte im 18. Jahrhundert sechzehn Mätressen zu ernähren, Hessen an die hundert landgräfliche Kinder zu unterhalten.

Wohl kannte man auch in Weimar die Welt, ihren Lauf und ihre Begehrlichkeit, und man nahm das Natürliche natürlich. Als die Baronin Emilie v. Werthern sich tot sagen und statt ihrer eine Puppe beerdigen ließ, um einem Baron nach Marokko zu folgen, schadete das im Grunde weder dem Baron noch ihrem Ansehen. Prinz Constantin, des Herzogs jüngerer Bruder, den man auf Reisen geschickt, damit er seine heimischen Liebessorgen vergäße, brachte von Paris ein französisches und von London ein englisches Mädchen mit ins Land, und beide im Zustand der Erwartung. Goethe wurde die Aufgabe zuteil, die Gäste über die Grenze bringen zu lassen und zu regeln, was zu regeln war; das ein wenig verschüchterte Tagebuch der Französin mit einem Briefentwurf an den Dichter ist unlängst in französischem Privatbesitz aufgetaucht. Der Natur des Herzogs fiel es gleichfalls nicht leicht, stets Herr über sich selbst zu bleiben, und Goethe hat, wie seinem Tagebuch zu entnehmen, um der Herzogin und um Coronas willen, ernstlich gewarnt und gemahnt, um Carl August von unbesonnenen Schritten abzuhalten. Es mußte verhütet werden, daß dieser Hof, über den schon genug in Deutschland geredet wurde, weil der Adel der Kunst und Wissenschaft hier mehr galt als der der Geburt, den reinen Klang seines Namens verlöre. Denn es war wirklich zum erstenmal im Reiche: ein Dichter- und Gelehrtenhof. Oeser, der seiner Zeit als einer der angesehensten Maler galt, Corona, eine der gefeiertsten Sängerinnen, Herder, Wieland, Goethe, sie alle standen dem herzoglichen Hause nahe wie Freunde, und so waren auch die Formen des Umgangs in diesem Kreise. Daß dies möglich war, daß sich die Sendung Weimars, dem bis dahin nur mißachteten deutschen Geist die Anerkennung Europas zu gewinnen, ruhmvoll erfüllte, das ist zu einem guten Teile denen zu danken, die das gesellschaftliche Spiel des Hofes als verantwortungsvolle Aufgabe in reinen Händen hielten, den Frauen des Hofes, aber ebensosehr Goethe selber. Wie jede Leistung forderte auch sie ihren Verzicht. Goethes Tagebücher, seine Briefe, vor allem seine Dichtungen sprechen es aus oder lassen es ahnen, wie bewußt er lebte und wie er seine Haltung sich erkämpfte.

Und hier hat wohl der Brief seine Statt, der sich als einziger von den Schreiben Goethes an Corona erhalten hat. Das Blatt ist nicht datiert.

«Wie offt hab ich nach der Feder gegriffen, mich mit Dir zu erklären! Wie offt hat mirs auf den Lippen geschwebt. Ich habe gros Unrecht, daß ich es solang habe hängen lassen, und kan mich nicht entschuldigen, ohne an Saiten zu rühren, die zwischen uns nicht mehr klingen müssen. Wollte Gott, Du mögtest ohne Erklärung Friede machen und mir verzeihen. Mein Zutrauen hast Du wieder, meine Freundschaft hast Du nie verloren, auch jenes nicht. Bin ich irre geworden; so wars so menschlich. Aber darinne hab ich am meisten gegen Dich gefehlt und daß ich Dich die lezte Zeit nicht mit einer eifrigen Erklärung beruhigte. Ich will nicht anführen, was mich entschuldigen könnte, vergieb mir, ich habe Dir ja auch vergeben und laß uns freundlich zusammen leben. Das Vergangene können wir nicht zurückrufen, über die Zukunft sind wir eher Meister, wenn wir klug und gut sind. Ich habe keinen Argwohn mehr gegen Dich, stos mich nicht zurück, und verdirb mir nicht die Stunden, die ich mit Dir zubringen kan; denn so muß ich Dich freylich vermeiden. Noch einmal verzeih mir! Mehr kan ich nicht sagen, ohne Dich aufs neue zu kränken. Mein Herz ist gegen Dich gesinnt, wie Du es wünschen kannst, nimm es so an. Verlangst Du mehr; so bin ich auch bereit, Dir alles zu sagen. Adieu!

Mögte doch das so lange schwebende Verhältnis endlich fest werden.   G.

Danke für Kuchen und Lied, und schicke dagegen einen bunten Vogel.»

Am 10. Januar 1779 trug Goethe in sein Tagebuch ein: «Abends nach dem Conzert eine radicale Erklärung mit dem Herzog über Crone. Meine Vermutungen von bisher teils bestätigt, teils vernichtet. Endets gut für uns alle, ihr, die ihr uns am Gängelbande führt!» – Die Eroten, ach, sie treten so gern in Gesellschaft der Musen auf. Der Herzog, Corona, Goethe, – es ging wohl alles ein wenig durcheinander; und ob das «so lange schwebende Verhältnis» auf die immer gefährdete herzogliche Ehe oder Unruhe zwischen Corona und Goethe zu beziehen ist, wer kann das heute ausmachen?

Auch die Reise mit dem Herzog in die Schweiz im Jahre 1779 war unter dem Gesichtspunkt unternommen, das Verantwortungsgefühl Carl Augusts zu stärken, indem sich sein Gesichtskreis erweiterte. Das allzu Aufgeknöpfte, sprunghaft Unbeherrschte seines Wesens sollte von nun an abgetan sein, in sich gefestigt der Herzog zurückkehren. Im Sommer 1780 las Goethe Corona im Gartenhaus sein Diktat über die Schweizer Reise vor, am 1. August waren sie und der Herzog bei ihm zu Gaste, und Goethe stellte fest: «Da wir alle nicht mehr verliebt sind und die Lava-oberfläche verkühlt ist, gings recht munter und artig; nur in die Ritzen darf man noch nicht visitieren, da brennts noch.»

Und doch war eben die Liebe die holde Gewalt gewesen, die den Kreis geheimnisvoll gebunden hatte, so wie es eben einst Eros war, der neben dem Trieb zur Wahrheitsfindung die Akademie Platons zusammengeschlossen, – die Liebe als ein erregender, beglückender Schwebezustand des Anziehens, Nachlassens und neuer Spannung, als ein ausgewogenes Hin und Her des nicht zu Wenig und nicht zu Viel. Nun, da sie «alle nicht mehr verliebt» waren, löste sich langsam einer vom andern. Der hohe Schwung, Frohsinn und Freude verebbten. Der Ton wurde kühler, nüch-

terner. Corona heißt nicht mehr Crone in Goethes Tagebuch, sondern die Schrötern. Es war, als sei auch hier ein
Sommernachtstraum zu Ende gegangen. Es war gegeben,
daß Corona litt, aber sie schwieg. Bald darauf sollte auch
Charlotte v. Stein ihre Macht über den Dichter verlieren;
sein Tagebuch setzt aus, für Jahre, bis zum Aufbruch nach
Rom. Noch hatte Goethe das starke Gefühl des Vorwärts-
und Weiterschreitens. Eben darum gab es für ihn keinerlei
dauernde Bindung. «Außer dem Herzog», urteilte er von
Weimar, «ist niemand im Werden; die andern sind fertig
wie Drechselpuppen, wo höchstens noch der Anstrich
fehlt.» So zog sich denn jeder auf sich selber zurück, frö-
stelte und strebte in die Ferne. Carl August schrieb: «Verliebt ist hier fast niemand mehr», und in einem anderen
Briefe: «Die öffentliche Gesellschaft in unsern Mauern in
diesem Winter [1785] ist so insipid wie möglich, unsere
Gesellschaft wirklich die allerennuyanteste vom ganzen
Erdboden»; und Wieland klagte: «Bisher ist die Herzogin-
Mutter unser einziger Trost gewesen. Ohne sie würde Weimar wieder ein unbedeutendes, langweiliges und seelen-
tötendes Nest werden, wie irgend eins in deutschen oder
welschen Landen.» Auch das ist ein Zeichen der Zeit, daß
sich jetzt das Bürgertum zur Pflege der Geselligkeit und
Kunst zusammentat, zur Mittwochsgesellschaft, von der
Adlige nach den Satzungen ausgeschlossen waren. 1786
verschwand Goethe. Niemand, selbst Charlotte v. Stein
nicht, wußte, wohin er gegangen war. 1787 trat Carl August in die preußische Armee ein; damit löste er, wenn
auch nicht das Band der Freundschaft, so doch das der
geistigen Führung durch den Dichter. Er wurde das, was er
von Natur aus war, Soldat. Herbst 1788 reiste Herder
nach Italien, kurz darauf auch die Herzogin Anna Amalia;
1790 ging der Dichter nach Venedig – die venetianischen
Epigramme zeugen von keiner glücklichen Stimmung –;
im Sommer folgte er Carl August zu den Manövern in
Schlesien; 1792 zog der Herzog ins Feld an den Rhein und
rief Goethe zu sich zur Armee; 1793 lagen beide vor
Mainz. 1794 schloß sich die Freundschaft zwischen Schil-

ler und Goethe, der um die gleiche Zeit begonnen hatte, sich eine neue Existenz aufzubauen mit dem Schwergewicht in Jena und nicht mehr in Weimar, ein Leben der Forschung und Wissenschaft und mit dem Bestreben, einen Kreis von Fachgelehrten an sich zu ziehen wie Heinrich Meyer und später Riemer. Auch lebte Christiane schon seit Jahren in seinem Haus. Die Verstimmung der Gesellschaft dadurch wurde zur Dissonanz; und Frau v. Stein trug ihre Enttäuschung weder so still wie Corona noch so vornehm.

Wie schnell der Hof verödete, das tritt am deutlichsten aus den Briefen hervor, die der junge Schiller schrieb, als er 1787 nach Weimar kam. Gewiß, Schillers Briefe sind an sich nicht mit denen Goethes zu vergleichen. Dessen Petschaft «Alles um Liebe» gilt, fast kann man sagen, für alle seine Schreiben; immer geht von ihnen eine gütige oder wenigstens ordnende und somit heilende Kraft aus, die alles irgendwie zu bejahen weiß, alles über sich hinaushebt. Schiller aber, in jenen Briefen, hebt nicht den Gegenstand, sondern sinkt oft genug zu ihm hinab; er verschmäht es nicht, Hofdamengerede weiterzugeben, so daß zwischen seiner Feder und der Charlotte v. Lengefelds zuweilen kaum ein Unterschied ist. Wie seinem dramatischen Werk, so gewaltig es ist, mangelt auch seinen Briefen Wärme des Herzens. Indes, ein so geistiger Mensch, eine so große Natur wie Schiller hätte über seine Eindrücke nicht solche Briefe schreiben können, wenn Weimar nicht wirklich leer gewesen wäre.

Bei diesem Zerfall des Hofes und der Gesellschaft war Corona Schröter als Vertreterin einer geselligen Kunst am schwersten getroffen. Ihr schwand tatsächlich der Boden unter den Füßen. Schon Anfang der achtziger Jahre war die Hofgesellschaft des Theaterspielens müde geworden. Anna Amalia legte ihr Zepter als Queen Mable nieder. Sie lernte Griechisch. Der Herzog ließ eine Truppe von Berufsspielern kommen, die von Bellomo aus Dresden. Es bot sich für Corona die Möglichkeit, als vorzüglichste unter den Schauspielerinnen in diesen Kreis einzutreten. Aber auch hier versagte sie sich. Von der Leidenschaft, spielen zu müssen um jeden Preis, kann sie nicht besessen gewesen sein. Auch geizte sie nicht nach Beifall, nicht nach der süßen Selbstbestätigung durch den Moloch Publikum. Auch darin war sie Goethe verwandt, der auch nicht für das Publikum dichtete. «Sie spielt», hatte schon Friederike Oeser gesagt, «zu ihrem Vergnügen, vor einem kleinen Kreis geladener Freunde und Bekannten.»

Eine gewisse Scheu, ein Sich-Bewahren war ihr immer eigen. In Leipzig hatte sie die ansehnlichsten Bewerbungen ausgeschlagen, die Körners und die des späteren Bürgermeisters Karl Wilhelm Müller; in Weimar pflegte sie fast stets eine Gesellschafterin bei sich zu haben – die Tochter jenes Gärtners, bei dem sie in Leipzig gewohnt hatte –, auch dann, wenn sie Goethe im Garten am Stern besuchte. «Unserm Geschlecht ist ein eigenes Gefühl von Schicklichkeit und Sittlichkeit eingeprägt, das uns nicht erlaubt, allein und ohne Begleitung öffentlich zu erscheinen», bekennt sie im Vorwort zu ihren Kompositionen. Merkwürdig zeigt sich ihre Zurückhaltung auch in ihren Briefen an Friedrich v. Einsiedel, Anna Amaliens Kammerherrn und Übersetzer von Terenz, Plautus und Calderon, mit dem sie eine späte freundschaftliche Liebe verband; auch in diesen Briefen barg sie sich unter der Verhüllung einer Chiffreschrift. Sie sang wohl zunächst noch auf den musikalischen Abenden des Hofes, auch gelegentlich in Gewandhauskonzerten in Leipzig; aber es konnte nicht ausbleiben, daß sie vereinsamte. So flüchtete sie in die Künste. Zur Ostermesse 1786 veröffentlichte sie Vertonungen von Liedern Goethes, Höltys, Millers und von Herders Volksliedern; eine zweite Sammlung erschien 1794. Ihre Melodien haben einen einfachen, liedmäßigen, gefälligen Ton; ihr Erlkönig, für ihre Rolle als Dortchen, ist, wie Goethe ihn ja für «Die Fischerin» brauchte, Volkslied und keine dramatische Ballade. Auch Gedichte Schillers setzte sie in Musik, bezeichnenderweise: «Die Würde der Frauen». Das Goethe-Nationalmuseum in Weimar bewahrt einen Gipsabguß von Coronas Hand. Es ist eine kleine, fast niedliche und sensible Hand mit den zartnervigen Fingern einer Klavierspielerin. Goethe, der physiognomisch Interessierte, wird die Formung durch Klauer haben vornehmen lassen.

Und dann zeichnete und malte sie. 1788 schreibt sie an ihre Schwester in Darmstadt: «Wenn ich komme, so bringe ich meine Maler-Werkstatt mit, das sage ich dir im voraus. Jetzt male ich nicht mehr in Pastell, sondern in Öl, und du mußt mir versprechen, dich und deinen Mann von mir malen zu lassen, denn ich bin ziemlich glücklich im Treffen.» Daß eine Erscheinung wie Corona den Malern ein willkommener Vorwurf war, ist selbstverständlich. Wir haben außer den Szenenbildern von Georg Melchior Kraus zur «Iphigenie» [1779], zur «Fischerin» [1782], zur «Zobeis» [1784] und einigen nicht ganz gesicherten Miniaturen die Skizze von Goethe [1777], das Aquarell der zeichnenden Corona von Kraus [1785] und ein Ölbild, das Karl Wilhelm Müller bei Anton Graff in Auftrag gegeben hatte. Graff, ein Künstler von unbestrittenem Rang und der Maler der sächsischen Gesellschaft, hatte auch Charlotte Brandes als Ariadne und Konrad Ekhof im Bilde festgehalten. Unter diesen drei Bildnissen von Bühnenkünstlern der Zeit ist das von Corona am wenigsten unmittelbar, es hat durch seine Betonung von Frisur und Toilette etwas gesellschaftlich Konventionelles und erinnert an jenen Typ von Porträtmalerei des 18. Jahrhunderts, den der junge Goethe unmutig als die Kunst der «geschminkten Puppenmaler» geschmäht hatte. Wir halten uns deshalb lieber an die schlichten Selbstporträts von Corona, von denen mindestens zwei gesichert sind; ihr Eindruck ist unmittelbarer, menschlich echter, sie machen wahr, was sie von sich rühmte: «Ich bin ziemlich glücklich im Treffen.» Das eine, Kreidezeichnung, und in allem, auch im Blick streng *en face,* zeigt ein rundes, freundliches Mädchenantlitz, regelmäßig, mit großen, klaren Augen und offenem, geringeltem Haar; es stammt aus Coronas ersten Weimarer Jahren. Das andere, in den achtziger Jahren gemalt, wiederholt im großen und ganzen die Anlage des ersten Bildes, nur reifer, erfahrener. Die Züge sind groß und edel;

Ruhe, Wärme, trauliche Zuverlässigkeit sprechen aus diesem Gesicht, und dieser seelische Eindruck ist so stark, daß die Schönheit des lockenumrahmten Antlitzes dem Beschauer kaum mehr bewußt wird. Corona hatte bei Oeser und Kraus gelernt; in der Kunst dieses Porträts hat sie beide übertroffen. Man muß bedauern, daß von ihren Bildern nicht mehr auf uns gekommen ist; denn da ihr Sang und Spiel verklungen sind, ist ihre Zeichen- und Malkunst das einzige, was uns von ihrem Schaffen noch unmittelbar ansprechen kann. In Karlsbad, im Juli 1793, traf Corona mit Anton Graff zusammen. «Er hat meine beiden Porträts gesehen, und es hat mich ungemein aufgemuntert, daß er so zufrieden damit war. Ich werde ihn auch zeichnen, und hoffe viel Nutzen daraus zu ziehen.» Wir wissen nicht, welche Porträts es waren, die Graff so anerkennend beurteilt hat; auch ist ein Bild des Malers, von Corona gezeichnet, nicht auf uns gekommen.

Am 15. Mai 1802 fand auf dem Weimarer Theater die erste öffentliche Aufführung der «Iphigenie» statt, diesmal der Fassung in Jamben. Die Titelrolle gab Madame Voß. Johannes Falk, der die Vorstellung besprach, tadelte, es habe dieser Iphigenie die Stille, die Ruhe der Empfindung, mit einem Wort die tragische Hoheit gefehlt, und er ruft das Andenken an die Aufführung von Ettersburg wieder wach: «Mit Wehmut erinnern sich ältere und jüngere Kunstfreunde in Weimar – jene aus Anschauung, diese aus Tradition – des schön gemäßigten Spieles von Corona Schröter. Das Junonische ihrer Gestalt, Majestät in Anstand, Wuchs und Gebärden, nebst so vielen anderen seltenen Vorzügen der ernsteren Grazie, die sie in sich vereinigte, hatten sie vor vielen andern zu einer Priesterin Dianens berufen und geeignet.» Dieses Urteil bezeugt noch einmal, durch das Gegenbild, daß Coronas Spiel jede gesteigerte Pathetik, jedes Exaltierte fehlte, daß das Geheimnis ihrer Wirkung ihre Innerlichkeit und Noblesse war.

Corona war bei dieser Aufführung nicht zugegen. Sie lebte damals, schon ernstlich leidend, der Wald- und Bergluft halber in Ilmenau. Dort starb sie am 23. August. Sie starb, wie der Bericht sagt, voller Sehnsucht. Sehnsucht wonach? Zurück ins Leben? Heimwärts zu Gott? Die Nachricht schweigt. Bei der Beerdigung am 26. war aus Weimar niemand zugegen. «Es ist sündlich, wie man in Weimar mit den Toten umgeht! Über Personen, die wirkliche Verdienste für sich und die Gesellschaft hatten, habe ich acht Tage nach ihrem Tode auch nicht einen Laut mehr reden hören. Sie waren wirklich in Nichts übergegangen. Dies ist wahrer Atheismus, Blasphemie und Irreligiosität.» So Knebel, kurz nach Coronas Tode. Seine Anklage besteht zu Recht. Sie deckt die dunklen Horizonte Weimars auf. Wenn es aufs Letzte ging, waren die Menschen wohl alle verlassen. Und diese Unzulänglichkeit verspürte ein Kind. Carl Augusts einzige Tochter, die Prinzessin Caroline, hatte in Corona eine mütterliche Freundin geliebt; sie entwarf eine Zeichnung für den Schmuck des Grabes: Harfe, Lorbeerkranz, Schmetterling und Tränenkrug, und ließ den Stein ausführen, doch im verborgenen; sie müsse «ein wenig politisch sein und der am Hofe herrschenden Richtung sich fügen». Es war das jene Prinzessin, der auch Goethe eine herzliche Zuneigung entgegenbrachte und der er wenige Jahre darauf sein «Reise-, Zerstreuungs- und Trostbüchlein» widmete, eine Reihe von Zeichnungen nach der Natur und Phantasie. Als Corona starb, hatte Goethe ein dichterisches Denkmal geplant; es gelang ihm nicht. Als aber nun auch die Prinzessin dahinging, 1816, im Alter von dreißig Jahren, da öffnete sich sein Mund zu einer Klage, in der der Schmerz über alle die Toten ausbrach, die das einst so fröhliche Weimar und die der Dichter selbst zu betrauern hatte, Corona, Herder, Anna Amalia, Schiller, Wieland, Christiane und nun die junge Tochter Carl Augusts.

Eine Totenklage war es wie die «Proserpina», aber keine in fremdem Auftrag und darum auch kein antik mythologisches Spiel, sondern eine Dichtung von persönlichem Erleben getragen, Offenbarung ureigensten Leides. Es gibt ein Gemälde von Caspar David Friedrich, das ziemlich gleichzeitig mit Goethes Gedicht, nämlich 1809, entstand. Es traf das Zeitgefühl der Romantik; Clemens Brentano wie Heinrich v. Kleist haben über das Bild geschrieben. Und nun antwortete ihm auch Goethe, – aber eben unromantisch. Er hatte das Gemälde gesehen, am 18. September 1810, in Friedrichs Atelier. «Wunderbare Landschaft, ein offenes Meer», so hält das Tagebuch den Eindruck fest. – Das aber war das Bild: einsam steht ein Mönch an der Küste des brandenden Meeres. Und so ist auch zunächst die Welt in Goethes Versen: Finsternis, Regen, Sturm, und die Dünen als Gräber. Mit langgezogenen, schwermütigen Tönen – wie ein Cellosatz von Schubert – hebt die Melodie an. Die erste Strophe, in Moll, enthält die Klage, die zweite, in Dur, bringt den Trost.

An dem öden Strand des Lebens,
Wo sich Dün' auf Düne häuft,
Wo der Sturm im Finstern träuft,
Setze dir ein Ziel des Strebens.
Unter schon verloschnen Siegeln
Tausend Väter hingestreckt,
Ach! von neuen frischen Hügeln
Freund an Freunden überdeckt.
Hast du so dich abgefunden,
Werde Nacht und Äther klar,
Und der ew'gen Sterne Schar
Deute dir belebte Stunden,
Wo du hier mit Ungetrübten,
Treulich wirkend, gern verweilst,
Und auch treulich den geliebten
Ewigen entgegen eilst.

Das ist Goethes starker Glaube an den Sinn, ja an den hintergründigen Sinn des Daseins. Wieviel klingt in diesen beiden Strophen an! Der Segen, gesprochen über Faust als den immer strebend sich Bemühenden, aber eindringlicher noch die Warnung vor allem Titanismus, – das Sichabfinden der «Entsagenden» der Wanderjahre, – das «Stirb und Werde», das «Im Gegenwärtigen Vergangenes» aus dem Divan – und über allem die ewige Ordnung des «Ozeans der Sterne» und die Verheißung.

«Corona Schröter starb», schreibt Goethe in seinen Annalen aus dem Jahre 1802, «und da ich mich gerade nicht in der Verfassung fühlte, ihr ein wohlverdientes Denkmal zu setzen, so schien es mir angenehm wunderbar, daß ich ihr vor so vielen Jahren ein Andenken stiftete, das ich jetzt charakteristischer nicht zu errichten gewußt hätte. Es war ebenmäßig bei einem Todesfalle, bei dem Abscheiden Miedings, des Theaterdekorateurs, daß in ernster Heiterkeit der schönen Freundin gedacht wurde.» Und so ist denn jeder der beiden jungen Künstlerinnen, die der Leipziger Student einst im Oratorium *Santa Elena al Calvario* bewundert hatte, von Goethe eine dichterische Huldigung zuteil geworden. Die der «Demoiselle Schmeling» gewidmete rühmt die Sängerin; die Verse, die 1782 bei der Totenfeier für Mieding entstanden, feiern Corona als Schauspielerin:

Ihr Freunde, Platz! Weicht einen kleinen Schritt!
Seht, wer da kommt und festlich näher tritt!
Sie ist es selbst; die Gute fehlt uns nie;
Wir sind erhört, die Musen senden sie.
Ihr kennt sie wohl; sie ists, die stets gefällt;
Als eine Blume zeigt sie sich der Welt:
Zum Muster wuchs das schöne Bild empor,
Vollendet nun, sie ist's und stellt es vor.
Es gönnten ihr die Musen jede Gunst,
Und die Natur erschuf in ihr die Kunst.
So häuft sie willig jeden Reiz auf sich,
Und selbst dein Name ziert, C o r o n a, dich.
Sie tritt herbei. Seht sie gefällig stehn!
Nur absichtslos, doch wie mit Absicht schön.
Und hocherstaunt seht ihr in ihr vereint,
Ein Ideal, das Künstlern nur erscheint.
Anständig führt die leis erhobene Hand
Den schönsten Kranz, umknüpft vom Trauerband.

500

Der Rose frohes volles Angesicht,
Das treue Veilchen, der Narzisse Licht,
Vielfält'ger Nelken, eitler Tulpen Pracht,
Von Mädchenhand geschickt hervorgebracht,
Durchschlungen von der Myrte sanfter Zier,
Vereint die Kunst zum Trauerschmucke hier;
Und durch den schwarzen leichtgeknüpften Flor
Sticht eine Lorbeerspitze still hervor.
Es schweigt das Volk. Mit Augen voller Glanz
Wirft sie ins Grab den wohlverdienten Kranz.
Sie öffnet ihren Mund, und lieblich fließt
Der weiche Ton, der sich ums Herz ergießt.

Die Verse, welche Corona nun spricht, gelten Mieding, der als Ebenist, als Möbeltischler am Hofe, die Kulissen, Prospekte und Maschinen des Liebhabertheaters in Weimar, in Ettersburg, in Tiefurt zu schaffen hatte; in der Schilderung Coronas aber ist zart und mit Liebe gerühmt, was die Welt an ihr bezauberte und verehrte; ihre immer bereite Freundschaft und Güte, der warme Klang ihrer Stimme, die einem Alt nahegelegen haben muß, der beseelte Blick des Auges, die hohe Gestalt, die anmutige Ruhe der Bewegung, die Würde der Haltung. So wie Phidias oder Praxiteles die Statue einer Göttin geschaffen haben, so hat hier Goethe die Erscheinung der Künstlerin, der seine und Weimars Liebe gegolten, für immer beschworen und festgehalten. Und in dieser Gestalt lebt ihr Andenken fort, – nicht eine Komödiantin, sondern die erste deutsche Schauspielerin.

TATEN UND RUHM
VON GOTTLIEB MARTIN KLAUER

Es erfordere «einen geradezu an List grenzenden Beobach-
tungsgeist», von Mädchen und Frauen gute Porträtbüsten
zu machen, sagt Schadow, der Schöpfer des schönen
Standbildes der Prinzessinnen Luise und Friederike. Aufgabe sei, das Seelisch-Transitorische der Anmut – flüchtig
wie Hauch oder Wellenspiel, ungreifbar wie Musik – in
Stein zu bannen und mit der Ähnlichkeit zur Form zu
verschmelzen. Wenn tatsächlich hier die letztlich gültige
Meisterprobe des Bildhauers läge, dann wäre Klauer gescheitert; die weiblichen Büsten, die er vom Weimarer Hof
geschaffen: die Anna Amalia, die Herzogin Luise, die
Göchhausen, das alles sind wahrlich keine Charitinnen des
berühmten Musenhofes von Tiefurt, sondern – wenigstens
was die Herzoginnen anlangt – fast amusisch, bürgerlich
nüchterne und ein wenig verdrossene Gesichter, und Goethe hat sehr wohl gewußt, warum er nicht auf eine Büste
der Frau von Stein oder der Corona Schröter bei Klauer
gedrungen hat. Daß es das Auge nicht bilden kann, bleibt
ewig Nachteil und Grenze des plastischen Könnens, und
jene Empfindungsfülle, die der beseelte Blick auf einem
Gemälde offenbaren würde, im Abglanz auf den Gesichtszügen einer Plastik zu beschwören, ist eine Magie, die eben
nur den ganz großen Bildhauern gegeben ist.

Ein ganz Großer war Klauer nicht. Aber er war doch
auch nicht nur «Handwerker», wie die am Klassischen
und Pathetischen geschulten Kunsthistoriker früher urteilten, sondern ein guter deutscher Meister, der in seinen
Grenzen höchst Wesentliches geleistet hat. Vor allem, er
war schlechthin der Bildhauer Goethes und der Goethezeit
und damit der große Siegelbewahrer ihres physiognomischen Ausdrucks. Ihn haben wir zu befragen, wenn wir das

Gesicht – das Wort im eigentlichsten Sinne genommen – der Männer unserer klassischen Epoche zu uns sprechen lassen wollen.

Im Todesjahr der Meister der Rokoko-Plastik, Kändler und Günther, 1775, war Goethe nach Weimar gekommen, drei Jahre später begann die gemeinsame Arbeit mit Klauer. Diesen, einen Mann Anfang der Dreißig, hatte Anna Amalia eben als Weimarer Hofbildhauer angestellt. Der Vater war, wie bei Schadow, Schneider gewesen, Rudolstadt die Heimat, Dresden und Potsdam die weitesten Ziele der Wanderjahre; der Brunnen-Neptun auf dem Weimarer Marktplatz, wie er heute noch über dem Dunst der Rostbratwürste und dem Gedränge Thüringer Bauernfrauen den Dreizack schwingt, war das erste Werk.

Es ist immer ein Lieblingswunsch Goethes gewesen, am Morgen in einem Wald von Statuen erwachen zu können. Der plastische Traum hat ihn besessen wie der zeichnerische. Klauer war sein Mann, sein Organ. Bei jeder Sitzung ist er dabei. In Ettersburg wird Oeser modelliert. Goethe liest vor, aber er überwacht beide, Bildhauer und Dargestellten. Er überwacht die Sitzungen der Herzogin Luise, Herders, Elisa von der Reckes, Friedrich Jacobis; und als dessen Büste fertig ist, lernt der Dichter die Technik des Gusses, er will sie in Bronze gießen.

Wir verstehen heute, warum Goethe so viel für Klauer tat. «Das beste Monument des Menschen ist der Mensch», diesen Goetheschen Satz hat Klauer wahrgemacht. Durch ihn ist die Weimarer Gesellschaft der siebziger und achtziger Jahre, jene wahrhaft olympische Zeit deutschen Geisteslebens, sind die Dichter, die Fürstlichkeiten, der Hof, seine Gäste und seine Beamten in ihrer Erscheinung festgehalten worden, in einem Umfang, wie wir das sonst nirgends haben, und treuer und echter, als all die Maler, die Graff und Tischbein, es getan. Denn diese malten immer ihr Schönheitsideal, so daß man in ihren Bildern zuerst den Künstler, nicht den Dargestellten wiedererkennt. Klauer aber modelliert die Natur. Gerade die Ehrfurcht vor der Natur verband ihn mit Goethe. Er ist Realist in einer idealistischen Epoche, vielleicht eben weil er vom Handwerk und nicht von einer Kunstschule herkam. In seinen Gesichtern ist nichts verschwiegen, er kennt keine Rücksicht, keine Schonung. Dieses verklärte Weimar repräsentiert sich sehr irdisch. Die trotzig-kräftige, ruhelose Sinnlichkeit Carl Augusts, das «braunschweigische» Profil der Herzogin-Mutter, die duldend verschlossenen Züge der Herzogin Luise, der Pferdekopf ihres Stallmeisters, das fettige Phlegma des Ministerialbeamten, alles ist da, wie es war. Aber auch eben wiederum, wie es war; es ist nichts Fremdes zum Zweck des Effekts in das Gesicht hineingetragen, nicht eine charakteristische Seite, sei es im Geistigen oder Triebhaften, überbetont. Der Kopf ist gesehen als ein Organismus, in dem alles aus einer Einheit hervorgegangen ist und alles sich aufeinander bezieht, deshalb haben wir trotz aller Naturtreue im kleinen doch stets den Eindruck eines geschlossenen Ganzen. Diese Köpfe haben ihr Gesetz nur in sich. Weder in den Jahrzehnten vorher noch nachher hat es das in gleicher Art gegeben.

An Goethe als Modell hat Klauer seine Kunst erlebt, erprobt, geschult. Die erste Porträtbüste, die er zu schaffen hatte, war die des größten Mannes seiner Zeit! Von da gewann er das unbestechliche Maß echter Größe. Kein Wunder, daß bei allen folgenden Aufgaben er so genau sah, was menschlich dürftig war, wo es an den Modellen fehlte. Drei Büsten hat er von Goethe genommen, die beiden ersten 1778 und 1780 – die Zeit der ersten Arbeit an der Iphigenie –, die letzte klassische 1790 nach der italienischen Reise. Diese Büsten sind es, die uns Goethes Antlitz am schönsten und vollkommensten vermitteln, nicht die Trippels oder Rauchs, Tiecks oder Schadows, nicht all die Bildnisse der unzähligen Maler, die ihn porträtiert haben. Gerade weil Klauer nicht steigerte, wirkt der Adel dieser Büsten so rein. Hier ist alles: Zartheit und Fülle, Geistigkeit und Natur, Offenheit und Ernst im Ebenmaß der wahren Form. Hier erleben wir, was Winckelmann beim Anschauen griechischer Statuen erfuhr, daß seine Brust sich weitete und er freier atmete. Dazu kommt die Wärme des

Materials, des roten Tons. «Eine gute Gipsbüste ist jede Familie schon schuldig von ihrem Stifter oder einem bedeutenden Manne in derselben zu haben», so Goethe in seinen «Vorschlägen, den Künstlern Arbeit zu schaffen». Tatsächlich, diese Zeit dachte so. Die Gipsbüste drang in die Wohnungen der deutschen Bürgerfamilien ein. «Eine gute Gipsfigur muß einmal in unser Zimmer; das sag ich Dir. Dergleichen ist mir der einzige reinste Ableiter und Isolierschemel gegen allerlei Anfechtung, und man wird es nie, niemals satt», schreibt der junge Mörike 1831 an seine Verlobte Luise Rau. Wir in unserer Jugend haben noch die Nachwirkungen solchen Denkens erfahren.

Klauer ließ Kataloge drucken – noch sind einige Exemplare davon erhalten –, und die Bestellungen liefen von allen Seiten ein. Auch Schweden und das Baltikum wurden beliefert. Außer Goethe waren es die Büsten der Fürstlichkeiten, dann Herder, Wieland, Oeser, Gellert, Lavater, Jacobi, Stolberg – es war die Zeit, ehe Schiller auf den Plan trat. Und dann Büsten römischer Kaiser und antike Statuen, Kopien nach den Mannheimer und Dresdener Kunstkabinetten.

Das Material war zunächst nur Gips. Italienischer Marmor war unerschwinglich, deutscher nicht bekannt genug. Der graue Thüringer Stein vom Dorf Oettern im Ilmtal, den Goethe für seine erste Büste verwenden ließ, war schnell erschöpft. Um trotzdem wetterfestes Material zu haben, ging Klauer zu einem rötlichen Ton über, ja, als die Bestellungen sich häuften, gründet er nach englischem Vorbild eine «Kunstbacksteinfabrik» (1789) und verspricht, die antiken Statuen zum vierten Teil jenes Preises zu liefern, den man für die englische Ware sonst bezahlen müsse.

Kirchliche Aufträge fehlen fast ganz. Nur einmal sind für eine Dorfkirche bei Apolda vier Statuen zu schaffen. Klauer nimmt von seinen Antiken, versieht sie mit den christlichen Symbolen und liefert sie als Glaube, Liebe, Hoffnung und Demut. Im übrigen gibt man sich heidnisch, errichtet Altäre unter Bäumen und weiht sie, wie einst die

Athener «dem Unbekannten Gott», der Ἀγαθῇ Τύχῃ oder auch, wie im Schloßpark von Ziegenberg: «Dem dreifach gefesselten Glück», nämlich, wenn man glücklich verheiratet war und eine Schwester im Hause hatte, mit der man treu zusammenlebte. Oder wenn man von schwerer Krankheit genesen ist, wie Anna Amalia, so weiht man einen Stein mit der Äskulapschlange dem *«Genio huius loci»*.

Ganz aus griechischem Denken und sehr kühn war dann die hüllenlose Statue des siebenjährigen Fritz von Stein. Klauer wollte die Statue «aus dem Kopf» machen, aber Goethe erzwang das Studium und die Wiedergabe des lebenden Modells, obwohl der Künstler, gewöhnt an das pralle Fleisch barocker Puttenfiguren, den Knabenkörper zu mager fand. Damals – 1779 – fing man also auch in Weimar an, was an den großen Akademien schon länger Sitte war, nach dem unbekleideten Modell zu arbeiten. Auch Goethe hat so Akt gezeichnet.

Klauer starb 1801. Über sein persönliches Wesen haben wir kein Wort. Seine Geschäftsbücher lassen erkennen, daß er die Mundart seiner Heimat auch in der Schrift vollendet beherrschte: «Eine kleine piste vom Geede 26 Thaler.» Wenn er «paralif» schrieb, meinte er Basrelief. Wichtiger sind diese Rechnungsbücher dadurch, daß man ihnen entnehmen konnte, an welche Schlösser und Familien er verkauft hat. Goethe hat einmal von Klauers Büsten gesagt: «Ich wünschte, daß sich ein Platz fände, wo man sie alle ohne Ausnahme aufstellen und wo man noch manches, was zerstreut liegt, sammeln könnte.» Professor Anton Kippenberg in Leipzig hat das wahrgemacht und hat in seiner Sammlung 28 Klauerbüsten zusammengetragen, die vollkommenste Reihe des Klauerschen Oeuvre. Denn wenn auch Weimar aus seiner klassischen Zeit her in seinen verschiedenen Schlössern und Goethestätten im ganzen etwa 90 Exemplare Klauerscher Büsten besitzt, dieselben Porträts eben sehr oft in verschiedenen Ausformungen, gerade die künstlerisch wertvollsten, die roten Tonbüsten von Goethe und die schönsten Büsten Carl Augusts sind in der Sammlung Kippenberg, die heute als eigenes Museum in Düsseldorf zur Schau gestellt ist. Einzelne Büsten finden sich weiter in den Museen von Berlin, Braunschweig, Darmstadt, Dessau und Hamburg. –

Goethes Eltern am Hirschgraben haben drei Klauerbüsten besessen, nach Briefen der Mutter und des Herzogs wären sie «steinern» gewesen, also wohl Marmor von Oettern oder wenigstens Ton. Es waren der imposante Carl August von 1780 mit Brünne und fliegendem Falken, die Anna Amalia und Goethe mit der Binde des Orest. Die Büsten standen in der gelben Weimarer Stube, das ist rechts vom Eingang. «Ist es möglich einem Stein so viel ähnlichkeit und Wahrheit zu geben!» schreibt Frau Rat beim Empfang der Büste der Herzogin: «Alle meine Bekandten, die die gnade haben Ihro Durchlaucht zu kennen, stunden alle vor Erstaunen mit offenen Mäulern da, konnten sich gar nicht satt sehen – ja bey der Brentano (Maximiliane) gings gar so weit, daß Sie sich anfing zu fürchten – Mir ist Himmelangst der Stein fängt an zu reden sagte Sie – Mit einem Wort, es ist ein Meisterwerk wo die glückliche Frau Aja – ohne all ihr Verdienst und würdigkeit – Besitzerin davon ist!» Recht anders heißt es sechzehn Jahre später, als das alte Familienhaus geräumt wird: «Ich habe verschiedne Sachen, die mir den Auszug erschwören würden – unser Familienportrait wovon wenigstens die Rahme – und das Bret zum übermahlen noch tauglich sind – 3 Büsten von Stein – 1tens Ihro Durchlaucht der Herr Herzog – 2tens Durchlaucht Herzogin Amalie – 3tens du selbst. In meinem neuen Haußc muß ich nun auf alles das Verzigt thun, aus Mangel des Platzes – entweder ich laße nun dieses alles Einpacken und schicke es mit einem Fuhrmann zu dir – oder ich verschenke es.» Dem Seekatzschen Familienporträt gegenüber hat Frau Rat noch Gnade walten lassen, sie nahm es mit in die Wohnung am Roßmarkt, und 1808 hat Meline v. Guaita es aus der Nachlaßversteigerung für ihre Schwester Bettina Brentano erworben; so kam es durch den Schwiegersohn Bettinas, Herman Grimm, in das Goethe-Nationalmuseum in Weimar. Von den Klauerbüsten aber, die die Frau Rat besessen, hat nur die Goethes als Orest mit der Binde in das Goethehaus zurückgefunden. Welchen Weg aber sind die Büsten Anna Amalias und des Herzogs gegangen? In welche Frankfurter Familien hat Frau Rat sie gegeben? Wo sind sie heute?

Hans Wahl, Kippenberg, vor allem aber Walter Geese, der eine schöne und gründliche Monographie über Klauer als den Bildhauer Goethes (Inselverlag 1935) geschrieben hat, verdanken wir unser heutiges Wissen um Klauer, mit dessen Tod die beste Epoche Weimars als Stätte der bildenden Kunst vorüber war. Die Söhne verstanden das Handwerk nicht und sind verschollen. Friedrich Tieck war nur wenige Jahre während des Schloßbaues in der Stadt. Sein Schüler Weisser war ein Hypochonder und erhängte sich 1814, wie Goethe sagt «gerade im Augenblick, wo für alle, also auch für den Künstler, eine bessere Zeit hervortrat»; daß der junge Bildhauer sich einen Vollbart hatte wachsen lassen, war für Goethe schon kein gutes Vorzeichen gewesen.

Mit Weissers Tod «war in Weimar der letzte Funke von dem, was man Plastik nennen möchte, sowohl als selbstbildend als auch als nachbildend, durchaus erloschen», – das ist Goethes Schlußstrich unter eine fünfzigjährige bedeutungsvolle Entwicklung.

LUISE VON WEIMAR

Das Paradies der Geistigen von Weimar ist eine Legende. Es hat in dieser Stadt ebensoviel Kummer, ebensoviel Enttäuschung und Schmerz gegeben wie in jeder anderen Stadt der Erde. Ja, vielleicht war das Leid größer, weil es tiefer empfunden wurde. Eine Leidenschaft freilich hat wenig Boden gefunden, die sonst sich so schnell in jeder menschlichen Gemeinschaft einnistet: der Haß. Und darin offenbarte sich denn doch das Ergebnis einer Höhe des Seins, die im Ethos der «Iphigenie» und des «Tasso» gleichsam ihre ehernen Tafeln gefunden hat.

Die Spannungen aber waren immer groß. Höchstens von dem ersten Goetheschen Jahrzehnt von 1775 bis 1786 kann man sagen, daß ein gemeinsames, heiter gestimmtes Lebensgefühl ein durch die Kunst verklärtes Dasein entstehen ließ. Dann fiel alles auseinander, in persönliche und politische Parteiungen. Nur der Ruhm der Stadt hielt nach außen hin das Ganze als eine Einheit zusammen. Im Grunde aber lebte jeder von den Großen auf seiner Insel. «Bei uns sind sich die besten Menschen wenig», dies Wort der Herzogin Luise war wahr.

Die Einsamste unter den Einsamen aber war die Herzogin selbst. Sie war keine glückliche Frau, und auch ihre Ehe mit Carl August ist keine glückliche Ehe gewesen. Die aus frühster Kindheit datierende, lebenslang bewährte, schwesterliche Neigung zu ihrem Bruder, dem Landgrafen Christian in Darmstadt, blieb ihre stärkste menschliche Bindung. Wenn Seckendorf und Goethe im Sommer 1778 ihr zur Huldigung im Weimarer Park ein ländliches Fest richteten, das in einem Kloster spielte, so hatte man ganz ihre geheimste Sehnsucht getroffen. Nicht ein Leben als Herzogin an der Spitze des Hofes, sondern ein stilles Klosterleben wäre nach ihrem Herzen gewesen, und deshalb hat sie – bei all ihrem sehr scharf ausgesprochenen Gegensatz zum Katholizismus – besonders gern als Gast im Kloster Lichtenthal bei Baden-Baden geweilt. Im übrigen war nicht Weimar, sondern das im stillen Wald gelegene Wilhelmstal bei Eisenach ihr Lieblingsaufenthalt.

Und doch hat diese Frau eine große, selbst der Geschichte unvergeßliche Stunde gehabt, da sie auf der Schloßtreppe von Weimar dem von der Schlacht erregten, zornigen Sieger von Jena in ruhiger Festigkeit entgegentrat und auf Napoleons herrische Frage: «Wo ist der Herzog?» antwortete: «An der Stätte seiner Pflicht!» Carl August, Bundesgenosse der geschlagenen Preußen, versuchte, mit seinem Korps am Harz vorbei nach Göttingen zu entkommen. Bei der Armee war auch der erst vierzehnjährige Sohn Prinz Bernhard. Die Mutter des Herzogs, Anna Amalia, und die junge Prinzeß Caroline waren nach dem neutralen Kassel geflüchtet, der Erbprinz nach Braunschweig geflohen, die Erbprinzessin nach Berlin. Alles war auseinandergestoben. Einzig diese Frau hatte den Mut, dem von ihr seit Jahren bitter gehaßten Korsen zu begegnen.

Die Herzogin war eine Darmstädter Prinzessin, 1757 und merkwürdigerweise in Berlin geboren. Die Soldatenleidenschaft des Vaters hatte diesen in die Armee Friedrichs des Großen geführt. Aber ihre Jugend verlebte die Prinzessin im Darmstädter Schloß, bis 1773 die aufregende Reise nach Petersburg angetreten ward. Die Mutter, die große Landgräfin Caroline, führte auf Verlangen der Kaiserin Catharina drei ihrer Töchter zur Brautschau nach Osten. Damals erblickte der jugendliche Goethe seine zukünftige Herzogin zum erstenmal. Es war auf der Frankfurter Zeil. «Schlank und leicht», erzählt er im Alter dem Kanzler von Müller, «sah ich sie dort in den Wagen steigen, der sie nach Rußland brachte.» Die Prinzessin Wilhelmine bleibt in Petersburg als Gattin des späteren Paul I. Amalie wird den Markgrafen von Baden heiraten und in Karlsruhe residieren. Luise aber begegnet auf der Heimreise im Erfurter Schloß bei Dalberg, dem Statthalter von Kurmainz, dem jungen Erbprinzen von Sachsen-Weimar. Im Dezember 1774 kommt dieser über Frankfurt, wo er die erste Begegnung und Aussprache mit dem Verfasser des Werther hatte, nach Karlsruhe und hält um die Prinzessin an. Sie ist siebzehn Jahre.

Sicher waren die politischen Erwägungen stärker als die persönlichen Neigungen. Zudem, wie beschränkt war die Auswahl. In Weimar wußte man zu bewerten, daß Carl August durch eine solche Verbindung die Beziehungen zu Berlin und Petersburg stärken würde. Luise, die im Frühjahr 1774 ihre Mutter, «die große Landgräfin», verloren und sich vom verwaisten Darmstadt zur Schwester nach Karlsruhe begeben hatte, war im Grunde heimatlos. Der Vater, Landgraf Ludwig IX., kümmerte sich nicht um seine Kinder und lebte in Pirmasens dem Drill seiner Regimenter und seinen Maitressen; er erschien denn auch nicht zur Hochzeit. Also verhandelten die Höfe, für Luise die Generalin v. Prettlack, die Oberhofmeisterin ihrer Mutter, und der Minister v. Moser, für Weimar aber Dalberg und der Erzieher Carl Augusts, Graf Görtz. «Sie ist nicht schön», schrieb der Bräutigam über die Prinzessin, «aber, wenn man sie liebt und sie fühlen läßt, daß man sie liebt, so ist sie unendlich angenehm. Sie ist von mittlerer Größe; die Augen sind groß und kornblumenblau, voll sinnigen Charakters. Nase und Mund sind klein und das Gesicht wohlgeformt. Sie ist sehr einfach, wenn man mit ihr spricht. Sie liebt mit Wärme und Wahrhaftigkeit. Die Tugend ist ihre Göttin.» Zeitgenossen vermerken, daß sie im Umgang scheu war, in sich verschlossen und nicht ohne Stolz.

Die Eheschließung fand am 3. Oktober 1775 im Schloß zu Karlsruhe statt. Willy Andreas, dem wir eine wertvolle Biographie Carl Augusts verdanken, teilt darüber aus Briefen von Görtz mit: «Die Prinzessin sei merkwürdig aufgeregt gewesen. Man habe sie nur anzusehen brauchen, sofort seien ihr die Tränen gekommen. Sie bat, daß die Einsegnung der Ehe erst gegen Abend, nicht zur Mittagszeit stattfinde, was ihr gewährt wurde. Nach aufgehobener Tafel wünschten die Hoheiten der ganzen Gesellschaft gute Nacht. Es waren nur die badischen, die weimarischen Herrschaften und die hessischen Gäste anwesend sowie die Markgräfin von Bayreuth. Am Ende der Zeremonie brach Luise zusammen und sank unter einem erleichternden Strom von Tränen in die Arme ihrer Schwester, nachdem sie bis zur Beglückwünschung sich gut gehalten hatte. Darauf zog sie sich, wiederum nach Görtzens Schilderung, in ihre Gemächer zurück, während die Prinzen der Verwandtschaft den Herzog begleiteten, der sich sehr vergnügt entkleidete. Nachdem die Prinzessinnen Luise zu Bette gebracht hatten, kam die Oberhofmeisterin, Generalin von Prettlack, Carl August zu rufen, den der Markgraf herbeiführte.» Das alles klingt fast mehr nach einer Hinrichtung als nach einer Hochzeit. «Sie hätten Mitleid mit mir gehabt, wenn Sie mich an dem Tage gesehen hätten, ich war in heftigstem Zustand. Und ich danke Gott, daß es vorüber ist», schrieb die junge Frau an ihren Schwager, den Großfürsten Paul in Petersburg.

Auf ihrer Reise nach Thüringen erwartete Goethe im Gasthof «Zum Römischen Kaiser» auf der Zeil den Herzog und «seine herrliche Gemahlin». Man besprach und regelte seine Einladung nach Weimar. Am 17. Oktober fuhr das junge Paar, von der Bürgerschaft freudig eingeholt, durch das Erfurter Tor in die Residenz ein und nahm, da die Wilhelmsburg seit dem Schloßbrand vom Mai 1774 für Jahrzehnte eine Ruine blieb, im sonnenlosen Fürstenhaus neben dem Marktplatz Wohnung. Luise war nun regierende Herzogin. Der Mittelpunkt der Gesellschaft von Weimar war aber und blieb die Herzoginmutter Anna Amalia, selber erst 36 Jahre alt, aber schon als Neunzehnjährige verwitwet. Kein Kammerherr, keine Hofdame in ihrem Dienst ohne künstlerische Talente, ohne irgendeinen schöpferischen Dilettantismus, sei es in der Dichtung, Malerei oder Musik. Das Wittumspalais, das Schlößchen in Tiefurt, beides durchaus ihre Schöpfungen, sind heute noch Sehenswürdigkeiten des Landes. Aber an die Hofhaltung der jungen Herzogin – im Ständehaus und in Belvedere – erinnert heute nichts Persönliches mehr. Auch ihre Umgebung war namenlos. Sie war nicht die Persönlichkeit, auf eine Umwelt zu wirken, eine Umwelt zu prägen. Beiseite gedrückt, still und enttäuscht lebte die junge Frau dahin. Und nun trat Goethe in diese Kreise. Die Literaturgeschichten zitieren Wielands Huldigung:

> *Auf einmal stand in unserer Mitten*
> *Ein Zauberer.*
> *Ein schöner Hexenmeister es war*
> *Mit einem schwarzen Augenpaar,*
> *Zaubernden Augen voll Götterblicken,*
> *Gleich mächtig zu töten und zu entzücken –,*

aber sie verschweigen meist den etwa gleichzeitigen Brief der Charlotte von Stein: «Goethe bringt hier eine große Umwälzung hervor. Unser ganzes Glück ist verschwunden, unser Hof ist nicht mehr, was er war. Ein Fürst unzufrieden mit sich selbst, ein noch schwächlicherer Prinz [Constantin], eine mißvergnügte Mutter, eine unzufriedene Gattin. Alles gute Menschen, die aber nicht zusammenpassen.» Auch hier war das Siegen nicht so tenorhaft leicht wie auf der Operettenbühne. Um so größer die Leistung Goethes, daß trotz allem Weimar eben Weimar wurde.

Und zwar wird diese Stadt der geistige Mittelpunkt Deutschlands nicht zum wenigsten durch die Frauen des Hofes. Anna Amalia war es, die durch Wielands Berufung die Kunst überhaupt in die unbekannte kleine thüringische Stadt gerufen hatte. Die Herzogin Luise war es, die verhinderte, daß Herder nach Göttingen oder Hamburg wegging, und die später Schiller den Weg ebnete. Diese Frauen bestimmen – der Tasso ist dafür Zeuge – das Ethos und die Form der Geselligkeit; ihre tätige Teilnahme ist es auch, die das Schaffen der Männer beflügelt. In verschiedenen Lagern vertreten sie gleichsam die drei herrschenden literarischen Strömungen der Zeit: das Rokoko, den Sturm und Drang und die Anfänge des Klassizismus. Da lernt Anna

Amalia in Tiefurt Griechisch, um Wieland bei seinen aus französischem und griechischem Geist geborenen Werken – eine Kunst, deren «Sinnlichkeit» Schiller ablehnte – folgen zu können. Charlotte von Stein studiert an Goethes Hand schwierigste Philosophie in lateinischer Sprache, ringt um die Schau auf ein von der Allgottheit durchflutetes Universum und nimmt teil am Entstehen der Iphigenie. Die Herzogin Luise aber läßt sich von Herder, der seit Straßburg der Künder Shakespeares, des Herolds der Geniezeit, war, in das Drama der Elisabethaner einführen. Die Römerdramen haben es ihrem «Römersinn» angetan, und nun liest sie mit Herder Tacitus und Plinius und Sallust.

Schon die junge Prinzessin hatte Gedichte Herders, der ja 1770 in Darmstadt gepredigt und im Mai 1773 von dort die Gattin geholt hatte, in ihrem Portefeuille bei sich geführt. Nun ward Herder ihr seelsorgerischer Berater und Freund. In der Reihe der vier großen protestantischen Bischöfe, wenn dieser Ausdruck hier erlaubt ist: Gellert, Lavater, Herder, Schleiermacher, ist der Weimarer Konsistorialpräsident die in ihrem theologischen Wirken am schwersten erfaßbare Persönlichkeit. Er war selbst zu kompliziert, zu reizbar, zu gehemmt, um einer größeren Gemeinde gegenüber Träger eines wirklichen Charisma sein zu können. Aber der Herzogin Luise ward er Stütze, vertrauter Führer und geistlicher Freund – bis nach dem Jahre 1789 in seiner Haltung, selbst in seinen Predigten, soviel laute Teilnahme für die «neue große Zeit» zutage trat, daß sich die leidenschaftlich deutsch empfindende Fürstin verletzt zurückzog. So hätte sie denn wohl den größten Teil ihres Lebens – sie starb zwei Jahre nach Carl August im Jahre 1830 – im Grunde ganz vereinsamt zugebracht, wenn ihr nicht die Freundschaft der Charlotte von Stein – die als eine verwandte Natur sich der Herzogin gleich nach deren Einzug in Weimar angeschlossen – über allen Wandel der Zeiten geblieben wäre. Denn selbst ihren Kindern gegenüber blieb die Fürstin zurückhaltend und kühl. Der Herzog aber hatte in der Schauspielerin Caroline

Jagemann seit 1801 eine Gattin linker Hand gefunden, die seiner robusten Vitalität zusagte. «Ich und die Hoffnung, wir kennen uns schon lange nicht mehr», das ist das resignierte Bekenntnis der Verlassenen.

«Sie ist nicht höflich», sagt Merck, der in Darmstadt die Prinzessin im Englischen unterrichtet hatte, «aber die Höflichkeit des Herzens hat sie in hohem Grade. Sie kann sich Stunden lang mit meinen Kindern abgeben und alle Güte für sie haben, sich von den Umständen eines Leidenden oder eines ehrlichen Mannes lange unterhalten. Und das mag besser sein als gnädige Complimente.» Die Weimarer aber wollten gnädige Komplimente; und so kam es, daß die junge Fürstin – und sie empfand das bitter – durch die Straßen ihrer eigenen Residenzstadt schritt wie eine Fremde, eine Unbekannte, bis dann eben die Ereignisse des Jahres 1806 sie zur gefeiertsten Frau des Landes machten. Doch da war sie fast fünfzig Jahre alt und über drei Jahrzehnte in Weimar. –

Vielleicht wäre man nach alledem versucht, zu meinen, daß es doch wohl ein Versagen in der Natur der Herzogin gewesen sein muß, daß sich die Welt ihr so verschloß, wenn wir nicht sähen, wie gerade dieser Frau von Goethe immer und immer wieder mit einer wenn auch verhaltenen, so doch leidenschaftlichen Wärme und Treue gehuldigt wird. War es das Verständnis für das Ausnahmegeschick der aus dem Durchschnitt herausgehobenen Persönlichkeit, war es ein Empfinden für den inneren Wert und die Reinheit ihres Charakters, war es eine Sympathie für das adlige Frauentum dieser Fürstin, die aus der gleichen südwestdeutschen Heimat stammte wie Goethe selbst? Von der ersten Begegnung an im Mai 1775 in Mannheim, wo er schwärmerisch die Blumen aufhebt, die die Prinzessin verliert, bis zum Tod der Herzogin, zwei Jahre vor dem eigenen Tod, ist der Dichter ihr ritterlicher, tätig zuverlässiger Helfer. «Der Engel Luise», das ist der Ton der Frankfurter Briefe. In Weimar versucht Goethe, die Schwierigkeiten der fürstlichen Ehe zu überwinden. Er wirkt auf den Herzog, und er redet unter der Maske der Dichtung die

Fürstin selbst an. Keinem andern als ihr, seiner Herzogin,
sind die Worte zugerufen:

Allen Gewalten
Zum Trutz sich erhalten;
Nimmer sich beugen,
Kräftig sich zeigen,
Rufet die Arme
Der Götter herbei.

Wenn irgend möglich, bringt Goethe zum 30. Januar,
dem Geburtstag der Herzogin – sehr selten aber zu einem
Festtag Anna Amaliens –, eine Erstaufführung als dichterische Huldigung dar, den Tag zu verklären. So wird am
30. Januar 1777 «Lila» gegeben, am gleichen Tag 1778
der «Triumph der Empfindsamkeit» und «Proserpina»;
für die Geburt der ersten Prinzessin ward 1779 «Iphigenie» geplant, für die Geburt des Erbprinzen 1783 «Elpenor» begonnen. Für das Jahr vorher war, nicht ohne pädagogischen Nebensinn, das Ballett «Amor» gedichtet. Bedeutungsvolle Erstaufführungen waren zum Geburtstag
der Herzogin die Darstellung der «Piccolomini» 1799, des
«Mahomet» 1800, der «Turandot» 1802, der «Phädra»
1805, der «Wanda» von Zacharias Werner 1808. Für den
30. Januar 1810 dichtete Goethe den Maskenzug «Die romantische Poesie»; 1811 gab es zum erstenmal Calderons
«Standhaften Prinzen», 1815 Calderons «Große Zeno-
bia». Und doch wärmer und stärker als alle diese Huldigungen spricht der Zweizeiler unter den Blumengedichten
in Goethes «Vier Jahreszeiten». Mit knappsten und ein-
fachsten Worten, aber in einem unvergeßlichen Bild, ward
hier in Anlehnung an das «Hohe Lied» ausgesprochen,
wie Goethe die Fürstin sah und warum er sie mehr als
andere verehrte.

Eine kannt' ich, sie war wie die Lilie schlank, und ihr
Stolz war
Unschuld; herrlicher hat Salomo keine gesehn.

1791 gründete Goethe die Freitagsgesellschaft, nicht zum wenigsten um der Herzogin über ihre Einsamkeit hinwegzuhelfen und ihr Anregungen zu bieten. Wissenschaftliche Vorträge wurden von Weimarer und Jenaer Gelehrten gehalten. Goethe selbst sprach hier über Metamorphose und Farbenprobleme, wie es auch ein sprechender Beweis seiner Hochschätzung ist, daß er gerade der Herzogin Luise sein schwerstverständliches Werk, seine «Farbenlehre» zueignete. Die Freitagsgesellschaft ging 1797 ein; Goethe fand andere Wege, die Herzogin an seinen Arbeiten teilnehmen zu lassen. Er ging hinüber zu ihr ins Schloß und las ihr vor, fremde und eigene Dichtung – aus den Nibelungen und kapitelweise aus der entstehenden Autobiographie «Dichtung und Wahrheit». Andererseits stand auch die Herzogin dem Dichter zur Seite. Das hohe Gefühl fürstlicher Würde, das sie in sich trug, verband sie mit dem Bewußtsein um die geistige Bedeutung Weimars und um die besondere Achtung, die man den Trägern dieser Vormachtstellung schuldig sei. Als Goethe dem Landtag für dessen Etatabrechnung einfach ein Blatt zugehen ließ, das auf der einen Seite die ihm für kulturelle Aufgaben zur Verfügung gestellte Summe enthielt, auf der anderen Seite die gleiche Summe als Ausgabe ohne Rechnungsablage im einzelnen, da schien ein parlamentarischer Konflikt unvermeidlich. Die Herzogin bat die Abgeordneten zu sich, führte begütigend aus, welches Glück und welcher Ruhm es für das Land wäre, Goethe in Weimar zu haben, und daß man einer solchen Persönlichkeit jedes Vertrauen schuldig sei; so ward alles in Frieden beigelegt.

Im Juni 1828 starb Carl August. Goethe, selbst aufs tiefste erregt, suchte nach Worten, der Herzogin sich mitzuteilen. Aber dem Dichter, dem sonst für jedes Gefühl den letzten gültigen Ausdruck zu finden gegeben war, versagte sich die Sprache, er kann nicht schreiben. Und so entringt sich ihm nur die schmerzlich erschütternde und in ihrer Unbedingtheit des Empfindens so rührende Periode:

«Möge deshalb die treueste Versicherung eines ewig verehrend gewidmeten Angehörens für den Augenblick einigermaßen genügen, ein Versäumnis zu entschuldigen, dem ich bisher abzuhelfen vergebens bemüht war.»

Über die Begegnung, die dann in Goethes Haus stattfand, berichtet uns Ottilie von Goethe, sie habe nach dem Weggang der Herzogin den Alten im Lehnstuhl sitzend gefunden, ergriffen vor sich hinmurmelnd: «Welch' eine Frau, welch' eine Frau!»

Zu Luise von Egloffstein aber äußerte die Fürstin: «Goethe und ich verstehen uns vollkommen. Nur daß er noch den Mut hat zu leben und ich nicht.»

Italien und Goethe – es ist ein Irrtum, zu glauben, daß es sich hier von vornherein um eine eindeutig gegebene Wahlverwandtschaft gehandelt habe. Der junge Goethe stand gegen Italien. Zwar die Atmosphäre des Elternhauses war voller Bilder und Zeichen des Südens gewesen, und schon früh hatte der Knabe die Herrlichkeit des Wunderlandes preisen hören. Eine Landkarte von Italien hing im Zimmer des Vaters. Zwölf Prospekte von Rom hingen auf dem Vorsaal des ersten Stockes und zeigen noch heute Sankt Peter, das Kolosseum, das Kapitol, die Piazza della Rotonda, die Piazza Navona, die Piazza del Popolo, den Quirinal und den Lateran. Stecher waren Spechi und Falda, Künstler des 17. Jahrhunderts. Der Rat hatte die Blätter von seiner Kavalierstour mitgebracht, die ihn, als er dreißig Jahre alt war, auch nach Italien geführt hatte. Das Modell einer venezianischen Gondel mit einem Gondoliere bewahrte der Vater gleichfalls als Andenken an jene Reise, hatte es später gelegentlich dem Sohne gezeigt und von der Stadt auf den Lagunen erzählt. Früheste Sehnsucht nach dem Süden war so dem Knaben ins Herz gelegt. Noch aus den ersten Briefen, die Goethe aus Rom schrieb, klingt dies nach, der Wunschtraum der Kindheit und seine Erfüllung:

«Alle Träume meiner Jugend seh' ich nun lebendig; die ersten Kupferbilder, deren ich mich erinnere – mein Vater hatte die Prospekte von Rom auf einem Vorsaale aufgehängt –, seh ich nun in Wahrheit, und alles, was ich in Gemälden und Zeichnungen, Kupfern und Holzschnitten, in Gips und Kork schon lange gekannt, steht nun beisammen vor mir; wohin ich gehe, finde ich eine Bekanntschaft in einer neuen Welt; es ist alles, wie ich mir's dachte, und alles neu.»

Es gilt fast als Regel, daß Söhne sich im Gegensatz zum Lebensideal des Vaters entwickeln, und der Hegelsche Satz vom Vorwärtsschreiten allen Lebens in Spruch und Widerspruch – soweit er zu Recht besteht – scheint das zu bestätigen. Aber es gibt auch jenes andere Vater-Sohn-Verhältnis, wo der Jüngere dem Traum des Ahnen nachlebt und seine Verwirklichung erfährt, sei es nun als schmerzliche Enttäuschung, einer Fata Morgana gefolgt zu sein, sei es als höchste Beglückung. Goethes Lebensweg zeigt nun die seltsame Erscheinung, daß Forderung und Ruf der Zeit, Wünsche und Spannungen der Gegenwart durchaus das Ihre taten, den Sohn in andere, in neue Bahnen zu drängen und Italien, das Land der väterlichen Sehnsucht, in Nebelschleier versinken zu lassen. Und so ergibt sich fürs erste eine mindestens zwiespältige Haltung. «Nach Italien, Langer! Nach Italien! Nur nicht übers Jahr! Das ist mir zu früh. Ich habe die Kenntnisse noch nicht, die ich brauche. Es fehlt mir noch viel. Paris soll meine Schule sein, Rom meine Universität; und wenn man's gesehen hat, hat man alles gesehen. Drum eil ich nicht hinein.»

Das Rokoko schaute eben nicht nach Rom, sondern nach Paris. Und der «Sturm und Drang» lenkte den Blick auf die deutsche Vorzeit und die Gotik. Götz von Berlichingen ward geschrieben; das Cäsardrama aber blieb nur Planung; und selbst – was wir über die Idee dieser Dichtung wissen – Goethes Absicht, den alten Römer als «Sakkerments-Kerl» auf die Bühne zu stellen, im Stil Shakespearescher Prosa und Dramatik, beweist, daß wir, wenn der Straßburger Plan ausgeführt worden wäre, wenig antike, wenig klassische und auch wenig italienische Luft in dieser Tragödie verspürt haben würden.

Ja, wir hören jetzt sogar abschätzige Urteile über Rom und Ausfälle gegen den «Welschen»: «Die herrliche Wirkung der Säulen traf dich; du wolltest auch ihrer brauchen und mauertest sie ein, wolltest auch Säulenreihen haben, und umzirkeltest den Vorhof der Peterskirche mit Marmorgängen, die nirgends hin noch herführen, daß Mutter Natur, die das Ungehörige und Unnötige verachtet und haßt, deinen Pöbel trieb, ihre Herrlichkeit zu öffentlichen Kloaken zu prostituieren, daß ihr die Augen wegwendet und die Nasen zuhaltet vorm Wunder der Welt.» Erinnerungen des Vaters an die Ewige Stadt, dem Sohn erzählt, klingen hier, 1771, im Aufsatz «Von Deutscher Baukunst», noch nach. Aber auch die Verse:

Nicht in Rom, in Magna Graecia,
– Dir im Herzen ist die Wonne da!
Wer mit seiner Mutter, der Natur, sich hält,
Find't im Stengelglas wohl eine Welt!

sind eine deutliche Absage an alles Schweifen und Schauen über die Alpen hin nach dem Süden.

Noch war eben das südliche Land nicht «Natur», sondern nur Bildung. Vor allem aber: «Dir im Herzen ist die Wonne da!» Das Herz ist der große Schauplatz des Lebens. Weder in Sesenheim noch in Wetzlar fällt das Wort Italien. Statt dessen träumt Werther von Kormorants Höhle und der Höhle Fingals auf Staffa, der Insel zwischen Irland und Schottland. Neben Ossian steht anfänglich Homer. Aber schon reckt sich, beide Dichter überragend, die Gestalt des nordischen Magiers, des Faustus, hoch empor. Mächtig zieht er alles in seinen Kreis. Und nur, wenn diese turbulente Welt einer starken, Herz und Sinn des Dichters so ganz beanspruchenden Gegenwart irgendwie nicht zu bewältigen ist, wenn der Wunsch, ja die Notwendigkeit entsteht, ihr auszuweichen, dann steigt Italien, wenn auch zunächst nur als eine neue Möglichkeit, vor des Dichters Augen auf. Als Goethe im Juni 1775 auf dem Sankt Gotthard stand – die Heimat und die Liebe meidend –, da lag der Weg nach Airolo und Bellinzona offen. Goethe schaute in die nach Süden abfallenden Täler, aber es war keine Sehnsucht in seinem Blick. Er zeichnete die Gebirgsketten mit ihren Schneeflächen und dunklen Hängen – das Blatt ist uns noch heute erhalten –, aber er widerstand der Aufforderung seines Gefährten, dem Wasser des Tessin zu folgen. «Die Lombardei und Italien lagen als ein ganz Fremdes vor mir, Deutschland als ein Bekanntes, Liebwertes,

voller freundlicher einheimischer Aussichten.» So wendet
er den Weg zurück.

Indes schon wenige Monate darauf steht die Italienfahrt
wieder zur Entscheidung. Ein deutscher Fürst hat Goethe
in seine Residenz gerufen, jedoch der Wagen, der ihn dahin bringen sollte, bleibt aus. Da der Dichter sich schon
überall verabschiedet hatte, vielleicht getadelt, vielleicht
beneidet von den Mitbürgern, kamen unsichere Tage des
Wartens, und da war es denn der Vater, der den Sohn statt
über den Thüringer Wald auf die Reise über die Alpen
schicken wollte. «Wunderbare Dinge müssen freilich entstehen», heißt es darüber in «Dichtung und Wahrheit»,
«wenn eine planlose Jugend, die sich selbst so leicht miß-
leitet, noch durch einen leidenschaftlichen Irrtum des Alters auf einen falschen Weg getrieben wird.» Ein falscher
Weg – das wäre damals nach seiner eigenen Meinung eine
Romfahrt Goethes gewesen. –

Wenige Jahre später – und Mignon singt das Lied der
Sehnsucht nach dem Süden, und im Park von Ferrara rauschen die «immergrünen» Bäume.

> *Schwankend wiegen*
> *Im Morgenwinde sich die jungen Zweige. –*
> *Der Gärtner deckt getrost das Winterhaus*
> *Schon der Zitronen und Orangen ab,*
> *Der blaue Himmel ruhet über uns,*
> *Und an dem Horizonte löst der Schnee*
> *Der fernen Berge sich in leisen Duft.*

Welch beglückende, gelassen schwebende Musik der
Verse!

– *«Ja, es umgibt uns eine neue Welt.»*

Was war geschehen?

Goethe mußte erst nach dem Norden verpflanzt werden, um sich nach dem Süden zu sehnen. In seiner Vaterstadt, dem weltoffenen Handelsplatz am Main, war er,
bewußt oder unbewußt, mit dem Westen und Süden Europas in steter Verbindung gewesen. Frankfurter Handels-

herren fuhren regelmäßig in die Lombardei. Das war jahrhundertealte Überlieferung. Nicht umsonst heißt das Rathaus der Stadt «Der Römer». Italienische Kaufleute lebten in Frankfurt, und die Brentanos waren den Goethes befreundet. Von Weimar aus aber gingen die Fäden nach Berlin, nach dem, wie Goethe sagt, «bildlosen, aber gebildeten Norden». Aus einem heiteren Himmelsstrich in einen rauhen, wolkenschweren versetzt, in die Enge eines kleinen Fürstenhofes, abgeschnitten von dem großen Strom der Welt, fühlte der Dichter allmählich sein Leben stocken, verlangte er nach Wind und Wellen und nach Weite. Aber dazu kam noch ein anderes, Wesentlicheres. Der Traum der Geniezeit, daß sie den neuen deutschen Menschen gebären werde, hatte sich nicht erfüllt. Denn das ist Sinn und Schicksal einer jeden Epoche, daß sie von einem neuen Menschenbilde träumt. So auch, und in leidenschaftlichem Begehren, die Generation des jungen Goethe, die das Rokoko, das alt nun schon und müde über dem Lande lag, nur noch verachten konnte. Die einen sahen damals hoffend nach England, andere gingen gläubig nach Paris und starben enttäuscht auf der Guillotine, wieder andere schauten über die Meere wie Goethes Freund Klinger, der 1776 durch Vermittlung der Herzogin Anna Amalia in Weimar nach Amerika auswandern wollte und so wenigstens zu seinem Drama «Sturm und Drang» kam, das in Amerika spielt. Was war es, das Goethe nun so mächtig gerade nach Italien zog? Es war gleichsam eine Religion, und zwar eine ausgesprochen diesseitige. Es war der Glaube, dort und nur dort das Maß des Menschen zu finden. Die Italienfahrt von 1786 war wirklich eine «Hedschra». Einmal hatte es ja dort im Süden große und freie Menschen gegeben, Menschen, wie sie sein sollten, die «Natur» waren, unverdorben und ungebrochen und in sich vollendet. Ihre Marmorstatuen waren dessen Zeuge, und die antiken Dichter wußten davon zu reden. Winckelmann, auch Herder hatten von dieser Zeit gekündet. Und sollte dies auch alles Künstlertraum und Trugbild gewesen sein, gleichviel, so war doch die Erde gesegnet und heilig, auf der ein solch schöner Traum erwachsen konnte. Hier mußte der Boden, mußten die Lüfte Kräfte bergen, an denen auch die Gegenwart gesunden konnte.

Nur mit Ergriffenheit kann man die Briefe lesen, die Goethe auf seiner Reise nach dem ersehnten Lande an Charlotte von Stein, Carl August oder Herder sandte. Sie sind Aufzeichnungen freudigster Erregung. Von Ort zu Ort wird festgehalten, wie Süden und Sonnenwärme dem Reisenden näherkommen. «In Eger, bei heißem Sonnenschein, und nun erinnerte ich mich, daß dieser Ort dieselbe Polhöhe habe wie meine Vaterstadt, und ich freute mich, wieder einmal bei klarem Himmel unter dem fünfzigsten Grad zu Mittag zu essen.» Am Tage darauf: «Heute schreibe ich unter dem neunundvierzigsten Grade. Er läßt sich gut an. Nun gebe Gott bald Trauben und Feigen.» Am nächsten Abend: «Was laß ich nicht alles rechts und links liegen, um den einen Gedanken auszuführen, der fast zu alt in meiner Seele geworden ist.» Zwei Tage weiter: «Den Brenner herauf sah ich die ersten Lärchenbäume, bei Schönberg den ersten Zirbel.» In Trient: «Der Abend ist vollkommen milde wie der Tag. Wenn mein Entzücken hierüber jemand vernähme, der im Süden wohnte, von Süden herkäme, er würde mich für sehr kindisch halten. Ach, was ich hier ausdrücke, habe ich lange gewußt, so lange als ich unter einem bösen Himmel dulde, und jetzt mag ich gern diese Freude als Ausnahme fühlen, die wir als eine ewige Naturnotwendigkeit immerfort genießen sollten.» Endlich in Rom: «Laßt mich sagen, daß ich tausendmal, ja, beständig eurer gedenke, in der Nähe der Gegenstände, die ich allein zu sehen niemals glaubte. Nur da ich jedermann mit Leib und Seele in Norden gefesselt, alle Anmutung nach diesen Gegenden verschwunden sah, konnte ich mich entschließen, einen langen, einsamen Weg zu machen und den Mittelpunkt zu suchen, nach dem mich ein unwiderstehliches Bedürfnis hinzog. Ja, die letzten Jahre wurde es eine Art von Krankheit, von der mich nur der Anblick und die Gegenwart heilen konnte. Jetzt darf ich es gestehen; zuletzt durft' ich kein Lateinisch Buch mehr ansehen, keine Zeichnung einer italienischen Gegend. Die Begierde, dieses Land zu sehen, war überreif.»

Was haben diese zwei Jahre für den Dichter bedeutet, die er auf klassischem Boden weilen durfte? Sie haben ihn der Erde, dem Leben verbunden. Goethe hat den Schwerpunkt seiner Existenz, die Mitte seines Daseins gefunden. Vergegenwärtigen wir uns sein Leben vordem, so werden wir gewahr, wie sehr er immer ein Getriebener gewesen ist. Immer war er auf der Suche, und immer war er auf der Flucht. Schon in Frankfurt vergleicht er sich dem Orest, den die Erinnyen hetzen; in Weimar schreibt er die «Iphigenie», und der Orest ist die Rolle, die er bei der Aufführung selber darstellt. Selbst Charlotte von Stein kann ihm nicht dauernden Frieden ins Herz senken. Wir erleben an Goethe in Italien den ergreifenden Vorgang, wie ein Mensch heimfindet zu seiner ihm von der Natur bestimmten Form. Denn es ist durchaus nicht wahr, daß diese Italiensehnsucht ein notwendiges nordisches Erlebnis ist. Rembrandt hat sie nie empfunden, und alle jene unter unseren Landsleuten, die wir die «Rembrandtdeutschen» nennen könnten – und es sind ihrer sehr viele –, haben sie auch keineswegs geteilt. Weder Gottfried Keller noch Hebbel, weder Raabe noch Storm waren italienkrank. Es ist überhaupt die Frage zu stellen: inwieweit war Goethes Drang nach dem Süden nur ein Zeiterlebnis, inwieweit lag er ihm wirklich im Blute. Aber als Deutscher, der südlich des «Limes» geboren ist, mußte es ihn in die Welt der Form und Formen ziehen, zu den sinnlichen Künsten, die in Bauten, Statuen und Bildern die Schöpferkraft des Menschlichen gestaltend offenbaren. Und so hat er denn in Italien auch in erster Linie als Künstler gelebt, selber zeichnend und unter Malern. Wir haben von ihm über eintausendfünfhundert Blätter, die alle südlich der Alpen entstanden sind. Das sind – Zahl gegen Zahl gesetzt – weit mehr Zeichnungen, als wir von Rembrandt aus seinem ganzen Leben kennen. Man kann errechnen, daß der Dichter – ja, war er in Rom überhaupt noch Dichter? – an jedem Tage im Durchschnitt zwei Zeichnungen geschaffen hat. So erlebte er die Welt mit dem Auge – nicht so sehr mit dem inneren als wirklich mit dem leibhaftigen Auge. Und deshalb waren ihm auch die alten Götter so verehrungswürdig und vertraut, eben in der Epiphanie ihrer Leiblichkeit. Versinnbildlichten sie ihm doch, was ihm jetzt der Inhalt und die höchste Beglückung des Daseins war, die Offenbarung des Göttlichen im Diesseitigen, in der Fülle, dem Glanze und dem Glück dieser Erde.

> *Jupiter senket die göttliche Stirn, und Juno erhebt sie;*
> *Phöbus schreitet hervor, schüttelt das lockige*
> *Haupt;*
> *Trocken schauet Minerva herab, und Hermes, der*
> *leichte,*
> *Wendet zur Seite den Blick, schalkisch und zärtlich*
> *zugleich.*
> *Aber nach Bacchus, dem weichen, dem träumenden,*
> *hebet Cythere*
> *Blicke der süßen Begier, selbst in dem Marmor*
> *noch feucht.*

Und so ist denn dies das Charakteristische an allem, was Goethe aus Italien der Heimat berichtet und was so die Grundlage für die spätere «Italienische Reise» wurde, daß jedes Wort vom Tatsächlichen ausgeht, von dem Boden, auf dem der Reisende steht, ob er fruchtbar sei oder nicht und von welchem Gestein, von der Luft und vom Himmel, der sich über ihm wölbt, von den Pflanzen und ihrem Wuchs, den Menschen, wie sie sich geben, im Alter und im Beruf, den Bauten schließlich, die zu beschauen sind. Aber was fehlt, das sind abstrakte, von den Sinnen gelöste Betrachtungen, Abschweifungen in frühere Zeiten oder erträumte Welt. So wie der Tag sich gibt, ist er gut, so beglückt er, wird er gleichsam eingeatmet, als ob alles – auch das Menschliche, auch das, was wir sonst Kultur nennen – nur «reine Natur» sei.

Ja, dieses ist wohl das Charakteristische an Goethes italienischer Existenz, daß er in allem die «Natur» suchte, noch mehr, als er das in Weimar getan hatte, wo die

Künstlichkeit eines höfischen und beamteten Lebens das Dasein in erzwungene Formen preßte. Wenn er Statuen schaut, so geht es ihm ums «Organische», nicht ums «Ästhetische»; und wollte man die «Italienische Reise» überprüfen, wieviel ihres Inhaltes überhaupt der alten römischen Kunst gilt, so wird man sich wundern, welchen Raum ganz andere Beobachtungen, etwa über das Volk und seine Lebensgewohnheiten, über Wirtschaft, über Landpflege beanspruchen. Aber solche Betrachtungen bleiben nicht im Anekdotischen stecken. Immer drängt es den Beschauer, das Typische, im Einzelnen das Allgemeine zu erkennen. Es ist keine Reise des Ausruhens, des süßen Verschlenderns der Tage, sondern auch hier geht es um Erkennen der Welt. «Der botanische Garten ist desto artiger und munterer. Es können viele Pflanzen auch den Winter im Lande bleiben, wenn sie an Mauern oder nicht weit davon gesetzt sind. Man überbaut alsdann das Ganze zu Ende des Oktobers und heizt die wenigen Monate. Es ist erfreuend und belehrend, unter einer Vegetation umher zu gehen, die uns fremd ist. Bei gewohnten Pflanzen, so wie bei andern längst bekannten Gegenständen, denken wir zuletzt gar nichts, und was ist Beschauen ohne Denken? Hier in dieser neu mir entgegentretenden Mannigfaltigkeit wird jener Gedanke immer lebendiger: daß man sich alle Pflanzengestalten vielleicht aus einer entwickeln könne. Hierdurch würde es allein möglich werden, Geschlechter und Arten wahrhaft zu bestimmen, welches, wie mich dünkt, bisher sehr willkürlich geschieht.» Hier im Botanischen Garten von Padua, in Palermo, in Neapel schaute Goethe so die Urpflanze.

Man hat ihm vorwerfen wollen, daß er an Orten vorbeigegangen sei, die uns Heutigen so viel bedeuten, an Assisi und Florenz und an den Fresken von Giotto. Das sind eben keine treffenden Betrachtungen. Denn Goethe ging es ja gar nicht um eine «Bildungsfahrt» im Wortsinne von heute, wo aufzuraffen und anzueignen ist, was ein Land an Wertvollem dem Reisenden zu bieten hat, sondern für Goethe bestand noch der Begriff der Bildung im ursprüng-

lichen Sinne, dem des eigenständigen Werdens, Entwik-
kelns eigener Anlagen und des keimhaften Wachsens. Zu
werden der, der er sein sollte, darum war Goethe nach
Italien gegangen; und in weisem Vorbedacht hat er gemieden, was diesen Prozeß nicht fördern konnte und nicht zur
Aufgabe dieser Schicksalsstunde gehörte.

Und darum konnte Italien auch Goethe nur so lange
beseligen, als es ihm diesen Dienst an seinem Wachstum
leistete. Er hat das Land, von dem er gesagt hat, daß es ihm
die reichsten und frohesten Jahre seines Lebens geschenkt
habe, mit tiefem Schmerze verlassen und hat sich immer
das Bild Ovids vor Augen gerufen, der – gleich ihm in einer
Mondnacht – für immer aus Rom scheiden mußte.

Wandelt von jener Nacht mir das traurige Bild vor
die Seele,
Welche die letzte für mich ward in der Römischen
Stadt,
Wiederhol' ich die Nacht, wo des Teuren so viel mir
zurückblieb:
Gleitet vom Auge mir noch jetzt eine Träne herab.

Und gewiß, hätte er seinen Aufenthalt in Italien verlän-
gern können, es wären ihm noch heitere Monate, fruchtbare Jahre beschieden gewesen. Auf immer heimisch aber
kann ein Dichter dort nie werden, wo man eine andere
Sprache spricht als die seine. Goethe ist sich dieser seiner
Doppelstellung gegenüber dem begnadeten Land wohl bewußt gewesen: «Ach, wohl ist den Italienern das ‹Ultra-
montano› ein dunkler Begriff! Mir ist er's auch. Nur du
und wenig Freunde winkt mir aus dem Nebel zu. Doch sag
ich aufrichtig, das Klima ganz allein ist's, sonst ist's nichts,
was mich diese Gegenden jenen vorziehen machte. Denn
sonst ist doch die Geburt und Gewohnheit ein mächtiges
Ding, ich möchte hier nicht leben, wie überhaupt an keinem Orte, wo ich nicht beschäftigt wäre.» Was ihn eben
im letzten und von innen heraus antrieb, war seine Aufgabe – die Aufgabe, die Pyramide seines Daseins immer
höher in die Luft zu bauen. Gerade weil Goethes Lebens-

leistung in der Ausbildung der ihm anvertrauten Kräfte lag, mußte über kurz oder lang die Rückkehr in die Heimat erfolgen. Und hier findet sich auch die Erklärung, warum der zweite Aufenthalt in Italien 1790 zu einer solchen Enttäuschung geworden ist und warum das Begehren nach einer neuen Reise niemals so dringend, so lebensnotwendig ward, daß es, alle Hindernisse niederreißend, die Verwirklichung durchsetzte. – Erschütternd ist es freilich zu sehen, mit welcher Trauer und Sehnsucht Goethe seiner italienischen Tage gedenkt. Seit er über den Ponte molle gefahren, habe er keinen wahrhaft glücklichen Tag mehr erlebt – dieses Wort gibt Zeugnis davon, wie tief ihm das Bild des Südens als der höchsten Lebensseligkeit im Innern eingebrannt war. Immer schaut er sehnsüchtig über die Alpen. Wer von Italien kommt, dem gilt das «Salve» seiner Schwelle doppelt. Und stetig müht er sich, durch Briefe, durch Freunde, die hin und wieder reisen, durch Aufsätze, die er schreibt, und durch Bücher und Sammlungsgegenstände, die er erwirbt, die alten Beziehungen lebendig zu erhalten. Heinrich Meyer nimmt er in sein Haus, weil keiner wie er in der Kunstgeschichte Italiens Bescheid weiß, und in dem Mailänder Handelsherrn Heinrich Mylius erhält er sich gleichsam einen ausländischen Kulturreferenten, der ihm über alles Italienische berichten muß und dem er selbst alles zuleitet, was die Italiener von seinem Dichten und Wirken wissen sollen. Alessandro Manzoni, den Dichter der italienischen Romantik, liebt er und fördert er. Wie einst der Kaiserliche Rat ihn selber über die Alpen schicken wollte, so sendet er seinen Sohn, der allzufrüh an der Cestiuspyramide sein Grab finden sollte. Das Haus in Weimar schmückt er – noch heute sieht das staunend der Besucher – mit alter und neuer italienischer Kunst aus. Und wenn er abends im Salon der Schopenhauer, während vorgelesen wird, für sich am Fenstertischchen sitzt, das Lämpchen, Skizzenbuch, Stift, Tusche und Pinsel vor sich, was sind es für Linien, die seine Hand auf das weiße Papier zeichnet? Es sind italienische Landschaften – Erinnerung, Wunsch- und Traumbild –, Symbol dafür, wie auch im Greis Lied und Sehnsucht der Mignon noch unvergänglich wach sind:

> *Kennst du das Land, wo die Zitronen blühn,*
> *Im dunkeln Laub die Goldorangen glühn,*
> *Ein sanfter Wind vom blauen Himmel weht,*
> *Die Myrte still und hoch der Lorbeer steht,*
> *Kennst du es wohl?*
>   *Dahin! Dahin*
> *Möcht' ich mit dir, o mein Geliebter, ziehn.*

«Es wird an meiner Thür geklopft. – ‹Herein.› – Und herein tritt eine kleine dürre Figur in weißem Frack und grüngelber Weste, krumm und sehr gebückt. – ‹Habe ich das Glück›, sagte die Figur, ‹den Herrn Rath Schiller vor mir zu sehen?› – ‹Der bin ich. Ja.› – ‹Ich habe gehört, daß Sie hier wären, und konnte nicht umhin, den Mann zu sehen, von dessen Don Carlos ich eben komme.› – ‹Gehorsamer Diener. Mit wem hab' ich die Ehre?› – ‹Ich werde nicht das Glück haben, Ihnen bekannt zu seyn. Mein Name ist Vulpius.› – ‹Ich bin Ihnen für diese Höflichkeit sehr verbunden – bedaure nur, daß ich mich in diesem Augenblick versagt habe und eben (zum Glück war ich angezogen) im Begriff war auszugehen.› – ‹Ich bitte sehr um Verzeihung. Ich bin zufrieden, daß ich Sie gesehen habe.› – Damit empfahl sich die Figur – und ich schreibe fort.»

Am Dienstag, dem 24. Juli 1787, trug sich diese kleine Szene im «Erbprinzen» am Markt zu Weimar zu. Der Dichter war seit Sonnabend in der Stadt. Er kam aus Dresden, wollte nach Hamburg, aber Thüringen ward sein Schicksal. Schiller war damals achtundzwanzig Jahre alt, sein Besucher – die «dürre Figur» im weißen Frack und grüngelber Weste – fünfundzwanzig. Beide waren ohne Mittel, aber Schiller besaß schon, was man Weltruf nennen konnte. Gegen die «Räuber» wandte sich die öffentliche Meinung Englands. Der andere war arm und ohne Namen. Sein Räuberroman «Rinaldo Rinaldini» erschien erst 1797, wurde dann freilich auch in alle Weltsprachen übersetzt und mehr als Goethes und Schillers Werke gelesen.

Ein Jahr nach dem Besuch im «Erbprinzen» – wiederum im Juli – wandte sich Vulpius bittstellend an Goethe, aber diesmal nicht persönlich; die jüngere Schwester trat dem Geheimen Rat im sommerlichen Park an der Ilm mit einem Brief entgegen. – 1797 war Vulpius Weimarischer Bibliothekar, und als er starb – 1827 –, war auch er Weimarischer Rat, wie vierzig Jahre vorher Schiller, der ihn damals so kalt hatte fallenlassen. Der Brief hatte sein Glück gewendet; aber er wäre vergessen, wenn er nicht auch Goethes Geschick entscheidend bestimmt hätte. Ob auch zum Glück? Der Dichter hat diese Frage bejaht. Und damit ist sie beantwortet.

Vermutlich hat Goethe, als er die ersten Bücher von «Wilhelm Meisters Lehrjahren» diktierte, in der Erscheinung Nataliens eine Frauengestalt beschworen, wie er sie sich als Wunschtraum für das eigene Leben dachte. Gerade ihre Unbestimmtheit, Unwirklichkeit, die nur Sehnsucht und Ideal ist, das fast visionäre Auftauchen und Wiederverschwinden, spricht dafür. Es war die Zeit, da er an Charlotte von Stein gebunden war und da im fünften Buche des Urmeisters die Sätze niedergeschrieben wurden, die mit dreifachem Heilruf den Adel preisen, die «höheren Klassen», die große Welt, und wo der Mensch bedauert wird, «wenn er sich einer zufälligen Leidenschaft für niedrige Gegenstände überläßt, wenn er einer dunkeln Anhänglichkeit an eine Gesellschaft, deren Glieder nicht von der Art seines Wesens sind, nachgibt und dadurch der Sklave eines Zustandes wird, in welchem die Treue, die schönste und menschlichste Eigenschaft, ihn nur zur Qual und zum Verderben festhält.» Zehn Jahre später, 1795, als Goethe den Roman wieder aufnahm, erklingt im dritten Kapitel des fünften Buches dies Lob des Adels und des «Glanzes der oberen Klassen» von neuem. Dazwischen aber liegt eine Zeit, da dem Dichter eben dieser Glanz fragwürdig geworden war, da er die gesellschaftliche Beherrschtheit als Verstellung empfand, da ihm nur jener Mensch galt, der künstlerisch schöpferisch und, soweit er das nicht sein konnte, doch menschlich ursprünglich war, da er sich aus der Konvention heraus nach Unmittelbarkeit, nach Natur sehnte. Das waren die Jahre in Italien.

Und als sie zur Neige gingen, da bangte es Goethe ein wenig, wie er sich nun wieder in die Enge, in die Gesellschaft einfügen werde. «An der Bestimmtheit des Datums unserer Reise», schreibt er im Mai 1788 aus Mailand an Carl August, indem er genau die Reisestationen und die dafür festgelegten Tage angibt, «sehen Sie, daß ich mich bestrebe, den Canzler Schmidt selig nachzuahmen, damit ich mich wenigstens von einer Seite der Zucht und Ordnung zu nähern suche. Denn übrigens bin ich ganz entsetzlich verwildert. Ich habe zwar in meinem ganzen Leben nicht viel getaugt, und da ist mein Trost, daß Sie mich eben so sehr nicht verändert finden sollen.»

In den Urworten «Orphisch» hat Goethe das Schicksal als das Wechselspiel der Mächte Dämon, Zufall, Liebe, Notwendigkeit und Hoffnung bezeichnet; aber es ist doch nicht richtig, wenn man glaubt, damit habe er das Letzte über seine Ansicht vom Leben ausgesprochen. Goethe war von jeher ein entschiedener Gegner des Determinismus gewesen. Die religiösen und ethischen Kräfte sprechen auch für ihn das entscheidende Wort. Und deshalb ist es auch nicht allein jene Zufallsbegegnung im Park gewesen, die Goethes Ehe herbeigeführt hat, sondern eben sein Verantwortungsgefühl und sein Wille, dem Mädchen, das sich ihm hingegeben und ihm ein Kind geboren hatte, den Schutz der Ehe nicht zu versagen. «Ich bin verheiratet, nur nicht mit Zeremonie», erklärte er schon im Juli 1790 in Dresden im Körnerschen Kreise; und: «Sie ist immer meine Frau gewesen», das waren die Worte, mit denen er nach der Eheschließung die Gattin den Freunden des Hauses vorstellte.

Hans Gerhard Gräf, dem die Forschung über Goethe verpflichtet ist wie wenigen und der auch den Briefwechsel zwischen dem Dichter und Christiane herausgegeben hat, trifft mit seinem Urteil das Rechte, wenn er meint: daß Goethe ein Liebesverhältnis zu einem hübschen Mädchen angeknüpft hatte, das habe ihm die Welt nicht verargt; aber daß er diesem Mädchen die Treue gehalten, daß er es als sittliche Pflicht empfunden, die Geliebte und ihr Kind dauernd zu schützen und bei sich zu behalten, anstatt sich ihrer zu entledigen, wie es ein leichtes gewesen wäre und wie es andere taten, das habe man ihm nicht verzeihen wollen, – denn man verstand es nicht. Und noch ein anderes, was gerade für Weimar wichtig wurde: Wäre es ein Fräulein von Adel gewesen, so hätte man den Fall toleriert, dergleichen war in den Hof- und Kavalierskreisen des Rokoko alltäglich, aber es war eine «Mamsell» – und das war schlimm. –

Man muß die «Römischen Elegien» aufschlagen, um nachzuempfinden, wie der Dichter seine Liebe erlebte. Sie war ihm römischer Traum, Fortsetzung der freiesten, unbeschwertesten, heitersten, gehaltvollsten Tage seines Daseins.

Ehret, wen ihr auch wollt! Nun bin ich endlich ge-
borgen!
Schöne Damen und ihr Herren der feineren Welt,
Fraget nach Oheim und Vetter und alten Muhmen und
Tanten;
Und dem gebundnen Gespräch folge das traurige
Spiel.
Auch ihr übrigen fahret mir wohl, in großen und
kleinen
Zirkeln, die ihr mich oft nah der Verzweiflung
gebracht.

Weimar versinkt, und Thüringen versinkt und ganz Deutschland. Als sei nimmer vom Tiber schwermütig Abschied genommen worden, wird die Vision der Ewigen Stadt festgehalten.

Nun umleuchtet der Glanz des helleren Äthers die
Stirne;
Phöbus rufet, der Gott, Formen und Farben hervor.
Sternhell glänzet die Nacht, sie klingt von weichen Ge-
sängen,
Und mir leuchtet der Mond heller als nordischer
Tag.

534

Das Gartenhaus im Park, in dem noch heute der große Plan von Rom eine ganze Wand bedeckt, wird zur italienischen Vigne:

Herbstlich leuchtet die Flamme vom ländlich geselligen Herde,
Knistert und glänzet, wie rasch! sausend vom Reisig empor.
Diesen Abend erfreut sie mich mehr; denn eh noch zur Kohle
Sich das Bündel verzehrt, unter die Asche sich neigt,
Kommt mein liebliches Mädchen. Dann flammen Reisig und Scheite,
Und die erwärmete Nacht wird uns ein glänzendes Fest.
Morgen frühe geschäftig verläßt sie das Lager der Liebe,
Weckt aus der Asche behend Flammen aufs neue hervor.
Denn vor andern verlieh der Schmeichlerin Amor die Gabe,
Freude zu wecken, die kaum still wie zu Asche versank.

Nur die südlichen Götter werden verehrt und herrschen, und darum gilt hier auch kein übersinnlich sinnliches Freien, denn die Gottheiten Roms sind eben die Götter der Sinnenwelt:

– Dann wird ein einziger Tempel,
Amors Tempel, nur sein, der den Geweihten empfängt. –

Als einen weiblichen Dionysos, den Kopf von einer Fülle heller, goldbrauner Locken umgeben, mit lachenden Augen, schwellenden Lippen, die Wangen strahlend von rosiger Gesundheit, die Gestalt klein und zierlich und von reizender Fülle, so schildert noch Adele Schopenhauer Goethes Gattin.

Von den «Römischen Elegien» ist keine in Rom gedichtet worden. Sie entstammen der Zeit zwischen dem Herbst 1788 – «Herbstlich leuchtet die Flamme ...» – bis April 1790. In Rom liegt indes vielleicht ihre erste Konzeption, liegt bei jenem letzten nächtlichen Rundgang durch die vom Vollmond beschienene Stadt, da Ovids Elegie, «seine Rückerinnerung, weit hinten am Schwarzen Meer», – Ovids, «der, auch verbannt, in einer Mondnacht Rom verlassen sollte» – «mir im Gedächtnis hervorstieg, aber mich an eigener Produktion irre werden ließ und hinderte.» Nun, in Weimar strömten die Elegien, von Liebe erfüllte Nächte der Heimat und leuchtende Rückerinnerungen an Italien in ein Bild verschmelzend.

Dann aber erlosch das südliche Wunsch- und Traumbild. Der Tiber ward zur Ilm, und Rom ward Weimar. Und nun heißt es: «Ich schicke Dir noch allerlei in die Haushaltung. Richte nur alles wohl ein und bereite Dich, eine liebe kleine Köchin zu werden. Es ist doch nichts besser, als wenn man sich liebt und zusammen ist.»

Und darauf ist nun auch das fernere Leben gestimmt. Immer wieder, von beiden Seiten, die rührenden Beteuerungen der Zusammengehörigkeit und der Treue: «Wir wollen ja aneinander festhalten, denn wir fänden es doch nicht besser», oder «Behalte mich nur lieb und sei ein treues Kind, das Andre gibt sich. So lang ich Dein Herz nicht hatte, was half mir das Übrige? Jetzt da ich's habe, möcht ich's gern behalten. Dafür bin ich auch Dein.» Oder: «Liebe mich, wie ich am Ende aller Dinge nicht Besseres sehe, als Dich zu lieben und mit Dir zu leben.» Und von ihrer Seite: «Es ist mir heute so zu Mute, als könnte ich es nicht länger ohne Dich aushalten. Ohne Dich ist mir alle Freude nichts. Ich habe es Dir immer verschwiegen, aber länger will es nicht gehen. Ich habe mir auch alle mögliche Zerstreuung gemacht, aber es will nicht gehen. Sei ja nicht böse auf mich, daß ich Dir so einen gramseligen Brief schreibe, er ist ganz aus dem Herzen raus.»

Und das andere Thema ist die Arbeit. Nicht die literarische, nein die Hausarbeit. «Mir haben seit Montag gewaschen und getrocknet und heute bügeln mir, und die Stähle glühen.» Oder Christiane schreibt, daß die Vorhänge gewaschen, das Haus vom Boden herunter in Ordnung gebracht worden und daß dann die Kleider und die Aufsätzchen dran kämen, und Goethe antwortet: «Lebe recht wohl, grüße den Kleinen, und wenn das Haus in Ordnung ist, besorge alsdann die Aufsätzchen auf das allerschönste. Indessen will ich sehen, was ich hier vollbringen kann.» Das, was Goethe hier, d.h. in Jena, vollbrachte, war die Arbeit an «Hermann und Dorothea». – Bücher waren Christianens Sache nicht. Goethe behauptet gelegentlich, wenn auch mit scherzhafter Übertreibung, daß sie von allen seinen Werken keine Zeile gelesen hätte. Ein andermal meint er: «Es ist doch wunderlich, die Kleine kann gar kein Gedicht verstehen.» Aber dafür war sie mustergültig als Hausfrau. Das wurde ganz erst nach ihrem Tode offenbar, als das Hauswesen in die Hand der schöngeistigen Ottilie geriet und der achtzigjährige Dichter selber die Schlüssel an sich nehmen und mit den Dienstboten abrechnen mußte.

Denn von Anfang an war Goethes Leben am Frauenplan auf einen großen, ja anspruchsvollen Maßstab zugeschnitten. Von 1789 bis 1806, wo beide starben, wohnten in Goethes Haus auch Christianens Schwester und Tante, die eine die um zehn Jahre jüngere Ernestine, die andere eine Schwester von Christianens Vater. Dazu kamen der «Herr Professor», nämlich Heinrich Meyer, der von 1791 bis 1803 im Hause logierte, und nach dessen Auszug der junge Riemer, der in Rom Hauslehrer bei Wilhelm von Humboldt gewesen war und nun im gleichen Amte und als Goethes Helfer bis 1812 mit am Frauenplan wohnte, schließlich die «zierliche hellaugigte» Caroline Ulrich, nach dem Tode der Verwandten, also von 1806 an, Christianens kindlich jugendliche Gesellschafterin, seit 1812 Riemers Gattin. Nimmt man dazu die Köchin, die Mägde und den Kutscher, die großen und kleinen Gesellschaften, die nie abreißende Flut der zahlreichen Gäste, die Arbeit im Garten hinter dem Hause, im Garten an der Ilm und auf dem sogenannten «Krautland» – einem Acker, Christianens Eigentum, am Lottenbach – und weiter von 1798 bis 1803 die Mühen mit dem von Goethe erworbenen Freigut Oberroßla, so muß man Christianens wirtschaftlicher Leistung Achtung zollen. Und selbst die sonst so mißredenden Weimarer haben diese Achtung gehabt.

Freilich, die Nachrede war groß, selbst im nächsten Freundeskreise. Indes auch hier wußte Goethe die Geliebte zu trösten: «Daß sie in Weimar gegen Frau von Staël Übles von Dir gesprochen haben, mußt Du Dich nicht anfechten lassen. Das ist in der Welt nun einmal nicht anders. Keiner gönnt dem andern seine Vorzüge, von welcher Art sie auch seien; und da er sie ihm nicht nehmen kann, so verkleinert er oder läugnet sie, oder sagt sogar das Gegentheil. Bekümmere Dich um nichts drum, so heißts auch nichts. Wie mancher Schuft macht sich jetzt ein Geschäft daraus, meine Werke zu verkleinern, ich achte nicht drauf und arbeite fort.» Als aber 1806 Cottas Allgemeine Zeitung über seine Eheschließung eine hämische Notiz brachte, da wandte er sich voller Empörung an den Verleger: «Ich bin nicht vornehm genug, daß meine häuslichen Verhältnisse einen Zeitungsartikel verdienten; soll aber was davon erwähnt werden, so glaube ich, daß mein Vaterland mir schuldig ist, die Schritte, die ich thue, ernsthaft zu nehmen. Denn ich habe ein ernstes Leben geführt und führe es noch.»

Ein ernstes Leben! – Goethe, der Menschen und Verhältnisse so klar zu überschauen pflegte, hat gewußt, in welche Enge er sich bannte. Schon einmal war ihm diese Gefahr begegnet, in Sesenheim. In dem Märchen von der Neuen Melusine, angeblich in der Sesenheimer Laube vorgetragen, hat er die Lage des der Zwergenwelt verfallenen Liebhabers dichterisch gespiegelt; aber die Niederschrift des Märchens stammt aus dem Jahre 1807, aus der Zeit der Ehe! Übersieht man das Ganze des Goetheschen Lebenslaufes, so liegt über der Zeit von 1789 bis 1814 ein Hauch der Nüchternheit, vielleicht sogar der Gedrücktheit. Bürgerliches Behagen hier, Schwung, Genialität dort werden leicht zu naturgegebenen Gegenlagen. Der Divan war wirklich ein neuer Aufbruch. Der Enge des eigenen Haushaltes konnte sich Goethe entziehen. Er reiste viel und war vor allem öfter, ein Vierteljahr, ein halbes Jahr lang, in Jena. Den schwierigen Verhältnissen aber, in die immer wieder der Sohn kam, war nicht auszuweichen. Als sich ein schlesischer Gelehrter bei Goethe gleichsam entschuldigte, daß er bürgerlich heirate – so verwirrend wirkte, sehr gegen seinen Willen, Goethes Beispiel –, da antwortete er diesem, «daß jedes Schlimme, Schlimmste, was uns innerhalb des Gesetzes begegnet, es sei natürlich oder bürgerlich, körperlich oder ökonomisch, immer noch nicht den tausendsten Teil der Unbilden aufwiegt, die wir durchkämpfen müssen, wenn wir außer oder neben dem Gesetz, oder vielleicht gar, Gesetz und Herkommen durchkreuzend [leben] und doch zugleich mit uns selbst, mit Andern und der moralischen Weltordnung im Gleichgewicht zu bleiben die Notwendigkeit empfinden.» – «Durchkämpfen müssen», das bedeutete für Goethe seine Liebe zu Christiane; aber er hatte sich darüber von Anfang an keiner Selbsttäuschung hingegeben.

Als Goethe die Geliebte, «das kleine Naturwesen», kennenlernte, war sie 23 Jahre alt und Waise. Auch war sie arm. Indes, vom Heutigen aus, zu sagen, sie wäre ein «kleines Fabrikmädchen» gewesen, ist kaum richtig. In der Blumenfabrik, die Bertuch nach Wiener Vorbild gegründet hatte, arbeiteten auch Töchter des Adels. Verglichen mit den Strumpfwirkerinnen Apoldas waren diese Mädchen eher Kunstgewerblerinnen. Schulbildung war Christiane nur in bescheidenstem Maße zuteil geworden. Deshalb muß man ihre Briefe erraten. Sie schreibt ganz nach dem Gehör, und zwar nach der Mundart, wie man sie im Weimar Goethes sprach, etwa «schülr» für Schiller und «Pudelgen» für Bouteillen. Indes, wir wissen auch, daß Goethe die Aussprache Frankfurts nie abgelegt hat, daß der «Herr Professor» Meyer Schwyzerdütsch redete und Schiller schwäbelte. So sprach jeder anders im Hause. Herder wird ostpreußisch-baltischen Tonfall gehabt, die

Herzogin Luise darmstädtisch und Carl August thürin-
gisch gesprochen haben. Hochdeutsch als Umgangssprache ist erst von den Weimarer Dichtern durch ihre Literatur geschaffen worden. Aber wenn Christiane auch dieser
Literatur fernblieb, so war sie doch eine eifrige Theaterbe-
sucherin und mit den Schauspielerinnen und Schauspielern
gut befreundet. So hat sie des Dichters Arbeit, soweit diese
die Bühne betraf, wirksam unterstützt. Von den fünf Kindern, die sie Goethe gebar, blieb nur das erste, August, am
Leben; Caroline, Carl und Cathinka – ein Name, der uns
überrascht – starben nach wenigen Tagen, ein Kind gleich
nach der Geburt. Daß es die Ereignisse nach der Schlacht
bei Jena waren, die Goethe veranlaßten, Christiane auch
kirchlich und rechtlich zu seiner Gattin zu machen, ist
bekannt. Plündernde Franzosen bedrohten den Dichter.
Christiane warf sich dazwischen. Es ist nicht nur die
Dankbarkeit gewesen, die Goethe veranlaßte, den Hofprediger Günther, Pfarrer an St. Jakob, um die Trauung zu
bitten, sondern auch die Vorstellung, in welche Lage sich
die Geliebte und der Sohn befunden haben würden, wenn
er sein Leben verloren hätte.

«Kleines Naturwesen», die Bezeichnung trägt einen
doppelten Sinn. Einmal grenzt sie Christiane ab gegen Zi-
vilisation und Konvention. Sie war ursprünglich in ihrem
Empfinden, echt in ihrer Leidenschaft, schlicht in ihrer
Lebensform, einfach in ihren Lebenswünschen. Und deshalb war sie Goethe eine Befreiung, als ihn die höfische
Gesellschaft nichts mehr zu lehren hatte, ihn nicht mehr
bereicherte und nur noch als leeres Gehäuse umfing. Das
sprechen die angeführten Verse aus den «Römischen Elegien» deutlich aus mit ihrer Wendung gegen die schönen
Damen und Herren, die feinere Welt, gegen Verwandten-
gerede und Sippenkult, gegen gebundenes Gespräch und
Kartenspiel. Schon einmal hatte Goethe diese Frontstel-
lung bezogen, derbei, burlesker, wie es die Geniezeit mit
sich brachte, in «Hanswursts Hochzeit». Form kann Ver-
edelung sein aber auch hohler Trug. Goethe brauchte den
Hof nicht mehr und teilte lieber sein Leben zwischen dem

wenn auch engen Behagen der Häuslichkeit und der weiten, geistigen Welt der Universität drüben in Jena. Die Wendung zu Christiane, so sehr sie vom Zufall gegeben zu sein schien, war doch ein organischer Schritt in der Entwicklung des Dichters.

Und dann liegt im «Naturwesen» eben die Bindung an die Natur. Und wie sie ihm im Parke begegnet war, als «ländliches Mädchen», so sind auch der Garten, das Krautland, das Gut immer der Daseinsbereich gewesen, dem Christiane verwachsen blieb. Es waren nicht nur die künstlichen Blumen, die sie schuf. Als eifrige Gärtnerin zog sie auch den Blumenflor in den Beeten hinter dem Hause am Frauenplan und im Garten an der Ilm. Und darum sind alle Gedichte, die Goethe ihr widmete, Garten- und Blumengedichte: «Der neue Pausias und sein Blumenmädchen», «Das Beet schon lockert sich in die Höh», «Ich ging im Walde so vor mich hin», «Ein Blumenglöckchen vom Boden hervor», «Durch Feld und Wald zu schweifen», und als schönstes und reifstes «Die Metamorphose der Pflanzen».

Fast ein Jahrhundert lang – bis die Briefwechsel an die Öffentlichkeit traten – hat man dem Dichter seine Liebe zu Christiane zum Vorwurf gemacht. Dann – in der Zeit der Bierbaum, Hartleben, Dehmel und Liliencron – schlug das Urteil um. Man pries Christiane, und man schmähte Charlotte von Stein. Aber es ist sinnlos zu bejahen oder zu verteidigen, wo niemand das Recht hat zu klagen und keiner richten kann. Carl August hat einmal geäußert, für Goethe seien die Frauen silberne Schalen, in die er goldene Äpfel lege. Das mag vielleicht so gewesen sein. Wenn Goethe, als er im Juli 1775 in Straßburg die Silhouette der Frau von Stein sah, glaubte sagen zu können, sie sähe die Welt, wie sie ist, aber durch das Medium der Liebe, so galt von ihm selbst, daß er sie durch das Medium der dichterischen Phantasie sah. Das eben ist es, was Carl August mit den goldenen Äpfeln meinte. Aber vielleicht hat der Dichter gerade darum nur tiefer gesehen als andere. So vielen Frauen er liebend begegnet ist, niemals hat er sich an eine

Unwürdige verschwendet. Vielleicht war er wirklich ein Rutengänger, dem die tiefste weibliche Natur eine Antwort gab, die sie weniger Begnadeten verweigerte.

Als Christiane am 6. Juni 1816 starb, da warf die Erregung Goethe auf das Krankenlager. Das Unglück muß auf ihn gewirkt haben wie der Zusammenbruch der eigenen Existenz. Die Verse, die er ihr nachrief, sind fassungslos, ohne jeden verklärenden Trost.

> *Du versuchst, o Sonne, vergebens*
> *Durch die düstern Wolken zu scheinen.*
> *Der ganze Gewinn meines Lebens*
> *Ist, ihren Verlust zu beweinen. –*

Von nun an war Goethe der alte Goethe und der einsame. Von denen, die jugendlich ihn umgaben, mit ihm den Tag teilten, wußte keiner mehr aus eigenem Erleben, wie die Welt früher gewesen. Sie alle sahen zu ihm auf. Aber wer gab ihm die Wärme, die Unmittelbarkeit herzlichsten Empfindens? Es muß ihn zuweilen gefröstelt haben; und wir verstehen den nachdenklichen, gespannten, sorgenvollen Ausdruck, den die Altersbilder von Sebbers und Schmeller zeigen. Nein, Christiane war keine Hofdame gewesen und kein Schöngeist, aber in ihrer Art hatte sie dem Dichter sein Haus traulich gemacht und hatte es mit ihrer frischen und gutherzigen Natur beseelt. An ihrer Seite war auch sein Dasein Natur gewesen. Jetzt wurde es Repräsentation.

DAS KLASSISCHE THEATER

Vor mehr als anderthalb Jahrhunderten, am 7. Mai 1791, ward das Weimarer Hoftheater unter Goethes Leitung eröffnet. Damit beginnt das klassische deutsche Theater. Alles, was zusammenwirken muß, um eine bedeutende Theatertradition zu schaffen, war vorhanden: die überlegene Leitung, das Repertoire, der eigene Stil, eine in sich geschlossene Gesellschaft von Gebenden und Empfangenden und die Bindung an einen Ort. Nur von der Hamburger Bühne, seit 1771 unter Friedrich Ludwig Schröder, kann man sagen, daß dort mit zureichenden Kräften der Versuch gemacht worden war, der später in Weimar gelang. Goethe selbst hat das anerkannt: Sein Wilhelm Meister wendet sich – der Wanderkomödianten müde – nach Hamburg zu dem Schauspieldirektor «S.».

Schröder war im wesentlichen an der Unzuverlässigkeit seines Publikums gescheitert. Daß hinter Goethe Carl August stand, sicherte seiner Bühne die souveräne Unabhängigkeit. Und tatsächlich, soweit sich das deutsche Theater im Laufe des 19. Jahrhunderts zum besten der Welt entwickelt hat, dankt es das den Höfen. Das englische, das italienische, das amerikanische Theater, immer von neuem abhängig von Publikum und Kassenerfolg, hat nie die Freiheit der reinen künstlerischen Entwicklung gekannt, wie sie den Bühnen von Wien, Berlin und Dresden beschert war. Und auch Weimars Stern sank an demselben Tag, da Carl August seine Hand von Goethe zog, um in den Fragen der Theaterleitung der Laune und Eitelkeit der Jagemann nachzugeben.

Einen Stil zu schaffen, setzt ein Bild voraus, das der Mensch in sich trägt und in immer neuen Schöpfungen verkörpert sehen will. Das naturalistische Theater der frühen Hauptmann- und Ibsen-Zeit stellte die Personen und Vorgänge im möglichst wirklichkeitstreuen Ablauf der Geschehnisse auf die Bühne, weil diese Zeit dazu neigte, den Menschen als Ergebnis seiner täglichen Gegebenheiten, gewoben aus Umwelt und Vergangenheit, zu verstehen. Ein kultisches Theater wird ganz im Gegenteil den Menschen aus diesen Gebundenheiten lösen und ihn als Ausdruck der Lebensrichtung, die der Glaube vertritt, in Erscheinung treten lassen. Goethes Bühnenleitung erwuchs aus einem adligen Glauben an die Bestimmung des Menschen zur sittlichen Freiheit und Würde. Sein Bühnenstil entsprach diesem Glauben. Er entnahm ihn der bildenden Kunst, im besonderen der der Antike.

«Das Theater ist als ein figurenloses Tableau anzusehen, worin der Schauspieler die Staffage macht; man spiele daher niemals zu nahe an den Kulissen. Ebensowenig trete man ins Proszenium. Dieses ist der größte Mißstand, die Figur tritt aus dem Raume heraus, innerhalb dessen sie mit dem Szenengemälde mit den Mitspielenden ein Ganzes macht.»

«Zunächst bedenke der Schauspieler, daß er nicht allein die Natur nachahmen, sondern sie auch idealisch vorstellen solle und er also in seiner Darstellung das Wahre mit dem Schönen zu vereinigen habe.»

Das sind gleichsam die Grundgesetze, auf denen sich das andere aufbaut: die Schauspieler haben nicht Leben, wie es ist, wiederzugeben, sondern Leben, eingefangen in ein Bild, und zwar im «idealischen Sinne». Dementsprechend muß auch die Haltung des Körpers sein: «Gerade, die Brust herausgekehrt, die Arme bis etwa an die Ellenbogen an den Leib geschlossen, den Kopf ein wenig dem zugewendet, mit dem man spricht, jedoch nur so viel, daß immer dreiviertel des Gesichts gegen die Zuschauer gewendet ist.» Auch die Stellung der Personen zueinander ist durch eine feste, man könnte fast sagen «höfische» Vorschrift geregelt. «Auf der rechten Seite steht immer die geachtete Person: Frauen, Ältere, Vornehmere. Schon im gemeinen Leben hält man sich in einiger Entfernung von dem, vor dem man Respekt hat; das Gegenteil zeugt von einem Mangel an Bildung. Der Schauspieler soll sich als einen Gebildeten zeigen.» Trotzdem muß das Spiel natürlich bewegt sein und darf nicht zum gestellten Bild gerinnen. «Ein Hauptpunkt ist, daß unter zwei zusammen Agierenden der Sprechende sich stets zurück und der, welcher zu reden aufhört, sich ein wenig vor bewege. Bedient man sich dieses Vorteils mit Verstand und weiß, durch Übung ganz zwanglos zu verfahren, so entsteht sowohl für das Auge als für die Verständlichkeit der Deklamation die beste Wirkung.»

Solche Regeln klingen leicht pedantisch, aber eben deshalb rät Goethe, man solle sie «mit Verstand» anwenden und so «zwanglos» als möglich. Es ist hier wie mit dem Reitunterricht oder der Schulung beim Tanzen. Wer wird beim Anblick eines gewandten, verwegenen Reiters noch an die Vorschriften des Stallmeisters denken, die doch die Grundlage allen reiterlichen Könnens bilden? Goethe hat mit seinen Regeln ein Theater geschaffen, in dem alle wirklich Einsichtigen das erste der Nation sahen, und der Widerspruch ist nicht von den Zuschauern ausgegangen, sondern von Schauspielern, die sich unter keinen Zwang beugen wollten oder ein anderes Bild vom Theater in sich trugen. In Leipzig erschien 1808, im Anschluß an Gastvorstellungen der Weimarer Bühne, eine Schrift: «Saat, von Goethe gesäet», voller Vorwürfe und Hohn. Schon der Titel war Spott. Zugrunde lag ihm ein Vers aus dem «Messias»: «Saat, von Gott gesäet, am Tage der Garben zu ernten». Klopstock hatte ihn einst auf Metas Grabstein gesetzt; und eben 1803 – jedem war das noch gegenwärtig – war er auf des Dichters eigenen Grabstein eingemeißelt worden. In Weimar, so hieß es in diesem Pamphlet, müsse jede Rolle «verheldet» werden. Die Bewegungen seien so langsam und feierlich, als ginge man schon hinter der Bahre dessen, der im fünften Akt sterben müsse. Umarmungen dürften, da ungriechisch, auch zwischen Liebenden nicht vorgenommen werden. «Drei Schritte vom Leibe», das gelte auch hier; und Treueschwüre seien ins

Parterre zu sprechen. Der Charakter einer Rolle? Die Frage werde nicht gestellt! Kurz, Schiller mit seiner Manie für das Griechentum, für den Chor und das «gigantische Schicksal», Goethe mit seiner Hinneigung zu den französischen Marionetten-Figuren hätten das Theater verdorben.

Als Eckermann im Juni 1826 nach Kassel reiste, stieß er dort auf dieselbe Oppositionsstimmung. Beuther, der große Dekorationsmaler, der vordem in Weimar gewesen war und also vergleichen konnte, war sein Gewährsmann. «Es ist kein einziger», – so urteilt dieser von den Schauspielern Kassels – «der gehörig reden kann. Jeder spricht, wie ihm der Schnabel gewachsen ist, es sind lauter ‹Naturalisten›, und niemand will lernen. Auf die Goethesche Schule schimpfen alle, weil sie ihnen unbequem ist und weil sie sie zu etwas Höherem machen will, wozu man nicht ohne Fleiß und Studium gelangen kann. Dabei sieht man denn, daß jede Maxime, die die Faulheit hinter sich hat, unüberwindlich ist.»

Man hat gesagt, Goethe habe seinen Theaterstil von der italienischen Reise mitgebracht und, als er am 7. Mai 1791 in Weimar die Leitung des Hoftheaters angetreten, dort eingeführt. Gewiß hat der Dichter eine besondere Vorliebe für die italienische Oper gehabt, indes: sein Stil ist seine Schöpfung und ist erst zehn Jahre nach der Rückkehr von Rom entstanden. 1802 hat Goethe in Bertuchs «Journal» einen Rückblick über diese ersten zehn Jahre seiner Theaterführung gegeben. Auf einem Blatt, das Notizen zu jenem Aufsatz enthält, stehen die bezeichnenden Stichworte: «Übernahme des Weimarischen Theaters. Völlige Unbekanntschaft mit dem bisherigen deutschen Theater. Erst Schlendrian. Das Gegenwärtige und Mögliche zuerst. Nach und nach das Wünschenswerte, bis zum beinahe Unmöglichen unternommen. Schiller nähert sich in seinen Arbeiten der Möglichkeit einer Aufführung.»

Das war tatsächlich der Weg. «Unkenntnis» und zunächst «Schlendrian», dann, und zwar bei der Aufführung des «Wallenstein»: Zusammenarbeit mit Schiller. Die Schillerschen Stücke, die vorher gegeben worden waren,

«Die Räuber», «Kabale und Liebe», «Don Carlos», zählen also nicht. Mit der Inszenierung des «Wallenstein» im Oktober 1798 entsteht der neue Stil.

Von Entscheidung sind dabei Ifflands Gastspiele in Weimar gewesen im Frühjahr 1796 und 1798. Iffland war der erste Schauspieler der Zeit, der geniale Vertreter eines bürgerlichen, wandlungsfähig-realistischen Stiles. Goethe war ihm sehr gewogen und mühte sich, ihn als seinen Nachfolger in der Direktion nach Weimar zu ziehen. Wäre nicht Berlin in dem Wettbewerb um Iffland siegreich geblieben, der Goethesche Bühnenstil wäre nie entstanden, Weimar aber wäre eine Stätte des Naturalismus geworden. Andererseits, hätte Goethe damals schon eine klare Vorstellung des idealen und klassischen Theaters besessen und an seiner Bühne gepflegt, er wäre nie auf den Gedanken gekommen, dieses sein Weimarer Theater dem bürgerlichen Realismus auszuliefern. Nur aus der Voraussetzung dessen, was Goethe selbst als «Schlendrian» bezeichnet, war ihm das möglich gewesen.

Schiller aber hatte schon in Mannheim in Iffland seinen Gegenpol gesehen. Die Wirklichkeit auf der Bühne, das war es ja gerade, was er zu überwinden strebte, wenn das Theater seine Sendung – wie er sie 1784 verkündet – erfüllen sollte: Ideen, von den reifsten Denkern der Nation verfaßt, richtige Begriffe, geläuterte Grundsätze durch den ganzen Staat zu verbreiten, reine Gefühle durch alle Adern des Volkes strömen zu lassen. Gerade in edlen, ernsten, empfindungsvollen Rollen hatte aber Iffland – nach Schiller – immer versagt. Die zweite Reihe der Gastspielvorstellungen hatte dieser deshalb überhaupt nicht besucht. Von Schiller kam also die Forderung nach dem neuen Stil in der Dichtung und auf der Bühne, von Goethe die Verwirklichung auf dem Theater; ihre Gesetze entnahm er dabei den bildenden Künsten. «So erschienen mir diese Tage», schreibt er im April 1797 an Schiller, «einige Szenen im Aristophanes völlig wie Basreliefen und sind gewiß auch in diesem Sinne dargestellt worden.» Auch bei der Malerei wurden Vorbilder gesucht, freilich nicht bei den altdeutschen Meistern oder den Niederländern, sondern bei den großen Gruppenbildern von Raffael und Leonardo da Vinci. Es sind die gleichen Jahre, nämlich eben die von etwa 1797 bis 1805, da Goethe auch durch die «Gesellschaft der Weimarer Kunstfreunde» mit Preisausschreiben und Gemälde-Ausstellungen die deutsche Malerei, gegen Realismus und gegen Romantik, im Sinne seiner klassizistischen Auffassungen zu beeinflussen suchte. «Die Weimarer Kunstfreunde», auch hinter diesen Worten standen nur Goethe, Schiller und Heinrich Meyer.

Die Bestrebungen dieser «Kunstfreunde» konnten den Sieg der Romantik nicht aufhalten; und auch Goethes Theaterstil ist nur eine Episode geblieben. Es bleibt unklar, wie lange er sich in Weimar noch halten konnte, nachdem Goethe 1817 die Leitung niedergelegt hatte. Romantische oder realistische Stücke verlangten eine andere Art der Wiedergabe. Aber die von Goethe ausgebildeten Künstler gingen an andere Bühnen und übertrugen dorthin, nach Berlin, nach Wien, nach Hamburg, als Ferment, was sie gelernt hatten, regten dadurch die dortigen Schauspieler an, und es entstanden Misch- und Übergangsformen der Inszenierung, der Gebärdensprache, der Deklamation, in denen die Goetheschen Lehren noch lange weiterwirkten. Und heute wünschten wir uns vielleicht manches von jener Zucht und Ehrfurcht vor der Sprache zurück, die die Weimarer Schule auszeichneten. Zum Beispiel in der Behandlung des Verses! Zur Zeit der Neuberin sind die Alexandriner hart skandiert worden. Dann wurde, unter Lessing, die Prosarede führend, so ausschließlich, daß die Schauspieler Schröders sich weigerten, den «Don Carlos» aufzuführen, weil er in gebundener Rede geschrieben sei. Als sie das Stück schließlich doch gaben, sprachen sie Schillers Dichtung, als sei es Prosa. Goethe machte zum Gesetz, und zwar zuerst bei der Aufführung von «Wallensteins Lager», daß man jeden Anfang eines Verses durch ein kleines, kaum merkbares Innehalten bezeichne, doch so, daß der Gang der Deklamation dadurch nicht gestört werde. Die heutige Übung neigt wieder der Hamburger Auffassung zu, so daß man nicht recht weiß, warum sich eigentlich die Dichter die Mühe gegeben haben, ihre Dramen in Versen zu schreiben.

Von den einundneunzig Paragraphen der «Regeln für Schauspieler» handelt ein Drittel allein vom Vortrag, den Goethe «eine prosaische Tonkunst» nennt. Zum ersten Male ist hier in Deutschland der Versuch gemacht worden, die Rede als Musik zu verstehen und aus ihren melodiösen und rhythmischen Elementen zu lebendig beglückender Form erwachsen zu lassen. Vielleicht hat sich am Wiener Burgtheater ein Nachhall Goethescher Schulung am längsten gehalten.

Diese «Regeln für Schauspieler» wurden in den Tagen vom 22. bis zum 29. Juli 1803 niedergeschrieben. Damals kamen die Schauspieler Pius Alexander Wolff und Karl Franz Grüner in das Haus am Frauenplan, und Goethe diktierte ihnen «die ersten Elemente». Ein «Abc» also, eine Elementarschule, so hat Goethe seine Vorschriften verstanden, und so müssen wir sie beurteilen. Er wird schon gewußt haben, warum es nötig war zu gebieten: «Nicht ausspucken, kein Schnupftuch sehen lassen, nicht mit der Hand vor dem Mund im Reden zu agieren.» Obwohl das Weimarer Theater zur klassischen Zeit in seiner Art etwas Ähnliches war und sein wollte wie etwa heute die Bühne von Bayreuth, so war sich doch Goethe klar darüber, daß er auch dem Publikum geben mußte, was es haben wollte: Lustspiele, bürgerliche Unterhaltungsstücke, heitere Singspiele. Die reine Dichtung trat dagegen sehr in den Hintergrund, zweifellos weit mehr als heute. Und bemerkenswert, wie zurückhaltend Goethe mit der Aufführung seiner eigenen Stücke gewesen ist: «Iphigenie» kam erst 1802 auf das Hoftheater, «Tasso» «nach langer, stiller Vorbereitung» erst 1807. «Götz» ward 1804 zum ersten Male gegeben, «Die Mitschuldigen», «Die Laune des Verliebten» 1805. «Stella» 1806. Bei den meisten dieser Aufführungen war Schiller der Treibende. Goethe hat also das Weimarer Theater über zehn Jahre lang geführt, ohne es für seine eigenen Stücke in Anspruch zu nehmen. Den «Faust» hat er nie geben lassen. Schiller hätte gewiß den Versuch der Aufführung gefordert und durchgesetzt. Sein früher Tod war auch hierin ein Verhängnis für die Weimarer Bühne.

Das Rollenstudium und die Proben überwachte Goethe genau. Er kümmerte sich um jede Einzelheit. Das Frankfurter Goethemuseum hat mit der «Sammlung Kellner» ein Blatt erworben, das als Beweis dafür gelten kann; es handelt sich um eine eigenhändige Anweisung vom Januar 1794 an den Theaterschneider für die «Zauberflöte»:

«Der Schneider hat zu besorgen:
1. Die Pfoten der Affen dürfen nicht so schlottern.
2. Es müssen noch ein paar weiße Bärte angeschafft werden.
3. Die Schuhe der Priester müssen übereyn seyn und kein schwarzer sich darunter befinden.
4. Es ist sobald als möglich ein Schwanz für Papageno zu machen nach den Farben des Kleids, dazu muß er die Federn färben lassen und das Gerippe aus schwankendem Fischbein machen. Hierüber hat er noch von mir weitere Auskunft zu erhalten und Sonntags früh bey mir anzufragen.
Für heute muß der Pfauenschweif des Papageno so viel als möglich wieder in Ordnung gebracht werden.
5. Wegen des Kleids des Herrn Müllers und seiner Halbstiefeln wird auch noch einiges vermerkt werden; ingleichen wegen des Papagena-Kleides.
6. Wie sieht es mit dem weißen Kleid aus, das für Pamina in der letzten Scene bestimmt war?   Goethe.»

Der Theaterbau, in dem Goethe als Direktor des Weimarer Hoftheaters wirkte, war am 7. Januar 1780 eingeweiht worden. Hier also spielte nun das fürstliche Liebhabertheater, weiter von 1784 bis 1791 Bellomo mit seiner Truppe, dann Goethe mit den Künstlern, die er für Weimar gewann. 1798 ward das Haus erweitert und so mit der Erstaufführung von «Wallensteins Lager» eröffnet. Auch hier bedeutet der «Wallenstein» einen Anfang. Sechsundzwanzig Jahre hat der Bau – er lag an der gleichen Stelle, wo sich der heutige erhebt – seinem Zwecke gedient. Er hat die große Zeit Weimars gesehen und in sich beherbergt. Dann kam die Katastrophe. Am 21. März 1825, in sternklarer und glücklicherweise windstiller Nacht, brannte er nieder. Carl August war als einer der ersten zur Stelle und umritt den Brandplatz, um, wie die Bürger sagten, das Feuer zu bannen. Dann stand er, in Mantel und Militärmütze, so nahe, als die Glut erlaubte, vor den brennenden Gebäuden und leitete die Spritzen. Daß er dabei gemächlich eine Zigarre rauchte, auch das haben die Weimarer nicht vergessen; denn niemand durfte damals in den Straßen der Stadt rauchend erscheinen, es sei denn der Großherzog selber.

Und Goethe? Zu Eckermann sagte er: «Wir haben alle verloren, allein was ist zu tun? Mein Wölfchen kam diesen Morgen an mein Bette. Er faßte meine Hand, und indem er mich mit großen Augen ansah, sagte er: ‹So geht's den Menschen!› – Was läßt sich weiter sagen als dieses Wort meines lieben Wolf, womit er mich zu trösten suchte. Der Schauplatz meiner fast dreißigjährigen liebevollen Mühe liegt in Schutt und Trümmer. Ich habe die Nacht wenig geschlafen; ich sah aus meinen vorderen Fenstern die Flamme unaufhörlich gegen den Himmel steigen. Sie mögen denken, daß mir mancher Gedanke an die alten Zeiten, an meine vieljährigen Wirkungen mit Schiller und an das Herankommen und Wachsen manches lieben Zöglings durch die Seele gegangen ist und daß ich nicht ohne einige innere Bewegungen davongekommen bin.»

Bei Aufräumung des Brandschuttes fanden sich noch drei Blätter aus einem von Goethe durchgesehenen Rollenheft das «Tasso». Die jeweiligen Anfangsverse lauteten:

Wenn ganz was Unerwartetes begegnet,

dann:

Und wenn das alles nun verloren wäre,

und zum dritten:

Zerbrochen ist das Steuer, und es kracht
Das Schiff an allen Seiten.

Goethe fand das «merkwürdig genug». Er hob sich die
Blätter auf, sandte Abschriften an seine Freunde und
meinte: «Der Zufall hat manchmal Lust, sich sibyllinisch
zu gebärden.»

Es ist nun über anderthalb Jahrhunderte her, daß Goethe die Korrekturbogen zum «Faust» las. Er hat es nicht eben gern getan, und die ihm halfen, taten es nicht eben genau; wie Goethe sich überhaupt um seine Werke, wenn einmal die dichterische Schöpfung abgeschlossen war, so wenig kümmerte, daß er später seine eigenen Bücher auf Leipziger Auktionen ersteigern mußte, wenn er die Erstausgaben wieder in seiner Hand halten wollte. Es war auch noch nicht der ganze «Faust», der im Jahre 1790 durch Göschen in Leipzig an die Öffentlichkeit trat, sondern nur das «Fragment», etwa die Hälfte des Ersten Teils; dieser erschien vollständig 1808, und der Zweite Teil wurde erst nach Goethes Tod im Herbst 1832 bekannt. Aber immerhin: Zum ersten Male erlebten die Deutschen den Wohllaut und die Ideenfülle der großen Monologe, stieg der Erdgeist vor ihnen auf, waren sie Zeugen des Liebesglücks und des Jammers Gretchens. Wie haben die Leser die Dichtung aufgenommen? Wie ist überhaupt der «Faust» in diesen einhundertfünfzig Jahren vom deutschen Volke verstanden worden? Wie hat er gewirkt?

Er hat zunächst kaum gewirkt – und das ist auch kein Wunder. Die Zeiten waren unruhig, aufgescheucht. In Paris stürzte das Königtum, Politik war Trumpf. Nur kleine Kreise und ein paar Universitäten, einige Professoren und dann deren Studenten wurden aufmerksam; war es doch auch wesentlich ein Universitätsstück, das sie da lasen, Zweifel am Sinn der Wissenschaft, Spott über Dozenten und Studenten der Inhalt. Vor allem in Jena und Göttingen – beide Universitäten damals die führenden in Deutschland – wurde diskutiert. Es gab Studenten, die kannten das Stück auswendig. Man streitet, welches das Schicksal Gretchens – der Druck von 1790 hatte mit der Domszene abgebrochen –, mehr noch, wie der Ausgang für Faust sein sollte. Während August Wilhelm Schlegel 1802 in seinen Berliner Vorlesungen noch zur Zurückhaltung mahnt: «Bis jetzt steht das mitgeteilte Fragment wie ein ungelöstes Rätsel da, welches man bewundern muß, ohne die Absicht des Dichters ganz überschauen zu können», sehen Fichte, Schelling, der junge Hegel im «Faust» «die absolute philosophische Tragödie», empfinden in ihr das Verlorensein des Erkenntnissuchenden und die Tragik des Menschseins – weil Mensch werden heißt, vom Unendlichen losgerissen sein und die Wiedervereinigung ersehnen. Ihnen ist Faust also schon Repräsentant der Menschheit. Das Einzelschicksal, sagt Hegel, trete dagegen zurück. Und schon erklärt auch Schelling, eben des philosophischen Gehalts halber, das Werk für «das eigentümliche Gedicht der Deutschen». Das hatte merkwürdigerweise schon eine Generation vorher der Seelenarzt Zimmermann gesagt [25.1.1776]: «Goethes Faust ist ein Werk für alle Deutschen. Er hat mir einige Fragmente davon in Frankfurt vorgelesen.» Ein Werk für alle Deutschen, der metaphysischen Fragestellungen, nicht des Titanismus halber.

Und nun erscheint 1808 der Erste Teil. Damit liegt das «Einzelschicksal», nämlich das Gretchens in der Kerkerszene, so ergreifend vor aller Augen und Herzen, daß keiner mehr wie Hegel sagen konnte, man könne daran vorbeigehen. Der «Faust» wird ein Buch, das man gelesen haben muß; ja Schelling fordert schon, daß er in der Schule als nationale Lektüre behandelt werde [1809]. Eckermann erzählt von einer Reise im Jahre 1826: «Hinter mir im Wagen saß ein reicher junger Kurländer, der den Faust las. Es gehört unter den angesehenen jungen Leuten zum guten Tone, daß sie den Faust mit auf Reisen nehmen; dieses habe ich vielfach gefunden. Das Buch reizt sie an, weil sie es im ganzen nicht verstehen, es aber doch im einzelnen ihnen mit so entschiedener Klarheit entgegentritt, daß sie getäuscht werden, als verständen sie es. Ich kam auf den Gedanken, daß, um auf die Dauer zu fesseln, man nicht alles aussprechen, sondern manches problematisch lassen müsse, und daß die Natur und die Gottheit selbst den Menschen eben deswegen fortführend so viel zu schaffen machen, weil beide so große Probleme sind.» Diese Kurländer verkörpern aber nur eine Gruppe des Publikums. Daneben bildet sich allmählich eine Partei unter den Lesern, der das rein Menschliche im Stück wesentlicher wird als die philosophische Problematik Fausts. Wir können heute – auf einige wenige zufällig überlieferte Gespräche, Briefstellen, Besprechungen angewiesen – nicht mehr feststellen, wie die bürgerliche Mehrheit der Leser dachte, aber vermutlich war sie gegen Faust als Mensch und vielleicht sogar gegen das Stück als solches eingenommen, weil Goethe hier einen Mann zum Helden machen wollte, der, wie sie meinte, die Teilnahme des Publikums nicht verdiene.

Als 1832 der Zweite Teil vorlag, wurde der Widerspruch noch stärker. Was da als Dichtung erschien, verstanden die wenigsten. Nur das war klar, derselbe Faust, der Gott abgeschworen, der Gretchen ins Unglück gestürzt hatte, wurde zum Schluß in den Himmel aufgenommen. Wortführer derer, die sich darob empörten, wurde Wolfgang Menzel, ein alter Burschenschafter und Literat in Stuttgart, der in der Zeit zwischen den beiden Revolutionen von 1830 und 1848 die öffentliche Meinung weitgehend beherrschte. Er eifert gegen den Schluß der Tragödie: «Wie Tamino in der Zauberflöte und wie Max im Freischützen wird Faust ohne sein Zutun durch hilfreiche Maschinerie gerettet. Können alle diese königlichen Hochzeitsilluminationen [gemeint ist die Epiphanie der Madonna und die Erscheinung des verklärten Gretchens] das peinigende Gefühl des Treubruchs, Kindesmords und Schafotts, die schmutzige Erinnerung der Hexennacht und der kolossalen Sodomiterei mit antiken Gespenstern übertäuben?» Als alten lutherischen Demokraten kränkt ihn – ach, und wie viele nach ihm – besonders die Madonna als Himmelskönigin: «Goethe stellt uns den christlichen Himmel als die Hofhaltung einer heiteren Königin dar, etwa wie den Hof der leutseligen Marie Antoinette. Wir sehen

um sie nur Hofdamen und Pagen als größere und kleinere
Engel, am Eingang einige anbetende Mystiker als ergebene
Portiers. Nun wird der arme Sünder eingeführt, es ist Clavigo oder Weislingen oder Faust, gleichviel, er ist hübsch,
eine junge Hofdame bittet für ihn, die Himmelskönigin
lächelt und – die Sinekure im Himmel ist sein. – Wo bleibt
Gott? – Ist denn kein Mann mehr im Himmel?» Man muß
von diesen Angriffen wissen, um zu verstehen, daß 1849,
zum hundertsten Geburtstag Goethes, kaum Feiern in
Deutschland stattgefunden haben. Es geht bei all dieser
Ablehnung der Faustdichtung eben ganz vordergründig
um die Gretchentragödie. «Wenn Faust dafür, daß er
Gretchen verführte und verließ, den Himmel verdient, so
verdient jedes Schwein, das sich in einem Blumenbeet
wälzt, der Gärtner zu sein», sagt Menzel. In Norddeutschland sekundiert ihm 1846 Robert Griepenkerl, ein Braun-
schweiger Literat: «Der Abschluß des Gedichts ist eine
Apologie des Bösen. Fluch dem Höchsten, Fluch dem Edlen, Mord, Verführung der Unschuld, Buhlen mit Gespenstern, Betrug und Gaukelei und zuletzt ein sanfter Tod als
guter alter Mann und von Engeln in den Himmel gewiegt
die unsterbliche Seele!» Den Dichter eines solchen Stückes
wollte die Nation keinesewgs als Führer anerkennen. Um
so einmütiger und um so großartiger feierte sie 1859 den
hundertsten Geburtstag Schillers. Wie zurückhaltend gerade auch das gebildete Bürgertum Goethe gegenüber-
stand, erweist ein Brief von Wilhelm Kügelgen, dem Verfasser der «Jugenderinnerungen eines alten Mannes»
[1870] und Sohn von Gerhard von Kügelgen, dem Porträt-
maler der Goethezeit. Hier schildert der Briefschreiber unter dem 29. April 1855 seinem Freund, dem Maler Ludwig
Richter, die Eindrücke, die er gehabt habe, als er, nun ein
Fünfzigjähriger, Goethes «Faust» wieder einmal gelesen
habe: «Das wirft mich auf wunderbare Weise in den Ge-
danken- und Gefühlskreis meiner Jugend zurück, und
weiß ich nicht, ob es die Ideen sind, die mich so anziehen,
oder die Erinnerung an das Entzücken, das ich einst empfunden, als sie zum ersten Male an mich herantraten. Es sei

dem wie ihm wolle, so ist Goethe bei allen seinen Abgeschmacktheiten doch ein Gigant. Er ist die Quintessenz des gefallenen und unerleuchteten Menschen.» Die Freidenkenden stießen sich also an der christlichen Bildersprache des «Faust», die Christen wiederum sahen in dem Dichter, wie schon seinerzeit Lavater getan, nur den Satan in aller Schönheit und Verführung. –

Aber auch im Ausland stand gerade die Fausttragödie lange Zeit einer Würdigung Goethes im Wege, und auch hier geht es um die eindeutige Frage nach Gut und Böse. Der große dänische Volksmann Grundtvig, führend als Theologe, aber auch als Dichter, fußt darauf: «Der Gegensatz zwischen Gut und Böse, der in unserem Innern lebendig ist, ist genau so wirklich wie das Dasein selbst» – und so lehnt er den «Faust» ab, «denn ein bequemerer Weg zur Gemeinschaft mit Gott in dieser und jener Welt läßt sich nicht denken.» Sören Kierkegaard aber, der große nordische Philosoph des neunzehnten Jahrhunderts, hat in seinem Hauptwerk, das in Anlehnung an Goethes Werther «Entweder – Oder» heißt, Faust als den Prototyp des Verführers, und zwar des Verführers aus Verzweiflung, hingestellt. «Wie die Schatten in der Unterwelt, wenn sie eines Lebendigen habhaft werden, ihm das Blut aussaugen, so sucht Faust ein unmittelbares Leben, um sich damit zu verjüngen und zu stärken. Das Mittelalter erzählt von einem Zauberer, der einen Verjüngungstrank herzustellen verstand und dazu das Herz eines unschuldigen Kindes brauchte; einer solchen Herzstärkung bedarf Faust, ein solcher Trank könnte auf einen Augenblick seinen Durst stillen. Seine kranke Seele brauchte eines jungen Herzens erstes Grün.»

Solche Kritik, die den Menschen und so auch Faust an seinen Taten mißt und die sich den Gegensatz «Gut und Schlecht» nicht sophistisch wegdisputieren läßt, ist nie verstummt. Noch 1892 hat Wilhelm Gwinner, Frankfurter Bürgermeisterssohn und selbst am Hirschgraben groß geworden, ein leidenschaftliches Buch gegen die Verführung der Nation durch die Idee des Faustischen geschrieben, das

die zeitgenössische Wissenschaft freilich totgeschwiegen
hat. Nationale Verführung! Nicht der metaphysischen
Fragestellung, sondern des Titanismus halber. Und erst
kürzlich hat Edgar Dacqué in der «Corona» gegen Goethe
eingewandt, daß er seinen Vers «denn alle Schuld rächt
sich auf Erden» gerade durch den Zweiten Teil des «Faust»
widerlegt habe. – Gewiß, kann man einräumen, die ethische Beurteilung Fausts mag fragwürdig sein und durch
die Verkettung seines Schicksals mit dem der Kindsmörderin nicht wenig belastet – aber war es denn notwendig, die
Tragödie allein und ausschließlich unter der ethischen Ka-
tegorie zu betrachten? War nicht das Ganze eine Dichtung
und ließ sich nicht, wenn man Fausts Charakter ablehnte,
in der Dichtung, als einer Schöpfung der Kunst, eine solche
Fülle beglückender Schönheit erleben, daß man zu dem
Werke trotzdem ja sagte, sogar hingerissen und dankbar ja
sagte?

Das war die Stellungnahme Jacob Burckhardts. Vielleicht ist nichts so symptomatisch für die Verlegenheit dem
«Faust» gegenüber wie die Art und Weise, mit der im
Jahre 1855 der große Historiker in den menschlich so
schönen Briefen an seinen Schüler Albert Brenner sein Verhältnis zu Goethes Tragödie darlegte. Burckhardts Bedeutung rechtfertigt es, daß wir, was er sagt, in aller Ausführlichkeit wiedergeben:

«Ich habe mich nie nach der spekulativen Seite in den
Faust hinein vertieft, wie meine Kameraden teilweise taten. Ich werde mich auch deshalb wohl hüten müssen,
Ihnen irgend eine neue Seite oder Bedeutung an dem gewaltigen Gedichte eröffnen zu wollen. Nur so viel will ich
Ihnen sagen: es ist ein festes, unabweisliches Schicksal der
gebildeten deutschen Jugend, daß sie in einem bestimmten
Lebensalter am Faust bohre und grüble; und dieses Schicksal sind Sie nun eben im Begriff zu erfüllen. Sie helfen eine
Regel konstatieren. Goethe im Himmel (oder wo Sie wollen), freuet sich darüber, daß die deutsche Jugend wie im
Leben, so auch in seinem Gedichte mehr i r r t und sucht,
als fertige Resultate gewinnt. Es würde den alten Herren

tief schmerzen, wenn man im Faust feste Dogmen fände. Also: irren Sie im Faust herum! Die edelsten Geister haben alle diesen Weg gehen müssen, weil sie feste Wahrheiten suchten; das Gedicht neckte sie, zog sie dann tief in seine unter- und überirdischen Gänge hinein und hinterließ ihnen zuletzt gar keine Wahrheiten, aber einen geläuterten Trieb zur Wahrheit, wie die Beschäftigung mit hohen geistigen Dingen ihn überhaupt hervorrufen soll.

Für die Spezialerklärung des Faust habe ich in Kisten und Kasten gar nichts vorrätig. Auch sind Sie ja bestens versehen mit Kommentatoren aller Art. Hören Sie: Tragen Sie augenblicklich diesen ganzen Trödel wieder auf die Lesegesellschaft, von wannen er gekommen ist! Vielleicht ist das inzwischen schon geschehen. Was Ihnen im Faust zu finden bestimmt ist, das werden Sie von Ahnungswegen finden müssen. NB. ich spreche bloß vom Ersten Teil. Faust ist nämlich ein echter und gerechter Mythus, d.h. ein großes, urtümliches Bild, in welchem jeder sein Wesen und Schicksal auf seine Weise wieder zu ahnen hat. Erlauben Sie mir eine Vergleichung: Was hätten wohl die alten Griechen gesagt, wenn zwischen sie und die Oedipussage sich ein Kommentator hingepflanzt hätte? – Zu der Oedipussage lag in jedem Griechen eine Oedipusfiber, welche unmittelbar berührt zu werden und auf ihre Weise nachzuzittern verlangte. Und so ist es mit der deutschen Nation und dem Faust. – Wenn nun von dem überreichen Werke auch ganze große Partien dem Einzelnen verlorengehen, so ist dafür das Wenige, was ihn wirklich und unmittelbar berührt, von so viel mächtigerem Eindruck und gehört dann wesentlich mit in sein Leben. Der Zweite Teil hat mich nie anders als angenehm-fabelhaft berührt. Der spekulative Gedanke ist mir dunkel geblieben. Das Mythische ist mit einer gewissen großartigen Anmut behandelt, als sähe man Raffael die Geschichten der Psyche malen. Was aber total über meinen Verstand geht, ist die sittliche Abrechnung, die zuletzt mit Faust gehalten wird. Wer so lange mit Allegorien verkehrt hat wie er, der wird am Ende notwendig selber allegorisch und kann nicht mehr als menschliches Individuum interessieren. In dem ganzen Zweiten Teil sind aber eine Menge von sublimen Sachen zerstreut, und das Heraufbannen der Helena hat in der ganzen Poesie aller Zeiten wenig seinesgleichen.»

Burckhardt läßt also die ethische Beurteilung Fausts, um die der Streit vor allem in der ersten Hälfte des Jahrhunderts so lebhaft ging, in der Schwebe. Seine Stellung dem Ganzen gegenüber ist die dankbaren Verzichts. Feste Dogmen hat Goethe – darin hat Burckhardt recht – gewiß nicht vortragen wollen; aber er hat doch seine Tragödie durchaus planvoll aufgebaut, nicht als Irrgarten, sondern als Weg zum Ziel; und auf diesem Wege sind die Handlungen des Zweiten Teiles bedeutungsvolle Stationen und nicht nur angenehme Fabeln. Das konnte Burckhardt noch nicht wahrnehmen, aber er sah die Poesie. Aus Ehrfurcht vor der Kunst, die ihn beglückte, resignierte er gegenüber dem, was ihm dunkel blieb.

Es ist nun merkwürdig, daß gerade die deutschen Dichter, von denen man es am ehesten hätte erwarten können, zu einer gleichen Haltung nicht hinfinden konnten. Wir fragen umsonst: was taten die Dichter für eine gerechte Beurteilung und die Anerkennung des Werkes, das heute schlechthin als die größte dichterische Leistung, ja auch als größte dichterische Selbstoffenbarung des deutschen Geistes gilt?

Der junge Grillparzer, der von sich gesagt hat, «Faust entschied meine Liebe zu Goethe», entwarf 1811 die Fortsetzung nach Gretchens Tod. Faust löst sich von Mephisto. Er tritt «in die Familie eines wackeren Hausvaters» ein, wird von der Tochter – «Gretchen ähnlich von Gestalt und einfacher Güte» – geliebt, aber das Bewußtsein seiner früheren Verworfenheit treibt ihn verzweifelt in die Arme des Teufels zurück. Also: Ein Zweiter Teil im Biedermeierstil. Es ist nicht zu verwundern, daß, als Goethes «Zweiter Teil» erschien, Grillparzer ratlos war. Er sieht nur «ein poetisch ausgeführtes Schema», dem man sich nicht mehr mit Teilnahme verwandt fühle. «Keine Gestalten» mehr, keine «Gemütsinteressen». 1836 schreibt er ergrimmt:

«Goethe hat ganz den Gesichtsschnitt der Frankfurter Weiber. Von wo der Mensch ausgeht, dahin kehrt er zurück. Goethe ist endlich so winklig und schnörkelhaft geworden als seine Vaterstadt.» Auch der junge Hebbel kann mit dem Zweiten Teil nichts anfangen: er ist ihm fratzenhaft, nur eine Mythologische Prozedur, aber das Mythologische sei nicht poetisch. Später, 1845, wird er noch schärfer: «Im Zweiten Teil des ‹Faust› verrichtete Goethe doch nur seine Notdurft.» Mörike, der doch den Weimarer Dichter seinen «Vater Goethe» nannte, findet sich gleichfalls nicht in diese Fortsetzung des «Faust» hinein.

Hier taucht indes die Frage auf: Hat das Mörike wirklich so empfunden oder war er beeinflußt worden? Zweifellos das zweite. Schaut man nämlich näher hin, so sieht man: der deutsche Dichter hat sich kopfscheu machen lassen durch den deutschen Philosophie-Professor. Friedrich Theodor Vischers unversöhnlicher Schatten steigt empor – «offen und herzlich hassend», wie er selbst von sich bekennt. Schon der junge Mörike bekommt von Vischer, der als Siebenundzwanzigjähriger in Tübingen 1834 über «Faust» zu lesen beginnt, die Lektion brieflich darüber zugestellt, was von Goethes Dichtung zu halten sei. Und noch der alte Mörike sitzt um 1870 in Stuttgart in dem «Faust»-Kolleg, das Vischer, ein glänzender Sprecher, im Stuttgarter Polytechnikum hält. Mörikes Urteil ist also Vischersche Prägung. Und dasselbe gilt von Gottfried Keller. Es ist fast rührend zu lesen, wie dieser noch im Sommer 1881 gesteht, daß doch «eine Reihe von großen Sachen auch im Zweiten Teil noch zu finden sind». Diese müsse man sich aus einer «spielenden Altersvergnüglichkeit» Goethes erklären. Zugleich aber läßt er sich von Vischer aufregen: «Über den Zweiten Teil bin ich durch Ihre tapfere Beharrlichkeit auch endlich zur Ruhe gekommen. Ich habe mich endlich nun überzeugen müssen, daß es heiliger Ernst und keineswegs Spaß war. Und da erst jetzt recht die Sache dogmatisch werden und sogar die Bühne beschreiten soll, so bekommt sie eine andere Nase. Der alte Apollo wird mir in dem Finale des Lebens wie der Tragödie plötzlich zu einem Sprach- und Stilverderber.» So giftig wird der alte Keller, als ob er nie von seinem «Grünen Heinrich» erzählt hätte, daß er vierzig Tage lang ohne Unterbrechung Goethes Werke gelesen habe – wo es dann, als der Trödler die Ausgabe wieder abholt, heißt: «Es war, als ob eine Schar glänzender und singender Geister die Stube verließ, so daß diese auf einmal still und leer erschien.» Auch Conrad Ferdinand Meyer hat sich nachweisbar von Vischer beeinflussen lassen und bei einer Aufführung erklärt: «Einiges ist ergreifend, zum Beispiel das Erblinden. Das Ganze bleibt fragwürdig.» Vischer hatte schon 1833 in Berlin bei dem Kunsthistoriker Hotho Vorlesungen über Goethe gehört, anschließend in Dresden solche bei Tieck über «Faust». Sein ganzes Leben war der Faustforschung gewidmet. Es klingt fast tragisch, wenn er bekennt: «Die einzigen Stunden, wo ich Freude fühlte, waren die Vorlesungen über ‹Faust›.» Und doch, sehen wir heute auf sein Werk zurück – es sind zum beträchtlichen Teile Streitschriften –, so hat niemand die Dichtung so diskreditiert wie eben Vischer. Gewiß hat er das große Verdienst, die philosophisch-allegorischen Auslegungen durch die Hegel-Schüler als ‹wider den Geist der Poesie› entlarvt zu haben, die Deduktionen jener Leute, die seitenlang philosophisch bewiesen, warum Mephisto als Pudel erscheinen müsse und nicht etwa als Pferd, die erklärten: der Schlüsselbund, mit dem Faust Gretchens Kerker öffne, bedeute die falsche Selbsthilfe moralischer und intellektueller Kraft, die Laterne, die er mitbringe, sei der nackte, düstere Schein vereinzelter Vernunft. Solche Deutebolde trieb Vischer aus dem Tempel – leider aber nur, um nun den «Faust» für seine eigene Philosophie zu usurpieren. Es ist die Zeit nach 1835, dem Auftreten von David Friedrich Strauß, und nach 1840, dem Auftreten von Feuerbach. Die Epoche eines neuen Pantheismus – nicht mehr so Christus zugewandt wie der der Hölderlin- und Hegelzeit –, ja, eine Epoche des Atheismus hatte begonnen. Das Bürgertum brauchte einen Ersatz der Bibel. Goethes «Faust» sollte das sein. Da sich der Zweite Teil dem nicht fügte, wurde er bekämpft, und Führer im Kampfe war Vischer. 1861 setzt er auseinander, wie er sich eine Fortsetzung gewünscht hätte: Faust nimmt an der Reformation und vor allem am Bauernkrieg teil, also eine Fortsetzung im liberalen und sozialen Geist von 1848. Das folgende Jahr brachte Vischers «Faust»-Parodie in der Form eines zugedichteten «Dritten Teiles». Bewundernswert sprach- und reimgewandte Verse, der Inhalt mehr albern als witzig. Hier schenkt unter anderem Lieschen – jenes Nachbarskind Gretchens, das am Brunnen von Bärbelchens Fall erzählt – Bier im Himmel aus. Ein Chor von Hühneraugen singt Hymnen. Zum Schlusse erscheint in den Wolken an Stelle der *Mater gloriosa* – eine große Null, Symbol einer Zeit, die dem Nihilismus entgegenging.

Wir haben keinen
Lieben Vater im Himmel.
Sei mit dir im Reinen!
Man muß aushalten im Weltgetümmel
Auch ohne das.
Was ich alles las
Bei gläubigen Philosophen,
Lockt keinen Hund vom Ofen.
Wär' einer droben in Wolkenhöh'n
Und würde das Schauspiel mitanseh'n,
Wie mitleidslos, wie teuflisch wild
Tier gegen Tier und Menschenbild
Mensch gegen Tier und Menschenbild
Wütet mit Zahn, mit Gift und Stahl,
Mit ausgesonnener Folterqual,
Sein Vaterherz würd' es nicht ertragen,
Mit Donnerkeilen würd' er dreinschlagen,
Mit tausend heiligen Donnerwettern
Würd' er die Henkerknechte zerschmettern.

Vischer hat später erklärt, gekränkte Liebe habe ihm bei seiner Faustparodie die Feder geführt. Er täuschte sich, es war sein antichristlicher Affekt.

563

Es ist das Unglück der Dichtung gewesen, daß sie – ihres philosophischen Gehalts wegen – von den Philosophen beansprucht wurde. Jeder hob hervor, schob beiseite – so lange, bis das eigene System herausdestilliert war. Für Schopenhauer war die Kerkerszene die Krone, weil nirgends so wie hier der Wille zur Verneinung des Lebens gleich überzeugend gestaltet sei. Nietzsche – um nach der Gottesidee zu schlagen – parodierte, wie es schon Vischer getan hatte, den «*Chorus Mysticus*»:

Das Unvergängliche
ist nur dein Gleichniß!
Gott, der Verfängliche,
ist Dichter-Erschleichniß...

Welt-Rad, das rollende,
streift Ziel auf Ziel;
Not – nennt's der Grollende,
der Narr nennt's Spiel ...

Welt-Spiel, das herrische,
mischt Sein und Schein: –
das Ewig-Närrische
mischt uns hinein! ...

So dunkel ist die Erde geworden in den wenigen Jahrzehnten, die seit Goethes Tod vergangen waren! Aber der Dichter hat es vorausgesehen, daß die Menschheit dieses düstere Tal des Zweifels und der Verzweiflung durchschreiten müsse; es ist, als ob er die Stimmen und Notschreie, wie sie aus Vischers und Nietzsches Versen ertönen, schon vorahnend vernommen hätte. Er wußte, daß eine solche Zeit seinen «Faust» nicht verstehen konnte, und eben darum vermochte er sich nicht zu entschließen, das Hauptwerk und die Krönung seiner Arbeit zu seinen Lebzeiten zu veröffentlichen. So versiegelte er die Blätter. «Der Tag ist wirklich so absurd und confus, daß ich mich überzeuge, meine redlichen, lange verfolgten Bemühungen um dieses seltsame Gebäu würden, schlecht belohnt und an den Strand getrieben, wie ein Wrack in Trümmern daliegen und von dem Dünenschutt der Stunden zunächst überschüttet werden. Verwirrende Lehre zu verwirrtem Handel waltet über die Welt.» Welche Tragik liegt in diesen Worten und wieviel Hoffnungslosigkeit nach einem achtzigjährigen Leben und einem sechzigjährigen Schaffen!

Man möchte gern davon schweigen und muß doch davon reden, wie es noch im Jahre 1882 geschehen konnte, daß in der Aula der Berliner Universität vor den Professoren, den Studenten und den geladenen Gästen der Hochschule von dem Naturforscher Emil Dubois-Reymond unter dem Titel «Goethe und kein Ende» in einer Rektoratsrede verkündet wurde: Privatdozent hätte Faust werden sollen, die Luftpumpe erfinden und mit Gretchen zum Altare schreiten. Wie philiströs und bourgeoismäßig waren jetzt diese Naturwissenschaftler, diese nur exakten Nachfahren eines Carus, wie schwunglos und wie überheblich in der Enge ihrer materialistischen Weltsicht! –

So hart Hebbel in seiner Verurteilung gewesen war, so hatte er eben doch das vor anderen voraus, daß er als Dichter fühlte, worauf es bei einer Dichtung ankommt. «Alle Kommentare zu Goethes ‹Faust›», sagte er, «beweisen nichts als das eine, daß die Verfasser vom Begriff Organismus nicht die leiseste Ahnung haben.» Und zweitens: «Goethes ‹Faust› umfaßt alle Geheimnisse der Welt; er kann sie aber nicht anders aussprechen, als wie die Welt sie ausspricht.» Und drittens: «In dem ‹Sie ist gerettet!› im Ersten Teil von Goethes ‹Faust› liegt schon der ganze Zweite.» Damit ist denn tatsächlich überall das Entscheidende erkannt und gesagt.

Es ist die Philologie gewesen, im besonderen die Goethe-Philologie, die den Deutschen das Verständnis ihrer größten Dichtung gegenüber so viel unzulänglichem Können oder schlechtem Willen in langsamem, entsagungsvollem Mühen erarbeitet hat. Ein Geheimschlüssel war es nicht, mit dem sie die Dichtung erschloß, sondern nur die Maxime, allein nach dem zu fragen, was Goethe gesagt hat, nicht, was er hätte sagen sollen, somit die Tragödie nur aus sich selbst zu deuten, ohne nach den politischen oder religiösen Nöten der Kommentatoren und des neunzehnten Jahrhunderts zu schielen. Diese Deutung ist auch nicht ohne Irrtümer abgegangen; aber die Auseinandersetzung war entgiftet, wurde ruhiger, mehr wissenschaftliches Gespräch, seitdem die falsche Zeitbezogenheit und Gegenwartsnähe ausgeschaltet war und Schönheit wieder als Schönheit galt – selig durch sich selbst.

Eine Reihe von «Faust»-Kommentaren entsteht nun, die, um den Sinn des Ganzen zu erfassen, das Einzelne Wort für Wort prüfen, die Dichtung von der ersten bis zur letzten Zeile begleiten – eine zweckmäßige Mischung von altphilologischer und naturwissenschaftlicher Schulung; die eine gab den Sinn für die Treue dem Text gegenüber, die andere vom Positivismus her die Selbstbescheidung. Das war gut – als Durchgangssituation. An der Spitze steht der Kommentar des Kölner Bibliothekars Heinrich Düntzer [1850], dem als Rheinländer die Schlußszene nicht so Stein des Anstoßes war wie den schwäbischen Lutheranern und Kulturkämpfern. So hat er dem Zeitgeist zum Trotz schon 1836 «Goethes ‹Faust› in seiner Einheit und Ganzheit wider seine Gegner» verteidigt und 1841 in Bonn «Faust»-Vorlesungen gehalten. Als nach Königgrätz alle alten Verlagsprivilegien des Deutschen Bundes 1867 erloschen und damit auch Goethes Werke von Cotta frei wurden, konnte der Berliner Verlagsbuchhändler Gustav Hempel die erste Ausgabe herausgeben, in der Text und Kommentar in einem Band vereinigt waren. Gustav Loeper, ein preußischer Ministerialbeamter, später in hoher Stellung am Hofe Wilhelms I., bearbeitete die «Faust»-Bände [1870], für Jahrzehnte die maßgebende Leistung. In Österreich schrieb Schroer, der Gründer des Wiener Goethevereins, 1881 einen «Faust»-Kommentar. Für die deutsche Öffentlichkeit aber war für lange Zeit die «Faust»-Auslegung an zwei dominierende brillante Gelehrtenköpfe gebunden, an Herman Grimm in Berlin, an Kuno Fischer in Heidelberg. Wenn Devrient die Aufführung der gesamten Tragödie in beiden Teilen 1876 – trotz

Warnungen und Zweifeln – wagen konnte, so ist das auch auf die Welle der Goethe-Begeisterung zurückzuführen, die Grimm in der neuen Hauptstadt des Reiches durch seine Vorlesungen entfachte.

So war jahrzehntelang nicht über Goethe gesprochen worden. Das Volk hatte im Kriege gegen Frankreich sich selbst gefunden. Das Hochgefühl des Sieges machte sein Herz stolzer und heißer, seine Augen heller auch für seine Leistungen in Werken des Friedens. Endlich, nach so viel schmerzlicher Verkennung selbst durch die Besten, brach die Erkenntnis durch, was das Land an seinem Dichter hatte. Überschäumend, rhapsodisch pries Grimm Goethe als Dichter und als Menschen, dem er sich als Schwiegersohn der Bettina noch persönlich verbunden fühlte. Ja, gerade der Mensch Goethe – zum ersten Male ward er wieder verstanden, seine Lebensmeisterung, die Wärme seines Herzens und die Weite seiner Sicht, seine Weisheit. Auch der Zweite Teil des «Faust» wird jetzt gerühmt. Bismarck also, obwohl auch er für den Hausgebrauch sich an den Ersten hielt, hatte ihm Bahn gebrochen.

Freilich war auch Grimms Goethe-Bild nicht ohne Einseitigkeit. Es stützte sich allzusehr auf das Lied des Türmers Lynkeus im letzten Akt des «Faust».

Ihr glücklichen Augen,
Was je ihr gesehn,
Es sei, wie es wolle,
Es war doch so schön!

Grimm verkannte, daß eben dieser Lynkeus, von Helenas Schönheit geblendet, die drohende Not des Krieges übersah und deshalb von Faust in Ketten gelegt ward, und daß er weiter – kaum ist sein Preislied vollendet – in Weherufe ausbrechen muß, die ihn widerlegen. Grimm, ein Hauptvertreter jenes «ästhetischen Monismus», der im Leben Goethes keine Schatten und in seinem Werk keine Sprünge sieht und der von der Welt nur die Tagesansicht erlebt, ohne von der Nachtansicht zu wissen, reicht mit seinem Faustverständnis nicht in die letzten Tiefen, und zumal die Schlußszene im Himmel bleibt auch für ihn ein Anstoß, über den er nicht hinwegkommt. Habe ich aber ein Drama verstanden, wenn ich den Schluß nicht verstehen kann, auf den doch alles zuläuft wie beim gotischen Domturm auf die krönende Kreuzblume? Um so glorreicher weiß Grimm die vorletzte Szene zu rühmen, die Freiheitsvision, die früheren, mehr philosophisch gerichteten Jahrzehnten weniger bedeutet hatte. Und wieder erleben wir, daß eine Zeit – fast monoman – herausgriff, was, wie sie es verstand, ihre eigene Tendenz bejahte. Je dynamisch gebundener das Zeitempfinden war, um so hilfloser erlag sie dieser Versuchung. Grimm ist der Literarhistoriker der Reichsausdehnung, des großen Wirtschaftsaufschwungs, des Berlins der Gründerjahre. Da gilt der Industriekapitän, der tüchtige Unternehmer. Träten Faust und Mephisto jetzt in den Reichstag, meinte Grimm, überall fänden sie das richtige Wort. Wir Heutigen, inflationsgeprüft, dürften freilich glauben, beide seien wirklich einmal im alten Reichstag tätig gewesen. Grimm aber identifiziert noch vordergründig Goethe mit Faust und sieht in Faust wiederum das Vorbild des modernen Menschen. So hatte es der Dichter eben nicht gemeint! Daß sein Held den «höchsten Augenblick» doch nur als Zukunftsvision erlebt, wird von Grimm nicht recht empfunden. Was da von Mephisto und seinen fragwürdigen Gesellen unter Zwang, Krieg und Piraterie geschaffen ist, gilt Grimm schon als wirkliche und schöne Erfüllung. Und so findet er auch – und seine Zeitgenossen taten es mit ihm – die Erschlagung der beiden Alten, Philemon und Baucis, vom Dichter als Gegenbild zu Fausts Schuld an Gretchen gestaltet, durchaus in Ordnung. Recht oder Unrecht – wo gehobelt wird, fallen Späne. Goethe hatte aber eben nicht das Machtgelüste eines launenhaft ichsüchtigen Herrschers, sondern die Idee des Volkes als oberstes Gesetz und höchstes Gut vor Augen. So hatte Faust nicht gelebt, so aber wünschte er zu leben. Das ist seine letzte und tiefste Erhellung. Erfüllt von der Beseligung, die von solcher Zukunftsvision ausgeht, stirbt er. – Kuno Fischer gehört noch zu denen, die an eine einheitliche Planung der «Faust»-Tragödie nicht glauben. Er sieht die Einheit nur in der Person des Dichters. Auch vertritt er Grimm gegenüber wieder mehr den philosophischen Typus der «Faust»-Auslegung. Sein «Faust»-Buch [1877], ein umsichtiges, klares, schönes Werk, rückt, da Fischer sein Denken an Hegel anknüpft, noch einmal die pantheistischen Ideen im «Faust» in den Vordergrund, besonnen freilich und ohne Überspitzung. Aber die Zeit ist darüber hinaus, wird metaphysisch gleichgültiger und wohl von Gottfried Keller gut repräsentiert, wenn dieser sich gegen Kuno Fischers «Faseleien über das Pan» wendet und sich auf seinen Agnostizismus zurückzieht.

An die Stelle der metaphysischen Spekulation trat gegen Ausgang des neunzehnten Jahrhunderts immer mehr der Historismus. Auch er hat der Faustforschung genützt. Konnte man die Dichtung als geschlossenes System nicht deuten, so fragte man: Wie ist sie schichtweise entstanden? Vielleicht, daß mancher Widerspruch sich klärt, wenn man erkennt, daß sich verschiedene Entstehungsperioden überlagern. Scherer [1879] hatte die – dann zum Teil als richtig bestätigte – Vermutung, daß Goethe zunächst einen «Faust» in Prosa geschrieben habe; Erich Schmidt entdeckte 1887 die Handschrift des «Urfaust», das heißt der noch in Frankfurt vor 1776 gedichteten Szenen. Eine Zeitlang war das Datieren der Szenen große Mode, und es wurde, da sich schließlich niemand in den Massen der «Faust»-Literatur mehr durchfand – und dies war der Gipfel der historisch-positivistischen Forschung –, auf der Philologentagung in Hamburg 1906 beschlossen, ein «Faust»-Werk vorzubereiten, wo zu jeder Frage jede bisher vorgeschlagene Antwort aufgezeichnet sein sollte. Das Ungeheuer sollte sieben Bände in Lexikon-Format umfassen. Glücklicherweise wollte das kein Verleger bezahlen. –

Von Zeitströmungen ist hier die Rede, nicht von Büchern, sonst wäre mancher bedeutende deutsche Faustkommentar noch zu nennen, so von Baumgart [1893], Minor [1901], Schmidt [1903/6], Traumann [1913], Trendelenburg [1919], Petsch [1926] und Trunz [1949]. Die volle

Erschließung der Tragödie aber ist – merkwürdig genug – erst ein Gewinn der letzten drei Jahrzehnte. Gottfried Wilhelm Hertz – Reichsfinanzrat und nicht «vom Bau» – hat die große Bedeutung der naturphilosophischen Mythen im Zweiten Teile, die vordem nur als schnörkelhafte Spielerei Goethes galten, die Mythen der Mütter also, des Homunculus, ja der Klassischen Walpurgisnacht überhaupt, als weltanschauliche Bekenntnisdichtung des Naturforschers Goethe erkannt und somit auch ihren sinnvollen Standort im Ganzen der Dichtung aufgezeigt. Und Konrad Burdach, in Berlin Professor der Preußischen Akademie der Wissenschaften, hat das Verdienst, die alten Zusammenhänge zwischen dem Schlusse der Dichtung und der frühesten Frankfurter Konzeption aufgedeckt zu haben, so daß wir jetzt wissen, der himmlische Schluß und die Apotheose des Ewig-Weiblichen sind keine müde Resignation des alten Goethe und auch nicht dem Ganzen nur eben als Notdach angeflickt, sondern gehören gerade zu den frühesten Plänen des jugendlichen Dichters. Die religiöse Erregtheit der Epoche des jungen Herder, Lavaters, Hamanns, in die auch Goethe einbezogen war, ist der letzte Ursprung für den «Faust»-Plan als Ganzes, und nicht nur für den «Urfaust». Rickert, Kuno Fischers Nachfolger in Heidelberg, hat dann, fußend auf diesen Erkenntnissen, 1931 die so lang umstrittene künstlerische Einheit der Dichtung als Dichtung schön und überzeugend nachgewiesen.

In der Forschung gibt es nirgends Stillstand. Jede Generation hat ihre eigenen Anliegen; und somit wechseln die Fragestellungen, die Antworten. Das gilt natürlich erst recht für ein künstlerisch und gedanklich so reich instrumentiertes Werk wie die Faustdichtung. Indes, mit der Erkenntnis der einheitlichen Planung der Tragödie war und ist nun die feste Basis gewonnen, auf der sich alles Weitere aufbauen kann. Das Haupträtsel, das über ein Jahrhundert lang dem Verständnis im Wege gestanden hatte, war gelöst. – Der Weg war frei – die Faust-Sphinx sank in den Abgrund. –

Es ist bekannt, daß es einmal ein Volk gab, in dem der

Oberste Priester *Pontifex Maximus* hieß. Wahrscheinlich werden die Latinisten lächeln, aber wir können ja einmal den Fall setzen, daß damit gesagt sein sollte: dieser Mann baut an den Brücken von uns zu den Göttern. Sicher ist es etwas Ähnliches um die Erscheinung Goethes. Auch seine Dichtungen von Faust und Gretchen und von Mephisto stehen unter diesem Zeichen. Die Menschen haben dies wohl gefühlt, aber sie haben verlangt, es sollte jedem seine eigene Brücke gebaut werden, genau nach seinem persönlichen Geschmack; und darunter hat nichts so schwer und so lange Schaden gelitten wie eine unvoreingenommene, dankbare, liebevolle Würdigung der «Faust»-Tragödie. Wahr ist's, daß zu religiösen Notzeiten der Dichter und Weise an die Stelle des Priesters treten kann. Aber dann steht das Wort bei ihm. Wir dürfen es weder deuten noch mißbrauchen. Um diese Gefahr hat Hölderlin schon gewußt:

Ach! der Menge gefällt, was auf den Marktplatz taugt,
Und es ehret der Knecht nur den Gewaltsamen;
* An das Göttliche glauben*
*   Die allein, die es selbst sind.*

STADELMANN UND DIE
STADELMANN-GESELLSCHAFT

Wenn Gesellschaften nicht existieren, die existieren, so ist das eine seltsame Erscheinung und gehört vielleicht vor das Forum einer Existenzphilosophie. Wenn aber solche Gesellschaften auch noch ein fünfundzwanzigjähriges Bestehen feiern, so wirkt das wie ein Affront gegen den gesunden Menschenverstand. Die «Stadelmann-Gesellschaft» ist eine solche Gesellschaft. Wer kennt sie? Wohl keiner außer ihren Mitgliedern. Und doch, bei Lichte besehen, so hat sie gar keine richtigen Mitglieder, noch viel weniger aber hat sie Mitgliederlisten oder Satzungen, – nur einen Präsidenten und einen Schriftführer ohne Schrift, einen Kassenwart ohne Kasse.

Wer war Stadelmann? Kein Goethe-Kenner, der nicht sofort wüßte: «Goethes Diener war er! Geboren in unbekanntem Jahre, regierte er von 1814 bis 1824, ward am 11. Juli dieses Jahres, wir wissen nicht weshalb, vom Geheimen Rat entlassen und ist gestorben an einem Dachbalken des Armenhauses zu Jena am 27. Dezember 1844.» Dieser Stadelmann ist seit über fünfundzwanzig Jahren so etwas wie der St. Michael, der Schutzpatron einer Gesellschaft, die sein Andenken ehrt, und diese Gesellschaft ist eine – freilich produktive – Parodie der «Goethe-Gesellschaft», ja, wie sie in Stunden geistiger Überheblichkeit glaubt, dem Urbild nicht unebenbürtig und an freier Heiterkeit möglicherweise überlegen. Entsprechend den «Schriften der Goethe-Gesellschaft» veröffentlicht sie ihre «Schriften der Stadelmann-Gesellschaft»: «für ihre ordentlichen und außerordentlichen und korrespondierenden Mitglieder und für die mit ihr im Kartell vereinigten Institute»; und ihre Jahresversammlung pflegte jeweils im rechten Seitenzimmer des Hotels «Zum Elephanten» in Weimar stattzufinden, mit Punsch und in den Stunden der

Dämmerung, am Abend vor Beginn oder am ersten Tag der feierlichen Versammlung der Goethe-Gesellschaft. Zuweilen war auch deren Festredner geladen und hatte die Ehre, das Thema seiner Ansprache vom Vormittag durch die Anwendung auf Stadelmann in die Sphäre des Bedeutenden gehoben zu sehen.

Goethe selbst wußte ja nur zu gut, wie sehr jeder einzelne von den andern abhängt, auch von seinen «Bedienten», zumal von denen in der Küche! Er nahm sie ernst! Über einen Wechsel in seinem Haushalt diktiert er für sein Tagebuch:

«Büchner stellte mir den jungen Straube vor, welcher als Koch in meine Dienste trat. Das Allgemeine durchgesprochen. Das Weitere vorbehalten. Vulpius entließ die Köchin mit billiger Entschädigung. Von dieser Last befreit, konnt' ich an bedeutende Arbeiten gehen; ich kann hoffen, die Epoche werde fruchtbringend sein.»

Zwei Tage darauf, am 12. Februar 1831, meldet dasselbe Tagebuch: «Das Hauptwerk [Zweiter Teil des Faust!] mutig und glücklich angegriffen.» Es ging um erste Szenen des vierten Aktes. Ja, Diener und Köchinnen machen Epoche bei gewöhnlichen Sterblichen wie bei Dichterfürsten; und so steht also auch unser Schutzpatron in Goethes berühmten Lebensregesten: «Stadelmann trat seinen Dienst an.»

Und wahrlich, rührend sind die Dokumente dieses Dienstes. Kaum ein Jahr bei seinem Meister und man führt wie dieser Tagebuch. Es war im Mai 1815. Goethe fuhr damals seinem Liebesherbst mit Marianne von Willemer entgegen. Er saß im Fond des Wagens und dichtete am Divan: «Mitternachts weint' und schluchzt' ich.» Vorn aber auf dem Bock neben dem Kutscher Barth saß Stadelmann und merkte auf die Umwelt, wie er von Goethe gelernt hatte, daß man auf sie merken müsse: «Morgens fünf Uhr fuhren wir von Weimar ab. Das Wetter war zweifelhaft, doch wendete es sich zum Bessern. Es war etwas kalt und windig, der Weg locker und gut und so gelangten wir gegen acht Uhr bei Erfurt an, wo alles mit großer

Tätigkeit an den Werken der Festung arbeitete.» Da ist nicht nur Goethes Prosa, erlernt bei dem Nachschreiben unter Goethes Diktat, sondern da zeigt sich auch sein Beobachtungsschema: erst das Meteorologische, dann das Mineralogisch-Geologische, Landbau und Stadtkultur und die Menschen, denen man begegnet. Um drei Uhr ist man schon in Eisenach. Dort wird gegessen: «Ich sprach viel mit dem Schloßvogt, besonders aber von Revolution, daß dieselbe durch Fehler der Großen immer bei dem Pöbel zuerst ihren Anfang nimmt, bis sich dann nach und nach größere Köpfe an die Spitze stellen, um das Feuer in seiner Glut zu erhalten, ja manchmal, ohne daß sie es merken lassen wollen, noch vermehren.» Aber zwischen allen Beobachtungen über Wolkenbildung und Basaltformen finden sich dann doch wieder Sätze, die bei aller Stilgleichheit des übrigen – wenn das Tagebuch anonym überliefert wäre – verrieten, daß es vom Kutscherbock aus und nicht vom Minister im Fond geführt worden ist: «Ich trank meinen Schnaps und hatte meinen Scherz mit den Waschweibern.»

In Frankfurt übernachtet man im Schwan, aber bleibt inkognito, um nicht überlaufen zu werden; nur zu den Kammerjungfern von Schlossers in der Töngesgasse 10 muß Stadelmann abends einen Gang tun – alte Bekanntschaft vom Vorjahre. «Am 27. Mai um zwei Uhr kamen wir glücklich in Wiesbaden an. Als ich in die Küche trat [Goethe stieg im Hotel zum Bären ab], schrie alles: ‹Der Carl, der Carl!›» Das Tagebuch reicht vom 25. Mai bis zum 4. Juni und ist nicht nur gut und amüsant zu lesen, sondern kulturgeschichtlich von Quellenwert und ein merkwürdiges Zeugnis dafür, wie Goethe, bewußt oder unbewußt, seine Umgebung formte und sie über sich hinaushob. Und ohne Zweifel sind die zehn Jahre im Haus am Frauenplan Stadelmanns große Zeit gewesen. Aus dem Kammerdiener wird ein Gehilfe, der etwa folgendes in seinem Tagebuch als wert der Erinnerung festhält: «Sehr merkwürdig ist der Steinbruch hinter dem Klapperfeld, wo die obere Lage ebenfalls die schönsten Kiesel enthält, die aber so fest in eine Sandmasse verwachsen sind, daß weit leichter der Stein zerbricht, als daß man ihn, wie er einge-kittet ist, herausschlagen kann. Die zweite Lage ist schon sehr verschmolzen und hat auf dem Bruche etwas Schim-merndes, was durchaus eine quarzähnliche Stubstanz sein muß. Die dritte Lage ist eine Art Sandstein, an der man aber das körnige Wesen vermißt. Unter dieser Lage folgt der grüne Talkstein in unregelmäßiger Lage.» Man mußte schon Goethe zum Herrn haben, um als Kammerdiener so etwas schreiben zu können. Oder eine andere Stelle aus Stadelmanns Tagebuch [4. Mai 1815]: «Mittags fuhr der Herr nach Biebrich zur Tafel. Indessen ging ich am Rhein spazieren und suchte Steine am Ufer. Unter andern fand ich ein Stück, welches ein Gang aus dem bei Wiesbaden vorkommenden grünen Talkstein zu sein schien; doch wurde es im Wasser violett, wie der Amethyst. Ich zeigte es dem Herrn bei seiner Zurückkunft, und er meinte, es wäre Flußspat. Der Herr sprach deshalb mit dem Oberbergrat Kramer, dieser erklärte es für amethystartig. Durch wei-tere Proben ergab es sich, daß es weder Amethyst noch Flußspat sei, sondern ein im Wasser schön violett werden-der gemischter Quarz.» Das alte Wort, daß die Welt an-ders erscheint, je nachdem, ob man sie mit den Augen des Kammerdieners sieht oder mit denen des Herrn, hier wird es fragwürdig.

Im September 1823 machte Stadelmann seine letzte Rei-se mit dem Dichter, es war jene herbstliche Heimreise von den böhmischen Bädern, auf der Goethes schwermütig großartiger Abgesang an die Liebe entstand, die Marien-bader Elegie:

Verlaßt mich hier, getreue Weggenossen,
Laßt mich allein am Fels, in Moor und Moos!
Nur immer zu! euch ist die Welt erschlossen,
Die Erde weit, der Himmel hehr und groß;
Betrachtet, forscht, die Einzelheiten sammelt,
Naturgeheimnis werde nachgestammelt.

Der so feierlich angesprochene, sammelnde getreue

Weggenosse war unser Stadelmann, der andere Reisegenosse der Sekretär John, bekannt vor allem durch jenes
biedermeierliche Bildchen, da Goethe in seinem Arbeitszimmer einem Schreiber am Tisch diktiert.

Auch Briefe Stadelmanns haben sich gefunden, die das
Bild runden. Es sind acht Schreiben aus Jena vom Jahre
1817, an den bekannten Bibliothekssekretär Kräuter gerichtet, der vom nächsten Jahr an als Goethes Privatsekre-
tär tätig sein sollte als «ein junger, frischer, in Bibliothek-
und Archivgeschäften wohlbewanderter Mann», und fünf
Briefe an Goethe vom Jahr 1819, jeweils mit Anhang, Anmerkungen und Nachwort, veröffentlicht als 1. und
12. Band der «Schriften der Stadelmann-Gesellschaft»
1912 und 1931. Auch in diesen Briefen ist viel von Natur,
ihren Formen und ihren Geheimnissen die Rede: von mi-
neralogischen Exkursionen an den Kernbergen, am Land-
grafenberg, am Ettersberg, und von Fundstücken, schöner
als Museen sie besitzen, von Gipsabgüssen, die Stadelmann macht und: «welches der beste Gips ist, wie man ihn
brennt und klar macht, wie man ihn färbt und wie man ihn
gießt», und wie mit Firnis, Indigo, Schwefelsäure gearbeitet werden muß. Und fragt man, woher das Stadelmann
alles weiß, er selber gibt im gleichen Brief die Antwort:
«Sehen Sie, hier in Jena, da laufen unsereinem die Professoren immer vor den Füßen herum: da kommt ein Bergrat,
dort ein Chemiker, da wieder ein Künstler, ein Technolog
und, weiß Gott, wer alles; ich muß mich den ganzen Tag
mit den Leuten herumbalgen, und da habe ich denn jedem
so etwas abgemerkt.» Bei den Abgüssen handelt es sich
übrigens um Medaillen, deren Abformungen Stadelmann
seinem Herrn zu Weihnachten schenken will. Und «das
Wohl Seiner Exzellenz» ist denn auch das Hauptthema des
Briefwechsels: «Sie werden durch den Fuhrmann Thierolf
die Kiste mit neun Bouteillen erhalten nebst Stöpseln; ich
bitte ergebenst mir sie so bald als möglich gefüllt zu senden, da mein Vorrat nur noch in dreieinhalb Bouteillen
besteht und ich jetzt mehr brauche, da immer kleine Früh-
stückchen stattfinden. Heute ist der Herr Badeinspektor

von Berka hier angekommen, und ich weiß nicht, wann er wieder abgeht. Sollte sich etwas Gutes und Passendes für Seine Exzellenz zum Frühstück in Weimar finden, so bitte ich es mir zu schicken. Neptun hat uns zwar reichlich versehen, aber es scheint, als ob ihm nicht lange mehr gehuldigt werden könnte; Flora steigt täglich schöner auf und befriedigt zwei Sinne, kann mir aber nicht genügen; Diana hat sich von unseren Fluren entfernt und läßt uns schmachten. So weiß ich manchen lieben Tag nicht, was ich geben soll, um Fröhlichkeit zu bereiten.» Zeigt dieser Brief, daß Goethe nicht umsonst immer ein «Mythologisches Handbuch» auf seinem Schreibtisch stehen hatte, so verraten doch andere Briefe, daß es neben Dienst und Wissenschaft auch eine beglückende private Sphäre für Stadelmann gab, an der mitzugenießen er großzügig Kräuter einlud: «Wertgeschätzter Guter! Ach du lieber Gott! geschwind, geschwind! Ach, ich bin ganz außer Atem! Nur gleich Pferde! Wagen! Eingepackt! Eingesetzt! Und nach Jena! Denn sehen Sie, wie himmlisch daß es hier ist, können Sie gar nicht glauben. Alles weiß! Alles weiß! Warm! Sonne! Und prächtig, göttlich, himmlisch ist ein Dreck dagegen. Ich bin erschöpft. Oder wollen Sie nicht Partie machen und einmal in einen süßen Apfel beißen? Verschieben Sie es gar nicht lange, sonst kommen Sie zu spät. Gut Nacht. Ihr ganz ergebener W. St.»

Freilich nicht alle Schreiben klingen so heiter wie dieses von einem schönen Vorfrühlingstag am Ende April; andere enthüllen den schweren Lebenskampf, den Stadelmann zu bestehen hatte, mit dem Kutscher Johann Georg Barth von Freistedt, der erst mit dessen Entlassung durch Goethe wegen «unzubescitigender, persönlicher Mißverständnisse unter den Mitdienenden» ein Ende fand.

Auch in Sorets Gesprächen mit Goethe finden wir Stadelmann erwähnt:

«Ici, le valet de chambre Stadelmann entre et interrompt la conversation, d'un air de triomphe; il vient dire: Que votre Excellence me permette de lui faire part de ma découverte.»

Goethe: «*Voyons, Stadelmann, voyons!*»

Es war eine – freilich subjektive – Entdeckung zur Farbenlehre, die Stadelmann vorzutragen hatte.

Auch in Eckermanns weltberühmtes Buch ist Stadelmann eingegangen. Er ist gleich auf der ersten Seite «der
sehr gesprächige Bediente», der auf den angemeldeten
Gast wartend unten in dem Hausflur steht, ihn die breite
Treppe hinaufführt, das Zimmer öffnend, «vor dessen
Schwelle man die Zeichen *SALVE* als gute Vorbedeutung
eines freundlichen Willkommenseins überschritt». Als
stummer Zeuge ist er bei den Unterhaltungen dabei, aber
doch so, daß er irgendwie dazu gehört, daß ihn Eckermann erwähnt, als ob ohne ihn die Atmosphäre nicht voll-
gültig wäre, wie an jenem mit so unvergeßlichen Worten
geschilderten Abend des 25. Oktober 1823:

«In der Dämmerung war ich ein halbes Stündchen bei
Goethe. Er saß auf einem hölzernen Lehnstuhl vor seinem
Arbeitstische; ich fand ihn in einer wunderbar sanften
Stimmung, wie einer, der von himmlischem Frieden ganz
erfüllt ist, oder wie einer, der an ein süßes Glück denkt,
das er genossen hat und das ihm wieder in aller Fülle vor
der Seele schwebt. Stadelmann mußte mir einen Stuhl in
seine Nähe setzen.»

Dieses Stuhl-Setzen ist die einzige Handlung in der Szene. Es geschieht lautlos; aber es macht das nun anhebende
Gespräch erst möglich und wirkt wie der würdige Vollzug
einer notwendigen diplomatischen Handlung. Oder jenes
andere, nur scheinbar bedeutungslose: «Stadelmann
brachte zwei Wachslichter, die er auf Goethes Arbeitstisch
stellte.» Hier handelt es sich um jene bedeutungsvolle
Stunde, da Goethe seinem jungen Freund die Reinschrift
der Marienbader Elegie zum Lesen überreicht: «Verse, eigenhändig mit lateinischen Lettern auf starkes Velinpapier
geschrieben und mit einer seidenen Schnur in einer Decke
von rotem Maroquin befestigt; es trug also schon im Äußeren zur Schau, daß er dieses Manuskript vor allen seinen
übrigen besonders wert halte.» Es war eine Handlung
nicht ohne eine gewisse Weihe, als Goethe seinem Schütz-

ling so seine persönlichsten Bekenntnisse eröffnete, und so empfand auch Eckermann den Vorgang, und darum erwähnt er die Kerzen und auch den, der sie bringt, wie einen Diakon bei einer Feier. – Indes, nur in den ersten Monaten figuriert Stadelmann in Eckermanns Gesprächen; dann, 1824, ward er entlassen.

Die zweite Lebenshälfte war traurig. Stadelmann war nach der Trennung von Goethe in seine Heimat Jena zurückgekehrt, und dort war es allmählich bergab gegangen. Ab und zu arbeitete er noch als Gehilfe in einem optischen Institut, dann – nach dem Tode seines einstigen Herrn – ward das «Jenaische Armen- und Arbeitshaus» sein Heim, in dem er still verschwand, als ob er nie große Tage gesehen hätte. Da rief ihn das Jahr 1844 wieder auf die Bühne der Welt. Die Stadt Frankfurt hatte endlich ihr Goethedenkmal zuwege gebracht, nach langem, zwanzigjährigem Hin und Her, das niemand fataler gewesen war als noch Goethe selbst. Nun aber sollte um so großartiger gefeiert werden. Die Enkel hatten freilich abgesagt; da hörte man von dem alten Diener, daß der noch lebe, und lud ihn ein nach Frankfurt, das er von den Reisen 1814 und 1815 her so gut kannte. Stadelmann kam. In einem neuen Hut und in einem Rock, den einst der Geheime Rat getragen. Er wurde als Ehrengast aufgenommen. Bei der Enthüllung des Denkmals stand er in vorderster Reihe und sah nun, als die Hülle fiel, den verehrten Herrn – von Schwanthaler in Bronze geformt – vom Sockel auf ihn herabblicken. Es überlief ihn eiskalt. Er war dabei, der Insasse des Armenhauses von Jena. Und auch das sollte jetzt aufhören. Die Frankfurter taten sich zusammen, eine kleine Pension sollte gezeichnet, ein bescheiden ehrenvoller Lebensabend gesichert werden. So fuhr er zurück nach Jena, großer Erinnerungen voll, Erinnerungen an Weimar und an Frankfurt, – – und nun betrat er wieder sein Armenhaus und legte den Ehrenrock ab und sein altes Zwillich an und sägte wieder Holz und spaltete Kloben im winterlichen Hof und hieß wieder «Er» und nicht mehr «Herr» Stadelmann, – und da muß ihm das alles zuviel geworden sein; jahrelang hatte er dem Trunk widerstanden, nun in der Erregung verlor er die Herrschaft über sich. Er trank sich einen übermächtigen Schnapsrausch. Als er wieder nüchtern geworden war, packten ihn Scham und Reue so, daß er auf den Boden des Arbeitshauses ging und sich erhängte. Am anderen Morgen traf die erste Rate der Frankfurter Pension ein. Amalie Schoppe, die dem jungen Hebbel die Wege geebnet, hat aus eigner Erinnerung uns diesen Ausgang von Stadelmanns Leben berichtet; sie erzählt noch, daß aus Achtung vor Goethe die Jenaer Anatomie den Leichnam des Selbstmörders freigegeben und daß man ihn ehrlich bestattet habe.

Es könnte vielleicht frivol erscheinen, an ein solch tragisches Schicksal den Namen einer so leichtfertig-zweifelhaften Gesellschaft zu knüpfen, wenn diese nicht in drei ihrer Schriften dem guten Stadelmann ein würdiges Denkmal gesetzt hätte, und wenn nicht gerade ihre Träger mit Stadelmann das Geschick teilten, daß sie Diener an Goethe sind. Wissen wir es denn nicht, wie sehr jede Vereinigung in steter Gefahr ist, irgendwie unwahr zu werden; jeder Dienst, und mag die Verehrung noch so echt empfunden sein, hat ständig auf der Hut zu sein, daß er nicht in leerem Tempeldienst erstarre. Das war der Sinn der Luperkalien im alten Rom, die unseren Fastnachtssitten verwandt sind, und war der Sinn jenes alten Scholarenfestes in der katholischen Kirche, da selbst der Bischof verspottet werden durfte. Entgiftung des Raumes durch Auslüftung des Weihrauchs. Die leitenden Männer der Goethe-Gesellschaft sind die geheimen Träger der Stadelmann-Gesellschaft gewesen; es wäre gegen jede gute Sitte, Namen zu nennen, und deshalb muß auch der Name des Gründers und Präsidenten verschwiegen werden, der alle Veröffentlichungen durch seinen eigenen Verlag herstellen ließ und sie bis auf wenige selbst herausgegeben hat.

Von diesen Drucken aber darf nun, nachdem ein Vierteljahrhundert ins Land gezogen ist, gesprochen werden, denn sie sind die positive Leistung der Stadelmänner. Nicht nur, daß das bibliophile Gewand dieser einundzwanzig Schriften äußerst reizvoll ist, auch der Inhalt, humorvoll oder ernst, fördert irgendwie im Kleinen oder Bedeutenden unsere Kenntnis des Goetheschen Lebens. Dabei sind die einzelnen Stücke *rarissima,* bisweilen nur in zehn oder zwölf Exemplaren gedruckt. Da ist der vierte Band mit dem geheimnisvollen Titel: «Der Stachel, ausgezogen von Goethe, wiedereingesetzt von der Stadelmann-Gesellschaft», da ist jener berühmte sechste Band der Schriften: «Wie Goethe seine Honorare vertrank», in Folio die Faksimile-Reproduktion der Weinrechnung vom Handelshaus Schwabe für Wein und Englisch Bier, mit Einträgen wie folgenden: «30 Dukaten, den Dukaten zu zwei Laubthalern gerechnet, Honorarium für das Manuskript Mahomet, von Herrn Iffland zu Berlin, am 17. November 1800 für den Herrn Geheimen Rat erhalten.» Zwei Jahre später wird das Honorar für die Übersetzung von Voltaires Tankred in gleicher Weise für den Ausgleich einer Weinschuld bei Schwabe aufgerechnet. Das Gegenstück wäre die «Tägliche Tafel vom 25. Dezember 1831 bis März 1832», die genaue Reproduktion des vom Diener Krause geführten Menubuches [jeweils Mittag- und Nachtmahl] der Haushaltung am Frauenplan, in gewissem Sinne ein Kommentar zu jener vorhin herangezogenen Tagebuchstelle über die Epoche, die mit dem Dienstantritt des Kochs Straube begann.

Faksimile-Reproduktionen von Handschriften oder seltenste Drucke bilden meist den Inhalt der Veröffentlichungen. Genannt sei nur die Wiedergabe des ersten Druckes der «Lila» mit dem Trutzgesang: «Feiger Gedanken – Bängliches Schwanken», der nur in einem Exemplar vom 30. Januar 1777 erhalten war, oder die Faksimile Reproduktion des gleichfalls nur in einem Exemplar überlieferten Volksliedes vom Doktor Faust, ältester Fassung:

So hört ihr Christen mit Verlangen
Etwas neues ohne Graus,
Wie die eitle Welt thut prangen
Mit dem Doctor Johann Faust.

Von Anhalt war er gebohren,
Studierte mit großem Fleiß,
In der Hoffarth auferzogen,
Richt er sich auf alle Weiß.

Unvergeßlich auch jedem, der sie einmal sah, die Wiedergabe der Handschrift jenes Gedichtes, mit dem Goethe im Jahre 1826 den Sohn seines Großherzogs, den Prinzen Carl Bernhard, bei seiner Rückkehr aus Amerika begrüßte. Es ist jenes Stanzen-Gedicht, dessen erste Strophe die Abfahrt schildert und dessen Schluß die wehmütige Rückerinnerung und Fernsehnsucht des Heimgekehrten nach dem Land überm Meer nicht verschweigt. Hier schließen sich das gefüllte Gewicht der Verse und die Reinheit und Schönheit der Goetheschen Handschrift zu bezaubernder Harmonie zusammen. Denn auch Schriftzüge haben ihre Melodik. Finderglück gehört freilich auch immer zu solchen Veröffentlichungen. Die Handschrift galt über ein Jahrhundert als verschollen, bis sie kürzlich in Paris auftauchte. Dorthin war sie durch die Gattin des französischen Gesandten zur Goethezeit gekommen, durch die Gräfin Louise Vaudreuil; es ist das eben jene schöne Frau, deren Bild Goethe am Vorabend seines Todes beglückt hatte und das ihn in seinen letzten Phantasien beschäftigte. Vermutlich hat Ottilie von Goethe der Gräfin, die Handschriften sammelte, die Blätter ausgehändigt. Und das ist nun der letzte Dienst, den Stadelmann seinem Herrn geleistet hat, daß er die Anregung zu solchen Publikationen gegeben und damit im kleinen – wie es seiner Stellung entsprach – das Seine zum Ruhme des Meisters beigetragen hat. –

Inzwischen ist das alte Hotel «Zum Elephanten» gefallen, das rechte Seitenzimmer wird sich nicht wieder auftun, die Gesellschaft ist heimatlos geworden. Ihren Präsidenten und fast alle Mitglieder deckt der Rasen. Damit hat auch die Stadelmann-Gesellschaft, die nie existiert hat, nun wirklich aufgehört zu existieren.

DER BAUMEISTER COUDRAY

Als der Krieg in der Nacht vom 25. zum 26. November des Jahres 1943 zum ersten Male Feuer warf auf Goethes Haus in Frankfurt, wurde als letztes dreierlei aus dem Geburtszimmer des Dichters geborgen: ein Lorbeerkranz, ein goldener Stern und eine goldene Leier. Der Kranz war noch zum 28. August 1939 von Stratford-on-Avon übersandt worden, mit der Aufschrift *«From the House of Shakespeare To the House of Goethe».* Seit 1864, der Dreihundertjahrfeier von Shakespeares Geburtstag, grüßen sich das Haus in Frankfurt und das Haus in Stratford jährlich zum Geburtstag ihrer Dichter. Stern und Leier aber, um mehr als ein Jahrhundert älter als dieser Kranz, stammen von der Aufbahrung Goethes am 26. März 1832 im Hause am Frauenplan. Aus dem Nachlaß von Clemens Coudray, der die Totenfeier des Dichters umsorgt hatte, waren sie vor Jahrzehnten in das Geburtshaus gegeben worden als Symbole des Aufgangs und des Untergangs und des ewigen Ruhmes – der Morgenstern, den sich der Dichter für sein Wappen gewählt, und die Leier der Dichtkunst. Von diesem Coudray, «Goethes Baumeister», dessen Autobiographie unlängst ans Licht getreten ist, soll hier erzählt werden. –

Der Großvater ist noch Franzose gewesen. Er lebte in Paris als Mitglied der Akademie und war für Versailles als Bildhauer tätig. Dann hatte ihn der Kurfürst August von Sachsen, König von Polen, als Hofbildhauer und Professor nach Dresden gerufen. Die Mutter war eine Dresdener Kammersängerin.

Im Dienst eines sächsischen Prinzen, der Kurfürst von Trier ward, ging der Sohn Franz Ludwig Coudray als Hoftapezier nach Koblenz und Ehrenbreitstein, und dort wurde Clemens Wenceslaus – den gleichen Vornamen Clemens erhielt drei Jahre später Brentano nach dem gleichen Fürsten im selben Ehrenbreitstein – am 23. November des Jahres 1775 im Schlosse am Fuß der Festung geboren. Mit fünfzehn Jahren kam der Knabe in die Lehre, gleichfalls als Tapezier und Dekorateur. Wie der Vater den Palast in Trier möbliert hatte, so zog nun der Sohn auf den Schlössern des hohen Adels herum, arbeitete bald in Koblenz, bald in Holland, bald in Schwaben, in Kursachsen und selbst in Berlin. Von besonderer Bedeutung aber ward ihm Frankfurt, wo er, wie er sagt, recht eigentlich die erste Künstlerweihe erhielt. «Unvergeßlich sind mir die Eindrücke beim Anblick des Kaisersaales im Römer, der Krönung im Dom, der Illumination, des Lustlagers der Hessen bei Vilbel und der sonstigen Krönungsfeierlichkeiten in der schon an sich merkwürdigen Stadt.» Und hier in Frankfurt findet er an Ludwig Rumpf einen väterlichen Freund und Führer, jenem ältesten Rumpf, der noch die Inneneinrichtung der Würzburger Residenz, auch die des Schlosses Klein-Heubach am Main entwarf, während dann der Sohn der klassizistische Baumeister Frankfurts wurde und der Enkel die Denkmäler der Stadt schuf. Hier im Hause Rumpf ward dem jungen Coudray immer wieder Heimat, wenn ihn die Kriegsereignisse und der Tumult am Rheine bald dahin, bald dorthin trieben. Denn ehe er in Goethe das ruhig klare Gestirn finden sollte, das sein Leben regierte, stand dieses unter dem flackernden Zeichen des Krieges.

Da kamen die bourbonischen Prinzen als Emigranten nach Koblenz, und Coudray sah sich schon in ihrem Auftrag die Schlösser schmücken. Nun aber wendete die Kanonade von Valmy das Schicksal. Die Jakobiner wurden die Herren. Die Prinzen flohen. Der Kurfürst floh. Der Vater Coudray, da die Besoldung ausblieb, errichtete ein Kaffeehaus für französische Soldaten, und Clemens mußte sich sein Geld als Marqueur beim Billardspiel verdienen. Abgerissen, mit geliehenem Gelde, wanderte er schließlich nach Frankfurt. Als er abends in Sachsenhausen ankam,

584

warfen eben die französischen Haubitzen von der Friedberger Warte her feurige Kugeln in die Stadt. Wir wissen von den Schrecken jener Nacht aus den anschaulichen Briefen der Frau Rat. Die Judengasse brannte, und Coudray eilte, wie einst der Knabe Goethe getan, zum Löschen. Einige Jahre später aber zog ihn der Menschheitstraum der Republik zurück an den Rhein; er hatte in Berlin im Hause des französischen Gesandten für Gleichheit und Brüderlichkeit schwärmen gelernt. So reiste er über Dessau, Kassel, Frankfurt in die Heimat und exerzierte auf dem Ehrenbreitstein, um Offizier in der Nordlegion zu werden, bis der Vater, der seinem Fürsten die Treue hielt, dem Sohne die Augen öffnete. Noch empfing er am Freiheitstage aus der Hand des Maire von Koblenz als Zeichen der Beförderung die Picke und trug sie im Festzug; dann aber, nachts – während alles feierte – flüchtete er in einem Kahne über den Rhein und in einer Chaise nach Frankfurt. Als kurz darauf Napoleon der Jakobinerherrschaft ein Ende machte, fiel auch der Makel der Fahnenflucht von Coudray; der Weg nach Frankreich öffnete sich wieder und damit auch die Straße nach Paris.

Coudray kam gerade zur rechten Zeit in diese Stadt, der der Kaiser ein neues, sein kaiserliches Gepräge gab. Stadtviertel entstanden, neue Brücken schwangen ihre Bögen über die Seine, Tore wurden errichtet für triumphale Einmärsche, Denkmäler geweiht, weite Parks wurden angelegt. Coudray sah und lernte. Vor allem aber erhielt er, der bis dahin, Schüler von Rumpf, als Innendekorateur gearbeitet hatte, einen Unterricht in der Architektur, der über seine einstige Dresdener Anfangsstudien in diesem Fache weit hinausging. Sein Lehrer war Jean Nicolaus Durand, Professor an der *Ecole Polytechnique,* ein Meister strenger Sachlichkeit, der die Rokokopracht von Versailles als ein «beklagenswertes Ergebnis unsinniger Verschwendungssucht» verwünschte und der das Barock der Peterskirche in Rom als einen Bau schmähte, an dem sich alle Armseligkeiten der Verzierung fänden, die der gemeine Haufe die Reichtümer der Baukunst nenne, ja der das Muster alles,

dessen sei, was man in der Kunst Schlechtes hervorgebracht. Am liebsten hätte er die Kirche wieder abgerissen,
um die alte Basilika Constantins von neuem erstehen zu
lassen. Ein Vorkämpfer für Materialechtheit und Zweck-
mäßigkeit, sah er das Geheimnis der Architektur nicht
mehr in der Verwendung der drei antiken Säulenordnun-
gen des dorischen, jonischen und korinthischen Stiles, gegen die schon der junge Goethe, für das Straßburger Münster erglühend, Stellung genommen hatte, sondern in den
Mauern, Türen, Fenstern und Gewölben, also im Funktio-
nellen und nicht im Ornamentalen. War eine bessere Vor-
schule für Coudrays spätere Tätigkeit in Weimar zu denken? Ja unter Durands Leitung durfte er – es war sein
erster Auftrag eines Baues – die Risse für ein Haus in
Frankfurt, das des Bankiers Meyer in der Töngesgasse
zeichnen, und er war stolz, als ihm einst Durand seine
Arbeiten mit den Worten zurückgab: «*Coudray, vous serez architecte!*»

Den Abschluß dieser Pariser Zeit bildete 1805 eine Italienfahrt. Naturgemäß wurde auch diese Reise ein Zugang
und eine Vorbereitung für die Goethesche Welt. In Florenz
sprach er Hackert, mit dem der Dichter einst zeichnend die
Campagna und Albanerberge durchwandert hatte, in Rom
– der Tiber war über die Ufer getreten und die *Porta del
Popolo* stand unter Wasser, als Coudray einzog – wohnte
er auf *Trinità dei monti*. Er verkehrte mit Angelika Kauff-
mann – ihr Porträt, das sie 1787 von Goethe geschaffen,
sollte er in Weimar wiederfinden – und mit den Brüdern
Humboldt auf dem Capitol. Als der Vesuv ausbricht, geht
er nach Neapel. Schon am zweiten Tag, abends bei Capua,
zeigen sich am Südhimmel die leuchtenden Flammengar-
ben und die glühenden Feuerlinien der Lavaströme. Die
drei Tempel von Paestum werden gezeichnet, Hercula-
neum und Pompeji besucht. Damit schließen Coudrays
Lehr- und Wanderjahre. Dreißig Jahre ist er jetzt alt.

Und wie gestalten sich nun die Meisterjahre? Ach, es
wurden Meisterjahre ohne Meisterwerke. Es war nicht
Coudrays Schuld, sondern die der Zeit. «*Inter arma silent*

musae.» Klirrt die Waffe, schweigt die Muse. Man hatte allenthalben Mühe genug, sich der Franzosen zu erwehren. Zumal Fulda, wo man Coudray auf Rumpfs Vermittlung hin zum Hofarchitekten und Professor am Lyzeum ernannt hatte, war schwer geprüft. Die Fürstbischöfe an der Grabeskirche des hl. Bonifacius waren einst die Erzkanzler der jeweiligen Kaiserin des Römischen Reiches Deutscher Nation gewesen; wie alle Länder unter dem Krummstab – im Gegensatz zum Absolutismus der weltlichen kleinen und großen Reichsfürsten – war auch Fulda gerecht und gut verwaltet worden, und das Land war gediehen. Nun, seit der Säkularisation von 1803 bis zum Wiener Kongreß, sollte es siebenmal seinen Herrn wechseln; zuerst, bis zur Schlacht von Jena, war der Prinz von Oranien, der die Niederlande an Napoleons Bruder verloren hatte, Fürst des ehemaligen Bistums; dann kamen unter Marschall Mortier die Franzosen, 1810 ward das Land ein Teil des Großherzogtums Frankfurt unter Carl von Dalberg, nach der Schlacht bei Leipzig ward es österreichisches Gouvernement, 1816 wurde es den Preußen übergeben, und schließlich ward es auf Grund der Wiener Kongreßakte zwischen dem Kurfürstentum Hessen, zwischen Bayern, Hessen-Darmstadt und Sachsen-Weimar geteilt. Solche Zeiten bauen nicht. Bei der Teilung entschied sich Coudray für Weimar. Was ihn dorthin zog, war der Name Goethe.

«Ich wünsche, daß dieser vorzügliche Mann nächstens zu den Unsrigen gehören möge», schrieb der Dichter nach Coudrays erstem Besuch. Der 20. April 1816 war das Datum des Dienstantritts, der Titel war der eines Großherzoglichen Oberbaudirektors. Zur Aufgabe gehörten alle öffentlichen Bauten des Landes, aber auch das Chausseewesen, dem einst Goethe seine Aufmerksamkeit gewidmet hatte. Indes, auch Weimar war arm und die Not sehr groß. Nichts mehr war übrig von der Fröhlichkeit der Tage von Tiefurt und Ettersburg. Anna Amalia war tot und ihr heiterer Hof zerstoben. Statt dessen schloß sich die Erbprinzessin Maria Paulowna, um dem Elend zu steuern, mit den

Frauen des Bürgertums zusammen und gründete Armen- und Hilfsvereine, ein Beginnen, auf das die Herzogin Luise, so wohltätig sie selbst in jedem Einzelfalle war, nicht ohne Befremdung herabsah. Die neue chaussierte Straße von Weimar nach Jena wurde recht eigentlich angelegt, um der Hungersnot abzuhelfen. Um 2 Uhr nachts ritt Coudray auf seinem kleinen Kosakengaul zu den Bauplätzen, ließ die Arbeiter verlesen und dann mittags Brot an die verteilen, die rechtzeitig die Arbeit begonnen hatten. Er rühmte es, daß von seinen Baustellen nur eine einzige Leiche zu Grabe getragen wurde, während an anderen Orten das Elend Unzählige dahinraffte. Damals war es, daß, um Arbeit zu schaffen, Maria Paulowna anriet, die Chausseen des Landes mit Bäumen, zumal mit Obstbäumen, zu bepflanzen. Wie groß das Gefühl der Unsicherheit war und wie sehr der Krieg noch immer auf die Stimmung drückte, das entnehmen wir der Schilderung eines Abends bei Goethe durch Eckermann. Man saß um den runden Tisch im sogenannten Junozimmer, der Dichter, Eckermann, der Kanzler v. Müller und Coudray. «Dieser erzählte, daß er mit einer eisernen Einfassung zu Wielands Grab beschäftigt sei. Er gab uns von seiner Intention eine deutliche Idee, indem er die Form des eisernen Gitterwerks auf ein Stück Papier vor unseren Augen hinzeichnete. ‹Da ich in Jahrtausenden lebe›, sagte Goethe, ‹so kommt es mir immer wunderlich vor, wenn ich von Statuen und Monumenten höre. Ich kann nicht an eine Bildsäule denken, die einem verdienten Manne gesetzt wird, ohne sie im Geiste schon von künftigen Kriegern umgeworfen und zerschlagen zu sehen. Coudrays Eisenstäbe um das Wielandsche Grab sehe ich schon als Hufeisen unter den Pferdefüßen einer künftigen Kavallerie blinken, und ich kann noch dazu sagen, daß ich bereits einen ähnlichen Fall in Frankfurt erlebt habe›.»

Napoleon hatte Paris ein neues Gesicht gegeben. Als Coudray nach Weimar kam, erwog der Großherzog, inwieweit man in ähnlicher Weise für seine Residenzstadt eine städtische Bauordnung aufstellen und was man für die

architektonische Erweiterung und Verbesserung tun
könne. Coudray legte sieben verschiedene Risse zur Be-
bauung des Welschen Gartens hinter der Ackerwand vor.
«Serenissimus geruhten hierunter einen Bauplan zu geneh-
migen und zur Ausführung zu bestimmen; die Bauplätze
wurden also schleunigst abgesteckt, und deren Anweisung
an die bereits vorhandenen Baulustigen, zu welchen auch
ich gehörte, erfolgte sofort; aber unvermutet wurde der
Welsche Garten für den Hofhaushalt als unentbehrlich erklärt und die zweckmäßige Vergrößerung der Stadt nach
dieser Seite unterblieb» – so Coudray in seinem Lebens-
abriß. Dafür legte man die alten Tore nieder, das Erfurter
Tor und 1822 das Frauentor, überwölbte Wasserläufe,
ließ den Platz vor Goethes Wohnung pflastern und schöner gestalten und verwandte, auf Carl Augusts Wunsch,
hinter der Ackerwandstraße – also dort, wo Charlotte
v. Stein ihre letzten Tage verlebte – Florentiner oder römisches Pflaster, nämlich Muschelkalkplatten in Form soge-
nannter Krötenaugen, ein Steinmuster, das uns, wo wir es
sehen, so recht die gute, alte Zeit versinnbildlicht. Auch
der gelbe Anstrich der Fassaden, das *jaune impérial,* ist auf
Coudray zurückzuführen, der hier anwandte, was er in
Paris gesehen hatte. Das Louis-Seize hatte Rosa und Grün
bevorzugt.

Schloßbauten, waren das nicht immer die glänzendsten
Aufgaben höfischer Architekten gewesen? Aber das kleine
Land hatte bereits neunzehn Residenz-, Lust-, Land- und
Jagdschlösser; ihre Unterhaltung war Last genug. Der
Aufbau der neuen Residenz, an Stelle der 1774 abgebrann-
ten Wilhelmsburg, war seit 1803 so gut wie vollendet;
Goethe war als Vorsitzender der Schloßbaukommission
die Triebfeder gewesen. Er hatte die Baumeister herbeigerufen: Arens, den er von Rom her kannte, Thouret, den er
1797 auf seiner Reise nach der Schweiz in Stuttgart kennengelernt, Gentz aus Berlin, den ihm sein alter römischer
Freund Hirt empfohlen. Was jetzt der neue Oberbaudirek-
tor noch zu tun vorfand, war nur die Fortführung vorlie-
gender Pläne und die Errichtung der allerdings klassizi-

stisch schönen Holzschuppen und Remisen neben dem Schloß.

Die beiden großen Bauaufträge jedoch, die sich bieten sollten, der Neubau des Theaters, das 1825 niederbrannte, der des Rathauses am Markt, das 1837 ein Raub der Flammen wurde, entgingen Coudray. Beim Theater war es die Freundin Carl Augusts, die frühere Schauspielerin Caroline Jagemann, die seinen Entwurf vom Tische schob, vielleicht gerade deshalb, weil er Goethes besondere Billigung hatte. Denn die Frage, wie ein Theater am zweckdienlichsten zu gestalten sei, hatte beide, Goethe und Coudray, schon seit 1817, dem Brand des Berliner Schauspielhauses, eindringlich beschäftigt. Sie hatten sich Risse der bedeutendsten Schauspielhäuser Deutschlands senden lassen; das kam ihnen jetzt zugute. «In dem alten Hause», sagte Goethe darüber zu Eckermann, «war für den Adel gesorgt durch den Balkon, und für die dienende Klasse und jungen Handwerker durch die Galerie. Die große Zahl des wohlhabenden und vornehmen Mittelstandes aber war oft übel daran; denn wenn bei gewissen Stücken das Parterre durch die Studenten eingenommen war, so wußten jene nicht wohin. Die paar kleinen Logen hinter dem Parterre und die wenigen Bänke des Parketts waren nicht hinreichend. Jetzt haben wir besser gesorgt. Wir lassen eine ganze Reihe Logen um das Parterre laufen und bringen zwischen Balkon und Galerie noch eine Reihe Logen zweiten Ranges. Dadurch gewinnen wir sehr viel Platz, ohne das Haus sonderlich zu vergrößern.»

Die Jenaer Studenten waren es, die zu den Aufführungen Schillerscher und Goethescher Stücke herüberzukommen pflegten, ja, wenn «Die Räuber» gegeben wurden, im Parterre sich geschlossen erhoben und das:

Ein freies Leben führen wir,
Ein Leben voller Wonne,
Der Wald ist unser Nachtquartier,
Der Mond ist unsere Sonne ...

unter Schlägerklirren dröhnend mitsangen. Dieser Brauch

also ward die Veranlassung, daß Goethe für Weimar einen «Zweiten Rang» erfand und dem neuen Theaterplan einfügte. Als der Entwurf schließlich scheiterte, entlud sich sein Zorn in der fatalistischen Bemerkung: «Ein neues Theater ist am Ende doch immer nur ein neuer Scheiterhaufen, den irgendein Ungefähr über kurz oder lang wieder in Brand steckt. Damit tröste ich mich.»

Zwölf Jahre später stand der Bau des Rathauses am Markt zur Beratung, Coudray hatte einen Entwurf im Stile Palladios vorgelegt; indes, die Zeit des Klassizismus war vorüber. Nicht mehr Vicenza – einst in der «Italienischen Reise» so gepriesen – galt als Vorbild, sondern die romantische Neugotik des Rathauses von Hof im Fichtelgebirge. Man ging mit der Zeit –, aber man ging nicht mit der Kunst. –

Es ist die Meinung, ein Baumeister sei zum Bauen da. Wie oft bleibt es beim Entwerfen! Der Entwurf wird zur Änderung zurückgereicht, einmal, ein zweites Mal, wohl auch ein drittes und viertes Mal. Dann wird der Auftrag einem andern gegeben; oder er unterbleibt ganz – wegen Mangels an Mitteln oder aus Herrenlaune. Das Buch der Bauträume ist eines der köstlichsten und hinreißendsten, aber auch wehmütigsten der Kunstgeschichte. Jeder Beruf hat seine Tragik; dies nun ist die des Architekten. Coudray hat sie reichlich zu spüren bekommen. Es blieben ihm als Aufgabe bloß eine allerdings höchst stattliche Zahl von Nutzbauten, von Kirchen und Schulen auf dem Lande rings im Großherzogtum und von Zierbauten bescheidenen Umfanges. Goethe nahm auch hier Anteil und äußerte über den schönen Schulbau in Weimar: «Die rohesten Kinder, die solche Treppen auf- und abgehen, durch solche Vorräume durchlaufen, in solchen heiteren Sälen Unterricht empfangen, sind schon auf der Stelle allen düsteren Dummheiten entrückt, und sie können einer heiteren Tätigkeit ungehindert entgegengehen.» Und als einmal Verzagtheit herrschte, ob sich die Mittel für diese Schulbauten finden würden, sprach er Mut zu mit den schönen, für ihn bezeichnenden Worten: «Habt nur Glauben daran, so wird das Geld dazu nicht fehlen! Wie wäre Francke in Halle zu seinem Waisenhause, wie Falk hier zu dem seinen in Weimar gekommen ohne Glauben? Haben sie nicht aus allen Ecken dazu zusammengeklaubt?»

Und so sind es im Grunde nur wenige, nur kleine Bauten und Denkmäler, die uns heute in Weimar den Namen Coudray nahebringen, aber es sind charakteristische: die Fürstengruft mit den Dichtersarkophagen, die Torwachen, hie und da ein Wohnhaus, eine Schule, der Brunnen vor Goethes Haus am Frauenplan, der Sarkophag der Anna Dillon auf dem alten Friedhof. Im kleinen und kleinsten hat Coudray jenen sicheren Geschmack der einfachen noblen Linie gezeigt, den er im großen nicht entfalten konnte.

Ja seine intimste Wirkung hat er vielleicht mit seiner schlichtesten, unbedeutendsten Leistung erzielt. Wir haben sie alle verspürt, ohne nach einem Namen zu fragen, an einen Namen zu denken. Ob wir am Morgen oder Mittag, vom Fluß her kommend, Goethes Haus an der Ilm zuwanderten, ob wir in Mondnächten die weiße Gartentür vor uns aufleuchten sahen, immer hat uns diese Tür, rechts und links von Hecken umrahmt, zaubersam berührt. Wir haben sie alle klar vor unseren Augen, mit Pfosten, Querbalken und Gitterstäben. Und wenn gewiß auch die Vorstellung, daß sich hier der Eingang zu einer unserer innerlichsten Stätten öffnet, dem Eindruck die letzte und tiefste Bedeutung gegeben hat, er würde doch nicht so fest haften, wenn nicht die Form, einfach und edel, eben als Form sich uns eingeprägt hätte. Coudray hat die Ausführung auch dieses kleinsten Auftrages persönlich überwacht; Handzeichnungen sind noch erhalten.

Ja, das ist Coudrays eigentlichster Ruhm, daß er zu den Intimsten um Goethe gehörte, daß er hier echt und treu erfunden wurde. «Ich hoffe, Sie heute mit den Männern bekannt zu machen, die bei uns die Kunst repräsentieren», so begrüßte Goethe einmal einen Fremden und stellte als ersten ihm eben Coudray vor. Neben Eckermann, neben dem Kanzler v. Müller, neben dem Schweizer Kunstprofessor Heinrich Meyer und dem Bibliothekar Riemer gehört Coudray zum engsten Zirkel; er ist, nach dem Tod von Georg Melchior Kraus, der einzige in Weimar, der dem Dichter die rhein-mainische Heimat vergegenwärtigt. Und so finden wir ihn denn im Tagebuch und in den Gesprächen immer wieder erwähnt. Einige dieser Unterhaltungen hat Coudray selbst aufgezeichnet und berichtet, wie Goethe ihm die eingegangenen Neuheiten aus dem Gebiet der Kunst und Technik vorzulegen pflegte, wie er sich von Coudrays Geschäftstätigkeit erzählen und die Risse aller größeren Bauten zeigen ließ, wie er die Preisarbeiten der Zöglinge der Gewerkschule durchsah und Mittel fand, die besten Schüler durch Stipendien und Reisen zu fördern. Einmal mußte Coudray einen kleinen Kegel aus Holz mitbringen, der sich durch fünf Schnitte so zerlegen ließ, daß die Figuren des Dreieckes, des Zirkels, der Ellipse, der Parabel und der Hyperbel anschaulich wurden. Es war an einem jener Abende, da man den Bau der Kunststraße von Weimar über Blankenhain nach Rudolstadt besprach. Von diesem Chausseebau erzählt auch Eckermann:

«Ich fragte Coudray, wieviel Zoll die eigentliche Norm sei, welche man beim Chausseebau in hügeligen Gegenden zu erreichen trachte. ‹Zehn Zoll auf die Rute›, antwortete er, ‹da ist es bequem.› Aber, sagte ich, wenn man von Weimar aus irgendeine Straße nach Osten, Süden, Westen oder Norden fährt, so findet man sehr bald Stellen, wo die Chaussee weit mehr als zehn Zoll Steigung auf die Rute haben möchte. ‹Das sind kurze unbedeutende Strecken›, antwortete Coudray, ‹und dann geht man oft beim Chausseebau über solche Stellen in der Nähe eines Ortes absichtlich hin, um demselben ein kleines Einkommen für Vorspann nicht zu nehmen.› Wir lachten über diese redliche Schelmerei. ‹Und im Grunde›, fuhr Coudray fort, ‹ist's auch eine Kleinigkeit; die Reisewagen gehen über solche Stellen leicht hinaus, und die Frachtfahrer sind einmal an einige Plackerei gewöhnt. Zudem, da solcher Vorspann gewöhnlich bei Gastwirten genommen wird, so haben die Fuhrleute zugleich Gelegenheit, einmal zu trinken, und sie würden es einem nicht danken, wenn man ihnen den Spaß verdürbe.›»

Und so ist es denn Coudray, der dem Dichter 1819 bei der Vorführung der Maskenzüge hilft. Er sorgt 1825 für die Ausschmückung der Stadt bei dem fünfzigjährigen Regierungsjubiläum Carl Augusts, das zugleich die Erinnerungsfeier an Goethes Ankunft in Weimar 1775 ist. Drei Jahre später entwirft er für seinen fürstlichen Herrn die Trauerparade und tut denselben Dienst 1830 der Großherzogin Luise; ja schließlich leitet er im März 1832 die Beisetzungsfeierlichkeit für den Dichter selbst, von der jener goldene Stern und die Leier stammen, die dann später dem Frankfurter Goethehaus übergeben wurden.

«Ein stilles und bescheidenes Männchen» hat ihn der polnische Dichter Odyniec genannt, und gewiß erzog das dauernde Zusammensein mit Goethe zur Ehrfurcht; und am wenigsten drängten sich die, die ihm am nächsten standen, vor, wenn der Dichter fremde Besucher empfing. Goethe aber wußte, was er an den Seinen hatte. «Es ist mir lieb», sagte er einmal, «daß Sie Coudray gestern näher kennen gelernt haben. Er spricht sich in Gesellschaften selten aus, aber so unter uns haben Sie gesehen, welch ein trefflicher Geist und Charakter in dem Manne wohnt. Er hat anfänglich vielen Widerspruch erlitten, aber jetzt hat er sich durchgekämpft und genießt vollkommene Gunst und Vertrauen des Hofes. Coudray ist einer der geschicktesten Architekten unserer Zeit. Er hat sich zu mir gehalten und ich mich zu ihm, und es ist uns beiden von Nutzen gewesen. Hätte ich den vor fünfzig Jahren gehabt!»

Und so ist denn Coudray auch an Goethes Seite in dessen letzter Stunde. Der ausführlichste und zuverlässigste Bericht über den 22. März 1832 stammt von ihm. Wir wollen ihn hören.

Schon vor 7 Uhr morgens war Coudray in Goethes Haus gegangen, wo er alles in Bestürzung fand:

«Eingetreten in Goethes Arbeitszimmer, erblickte ich den Kranken im anstoßenden Schlafkabinett, neben dem Bett in einem Armstuhl sitzend, mit einer leichten Feder-

decke über den Knien. Er hatte seinen gewöhnlichen
Schlafrock von gilblich weißem Tuch an, und die mit Filz-
schuhen bedeckten Füße mitsamt den Beinen waren in
warme Decken eingeschlagen. Er schien von allen Schmerzen befreit und ruhig, jedoch sein Geist beschäftigt, wie
sich aus mancherlei vernehmlichen Worten, die er für sich
hin sprach, folgern ließ. Am vorigen Abend hatte die Frau
von Vaudreuil, Gemahlin des hiesigen französischen Gesandten, ihr Bild, vom Professor Müller in Eisenach in
Farben gezeichnet, Goethen als Geschenk zugesendet, und
er hatte sich an dessen Anblick mit den Worten ergötzt:
‹Nun, der Künstler soll gelobt werden, der nicht verdarb,
was die Natur schön vollendete.› Der Eindruck dieses Porträts schien ihn nicht wieder zu verlassen. Auch hatte er
einige Tage vorher ‹*Seize mois ou la Révolution*› von Sal-
vandy erhalten; dieses Buch mußte Friedrich in vergange-
ner Nacht aufschneiden und nebst zwei Lichtern ihm bringen, allein er konnte nur darin blättern, zu lesen
vermochte er nicht. Gegen 9 Uhr Morgens wünschte der
Kranke Wasser mit Wein, und als ihm solches dargereicht
wurde, sah ich, wie er sich im Sessel ohne alle Hülfe auf-
richtete, das Glas faßte und solches in drei Zügen leer
trank. Er wurde ganz munter und verlangte Licht. Man
hatte nämlich die Zimmer ganz dunkel gelassen, um dadurch den Kranken ruhiger zu erhalten. Es wurden also die
Fensterrouleaux im Arbeitszimmer aufgezogen, doch bald
schienen seine Augen vom zu hellen Tage zu leiden, denn
er hielt wiederholt die Hand wie einen Schirm über
dieselben, so daß man sich veranlaßt fand, ihm den grünen
Schirm zu reichen, welchen er Abends beim Lesen aufzusetzen pflegte. Bald darauf rief er seinen Kopisten John
herbei und unterstützt von diesem und Friedrich richtete er
sich von dem Sessel empor. Vor demselben stehend, fragte
er: welchen Tag im Monat man habe, und auf die Antwort, daß es der 22te sei, sagte er: ‹Also hat der Frühling
begonnen und können wir uns denn um so eher erholen.›
Er setzte sich wieder in den Armstuhl, faßte die Hand
seiner lieben Schwiegertochter, die ihm seit gestern immer

vorsorgend zur Seite geblieben war, und verfiel in einen sanften Schlaf mit angenehmen Träumen, denn er sprach in abgebrochenen Worten mancherlei auf seine Farbenlehre und die Malerei Bezügliches, unter andern: ‹Seht den schönen weiblichen Kopf mit schwarzen Locken im prächtigen Colorit – auf dunkelm Hintergrunde›, und später: ‹Man gebe mir die Mappe da, mit den Zeichnungen› [die Stelle mit der Hand bezeichnend]. Da keine Mappe, sondern ein Buch vor ihm lag, reichte ihm Friedrich solches, Goethe wiederholte aber: ‹Nicht das Buch, sondern die Mappe.› Und als hierauf der Diener versicherte, daß keine Mappe und nur dies Buch vorhanden sei, sagte er: ‹Nun, so war's ja wohl ein Gespenst.› Eine Äußerung, die auf die Farbenlehre bezüglich ist, indem bei den subjektiven Erscheinungen im Auge zurückgebliebene Bilder von frühern Naturforschern Gespenster genannt wurden.

Nach einiger Zeit fragte Goethe, wieviel Uhr es sei? Auf die Angabe der 10ten Stunde verlangte er eine Gabel und Frühstück. Man brachte beides; von dem kalten kleingeschnittenen Geflügel brachte er mit der Gabel einige Stückchen zum Munde und legte dann dieselbe mit dem Verlangen nach einem Trunk nieder. Friedrich reichte ein Glas Wasser und Wein, wovon aber der Kranke nur wenig trank, die Frage an Friedrich stellend: ‹Du hast mir doch keinen Zucker in den Wein getan?› Er bestellte sodann für sich etwas zum Mittagessen und ein Lieblingsgericht des Dr. Vogel auf den Sonnabend, an welchem Tage der Arzt gewöhnlich mit ihm zu speisen pflegte. Nach einem Weilchen ließ er sich abermals von John und Friedrich aufrichten, allein ich bemerkte zu meinem Schrecken, wie die hohe Gestalt schwankte und daß sich der Kranke sofort wieder auf den Lehnstuhl niederlassen mußte. In der Phantasie schien er ein Papier an dem Boden liegend zu erblicken, denn er fragte: ‹Warum man Schillers Briefwechsel hier liegen lasse?› Gleich nachher rief er Friedrich zu: ‹Mach doch den Fensterladen im Schlafgemach auf, damit mehr Licht herein komme.› Dies waren seine letzten vernehmlichen Worte. Abermals einschlummernd blieb sein

Geist in Tätigkeit, denn er fing nun an mit dem mittlern Finger seiner aufgehobenen rechten Hand in der Luft drei Zeilen zu schreiben, welches er bei sinkender Kraft immer tiefer und zuletzt auf dem seine Schenkel bedeckenden Oberbett öfters wiederholte. Den Anfangsbuchstaben dieser Schrift erkannten wir für ein großes W, im übrigen aber vermochten wir nicht die Züge zu deuten.

Bisher hatte ich, auf Goethes außerordentliche, starke Natur bauend und mich der Umstände seiner Wiedergenesung vom Jahre 1823 lebhaft erinnernd, immer noch einige Hoffnung genährt, aber nun erkannte ich plötzlich die Nähe seines Hinscheidens, zumal da ich, nach weggenommenem Schirm, Goethes sonst leuchtendes Auge gebrochen erblickte. Mit klopfendem Herzen bemerkte ich weiter, wie derselbe von Minute zu Minute schwächer ward und schwerer atmete; er drückte sich endlich noch einmal bequem in die linke Seite des Armstuhls, ohne das geringste Zeichen des Schmerzes nach und nach sanft erlöschend, bis um 11½ Uhr der große Geist zum Urlichte rückkehrend seiner irdischen Hülle entfloh. Überwältigt vom größten Schmerz blieb ich noch einige Zeit, die teuren Reste meines väterlichen Freundes umfassend, und suchte dann Trost in meiner Familie.» –

Coudray überlebte Goethe noch um mehr als ein Jahrzehnt; er starb 1845. –

DER RUHM

In der Postkutsche, die Ende September 1765 den sechzehnjährigen Goethe, einen «kleinen, eingewickelten, seltsamen Knaben» über Gotha und Erfurt nach Leipzig brachte, saß der zukünftige Verleger des «Ossian» – 1773 von Merck unter Goethes Teilnahme herausgegeben – ihm gegenüber im Rücksitz. Die Eltern hatten den Jungen für die Reise einem Nachbarn aus der Frankfurter Buchgasse anvertraut, eben dem Buchhändler Johann Georg Fleischer, der wie gewöhnlich nach Leipzig zur Messe fuhr. Als man dort durchs Ranstädter Tor einpassiert war – dasselbe Tor, durch das um ein halbes Jahrhundert später Napoleon nach verlorener Schlacht die Stadt verließ –, stieg Fleischer in seinem üblichen Messequartier im Gasthof «Zur großen Feuerkugel» auf dem Neumarkt ab. Der junge Student mietete sich dort gleichfalls ein und nahm «ein paar artige Zimmer, die in den Hof sahen». Immer, wenn Fleischer zu den Frühjahrs- und Herbstmessen kam – denn die Frankfurter Buchhändler, die im 16. und 17. Jahrhundert die ersten der Welt gewesen waren, mußten sich jetzt, im Zeitalter Gottscheds, schon nach Leipzig richten –, gab der Junge seinem Landsmann vorübergehend seine Zimmer ab und zog nach Reudnitz. Von einer zukünftigen Geschäftsverbindung aber ahnte keiner.

Vier Jahre später ist Goethe «Autor». «Schon meine ‹Mitschuldigen› hätte ich gerne gedruckt gesehen, allein ich fand keinen geeigneten Verleger.» Das war 1769 in Frankfurt zwischen der Leipziger und Straßburger Studienzeit. Und so blieb es zunächst. «Die Mitschuldigen» wurden überhaupt erst zwanzig Jahre später gedruckt; und die Dichtungen, die nun entstanden, mußte Goethe selber verlegen –, und das war weder leicht noch ein Geschäft. Er hatte, zwar von Merck unterstützt, das Papier einzukaufen, mit dem Drucker, es war Wittich in Darmstadt, zu verhandeln und für das Binden zu sorgen. Auch den Vertrieb übernahm er selbst, indem er an Freunde schrieb: «Hört, wenn Ihr mir wolltet Exemplare vom Goetz verkaufen, Ihr tätet mir einen Gefallen und vielleicht allerlei Leuten! Verkauft sie für 12 gute Groschen und notiert das Porto, das sie euch kosten. Ich schicke mich nicht zum Buchhändler; ich fürchte, es bleibt hokken.» Es war nicht leicht, selbst für Goethe, die Tür zum Publikum aufzustoßen und seinen Schriften den Weg aus dem verborgenen Dichter- und Mansardenstübchen hinaus in die Welt der Verleger, Drucker, Buchhändler und Leser zu bahnen.

Aus diesem Ärger um das Druckenlassen und aus dem Kampf mit den Verlegern ist Goethe sein ganzes Leben hindurch nicht herausgekommen; und selbst heute ist noch nicht ausgemacht, wer der eigentliche Sieger war. «Die Buchhändler sind alle des Teufels, für sie muß es eine eigene Hölle geben», äußerte noch 1829 der alte Dichter. Am schwersten aber hatte es naturgemäß der junge Goethe. Nicht etwa weil das Publikum sich ihm lange versagt hätte, im Gegenteil, schon nach dem Erscheinen des «Götz» wandten sich Verlagshäuser an ihn und baten um Manuskripte; und vollends von 1774 an, also von seinem fünfundzwanzigsten Jahre, war er durch seinen «Werther» einer der gelesensten Schriftsteller nicht nur Deutschlands, sondern Europas. Aber da waren die Nachdrucker! Der «Werther» erschien bei Weygand, einer Firma, die sich erst 1770 in Leipzig niedergelassen hatte. Indes, ihr Privileg, den Roman zu vertreiben, reichte nur so weit, wie die grünweißen kursächsischen Grenzpfähle reichten. Überall sonst im Reich war das Buch vogelfrei, ja gerade die aufgeklärtesten Fürsten, Kaiser Josef II. in Wien und der Markgraf Friedrich in Karlsruhe, unterstützten den Nachdruck, um Bildung unters Volk und Absatz in die staatlichen Papierfabriken zu bringen. So konnte außerhalb Sachsens jeder den «Werther» herstellen und verkaufen, ohne daß Weygand oder Goethe einen Kreuzer von dem Geschäft erhielten. Kein Wunder also, daß der Verleger seinem Dichter für ein Buch, das an und für sich einen ungeheuren Absatz fand, nur ein karges Honorar bieten konnte. Am Tage vor dem Weihnachtsabend von 1774 – der Roman war Ende Oktober zur Herbstmesse erschienen, und die Abrechnung wird wohl eben gerade noch vor dem Fest eingetroffen sein –, da schrieb Goethe einer Freundin: «Ich mag gar nicht daran denken, was man für seine Sachen kriegt. Und doch sind die Buchhändler vielleicht auch nicht schuld. Mir hat meine Autorschaft die Suppen noch nicht fett gemacht und wird und solls auch nicht tun.»

Man sieht aus diesen zwar etwas resignierten, aber doch stolzen Worten: ihm ging es nicht um Gewinn; ihm ist Dichten Begnadung, innerer Reichtum und Bedrängtsein durch Visionen. Noch war ihm Leben Fülle des Herzens und Liebe; und Dichtung war die Musik, in der sich dieses selige oder unselige Erregtsein verströmte, verströmen mußte – sollte er nicht überwältigt werden. Erst allmählich, als er sah, daß die andern, was er in beglückter Hingabe, in Leid und Tränen erfahren hatte, zu Gold für ihren Beutel ummünzten, ihn aber, ohne nach ihm zu fragen, beiseite, gleichsam ausgeplündert, stehenließen, ward er bitter; und es bemächtigte sich seiner ein Mißtrauen, das ihn – bewußt oder unbewußt – durch sein ganzes Leben begleiten sollte. Den ersten Ausbruch fand seine Stimmung, als der Berliner Buchhändler Christian Friedrich Himburg eine Gesamtausgabe der Werke des Dichters erscheinen ließ, ohne diesen überhaupt zu fragen oder zu benachrichtigen.

Es war dies nicht die erste unerlaubte Sammlung von Goethes Schriften. Schon 1775, als der Dichter noch in Frankfurt weilte, hatte Heilmann in Biel in der Schweiz, ein anderer hatte in Bern, wieder andere hatten in Karlsruhe und Reutlingen «Des Herrn Goethe Sämmtliche Werke» gedruckt und verkauft, und der Dichter hat es zum Teil überhaupt niemals erfahren. Aber Himburg brachte von seiner, übrigens auf bestem Papier gedruckten, Ausgabe gleich drei Auflagen heraus, 1775, 1777 und 1779 – ein Zeichen, wie gut das Geschäft war –, ließ von Chodowiecki für die Bände reizvolle Kupfer stechen und hatte noch das gute Gewissen oder, wie Goethe sagte, die Frechheit, von der dritten Auflage einige Freiexemplare nach Weimar zu schicken, wobei er sich bereit erklärte, auf Wunsch noch etwas Berliner Porzellan hinterdrein zu senden.

Goethe empfand das ganze Vorgehen als eine Kränkung, um so mehr, als er wußte, daß laut königlichem Edikt Friedrichs des Großen die Berliner Juden, wenn sie sich verheirateten, eine gewisse Partie Porzellan von der königlichen Manufaktur übernehmen mußten, so daß die Annahme bestand, daß Himburg seinem unfreiwilligen Autor auch noch Porzellan aus zweiter Hand biete. Der Verleger erhielt keinerlei Antwort. Wie Goethe aber fühlte, das verraten Verse, die im 16. Buch von «Dichtung und Wahrheit» stehen und in denen er Himburg, noch viel zu ehrenvoll, mit Sosias, dem Buchhändler des Horaz, verglich:

Holde Zeugen süß verträumter Jahre,
Falbe Blumen, abgeweihte Haare,
Schleier, leicht geknickt, verblichene Bänder,
Abgeklungner Liebe Trauerpfänder,
Schon gewidmet meines Herdes Flammen,
Rafft der freche Sosias zusammen,
Eben als wenn Dichterwerk und Ehre
Ihm durch Erbschaft zugefallen wäre.
Und mir Lebenden soll sein Betragen
Wohl am Tee- und Kaffeetisch behagen?
Weg das Porzellan, das Zuckerbrot!
Für die Himburgs bin ich tot! –

Sich an der Gilde der Verleger, von denen er sich hintergangen fühlte, zu rächen, bereitete Goethe in seinem Autorenstolz eine seltsame Genugtuung. Er zwang die Buchhändler, seine Werke in Verlag zu nehmen, ohne sie zu kennen. Der erste Verleger, dem er mit dieser Zumutung entgegentrat, war Mylius in der Berliner Brüderstraße. Darüber hat sich ein Brief erhalten. Mylius wendet und stemmt sich gegen «den Eigensinn von Herrn Dr. Goethe». Er möchte nicht, wie er sagt, «die Katze im Sack kaufen». Freilich, er weiß, es ist der Autor des «Werther», mit dem er verhandelt, der außerdem, wie Mylius gehört hatte, einen «Faust» unter der Feder hat; und – es ist uns Heutigen rückblickend doch merkwürdig zu hören – von diesem «Faust» erwartet sich dieser Buchhändler schon im Oktober 1775 ein ganz großes Geschäft. Darum, so rechnet er: wenn der Doktor Goethe «nun für diese vielleicht kleine und nicht so sehr interessante Piece 20 Thlr. bekommt, so wird das folgende Stück 50 Thlr. und Dr. Faust vielleicht 100 Louis d'or gelten sollen. Das ist aber nicht auszuhalten! Mich wundert übrigens, daß der Herr die Buchhändler so quälen will, da er solches aus ökonomischen Gründen nicht nötig hat». Am Ende entschließt sich Mylius doch, die Katze im Sack – es war die «Stella, ein Schauspiel für Liebende» – mit 20 Thlr. anzukaufen. «Dr. Faust wäre mir für einen proportionirlichen Preis lieber gewesen.»

Später, im Jahre 1797, wiederholte Goethe dieses sein Spiel. Vieweg, ein junger Berliner Verlag, war an ihn herangetreten mit der Bitte, er möchte ihm ein neues Werk übergeben. Goethe stellte ihm durch eine Mittelsperson ein versiegeltes Kuvert zu, in dem die Honorarforderung enthalten war. Er machte aber zur Bedingung, Vieweg solle, ohne den Brief zu öffnen, von sich aus ein Gebot abgeben. War dies geringer, als Goethes geheime Forderung betrug, so ging der Brief uneröffnet nach Weimar zurück und die Verhandlung zerschlug sich. Fiel das Gebot des Verlags höher aus, so galt nicht dieses, sondern nur Goethes Forderung. Vieweg quälte sich, wie vordem Mylius, ein ihm unbekanntes Werk zu einer ihm unbekannten Summe kaufen zu sollen; aber anscheinend war Verrat im Spiele: er traf mit seinem Gebot genau den Preis, den der geheimnisvolle Brief verlangte. Dessen Inhalt lautete: «Für das epische Gedicht Hermann und Dorothea verlange ich

Eintausend Thaler in Golde. Weimar d. 16. Jan. 1797, Goethe.» Von 20 Talern zu 1000 Talern, so hatte sich innerhalb der zweiundzwanzig Jahre das Ansehen einer Goetheschen Veröffentlichung gehoben. Goethe bekannte sich «leidlich zufrieden»; Vieweg aber brachte gleich mehrere Ausgaben heraus, eine besonders zierliche, in gestickte Seide und Maroquin gebunden und mit Fingerhut und Schere als Zugabe für die kaufenden Damen. Der Verlag, der 1799 nach Braunschweig übersiedelte, hat ein Jahrhundert lang ein glänzendes Geschäft mit der Entscheidung seines Gründers gemacht. Goethe aber ließ nicht von seinem System. Noch ein drittes Mal, und zwar 1828, verlangte er von einem Buchhändler die Entscheidung, ohne das Manuskript vorzulegen. Diesmal war es Cotta, der es als sein Recht forderte: «eine Ware vorher zu beschauen, ehe man sie kauft und bezahlt». Jetzt handelte es sich um den Druck des Goethe-Schillerschen Briefwechsels, für den Goethe zugunsten der beiderseitigen Familien 8000 Reichstaler forderte. Daß des Dichters allgemeine Abwehrhaltung gegen den Buchhandel nicht unbegründet war, hat inzwischen ein amerikanischer Gelehrter, Professor Kurrelmeyer in Baltimore, durch den Nachweis, daß Cotta heimlich Doppeldrucke veranstaltete, zur Genüge erhärtet.

Die erste rechtmäßige Ausgabe der Gesammelten Werke brachte Georg Joachim Göschen in Leipzig heraus. Dieser Buchhändler war, als er mit Goethe in Verbindung trat, 34 Jahre alt. Geld hatte er nicht, aber Mut und eine geschickte Hand. Ohne Umstände wandte er sich an den ersten Autor seiner Zeit und kam auch zu einem Abschluß über eine Ausgabe von acht Bänden mit einem Gesamthonorar von 2000 Talern Gold. Der Vertrag ist datiert vom 2. September 1786. Göschen, dessen dritter Sohn später ein Londoner Bankhaus gründete und dessen Enkel als Viscount Goschen of Hawkhurst 1876 Ägypten besetzte und noch 1900 Erster Lord der Admiralität war, hatte Gönner, die Mittel gaben und ihn berieten: Schillers Freund Körner in Dresden und den noch viel zuwenig gewürdigten Großkaufmann Weimars, Bertuch, der sich mit einem Drittel beteiligte. Die Ausgabe – 3000 Exemplare – kostete 8 Taler, bei Subskription nur 6 Taler 16 Groschen. Der Sortimenter erhielt 33 Prozent. Göschen gab sich die redlichste Mühe, nahm den Nachdruckern den Wind aus den Segeln, indem er in einer billigen Ausgabe von 2000 Exemplaren sich selbst nachdruckte und jenen in seinem Prospekt androhte: «Sie sollen so blamiert werden, daß Ihr eigenes Weib, Ihr eigen Kind Sie mit Verachtung ansehen und kein ehrlicher Mann mit Ihnen aus einem Krug trinken soll!» Trotzdem war es ein schlechtes Geschäft. Nach fünf Jahren hatte Göschen knapp 1200 Taler, also etwa halb soviel wie der Dichter, gewonnen und Bertuch nur 600 Taler. Die Schuld lag beim Autor, der in der Vorankündigung von zu vielen Stücken bekennen mußte, sie seien unbeendet. Wir wissen ja um Goethes Art, zu schaffen. Natürlich lockte das nicht eben die Käufer, wenn es da hieß: «Band 6: Egmont unbeendet, Elpenor, zwei Akte, Band 7: Tasso, zwei Akte, Faust, ein Fragment.» Kein Wunder, daß statt 1000 Vorbestellern, auf die man gerechnet hatte, im ganzen sich nur 602 zusammenfanden. Dazu brach Goethe am Tag, nachdem er den Vertrag mit Göschen unterzeichnet hatte, nach Italien auf. Die versprochenen Manuskripte liefen um Jahre zu spät ein. Der Käufer, der den ersten Band 1787 erworben hatte, erhielt den achten erst 1790. Noch im Jahre 1900 wurden bei der Cottaschen Buchhandlung, die Göschens Bestände aufgekauft hatte, Einzelbände dieser Erstausgabe von Goethes Werken zu 40 und 50 Pfennigen abgestoßen. Goethe und Göschen grüßten sich höflich, aber nicht herzlich; und als Goethe 1790 seine erste naturwissenschaftliche Schrift über die Metamorphose der Pflanzen herausgab, verzichtete Göschen, und Goethe mußte zu einem kleinen Verleger, Ettlinger in Gotha, gehen.

1791 bis 1800 erschien die zweite Sammlung von Werken unter dem Titel «Neue Schriften». Hier gab Goethe in sieben Bänden, was nach der Göschenschen Ausgabe neu entstand. Band 2 enthielt den «Reineke Fuchs», Band 3 bis

6 «Wilhelm Meisters Lehrjahre». Der Verleger war diesmal Johann Friedrich Unger in Berlin, Besitzer einer vorzüglichen Druckerei und ein Mann von großem Formgefühl im Holzschnitt wie im Stempelschneiden. In der Geschichte des Holzschnittes hat er das Verdienst, die Überlieferung der alten, dem Verfall anheimgegebenen mittelalterlichen Kunst bewahrt und zu Adolph Menzel hinübergeleitet zu haben. Als Stempelschneider aber ist er der Schöpfer der berühmten «Ungerfraktur», die zuerst für den Wilhelm Meister verwandt und dann schlechthin die Type der Romantik wurde. Vor allem Goethes Mutter hatte an der Type ihre Freude: «Herr Unger verdient Lob und Preis wegen der unübertreffbaren Lettern. Froh bin ich über allen Ausdruck, daß deine Schriften nicht mit den mir so fatalen lateinischen Lettern das Licht der Welt erblickt haben. Beim ‹Römischen Carneval› da mags noch hingehen, aber sonst bitte ich dich: bleibe deutsch auch in den Buchstaben!»

Aber trotz Unger und Göschen, wer an den Verleger Goethes denkt, dem fällt zuerst der Name Cotta ein, denn Goethes Werke, in irgendeiner Ausgabe von Cotta, standen im Bücherschrank unserer Eltern und bei den Anverwandten und Bekannten. Im Gegensatz zu den anderen Firmen vertrat Cotta ein altes Haus, das seit 1659 in einer Familie war. Er war als Schwabe der Verleger Schillers und kam durch diesen mit Goethe in Fühlung. Cotta erwarb 1806 sämtliche Werke des Dichters und, was vordem Göschen und Unger verlegt hatten, vereinte er nun in seinen Ausgaben. Deren erschienen drei, die erste 1806/10 – 13 Bände – mit dem Ersten Teil des Faust im achten, dann die zweite Ausgabe 1816/22 – 26 Bände –, und schließlich die berühmte Ausgabe letzter Hand – 62 Bände – von 1827 bis 1842. Für die erste Ausgabe zahlte Cotta 10000, für die zweite 16000, für die dritte 72500 Taler. Und dann haben noch lange die Enkel von dieser Ausgabe gelebt, denn in ihr, dieser kostbaren Ernte seines Geistes, hatte der alte Goethe «die Realitäten» gesehen, die er den Seinen als Erbe hinterließ.

Mit Recht soll der reale Witz
Urenkeln sich erneuern.
Es ist ein irdischer Besitz –
Muß ich ihn doch versteuern! –

Eine Geschichte des Goetheschen Ruhmes zu schreiben, wäre keine leichte Aufgabe. Jede Generation hat Goethe anders gedeutet, und vor allem hat jede in ihm zunächst nur sich verstanden. Noch heute ist es fragwürdig, wie weit wir ihn wirklich erfassen. Diejenigen, die den Werken seiner Jugend zugejauchzt, hatten zumeist weder den Künstler Goethe erkannt noch seine geistige Welt. Sie waren rein stofflich von «Werthers Leiden» ergriffen, wie man etwa ein Jahrhundert später rein stofflich von den «Römischen Elegien» ergriffen war; nicht die Darstellung von Werthers Problematik packte sie, sondern seine Empfindsamkeit. Nur so erklärt es sich, daß ein Machwerk wie Millers «Siegwart» bald darauf noch mehr Erfolg hatte als Goethes Roman, und daß die «Iphigenie» und der «Tasso» ohne jeden Dank und Widerhall blieben.

Diejenigen aber, die zehn Jahre und mehr vor dem Dichter geboren waren, gingen überhaupt nicht mit. Lessing war aufgebracht über das «regellose» Drama des Götz und wollte einen Roman «Werther der Bessere» schreiben. Dieser Goethe, so meinte er, wenn er je zu Verstand kommt, wird nicht viel mehr als ein gewöhnlicher Mensch sein. Nur sein früher Tod verhinderte Lessing, Goethe öffentlich anzugreifen.

Klopstock aber spottete über den «Werther» und lief aus einer Aufführung der «Iphigenie» mehrmals ostentativ weg: wenn er es nicht noch öfter getan hätte, so hätte er es nur unterlassen, um kein Aufsehen zu erregen. Wenn so die führenden Männer der Nation dachten, wird man verstehen, wenn ein Kritiker über den «Werther» schrieb: «Ewiger Gott! wer von uns hätte vor zwanzig Jahren denken können, daß wir die Zeiten erleben würden, in welchen mitten in der evangelisch-lutherischen Kirche Apologien für den Selbstmord erscheinen und in öffentlichen

Zeitungen angepriesen werden dürften?» Der Mann hatte recht: das wäre 1754 auch unmöglich gewesen – er irrte indes, wenn er Goethes Roman für eine Rechtfertigung des Selbstmordes hielt. Das gleiche wiederholt sich nun durch Generationen. Die Beschauer stehen dem Werk zu nahe, es fehlt der Überblick. Da ist der «Wilhelm Meister», sind die «Wahlverwandtschaften» unmoralisch, weil man naiv sich an den Stoff klammert. Wo man das nicht kann, wie beim Zweiten Teil des «Faust», wendet man sich ab. Nur Schiller und dann die führenden Romantiker, aber diese auch nur auf eine erste, kurze Zeit, sind Goethe verständnisvoll dankbare Zuhörer gewesen. «Wilhelm Meisters Lehrjahre» wurden von Novalis leidenschaftlich angegriffen, als das Ende aller Poesie. Carl August hat seinen Dichter kaum verstanden, wenige nur am Weimarer Hof. Wie alle großen Schaffenden war der Dichter lange Zeit ein Einsamer. Ja, selbst als der Briefwechsel zwischen Goethe und Schiller der Öffentlichkeit vorgelegt wurde, blieb die Kritik unfreundlich; am schärfsten urteilten Börne und Grabbe. Und noch Herman Grimm erzählt, wenn in seiner Jugend von der «Iphigenie» gesprochen worden sei, wäre immer die Glucks, nicht die Goethes gemeint gewesen.

Zwei Jahre sind es, die Goethes Geltung bei seiner Nation entscheidend durchgesetzt haben, nachhaltiger als jener Werthererfolg von 1774. Das eine ist das Jahr 1808, in dem der Erste Teil des «Faust» erschien; sein starker Eindruck vor allem auf den geistigen Adel unter der Jugend hat dem Dichter langsam Bahn gebrochen. Das andere, nach des Dichters Tode, war 1848 die Veröffentlichung seiner Briefe an die Frau von Stein. Hier sah man tiefer als bisher in das Herz des Dichters, dessen Stern man nur von fern verehrt oder den man gar aus religiösen und politischen Gründen abgelehnt hatte. Man erkannte, beschämt und erschüttert, wie ernst, wie verantwortungsvoll, wie menschlich dieser viel verleumdete Große gerungen und gelitten hatte. Wenn der hundertjährige Geburtstag, der mitten in den Triumph und die Niederlage der Freiheitsbewegung fiel, den Tiefpunkt des Ansehens Goethes bedeutete, so begann doch gerade von jetzt an sein Ruhm heller zu erglänzen. Und als mit dem Jahre 1871 die politische Verkrampfung der Nation sich löste, man wieder lernte, Menschliches menschlich, Kunst künstlerisch zu werten, da erkannten die Deutschen mit Dankbarkeit, Stolz und Hingabe, welche Begnadung durch das Schicksal ihnen in der Gestalt Goethes widerfahren war.

Es soll hier nicht von Büchern gesprochen werden, auch nicht von Forschern, aber es ist kein Zweifel, daß das Aufblühen der deutschen Literaturwissenschaft, für die es vordem keine Lehrstühle an den deutschen Hochschulen gab, eng verbunden ist mit der Erkenntnis von des Dichters Bedeutung für den deutschen Geist. 1863 war in Frankfurt das Geburtshaus Goethes als Nationaldenkmal durch das «Freie Deutsche Hochstift» erworben worden. Damals hat bei der Übernahmefeier der Redner diesen Schritt noch verteidigen müssen. Als 1886 die Goethe-Gesellschaft in Weimar gegründet und das von des Dichters Enkeln so lang verschlossene Haus am Weimarer Frauenplan als Goethe-National-Museum durch den Enkel Carl Augusts, den Großherzog Carl Alexander, eröffnet wurde, da stimmte das ganze Volk begeistert zu. Dem gab Paul Heyse Ausdruck:

Tut sie sich endlich auf mit Feierklang,
Gehorsam einem edlen Fürstenworte,
Die eigensinnig strengverschlossne Pforte?
Die Schwelle, die ein halb Jahrhundert lang,
Trotz ungeduldgen Pochens, frommer Bitten,
Kein andachtsvoller Fremdling mehr beschritten,
Von Staub und Moder ist sie reingekehrt,
Kein Hüter lauert, der den Zutritt wehrt,
Und wie des abgeschiednen Hausherrn Gruß
Erglänzt das «Salve!» unter deinem Fuß.

Inzwischen hat die Goethe-Forschung das Werk des Dichters, außer seinen Forschungen zur bildenden Kunst und zur Naturwissenschaft auch seine Briefe, seine Tagebücher, der Öffentlichkeit vorgelegt. Ein anderes Goethebild ist entstanden. Die Vorstellung vom kühl überlegenen Olympier, in der um 1800 die Jenaer Romantiker ihrer ruhelosen Sehnsucht nach Lebensmeisterung durch die Kunst Ausdruck gegeben hatten, ist verblichen, ebenso das Wahnbild vom volksfremden Hofmann und Minister. Wir sehen heute, lieben den sich Wandelnden, den leidend Ergriffenen und im Leid sich Behauptenden, den Dichter, der das Unsagbare kündet, und den Weisen, der Zonen überblickt, Sphären schaut und das Dasein mit seinem «Ja» segnet. Der Name Goethe und das Wort Deutschland sind heute zur Einheit geworden, eins deutet das andere und offenbart sich im andern. –

Gilt schon für Goethes Wirkung in seinem Vaterland das Wort *«per aspera ad astra»,* so noch weit mehr für seine Anerkennung im Ausland. Der äußerliche Sensationserfolg des «Werther», mit seinen Nachahmungen rings in Europa, fiel rasch in sich zusammen. Gewiß, es war das erste Mal gewesen, daß in England ein deutsches Buch weithin Beifall fand. Dem Autor aber war man gram. Er galt an der Themse, ebenso wie Schiller, als einer jener literarischen Revolutionäre, die für das Unglück in Paris verantwortlich waren. Noch 1798, in der Not des Krieges gegen Napoleon, wurde in London eine Zeitschrift gegründet *«The Anti-Jakobin»,* die Goethes Jugenddichtungen bitter parodierte. William Pitt, der Premier des Landes, stand hinter dem Unternehmen. In Paris aber machte man Schiller, nicht Goethe, zum Ehrenbürger.

Wie im Inland, so ist auch im Ausland eine politische Wandlung von Einfluß für kulturelle Wertungen geworden. Madame de Staël, die für die werdende Koalition gegen Napoleon warb, in Deutschland dessen Überwinder ahnte, hat mit ihrem Buch *«De l'Allemagne»* (1810) deutsche Literatur, vor allem Goethe, plötzlich in den Lichtkegel des internationalen Interesses gerückt; aber erst mit der Aufhebung der Kontinentalsperre war die Möglichkeit einer wirklichen Wechselwirkung gegeben. Trotzdem, England hat – abgesehen von Carlyle, der Goethe vor allem ethisch wertete – nur langsam ein Verhältnis zu

Goethe gewonnen. «Iphigenie» und «Tasso» fanden kein Publikum. Die Romane blieben unbekannt. «Faust», der in Paris schon 1828 auf die Bühne gekommen war, ward in London zum ersten Male 1923 in einer würdigen Vorstellung gegeben. Denkt man daran, daß Shakespeare in Deutschland gelesen, gespielt und geliebt wird gleich als wäre er ein deutscher Dichter, so wird der Unterschied besonders augenfällig. Andererseits soll nicht vergessen sein, daß die erste wirklich erfolgreiche Goethebiographie 1855 von einem Engländer geschrieben wurde, von Lewes, einem Freunde Carlyles, ein Buch, das noch um 1900 in den Bücherschränken der deutschen Familien stand und durch das noch der späte Rilke zu Goethe hinfand, den er früher als Olympier abgelehnt. Vor allem ist der 1886 gegründeten *English-Goethe-Society* mit großer Dankbarkeit zu gedenken. Von ihr gingen die Gründungen der Goethe-Gesellschaften in Kanada, Australien und Neuseeland aus. –

Volkstümlich ist Goethe auch in Frankreich nicht; indes seine Wirkung geht doch ungleich tiefer, von Chateaubriand und Victor Hugo über Renan und Taine bis zu Barrès, Bourget und vor allem André Gide. Hier im Lande Racines weiß man gerade den Klassiker zu schätzen, eben «Iphigenie», «Pandora», auch die Romane; ja, André Gide hat als erstes Werk den Zweiten Teil des «Faust» kennen und besonders an ihm den Dichter lieben gelernt. Und im Gegensatz zu den Engländern sehen die Franzosen in Goethe einen ethischen Helfer und Führer, *«un directeur de conscience de l'humanité»*.

Ein ganz anderes, sehr uneinheitliches Goethebild haben sich wiederum die Russen zu eigen gemacht. Schon in der Wertherzeit gehen sie besondere Wege, indem ihre Nachahmungen Werthers Ende verwerfen: «Mord bleibt Mord vor Gottes Antlitz!» Die Romantiker erleben den Lyriker; Puschkin, der Schüler Frankreichs, wird verbannt, weil er von Goethe als Lehrer des Atheismus schreibt; Dostojewski greift sich aus der Fülle der Goetheschen Gestalten Mephisto heraus; Tolstoi läßt nur «Hermann und Dorothea» gelten, und Turgenjew hat gerade am «Faust» den Unterschied zwischen ewig ruhelosem Streben bei uns und russischer Ruhe dargelegt. «Wir Russen streben nicht danach, durch Wissen das Leben zu erfassen; alle unsere Zweifel, unsere Überzeugungen entstehen und bilden sich anders als bei den Deutschen. Unsere Frauen gleichen nicht dem Gretchen, unser Teufel ist nicht Mephistopheles.» Turgenjew hätte auch fortfahren können: «Unser Faust kennt keinen Titanismus»; aber eben weil es ohne diesen einen Faust nicht gibt, hat der russische Schriftsteller den letzten Vergleich gar nicht zur Frage gestellt. Er weiß nur, daß der russische Teufel nicht jener Geist ist, der wirkt und schafft, sondern der Ungeist der Langeweile; und so triumphiert dieser Satan in Turgenjews «Parasa» – einer Jugenddichtung von 1843, die nicht ohne Anlehnung an Goethes Werk entstand –, indem er die Liebenden nicht in die Katastrophe, sondern in die Totenstille irdischer Befriedigung, in die Öde einer freudelosen Ehe führt. Die Untätigkeit, wäre das der russische Mephisto? Das Rußland von heute steht Goethe anders gegenüber. Es sieht in ihm einen der größten Dichter des bürgerlichen Europa und hat eine Staatsausgabe seiner Werke in russischer Sprache veranstaltet.

In Ungarn – um den Blick auch nach dem Südosten Europas zu kehren – hatte noch 1847 der Lyriker und jugendliche Freiheitskämpfer Alexander Petöfi über Goethe geschrieben: «Der Kopf dieses Menschen war Diamant, sein Herz aber aus Kieselstein, ja nicht einmal das, gibt doch der Kieselstein Funken. Goethes Herz war aus Lehm. Goethe ist ein Riese, aber eine riesenhafte Statue. Die Gegenwart bestaunt ihn, wie einen Götzen; die Zukunft aber wird ihn stürzen, wie alle Götzen.» Indes hatte auf der andern Seite schon zu Goethes Lebzeiten Franz von Kazinczy, der mit Wieland in persönlichem Briefwechsel stand und mit dessen Wirken die neuere ungarische Literatur einsetzt, «Stella», «Clavigo», «Egmont» und «Die Mitschuldigen» übersetzt und zum Teil auch zur Aufführung gebracht. Um die Mitte des Jahrhunderts hat dann

Madách mit seiner «Tragödie der Menschheit» das große ungarische Drama geschaffen, das sich in der Form wie in der thematischen Haltung an Goethes «Faust» anlehnt und das auch die deutsche Bühne erobert hat; und umgekehrt haben seit 1887 gelegentliche Aufführungen des Ersten und Zweiten Teiles der Goetheschen Tragödie und des Urfaust durch das Budapester Nationaltheater stattgefunden. –

Wie verschiedenartig sind all diese Aspekte! Es ist, als ob das dichterische Werk durch ein Prisma in eine Unzahl von Brechungen zerlegt werde. Und sorgsam müssen wir bei solchem Überblick über die Aufnahme Goethes in der Welt scheiden zwischen den Nationen, die sich Goethe erschlossen, solchen, die sich abwehrend auseinandersetzen, solchen, die schlechthin nur übertragen. Fragen der eigenen seelischen Anlage, des gesellschaftlichen Aufbaus, politische Konstellationen, das geistige Reifsein, alles das wirkt zusammen. Vor allem ist auch das jeweils in Deutschland herrschende Goethebild bestimmend gewesen. Das neunzehnte Jahrhundert war das der Freiheitsbewegung und des Freiheitsglaubens. Wenn wir bei uns selbst bis in die sechziger Jahre hinein die Vorstellung verbreiteten, Goethe sei ein kalter Olympier, ein Egoist, ein Hofmann gewesen, wie sollten dann England, Frankreich, Rußland, Italien zu einer vorurteilsfreien Würdigung kommen? Auch in Nordamerika hat das falsche Goethebild, das dort der Burschenschafter Follen unter Menzels Einfluß in Harvard vertrat, nachgewirkt, bis der neuplatonische Bostoner Kreis um Emerson und Margaret Fuller und die deutschen Hegelschüler in St. Louis für eine zutreffende Würdigung sorgten. Aber auch heute noch ist die Zahl derer, die den Dichter kennen und verehren – trotz der Deutschen Abteilungen an verschiedenen Universitäten – nur nach Hunderten, kaum nach Tausenden zu zählen. Noch geringer ist die Einwirkung in Südamerika, das geistig durch Madrid, Coimbra und Paris bestimmt wird; indessen gibt es doch seit einigen Jahren eine verdienstvolle «Academia Goetheana» in Buenos Aires. Norwegen,

ganz goethefern, richtet seinen Blick von jeher nicht zu uns
herüber, sondern nach England und Frankreich. Jedes
Volk bleibt gern, was es ist, und nimmt wie ein beharren-
der Körper Fremdes nur langsam auf. Indes offenbart sich
in der Art dieser Aufnahme die Affinität. Es ist doch merkwürdig, daß gerade in Dänemark und Schweden durch
Persönlichkeiten wie Kierkegaard, Krasser und Norström
das auch bei uns umstrittene Problem der Weltfrömmigkeit als Religion in den Mittelpunkt scharfer Erörterungen
um Goethe gestellt worden ist. –

In der allerletzten Zeit hat Goethe nun auch in den so
andersartigen Kulturen des östlichen Asiens Fuß gefaßt.
Jene Chinesen, von denen Goethe meinte, sie hätten mit
ängstlicher Hand Werther und Lotten aufs Glas gemalt,
haben freilich nicht geahnt, was sie da taten. Sie malten
europäische Bestellung. Überhaupt ist Europa dem Chinesen bis zum Weltkrieg nur eine einheitliche Vorstellung
gewesen. Deutsche Literatur ward nur durch englische
Sprache bekannt. Erst seit 1920 etwa gibt es Übersetzungen der Jugendwerke, vor allem die Übertragungen des
«Werther» und «Faust» von Kuo Mei Jo, der auch der
Biograph des Dichters wurde. Den alten Goethe versucht
man von Kung-fu-tsi her zu verstehen; aber gerade hier im
Osten wird deutlich, wie wenig der Dichter des «Ewig
Weiblichen» den östlichen Sitten und der östlichen Sittlichkeit verständlich ist. Japans Teilnahme ist reger. Hier
ward, und zwar in Kyoto 1931, eine wissenschaftliche
Goethe-Gesellschaft gegründet. Ihr Jahrbuch, zur Hälfte
mit japanischem Text, zur Hälfte mit deutschem, zählt
bereits zahlreiche Bände. Eine japanische Ausgabe der
Werke in 32 Bänden ist abgeschlossen.

Immer wird das Verständnis Goethes in erster Linie bei
seinem eigenen Volke, dessen Sprache er schrieb, dessen
Seele er offenbare und um dessen Seele er rang, am tiefsten und am nachhaltigsten sein. Ob sich die Völker der
Welt voneinander entfernen, ob sie sich nähern und bereit
sind, auch fremde Dichter in sich aufzunehmen, wer vermag das zu sagen? Ist doch Goethes Weg zu Ansehen und

Geltung selbst bei seinen Landsleuten ein schwieriger Weg gewesen. Einseitigkeit und geistige Enge hielten lange die Bahn versperrt. Man wollte den Dichter wohl als Eideshelfer für diese oder jene eigne Überzeugung gelten lassen und verwarf ihn, wenn man ihn dazu nicht mißbrauchen konnte. Das war so und wird vielleicht immer so bleiben. Um einen großen Menschen zu verstehen, muß man selbst ein großes Herz haben. –

Eckermann erzählt einmal in einem Briefe, wie er im Juni 1826 in der Postkutsche von Hannover nach Göttingen gefahren sei. Da saß ihm ein junger Mann, vermutlich ein angehender Mineraloge, gegenüber: «Er trug einen kleinen schwarzen Schnurrbart wie der König von Preußen. Seine Kleidung war grau. Die Tabakspfeife ließ er nie kalt werden. Das Gespräch hatte zuerst der neueren englischen Literatur gegolten, kam dann auf die deutsche Dichtung. Von ihrer Vielseitigkeit» – der Empfänger des Schreibens war Goethe – «wollte er nicht gutes reden, dagegen rühmte er Klopstock und Schiller. In Klopstock, sagte er, finden Sie die religiöse Erhebung ausgesprochen, in Schiller die moralische Freiheit, allein was in Goethe? – Ich sagte: die Welt! – Er stutzte und sagte nach: die Welt –? Es entstand eine große Pause. – Ich war wieder stumm wie vorher. Er setzte sodann seine Gespräche mit dem feinen Lieutenant und Pferdehändler und Freunde von Walter Scott und Moore fort. Mir schienen sie nicht recht mehr zu trauen.»

JOHANN PETER ECKERMANN

Mit Bogen und Pfeil haben sie geschossen, Eckermann und Goethe. Mit Fug wird Eckermann zuerst genannt, Goethe mag kaum getroffen haben. Eckermann aber war ein geschickter und gerühmter Schütze. Wahrscheinlich, daß er schon als Knabe in den Marschwiesen von Winsen an der Luhe den Grund zu seiner Meisterschaft gelegt hat; 1813 ließ er sich von den Baschkiren gern an die alten Künste erinnern. Denn im innersten Grunde war der Verfasser der berühmten «Gespräche mit Goethe» keine Büchernatur. Von jenen Tagen der Kindheit an, da er den Vater, den Hausierer, auf den Gängen durch die Dörfer der Vierlande jenseits der Elbe begleiten durfte, gehörte sein Herz der freien Weite, dem Moor und den Wäldern und zumal dem Getier.

Es ist merkwürdig, wie wenig Goethe, von dessen Verbundenheit mit der Natur immer und überall die Rede ist, in Wirklichkeit Sinn und Neigung zur Kreatur gehabt hat. Er sammelte alle Pflanzen, beklopfte mit dem Hammer jedes Gestein, er fuhr in die Bergwerke und beobachtete die Wolken, aber der beseelten Natur widmete er weder Wort noch Blick. Er hat Sommer und Winter auf Rosses Rücken im Gefolge Carl Augusts den Thüringer Wald durchstreift, aber in den täglichen Briefen gilt kein kleiner Satz dem Pferd, das ihn klug und treu und willig Berg hinan und Tal hinab getragen hat.

Wohl gibt es einige schöne Aussprüche über die Vögel, indes, eben sie sind durch Eckermann veranlaßt. Dieser erzählte Goethe von einem Neste junger Grasmücken, die er in seinem Zimmer hegte, und daß zu seinem Erstaunen die Alte, Gefahr und Gefangenschaft nicht scheuend, zum Fenster hereingekommen sei, ihre Jungen zu füttern.

«Närrischer Mensch», rief Goethe, «wenn Ihr an Gott glaubtet, so würdet Ihr Euch nicht so wundern. Beseelte Gott den Vogel nicht mit diesem allmächtigen Trieb gegen seine Jungen und ginge das gleiche nicht durch alles Lebendige der ganzen Natur, die Welt würde nicht bestehen können. So aber ist die göttliche Kraft überall verbreitet und die ewige Liebe überall wirksam.» – Einmal im Herbst, Goethe und Eckermann sitzen am Ziele einer Spazierfahrt vor einem Dorfgasthof an der Saale bei Fisch und Wein, und das Gespräch kommt wieder ausgiebig auf die Vogelwelt. Zum Schluß erzählt Eckermann von zwei jungen Zaunkönigen, die er in Tiefurt gefangen und in seidenem Tuch heimtragen wollte, aber die Tiere entschlüpften. Drei Tage danach fanden sie sich in einem Nest von halbflüggen Rotkehlchen, wo sie sich ganz gemütlich untergetan hatten und von den alten Rotkehlchen füttern ließen. «Stoßen Sie an, Sie sollen leben und Ihre glücklichen Beobachtungen mit», sagte Goethe. «Wer das hört und nicht an Gott glaubt, dem helfen nicht Moses und die Propheten. Das ist es nun, was ich die Allgegenwart Gottes nenne, der einen Teil seiner unendlichen Liebe überall verbreitet und eingepflanzt hat und schon im Tiere dasjenige als Knospe andeutet, was im edlen Menschen zur schönsten Blüte kommt.»

Im Frühjahr 1827 begegnen dieselben beiden Weimarer Spaziergänger vor dem Erfurter Tor einer Koppel ausnehmend schöner Pferde, die zur Leipziger Messe geführt wird. Wieder erlebt Goethe im Tier zuvörderst den Schöpfer, diesmal als Quell aller Schönheit, die über die Erde ausgegossen ist. Vor seinen Augen steigt die Idee des Urpferdes auf, – nicht paläontologisch, sondern als ästhetische Idee gesehen –, von dem die begegnenden Tiere nur den irdischen Abglanz darstellen. Und schließlich noch ein bezeichnendes Wort: Im Winter 1813 hat Goethe für die Herzogin Luise Tierpräparate aufgebaut, um ihr zu zeigen, wie die Natur in dem einen nicht nur andeute, was das zweite empfangen solle, sondern zuweilen es dort gewissermaßen halb schon vorausnehme. Feierlich sagte er:

«Könnte nicht St. Paulus, diese tiefe Seele, dergleichen im Sinne gehabt haben, wo er des ängstlichen Harrens der Kreatur gedenkt und wie sie sich sehnet immerdar?» So sucht Goethe im Tier das Urphänomen, verehrt er in ihm die Offenbarung des Göttlichen, in der Kreatur den «Creator».

Eckermann aber hielt sich unmittelbar an die Erscheinungen der Tierwelt selber. Hier war er seinem Meister überlegen, und in den Gesprächen verlagern sich die Akzente: Eckermann trägt vor und belehrt, und Goethe stellt nur jene Zwischenfragen, die das milde Feuer der Unterhaltung nähren. Ja, als der Dichter einmal Sperlinge nicht von Lerchen zu unterscheiden weiß, da seufzt Eckermann heimlich auf: «Du Großer und Lieber, der du die ganze Natur wie wenig andere durchforscht hast, in der Ornithologie scheinst du ein Kind zu sein.» Er selber war Kenner. In seiner Stube schwirrte und zwitscherte es. Es gab Zeiten, da vierzig Singvögel und Raubvögel hier hausten. Zuweilen mag diese Häuslichkeit mehr einer Volière als einem Wohn- und Schlafraum geglichen haben; indes, die Beobachtungen, die Eckermann über seine Freunde gemacht hat, stehen noch heute als mustergültig in naturwissenschaftlichen Lesebüchern. Und hat nicht jenes Wort Goethes von der Allgegenwart Gottes, der einen Teil seiner unendlichen Liebe überall verbreitet und eingepflanzt hat, seine Gültigkeit auch für Eckermann selber? Besteht nicht vielleicht doch eine geheime Verbindung zwischen der treulich fürsorgenden Liebe für die befiederten Welt- und Lebensgenossen und der sich selbstlos hingebenden Liebe gegenüber dem Weisen, der ihm Welt und Leben deutete? Kündet sich nicht auch dort als Knospe an, was hier zur schönsten Blüte gekommen ist? Man hat Eckermann eine Johannesnatur genannt; hat nicht auch Johannes mit einem Rebhuhn gespielt, wenn sein Geist sich entspannen wollte?

Apostolisch schlicht, ja entbehrungsreich ist Eckermanns Erdenwandel gewesen. Schon das Kind mußte Geld verdienen. Wenn die Elbe über die Ufer trat, sammelte es die angespülte Streu. Es hütete die Kühe. Es las Ähren. Der junge Hebbel hat unter der Armut einer solchen Jugend gelitten und die Erinnerung daran als Last noch im Alter empfunden. Der kleine Peter aber trug, wenn er über die Stoppeln ging, die Holzpantoffel schonend in der Hand; denn ihm war «barfuß leicht bei frohem Herzen». Er war «der Liebling aller, die ihn kannten», schrieb über ihn der Geistliche von Winsen.

Einmal nimmt der Vater den Knaben mit nach Hamburg. Ein Grauen überfiel den Kleinen. Die hohen, engen Straßen, die prächtigen Gebäude, das große Getriebe der vielen fremden Menschen – das Kind kam sich ganz vernichtet vor. «Wir traten in einen Keller, und ich setzte mich, von meinem Vater getrennt, hinter einen Tisch auf die Bank, und es war mir sehr beklommen. Wie ich nun gewohnt war, viel mit Gott im Geiste mich zu unterhalten, der ich mich vorzüglich von ihm geliebt glaubte, so wendete ich mich auch nun zu Gott und bat ihn, daß er mir ein Zeichen geben möge, woran ich erkenne, daß er mit mir sein und mich dennoch groß machen und zu hohen Dingen haben wolle. Und siehe, indem ich so denke, steht ein fremder Mann auf, der zu meinem Vater tritt und ihn so anredet: ‹Ist das Euer Junge, Alter? Nun, so sage ich Euch, aus dem Jungen wird noch etwas!› Mein Vater lächelte und zuckte die Achsel, ich aber dankte für das gegebene Zeichen und bewahrte das in mir und war gestärkt.»

Im Kriegsjahr 1813 wurde Eckermann natürlich «Jäger». Er meldete sich als Freiwilliger bei dem Korps von Kielmannsegge; sein Eisernes Kreuz und seine Militärpapiere bewahrt das Goethemuseum in Frankfurt. Im übrigen gehörte schon er zu jenen deutschen Kriegsfreiwilligen, die in den Museen und Kirchen Belgiens ebenso zu Hause waren wie auf den Schlachtfeldern. Es folgten Jahre drückenden Kanzleidienstes mit Selbstunterricht in späten Abend-, frühesten Morgenstunden, dann ein Universitätsstudium in Göttingen und 1821 der Druck der «Gedichte». Zwei Jahre später – es war ein heißer Sommer – ist Eckermann, den Wanderstab in der Hand, den Ranzen

auf dem Rücken, auf dem Wege nach Weimar. Eine Schrift
«Beyträge zur Poesie» hatte er vorausgeschickt. Goethes
Urteil darüber: «So etwas liest man gerne. Große Klarheit,
Fluß der Gedanken, alles tüchtig durchdacht, schöner
Stil.»

«So etwas liest man gerne» – das wird später auch für
die «Gespräche mit Goethe» gelten; und tatsächlich, alles,
was der Dichter hier an der vorgelegten Schrift rühmt, das
sind die bleibenden Vorzüge der Prosa Eckermanns. Dieser
ist ein vollendeter Meister des Stiles, schon ehe er zu Goethe kommt. Er schreibt, wie kaum ein anderer, ein klares,
reines und edles Deutsch. Man hat öfter den Versuch gemacht, in den «Gesprächen» zu scheiden, was ist Goethes,
was ist Eckermanns Eigentum. Der Versuch ist immer
mißlungen. Wohl kann man gewisse Lieblingswendungen
des Dichters heraushören, aber die Form als Ganzes ist
eine so merkwürdige Verschmelzung von Goetheschem
und Eckermannschem Stilgefühl, daß man das Ganze nicht
mehr in seine Teile zerlegen kann. Darüber hinaus, auch
für das Gedankliche der Gespräche, ist eine besondere
«Prädisposition» Eckermanns festzustellen. Was er dunkel
fühlte, hörte er bei Goethe klar ausgesprochen; was er nur
ahnte, sah er zu Ende gedacht. Seine Natur fand sich in der
andern gesteigert wieder; aber niemals wäre Eckermann
der Eckermann Schillers oder Humboldts oder Schopenhauers geworden. Er war nicht der Sekretär, aufzuschreiben, was er hörte, nicht der Schauspieler, der sich in
fremde Rollen anempfindend einfühlte. In freier Wahl hat
er sich seinen Meister gesucht, weil dieser die Vollendung
eigener Ansätze war. Nur ihm war er Jünger.

Die «Gespräche mit Goethe» gehören der Weltliteratur
an. Würde die Aufgabe gegeben, die wertvollsten und
schönsten deutschen Bücher zusammenzustellen, zweifellos wären sie unter der Auswahl. Bekannt ist Nietzsches
Wort: «Wenn man von Goethes Schriften absieht und namentlich von ‹Goethes Unterhaltungen mit Eckermann›,
dem besten deutschen Buch, das es gibt, was bleibt eigentlich von der deutschen Prosa übrig, das es verdiente, wie-

der und wieder gelesen zu werden?» Aber auch jene andere Frage Nietzsches sei angeführt: ob je ein Mensch in Deutschland so weit in einer edlen Form gekommen sei wie Goethe in dem Bild, das Eckermann von ihm gibt. Die edle Form dieses Bildes ist aber das Verdienst beider, des Dargestellten und des Malers. Das Goethebild, das uns aus anderen Gesprächen entgegenschaut, etwa denen mit Falk, mit Riemer, mit dem Kanzler v. Müller, mit Sulpiz Boisserée, ist jeweils wesentlich von dem Eckermanns verschieden. Jene sind naturalistische Porträts; was Eckermann schuf, ist ein Werk der Kunst.

Darüber hat er sich selber in einem Briefe vom 5. März 1844 an Heinrich Laube, den späteren Leiter des Hofburgtheaters in Wien, ausführlich und grundsätzlich ausgesprochen.

«Noch eins muß ich berühren. Ich sehe, daß man mich in Ihrem Kreise [dem des ‹Jungen Deutschlands›] als Goethes Sekretär bezeichnet hat. Hieran ist kein wahres Wort. Es ist so wenig Goethen als mir je eingefallen, sein Sekretär zu sein. Ich war ebensowenig Goethes Sekretär als Shelley der Sekretär von Lord Byron war. So lange ich in Weimar lebte und in das Goethesche Haus Zutritt hatte, hieß Goethes Sekretär John. Es war dies ein schön schreibender, junger Mann, dem Goethe diktierte und der das durch Riemers Hilfe korrigierte Manuskript ins Reine schrieb. Mein Verhältnis zu Goethe war eigentümlicher Art und sehr zarter Natur. Es war das des Schülers zum Meister, das des Sohnes zum Vater, das des Bildungs-Bedürftigen zum Bildungs-Reichen. Ich sah ihn oft nur alle acht Tage, wo ich ihn in den Abendstunden besuchte, oft auch jeden Tag, wo ich mittags mit ihm, bald in größerer Gesellschaft, bald *tête-à-tête,* zu Tisch zu sein das Glück hatte. Doch fehlte es unserem Verhältnis auch nicht an einem praktischen Mittelpunkt. Ich nahm mich der Redaktion seiner älteren Papiere an, ich assistierte ihm bei der im Jahre 1826 begonnenen Herausgabe seiner Werke in vierzig Bänden; auch nahm ich teil an ‹Kunst und Altertum›, wozu ich ihm einige Beiträge gab. Er dankte mir seinerseits dadurch, daß er mich in seine Kreise zog und an den geistigen und leiblichen Genüssen eines höheren Daseins teilnehmen ließ.»

Eckermann erzählt dann weiter, daß er vor allem darum in Weimar geblieben sei, weil ihn der Gedanke, «Gespräche mit Goethe» zu schreiben, als literarische Aufgabe gereizt habe. Als ihm einige erste Versuche geglückt erschienen, habe er sie Goethe vorgelegt, der sein Vorhaben gebilligt und mit ihm die fernere Behandlung besprochen habe. «Sie werden etwas Dauerhaftes machen», sagte er, «und die Literatur wird es Ihnen Dank wissen.» Dann fährt sein Brief fort, und wir hören heraus, hier verteidigt ein Künstler seinen Namen und sein Werk: «Was nun ferner die Auffassung und Darstellung dieser Gespräche betrifft, so kann ich das Buch in dem Grade mein nennen, wie nur irgend ein Autor es von dem seinigen sagen kann. Es war dabei wohl teilweise das Was gegeben, aber nicht das Wie. Da war Großes und Kleines, Zulängliches und Unzulängliches, Gehöriges und Ungehöriges, alles durcheinander, zufällig, wie der gewöhnliche Tag es gibt. Ich hatte aber höhere Zwecke im Auge; und wenn auch meinerseits nichts erfunden worden und alles vollkommen wahr ist, so ist es doch gewählt. Deshalb hütete ich mich auch, die empfangenen Eindrücke sogleich niederzuschreiben, vielmehr wartete ich damit Tage und Wochenlang, damit das Kleinliche sich verliere und nur das Bedeutende zurückbleibe. Ja das Bessere ist erst nach Jahr und Tag niedergeschrieben und manches noch später.»

Um ein Beispiel zu geben, verweist Eckermann auf das große Gespräch vom 11. März 1828, das er erst 1842, also nach vierzehn Jahren, geschrieben habe, und zwar auf Grund der Stichworte: «Dienstag den 11. März, abends bei Goethe, interessantes Gespräch, Produktivität, Genie, Napoleon, Preußen.» Er wäre dabei in der Lage eines Archäologen gewesen, der aus aufgefundenen Marmorresten eine ganze antike Statue wiederherstellen müßte. Aber der Gegenstand habe ihm noch dämmernd vor dem inneren Auge geschwebt, bei längerem Hinblicken wären die

Hauptpartien wieder ins klare getreten und hätten sich nach den Gesetzen einer geistigen Kristallisation wieder in gehörige Verbindung gestellt. Leicht sei es freilich nicht gewesen, und die Niederschrift hätte sich gut vier Wochen hingezogen. Und nun folgt ein Bekenntnis, das uns erklärt, warum wir von Eckermann – und er hat bis 1854 gelebt – kein anderes Werk von Bedeutung besitzen: «Überhaupt sind mir auch die gedruckten beiden ersten Bände keineswegs leicht geworden. Ich habe acht Jahre Fleiß und Mühe daran gewendet. Ich wählte die Stunden und schrieb nur daran, wenn es mir durchaus wohl war; denn ich hatte es mit einem Helden zu tun, den ich nicht durfte sinken lassen. In der ganzen Milde der Gesinnung, in der vollen Klarheit und Kraft des Geistes und in der gewohnten Würde einer hohen Persönlichkeit mußte er erscheinen, um wahr zu sein, und das war keineswegs etwas Geringes. Ich stellte mir die Aufgabe, alle Kunst zu verbergen und bloß den reinen Eindruck eines Naturwerkes hervorzubringen.»

Die erhaltenen Blätter des Nachlasses, zum größten Teil gleichfalls im Frankfurter Goethemuseum, bewahrheiten in allem Eckermanns Angaben über die Entstehung seines Buches. Da sind Foliobogen, längsseitig gebrochen, auf denen nur Stichworte auf Stichworte folgen wie zu dem Gespräch vom 11. März. Oder eine Lage beginnt zum 1. Januar 1830 mit den Worten: «Ich kann das neue Jahr nicht besser anfangen, als wenn ich einiges niederschreibe, was mir aus letztverflossener Zeit von Gesprächen mit Goethe in Erinnerung geblieben ist.» Dann verteilt Eckermann nach Gutdünken auf Tage Aussprüche des Dichters, wie sie ihm in der Erinnerung hafteten; die Ausführungen sind dokumentarisch, die Daten sind es nicht. Oder die Bogen bringen in des Schreibers großzügiger Handschrift, Tag für Tag aneinandergereiht, den vollen Bericht in der Zeitfolge der Stunden, so daß zwischendurch auch ganz persönliche, nicht auf Goethe bezügliche Ereignisse tagebucharig festgehalten worden sind. Hier stehen wir am unmittelbarsten dem Geschehen gegenüber, fließt der

Strom aus ursprünglichster Quelle, und keine Absicht, keine Trübung der Erinnerung verschleiert das Bild.

Eckermann trug in Weimar eine Liebe zu einer jungen Schauspielerin, Auguste Kladzig; sie war 1810 in Weimar als Tochter eines Wundarztes geboren, hätte 1827 gern bei der ersten Faustaufführung das Gretchen gespielt. Es gab Zeiten, da behauptete Gustchen ihren Platz neben Goethe im Tagebuch:

«Sonntag, d. 31. Januar 1830.
Ich habe die ganze Nacht von ihr geträumt. Ich sah mich mit ihr in dem vertrautesten Verhältnis und auf Reisen. Sie sprach französisch mit jemandem, der deutsch konnte, und blieb stecken, ich sprach englisch mit ihm und es hatte den rechten Zug. Ich hatte oft Ursache, mit ihr böse zu sein, aber wenn sie mich Du nannte, war ich gleich versöhnt. Es war etwas in ihr, das ich hinweg wünschte; und doch hatte ich sie immer lieb. – Mittags mit Goethe zu Tisch. Wir sprachen über Milton. ‹Ich habe vor nicht langer Zeit seinen Simson gelesen›, sagte Goethe, ‹der so im Sinn der Alten ist wie kein anderes Stück irgend eines neueren Dichters. Er ist sehr groß; und seine eigene Blindheit ist ihm zustatten gekommen, um den Zustand Simsons mit größerer Wahrheit darzustellen. Milton war in der Tat ein Poet und man muß vor ihm allen Respekt haben.›»

Oder, wenige Tage später, unter dem 5. und 6. Februar, wo auf ein Traumbild, rund und zierlich wie eine griechische Kamee, eine Anekdote von der Frau Rat in Frankfurt folgt: «Ich hatte die Nacht manche wunderliche Träume und in der Morgenstunde einen sehr schönen von Auguste. Ich saß mit ihr im Parkett; das Publikum und, was man spielte, genierte nicht. Wir lehnten Seite an Seite, um an einander einzuschlafen. Ich suchte unter ihrem Umschlagetuche ihre Hand, die sie mir gerne erlaubte; und so schlief ich sehr süß, den Kopf gelehnt an ihre Schulter, und empfand ungestört ihre Nähe, wie ich sie nie im Leben empfunden habe. Es war mir, als setzte sich der Traum Stunden lang fort, und beim Erwachen und Aufstehen war ich völlig so froh, als ob ich gelebt hätte.» Unter dem nächsten

Tag: «Bei Frau v. Goethe zu Tisch. Der junge Goethe erzählt einiges Artige von seiner Großmutter, der Frau Rat
Goethe zu Frankfurt, die er vor zwanzig Jahren als Student
besucht habe und mit der er eines Mittags beim Fürsten
Primas zur Tafel geladen worden. Der Fürst sei der Frau
Rat aus besonderer Höflichkeit auf der Treppe entgegengekommen; da er aber seine gewöhnliche geistliche Kleidung getragen, so habe sie ihn für einen Abbé gehalten und
nicht sonderlich auf ihn geachtet. Auch habe sie anfänglich
bei Tafel, an seiner Seite sitzend, nicht eben das freundlichste Gesicht gemacht. Im Laufe des Gesprächs aber sei ihr
an dem Benehmen der übrigen Anwesenden nach und
nach beigegangen, daß er der Fürst Primas sei. Der Fürst
habe darauf ihre und ihres Sohnes Gesundheit getrunken,
worauf dann die Frau Rat aufgestanden und die Gesundheit seiner Hoheit ausgebracht.»

Dieselbe Verzahnung Goetheschen Lebenskreises mit
der Sphäre um Gustchen in den Einträgen vom 16. und
17. März: «Ich gehe auf die Erfurter Chaussée und habe
das Bedürfnis Auguste zu sehen und ihr viel zu erzählen.»
Dann: «Mit Goethe zu Tisch»; es folgt eine Unterhaltung
über die «Römischen Elegien» und den Helena-Akt im
«Faust» und hieran anschließend, aber nur im Tagebuch:
«Abends im Theater Don Carlos, wo ich Auguste aus der
Ferne sehe, und wo es mir ist, als fühlte ich die Wirkung
ihrer Blicke.»

In die «Gespräche mit Goethe» sind die Träume vom
Gustchen und die Begegnungen mit ihr nicht eingegangen;
Eckermann hat jeweils nur die Tagebucheintragungen
über Milton, über die Frau Rat, über die «Römischen Elegien» und den Helena-Akt aufgenommen. Könnte indessen deren unmittelbare Zuverlässigkeit stärker gewährleistet sein als durch die umrahmenden Berichte? Sie machen
es unmöglich, die Wahrheit der Gespräche anzuzweifeln.

Noch ein Beispiel aus dem folgenden Jahr, aus dem
Tagebuch von 1831. Der Eintrag vom Montag, dem
21. Februar, beginnt mit einer Begegnung auf einer Straße
Weimars und endet wieder beim «Faust» mit der Klassi-

schen Walpurgisnacht und Helena: «Später war ich so glücklich, endlich Auguste wieder zu sehen. In der Nähe des Palais, als ich zurückblickte, war sie hinter mir. Wir waren beide sehr froh, unsere Hände zu fassen; und ich war sehr glücklich, ihr wieder in das liebe Gesicht zu sehen. Sie sagte, sie komme von Eberwein und habe eine Rolle in der ‹Weißen Dame› übernommen und einstudiert. Indem wir gingen, löste sich das Band ihres einen Schuhes, und da wir in der Nähe des Theaters waren, so schlug ich vor, hineinzutreten und ihn wieder fest zu binden. Dieses tat sie, indem sie den Fuß auf die Treppe setzte und ich vor der Türe stand, um sie wieder zu erwarten. Sie begleitete mich dann hinter das Theater weg bis vor Coudrays Haus, wo wir uns mit einem herzlichen Blick und Händedruck trennten, indem ich vorhatte, noch eine Strecke auf die Erfurter Straße zu gehen. Sie hatte mir erzählt, daß ihre Studien wegen der vielen Proben zum ‹Tell› ins Stocken geraten. Sie bittet mich dringend, ihr wieder einmal zu schreiben, welches ich verspreche. Ich war über dieses liebe Begegnen den ganzen Tag glücklich und bedachte, wie gut es sei, durch irgend eine Neigung sich beschränkt zu fühlen.

Mittags bei Goethe zu Tisch. Er lobt sehr Schellings Rede, womit dieser die Münchener Studenten beschwichtigt. ‹Die Rede›, sagte Goethe, ‹ist durch und durch gut und man freut sich einmal wieder über das vorzügliche Talent, das wir lange kannten und verehrten und das sich, wunderlich, so lange verborgen hat.›» Im Weiteren wendet sich das Gespräch Schellings Schrift über den Kult der Kabiren zu und damit der Klassischen Walpurgisnacht und der Helenahandlung.

Was diesem Tagebuch seinen Reiz gibt, sind dieselben Eigenschaften, die den Unterhaltungen mit Goethe zugute kommen, die Zartheit der Empfindung und die keinen Zug auslassende Anschaulichkeit der Wiedergabe, so daß auch das Nichtigste, wie das Sichlösen und Binden eines Schuhriemens, zu einer kleinen Szene, und zwar zu einer gefühlten Szene wird. Was hier in der Veröffentlichung unterdrückt wird, wie eben die Begegnung mit dem geliebten Mädchen vor dem Palais, wird sofort in das Werk hineingenommen und erhält ein stilistisches Gewicht, wenn es sich um Goethe handelt, so zwei Tage darauf, am 23. Februar, die Begegnung mit dem Dichter auf der Erfurter Chaussee, der den Wagen halten und Eckermann einsteigen läßt; es folgen, sich immer mehr zum Bedeutenden steigernd, die gemeinsame Fahrt auf die Höhe zum Tannenhölzchen, die Bemerkungen über die Farben der Landschaft, über die Farbenlehre und über die Urphänomene, «hinter welchen man unmittelbar die Gottheit zu gewahren glaube». «Ich frage nicht», sagte Goethe, «ob dieses höchste Wesen Verstand und Vernunft habe, sondern ich fühle es; es ist der Verstand, es ist die Vernunft selber. Alle Geschöpfe sind davon durchdrungen und der Mensch hat davon soviel, daß er Teile des Höchsten erkennen mag.» Nachdem dieser Gipfel erreicht ist, fällt das Gespräch, gleichsam wie in einer Kadenz, thematisch wieder mehr in das Irdische zurück, indem das Verhältnis zwischen organischer und anorganischer Welt zur Erörterung gestellt wird.

Durch diesen Aufbau, diese Art der Wiedergabe, der Verflechtung von Zeitlichem und Überzeitlichem gewinnen die Worte Goethes, gerade weil sie aus dem Alltag erwachsen, ihre Verbindlichkeit. Aus der äußeren Wirklichkeit entfaltet sich die innere Wahrheit, deren Überzeugungskraft deshalb so groß ist, weil sie nicht über den Wolken schwebt, sondern mitten unter uns wohnt. –

Eckermann hatte sich, als er noch in Hannover war, einem Mädchen versprochen. Die Ehe konnte nicht geschlossen werden, weil die Mittel fehlten. Nun sah er 1824 in Weimar die junge Schauspielerin und erfuhr die Qualen des Fernando in der «Stella», das Schicksal des Mannes zwischen zwei Frauen. Und ebenso wie dieser schwankende Held des Goetheschen «Stückes für Liebende» vermochte er den Knoten nicht zu lösen. Damals war es, wo er die Zauberwelt seiner Vögel um sich her aufbaute und in sie flüchtete wie in ein Märchen der Kindheit. Die Entscheidung trafen die Frauen. Am 9. November 1831 fand die Trauung statt; drei Tage darauf verließ Gustchen ihr Weimarer Engagement. – Später heiratete sie den Schauspieler La Roche an der Wiener Burg, der in Weimar bei der Uraufführung des «Faust» der erste Mephisto gewesen. Auch ward ihr Wunsch, das Gretchen zu spielen, den das Schicksal der Sechzehnjährigen versagt hatte, fünf Jahre später erfüllt, als in Brünn Szenen aus dem «Faust» als Totenfeier für Goethe zur Aufführung kamen.

Die bürgerlichen Verhältnisse Eckermanns sind immer eng, ja bedrückend geblieben. Goethe, früher freigebig und fürsorgend wie kein anderer, sah den Niedergang des eigenen Geschlechtes voraus: der Sohn tot, die Enkel zart, ihre Mutter unstet und nicht fähig zu wirtschaften. So möchte er Eckermann durch eine kleine Stellung in der Verwaltung oder am Hofe gesichert sehen. Der Hof aber war seit Carl Augusts Tod nur noch auf Sparen bedacht und ohne Sinn für die große Überlieferung des Hauses. Man zahlte mit Titeln. Eckermann ward Doktor, später auch Hofrat; aber von Titeln kann man nicht leben. Ein Auftrag, den Erbgroßherzog Carl Alexander im Englischen zu unterrichten, brachte 1829 eine gewisse Hilfe, doch lag es in der Natur des Amtes, daß es zeitlich begrenzt war; zudem blieb dem scheuen Sohne der Marsch das höfische Parkett ein bänglicher Boden, eher zu meiden als aufzusuchen. Durch Goethes Ruhm herbeigerufen, kamen Engländer nach Weimar, und Eckermann unterrichtete sie in deutscher Literatur; aber nach des Dichters Tod fielen diese Einnahmen weg. Der Ertrag aus den «Gesprächen mit Goethe», deren Bände 1836 und 1848 erschienen, war gering, da Brockhaus, am Erfolg des Buches zweifelnd, sich nicht sehr einsetzte. Um nicht der Welt das Schauspiel zu bieten, daß Eckermann darbe, scheint schließlich Ottilie geholfen zu haben, indem sie billigte, daß hin und wieder aus den Manuskripten des Dichters Blätter in fürstliche Hände gegeben wurden.

Zur Wirtschaftsnot kam früh ein anderes Unglück, nach kaum dreijähriger Ehe der Tod der Gattin. Es ward einsam um Eckermann. Die Goldammern und Zaunkönige, die Grasmücken und Kreuzschnäbel, die Strandläufer und zahmen Habichte, die der jungen Frau hatten weichen müssen, zogen wieder ein. Sie und der kleine Karl, der später als Schüler Prellers ein tüchtiger Maler werden sollte, sind die einzige Gesellschaft des alternden Mannes. Dazu die Kinder der Nachbarschaft! Aus ihren Erinnerungen wird uns seine Gestalt, wie diese Knaben sie sahen, lebendig: eine kräftige Erscheinung, eher klein als groß, das Gesicht stets glatt rasiert und scharf geschnitten, wie man es im Norden findet und wie es Seeleuten eigen ist, die Stirn breit und klug, die Nase kräftig und gebogen, die Augen hell und scharf wie die der Raubvögel. Ein wohlwollend biederer Ausdruck und das lange, glatt in den Nacken fallende Haar gaben dem Gesicht seine Wärme und Freundlichkeit. «Komm, min Jong, wir wollen einen Spaziergang machen», – Eckermann war wohl der einzige in Weimar, dem das Niederdeutsche die gemäße Mundart war; und dann sei man gewandert, meist dem Ettersberg zu, das Treiben auf den Feldern begutachtend und thüringische Sitte mit der von Hannover vergleichend; Vogelnester habe Eckermann auf dreißig Schritt hin erkannt, die darin nistende Art bestimmt und verschleppte Nester von ursprünglich gebauten sofort unterscheidend. –

Man hat aus dem Lebenslauf Eckermanns Goethe einen Vorwurf machen wollen. Er sei durch seinen Dienst an dem Dichter um das eigene Lebensglück gekommen. Was heißt Glück? Was hätte es in diesem Falle geheißen? Eine kleine Beamtenstelle in Hannover? Ein Schriftsteller mehr für die Almanache der Romantik oder die Zeitschriften des Jungen Deutschlands? Wem das ein Ziel scheint, aufs innigste zu wünschen, der mag ruhig Eckermanns Schicksal beklagen. Er selbst hat anders geurteilt. Daß jede vorübergehende Entfernung von Weimar mit der Rückkehr endete, beweist nur seine Stärke, nicht seine Schwäche, beweist den Adel einer Seele, die sich lieber einem Großen opfern wollte als mittelmäßig unter Mittelmäßigen zu leben. Da Goethe starb, war Eckermann erst vierzig Jahre alt. Er war frei. Dem Mitarbeiter Goethes standen alle Tore offen. Wenn wirklich eine große selbständige Begabung unterdrückt gewesen wäre, warum schwieg er sich nun so aus?

Eckermann war ein großer Träumer, ein Tagträumer, aber auch ein Nachtträumer. Mit Goethe hatte er schon nächtliche Gespräche, da er noch in Hannover als Schreiber tätig war und sich eben aus seinen Ersparnissen des Dichters Werke gekauft hatte; und er erlebte 1821, zwei Jahre ehe er nach Weimar kam, im Traum einen Besuch im Hause am Frauenplan, da kaum die ersten Briefe gewechselt waren. Manche der Gesichte, die sich ihm im Schlafe zeigten, hat er aufgezeichnet; sie lesen sich wie Dichtungen und haben in ihrer überzeugenden, anschaulichen Schlichtheit etwas Antikes. Das schönste von allem ist wohl das von der Wiederbegegnung mit Goethe nach dessen Tode. Im Frühjahr 1836 waren die Unterhaltungen mit dem Dichter erschienen; vom November stammt der Traum. Alles, was bewußt oder unbewußt Eckermanns Herz erfüllt, drängt hier noch einmal zum Ausdruck, die Liebe zu Goethe, und die Sehnsucht nach ihm, der Eifer für die «Gespräche», wobei die Kunstregel, der diese in ihrer Anlage folgen, Goethe selbst in den Mund gelegt wird, schließlich der Glaube an die eigene Mission, eben durch dieses Werk dem Andenken des Dichters zu dienen, denn das bedeuten im Traume die «Geschäfte», die Eckermann Goethe nicht auf die «Reise» folgen lassen. Wenn es dann weiter im Traume heißt, Goethe sei soeben in Schweden gewesen, so ist das eine Reminiszenz aus dem Rechtsstreit, in dem Eckermann mit seinem Verleger lag. Brockhaus hatte ohne Eckermanns Wissen einen Nachdruck der Gespräche vorgenommen, in dem versehentlich von Goethes Reise nach Schweden statt nach Schwaben zu lesen war. Durch eine Kritik aufmerksam gemacht, glaubte sich Eckermann betrogen und strengte einen seinerzeit berühmten Prozeß an. Die Erregung über den Fall spielte bis in seine Traumsphäre hinein. Mit diesen Motiven aus der Gegenwart und aus Weimar verbinden sich nun Erinnerungen an die Kindheit, an Hamburg, die Niederelbe, an die Marschen und ihre Vogelwelt. Aber diese Landschaft wird seltsam hintergründig. Der deutsche Strom wird zum Fluß des Totenreiches, die Elbfähre wird zum Kahn des Charon: «In der vorigen Nacht führte mich der Traum abermals in Goethes Haus, und ich sah ihn, diesmal mit seinem Sohne, im hohen Grade heiter und lebensfroh mir entgegen kommen. Wir begrüßten uns wechselweise als solche, die sich lange nicht gesprochen, wobei ich in meinem Innern eine Art von Beschämung fühlte, daß ich ihn in vier Jahren nicht besucht und daß ich, trotz meiner wiederholten Träume von ihm, dem allgemeinen Gerücht Glauben geschenkt, daß er tot sei.

Goethe wie sein Sohn waren beide in Hüten und braunen Oberröcken und in ihren Bewegungen besonders rasch und rüstig. Sie machten mir den Eindruck von Männern, die nach langer Abwesenheit ihr Haus wieder betreten und die das Wiedersehen einer liebgewordenen Umgebung in eine heitere Aufregung versetzt hatte. Dabei war die Farbe ihrer Gesichter derart, als seien sie lange der freien Luft und dem Wind und Wetter ausgesetzt gewesen, durchaus frisch und vom kräftigsten Ausdruck.

Nachdem wir uns also auf das herzlichste begrüßt hatten und es mir nach der ersten Überraschung des Wiedersehens ein wenig bequem geworden, konnte ich nicht umhin, das allgemeine Gerücht von seinem Hinscheiden gegen Goethe in Erwähnung zu bringen. ‹Die Leute meinen›, rief ich ihm lachend zu, indem ich seine Hand faßte, ‹Sie wären tot; ich habe aber immer gesagt, daß es nicht so sei, und sehe nun zu meiner großen Freude, daß ich recht hatte. Nicht wahr, Sie sind nicht tot?› – ‹Die närrischen Leute›, erwiderte Goethe, indem er mich sehr schelmisch ansah, ‹tot? – was sollte ich tot sein! – Auf Reisen bin ich gewesen! Ich habe derweil viele Länder und Menschen gesehen; im letzten Jahre war ich in Schweden.› – ‹Dieses zu hören›, erwiderte ich, ‹ist mir unendlich lieb. Aber vor allen Dingen, ehe wir weiter reden, was sagen Sie zu meinen «Gesprächen»? Sie haben ohne Zweifel das Buch gelesen, und es liegt mir, wie Sie denken können, sehr viel daran, von Ihnen selbst zu hören, was Sie davon halten.›

‹Ich habe das Buch gelesen›, erwiderte Goethe. ‹Ihr habt Eure Streiche nicht schlecht gemacht und ich muß Euch loben. Auch unterwegs habe ich überall viel Gutes davon gehört; ja ein sehr gescheuter Mann äußerte sogar, daß meine Persönlichkeit darin vorteilhafter erscheine als in meinen eigenen Schriften. Er wollte von mir das Rätsel gelöset hören, worauf ich ihm erwiderte: es komme von der südlichen Beleuchtung.›»

Eckermann – so geht der Traum weiter – ist über des Dichters Lob erfreut, weiß aber das Wort von der südlichen Beleuchtung nicht recht zu deuten. Dann gewahrt Goethe Foliobogen zu ferneren Gesprächen, überprüft die Niederschrift und empfiehlt, die angedeuteten Gegenstände ausführlich zu behandeln.

«‹Ein abgerissenes Faktum, eine nackte Äußerung›, sagte er, ‹will nicht viel heißen; führen Sie aber den Leser in das Detail der Situation, in die näheren Umstände hinein, so ziehen Sie ihn in das Interesse des Gegenstandes und er erfährt die Täuschung, als sei das geläuterte Wahre ein Wirkliches, das er in solcher Spiegelung zum zweiten Male mit zu erleben glaubt. In dem Gedruckten ist Ihnen manches dieser Art gelungen, sehen Sie zu, daß diese Andeutungen des Manuskriptes jenem einigermaßen gleichkommen.›

Es war mir sehr lieb, durch so gute Worte Goethes mich zu ferneren Versuchen der Art angetrieben und dadurch das früher Geleistete gewissermaßen sanktioniert zu sehen.

Wir lebten darauf die Nacht weiter miteinander fort, wobei es mir merkwürdig war, daß außer Goethe und seinem Sohn niemand weiter erschien, so wenig irgend jemand seiner eigenen Familie, als irgend jemand seiner übrigen Freunde und Angehörigen; selbst nicht ein Diener ließ sich sehen.

Mit Anbruch des Tages war die Szene verändert. Wir hatten eine Stadt im Rücken und befanden uns an einem sehr breiten Strom, an einer Fährstelle, die zugleich als

Ausladeplatz diente, wie an verschiedenen Kaufmannsgütern und aufgeschichteten tannenen Brettern zu sehen war. Einige Böte lagen auf dem Strande, als in der Ausbesserung begriffen oder ihrer bedürftig. Der breite Strom glänzte in dem Schein der anbrechenden Morgenröte, während über uns in frischer Himmelsbläue die Halbscheibe des Mondes zu erbleichen begann. Die Luft war frisch und in hohem Grade erquicklich. Den Strom rechts hinab sah man in der Ferne auf dem Wasser und der weitausgedehnten Weidefläche einige Nebelstreifen, welche anfingen zu ziehen und sich leise zu erheben. Man sah ein kleines Boot mit drei bis vier Männern den Strom herabkommen und in einiger Ferne in einem Weidengebüsch anlegen, woraus ich schloß, daß es Schmuggler sein möchten, die ihre Waren in dem Gesträuch und Schilf bis zu gelegener Stunde versteckten.

Ich führte einiges kleines Gespräch mit dem jungen Goethe über das, was uns vor Augen war, während der alte keine Lippe öffnete, vielmehr sich mit der erwachenden morgendlichen Natur in stummer Betrachtung zu unterhalten schien.

Indes ward es am Strande immer lebendiger. Von der linken Seite her aus der hinter uns liegenden Stadt sah man abwechselnd verschiedene Leute kommen, einige ihrem Ansehen nach gleichfalls Reisende, andere Arbeiter, die am jenseitigen Ufer zu tun hatten und mit übergesetzt sein wollten. Sie traten in eine große Fähre, die zu diesem Zweck nicht weit von uns bereit lag und die sich nach und nach anfüllte.

Die Morgenröte fing bereits an, der Helle zu weichen, die dem baldigen Erscheinen der Sonne vorangeht. Ein schöner Storch flog nahe an uns vorbei über den Strom hin nach den feuchten Niederungen des jenseitigen Ufers. Goethe sowohl wie sein Sohn bemerkten ihn. ‹Der Storch fliegt schon nach Froschen für seine Jungen›, sagte der junge Goethe. ‹Es ist Zeit, lieber Vater. Der Vogel fliegt rechts, es ist ein gutes Zeichen. Nun, Doktor, gehabt Euch wohl! Es scheint, Ihr wollt nicht mit? gelt! Ihr habt noch

Geschäfte.› – ‹Ja›, sagte ich, sein geheimnisvolles Lächeln erwidernd, ‹ich habe diesseits noch einiges zu tun.› Und somit gab ich ihm die Hand und wünschte beiden, wohl zu reisen. Goethe schritt nach der Fähre zu voran; er öffnete keine Lippe, es schien, als sei ihm das Reden verboten. Auch reichte er mir keine Hand. Ein sehr flüchtiger, freundlicher Blick und ein geringes Zunicken während dem Einsteigen war das einzige Zeichen des Abschiedes.

Ich ging den sanft abschüssigen Strand wieder hinauf in die Nähe des ersten Hauses, wo ich stehen blieb, um von dieser geringen Höhe ihrer Fahrt über den Strom weiter nachzusehen. Hierbei bemerkte ich in meinen Gedanken als etwas Auffallendes, daß die übrigen Passagiere allerlei Bündel und Reisegepäck mit sich führten, während meine genannten edlen Freunde ohne alles Gepäck waren und überhaupt den Eindruck machten, als hätten sie keine leiblichen Bedürfnisse. Ich blickte ihnen nach, so lange ich konnte. Es tat mir nicht leid, daß sie gingen, so wie ich auch an ihnen beim Abschiede keine Spur einer herzlichen Regung wahrgenommen hatte; es war alles, als ob es so sein müßte. Sie nahmen ihre Richtung nach Südosten, wo sich ein flaches Wiesen- und Weideland mit einigem sehr einladenden Gebüsch und Gehölz unabsehbar ausdehnte. Von Gebäuden in der Nähe und Turmspitzen in der Ferne war jedoch keine Spur, und ich machte daraus den Schluß, daß dies ein Land sei, das nicht von Menschen bewohnt werde. –»

Wem erzähle ich dies? Nicht dir, mein Gott, sondern von
dir erzähle ich es meinem Geschlecht, dem Menschenge-
schlecht, wie klein auch immer der Bruchteil sein mag,
dem mein Buch in die Hände kommen wird. Und warum
erzähle ich es? damit ich und jeder meiner Leser bedenken
möge, aus welcher Tiefe man zu dir rufen muß. – «*Et ut
quid hoc? Ut videlicet ego et quisquis haec legit cogitemus,
de quam profundo clamandum sit ad te.*» So rechtfertigt
Augustin, und das geschah im Jahre 400 nach Christi Geburt, die Niederschrift seiner «Bekenntnisse».

Goethe, über vierzehn Jahrhunderte später, schreibt
gleichfalls «Bekenntnisse». Erst später hat er seiner Lebensbeschreibung den Titel gegeben, den sie jetzt trägt.
Auch er rechtfertigt sein Tun. Er stellt seinem Buche den
angeblichen Brief eines Freundes voran, der ihn auffordert,
den dreizehn Bänden seiner Werke, wie sie 1806 bis 1810
bei Cotta erschienen waren, eine Ergänzung anzufügen,
die das Bruchstückhafte und Dunkle einzelner Dichtungen
dadurch aufhelle, daß man erfahre, aus welcher Veranlassung sie entstanden und wie sie mit des Dichters Leben
verwoben seien. Diesem Wunsch wird nachgegeben.
Goethe erzählt seine Kindheit und Jugend. Indes, er arbeitet nicht wie ein Porträtist, sondern wie einer der großen
Landschafter des Barocks. Das Bild stößt rasch in die
Tiefe. Ein breiter Mittelgrund, gedehnte Räume ferner
Hintergründe scheinen zuweilen die Gestalt des Helden
fast zur Staffage herabzudrücken. So aber, meint Goethe,
müsse eine Biographie angelegt sein. Sie habe den Menschen in seine Zeitverhältnisse zu stellen, habe zu zeigen,
inwiefern ihm das Ganze widerstrebt, inwiefern es ihn begünstigt, wie er seine Welt- und Menschenansicht aus sol-

chen Einwirkungen gebildet und wie er diese, wenn er Dichter, in seinem Schaffen gespiegelt. «Ein jeder, nur zehn Jahre früher oder später geboren, dürfte, was seine eigene Bildung und die Wirkung nach außen betrifft, ein ganz anderer geworden sein.»

Goethes Buch scheint offensichtlich nichts anderes zu sein als eine Auseinandersetzung mit der Welt und mit der Zeit. Augustins Werk war eine solche mit Gott, für die die Welt nur den Anlaß bot. Der Unterschied der Menschen und Jahrhunderte tritt zutage. Und doch, auch der Leser von «Dichtung und Wahrheit» muß sehr schnell gewahr werden, wie die Frage nach Religion, nach christlichem Glauben, nach Gott ein Hauptanliegen der Darstellung ist, wie sie fugenartig durch alle vier Teile durchgeführt wird, variierend und sich steigernd. Nicht laut, aber vernehmlich hören wir den Ruf nach Gott auch aus diesen «Bekenntnissen», so daß über das ganze Werk das Urteil gefällt werden konnte, es scheine sich hier weniger um die Lebensbeschreibung eines Dichters als um die eines Gelehrten oder Theologen zu handeln.

Man sieht, die Frage nach der Deutung der Dichtungen, die Rücksicht auf die Wünsche seiner Leserschaft, das war nur ein Anliegen des Dichters unter anderen; tiefer, bestimmender als die Wendung nach außen war die nach innen, der Blick in das eigene Selbst. Der junge Mensch ist geschichtslos, lebt dem Augenblick, der Zukunft. Goethe, als er sich entschloß, die Geschichte seines Werdens zu schreiben, war sechzig Jahre alt. Er stand fremd in fremder Welt. Frankfurter Jugend lag weit, weit zurück. Im Herbst 1808 war nun auch noch die Mutter dahingegangen, der letzte Zeuge der Kindheit im Hause am Großen Hirschgraben. Elf Jahre vorher, 1797, hatte der Dichter sie noch einmal gesehen, war er in der Vaterstadt gewesen. Jetzt waren es nur noch die Familien der Brentanos im Hause «Zum Goldnen Kopf», der Schlossers in der Töngesgasse, die ihm die Verbindung mit der alten Heimat aufrechterhielten. Aber auch Weimar war nicht mehr, was es gewesen, war leer geworden. Anna Amalia, die Herzogin, der die Stadt ihren Ruhm verdankte, war 1807 gestorben, Corona Schröter, der Mittelpunkt der heiteren Feste von Tiefurt und Ettersburg, schon 1802. Ein Jahr darauf war Herder, einst der Freund von Straßburg und Darmstadt, geschieden, Schiller 1805. Indes, das war es nicht allein. Weimar selbst, die Stadt, das Land, das Herzogtum waren nicht mehr der sichere Boden einer tätig frohen Existenz. Die Kanonen von Jena hatten alles Sein erschüttert, und nur mit Mühe war dem Hause Sachsen der Thron erhalten worden. Napoleon herrschte. Die Zukunft war ungewiß. Bei aller bewundernswerten Lebenskraft, die Goethe auszeichnete, es gab Stunden, wo sich etwas von der Eisesluft des Alters und seiner Vereinsamung um ihn gelegt haben mag. Mürrisch war er dann und kalt, wie er selbst Bettinen gestand, als diese im Frühling 1807 ihm heimische Luft und Jugendfreude zutrug. Sie war über Kassel von Frankfurt gekommen, noch unmittelbar von der alten Frau Rat, und hatte alle die Kindheitsgeschichten vor ihm ausgeschüttet, die sie, auf dem «Schawellchen» zu Füßen der alten Dame sitzend, von dieser gehört hatte. Ihr Besuch ward mit ein Antrieb für Goethe, die Geschichte seiner Jugend aufzuschreiben. Wenn auch Clemens Brentano wohl im Irrtum war, da er an Achim von Arnim schrieb, Goethe habe einen solchen Auftrag in Bettinens Hand gelegt, so stimmt es doch, daß er brieflich, und zwar unter dem 25. Oktober 1810, Bettina bittet, ihm aufzuschreiben, was sie von der Mutter über seine Kindheit gehört habe. Die alte Zeit war durch diesen Besuch der jungen Tochter der jugendlich verstorbenen Maxe Brentano wieder zu Leben erweckt worden, und Goethe beginnt den Seinen zu erzählen von Zachariae und den Leipziger Studentenjahren, von Lenz und der Geniezeit, vom Ritterorden in Wetzlar und schließlich auch von Lili Schönemann. Riemer, der Hausgenosse, weil Lehrer des Sohnes August, hat in seinem Tagebuch von solchen Gesprächen uns die Kenntnis vermittelt; und so stark ist der Eindruck auf diesen gewesen, daß er den Dichter bittet, er möge doch die Geschichte seines Lebens aufzeichnen. Das war am 27. August 1808, am Vorabend von Goethes neunundfünfzigstem Geburtstag.

Das erste war nun, daß Goethe sich Jahr auf Jahr in Stichworten einen Überblick über sein Leben niederschrieb. Er nahm dazu ein Oktavbändchen in Goldschnitt mit 76 Blättern. Es ist erhalten und beginnt: «1742 Carl VII. gekrönt 24. Januar, residirt zu Franckfurt. Mein Vater zum Kayserlichen Rath ernannt 16. May.» Und es endet, nicht etwa 1775, wie man erwarten könnte, nein, durchgeführt bis zur Stunde des Niederschreibens, auf Blatt 71 mit dem Jahre 1809: «Die Wahlverwandtschaften. Augusts Rückkunft von Heidelberg. Biographisches Schema.» August, der Sohn, war am 26. September 1809 von seinem Studium in Heidelberg zurückgekehrt. Die Niederschrift des Schemas begann am 11. Oktober 1809. Am nächsten Tage wurden «Alte Tagebücher vorgesucht», Bücher wurden nachgeschlagen, über die Literaten im 18. Jahrhundert, über den Siebenjährigen Krieg, so füllte sich allmählich das Büchlein. Und das war der Anfang von «Dichtung und Wahrheit».

Auf diese annalistische Übersicht, die nur Tatsachen aus dem eigenen Leben oder der Zeit enthielt, folgt nun aber auch gleich die Frage nach dem Sinn dieses seines Lebens. Und da lesen wir:

Mein Leben ein einzig Abentheuer.
Keine Abentheuer durch Streben nach Ausbildung
    dessen, was die Natur in mich gelegt hatte.
Streben nach Erwerb dessen was sie nicht in mich
    gelegt hat.
Eben soviel wahre als falsche Tendenz.
Deßhalb ewige Marter ohne eigentlichen Genuß.
Niederträchtige Necrologen.

Welch pessimistisches Wort über ein so großes Dasein! Die letzte Zeile, niederträchtige Necrologen, meint sowohl deren Neigung zu Indiskretionen als auch die Verlogenheit der üblichen Grabreden und Nachrufe, die in Harmonie und Erfüllung umzudeuten pflegen, was zumeist Irrtum und Leiden gewesen. Die Worte aber über das eigene Leben, über das Abenteuerhafte in ihm, das Streben nach Ausbildung, das Irren in den Wegen und in den Zielen rühren an den autobiographischen Gehalt von Werken wie «Die Theatralische Sendung» und «Wilhelm Meisters Lehrjahre» und an die erste Maxime «Aus Makariens Archiv»: «Die Geheimnisse der Lebenspfade darf und kann man nicht offenbaren; es gibt Steine des Anstoßes, über die ein jeder Wanderer stolpern muß. Der Poet aber deutet auf die Stelle hin.» Für das Fazit aber: «ewige Marter ohne eigentlichen Genuß», wie viele ähnliche Äußerungen Goethes aus Briefen und Gesprächen in der Jugend, Mitte des Lebens und im Alter ließen sich anführen!

Ein halbes Jahr später, im Mai 1810, fuhr der Dichter in die Böhmischen Bäder. Das Wetter war schön und frühlingshaft, und Goethe saß mit Riemer im Rücksitz der Kutsche, die Unterhaltung ging um «Biographica und Aesthetica», also um «Dichtung und Wahrheit» nach Inhalt und Form. Manches Blatt war inzwischen mit Notizen gefüllt worden. Was Goethe vor allem beschäftigte, war nicht die Frage nach den Einzelheiten, sondern nach dem inneren Sinn. Indes, jetzt ist der Blick dabei nicht auf den Lebensgang als solchen gerichtet, auf das Abenteuerhafte, schwankend Irrende, sondern auf den Menschen selbst. Und der Mensch wird gesehen als Natur, das Leben als Metamorphose. Eben dieser Ausdruck fällt als Stichwort. Das Gespräch enthält das Programm für «Dichtung und Wahrheit». Goethe hat es in Stichworten im Tagebuch festgehalten. Es ist wichtig genug; sehen wir es uns genau an:

«Der Grund von allem ist physiologisch. Es gibt ein Physiologisch-Pathologisches, zum Exempel in allen Übergängen der organischen Natur, die aus einer Stufe der Metamorphose in die andere tritt. Diese wohl zu unterscheiden vom eigentlich morbosen Zustande.» Pathologisch, – als ein zu Erleidendes, so hat Jacob Burckhardt Geschichte überhaupt gesehen. Der Dichter sah das Pathologische in den Übergangszeiten, im Ganzen zielvolle Metamorphose.

Weil der Mensch eine Natur ist, muß er sich wandeln, wie auch diese sich wandelt, vom Samen zur Pflanze, von der Puppe zum Schmetterling. Jede Wandlung ist Leiden, und diesen Zustand bezeichnet Goethe als physiologisch-pathologisch. Solches Leid ist naturnotwendig.

Der Gegensatz dazu ist die eigentliche Krankheit, der morbose Zustand, der im Körperlichen, im Seelischen, ja auch im Sittlichen eintreten kann. «Wirkung des Äußeren bringt Retardationen hervor, welche oft pathologisch im ersten Sinne sind», das heißt: die äußeren Umstände können eine in der Natur liegende Entwicklung des Menschen aufhalten und dadurch das Leiden der Wandlung steigern. Ja, solche Hemmungen werden zuweilen gefährlich. «Sie können einen morbosen Zustand hervorbringen und durch eine umgekehrte Reihe von Metamorphosen das Wesen umbringen. Jeder der eine Confession schreibt, ist in einem gefährlichen Falle, lamentabel zu werden, weil man nur das Morbose, das Sündige bekennt und niemals seine Tugenden beichten soll.» Hier also sieht Goethe die Klippe jeder Autobiographie, die zwischen der Ruhmredigkeit der Renaissancebiographie mit ihrem individualistisch aufgeblähten Selbstempfinden und dem Minderwertigkeitsgefühl des durch Adams Fall grundverderbten Menschenkindes den richtigen Mittelweg zu suchen hat.

Auf welche Weise geschieht das? Indem neben die «Biographica» die «Aesthetica» treten, das heißt neben die Tatsachen die überlegene, planende Form der Darstellung. «Ironische Ansicht des Lebens im höheren Sinne, wodurch die Biographie sich über das Leben erhebt.» Der Begriff der Ironie hat seit Sokrates eine Fülle von Bedeutungsschattierungen bekommen; hier heißt er: der Erzähler steht über sich als Gegenstand der Darstellung, läßt sich wenig anmerken, daß es sich bei allem Vorgetragenen um ihn selbst handele, vor allem, der alte Goethe identifiziert sich nicht mehr mit dem jungen. «Superstitiose Ansicht, wodurch die Biographie sich wieder gegen das Leben zurückzieht. Auf jene Weise [die ironische nämlich] wird dem Verstand und der Vernunft, auf diese der Sinnlichkeit und Phantasie geschmeichelt; und es muß zuletzt, wohl behandelt, eine befriedigende Totalität hervortreten», das heißt, neben die objektive Schilderung der Welt, in der der Erzähler fast verschwindet, tritt die subjektive, die Icherzählung mit der Sinnenfülle des persönlich erlebten Daseins, und Goethe nennt diese Form superstitios, das heißt an höhere Mächte gebunden. Er gibt dadurch seinem Glauben Ausdruck, daß der einzelne letzten Endes doch im göttlichen Ratschluß geborgen sei.

Nachdem so die tragenden Grundgedanken des Gespräches über «Dichtung und Wahrheit» im Tagebuch unter dem 18. Mai 1810 festgehalten worden sind, fährt Goethe diktierend fort: «In Neuhof gefüttert. Detachement von Franzosen, etwa zwölf Mann und ein Offizier, sehr sauber gekleidet und machten vielerlei Späße. Einiges gezeichnet. Nachher über Asch und Mauth; am Quarzfelsen etwas gespeist. Hinter demselben die Gegend im klaren schönen Sonnenschein.» Merkwürdig, wie für Goethe beides auf derselben Ebene zu liegen scheint, die abstrakten Betrachtungen über die Problematik seiner Lebensbeschreibung und das Füttern der Pferde und die Späße französischer Soldaten. Das aber wird eben das Geheimnis von «Dichtung und Wahrheit» werden, darum wird dies Werk als «eine befriedigende Totalität hervortreten», weil, wie Goethe sagen würde, dem Verstand und der Vernunft wie der Sinnlichkeit und Phantasie in gleicher Weise geschmeichelt wird. Das Augenerlebnis steht vollberechtigt neben dem Denken.

Vier Tage darauf in Karlsbad beginnt Goethe nun ein zweites biographisches Schema zu entwerfen. Erhalten sind die Jahre 1770/71, 1774 bis 1797. Auch hieraus ergibt sich, daß ursprünglich nicht geplant war, das Werk schon mit der Übersiedlung von Frankfurt nach Weimar abzuschließen. Den Inhalt bilden kulturelle Betrachtungen und biographische Einzelheiten; bemerkenswert ist eine große Selbstcharakteristik beim Eintritt in die Weimarer Verhältnisse, offen und bescheiden. «Tat steht mit Reue, Handeln mit Sorge in immerwährendem Bezug. Hauptaperçu, daß zuletzt alles ethisch sei. Altes deutsches Sprüchwort: ‹Ehrlich währt am längsten.›» Damit war wieder ein besonders bedeutungsvoller Gesichtspunkt für das Werk herausgearbeitet: das sittliche Moment. Die tragische Verkettung alles Handelns wird aufgedeckt, das schuldlos Schuldigwerden, das Goethe einmal durch die Maxime kennzeichnet, der Handelnde sei immer gewissenlos, weil jedes Leben, es mag sein, wie es will, immer auf Kosten anderer sein Selbst behauptet. Daher: «Tat steht mit Reue, Handeln mit Sorge in immerwährendem Bezug.» Aber diese Erkenntnis führt weder zur Selbstquälerei noch zur Weltflucht. Auch hier liegt die Lösung im Vertrauen zur Einrichtung der Welt: «Ehrlich währt am längsten» und: «Hauptaperçu, daß zuletzt alles ethisch sei.» Die sittliche Welt wird über alles andere gesetzt, wie etwa in der Maxime: «Was hat denn der Mathematiker [das heißt die rein logische Denktätigkeit] für ein Verhältnis zum Gewissen, was doch das höchste, das würdigste Erbteil der Menschen ist, eine inkommensurable, bis ins Feinste wirkende, sich selber spaltende und wieder verbindende Tätigkeit? Und Gewissen ist's vom Höchsten bis ins Geringste. Gewissen ist's, wer das kleinste Gedicht gut und vortrefflich macht.»

Der Sommer und Herbst 1810 galten noch den Vorstudien, dann begann am 29. Januar 1811 die Niederschrift. So wie die Bogen sich füllten, wurden sie vorgelesen, erst im eigenen Hause Christiane, seit April auch zum Montags-Tee im Blauen Zimmer des Schlosses der Herzogin Luise und ihrem Kreise, also dem Erbprinzen Carl Friedrich und Maria Paulowna, Charlotte v. Stein, Charlotte v. Schiller. Der Eindruck war groß, obwohl die Darstellung noch nicht in allem die Form hatte, wie wir sie heute lesen. Goethe hielt sich zunächst an seine Schemata, erweiterte dann durch Einschiebungen, baute auf und rundete ab, wie es ihm gut dünkte, schuf dabei aber im flotten Zuge weiter; und wiederum war der Aufenthalt in Karlsbad besonders fruchtbar. Am 17. Juli 1811 ging die Handschrift des Ersten Buches in die Frommannsche Druckerei in Jena, und schon am 26. Oktober war der Erste Teil des ganzen Werkes, waren die fünf ersten Bücher gedruckt und versandbereit für die Freunde in Goethes Händen. Es war die Schilderung der Frankfurter Jugendzeit.

Der Zweite Teil, Buch fünf bis zehn, ward ohne Unterbrechung in Arbeit genommen. Die Herstellung nahm genau ein Jahr in Anspruch. Am 4. Oktober 1812 schickte Goethe die letzten Manuskriptseiten nach Jena, wo die Druckerei seit Juli Buch für Buch, wie es von Weimar herübergekommen war, in Satz genommen hatte. Ende Oktober lag der Band vor. Und wieder ging die Arbeit ohne Pause weiter; auch die Gestaltung des Dritten Teiles, der Bücher elf bis fünfzehn, war noch vom gleichen Schwung wie die der ersten Bände getragen. Am 6. Mai 1814 lag er vor; es war, um das Verhältnis zur Zeitgeschichte anzudeuten, gerade sechs Wochen, nachdem die Alliierten in Paris eingezogen waren. Dann freilich trat eine große Unterbrechung ein. Obwohl Goethe im Sommer 1814 und 1815 nicht in die Böhmischen Bäder, sondern an den Rhein und Main fuhr, so hat doch die Begegnung mit der alten Heimat die Erzählung aus der Jugend keineswegs gefördert. Die Poesie des Ostens, der Divan waren die Mächte des Tages geworden. Hafis hatte in Goethe den Dichter des «Egmont» und «Faust» verdrängt. Er erinnerte sich wohl auf der Gerbermühle, wie oft er einst eben hier am Flußufer hin nach Offenbach gegangen war, aber Mariannens Gegenwart war schöpferischer als das Andenken an Lili. Ja gerade die Rücksicht auf diese, die ja noch lebte, hielt die Darstellung zurück. Die Fortsetzung wurde zwar in Stichworten schematisiert, aber nicht gestaltet. Die Stimmung war verflogen. Auf den Abschluß von «Dichtung und Wahrheit» mußten die Leser, so sehr sie auch danach verlangten, fast zwei Jahrzehnte warten. Der letzte Teil, der das Jahr 1775 schildert und mit dem Aufbruch nach Weimar endet, ward erst von dem Achtzigjährigen abgeschlossen und trat dann nach des Dichters Tode an die Öffentlichkeit, als letzter Band der Nachgelassenen Werke, im Herbst 1833.

Die Frage liegt nahe und ist immer wieder gestellt worden, wie sich Goethes Selbstbiographie zu ihren Vorgängern verhalte, zu Augustin etwa oder Rousseau, zum «Anton Reiser» von Karl Philipp Moritz oder zu Jung-Stilling, hatte Goethe von diesem doch selbst das erste Bändchen 1777 in Weimar herausgegeben, vom Reiser aber den 4. Teil, wie er 1790 erschien, inhaltlich beeinflußt. Die Antwort lautet: Goethes Werk bleibt ganz sein eigen. Es mußte, durch Goethes Natur bedingt, so werden, wie es geworden ist, gleichgültig, was und wie andere vor ihm über ihr Leben berichtet haben.

Goethe hat Augustins *«de civitate dei»* gelesen, zum mindesten, weil ihn dessen Angaben über die heidnischen Kulte interessierten; er freute sich in der Farbenlehre seines Wortes vom zurückbleibenden Lichtbild und den abklingenden Farben, das er aus der Schrift *«de trinitate»* nahm, aber vermutlich schon von der Frankfurter Jugendzeit her und aus Gesprächen mit Susanna Catharina von Klettenberg im Gedächtnis hatte. Der Kaiserliche Rat hat die *confessiones* nicht unter seinen Büchern besessen, wohl aber die Klettenberg. Daß sich keine Stelle in Goethes Schrifttum findet, die die Beschäftigung mit ihnen verbürgt, besagt nichts. Auch die Werke von Leibniz werden nie genannt; und doch, wie wäre Goethe ohne Leibniz zu deuten!

Was Karl Philipp Moritz anlangt, so steht dessen autobiographischer Roman letzten Endes den Lehr- und Wanderjahren Wilhelm Meisters näher als «Dichtung und Wahrheit». Der Held heißt Anton nach dem Heiligen, der sich in Selbstbetrachtungen quält und peinigt, Reiser, weil Unruhe des Wanderns und Reisens ihn, wie den Autor selbst, von Ort zu Ort treibt. Wie in Goethes Roman ist die Scheinwelt des Theaters das Ziel, bei Goethe die Truppe von Schröder in Hamburg, bei Moritz die von Ekhof in Gotha, nur daß im «Anton Reiser» kaum von einem Ziel gesprochen werden kann, weil alles Zielstrebige fehlt. Liebeloses Elternhaus, Einsamkeit unter den Gespielen, in der Schule Verständnislosigkeit der Erzieher, drückende Lehr-

zeit bei einem Hutmacher in Braunschweig, einem pietistischen Hypochonder, das ist die Kindheit. Dann mittellose,
demütigende Jahre auf dem Gymnasium zu Hannover, ein
Hin und Her zwischen Schauspielern, wandernden Hand-
werksburschen und Studenten, bald die Sehnsucht, Kar-
täusermönch in Erfurt, bald der Wunsch, Bedienter bei
dem Dichter des «Werther» in Weimar zu werden – diese
Schilderung einer durch ungünstige Umwelt geschädigten,
in eine Schein- und Phantasiesphäre verdrängten, leidenden Knabenseele, dieser Roman einer verlorenen Jugend
ist ein einziges Krankheitsbild. Es ist bezeichnend, daß
Hebbel hier viel von seiner eigenen Kindheit wiederzufin-
den meinte. Die ersten drei Teile erschienen 1785 und
1786; dann ward Moritz in Italien, wohin ihn die Unruhe
getrieben, Goethes Freund. Diese zwei römischen Jahre
und die Wochen bei Goethe in Weimar, das war seine
glücklichste Zeit. Er nahm es an, daß tätige Einordnung
und weise Selbstbeschränkung die wesentlichsten Forderungen seien, die an das Individuum zu richten sind. Diese
Erkenntnis hat klärend auf die Fortsetzung seines Romans
gewirkt, die als Vierter Teil 1790 herauskam.

Und nun Rousseau? War Moritz acht Jahre jünger als
Goethe, so war Rousseau mit dem Geburtsjahr 1712 fast
um eine Generation älter. Er schrieb seine «Confessions»,
als Goethe Student war. Daß auch hier ein krankes Ich am
Werke war, enthüllen die Worte, mit denen er im Zehnten
Buche von dem ersten Entschluß zur Niederschrift berichtet: «Alles in allem genommen, habe ich mich immer für
den besten der Menschen gehalten, und das tue ich noch;
aber ich habe mir doch nicht verbergen können, daß es
keinen Menschen gibt, der, so rein sein Inneres auch sein
mag, nicht an einem widerwärtigen Laster krankt.» Diese
seine Fehler zu bekennen, zugleich aber zu beweisen, daß
sie bei weitem nicht so groß seien, wie die Meute der
Feinde, der wirklichen und eingebildeten, behauptet, das
ist die Aufgabe seines Buches. Die Bedeutung beider
Werke, des von Moritz und des von Rousseau, für den
Psychologen, für den Arzt, den Kulturhistoriker ist groß.

Goethe indes setzt sich von ihnen ab. Ja, eben jene Betrachtungen über seine Autobiographie, wie er sie im Frühling 1810 auf der Fahrt nach Böhmen mit Riemer angestellt hat, sind als bewußte Abgrenzungen aufzufassen, die seine Art und sein Werk vom Anton Reiser und von Rousseaus Confessions und manchen Autobiographien ähnlicher Art scheiden. Deshalb die «ironische Ansicht des Lebens im höheren Sinne, wodurch die Biographie sich über das Leben erhöht». Die Autobiographie sollte eben nicht vom Ich aus geschrieben werden, nicht in der dauernden Selbstbespiegelung, der Ausbreitung der seelischen und körperlichen Leiden steckenbleiben. Deshalb die Forderung nach der «Totalität» des Lebens- und Weltbildes. Deshalb die Frage nach dem «Physiologisch-Pathologischen», die Warnung vor dem «Morbosen und Lamentablen». Spüren wir das nicht heute noch, erfahren wir es nicht beglückt immer wieder, wie aus «Dichtung und Wahrheit» heilende Kräfte, Ströme gesunden Lebens auf uns übergehen, erhaltende und aufbauende Mächte wie Mut und Selbstvertrauen, Glauben an die Natur des Menschen, wo und wie wir ihm immer begegnen, Glauben an die weise Leitung alles Lebens, auch dort, wo wir sie nicht verstehen können? Wie niederdrückend indes die Lesung der Autobiographien von Moritz und Rousseau! Wenn diese Werke für Goethes Niederschrift Bedeutung haben sollten, dann nur polar, als Beispiele der Gegenbilder.

Was von diesen beiden Lebensschilderungen gilt, es wäre auch mehr oder weniger von den anderen zu sagen. So sehr Goethe sich für das Problem der Autobiographie interessiert, so viele auch durch seine Hände gingen – die Benvenuto Cellinis hat er selbst ins Deutsche übertragen –, er hat keinem Vorgänger zu danken, es sei denn, daß er für die erzählende Form hier und da ein einzelnes Motiv übernimmt, wie etwa die Idee des Horoskops am Eingang von «Dichtung und Wahrheit», zu der ihn Cardano anregt. Aber gerade hier zeigt sich der Unterschied.

Girolamo Cardano [1501–1576], Arzt und Mathematiker in Mailand, Pavia, Bologna, zuletzt in Rom, hatte in seine Biographie bedeutungsvoll astrologische Betrachtungen und auch das eigene Horoskop eingefügt. Die Erzählung, er sei freiwilligen Hungertodes gestorben, um nicht zu erleben, daß die von ihm selbst angestellten Berechnungen getrogen, ist Nachrede bei einem Manne, der unter 54 Kapiteln ein besonderes seiner Ernährungsweise und seinen Lieblingsspeisen widmet. Indes, man erkennt aus dem Gerücht, wie sehr die Mitwelt in ihm den fanatischen Astrologen sah. Daß er sogar Christi Horoskop gestellt, brachte ihn 1570 zu Bologna in das Gefängnis der Inquisition.

Seine Autobiographie – kalt, nackt, bitter – enthüllt das Ende des Humanismus. So starb die Renaissance. Cardano bedeutete für Goethe den Naturforscher, was die gleichzeitige Lebensbeschreibung Benvenuto Cellinis [1500–1571] für ihn als Künstler war. Er las Cardanos *de vita propria* 1777, 1778, 1808 und 1809, wo er ihn für die Farbenlehre heranzieht. Das Kapitel «Meine Geburt» beginnt: *«Tentatis ut audivi abortivis medicamentis frustra ortus sum anno MD VIII Calendis Octobris hora noctis prima non exacta, sed paulo magisdimidia et tamen besse minore. Erant autem figurae loca principalia ejusmodi.»* [Das Datum, so wie es diese Biographie angibt:] «Trotz dagegen angewandter Mittel, ich kam auf die Welt am 24. September des Jahres 1501, als die erste Stunde der Nacht noch nicht vollendet und zwar nur wenig mehr als zur Hälfte, aber noch nicht zu zwei Dritteln verflossen war. Die wichtigste Stellung der Figuren des horoskopischen Aspektes war», und nun hören wir ausführlich, wie Sonne und Mond, wie Merkur und Venus und die Jungfrau standen und Geburt wie Leben beeinflußten, und wie nur wenig gefehlt, daß das Kind zerstückt aus dem Leibe der Mutter kam. «So ward ich denn geboren oder vielmehr aus der Mutter herausgezogen, fast wie tot, mit schwarzem krausen Haar. In einem Bad heißen Weines, das einem anderen hätte gefährlich werden können, kam ich zu Kräften.»

Daß es bei seinem Eintritt in die Welt auch nicht gefahrlos

zugegangen, hatte die Frau Rat vermutlich ihrem Sohn oft genug erzählt. In seiner «Aristeia der Mutter» berichtet er darüber aus dem Munde Bettinas. In «Dichtung und Wahrheit» wird es nur angedeutet. Man sieht, wie Goethe im Aufbau der zwei ersten Abschnitte sich an Cardano anlehnt. Er dankt ihm die scheinbare Originalität des Einganges. Aber lebensverneinend, dunkelnächtig, sternbedroht waren dort Schicksal und Mächte. Bei Goethe wandelt sich alles wie unter segnenden Händen. Es ist die hohe Stunde des Mittags. Zwölfmal schlägt feierlich von St. Katharinen die Kirchenuhr. Die Gestirne sind heiter, und selbst das Mißgeschick der Hebamme wird zum Heil für alle späteren Kinder der Stadt. Und vor allem, wenn Goethe, scheinbar astrologisch, von den günstigen Vorzeichen seiner Geburt spricht, so ist der Grundgedanke ein ganz anderer als bei dem Renaissancegelehrten Italiens. Er will sagen: das, was ich war und was ich geworden, ist nicht Verdienst, sondern mir mitgegeben. Den gleichen Gedanken, nur weniger feierlich als in «Dichtung und Wahrheit», faßt er in den «Zahmen Xenien» in die Verse:

Sind nun die Elemente nicht
Aus dem Complex zu trennen,
Was ist denn an dem ganzen Wicht
Original zu nennen?

Goethe hat sich nicht, wie es eine Zeitlang bei Dichtern Sitte werden sollte, seiner bäuerlichen Vorfahren gerühmt. Er spricht weder von seinen ländlichen noch von seinen akademischen Ahnen, auch nicht von denen im Handwerk, er übergeht überhaupt die Sippe und löst 1811 die ganze Frage nach der Herkunft in «Dichtung und Wahrheit» allegorisch durch das Horoskop. Später einmal, etwa gegen 1827, rührte er an das Geheimnis des Erbguts in dem oben angeführten Gedicht, das so beginnt:

Vom Vater hab ich die Statur,
Des Lebens ernstes Führen,
Von Mütterchen die Frohnatur
Und Lust zu fabulieren.

Urahnherr war der Schönsten hold,
Das spukt so hin und wieder,
Urahnfrau liebte Schmuck und Gold,
Das zuckt wohl durch die Glieder.

«Urahnherr war der Schönsten hold» – das war Johann Wolfgang Textor, der Großvater vom Vater der Frau Rat gewesen. Er war 1691 aus dem zerstörten Heidelberg, wo er eine juristische Professur bekleidet hatte, nach Frankfurt gekommen, als Syndicus primarius, das heißt als erster Berater der Verwaltung in juristischen und politischen Fragen. Er heiratete, obwohl fünfundfünfzig Jahre alt, «die Schönste», eine sehr jugendliche Patriziertochter, die nach zwei Jahren, uxor desertrix, nach Mainz entwich. Eine Schuld von 2000 Gulden ließ sie zurück. Unter den Gläubigern war Goethes Großvater väterlicherseits, der Schneidermeister Friedrich Georg Goethe, der den Damen des Darmstädter Hofes wie denen des Frankfurter Patriziats die schweren Barockroben lieferte. Die Akten des Rechtshandels zwischen den Ahnen, datiert vom April 1694, verwahrt das Frankfurter Goethemuseum. «Vor die Frau Liebste eine Schnürbrust gemacht mit grün Sammet überzogen 2 Gulden. Vor ein Fischbein 2 Gulden. Vor Seiden und weißen Leinwand zu füttern 30 Kreuzer. Der Frau Liebste ein Kleid gemacht, mando [manteau, Schleppe] und Unterrock von gelb gestreifften seiden Stoff, den mando gefüttert und Unterrock mit einer silbern Bord 3 Gulden.» So Seite für Seite, rot gestreifter Damast und grün gefüttert, grüner Taft, blauer Damast, ponceau manteau, goldene Spitzen, bis die Schuld von 87 Gulden 9 Kreuzer voll war. «Urahnfrau liebte Schmuck und Gold.»

Goethe kannte diese Überlieferungen seiner Familie und auch den Prozeß der Ahnen untereinander sehr wohl. Für Naturen wie Rousseau und Moritz wären sie vielleicht Anlaß gewesen, Belastungen zu ergrübeln. Souverän aber und heiter stellen Goethes Verse Nachwirkungen fest – «das spukt so hin und wieder, das zuckt wohl durch die Glieder» –, die keineswegs als unerfreulich empfunden werden. Im Grunde tut er aber auch das nur für sich selber, denn die «Zahmen Xenien» waren stille Selbstgespräche.

In «Dichtung und Wahrheit» aber wird von den Urahnen gänzlich geschwiegen. Nur die Großeltern treten vor uns hin, die Eltern der Mutter, mit flüchtigerem Stift gezeichnet die des Vaters. Die ganze Liebe des Enkels gilt dem Stadtschultheißen, ihm wird im Ersten Buch eine beherrschende Stellung zugewiesen. Er verkörpert die Welt, die war und verging, als der Knabe ins Leben wuchs, die Werte des Altertümlichen, der Überlieferung, des ahnungsvoll Bedeutenden. Goethe schildert den Großvater, wie er im hohen Alter war, und wie er selbst als Kind den Ahnherrn gesehen und erlebt hatte, ganz beherrschte Gelassenheit und Würde. «Er sprach wenig, zeigte keine Spur von Heftigkeit, ich erinnere mich nicht, ihn zornig gesehen zu haben.» Zu ihm «flüchtete» der Knabe Wolfgang vor den «didaktischen und pädagogischen Bedrängnissen» im Elternhaus. Seine Vornamen waren Johann Wolfgang nach diesem Ahnen, der noch im 17. Jahrhundert, 1693, geboren war. Von 1747 bis 1770 war er Schultheiß, also der oberste Richter in der Stadt und mehr noch als die beiden Bürgermeister deren angesehenste Persönlichkeit. Er starb 1771, während Goethe in Straßburg war. Die Schilderung seines Wesens, seiner Lebenssphäre, der Höhepunkt des Ersten Buches, ist ganz Frieden, der sich vom Idyllischen zum Ehrfurchtsvollen steigert. Idyllisch das Anwesen an der großen Friedberger Gasse mit dem tiefen Garten voller Blumen und Obstbäume, an denen der Greis sorgsam die Zweige hochbindet. Sein Gartentagebuch, das Goethe erwähnt, ist für die Jahre 1736/37 erhalten. Es erzählt, daß Textor, damals 44 Jahre alt, und der Enkel Wolfgang war noch nicht geboren, am 23. Oktober «in den Kasten, worinnen die zween Rosenstöcke stehen, auf die eine Seite Balsamina und auf die andere Schweizerhosen gesäet» hat. «Schwyzerhösli», wie es im Aargau heißt, das ist die Akelei, die Blüten rot und weiß wie die geschlitzten Pluderhosen der Schweizer Landsknechte und päpstlichen Leib-

garde. «Am 8. Okt. habe ich 25 stück Hyacinthen, jede
von einer anderen Gattung, welche ich von H. Weber ge-
kauffet, in ein land setzen und mit Zeichenstecken von N 1
biß 25 marquiren, auch die Nahmen und deren Numero in
mein grün gartenbüchlein aufschreiben lassen.» Oder:
«Gegen den Christtag habe ich zwo Kirsch- und zwo Zuk-
kerbirnbäumgen in Scherben in die Wohnstube gesetzet,
um zu probieren, ob sie um so ehender florieren werden.»
Täglich trägt er sie etliche Stunden ins Freie: «damit sie
sich wieder erkühlen können und nicht auf einmal zu stark
treiben.» Und dann okuliert er und versucht die Natur.
Rosen impft er auf Apfelbaum, Pfirsich auf Weinrebe.
«*Curiositatis gratia*», schreibt er; dann schreibt er: «*non
successit.*» Zu deutsch: «Probiert – mißraten.» Den Stand
des Mondes beobachtet er bei allem gärtnerischen Tun
sorglich und die Zwölf Nächte, wie er überhaupt dem
Geheimnisvollen offen war, was «die Ehrfurcht, die wir
für diesen würdigen Greis empfanden, bis zum Höchsten
steigerte». Schauer des Altertümlichen hingen für den
Knaben auch an dem mittelalterlichen Hoftor und dem
barocken, getäfelten Zimmer und bereiten so auf das Mysterium des Zweiten Gesichts vor, das dem Ahnherrn gegeben war und das doch keiner der Nachfahren geerbt hat.
Die Geschichten über die Gabe des Vorhersagens hatte
Bettina Brentano noch von der Frau Rat erzählt bekommen; nun schrieb sie sie Goethe genau, wie sie ihr vorgetragen waren; und so kamen sie in «Dichtung und Wahrheit». Das Jugendparadies des großväterlichen Anwesens
hat Goethe 1793 zum letztenmal gesehen. In einer Sommernacht des Jahres 1796 schossen die Kanonen des französischen Generals Kleber das Haus in Brand.

Das Erste Buch von «Dichtung und Wahrheit» ist eines
der schönsten Meisterstücke Goethescher Prosa. Bis ins
Malerische anschaulich, mit warmem Gefühl vorgetragen,
erzählt es im angenehmen Fluß der Rede bald von kleiner,
bald von größerer Welt. Eine Reihe merkwürdiger Personen wird lebendig vorgeführt, unerwartet öffnen sich Aus-
blicke auf bedeutende Fragen, und doch bleibt das Ganze

gerundet und geschlossen. Man hat den Eindruck, alles sei in glücklichster Stunde in einem Zuge diktiert worden.

Es sei, des Beispiels halber, der Versuch gemacht, an diesem einen Buch diese Goethesche Kunst der Komposition vorzuführen. Mit den zwölf Glockenschlägen des 28. August beginnend, strebt die Darstellung über Horoskop und Gefahren der Geburt ohne Umschweife auf die Schilderung der Doppelhäuser zu, wie sie 1733 von der Mutter des Kaiserlichen Rates, der Gastwirtswitwe Cornelia Goethe, erworben worden waren, der guten Keller halber, deren man für die ererbten Weine, Kernstücke des Familienbesitzes, zur Lagerung und Pflege bedurfte. Diese Großmutter hatte dem Schneidermeister Friedrich Goethe bei seiner zweiten Vermählung den Weidenhof an der Zeil eingebracht und ihn so zum reichen Gastwirt und Weinhändler gemacht. Goethe erzählt von ihr, nachdem er auf Grund eines Briefes der Bettina von der Stunde des Unterganges berichtet, die er als Kind im Geräms sitzend allem Küchengeschirr bereitet. Cornelia Goethe, eine schöne und hagere, immer weiß und reinlich gekleidete Frau, wohnte in den Hinterzimmern; hier spielten die Enkel. «Sanft, freundlich und wohlwollend ist sie mir im Gedächtnis geblieben.» So schildert sie auch der Arzt, der sie behandelte, in seinem Tagebuch: «Betrübte und erfreute sich über nichts. Immer dieselbe, von etwas langsamer, aber im Arbeiten fleißiger Natur. Sie lebte sanft und so starb sie ruhig, wie wenn sie anderes tue, immer die nämliche.» Ihr letztes Vermächtnis war, nach «Dichtung und Wahrheit», das Puppentheater, das sie den Kindern zu Weihnacht 1753 schenkte. In «Wilhelm Meisters Theatralischer Sendung» gilt diesem Theater ein eindringliches Kapitel. Es war ein Marionettentheater. Das Frankfurter Goethemuseum bewahrt noch Bühne und Vorderprospekt. Nun gibt es aber im Ausgabenbuch des Kaiserlichen Rates einen merkwürdigen Eintrag. Unter dem 30. Juni 1754 steht: *Wincklero juveni pro theatro et puppi comoedis 4 fl. 30 Kr.* und *actori socio pro labore et repraesentatione 34 Kr.* Also vom jungen Winckler hat der Vater das

Theater gekauft und einem Gehilfen bei der ersten Vorführung noch 34 Kreuzer gezahlt. Und das am 30. Juni, nachdem die Großmutter am 28. März begraben worden war.
Sind wir hier an einer Stelle, wo bewußte Komposition
sich als Dichtung in die Wahrheit schiebt? War es, um auf
die etwas blasse Gestalt der Großmutter Cornelia noch ein
besonderes, freundlich bedeutsames Licht fallen zu lassen?
Jedenfalls, mit diesem Puppentheater und dem Tod der
Großmutter Cornelia schließt der erste Abschnitt des Ersten Buches.

Und sofort beginnt der Hausumbau, eines der aufre-
gendsten Ereignisse aus des Dichters Kindheit. Um uns die
Dauer des Unternehmens fühlen und die Spannung miter-
leben zu lassen, teilt Goethe den Bericht in zwei Teile und
schiebt dazwischen die wundervolle Schilderung des alten
Frankfurt mit seinen Wällen und sechsunddreißig wehrhaften Türmen, mit Strom und Brücke, mit Römer und
Dom, mit Märkten und Höfen, mit Festen und ehrwürdigen Bräuchen, mit Gärten innerhalb der Mauern und
Brunnen draußen auf den Weiden. Freilich, da die alte
Reichsstadt keine klassischen und noch keine klassizistischen Gebäude aufzuweisen hatte, urteilt der Goethe von
1811: «Nichts architektonisch Erhebendes war damals in
Frankfurt zu sehen, alles deutete auf eine längst vergangene, für Stadt und Gegend sehr unruhige Zeit.» Und
doch, in seiner Faustdichtung lebt all das Düstere und Heilige, das Verwinkelte und Trauliche eben dieser Stadt. Hier
ist Fausts gotisches Zimmer und das spukhafte Gewölbe
der Hexenküche, hier Frau Marthens Garten und Liesgens
und Gretchens Brunnen, die *Mater dolorosa* im Zwinger
und der Dom, hier mainabwärts beim «Hof zu den guten
Leuten» das ländliche Fest des Osterspaziergangs; noch
Falk erzählt in seinen Gesprächen, ursprünglich habe
Goethe die Szenen am Kaiserhof in Frankfurt spielen lassen wollen.

«Das Haus war indessen fertig geworden, – geräumig
genug, durchaus hell und heiter, die Treppe frei, die Vorsäle luftig und jene Aussicht über die Gärten aus mehreren

Fenstern bequem zu genießen.» Das Haus wird eingerichtet, der erste Begriff von Bildung gegeben, indem die Bibliothek des Vaters aufgestellt und daneben im Gemäldezimmer die Hausgalerie der Frankfurter Maler geschaffen wird. Hier, auf der Höhe solchen erreichten Behagens, schließt der mittlere Abschnitt des Ersten Buches.

Und nun kommen die Gegenwirkungen. Ein außerordentliches Weltereignis versetzte die Welt in «einen ungeheuren Schrecken». Plötzlich, am 1. November 1755, gingen sechzigtausend Menschen, vielfach unter Qualen, zugrunde. Die Erde schwankte und bebte. Eine große Stadt stürzte zusammen. «Die Gemütsruhe des Knaben war zum erstenmal im tiefsten erschüttert.» Nicht nur die Gemütsruhe und nicht nur die des Knaben. Wo war die Vorsehung eines väterlichen Gottes? Noch 1809 erzählt Goethe Riemer, daß er damals als sechsjähriger Knabe ins Grübeln gekommen sei und nicht verstanden habe, warum Gott nicht, wie im Alten Testament, wenigstens Weiber und Kinder verschont habe. Der Optimismus des Zeitalters hatte einen gefährlichen Stoß erlitten. Die Kirchen waren aufgestört. War es dies, was Augustinus gemeint hatte? *Ut cogitemus de quam profundo sit clamandum ad te!* Aber auch im eigenen engsten Kreise ereignete sich Erschreckendes. Ein vernichtender Hagelsturm, lebensgefährliche eigene Erkrankung, Tod der Geschwister, vier Kindersärge wurden aus dem Haus am Hirschgraben herausgetragen, 1756, zwei 1759, 1761. Dazu kamen Bedrückungen durch die Schule. Der Unterricht war nicht erfreulich, weder der bei dem Vater im Elternhause noch der in den öffentlichen Schulen. In all diesen Betrübnissen und Verwirrungen des Gemütes bot das großväterliche Haus Zuflucht. Das ist die Stelle, da Goethe den Ahnen und seine Welt mit liebender Ehrfurcht vor uns hinstellt und dann «mit Dankbarkeit für vieles Gute, das ich von ihnen in meiner Jugend empfangen», der Verwandten gedenkt, der Tante Melber, des Oheims Stark. Dieser war Geistlicher an St. Katharinen, und damit bringt Goethe zum Schluß des Buches, das in seinem Hinweis auf die Sternenstunde mit der Bedingung

des Menschen durch die überpersönlichen Mächte angefangen, die Rede bedeutungsvoll auf die Religion und die
metaphysischen Probleme. Das Erdbeben von Lissabon
hatte aus dem Knaben keinen Ungläubigen gemacht, wohl
aber ihn ahnen lassen, daß man um den Glauben ringen
müsse und daß er da beginne, wo das Verstehen aufhört.
Der Religionsunterricht hat ihm dabei nicht geholfen und
die Kirche auch nicht. Was man ihn lehrte, schien ihm
trockene Moral. Teilnahme erweckten auf der anderen
Seite die Pietisten. Aber sie kannten nur den Weg «durch
Christum». Der zweite Artikel des Glaubens hatte den ersten und den dritten so verschlungen, daß ihr Haupt, der
Graf Zinzendorf, in sein Jugendtagebuch eintrug, daß er
an der Existenz Gott Vaters zweifele, *«dubitationes circa
existentiam patris»*. Für Goethe aber war und blieb der
erste Glaubensartikel der Erste. «Der Gott, der mit der
Natur in unmittelbarer Verbindung stehe, sie als sein
Werk liebe und anerkenne, dieser schien dem Knaben der
eigentliche Gott.» Und nun baut er einen kindlichen Altar
und bringt seinem Gott ein alttestamentliches Opfer,
«dem Schöpfer und Erhalter Himmels und der Erden, dessen frühere Zornäußerungen schon lange über die Schönheit der Welt und das mannigfaltige Gute, das uns darin
zuteil wird, vergessen waren.» –

Dem *Zweiten Buch* fehlt eine gleiche Geschlossenheit
des Aufbaues. Die Gegenwirkungen, die in das Idyll der
Kindheit störend eingebrochen waren, setzen sich fort. Der
Krieg, der plötzlich Preußen und Österreicher in Schlachten führte, veranlaßte Parteiungen auch in der Bürgerschaft, ja in der Goetheschen Familie. Er wird der Hintergrund der Geschehnisse, die das Zweite, Dritte und Vierte
Buch beherrschen. Den Mittelgrund bilden weiter die städ-
tischen Kreise, den Vordergrund die Kindheitserlebnisse.
Hier führt Goethe näher aus, was er im Tagebuch vom
18. Mai 1810 über die Metamorphose des Organischen
angedeutet. Was er dabei über die Psychologie des Kindes-
alters, im besonderen über den Stoizismus der Knaben
sagt, bestätigt ein Altersbrief vom 15. Februar 1830 an

Zelter, der nach der Lektüre von «Dichtung und Wahrheit» an die Roheiten der Gespielen nicht hatte glauben wollen, bestätigt aber vor allem das lateinische Übungsheft Wolfgangs, das in Dialogform Tageserlebnisse aus Elternhaus und Schule festhält. Die deutschen Texte sind vom Vater oder dem Hauslehrer Scherbius, daneben steht die lateinische Übertragung des Kindes. Das Buch, heute in der Stadtbibliothek von Frankfurt, ist eine Augenweide durch die schöne, klare, ausgewogene Schrift des Knaben. Es enthält unter dem Januar 1757 ein *«Colloquium. Wolfgang et Maximilian».* Dieser, es ist wohl der Nachbarjunge und Kindheitsfreund Max Moors, schlägt vor: «Wisse, wir wollen uns einander mit den Köpfen stutzen. *Scito, concurramus frontibus interim adversis,* Wolfgang: Das sey ferne; meiner schickt sich wenichstens dazu nicht. *Absit a nobis; meum ad minimum caput ad id aptum non est.* Maximilian: Was schadet es? Laß sehen, wer den härtesten habe. *Quid tum? Videamus, quisnam nostrum durius habeat granium.* Wolfgang: Höre, wir wollen dieses Spiel denen Böcken überlassen, welchen es natürlich ist. *Audi, hunc arientandi lusum capris, quibus naturalis est, relicturi sumus.* Maximilian: Verzagter, wir bekommen durch diese Übung harte Köpfe. *Timide, duriora hoc pacto nos habituri sumus capita.»* Da Wolfgang aber mit dem seinen, wie er ist, zufrieden ist, so schlägt der kleine Moors einen Zweikampf mit Linealen, *regulis, vor: «Ita muniti pugnabimus.»* Goethe aber meint, das sei ebenso mißlich. Was, wenn der Lehrer ins Zimmer käme? So geht der kleine Dialog – und das Schreibheft enthält deren eine ganze Reihe – weiter. Er zeigt uns, auf welche Weise der Knabe Goethe sein Latein erlernte, er verlebendigt aber auch die Ausführungen in «Dichtung und Wahrheit» durch unmittelbares Zeugnis aus der Kindheit. In den Knabenstreitigkeiten fällt nun auch als Trumpf der Bosheit und Verleumdung das Wort von der unehelichen Abstammung des Vaters, Rokokofrivolität im Munde von Kindern. Es wird für Goethe der Anlaß, anzudeuten, wie er doch schon als Kind dunkel gefühlt, daß er irgendwie jenseits seiner ganzen Umwelt stehe: «man hätte mir eine Krone aufsetzen können, und ich wäre nicht verwundert gewesen.» Echt Goethisch dabei der Satz: «Das Leben sei so hübsch, daß man völlig für gleichgültig achten könne, wem man es zu verdanken habe; denn es schreibe sich doch zuletzt von Gott her, vor welchem wir alle gleich wären.» Der Gedanke des Horoskops – die Sterne sind ja Boten Gottes – wird hier abgewandelt wieder aufgenommen. Der Knabe weiß um seinen Wert, aber er hält ihn nicht für persönliches Verdienst. Und nun wird, wegen der Bilder von Fürstlichkeiten, die er besessen, zum erstenmal der Rat Schneider genannt, der auch als Klopstockverehrer den «Messias» in die Goethesche Familie einschwärzt und später, im Fünften Buch, aus den Wirren, in die Wolfgang durch seine Liebe zu Gretchen stürzt, den Ausweg zu finden weiß. Dieser Mann scheint der nächste Umgang des Kaiserlichen Rates gewesen zu sein, regelmäßig sonntags der Mittagsgast. Er bewohnte zwei Zimmer im Haus zum Rebstock nahe dem Dom und vertrat beim Rat von Frankfurt die Interessen des Kurfürsten von Bayern, des Fürsten von Sachsen-Hildburghausen, der Fürstbischöfe von Würzburg und Bamberg und anderer Reichsstände. Aus solchen Korrespondenzen lieferte er Wolfgang für dessen Siegelsammlung, die später Herder in Straßburg verspottet, die Wappen. Als er 1786 starb, hinterließ er eine Reihe von fünfzehn Porträts, darunter das eines Grafen von Stolberg – das sind also jene Bilder, die der Knabe auf Ahnensuche musterte –, ferner 350 Bücher, die meisten Dichtungen Klopstocks, jedoch nicht ein einziges Buch von Johann Wolfgang Goethe.

Mit den anderen Frankfurter Bürgern, die genannt werden, den v. Uffenbach, v. Loen, Orth, v. Ochsenstein, Senckenberg, v. Olenschlager, traf sich der Kaiserliche Rat im *«Collegium Graduatorum»,* dem Klub der Juristen und Mediziner; vermutlich gehörte der und jener von ihnen auch zu den *«Convivia amicorum»,* die nach dem Ausgabebuch alle vierzehn Tage im Haus am Hirschgraben stattfanden. Daher kannte sie der Dichter, und so hat er von ihnen gesprochen. Sie vertreten die «*vita contemplativa*», waren Gelehrte und, was für Frankfurt immer charakteristisch gewesen, sie waren Sammler. Die Kostbarkeiten, die Zacharias Konrad v. Uffenbach in seinem Haus auf der Zeil an alten Handschriften und Büchern zusammengetragen, bilden heute Grundbestände der Universitätsbibliotheken von Hamburg und Göttingen. Goethe erwähnt ihn in den Vorarbeiten; in «Dichtung und Wahrheit» selbst spricht er vom jüngeren Bruder Johann Friedrich, der im Geburtsjahr 1749 jüngerer Bürgermeister war. Als Musikfreund dichtete er und komponierte für die Opernbühne, aber er war auch in der Architektur Kenner, baute 1741 die Mainbrücke um und half dem Vater Goethe beim Hausbau. Als er starb, kaufte dieser zahlreiche Bücher bei der Versteigerung des Erbes. Mit ehrerbietigem Erstaunen steht man vor der freien und tiefen Bildung dieser Männer, vor der Weite ihres Horizontes. Als der Gastwirt Friedrich Goethe im Jahre 1730 zu Grabe gebracht wurde, hatten in den sieben Kutschen, die durch Ratsverordnung für das Trauergefolge erlaubt waren, nur die Meister der verschiedenen Handwerker gesessen; wir wissen bei jeder einzelnen Kutsche die Namen und das Gewerbe: Rotgerber, Bender, Fettkrämer, Kleiderhändler, Bierbrauer, Sattler, Silberarbeiter und Schneidermeister. – Welcher Wandel vom Großvater zum Vater Goethes! Der Kaiserliche Rat hatte seinen Umgang unter den gebildetsten Männern der Freien Reichsstadt gefunden.

Kein Wort aber fällt in «Dichtung und Wahrheit» über die führenden Kaufmannsfamilien Frankfurts, kein Wort auch über das alte Patriziat, das doch im Grunde die Stadt regierte, die v. Holzhausen, v. Glauburg, v. Stalburg, v. Günderode und wie sie hießen. Es waren die einst turnierfähigen und auch jetzt noch allein stiftsfähigen Geschlechter, etwa vierzehn an der Zahl, vereinigt in der «Uredlen und der uralten Gan-Erbschaft Alt Limpurg». Ihre Herrschaft war schlecht, die Korruption sehr groß, Fälle nach der Art des Landvogts Grebel keine Seltenheit, indes kein Lavater, kein Füßli stand dagegen auf. Die

Trennung von den anderen Bürgern war so starr, daß die Freundin der Frau Rat, Susanna Catharina v. Klettenberg, «nach Standesgebrauch und Herkommen» zu Cornelias Hochzeit nicht erscheinen konnte. Um so größer war für die Mutter die Genugtuung, wie ihr Wolfgang im September 1779 in Begleitung des Herzogs Carl August «in die Adliche Gesellschaft ins so genandte Braunenfels ging und wie sich unsere Hochadliche Freulein gänhsger brüsteten und Eroberungen machen wolten, wie es aber nicht zu stande kam».

Mitten in dieses Zweite Buch hinein setzt nun Goethe wie einen heiteren Sprengkörper, ein leuchtendes Zauber- und Feuerwerk, sein Märchen. «Der neue Paris» heißt es, weil die Gabe eines Apfels mit Wahl der Schönheit und Liebe verbunden wird wie im Epos Homers. Will man das Märchen datieren, stößt man auf Schwierigkeiten. Der Mittagstisch bei den Großeltern, von dem noch die Rede, hatte 1759 aufgehört, denn hier kam die Entzweiung der Familie über den Preußisch-Österreichischen Krieg auf ihren Höhepunkt. Den silbernen Degen aber erhielt Wolfgang erst am 16. September 1761; *«gladius Guelfi argenteus,* 15 Gulden» steht da unter dem Ausgabenbuch des Vaters. Die Äpfel, die verschiedenfarbigen Edelsteinen gleichen, denen man die Form von Früchten gegeben, die dabei trotz roter, gelber und grüner Färbung durchsichtig bleiben, sie sind aus den Besuchen bei dem Hanauer Juwelier Lautensack entstanden, die in die Jahre 1762/63 fallen, und von denen das Vierte Buch berichtet. Die Gestalten des Märchens, die Zinnsoldaten in Form griechischer Krieger, ihr Reiterkampf um die Brücke, die Kanonen, der Alte im orientalischen Kostüm, das alles ist genau den Panneaux entnommen, die die Frankfurter Maler von 1759 bis 1761 im Giebelzimmer des jungen Goethe für den Grafen Thoranc schufen. Die so bemalten Tapeten schmücken heute noch das Haus, für das sie bestimmt waren, in der Rue des Dominicains in Grasse in der Provence. Nach dem allen fällt das Märchen in seiner kindlichen Fassung etwa in das Jahr 1763. Aber man sollte ein

Märchen ebensowenig datieren wollen wie deuten. Gewiß, die Phantasie, die ihr Reich nur dem Künstler erschließt und sich nicht abzwingen läßt, was sie nur freiwillig verschenkt, das ist ein Grundgedanke. Wer aber bis ins einzelne auslegen will, der macht aus dem Märchen eine Allegorie und vernichtet das Ganze. Die Schlimme Mauer, hinter die Goethe den Feengarten verlegt, das war die Gartenmauer des Bürgers Slym, die sich vom Eschenheimer Tor nach Osten zog, und ein Brunnen war in sie eingebaut. Wie sich solche Wirklichkeiten plötzlich zu Phantasien wandeln, das ist echte Märchenluft. Der Oxforder Mathematikprofessor Dodgson fragte eines Tages die kleine Alice Liddell vor einem Spiegel, in welcher Hand sie die Orange halte, die er ihr gegeben. Aus der Erörterung über die Wahrheit des Spiegelbildes entsteht die Idee, Alice durch den Spiegel hindurchschreiten zu lassen, und so wird das Märchenland der umgekehrten Wahrheiten entdeckt, – «Alice in the looking glass». In ähnlicher Weise werden bei Goethe die fruchtartigen Edelsteine des Juweliers Lautensack in Hanau zu Parisäpfeln, und plötzlich wandeln sich diese weiter zu drei schönen Frauenzimmerchen in Puppengröße, deren Kleider von der Farbe der vorherigen Äpfel waren. Die wirkliche Welt versinkt, das Märchentor tut sich auf.

Mit dem neuen Paris hatte Goethe der Entwicklung um mehrere Jahre vorgegriffen. Auch wenn wir von der reifen Stilisierung in der jetzigen Fassung absehen, wir können das Märchen kaum einem achtjährigen, wohl aber einem vierzehnjährigen Knaben zutrauen. Es steht am Ende des Siebenjährigen Krieges, der mit dem 1. Januar 1759, und hier setzt das *Dritte Buch* ein, Frankfurt unmittelbar in Mitleidenschaft ziehen sollte. Daß die Überrumpelung der Stadt durch die Franzosen mit Einwilligung einzelner Ratsherren und des Stadtschultheißen vor sich gegangen, steht heute geschichtlich fest. Der alte Textor hat von den Kriegen Friedrichs des Großen immer nur als der «preußischen Rebellion» gesprochen. Er stand zu Kaiser und Reich und hatte recht. Des Kaisers Verbündete waren die seinen. Verleumdend sagten ihm die Preußenfreunde Bestechlichkeit nach; selbst der Eidam seiner Tochter, der Rat Goethe, ließ sich zu diesem Vorwurf verleiten, als die Familie am 1. April 1760 im Pfarrhaus zu St. Katharinen bei einem Kindbettschmaus zu Ehren der Frau Pfarrerin Stark, auch einer Tochter Textors, zusammensaß und Politik und Wein die Gemüter erhitzten. Der Stadtschultheiß voller Wut warf sein Messer gegen den Schwiegersohn, dieser zog den Degen. So wenigstens trug der Arzt Senckenberg den Vorfall in sein Tagebuch ein. Die Szene bestätigt die Neigung zu polternder Unbeherrschtheit im Charakter des Vaters, wie sie in «Dichtung und Wahrheit» der herausfordernde Wortwechsel mit dem Königsleutnant nach der Schlacht bei Bergen zeigt.

Frankfurt unter französischer Herrschaft, das schildert nun dieses Dritte Buch, eine lebensvolle, in sich geschlossene Darstellung. In seiner Mitte steht die Gestalt des Königsleutnants. Als Goethe von ihm erzählen wollte, wußte er nicht mehr den Namen. Er schrieb nach Frankfurt an Schlosser; dieser sah in den Akten des Ratsarchivs nach, las den Schlußschnörkel in der Unterschrift Thorancs als ein e, und so kam die falsche Namensform Thorane in «Dichtung und Wahrheit». François de Théas, Comte de Thoranc, war 1719 in Grasse in der Provence, ein wenig landeinwärts von Cannes, geboren, war also vierzig Jahre alt, als er in Goethes Vaterhaus die Räume des ersten Stokkes als Quartier nahm. Zum Grafen des Heiligen Römischen Reiches machte ihn im Jahre 1762 Kaiser Franz I. auf Wunsch des Frankfurter Rates und zum Dank für die menschliche und gewissenhafte Art seiner Geschäftsführung. Er starb nicht, wie Goethe geglaubt, in San Domingo, sondern ward, aus den Kolonien heimgekehrt, 1768 Lieutenant du Roi in Perpignan und 1770 – es war Goethes Straßburger Zeit – Kommandant der Provinz Roussillon. Im Alter, da er im Ruhestande in seiner Vaterstadt wohnte, bedrohten die Schrecken der Revolution auch ihn. Der Scharfrichter, «exécuteur des hautes œuvres, alors appelé vengeur public», nahm seinen Wohnsitz in Grasse. «*La funèbre machine du docteur Guillotin*» ward auf öffentlichem Platze aufgestellt. Wenn auch dieses Äußerste dem Grafen noch erspart blieb, so waren die letzten Tage doch Kummer und Verzweiflung. Die Assignaten hatten sein Vermögen aufgezehrt. «*D'où tirerai-je ma subsistance, celle de ma femme et de mes enfants? Cette idée m'accable.*» Thoranc starb 1794 als Greis von fünfundsiebzig Jahren. Sei es, weil er von Adel war, sei es, daß ein Grab nicht bezahlt werden konnte, er, der Seigneur des *ancien régime*, ward in der «*fosse commune de Grasse*» beerdigt. Das geschah um dieselbe Zeit, da Goethe seinen Unmut über die Revolution und die Ereignisse in Paris und Frankreich in den bitteren Distichen der «Venezianischen Epigramme» und im «Reineke Fuchs» Ausdruck verlieh.

Der französische Handstreich auf Frankfurt, die Besetzung der Stadt durch Soubise und Broglie, das ist Geschichte. Hier ist die Möglichkeit und damit die Verpflichtung, einmal nachzuprüfen, wie Goethes Bericht vor deren Urkunden standhält, was Wahrheit ist, was Irrtum, was Dichtung. Die Geschichtskundigen der Stadt, Kriegk und Grotefend, haben die Archive Frankfurts geprüft. Martin Schubart, mit Dank zu nennen, hat 1876 die Hinterlassenschaft Thorancs in den südfranzösischen Schlössern durchforscht. Das Ergebnis ist, Goethe hat wirklichkeitsgetreu erzählt, nichts hinzuersonnen, kaum und nur im Unwesentlichen hat sein Gedächtnis ihn getäuscht. Das Hospital nach der Schlacht bei Bergen war nicht in Liebfrauen, sondern im Karmeliterkloster. Der Türmer auf dem Domturm hat nicht, wie es seine Pflicht gewesen, beim Herannahen der langen Kolonnen des Feindes unablässig geblasen. Nein, er war gar nicht auf seiner Warte, sondern unterwegs von Haus zu Haus beim Einsammeln der Neujahrsgelder; und die Türmerin konnte nicht blasen. Die Frankfurter selbst waren noch silvesterbenommen. Eben deshalb war der Neujahrstag zum Überfall ausgewählt worden. Andererseits wurde der Prinz Soubise draußen vor den Wällen durch den Lärm der Frankfurter

Neujahrsmusik beunruhigt, die er für Militärkapellen hielt.

Der Dichter schweigt davon und hat es wohl auch nie gewußt, daß Thoranc einer der entscheidenden Offiziere bei dem Handstreich war. Er ist in den Tagen vorher als Spion in der Stadt gewesen, von seiner Hand ist, bis ins einzelne ausgearbeitet, der noch erhaltene Marsch- und Aktionsbefehl, er war selbst bei der Truppe und überholte Fahrgasse und Zeil hinab im Galopp den Major Textor, Kommandeur der Frankfurter Truppen und Bruder der Frau Rat Goethe, um ein Losgehen der Kanonen und Gewehre an der Hauptwache zu verhindern.

Alsdann wurde er Stadtkommandant. Der Magistrat trug dem Rechnung. Die Akten überliefern aus dem Römer: «Sambstags d. 23. Juni 1759 wurde auf geschehenen Vortrag des älteren Herrn Bürgermeisters *per unanimia resolviert,* dem Lieutenant du Roi, Herrn von Thoranc, ein praesent von 50 halbmäßigen Bouteillen Wein zu machen und solche in 1726er recht guter Qualität aus der geheimen Cassa zu bezahlen.» Auch Geld wollte der Rat dem Grafen zuführen. Beides lehnte er ab. Hatte Goethe nicht Grund, seine Rechtlichkeit zu rühmen?

Thoranc war ein Mann von Charakter, ein Mann von Bildung. Es hat sich eine Frankfurter Bücherrechnung der Firma Van Duren Gebrüder über die Zeit vom Dezember 1760 bis April 1761 erhalten. Danach hat der Graf in diesem Vierteljahr für 145 Reichstaler Bücher erworben: Rousseaus Neue Heloïse, soeben 1761 erschienen, Boethius und Seneca, Grotius und Pufendorf und Locke und manches andere; die teuersten Werke waren Rapins Geschichte von England in dreizehn, eine Geschichte Ludwigs XIV. in fünf Bänden. Für einen Offizier, der mit fünfzehn Jahren als Leutnant im Regiment de Vexin begonnen, sich in Italien geschlagen hatte, jetzt Capitaine war, welch erstaunliche Lektüre! All diese Bücher kamen in das Haus zu den drei Leyern, in das zur gleichen Zeit der elfjährige Wolfgang den Eulenspiegel, die Vier Haimonskinder, den Kaiser Oktavian, die Schöne Melusine und wahrscheinlich auch den Doktor Faust, auf Löschpapier gedruckt, als schnell verschlungenen Lesestoff vom Büchertrödler einschleppte.

Den dramatischen Höhepunkt in Goethes Schilderung bildet am Karfreitag 1759 der Abend nach der Schlacht bei Bergen. Diese war der Versuch eines Gegenschlages gegen die Besetzung Frankfurts. Die Stadt als Basis des Feldzugs gegen Preußen mußte von den Franzosen auf alle Fälle gehalten werden. Thoranc hatte den Auftrag – es ergibt sich das alles aus seinem *«journal pour moy»*, dem Tagebuch, das er in Goethes Elterhaus führte –, für einen ungünstigen Ausgang den Rückzug zu sichern. Die Befehle kamen erst am Morgen. Über den Main sollte er eine Schiffbrücke schlagen. Keine Seile, weder Bohlen noch Bretter! Und woher die Kähne? Er sollte den Stadtwall mit Kanonen bestücken. Wo die Schlüssel zum Zeughaus Frankfurts, wo die Pferde, wo Geschirre? Schon morgens strömten Verwundete durch die Tore. Er sollte sorgen, ohne Lazarette. So waren es zwei hoch erregte Männer, die abends auf dem Vorplatz aufeinanderstießen, der eine als Patriot enttäuscht und verbittert, der andere erst gereizt und angespannt, dann vom Sieg erhoben. Man hat in der Szene, die Goethe schildert, eine novellistische Ausschmückung sehen wollen. Sie ist nur allzu glaubhaft.

Auch der behagliche Gevatter Dolmetsch vom Hause gegenüber, «ein schöner, wohlbeleibter, heitrer Mann, der Bürger von Frankfurt war, sich in alles zu schicken wußte und mit mancherlei kleinen Unannehmlichkeiten nur seinen Spaß trieb», ist, so gut der Typus des Frankfurters in ihm getroffen ist, eine wirkliche Gestalt aus dem Umgangskreis der Familie. Johann Heinrich Diene hieß er, und wir haben sechs Briefe von ihm, die er in den Jahren 1763 bis 1765 nach Grasse und San Domingo richtete. Grüße bestellt er da von Monsieur und Madame Goethe und von Monsieur Olenschlager, dem Frankfurter Rechtshistoriker und Freund des Vaters und Sohnes Goethe, und von den Frankfurter Malern. Er bestätigt die letzten Bilderbestellungen des Grafen und beruhigt ihn über die Ausführung, denn er sei ganz «*au fait par la lecture et par la traduction, que le jeune Goethe a fait de vos lettres, en sorte, que je puis à présent faire l'interprêt à Nothnagel et à Seekatz*». Johann Wolfgang, nunmehr fünfzehn Jahre alt, hatte also wohl dem Dolmetsch die malerischen Fachausdrücke übersetzt, für die dessen Kenntnisse nicht zulangten. Auch zu einem Amte hat Thoranc seinem Dolmetsch geholfen; er ward «*inspecteur des lanternes*». Noch 1783 war er in dieser Stellung, und eben diese Straßenbeleuchtung eingeführt zu haben, gehört zu den Verdiensten des Grafen um die Stadtverwaltung, wie er auch die Hausnummern einführte und den Bürgersteig, Gossen und Kehrichtabfuhr, Fremden- und Sittenpolizei, ja eine Anatomie, kurz, wie er es verstanden hat, zu seinem Teile aus einem mittelalterlichen Verwaltungsschlendrian eine aufgeklärt-saubere Stadt zu machen.

Von dem Rat und den führenden Familien hatte Thoranc keine Meinung. Der Wahlspruch Gontards, des Gatten der Diotima, «*Les affaires avant tout*», herrschte auch schon zu seiner Zeit. Thoranc urteilt, hier gelte es nur eines: «*Marchander; en cela on reconnoit l'esprit négociant. On peut dire, que nulle autre sorte d'esprit ne se fait remarquer dans la conduite de la magistrature, point d'élévation dans leur vues, point de noblesse.*» Trotzdem, er hat in der Stadt seinen Umgang gehabt. Hunderte von Briefen an ihn liegen noch vor, unter deren Absender nicht nur rheinhessischer und mitteldeutscher Hochadel, sondern auch Frankfurter Patrizier stehen. Ein Name sei genannt, Charlotte v. Barkhaus-Wiesenhütten. Eine junge Frau von vierundzwanzig Jahren, schreibt sie dem vierzigjährigen Junggesellen, wenn er nach Wiesbaden, *un endroit triste,* oder Ems ins Bad fährt. Und wie schreibt sie ihm! «*Vos vieux os ne sont-ils pas encore assez fortifiés?*» Oder: «*Servez-vous aussi de la douche sur la tête, elle delayera toutes les mauvaises humeurs, que vous avez très frequement dans le cerveaux et ce sera après cela un plaisir de commercer avec vous.*» Oder in das koloniale San Do-

mingo: «*Amusez-vous bien avec vos Négresses!*» Ein
Schimmer eines derbfröhlichen Rokoko-Frankfurt strahlt
noch in unsere Tage aus solchen Worten. «*Me de Bark-
haus plaisanteries*» vermerkt Thoranc nach Empfang solcher Zusprüche eigenhändig auf die Rückseite. Noch 1783
mahnt diese Frau den Grafen: «*Venez, Monsieur, nous
parler philosophie, beaux arts, et vous serez certainement
le bienvenu!*»

Kann man sich eine erwünschtere Bestätigung von
Goethes Schilderungen denken? Da ist Thoranc, der Hypochonder, sind die Melancholien des Grafen, wovon in
«Dichtung und Wahrheit» so eindringlich die Rede ist.
Aus dem «*Journal pour moy*» erhellen sich auch ihre Hintergründe. Der Graf hatte einen Feind, die Marquise von
Pompadour in Versailles. Weil ihrer Meinung nach eine
Spottschrift gegen sie in Frankfurt nicht schnell genug unterdrückt worden war, widersetzte sie sich jeder Beförderung Thorancs. Er ward nie Colonel. Und da ist auch Thoranc, der Freund der Philosophie und der schönen Künste.
Ja, warum blieb gerade diese Frankfurterin noch Jahrzehnte mit dem Grafen verbunden? Weil sie Künstlerin
war. Sie malte, sie radierte. Einige kleine Blätter von ihr
sind erhalten. «Alzeit lustig, nimmer traurig», steht bezeichnend auf dem einen, das einen singenden Knaben darstellt. Vielleicht war sie Schülerin von Nothnagel, wie ihre
Tochter, die Landschaften malte, Schülerin von Georg
Christian Schütz war, jenem Schütz dem Jüngeren, der
«der Vetter» hieß und für Goethe die Figurinen für «Das
Römische Carneval» zeichnete.

Und jetzt erinnern wir uns jener Szene, die noch der alte
Goethe so anschaulich im Gedächtnis trug, da die Einquartierung nächtlich ins Haus drang und der fremde Offizier, kaum daß er von einem Gemäldezimmer gehört, vom
Hausherrn begleitet, Bild für Bild anleuchten ließ und
dann sämtliche Maler zu sich bestellte und sie so märchen-
haft mit Aufträgen überhäufte, wie solche ihnen weder
von Bürgern noch vom deutschen Adel bisher zuteil geworden, sagt doch noch der Darmstädter Staatskalender

auf 1780 von Thoranc: «er zog Seekatzen aus der Armut und Niedrigkeit, worin sein anerkanntes Verdienst dämmerte, hervor und belohnte ihn fürstlich.»

Diese Frankfurter Maler. – In der Gesamtentwicklung der Kunst spielen sie nur eine bescheidene Rolle, im Werden der künstlerischen Anschauungen Goethes eine große; für den Knaben, dessen Dachzimmer auf einmal zum Atelier ward, waren sie eine Welt. In «Dichtung und Wahrheit» wird von ihnen geredet, als wären sie nichts anderes als verspätete Holländer gewesen, etwa zunächst gefördert durch niederländische Familien, die einst, von Alba vertrieben, sich in Frankfurt niedergelassen und Maler von Ruf aus der Heimat mitgebracht hatten. Ihr Stil nur enger, kleinbürgerlicher; weniger Austern auf den Stilleben, einfachere Blumen. Indes, heute sehen wir in ihnen eher die Wegbereiter der Romantik. Sie waren so recht der Ausdruck Frankfurts. Alles Pathetische und alles Höfische, aber auch alles rokokohaft Leichte lehnen sie ab. Ihre Kunst war still und treu und hielt sich eng an die Wirklichkeit. Sie kannte weder Götter noch Allegorien, weder Helden noch Fürsten, sondern Bürger und kleine Leute, ja mit Vorliebe diese. Wenn Goethe in seinen «Geschwistern» Wilhelm sagen läßt: «Mir ists immer eine wunderliche Empfindung, nachts durch die Stadt zu gehen. Ich hatte meine Freude an einer alten Käsefrau, die, mit der Brille auf der Nase, beim Stumpfchen Licht ein Stück nach dem anderen auf die Wage legte und ab- und zuschnitt, bis die Käuferin ihr Gewicht hatte», so gab er ein Genrebild, gesehen mit den Künstleraugen seiner Freunde. Wir ahnen Ludwig Richter voraus, der gerade diese Szene in Holz geschnitten hat, wie auch in den Landschaftsbildern leise Wilhelm Kobell und Schwind vorklingen können. Die Frankfurter Künstler malten nicht für die Kirchen große Altartafeln, sondern für die Bürgerstuben Stilleben in kleinem Format und Porträts, und eine Ausnahme ist es, wenn Juncker einmal eine Verkündigung versucht – ein Thema, das in der zweiten Hälfte des aufgeklärten Jahrhunderts kaum jemand behandelt hat –, wie da zu einer Maria am

Spinnrad in einer Frankfurter Wohnstube plötzlich ein Engel des Seicento hereintritt, mit weiten leuchtenden Schwingen, als käme er unmittelbar vom Himmel – über Italien. Ja, ein solches Bild ist eine Ausnahme. Denn das Irrationale war ja das besondere Thema des Barocks gewesen, und gegen alles Barocke stand man in Abwehrstellung, sei es in der Malerei, sei es in der Architektur. Als Goethe aufwuchs, war eben die vielleicht größte, jedenfalls die originalste Epoche deutscher Baukunst zu Ende gegangen. Balthasar Neumann, der Erbauer von Vierzehnheiligen – um von vielen Meisterschöpfungen nur eine zu nennen –, war 1751, unweit Frankfurts, in Würzburg gestorben; der jüngere Asam starb 1750 in Mannheim. «Man muß mit Nachdruck auf die Merkwürdigkeit hinweisen, daß in ‹Dichtung und Wahrheit› weder über die Baumeister des Barocks noch über ihr Schaffen ein Wort fällt. Die Frankfurter hatten als Bürger diese grandiose, höfisch-kirchliche Kunst nicht in ihre Tore gelassen und bauten wie Goethes Vater gotisch noch im 18. Jahrhundert.» Das war die künstlerische Luft, in der Johann Wolfgang aufwuchs. «Die große deutsche Kunst seiner Jugend und die Kunst der unmittelbar vorhergehenden Zeit hat Goethe nicht gesehen», um Adolf Feulner anzuführen, der am einlässigsten über diese Fragen geschrieben hat.

Eines müssen wir uns dabei freilich vergegenwärtigen. Das Problem war kein rein ästhetisches, es war auch ein religiöses. Die Barockarchitektur war kirchliche Kunst, und als solche war sie Pracht. Goethe aber hat, wie ihn Eckermann sagen läßt, die Armut und Dürftigkeit Christi in den Evangelien und das Nacherleben seiner Lehre als Gegensatz zu jeder Entfaltung kirchlichen Gepränges empfunden. Deshalb lehnt er 1797 in seiner Vaterstadt den Palaststil der neuen Paulskirche ab und rät zu schlichten Bethäusern. Und wenn bei Eckermann im letzten Gespräch noch leidenschaftlich Einspruch erhoben wird gegen den fürstlichen Bischof, der in einer von sechs Pferden gezogenen Karosse daherbrause, während Christus mit seinen Jüngern in Demut zu Fuß gegangen, so ist das im bürgerlichen, ja biedermeierlichen Jahre 1832 überhaupt nur als ein Nachklang aus der Barockzeit zu verstehen.

Wenn demnach der junge Goethe den Baumeistern des Barocks fern stand, so um so näher bei jenen Künstlern, jenen Malern, die zaghaft tastend in eine neue Zeit vorfühlten, den Blick weniger in die Ferne, sondern in die Nähe, das Herz nicht verglühend im Transzendenten, sondern warm der unmittelbaren Natur hingegeben. Sehen lernte der Knabe unter diesen Malern und Meistern. Ihnen dankte er es, wenn er am Ende seiner Frankfurter Jugend rhapsodisch vom Auge des Künstlers rühmen konnte, wie sich ihm die Natur entschleiere. «Er mag die Werkstätte eines Schusters betreten, oder einen Stall, er mag das Gesicht seiner Geliebten, seine Stiefel oder die Antike ansehen, überall sieht er die heiligen Schwingungen und leisen Töne, womit die Natur alle Gegenstände verbindet.»

Die Gedichte des jungen Goethe erfassen die Natur gewiß leidenschaftlicher, beseelter, als es die Bilder der Frankfurter Maler zu tun vermögen, aber doch mit deren scharfem realistischem Blick. Seine Lyrik verschwimmt nie in Stimmungen wie die der Romantiker. Immer bindet sich das Gefühl an das Konkrete, Sicht- und Tastbare, an das mit Malerauge erfaßte Wirkliche, eben weil Goethe unter Malern aufgewachsen war, weil er bis 1788 noch nicht zu entscheiden wußte, ob er nicht eigentlich zum bildenden Künstler geboren sei. Die Schütz, Seekatz, Juncker und Trautmann! – Nein, Boucher und Watteau und Fragonard, der wie er selbst in Grasse geboren war, hätten seinem Herkommen gemäß die Maler sein müssen, die Thoranc ansprachen. Mit ihnen, Künstlern aus Frankreich und von Weltruf, schmückte der König von Preußen seine Schlösser. Daß der Graf aber gerade jene stillen deutschen Maler vorzog, die in Paris weder Namen noch Markt hatten, daß er so leidenschaftlich Aufträge an sie verschwendete, wie sie sie in Deutschland von keiner Seite erhielten, das ist ein bezeichnender Zug seines Charakters.

Wie eine Gegenmelodie zu der Liebe des französischen Grafen zu deutscher Malerei verflicht nun Goethe in die

Darstellung seine, des Knaben Wolfgang, Hinneigung zur französischen Bühnendichtung, zur französischen Schauspielkunst – ein symbolisch bedeutsames Geben und Nehmen der beiden Nachbarnationen in ihren Künsten. Die fremde Armee hatte zu ihrer Unterhaltung eine eigene Schauspieler-Gesellschaft mitgebracht. Das Comödienhaus war ganz nahe dem Hirschgraben im Junghof. Der Knabe war hier vor und hinter dem Vorhang zu Hause. Es ist seine erste Bekanntschaft mit der Welt der Bretter. Der Dichter in ihm begegnet den Dichtern. Er schreibt sein erstes Drama; er ist zwölf Jahre alt. Merkwürdig, wie temperamentvoll noch der alte Goethe gegen die Regeln der klassischen Bühne Stellung nimmt; die «dramaturgische Litanei», der «Plunder» der drei Einheiten, die «theoretische Salbaderei des vorigen Jahrhunderts», – er schilt, als schriebe er eben seinen Götz v. Berlichingen. Und doch, die Würde Corneilles, die Größe Racines, die später sein Weimarer Herzog höher schätzte als alles was er, Goethe selbst, für die Bühne geschrieben, sie prägen seine Vorstellung vom Drama, nicht verpflichtend, aber in ihrer Art rühmenswert. Und was der frühreife Knabe an menschlichen und künstlerischen Fragwürdigkeiten hinter den Kulissen erblickte, das sollte noch in «Wilhelm Meisters theatralischer Sendung» seine bezwingend anschauliche Auferstehung erleben. Nichts geht in diesem Leben verloren. Nichts bleibt ungenutzt, nichts unverarbeitet.

Das *Vierte,* Fünfte und zur ersten Hälfte auch noch das Sechste Buch umfassen die letzten Frankfurter Jahre vor dem Aufbruch zur Universität. Dabei entspricht das Vierte Buch im Aufbau dem Zweiten. Beide vertreten die gesprengte Form. Sie wirken wie Fenster in einer Wand mit Ausblick ins Weite, dort auf den Rokokogarten des Parismärchens, hier auf die Hirtenlandschaft der frommen Urgeschichte Israels, – ein Halt im Strom der Erzählung, ein Ausruhen in einem märchenhaften und in einem sagenhaften Idyll. Um beide fügen sich wie Klammern die andern Bücher: eins, drei und fünf. In sich novellistisch gerundet, sind sie ganz geschlossene Form. So sehr überlegender Architekt ist Goethe im Ersten Teil von «Dichtung und Wahrheit».

Für das Vierte Buch, das die Bildungswelt des Knaben von der Erziehung her schildert, haben städtische Akten und auch das Ausgabenbuch des Vaters bestätigt, wie zuverlässig die Angaben sind. Der Klavierlehrer mit seinen Fakchen und Gakchen war der Kantor Bismann, der Leiter der Peterskirchenmusik und seit 1792 Vizekapelldirektor an der ehemaligen Barfüßerkirche, keine künstlerisch schöpferische Persönlichkeit; die Zeit Telemanns und anderer Cantatekomponisten war vorüber. Zeichenlehrer war, für monatlich einen Gulden, von 1758 bis 1761 der Kupferstecher Michael Eben, dem wir Ansichten der Stadt und Bilder zum Pfeifergericht verdanken. Mehr gelernt hat Goethe, nachdem er in Leipzig Oesers Akademie besucht, bei Johann Ludwig Ernst Morgenstern, dem Ahnen einer Malerdynastie, einem wirklichen Künstler, der 1770 nach Frankfurt kam und Wolfgang und Cornelia um 1773 unterrichtete; 1775 ging Goethe zu Georg Melchior Kraus ins Atelier im Haus «Zur weißen Schlange» in der Großen Sandgasse. Kraus hatte schon vor Goethe in Weimar Fuß gefaßt, wirkte mit bei dessen Umsiedlung nach Weimar und ward später dort Direktor der «Fürstlichen freyen Zeichenschule».

Der Reitlehrer hieß Runckel, der Stallmeister der Stadt, der am Krönungsfeste dem Einzug des Kaisers vorausritt; nicht seiner Wachtmeistermanieren, nicht der schlechten Gäule wegen, die er seinem Reitschüler zuwies, ist er uns merkenswert, wohl aber seiner kapriziösen Tochter halber, die die Stadtschönheit war, auf den Bällen am Darmstädter Hof Zutritt hatte und dort Triumphe feierte, über die Cornelia dem Bruder nach Leipzig schreibt. Sie steht im Reigen der Mädchen, denen Goethes Jugendhuldigungen galten. In den Briefen des ersten Semesters an die Schwester, ehe Käthchen Schönkopf in seinen Bereich trat, gelten Grüße und Küsse Lisette. Zurückgekehrt macht er ihr Geschenke. Das Gedicht: «Mit einem goldnen Halskettchen», etwa 1769, war ihr gewidmet. Es schmeichelt spielend, wirbt und bescheidet sich und schließt anakreontisch zugespitzt:

> *Doch bringt dir einer jene Kette,*
> *Die schwerer drückt und ernster faßt,*
> *Verdenk ich dir es nicht, Lisette,*
> *Wenn du ein klein Bedenken hast.*

Lisette bedachte sich, bis der reichste Freier vor ihr stand. Dann heiratete sie und verschwand aus dem Gesichtskreis des Dichters.

Erzieher sind, in einem höheren Sinne, auch die Olenschlager, v. Malapert, v. Reineck und Hüsgen. Sie öffnen den Blick nicht in das Wissen, sondern in die Welt. Des Hofrats Hüsgen gerühmte mathematische Standuhr ist erhalten und heute am Hirschgraben im Goethehaus, ebenso die beiden großen Blumenbilder von Juncker, genau so, wie «Dichtung und Wahrheit» sie beschreibt, mit Maus und Kornähre, Schmetterling und Käfer, nur eben nicht auf Holz, sondern auf Leinwand, und in beiden Ausführungen vom Vater angekauft: «1764 Nov. pro 2 *tabulis pictis* 77 Gulden.» Hier kann man es greifen, wie Goethes Erinnerung Stich hält und wo sie trügt oder künstlerisch zur Anekdote gestaltet wird.

Schwierigkeiten bietet aber unter diesem Gesichtspunkt nun das *Fünfte Buch*. Schon am 11. Oktober 1809, als er sich das erste Schema zur Autobiographie in sein Oktavbändchen aufgeschrieben, hatte sich Goethe notiert: «Welche Innung hat bey der Kaiserkrönung Josephs II. und bey den nachfolgenden den gebratenen Ochsen erbeutet? Wo kommt der Hafer hin, den der Erbmarschall hohlt.» Man sieht, er nahm es genau. Diese Fragen hatte ihm nun Friedrich Schlosser aus Frankfurt beantwortet; und im übrigen entlieh er sich am 19. April 1811 das Krönungsdiarium Josephs II., das, 1767 bis 1771 in Mainz erschienen, die gründlichste Beschreibung der Wahl und Krönung vom Frühjahr 1764 enthält. Von Gretchen aber, die Hand in Hand mit dem jungen Wolfgang alle diese hohen Tage durchlebte, wissen wir aus gleichzeitigen

Zeugnissen nichts. Ja, hier ist «Dichtung und Wahrheit» die einzige Quelle, denn auch die Schemata erwähnen das Mädchen noch nicht. Nur daß Bettina v. Arnim erzählt, das schöne Gretchen sei zu einer Zeit in Offenbach Schenkmädchen in der «Rose» gewesen. Offenbach war für Bettina eine andere Heimat; hier hatte sie bei der Großmutter Sophie La Roche glückliche Jugendtage verlebt. Aber auch von der Mutter Goethe konnte sie ihr Wissen haben. An ihren Angaben zu zweifeln, liegt kein Grund vor. Und dann hat noch der alte Goethe Eckermann von Gretchen erzählt. Leider hat dieser im einzelnen davon nichts in sein Buch aufgenommen, aber das Gespräch vom 5. März 1830 rühmt gerade hier die Wahrhaftigkeit, die das Erlebte nicht zu bemänteln sucht und die jede empfindsame Phrase vermeidet.

Dieses fünfte Buch ist, wie das erste und die Thorancepisode im dritten, eine Meisterleistung Goethes, ja es ist nicht nur eine der vollendetsten Partien in «Dichtung und Wahrheit», sondern ein Kronjuwel der Goetheschen Altersprosa schlechthin, nicht an Gehalt, aber in der Kunst des Erzählens, in der Mischung von Intimität und Glanz.

Goethe war festfreudig. Er liebte den Reichtum des Lebens, um so mehr, wenn er ihm symbolhaltig gegenübertrat. Die Maskenzüge, im «Faust» der Mummenschanz am Kaiserhof, die Gestaltenfülle mythologischer Sagenwelt bei der kultischen Feier in der «Klassischen Walpurgisnacht», es waren, schriftstellerisch gesehen, ähnliche Aufgaben wie die Schilderung des immer neu einsetzenden, sich wiederholenden und steigernden Gepränges der Festwochen während der Königswahl. Und immer erleben wir alles als Augenzeugen durch seine Augen. Bald liegt er in einem Fenster, steht er auf einer Treppe, schleicht er in einen Saal, durchstreicht er die Gassen. Und wenn er nicht dabei sein kann, heißt es: «Dort hätte man auch sein mögen» oder «Wir erzählten einander indessen, was dort vorgehe. ‹Nun zieht der Kaiser seinen Hausornat an›, sagten wir.» Sogar die frühere Krönung von 1745 wird mehrfach einbezogen; Franz I. fährt in einem Main-Nachen der

Jacht der geliebten Gemahlin nach; Maria Theresia erscheint jubelnd, lachend auf dem Balkon. Und kunstvoll verflochten – welch Kontrast – mit dem Schicksal der Höchsten des Reiches das der Unbekannten und Geringen. Wie zart diese Liebe und wie bildmäßig, wie sorgfältig anschaulich, als hätte ein Maler sie gezeichnet, diese nächtlichen Interieurs bei Wein und Kaffee, bei Gespräch und Müdigkeit und Schlummer. Die gerichtlichen Hintergründe haben sich nicht aufklären lassen. Die Akten wurden vernichtet, um die Affäre schnell aus der Welt zu schaffen. Möglich, daß ein unterer Gerichtsbeamter, Johann Adolf Wagner, dem wir als Gehilfen des Obristrichters Raab bei der Hinrichtung der Susanna Margarethe Brandt am 14. Januar 1772 wiederbegegnen, zu dem Kreise der Vettern Gretchens gehörte; am 14. Mai 1764 ward ein Verfahren wegen Unterschleife gegen ihn eingeleitet; am 3. April war die Krönung vollzogen worden, Wolfgangs Verhör hatte also am 4. stattgefunden. Mit diesem Sturz aus höchsten Höhen der Festfreude und der Liebe endet der Erste Teil von «Dichtung und Wahrheit». Er enthält Goethes Jugend bis zu seinem fünfzehnten Jahre. –

Das *Sechste, Siebente und Achte Buch* handeln von der Leipziger Zeit. Mit dieser Übersiedelung Goethes nach seiner ersten Universitätsstadt wandeln sich Sinn und Form dieser Einführung. War es bisher die Aufgabe gewesen, Goethes Berichte durch anderweitige Überlieferungen zu ergänzen und zu verdeutlichen oder um der historischen Beglaubigung halber bald öffentliche, bald private Urkunden zu befragen, so tritt von nun ab ein Wahrheitszeuge auf den Plan, dem gegenüber alles heutige wissenschaftliche Bemühen verstummen muß: der Dichter selbst. Wer wissen will, wie Goethe in Leipzig sich gab und lebte, der lese in meiner Ausgabe die Briefe an die Schwester Cornelia und an Freund Riese[1]. Wer nachfühlen möchte, wie

---

[1] Vgl. Goethes Werke, Artemis-Ausgabe, Band 4 [1953], Jugendwerke, und Band 18 [1951], Jugendbriefe.

Goethe wirklich Käthchen Schönkopf gegenüber, oder wie es in «Dichtung und Wahrheit» heißt, wie er für Ännchen empfunden, der lese die aufgeregten Augenblicksberichte an Behrisch vom November 1767 und die resigniert verliebten Briefe, die er dem Mädchen von 1768 bis 1770 aus Frankfurt geschrieben. Wer unmittelbar aus Goethes Jugend selbst sein Verhältnis zu seinen Lehrern erkennen will, der schlage die Dankschreiben nach, die er nach seinem Weggang von Leipzig an Oeser gerichtet. Und was das Wesentlichste ist, von nun an sind seine Dichtungen erhalten und sprechen für sich und für ihn. Im Grunde ist nur noch zu berichtigen, was Goethe aus getrübter Erinnerung oder aus künstlerischen Gründen anders erzählt, als es geschehen war.

Wer der pädagogische Hauslehrer war, den der Vater seinem Sohn jetzt beigab, könnten wir höchstens vermuten. Im Ausgabenbuch des Vaters steht weder Name noch eine gezahlte Summe. Er führt den Knaben in die Anfangsgründe der Philosophie ein. Wir hören bedeutende Worte des alten Goethe über die griechischen Systeme und glauben vielleicht ehrfürchtig an Wolfgang den Philosophen. Wie sehr in Wirklichkeit eben dieser Wolfgang noch ein richtiger Bub war und wie recht Gretchen gehabt hatte, daß sie «ihn immer als ein Kind betrachtet», zu dem ihre Neigung nur wahrhaft schwesterlich gewesen, das zeigt uns der Brief an Cornelia vom 21. Juni 1765 von jener Wiesbadener Reise, die der Anfang des Sechsten Buches erwähnt: ruhmredig schreibt der Knabe, wie er mit Steinen nach einer Schlange geworfen, schließlich sie getötet habe, dann sei man in Büschen und Hecken des Waldes herumgekrochen. Und die Briefe an Ysenburg von Buri vom Mai und Juni 1764, eben nach der Gretchen-Katastrophe geschrieben, die Bitte um Aufnahme in die Loge, sind sie nicht typische Schulknabenbriefe, Schreiben eines, der ein Herr sein mochte und noch lange keiner ist? Wie leicht führt die würdevolle, gedankenreiche Sprache, die abgewogene Weisheit des alten Goethe dazu, daß wir das Kind so sehen, wie der Greis sich gibt, und daß wir den einen

Goethe für den anderen nehmen. Auch um das Mariagespiel und seine Reize ganz auszukosten, war der Sechzehnjährige noch zu unerfahren. Goethe hat hier in das
Jahr 1765 verlegt, was während seiner Leipziger Zeit der
Advokat Kölbele, ein Bekannter Cornelias, eingeführt
hatte und woran Wolfgang erst nach der Heimkehr 1769
und 1770 teilnahm. Für das Jahr 1769 stimmt denn auch
das Alter des, wie Goethe sagt, zweiundzwanzigjährigen
Jugendfreundes, den er zum Erfinder des Mariagespiels
macht, Bernhard Crespel, der 1747 geboren war. Im Cre-
spelschen Hause auf der Großen Eschenheimer Gasse gingen Wolfgang und Cornelia aus und ein, auch die Schwestern Crespels waren gute Freundinnen; Bernhard selbst
erfreute sich der besonderen Gunst der Frau Rat Goethe,
deren Briefe an ihn sich erhalten haben, und seine humor-
volle Närrischheit hat ihn später zum Helden der «Sera-
pionsbrüder» und zur Bühnenfigur in Offenbachs Oper
«Hoffmanns Erzählungen» gemacht.

Und nun Anfang Oktober 1765 fuhr Johann Wolfgang
nach Leipzig, dem Ehepaar Fleischer aus der Nachbarschaft in der Buchgasse zur Aufsicht und Betreuung anvertraut. Der sehr rührige Verleger und Buchhändler ahnte
nicht, daß ein werdender Autor der Weltliteratur in dem
«kleinen, eingewickelten, seltsamen Knaben» steckte, der
mit ihm in der Chaise saß. Fleischer blieb auch dann noch
ahnungslos, als der junge Goethe schon die Führung der
Literatur an sich riß. Die Manuskripte mußten im Selbst-
verlag erscheinen oder nach Berlin und Leipzig wandern.
Der Student Goethe aber, in Leipzig von allen Seiten belehrt, daß Poesie der schlechteste Zeitvertreib sei, ver-
brannte alle mitgebrachten Dichtungen auf dem Küchen-
herd der Kaufmannswitwe Straube im zweiten Stock der
Großen Feuerkugel. Und so schließt auch das Erste Buch
des Zweiten Teiles wie das des Ersten mit Brandopfer,
Rauch und Qualm.

Nachdem dergestalt die Welt der ersten knabenhaften
Versuche versunken ist, nicht ohne Verstörung und Unruhe für ihren Schöpfer, teilt sich überraschend ein Vor-

hang und gibt den Blick in weitester Linie frei auf das geistige Deutschland in der ersten Hälfte des 18. Jahrhunderts. Ein literarisches Panorama tut sich auf – und von welcher Großartigkeit! Es war das Feld, ja eben das Kampffeld, in das der junge Dichter eintreten sollte.

Wieder zeigt sich die planvolle Anlage dieser Lebensbeschreibung. An keiner Stelle bleibt der Acker dürr. Um zu verdecken, daß von einem Kind nicht allzuviel zu erzählen war, hatte Goethe im Zweiten und Vierten Buch durch die Einlage des Parismärchens und des Hirtenlebens der Urväter die Darstellung ins Bedeutende gehoben. Ähnlich hier. Statt des naturgemäß noch kargen geistigen Haushalts eines Sechzehnjährigen, wie ihn die Leipziger Briefe an die Schwester oder etwa im «Faust» eine Gestalt wie die des Schülers spiegeln, zeigt Goethe den Reichtum der Epoche. Er läßt das Ich verschwinden vor der Fülle der Zeit.

Man hat mit Recht gesagt, dieses *Siebente Buch* von «Dichtung und Wahrheit» sei die erste deutsche Literaturgeschichte, die mehr gibt als Namen, Buchtitel und Jahreszahlen. Auch die Wissenschaften, Philosophie, Arzneikunde, die Lehre vom Recht, alles wird kritisch vor Augen gestellt, zuletzt selbst die Theologie. Ja, wie mit der Anziehungskraft eines abgründigen Strudels werden die Fragestellungen in die Tiefe gezogen. Schon im Buch vorher war an die Gottesverehrung gerührt worden durch die Andachtsschauer, die die Natur, die alten Eichen in den Waldungen um Frankfurt bei dem Knaben geweckt; Tacitus wurde genannt, die Religion der Vorfahren. Jetzt wird, in mehreren Ansätzen, vom Zeitgeist her oder veranlaßt durch Gellerts unzulängliche Seelsorge, die Offenbarung in der Bibel erörtert und geprüft. Kirche und Kult werden an den seelischen Bedürfnissen gemessen, und überraschend, ja auch schon die ersten Leser in Erstaunen setzend, werden die Sakramente der alten Kirche liebevoll gedeutet und einer Glaubenslehre, die mehr aus dem Wort als aus gnadeträchtigen Symbolen lebt, entgegengehalten. Was wir hier lesen, das waren weder die Erwägungen, noch waren es die Einsichten des Leipziger Studenten. Es

spricht der Goethe, der für den Schluß seiner «Wahlverwandtschaften» nichts Weihevolleres finden konnte als
Bilder der katholischen Legende und der wenige Jahre später im «Divan» westliche und östliche Frömmigkeit zu
verschmelzen wußte, der hypsistarisch den Glauben bejahte, wo er ihn auch fand. Im Mai 1811 war Sulpiz Boisserée bei Goethe in Weimar zu Gast gewesen, der bedeutendste Vertreter des Katholizismus, dem Goethe sich erschlossen hat. Am 1. Oktober 1811 begann die Arbeit am
Sechsten Buch, am 22. Mai 1812 wurde das Siebente abgeschlossen. Gespräche mit dem rheinischen Freund mögen
in «Dichtung und Wahrheit» eingegangen sein – Visionen
eines gottgebundenen Seins, das Innerlichste des ganzen
Buches.

Andererseits, dieser große, geistesgeschichtliche Überblick über das Zeitalter war für «Dichtung und Wahrheit»
eine Gefahr. Die Erzählung konnte zum Lehrbuch werden.
Goethe begegnet dem, indem er immer das Allgemeine an
das Persönliche, das Jahrhundert an den Tag bindet. Gottsched wird im «Goldenen Bären» Visite gemacht. Mit Za-
chariä wird am Schönkopfschen Mittagstisch solenn geta-
felt. Gellert sehen wir auf seinem Schimmel, den ihm nicht
der sächsische Kurfürst, sondern der Feind, Prinz Heinrich
v. Preußen, geschenkt hatte, durch die Straßen reiten. Lessing kommt in die Stadt; er wird aus Trotz gemieden.
Schließlich tritt uns in Behrisch das Studentisch-Burleske
entgegen, die Atmosphäre von Auerbachs Keller – «Dichtung und Wahrheit» redet nur andeutend vom «Wein-
haus» –, wohin nach den Erinnerungen von Marie Stock,
später die Gattin von Schillers Freund Körner, der «Mosje
Goethe» ihren Vater, den Kupferstecher, schon am späten
Nachmittag zu entführen pflegte.

Mit einem gewagten Vergleich zwischen dem Nichts-
nutz Behrisch und dem so verdienten Oeser findet der Erzähler den Übergang zum *Achten Buch,* um die bildende
Kunst in Leipzig und Dresden zu würdigen. Man fühlt
einen Wechsel der inneren Teilnahme. Die Luft wird wärmer. Die Literatur Obersachsens war abgelebtes Spiel.

Hier bei den Künstlern, den Sammlern fühlte Goethe sich in seinem Element. Was ihm hier vermittelt ward, der Glaube an die antike Kunst, das trug ihn durch sein ganzes Leben. Die Universität war Enttäuschung gewesen, als Dichter fühlte er sich selbst nicht sicher – psychologisch-pathologisch nennt das Schema zum Siebenten Buch die Leipziger Produktion –, die Liebe war bald Quälerei und Eifersucht, hier aber und nur hier bei den Künstlern war Goethe als Leipziger Student glücklich. «Auch ist mir der Eindruck jener Lokalitäten, in welchen ich so bedeutende Anregungen empfangen, immer höchst lieb und wert geblieben. Die alte Pleißenburg, die Zimmer der Akademie, vor allem aber Oesers Wohnung, nicht weniger die Winklersche und Richtersche Sammlungen habe ich noch immer lebhaft gegenwärtig.» Man merkt es gleich den ersten Seiten des Achten Buches an, daß hier wieder mit dem Auge erlebt wird, im Atelier Oesers, der Giebelstube Stocks, in der Dresdener Galerie, die damals im Stallgebäude auf dem Judenhofe, dem späteren Johanneum am Neumarkt, war, so angelegt, daß die Zimmer mit den Niederländern, denen Goethes Teilnahme galt, rings um den italienischen Saal lagen, in dem, erst kürzlich erworben, die Sixtinische Madonna hing. «Platz dem großen Raffael», mit diesen Worten hatte Kurfürst Friedrich August II. von Sachsen 1754 seinen Thron beiseite rücken und die Sixtinische Madonna aufstellen lassen. Bei Goethe fällt kein Wort über das Gemälde.

Den Dresdener Schuster, der Goethe beherbergte, hat die Forschung lange für Dichtung, für eine novellistisch erfundene Figur halten wollen. Alles andere als das! Er wohnte, ein Sechzigjähriger, in der Friedrichstadt, war ein Sinnierer und stand gut mit Gott: «denn ich hab mit dem Herrn aller Herren selbst Unterhaltung gepfleget.» Um so weniger vertrug er sich mit dem Dresdener Konsistorium, «wo Finsternis das ganze Land bedeckte und Dunkel die Völker», und mit seinem Pfarrherrn, dem er seine Offenbarungen vor dem Gottesdienst auf den Altar zu legen liebte. «Es stehet eine Hülfe des großen Gottes vor meiner

Stubenthür! Wie mag solches zugehen? Hast du denn schon vergessen, daß bei Gott kein Ding unmöglich ist? Die Mittel und Wege, die der Herr dazu erachtet hat, die kann kein Fürst, kein König, kein Kayser, ja alle hoch gelehrten Doctoriusse auf der ganzen Welt nicht rathen. Aber ich, Johann Gottfried Haucke, ich weiß sie.» Mit einem «Ehre sei Gott in der Höhe» und einem «an Luthers statt» und daß man es gar nicht nötig habe, dieses sein Schreiben unter die Bank zu stecken, daß man es als ein helles Licht vor allem Volke und der ganzen Welt leuchten lassen könne, so pflegte Haucke die Kundgebungen an seinen Pfarrer zu schließen. Und nun lese man «Dichtung und Wahrheit»! Ist es nicht erstaunlich, wie Goethe nach mehr als vierzig Jahren diesen Mann und seine Redeweise noch im Gedächtnis hat? Und allein, weil Haucke bei der Behörde um sechs Taler Vorschuß eingekommen, da er sein Handwerk vernachlässigt, sein Handwerkszeug habe daran geben müssen, da Gott mit ihm reden wollte, können wir Goethes Angaben aktenmäßig belegen. Welche Lehre für die Wissenschaft bei Beurteilung von «Dichtung und Wahrheit»! Der Poet sieht das Dichterische im Leben; er brauchte es nicht zu erfinden, nur zu gestalten.

Die Dresdener Reise fand Ende Februar 1768 statt. Es seien, um dem Leser die Leipziger Erlebnisse geschichtlich zu gliedern, folgende Daten gegeben: Den Zeichenunterricht bei Oeser, der damals 48 Jahre alt war, nahm Goethe schon im Winter auf. Nach Ablauf des ersten Semesters, zur Ostermesse 1766, kam Johann Georg Schlosser, später der Gatte Cornelias, nach Leipzig. Nun wechselte Goethe den Mittagstisch, lernte Käthchen Schönkopf kennen, der er sich schon am 27. April erklarte. Sie war drei Jahre älter als er, heiratete 1770 den Dr. jur. Kanne, der später Ratsherr in Leipzig wurde, und starb 1810, ehe «Dichtung und Wahrheit» erschien. Goethe hat sie 1776 in Leipzig wiedergesehen und an Frau von Stein unter dem letzten März davon geschrieben. Die Aufwartung bei Gottsched fällt in das gleiche Frühjahr 1766, ebenso der erste Besuch des Richterschen Kunstkabinetts am Thomaskirchhof. In diesem Jahr wurde auch der «Silberne Bär» gebaut und am 10. Oktober das Theater mit dem «Hermann» von Clodius eingeweiht. Wielands «Musarion» erschien indes erst 1768. Die Hochzeit des Bruders der Frau Rat, Johann Jost Textors, hatte am 17. Februar 1766 stattgefunden. Daß Clodius, übrigens ein junger Dozent, etwa dreißig Jahre alt, Goethes Gedicht in der Vorlesung zerpflückte, wird also im Frühling 1766 gewesen sein. Ein Jahr später nahm Goethe Rache. Clodius hatte seine in den Versen auf den Kuchenbäcker Hendel parodierte Rede am 5. März 1767 gehalten; in diese Zeit fällt also das Spottgedicht, dessen sich ein Kommilitone aus dem Böhmeschen Kolleg noch 1804 erinnert. Im März 1767 war es auch, daß Goethe «Die Laune des Verliebten» begann; er scheint daran genau ein Jahr geschrieben zu haben. Im Oktober 1767 ging Behrisch, 29 Jahre alt, nach Dessau. Goethe begegnete ihm später wieder, wenn er mit Carl August den dortigen Hof besuchte, und erzählt davon launig noch Eckermann unter dem 24. Januar 1830. Stock, der Kupferstecher, war, als sich Goethe in seine Lehre begab, erst etwa 28 Jahre alt, also noch ein jugendlicher Zechgesell für Auerbachs Keller. Winckelmanns Todestag war der 8. Juni 1768. Die Erkrankung Goethes, wohl eine leichte Tuberkulose – die Anlage zu dieser Krankheit scheint sich bei Cornelia und sicher bei deren Tochter Juliette gezeigt zu haben – begann im Juli, der Leipziger Studentenskandal fand am 11. August statt. Am 28. August, seinem Geburtstag, fuhr Goethe nach Frankfurt zurück; die «Mitschuldigen» hat er erst in der Vaterstadt niedergeschrieben.

Zuweilen mag es ein Versagen der Erinnerung gewesen sein, wenn Goethe diese zeitliche Abfolge geändert hat oder verhüllt, zumeist war es künstlerische Absicht. Was er vorträgt, ist Wahrheit, die Verknüpfung aber eben Dichtung, der inneren Zusammengehörigkeit, einer höheren Wahrheit halber. Darum nannte er sein Werk, das erst «Bekenntnisse» heißen sollte, «Wahrheit und Dichtung», und schließlich, aus klanglichen Gründen, weil ihn der doppelte d-Laut störte, «Dichtung und Wahrheit». Um sich zu vergegenwärtigen, was diese künstlerische Form, diese bewußte Freiheit in der Anordnung der Erzählung für das Werk bedeutet, braucht man bloß einen Blick auf die Fortsetzung von «Dichtung und Wahrheit», die «Tag- und Jahreshefte» zu werfen, die dieses Stilmittels entbehren. Hier steht alles zeitlich an seinem richtigen Platz. Dafür sind die inneren Zusammenhänge wie verschüttet. Wie nüchtern wirken diese Annalen bei aller Richtigkeit, eben weil die Bahnen des inneren Lebens, die seelischen Verbindungen verdeckt bleiben! Den anderthalb Jahren im Elternhaus, die zwischen Leipzig und Straßburg liegen, gelten in «Dichtung und Wahrheit» nur wenige Seiten. Die Familie wird jetzt mit der Einsicht des Erwachsenen beurteilt. Die Krankheit selbst, dies ergibt sich aus Cornelias und Goethes Briefen, währte vom Dezember 1768 bis zum nächsten Frühjahr. Der kritische Tag, an dem das geheime alchymistische Pulver Rettung brachte, war der 7. Dezember. Der Arzt und Alchymist Dr. Johann Friedrich Metz, vierundvierzig Jahre alt, aus Tübingen gebürtig, war seit 1765 in Frankfurt und hatte seine Wohnung Hinter dem Römer Nr. 170; er hat 1774 Lavater in Frankfurt behandelt. Ein Schwabe, ein Landsmann von Bengel, war es also, der Goethe in den Zauberkreis jener okkulten Schriften einführte, die den Keim- und Mutterboden seiner faustischen Träume bilden sollten. Während des Krankheitswinters lag Wolfgang im Zimmer Cornelias, das nach Süden ging; hier also fanden während der langen Winterabende die alchymistischen Sitzungen mit der Mutter und Susanna Katharina von Klettenberg statt. Über die gleichzeitigen Versammlungen der Herrnhuter im Goetheschen Hause mit geistlichem Gesang und gastlichen Erfrischungen schweigt «Dichtung und Wahrheit», aber wir hören davon sehr ausführlich durch den Brief Goethes vom 17. Januar 1769 an seinen Leipziger Freund Langer. Um die Osterzeit ·bezog Wolfgang wieder sein Giebelzimmer, baute sich hier eine kleine alchymistische Werkstatt ein und operierte am Windofen, das Geheimnis der Urzeugung zu enthüllen:

Schau alle Wirkungskraft und Samen
Und tu nicht mehr in Worten kramen.

In den Sommer des Jahres fällt das Mariagespiel mit den Freundinnen Cornelias, das «Dichtung und Wahrheit» in die Jahre 1764 und 1765 verlegt. Im Herbst 1769 ritt Goethe mit dem Legationsrat Moritz, der der Gräfin von Zinzendorf aufwarten wollte, zur Synode der Herrnhuter nach Marienborn bei Büdingen in der Wetterau; das Thema der Synode war die Gnadenfrage. Im November machte er einen Ausflug nach Mannheim, im Dezember mit achtzig Gulden Reisekosten, einen solchen nach Worms. Man sieht, er war genesen.

Das Siebente Buch hatte mit einem Bonmot über die Erfahrung geschlossen. Erfahrung, das war ein Grundbegriff der Aufklärung. Der Mensch versucht von sich aus, sich in der Welt zurechtzufinden. Das Achte Buch schließt auf Grund neuplatonischer und christlicher Überlieferung mit einer Spekulation von oben, von Gott her. Zwischen diesen beiden Polen liegen alle Probleme der Philosophie.

Und steht zwischen beiden Polen, dem Diesseits und Jenseits, dem Rationalen und Irrationalen, nicht auch das Herz? – Das Herz? Es ist und wird die ach, allzu bewegliche Magnetnadel jener Welt, der Goethes Lebensschiff – er selbst liebt dies Bild – jetzt zusteuert, den Jahren des Sturmes und Dranges und der Empfindsamkeit. Diese Epoche, sie wird von nun an das Thema von «Dichtung und Wahrheit». Deshalb lautet mit Fug und Recht das erste Wort des *Neunten Buches:* «Das Herz».

Ja, das Herz und, wie es weiter heißt, die verborgenen Winkel menschlicher Leidenschaften und die Einbildungskraft, das meint die Phantasie, sie sind die Mächte, die aufgerufen werden sollen, sie, «die sich aus keinem Kompendio erlernen lassen». Die Worte sind aus der Besprechung eines Buches über Ovid. Der Göttinger Professor Heyne hatte sie geschrieben als Protest gegen den Versuch, den Römer als «fürtrefflichen Sittenlehrer» und nicht als Dichter nachzuerleben. Wegen dieses Heyne hatte der

junge Goethe durchaus in Göttingen zu studieren gewünscht. Es ist derselbe, der im sechsten Brief des Werther
genannt wird, der den griechischen und trojanischen Helden den Barockmantel von der Schulter nahm und Homer
als «Originalgenie» entdeckte. Er galt der Jugend ein Moses aus der dürren Wüste der Aufklärung ins gelobte Land
des Enthusiasmus.

Zum zweitenmal hatte Wolfgang Goethe seine Dichtungen verbrannt; dann war er in den letzten Märztagen 1770
nach Straßburg aufgebrochen, wo er bis Ende August
1771 blieb. Dieser Straßburger Aufenthalt umfaßt das
Neunte, Zehnte und Elfte Buch. Er wird die Mitte des
ganzen Werkes. Keiner Zeit vorher ist soviel Raum zugemessen. Hier in Straßburg fand Goethe sich selbst, gewann
er Anschluß an die Kräfte und die führenden Persönlichkeiten einer neuen Generation, ward er zu der Gestalt, die
selbst ihre Zeit prägte. Nebenfiguren zu verdeutlichen,
Hintergrundsfiguren aufzuhellen, braucht nicht länger die
Aufgabe dieses Essays zu sein. Der Kreis, in dem Goethe
jetzt lebt, steht in vollem Lichte der Literaturgeschichte.

Bislang war in «Dichtung und Wahrheit» nur von Städten die Rede gewesen. Jetzt leuchtet die Landschaft auf,
vom Rhein bis zum Wasgau, das fruchtbare Elsaß, in der
Blüte, im Gewitter, unter dem Regenbogen, ein Spiegel der
Stimmungen. Das Münster wird, das ist Sturm und Drang,
als «Koloß» gefeiert, zugleich aber wird die Fassade – und
das ist Oeser und im Grunde der eigentliche Goethe – in
der Harmonie ihrer Proportionen begriffen. Über Straßburg als Stadt hören wir nur wenig, auch nicht allzuviel
von der Universität und vor allem kaum Rühmenswertes.
Die Hörsäle waren Goethe bald verleidet. «Ich hätte keinen unschicklicheren Ort als Straßburg erwählen können.
Die Professoren sämtlich, besonders aber die Juristen, waren mit so vortrefflichen Pfründen begabt, daß sie nicht
nötig hatten, sich um der wenigen Studenten willen viele
Mühe zu geben. So wie es mir in Leipzig gegangen war,
ging es mir hier noch schlimmer. Ich hörte nichts, als was
ich schon wußte.» So scharf aburteilend hatte Goethe ur-

sprünglich über die Hochschule schreiben wollen. Mehr als die Professoren gab ihm der Freundeskreis, Salzmann, Jung-Stilling und Lerse, der, gleichaltrig mit ihm, Theologie studierte und, zuletzt in einer Hofmeisterstellung in Wien, im Jahre 1800 starb. Dem Ritter vom Orden Ludwigs XIV. und den Tanzstunden bei den beiden schönen Schwestern hat die Wissenschaft mit Stirnrunzeln gegenübergestanden. Man hat nach der tieferen Bedeutung gesucht. Aber dieser Ludwigsritter – vermutlich ein Freiherr v. Cronhjelm – ist Goethe eben als merkwürdiger Kauz in Erinnerung geblieben, wie Behrisch auch einer war oder der Schuster Haucke in Dresden. Die Sonderbaren sind es, die den Dichter anziehen, nicht die Alltäglichen. Die beiden liebenden Mädchen hat man gar aus der Wirklichkeit verweisen wollen. Allein spricht nicht der erste Brief des Werther, vom 4. Mai 1771, sehr lebhaft für ihre Existenz? «Die arme Leonore! Und doch war ich unschuldig! Konnt ich dafür, daß, während die eigensinnigen Reize ihrer Schwester mir einen angenehmen Unterhalt [Unterhaltung] verschafften, daß eine Leidenschaft in dem armen Herzen sich bildete!» – Und Kuß und Verwünschung? – Die Vordeutung auf Friederikens Schicksal ist offensichtlich. Aber dürfen wir deshalb entscheiden, daß die Szene Erfindung sei? Am saturnischen Schreibtisch gilt die Eifersucht einer liebenden Französin vielleicht als unwahrscheinliche Pathetik. Das Leben indes ist reich.

Das *Zehnte Buch* nimmt die Übersicht über die deutsche Literatur wieder auf, wie sie schon anläßlich der Leipziger Studienjahre begonnen war, aber sie betrifft jetzt die Zeitgenossen und wird gekrönt durch die Würdigung Herders. Das Gegenbild dazu ist die große Auseinandersetzung mit französischem Wesen, französischer Dichtung und französischer Philosophie am Ende des *Elften Buches*. Leidenschaftlich die Ablehnung des materialistischen Atheismus, nicht nur rückblickend, sondern aus der Gegenwart des Schreibenden. Zornig die Worte über Holbachs «*Système de la nature*» [1770]. «Wie hohl und leer ward uns in dieser tristen atheistischen Halbnacht zu

Mute, in welcher die Erde mit allen ihren Gebilden, der Himmel mit allen seinen Gestirnen verschwand. Eine Materie sollte sein von Ewigkeit und von Ewigkeit her bewegt und sollte nun mit dieser Bewegung rechts und links und nach allen Seiten ohne weiteres die unendlichen Phänomene des Daseins hervorbringen.» Sehr resolut wird unter das alles der Schlußstrich gezogen: «So waren wir denn an der Grenze von Frankreich alles französischen Wesens auf einmal bar und ledig.»

Trotzdem war das dem alten Goethe noch nicht scharf genug. Unter dem 3. Januar 1830 in einem Gespräch mit Eckermann kommt er auf diese Stelle zurück. «Sie haben keinen Begriff von der Bedeutung, die Voltaire und seine großen Zeitgenossen in meiner Jugend hatten und wie sie die ganze sittliche Welt beherrschten. Es geht aus meiner Biographie nicht deutlich hervor, was diese Männer für einen Einfluß auf meine Jugend gehabt und was es mich gekostet, mich gegen sie zu wehren und mich auf eigene Füße in ein wahreres Verhältnis zur Natur zu stellen.» Das wahrere Verhältnis zur Natur, das ist der neuralgische Punkt der großen Abrechnung. Es war die Religiosität, es war die Glaubensfrage, an der sich die Geister schieden, darum war es Goethe eine Genugtuung – davon ging das Gespräch mit Eckermann aus –, daß gerade sein irrationalstes Werk, seine Faustdichtung, jetzt in französischer Übersetzung vor ihm lag, in einer Sprache geltend, «in der vor fünfzig Jahren Voltaire geherrscht hat». In «Dichtung und Wahrheit» aber folgt nach der Ablehnung des Französischen der Preis Shakespeares. Der Dank an die englische Literatur, die Goethe mehr gegeben hat als die des eigenen Landes, zieht sich durch alle Teile des Werkes.

Zwischen diesen beiden großen geistesgeschichtlichen Ausblicken, ja Plädoyers liegt nun als ruhig heitere Mitte das Sesenheimer Idyll, dessen letzte Deutung das Märchen von der Neuen Melusine sein sollte. Goethe hat es 1807, also sechs Jahre vor «Dichtung und Wahrheit», niedergeschrieben, wagte aber doch nicht, wie etwa im Zweiten Buch das Parismärchen, es jetzt einzulegen, in Besorgnis, den Rahmen zu sprengen. Es ward 1816 und 1818 im «Taschenbuch für Damen» gedruckt und kam später in «Wilhelm Meisters Wanderjahre».

Chronologisch ordnen sich die Ereignisse der drei Straßburger Semester wie folgt: Am 18. April 1770 wurde Goethe an der Universität immatrikuliert. Am 7. Mai zog Marie Antoinette in Straßburg ein, das Pariser Unglück ereignete sich in der Nacht vom 30. zum 31. des Monats. Der Ritt zur Zaberner Steige und ins Lothringische begann am 22. Juni und endete etwa am 6. Juli, indes nicht in Sesenheim, sondern in Straßburg. Nun bereitete sich Goethe auf sein erstes juristisches Examen vor, das er am 10. September bestand; und jetzt erst erfolgte die Bekanntschaft mit Herder, der Anfang September eingetroffen war und nur den Winter über bis April 1771 blieb. Der erste Besuch in Sesenheim erfolgte nicht vor Oktober 1770, also erst nach Ablauf des ersten Straßburger Semesters. Am 24. November war es, daß die Studenten Schöpflin ihren Fackelzug brachten. Lenz kam im Juni 1771 nach Straßburg. Die Promotion zum Lizentiaten der Rechte fand am 6. August statt.

Goethe hat an diesen Tatsachen nichts geändert, aber er hat sie sich zurechtgeschoben; sicher waren ihm die Daten auch nicht mehr alle gegenwärtig. An Quellen aus der Zeit standen ihm für die Lothringer Reise noch Tagebuchaufzeichnungen zur Verfügung, die er später vernichtete. Das Wichtigste, der Briefwechsel mit Friederike, ist leider verloren, bis auf ein Konzept Goethes und ein Blatt, auf dessen Vorderseite zierlich von ihrer Hand Goethes Anschrift steht, auf der Rückseite, von Goethe mit Rötel gezeichnet, das Pfarrhaus von Sesenheim mit Scheune, Hof und Ziehbrunnen. Da die Briefe also fehlten, griff der Dichter auf seine eigenen Lieder zurück, die er, in Prosa umgesetzt, in die Handlung einstreute.

Eine geschlossene Einheit bilden auch *die Bücher Zwölf bis Fünfzehn*. Sie umfassen die Zeit von der Heimkehr aus Straßburg im August 1771 bis zum Spätherbst 1774, drei volle Jahre. Den Mittelpunkt bildet, und das nun zum ersten Male, das eigene dichterische Schaffen. Das *Zwölfte Buch* erzählt, wie der Hymnus auf Erwin von Steinbach entstand und von der Mitarbeit an den Frankfurter Gelehrten Anzeigen, dann von Wetzlar und dem Reichskammergericht, das sich zur Königskrönung im Fünften Buch verhält wie Misere im Hinterhaus zur Fassade eines Palazzo. Das *Dreizehnte Buch* gilt dem «Götz» und den «Leiden des jungen Werthers». Das *Vierzehnte* spricht über die Lahn- und Rheinfahrt mit Lavater und Basedow im Juli und August 1774 und über das Mahomet-Fragment, das *Fünfzehnte* über den «Ewigen Juden», den «Prometheus», die Künstlerdramen und die erste Begegnung mit Carl August von Weimar; es schließt mit dem Gesellschaftsspiel vom Liebeslos, das der Leser schon von 1769 her kennt und mit Susanna Magdalena Münch.

Dieses Mädchen, für das Goethe den «Clavigo» schrieb, war eine jüngere Freundin Cornelias, am 11. Januar 1753 geboren und, als sie Goethe im Spiel als Gattin zufiel, gerade zwanzig Jahre alt. Sie mag ein schlichtes Frankfurter Kind gewesen sein; nichts ist von ihr auf unsere Tage gekommen, kein Bild, kein Blatt, vielleicht eine Silhouette. Die Briefe nach Wetzlar erzählen von ihr. «Lotten sagt», schreibt Goethe an Kestner am 26. Januar 1773, «ein gewisses Mädchen hier, das ich von Herzen lieb habe und das ich, wenn ich zu heiraten hätte, gewiß vor allen andern griffe, ist auch den 11. Januar geboren. Wäre wohl hübsch so zwei Paare! Wer weiß, was Gottes Wille ist!» Und zwei Wochen darauf: «Das Mädchen grüßt Lotten. Hätten wir einander so lieb wie ihr zwei! – Ich heiße sie indessen mein liebes Weibchen, denn neulich, als sie in Gesellschaft um uns Junggesellen würfelte, fiel ich ihr zu. Sie sollte 17 abwerfen, hatte schon den Mut aufgeben und warf glücklich alle sechs.» Wir sehen auch hier Goethes Erzählung bestätigt, nur daß er gegen den Ausgang des Jahres 1774 rückt, was Anfang 1773 geschah. Noch 1837 ward in Frankfurt dieser Mariage gedacht, als ein Denkmal Goethes, vielleicht auf der Maininsel, errichtet werden sollte und man dafür anführte, daß von dort der Blick nach dem Weißfrauenkloster offen sei, in dem die wunderschöne Susanna Münch als evangelische Konventualin ihre Tage beschlossen, die Goethe einst geliebt hatte, während ihre Eltern von dem gottlosen Studenten weniger hätten wissen wollen. Dies Letzte ist eine Erinnerung an den einstigen Widerklang auf den Werther. Der Selbstmord war gottlos. Die meisten hatten so geurteilt. Der Senator Rummel in Leipzig, bei dem Goethe 1765 durch Simon Moritz Bethmann eingeführt war, schrieb an diesen seinen Schwager am 22. Februar 1775: «Was macht denn der Herr Doktor Goethe, welcher ehemals in Leipzig studierte und von Ihnen an uns rekommandiert war? Er scheint ein großes Genie, nur aber leider ein Freigeist zu sein. Er hat unter mehreren rausgegebenen Büchern eines geschrieben, so die Leiden des jungen Werthers betitelt ist. Nachdem solches etliche Monate allhier roulierte, so hat man es endlich konfisziert. Es sind viele irreligiöse Sentiments in diesem Buche, und schon bei seinem hiesigen Aufenthalt ließ er besondere Denkungsarten in der Religion merken.» Deshalb also dachten die Eltern Münch anders über die Mariage als die Eltern Goethe.

Der Vater des Mädchens war der Spezereihändler Philipp Anselm Münch im Haus «Zur Eule» am Hühnermarkt gewesen, ein Nachbar der lustigen Tante Melber, von der das Erste Buch erzählt. Auch die Familie Gerock, die das Achtzehnte Buch mit Namen nennt, deren Töchter aber sonst nur als die Gespielinnen oder Freundinnen Corneliias durch «Dichtung und Wahrheit» gehen, wohnten dort, im Haus «Zum Rebstock». Das ist mit den Schwestern Crespel, der Mademoiselle Bethmann und Lisette Runckel etwa der Kreis der Landausflüge und Wasserfahrten, der uns aus den gleichzeitigen Briefen Corneliias und Wolfgangs deutlicher entgegentritt, den aber auch das Rechnungsbuch des Vaters bestätigt, wenn er unter dem 12. Juli 1774 dreißig Kreuzer für eine Sommerpartie auf dem Main einträgt. Die Verhältnisse des Hauses Münch mögen denen der Goetheschen Familie geähnelt haben, und das war auch ein Grund, daß die Eltern des Dichters hier die Schwiegertochter sahen, die sie sich wünschten. So bereitet der Schluß des Fünfzehnten Buches auf die Verlobungszeit mit Lili vor, die später ein Hauptthema des Vierten Teiles von «Dichtung und Wahrheit» bilden sollte.

Nirgends hat Goethe mit dem zeitlichen Ablauf der Ereignisse so frei geschaltet wie in diesen Büchern. Der «Hymnus auf Erwin von Steinbach» war schon in Sesenheim begonnen und wurde kurz nach der Heimkehr in Frankfurt vollendet. Für die Rede zur Shakespearefeier, die Goethe nach Garricks Vorbild beging, entnehmen wir dem Ausgabenbuch des Vaters unter dem 14. und 16. Oktober 1771 folgende Notizen: «Dies onomasticus Schakspear 6 fl 45 Kr und Musicis in die onomast. Schaksp. 3 fl.» Man sieht, es war wirklich ein Fest, mit Gästen, mit Musik; in «Dichtung und Wahrheit» werden weder Feier noch Rede erwähnt. Kurz danach, im Spätherbst 1771, ward der «Götz» in seiner ersten Fassung geschrieben. Er gehört also eigentlich ins Zwölfte Buch und nicht ins Dreizehnte; die Umarbeitung des Stückes in die jetzige Fassung, die «Dichtung und Wahrheit» gleich aus dem ersten Wurf entstehen läßt, ward jedoch erst anderthalb Jahre später, im Februar 1773, vorgenommen; von Juni ab wurden die Exemplare versandt. An den Frankfurter Gelehrten Anzeigen hat Goethe nur 1772 mitgearbeitet, nicht wie er schreibt, auch noch 1773.

Besonders irreführend sind Goethes Angaben über den «Werther». Das *Dreizehnte Buch* stellt die Dinge so dar, als ob die Nachricht von Jerusalems Tod, die Goethe im November 1772 empfing, unmittelbar die Dichtung ausgelöst hätte. Nichts weniger als das. Erst im Frühjahr 1774, also anderthalb Jahre später, gestaltete er seinen Roman. Im Mai war er vollendet. Den Anstoß zur Niederschrift hatte nicht Jerusalems Tod, sondern die Liebe zu Maxe Brentano gegeben, die, seit dem 9. Januar Brentanos Gattin, nun als junge Frau nach Frankfurt gekommen war und der die Lotte des Romans «die schwärzesten Augen» verdankt. Was hat ein Liebender vor sich, wenn er an die Geliebte denkt, wenn es nicht vor allem ihr Blick, die Seele in ihrem Auge, ist? Zwischen Wetzlar und dem Roman liegt also das Jahr 1773, eine der dunkelsten Zeiten Goethes. Damals war es, da er den Dolch neben seinem Lager hatte, und neben vielem, was ihm Pein gewesen, war die Erinnerung an Wetzlar, der Verlust Lottens, gewiß nicht die geringste. Richtig in Goethes Chronologie ist nur, daß die Schilderung von Werthers Tod, eben weil hier der Bericht über das Ende Jerusalems verwandt wurde, das erste war, das gestaltet vorlag. Goethe hat also auch bei diesem Werk wie öfters von hinten nach vorn gearbeitet. Im übrigen gleitet er über die Wetzlarer Frühlings- und Sommermonate – er war dort von Anfang Mai bis zum 11. September 1772 – mit leichtester Hand hinweg. «Lotte – denn so wird sie denn doch wohl heißen», – stärker war die Abstandnahme nicht zum Ausdruck zu bringen. Er wollte seinen Roman nicht zum zweitenmal schreiben; er konnte auch nicht.

Dafür wird nun im *Vierten und letzten Teil* von «Dichtung und Wahrheit» die Liebe zu Lili wenn auch nicht zur Novelle, so doch novellenhaft, ja in dichterischem Atem vorgetragen. Die Erinnerung an diese bedeutende Frau ist die treibende Kraft gewesen, diese letzten Bücher noch zu schreiben. Sie ist die einzige unter den mädchenhaften Gestalten, denen die Liebe des jungen Goethe gegolten, die bis zuletzt mit ihm in Verbindung blieb, der wieder zu begegnen er sich im Alter noch wünschte. Die Arbeit an «Dichtung und Wahrheit» schien hoffnungslos ins Stocken geraten, aber immer, wenn er an Lili gemahnt ward, sei es, daß ein Sohn von ihr ihn aufsuchte oder eine Enkeltochter oder daß ein Brief, was einst gewesen, heraufbeschwor, nimmt Goethe die Darstellung wieder vor und schreibt *à la recherche du temps perdu,* wie er seinem eigentlichen Glücke nie so nahe gewesen, als da er mit Lili verbunden war. «Die Hindernisse, die uns auseinander hielten, waren im Grunde nicht unübersteiglich, – und doch ging sie mir verloren.» So zu Eckermann am 5. März 1830. Die Jahre 1813, 1816, 1821, 1830 sind Daten eines neuen Einsatzes auf Grund solcher Erinnerungen. In dem

Essay «Lili» dieses Buches habe ich das Glück und Unglück des Jahres 1775 und diese Entstehung des Vierten Teiles von «Dichtung und Wahrheit» eingehend dargelegt; es sei erlaubt, darauf zu verweisen.

Die Mitte des *Vierten Teiles,* am Ausgang des *Siebzehnten Buches,* stellt nun Goethes eigene Existenz der Zeitsituation gegenüber. Noch hält Friedrich der Zweite das Geschick Europas in den Händen; Katharina siegt über die Unchristen, die Türken; die Namen Franklin und Washington fangen an, am politischen und kriegerischen Himmel zu glänzen und zu funkeln. Ein neuer wohlwollender König in Frankreich zeigt die besten Absichten. Alles das wird wahrgenommen, aber gleichsam nur als Kulisse. Die Verflochtenheit des eigenen Schicksals mit dem Weltgeschehen wird noch nicht einmal geahnt. «Uns war darum zu tun, den Menschen kennen zu lernen; die Menschen überhaupt ließen wir gern gewähren.» Solcher Selbsttäuschung über das Verhältnis von Einzelpersönlichkeit und Geschichte leistete nun einer Situation Vorschub, die Goethe in fast hymnischer Beschreibung als den «beruhigten Zustand des deutschen Vaterlandes» preist. Es war eine Zeit des Friedens, der Ausgeglichenheit im Leben der Stände untereinander, der Duldsamkeit, der Ordnung und des Rechts. Und «so verbreitete sich die heiterste Hoffnung über die ganze Welt, und die zutrauliche Jugend glaubte sich und ihrem ganzen Zeitgeschlechte eine schöne, ja herrliche Zukunft versprechen zu dürfen». Ein wehmütiger Rückblick des alten Goethe nicht auf die Jugend, sondern auf eine geschichtliche Epoche, die nach dem Katarakt der Katastrophen von 1789 bis 1815 den Überlebenden wie ein Paradies erscheinen mußte. Das stille Leuchten dieser friedvollen Zeit liegt wie ein Abglanz auch über Goethes «Dichtung und Wahrheit».

Solche Spiegelung des Bildes von Deutschland im 18. Jahrhundert sollte als letzter Eindruck in der Erinnerung bleiben. Erst war das Vaterland in der Vaterstadt mit ihrer Vergangenheit geschaut worden, darauf im Glanz der Königskrönung, später in Leipzig als Reich des Geistes, in Straßburg als Grenzlanderlebnis, in Wetzlar als sicher Rechtskörper, nun zum Schluß wird noch einmal die Segensfülle des Seins im Frieden hervorgehoben, Frieden mit den Nachbarn, Frieden auch der Stände untereinander. «Deutschland», heißt es in einem Schema, «hatte eigentlich keine Verfassung. Es war vielmehr ein bloßer Zustand, in welchem zur Friedenszeit sich jedermann wohl befinden konnte.» Der Schwäche dieses Reiches, der Unsicherheit seiner Zukunft war Goethe sich wohl bewußt. In eben jenem Tagebucheintrag vom 18. Mai 1810 auf der Fahrt nach Böhmen, von dem ausführlich schon die Rede war, stehen in Verbindung mit dem Namen Franklin, also mit dem Blick auf Amerika, die nachdenklichen Worte: «Vorbereitung zum künftigen Schicksal der Welt alles außer Deutschland.» Auf die Darstellung in «Dichtung und Wahrheit» hat Goethe diesen Schatten nicht fallen lassen.

Der größte Teil dieser letzten fünf Bücher wurde in den Jahren 1830/31 diktiert. Goethe war inzwischen über achtzig Jahre alt geworden. Er hatte ein Recht darauf, es sich leichter zu machen. Die Charakteristik der Grafen Stolberg gab er kurzerhand nach Lavaters «Physiognomischen Fragmenten» aus dem Jahre 1776. Den Eislauf auf dem Main entnahm er einer Erinnerung seiner Mutter, der Frau Rat, die ihm durch einen Brief Bettinens zugekommen war. Die Schweizer Reise im *Achtzehnten* und *Neunzehnten Buch* schilderte er auf Grund des Tagebuches und eigener Zeichnungen, die noch heute in Weimar liegen. Wo er sich solcher Quellen nicht versicherte, liefen ihm Irrtümer unter, so in der Datierung des Offenbacher Festes mit dem Familienstück «Sie kommt nicht», das er auf Lilis Geburtstag am 23. Juni 1775 verlegt, obwohl er doch an diesem Tage auf dem Scheitelpunkt des Gotthardpasses stand und eben durch die Bedeutung des Tages vom Abstieg südwärts nach Italien zurückgehalten wurde.

Eingerahmt ist nun dieser Vierte Teil durch philosophisch-religiöse Betrachtungen über Spinoza und über das Dämonische. Auf Spinoza war Goethe vermutlich am 18. August 1772 bei einem Besuch Höpfners in Gießen

aufmerksam geworden; er entlieh sich von diesem die
Schriften des Philosophen im Frühjahr 1773, kam aber in
seiner Frankfurter Jugend über eine oberflächliche Kenntnis nicht hinaus. Das Dämonische – ihm gilt der berühmte
Schluß des ganzen Werkes – hat Goethe ursprünglich im
Anschluß an das Sokratische Daimonion als Gewissen, als
das, dessen sich der Mensch gewiß ist, in der letzten Frankfurter Zeit aber immer mehr als geheimnisvolle Stimme
des Schicksals im eigenen Herzen verstanden. So sieht er es
auch im Geschick Egmonts. Im Alter wandelt sich der Begriff weiter und verlagert sich vom Individuellen mehr ins
Kollektive und Naturhafte, eine Manifestation nicht persönlicher, sondern undeutbar kosmischer Kräfte. –

Das ist es, was uns Goethe über sein Leben vor seiner
Übersiedelung nach Weimar zu berichten hat. Fragen wir
nun nach dem, wovon sein Werk schweigt. Da ist am auffallendsten, daß unter den vielen Charakteristiken die der
Mutter fehlt. Vater und Schwester werden eingehend gezeichnet, der früh verstorbenen Geschwister wird gedacht,
soweit die Erinnerung zureicht, von Freunden, Fremden
werden scharf konturierte Porträts entworfen, die Mutter
aber, die unter allen dem Dichter immer am nächsten gestanden, in vielem sein ander Selbst, oft erwähnt, aber nie
im ganzen geschildert, sie huscht gleichsam nur durch die
Erzählung, aber immer wie ein freundlicher Schein, vermittelnd, begütigend, heiter, wie es ihre Art war. Goethe
hat die Lücke selbst empfunden, und so diktierte er seinem
Schreiber John einige Blätter, für die er benutzte, was ihm
Bettina v. Arnim über Gespräche mit der Frau Rat brieflich
zugesandt hatte. Sie sollten in «Dichtung und Wahrheit»
eingelegt werden. Als aber 1835 «Goethes Briefwechsel
mit einem Kinde» erschien und die gleichen Erinnerungen
nun unmittelbar aus Bettinas Munde brachte, legte Eckermann die Blätter endgültig beiseite. Sie sind in der Artemis-Ausgabe im Anschluß an den Vierten Teil abgedruckt,
unter dem Titel, den Goethe ihnen gegeben, nach dem
Vorbild der Heldenschilderungen bei Homer als *Aristeia
der Mutter*. Bettinas Worte stehen hinter dem Werke

Goethes nicht zurück, ja, da sie aus der Leidenschaft eines warmen Herzens dringen, aus einer Doppelliebe, der zu Mutter und Sohn, klingen sie beschwingter als dessen ruhiger Erzählungston, und da sie Huldigung sind und sein dürfen, auch zarter und einschmiegender.

Bemerkenswert, und zwar für die Studienzeit in Obersachsen, ist für uns noch ein anderes Schweigen Goethes. Das Leipzig des 18. Jahrhunderts ist wohl das Leipzig des jungen Goethe, aber noch mehr die Stadt Johann Sebastian Bachs. Wie viele der Namen, die in den Leipziger Kapiteln als Sterne der Dichtung aufgezählt werden, sind heute nur noch literarhistorischer Staub. Bach lebt. In «Dichtung und Wahrheit» wird er nicht genannt. Ebenso wie der junge Dichter die großen Bauten und Baumeister des Barocks nicht kennt, so hört er auch die große Musik des Barocks nicht mehr. Er konnte sie nicht hören; niemand spielte sie. Als Goethe nach Leipzig kam, war Bach fünfzehn Jahre tot, und schon wußte man nicht, wo sein Grab war. In Straßburg hat die Suche nach einem Grabstein aus dem 14. Jahrhundert, dem Erwins von Steinbach, Goethe zu seinem Hymnus auf das Münster und seinen Schöpfer, ja auf den gottgesandten Genius veranlaßt. Der alte Goethe, dem 1814 der Organist Schütz in Bad Berka und dem später Mendelssohn Bachsche Fugen vorspielt, spricht das großartige Wort, so müsse es in Gottes Busen vor seiner Schöpfung ausgesehen haben. Das Grab Bachs aber, ja die Leipziger Kirchen wie ihre Musik, sie waren für den Leipziger Studenten nicht vorhanden. Er hört wohl Konzerte; aber nun ist es Hasse, der Leiter der Rokoko-Oper am Dresdener Hofe, dessen Oratorien und Kantaten gespielt werden; und der unvergeßliche Eindruck, den Goethe von der Karwoche 1767 noch im Alter in großer Erinnerung hat, bleibt das Oratorium «Santa Elena al Calvario» mit den jungen Sängerinnen Corona Schröter und Elisabeth Schmeling als tragenden Kräften. Von Bach aber spielte höchstens auf Vorstadtgasthöfen noch einmal ein armer Student eine Suite als sonntägliche Tanzmusik; niemand wußte, von welchem Meister sie war. So konnte es

694

kommen, daß Goethe von dem Genius, der, sieht man von ihm selbst ab, Leipzig seinen eigentlichen Ruhm verleiht, als Student nicht berührt wurde. Nur Ernesti wird erwähnt, der Professor und Rektor und in der Leitung der Thomasschule Bachs Widerpart, da der eine die Schüler ganz für seine Musik, der andere sie ganz für seine Antike haben wollte. Ob und inwieweit der jugendliche Goethe den Meister erkannt hätte, wenn er ihn hätte hören können, darüber zu mutmaßen ist müßig. Das wissen wir nicht.

Die auffälligste Lücke aber ist das Schweigen vom Faust. Das Hauptwerk nicht nur der Jugend, ja des ganzen Lebens, es wird kaum erwähnt und vor allem nicht gedeutet. Goethe hat am 16. Dezember 1816 zwar einen Ansatz genommen, darzulegen, wie er sich 1775 die Fortsetzung der Dichtung nach Gretchens Tod dachte, aber er hat diese Ausführungen nicht in das Achtzehnte Buch, wo sie etwa ihren Platz gehabt hätten, aufgenommen, und er hat vor allem ganz davon geschwiegen, wie und wann und aus welchen Erlebnissen heraus, von welchen Begegnungen genährt, der Urfaust entstanden und gewachsen war. Und doch war ihm aus Gesprächen, Briefen, Rezensionen genugsam bekannt, wie dringend die deutsche Leserschaft, der die Tragödie ja nur bis zum Schluß des Ersten Teils vorlag, gerade hier nach Aufschlüssen und Hilfen verlangte. Der Grund läßt sich erschließen. Wir wissen heute, daß die Niederschrift des Faust mit dem letzten Schicksal Gretchens, den drei Prosaszenen am Schluß, eingesetzt hat, und wissen auch, daß der Prozeß gegen die Frankfurter Kindesmörderin Susanna Margarethe Brandt und deren Hinrichtung am 14. Januar 1772 den jungen Anwalt Goethe so erregte, daß aus diesem Geschehen die Dichtung Form gewann. Von solchen Schrecken zu sprechen, lag nicht in der Absicht Goethes, der mit seinem Werke befrieden und den Leser mit der Welt versöhnen wollte. Dieser sollte, wie Goethe zu Eckermann sagt, aus der Region der niederen Realität erhoben werden. Überall spüren wir die mildernde Hand. Wie gedämpft ist die Darstellung der

Liebesleiden, sei es um Käthchen, um Lotte oder Lili, verglichen mit dem aufgewühlten, oft verzweifelten Tone der gleichzeitigen Briefe. «Dichtung und Wahrheit» ist ein Werk nicht ohne Tendenz. Dem durch die politischen Verhältnisse gedrückten Deutschen sollte gezeigt werden, was das Leben an Erfreulichem und Gutem bieten, sein Vertrauen in sich, sein Glaube an das Sinnvolle des Seins sollte gestärkt werden. Deshalb kann es einmal heißen: «Doch, wenden wir uns von dieser noch in der Erinnerung beinahe unerträglichen Qual zur Poesie» [19. Buch], und eben darum sollte auch die Tragödie der Kindesmörderin nur in der Poesie weiterleben, und so wird über die beiden Exekutionen, die in Goethes Jugend in Frankfurt vollzogen wurden – die erste an Anna Maria Frölich am 26. September 1758 – und die beidemal die ganze Stadt und nachweislich auch den Goetheschen Familienkreis exaltierten, mit den Worten hinweggeglitten: «Es fehlte mitten in der bürgerlichen Ruhe und Sicherheit nicht an gräßlichen Auftritten. Bald weckte ein näherer oder entfernter Brand uns aus unserem häuslichen Frieden, bald setzte ein entdecktes, großes Verbrechen, dessen Untersuchung und Bestrafung die Stadt auf viele Wochen in Unruhe. Wir mußten Zeugen von verschiedenen Exekutionen sein.» Tatsächlich haben in der Stadt in Goethes Jugend nur diese beiden Exekutionen stattgefunden. Wenn aber «die Lebens- und Gemütszustände, die den Stoff hergaben» und nach denen der Vorbericht zu «Dichtung und Wahrheit» gefragt hatte, nicht erwähnt werden sollten, so konnte auch von der Dichtung, die daraus entsprungen, nicht leicht die Rede sein.

Karl Philipp Moritz, dem es in geradem Gegensatz zu Goethe darauf ankam, den Leser seines «Anton Reiser» mit jeder seiner kindlichen Erschütterungen und allen Seelenqualen seiner Jugend bekannt zu machen, erspart ihm auch die Schauer der Hinrichtung nicht. Vier Delinquenten wurden 1775 auf dem Rabenstein vor Hannover enthauptet. «Da nun die Stücken dieser gerichteten Menschen auf das Rad hinaufgewunden wurden und er sich selbst

und die um ihn herumstehenden Menschen ebenso zer-
stückbar dachte, so wurde ihm der Mensch so nichts wert
und unbedeutend, daß er sein Schicksal und alles in dem
Gedanken von tierischer Zerstückbarkeit begrub.» Von
der Richtstätte wendet sich Anton Reiser zum Stadttor
zurück. Er selbst, die Begegnenden, nichts sind sie ihm als
eine «bewegliche Fleischmasse». Immer wieder läßt seine
Einbildungskraft ihn «sich an den Platz der zerstückten
und in Stücken auf das Rad gewundenen Missetäter stellen, und er dachte dabei, was schon Salomo gedacht hat:
Der Mensch ist wie das Vieh; wie das Vieh stirbt, so stirbt
er auch.» Er irrt durch die nächtlichen Gassen und stößt
auf den Fluß. «Hier stand er zwischen dem schrecklichsten
Lebensüberdruß und der instinktmäßigen Begier fortzuat-
men, kämpfend, eine halbe Stunde lang, bis er endlich
ermattet auf einem umgehauenen Baumstamm niedersank.
Als Tier wünschte er fortzuleben; als Mensch war ihm
jeder Augenblick der Fortdauer seines Daseins unerträglich.»

Man muß sich solche Lebenserinnerungen vergegenwärtigen, die im selben Jahre 1786 erschienen, da Goethe
seine Reise nach Italien antrat, um zu würdigen, was
«Dichtung und Wahrheit» will und bedeutet. Es sollte
dem Menschen eine Hilfe sein, nicht abzustürzen, sondern
sich den Weg ins Freie und nach oben zu erkämpfen. Dabei weicht Goethe dem Abgründigen nicht aus. In Gretchens Todesängsten und Wahnsinn ist, was Anton Reiser
erschreckte, nicht weniger quälend, ja noch viel peinigen-
der empfunden. In Egmonts Kerkerszene ist die Furcht vor
der Vernichtung männlicher bestanden. Goethe kennt
nicht den Wunsch, stumpf zum Tier hinabzusinken. Er
rettet den Menschen im Menschen. –

«Dichtung und Wahrheit» ist die Schilderung von
Goethes Jugend. Ist es eine glückliche Jugend gewesen?
Die gängige Meinung hat sie vielfach als eine solche ge-
priesen. Man hat sich durch Lieder bestimmen lassen, die
als Zeugnisse seligster Stunden dem Jubel des Augenblicks
Dauer verliehen haben.

Wie herrlich leuchtet
Mir die Natur!
Wie glänzt die Sonne!
Wie lacht die Flur!

Das Frühlingsgedicht «Ganymed» und manches andere
wäre zu nennen. Aber wieviel Schwermut ist andererseits
im Schaffen dieser Jugendjahre! Und folgen wir dem alten
Goethe bei seinen Rückblicken auf die frühe Zeit, so ist es
auffallend, wie wir trotz aller harmonisierenden Tendenz
immer und immer wieder von Unbehagen, Verwirrung
und Ratlosigkeit, auch von Verzweiflung hören müssen.
«Ich wußte nicht, wo ich ging noch wohin ich wollte, und
machte daher einen schweren Weg», steht auf einem Zettel zu «Dichtung und Wahrheit». Daß es ein schwerer
Weg war, das deutet das Motto an, das Goethe dem Ersten
Teil seines Werkes vorausgesetzt hat. Es ist ein Vers aus
einer griechischen Komödie des Menander, um 300 vor
Christi, und heißt: «Der Mensch, der nicht geschunden
wird, wird nicht erzogen.»

«Wird nicht erzogen» –, «Dichtung und Wahrheit» ist
also auch die Geschichte einer Erziehung. Und da fällt uns
ein, daß seine Entstehung zwischen den Jahren von 1808
bis 1814 sich mitten in die Arbeiten an Goethes großem
Erziehungsroman, an «Wilhelm Meisters Wanderjahren
oder die Entsagenden» einschiebt, ja gleichsam als ein persönlicher Sonderfall des Erziehungsthemas diese Arbeit
auf ein Jahrzehnt unterbrochen hat. Etwas von den Pro-
blemstellungen dieses Romans ist auch auf die Darstellung
der eigenen Lehr- und Werdejahre übergegangen. Ist der
Mensch erziehbar? Und wenn er es ist, wo liegen die erziehenden Kräfte? Die Antwort lautet: Kaum da, wo wir sie
suchen. Es ist das Merkwürdige in «Dichtung und Wahrheit», daß alle Anstalten zur Erziehung im wesentlichen
versagen. Die Schulen werden nur als drückend empfunden. Sie vermitteln Lernstoff, aber wirken nicht bildend.
Die Universitäten? «Ich hörte nichts als was ich schon
wußte.» Die Kirchen boten «trockene Moral», und der

Seelsorger kam an die Seele nicht heran. Stärker wirken die echten christlichen Begegnungen. Von einzelnen Christen, wie dem Theologen Langer in Leipzig, ging ein religiös bildender Einfluß aus. Im allgemeinen aber versagen neben den Anstalten auch die Männer, die erziehen sollen oder wollen. Vor der pedantischen Pädagogik des Vaters flüchtet der Knabe zur gütigen Weisheit des Großvaters; die Tochter verstockt sich in Feindschaft. Und gegen den Willen des Vaters geht der Sohn nach Weimar. Von den Freunden des Elternhauses wünscht der eine Goethe zum Hofmann, der andere ihn zum diplomatischen Geschäftsmann, der dritte ihn zum Rechtsgelehrten zu machen. Das letztere raten auch die Leipziger Professoren, die Straßburger denken an eine Stelle in der deutschen Kanzlei zu Versailles. Fast alle «suchten mir Poesie und Schriftstellerei zu verleiden». Seinen Weg als Dichter hat Goethe allein suchen und finden müssen. Keiner konnte hier helfen. Auch die Freunde nicht; sie folgten nur auf der gemachten Bahn. Ihrer Einwirkung, vielfältig verschieden, hat Goethe in seiner Darstellung viel Raum gegeben. Ein Erzieher war nicht darunter.

Mit einer Ausnahme: Herder. Er wirkt im besonderen als der Paidagogos, der Goethe geschunden hat. Aber nicht, weil er ein wirklicher Seelenführer, sondern weil er der damals Überlegene war und Goethe sich dieser Überlegenheit unterwarf. Daß Goethe dies tat, trotz aller Kränkungen, ist eines der schönsten Zeugnisse seiner Größe. «So hatte ich von Glück zu sagen, daß, durch eine unerwartete Bekanntschaft, alles, was in mir von Selbstgefälligkeit, Bespiegelungslust, Eitelkeit, Stolz und Hochmut ruhen oder wirken mochte, einer sehr harten Prüfung ausgesetzt ward, die in ihrer Art einzig, der Zeit keineswegs gemäß und nur desto eindringlicher und empfindlicher war.» Und noch rückhaltloser und darum rührender als diese Stelle aus dem Zehnten Buch jener Brief vom Oktober 1771: «Mein Ganzes Ich ist erschüttert, das können Sie denken, Mann! und es vibriert noch viel zu sehr, als daß meine Feder stet zeichnen könnte. – Herder, Herder.

Bleiben Sie mir was Sie mir sind. – Bin ich bestimmt, Ihr Planet zu sein, so will ichs sein, es gern, es treu sein. Ein freundlicher Mond der Erde. – Aber das – fühlen Sie's ganz – daß ich lieber Merkur sein wollte, der letzte, der kleinste vielmehr unter sieben, der sich mit Ihnen um Eine Sonne drehte, als der Erste unter fünfen, die um den Saturn ziehn. – Adieu, lieber Mann. Ich lasse Sie nicht los. Ich lasse Sie nicht! Jacob rang mit dem Engel des Herrn! Und sollt ich lahm darüber werden!» Das ist eine entscheidende Stunde der Erziehung gewesen, vom jungen Goethe nicht leicht sich abgerungen. «Ich lese meinen Brief wieder; ich muß ihn gleich siegeln. Morgen kriegten Sie ihn nicht.» Die eigentliche Leistung liegt also beim Schüler, nicht beim Lehrer, nicht bei Herder, sondern bei Goethe.

In einem Schema steht zu dem Motto ὁ μὴ δαρεὶς das Wort: «Respekt vor der Ausbildung des Einzelnen aus sich selbst.» Der griechische Vers bedeutet also für Goethe nicht nur den Druck von außen, sondern mehr noch die Arbeit an sich selbst, so daß man ihn auch übersetzen könnte: «Wer sich nicht abquält, aus dem wird nichts.» Wieder begegnen wir, wie schon im Karlsbader Schema, dem Sittlichen. Es ist der eigentliche Träger der Erziehung. Das Sittliche hat seinen Ort in dem zu Erziehenden selbst. Hier im Sittlichen liegt einer der letzten Schwerpunkte der Goetheschen Existenz, auch schon beim Knaben. Das hellt eine gelegentliche Notiz zum Siebenten Buch auf: «Wie mich überhaupt, so unartig ich auch sein mochte, sittliche Menschen sehr lieb hatten.» Daß es bei dieser Sittlichkeit sich aber um mehr handelte, um tiefere Fundamente als Moralglauben der Aufklärung, zeigt ein Satz, der folgt und in dem gerade der moralische Optimismus der Zeit als Lebenstäuschung gekennzeichnet wird: «Die Deutschen wurden den Schein gewahr und glaubten, die Moralität könne auch ohne Lebensgehalt wirksam sein.»

Neben die Erziehungsanstalten, neben die männliche Pädagogik, neben die Bildung durch und an sich selbst tritt als der vielleicht erfolgreichste Seelenführer die Frau. Das läßt sich weniger nachweisen als ahnen. Die Begegnungen, die hier von Bedeutung sind, enden fast immer als offene oder verdeckte Katastrophen. Wirbel der verschiedensten Empfindungen bilden sich. Der Schiffbrüchige, der aus ihnen auftaucht, ist ein anderer, als der er war. Aber nicht nur die Erfahrung des Lebens formt, sondern eben die Frau, das Mädchen als solches. Einige tun es bewußt. Gretchen erzieht, auch Lili. Andere bilden, nur indem sie lieben. Die Schwester wiederum ist männlich hart. Das Freifräulein von Klettenberg leistet, was die Kirche schuldig geblieben war. Am nächsten ist die Mutter dem Dichter verwandt. Sie ist das vertrauteste Echo. Sie ist die Natur, die alles wiederherstellt.

«Es ist dafür gesorgt, daß die Bäume nicht in den Himmel wachsen.» Auch dieses Sprichwort ist ein Motto zu «Dichtung und Wahrheit», zum Dritten Teil. In einer für diesen Teil geplanten, dann aber nicht gedruckten Vorrede wird der Gedanke weiter ausgeführt. «Wollte man die Herrlichkeit des Frühlings und seiner Blüten nach dem wenigen Obst berechnen, das zuletzt noch von den Bäumen genommen wird, so würde man eine sehr unvollkommene Vorstellung jener lieblichen Jahreszeit haben.» Man sieht, wie kritisch, ja wie resigniert der alte Goethe seiner Jugend gegenübersteht, und nicht nur dieser, sondern seiner ganzen Existenz in ihrem Schaffen und Wirken. Ja, und das ist wohl das Beachtenswerteste, wie wenig ist überhaupt in dieser Selbstbiographie von dem Selbst die Rede!

Statt dessen zieht eine unabsehbare Reihe von Männern der Zeit an uns vorüber, jeder charakterisiert, erst der Erscheinung, dann dem Wesen, zuletzt der Wirkung nach. Eine große Einfühlungsgabe, aber auch ein sehr gerecht denkender Einfühlungswille bestimmen die Zeichnungen dieser Charakterbilder, weitgehend versöhnlich auch Fremdesten gegenüber. Manche dieser Namen haben heute wenig Klang mehr. Vergangenheiten versinken. Indes der Mensch bleibt sich gleich. Und so sind gerade diese Charakteristiken durch die Einsichten in die Eigenheiten der Seele, in die Formen ihrer Sonderheiten, ihrer Krankheiten, von Goethe oft vom Besondern ins Allgemeine gehoben, mit die Partien der Darstellung, die uns das Unmittelbarste aussagen.

Wie die Menschen dahin sind, von denen das Buch spricht, so sind nun auch die Städte untergegangen. Das Leipzig, das Goethe erlebt hat, ist nicht mehr. Dresden ist nicht mehr. Frankfurt, auch Köln sind nicht mehr. Dem Leser, der diese Städte noch gekannt hat, wird die Lektüre auf weite Strecken hin dadurch geisterhaft, oder wenn das zu stark gesagt sein sollte, in einem schmerzlichen Sinne historisch. Mehr, als es das Werk vorher war, ist es heute ein kulturgeschichtliches Dokument geworden.

Unberührt aber von der rauschenden Zeit und als seien sie für die Gegenwart geschrieben, sind alle die Betrachtungen, die die Frage nach der Religion erörtern. Es sind ihrer nicht wenig. Und hier werden die Bücher von «Dichtung und Wahrheit» das, was sie ihrem ursprünglichsten Titel nach sein sollten: Bekenntnisse. Die Lebensbeschreibung hatte hoffnungsfroh und zukunftsmutig mit einem Horoskop eingesetzt, das Glück und Gelingen zu verbürgen schien. Sie schließt mit dem Anruf dunkelster Gewalten. Dazwischen liegt als innerstes Moment der dargestellten jugendlichen Entwicklung in immer neuen Ansätzen das Fragen nach dem archimedischen Punkt des Lebens, nach dem Standort des Menschen. Es ist nicht das Rufen nach Gott aus den Tiefen, wie bei Augustin, der sich unmittelbar vor den Thron des Höchsten wirft, aber es ist ein ernstes Sich-Versuchen auf den Wegen, die dem Knaben als Wege des Heils gepriesen wurden, um den eigenen, den ihm wahren Weg zu finden. Ganz von der Lieblingslektüre des Alten Testamentes her kommt das kindliche Brandopfer auf dem chinesischen Notenpult, das Gott dem Schöpfer dargebracht und mit dem Strahl der Sonne entzündet wird. Man glaubt den Kupferstich vor sich zu sehen, der den Anstoß zu solchem Brandrauch gegeben hat. Aber in diesem Opfer lag doch zugleich ein Protest gegen die trokkene Moral des protestantischen Religionsunterrichts; «die Lehre konnte weder der Seele noch dem Herzen zusagen». Was sagte nun dem Herzen zu? Es war die Bibel.

Drei Jahre lang, vom Sommer 1762 bis 1765, lernte der Knabe Wolfgang Hebräisch. Er trieb jüdische Altertumskunde. Der Rektor der alten Barfüßerschule vermittelte ihm die Bücher. «In den langen Sommertagen ließ er mich sitzen, so lange ich lesen konnte.» Hier hat Goethe jene erstaunliche Kenntnis der Heiligen Schrift erworben, die bis in die spätesten Faustverse hinein uns aus seiner Dichtung so überraschend entgegenklingt. Und worauf kam es bei diesem Studium an? Jene Vermittlung zu suchen, «wobei die Würde des Buches, der Grund der Religion und der Menschenverstand einigermaßen nebeneinander bestehen könnten». Das Problem der Bibelkritik taucht auf. «Das Licht der Natur», der gesunde Menschenverstand, er war Goethe eine heilige Gabe Gottes, die er nie, wie Lavater, einer Schwärmerei aufzuopfern bereit war. Aber schon der junge Goethe wußte auch um seine Grenzen. Dort wo er nicht zureichte, trat das poetische Symbol als Wahrheitsträger in seine Rechte. Dieses Symbol offenbart den Grund der Religion, und eben das gab den alten Schriften ihre Würde.

Und so geschieht das Seltsame, mitten in das Vierte Buch seiner eigenen Lebensbeschreibung legt Goethe einen Überblick über das erste Buch Mosis ein, um kulturgeschichtlich und religionsgeschichtlich eine Welt zu beschreiben, die ihn noch im Alter wie eine religiöse Heimat umfing. «Die Überzeugung, daß ein großes, hervorbringendes, ordnendes und leitendes Wesen sich gleichsam hinter der Natur verberge, um sich uns faßlich zu machen, eine solche Überzeugung drängt sich einem jeden auf; ja wenn er auch den Faden derselben, der ihn durchs Leben führt, manchmal fahren ließe, so wird er ihn doch gleich und überall wieder aufnehmen können.» Das ist die natürliche Religion. Über ihr baut sich die geoffenbarte auf, die nur Begünstigten gewährt wird. In ihrem Glauben bewähren sich die Erzväter.

Goethe hat die Ausführungen über die jüdische Urgeschichte im Juli und August 1811 diktiert. Am 24. Dezember 1814 entstand die Hegire:

Flüchte du, im reinen Osten
Patriarchenluft zu kosten.

Wir spüren schon hier in «Dichtung und Wahrheit» die Luft des Divans. Das west-östliche Gedicht, das der Knabe Goethe schuf, war aber kein Divan, sondern ein Epos von Joseph.

Zu der geoffenbarten Religion tritt nun im Sechsten Buch die philosophische. Der Mentor, der als Erzieher nach der Gretchenkatastrophe das Haus betritt, vermittelt die erste Bekanntschaft mit den griechischen Denkern. Dann beginnt in Leipzig die Auseinandersetzung über die Bibel von neuem, nicht mehr im Selbstunterricht, sondern im Vortrag der Lehrer, in den Vorlesungen bei Crusius und Ernesti, dort im Stile Bengels chiliastisch-prophetische Auslegung, hier das Licht der Natur. Goethe hielt sich «zur klaren Partei». In welcher Weise er sie verstanden hat, das erhellt aus einer Jugenderinnerung von Marie Körner. Ein theologischer Hauslehrer gab den kleinen Töchtern Stock Bibelunterricht und ließ das Buch Esther lesen. Goethe saß am Arbeitstisch über einer Radierung. Plötzlich sprang er auf. «Herr, wie können Sie die jungen Mädchen solche Hurengeschichten lesen lassen!» Er riß die Bibel dem Kandidaten aus der Hand: «Hier, Dorchen, das lies uns vor. Das ist die Bergpredigt. Da hören wir alle mit zu.» Immer bewahrt sich Goethe, jenseits aller Kritik und Theologie, als tragende Kraft das religiös Unmittelbare; und so folgen denn auch im gleichen Buch, dem Siebenten, auf den Bericht über die Spannungen Crusius-Ernesti die tiefen Ausführungen über die sakramentale Kirche. Im Achten Buch ist die Freundschaft mit Langer der Anlaß, wiederum über die Bibel zu reden, und im Elften und Zwölften der Spott Voltaires. «Ich erinnere mich, daß ich in kindlich fanatischem Eifer Voltairen, wenn ich ihn hätte habhaft werden können, gar wohl erdrossel hätte.» Über die Schrift aber fällt das Wort: «Die Evangelisten mögen sich widersprechen, wenn sich nur das Evangelium nicht widerspricht.» Oder um aus demselben Buch

ein anderes Bekenntnis über das Grundwahre anzuführen:
«Das Innere, Eigentliche einer Schrift, die uns besonders
zusagt, zu erforschen, sei daher eines jeden Sache und dabei vor allen Dingen zu erwägen, wie sie sich zu unserm
eigenen Innern verhalte und inwiefern durch jene Lebenskraft die unsrige erregt und befruchtet werde; alles Äußere
hingegen, was auf uns unwirksam oder einem Zweifel unterworfen sei, habe man der Kritik zu überlassen, welche,
wenn sie auch imstande sein sollte, das Ganze zu zerstük-
keln und zu zersplittern, dennoch niemals dahin gelangen
würde, uns den eigentlichen Grund, an dem wir festhalten,
zu rauben, ja uns nicht einen Augenblick an der einmal
gefaßten Zuversicht irre zu machen. Diese aus Glauben
und Schauen entsprungene Überzeugung, welche in allen
Fällen, die wir für die wichtigsten erkennen, anwendbar
und stärkend ist, liegt zum Grunde meinem sittlichen sowohl als literarischen Lebensbau.» Es gibt wenig Äußerungen Goethes, die so bestimmt, so rückhaltlos seine
letzte Position offenbaren. Er fährt dann fort, indem er
vom Allgemeinen sich wieder zum Besonderen wendet:
«Durch diesen Begriff ward mir denn die Bibel erst recht
zugänglich.»

Im Vierzehnten Buch werden dann die Begegnungen mit
Lavater und Basedow zu Diskussionen. Basedow wird wegen seines Eiferns gegen die Trinität von Goethe zum besten gehalten, andererseits Lavater gegenüber der Anspruch auf ein persönliches Christentum verteidigt. Im folgenden Kapitel wird dieser Standpunkt auch vor der
Freundin v. Klettenberg gewahrt. Diese selbst hielt sich weder zur Kirche noch zur Brüdergemeine. Sie war «eine
Herrnhuterin auf eigene Hand». Und hier ist nun der Ort,
in zwei Sätzen anzudeuten, wie sehr und warum Kirchen-
geschichte und Literaturgeschichte im 17. und 18. Jahrhundert untereinander verbunden sind. Die Bewegung des
Pietismus war in ihren Ursprüngen um 1675 von Frankfurt ausgegangen, getragen von Spener, dem Geistlichen
an der Barfüßerkirche. Sie war, jenseits der Dogmen, ein
Appell an Gemüt und Herz, ein Aufruf zur christlichen

Tat, zur *praxis pietatis*. Durch ihre Hinwendung zur inneren Erfahrung der Seele wurde sie der geistige Nährboden, aus dem am Ende die Literatur der Empfindsamkeit, ja auch die des Sturmes und Dranges erwachsen sollten.

Der Kern des pietistischen Erlebnisses war die religiöse Entdeckung oder Wiederentdeckung des Individuums, daraus johanneisch die göttliche Erfülltheit durch die Wiedergeburt und der Glaube an das Priestertum des einzelnen. Demgegenüber wußte sich die Kirche verantwortlich als die gottgegebene Ordnung des Heils, gesichert und bestätigt durch die Überlieferung seit mehr als anderthalb Jahrtausend. Sie fühlte sich als der alleinige Weg zu einem Gott der Gnade, ein Weg, der nur in genauem Bekenntnis der paulinisch-lutherischen Lehre von der uneingeschränkten Verlorenheit und Erlösung durch das Blut beschritten werden konnte. Der Kampf, den so das Luthertum gegen die neuen Strömungen führte, machte deren Anhänger weitherzig und hellhörig in der Frage, was denn eigentlich rechtgläubig sei und was ketzerisch. Und so entstand – man beachte den betonten Titel – die «Unparteiische Kirchen- und Ketzerhistorie» (1698/1700) des pietistischen Professors Arnold in Gießen. Das ist das Werk, das Goethe am Schluß des Achten Buches an bedeutsamer Stelle erwähnt: «Dieser Mann ist nicht bloß ein reflektierender Historiker, sondern zugleich fromm und fühlend. Seine Gesinnungen stimmten sehr zu den meinigen; was mich an seinem Werk besonders ergötzte, war, daß ich von manchen Ketzern, die man mir bisher als toll oder gottlos vorgestellt hatte, einen vorteilhaftern Begriff erhielt.»

Unter dem Einfluß Arnolds und derer, die ihm nahestanden, fand auch der junge Goethe zu einer persönlichen Christlichkeit bei gleichzeitiger Zurückhaltung von der Gemeinde. Im Fünfzehnten Buch fällt – keinesfalls als Vorbild noch als Lösung des Problems Einzelner, Kult und Gemeinschaft, sondern nur zur Bezeichnung der Lage – das Wort: «So bildete ich mir ein Christentum zu meinem Privatgebrauch.» Das klingt nach Lässigkeit. Es war das Gegenteil. Wie ernst es darum bestellt war, zeigt der nachfolgende Satz: «Ich suchte dieses durch fleißiges Studium der Geschichte und durch genaue Bemerkung derjenigen, die sich zu meinem Sinne hingeneigt hatten, zu begründen und aufzubauen», und zeigt vor allem die vorangehende Erklärung: «Da mir meine Neigung zu den heiligen Schriften sowie zu dem Stifter und den früheren Bekennern nicht geraubt werden konnte.» Der Stifter und die früheren Bekenner! Der junge Goethe suchte sich einen Weg zu ertasten, der durch die Jahrhunderte dogmatischen Denkens und Erörterns wieder zu den Ursprüngen, zu den letzten Quellen führte. Aus solchem Geist war schon sein schöner, warmherziger «Brief des Pastors zu *** an den neuen Pastor zu ***» entstanden; er war es, der auch sein Epos vom Ewigen Juden beseelte.

Man sieht, die Entwicklung des Goetheschen Denkens ist nicht so individuell, wie man vielleicht glauben möchte. Er war ein Kenner der Theologie seines Jahrhunderts. Seine Meinungen waren auch innerhalb der Kirche vertreten, ja sie waren weithin die herrschenden. Für das «Licht der Natur» als Offenbarung hatte sich, um nur einen Namen zu nennen, vor allem der Tübinger Kanzler Pfaff (1686–1760) eingesetzt. Für das, was Goethe gegen Luther als seinen Pelagianismus bezeichnet, sein Vertrauen auf die Anlage zum Guten im Menschen, war neben vielen anderen Werenfels (1657–1740) in Basel eingetreten. Ein Christentum zum Privatgebrauch neben dem der Kirche beanspruchte auch ein so führender Theologe wie Semler (1725–1791) in Halle, dessen Untersuchungen über den Kanon Werther im Brief vom 15. September erwähnt. Im gleichzeitigen England und Dänemark war die kirchliche Haltung eine ähnliche. Erst der Entwicklung der Theologie im neunzehnten Jahrhundert wurden die Ansichten der Theologie des achtzehnten häretisch.

Aber Goethes Stellungnahme ist doch mehr als ein Ergebnis der Theologie seiner Zeit. Von dieser weiß nur noch der Historiker. Goethes Dichtung aber und gerade seine religiöse ist eine wirkende Kraft. Er war ein Mensch, der sich immer Gott gegenübergestellt fühlte, der ihn suchte in der Natur, in den prophetischen und weisen Schriften der Völker, im eigenen Handeln, und der sich zu diesem Ringen bekannte in seinem Werk. Ging es um naturwissenschaftliches Forschen, um Untersuchungen über Kunst oder um reine Dichtung, der letzte perspektivische Punkt bleibt das Göttliche. Diese Unbedingtheit des göttlichen Anspruches und der Ernst und die weltumfassende Weite, mit der ihm begegnet wird, machen Goethes religiöse Haltung zeitlos. Sein Werk kündet von Gott, auch wo er ihn nicht versteht.

Dieser Vorhang, den niemand hebt, ist das Dämonische. Ihm gelten die letzten religiösen Betrachtungen in «Dichtung und Wahrheit». «Es bildet eine der moralischen Weltordnung, wo nicht entgegengesetzte, doch sie durchkreuzende Macht, so daß man die eine für den Zettel, die andere für den Einschlag könnte gelten lassen. Alle vereinten sittlichen Kräfte vermögen nichts gegen sie. – Aus solchen Bemerkungen mag wohl jener sonderbare, aber ungeheure Spruch entstanden sein: *Nemo contra deum nisi deus ipse.* ‹Niemand gegen Gott als Gott selbst.›»

Und der Mensch? – Er steht für das Göttliche in der moralischen Weltordnung, die durch die Gegenwirkung erst sich ihrer bewußt wird, wie die Fäden des Zettels erst Richtung und Halt haben durch den Einschlag. Erinnern wir uns des zweiten biographischen Schemas von 1810: «Hauptaperçu, daß zuletzt alles ethisch sei.» Freilich: alle vereinten sittlichen Kräfte sind dem Dämonischen gegenüber unvermögend. Nicht der Mensch, sondern Gott formt das Leben und gestaltet die Geschichte.

Welches ist also dann die Stellung des Menschen? – Die gleiche, die dem Urvater des Menschengeschlechtes zugemessen war – es ist die Adams, Ton zu sein in der Hand des Schöpfers.

ISAR UND DONAU

BEPPI

«Das Luder ist mir immer zuwider, keinen Bissen soll er mehr von mir bekommen; lieber werf' ich's auf die Straße!» – «Kind bedenke, er hat ja keinen Menschenverstand.» – «Eben darum soll er's gehen lassen!» –

Hebbel, der als sechsundzwanzigjähriger Student diesen Dialog mit Beppi in sein Münchener Tagebuch eintrug, hat sicher den Text verfälscht. Beppi wird nicht so schmucklos gesagt haben, «das Luder», sondern «das Luder, das miserablige!» wird sie gesagt haben – und die literarische dithmarsische Feder war nur der bayrischen Mundart nicht gewachsen.

Hebbels Hündchen hatte einen Atlasfetzen zerrissen, den Beppi für sich bestimmt hatte. Das war ein berechtigter Grund für Beppis Ausbruch. Was aber war der Grund für Hebbel, diese zornige Münchener Mädchenrede im Tagebuch festzuhalten? Doch wohl der Respekt vor Beppis Logik. Hebbel verstand Beppi so; das Hündchen sollte «es gehen lassen», weil es doch keinen Menschenverstand habe und so mit dem Atlas nichts anfangen könnte. Beppi legt also – nach Hebbels Meinung – doch einen Urteilsakt in die Seele des Hundes. Beppi aber spricht dem Hund gerade die Fähigkeit jeder Einsicht ab; er soll nicht aus Überlegung brav sein, sondern einfach tun, was man sagt.

Hebbel war ein scharfer Denker, der schärfste unter den deutschen Dichtern. Aber Beppis somnambule Logik hat ihn immer wieder verblüfft. Und so bewahrt er ihre Aussprüche in seinem Tagebuch. Wir kennen – da Charlotte von Stein ihre Briefe verbrannt hat – mehr Worte von Beppi als Worte Charlottens aus ihren Gesprächen mit Goethe; und sie braucht sich ihrer nicht zu schämen, man mag sie vergleichen, womit und mit wem man will.

«Beppi erzählte mir, sie sei einmal, als wir uns entzweit hätten, entschlossen gewesen, mich ganz zu verlassen. ‹Aber da fiel mir auf einmal ein, wieviel zerrissene Strümpfe du hättest, und ich fühlte so ein Mitleid mit dir, daß ich mich gleich anders entschloß.›» Erst mit der Zeit ist sich Hebbel darüber klar geworden, was dieses Mädchen war und was sie ihm bedeutete. Ihm war es zunächst nur um ein sinnliches Abenteuer gegangen; und wie er selbst fühlte oder nicht fühlte, verhängnisvoll Lust und Liebe verwechselnd, glaubte er's auch von dem Mädchen. Das hält sie ihm später vor: «Nur eins hat mich verdrossen und verdrießt mich noch immer: als du sagtest, ich hätte bloß eine tierische Liebe.»

Daß zwischen dem Intellektualismus, dem er selber so unselig verfallen war, und dem Naturhaft-Organischen jenes dritte, alles verbindende, wesentlichste Bereich des Gefühls liegt, das lernte der vereinsamte, verbitterte und verkrampfte Hebbel erst allmählich begreifen, aber er lernte es vor allem durch diese junge Münchnerin.

«Wenn ich meinen Mann nicht mögte, mögt' ich auch doch keinen andern», sagte Beppi. – Sie war in ihrer Liebe unbedingt. Hebbel aber war zerrissen. «Wer, wie ich, mit seinem ganzen Sein dem Tod anheimgefallen ist, sollte nicht mit verpesteten Armen ein junges blühendes Leben umschlingen. Es ist humoristisch, daß ein Leichnam auf all die süßen Kleinigkeiten und Tändeleien einer Mädchenseele eingeht und sie wohl gar in der Erwiderung überbietet – aber eben, weil der Humor gräulich ist, ist er unwiderstehlich. Man wird Egoist im Unglück.»

In dieser Stimmung nimmt Hebbel wieder einmal den Werther vor. Welche Stelle in dem Roman trifft ihn am meisten? Es sind die Worte, die Werther im Brief vom 1. Juli 1771 an jene, auch von der Frau Rat Goethe so geschätzte Predigt Lavaters «Gegen die üble Laune» anknüpft: «Weh denen, die sich der Gewalt bedienen, die sie über ein Herz haben, um ihm die einfachen Freuden zu rauben, die aus ihm selbst hervorkeimen!» – und Hebbel schließt daran eine Selbstprüfung über die Neigung «höherer Menschen», die Nahverbundenen mit übler Laune zu quälen. Aber da ist es eben Beppi, die – ohne es zu wissen und zu wollen – nur durch die reine Art ihres Seins den «höheren Menschen» in Hebbel zur Räson bringt. «Beppi erzählte mir: als sie klein war, stieg sie, wenn ihre Mutter krank im Bette lag, zu ihr auf'm Schemel hinauf, schaute sie lange an und machte ihr dann mit den Händen die Augen auf! – Wie tief rührt mich jeder menschliche Zug, der die Unergründlichkeit, die unschuldige, spielende Tiefsinnigkeit des Lebens ausdrückt, und wie kalt läßt mich jeder Seiltänzersprung der Spekulation.»

Diese «Seiltänzersprünge der Spekulation» sind aber auf der anderen Seite eben Hebbels Größe. Nur durch sie sind uns seine Tagebücher jene Schatzkammer des Geistes, in der es funkelt, aufleuchtet, blendet wie im «Grünen Gewölbe». Wirklich eines Königs Schatzkammer! Wir haben schlechterdings sehr wenig Bücher, die eine solche Fülle gescheiter Einsichten und tiefer Gedanken verschwenderisch vor dem Leser ausbreiten. Hebbels Briefe sind oft unerfreulich; da täuscht er sich und andere. Seine Tagebücher indes sind ehrlich. Sie sind die großartigste Aphorismensammlung, die es in deutscher Sprache gibt.

Und selbst jene zuweilen fast abstoßende Neigung, Skandalfälle des Lebens zusammenzutragen, ist doch nur dem lotenden Spürsinn nach den tragischen Urzusammenhängen im menschlichen Schicksal zuzuschreiben.

Am 29. September 1836 war Hebbel in München angekommen, nach fast dreiwöchiger Fußwanderung von Heidelberg über Straßburg, Tübingen und Ulm. Der Eintritt in die Stadt stand unter glückverheißenden Vorzeichen. Gleich vorm Tor «hatte ich Gelegenheit, ein Paar Stiefel zu erhandeln, die ich notwendig brauchte». Hebbel hielt auf dergleichen Omina; als er drei Jahre später München verließ, notierte er: «Bei der protestantischen Kirche stieg gerade, wie ich vorüberging, die Königin aus dem Wagen. Die zweite Person, die mir auffiel, war ein Prinz. Also – Glück! Denn diese Personen, die so glücklich sind, können doch unmöglich Unglück verkündigen.» Der Dichter nahm in der Max-Vorstadt, Sonnenstraße 3, Quartier. Beppi – so schreibt Hebbel den Namen – taucht im Tagebuch zum ersten Male am 19. Oktober auf.

An ihrer Hand lernt nun der einsame Norddeutsche München kennen. Sie klärt den Sohn des Protestantismus über den katholischen Charakter der Stadt und über katholische Ordnungen auf. «Wenn die Katholiken beichten wollen, dürfen sie nichts essen, ja nicht einmal den Speichel herunterschlucken, müssen sich die Zunge abschaben, die Zähne putzen.» Das Mädchen führt ihn auch in ihre Kirchen ein – Sankt Peter, Sankt Michael, Allerheiligenkirche –, und Hebbel notiert sich ihm besonders markante Predigtstellen. Als sie in der Metropolitankirche Mozarts Requiem gehört, zieht er für sich die Summe: «Es gibt keinen Weg zur Gottheit als durch das Tun des Menschen. Durch die vorzüglichste Kraft, das hervorragendste Talent, was jedem verliehen worden, hängt er mit dem Ewigen zusammen, und soweit er dies Talent ausbildet, diese Kraft entwickelt, soweit nähert er sich dem Schöpfer und tritt mit ihm in Verhältnis. Alle andere Religion ist Dunst und leerer Schein.» – Monoman, wie oft, sieht Hebbel somit das einzige Gotteserlebnis in seinen «Gesammelten Werken».

Ein andermal nimmt ihn Beppi zum Frühgottesdienst mit: «Morgens 6 Uhr mit der liebsten, teuersten Beppi eine Adventsmusik in der Sankt-Michaels-Kirche gehört. Der Morgen in der Stadt ganz wie der Abend; in den Straßen die trüben Laternen, in den Häusern hie und da ein Lichtlein, einzelne Menschen, die vorüberstreifen, der Himmel grau und verschlossen darüber, Dach ohne Sterne. In der Kirche: der mit unzähligen Kerzen erleuchtete Haupt-Altar, die Menschenmenge, teilweise gähnend. Die herrliche Musik, nach und nach durch die Fenster erst das bestimmtere Blau des Himmels, dann die zitternde Helle des Tages.» Das war Advent. Für Weihnacht nahm er sich vor: «Am Weihnachts-Abend werd' ich bis 12 Uhr nachts Kaffee trinken» – Kaffee und Brot waren ja wochenlang Hebbels einzige Nahrung – «und ein Phantasiestück schreiben, um 12 aber in eine katholische Kirche gehen und die schöne Weihnachtsmusik hören.» Von dem Neujahrs-Abend erzählt ein Gedicht im Tagebuch:

Mein Liebchen wollt' ich auf mein Zimmer führen,
Und brach, zu eilig, meinen Schlüssel ab;
Verdrießlich standen wir vor festen Türen,
Mein schüchtern Liebchen flog die Trepp' herab.
In Schnee und Wind schlich ich denn auch von hinnen,–
Der Dom, erleuchtet, hemmte meinen Schritt;
Um wenigstens den Himmel zu gewinnen,
Ging ich hinein und sang ein Danklied mit! –

Der junge Dichter war nicht Beppis erste Erfahrung. Ein anderer, der es nicht wert gewesen, war zuvor gekommen. Aufrichtig erzählt sie das alles Hebbel, schließt: «‹Ach Gott, verzeih mir's›, geht in der größten Aufregung nach Hause und trinkt, glühend in jeder Art, den kalten Tod hinunter; ‹mit uns – glaubt' ich – ist's ja doch vorbei, uns ist kein Glück bestimmt, so will ich denn auch nicht länger leben!›»

Sieben Jahre später stellt Hebbel in der «Maria Magdalena» die gleiche Seelennot auf die Bühne, die Angst des Mädchens, das sich dem Unwürdigen hingegeben hat und nun dem Würdigen begegnet. Da fällt denn im Drama jenes berühmte, berüchtigte Wort: «Darüber kann kein Mann weg!»

München stieg damals, eine Anadyomene, aus der ehrwürdigen Versunkenheit seiner gotischen und barocken Tage neu und glänzend empor. Hebbel erzählt uns wenig davon. Er sah es auch kaum; denn, ob Heidelberg oder München, Paris oder Rom – er hat immer viel zu sehr grübelnd nach innen gesehen, statt aufzusaugen, was das Leben bot. So sind seine Berichte, die er für das Stuttgarter Morgenblatt schrieb – über das Oktoberfest, die Cholera, den Schäfflertanz, das Georgenfest, über Museen und Theater –, merkwürdig hölzern und unkünstlerisch, richtig trockene Guckkastenbilder, weil er auch hier sich an den Intellekt wendet statt an die Sinne; sein Stil ist «witzig», für unser Gefühl forciert witzig, statt, hingegeben und gelöst von dem Zauber dieser südlichen Stadt, sich und uns blenden und selig tragen zu lassen.

Den «Grünen Heinrich» müssen wir aufschlagen, um das Münchener Frührot leuchten zu sehen. Gottfried Keller, der vier Jahre nach Hebbel eintraf, gleichfalls bettelarm, aber eben ein Dichter mit Maleraugen, – der weiß zu erzählen! Von den Türmen und Palästen, Hallen und Statuen, dem Glockengeläut und Orgelspiel und dem Harfenspiel in den Schänken; er sieht die Weihrauchwolken, die aus den Kirchenportalen schweben, betende Nonnen, die Studenten in Schnürröcken, die farbig aufgeputzten Künstlergestalten und die schimmernden Münchener Panzerreiter, die Bürger, die Mädchen – und nicht zum wenigsten die gebratenen Gänse, die neben mächtigen Bierkrügen ihren Duft durch den lauen Frühjahrsodem und durch den Weihrauch lockend und irdisch gen Himmel steigen ließen. Es war die große Zeit des Münchener «Werde». Die Glyptothek, das Leuchtenbergpalais waren schon vollendet, die Ludwigstraße mit dem Odeonsplatz noch im Bau. In der Ludwigskirche malte Cornelius die Fresken des «Jüngsten Gerichts», und in der soeben eröffneten Alten Pinakothek erlebte Hebbel Raffael und sah ein Gemälde der Judith, das ihn nicht wieder losließ, bis er es zum Drama gestaltet. Die Universität stak noch in den düsteren Räumen des ehemaligen Jesuitenkollegiums in der Neuhausergasse neben der Michaelskirche. Dort hörte Hebbel Schelling, dem, wenn er zum Podium schritt, die Pedelle die Leuchter mit flackernden Kerzen vorantrugen, hörte er – zwischen Priestern und Mönchen sitzend – Görres, versunken und doch faszinierend, über christliche Mystik sprechen, so daß Hebbel bedauerte, nicht im Mittelalter gelebt zu haben.

Aber mochte Görres noch so viel von Bernhard von Clairvaux und den Heiligen, Schelling noch so bedeutend über den «Urgrund» zu reden haben, Beppi hatte auch ihr Wissen um Theologie, Gott und Schöpfung, mindestens

716

ebenso geheimnisvoll, undurchdringlich, apokalyptisch wie Schelling. Es ist eine Theologie der Hinterglasmalerei:

Gott, als er die Welt schuf, sprach:
6000 Jahr und immer, oder
6000 Jahr und nimmer! –

Auch Goethe hat davon gesprochen, daß vielleicht ein Augenblick kommen könne, da Gott seine Schöpfung gereue und er alles wieder zusammenschlagen werde, aber Goethe wußte nicht wie Beppi um die Stunde der Entscheidung nach dem sechstausendsten Jahre.

Und dann Beppis Träume! «Sie steht an einem Grabe, da tut der Himmel sich auf, und eine weiße Taube schwebt herunter, setzt sich auf's Grab, legt sich dann auf den Rükken und kehrt die schönen, roten Füße gegen den Himmel; und immer mehr Tauben schweben herunter», eine seltsame, aber anschauliche Vermischung von christlicher Lehre und Münchener Viktualienmarkt. Ein andermal: «Sie sieht den Himmel aufgetan und eine große Leiter zur Erde herunterführen, auf welcher, Paar auf Paar, die Toten hinabsteigen; sie betrachtet die Toten scharf, weil sie eine verstorbene Freundin zu erblicken hofft – sie sieht aber niemanden, den sie kennt.» Oder ein dritter Traum: «Sie steht vor der Leichenkapelle, da liegen viele Frauen und Kinder, plötzlich schlägt eine der Frauen ihre schönen braunen Augen auf und schaut sie an, dann erhebt sie sich und weckt alle Toten neben sich, die Kinder zuletzt.»

Das sind die Bereiche, in denen dieses Mädchen zu Hause war als in seiner Heimat, – Religion, Liebe, Traum. Diese wirken aufeinander, durchdringen sich, verschlingen sich zu einer merkwürdigen Einheit. Hebbel, dem alles von ihr berichtet wird und der es sich aufschreibt, notiert unter dem 17. Januar 1837: «Beppi führt ein seltsames, sonderbares Traumleben. Heut nacht hat ihr geträumt, sie wäre mit einem anderen Mädchen zum Tode verurteilt gewesen und sie hätten sich mitten auf'm Wasser gegenseitig köpfen sollen. Die andere habe sie zuerst geköpft, es sei viel Blut geflossen, dennoch habe sie zu leben und zu denken nicht aufgehört. Nun habe sie mit einem breiten Messer die andere köpfen sollen, sie habe es aber nicht vermocht und ihr in den Kopf gehauen, daß man das Gehirn habe liegen sehen können. Dann hätten sie beide angefangen mit Inbrunst zu beten; viel Volk sei am Ufer des Wassers umher gestanden und habe mit gebetet und geweint.» Wer ist dies Mädchen, mit dem Beppi hat kämpfen müssen? Eine Nebenbuhlerin, von der sie nichts weiß, die sie aber doch immer, im Wachen und im Träumen, fürchtet. Und seltsamerweise, um die gleiche Zeit träumt Elise Lensing am Stadtteich in Hamburg von einer Rivalin. Sie muß davon an Hebbel geschrieben haben, denn am 15. Februar antwortet er ihr: «Dein Traum ist merkwürdig; wie war das Mädchen denn, das Deine Gedanken so viel früher erfaßt haben als die meinigen? Leuchte mir einmal hinein in die Zukunft.»

Im April 1838 war Hebbel als Untermieter zum Tischlermeister Anton Schwarz, Landwehrstraße 10, parterre, gezogen. Er war der Vater Beppis, die eigentlich Josepha hieß. Als Meister Anton ist der Vorname dieses Handwerksmannes in die deutsche Literatur eingegangen – als Meister Anton in «Maria Magdalena». Und auch das übernimmt Hebbel aus diesem Hause in sein Drama, daß der Sohn, ein leichtsinniger Junge, wegen Diebstahls verhaftet wird und so Kummer und Dunkel über das ehrsame Bürgerhaus bringt, das den Grund unter sich beben fühlt. Man hat schön und richtig gesagt: Während in früheren bürgerlichen Tragödien, «Kabale und Liebe» etwa, das Bürgertum am Zusammenstoß mit dem Adel zugrundegeht, geht es in Hebbels «Maria Magdalena» an sich selber zugrunde, an seiner hilflosen Enge der Anschauungen, aus deren Maschen es keinen Ausweg findet. So war man in Josephas Familie aber nicht. Man fühlte freier und, indem man alle menschlichen Verhältnisse, sei es christlich, sei es menschlich, sah und nahm, blieb man Herr über sein Schicksal.

Und auch Beppi war keine Clara und hätte sich nicht von Leben und Sitte in solche Enge treiben lassen, daß ihr der Sturz in den Brunnen als Letztes verblieb. «Heute erzählt' ich meiner Kleinen, Hudson Low habe sich, als er von Las Cases gefordert worden, erhängt. Sie erwiderte: ‹Das hätt' er nicht tun sollen.› Ich fragte: ‹Was hätt' er denn tun sollen?› – ‹Leben bleiben und sagen: I mag net!›»

Jeden Morgen brachte nun das Mädchen dem Dichter sein Frühstück und «Die Bayrische Landbötin» ins Zimmer. Das Blatt war sehr klerikal, sehr treu dem Hause Wittelsbach und über alle Ereignisse des In- und Auslandes gut unterrichtet. «In Nördlingen» – las Hebbel am 10. Februar – «brachte eine Bürgersfrau statt eines Kindes eine Mißgeburt in Gestalt einer großen Weintraube zur Welt, mit Stiel und Blättern versehen.» Hebbel, betroffen über diese seltsame Fruchtfolge des Südens, trug sich auch diesen Vorfall in sein Tagebuch ein; wie ihn auch bayrische Sprichwörter fesselten, zumal wenn sie sein Gewissen berührten, wie dieses: «Ein Mannsbild ist kein Sechser wert, und wenn's den Groschen im Maul hat.»

Hebbel allein übersah das Doppelverhältnis, in dem er stand. Die Briefe an Elise Lensing schweigen von Beppi, das Münchener Tagebuch schweigt fast ganz von Elise. Und doch waren es die beiden Frauen, die es ihm möglich machten, mit den knappen Unterstützungen aus Hamburg auszukommen. Elise sandte ihm von ihren kleinen Näherinersparnissen die Anzüge, ein wenig angeschmutzt, damit sie zollfrei in München eingeführt werden konnten; trug doch Hebbel in seiner ersten Wohnung den Schlüssel seines Kleiderschrankes nur bei sich, damit die Wirtin nicht merkte, daß er gänzlich leer war; einen Hut hat er in München nie besessen. Und Josepha wiederum hielt ihm dann die Kleider in Ordnung. «Beppi träumte einmal» – heißt es im Tagebuch – «ich sei tot und sie packte meine Sachen zusammen; da fand sie viele zerrissene Westen und ärgerte sich mitten im Weinen darüber, daß ich ihr die nicht zum Ausbessern gegeben.» So sorgen diese beiden Christinnen in «amor» sowohl wie in «caritas» für den Dichter; und jeder der drei – wenn man, was im Grunde falsch ist, hier entwicklungsgeschichtlich sehen will – spiegelt eine andere Schicht der geistigen Haltung. Beppi ruht in einem Katholizismus vom 17. Jahrhundert her; Elise birgt sich in einen Glauben, wie ihn Matthias Claudius in Wandsbeck bei Hamburg seiner Zeit vorgelebt hat; Hebbel selbst aber steht, streng individualistisch, zwischen Hegel und Nietzsche und fragt und sucht nach neuen Bindungen. Eben da helfen ihm die Frauen. «Ich habe bisher all mein Tun und Treiben zu einseitig auf Poesie bezogen; heut' hab' ich eingesehen, daß dieser Weg mich am Ende auf ein schales Nichts reduzieren muß. Es heißt, statt des Baumes die Blüte pflegen. Der Weg zum Dichter geht nur durch den Menschen.» Das «liebevolle und freundliche Gesicht der alles duldenden Josepha» steht hinter solcher Erkenntnis; und keiner andern als ihr ist auch jenes Münchener Gedicht mit seinen eindringlich heischenden Versen gewidmet, das Hebbel später «Höchstes Gebot» überschrieb und von dem er sagte, daß es für ihn im Sittlichen Epoche gebildet habe.

> Hab' Achtung vor dem Menschenbild,
> Und denke, daß, wie auch verborgen,
> Darin für irgend einen Morgen
> Der Keim zu allem Höchsten schwillt.
>
> Hab' Achtung vor dem Menschenbild,
> Und denke, daß, wie tief er stecke,
> Der Lebensodem, der ihn wecke,
> Vielleicht aus Deiner Seele quillt.
>
> Hab' Achtung vor dem Menschenbild!
> Die Ewigkeit hat eine Stunde,
> Wo jegliches Dir eine Wunde
> Und, wenn nicht die, ein Sehnen stillt!

Als der Grüne Heinrich – um noch einmal auf diesen zurückzukommen – genug blau-weiße Fahnenstöcke angestrichen hatte und nun sich anschickte, von München aus heimzuwandern – mit dem ihm von seinem Hauswirt die

Treppe hinab nachgeworfenen Totenschädel des Ostindienfahrers Zwiehan in der Reisetasche –, da mußte er als letzte Enttäuschung erleben, daß die siebzehnjährige zärtliche Arbeiterin, die er bei den Volksfestlichkeiten des kronprinzlichen Einzuges – es war der von 1842 – zum Tanz geführt hatte, schon an der Seite eines neuen «Sponsierers» freundlich plaudernd dahinschritt, noch ehe er selbst München verlassen. «Das ist auch eine Freisprechung, dachte Heinrich; ohne sich umzusehen oder eine Minute länger in der Stadt aufzuhalten, eilte er dem Tore zu und wanderte auf der nächtlichen Heeresstraße nach Südwesten in der Richtung seines Heimatlandes fort.»

In Hebbels Lebensroman vollzieht sich der Abschied von München anders. «Das Herzblut schießt hervor, wir glauben in Wehmut zu zerfließen, und oft, als sollten wir sterben, und so geht's fort. – Fort! – Um mich ganz selig zu machen, ward mir noch einmal die Wonne zu dichten. Ich machte einen Spaziergang – den letzten – im Englischen Garten; da entstand das Scheidelied; dann stieg ich den Monopteros hinan und übersah noch einmal den großen Garten und die Stadt. Ich habe dort gebetet, um Segen für München, das mich in seinem Schoß so freundlich aufnahm, und um Segen für mich selbst: ‹Mach' etwas aus meinem Leben – rief ich aus – es sei, was es sei!› Auch für meine liebe Beppi habe ich den Segen des Himmels herabgerufen. Und, da dieses Blatt doch beschlossen werden muß: warum soll ich es nicht mit ihrem Namen beschließen?» – So klingt das Münchener Tagebuch aus.

Am nächsten Morgen, am 11. März 1839, schritt Hebbel aus der Stadt nach Norden zu. Bis ans Ende der Ludwigstraße trug ihm Beppi das Ränzchen. Zwei Stunden weit begleitete sie ihn. In einer Waldwirtschaft «Zur kalten Herberge» trinken sie – ein letzter Abglanz des altgermanischen Minnetrunkes – ein Glas Bier. Dann scheiden sie unter Umarmungen und Tränen.

Und nun geht es traurig aus – oder auch nicht traurig aus: sie haben sich nicht wiedergesehen. Hebbel aber wanderte, arm, wie er gekommen war, und Ungewissem entgegen – drei einsame, kalte, bittere Wochen lang – über Nürnberg und über den schneeverwehten und vereisten Thüringer Wald nach Göttingen und durch die Lüneburger Heide nach Hamburg. Das Hündchen, das einst Beppis Atlas zerrissen, war jetzt der einzige Begleiter. Seine Pfoten bluteten. Die letzten Meilen hat es der Dichter getragen.

RAIMUNDS ALPENKÖNIG

Die Gegenwart hat ein Stück wieder auf den Spielplan gebracht, das einst ein Lieblingsstück unserer Urgroßeltern und Großeltern gewesen ist. Schiller und Raimund, nicht Schiller und Goethe, waren die Bühnendichter, denen in der ersten Hälfte des vorigen Jahrhunderts das Herz unserer Vorfahren gehörte; und von Raimund war es, neben dem «Bauer als Millionär» und neben dem «Verschwender», vor allem «Alpenkönig und Menschenfeind». Man kann die Gesundheit einer Zeit daran messen, ob sie diese Stücke verstehen und lieben kann, und unter diesem Gesichtspunkt wäre es nicht belanglos zu wissen, mit welchem Jahre Raimund von unseren Bühnen verschwunden war.

Was aber sind das auch für Stücke! Alles, was es von alter Wiener Theaterphantasie gibt – und seit den Tagen der beiden Burnacini, das heißt, etwa seit 1650, war Wien doch die deutsche Theaterstadt par excellence –, hat sich hier in Glanz und Abglanz noch einmal zur Schau gestellt, ehe der große Meltau des Realismus und Naturalismus sich auch auf diese Blütenwiese herabsenkte und die Welt gerade so nüchtern, so trostlos und so ausweglos zeigte, wie die Dichter dieser Epochen sie sahen.

Seit dem Renaissancetheater, zum mindesten aber seit dem Jahre 1666, da in der Hofburg in Francesco Sbarras großer Oper vom Goldenen Apfel, «Il Pomo d'oro», deren Aufführung zwei Abende in Anspruch nahm und die fünfzig Verwandlungen hatte, die Göttin Diana auf der Flugmaschine im Wolkenwagen erschienen war, liebten die Wiener diesen Wolkenwagen, der von schlohweißen Hirschen gezogen sein mußte, und ließen ihn nicht wieder von ihrer Bühne; und selbst in der Zeit, als die alte Barockoper tot war und Grillparzer schon und Hebbel und die Weimarer Klassiker auf dem Burgtheater herrschten, da lebte der alte Theaterzauber in der Leopoldstadt und Josephstadt noch fort, – wie Dämonen unsterblich noch weiter leben, wenn die großen Götter schon gestorben sind. Und so gleitet denn bei Raimund der Alpenkönig in einem Wolkengefährt, von herrlichen weißen Hirschen gezogen, langsam und unvergeßlich über das Hochgebirgstal, über das sich ein Regenbogen wölbt – weit gespannt, farbig lohend –, daß Caspar David Friedrich daran seine Freude gehabt hätte. Ja, bei Raimund gibt es noch das Staunen über die Flugmaschine. Er spielt nicht auf den Brettern, sondern auch auf den Wolken. Mozart und Schikaneder hatten auch das Wissen um diese großen Dinge; denn eigentlich sollte jede Königin der Nacht ihre Koloraturtriller, hoch oben zwischen Mond und Sternen stehend, von der Flugmaschine aus singen – Schinkel hat eine großartige Dekoration dafür entworfen –, aber welcher Sopran von heute wagt sich noch in solche Maschine? Er ist zufrieden, wenn er die Höhe der Töne meistert.

Bei Raimund ist das anders. Da fliegen ganze Rösser fort in die Luft, gleich paarweise, natürlich auch schlohweiß, und auf dem einen sitzt noch ein Postillon, blau der Rock, Feder am Hut, und bläst schmetternd schön ein Signal, indem er fliegt.

Die Postkutsche aber, der Pferde beraubt, steht nun gelb und verlassen auf höchster Alpenklippe; und der Biedermeierpassagier kann nur wütend seinen Biedermeierregenschirm und grauen Biedermeierzylinder schwenken, aber aussteigen wäre Tod; und so hat ihn Alpenkönig festgebannt und aus dem Spiel gebracht, bis die Verwicklung der Handlung sein Auftreten wieder erlaubt. Ja, das ist noch beglückendes Theater.

Raimund, der ja nicht nur Bühnendichter, sondern vor allem auch Wiens größter Komiker war, sich seine Stücke selbst auf den Leib geschrieben und den «Menschenfeind» selbst gespielt hat, war ein alter erfahrener Theaterhase, wenn das Wort erlaubt ist, und wußte, was wirkt und was

seine Wiener erleben wollten. Felsen öffnen sich mit hilf-
reichen Quellennymphen. Tote erscheinen in der Tür, hinter dem Fenster, auf dem Dach. Und da war vor sieben
Jahren, 1821, eine Oper aufgekommen, «Der Freischütz»,
in der zum Schluß nach einer Taube geschossen wird, die
ein Mädchenschicksal symbolisiert. Ein Schuß auf der
Bühne ist immer von guter Wirkung, Raimund weiß es,
aber besser noch als am Ende knallt es gleich am Anfang.
Also beginnt er mit dem Schuß und macht daraus gleich
eine Lehre für das Mädchen wie für den Zuschauer: es ist
töricht, sich zu wünschen, frei wie ein Vogel zu sein, statt
das eigene Schicksal anzunehmen und durchzutragen,
denn auch der Vogel ist nur scheinfrei, unterliegt dem
Schicksal ebenso wie der Mensch. Dieser Schütze voller
Weisheit ist der Alpenkönig, der «hehre Klippenfürst»;
den hat Raimund nun wieder von Schiller. Wir kennen von
der Schule her noch die Ballade, da dem kühnen Jäger
plötzlich der Bergesalte als Schutzgeist der verfolgten
Gemsen Halt gebietet:

Raum für alle hat die Erde,
Was verfolgst du meine Herde?

Bei Raimund wird dieser gütige und weise Geisterfürst
der Träger des Gegenspiels. Er bringt die wirre Welt in
Ordnung. Er heilt auch den Menschenfeind von seinem
Wahn und führt das Liebespaar am Schluß zusammen.
Der Ausgleich von Gut und Böse erfolgt also nicht vom
Religiösen her, wie etwa bei den Calderon-Stücken der
Hofburg, sondern aus einer Dämonensphäre, deren Form
romantisch, deren Ethos bürgerliche Aufklärung ist. Im
Jägergewand erscheint dieser Alpenkönig. Ein Freund der
Armen, läßt er die mit goldenen Kugeln erlegten Gemsen
vor die Hütten der Bedürftigen legen. Man fühlt sich bei
seinem Wirken an die Schlußworte eines Wiener Stückes
der gleichen Zeit erinnert: «Den Namen eures edlen
Wohltäters werdet ihr nie erfahren. Es ist der gute Kaiser
Franz.»

Wie jeder König hat auch der Alpenkönig einen Palast;

den hat Raimund nun wieder aus der «Zauberflöte». Es ist Sarastros Weisheitstempel, zum Gletscherdom verwandelt. Auch ein Chor weißgekleideter Männer ist vorhanden, und ein Priestermarsch ertönt. Aus der «Zauberflöte» stammt auch die Feuer- und Wasserprobe. Seinen Ursprung hat dieses Motiv in den spätantiken Mysterienkulten. Von ihnen gelangt es auf mancherlei Wegen im 18. Jahrhundert in die Romanliteratur der Freimaurerkreise. Dort findet es Schikaneder, und von ihm übernimmt es Raimund. Im Gegensatz zu Tamino besteht der Menschenfeind die Probe nicht und soll sie auch nicht bestehen. Blitz und Wassersnot machen ihn gefügig, so daß er dem Alpenkönig zugibt, sich in jenes Experiment einzulassen, das ihn schließlich bessern und heilen soll.

Dieses Experiment besteht darin, daß der Wiener Buchhändler Herr von Rappelkopf, wie der Menschenfeind mit seinem bürgerlichen Namen heißt, in die Gestalt seines Schwagers eingeht, der gerade von Venedig zu Besuch heranreist, aber, wie wir schon wissen, in seiner gelben Postkutsche auf einer Alpenklippe festgebannt wird, so daß inzwischen Rappelkopf in dieses Schwagers Tracht und Maske unerkannt zu seiner eigenen Familie zu Besuch kommen kann. Hier tritt jetzt der Alpenkönig in der Tracht und Maske Rappelkopfs auf und spielt nun dem wirklichen Rappelkopf vor, in welch launenhafter, törichter, krankhafter Weise er seine Frau, seine Tochter, deren Verlobten, seine Dienerschaft von Morgen bis Abend aus Mißtrauen, Menschenhaß und Jähzorn zu quälen pflegt, bis, durch dieses Spiegelbild belehrt, der wirkliche Rappelkopf zur Vernunft kommt. Das ist also das Doppelgängermotiv, das in Verkleidung und Verwandlung seit den Tagen der griechischen und lateinischen Komödie der Nerv des Lustspiels ist. Auch Shakespeares Komödien ziehen davon Nutzen. Tragisch jedoch wird das Motiv erst in der Romantik, in Kleists «Amphitryon», und gespenstisch wird es bei E.T.A. Hoffmann mit dem Bruder Medardus in den «Elixieren des Teufels». Auch bei Raimund geht das Spiel hart an der Grenze des Gespenstischen und Tragischen hin. Hier kulminiert das Stück. Hier entfaltet Raimund seine ganze Genialität. Denn es ist dem wirklichen Rappelkopf unmöglich, anzusehen, wie sein Konterfei mit seiner Familie umspringt. Er vergißt seine Rolle, braust auf, und nun stehen sich die beiden Menschenfeinde einander gegenüber; gestikulierend, schreiend, spielen sie sich von der Rampe zur Bühnentiefe und wieder nach vorn, greifen schließlich beide zur Pistole, und nur durch ein Wunder wird der tragische Ausgang abgebogen.

Diese Szene ist «ewiges Theater», gehört zum Wirkungsvollsten, was auf deutscher Bühne gespielt werden kann; um dieser Szene willen wird das Stück immer jedes Publikum mitreißen und dem echten Schauspieler begehrenswert sein. Dabei ist die innere Lösung des Konflikts durchaus kein «Theater», sondern erfolgt rein aus der Tiefe des Herzens und seinen Erfahrungen. Rappelkopf sieht nicht nur sich selbst objektiviert, sondern auch die Seinen, wie sie wirklich sind, nämlich ihm trotz seiner tyrannischen Launen unverdient ergeben. Das Aufleuchten der Erkenntnis erfolgt also aus dem Lichte Augustins: «Nemo intrat in veritatem, nisi per caritatem.» Von diesem Wissen, daß der Weg der Erkenntnis nur durch die Liebe führt, handeln die eingelegten Gesänge; und hier, mit den Schlußstrophen, hält Raimund sich nun wieder an Mozart. Wie im «Don Juan» am Schluß von den Spielern, die vor den Vorhang treten, im berühmten Sextett gesungen wird:

Seht, so stirbt der Bösewicht,

so treten hier die Spieler an die Rampe und singen:

Der Mensch soll vor allem sich selber erkennen,
Ein Satz, den die ältesten Weisen schon nennen,
Drum forsche ein jeder im eigenen Sinn:
Ich hab mich erkannt heut, ich weiß, wer ich bin –,

und rührend in ihrer Bescheidenheit die letzte Strophe, in der Raimund von seiner Kunst spricht, die um Gunst werbe:

727

Und wird sie auch heute mit Ruhm nicht genannt,
So werde denn doch nicht ihr Wille verkannt.

Das Stück steht und fällt mit der Verkörperung des Rappelkopf und der Veranschaulichung des Doppelgängerspiels. Rappelkopf steht aber nun seinerseits vor einem breiten Hintergrund des Wiener Bürgertums. Da sind die biedermeierlichen Frauentypen der Gattin und des Malchens, diese nach Raimunds einziger, früh verstorbener Tochter genannt. Da ist deren Bräutigam, ein Maler, der von Rappelkopf abgewiesen wird, weil er «nur» Künstler ist:

Alle Tag ist das Gewinsel
Um den Maler, diesen Pinsel,
Der kaum hat ein Renommee,
Und von Geld ist kein Idee,

gerade so wie Raimund selbst – und das ward seine Lebenskatastrophe – vom Kaffeehausbesitzer Ignaz Wagner am Donaukanal in der Leopoldstadt, der auch noch «eine Hütten im Prater» hatte, als «Nur-Künstler» abgewiesen wurde, da er um die Tochter warb. Wagner hatte freilich Grund, auf sich zu halten: sein Feentempel mit Spiegeln, roten Wänden, grünen, am Kapitell vergoldeten Säulen war der Prototyp des neuen Wiener Kaffeehauses. Da sind weiter der Wiener Kutscher, Köchin, Küchenjunge, Gärtner und vor allem, eine unvergeßliche Figur, der herrschaftliche Diener Habakuk, schließlich noch das Wiener Stubenmädchen Lisette.

Die Geschichte des Stubenmädchens auf der Bühne ist noch nicht geschrieben. Es hat zwei hehre Ahnen. In der einen Linie stammt es vom Geschlecht der Vertrauten ab, das in den Tragödien Corneilles und Racines dem Helden und der Heldin zur Seite stand, jenen Vertrauten, die man nach Goethes Wort über Talmas Spiel vom Helden dadurch unterschied, daß der Held den Mantel über die rechte, der Vertraute immer über die linke Schulter schlagen mußte. Die andere Deszendenzlinie leitet sich von der Colombine her. Als nun das Schauspiel bürgerlich ward,

728

entstand auf dieser mittleren Linie das Stubenmädchen, dessen erste vollendete Vertreterin 1763, zwischen großer Tragödie und Commedia dell'arte, die Franziska in der «Minna von Barnhelm» war. Franziska ist sächsisch schnippisch, Raimunds Lisette blutvoll wienerisch. Ihr großer Moment ist ihre Ariette:

Ach, wenn ich doch kein Mädchen wär,
Das ist doch recht fatal,
So ging ich gleich zum Militär
Und würde General.

So lockere Wünsche kennt Franziska noch nicht. Das kommt aus der Pariser Opéra comique der französischen Revolutionskriege, wo die «levée en masse» das ganze Volk ergriff und auch die Mädchen in Uniform steckte. Das ward eine Pikanterie, die schnell über die Bühnen Europas ging. Und selbst Goethe, der seit 1817, seit dem Zusammenstoß mit der Jagemann, das Weimarer Theater nicht mehr betrat, saß 1828 in seiner Loge, um sich Angelys «Sieben Mädchen in Uniform» anzusehen, wobei des jungen Eckermann angebetetes Gustchen Kladzig den Flügelmann spielte. Es war Goethes letzter Theaterbesuch; als ein Jahr darauf sein Faust zum ersten Male gegeben wurde, blieb er ruhig zu Hause. Die Soubrette in Uniform aber war von nun an von der Operette des 19. Jahrhunderts nicht mehr zu trennen, und auch von dieser weltgeschichtlichen Wendung konnte Goethe wie von Valmy sagen: er war dabei gewesen.

Lisettes intimer Feind ist der Diener Habakuk. Jeder Zoll herrschaftlich. Jedem seiner Sätze drückt er das Insiegel höchsten Geltungsanspruchs auf durch die Worte: «Ich war zwei Jahre in Paris.» Und eben das ist gelogen, aber es gibt ihm sein Selbstvertrauen. Ob er diese seine kleine Lüge nun sagen darf oder nicht, das wird ihm zur Lebenstragödie. Und zum Schluß darf er's sagen. Feierlich läßt es der Dichter gestatten. Welches tiefe Wissen um die Notwendigkeit der Lebenslüge – für die, die ohne Mitte sind. «Glauben Sie mir, Wüllersdorf, es geht überhaupt nicht ohne Hilfskonstruktionen», heißt es in «Effi Briest», und Ibsen hat ein ganzes Schauspiel «Die Wildente» mit bohrenden Dialogen darum geschrieben. Fast möchte man sagen: unnütze Worte. Wieviel schlicht menschlicher ist Raimunds «Nun, so sag' Er's halt. –»

Von einer Szene aber muß noch besonders gesprochen werden, weil es heißt, wohl nicht mit Unrecht, daß von ihr die ganze realistische österreichische Bauernkomödie ihren Ausgang genommen habe. Das ist die Szene in der Köhlerhütte. Rappelkopf will sich, um den Menschen zu entgehen, eine einsame Hütte im Gebirge kaufen. Flucht ins Rousseauische Idyll könnte man erwarten. Statt dessen zeichnet Raimund einen Ostade. Die Buben schreien nach Brot. Der Hund bellt. Die Katze miaut. Das Kind plärrt in der Wiege. Der Vater, mehr blau als bleich vor Trunkenheit, stöhnt auf der Pritsche. Die Großmutter fährt mit lautem Niesen aus dem Stroh empor, rhythmisch, denn all dieser Lärm von Tönen und Geräuschen bildet den Refrain zum Liebesliedchen, das die Tochter zum Spinnen singt. Ein geniales Ausbalancieren von Gefühl und Ironie, das seinen Höhepunkt im geordneten Ausmarsch dieser Familie aus der an Rappelkopf verkauften Hütte findet, einem Ausmarsch, der sich unter Absingen der zum Volkslied gewordenen Verse vollzieht:

So leb denn wohl, du stilles Haus,
Wir ziehn betrübt aus dir hinaus.

Es war kein stilles Haus. Es war eine Krachbude. Aber jeder Abschied ist Vergänglichkeit, jede Vergänglichkeit Wehmut. Und für diese Wehmut hat der schwermütige Raimund letzte Formulierungen gefunden, so im Abschiedslied der «Jugend», dem alternden Wurzel gesungen:

Brüderlein fein, Brüderlein fein,
Mußt mir ja nicht böse sein!
Scheint die Sonne noch so schön
Einmal muß sie untergehn.

730

Welch rührende Zeit des Biedermeier, denkt man, wenn man ein solches Raimundsches Stück erlebt hat. Ach, sie war gar nicht rührend, am wenigsten in Wien! Grillparzer, Stifter – beide Verehrer der Raimundschen Kunst – führten ein schweres Leben, und das Grillparzers war fast eine verdeckte Katastrophe. Bei Raimund lag die Katastrophe offen zutage. Sein Vater war Drechsler in Mariahilf; auch der Sohn sollte ein Handwerk erlernen, entlief aber zur Bühne. Mit vierzehn Jahren, zur Zeit des Wiener Kongresses, debutierte er als Franz Moor im Theater an der Josephstadt. Von seiner Liebe zur Kaffeehaustochter Toni Wagner war schon die Rede. Abgewiesen, fiel er seiner Partnerin, der Soubrette des «Theaters an der Wien» in die Hände. Die war, vierzehnjährig, von ihrem eigenen Vater an den Fürsten Kaunitz für 500 Gulden verkauft worden. Nach den Wiener Polizeiakten scheinen solche Handelsverbindungen zwischen dem Kleinbürgertum und Hochadel nicht ganz selten gewesen zu sein. Das Mädchen redet Raimund ein, das Kind, das sie trage, sei von ihm, und, bei der Ehre gepackt, willigt dieser in die überstürzt angeordnete Hochzeit. Luise Raimund, eine Frau mit immer schlimmerem Schicksal und traurigem Ausgang, exzellierte im Jodeln und in Tirolerliedchen, sang auch mal das Blondchen in der «Entführung», treue Gattin war sie nicht; Raimund prügelte sie aus dem Haus, die Ehe ward geschieden. Indes, nach österreichischem Gesetz war jede Verbindung mit Toni nun erst recht unmöglich. Damit aber ihr Zusammenleben nicht ohne religiöse Weihe sei, wallfahrten die beiden – denn auch Raimund war gläubiger Katholik – nach Mariazell und schwören sich an der Mariensäule in den Weinbergen von Neustift ewige Treue, ein säkulares Sakrament, das von beiden jedes Jahr wiederholt wird. Diese Treue haben sie sich gehalten; aber auch dieses Zusammenleben war kein glückliches. Es war diesen Wiener Temperamenten nicht möglich, ihre Affekte zu beherrschen. Eifersucht war auf beiden Seiten, dazu bei Raimund Schwermut und Jähzorn. Sein Rappelkopf ist nicht Shakespeares «Timon von Athen», auch nicht Molières «Misanthrop», sondern ist er, Ferdinand Raimund, selber. Unter seine Niederschrift des Stückes setzt er die Worte: «Nur einer Zauberei hat es gelingen können, mich von meinem Menschenhaß zu heilen.»

Es hat eben nicht gelingen können! Er versinkt immer mehr in Melancholie, sieht überall Feinde und Verfolger, und als er erleben muß, daß Nestroy das Wiener Volksstück, das er von Roheit und Frivolität gereinigt, dem er, und nur er, ein echtes Ethos gegeben hatte, wieder der Zweideutigkeit und dem Galeriegeschmack ausliefert, sieht er mit Recht sein Lebenswerk vernichtet. Was hilft es ihm, daß seine Stücke die Welt erobern, in ganz Deutschland, in Warschau, in London, ja selbst in Philadelphia gespielt werden – die geladene Pistole kommt nicht mehr aus seiner Tasche, und als ihn 1837 ein Hund beißt, den er für toll hält, gibt er sich die Kugel. «Gott anbeten» sind seine letzten Worte, die er mit fast gelähmter Hand noch aufs Papier kritzelt. Wiens größter Komiker und größter Volksdichter war eine Tragödie – und wohl im Grunde eine Wiener Tragödie.

Sechsundvierzig Jahre war Raimund nur geworden. 1879 starb Toni, achtzigjährig, verarmt, vereinsamt in der Naglergasse 29 im dritten Stock, Tür Nr. 10. Im Strohsack ihres Bettes fand man Raimunds zerschmetterten Schädel. Die Handschriften seiner Stücke, von Toni gleichfalls versteckt geborgen, wanderten als Altpapier zum Metzger der Nachbarschaft, der seine Ware darin einwickelte. –

Das Schicksal setzt den Hobel an
Und hobelt alles gleich.

Auch das ist von Raimund.

JENSEITS DES MEERES

INKLE UND YARIKO

«Die Indianerin war liebenswert gebaut.»   *Gellert*

Daß es ein fragwürdig Ding um das gute Herz des weißen Mannes ist, ach, das haben die Rothäute bald einsehen müssen. Aber auch die Weißen haben darum gewußt. Und manchmal haben sich diese Weißen an ihr schwarzes Herz geschlagen und laut Buße getan in einem symbolischen Akt. Geändert haben sie sich nicht. Indes, sie haben geweint – es ist keine Übertreibung, dies zu sagen –, durch Jahrhunderte und über Länder Europas hin geweint, über die eigene weiße Schlechtigkeit und das Unglück der Farbigen und die grobe Fahrlässigkeit eines Weltschöpfungsaktes, durch den eine so zweideutige Menschheit hatte entstehen können.

Die Geschichte von Inkle und Yariko war so ein symbolischer Akt der Reue des alten Kontinents. 1657 wird sie zuerst erwähnt in einer Historie der Insel Barbados, die, seit 1625 britisch, als ältester Mittelpunkt des Sklaven- und Baumwollhandels am Rand des Karibischen Meeres liegt. Es heißt, daß Yariko ursprünglich ein freigeborenes indianisches Mädchen gewesen sei, von vollendeter Schönheit des Wuchses, «a person of distinction and a perfect lady in every respect», nur, daß sie sich durch nichts habe bewegen lassen, Kleider zu tragen, und daß sie schwanger ward, wo sie es besser nicht geworden wäre. Ja, und dies ist eben die Geschichte! Jener Engländer, der in späteren Berichten den Namen Inkle trägt, hatte sich am 16. Juni 1647 an den Downs auf der «Achilles» nach Westindien eingeschifft. «Er war schön, mit roten Backen, kräftigen Gliedern und langen, blonden Ringellocken, die lose über seine Schultern fielen.» Er war der dritte Sohn eines reichen Londoner Bürgers, der leider durch eine Fehlleitung der Erziehung die natürlichen Impulse anständiger Gesinnung bei seinem Sohn unterdrückt und alle Sinne und allen Willen nur auf Gold und Geldverdienen gerichtet hatte. Die «Achilles» gerät in Seenot und wird an das Festland Amerikas verschlagen, die Mannschaft geht an Land, um Lebensmittel zu suchen, fällt in die Hände der Indianer und wird getötet. Nur Inkle rettet sich in den Wald. Erschöpft, verschmachtend kriecht er in ein Gebüsch, da plötzlich steht in all ihrer nackten Grazie Yariko vor ihm, erstaunt – und nimmt sich seiner an. Sie bewundert und streichelt lächelnd seine seidene Uniform, freut sich des Farbenkontrastes, wenn ihre dunklen Finger spielend sich durch seine blonden Locken schlingen, birgt den Freund vor ihren Stammesgenossen in einer Höhle, bringt ihm Früchte und Fleisch, Felle und Federn und Muscheln, erhält ihn und sein Leben, ja, sie winkt schließlich ein britisches Schiff herbei, das ihn an Bord nimmt, und muß nun erleben, – daß Inkle sie und das Kind, das sie von ihm trägt, als Sklaven nach Barbados verkauft. Soweit die alten Berichte. Perfides Albion, perfides Europa! Die Tat war zu abscheulich, um vergessen werden zu können. Sie wird die Legende des schlechten europäischen Gewissens.

1711 steht die Geschichte im Märzheft des «Spectator», der Zeitschrift des kommenden Jahrhunderts der Aufklärung und somit des ersten Organs Europas. Die ganze Welt las nun, wie verworfen Inkle gewesen war, und sie nahm Stellung. Vor allem die Damen. Gedichte erschienen, selbst solche, die Gräfinnen zum Verfasser haben, Episteln von Yariko und Inkle, rührende Klagen der Sklavin: die Kette an Fuß und Händen, dringt sie in den Treulosen, sie nicht zu verlassen, bittet sie vor allem für das Kind, beschwört ihn bei den gemeinsamen Erinnerungen. Sentimental sind diese Gedichte und pathetisch; zarte Bilder idyllischer Jugendfreuden in tropischer Landschaftsfülle aus der Gesinnung Rousseaus und Liebesnächte im Romeo-und-Julia-Stil kontrastieren mit Jammer und Verzweiflung. Einen Schilling das Stück, so wurden die Hefte in den Straßen Londons verkauft wie bei uns die «Vier Haymonskinder», «Faust» oder «Genoveva». Immer neue Versionen erschienen, auch Reuebriefe von Inkle an Yariko, schließlich auch solche, in denen die Anklage der Verlassenen ein religiöses Gesicht erhält und der ganzen Verlogenheit dieses englischen Baumwoll-Christentums die Echtheit religiösen Fühlens bei den Wilden entgegenge-halten wird. Aber inzwischen war der Stoff schon auf dem Kontinent, und hier hatte sich vor allem Gellert seiner bemächtigt, dieser große Bischof des christlichen Bewußt-seins im protestantischen Deutschland. «Inkle und Ya-riko» steht in seinen «Fabeln und Erzählungen». Dies Buch war im 18. Jahrhundert in jeder deutschen Familie, und unser aller Vorfahren, wenn anders sie lesen konnten, waren ergriffen, zum mindesten vom Schluß:

Sie fällt ihm um den Hals, sie fällt vor ihm aufs Knie,
Sie fleht, sie weint, sie schreit, nichts – – er verkaufet
sie.
«Mich, die ich schwanger bin? – Mich?» fährt sie fort
zu klagen.
Bewegt ihn dies? – Ach ja! – sie höher anzuschlagen!
«Noch drei Pfund Sterling mehr! Hier» – spricht der
Brite froh,
«Hier, Kaufmann, ist das Weib, sie heißet Yariko.» –
O Inkle, du Barbar! dem keiner gleich gewesen,
O möchte deinen Schimpf ein jeder Weltteil lesen!

Jeder Weltteil las ihn. Ins Französische, Dänische, Schwedische, Holländische, Ungarische, Russische, Italie-nische, ja selbst ins Englische ward Gellerts Erzählung übersetzt. Aber die Herzen waren zu weich dafür. Der alte Bodmer, der Gellerts Dichtung in Hexameter umgoß, for-derte einen zweiten Teil der Versöhnung, und sein Lands-mann Geßner schrieb diese Fortsetzung: «Yarikos Ret-tung»; hier fällt auch Inkle in Sklaverei, wird aber losge-kauft von Yariko, die einen mildtätigen Plantagenbesitzer gefunden hat, der sie und ihr Kind freigibt. Auf diese Familienszene unter Palmen hat Salomon Geßner einen schönen Stich gefertigt.

Inzwischen war der junge Goethe auf die Leipziger Universität gezogen und schrieb Dramen in Alexandrinern für seine Liebhaberaufführungen mit Käthchen Schönkopf und den Breitkopfmädchen. Sicher kannte er die Erzählung seines Lehrers Gellert, vielleicht auch deren Quelle im «Spectator», den die Frau Gottschedin deutsch herausgegeben und den der Frankfurter Onkel Textor von der Stadtbibliothek verschaffen mußte und konnte. War er doch Ratsherr. Am 3. Oktober 1766 schrieb Wolfgang an Cornelia: «Ich habe angefangen, die Geschichte von Inkle und Yariko fürs Theater zu bearbeiten, aber soviel Schwierigkeiten gefunden, daß ich kaum glaube und hoffe, zu Ende zu kommen.» Er kam wirklich nicht zu Ende, und seine Anfänge hat er später verbrannt. Aber andere waren zu Ende gekommen. Zur selben Zeit, da sich der junge Goethe noch um den Einsatz mühte, stand schon Yariko, rührend und zart bekleidet, auf dem Pariser Theater und vielen deutschen.

Chamfort hatte damit begonnen. Seine einaktige Komödie «La jeune Indienne» entstand 1764. Die Szene spielt in Charleston in Südkarolina. Um eine dramatische Verwicklung zu schaffen – und daran war wohl der junge Goethe gescheitert –, ist Inkle mit Arabella, der Tochter eines väterlichen Geschäftsfreundes, Quäkers in Charleston, versprochen; und obwohl er lieber seine indianische Freundin heiraten möchte, mittellos, wie er durch den Schiffbruch geworden ist, weiß er nicht, was er tun soll. Der Freimut des Quäkers löst alle Schwierigkeiten, und er, der Quäker – merkwürdigste Dinge hatte man in Paris über diese Leute durch Voltaire gehört –, stand im Mittelpunkt des Interesses, vor allem in jener Szene, wo er beim Gruß den Hut auf dem Kopfe behält und das gleiche von dem erstaunten Inkle verlangt. Dieser aber war hier zum wohlerzogenen, treuherzigen jungen Mann geworden. So verändert kam die Geschichte durch Chamfort auf die europäischen Theater. Und dann machte jeder aus dem Stoffe, was er wollte. Aber da die Deutschen, wie der alte Goethe einmal sagt, nicht die leidenschaftlichen, sondern die naiven ruhigen Mädchen lieben, so hatte gerade das deutsche Herz und Theater die Heldin gefunden, die es brauchte, eine indianische Friederike, eine braune Lotte. Stück für Stück ging über die Bretter, Trauerspiele in einem Akt, Trauerspiele in drei Akten, Trauerspiele in fünf Akten, Schäferspiele, Ballette, historisch und nicht historisch, Pantomimen, Singspiele, Duodramen, Opern, – sinnlos, die Namen der Verfasser aufzuzählen.

Amerika stand damit zum erstenmal auf der deutschen Bühne, wirkungsvoller und dauerhafter als mit Klingers «Sturm und Drang», dazu mit dem Selbstmord der Heldin ähnlich dem Lukretia-Ende der «Emilia Galotti». Das war 1771 auf dem Wiener Burgtheater. Die Kritik schrieb darüber: «Kein Furienchor des Aischylos kann von stärkerer Wirkung gewesen sein.» Es gab auch Bearbeitungen, in denen Yariko dem Wahnsinn anheimfiel, das ist dann die Linie Ophelia, Nina, Gretchen. Kurz, es waren Rollen, nach denen die großen Schauspieler drängten, die Seyler, Koch, Ekhof, Beck und Friedrich Ludwig Schröder, Charlotte Brandes und Dorothea Ackermann. Und es waren Dekorationen, die das Publikum anzogen, tropische Landschaften, Stürme, Schiffbrüche, Tiger und Schlangen, und gar exotisch die Kostüme! Und wie in Deutschland, so war es in allen europäischen Ländern. Ja, selbst nach Amerika griff das Stück über. Als Oper mit happy end und Schlußballett: «Come, let us dance and sing» ward es in Boston, New York, Philadelphia, Charleston und auch in Virginia gespielt. Als betrogene Geliebte, verkaufte Sklavin hatte Yariko die Heimat verlassen, als Operndiva kehrte sie zweihundertfünfzig Jahre später zurück. Zur gleichen Zeit schrieb der Bruder Napoleons, le citoyen Lucien Bonaparte, einen zweibändigen Roman über sie, in dem er das Schiff, das Inkle nach Amerika trägt, «Bellerophon» nannte. Welch spukhafte Vorahnung eigenen Familienschicksals!

Aber als man genug Tränen vergossen hatte, da nahm

man Yariko nicht mehr ernst. Das Jahr 1789 fegte alle Sentimentalitäten aus den Köpfen und von den Bühnen. Man sah ein: Leben geht auf Hauen und Stechen, und der Mensch ist bestialisch, – und man fand sich damit ab. Das war die Zeit, da der alte Stoff vorzüglich den Balletten und Pantomimen verfiel und in der Wiener Leopoldstadt landete. Die letzte Dichtung datiert von 1830, und noch Cruikshank, der berühmte Dickensillustrator, hat 1829 auch «Inkle und Yariko» illustriert. Dann, nachdem ihre rührende Erscheinung dreihundert Jahre lang das europäische Gewissen beunruhigt hatte, trat das Indianermädchen still ab und ward vergessen.

Nicht vergessen aber ward – und das muß man hier als Gegenstück erzählen – eine Landsmännin von ihr mit verwandtem und doch glücklicherem Schicksal. Das war die schöne Pokahontas, auch sie eine Häuptlingstochter wie Yariko und von dem gleichen amerikanischen Küstenstrich. Ihr Schicksal ist mit jenen Expeditionen nach Virginia verknüpft, die Sir Walter Raleigh eingeleitet hatte. Raleigh – man weiß von diesem Kriegs- und Seehelden, was man wissen muß –, daß er das Herz der Königin Elisabeth gewonnen, indem er als junger Wachthabender seinen kostbaren Mantel über eine Londoner Pfütze warf, damit die Königin reinen Fußes die Straße überqueren konnte. Man weiß, daß die Tanzschuhe, die er trug, dreihundert Dukaten wert waren, daß er 1585, lange vor den Pilgervätern, die Heimat der Pokahontas entdeckte und nach dem Mythos seiner Königin Virginia benannte, weiß auch, daß er Tabak und Kartoffeln nach England brachte, daß er im Tower eine Weltgeschichte schrieb, die – nächst der Bibel – das einzige Buch gewesen sein soll, das Cromwell gelesen hat, und weiß, daß er trotz aller dieser Verdienste im Jahre 1618 als Opfer der prospanischen Politik seines Königs James I. sein Haupt auf dem Block hat lassen müssen. Seitdem gibt es Raleigh-Taverns und Raleigh-Hotels in Virginia und Carolina. Pokahontas aber war das Indianermädchen, auf das die Engländer 1607 bei ihrer Landung in Virginia stießen. Auch diese Kleine ging stracks zu den

Weißen über. Sie lehrte sie ihre Sprache und ermöglichte ihnen, daß die Siedler ihre Kolonie Jamestown gründen konnten. Sie aber ward eben nicht verkauft, sondern hoch in Ehren gehalten und heiratete den Kapitän John Smith, mit dem sie wirklich, wie Inkle Yariko zwar auch versprochen, aber nie gehalten hatte, die Reise nach London machen konnte, wo sie freilich dem ungewohnten Nebel und Regen frühzeitig erlag. Dort, wo sie den landenden Briten zuerst begegnet war, am heute wieder einsam wilden Ufer des James River, stehen mehrere Denkmäler. Das eine ist eine gotische Kirchenruine, dachlos, verfallen wie auf einem Bilde Caspar David Friedrichs. Es ist die Ruine der ersten Kirche der Siedler; und wohl nur hier und nirgends sonst an der Ostküste Amerikas bedecken Grabsteine mit Rittergestalten und Wappen den Kirchenboden. Ein zweites Denkmal mit einer Reliefdarstellung ist nicht weit davon; es bezeichnet jene Stelle, da die Siedler zum ersten Male auf dem neuen Boden das heilige Abendmahl genossen. Deutlicher kann uns nicht zu Gemüt geführt werden, wie sakral die Zeit empfand, gleich, ob es sich um die Eucharistie Calderons oder das Abendmahl der Independenten handelte. Wissen wir doch von einem Puritaner Henry Vane, der nur deshalb nach Amerika hin und zurück segelte, um einmal in seinem Leben das Abendmahl stehend empfangen zu haben, das auf den britischen Inseln nur Knienden verabreicht ward. Das dritte Denkmal aber gilt der indianischen Häuptlingstochter. Schlank und bronzebraun, die Falkenfeder im Haar, steht die kleine Prinzessin auf hohem Quader und lugt über das Wasser. Der Stein lehrt, daß sie 1595 geboren und 1617 gestorben ist.

VON DER ILM ZUM SUSQUEHANNA
GOETHE UND AMERIKA
IN IHREN WECHSELBEZIEHUNGEN

1.

«Wären wir zwanzig Jahre jünger, so segelten wir noch nach Nordamerika», dies Wort Goethes berichtet der Kanzler von Müller aus dem Jahre 1819. Und einige Jahre vorher hatte Goethe zu Sulpiz Boisserée geäußert: «Was hätte und müßte man alles herausfördern können, wenn man vierzig bis fünfzig Jahre alles, was von außen herkommt, beiseite lassen könnte. Was möchte daraus geworden sein, wenn ich mit wenigen Freunden vor dreißig Jahren nach Amerika gegangen wäre und von Kant usw. nichts gehört hätte.» Und ähnlich, wenn auch etwas resignierter, klingt's aus einem Gespräch mit Eckermann: «Ich danke dem Himmel, daß ich jetzt in dieser durchaus gemachten Zeit nicht jung bin. Ich würde nicht zu bleiben wissen. Ja selbst wenn ich nach Amerika flüchten wollte, ich käme zu spät, denn auch dort wäre es schon zu helle» [15. Februar 1824].

Es ist die alte Faust-Sehnsucht: «Von allem Wissensqualm entladen.» Immer wieder spielt der alte Goethe mit dem Gedanken, wie man sich der Bürde einer jahrtausendealten Vergangenheit – Urväter Hausrat – entziehen könne, ob man ihr entfliehen dürfe. In Wilhelm Meisters Lehrjahren ist es Jarno, der nach Amerika drängt; die Wanderjahre berichten dann wieder von einem Rückwanderer, der, als Sohn eines Genossen von William Penn in Philadelphia geboren, sich schließlich doch für die Alte Welt entscheidet: «Diese unschätzbare europäische Kultur, seit mehreren tausend Jahren entsprungen, gewachsen, ausgebreitet, gedämpft, gedrückt, nie ganz erdrückt, wieder aufatmend, sich neu belebend und nach wie vor in unendlicher Tätigkeit hervortretend, gab ihm ganz andere

Begriffe, wohin die Menschheit gelangen kann. Er zog vor, an den großen unübersehbaren Vorteilen seinen Anteil hinzunehmen und lieber in der großen, geregelt tätigen Masse mitwirkend sich zu verlieren, als drüben über dem Meere, um Jahrhunderte verspätet, den Orpheus zu spielen.» Er sagte: «Überall bedarf der Mensch Geduld, überall muß er Rücksicht nehmen, und ich will mich doch lieber mit meinem Könige abfinden, daß er mir diese oder jene Gerechtsame zugestehe, lieber mich mit meinen Nachbarn vergleichen, daß sie mir gewisse Beschränkungen erlassen, wenn ich ihnen von einer anderen Seite nachgebe, als daß ich mich mit den Irokesen herumschlage, um sie zu vertreiben, oder sie durch Kontrakte betrüge, um sie zu verdrängen aus ihren Sümpfen, wo man von Moskitos zu Tode gepeinigt wird.»

Dies «überall muß der Mensch sich abfinden» ist das Resignationsmotiv, das bei Goethe immer eine so große Rolle gespielt hat, aber stets stand ihm auch das prometheische «Dennoch» gegenüber, und im Faust sowohl wie im Meister behält es das letzte Wort: «Hier bleibt nur ein doppelter Weg, einer so traurig wie der andere: entweder selbst das Neue, das überhandnehmende Maschinenwesen zu ergreifen und das Verderben zu beschleunigen, oder: aufzubrechen, die Besten und Würdigsten mit sich fortzunehmen und ein günstigeres Schicksal jenseits der Meere zu suchen.»

Etwa um dieselbe Zeit, da Goethe nach Weimar ging und für die Zeit seines Lebens in den Dienst des Fürsten trat, dem er und der ihm Freund war, warfen drüben über dem Meere die englischen Kolonien die Herrschaft des englischen Königs ab und erklärten sich für frei. Goethe hat die gewaltige Tragweite dieses Ereignisses sehr wohl erkannt. Er stellt es später neben die Kriege Friedrichs des Großen und Napoleons. Seine Teilnahme aber ist durchaus die eines uninteressierten Beobachters. Sein Glaube gilt dem Fürsten mehr als dem Volke. Sein Boden ist Weimar. Bindung ist ihm edler als Freiheit, das Kulturerbe Europas wichtiger als die Jungfräulichkeit Virginias. Von jener Zeit und Stimmung, da er die Amerikaner glücklich preisen konnte, «keine Ahnen und keinen klassischen Boden zu haben» [1819], ist er noch weit entfernt. Ihn zieht es im Gegenteil mit allen Fasern zu den Gefilden hoher Ahnen und zum klassischen Boden. Der neue Mensch, den auch er ersehnt, kann nur aus den heiligen Gräbern der Antike erstehen. Und wenn ein fremdes Land ihn lockt, wenn er die Heimat mit einem anderen Lebensbereich vertauschen will, dann ist es das klassische Land, ist es Italien und nur Italien.

Amerika spielt daher zunächst so gut wie keine Rolle in Goethes Schrifttum, und wo es erwähnt wird, ist es in erster Linie das Land des Märchenhaften und Unwahrscheinlichen. Der amerikanische Held ist der weiße Mann, der Entdecker und Freiheitsstreiter. Den Indianer als Typus des romantisch edlen, tragischen Helden, mit dem die deutsche Jugend im 19. und 20. Jahrhundert groß geworden ist, hat der junge Goethe nicht gekannt. In einer der lateinischen Schularbeiten des Knaben Goethe, deren Originalhandschrift die Frankfurter Stadtbibliothek bewahrt, ist von einer Columbusreliquie die Rede, von einem Stück Holz aus dem Mastbaum jenes Schiffes, *qua Columbus in novi orbis inventione usus est.* In den «Mitschuldigen» [Fassung von 1787] ist diese Neue Welt das Land der Ungebundenheit und des Abenteuers:

> *Man sagt' mir heute früh,*
> *In Deutschland gäbs ein Corps von braven jungen*
> *Leuten,*
> *Die für Amerika Sukkurs und Geld bereiten.*

Aber es ist doch auch zugleich das Land der Taugenichtse:

> *Ach, es gibt Kerls genug, bei denen's immer sprudelt;*
> *Und wenn so einen dann die Liebe weidlich hudelt,*
> *So mußt's, romanenhaft, sogar erhaben stehn,*
> *So, mit dem Kopf voran, in alle Welt zu gehn.*

Vor allem aber ist Amerika das Land außerhalb aller

Gesichtskreise. «Es ist verteufelt weit.» Und diese Weite und märchenhafte Entfernung benutzt auch Goethe, um dahin abzuschieben, wen er in seiner Dichtung nicht brauchen kann, wer als Nebenfigur irgendwo da sein muß, ohne wirklich da zu sein. In der «Stella» stirbt Lucies Vater auf der Reise nach Amerika, der Großkophta blufft seine Anhänger mit der Behauptung, sein Geist sei soeben einem bedrohten Freund in Amerika zu Hilfe geeilt. «Welche Unverschämtheit», sagt die Marquise; aber wer kann schon Schwindelgeister gar in Amerika kontrollieren?

Anders wird die Rolle dieses Kontinents in Goethes Dichtung mit dem Wilhelm Meister. In diesem Roman, der, ein Bild der Welt, möglichst viele Spielarten der menschlichen Ausbildung und Entwicklung umfassen soll, erhält die Neue Welt als das Land eines neuen freien Menschheitstypus einen wichtigen und viel diskutierten Platz. Freilich auch hier nicht von Anfang an und nicht in «Wilhelm Meisters Theatralischer Sendung», in der kein Wort von Amerika vorkommt. Erst bei der Umarbeitung der Sendung zu den Lehrjahren wird Amerika als Widerspiel von Europa eingeflochten. Zunächst wird nur Lothario der Träger dieser Beziehung. Er ist der Liebhaber der Schauspielerin Aurelie, die ihn, wie es in der Sendung heißt, kennenlernte, da er von Reisen zurückgekommen war [Buch 6, Kap. 11]. An der gleichen Stelle in den Lehrjahren wird das jetzt geändert [etwa im März 1795]: «Er war eben aus Amerika zurückgekommen, wo er in Gesellschaft einiger Franzosen mit vieler Distinktion unter den Fahnen der Vereinigten Staaten gedient hatte» [Buch 4, Kap. 16]. Damit ist das Stichwort «Amerika» gefallen. Was war die Veranlassung, was der Grund, in einen Roman, dessen Handlung in Deutschland lokalisiert ist, so deutlich, daß man einzelne Städte und Landschaften, Frankfurt, den Thüringer Wald, die Lüneburger Heide, förmlich greifen kann, plötzlich den fremden Kontinent einzubeziehen? Gewiß einmal, um Lothario zu charakterisieren. Wie Wilhelm durch die Welt irrt, einem ästhetisch-sittlichen Traumbild nachjagend, so folgt Lothario dem heroisch aktiven Traum; er ist Wilhelms Gegenbild, aber aus einer andern Sphäre. So will Goethe das Verhältnis beider Personen zueinander verstanden wissen, das lehrt klar ein Paralipomenon. Aber Amerika bleibt nicht das Land dieses heroisch aktiven Traumes. Es wird allmählich mehr; es gewinnt im Verlauf der Handlung an Realität und Bedeutung und ist zuletzt schlechthin das Land der Verheißung und der Zukunft. Da die Handlung ja nicht nach dem neuen Kontinent verlegt werden konnte, mußte dieser zunächst im Urteil der enttäuschten Rückwanderer gezeigt werden. Ein solcher Rückwanderer ist Lothario, der aus Freude an der Gefahr und am heroischen Leben sich dem Corps La Fayettes im amerikanischen Freiheitskampf angeschlossen, diesem sein Vermögen geopfert und seine heimatlichen Güter mit Schulden beladen hat. Er ist von seiner Leidenschaft, den Helden zu spielen, ebenso geheilt wie Wilhelm von der seinen, Theater zu spielen; und wie er jetzt sagt, «hier oder nirgends ist Amerika», so will er nun seine deutschen Güter in Ordnung bringen, statt Heldenruhm in der Fremde zu suchen. Amerika ist also hier noch das Land des Abenteuers; und Lothario gehört im Grunde zu jenen «Kerls, bei denen's immer sprudelt», wenn auch auf einer gehobenen Stufe. Ein anderer Rückwanderer ist jener junge Mann aus Philadelphia, von dem schon die Rede war, der die Sicherheit und den Reichtum der alten europäischen Kultur den Anfängen einer neuen vorzieht.

Aber schon im 8. Buch, das 1796 entstanden ist, hat Goethe das Thema Amerika wiederaufgenommen, und wenn Wilhelm auch hier die Idee der Auswanderung mit dem Wort «Abenteuer» abtun will, so antwortet ihm der überlegene Jarno: «Wenn Sie unseren Plan kennen, so werden Sie ihm einen besseren Namen geben und vielleicht für ihn eingenommen werden. Hören Sie mich an! Man darf nur ein wenig mit den Welthändeln bekannt sein, um zu bemerken, daß uns große Veränderungen bevorstehen und daß die Besitztümer beinahe nirgends mehr recht sicher sind.» Und dann folgt der Vorschlag, die Mitglieder

der pädagogischen Gesellschaft vom Turm sollten Grundbesitz in möglichst vielen verschiedenen Staaten erwerben, um sich so durch Versicherung auf Gegenseitigkeit gegen Revolution und Währungsverluste zu decken. Hier werden also schon deutlich die unsicheren Wirtschaftsverhältnisse des politisch erschütterten Europas mit denen Amerikas kontrastiert. Das ist es, was den Blick hinüberlenkt: «die Welthändel» und «daß uns große Veränderungen bevorstehen!»

1807 nahm Goethe dann die Arbeit an der Fortsetzung des Romans auf, um den Lehrjahren die Wanderjahre folgen zu lassen. Und aus dem Jahre 1810 datieren die Berichte Heinrich Meyers über die Baumwollspinnerei in der Schweiz und die Schwierigkeit, die die Maschine in die alte Hausindustrie bringt. Diese Bedrohung wird ein Grund zur Aufgabe der Heimat, aber er ist nicht der einzige, denn es sind nicht nur die Spinner, die auswandern. Es handelt sich in den Wanderjahren nicht nur darum, daß Wilhelm Meister, nachdem seine Lehrjahre beendet sind, wandert, sondern das Problem des Wanderns wird zu dem des Auswanderns überhaupt. Fast alle Personen des Romans lösen sich von dem heimatlichen Boden und suchen drüben eine neue Heimat: der Abbé, der Vertreter jenes Geheimbundes, der Wilhelms Schicksal leitet, Therese, um die Wilhelm geworben, und Natalie, die ihm einst als unerreichbare Amazone erschienen und dann seine Gattin geworden war, ferner Jarno-Montan – vielleicht die reifste Persönlichkeit unter den Figuren des Romans – und seine Geliebte, Wilhelms Schwager Lothario, der einst von Deutschland gesagt hatte: «Hier oder nirgends ist Amerika», und dessen Bruder Friedrich, sie alle schließen sich zusammen, führen eine Gesellschaft von Auswanderern und segeln nach Amerika. Selbst die fröhliche Philine sehen wir – nicht ohne daß wir uns ernsteste Sorgen machen müssen – in das Land des Puritanismus abziehen; sie ist denn auch tatsächlich von der literarischen Kritik dieses Landes, und das hätte Goethe dem Kind ersparen können, höchst unliebenswürdig aufgenommen worden. «Wo ich nütze, ist mein Vaterland», das ist das Motto, unter dem alle ausziehen, oder wie es in dem Auswandererlied, das sie singen, heißt:

Bleibe nicht am Boden heften,
Frisch gewagt und frisch hinaus!
Kopf und Arm mit heitern Kräften,
Überall sind sie zu Haus!
Wo wir uns der Sonne freuen,
Sind wir jede Sorge los.
Daß wir uns in ihr zerstreuen,
Darum ist die Welt so groß.

Das war in der ersten Fassung der Wanderjahre vom Jahre 1821 der programmatische Schluß des ganzen Romans. «Gedenke zu wandern», sagt Lenardo, das sei das Wort, das man jenem alten, lebensmüden «Gedenke zu sterben» entgegenhalten müsse. All das erinnert an den letzten Akt des 2. Teils des Faust; auch hier ist der Weisheit letzter Schluß, dem freien Volke freies, neues Land zu gewinnen.

Irgendwie war dem alten Goethe das Vertrauen zu der Alten Welt und zu den alten Lebensverhältnissen erschüttert. Er sah die neue Zeit kommen, drohend und erstickkend, die Zeit der Masse, der Maschine, des Kollektivismus. Und so wendet sich sein Auge suchend und prüfend nach jenem Land, von dem er annahm, daß es noch freien Spielraum für tätig schöpferische Kräfte gewähre. Das war der Grund, warum Amerika allmählich begonnen hatte, Goethes Aufmerksamkeit stärker anzuziehen.

Allmählich – und zweierlei war dazu nötig gewesen. Einmal Zweifel an der Zukunftsfähigkeit Europas. Ich habe früher in einem Aufsatz «Goethe und die Französische Revolution» [Preußische Jahrbücher 1934, S. 2ff.] nachgewiesen, wie sehr Goethe in dieser Revolution, die er das schrecklichste Ereignis seines Lebens nannte, einen Aufstand der Mittelmäßigkeit sah, wie ihn seit dem Jahre 1789 die Sorge um den Untergang des Abendlandes nicht mehr losgelassen. Er sah die Probleme des Proletariats, die kommende Herrschaft der Maschine und beides eng miteinander verknüpft. Fast alle Dichtungen Goethes seit 1789 sind irgendwie eine Auseinandersetzung mit diesem Problem, nicht zum wenigsten die Wanderjahre. Das Lebensziel der allseitigen Ausbildung, ja aller Bildung überhaupt, ist ihm in Frage gestellt, der Glaube an den Pyramidenbau des Daseins erschüttert. Der einzelne ist gezwungen, zugunsten der Allgemeinheit zu verzichten, sich mit einem dienenden Beruf zu bescheiden. Diesen Weg führt Goethe den Helden seines Romans: Wilhelm wird Wundarzt. In diesem Sinne trägt die Dichtung den Untertitel «Die Entsagenden».

Wer sich aber nicht so fügen will, der muß auswandern in ein anderes, freies Land, wo der einzelne noch nicht von der Masse erdrückt wird, wo noch nicht alles «schon gemacht», noch Raum für Persönlichkeiten ist. Und diesen anderen Weg läßt Goethe die Mehrzahl der Personen seines Romans ziehen. Nicht als ob Goethe geglaubt hätte, die Maschine mache halt vor Amerika. Er hatte genug Werke und Berichte über amerikanisches Fabrikwesen gelesen, um zu wissen, welche Rolle die Industrie im neuen Land spiele. Auch läßt er seine Auswanderer durchaus den Segen der Beschränkung durch einen Beruf verspüren. Aber er glaubt an die ungeheuere Weite dieses Landes, die es dem einzelnen möglich mache, Beschränkung mit Freiheit und Persönlichkeit zu verbinden und trotz der Maschine einer drohenden Mechanisierung zu entfliehen. Insofern stehen diese Auswanderer im Gegensatz zu Wilhelm. Auch sie sind Entsagende, aber sie entsagen der Heimat, um die Persönlichkeit zu retten. Und dieses Land der Persönlichkeit wird in Goethes Roman eben nun – Amerika.

Und das ist jene andere Entwicklung, die Goethe gegangen war: Neben die Zweifel an Europa war eine Anteilnahme und ein Glaube an die Entwicklung und Zukunft Amerikas getreten. Auch hier wieder: Nur langsam und allmählich und durchaus nicht unbedingt! Wie schon gesagt, vor der Italienischen Reise war Goethes Blick aus-schließlich nach dem klassischen Süden gelenkt. Als er von Rom zurückgekehrt, beherrscht die Erinnerung ganz den Vereinsamten. Dann kam das Jahrzehnt mit Schiller, aus-schließlich klassisch bestimmt. Von 1806 bis 1815 war Mitteleuropa Schauplatz größter welthistorischer Ent-scheidungen, und die Zeit ließ wenig Raum für den Blick über den Atlantik; die Kontinentalsperre war auch nicht günstig. Immerhin, vereinzelte Anrufe von drüben, die den Blick hinüberzogen, lassen gelegentlich sich doch fest-stellen.

Blicken wir also noch einmal zurück und mustern wir, welche Meinung hat Goethe in der ersten Hälfte seines Lebens von Amerika gehabt. Was hat er überhaupt von dem Lande gewußt? Wie haben sich langsam bestimmte Vorstellungen von Amerika bei ihm entwickelt und gebil-det? In seiner Frühzeit hatte er überhaupt nicht viel von Amerika gehört. In Italien war es gewesen, in den letzten März- und ersten Apriltagen 1787, da Goethe von Neapel nach Palermo fuhr und dazu ein Schiff benutzte, das, zier-lich und nett, in Amerika gebaut, ein guter Segler war, inwendig mit artigen Kämmerchen und einzelnen Lager-stätten eingerichtet. So hatte Goethe die Leistungsfähigkeit amerikanischen Schiffbaues kennengelernt, und da er während der sechstägigen Fahrt, übrigens nicht wenig see-krank, die Zeit damit verbrachte, die ersten beiden Pro-saakte des «Tasso» in Verse umzugießen und zu dem wei-teren den Plan zu machen, kann man mit Recht sagen, der «Tasso», wie wir ihn heute lesen, ist zu seiner ersten Hälfte an Bord eines Amerikaners entstanden. Wahr-scheinlich im selben Jahr in Italien dichtete er auch die obenerwähnten Verse für die Buchausgabe der «Mitschul-digen». In der Leipziger und Frankfurter Fassung von 1769 hatte dort ursprünglich eine Anspielung auf Paoli und seine Freiheitskämpfe auf Korsika gestanden, wie auch noch Fernando, der Liebhaber Stellas, ein Parteigän-ger Paolis war.

1793 scheint dann in Weimar zum erstenmal ein Amerikaner aufgetaucht zu sein. Es war ein Oberst Pearce, in dem Goethe einen Werbeoffizier vermutete und der die jungen Weimarer Leute, darunter Goethes Schützling Peter im Baumgarten, an sich zu locken suchte und vor dem Goethe deshalb die Behörden warnte.

Wieder einige Jahre später, im Sommer 1797, lernte Goethe in einem Stuttgarter Atelier ein Bild von J. Trumbull, einem der führenden amerikanischen Künstler, kennen, und so bekam er auch eine Idee von der zeitgenössischen amerikanischen Malerei. Es handelt sich um das erste der großen Schlachtenbilder Trumbulls, der *«Battle at Bunker-Hill near Boston 1775»*, von dem der Stuttgarter Kupferstecher Johann Gotthard Müller eben damals den Stich schuf. Goethe schreibt darüber an Schiller und findet in dem Gemälde die Vorzüge des Künstlers und die Fehler des Liebhabers vereinigt. Die Vorzüge seien sehr charakteristische und vortrefflich tockierte Porträtgesichter, die Fehler Disproportionen der Körper untereinander und ihrer Teile, komponiert sei es recht gut, und für ein Bild, auf dem viele rote Uniformen erscheinen müßten, ganz verständig gefärbt; doch mache es beim ersten Anblick immer eine grelle Wirkung, bis man sich mit ihm wegen seiner Verdienste versöhne. Danach hat Goethe also wirklich das Original vor sich gehabt, und das kam so. Trumbull, der das Bild um 1785 in London gemalt hatte, wünschte einen Stich, von dessen Absatz er sich aus politischen Gründen in Frankreich und Amerika viel versprechen konnte. In England war kein Stecher frei, so brachte er das Original im September 1786 auf die Messe nach Frankfurt und übergab es dort dem Kunsthändler Poggi, der dann in Müller in Stuttgart den Stecher gewann. Erst Ende 1797 kam Trumbull von Paris und holte Original und Stiche, von denen er sehr entzückt war, bei Müller ab. Washington selbst trat an die Spitze der Subskribenten des Stiches. Das Original befindet sich heute, wie die meisten Bilder Trumbulls, in der Galerie der Yale-Universität in New Haven; andere sind im Kapitol in Washington. Später in «Kunst und Altertum», in einer grundsätzlichen Betrachtung über Schlachtenbilder, ist Goethe noch einmal auf die Malerei zurückgekommen. Zu den künstlerischen Anregungen treten nun weiter die wissenschaftlichen: mineralogische, physikalische, botanische, anthropologische. Aus Benjamin Franklins «Kleinen Schriften», die 1794 in einer deutschen Ausgabe erschienen waren, zieht sich Goethe einen langen Abschnitt für seine Farbenlehre aus. Am 19. Juni 1799 schickt er seiner Mutter nordamerikanische Sämereien nach Frankfurt; im Juni 1801 ziehen ihn im Museum in Göttingen die nordamerikanischen Kleider und Geräte an.

In Karlsbad im Sommer 1808 wurde Goethe eine Versepistel in die Hände gespielt, die eine launige und anschauliche Schilderung eines Herrnhuters über sein Leben und Wandern am Susquehanna in Pennsylvanien enthält. Ihr Verfasser war der Herrnhuter Christian Gregor und ihr Empfänger seine kleine Tochter Christiane, und darauf ist die Erzählung und der kindliche Ton des Ganzen abgestimmt. Entstanden war das Gedicht, wohl ein Geburtstagsglückwunsch, vier Jahrzehnte vorher, 1771, in jener Herrnhuter Siedlung Bethlehem, die Graf Zinzendorf 1741 gegründet hatte und in welcher sich heute die Herrnhuter Universität und die großen Stahlwerke Pennsylvaniens befinden. Goethe hat an den altmodischen Versen, an der humorvollen Treuherzigkeit und Lebendigkeit der Schilderung Gefallen gefunden. Und weil das Gedicht ein Stück ältester deutsch-amerikanischer Dichtung und wirklich originell ist, wollen wir einige Proben daraus hierhersetzen:

Meine liebe Christel, heuer kriegst du zwar
Keine Festepistel, wie die letzte war,
Die ich dir vorm Jahre aus der See gesandt,
Denn dermalen fahre ich auf trocknem Land;
Aber dessentwegen sollst du, wenn ich kann,
Doch zum Jahressegen einen Brief empfahn;
Und den sollst du kriegen durch dies schöne Blatt,
Das dir zum Vergnügen bunte Ränder hat.

Erstlich grüß' ich billig dich von Grund der Seel'n,
Und nachdem so will ich dir auch was erzähl'n
Von des Heilands Sache in Amerika
Und was sonst ich mache hier und dort und da.

Gregor spricht nun von den amerikanischen Brüdersied-
lungen: Bethlehem, Nazareth, Christiansbrunn, Gnaden-
thal und Lititz und fährt danach fort:

Und nächst diesen lieben gibt's noch manche Stadt
Und manch Land hierüben, das Gemeinden hat.
Eins ist unter andern, wo's Gebirge raucht,
Und man hinzuwandern starke Füße braucht,
An der Susquehanna, einem großen Fluß,
Wo man indisch Manna stampft und essen muß: . .
Es heißt «Friedenshütten» in der Heiden Land,
Wo uns hinzubitten man kaum tunlich fand,
Weil der Weg beschwerlich auf und nieder geht
Und es oft gefährlich um's Gewässer steht.
Doch im May vollführten ich's und Lorenz schnell,
Daß wir 'naufmarschierten mit Nathanael,
Nebst vier Indianern die wir herbekamen
Und zu Wegebahnern dankbar mit uns nahmen.
Hundert siebzig Meilen hat man bis dahin
Über manchen steilen Pfad hinauf zu ziehn,
Unwegsame Gänge, die von Fels und Stein,
Holpricht, wäss'rig, enge und oft dunkel sein.
Eine Welt voll Berge, wo oft große Höhn
Doch nur wie die Zwerge gegen größre stehn.
Tausendjähr'ge wilde und gewiß noch nie
Wohnbare Gefilde existieren hie.
Immerwährend Wälder, die sich kaum verlier'n,
Ohne Haus und Felder muß man durchpassier'n.
Hirsch und Bären wohnen hier durch's ganze Jahr
Und zu Millionen wilder Tauben Schar;
Item Klapperschlangen und der Art Geschwänz
Haben da seit langem ihre Residenz;
Adler, wilde Katzen, Fuchs und Wölfe auch
Und was sonst noch Tatzen hat zum Tischgebrauch;

Aber Mensch und Häuser trifft man nirgends an.
Da holt man sich Reiser, drauf man schlafen kann,
Geht hiernächst geschwinde dicke Bäume schäl'n
Und baut aus der Rinde sich ein Haus aus Pfähl'n,
Macht ein wackres Feuer vor die Hinterthür,
Holz, das keinen Dreyer kostet, ist g'nug hier;
Denn es liegen Bränder so vielfältig 'rum,
Daß sich ganze Länder wärmen könnten drum.
Man errich't sein Dächel zu der Abendstreu
Gerne, wo ein Bächel lieblich rauscht vorbei,
Daß man Wasser habe, wie man Feuer hat,
Und sich damit labe, wenn man müd' und matt.
Warm Getränk und Essen hangt auch nahe dran,
Daß man's nicht vergessen noch entbehren kann;
Denn von Gasthofsküchen ist auf dieser Seit'
Keine Spur zu riechen hundert Meilen weit.
Früh wird, wenn das Kochen warmen Tranks vorbei,
Wieder aufgebrochen von der Pilgerstreu,
Und man prosequiret unter Lobgesang,
Der dem Herrn gebühret, fröhlich seinen Gang.
Wo auf mancher Stelle Ström' im Wege sein,
Stürzen Wasserfälle über Stock und Stein,
Solche [man heißt's Kryken] werden durchgewat't,
Weil man keine Brücken wie in Deutschland hat.
Als wir endlich bei der Susquehanna war'n,
Sind wir vollends weiter im Canoe gefahr'n
Auf des Stromes Mitten bis zum fünften Tag,
Da uns «Friedenshütten» vor den Augen lag.
Nun, den Blick der Freuden, ja dies Festgesicht
Von bekehrten Heiden, das vergess' ich nicht!
Alles stand am Strande, jung, alt, groß und klein
Und hieß uns am Lande froh willkommen sein ...
Es sind liebe Leute, herrlich von Person,
Wacker und gescheite, braune Nation.
Daraus stellt der Heiland ein Exempel dar,
Wie es eben weiland bei'n Aposteln war.
Uns ging ohne Frage Mund und Seele auf
Und am Pfingstfesttage war auch eine Tauf,

Welche wir mit Freuden an fünf unter ihn'n,
Schon erwachs'nen Heiden, halfen mit vollziehn.

Wir wollen uns die Schilderung der Taufe schenken, auch die Grüße an Lenel, Dortel, Liesel, Fritz und alle sonstigen Schwestern und Brüder sowie den frommen Schluß von Jesu Blutstriem und Wundenhöhlen.

Genug: Goethe hatte Freude an diesem Gedicht, er ließ es abschreiben, verschenkte es, und neu in Karlsbad ankommenden Gästen ward es vorgelesen. Schließlich kannte man es fast auswendig, und einzelne Stellen wie «*Item* Klapperschlangen und der Art Geschwänz» wurden das Stichwort, wenn man unangenehmen Personen begegnete. Vor allem aber: Goethe parodierte das Gedicht. Er tat das in einer Versepistel, die gleichfalls ein Geburtstagsglückwunsch war und gleichfalls einem jungen Mädchen galt, nämlich der dreiundzwanzigjährigen Silvie v. Ziegesar, und zwar am 21. Juni 1808, am längsten Tag «dem längsten Kind»; er übernahm auch genau die Versform des Vorbildes sowie seinen doppelten Reim, der sich je in der Mitte wie am Ende des Verses findet. Goethe wohnte in dem Hotel «Zu den drei Mohren», gehörte also zur «Mohrenbande»; Silvie wohnte im «Weißen Hirschen». Darauf nimmt der Eingang des Gedichts Bezug.

Das Ganze, bis ins letzte reines Gelegenheitsgedicht, ist in seiner herzlichen, witzigen, wort- und reimreichen Art eins der schönsten seiner Gattung. Es steht in Goethes Werken unter den Gedichten «Aus dem Nachlaß, An Personen». Wenigstens sein Anfang soll, eben weil das Gedicht eine Goethesche Parodie jener deutsch-amerikanischen Dichtung ist, hier wiedergegeben werden.

Nicht am Susquehanna, der durch Wüsten fließt,
Wo zum ird'schen Manna geist'ges man genießt,
Nicht vom Gnadentale, nicht nach Herrenhut,
Wo beim Liebesmahle Tee man trinkt für Blut:
Nein! am Tepelstrande, von der großen Bruck,
Wo die Mohrenbande schaut Sankt Nepomuk,

Zu dem weißen Hirschen, der beständig rennt,
Ohne daß ein Pirschen seine Straße hemmt,
Eile dieses Blättchen, munter und geschwind,
Wo im kurzen Bettchen ruht das liebste Kind.

Die folgenden Verse werfen dann die Frage nach dem Anlaß auf, dem das Gedicht gilt, schildern die Geburtstagsfeier in Karlsbad und schließen mit dem Glück- und Segenswunsch, mit dem Goethe der Gefeierten, «Tochter, Freundin, Liebchen», an diesem Tage huldigt. – Etwa mit den Jahren 1808 und 1809 wurden des Dichters Beziehungen zu Amerika zahlreicher, sein Interesse für das Land reger. Entscheidend war, Alexander v. Humboldt, seit 1804 wieder in Europa, hatte mit der Veröffentlichung seiner Reiseergebnisse begonnen. Diese wurden nun Goethes bevorzugte Lektüre.

Vor allem tritt ihm jetzt auch der erste Amerikaner persönlich gegenüber, dazu ein Mann, der in seinem Lande immerhin eine Rolle, wenn auch nicht die beste, gespielt hatte. Dieser Oberst Burr, der Goethe im Jahre 1810 besuchte, hatte in den Freiheitskriegen mitgekämpft und zuletzt eine Brigade geführt, war dann Anwalt in New York, Senator in Washington und 1801, als der große Jefferson Präsident wurde, dessen Stellvertreter und damit der zweithöchste Beamte der Staaten gewesen. 1804 tötete er im Duell wegen politischer Streitigkeiten den einstigen Adjutanten Washingtons, Alexander Hamilton. Seitdem von der öffentlichen Meinung fallengelassen und politisch ohne Einfluß, sammelte er in Ohio einen Anhang unter den Desperados der westlichen Siedler, um mit ihnen ein neues Reich zu gründen, die «Vereinigten Staaten vom Mississippi», die von Mexiko bis vor die Tore Washingtons reichen sollten. Er rüttelte damit an der Einheit des neuen Bundes, die noch viele Jahrzehnte hin bis zum Bürgerkrieg eines der gefährlichsten Probleme des Staates war. Wegen Hochverrats verhaftet, war Burr doch nicht zu fassen und ging später nach Europa, um dort, vor allem in England, dem alten Feind Amerikas, für seine abenteuerlichen Ideen zu werben. So kam er auch nach Deutschland und Weimar. 1812 kehrte er nach Boston zurück und wirkte, da alle seine Pläne gescheitert waren, als Anwalt. Er starb vier Jahre nach Goethe. Über seinen Besuch in Weimar notierte er in sein Tagebuch: Am 4. und 7. Januar «*chez Goethe*». Ebenso notierte Goethe in das seine: «Am 4. Januar Obrist Burr aus Nordamerika, am 10.2. gegen Abend Obrist», dazwischen – doch eben eine Folge dieses Besuches – «am 6.1. das Studium von Thiéry von Menonvilles Amerikanischer Reise und der Humboldtschen Karten.» Was beide miteinander gesprochen haben, welchen Eindruck sie voneinander hatten, bleibt im Dunkel. Immerhin, Burr wußte von Goethe und hatte den Wunsch, ihn aufzusuchen; er war der einzige amerikanische Politiker aus der Epoche des Freiheitskrieges, den Goethe sprach, ein hochbegabter Mann, beredt und von gewinnender Eleganz, aber unbändig ehrgeizig und haltlos und insofern weit verschieden von den wirklichen großen Führern seines Volkes wie Washington, Hamilton und Jefferson.

Die nächsten Besucher aus dem fernen Westen waren ein ganz anderer Schlag Männer, sie waren zumeist und in erster Linie Gelehrte. Sie waren jung und sie kamen herüber, da der Friede die Meere freigab, und sie gingen nach Deutschland vor allem, weil sie das Buch der Staël über Deutschland und der Ruhm von Göttingen lockte. Es kamen 1816 Everett und Ticknor, 1817 Lyman, Cogswell, Thorndike, 1819 Bancroft und zum zweiten Male Cogswell, 1821 Beresford aus der Gegend von Boston, 1824 William Emerson, der Bruder des Philosophen, 1825 Calvert, 1826 Dwight von der Yale-Universität in New Haven, 1827 Cunningham aus Boston, Göttinger Student, 1828 Edward Robinson und aus Jamaica der Generalstabsarzt Clare, 1829 Brisbane, Richmond, zwei Herren van Rensselaer und Oberstleutnant Low und R. Ray aus New York, «welche schon einige Jahre in Europa reisen», dann 1830 Burton Harrison aus Virginien, empfohlen vom Herzog Bernhard von Sachsen-Weimar, und 1831 ein

«Amerikaner aus Portsmouth», wahrscheinlich Haven mit Namen. Das ist eine stattliche Reihe von zweiundzwanzig amerikanischen Besuchern, die Goethe von 1810 an empfing. So hatten sich die Zeiten inzwischen geändert.

Es lohnt sich schon, sich diese Amerikaner, mit denen Goethe persönlich zusammentraf und die naturgemäß sein Urteil beeinflussen mußten, auf Art, Bedeutung und Herkunft hin ein wenig näher anzusehen. Was waren das für Männer, die als Repräsentanten der Neuen Welt die Schwelle mit dem Salve-Gruß des Hauses am Frauenplan in Weimar überschritten?

Everett war schon Professor der griechischen Sprache in Harvard, als er nach Deutschland kam; später wurde er Präsident seiner Universität, dazwischen war er Botschafter in London. George Ticknor ward gleichfalls Professor in Boston und gewann sich einen Namen durch seine auch von Humboldt hoch gepriesene Spanische Literaturgeschichte [1849], Theodore Lyman war Harvard Graduate und später Bürgermeister von Boston, auch Cogswell kam von Harvard und ward dort nach seiner Rückkehr Professor der Mineralogie. Thorndike, ebenfalls aus Boston, war ein Schüler von Cogswell. Richmond war 1828 in Harvard graduiert, studierte dann in Göttingen und Halle Theologie. Er war später Geistlicher an St. James in New York und machte sich auch einen Namen als Dichter. Geistlicher war auch Edward Robinson, er kam im Alter von zweiunddreißig Jahren nach Deutschland und studierte in Berlin und Halle, wo er eine deutsche Professorentochter heiratete. Später ward er Professor am *Union Theological Seminary* in New York. Dwight war in New Haven geboren, er studierte von 1824 bis 1828 in Göttingen. Er war in erster Linie Pädagoge und veröffentlichte Reisen durch Norddeutschland. Bancroft war, als er Goethe besuchte, erst 19 Jahre, er ward später Botschafter in London, 1867 bis 1874 Botschafter in Berlin und dort – da er selbst Historiker war – Freund von Ranke und Mommsen; er wurde der berühmteste Geschichtsschreiber des Landes, vor allem durch seine *History of the United States*, die in zehn Bänden von Columbus bis zum Jahre 1776 reicht. Da Bancroft gleichfalls ein «Bostonian» war, ergibt sich, daß fast alle diese Besucher Goethes aus den Nachbarstädten Boston-Cambridge und der dortigen Harvard-Universität stammten, einige kamen vom benachbarten Connecticut; alle waren typische Neu-Engländer.

Erst mit Calvert trat ein Vertreter der Südstaaten über Goethes Schwelle. Er kam aus Washington und stammte von jenem Lord Baltimore, der den Staat Maryland gegründet hatte; mütterlicherseits war er ein Nachkomme des Malers Rubens. Auch er studierte in Göttingen, und zwar Germanistik, übersetzte dann 1836 den Don Carlos, 1845 den Briefwechsel zwischen Goethe und Schiller und schrieb 1872 ein Buch über Goethe. Ein zweiter «Southerner» ist dann J. Burton Harrison aus Lynchburg, Virginia.

Eine dritte Gruppe war aus New York, Staat oder Stadt. Brisbane, ein sozialphilosophischer Schriftsteller, «welcher mit der neuen französischen Philosophie bekannt, sich geistreich darüber unterhielt», mußte Goethe wegen der gleichen Probleme in den Wanderjahren willkommen sein. R. Ray war Mitglied mehrerer literarischer Gesellschaften in New York. Die beiden Herren van Rensselaer gehörten einer Familie holländischer Abkunft an, die zu den ältesten und an Grundbesitz reichsten im Lande zählte. Prinz Bernhard von Sachsen-Weimar war 1825 auf seiner amerikanischen Reise mit Mitgliedern der Familie zusammengetroffen.

Es sind also nur beste Vertreter ihres Landes gewesen, die Goethe kennenlernte, Männer von Bildung und solche aus den ersten Familien. Sie haben fast alle später in ihrer Heimat eine bedeutende Stellung errungen und sich in Wissenschaft und Kunst einen Namen gemacht. Ihre Unterhaltungen mit Goethe, soweit sie durch Aufzeichnungen festgehalten wurden, findet man in der Ausgabe der Gespräche von Biedermann und der Artemis-Ausgabe. Mit einer Reihe von diesen Männern trat der Dichter auch in Briefwechsel, und ihrem Einfluß ist es zuzuschreiben, daß Goethe im Jahre 1819 seine Werke der Bibliothek der

Harvard-Universität schickte, damit auch über dem Meere sein Andenken gestiftet sei. Und im Begleitschreiben ein starkes und bezeichnendes Wort der Anerkennung für das neue Staatswesen und seinen Naturreichtum: «Möge mir hierdurch das Vergnügen und der Vorteil werden, immer näher mit dem wundervollen Lande bekannt zu werden, welches die Augen aller Welt auf sich zieht, durch einen feierlichen gesetzlichen Zustand, der ein Wachstum fördert, welchem keine Grenzen gesetzt sind.» Die Bände Goethes werden heute noch in Cambridge als stolzer Besitz gezeigt.

Durch alle diese Beziehungen war die Verbindung Goethes mit Amerika recht eng geworden, und es ist kein Wunder, daß sich nun auch seine Lektüre über dieses Land immer mehr steigert. Es soll hier aber darauf verzichtet werden, ein Verzeichnis der Werke, die der Dichter über den fremden Kontinent las, zu geben. Man kann es sich aus dem Tagebuch und aus den jetzt gedruckten Ausleihlisten der Weimarer und Jenaer Bibliothek ohne Mühe zusammenstellen: Am meisten scheint er Wardens *United States of North-America* studiert zu haben. Gelegentlich erhielt er auch amerikanische Zeitungen. Vor allem ist es die Geologie, die ihn anzieht; die großen Aussichten des Bergbaues in den Rocky Mountains und Mexiko erwecken sein Interesse. In diesem Zusammenhang des geologischen Studiums fiel dann das bekannte Wort: «Übrigens ist jener Weltteil glücklich zu preisen, daß er vulkanische Wirkungen entbehrt, wodurch denn die Geologie der neuen Welt einen weit festeren Charakter zeigt als der alten, wo nichts mehr auf festem Fuße zu stehen scheint», – ein noch ohne nähere Kenntnis von Kalifornien geäußertes Wort, in dem sowohl die Mißstimmung über die politischen Zustände Europas seit 1789 laut wird wie auch die Erinnerung an das Erdbeben von Lissabon, das einst den Knaben Goethe in Sorgen und Zweifel gestürzt hatte.

Einen besonders entscheidenden Schritt zur Steigerung von Goethes Anteilnahme an Amerika bildet das Jahr 1826. Prinz Bernhard von Weimar, der zweite Sohn Carl

Augusts und der Herzogin Luise, war 1825 hinübergefahren, kehrte jetzt zurück und hatte schon von drüben an seine Eltern nach Weimar die Anfänge seines Reisetagebuchs gesandt. Den ganzen Sommer 1826 studiert nun der alte Goethe dieses Journal und andere Bücher zur Ergänzung; am 6. Oktober kommt der Prinz selbst zu ihm, und Goethe wünscht und rät nun, das Tagebuch solle gedruckt werden. Luden, Schillers Nachfolger als Professor der Geschichte in Jena, übernimmt die Herausgabe. Aus diesem Reisetagebuch hat Goethe mit seine besten Kenntnisse des fernen Landes, und man muß sagen, er konnte keine bessere Einführung haben. Prinz Bernhard ist eine der bedeutendsten Erscheinungen unter den Wettinern. Man hat in Weimar immer bedauert, daß er der Zweitgeborene und nicht der Thronfolger war. 1792 geboren, trat er früh in kursächsischen Militärdienst und focht so, siebzehnjährig, bei Wagram mit, nahm später Dienste in der Armee der Niederlande und kämpfte ruhmvoll bei Waterloo gegen Napoleon. Er lebte dann in Gent in hoher militärischer Stellung und führte 1830 die niederländische Armee im Kampf gegen Belgien von Sieg zu Sieg. Im Alter lebte er meist in Deutschland und starb 1861. Und das ist nun das Interessante, durch Herzog Bernhards anschauliche Schilderung war Goethes Interesse an Amerika so lebendig geworden, daß er jetzt anfängt, alle Indianerromane von Cooper, mit denen wir groß geworden sind, durchzulesen, aber nicht in der verkürzten, verstümmelten Form, in der diese Dichtungen für Knaben zurechtgeschnitten werden. Er greift zuerst zu den «Quellen des Susquehanna» und, da er zu Ende ist, beginnt er sofort wieder von vorn, schreibt sich die Personen aus und macht sich Aufzeichnungen über den kunstvollen Aufbau des Romans. Dann las er in drei Tagen den «Letzten Mohikaner», der soeben, 1826, erschienen war, und dann den «Spion», darauf den «Piloten», weiter sofort beide Teile der «Pioniere», als diese 1827 erschienen, und dann den neuesten Cooper des Jahres 1828, den «Roten Räuber». Das sind sechs Romane von Cooper, die der alte Goethe gelesen hat, und

zwar in englischer Sprache; und während sonst sein Tagebuch nur kurze Stichworte enthält, so diktiert er hier: «Ich
bewunderte den reichen Stoff und dessen geistreiche Behandlung; nicht leicht sind Werke mit so großem Bewußtsein und solcher Konsequenz durchgeführt als die
Cooperschen Romane.» Ein andermal vergleicht er eine
deutsche Übersetzung des «Roten Räubers» mit dem Original und tadelt, daß sie schlecht, oberflächlich und eilig
zusammengeschrieben sei. Weiter wollte Goethe nun auch
wissen, welche wirklichen Begebenheiten diesen Romanen
zugrunde lägen, und so studierte er Ramsays Geschichte
der amerikanischen Revolution. So wie Cooper das amerikanische Leben geschildert, wünscht er sich überhaupt
eine große Darstellung der amerikanischen Geschichte und
entwirft am 28. Februar 1827 Richtlinien, wie solch eine
Darstellung im einzelnen anzufassen sei und stellt sie
gleichsam der deutschen Schriftstellerwelt als Aufgabe.
Wenn Adalbert Stifter seinen «Hochwald» nach dem Vorbild Cooperscher Romankunst schrieb, so war das ganz im
Sinne Goethes. Cooper selbst hat leider keine Ahnung gehabt, wie hoch er bei Goethe in Ruhm und Ansehen stand;
sonst hätte er zweifellos, als er 1830 durch Weimar reiste,
dem Dichter die Freude gemacht, ihn aufzusuchen. Übrigens ist Cooper nicht der einzige amerikanische Dichter,
den Goethe kannte, auch Washington Irving hat er gelesen. Dieser, der 1822 bis 1823 in Dresden lebte, war aber
mehr für Schiller als für Goethe begeistert und ist wohl
deshalb nicht mehr nach Weimar gekommen.
   Schon 1817 hatte Cogswell festgestellt, daß Goethe
über Amerika in einer Weise spräche, die zeige, wie gründ-
lich er sich mit dem Lande, seinen Hoffnungen und Aussichten beschäftigt hätte und wie er bis ins einzelne orientiert sei; er hätte von ihm mehr vernünftige Urteile gehört
als von irgend jemand sonst in Europa. Diese Anteilnahme
an dem fernen Land hält das ganze letzte Jahrzehnt Goethes an. Das berühmteste Zeugnis dessen ist sein Gespräch
mit Eckermann [21. Februar 1827] über den Panamaka-
nal: «Gelänge ein Durchstich der Art, daß man mit Schif-

fen von jeder Ladung und Größe durch solchen Kanal aus dem Mexikanischen Meerbusen in den Stillen Ozean fahren könnte, so würden daraus für die ganze zivilisierte und nichtzivilisierte Menschheit ganz unberechenbare Resultate hervorgehen. Wundern sollte es mich aber, wenn die Vereinigten Staaten es sich sollten entgehen lassen, ein solches Werk in ihre Hände zu bekommen. Es ist vorauszusehen, daß dieser jugendliche Staat, bei seiner entschiedenen Tendenz nach Westen, in dreißig bis vierzig Jahren auch die großen Landstrecken jenseits der Felsengebirge in Besitz genommen und bevölkert haben wird. Es ist ferner vorauszusehen, daß an dieser ganzen Küste des Stillen Ozeans, wo die Natur bereits die geräumigsten und sichersten Häfen gebildet hat, nach und nach sehr bedeutende Handelsstädte entstehen werden, zur Vermittlung eines großen Verkehrs zwischen China nebst Ostindien und den Vereinigten Staaten. In solchem Falle wäre es aber nicht bloß wünschenswert, sondern fast notwendig, daß sowohl Handels- als Kriegsschiffe zwischen der nordamerikanischen westlichen und östlichen Küste eine raschere Verbindung unterhielten, als es bisher durch die langweilige, widerwärtige und kostspielige Fahrt um das Kap Horn möglich gewesen. Ich wiederhole also: es ist für die Vereinigten Staaten durchaus unerläßlich, daß sie sich eine Durchfahrt aus dem Mexikanischen Meerbusen in den Stillen Ozean bewerkstelligen, und ich bin gewiß, daß sie es erreichen ...» Aus demselben Jahre stammen die vielzitierten Verse:

Amerika, du hast es besser
Als unser Kontinent, der alte,
Hast keine verfallene Schlösser
Und keine Basalte.
Dich stört nicht im Innern,
Zu lebendiger Zeit,
Unnützes Erinnern
Und vergeblicher Streit. –

Und nun, nachdem wir so Goethes Anteilnahme an der Neuen Welt im Wandel der Jahre verfolgt haben, kehren wir noch einmal zurück zu jenem Roman, in dem dieses Land und das Auswanderungsproblem eine solche Rolle spielt. Vergleicht man jetzt die Entstehung des Wilhelm Meister mit der zeitlichen Kurve von Goethes Interesse an Amerika, so ergibt sich, daß die große Rede Lenardos über das Auswandern [jetzt Wanderjahre, Buch 3, Kap. 9] im Mai 1821 entstanden ist, also im Anschluß an jene erste Epoche intensiven Amerikastudiums, die mit der ersten Gruppe der Besuche, vor allem denen von Cogswell und Bancroft zusammenfällt. Und jener Teil der zweiten Fassung der Wanderjahre, in der Lothario, der Abbé, Natalie, Therese und all die anderen in Amerika eine neue Heimat suchen, fällt mit seiner Entstehung in jene andere Epoche nach 1826, da durch die Reise des Prinzen Bernhard und sein Tagebuch Amerika in den Vordergrund von Goethes Bemühungen gerückt war. Dem deutschen Leser mag diese Führung der Handlung und Lösung fremdartig vorkommen. Goethe aber war Amerika vertraut geworden.

Der Blick des jungen Goethe hatte einst in erster Linie der deutschen Dichtung seiner Zeit gegolten, der des alten richtete sich auf die Weltliteratur. Noch weniger blieb sein politisches Interesse auf die Heimat beschränkt, sondern auch hier ging sein Auge rund um die Erde. Die Geschichte früherer Jahrhunderte hat ihn bekanntlich nicht reizen können, er fand keinen Sinn in ihr, aber das Geschehen der Gegenwart, die Aussichten der Zukunft verfolgte er mit großer Spannung. Und da findet sich denn schon aus dem Jahre 1810 in den ersten Vorarbeiten zu «Dichtung und Wahrheit» das nachdenkliche und tragische Wort: «Vorbereitung zum künftigen Schicksal der Welt alles außer Deutschland.» Dem entspricht wenige Jahre vor seinem Tode das Wort an Eckermann: «Während die Deutschen sich mit Auflösung philosophischer Probleme quälen, lachen uns die Engländer mit ihrem großen praktischen Verstande aus und gewinnen die Welt.» Die Erkenntnis, daß die europäische Politik durch die Weltpolitik abgelöst sei und daß weiter wichtigste Entscheidungen wesentlich jenseits der Meere lägen, das war es, was vor allem seit dem

Untergang des Napoleonischen Reiches Goethes Blick immer lebhafter nach Amerika zog.

2.

Der Sohn Carl Augusts ist vielleicht der erste Weimarer, der amerikanischen Boden betreten hat und sicher ist er der einzige Vertreter des Goetheschen Weimars, der den Weg von einem Kontinent zum andern fand. Wie es einst den Knaben Goethe nach Italien gezogen hatte, so war es der glühendste Jugendwunsch des Prinzen Bernhard gewesen, wenn er erwachsen sei, Amerika zu sehen. «Es war früh 10 Uhr [26. Juli 1825], als ich meinen Fuß in Amerika auf ein breites Stück Granit setzte! Es ist unmöglich, das Gefühl zu beschreiben, das mich in diesem Augenblick durchdrang. Bisher hatten zwei Momente in meinem Leben eine schöne Erinnerung hinterlassen: der erste, als ich, 17 Jahre alt, nach der Schlacht bei Wagram das Kreuz der Ehrenlegion erhielt, der andere, als mein Sohn mir geboren ward. Meine Ankunft in Nordamerika, in dem Lande, das zu sehen von Jugend an mein heißer Wunsch gewesen war, wird mir eine dritte schöne Erinnerung bleiben für mein ganzes Leben.»

Er kommt in Boston an und reist nun durch die Lande, teils in einer Kutsche, immer oben neben dem Fahrer auf dem Bock, oder die Flüsse entlang im Dampfboot. Zuerst nach Kanada hinein zu den Niagarafällen, dann hinauf bis Quebec, von da über Montreal und den Hudson hinab nach New York, über Philadelphia, Baltimore, Washington hinunter nach Virginia – durch North und South Carolina, Georgia, Alabama nach New Orleans am Golf von Mexiko – den Mississippi und Ohio hinauf nach Cincinnati, von dort über Pittsburg wieder nach Philadelphia und zurück nach New York. Das war so ziemlich das ganze damalige Amerika der Staaten. Genau ein Jahr lang hatte die Reise gedauert. Am 16. Juni 1826 ging der Prinz wieder an Bord. «Zu meinem großen und innigen Bedauern hatte die Stunde geschlagen, da ich dieses so glücklich aufblühende Land verlassen mußte, in welchem ich so vieles gesehen und gelernt und in welchem mir noch so vieles zu sehen und zu lernen übrig war. Doch *fata trahunt hominem.*»

Wie soll man die Reisebeschreibung des Prinzen, die 600 Seiten umfaßt, kurz charakterisieren, was soll man herausgreifen? Zuvörderst reist da ein erstaunlich unterrichteter Mann, dessen wirtschaftliche, zoologische, botanische Kenntnisse ebenso groß sind, wie sein politisches Urteil und sein künstlerisches Interesse frappieren. Wer diese Reise liest, bekommt ein sehr klares und eindringliches Bild des Amerika von 1825, und eben deshalb hat Goethe die Drucklegung durchgesetzt. Die Vereinigten Staaten haben damals schon 11 Millionen Bürger, Philadelphia hat 120000, New York schon 175000 Einwohner. Die Bevölkerung von Weimar zählte im gleichen Jahre 9000, die von Berlin 215000 Seelen. Der Prinz sah also nicht nur eine weite, sondern auch große Welt. Schon damals waren in New York die Läden nicht nur tags, sondern bis tief in die Nacht geöffnet, schon damals lag die Bibel in jedem Gasthofzimmer, floh man vor den Hitzewellen zu den Bars mit Eisgetränken; auch war in Washington schon das Capitol im Bau und stand das Weiße Haus. Es fällt dem Prinzen auf, daß in jeder Stadt auf wenige hundert Einwohner schon eine Kirche kommt, «in meiner Heimat Weimar gibt es nur zwei Kirchen und die Bewohner sind damit zufrieden». Auch Goethe wird durch den Prinzen für die kirchlichen Verhältnisse Amerikas interessiert, und so gehen in seine «Maximen und Reflexionen» folgende Beobachtungen ein:

«In New York, sagt man, finden sich neunzig christliche Kirchen abweichender Konfession, und nun wird diese Stadt besonders seit Eröffnung des Erie-Kanals überschwenglich reich. Wahrscheinlich ist man der Überzeugung, daß religiöse Gedanken und Gefühle, von welcher besonderen Art sie auch seien, dem beruhigenden Sonntag angehören, angestrengte Tätigkeit, von frommen Gesinnungen begleitet, den Werkeltagen.»

«In New York sind neunzig verschiedene christliche

Konfessionen, von welchen jede auf ihre Art Gott und den Herrn bekennt, ohne weiter aneinander irre zu werden. In der Naturforschung, ja in jeder Forschung müssen wir es soweit bringen; denn was will das heißen, daß jedermann von Liberalität spricht und den andern hindern will, nach seiner Weise zu denken und sich auszusprechen?» Die vielen amerikanischen Sekten erscheinen Goethe also vorbildlich für die Freiheit des Glaubens und des Meinens.

Um wieder vom Prinzen zu berichten: er besucht die bereits zahlreichen Museen und Bibliotheken, die Universitäten und Schulen, Hospitäler und Gefängnisse, er besichtigt Truppen und die Forts und die Flotte und wird als General von den Schiffen mit Ehrensalut begrüßt. Er studiert die Schlachtfelder, er nimmt an Gerichts- und Parlamentssitzungen teil und hat ein höchst lebhaftes Interesse für das große Kanalsystem des Landes, für die Kettenbrükken, für die Fabriken, Plantagen, Bergwerke, den Handel und die technischen Einrichtungen, die er oft in Zeichnungen wiedergibt.

Überall freut er sich, wo er auf Deutsches stößt und an die Heimat erinnert wird. Die Felswände des Hudsontales vergleicht er mit der Elbe in der Sächsischen Schweiz; der James River in Virginia mahnt ihn an die Gegend oberhalb Dresdens und vom Delaware bei Philadelphia meint er: «Die Gegend und selbst die Breite des Flusses erinnerte an den Main bei Frankfurt.» Von Reading, der Wiege der «*Carl Schurz Memorial Foundation*», das damals eine Stadt von 5000 Einwohnern war, schreibt er: «Es macht einen sonderbaren Eindruck auf mich, hier jedermann deutsch reden zu hören. Schon von Philadelphia her hatte ich die Sprache überall gehört; in Reading wird aber fast nichts anderes als deutsch gesprochen und besser, als ich es vom Staate Ohio und von Lancaster her zu hören gewohnt war.» Er besucht die Deutsche Gesellschaft in Philadelphia, die ihm zu Ehren ein Diner gibt, und bedauert: «Die deutschen Abkömmlinge hatten ihre alte Muttersprache beinahe vergessen»; das gleiche macht er den Deutschen in New York zum Vorwurf. Am Erie-Kanal trifft er Bauern,

die sprachen eine Sprache, wie man sie in Deutschland vor
hundert Jahren gesprochen habe, und in Charleston in
Carolina stellt er eine «*Friendly German Society*» fest, von
der wir sonst wenig Nachricht mehr haben.

Natürlich standen dem vornehmen Reisenden, wohin er
kam, alle Häuser offen, und der Prinz lernte überall die
besten Köpfe und die ersten Männer kennen. Vor allem
nahm er jede Gelegenheit wahr, die Heroen der Freiheitskriege aufzusuchen, ebenso wie die Amerikaner, die damals Deutschland bereisten, in Weimar Goethe gesehen
haben wollten. Washington war seit 26 Jahren tot, aber
noch lebte John Adams, Washingtons Nachfolger. Der
Prinz reist zu ihm hin: «Dieser würdige 90jährige Greis,
einer der Unterzeichner der Unabhängigkeitsakte am
4. Juli 1776, lebte 10 Meilen von Boston auf seinem Land-
hause in der Gemeinde Quincy, gepflegt von seiner Familie
und verehrt von der ganzen Nation, die ihn wie einen
gemeinschaftlichen Vater betrachtet. Ich fühlte mich tief
ergriffen, als ich mich diesem ehrwürdigen Mitstifter der
amerikanischen Unabhängigkeit nahte und als der alte
Mann mir die Hand reichte. Er unterhielt sich mit uns
etwa eine halbe Stunde lang, besonders über Holland, wo
er während des Revolutionskrieges Gesandter gewesen
war, und seine alten Züge heiterten sich auf, als er davon
sprach, daß er die Ursache gewesen wäre, daß Holland
damals an England den Krieg erklärt und der englische
Gesandte, trotz aller seiner Intrigen, nichts auszurichten
vermocht hätte.» Amerikanische Erinnerungen berichten
über diese Begegnung von Adams und Herzog Bernhard,
daß der Prinz dabei geäußert habe, er werde seinen Sohn,
den Enkel Carl Augusts, in Amerika und in Harvard studieren lassen; in Jena würden die jungen Leute nur Row-
dies und Revolutionäre. Freilich ward – Ironie des Schicksals – gerade in jenem Jahre einer dieser schwarzrotgolde-
nen Revolutionäre in Harvard als erster Professor des
Deutschen angestellt; wir werden darauf noch zurück-
kommen.

Dieser alte Präsident John Adams, den der Prinz in

Quincy bei Boston besuchte, war der Vater des amtierenden, sechsten Präsidenten der Staaten, an dessen Wahl Goethe ein besonderes Interesse genommen hatte. Auch ihn – einen Staatsmann und hochgebildeten Aristokraten zugleich – lernte Prinz Bernhard in Philadelphia kennen, dann suchte er ihn im Weißen Hause auf: «Ich darf wohl bekennen: selten in meinem Leben habe ich eine so wahre, tiefgefühlte Ehrfurcht empfunden, als in dem Augenblicke, da der ehrwürdige Mann mir die Hand schüttelte, den elf Millionen Menschen, oder doch die besten unter ihnen, für würdig erachtet haben, sie zu regieren.» In des Präsidenten Vorzimmer traf der Prinz auch mit Henry Clay zusammen, dem berühmten Führer der westlichen Farmer, dessen Schutzzollprogramm noch heute ein Grundpfeiler der Republikanischen Partei ist. Bernhard besucht dann weiter Mount Vernon, den schönen und vornehmen Landsitz Washingtons, «des größten Mannes seiner Zeit, der Zierde seines Jahrhunderts». Er sucht Eicheln zusammen, sie zu Hause zu pflanzen. «Auch nahm ich einen Zypressenzweig von diesem heiligen Orte mit mir hinweg.»

Auch mit dem dritten in der Reihe der Präsidenten, dem bedeutendsten Mann des Landes, Jefferson, kam der Prinz in Fühlung. Schon Humboldt hatte diesen 1804 in Washington besucht. Das Jahr 1932 hat in Amerika Anlaß gegeben, die Erscheinungen Goethes und G. Washingtons zu vergleichen. Mehr noch stünde, gemäß seiner inneren Haltung, nach dem großen Radius und der Allseitigkeit seiner Bildung und als schöpferischer Kulturpolitiker, Jefferson einem solchen Vergleich nahe.

Jefferson hatte einst die Unabhängigkeitserklärung formuliert und damit die *Magna Charta* des amerikanischen Staatsbegriffes und Lebensgefühls geschaffen. Er war sechs Jahre älter als Goethe und lebte jetzt, der beste Typus des Gentleman von Virginia, zurückgezogen auf seinem Landsitz Monticello. Dieses Landhaus ist heute, ebenso wie Mount Vernon, ein Nationalheiligtum des amerikanischen Volkes. Es liegt auf einer Waldhöhe vor den Blauen Bergen Virginiens. Herrschaftshaus wie Kavalierhäuser sind von

Jefferson selbst entworfen. Er war sein eigener Baumeister, sein eigener Park- und Landschaftsgärtner. Die Säulenkapitelle hatte er aus Italien herüberschaffen lassen. Die Nachkommen jener Italiener, die die Stukkatur durchführten, leben noch jetzt in der Umgegend. Das Ganze, um 1770 gebaut, ist ein Musterbeispiel des Colonial Style, der Goethes ganzen Beifall gehabt haben würde, da er über Christopher Wren, den Architekten Londons im 17. Jahrhundert, auf Palladio zurückgeht.

In Europa war Jefferson von 1784 bis 1789 gewesen, zumeist in Paris, wo er als Gesandter der eben gegründeten Vereinigten Staaten Benjamin Franklin unterstützte und den Ausbruch der Revolution miterlebte; aber er hatte auch England, Holland und Italien durch Reisen kennengelernt. In Holland half er Adams bei den Verhandlungen über Handelsverträge, und von hier aus hatte er seinen größten Erfolg in Europa: den Handelsvertrag mit Friedrich dem Großen. In England wallfahrtete er, zusammen mit Adams, zum Shakespearehaus in Stratford-on-Avon und zu Shakespeares Grab. Weiter besuchte er das Haus seines Lieblingsdichters Pope in Twickenham. Und vor allem besichtigte er, der große Naturfreund und Naturkenner, Gärten und Gärten und immer wieder Gärten. Nach Italien fuhr er 1787, die Klassiker im Reisegepäck. In Rom hätte er Goethe treffen können, er kam aber nur bis Genua und Mailand. Von Deutschland lernte er die Rheingegenden kennen.

So viel er von Europa gesehen hat, so hat es ihm doch nicht besonders imponiert. Er schreibt einmal einem Freund aus Paris: «Endlich auf dem Boden des berühmten Europas und Sie sind vielleicht neugierig, welchen Eindruck diese neue Umgebung auf den ‹Wilden aus den Bergen Amerikas› gemacht hat. Nicht den besten. Ich finde vor allem: die Frage der Menschenwürde ist hier zum Erbarmen. Überall zeigt sich die Wahrheit von Voltaires Wort, daß jeder hier entweder Hammer oder Amboß sein muß. Das ist das treffendste Bild für dieses Land, von dem man sagt, wir müßten herüberkommen. Wir sehen Gott

770

und seine Engel in ihrer Herrlichkeit, aber das Volk verdammt und zertreten unter ihren Füßen.» Hammer oder Amboß sein, – gegen solche billige Afterweisheit Voltaires, die Jefferson als Schändung des Menschenbildes so entrüstet, hatte auch Goethe protestiert, indem er diese Maxime ironisch dem Großkophta, dem Volksverführer und -betrüger in den Mund legt.

Jefferson ist nicht einseitig. Er erkennt die Überlegenheit der europäischen Umgangsformen an, gibt den feineren Geschmack zu und die größere Mäßigkeit auch in den Tafelfreuden; er beneidet Europa leidenschaftlich um seine Schätze in Architektur und Malerei und um seine musikalische Kultur, aber er bleibt dabei: man dürfe sich durch das alles nicht blenden lassen, nicht auf die Großen, sondern auf jeden einzelnen gesehen, lebe der Amerikaner viel glücklicher, die häuslichen Verhältnisse seien besser, die Ehe reiner, das Leben freier. Es ist der Künder des «Amerikanischen Traumes», der aus dieser Europakritik spricht. Dabei ist sein Urteil über das deutsche Volk noch besonders günstig gewesen. Von allen Nationen wünscht er sich die Deutschen als Einwanderer, weil sie am leichtesten zu haben wären, am besten mit ihren Pachtherren auskämen und weiter, weil sie ihre Wirtschaft besser als andere vorwärtsbrächten.

Was hat er nun von Deutschland gesehen? Wir wissen aus seiner Autobiographie, daß er am 30. März 1788 Amsterdam verlassen hat und daß er über Cleve, Duisburg, Düsseldorf, Köln, Bonn und Koblenz nach Nassau an der Lahn fuhr, das ihn wegen des Hauses Oranien besonders interessierte. Von da ging er über Langenschwalbach, Wiesbaden und Hochheim nach Frankfurt, wo er sich am 7. April aufhielt. Er machte von hier aus einen Abstecher nach Hanau, das ihm wahrscheinlich als Siedlung und Zuflucht der holländischen Emigranten wichtig war, und ging dann nach Mainz, von wo er zu Schiff nach den großen Weinorten Marcobrunn, Johannisberg und Rüdesheim hinabsegelte. Von Mainz fuhr er dann rheinaufwärts über Oppenheim und Worms nach Mannheim, machte einen Bogen hinüber nach Heidelberg, Schwetzingen, sah Speyer, Karlsruhe und Rastatt und war am 16. April schon in Straßburg, von wo aus er nach Paris zurückkehrte, fast am gleichen Tag, da Goethe seinen Aufenthalt in Rom abbrach. Es war die Eiltour eines Diplomaten, der nicht viel Zeit für solche Reisen hat, aber man muß schon sagen, Jefferson war gut beraten, und er hat in kurzer Zeit die schönsten Teile Deutschlands gesehen. Schade, daß ihm, dem fleißigen und glänzenden Briefschreiber, auf dieser Fahrt keine Zeit blieb, über seine Eindrücke zu plaudern; aber wir haben dafür ein sehr sorgfältiges Tagebuch, das uns zeigt, Jefferson reiste auch wie ein Minister, der genau beobachtete, was er aus der Fremde für die Heimat lernen konnte. Er hat Leitsätze niedergeschrieben, wie man als Amerikaner in Europa reisen müsse. Eine Maxime, zuerst in jeder Stadt möglichst den Kirchturm zu besteigen, teilt er übrigens mit Goethe.

Seine Stellung zur Kunst: Jefferson war – auch hierin der Richtung von Weimar verwandt – durchaus Klassizist, und das hat den Baustil Amerikas nicht wenig beeinflußt. Den Ost- und Westgoten und Vandalen kann er nicht vergessen, daß sie Rom zerstört haben; und so ist es auch kein Wunder, daß er für die Gotik Kölns und die Dome am Mittelrhein sowie die Romantik der Rheinburgen, die ein Menschenalter später Longfellow entzückte, und daß er auch für deutsches Barock kein Wort hat. Der Rokokopark von Schwetzingen zeige nur, wieviel Geld man ausgeben könne, um Unschönes zu schaffen. Er denkt eben modern und ist gleich Goethe gegen die französische und für die englische Gartenkunst. Der Satz: «In Speyer ist nichts bemerkenswert», erinnert uns daran, daß wir auch von Goethe kein Wort über die Dome von Worms, Speyer oder gar das nahe Naumburg, wie übrigens auch kein Wort über die Rokokobauten von Würzburg haben. Das Schloß von Karlsruhe erklärt Jefferson für das beste, das er auf dieser Reise gesehen hat. Von Schloß Wilhelmsbad bei Hanau beschreibt er nur die Einsiedelei und die künstliche Ruine.

Aber Heidelberg übt schon seinen ganzen Zauber aus. Es sei die edelste Ruine, die er gesehen habe, romantisch und unsagbar schön. Er sieht es in aller Pracht des Frühlings. «Apfel- und Birnbäume, Kirsche, Pfirsich, Aprikose, Mandel, alles stehe in Blüte; dazu das fast italienische Klima.» Und dann erwähnt er das große Faß, und dabei ist er bei dem Hauptthema seiner Reise: dem deutschen Wein. Überall kümmert er sich um die besten Lagen, um jedes Dorf an der Mosel wie am Rhein, er studiert die Unterschiede des Bodens bei Laubenheim und Bodenheim und bei Winkel, die Sonnenbestrahlung und den Wind, er notiert die Namen der Besitzer, die Löhne der Arbeiter, die Jahrgänge, den Preis für das Fuder, die Straßen des Weinhandels und seine Geschichte. Ein Hauptgewährsmann war ihm dabei der Wirt Dick vom Roten Haus auf der Frankfurter Zeil, demselben Gasthof, in dem vierzehn Jahre früher die erste Begegnung zwischen Goethe und Carl August stattgefunden hatte. Hier also war auch er abgestiegen, und von Dick wird er erfahren haben, daß den besten Wein in der Stadt die Karmeliter in ihrer Klosterschenke, aber nur «flaschenweise», abgeben. Aber er hat nun schon so viele Städte Europas gesehen, und so hat er von Frankfurt sonst nicht viel zu sagen, als daß hier alles Leben, Hasten und Bewegung sei, daß die Lutheraner äußerst intolerant das Stadtregiment in den Händen hätten und den Katholiken und Kalvinisten jedes Amt und jede öffentliche Wirksamkeit verschlössen. Ihm, der sich auf seinem Grabstein als «*Author of the Statute of Virginia for Religious Freedom*» bezeichnen ließ, mußte solcher Konfessionshader barbarisch erscheinen. Sonst schreibt er von Frankfurt nur noch, daß im Unterschied zu den fürstlichen Forsten ringsum in den Frankfurter Waldungen alles Wild abgeschossen war, auch daß er hier die ersten Truthähne in Deutschland sah und den ersten Storch, der, verglichen mit den Kranichen seiner Heimat, ein ziemlich zahmer, trauriger, schmutziger und übel aussehender Geselle gewesen sei. Dann kontrastiert er Hanau mit dem regen Leben in Frankfurt. Alles dort ruhig und still, die Häuser wie ausgestorben, nirgends ein Laut. Niemand auf den Straßen. Jede Tür verschlossen. Nicht einmal das Geräusch einer Säge, eines Hammers oder irgendeines industriellen Werkzeugs. Trommeln und Pfeifen das einzige, was man zu hören bekomme. Die Straßen reiner als ein deutscher Fußboden, weil sie niemand passiere.

Im übrigen reist Jefferson, wie der alte Goethe reiste. Zuerst sorgsam geologische Beobachtungen, darauf Anmerkungen über den Pflanzenwuchs, über Feldbebauung, Siedlungsweise und Lebensverhältnisse der Einwohner. Liest man etwa die Eingangsseiten von Goethes «St. Rochusfest zu Bingen» und dann die entsprechenden Tagebuchstellen bei Jefferson, da er das gleiche Rheinufer im Wagen entlangfährt wie Goethe, so wird man erstaunt sein, wie sehr sich beide Darstellungen ähneln.

Das also war der Mann, der zum 26. November 1825 den Sohn Carl Augusts auf seinem Landsitz Monticello in Virginia als Gast geladen hatte.

«Das vergebliche Warten auf einen Wagen und unsere lange Fußpromenade hatten uns so aufgehalten, daß wir die Gesellschaft schon beim Essen antrafen. Herr Jefferson kam uns aber sehr freundlich entgegen und nötigte uns, Platz zu nehmen, ließ auch noch einmal für uns auftragen. Er war eine hohe Gestalt, von schlichtem Aussehen, mit langen, weißen Haaren. Im Gespräche war er sehr munter, und seine Geisteskräfte, so wie sein Gehör und Gesicht, schienen mit dem zunehmenden Alter durchaus nicht abgenommen zu haben. Ich fand an ihm einen außerordentlich guterhaltenen Greis, den man, wenn man sein Alter nicht gewußt hätte, für einen Mann von etwa 60 Jahren gehalten haben würde. Den Abend brachten wir am Kaminfeuer hin. Man sprach viel über Reisen und über naturhistorische Gegenstände; auch über schöne Künste, von welchen Herr Jefferson ein großer Freund war. Er sprach auch über seine Reisen in Frankreich und in den Rheingegenden, wo es ihm sehr gefallen hatte. Welch ein Freund der schönen Natur er war, das beweist seine Beschreibung von Virginien. Nur seit acht Monaten, sagte er, könne er nicht mehr reiten; sonst habe er es täglich getan, um die schöne umliegende Gegend zu besuchen. Zwischen 9 und 10 Uhr abends trennte sich die Gesellschaft und ich erhielt ein hübsches Zimmer zur Wohnung.»

Jeffersons letztes Werk, dem seine ganze Leidenschaft galt, war die Gründung der Universität von Virginia in Charlottesville am Fuße von Monticello, kulturell wie architektonisch allein seine Schöpfung, baulich zweifellos eine der schönsten Universitäten der Welt. Prinz Bernhard gab seiner Beschreibung eine Karte bei, und daher kannte Goethe genau die Pläne, als er am 25. März 1830 von J. Burton Harrison besucht wurde und diesen eindringlich und klug [asked pertinent and shrewd questions] über seine Heimat Virginia und Jeffersons Universitätsgründung ausfragte. Den Mittelpunkt der Anlage bildet wie bei den meisten amerikanischen Universitäten der «Campus», hier ein rechteckiger Platz mit Rasen und alten Bäumen. Die obere Schmalseite schließt die Bibliothek ab, ein Kuppelbau, und als solcher eine Nachahmung des Pantheon und halb so groß wie dieses; an seinen beiden Seiten steigen schön geschwungene Terrassen mit Steingeländer zum Niveau des Campus herab, dessen beide Längsseiten die geschlossene Flucht der Professoren- und Studentenwohnungen bilden, die ersteren zweistöckig, die anderen nur zur ebenen Erde und beide in gewissem Verhältnis abwechselnd. Vor diesen Wohnungen laufen schöne Kolonnaden weißer Säulen entlang, hell sich abhebend vom Grün des Campus und von dem warmen Rot der Ziegel, aus denen die Häuser gebaut sind. Das Ganze in einem sehr edlen Rhythmus und architektonisch bis ins letzte durchgefühlt. Auch hier hat Palladio Pate gestanden.

Ein halbes Jahr nach des Prinzen Besuch starb Jefferson. Seine Erinnerungen und Briefe erschienen 1829, und Goethe entlieh sie sich im Mai 1830 aus der Weimarer Bibliothek, wo sie wahrscheinlich auf sein Betreiben hin angeschafft worden waren. Umgekehrt scheint auch Jefferson von Goethe gewußt zu haben und vielleicht nicht nur durch den Herzog Bernhard; jedenfalls finden sich des

Dichters Werke schon 1826 in der Universitätsbibliothek von Charlottesville. Auch war Jefferson der erste Amerikaner, der an einer Universität Deutsch als Unterrichtsfach einführte.

Ganz besonders mußten Goethe in des Prinzen Bernhard Tagebuch jene Partien interessieren, die, ganz ähnlich seinen Siedlungsgesellschaften in den Wanderjahren, neue soziale Probleme darstellten, so vor allem die sozialistische Gründung des Herrn Owen und die Siedlung des Württembergers Rapp mit seiner Harmony-Society von 700 Menschen. Liest man von Leben und Wirtschaft dieser Schwaben in ihrer Stadt «Economy», von ihren Häusern, Feldern und Fabriken, ihren Schulen und merkwürdigem Gottesdienst, dann verlieren die Figuren der Wanderjahre und ihre sozialen Versuche von ihrem Fremdartigen und ihrer Lebensferne.

Auch nach Bethlehem am Susquehanna kam der Prinz; und Goethe erhielt so Kunde von jener Herrnhuter Kolonie, von der ihm einst in Karlsbad Gregors gereimte Versepistel so treuherzig erzählt hatte. Goethe las nun, wie glänzend sich der Ort seit 1771 entwickelt hatte, wie auch Thüringer, aus Dietendorf bei Gotha, dort angesiedelt seien und wie froh der Prinz war, daß er den ganzen Tag deutsch reden konnte und Deutsch hörte. Am ausführlichsten sind die Colleges für Knaben und Mädchen geschildert, die so trefflich waren, daß aus allen Staaten die jungen Menschen hierher gesandt wurden, und der Prinz verfehlt nicht, die Schönheit der amerikanischen Mädchen besonders hervorzuheben.

Merkwürdig, wie in Bernhards Reisetagebuch all die Namen der Amerikaner wieder auftauchen, die Goethe besucht hatten. Noch stehen die Beziehungen der beiden Länder eben nur auf wenigen einzelnen Personen. In Boston ist es Everett [1816 bei Goethe], der den Prinzen in Empfang nimmt und herumführt, in Northampton Cogswell und Bancroft [1817 und 1821 bei Goethe]; in Washington begrüßt ihn beim Ball in der französischen Botschaft ein Herr Calvert, «der mir sagte, sein Sohn studiere in Göttingen, er habe vor kurzem eine Reise nach Weimar unternommen, sei bei Hofe vorgestellt und sehr gut aufgenommen worden». Bei Goethe war der junge Calvert, wie schon erwähnt, am 29. März des Jahres gewesen. Selbst jenen Obersten Burr, der als erster Amerikaner Goethe im Jahre 1810 besucht hatte und auch von Carl August gut empfangen worden war, treffen wir wieder. Prinz Bernhard besucht ihn in New York: «Ich fand an ihm einen kleinen, alten Mann mit äußerst lebhaften Augen, der recht gut sprach und von dessen Seite ich mich eines sehr guten Empfanges erfreute.»

Im ganzen genommen ist der Eindruck, den Prinz Bernhard von Amerika mitgenommen – und für uns ist das wichtig wegen der Weiterwirkung auf Goethe – ein überaus günstiger. Obwohl der Prinz in Weimar und zur Zeit Goethes und Schillers groß geworden, sieht er in keiner Weise irgendwie europastolz auf das neue Land herab. Er würdigt es gerecht und, ganz ohne Zweifel, er liebt es und liebt seine Bewohner. Ja, er trug sich sogar eine Zeitlang ernstlich mit dem Gedanken, sich ganz in Amerika niederzulassen. Solche Möglichkeiten wurden damals am Weimarer Hof auch von anderen erörtert. Auch Julie v. Egloffstein spielte mit dieser Idee. Aber alle solche Pläne zerschlugen sich schließlich. Am 28. Juli 1826 war der Herzog wieder in Gent. Den glücklich Heimgekehrten begrüßte Goethe mit folgendem Gedicht, in dem nun noch einmal in Versen alles an uns vorüberzieht, wovon das Tagebuch in Prosa berichtet hatte, zum Schluß dem neuen Land wie in einem Segensspruch huldigend:

Das Segel steigt! Das Segel schwillt,
Der Jüngling hat's geträumt;
Nun ist des Mannes Wunsch erfüllt.
Noch ist ihm nichts versäumt.
So geht es in die Weite fort
Durch Wellenschaum und -Strauß.
Kaum sieht er sich am fremden Ort,
Und gleich ist er zu Haus.

Da summt es wie ein Bienenschwarm,
Man baut, man trägt herein,
Des Morgens war es leer und arm,
Um Abends reich zu sein.
Geregelt wird der Flüsse Lauf
Durch kaum bewohntes Land,
Der Felsen steigt zur Wohnung auf,
Als Garten blüht's im Sand.

Der Reisefürst begrüßt sodann,
Entschlossen und gelind,
Als Bruder jeden Ehrenmann,
Als Vater jedes Kind,
Empfindet, wie so schön es sei
Im frischen Gottesreich;
Er fühlt sich mit dem Wackern frei
Und sich dem Besten gleich.

Scharfsichtig Land und Städte so
Weiß er sich zu beschaun;
Gesellig auch, im Tanze froh,
Willkommen schönen Fraun;
Den Kriegern ist er zugewöhnt,
Mit Schlacht und Sieg vertraut;
Und ernst und ehrenvoll ertönt
Kanonendonner laut.

Er fühlt des edlen Landes Glück,
Ihm eignet er sich an,
Und hat bis heute manchen Blick
Hinüberwärts getan.
Dem aber sei nun wie's auch sei,
Er wohnt in unserm Schloß! –
Die Erde wird durch Liebe frei,
Durch Taten wird sie groß.

Die dritte Strophe, in der der Fürst sich als Bruder, Vater in das Volk über dem Meer einreiht: «Er fühlt sich mit dem Wackern frei Und sich dem Besten gleich» klingt an Fausts letzte Sehnsucht, seine Vision des freien Volkes an, ein Motiv, das dann den Abschluß des Gedichtes, großartig gesteigert, noch einmal aufnimmt, mit den schönen, für Goethe bezeichnenden Versen:

Die Erde wird durch Liebe frei,
Durch Taten wird sie groß.

Wenn hier die Freiheit auf die Liebe gegründet wird – das begriffliche Gegenpaar wäre Knechtschaft und Haß –, so ist von dem Dichter ein Satz aufgestellt, über den im Sinne Goetheschen Denkens zu handeln den Rahmen sprengen würde. Nur soviel sei gesagt, daß auch hier eine Parallele zum «Faust», und zwar zur Schlußszene, vorliegt, wo Gretchen als «*Una poenitentium*» von der Madonna erbittet: «Vergönne mir ihn zu belehren.» – Was ist es, was Gretchen den Titanen lehren könnte? – Eben die Liebe. –

3.

Und nun von alledem das Spiegelbild. Wie stellte sich die Neue Welt ihrerseits zum Dichter? Zunächst ist die absurde Tatsache festzustellen, es waren nicht die Deutschen, die in Amerika für Goethe eintraten, sie wirkten im Gegenteil eher gegen ihn, sondern der Ruhm Goethes kam über England und Frankreich in das neue Land. Carlyle war es, der Goethes Namen bekannt machte, und noch vor ihm Frau v. Staël mit ihrem Buch über Deutschland [1810]. Und dieses Buch der Frau v. Staël war auch die Veranlassung für die ersten zwei Besucher Goethes nach dem Frieden von Paris: Cogswell und Bancroft. Diese beiden sind es dann gewesen, die zuerst das Wort über Goethe ergriffen und über Weimar und den Dichter berichteten, Cogswell 1817 mit einem Aufsatz in der North American Review, die in Boston erschien, Bancroft in derselben Zeitschrift 1824. Den letzteren Aufsatz erhielt Goethe zugesandt: «Ich mußte lächeln, als ich mich in einem so fernen und überdies republikanischen Spiegel zu beschauen hatte», aber er erkannte an: viel Verstand und Einsicht, guter Willen und Begeisterungsfähigkeit und gute Wirkung. Als im Jahr darauf Prinz Bernhard durch das Land reist, wird er hin und wieder auf Goethe angesprochen, einmal natürlich eben von Goethes Freunden in und bei Boston, und dann in der Deutschen Gesellschaft in Philadelphia, wo man «Weimar, das Vaterland der Wissenschaften» hochleben ließ, und wo ein alter französischer Offizier, ein Herr Duponceau, der während der Revolutionskriege der Adjutant Steubens war, lange Stellen aus dem Faust, seinem Lieblingswerk, rezitierte. Aber das sind vereinzelte Erscheinungen; denn wir müssen wissen: für deutsche Literatur ist in Amerika das Interesse niemals sehr groß gewesen. Die deutschen Siedler kamen lange aus den untersten Ständen, oder sie waren Bauernsöhne. Jedenfalls konnten sie oft genug weder lesen noch schreiben, und wenn sie etwas lasen, so waren es Erbauungsbücher, schöne Literatur ganz gewiß nicht. Die führende englische Kaste war, soweit sie von den Hochschulen des Landes kam, gut belesen in Latein und Griechisch und kannte die englischen und französischen Autoren. Deutsch war so unbekannt, daß, als Everett auf Grund der Schrift der Staël Deutsch lernen wollte, in ganz Boston kein deutsches Buch aufzutreiben war. Jeffersons Weitblick sah zwar an der Universität von Virginia eine Stelle für Deutsch vor, aber Wirkung konnte von ihr bei der ganzen Art des Südens kaum ausgehen. An der Harvard-Universität veranlaßte dann Ticknor, der 1816 bei Goethe gewesen war – immer und immer sind es dieselben Persönlichkeiten, denen wir begegnen –, daß eine Dozentenstelle für Deutsch geschaffen wurde, aber unglücklicherweise betraute man damit Follen, einen in Deutschland verfolgten Burschenschafter, der in Goethe nur den feilen Fürstenknecht sah, und dieser Emigrant hat mit Wort und Schrift gegen Goethe gewirkt. Dazu kam, daß die deutsche Literaturgeschichte, die durch ihn in Amerika Eingang fand, das Werk von Wolfgang Menzel [1798–1873] war, der gleichfalls Burschenschafter gewesen war. Menzel hat, so ehrlich er es um Deutschland gemeint haben mag, mit seinem düsteren Fanatismus dem deutschen Ansehen in Amerika auf viele Jahrzehnte hin schwer geschadet. Indem diese Deutschen in Goethe nichts anderes sahen als den vaterlandslosen Feind der Demokratie oder den Dichter der frechen Sinnenlust und Irreligiosität, warfen sie den Amerikanern gerade die gefährlichsten Stichworte zu, die bei ihrem strengen Puritanismus und ihrer Freiheitsliebe am meisten zünden mußten. Selbst Bancroft, der doch Goethe persönlich kannte und tief von ihm beeindruckt war, hat schon in jenem Aufsatz von 1824 – von dem Goethe sagte: «Ich mußte lächeln, als ich mich in diesem Spiegel zu beschauen hatte» – scharf gegen «Die Wahlverwandtschaften» und Goethes sittliche Laxheit Stellung genommen; und er sowohl wie Ticknor – beides Amerikaner, die doch Goethe persönlich besucht und gesprochen hatten – ändern jetzt unter Menzels Einfluß ihre Stellungnahme. Die ablehnende Beurteilung zieht sich nun durch das ganze Jahrhundert als führende Note. Der Amerikaner ist im Grunde Engländer; als solchem stehen ihm puritanisch sittliche Werte vor den ästhetischen, und dann, seine ethischen Anschauungen lagen fest und duldeten weder Abwandlungen noch Ausnahmen.

1828 erschien Carlyles grundlegender Aufsatz über deutsche Literatur in der Edinburgh Review und wirkte, wie schon 1810 das Buch der Staël gewirkt hatte. Carlyle, der Emerson persönlich kannte und mit ihm korrespondierte, trieb diesen auch brieflich an, Deutsch zu lernen, und Emerson war stolz, daß er schließlich so ziemlich alle 55 Bände seiner Goethe-Ausgabe durchgelesen hatte, doch da er Deutsch nur lesen, aber nicht aussprechen konnte, mußten ihm alle sprachlichen Schönheiten der Dichtung, die doch eben in erster Linie Wortmusik und Klangkunstwerk ist, verborgen bleiben.

In einem schönen Jubiläumswerk, das die Universitäten von Chikago 1934 veröffentlicht haben, hat Peter Hagboldt die Stellung Emersons, der doch der große und maßgebende Philosoph Amerikas im 19. Jahrhundert ist, untersucht. Da sind viele Urteile, die uns wundern, nicht nur der Vorwurf der Immoralität gegenüber Wahlverwandtschaften und Meister, auch der Faust ist ein schlechtes

Buch – wohl wegen des Bundes mit dem Teufel und wegen des Gretchen-Schicksals –, und erst dem Zweiten Teil vermag Emerson gerecht zu werden. Goethe selbst aber ist ein Genüßling *[the velvet life]*, hochmütig, inhuman, von Schlimmerem zu schweigen. Aber allmählich ringt sich Emerson doch zu einer umfassenderen und tieferen Würdigung Goethes durch, der ihm schließlich zu einem der größten Forscher, Seher und Weisen des Menschengeschlechts wird, und aus dieser Haltung heraus schrieb er dann 1850 in seinen *«Representative Men»* die Abhandlung über *«Goethe or the writer»*. Herman Grimm, der mit Emerson in Briefverkehr stand, hat diesen Aufsatz ins Deutsche übertragen.

Was aber der Geltung Goethes weiter im Wege stand, war, daß man immer liebte, ihn an Dante zu messen. Selbst Longfellow, der in Deutschland gewesen war und seit 1836 in Harvard über deutsche Literatur las und Goethe ganz anders gerecht wurde als sein Vorgänger im Amt, der deutsche Burschenschafter Follen, selbst er kehrt, wenn er Dante gelesen hat, nur mit Widerstreben zu Goethe zurück.

Was man dagegen unter Goethes Werken in Amerika immer schätzte, war «Hermann und Dorothea», weil hier bürgerliche Tugenden, Ordnungssinn, Heiligkeit der Ehe, Vaterlandsliebe und Nächstenliebe den ethischen Gehalt der Dichtung ausmachen.

Bei alledem darf man aber zweierlei nicht vergessen: in England, und vor allem auch in Deutschland, war die Stellungnahme ähnlich gehemmt, und man kann von den Amerikanern nicht verlangen, daß sie Goethe besser und freier würdigen sollten, als es die deutschen Landsleute taten. Unser Fehlurteil prägte das fremde. Weiter: wie Goethe wirklich war, das ist erst durch die Arbeit der Goethephilologie, durch die Sammlung und Herausgabe der Briefe, der Tagebücher und Gespräche erschlossen worden, viele der innerlichsten und tiefsten Erkenntnisse seines Wesens sind so erst in den letzten Jahrzehnten ans Licht getreten und ermöglichen erst jetzt die Gesamtschau von Goethes wahrem Wesen und Wirken. «Goethes Herz, das nur wenige kannten, war ebenso groß wie sein Verstand, den viele kannten.» Dieses Wort Jung Stillings, lange Zeit vergessen oder nicht beachtet, fand mehr und mehr willige Hörer; und so setzte sich gegenüber all den Moralvorwürfen im alten und neuen Kontinent schließlich doch – wenn auch immer wieder Rückschläge eintraten – eine gerechte und vorurteilsfreie Würdigung des Dichters durch, für die in Neu-England besonders von Boston und Cambridge aus viel getan wurde. Dazu trat dann in der zweiten Hälfte des vorigen Jahrhunderts der Aufschwung der amerikanischen Wissenschaft, die Gründung vieler Universitäten, weit überall im Lande, mit eigenen Abteilungen für deutsche Literatur und Sprache. Hier wurde es bald Sitte, daß regelmäßig Goethevorlesungen gehalten wurden, und von hier ging ein Schrifttum aus, dem auch die deutsche Welt weitgehend zu Dank verpflichtet ist.

Eine ganz besondere Rolle aber war in Amerika dem «Faust» vorbehalten, und zwar nicht dem Ersten Teil, sondern dem Zweiten. Eben die Dichtung, die sich den Deutschen so schwer erschloß, sollte drüben über dem Meere eine Gruppe begeisterter Verkünder finden. Es war in St. Louis, der Stadt am Zusammenfluß von Missouri und Mississippi, die unter ihren Bürgern einen starken deutschen Zustrom hatte, wo in den Jahren 1864 bis 1885, also zwei Jahrzehnte lang, eine geistige Bewegung blühte, *«The St. Louis Movement»*, die gerade des «Faust» wegen Goethe neben Homer, Dante und Shakespeare stellte. Hier entstand, zumeist auf Grundlage Hegelschen Denkens, eine reiche Literatur über die Tragödie, und ein großer, zweibändiger Kommentar, von Denton J. Snider, erschien im Druck. Hier wurden mehrere Winter hindurch in verschiedenen Teilen der Stadt Vorlesungen über «Faust» gehalten, unabhängig von den Faustabenden in den deutschen Vereinen. *«Never since»*, stellt Snider fest, *«has any great work of genius taken such a deep and persistent possession of the city's mind.»* «Faust wird Siedler», sagt Snider weiter, «Grenzer am weiten Ozean der Wildnis, er wird der Amerikaner und macht einen weiten Kontinent bewohnbar für eine verständige Menschheit [verständig im Gegensatz zu den Indianern]. *He becomes the American, transforming a wild continent into the habitable abode of rational men.* Wir haben es oft ausgesprochen, noch öfter gedacht, ‹Faust Zweiter Teil› scheint uns in vielen Partien ein amerikanisches Buch zu sein, oder richtiger der Mythus von Amerika in dessen Besiedlung, Eroberung und auch in seiner geistigen Bedeutung. Das alte Europa hat das Buch nicht entsprechend gewertet, vielleicht auch nicht werten können. Wir hier aber erleben, wie vor unseren Augen sich mythische Gesichte zu tatsächlichen Wirklichkeiten gestalten.»

Dabei ist das Fragwürdige der Freiheitsvision auch den Amerikanern nicht verborgen geblieben. Fausts letzte Sehnsucht, sein letztes Wunschbild ist zugleich des immer Irrenden letzter Irrtum, Irrtum, eben, weil dem Ideal gegenüber alle Wirklichkeit brüchig bleibt. Das haben auch die Bürger von St. Louis erfahren. Ihre großen Siedlerpläne und Siedlerhoffnungen erfüllten sich nicht – es sei hier nicht ausgeführt warum. *«St. Louis in those Faust years was living in a world of illusion like Faust.* Sie hofften, die größte Siedlermetropole des Mittleren Westens zu werden. Aber der Zukunftstraum blieb Traum. *Thus for her deepest self-expression, yea for her hope of ultimate salvation St. Louis adopted as her own this world-poem of Goethe, which thereby became her truly modern and remedial literary Gospel, at least while she lay under her illusory spell.»* Das ist eine tiefe Einsicht, daß selbst in dem großen und schönen Lande, das wie eine Verwirklichung der Freiheitsvision vor europäischen Augen liegt, eben diese Vision sich als Utopie enthüllt und daß man das dort als eine Verwandtschaft mit der faustischen Situation empfunden hat. Utopie aus äußeren und inneren Gründen, das Gebrechen liegt im menschlichen Geschlecht selbst. Das Letzte am Faust ist nicht der Fortschrittsglaube. «Das wäre ja Aufklärung», hat Goethe im März 1828 zu Förster über einen optimistischen Schluß der Dichtung gesagt: «Faust endet als Greis, und im Greisenalter werden wir Mystiker.»

Noch ein kurzes Wort über die Übersetzungen von Goethes Werken. 1798 war in Boston der erste englische Werther gedruckt worden, 1836 in New York die erste englische Faustübertragung. Der erste Amerikaner, der sich mit dem Plan einer Faustübersetzung getragen zu haben scheint, war ein Schüler Bancrofts, Motley, der als Göttinger Student mit Bismarck die bekannte Wette über die Einigung Deutschlands abschloß; und eben durch Bismarck wissen wir von Motleys Bemühungen um Faust. 1845 erschien dann die erste Übersetzung von einem Amerikaner Lowell. Von wirklicher Bedeutung aber ward die Übertragung des Faust durch Bayard Taylor, der, wie vordem Bancroft, amerikanischer Gesandter in Berlin [1878] gewesen war. Seine Übersetzung ist heute noch die populärste in Amerika. Mit ihr wetteifern jetzt die neuesten Übertragungen, diejenige von P. Madison Priest, Professor an der ehrwürdigen Universität von Princeton, die von Carl Schreiber, lange Zeit Leiter der Goethesammlung an der Yale-Universität in New Haven.

Über diese Goethesammlung soll hier zum Schluß gesprochen werden. Sie ist ein rührendes Denkmal grenzenloser Verehrung und Liebe, das ein Amerikaner deutschen Blutes, William Alfred Speck, dem Dichter, ungewollt aber auch sich selbst gesetzt hat. Die Familie war 1848 hinübergegangen, Speck selbst 1864 in New York geboren. Als er dort eines Tages in der Schule nachsitzen mußte, wurde er einer Klasse beigegeben, in der gerade «Götz von Berlichingen» behandelt wurde. Diese Strafstunde entschied über die Leidenschaft seines Lebens. Dessen größten Teil verbrachte Speck in dem kleinen Orte Haverstraw am Hudson und leitete dort einen Drugstore, eines jener Geschäfte, wie sie, ein Überbleibsel aus der Siedlungszeit, sich noch heute überall in Amerika finden, Geschäfte, in denen man alles kaufen kann: Drogen und Medikamente, Geräte, Kleidungsstücke und Toilettengegenstände, Erfrischungsgetränke und *icecream* und selbst Bücher. Aber während die Tagesarbeit Specks diesem Geschäft galt, opferte er jede freie Minute seiner großen Leidenschaft «Goethe». Schon als blutjunger Mensch, als fünfzehnjähriger Junge, hatte er zu sammeln begonnen, nicht ganz zur Freude seines Vaters, der damals noch den Laden führte. Mit jedem Antiquariat in Amerika und Europa stand er in Verbindung, jeden Katalog studierte er mit Kennerschaft, jedem verborgenen Schatz wußte er auf die Spur zu kommen. Die Mittel dazu entlieh er aus dem Geschäft, deckte aber seinen Vater durch Abschluß einer Lebensversicherung. «Bleibe ich am Leben, wie ich hoffe, so werde ich das Geld verdienen, sterbe ich, so halte dich an meine Versicherung!» Das Schicksal hat ihm recht gegeben, und er hat so allmählich eine Sammlung von Büchern, Manuskripten, Medaillen, Silhouetten und Bildern zusammengebracht, wie es außerhalb Deutschlands keine gleiche gibt. 1913 ward die Sammlung von der Yale-Universität erworben, und Speck hatte noch die Freude, sie bis zu seinem Tode 1928 als «*curator*» betreuen zu dürfen.

Das Köstlichste, das die amerikanische Bibliothek am Connecticut-River von Goethe aufbewahrt, ist vielleicht das erste Blatt des Schlußaktes von «Faust Zweitem Teil», der Eingang der «Philemon- und Baucisszene». Im April 1831, ein Jahr vor des Dichters Tode, war diese entstanden; am 25. November 1833 ward das Blatt aus dem Nachlaß entnommen. Ottilie v. Goethe schenkte es einer englischen Freundin, der Schriftstellerin Anna Jameson, die später nach Amerika ging. William Speck erwarb es 1918. Es ist eine schöne Symbolik, daß ein Blatt von jenem Akt, der das neue Land am Meer als Siedlungsmöglichkeit preist, sich in der Neuen Welt jenseits des Meeres befindet, den Deutschen dort ein augenscheinlicher Beweis, daß auch des Dichters Name heute in jenem Teil der Erde Geltung hat, auf dem einst sein Blick mit so viel Teilnahme geruht.

Und das ist nun das Wesentliche an diesem Überblick über die Wechselbeziehungen von der Ilm zum Susquehanna: England, Rußland, Frankreich spielen, als Länder gesehen, in Goethes dichterischer Phantasie und somit auch in seinem poetischen Werk keine große Rolle, auch nicht Spanien oder Polen oder Ungarn, nicht die Ebenen an der Mündung des Rheines und nicht die nordischen Staaten. Italien ist es, als das heilige Erbreich der antiken Bildung, dem sein Herz gehört; zugleich aber schweift über das Meer hinüber das Auge, forschend und prüfend, in dem Vorgefühl, daß das Los des eigenen Volkes nicht mehr allein durch das europäische Schicksal bestimmt wird.

Andere Dichter flüchteten damals in das Mittelalter; Goethe sah in die Zukunft. «Während die Deutschen sich mit Auflösung philosophischer Probleme quälen, lachen uns die Engländer mit ihrem großen praktischen Verstande aus und gewinnen die Welt.» Beiden Aufgaben gehörte Goethes Denken: aus der großen Überlieferung der Antike zu retten, was der Erhaltung wert war, und – doppelt notwendig gerade in den engen Jahrzehnten der Reaktion und des Biedermeiers – seinen Deutschen den Sinn zu schärfen für die Weite der Welt und die Fülle der Möglichkeiten, die sie birgt. So offenbart sich Goethes Gestalt auch hier als die des Wächters an der Grenze der Zeiten.

ZERSTÖRUNG
UND WIEDERAUFBAU DES HAUSES
AM HIRSCHGRABEN

DIE ZERSTÖRUNG DES HAUSES
UND DER AUFRUF ZUM WIEDERAUFBAU

September 1947

Am 22. März 1944, Goethes Todestag, starb auch das
Haus seiner Kindheit, starb die Stadt seiner Jugend. In
einem ungeheuren Flammenmeer, das die ganze Main-
ebene von der Nidda bis zum Sachsenhäuser Berg über-
deckte, sanken die Kirchen und die Gassen, der Römer
und der Römerberg, die ehrwürdigen Bürgerhäuser wie die
Bauten einer neueren Zeit lohend und schwelend zu Asche.
Nur die Türme ragen noch und die alten Brunnenfiguren
in den Trümmern. Das Frankfurt, das des Dichters Wachsen und Werden umhegte, das er mit dankbarer Liebe in
«Dichtung und Wahrheit» unvergeßlich geschildert hat,
das unsere heißgeliebte Heimat war, wie es die seine gewesen, ist nicht mehr. Solange wir über dieselben Plätze
schreiten konnten und unser Auge an denselben Fassaden
sich erfreuen durfte, die er noch gesehen, solange wir in
den gleichen Räumen atmen, seine Treppenstufen empor-
steigen, durch die nämlichen Fenster wie er auf Welt und
Himmel schauen durften, konnten wir das Gefühl seiner
unmittelbaren Nähe haben. Nun das alles nicht mehr ist,
hat sich eine Kluft aufgetan. Es ist, als sei er nun erst
wirklich gestorben.

Als französische Bombardiere in der Nacht vom 13.
zum 14. Juli 1796 von der Friedberger Warte aus Frankfurt mit glühenden Kugeln beschossen, wurde das Haus
des Großvaters, des Stadtschultheißen Johann Wolfgang
Textor, ein Raub der Flammen. Das Elternhaus war damals verschont geblieben. Ihm sollte noch die Aufgabe
blühen, Mittler zu werden zwischen der Welt unseres Alltags und der Welt des Dichters, Vorstufe, traulich freundlicher Pfad der Einfühlung. Seine Werke würden nur schwer
volkstümlich werden, hatte Goethe gemeint; nun volks-

tümlich war dieses sein Haus, und doch eben wegen seiner
Werke, seines Lebens wegen und des Lebens der Seinen,
der Mutter wegen und des Vaters, auch der Schwester
wegen, weil sie jenes einmalige Dasein der Goetheschen
Jugendjahre mit ihm geteilt haben, heiter oder schmerzlich, aber immer menschlich wesentlich.

Man hat gesagt, eines Dichters Ruhm sei sein Werk;
auch Homers Geburtshaus sei der Zeit anheimgefallen wie
das Vergils und Dantes. Indes die Dichtungen dieser großen Epiker sind frei schwebend, von ihrem persönlichen
Dasein gelöst; was ihre Schöpfer als Menschen waren, versinkt vor ihren Werken. Bei Goethe aber sind Dichtung
und Sein innig verflochten, beides Bekenntnis seiner Lebenshaltung. Gerade seine Menschlichkeit war von den
Anfängen bis zum höchsten Alter so eindrucksvoll, so vorbildlich, daß sein Jugendfreund Merck sagen konnte:
«Was Du lebst ist besser als was Du schreibst.» Darum ist
für uns jedes Zeugnis dieses Lebens von besonderer, betonter Bedeutung.

«Geh vom Häuslichen aus und verbreite Dich, so Du
kannst, über alle Welt», diese Mahnung des jungen, des
Frankfurter Goethe war gleichsam der Leitspruch, unter
den Otto Volger, als er 1863 das Haus Goethes in den
Schutz des «Freien Deutschen Hochstifts» übernahm,
seine Tätigkeit und die seiner Nachfolger stellte. «Geh
vom Häuslichen aus!» – Wie viele betraten, im Grunde
dem Dichter und seinen Werken fern, das Haus, fühlten
sich beglückend angesprochen von dem harmonischen
Zauber seiner Räume, von den Bildern und der Bücherei
des Vaters, von der Küche, in der die Mutter gewaltet, von
der schlichten Weihe des Giebelzimmers, in dem der
«Götz» und der «Werther» und die Anfänge des «Faust»
entstanden, fanden so zu den Briefen der Frau Rat, zu
denen des jungen Goethe, zu «Dichtung und Wahrheit»
und lasen sich immer eifriger, immer tiefer in das Werk des
Dichters ein, bis seine Welt ganz die ihre ward, seine Weisheit sich ihnen erschloß und nun auch ihr Leben umfing
und lenkte! Darum hat das Hochstift mit sorgender Lei-

denschaft und von Jahrzehnt zu Jahrzehnt mit immer größerer Wirkung auf die Öffentlichkeit dieses Haus gehütet
und gepflegt, ihm 1896 einen Büchereibau angegliedert
und es 1932, zum hundertsten Todestage des Dichters, –
gefördert von den Goethefreunden der Welt –, zum Museum, zur Forschungsstätte erweitert, nicht toter Erinnerungen halber, sondern des Geistes wegen, der von hier
ausstrahlte; und darum ist auch das Hochstift durch diese
Nächte des Unterganges so tief getroffen.

Da Alexander der Große Theben dem Erdboden gleich
machte, gab es – so erzählt die Geschichte – ein Haus, das
er schonte, eines Dichters Geburtshaus, – Pindars. Seitdem
ist der Fortschritt über die Welt gekommen. Eine frevelnde
Zeit, die mit ruchloser Hand Hunderte von Synagogen,
Häuser Gott geweiht, niederbrannte, sie mußte erleben,
daß die Flammen auch vor dem Hause des Dichters nicht
haltmachten.

Dreimal hat der Krieg Feuer auf Goethes Geburtshaus
geworfen. Zuerst in den Nachtstunden des 26. November
1943. Es war ein schwerer Kampf gegen die Flammen,
aber gegen Morgen war es gewiß: das Haus war gerettet,
alle Räume, auch die des Mansardstockes, vor allem das
Dichterzimmer selbst, blieben erhalten. Verloren ging der
doppelbodige Dachstuhl. Von ihm aus hatte einst der Kaiserliche Rat die Schlacht bei Bergen verfolgt; die Mutter
hatte hier die Wiege verwahrt; hierher hatte der Knabe
sich geflüchtet, um heimlich die Texte des Puppenspieles
zu lernen. Jetzt waren die Schornsteine zusammengebrochen, und ein Gewirr verkohlter Sparren und Balken stand
nackt gegen die Wolken. Und doch war auch die Erhaltung des Hauses fragwürdig. Die Wassermengen hatten
die Fachwerkwände und noch mehr die dünnen Zimmer-
decken durchweicht, die nach altertümlicher Weise aus
einer Schicht von Lehm, Stroh, Schilf und Sand bestanden,
die unten auf Schwarten auflag und oben mit Bohlen bedeckt war. Die Bohlen mußten nun aufgenommen werden,
um Schwammbildung zu vermeiden; stützende Pfosten
wurden eingezogen, um die niederbrechenden, schönen

Stuckdecken zu halten. Alle wertvollen Einrichtungsgegenstände waren schon längst entfernt; jetzt wurde das Haus gänzlich geräumt. Die einst so wohnlichen, jetzt verödeten Zimmer mit feuchten Wänden, oben die Decken aufgebrochen mit herabhängendem Stroh und Lehm, unten die Böden schuttbedeckt, boten einen traurigen, wenig hoffnungsfrohen Anblick. Einst, 1754/55, also vor einhundertundneunzig Jahren, als nach dem Tod der Großmutter Cornelia Goethe der Erbe, der Vater, das Doppelhaus zu einem umbaute und vom Erdgeschoß an Zimmer für Zimmer abbrach und durch neue Räume ersetzte, hatte er seinen Bau durch ein Zeltdach aus den barocken Leinwandtapeten zu schützen versucht; und der Dichter erzählt, wie sie als Kinder zu jener Zeit zu Freunden in Obhut gegeben wurden. Auch jetzt, wo freilich nicht von einem freudig und erwartungsvoll begrüßten Aufbau die Rede war, sondern der Untergang begann, mußte zunächst ein Zeltdach die Nässe abhalten, bis es nach vielen Mühen Mitte Januar 1944 gelang, ein Notdach aus Holz und Dachpappe aufzusetzen.

Die Angriffe vom 20. Dezember und 29. Januar, vom 5., 8. und 11. Februar verschonten das Hochstift, zerschlugen jedoch vier Häuser im Großen und eines im Kleinen Hirschgraben. Dann kamen der 18. und der 22. März. Die Brandwachen des Hochstifts, die, verstärkt durch die Hilfe der Mitbürger, – Lehrer und Lehrerinnen der Schulen, Straßenbahner, städtische Arbeiter –, Nacht für Nacht in den Kellern sich zum Eingreifen bereit hielten, konnten einen Brand im zweiten Stockwerk über dem Geburtszimmer am 18. März ersticken. Indes die alten Schuppen im Höfchen hinter der Küche brannten nieder und in großem Feuer die Mansarddächer der beiden Häuser, die das Museum bildeten. Das Ende brachten, vier Tage später, jene Schwärme von Flugzeugen, denen fast die ganze Stadt, soweit sie noch nicht betroffen war, zum Opfer fiel.

Schon bei früheren Angriffen hatte es Tote im Hirschgraben und in den anliegenden Gassen gegeben. Jetzt steigerte sich die Zahl. Der tiefe, fest gewölbte Keller des Museums, und zwar des alten v. Metzlerschen Patrizierhauses, wurde ein Zufluchtsort, in den von allen Seiten die Anwohner einströmten. Als im Laufe der Nacht die erstickende Glut sie auch von hier vertrieb, konnten, mit einer Ausnahme, alle durch den zuletzt einzig offengebliebenen Ausweg flüchten, einen unterirdischen Gang, der im Sommer des Vorjahres vom Museum zu den Kellern des Goethehauses und der Bibliothek getrieben worden war. Aus dem Gärtchen hinter dem Dichterhaus gab dann ein vorgesehener Durchbruch der Gartenmauer den Weg frei aus dem Stadtinnern zum Main oder in die Grünanlagen des einstigen Wallgürtels. So retteten etwa siebzig in den Kellern eingeschlossene Menschen ihr Leben.

Während das Museum sofort von unten bis oben in hellen Flammen gestanden hat, brannte das Dichterhaus nur langsam nieder, wohl weil es feucht war und weil am Vortage aus Vorsicht auch noch die Bohlen herausgetragen worden waren, so daß sich leicht Entzündliches nicht mehr vorfand. Das Wasser, das in die Flammen gespritzt wurde, zersetzte freilich den Widerstand des Baues ebensosehr wie das Feuer.

Am Morgen des 23. war das Giebelzimmer des Dichters verschwunden, es standen noch die Fensterreihen einschließlich des zweiten Stockes. Das Erdgeschoß konnte man noch betreten. Seine Haustür öffnete als einzige im raucherfüllten Großen Hirschgraben noch ihre Flügel. Eine zerlumpte Greisin, der das apokalyptische Grauen der Nacht den Verstand geraubt hatte, versuchte immer wieder durch diese Tür in das brennende Haus einzudringen. Sie war die Letzte, der die Glocke tönte. Gegen Abend stürzte das Treppenhaus ein. Am 24. vormittags neigte sich das Haus von Süden nach Norden und brach dann prasselnd zusammen.

«Geh vom Häuslichen aus und verbreite Dich, so Du kannst, über alle Welt.» Hat Goethe nicht auch die Schilderung seines eigenen Lebens nach diesem Grundsatz angelegt? Wie stolz muß er als Kind auf das Vaterhaus, das er mitgebaut hatte, gewesen sein! Wie sehr muß er an ihm

gehangen haben, daß er seiner Beschreibung einen so großen Raum zuwies! Sein Haus in Weimar steht; das ist uns
Trost, aber auch dieses ist nun gleichsam zum Torso geworden, – ist wie ein Lied, zu dem die erste, wärmere,
leidenschaftlichere Strophe verloren ist.

Gleich nachdem das Feuer niedergebrannt und die
Asche abgekühlt war, begann die sorgsame Durchsuchung
des Schuttes. Noch einige Türen, Paneelierungen der
Wandverkleidung und Fensterflügel, die in die Trümmer-
masse eingesunken waren, konnten geborgen werden,
ebenso das schmiedeeiserne Geländer der Treppe. Ob aber
das Mauerwerk, soweit es noch stand, die nördliche
Brandmauer mit dem vom Vater in seine Stube eingebau-
ten Guckfenster, für einen Neubau als tragfähig gelten
konnte, blieb fragwürdig. Da machte eine schwere Mine,
die am Vormittag des 12. Septembers unmittelbar südlich
des Goethehauses niederging, allen Zweifeln ein Ende. Sie
warf die Brandmauern und die letzten Wände des Erdgeschosses zu Boden.

Ein weiterer Angriff am 25. September stürzte auf dem
Goetheplatz auch das Denkmal des Dichters. Es war 1844
errichtet worden und hatte genau ein Jahrhundert gestanden. War es nicht, als sollte auch die letzte Erinnerung an
den Dichter ausgetilgt werden?

Von den Gebäuden, die das Freie Deutsche Hochstift
am Großen Hirschgraben gehegt und gepflegt hatte, stand
jetzt nur noch, wenn auch innen und außen stark mitgenommen, der Bibliotheksbau von 1896. Trat man auf den
obersten, nun dach- und mauerlosen Boden des Gebäudes,
so hatte man weithin einen Blick über ein trostloses Feld
von Trümmern und Kratern, das einer Mondlandschaft
glich, in der auch das letzte ahnungsvolle Andenken an die
gotischen Häuserzeilen der geschichtlich einst so großen
alten Reichsstadt verloren schien.

Wie aber war nun die Lage des Freien Deutschen Hochstifts, was war seine Aufgabe? – Nie kann Frankfurt, nie
wird es vergessen, daß es die Geburtsstadt Goethes ist.
Noch steht das Gebäude der Bücherei. Es ist der Grund-

stock des Wiederaufbaues. Die reichen Sammlungen des Hochstifts, die Bücher, die kostbaren Handschriften, die Bilder und Büsten des Museums waren schon bei Ausbruch des Krieges in Sicherheit gebracht, in Schlössern und Gutshöfen der Wetterau, des Vogelsberges, des Spessarts, im Maintal und im Taubertal verwahrt und geborgen worden. Im Hause verblieben war nur im Geburtszimmer die Büste Goethes und zu ihren Füßen der Lorbeerkranz aus Stratford-on-Avon, wie ihn seit 1863, Shakespeares 300. Geburtsjahre, die Trustees-of-Shakespeares-birthplace alljährlich zum 28. August nach Frankfurt zu senden pflegten. Der Kranz wurde beim Angriff vom 18. November 1943 als Letztes aus der schon ganz mit düsterrotem Flammenrauch erfüllten Stube gerettet. Eines Tages wird die Stunde kommen, wo sich aus dem Schutt die Räume erheben werden, die das jetzt noch Verborgene in einem neuen Museum zur Schau bringen.

Und Goethes Haus selbst? Hier sei ein Wort von ihm Leitspruch, dessen Wahrheit uns heute mehr als je ergreifen mag.

Manches Herrliche der Welt
Ist in Krieg und Streit zerronnen.
Wer beschützet und erhält,
Hat das schönste Los gewonnen.

Beschützen und erhalten, – das wird das Hochstift, soweit es nur irgend kann, auch hier. Noch stehen die Fundamente des Hauses, die beiden Keller und die Kellertreppe, die die Mutter Goethes hinabschritt, wenn sie, wie sie uns schildert, die Weinfässer nachzufüllen pflegte. Noch sitzt der Schlußstein im Gewölbe, JWG gezeichnet, und der Grundstein, Lapis Fundamentalis, mit der Inschrift, die das Jahr festhält – 17LF55 –, der Stein, den der Knabe selbst gelegt und dem er den Wunsch mitgegeben hat, «daß er nicht eher als mit dem Ende der Welt verrückket werden möge». Er ist unverrückt geblieben, auch in der letzten Nacht des Grauens; und er wird der Eckstein sein, auf dem sich ein Neubau gründen wird. Denn es ist nichts anderes möglich, als daß das Haus von neuem erstehe. Soll man, nur uns selbst zum Schmerze, einen Ruinenkult treiben, wo doch in allen Ländern genug Häuser und Städte in Schutt und Asche liegen? Und könnte je auf dem gegebenen Fundament ein anderes Haus errichtet werden als das, das architektonisch sich erheben muß, so folgerichtig, wie aus einer bestimmten Wurzel nur die zugehörige Blüte treiben kann? Und wo anders könnten alle die Möbel und die Bilder des Hauses, die ja gerettet sind, ihre Aufstellung finden als eben in diesem Hause? Man kann sie doch nicht in irgendeinem Museum an den Wänden aufreihen, mit einer Beschriftung, die angibt, wo sie einst in Goethes Geburtshaus gestanden? Die Schwelle ist die alte; die großen Sandsteinpfosten der Türe, der Fenster und die dazu gehörigen Fensterbögen mit den schönen Kartuschen und Voluten, der Türbogen mit dem Wappen des Vaters Goethe liegen, zwar gestürzt, aber erhalten vor dem Hause. Man braucht sie nur wieder einzufügen, und das Erdgeschoß ist wie es war. Die Treppengeländer mit den Initialen der Eltern «JCG» und «CEG» wurden wenige Tage nach dem Unheil aus dem Brandschutt ausgegraben, ebenso wie Türknäufe, Schlösser, Profile von Stuck und Wandgetäfel. Die schmiedeeisernen Fensterkörbe sind vom Feuer unberührt. Es bestehen genaueste Pläne aus dem Jahre 1895 und noch einmal, vom Architekten des Hochstifts, Fritz Josseaux, aufgenommen, aus dem Jahre 1939. Schülerinnen der Städelschule haben gleich bei Kriegsbeginn die Ornamente in Zeichnungen festgehalten. Es gibt Hunderte von Photographien. Kurz, alle Voraussetzungen zu einem Wiederaufbau sind gegeben.

Was dann erstehen wird, ist freilich nicht mehr Goethes Geburtshaus. Das ist gewesen. Aber es wird seine getreueste Nachbildung sein. Es wird uns und noch viel mehr späteren Geschlechtern, die das ursprüngliche Haus und das alte Frankfurt nicht mehr gesehen haben, den Eindruck jener Welt vermitteln, in der Goethe aufwuchs, und darüber hinaus ein Beispiel geben, wie die Bürgerhäuser in

dem Frankfurt waren, das nicht mehr ist. Es wird ein Sa-
kramentshäuschen sein – ohne Venerabile. Aber auch an
dem alten Haus hatte Volger schon manches nicht mehr
vorgefunden und darum wiederhergestellt. Sehr viele Bau-
denkmäler der Welt sind im Laufe der Geschichte mehr
oder weniger in ähnliche Lage gekommen. Trotzdem, –
was gäben wir darum, wenn wir das Rad der Zeit zurück-
drehen könnten! Um so mehr als es wenig Stätten mehr
geben mag, denen alle im Lande sich zugehörig fühlen. Die
Frage liegt nahe: wie würde der Dichter selbst zu einem
Wiederaufbau stehen? Wer seine Pietät allem geschichtlich
Großen gegenüber kennt, seine lebhafte Teilnahme für
Ausgrabungen und Museumskultur, seine Hochschätzung
alles bedeutungsvoll Individuellen, seinen Sinn für Ehrfurcht und Verehrung, wer weiß, wie er allem Unglück
gegenüber sich nur produktiv verhalten konnte, der kann
nicht zweifeln, daß er dem Wiederaufbau zugestimmt
haben würde. Und etwaigen Bedenklichkeiten in Fragen
von echt und unecht wäre er vielleicht mit ähnlichen Worten entgegengetreten wie jene, mit denen er im letzten Ek-
kermann-Gespräch allen ungeistigen Reliquienkult ab-
lehnt. Es ist wie überall im Leben, das Mysterium liegt
niemals im Stofflichen. Das Beste muß der Mensch aus der
Kraft und Erlebnisfülle des eigenen Herzens hinzutun.
    Und Goethes Mutter, die Frau Rat, die Herrin des Hau-
ses? Auch von ihr können wir in unserer Lage das Richtige
lernen. Es gibt einen Bericht darüber, wie sie sich bei dem
Tode und der Bestattung ihres Schwiegersohnes, Johann
Georg Schlosser, im Jahre 1799 verhalten hat. Die Erzählung, so merkwürdig sie klingt, ist authentisch und in den
noch unveröffentlichten Lebenserinnerungen einer alten
Frankfurterin überliefert, die als siebenjähriges Mädchen
an Schlossers Begängnis teilgenommen hat. «Den Tod dieses Onkels weiß ich mir noch zu erinnern. Da standen wir
mit seiner Schwiegermutter, der Frau Rat Goethe, seiner
Frau und Kindern alle um seinen Sarg herum und weinten
bitterlich, bis auf einmal sich die alte Frau Rat die Tränen
abwischte und zu uns sagte: ‹Nun ist's genug, nun kommt

mit herein, ich will euch ein Märchen erzählen›.» Ist das nicht dieselbe Wendung zur heilenden Macht der Kunst, die später dem Sohne half, das Zeitliche überhöht zu sehen und so das Dasein zu bestehen? Klingt hier nicht im Munde der Mutter schon das Wort Tassos vor?

Und wenn der Mensch in seiner Qual verstummt,
Gab mir ein Gott, zu sagen wie ich leide.

Wir aber wollen uns den Lebensmut dieser Frau zum Vorbild nehmen, wollen wissen, daß Klage und Schmerz, so berechtigt sie immer sein mögen, kein neues Leben schaffen, und uns darum zur Aufgabe machen, wie die Frau Rat, ein Märchen zu erzählen, – im Wiederaufbau des Hauses das beglückende Märchen von Goethes Kindheit! – Ein Märchen. – Vielleicht weniger, vielleicht mehr als das, und nur dem, der es leben will und die Vorstellungskraft hat, es zu leben. Le mort ne revient pas. Wer das alte Haus so vertraut in seinem Innern trägt, daß ihn die Nachbildung verletzt, der soll sie meiden. Aber wir werden dahingehen, wie auch die Stadt dahingegangen ist; und es werden neue und wieder neue Geschlechter kommen, die keine ursprüngliche Anschauung des Gewesenen besitzen und der Hilfe der Nachbildung bedürfen, wie wir selbst überall dieser Hilfe bedürfen, wo uns das Unmittelbare nicht gegeben ist. Und solche Besucher des Hauses werden sich davon frei machen, daß es nicht mehr derselbe Mörtel ist, nicht mehr dasselbe Holz, nicht mehr derselbe Nagel, den Goethe gesehen; aber sie werden dafür das Raumgefühl nacherleben, das für Goethe so bestimmend war, daß er meinte, man müsse es mit verbundenem Auge empfinden, und sie werden die alten Formen ahnen, in denen doch eigentlich der Geist lebt. Denn an der Materie zu hängen, wäre das nicht getarnter Materialismus?

Und diese kommenden Generationen werden vielleicht dafür dankbar sein, daß wir von des alten Deutschlands Herrlichkeit wenigstens einen Abglanz zu retten versuchten, nachdem wir das Erbe der Väter verspielt haben.

BESINNUNG

Ansprache zum 28. August 1945

Nicht ohne inneres Befangen habe ich dem Wunsche der Verwaltung des Hochstifts nachgegeben, heute zu sprechen. In den zwanzig Jahren, die ich die Ehre habe, dem Hochstift zu dienen, habe ich den Grundsatz festgehalten, zwar innerhalb und außerhalb Deutschlands durch Vorträge von den wissenschaftlichen Bemühungen Zeugnis abzulegen, denen wir uns im Goethemuseum hingeben, aber das Katheder des Hochstifts selbst frei zu lassen für Gäste von auswärts. Denn wir Frankfurter kennen uns ja untereinander, aber Gelehrte von anderen Universitäten und Forschungsinstituten hier zu Wort kommen zu lassen und so vermittelnd unseren eigenen Gesichtskreis zu erweitern, darin sah ich von jeher eine der schönsten Aufgaben unseres Hochstifts. Später freilich kam zum eigenen Verzicht das äußere Gebot. Im Jahre 1937 wurde mir von denjenigen, bei denen die Gewalt war, jedes Auftreten innerhalb des Gaues untersagt. Dieses äußere Hemmnis ist heute gefallen und auch das innere kann, da die Stadt jetzt, wenn sie leben will, ganz und nur auf ihre eigene Kraft angewiesen ist, nicht mehr von Gewicht sein. Wenn ich trotzdem zögernd dem Wunsche der Verwaltung folge, so hat das einen anderen Grund. Was kann, was darf, was soll heute ein Deutscher zu Deutschen sagen? Welche Sprache soll er sprechen? Wo gibt es noch Prägungen und Sätze, die nicht schmählich mißbraucht und geschändet sind? Ist nicht jedes Wort eine falsche Münze geworden?

Schon als wir vor einem Jahre Goethes Geburtstag begingen, waren wir in einer Lage, die es uns schwer machte, den Mut zu einer Feier zu finden. Es war der erste Geburtstag, seitdem das Haus, in dem Goethe geboren ward, nicht mehr als stiller Zeuge jenes glücklichsten Tages unter uns stand. Es lag in Schutt und Asche. Frankfurt lag in Schutt und Asche. Wer hätte da an Goethes Geburtstag reden können? So planten wir, den Tag zu einer würdigen Totenfeier dieser Stadt zu machen. Ein Künstler unserer Bühne sollte aus «Dichtung und Wahrheit» die Stellen vortragen, in denen Goethe sein liebes Frankfurt beschrieben und gepriesen hat, – die Kapitel vom Elternhaus, vom Großen Hirschgraben, vom Römerberg, von der Schirn, vom Dom und den alten Kirchen, von den wehrhaften Mauern und hohen Türmen. Aber als der Schauspieler, sich vorbereitend, versuchte, diese Seiten zu lesen, da brach ihm die Stimme. Und wir merkten, daß er sich mehr zugemutet, als er und die Hörer ertragen konnten. So nahmen wir denn unsere Zuflucht von dem Dichter, der geboren ward, zu der Mutter, die ihn uns geschenkt. Und wir hörten die mutigen Briefe, die die Frau Rat geschrieben, als 1796 die glühenden Kugeln auf die Häuser fielen und die Stadt zu brennen anfing, und hörten die Schilderung, die Bettina v. Arnim-Brentano von der Frau Rat und ihrer Fahrt ins Wilhelmsbad entworfen, und hörten die Predigt, die hier Goethes Mutter über ein Lieblingswort ihres Sohnes aus seinen jungen Tagen hielt: «Ohne Courage kein Genie». Und an diesem Wort und an dem Vorbild dieser prachtvollen Frankfurter Frau und Dichtermutter haben wir uns aufgerichtet.

Und heute? Das ganze Reich liegt in Trümmern, ein Gebilde, ein Jahrtausend alt, uns ehrwürdig als Gefäß unserer Geschichte, als Traum und Verwirklichung der Geschlechterketten unserer Ahnen. Die Lebenden verzweifeln. Die Toten klagen an. Wäre es nicht gemäßer, den heutigen Tag mit Schweigen zu begehen? Das wäre wohl angemessen, wenn es sich um den Geburtstag eines Staatsmannes handelte, dessen Schöpfung zerschlagen liegt. Aber es gilt den Tag eines Dichters. Und des Dichters Reich ist das Wort. Wort und Lied sind ewig. Das Haus des Thomaskantors in Leipzig ist schon seit Jahrzehnten vom Erdboden verschwunden, aber Johann Sebastian Bach lebt. In ihm feiert die deutsche Musik sich selbst, wie sie es in Haydn tut und in Mozart, in Beethoven und in

Schubert und in Brahms. Ist es nicht merkwürdig, daß das Vergänglichste, ja das Nicht-Sichtbare, der Klang der Töne ein unzerstörbares Leben haben können und Stein und Erz überdauern? Troja ist verfallen seit mehr als dreitausend Jahren, Homer lebt. Und auch Goethe lebt und wird leben und zeugen von dem Edelsten und Schönsten, dessen deutscher Geist fähig gewesen ist, wird leben, solange die Deutschen sein Andenken und damit sich selbst lebendig erhalten. Und darum dürfen wir am heutigen Tage nicht schweigen, sondern müssen reden.

Auch Goethe hat einmal erfahren, was wir erleben, daß das Reich zerfiel, und man hat ihm einen Vorwurf daraus gemacht, wie ruhig und scheinbar gleichgültig er die Kunde davon aufgenommen. Es war am 7. August 1806, der Dichter war auf der Rückfahrt von Karlsbad, als ihn, zwischen Hof und Schleiz, die Nachricht erreichte, daß der Kaiser Franz seine Krone, die er 1792 in Frankfurt empfangen, niedergelegt habe und daß damit das Römische Reich Deutscher Nation erloschen sei. Das Tagebuch des Dichters aber bringt darüber nur ein karges Wort, in einer Linie mit Notizen über Streitigkeiten zwischen Diener und Kutscher auf dem Bock. Die Frau Rat, in einem Brief aus Frankfurt, schreibt ergriffen, wie zum ersten Male Kaiser und Reich aus dem Kirchengebet weggelassen worden seien, und daß Frankfurt als Stadt festlich froher und pompöser Krönungen nun ausgespielt habe. «Wie lauter Leichenbegängnisse, so sehen unsere Freuden aus.»

Indes, was bei Goethe als Gleichgültigkeit erscheint, war im Grunde nur Selbstsicherheit. Er trauerte dem Vergangenen wenig nach, weil er viel tiefer in das Kommende hineinsah. Die Divan-Verse:

Wer nicht von dreitausend Jahren
Sich weiß Rechenschaft zu geben,
Bleib' im Dunkeln unerfahren,
Mag von Tag zu Tage leben,

diese Worte galten ihm nicht nur von der Vergangenheit, sondern auch von der Zukunft.

Freilich für die deutsche Zukunft hat Goethe gebangt. Und es ist heute wohl die Stunde, uns davon Rechenschaft zu geben, welcher Art das Verhältnis Goethes zu seiner Nation und der Nation zum Dichter gerade im Hinblick auf die deutsche Zukunft gewesen ist. Homer, Dante, Shakespeare waren ihren Völkern Idole, von Liebe und Verehrung getragen. Zwischen Goethe und den Deutschen klafften unheimliche Abgründe. Alle Goethe-Feiern und Goethe-Vereine vermochten nicht sie zu überbrücken, ja nicht einmal sie zu verbergen. Sie wissen, daß ich an diesem Tage nicht von Buchenwald sprechen werde. Aber erlauben Sie mir, Sie daran zu erinnern, daß es eben dort, am Hange des Ettersberges bei Weimar war, wo am 12. Februar 1776 in einer einsamen Winternacht, vielleicht nach einer Jagd mit dem Herzog, sich dem Dichter das Gebet von den Lippen rang:

Der du von dem Himmel bist,
Alles Leid und Schmerzen stillest,
Den, der doppelt elend ist,
Doppelt mit Erquickung füllest,
Ach ich bin des Treibens müde!
Was soll all der Schmerz und Lust?
Süßer Friede,
Komm, ach komm in meine Brust. –

1776. – Welche Dämonen haben in diesem anderthalb Jahrhundert die deutsche Seele verwüstet? Wie kommt es, daß wir jenes Ettersberges, der die erste Freilichtaufführung der «Iphigenie», des dramatischen Evangeliums reinster Humanität, sah, an den sich so viele frohe und ernste Weimarer Erinnerungen knüpfen, jetzt nur noch mit Scham und Grauen denken können? Wie kommt es, daß in unseren Tagen möglich wurde, was 1776 niemals möglich gewesen wäre?

Ich sagte, zwischen Goethe und seinem Volke klafften von jeher Abgründe. Es gab ganze Schichten unserer Bevölkerung, die ihm mit Gegnerschaft, ja Feindschaft gegenüberstanden. Aus dieser Feindschaft ist zuletzt Haß geworden. Wir werden und wollen es nie vergessen, daß 1936, gefördert von einer deutschen Reichsregierung, eine Schrift erscheinen konnte, die die Frage, daß Goethe Schiller ums Leben gebracht habe, aufwarf und bejahte. Verfasserin war die Gattin eines der führenden Generale der deutschen Heere im ersten Weltkrieg. Als die Goethegesellschaft eine Gegenschrift, die Wahrheit über Schillers Tod, erscheinen ließ, wurde dieses Buch verboten; und jetzt erst ward auch jene Schmähschrift vom Handel ausgeschlossen. Aber sie hatte gewirkt. Einer Schar uniformierter Knaben, die die ehrwürdige Fürstengruft in Weimar betrat, erklärte ihr Anführer: «Hier also liegt der Mörder neben dem Gemordeten.»

Wie ist es möglich gewesen, daß solcher Wahnsinn Boden finden konnte? Was war es, das Goethes Geltung bei gewissen Schichten unseres Volkes im Wege stand? Es war einmal seine Kritik am deutschen Charakter und war zweitens die Tatsache, daß er die Zukunft als eine historische Entwicklung ansah, die nicht nur uns, sondern der ganzen Welt gehörte.

Seine Kritik am deutschen Charakter. Auch Hölderlin und Nietzsche haben bittere Urteile über uns gefällt. Aber sie haben zumeist nur eine kleine, einsichtigere Leserschaft gehabt. Das Volk im Breiten verträgt keinen Tadel. Es antwortet auf Wahrheiten mit Ressentiment. Und das war nun freilich unserem Volke in seiner langen Geschichte noch niemals geschehen: Wir hatten, vielleicht mehr selbstgefällig als klarsehend, einander gepriesen, uns anderen Nationen gegenüber zum Gefühl des eigenen Wertes aufgerufen; war je eine Stimme der Kritik erschollen, so die, daß die Deutschen nicht deutsch genug seien. Andere Dichter sahen die Welt in Teilgebieten. Goethes Auge umfaßte sie als Ganzes und somit auch das eigene Volk im Vergleich mit den anderen. In ihm erlebte daher die Nation zum ersten Male, daß ein Deutscher auf allerlei Schwächen unseres Volkscharakters die Hand legte. Ja manchen empörte das besonders, daß der Dichter in vier Äußerungen, 1807 und 1808, zwischen deutschem und jüdischem Nationalcharakter, aber nun keineswegs absprechend, Vergleiche zog. Dergleichen hatte noch keiner getan. Das wollte man nicht hören.

Und welches sind nun die hauptsächlichsten Schwächen, die Goethe in uns wahrnimmt? Es sind: einmal das Fehlen einer in sich selbst ruhenden charakterlichen Festigkeit und weiter die Unfähigkeit, als Gemeinschaft klar und überlegen denkend zu handeln. Daß der Einzelne fleißig und als Fachmann in seinem Fache tüchtig und achtbar sei, das hat Goethe immer wieder rühmend und gern anerkennend zugegeben. Aber damit sei es eben nicht getan. «Ein Grundübel bei uns ist es, daß auf die erste Erziehung zu wenig gewandt wird. In dieser aber liegt größtenteils der ganze Charakter, das ganze Sein des künftigen Menschen. Wir haben zwar zur Not hier und da Schulen, auch Gymnasien und endlich die hochberühmten Universitäten, nichts aber zur wirklichen Bildung des Menschen und des Charakters. Daher sind die meisten auch so charakterlos unter uns, so daß die Nationen, die weniger Anstalten haben als wir und weit weniger Wissenschaft und Gelehrsamkeit, doch in jedem Betracht an Gepräge des Charakters uns größtenteils zuvorstehen», so 1810 in einem Gespräch mit Knebel. Schlägt man die letzten Seiten des «Hyperion» auf, so findet man aus Hölderlins Munde in beweglichen, verzweifelten Klagen den gleichen Tadel. «Barbaren von Alters her, durch Fleiß und Wissenschaft und selbst durch Religion barbarischer geworden.» Wieder, wie bei Goethe, wird der Fleiß zugestanden; aber in ihm liegt kein Heil. Wohl wissen wir, Hölderlin maß jede Gegenwart an seinem Griechenland, das Traum war, wissen, daß ihm kaum ein anderes Volk als das eigene bekannt gewesen. Und fühlen doch den Stachel einer Anklage, die uns den Verrat der Seele vorwirft. «Es ist ein hartes Wort, und dennoch sag' ichs, weil es Wahrheit ist. Ich kann kein Volk mir denken, das zerrissener wäre wie die Deutschen. Handwerker siehst du, aber keine Menschen, Priester, aber keine Menschen, Herrn und Knechte, Jungen und gesetzte Leute, aber keine Menschen.»

Zweifellos, wir möchten diese Urteile nicht gelten lassen, und es gibt manche unter uns, die es für national würdelos erachten, solchen Dichterworten, auf die wir freilich im Glück nicht gehört haben, jetzt in unserem Unglück Bedeutung beizumessen. Aber Würde kommt von Wert, und der oberste Wert ist die Wahrheit. Ist diese Flucht in die nationale Würde nur Vorwand, sich überhaupt jeder Selbstbesinnung zu entziehen? Irgend etwas ist doch falsch bei uns gewesen. Sonst läge nicht alles gestürzt, sonst fänden wir uns nicht so allein in der Welt. Alles müssen wir neu bauen, nicht nur eine neue Stadt, nicht nur ein neues Reich, sondern auch einen neuen Menschen. Und wollen wir da nicht als Grundstein die Wahrheit mit einbauen und den Sinn für Wahrheit? Hebbel gesteht einmal, daß er als junger Mensch nach seinem ersten Liebeserlebnis, weil es seiner nicht würdig gewesen, nicht gewagt habe, sich im Spiegel zu schauen. Für jeden gegen sich selbst aufrichtigen Menschen kommen im Leben Stunden, wo er in gleicher Weise den Spiegel scheut. Auch für Nationen kommen sie, heute für diese, morgen für jene. Was Goethe und Hölderlin beklagen, daß unsere Strebsamkeit im Berufsleben, worauf wir so stolz zu sein pflegen, unsere menschlichen Anlagen überspielt und verkümmert habe, vielleicht auch eine Nachwirkung davon, daß wir uns allzulange in der Ständeordnung des Absolutismus wohlfühlten, der Dichter, dem es immer aufs Menschliche ankommt, sieht es zuerst. Er ist das Gewissen einer Nation, und wenn es ihm heilig um sein Amt ist, ihr Arzt und ihr Priester. Wem aber die Dichter als Schwurzeugen nicht genügen, für den sei auf den Staatsmann verwiesen, auf Bismarck, der mit der Rüge des Mangels an Zivilcourage in seiner Sprache dasselbe meint, daß der Mensch in erster Linie zu den allgemein menschlichen Werten und Grundsätzen zu stehen habe.

Hierher gehört auch jenes andere, dem ersten verwandte Wort Goethes von 1813 aus einem Gespräch mit Luden, dem Nachfolger Schillers als Professor der Geschichte in Jena: «Ich habe oft einen bittern Schmerz empfunden bei dem Gedanken an das deutsche Volk, das so achtbar im einzelnen und so miserabel im ganzen ist. Eine Vergleichung des deutschen Volkes mit anderen Völkern erregt uns peinliche Gefühle, über welche ich auf jegliche Weise hinweg zu kommen suche.» Genau das ist es, was wir erlebt haben. Sonst stünden wir nicht da, wo wir stehen. Alle außen- und innenpolitischen Voraussetzungen unserer Katastrophe, alle gesellschaftlichen und wirtschaftlichen Verwicklungen und Verstrickungen, so gewichtig sie sein mögen und so notwendig sie untersucht werden müssen, hier seien sie außer acht gelassen; und nur vom Ethischen her, wie Goethe unsere Lage sah, seien die Fragen gestellt, die Antworten gegeben. Woran liegt also das Versagen des an sich tüchtigen einzelnen in der Masse? Es kann nur dort gefunden werden, wo die Gefährdungen der Massenleistung überhaupt liegen. Einmal in der Neigung, durch Eigenbrötelei und Parteisucht zu keiner Zusammenarbeit zu kommen, auf der anderen Seite in der Neigung, im Rausch dynamisch-nationaler Massenaffekte die Vernunft in der Zusammenarbeit auszuschalten oder zu überrennen. Vielleicht hat Goethe nach 1806 mehr die erste, von 1813 an sich steigernd mehr die zweite Gefahr empfunden, besonders bei der neuen deutschen Jugend.

Hier sah er jene gefährliche, fanatische Ich- und Willensphilosophie im Entstehen, an der wir jetzt zugrunde gegangen sind. «Man muß nur wollen!» «Nicht denken, sondern glauben!» Wie oft haben wir es gehört. Prüfendes Abwägen, unbestechliches Wahrheitsforschen, «Vernunft und Wissenschaft, des Menschen allerhöchste Kraft», das alles wurde verspottet. Bis wir zuletzt auf den Straßen des Unglücks in einem tragisch verzweifelten «Man darf nicht darüber nachdenken» das Ergebnis solcher Geisteshaltung wahrnehmen konnten, jetzt stumpfe Resignation, was anfangs sich als Stärke einseitigen Willens gegeben hatte.

Wollen und Denken? Goethe hatte gelehrt, daß beides sich zueinander verhalten müsse wie Ein- und Ausatmen. Aber fast scheint es, als habe wirklich nur er so gelehrt. Und noch weniger hat man danach gehandelt. Und da tatsächlich in dieser unseligen deutschen Willensphilosophie der letzten 150 Jahre die Wurzel unseres Zusammenbruchs liegt, Goethe aber die Gefahr erkannt und bekämpft hat, eine Gefahr, die bei unserer Anlage immer wieder droht, ist hier ein kurzer geistesgeschichtlicher Rückblick darüber, wie Denken und Wollen zueinander stehen, vonnöten. Er lehrt, aus Vergangenheit und Gegenwart uns für die Zukunft zu wappnen.

Die Antike hatte den νοῦς, den λόγος, Begriffe, die in erster Linie die verstandesmäßig ordnenden Kräfte umgreifen, als Träger sinnvollen Lebens gepriesen. Es ist dies derselbe Logosbegriff, dem wir an entscheidender Stelle im «Faust» begegnen. Man hat Goethe getadelt, wirft es ihm heute noch vor, daß er in seiner Kunstpflege nicht den dunkel wogenden Gefühlsströmen nachgab, mit denen der romantische Zauber uns lieb und vertraut umfängt, sondern daß er auf klare Linien, das heilsam ausgewogene Maß der Griechen hinwies. Indes er kannte, gerade von seiner eigenen Jugend her, die deutschen Gefährdungen. Wir aber erlebten, wie von den Weisen der Alten nur Heraklit Geltung behielt und wie sein gleichnishaftes Wort, der Krieg sei der Vater aller Dinge, was heißt, daß Leben aus Spannungen entsteht, im Sinne einer Aufforderung zum Kriege und Lockung zur Kriegsbeute gedeutet wurde. Auf der Grenze zwischen Altertum und Mittelalter hat dann freilich Augustin dem Willen den Vorzug vor dem Denken gegeben, doch nur insofern, als ihm, dem Heiligen, Willens- und Liebeserlebnis identisch waren, Liebe zu Gott, Liebe zum Mitmenschen. «Amor meus, pondus meum, die Stärke meiner Liebe ist das Schwergewicht meiner Existenz.» Solche Superiorität des Willens nimmt ihren Ausgang von Paulus, vom Hymnus auf die Liebe im 13. Kapitel des 1. Korintherbriefes. Wille zur Liebe, nicht Wille zur Macht. Das hohe Mittelalter folgt Plato und Aristoteles. Für Thomas von Aquino gewährt das Denken, weil und soweit es das Erkennen Gottes ermöglicht, die größte Seligkeit. Darum ist für die Lehre der Kirche die prudentia, die Klugheit, die größte Kardinaltugend, im

Sinne des Sokrates das Wissen um Gut und Böse, das die Voraussetzung alles rechten Handelns ist. Die zweite Tugend ist die justitia, die Gerechtigkeit im Sinne solchen Wissens, erst an dritter Stelle die fortitudo, die Tapferkeit, aber nur insofern Tugend, als sie im Dienste der Gerechtigkeit ficht. – Wie groß ist das alles! Und doch leider wie fern uns, wie fern!

Die geistigen Wortführer der Partei, die das Reich zerstört hat, haben in der deutschen Mystik die Ahnen ihrer Willensphilosophie zu finden beansprucht. Nicht zu Recht. Eckart, der größte Deutsche des Mittelalters, hört nicht auf zu betonen, daß das Denken dem Wollen voranstehe. Dabei orientiert er, ebenso wie Thomas von Aquino, die Frage in erster Linie an ihrer Wendung zu Gott, erst in zweiter auf das Verhalten zum irdischen Leben. «Beatitudo, utrum consistat in actu intellectus vel voluntatis, antiqua quaestio est. Videtur autem, quod consistat in cognitione et intellectu substantialiter. Es ist eine alte Streitfrage, ob die Seligkeit mehr ein Akt des Erkennens oder Wollens ist. Daß sie im Erkennen und Geist bestehe, scheint mir gerade ihr Wesen auszumachen.» Oder in der Predigt «Nunc scio vere»: «Bekantnisse gât vor. Si ist ein vürstinne und suochet hêrschaft in dem hoehsten und in dem lûtersten.» Und warum ist für Eckart das Erkennen eine Fürstin und geht allem anderen, auch dem Wollen voran? Eben weil es der Weg zum Göttlichen ist. Und dann fährt er fort, in seiner dunklen und doch prägnanten Sprache: «Die meister sprechent, bekantnisse lige an glîchnisse», Aristoteles, das ist der Meister, sage, Gleiches könne nur von Gleichem erkannt werden. Ist das scholastisch? ist es antik? Nun, es ist auch Goethisch, im tiefsten Sinne Goethisch. Hier begegnen wir dem letzten Urgrund seines berühmten Spruches:

Wär' nicht das Auge sonnenhaft,
Die Sonne könnt' es nie erblicken;
Läg' nicht in uns des Gottes eigne Kraft,
Wie könnt' uns Göttliches entzücken?

810

Da wir uns freilich des Fragens nach dem Göttlichen in den Zeiten seit Goethes Tod entwöhnt hatten, fiel es uns leicht, dem Wollen in jeder Form den Vorrang zu lassen. Mit diesem Wollen eroberten wir uns die Erde. Haben wir es doch singen hören: «Heute hört uns Deutschland, morgen die ganze Welt.» Als Willensmenschen wurden wir diesseitig, faustisch. Den Anbruch solch faustischer Epoche hat Oswald Spengler schon in der Spätscholastik gesehen. Daß Johannes Duns Scotus, Franziskaner in Oxford, Paris und Köln, auf Augustin zurückgriff und im Sinne franziskanischer Liebesmystik dem Satze «voluntas ratione superior, der Wille ist dem Denken überlegen», zur Anerkennung verhalf, Spengler sah darin ein Signal. Daß Duns Scotus 1308 in Köln starb, jenem Köln, das zur gleichen Zeit das Turmwerk seines stolzen Doms ausführte, ward für Spengler zum romantisch glorifizierten Mythos. Nun stiegen überall die gotischen Münstertürme empor, nicht Ausdruck eines Sehnens nach der unio mystica, das den Raum durchstoßen will, um Gott zu finden, sondern Symbole des deutschen Unendlichkeitswillens, Schöpfungen angeblich deutscher Baukunst, die sich titanisch in den Raum wirft. Und doch war die Gotik in erster Linie französische Leistung, und kein Land hat der Vernunft mehr Altäre geweiht als Frankreich. Duns Scotus kam von England, und der gesunde Verstand ist ein Zentralbegriff der englischen Geistes- und Lebenshaltung. Nein, die angeblich faustische Epoche war kein abendländisches Schicksal, wohl aber eine deutsche Tragödie.

Goethe hat den Begriff faustisch nicht gebraucht. Seinen Helden hat er keineswegs als Vorbild gezeichnet.

Ich bin nur durch die Welt gerannt!
Ein jed Gelüst ergriff ich bei den Haaren,
Was nicht genügte, ließ ich fahren,
Was mir entwischte, ließ ich ziehn.
Ich habe nur begehrt und nur vollbracht –

späte Bekenntnisse des alten Faust, auf unser Schicksal anzuwenden, aber nicht im Sinne einer Rechtfertigung.

Erinnern Sie sich jener Szene, da Faust von der Wanderung am Ostertage heimkehrend die Schrift aufschlägt und den Anfang des Johannisevangeliums übersetzt? «Ἐν ἀρχῇ ἦν ὁ λόγος», wie Luther überträgt: «Im Anfang war das Wort». Daß λόγος für den Evangelisten auch Christus, ja in erster Linie Christus heißt, gibt den Blick frei für eine überraschende Tiefenperspektive der Tragödie. Faust aber kann das Wort so hoch unmöglich schätzen, und so schreibt er für λόγος willkürlich: die Tat. Voluntas ratione superior. Wille statt Geist. Nicht, daß Faust die Bibel übersetzt, sondern daß er sie so verhängnisvoll verfälscht, ist das Wesentliche an dieser Szene, die so zu einer Achse des ganzen Stückes wird, gleichwertig neben Fausts Fluch auf Wissenschaft und Glauben. Der Gegenbegriff zu λόγος, der göttlich ordnenden Vernunft, ist χάος. Chaotisch sind die Folgen von Fausts Entscheidung: Teufelsbund, Verführung, Mord und Schafott; das Reich wird untergraben; Raufebold, Habebald, Haltefest, Eilebeute werden Fausts Genossen; die letzte Kirche geht in Flammen auf; Völker werden versklavt; bis zuletzt ein Grab geschaufelt wird, wo neues Leben entstehen sollte.

Halten wir fest, es sind die Denkentscheidungen der Philosophen, nicht die großen Erfindungen der Naturforscher, die das Schicksal der Völker bestimmen. Maßgebend ist nicht, was entdeckt oder erfunden wird, sondern der Geist, in dem der Mensch von seinen Erfindungen Gebrauch macht. Davon, nur davon hängen die Kontinente und die Jahrhunderte ab. Anders formt und färbt sich das Gewölk über einer Nation, je nachdem, ob sie sich etwa an Leibniz oder an Fichte oder gar an Nietzsche schult. Goethe aber, als er um 1797 die Szene der Bibelübersetzung schuf, hat mit ihr jene Wandlung in der deutschen Philosophie gespiegelt, die sich eben damals vor seinen Augen im nahen Jena so tragisch anbahnte.

Unter ihrem Einfluß entstand um die Jahrhundertwende jene Bewegung unter der Jugend, ichbetont, subjektiv, voluntaristisch und nationalistisch, die die Ordnung der Welt so verschob, daß das eigene Volk und der eigene Wille zum

Mittelpunkt der Schöpfung wurden. Das peinliche Wort «Am deutschen Wesen soll die Welt genesen» ist nur wie eine späte und vergröberte Wiedergabe gewisser Kapitel aus Fichtes «Reden an die deutsche Nation». Was der Philosoph aus einem großartigen sittlichen Ernst als ethische Forderung, wenn auch nicht frei von nationalem Paroxysmus, ausgesprochen, das wandelte sich bei seinen Hörern und noch mehr bei den kommenden Geschlechtern zu einem Adelsbrief deutschen Geistes und Blutes, zum Privileg einer Herrenrasse. Das Absolute wurde zum Nationalen. Die Nation ward vergottet.

Dies ist der Jugend edelster Beruf:
Die Welt, sie war nicht, eh ich sie erschuf!
Die Sonne führt ich aus dem Meer herauf;
Mit mir begann der Mond des Wechsels Lauf,

so hebt der ichverzauberte Student, ein anderer creator mundi, im Zweiten Teil des «Faust» sein Preislied auf sich selbst als Mitte des Universums an. Das ist jenes «experimentum suae medietatis, der Versuch, in sich selbst den Schwerpunkt der Welt zu sehen», in dem Augustin den Anfang allen Abfalls erblickt. «Das Schwache fällt, das Tüchtige tritt heran», ist das nicht wie Nietzsches Wort, was fällt, solle man noch stoßen? Und die Verse:

Des Menschen Leben lebt im Blut, und wo
Bewegt das Blut sich wie im Jüngling so?
Das ist lebendig Blut in frischer Kraft,
Das neues Leben sich aus Leben schafft,

klingen sie nicht wie eine Vorstufe zu dem, was wir jüngst erlebt haben? «Eritis sicut deus, Ihr werdet sein wie Gott», hatte Mephistopheles dem Schüler ins Stammbuch geschrieben. Die Saat war aufgegangen.

Goethe aber hat seinem Unmut neben der Faustdichtung noch in dem Spruche Wort gegeben:

Das junge Volk, es bildet sich ein,
Sein Tauftag sollte der Schöpfungstag sein.
Möchten sie doch zugleich bedenken,
Was wir ihnen als Angebinde schenken.

Fichtes Philosophie war ein ethischer Pantheismus. Schon ihrer Naturfremdheit halber ward sie in einem Jahrhundert, das immer mehr der materialistischen Naturforschung verfiel, rasch vergessen. Seine vielleicht schönste Schrift «Die Anweisung zum seligen Leben», in der er ähnlich wie Augustin und Scotus die Liebe und zwar auf Grund des Johannisevangeliums als Quelle der Gewißheit und des wahren Seins feiert, wer hat sie gelesen? Jedoch die «Reden an die deutsche Nation» gewannen, vor allem unter dem Einfluß der Treitschkeschule eine Bedeutung weit über die ursprüngliche Wirkung von 1807/08 hinaus. Und so entwickelte sich von Fichte über Schopenhauer die Willensphilosophie bis hin zu Nietzsche und ward durch dessen Trabanten Spengler zur Maxime und zum Dogma des Dritten Reiches. «Voluntas ratione superior, Wollen ist wichtiger als Denken», so Spengler im Anschluß an Scotus. Wir aber werden uns an das halten, was Goethe lehrt, daß Denken und Tun sich zu einander stellen sollen wie Einatmen und Ausatmen. Denken aber heißt, das Für und Wider einer Sache abwägen, nach dem wahren Grunde fragen und nach dem Grunde des Grundes und wiederum auch nach dessen Ursachen, Wahrscheinlichkeit von Wahrheit, Einzelfall von der Verallgemeinerung scheiden, nicht aber sich unbesonnen und leidenschaftlich an das erste vordergründige Urteil wegwerfen.

Daß Goethe in der Übersteigerung der nationalistischen Affekte die Gefahr des kommenden Jahrhunderts sah, ist eine Sorge seines Alters gewesen. Wie er unter ihr litt, macht das «Buch des Unmuts» im «West-östlichen Divan» offenbar. Daß er sie zu bannen trachtete, davon gibt ein Gespräch vom 12. Dezember 1813 Kunde. Diese Unterredung, allzu wenig beachtet, galt einem jungen Jenaer Mediziner und Naturforscher, dem Anführer der freiwilligen Jäger in den sächsischen Herzogtümern. Dieser schreibt darüber an die Malerin Luise Seidler, deren liebliche Erscheinung uns durch das bekannte Interieur von Kersting vertraut ist, wie er abends zu Goethe gegangen sei und ihn allein gefunden, wunderbar aufgeregt, glühend, ganz wie im Kügelgenschen Bilde. Zwei Stunden sei er bei ihm gewesen, zum ersten Male aber habe er ihn nicht ganz verstanden. «Mit dem engsten konfidentiellen Zutrauen teilte er mir große Plane mit und forderte mich zur Mitwirkung auf. Ich war zu müde, um mich in dieselbe Stimmung zu versetzen; so habe ich mich endlich losgerissen. Ich fürchtete mich beinahe vor ihm. Er erschien mir, wie ich mir als Kind die goldenen Drachen der chinesischen Kaiser dachte, die nur die Majestät tragen können. Ich sah ihn nie so heftig, gewaltig, grollend; oft mangelten die Worte, und dann schwoll sein Gesicht, und die Augen glühten, und die ganze Gestikulation mußte das fehlende Wort ersetzen. Ich habe seine Worte und Plane, aber ihn selbst nicht verstanden. Er sprach über sein Leben, seine Taten, seinen Wert, mit einer Offenheit und Bestimmtheit, die ich nicht begriff. Ob ihn der große Plan, den ich Ihnen nur mündlich sagen kann, so erregte?»

Was war hier vorgefallen? Was hat den Dichter so tief und leidenschaftlich aufgewühlt, daß der junge Freischarführer sich fast vor ihm fürchtete und ihn mit dem Bilde eines chinesischen Drachens verglich? Goethe, schon seit langem vereinsamt und ohne Fühlung mit der Nation, hatte sich in äußerstem, reinstem Zutrauen einem von ihm gewürdigten Vertreter der Jugend erschlossen, ihm Hilfe und Zusammenarbeit angetragen, er, der Weise des Reiches, dem unbekannten Vertreter einer jungen Generation. Der aber hat ihn nicht verstanden. «Er sprach», sagt Kieser, «über sein Leben, seine Taten, seinen Wert, mit einer Offenheit und Bestimmtheit, die ich nicht begriff.» Man sieht: Goethe hat die Summe seiner Existenz gezogen und aus der Folgerichtigkeit und geistigen Fülle seines Daseins die Jugend angesprochen. Diese Jugend hat ihre Stunde nicht erfaßt.

Aus einem Brief Goethes, einen Monat später, am 14. Februar 1814, geschrieben, ergibt sich, was seine Pläne gewesen. Er wollte die Entscheidung über Deutschlands Zukunft nicht allein den Heeren überlassen. Er glaubte nicht an Blut und Eisen als die letzten Kräfte der Geschichte. Er suchte irgendwie nach einem Parlament der Geistigen, in dem die öffentliche Meinung zusammengefaßt und gelenkt würde. Die Generationen sollten sich finden, ein deutscher Künstler- und Gelehrtenhof sollte es sein, um einen Ausdruck zu brauchen, den Otto Volger prägte, als er 1859 das Freie Deutsche Hochstift schuf, dessen erste Gründungsphase man wohl dem Goetheschen Plane vergleichen kann. «Die Vereinigung und Beruhigung des deutschen Reiches», heißt es in jenem Briefe, «überlassen wir Privatleute, wie billig, den Großen, Mächtigen und Staatsweisen. Über einen moralischen und literarischen Verein aber, welche bei uns, wo nicht für gleich geltend, doch wenigstens für gleich schreitend geachtet werden könnten, sei es uns dagegen erlaubt zu denken, zu reden. Eine solche Vereinigung nun, die religiöse sogar mit eingeschlossen, wäre sehr leicht … zu bewirken.» Goethe sah, die Zeit für eine Volksvertretung war gekommen. Er erblickte ihre Aufgabe nicht in der Politik des Tages, sondern in der einheitlichen Formung des Volkes zu einer Nation. Das Forum, auf dem man sich auszusprechen hatte, waren ihm die Dichtung, die Ethik und die Religion. Vom Geistigen, Künstlerischen her sollte der neue deutsche Mensch geschaffen werden, aus der Welt des Glaubens und vor dem Anspruch des moralischen Soll. Aber schon der erste Versuch, die Aussprache mit Kieser, hatte gezeigt, daß die Hoffnung Illusion war, und deshalb lautet der eben angeführte Satz des Briefes ohne Auslassung: «Eine solche Vereinigung wäre sehr leicht, aber doch nur durch ein Wunder zu bewirken, wenn es nämlich Gott gefiele, in einer Nacht den sämtlichen Gliedern deutscher Nation die Gabe zu verleihen, daß sie sich am andern Morgen einander nach Verdienst schätzen könnten. Da nun aber dieses nicht zu erwarten steht, so habe ich alle Hoffnung aufgegeben und fürchte, daß sie nach wie vor sich verkennen, mißachten, hindern, verspäten, verfolgen und beschädigen werden.» Goethe führt dann weiter diesen Fehler, sich einander im Wege zu stehen, falls man es einen Fehler nennen könne, darauf zurück, daß in dieser Nation soviel vorzügliche Individuen geboren würden, die nebeneinander existieren und sich, jeder auf seine Art, bilden wollten. «So entspringen», heißt es zuletzt, «da der Deutsche nichts Positives anerkennt und in steter Verwandlung begriffen ist, ohne jedoch zum Schmetterling zu werden, eine solche Reihe von Bildungsverschiedenheiten, daß der treueste Geschichtsschreiber nicht dem Gange einer sich ewig widersprechenden Bildung nachkommen könnte.» Adressat des Briefes war ein katholischer Publizist. Daraus darf man vielleicht schließen, daß neben der Idee, eine Vereinigung zu gründen, die andere stand, ihr ein publizistisches Organ zu schaffen, das Organ für eine an der Heimat, der Antike und am europäischen Ausland orientierte Kulturpolitik. Im Gespräch mit dem Freischarführer im Dezember 1813 hat wohl gerade dieses Letztere im Vordergrund von Goethes Wünschen gestanden. Er sah den nationalen Aufbruch, verschloß sich, nach einiger Zeit des Abwartens, nicht seiner Größe und seiner Berechtigung, aber er sah, und zwar wohl er allein, sofort auch seine Gefahr: die nationalistische Verengung. Es war ja nicht die menschliche Persönlichkeit Napoleons, die ihn an dem Kaiser anzog. Gewiß, der Dichter verehrte in ihm den Bändiger der Revolution; auch erkannte das Genie im Genie die verwandte Natur. Aber was Goethe eigentlich an den Kaiser band, war nicht der Mensch, sondern die Idee Napoleon, war die Erkenntnis von der Beschränktheit alles nur Nationalen, das Fühlen und Wissen darum, daß das geistige Reich des Menschen sein Wesentlichstes sei und daß dieses nicht mit den Grenzen eines einzelnen Landes und denen seines Volkstums aufhöre. Dafür aber hatte der junge Freiwillige kein Ohr. Er haßte den Feind. Er wollte fechten. Er verstand nicht, daß hier Einer sprach, der schon über den Krieg hinaus auf den Frieden sah und dem dieser Frieden wichtiger war als der Krieg. So hielt er sich denn an Karl August, seinen Herzog, und nicht an den Dichter, und statt in einer allumfassenden, von Goethe geplanten moralisch-literarischen Vereinigung fand sich die Jugend, und nur diese, in der Burschenschaft zusammen. Welche Perspektive, wenn es gelungen wäre, eine Plattform zu schaffen, von der aus der Dichter verbunden mit den besten Kräften einer neuen Generation dem kommenden Deutschland die Bahn wies!

Wir wissen heute, und zwar durch Untersuchungen der letzten Jahre, wie sehr die Männer, die die Armeen von 1813 führten, Verehrer Goethes gewesen sind; von der Jugend aber, die in diesen Armeen diente, kann man das gleiche nur mit Einschränkung sagen. Und so begann denn von 1813 ab sich eine Kluft aufzutun zwischen dem Dichter hier und einem nationalistisch eingestellten Teil der Nation dort, eine Spaltung, die man später im Bismarckschen Reich mit den Worten Weimar und Potsdam zu kennzeichnen suchte. Ich kann mir nicht versagen, Ihnen als Gegenstück zu dem Dezembergespräch eine Schilderung vorzutragen, die schon ihrer Anschaulichkeit halber verdient, daß wir uns immer wieder einmal an ihr erfreuen. Ernst Moritz Arndt erzählt, wie er im Sommer des Jahres 1815 – es war für Goethe die hohe Zeit des Divans und der Liebe zu Marianne von Willemer – in Köln gewesen und wie er dort hört, der Freiherr vom Stein sei im Dom und wie er sich eilig aufmacht, diesen zu sehen. «Stein grüßte uns», schreibt Arndt, «auf das allerfreundlichste – und wen erblickten wir nicht weit von ihm? Da stand der neben ihm größte Deutsche des 19. Jahrhunderts, Wolfgang Goethe, sich das Dombild [Stephan Lochners, von Heine besungene, Maria mit den drei Königen] betrachtend. Und Stein zu uns: ‹Lieben Kinder, still! still! nur nichts Politisches! das mag er nicht; wir können ihn da freilich nicht loben, aber er ist doch zu groß.› Wunderbar gingen die beiden deutschen Großen hier nebeneinander her wie mit einer gegenseitigen Ehrfurcht; so war es auch im Gasthause am Teetisch, wo Goethe sich meistens sehr schweigsam hielt und sich früh auf sein Zimmer zurückzog.»

Arndt fragt dann weiter: «Wie waren die beiden zusammengekommen? wie dann miteinander nach Köln gekommen? Goethe hatte seine Vaterstadt und einige alte Genossenschaft und Freundschaft einmal wieder besucht. Da hatte ihn sein Herz gefaßt, und er hatte sich wieder das Herz gefaßt, die Pfade, auf welchen seine lustige, genialische Jugend sich ergangen und getummelt hatte, die Pfade, welche bei Wetzlar an der Lahn und durch ihre schönen Täler nach Nassau, Koblenz, Ehrenbreitstein und Vallendar hinlaufen, noch einmal wieder zu durchwandeln. Da vernimmt Stein in seinem Schlosse die Nachricht: Goethe ist in Nassau im Löwen abgestiegen. Er flugs in den Löwen und holt und zwingt den Sträubigen in sein Schloß hinauf. Da nun Goethe einen Ausflug nach Köln vorhat, so läßt Stein seinen Wagen vorspannen, und sie rollen zusammen den Rhein bis nach Köln hinunter. Ich kann mir denken, wie die beiden Reisegefährten jeden Zusammenstoß vermieden; es war gewiß die äsopische Reise des steinernen und irdenen Topfes. So gingen sie auch in Köln nebeneinander hin mit einem zarten Noli me tangere. Nimmer habe ich Steins Rede in Gesellschaften stiller tönen gehört.»

Sie waren beide in ihrem Rechte, Stein, wenn er an die nächste, Goethe, wenn er an die fernere Zukunft dachte, und irgendwie wußten sie darum und liebten und respektierten einander.

Rückschauend auf jene Tage von 1813 hat Goethe einmal zu Eckermann gesagt – es war am 14. März 1830, zwei Jahre vor seinem Tode –, daß er sich zwar des Sieges damals gefreut, aber nie die Franzosen gehaßt habe. «Wie hätte auch ich, dem nur Kultur und Barbarei Dinge von Bedeutung sind, eine Nation hassen können, die zu den kultiviertesten der Erde gehört und der ich einen so großen Teil meiner Bildung verdanke. Überhaupt ist es mit dem Nationalhaß ein eigenes Ding. Auf den untersten Stufen der Kultur werden Sie ihn immer am stärksten und heftigsten finden. Es gibt aber eine Stufe, wo er ganz verschwindet und wo man gewissermaßen über den Nationen steht und man ein Glück oder ein Wehe seines Nachbarvolkes empfindet, als wäre es dem eigenen begegnet. Diese Kulturstufe war meiner Natur gemäß, und ich hatte mich darin lange befestigt, ehe ich mein sechzigstes Jahr erreicht hatte.»

Deshalb machte Goethe es sich nach den Befreiungskriegen zur Aufgabe, in bewußtem Gegensatz zur romantisch-nationalen oder, wie er sich gelegentlich ausdrückte, zur neudeutsch-patriotischen Kunst, das Augenmerk der Nation auf die Literatur der Welt zu richten. Das Wort «Weltliteratur» ist seine Prägung. Daß es nicht zu einer großen grundsätzlichen Kundgebung kam, lag nur an seinem Alter. Vorarbeiten sind erhalten. Darüber hinaus wurde in einzelnen Aufsätzen von «Kunst und Altertum» – mag es sich um ein französisches Tasso-Drama handeln oder um eine Anthologie von Carlyle oder um englische Journale, die Goethe anzeigte – die Auseinandersetzung mit der Welt ein leitendes Thema. Unter Weimarer Einfluß gründeten Eichendorff und Chamisso in der Reichshauptstadt eine Montags-Gesellschaft für in- und ausländische Literatur. Goethe ließ ihr seine Weisungen zukommen. Unsere Dichtung sei zu individualistisch, zu subjektiv, von dem, was Staat und Kirche betreffe, sei in ihr nichts zu bemerken, während die Franzosen sich mit dem Leben und den Leidenschaften der ganzen Nation auseinandersetzten, und zwar mit dem Mut zur Opposition. Wie sie uns gelten ließen oder ablehnten, daraus könnten wir lernen, uns zu beurteilen. Es könne gar nichts schaden, wenn man uns einmal über uns selbst denken mache. Gewiß, das waren alles nur Ansätze, denen die Stimmung der Nation nicht einmal sehr entgegenkam. Aber was hätte man im biedermeierlichen Deutschland mehr tun können?

Nach des Dichters Tod war es nur noch die Bewegung des «Jungen Deutschland», die in einem geistigen Europa lebte. Diese aber verlor die Revolutionen von 1830 und 1848. Die freien Herzen verließen das Land, suchten eine neue Heimat in der Schweiz, in England, vor allem über dem Meere; was daheim geblieben war, umzog sich wie mit einer Mauer. England, über anderthalb Jahrhunderte so sehr das gefeierte Vorbild, daß unsere Dichtung zeitweise fast eine englische Kolonialliteratur zu sein schien, ward uns fremd, fühlte sich bedroht und glitt schließlich in die Rolle eines Gegners. Zwischen Oxford, Cambridge

und den deutschen Hochschulen hätte die engste Fühlungnahme bestehen sollen; statt dessen brachen wir die wenigen Beziehungen ab, die bestanden. Wir hatten der Macht
so viele Erfolge und solchen Reichtum zu danken, daß wir
sie überschätzten. Eine nationalistische Geschichts- und
Weltbetrachtung wurde an den Universitäten führend.
Wie sehr sich das geistige Klima im Reich gewandelt hatte,
erhellt am deutlichsten aus den Briefen Jacob Burckhardts.
Der junge Gottfried Keller hatte Deutschland und die
Schweiz noch als eine geistige Einheit empfunden. Nun
ward auch das anders. Denn jetzt gab es wirklich einen
Gegensatz zwischen Weimar und Potsdam. Es ist tragisch,
in den Briefen der Kaiserin Augusta zu lesen, wie sie, die
Gemahlin Wilhelms I. und Tochter der Großherzogin
Maria Paulowna, die in ihren Mädchenjahren noch bei
Goethe aus- und eingegangen, immer wieder versucht hat,
den Kaiser der Goetheschen Dichtung und Weltschau zuzuführen. Der aber lehnte ab; er ließe sich seinem Pflicht-
begriff, für den Preußen und der Staat alles sei, nicht ent-
fremden. So wurde Preußen nicht deutsch, wohl aber
Deutschland preußisch. Und Österreich ward ausgeschieden. Tatsächlich hat keiner der drei Hohenzollern als Kaiser das Goethehaus im Hirschgraben betreten, so oft sie
auch in Frankfurt und im nahen Homburg weilten.

Dem alten Kaiser war Pflicht noch Verantwortung gegenüber dem Staate gewesen, für das Bürgertum wandelte
sich der Begriff der Pflicht in den der Arbeit, und an die
Stelle des Staates trat der Beruf und schließlich das Geschäft. «Les affaires avant tout, das Geschäft über alles»,
das war der Wahlspruch jenes Gontard gewesen, in dessen
Diensten Hölderlin stand. Kein Wunder, daß der Dichter
über Barbarentum klagte. «Das Geschäft über alles», das
schien jetzt der Wahlspruch der ganzen Nation zu sein.
Arbeit, das Wort bekam für viele eine fast sakramentale
Bedeutung. Niemand wurde sich klar, daß man nur den
Begriff des Nutzens ethisch vernebelte. Von einer Religion
der Arbeit konnte ernstlich die Rede sein, und so bildete
sich auch hier jene Überschätzung des Berufes auf Kosten

der menschlichen Haltung, die schon Goethe und Hölderlin bei uns gegeißelt hatten. Man gewöhnte sich, in Geldwerten statt in Lebenswerten zu denken. Und wußte man schließlich noch, was Lebenswerte seien? Sie verschwanden alle wie in einem Strudel, als sich das Fragen nach den Grundlagen des Daseins in dem satanischen Axiom überschlug: «Wahr ist, schön ist, recht ist, was dem deutschen Volke nützt, unwahr, häßlich, unrecht, was ihm schadet.» Wir wußten alle um das Wort Kants, daß mit einem einzigen Unrecht eine ganze moralische Weltordnung zusammenbräche, wo aber stürzte sich ein Curtius zur Erhaltung des Rechtes in den Abgrund? Ja, wo war überhaupt noch Möglichkeit, den Frevel aufzuhalten? Ach, und das war alles das Gegenteil von Goethes Meinung, der auf ein Europa gehofft hatte, das in der Literatur wie im Handel und Wandel das Universale anstrebte: «Die Besonderheit einer jeden Nation muß man kennen lernen, um sie ihr zu lassen, um gerade dadurch mit ihr zu verkehren; denn die Eigenheiten einer Nation sind wie ihre Sprache und ihre Münzsorten, sie erleichtern den Verkehr, ja, sie machen ihn erst vollkommen möglich. Eine wahrhaft allgemeine Duldung wird am sichersten erreicht, wenn man das Besondere der einzelnen Menschen und Völkerschaften auf sich beruhen läßt, bei der Überzeugung jedoch festhält, daß das wahrhaft Verdienstliche sich dadurch auszeichnet, daß es der ganzen Menschheit angehört.»

Liebe Mitglieder des Freien Deutschen Hochstifts! Wir sind Deutsche, und wir bleiben Deutsche. Aber das müssen wir uns gestehen, noch nie ist der Himmel über uns so sonnenlos gewesen wie heute, so sternenlos. Wir haben kein Reich mehr, keinen Kaiser, keinen Präsidenten, keine Fahne und auch kein nationales Lied; von dem ist uns nur die alte ehrwürdige Melodie von Haydn geblieben. Was uns ruhmvolle Denkstätten unserer politischen oder geistigen Geschichte waren, sie liegen zerschlagen oder tragen fremde Flaggen. Und doch, – wo wäre heute und für alle Zukunft die Freiheit des deutschen Geistes, die Selbständigkeit und Ehre unseres Gewissens, wenn es anders wäre?

Weiter aber zeigt uns gerade dieser heutige Tag, daß wir noch wir selbst sind, daß wir vertrauen dürfen. Wir, die wir uns hier zusammengefunden, wissen es ja, – darum sind wir ja hier, – daß in jedem Worte Goethes, auch seinem bittersten, eine heilende Kraft lebt. Stellen wir uns seinem Urteil, aber empfangen wir auch von ihm jenen unbesiegbaren Lebensmut, den ihm Natur und seine Mutter bei der Geburt auf den Weg gegeben. Keine Verzagtheit, für die er nicht einen tröstenden Zuspruch hätte, aus einem tiefen Wissen um die wahren Kräfte dieser Welt, um die Wandlungsfähigkeit aller Dinge, um den heiligen Sinn des Leidens. Ja, wer tiefer in sein Werk eindringt, dem offenbart sich, daß Goethe in Wirklichkeit ein Dichter des Leidens ist, so heiter auf den ersten Blick seine Lebenslandschaft aussieht und so sehr er selbst gerade dieses Wort heiter liebt. Es ist ihm mehr als fröhlich, ist tiefer, lebt aus metaphysischen Quellen, ist geprüft in Leid und Überwindung. Es ist nicht nur der verschwenderische Reichtum seiner Phantasie, der Wohllaut und die Prägungskraft seiner Sprache, nicht nur die Fülle seines warmen Herzens, sondern vor allem jene über alle Abgründe tragende Kraft der Versöhnung, des Lebensglaubens und Gottesglaubens, die dem Dichter im Urteile der Welt die Stellung neben Dante gibt. Und alle die Gestalten, die Goethe geschaffen hat und die nun ewig sind, Werther und Tasso, Götz und Egmont, Iphigenie und Mignon und Gretchen, auch Hermann und Dorothea, sie sind doch, so wie er sie geschaffen hat, Gestalten von unserem Blute, irgendwie Verkörperungen der Sehnsüchte und guten Kräfte unserer Seele. Und so feindlich die Welt auch ringsum heute über uns denken mag, ihnen huldigt auch sie, in ihnen erkennt sie an und liebt, was als edelste Blüte eines reinen Menschentums einmal aus unserem Volke geboren worden ist. In diesen Gestalten, – mögen wir auch jetzt manchmal mit uns zerfallen sein und uns nicht zu finden wissen –, in ihnen erscheinen wir uns liebenswert, wie sie der Welt liebenswert erscheinen. Nehmen wir auch das als Bürge für unsere Zukunft.

Ich fühle manchmal, als sei eine ganz ungoethische Lethargie über unsere Stadt gekommen; und wer müßte nicht bekennen, daß er nicht oft genug sich selbst davon ergriffen wüßte. In einer solchen Stunde kam ich unlängst in den Großen Hirschgraben und sah, wie die Führer des Goethehauses, ja selbst der gelehrte Archivarius, emsig Schubkarren auf Schubkarren Schuttes aus dem Höfchen mit dem alten Brunnen fuhren, an dem Goethe als Kind gespielt, und wie dieser Brunnen aus all der Zerstörung wieder auftauchte, als sei nichts gewesen. Und darum sei heute als an dem Geburtstage des Dichters der Wunsch ausgesprochen, daß, nicht als Beginn des Wiederaufbaues, denn diese Stunde wird erst nach Jahren schlagen, aber als Symbol des Frankfurter Aufbauwillens, das Hausportal mit dem Goetheschen und Textorschen Wappen wieder aufgerichtet werde, damit diese ehrwürdigen Sinnbilder nicht länger gestürzt und geschändet im Staube der Straße liegen. Als letztes aber nehmen wir noch dieses Hölderlinwort mit auf den Weg, aus unserem Hirschgraben in Frankfurt dem Bruder zugerufen:

«Was lebt, ist unvertilgbar, bleibt in seiner tiefsten Knechtsform frei, bleibt Eins, und wenn du bis ins Mark es zerschlägst. Es bleibt uns überall noch eine Freude. Der echte Schmerz begeistert. Wer auf sein Elend tritt, steht höher. Und das ist herrlich, daß wir erst im Leiden recht der Seele Freiheit fühlen.»

GOETHEFEIER 1749 – 1949

Ansprache zum 22. März 1949

Am 14. Mai des Jahres 1932, als das Hochstift den hundertsten Todestag Goethes feierlich beging, hat in diesem Saale Thomas Mann gestanden und das Frankfurter Goethemuseum eröffnet. Er schloß seine Ansprache mit den Worten: «Wir befinden uns an einer der ehrwürdigsten und wesentlichsten Stätten geistig-nationaler Überlieferung. Möge das Deutsche Reich seinen Schild über diese Stätte, diese treugeschaffenen Werke halten; möge der Staat Preußen und möge die Verwaltung dieser Stadt es sich zur Pflicht machen, Not und Verfall der Zeit, soweit es irgend in ihren Kräften steht, vom Frankfurter Goethe-Hause fernzuhalten! Mögen sie nicht glauben, daß sie Lebensnotwendiges damit an das Vergangene, bloß Museale, wenden. Es ist schön, sich mutig in die Zukunft zu werfen; aber ein Volk, das seine Zukunft nicht nur erleiden, sondern bewußt gestalten will, ein gedankenvolles Volk wie das deutsche, braucht dazu das Gedächtnis seiner höchsten Vergangenheit.»

Wenige Jahre darauf, und der Dichter, der diese Worte gesprochen hatte, ging in die Verbannung. Die Mahnung, sich nicht nur mutig in die Zukunft zu werfen, sondern auch ein gedankenvolles Volk zu sein, des geistigen Erbes und seiner Verantwortung bewußt, war überhört worden. Das Reich, das über diese Stätte seinen Schild halten sollte, ist nicht mehr. Die Stadt, die das Haus vor Not und Verfall der Zeit schützen sollte, ist selbst verfallen. Und ihre Bürger sind von der Not der Zeit so hart bedrängt, daß es heute ihnen wirklich schwerfällt, ein gedankenvolles Volk zu sein.

Aber gleich 1932 stehen wir wiederum, wie es heißt, im Zeichen eines Goethejahres. Darf ich sagen, daß ich diese

Bezeichnung nie ohne einen geheimen Einwand höre. Sie erhebt einen Anspruch, dem innere Wahrheit schwer entsprechen kann. Sie bläst Stunden der dankbaren Erinnerung, der verehrenden Besinnung zur Länge eines Jahres auf. Es entsteht die Versuchung, den Zeitraum, da er nun doch einmal unter dem Zeichen Goethes stehen soll, mit Veranstaltungen zu füllen, die von Goethe nur den Namen borgen, in Wirklichkeit aber dem Tage dienen. Man kann bei einem Volke, das sich und also auch seine Feiern selbst bestimmen soll, hier nicht durch Gebote oder Verbote eingreifen. Die allgemeine Einsicht muß von selbst das Maß finden. Die Enge unserer Verhältnisse wird das übrige tun.

Für das Hochstift ist jedes Jahr ein Goethejahr. Es trägt, zu seinem bescheidenen Teil, das Andenken Goethes durch die Zeit. Es hütet sein Erbe und macht es fruchtbar, so gut es vermag. Und eben deshalb empfinden wir es dankbar und freudig, daß sich in diesem Jahre alle Einwohner mit uns vereinen, um den 28. August festlich zu erleben, einen Tag, den das Hochstift schon seit neunzig Jahren regelmäßig mit einer Feier begangen hat, die, wechselnd in den Formen, seine Bedeutung zu würdigen versuchte. Und so hat es deshalb seine traditionelle Geburtstagsfeier diesmal auf den heutigen Tag vorverlegt, um in ihr von dem Rechenschaft zu geben, was ihm das Wichtigste sein muß, nämlich von seiner Arbeit. Es beruft sich dabei auf den Dichter selbst und auf sein Wort, daß des echten Mannes wahre Feier die Tat sei.

Als am 22. März 1944, also heute vor fünf Jahren, mit der ganzen Altstadt auch der Große Hirschgraben in Schutt sank, mußte es da nicht scheinen, als sei auch das Hochstift und mit ihm alles, was in Frankfurt an Goethe erinnerte, in den Strudel dieser Untergänge hineingerissen? Daß statt dessen die Zahl seiner Mitglieder sich verdreifachte, von zweitausend auf über sechstausend anstieg, offenbarte, aus welcher Gesinnung heraus man sich dem Unglück entgegenstemmte. Vor allem kamen, ohne daß darum geworben worden war, von allen Seiten in reichstem Maße Geldspenden für einen Wiederaufbau. Von ihnen sei die größte dankbar erwähnt. Am 28. August 1944 überwies die Firma Philipp Holzmann durch ihren Vorsitzenden Herrn Dr. Martin Arndt die Summe von 300 000 RM. Heute sehen Sie, daß dort, wo Goethes Geburtshaus stand, schon vom bebänderten Kranze der Zimmerleute gekrönt ein neuer Bau im Werden ist, der die Formen des alten wiedergibt, soweit als möglich aus den alten Steinen. Das Für und Wider dieses Baues soll und kann hier nicht abgehandelt werden. Ich selbst habe immer und immer wieder alle Gedankenreihen nach beiden Seiten hin sorgsamst durchdacht, und das nicht erst jetzt, sondern schon vor mehr als zwanzig Jahren, als ich die Verantwortung für diese Stätte übernahm. Und auch meine Vorgänger im Amt hatten schon die Frage einer Katastrophe überprüft; und auch sie hatten sich im Falle eines Unglückes eben doch für den Wiederaufbau entschieden. Daher war das Hochstift in jeder Beziehung so gut gerüstet. Was beweglich war und geborgen werden konnte, war geborgen. Was an Grundlagen für einen Wiederaufbau vorhanden sein mußte, war vorhanden.

Dringlicher aber als die Nachbildung des Geburtshauses war die Wiederherstellung des Gebäudes, in dem wir uns hier versammelt haben. Denn hier handelt es sich um das Gehäuse, das dem Hochstift als wissenschaftlichem Institut den Rahmen und die Heimat gibt. Eine Bibliothek von 60 000 Bänden, wie keine Stadt, keine Hochschule sie hat, steht hier den Professoren und Studenten der Johann Wolfgang Goethe-Universität für ihre Arbeit wieder zur Verfügung. Nur wer in ähnlicher Lage die so vielfachen schweren Sorgen, die immer neuen Mühen um das Retten, Bergen und Bewahren in den Jahren des Krieges durcherlebt hat, kann die Genugtuung nachfühlen, daß die Handschriften der Goetheschen Gedichte, die Schreiben des Kaiserlichen Rates, die Briefe der Mutter, die von Lili Schönemann, kurz daß die vielen Tausende von Handschriften der Goethezeit, die das Hochstift besitzt, eben nicht verbrannt, sondern hier in ihren eisernen Schränken wieder ebenso wohl verwahrt ruhen, wie sie es vor 1939 getan haben.

Ja, ist es nicht überhaupt ein Wunder und ein Trost, daß wir wieder in diesem Saale stehen dürfen, trotz der Feuerwolken, die Tage und Nächte über diesen Straßen lagen? Die Frankfurter Gärtner haben es sich nicht nehmen lassen, mit liebender Hand einen Vorfrühlingsflor in das kleine Rokokogärtchen zu zaubern; und die alte Linde, die noch aus den Jahren des Dichters stammt, zeigt wieder wie in jedem Frühjahr ihre ersten Knospen. Die Frankfurter Arbeiter und Handwerker haben vom Abtragen der tristen Schuttmassen bis zum letzten und feinsten Pinselstrich beim Ausmalen der Räume ihren ganzen Ehrgeiz darein gesetzt, daß, wie sie sagten, für das Jahr 1949 der Große Hirschgraben «die gute Stubb von Frankfurt» werde. Es ist ihnen gelungen. Gelungen vor allem auch durch das umsichtige Planen der Architekten, die den Bau geleitet haben. Uns allen ist es schmerzlich, daß Fritz Josseaux heute nicht mehr unter uns sein kann, er, der zehn Jahre lang der treue und von uns allen geliebte Baumeister des Hochstifts war und der das Werk vollbracht hat, einem nüchternen Magazinbau des vorigen Jahrhunderts eine reizvolle, neue Fassade zu geben, die sich in der Führung des Daches und der Fenstergliederung der des Goethehauses anschließt. Die Innenräume aber sind bewußt ganz modern gehalten. Ihre edlen und schönen Formen sind die Leistung und das Verdienst von Herrn Theo Kellner, dem bei der Ausführung Herr Joseph Schmitt, allen immer neuen Schwierigkeiten zum Trotz, erfolgreich zur Seite gestanden hat. Ihnen allen und der Firma Holzmann gilt der Dank des Hochstifts. Der Dank des Hochstifts gebührt aber auch den Bürgern der Stadt, ihrem Oberbürgermeister, ihren Stadträten und Stadtverordneten. Denn nachdem wir zwei Jahre lang aus eigenen Mitteln den Bau getragen hatten, kam das Ganze infolge der Währungsreform zum Stocken, kurz vor der Vollendung und kurz vor dem zweihundertsten Geburtstag. Daß trotzdem Frankfurt heute in diesem Festsaal und mit einer Ausstellung Goethes gedenken kann, das hat die Verwaltung der Stadt ermöglicht als eine Huldigung Frankfurts gegenüber ihrem Sohne. Und so ist es auch möglich geworden, diesem Saal jene Bilder des Malers Seekatz einzufügen, die Sie ringsum an den Wänden erblicken. Sie sind um 1760 im alten Goethehaus entstanden, als im Siebenjährigen Kriege die Franzosen die Stadt plötzlich besetzt hatten. Graf Thoranc, ein südfranzösischer Edelmann, der damals in Goethes Elternhaus Quartier nahm, gab sie in Auftrag: ländliche Kinderszenen, Reinheit der Natur im Sinne und in der Nachfolge Rousseaus, den der Graf las und liebte, ein Protest gegen die Verderbtheit des von ihm gehaßten Hofes von Versailles, in ihrer Art also eine politische Programmschrift in Bildern. Oben in der Mansardstube des Goethehauses stand damals der alte Seekatz mit Pinsel und Palette inmitten der Farbtöpfe. Wolfgang, ein elfjähriger Knabe, hatte ihm sein eigenes Zimmer als Atelier abtreten müssen; dafür durfte er ihm, wie er fünfzig Jahre später in «Dichtung und Wahrheit» erzählt, täglich den Kaffee bringen und, was wichtiger war, beim Malen zusehen und lernen, was Kunst sei. Weiter zeigen wir in den Diensträumen und im Dachgeschoß dieses Baues eine kleine Auswahl von unseren Bildern, Stichen und Handschriften. Die Räume sind eng, und die Ausstellung ist behelfsmäßig. Aber freuen wir uns, daß aus dem Meer von Trümmern ringsum wenigstens dieser Bibliotheksbau sich wieder erhebt, dem Geiste geweiht.

Als Otto Volger im Jahre 1863 Goethes Geburtshaus aus eigenen Mitteln erwarb und so vor ungewissem Schicksal rettete, handelte er im Sinne der Bewegung von 1848. Wie er dem Hochstift, das er vier Jahre vorher gegründet hatte, die alten Farben seines politischen Traumes gab, damit wenigstens an einer Stätte in Deutschland Schwarz-Rot-Gold noch gelte, so sollte ihm das Haus des größten deutschen Dichters ein Symbol der Einheit der Nation sein, der Einheit im Geistigen, wenn schon die politische Einheit nicht zu erringen gewesen. Was das Hochstift heute ist, ein Institut der Goetheforschung, das wurde es erst allmählich, ja eigentlich erst, als Volger aus der Leitung ausgeschieden war. Er hat es aber in einer großen Rede den Dichtern von Weimar gedankt, daß sie durch die Kraft ihrer Sprache, den Zauber ihrer Werke einen magischen Ring um die deutschen Stämme gelegt hatten, in dem sie trotz Glaubenszwist und enger Kleinstaaterei sich als ein Ganzes fühlen lernten. Sind wir heute nicht in der gleichen Lage? Unser Volk, lebend in einer düsteren und trüben Gegenwart und angesichts einer nicht eben hoffnungsfrohen Zukunft: Weimar und Frankfurt sind ihm Symbole seiner Einheit, ja es sind unsere einzigen nationalen Symbole, die, wenn auch die äußere Form zerbrochen sein mag, die Stürme der Zeit überdauert haben, als solche Symbole anerkannt im Inland, anerkannt im Ausland, verehrt als die Stätten, von denen aus das, was deutsch ist, sich in seinem reinsten Gehalt, in seiner edelsten, beglückendsten Weise offenbart hat.

Der 28. August 1949 wird in allen Teilen Deutschlands feierlichst begangen werden, gleichgültig, was für Flaggen als fremde Hoheitszeichen im Lande wehen. Wir haben – seien wir uns darüber klar – keinen anderen Tag, dem in gleicher Weise überall vorbehaltlos und freudig gehuldigt werden könnte. Warum gerade dieser Tag, gerade dieser Deutsche? Die Frage ist leichter zu stellen als zu beantworten. Denn man müßte jetzt darlegen, was Goethe der Welt, die ihn feiert, bedeutet. Und da würde sich ergeben, daß ein jeder anderes liebt und anderes zu rühmen weiß. Ist das nun wie in Auerbachs Keller, wo der Trinkende stets den Wein zu genießen meint, den er sich wünscht? Oder ist der Reichtum des Dichters so unendlich, daß wirklich jedem das ihm wahre Wort, jedem ein echter Trost von ihm zuteil wird? Tatsächlich, hier rühren wir an das Geheimnis seiner Persönlichkeit. Es sind Einseitigkeiten, aber nicht immer Irreführungen, wenn alle Stände und Bekenntnisse glauben, Goethe irgendwie für sich beanspruchen zu können. Sein Denken war so universal, daß in ihm jene coincidentia oppositorum Wirklichkeit wurde, von der einst Nikolaus von Cusa, der Philosoph des Mittelalters, gesprochen hatte. Das Zusammenfallen der Gegensätze, in ihm konnte es sich vollziehen. Das Wort aus den Lehrjahren: «Nur alle Menschen machen die Menschheit aus, nur alle Kräfte zusammengenommen die Welt» ist von Goethe in gewissem Sinne vorgelebt worden. Weil er immer auf der Suche nach dem wahrhaft Menschlichen war, hat er überall ein wahrhaft Menschliches gefunden. Und eben das ist es, was letzten Endes auch diejenigen veranlaßt, sich auf den Dichter zu berufen, die ihn scheinbar nur als Kronzeugen ihrer eigenen Überzeugungen beschwören. Und was ist nun dieses tiefste Menschliche? Goethe hat es, und das ist in gewissem Sinne überraschend, aber für ihn höchst charakteristisch, in einem sittlichen Gebot gefunden. In der Forderung der Ehrfurcht. Der Ehrfurcht, wie er sagt, vor dem, was über uns ist, das meint Gott, vor dem, was uns gleich ist, das ist der Nächste, vor dem, was unter uns ist, das ist die Welt des Leidens und damit, wie Goethe sagt, die christliche Religion, zuletzt der Ehrfurcht vor uns selbst als Schöpfung Gottes und der Natur. Man hat geglaubt, diese Formulierungen seien in allem Goethesche Prägungen. Aber dem ist kaum so. Sie sind wahrscheinlich nur das Ergebnis einer mehr als tausendjährigen abendländischen Überlieferung. Etwa drei Jahrzehnte, ehe der Dichter sie in seinen Roman von Wilhelm Meisters Wanderjahren eingehen ließ, hatte der große katholische Bischof Johann Michael Sailer die gleichen Forderungen für einen seiner Schüler als Leitwort auf den Lebensweg niedergeschrieben, 1793 für den jungen Fürsten von Hohenzollern-Hechingen: habe Ehrfurcht erstens vor Gott, habe Ehrfurcht vor Jesus Christus, habe Ehrfurcht vor deinem Nebenmenschen, deinem Nächsten, und schließlich habe Ehrfurcht vor dir selbst, denn der Mensch ist nach Gottes Ebenbild geschaffen. Wie bei Goethe ist der tragende Begriff auch bei Sailer der der Ehrfurcht, und wie bei Goethe ist die Forderung vierfach gegliedert und zwar in derselben Weise aufgegliedert wie bei dem Dichter, nur daß statt der christlichen Religion als der Welt des Leidens, wie es bei Goethe heißt, bei dem Bischof der Stifter dieser Religion,

Jesus Christus, unmittelbar genannt ist. Aber auch Sailer hat vermutlich seine Ehrfurchtslehre schon irgendwie vorgefunden als altes Gut der Seelsorge in seiner Kirche. Vielleicht ist es doch kein Zufall, daß bei dem tiefsten deutschen Denker des Mittelalters sich Formulierungen finden, die ebenso auf Goethe wie auf Sailer vordeuten; ich denke an eine Predigt Eckarts über den Text: Justi vivent in aeternum, die Gerechten sollen leben in Ewigkeit. Da spricht Eckart ebenso wie Goethe von dem, was über uns ist und unter uns ist, neben uns ist und an uns ist, und stellt wie Goethe und Sailer ein vierfaches Gebot auf, wie wir uns zur Welt verhalten sollen, freilich aus der Vorstellungsweise seiner Zeit und nicht aus dem Geist um 1800 heraus. Aber auch bei ihm ist das erste: gotes ist diu êre – das Wort Ehrfurcht ist erst im 17. Jahrhundert aufgekommen, als der Begriff der Scheu, der ursprünglich mit dem Wort Ehre noch verbunden gewesen ist, aus diesem gewichen war und nun durch einen Zusatz wieder hergestellt werden mußte. Ein zweites Gebot Eckarts ist, wir sollen geben dem Nebenmenschen, dem Nächsten, was sein ist, das heißt ein gutes Beispiel. Die dritte und vierte Forderung, mittelalterlicher als bei Sailer: man sol geben den engelen und heiligen vröude, nämlich durch gute Werke, und man sol geben denen, die in dem vegeviure sind, hilfe. Wie kommt aber Eckart zu solchen vierfach gegliederten Forderungen? Sie ergeben sich ihm, seinem Predigttext gemäß, aus der Frage nach dem Gerechten. Wer ist, fragt Meister Eckart, ein Gerechter? Und er antwortet sich selbst: Ein geschrift sprichet, der ist gereht, der einen ieglîchen gibet, daz sîn ist. Und welche Schrift ist das? Es sind die berühmten Institutionen des Kaisers Justinian, auf die Eckart und merkwürdigerweise auch wiederum im Jahre 1793 Sailer für seine Forderungen einer vierfachen Ehrfurcht hinweist. Gerechtigkeit, das heißt der feste und beständige Wille, jedem das Seine zu geben. Justitia est constans et perpetua voluntas ius suum cuique tribuens. Und wie es dann weiter heißt: Die Gebote des Rechtes sind, ehrenhaft leben, den anderen nicht zu verletzen, jedem das

Seine zu geben. Um es in der schönen Sprache des Römischen Rechtes zu wiederholen: Juris praecepta sunt haec: honeste vivere, alterum non laedere, suum cuique tribuere. Aus dieser Forderung heraus, jedem das Seine zu geben, ist letzten Endes Goethes Lehre von der vierfachen Ehrfurcht entstanden. Und eben darum konnte er sagen: «Nur alle Menschen machen die Menschheit aus, nur alle Kräfte zusammengenommen die Welt.» Der Kaiser Justinian, um 500 nach Christi Geburt, Eckart um 1200, Sailer und Goethe um 1800. Es ist die große christlich-humanistische Idee des Abendlandes, die sich hier dokumentiert, im einzelnen nicht durchgehend belegbar, aber doch eben lebendig als ein Ideelles, jeweils persönlich verschieden geprägt, aber doch genährt aus ein und derselben Gesinnung. Lassen Sie uns in dieser Gesinnung unser verpflichtendes Erbe sehen, wohlwissend darum, wie sehr sie bedroht ist. Denn noch vor Goethes Tod, in der Romantik, kam der Typus des Zerrissenen auf, des mit sich selbst zerfallenen Menschen; er hätte auf die Forderung einer Ehrfurcht vor sich selbst nur mit Hohngelächter geantwortet. Schon Ludwig Feuerbachs Atheismus hätte von einem «gotes ist diu êre» nichts wissen wollen, und heute würde Sartre die gleiche verneinende Haltung einnehmen. Max Stirner, der Vorläufer Nietzsches, hätte dem Nächsten, dem Nebenmenschen, alles und jedes verweigert. Und Nietzsche selbst? Seine Lehre vom Tode Gottes und jene andere, daß man, was fällt, noch stoßen solle, sind das Widerspiel zur Ehrfurcht vor dem, was über uns ist, das Widerspiel auch zur Ehrfurcht vor dem, was unter uns ist.

Gerade dieses aber, die Ehrfurcht vor dem Leide, ist nun eine Haltung, die für Goethe besonders charakteristisch ist. Diese Formulierung ist nicht bei Eckart, nicht bei Sailer; sie ist nur Goethe eigentümlich. Hier offenbart er, was er sonst verschweigt. Eine Frömmigkeit hindert ihn, seinen Schmerz anklagend in die Welt hinauszurufen. Er ist der Dichter des verhüllten Leides. Aber vom Werther an über Mignon und den Harfner, über Iphigenie und Tasso und die Natürliche Tochter, über die Wahlverwandtschaften bis zu dem Altersroman mit dem Titel «Die Entsagenden», von was anderem handeln denn alle diese Dichtungen, wenn nicht vom Leide und seiner Überwindung? Vom Faust sagt es die Strophe der Zueignung, was die Tragödie ihrem Dichter als innere Erfahrung war: «Mein Leid ertönt der unbekannten Menge.» Und eben hier, glaube ich, liegt ein letzter Grund des Geheimnisses von Goethes Wirkung. Eben deshalb wird der Dichter von allen verstanden und geliebt, so verschieden im Meinen und Glauben auch die Leser sein mögen, weil er vom Leide der Menschen kündet, und auch wiederum hilft, wie man es besteht.

Das Gebot der Ehrfurcht ist der innerste Kern der Lehren, die in der Pädagogischen Provinz gelten, jener erträumten Erziehungsanstalt, die im Anschluß an Pestalozzi und seinen Schüler v. Fellenberg in Wilhelm Meisters Wanderjahren geschildert wird. Dieser Provinz wird Wilhelm von einem würdigen Alten zugeführt, der im Roman «Der Sammler» heißt. Seiner Figur hat Goethe eigene Ansichten zugeschrieben, in ihr hat er eigene Neigungen widergespiegelt. Er vertritt die Idee des Dauerhaften, Folgerichtigen, fürsorgend Bewahrenden. Als die Stadt niederbrannte, hat dieser Mann sein Eigentum nicht geflüchtet, sondern indem er sich dem Feuer entgegenwarf, den Stadtteil und sein Haus erhalten, «ein Haus von alter, ernster Bauart». «In sauberen Räumen», so heißt es in dem Roman, «zeigten sich überall Gerätschaften, die schon einigen Generationen mochten gedient haben, untermischt mit wenigen neuen. Diese Uhren hatten schon manche Geburts- und Sterbestunde geschlagen, und was umherstand erinnerte, daß Vergangenheit auch in die Gegenwart übergehen könne». «Sie sehen hier», so empfängt der Hausherr seinen Gast, «wie lange etwas dauern kann, und man muß doch auch dergleichen sehen, zum Gegengewicht dessen, was in der Welt so schnell wechselt und sich verändert.» Dieser Greis sammelte aber nicht nur Gegenstände, er sammelt und verbindet auch Menschen, die Besinnlichen, die Stillen und Ernsten im Lande. «Er genießt», wie Goethe von ihm sagt, «einer ausgebreiteten Bekanntschaft mit allem, was in dieser Welt durch einen edlen Faden verbunden ist.»

Der Sammler, übrigens eine der letzten, spätesten Gestalten in Goethes Dichten, etwa von 1829, besitzt auch ein ehrwürdiges elfenbeinernes Kruzifix, dessen Teile – Haupt und Leib, Stamm, Arme – über einen Zeitraum von dreißig Jahren hin sich nach und nach bei ihm zusammengefunden haben. Es ist symbolisch, und es deutet auf die Ehrfurcht vor dem, was unter uns ist, auf die Religion des Leidens vor, wenn der Greis von diesem Kruzifix sagt: «Ich enthalte mich nicht, die Schicksale der christlichen Religion hieran zu erkennen, die oft genug zergliedert und zerstreut, sich doch endlich immer wieder am Kreuze zusammenfinden muß.» – So wird diese Gestalt des Romans auch schließlich noch zum Gefäß einer religiösen Hoffnung. Er vertritt Goethes metaphysische Zuversicht; darum sind auch seine letzten Worte, – und es klingt wie ein Goethesches Vermächtnis – «Wir hoffen's, wir wissen's.»

Uns aber, die wir heute eine Ausstellung eröffnen wollen, in der auch, um ein Wort Goethes zu gebrauchen, «Heiltümer des Vergangenen» zur Schau gestellt werden, wird diese Gestalt des Sammlers wichtig. Sie erschließt den tieferen Sinn unserer Arbeit und rechtfertigt sie vom Dichter selbst her. Sie deckt die sittliche Schicht auf, die unserem Tun zugrunde liegen soll. Goethe sagt einmal von sich selbst, und er denkt dabei wohl vor allem an seine Kunstsammlungen: «Ich bin von Natur so wenig dankbar als irgend ein Mensch. Diesem zu begegnen, gewöhnte ich mich, bei allem, was ich besitze, mich gerne zu erinnern, wie ich dazu gelangt, von wem ich es erhalten. Das, was uns umgibt, erhält dadurch ein Leben, wir sehen es in geistiger, liebevoller genetischer Verknüpfung. Zugleich wird man auf die Betrachtung desjenigen geführt, was nicht sinnlicher Besitz ist, und man rekapituliert gar gern, woher sich unsere höheren Güter schreiben und datieren.»

Unter dem Zeichen dieses Wortes, meine Damen und

Herren, lassen Sie uns unsere Ausstellung eröffnen. Ist sie auch klein und infolge der Not der Zeit nur behelfsmäßig in allerengsten Räumen, sie kann und soll uns bewußt machen, woher sich unsere höheren Güter schreiben. Sie ist ein Werk des Dankes. Daß dieser Saal jetzt mit so heiteren Bildern geschmückt ist, sechsunddreißig reizenden Genrebildern von Kinderszenen, von denen jeweils drei unter dem regierenden Sternenzeichen eines der zwölf Monate stehen, danken wir dem Maler Seekatz, dem Herrn Gevatter des Kaiserlichen Rates. Müssen wir es nicht bekennen, daß wir Ausstellungen, und selbst wenn es sich um Meisterwerke handelt, oft nur mit mehr oder weniger Gleichgültigkeit betraten, vielleicht auch mit Besserwissen oder Bildungshochmut, wie selten aber mit Dankbarkeit gegen die Kunst und den Künstler? Lassen wir uns ruhig hier etwas von Goethe erziehen. Aber der letzte Sinn dieser Ausstellung ist freilich doch noch ein anderer. Wir wollen und sollen im Schauen noch fühlen, woher sich unsere höheren Güter schreiben. Und deshalb ist das Wesentlichste, was wir Ihnen zeigen, die Reihe der Porträts, der Porträts vor allem von Goethe selbst, von Schiller, Herder und Wieland, von Oeser und Winckelmann, von Schillers Freund Körner, von Anna Amalia und Carl August. Es ist im kleinen Raume nur eine Auswahl aus den Bildern des Frankfurter Goethemuseums. Aber es sind führende Gestalten unserer Nation.

Hier in dieser geistigen Welt, der wir im Bilde begegnen, liegt unser wahres deutsches Erbgut. Treten wir ihr gegenüber, wie Goethe es auch von sich selbst verlangte, im Gefühl der Dankbarkeit!

*

Die Feier des Freien Deutschen Hochstifts fand am 22. März 1949 in dem Gartensaale des wiederhergestellten Bibliotheksgebäudes am Großen Hirschgraben statt. Die Ansprache war umrahmt von Darbietungen des Lenzewski-Quartetts, das am Beginn das Allegro aus Opus

76, 2, zum Schluß das Andantino grazioso aus Opus 74, 2 von Haydn spielte. Mit dieser Feier wurde die Goetheausstellung des Hochstifts eröffnet, die zum ersten Male nach dem Kriege Bestände des Frankfurter Goethemuseums, Bilder, Büsten und Handschriften, in einer Auswahl zur Schau brachte. Die Ausstellung befand sich im Bibliotheksbau und blieb bis zum 28. August 1949, dem zweihundertsten Geburtstag Goethes, geöffnet.

ANHANG

DIE GLÜCKLICHEN AUGEN

Wir wissen längst darüber Bescheid, und dennoch bleibt es seltsam und schmerzlich, daß die Gestalt eines andern Menschen, eines geliebten, verehrten Gefährten, mit ihrem ganzen Reichtum, in ihrer Einzigartigkeit erst sichtbar wird, wenn die Stunde des Abschieds kommt. Uns alle hat die lebendige Gegenwart Ernst Beutlers während vieler Jahre belebt und tief beglückt. Wir haben ihn staunend den unerschöpflichen Schatz seiner Kenntnisse ausbreiten sehen und haben uns wohl gefühlt in dem Licht, das sein serener Geist, und in der Wärme, die sein Herz ausstrahlte. Doch uns im Ganzen zu Bewußtsein zu bringen, wer er eigentlich war, fühlen wir uns erst jetzt genötigt, da er nicht mehr unter uns ist, und scheint uns auch jetzt erst möglich zu sein, möglich im Sinne eines Anfangs, des Anfangs einer Arbeit, die viele Jahre erfordern, aber uns auch aufs neue davon überzeugen wird, daß «sterben» nur bedeutet, aus dem sichtbaren Dasein in ein unsichtbares, inneres überzugehen.

Doch wo beginnen bei einem Menschen, an dem nichts einzelnes hervorstach, keine auffällige Sonderbegabung, der vielmehr durch die Einheit im Mannigfaltigen seiner Kräfte, ihr unbehindertes Ineinanderspielen, die Harmonie seines Wesens den wechselvollsten Anforderungen genügte? Leiter des Goethe-Museums, des Hochstifts, Hochschullehrer, Gelehrter, Schriftsteller, und alles dies nicht etwa nebeneinander, sondern so, daß im Gelehrten immer auch der Kenner von Bildern, Manuskripten, Kunstgegenständen, in diesem der Literarhistoriker, in diesem wiederum der Dozent und stets der Mensch zugegen war: das scheint nur denkbar, wenn eine Idee der Mitte und des

Maßes zur alles bestimmenden Überzeugung, ja mehr, zum persönlichen Schicksal geworden ist. Und wie sehr war dies im Leben, Wirken und Schaffen Ernst Beutlers der Fall! Er verlor sich weder je in unbestimmten Empfindsamkeiten, dem flüssigen Element des Gefühls, noch war er jemals ernstlich von der Starre abstrakter Begriffe gefährdet. Niemand überhört die innige Anteilnahme, den Herzenston, der alle seine Schriften, sogar die gelehrtesten Kommentare und schlichten Rechenschaftsberichte durchklingt und insbesondere seinen Darstellungen der Frauen der Goethezeit, dem Bildnis Lili Schönemanns, der Mutter, der Schwester Goethes, einen so unnachahmlichen Reiz verleiht; an keiner einzigen Stelle aber überbordet das Gemüt; es ist überhaupt nicht faßbar hier oder dort; es verteilt sich über das Ganze, begünstigt gleichsam nur die Dinge und Menschen, von denen zu reden ist, als Klima einer gemäßigten Zone, in dem das erfreulichste Leben gedeiht. Andrerseits bemerken wir ein immer waches, vielleicht im geheimen sogar unruhiges Interesse an den großen Gedanken der Menschheit, Freiheit, Tod, Unsterblichkeit, zumal an Problemen der Theologie, Auseinandersetzungen über die drei Personen der Gottheit, an Streitigkeiten unter den christlichen Konfessionen, sogar an den Lehrgebäuden der ältesten Kirchenväter und der Scholastik. Wenn sich ein Anlaß bot, auf solche Dinge hinzuweisen, so ließ Ernst Beutler ihn sich gewiß nicht entgehen. Er war sich über ihre Bedeutung im Wandel und Gang des Menschen im klaren, obwohl er sich für seine Person stets zu dem johanneischen «Kindlein, liebet euch untereinander!» bekannte. Doch niemals hat er meines Wissens je den Versuch unternommen, selber in diesen Richtungen weiterzuschreiten, eine dogmatische Schrift zu verfassen oder die Hegelsche Anstrengung des Begriffs entschlossen auf sich zu nehmen und ein strenger Denker zu werden. Eine tiefe, nicht bittere, eher gelassene, wohlgemute Skepsis der Leistungskraft des menschlichen Geistes gegenüber und der Glaube, daß der Acker, auf dem das Brot des Lebens angebaut und geerntet werden müsse,

wohl kaum an den Rändern des Daseins liege, bewahr-
ten ihn vor einem Weg, der für ihn ein Irrweg gewesen
wäre.

Denn wenn wir jenes «geistreiche Wort» des Anthropo-
logen Heinroth, das in die Geschichte eingegangen ist, auf
einen Menschen unserer Tage beziehen dürfen, so auf ihn,
Ernst Beutler, zu dessen Gedächtnis wir uns in dieser
Stunde versammelt haben: das Wort von dem «gegenständlichen Denken», womit gemeint ist, daß «das Denken sich von den Gegenständen nicht sondre; daß die Elemente der Gegenstände, die Anschauungen in dasselbe eingehen und von ihm auf das innigste durchdrungen werden,
daß das Anschauen selbst ein Denken, das Denken ein
Anschauen sei». Von Goethe wurde dies ausgesagt, und
Goethe hat es richtig gefunden und mit Genugtuung verzeichnet. Wir dürfen uns ebenfalls seiner bedienen, nicht
um Vergleiche zu ziehen, wo sich jeder Vergleich von
vornherein verbietet, sondern nur um zu sagen, daß Beutler das Glück beschieden war, in Goethe und allem, was zu
Goethe gehört, den Arbeitsbereich zu finden, der seinem
gegenständlichen Denken vollkommen entsprach, an einer
Stätte wirken zu dürfen, wo alles von einem zur Anschauung gewordenen Denken, zum Denken gewordenen Anschauen zeugt.

In einem langen, Goethe gewidmeten Leben ist Beutler
diesem seinem Genius immer treu geblieben. Die geistesgeschichtlichen Probleme, die in der Goethe-Forschung der
letzten Jahrzehnte vielleicht zu sehr im Vordergrund standen, haben ihn kaum beschäftigt. Sogar in seinem Faust-
Kommentar, wo es manchmal nahegelegen wäre, findet
man keine bemühenden Ausführungen über Metaphysik
und naturwissenschaftliche Spekulationen, Geschichtsdia-
lektik und Ontologie. Das heißt nicht, daß er die Schwierigkeiten des Textes unbeachtet ließe. Er weist auf sie hin
und gibt ihnen so durchaus die Ehre, die ihnen gebührt. Er
löst sie aber nie aus dem Legato des Dichterischen heraus
und vertraut darauf, daß sie darin wohl besser geborgen
seien als in dem kalten Licht schulmäßiger Philosophie.

Beliebten allgemeinen Themen wie «Goethe und die Antike», «Goethes Glaube», «Goethe und die Idee der Freiheit» wich er beharrlich aus. Er hätte es, was ihn selber betraf, vermutlich als Hybris angesehen, in solchen Dingen durch die unüberblickbare Fülle des Materials und alle Schattierungen und Nuancen zu etwas so Plumpem wie einem handlichen Resultat vordringen zu wollen. Ebenfalls ein wenig verdächtig erschien ihm die Interpretation, die mehr als nur Kommentar sein, die begreifen will, was uns ergreift. Er hat sich zwar manchmal auch in dieser Kunst versucht, doch eher zögernd und ohne die Sicherheit, die einem lebendigen Wesen nur sein eigenstes Element zu gewähren vermag. Die Dichtung schien ihm offenbar eines solchen Studiums nicht zu bedürfen. Sie sprach ihn an, bewegte, rührte, erschütterte ihn; doch er wünschte nicht zu erfahren, worin denn ihr Zauber bestehe und ihre Macht gegründet sei. Den Wortlaut galt es zu erfassen, dunkle Stellen zu erklären und über Ort und Stunde des Kunstwerks jede erdenkliche Auskunft zu geben. Das heißt: Ernst Beutler pflegte vor allem den Kommentar und die Biographie. Ich nenne den Kommentar zum «Westöstlichen Divan», die «Essays um Goethe», die Einleitungen zu einigen Bänden der von ihm so liebevoll betreuten Goethe-Gedenkausgabe, zumal zu dem kürzlich erschienenen letzten, den «Briefen aus dem Elternhaus». Die «Essays um Goethe» rechnen wir schon heute zu den klassischen Werken der deutschen Literaturgeschichte. Den Divan-Kommentar kennt jeder, der den «Divan» selber kennt und immer wieder zu ihm zurückkehrt.

Wir vergegenwärtigen uns, worin der Wert dieser Bücher besteht, und würdigen zunächst ihre Diktion. Es ist eine alte und doch allzuoft mißachtete Erfahrung, daß keine wissenschaftliche Leistung, sie mag so gescheit und hervorragend sein, wie sie will, den Wandel der Zeit übersteht, sofern sie sich nicht auch durch eine menschlich echte Sprache empfiehlt. Ernst Beutler nun hat alle verbrauchten Fachausdrücke der Zunft der Literarhistoriker streng gemieden und es sich nie verdrießen lassen, das längst Benannte und Etikettierte auf neue, möglichst schlichte und einem möglichst großen Kreis von Lesern faßliche Weise zu benennen, zum Ärger jener, die meinen, zur Wissenschaft gehöre eine schwerverständliche und mühselige Prosa, und zum Entzücken aller, die einsehen, daß jeder Gegenstand nur in einer neu und persönlich erworbenen Sprache neuen und dauernden Glanz gewinnt. Es fiele nicht schwer und wäre lohnend, dies im einzelnen nachzuweisen.

Nicht so leicht zu fassen, aber vielleicht noch eindrucksvoller sind andere Qualitäten von Beutlers Stil: die Kunst, das Schwierige leicht zu behandeln, eine vornehme Kunst, die aus Höflichkeit ihre Anstrengungen verleugnet; das dichte und dennoch zarte Gewebe, zu dem die Fäden verschlungen sind; die Charakterisierung eines Ereignisses, einer Gestalt mit wenigen, aber unbeirrbar sicheren Strichen; der Ton der Pietät, der Ehrfurcht; ein Hauch von Humor, wie der Eingeweihte, das Kind des Hauses, ihn sich gestattet; ein leises Frohlocken und wieder Wehmut: niemand wird dies je nachmachen; dies alles, als ein Ganzes, ist Beutlers unveräußerlicher Besitz.

Darüber vergessen wir fast die jahrelange geduldige Arbeit, die der Reichtum eines mit solcher Anmut mitgeteilten Wissens voraussetzt. Ich weise auf ein Spätwerk, die Biographie von Goethes Vater, hin. Die Quellen für die Jugend, die frühen Mannesjahre fließen spärlich. Jeder andre hätte sich schon bald gesagt, daß da nicht viel zu holen sei, und hätte die unergiebige Forschung aufgegeben, zumal es vorerst zweifelhaft blieb, ob sich die Mühsal lohnen werde, ob etwas der allgemeinen Beachtung Würdiges zutage trete. Ernst Beutler verfolgte jede Spur. Jedem Namen ging er nach, und manchen entdeckte er plötzlich wieder in wesentlichen Zusammenhängen. Die Sitten und Gebräuche der deutschen Universitäten in der ersten Hälfte des achtzehnten Jahrhunderts, kombiniert mit Stellen in Johann Caspar Goethes seltenen Briefen, erlaubten einen Schluß auf seine Lebensart und seine Gesinnung. Und so entstand denn eine zwar nicht lückenlose, aber ausführliche, im einzelnen ausgezeichnet belegte Biographie, die uns den vielumstrittenen, auch von seinem Sohn nicht immer richtig erkannten Mann in völlig neuem, überraschendem Lichte zeigt. Die Geschichte der Mutter schließt sich an, die der Schwester, in den Essays die Studie über Cornelias Tochter, dann einige rascher entworfene Bilder aus Goethes weiterem Lebenskreis. Eine stattliche Reihe stellt sich dar, auf der das Auge mit einem ständig wachsenden Wohlgefallen verweilt.

Ihr Schöpfer empfand gelegentlich das Bedürfnis, sich über den Sinn einer solchen literarischen Forschung zu äußern. Fürchtete er im Kreise seiner Kollegen den Vorwurf des Positivismus, der Wissenschaft des nicht Wissenswerten? Vermutlich! In der deutschen akademischen Literaturwissenschaft der vierziger und der fünfziger Jahre, die ganz andere Ziele verfolgte, stand er als Einzelgänger da, und jeder, der nur vom Hörensagen wußte, womit er sich abgab, was er mit zähester Kraft dem Orkus des Vergessens zu entreißen bemüht war, hätte sich wohl einreden können, dergleichen sei längst aus der Mode gekommen. Altmodisch zu heißen, wäre ihm freilich an sich kaum unangenehm gewesen. Er kannte die Geschichte zu gut, um nicht mit großer Gelassenheit darauf zu bestehen, daß oft gerade im Widerspruch gegen den Geist der Zeit ein Werk von bleibendem Wert entsteht. Der Widerspruch allein nun freilich verbürgt die Bedeutung gleichfalls nicht. So stellte er denn immer wieder die Eigenart seines Schaffens in Frage. Und weil es mit ihm eins war, weil ihm keine Wahl blieb, anders zu verfahren, hieß dies nichts Geringeres als: sich selbst in Frage stellen. Oft hatte er da ein leichtes Spiel. So, wenn das genaue Studium der Akten des Kindsmörderinnenprozesses in Frankfurt unerwarteten Aufschluß über die Gretchentragödie und die ersten Phasen des «Urfaust» gab, oder wenn ein bescheidener Umstand, die Nachricht von einem Spaziergang zweier Freunde an irgendeinem Abend, ein Stammbuchvers, ein Hausgerät oder ein Bild in einem Nachbarhaus auf einmal einen Goetheschen Vers erhellte und ihm die Resonanz eines zeitlich und räumlich bestimmten Geschehens verlieh. Ein reizendes Beispiel ist die Deutung der ersten Zeile in dem Lied, das der Knabe in Goethes «Novelle» singt:

«Aus den Gruben, hier im Graben.»

Sind es nun Gruben? Ist es ein Graben? Die Szenerie der «Novelle» vermischt sich in westöstlicher Einbildungskraft mit dem Titelblatt von Mosers Erzählung «Daniel in der Löwengrube», die 1763 – also schon auf das Gemüt des vierzehnjährigen Knaben – großen Eindruck machte. Ebenso wertvoll ist der Hinweis, daß für die Szenerie der Philemon-und-Baucis-Szene in «Faust II» die Erinnerung an ein Blatt der alten Merian-Bibel maßgebend war. Einzelheiten, für die man früher die seltsamsten Gründe glaubte suchen zu müssen, erklären sich so von selbst.

So ließen sich zahlreiche Fälle nennen, in denen Beutlers Geduld ein Fund belohnte, den auch der nur der Dichtung zugewandte Interpret schätzt: die Teppiche des Königsleutnants, die zu Motiven in dem Märchen «Der neue Paris» geworden sind; die Linien, die vom «König in Thule» zu Clemens Brentano hinüberführen; die Spiegelungen der Rhein- und Mainlandschaft in den Suleika-Liedern. Und so fort. Es nähme kein Ende. Oft aber fehlt auch jeder Bezug und bleibt das Faktische isoliert, Urväterhausrat, der herumliegt, niemand kann sagen, wozu er taugt. Um dieser Museumsstücke willen fühlte sich Beutler manchmal zu seinen Rechtfertigungsversuchen gedrängt. Er hätte indes die wirklichen oder auch imaginierten Tadler nur auf den Text seiner Essays hinweisen müssen. Denn wenn man sich freilich mit trockenen Worten berichten ließe, wovon sie handeln, dann könnte man wohl einwenden: Wozu? Sobald man sich aber darein vertieft hat, fallen die Zweifel von selber dahin. Wozu? Diese Essays verbürgen sich selbst. Sie gelten uns als köstlichste Proben einer Wissenschaft und Kunst, die man heute sonst kaum mehr dem Namen nach kennt und die doch nie verschwinden dürfte, wenn sich das Menschliche auch in der Zunft der Germanisten behaupten soll: der scientia amabilis, die der gewiegte Kenner ebenso schätzt wie der Weltmann, der sich in unseren Räumen nur gelegentlich zu Besuch aufhält.

Liebenswert ist diese Wissenschaft, was man auch sagen mag, zunächst doch wieder um ihrer Thematik willen. Wem einmal zu Bewußtsein gekommen ist, was Goethes Dasein bedeutet, nicht nur sein Werk, sondern seine Gestalt als Symbol des abendländischen Geistes, der kann von solchem biographischem Stoff überhaupt nie genug bekommen, weiß auch die geringste Nachricht zu schätzen und möchte von jedem Menschen, der einmal die Wege des Dichters gekreuzt hat, alles erfahren, was noch zu erfahren ist, wie Goethe selbst es zu erfahren begehrte und emsig zusammentrug. Dann aber ist sie liebenswert, weil Beutlers Blick auf den Dingen ruht und auch die tiefste Vergangenheit wieder in frischeste Gegenwart verwandelt. Wir nähern uns damit der Einsicht, die zu gewinnen und festzuhalten mir ein Hauptanliegen unseres Gedenkens zu sein scheint, und schauen uns um.

Wir hören das böse Schlagwort von der Krise der Geisteswissenschaften, der Universität, des Humanismus, auch von der Krise der Literatur, und was ein sonderbares, aber doch wohl begründetes Schuldbewußtsein unserer Zeit noch hinzufügen mag. Wir wissen auch zur Genüge, mit welchen Mitteln man sich zu helfen versucht: endlosen Auseinandersetzungen über Methode und mit Technik der Forschung, mit Theorien des dichterischen Schaffens, Erklärungen über den Nutzen und Nachteil der Historie für das Leben, mit einer immer gründlicheren Organisation des gelehrten Betriebs in Fachzeitschriften, Wörterbüchern, in Kongressen und Sozietäten. Es sei nicht geleugnet, daß solche Bemühungen oft ertragreich und, in unseren Tagen, vielleicht notwendig sind. Doch wenn sie ganz selbstherrlich werden, wenn sich die Kraft, der Fleiß so vieler Berufener schließlich in ihnen erschöpft, dann müssen wir uns gestehen, daß die natürliche Ordnung umgestürzt ist und daß das anspruchsvolle Unternehmen aus seinen Fugen gerät. Was Mittel sein sollte, wird zum Zweck; das Werkzeug behauptet, das Werk zu sein.

Wir täuschen uns nicht darüber, wie diese unselige Lage entstanden ist. Die Geisteswissenschaften fühlen sich von den Naturwissenschaften, zumal von der allgewaltigen Technik, bedrängt und glauben, sich retten zu können und ihr Ansehen wieder zurückzugewinnen, wenn sie zu ihnen hinüberschielen und sie nachzuahmen versuchen. Gerade damit büßen sie aber noch ihre letzte Würde ein. Das Ziel der Naturwissenschaften nämlich und wieder zumal der Technik ist die Herrschaft über das All der Natur. Und wer zu herrschen gewillt ist, der freilich muß unablässig organisieren und alles, womit er umgeht, in einem System von Funktionen erfassen. Die Geisteswissenschaften, wenn sie sich richtig bestimmen, wollen nicht herrschen. Historische Geisteswissenschaften hegen und pflegen die Tradition; sie sind dafür besorgt, daß das Vergangene nicht verlorengeht, daß seine Stimme zu uns spricht und uns bedeutet, es gebe noch andere Welten als die heute gültige, deren wir uns nicht immer erfreuen. Ihr Erkenntnisorgan heißt Ehrfurcht, und ihre Geleiterin ist die Hoffnung, die aus dem offenen Horizont der in der Geschichte erschlossenen Möglichkeiten des Menschen herniederstrahlt. Die Ehrfurcht und die Hoffnung aber sind verwurzelt in der Liebe. Und wo Liebe waltet, bedarf es keiner Legitimation. Der Liebende braucht keinen Ausweis seines von innen erleuchteten Wirkens. Er wird so genau und so sorgfältig sein wie irgendein gelehrter Pedant. Er wird sich aller Mittel bedienen, die seine Forscherarbeit erfordert, und wohl sogar noch neue finden. Doch eben, er wird sich ihrer bedienen. Er wird sich nie an sie verlieren, nie die Vorbereitung schon als Inhalt seines Tuns ansehen. Sein ganzes Sinnen und Trachten ist allein dem vergangenen Leben gewidmet. Es möglichst rein herauszuarbeiten und zu erreichen, daß man ihn selber darüber vergesse, ist sein Glück. Auch die auf diese Weise zu neuem Leben erweckte Vergangenheit bedarf dann keiner Begründung mehr. Wie

Liebe es ist, die sie belebt hat, so wird ihr auch unsere Liebe zuteil. Die leidige Frage: Was hat das uns zu sagen? erstirbt uns auf den Lippen. Wir fragen eher: Wie können wir bestehen vor dem, was längst dahin ist? Sind wir ausgeschlossen von solchem Adel, von solcher Kultur des Herzens, von solchem Anstand, solcher Größe, von all dem, was der Historiker uns mit so beredten Worten erzählt? Und wenn wir so fragen, wächst uns bereits ein Gran des vergangenen Lebens zu und wirkt die Geschichte im höchsten, im Goetheschen Sinne des Wortes bildend auf uns.

So hat Ernst Beutler Geschichte geschrieben, und so berühren uns seine Schriften, sie mögen von großen oder von unscheinbaren Gegenständen handeln. Das Große und das Unscheinbare ist beides in seiner Liebe geborgen. Auch das Menschlich-Allzumenschliche, auch bedenkliche Vorkommnisse der Goethezeit braucht er nicht zu verschweigen. So seltsam es klingt: gerade der Liebende schönt nicht auf und idealisiert nicht. Das käme ihm als eigenwilliges Handeln, ja als Unrecht vor. Er sieht das Leben als Ganzes, und dieses Ganze erscheint ihm liebenswert, in Suleika sowohl wie in dem schwierigen Burschen Peter im Baumgarten und dem unglückseligen Stadelmann. Sie werden als Figuren eigener Prägung anerkannt und deuten doch wieder hinauf zu ihm, von dem denn freilich aller Glanz und alles – man kann so disparate Begriffe nur hier verbinden – Innig-Hohe und Mächtig-Zarte ausgeht, was Beutlers Schaffen uns vermittelt.

Auf Goethe verwies ihn das Gesetz, nach dem er angetreten war, und in der Pflege des Goetheschen Erbes entfaltete sich sein Wesen zu jener reichen Menschlichkeit, der unsre Verehrung und unser Dank gehört. In einer Beschreibung von Goethes Leben hätte alles münden sollen. Dieses Ziel zu erreichen, war ihm versagt und wäre ihm wohl auch bei einem längeren Leben versagt geblieben. Denn welches Ausmaß hätte eine solche Biographie, wie Beutler sie schreiben wollte, angenommen! Sie hätte mit tausend, zum Teil nur ihm bekannten Details, die er uns gewiß nicht verschwiegen hätte – le bon dieu est dans le détail –, die viele Bände umfassende Bodes noch bei weitem übertroffen. Dennoch hat Beutler sein Ziel erreicht und steht, was er schuf, als ein Ganzes vor uns, unteilbar, in allem und jedem Zeuge seines einzigartigen Wesens. Sie waren dabei, wie unter seiner Leitung das Goethehaus wieder erstand, wie er den Raum sich wieder erschuf, in dem zu atmen ihn verlangte, und wie er mit diesem persönlichsten Wunsch den Wunsch einer großen Gemeinde erfüllte. Sie haben dem Wachstum des Museums zugesehen, das heute zum Mekka dieser Gemeinde geworden ist. Viele von Ihnen haben ihn hier als akademischen Lehrer gehört. Und wo er je erschien und eingriff: immer bewährte er den Satz: The whole man must move at once. So war er gegenwärtig auch in einer der dunkelsten Stunden der deutschen Geschichte, nach dem Zusammenbruch im Jahre 1945. In der großen Rede «Goethe und die Deutschen» faßte er alles zusammen, was damals zu sagen und was auszusprechen er der Mann war. Wir werden sie ihm nie vergessen. Sein Freund Carossa hat über eines seiner Bücher das Motto gesetzt: «Raube das Licht aus dem Rachen der Schlange!» Die ganze Rede war eine einzige Ausführung dieses schweren Gebots. Das Zittern der Stimme bei der Schilderung der unsäglichen Not, wir glauben es noch im geschriebenen Wort zu vernehmen, doch ebenso die wiedererwachende, wiedererstarkende Glaubenskraft bei der Besinnung auf die Güter, die keine irdische Macht zerstört, sofern nur wir sie zu schützen bereit sind. Unter dem Zeichen «Goethe» wagte er, diese Güter zusammenzuraffen. Schon damals hat er den Grundstein eines Goethehauses neu gelegt, eines zwar unsichtbaren noch, aber eines nicht minder segensreichen, und hat die Welt an Schätze der Seele und des Geistes erinnert, die jahrelang, nicht nur in Deutschland, verhöhnt worden sind. Er hat bewiesen, in dieser Rede und darüber hinaus mit seiner ganzen aufrichtigen Existenz, mit seiner Begabung und seinem Charakter, daß gerade ein scheinbar so unnützes Glied der modernen Gesellschaft wie der in Bücher vertiefte und dem Ver-

gangenen zugewandte Humanist in dem Augenblick, da es
am meisten not tut, mit seinem Stab an den Felsen schlägt,
aus dem das Wasser des Lebens quillt.

Emil Staiger

*

*Diese Rede wurde an der von der Stadt Frankfurt, dem
Freien Deutschen Hochstift und der Johann Wolfgang
Goethe-Universität gemeinsam veranstalteten Gedenk-
feier am 20. Februar 1961 zu Frankfurt am Main gehalten.*

ERNST BEUTLER ZUM GEDÄCHTNIS

Wie gerne würde Ernst Beutler (12.4.1885–8.11.1960) die Gelegenheit benutzt haben, dem Neuerscheinen seiner «Essays» ein Geleitwort mitzugeben. Denn sein Herz hing an diesem Buch, das ein so echtes Kind seines Geistes war. Vertreten kann und darf ihn in dieser Aufgabe niemand. Doch für einen Ehrendienst anderer Art ist die Stunde gekommen. Wenn der Schaffende verstummt, beginnen seine vollbrachten Leistungen zu reden. Die Mündigkeit, zeugnisfähig zu sein für die rühmenswerte Bilanz eines tätigen Lebens, wird ihnen dann zuteil, und sie warten darauf, wie ihre Stimme vernommen wird.

So wird im folgenden ein erster Versuch gewagt, vom Lebenswerk Ernst Beutlers ein Bild zu entwerfen. Wenn es auch nur im Umriß aufgezeigt werden kann, so trägt es auch in der Form schon deutlich die Züge einer außergewöhnlichen Natur. Sie hat eine Doppelexistenz geführt, im Wechsel zwischen Vita activa und Vita contemplativa sich verströmend. Beide Lebensformen waren in ihr gleich kräftig angelegt und drängten gleichgewichtig zur Entfaltung, ohne sich im Widerstreit der Neigungen zu befehden. Ernst Beutler würde nur mit einem Teil seines Wesens sichtbar werden, wollte man ausschließlich davon reden, daß er ein feinsinniger Erforscher der Goethezeit gewesen ist, der auch die Gabe der glänzenden und höchstpersönlichen literarischen Darstellung besaß. Als Direktor des Freien Deutschen Hochstifts in Frankfurt a/M. ist ihm fünfunddreißig Jahre ein wertvoller und zu vermehrender Sachkomplex, bestehend aus Gebäuden, Sammlungen, Mobiliar und einer Bibliothek, anvertraut gewesen. Hier hatte er sich mit Fähigkeiten zu bewähren, – zum Teil unter schwierigsten Umständen, – die Goethe so gern als die «baumeisterlichen» am Menschen gerühmt hat. Ernst Beutler weilte und wirkte im Reich des Gegenständlichen ebensogern wie in dem der Worte. Aus beidem besteht daher der Nachlaß von seinen «Erdetagen». Für ihn trifft in hohem Grade Goethes Wort aus den «Maximen und Reflexionen» zu, «daß von dem menschlichen Wesen das Entgegengesetzte übrigbleibt: Gehäus und Gerüst, ... sodann aber die idealen Wirkungen, die in Wort und Tat von ihm ausgingen». Sprechen wir zunächst vom «Gehäus und Gerüst».

«Der Erhalter des Goethehauses»

So lautet die zweite Zeile auf der bronzenen Gedenktafel für Otto Volger. Sie wurde 1934 eingeweiht anläßlich der Feier des 75jährigen Bestehens des Freien Deutschen Hochstifts. Mit diesen Worten ehrte man das unvergängliche Verdienst des Mannes, der Goethes Geburtshaus aus eigenen Mitteln und auf eigene Gefahr aus Privathänden 1863 käuflich erworben hatte, nur um es dem Zweck zuzuführen, daß es zur Gedenkstätte Goethes, seiner elterlichen Familie und der geistigen Kultur seiner Zeit werde. Otto Volger hatte wirklich eine Erhaltungstat für das Haus am Großen Hirschgraben 23 vollbracht. Wohl niemand in Frankfurt empfand hierfür größere Dankbarkeit als der damalige und dritte Betreuer des Goethehauses, Ernst Beutler, zumal es auch ein edler Zug seines Charakters war, Verdienste anderer so gern anzuerkennen. Was wird einmal auf der Gedenktafel stehen, auf die auch Ernst Beutler ein Anrecht hat?

Keineswegs eine üppige Situation fand Ernst Beutler in Frankfurt vor, als der vierzigjährige Bibliotheksrat aus Hamburg kurz nach seiner Habilitation hier am 1. Oktober 1925 das für ihn völlig neue Amt antrat. Aus dreißig Bewerbern, «darunter manche Namen von bestem Klang», wie es im Jahresbericht von 1924/25 heißt, war er einstimmig vom Verwaltungs-Ausschuß des Freien Deutschen Hochstifts gewählt worden. Wie er später gern zu erzählen pflegte, sei er durch einen glücklichen Zufallsumstand der Gewinner der Frankfurter Vakanz geworden. Als er, wie die übrigen Kandidaten aus der engeren Wahl auch, zur persönlichen Vorstellung nach Frankfurt gebeten worden sei, habe er in seinen Reisespesen die Fahrkarte vierter Klasse von Hamburg nach Frankfurt angegeben. Auf die Frage, warum er so bescheiden gereist sei, habe er geantwortet, mehr könne er dem armen Hochstift an Unkosten doch nicht zumuten. Professor Otto Heuer, der ausscheidende Direktor, habe dann dieser kleinen Szene ausschlaggebende Bedeutung beigelegt und auch den Wahlausschuß hiervon überzeugt. Es spricht für die Weisheit des Gremiums, daß es so viel aus dem unscheinbaren Vorfall herauszulesen verstand, aber noch mehr für Ernst Beutler, der ihn entstehen ließ. Geniales Erfassen einer realen Lage und die praktische Einstellung auf sie: so darf man wohl eine wesentliche Eigenschaft Ernst Beutlers bezeichnen.

Der letzte Jahresbericht seines Vorgängers, die Jahre 1916–1925 umfassend, schließt mit dem Satz, man hoffe, daß dem Hochstift «eine neue, so harte Prüfung … erspart bleiben wird». Eine zehnjährige Notzeit war gerade überstanden. In ihr hatte sich die Zahl der Mitglieder verringert, die Einnahme aus den Eintrittsgeldern abgenommen, und durch die Inflation war das Stiftungsvermögen entwertet. Mitten in den Prozeß der Verarmung fiel 1922 der Prüfungsbericht von Bausachverständigen mit dem schlimmen Ergebnis: das Goethehaus mit seinem Gebälk aus dem Jahre 1592 sei aufs höchste gefährdet. Fast alle Balkenlagen und ein großer Teil der Pfosten und Riegel der Fachwerkwände seien morsch und müßten sogleich erneuert werden. Schon 1921 war vom Reichstag und Landtag ein Antrag für eine «ausreichende jährliche Beihilfe» abgelehnt worden. Eine Schulsammlung in Preußen und eine preußische Lotterie erbrachten immerhin einige Erträge, aber in der Hauptsache ist das Hochstift damals durch Spenden aus dem Ausland, besonders aus Amerika, vor dem Ruin bewahrt worden. Noch in seiner Abschiedsansprache unterließ Otto Heuer den Hinweis nicht, daß das Auslandsdeutschtum und die deutsche Presse das Goethehaus gerettet haben. Auch nach der Stabilisierung der wirtschaftlichen Verhältnisse blieb dem Direktor des Hochstifts die Kunst nie erspart, sich als Zauberer der Geldbeschaffung bewähren zu müssen. «Immer haben dem Hochstift die Mittel gefehlt», bestätigte Ernst Beutler noch 1949 in seiner Festrede «Neunzig Jahre Freies Deutsches Hochstift». Nur er konnte ganz ermessen, welcher Aufwand an Sorgen und Weltfindigkeit für ihn und den Verwaltungsausschuß hinter diesem Satz stand.

Bei seinem Dienstantritt gehörten das Goethehaus und das dahinterliegende Bibliotheksgebäude zu seinem Verwaltungsbereich. Es war 1896 errichtet worden, und Beutler bemerkt dazu: «Wer den Bau bezahlt hat, weiß ich nicht.» Das Erdgeschoß dieses Bibliothekbaues hatte Otto Heuer in einen Museumssaal umgewandelt. Das war aber nur als Provisorium gedacht. Der Bau eines Museums war geplant und in der Zukunft erhofft. Ihn zu verwirklichen, stellte wohl das bedeutendste Aufgabenvermächtnis dar, das Otto Heuer seinem Nachfolger ans Herz gelegt hatte. Ernst Beutler griff es mit all der Hingabe, Tatkraft und Geschicklichkeit für die Realfaktoren auf, die ihn ausgezeichnet haben. Er hatte sich als günstigen Termin wohl 1932 als Ziel gesetzt, weil das große Gedenkjahr Goethes mit seinen Imponderabilien ihm zugute kommen würde. Tatsächlich konnte am 14. Mai 1932 die Einweihung des Goethemuseums erfolgen, bei der Thomas Mann die Festrede hielt. Im «Jahresbericht» schrieb Ernst Beutler den stolzen Satz: «Das Geschäftsjahr 1931/32 war für das Freie Deutsche Hochstift ein Jahr der Erfüllung.» Auch die Besucherzahl des Goethehauses mit ihrem sprunghaften Anstieg auf 76 800 bestätigte das außerordentlich erfolgreiche Jahr.

Man darf wohl sagen, auch für Beutler persönlich repräsentierte sich 1932 als ein «Jahr der Erfüllung». Er hatte nun der Welt bewiesen, daß er der berufene Mann war, das Werk seiner Vorgänger fortzusetzen und die

Goethestätte in Frankfurt gleichgewichtig neben die in Weimar zu stellen. In dem Museum hatte er sich das Instrument geschaffen, wo zum stummen Raumerlebnis im Goethehause als Bild, Plastik oder Dokument die Fülle der Gestalten, Stimmen und Kunstäußerungen veranschaulichend hinzutreten sollte, die alle zu jenem Geburtshaus wie zu einem Mittelpunkt in Bezug standen.

Fürs erste aber erwies sich das neue Goethemuseum noch als ein Gebäude der Sorgen. Mußte Ernst Beutler in dem erwähnten Jahresbericht von 1931/32 doch auch mitteilen, der Bau sei noch keineswegs voll bezahlt. Die Geldnot hielt noch mehrere Jahre an. Erst im Tätigkeitsbericht über die Jahre 1936–1940 findet man die Feststellung, «die Deutsche Volksspende für Goethes Geburtsstätte» habe nach anfänglicher Enttäuschung schließlich noch zu dem Endergebnis geführt, daß der Vermögensverlust aus der Inflationszeit nun ersetzt sei. Vielleicht schlüge Ernst Beutlers Herz noch heute, wenn es nicht so oft unter dem Sorgendruck gestanden hätte, wie der Abstand zwischen den für das Hochstift eingegangenen Verpflichtungen und den verfügbaren Mitteln auszufüllen sei. Vermochte ihn doch auch die beste Zusammenarbeit mit dem Verwaltungs-Ausschuß nicht von der Verantwortung zu befreien, die auf dem Direktor des Hochstifts lag.

Hiermit soll nun keineswegs gesagt sein, als habe sich Ernst Beutler, an seinem Amt im stillen leidend, in ihm verzehrt. Seine Vitalität und sein unternehmender einfallsreicher Wagemut verlangten nach einem Wirkungsfeld, wie Frankfurt es ihm bot. Das Werdende, das Ringen mit den Möglichkeiten und die Lust am Verwirklichen war sein Daseinselement. Der fertige und nur noch routinegemäß zu verwaltende Komplex in Frankfurt hätte ihn wohl weit weniger gelockt, dafür aufzugeben, was seine Tätigkeit in Hamburg ihm an Zukunftsmöglichkeiten bot. Den Museumsbau mit Inhalt zu füllen, betrachtete Ernst Beutler fortan als sein Hauptgeschäft. Die Vermehrung der Bibliothek konnte er bewährten Mitarbeitern überlassen. Für die Bereicherung des Handschriften-Archivs waren, was Goethe und seinen nächsten Personenkreis betrifft, überraschende Funde und Erwerbsmöglichkeiten nicht mehr zu erwarten. Auf diesem Gebiet befand sich die Hauptmasse für immer in Weimar, und nur noch mit dem Angebot vereinzelter Stücke war auf dem Markt der Auktionen zu rechnen. Beutler hat daher mit Erfolg den Ausweg ergriffen, Frankfurt zum reichsten Handschriften-Archiv der Romantik werden zu lassen. Noch vor zwanzig Jahren konnte man in Weimar gelegentlich die Äußerung hören: «Ach, der arme Beutler mit seinem Frankfurt. Er hat doch nichts!» Die es sagten, wußten natürlich, daß man in Frankfurt 1863 mit dem Erwerb des völlig leeren Geburtshauses begonnen hatte, daß man dagegen in Weimar sich seit 1885 eines Erbes erfreute an Handschriften, Sammlungen und Hausrat, wie Goethe es bei seinem Tode im Haus am Frauenplan hinterlassen hatte. Für Goethes Vaterhaus in Frankfurt brach 1794 mit der Auflösung des Haushalts und mit dem Verkauf des Gebäudes zum 1. Mai 1795 die Geschichte seiner Familie ab. Der größte Teil des Inventars, darunter auch die Bibliothek und die Gemälde-sammlung des Vaters, gelangte auf dem Wege der öffentlichen Versteigerung in die verschiedensten Hände und blieb für die Nachwelt so gut wie verschollen. Hatte die Frau Rat diese Maßnahme auch «auf Antrieb» ihres Sohnes durchgeführt, so ließ Goethe später in den «Tag- und Jahresheften» für das Jahr 1795 doch die schmerzliche Bemerkung mit einfließen: «... und ich sah ... die ernste Umgebung meines Vaters zerstückt und verschleudert.» Solche Verluste am ursprünglichen Zustand vermochte kein Wiederherstellungseifer mehr ganz auszugleichen.

So steht z.B. seit 1932 im Frankfurter Goethehaus zwar die grosse Barockuhr des Hofrates Hüsgen, die in «Dichtung und Wahrheit» am Ende des vierten Buches beschrieben wird, aber die echte Standuhr aus dem Vaterhaus ist schließlich nach Weimar gelangt. Erst 1828 hat sie der Großherzog von Mecklenburg-Strelitz auf einer Auktion erworben und Goethe zum Geschenk gemacht. Immerhin konnte 1927 die große, schöne Barockstanduhr der Frau

Rat dem Goethehaus «als Leihgabe» zur Verfügung gestellt werden. Hierzu schreibt Beutler in seinem Jahresbericht: «Es gelang wiederum, ein Stück altes Mobiliar des Goethehauses in dasselbe zurückzuführen.» Es gehörte auch zu dem «besonders reichen Ertrag» dieses Jahres, daß zwei Gemälde aus der Sammlung von Goethes Vater «zurück an ihre alte Stätte» gebracht werden konnten. Die Bibliothek des Herrn Rat umfaßte einst, nach einer Untersuchung von Frhr. Hellmuth von Maltzahn vom Jahre 1927, außer den Mappen mit Kupferstichen 1671 Nummern im Versteigerungskatalog. Hiervon hat sich Goethe auf Bitten der Mutter vor dem Verkauf ungefähr 300 Exemplare ausgesucht und in die eigene Bibliothek nach Weimar übernommen, in der heute etwa hundert noch nachweisbar sind. «Nehme deine Jugendfreunde, die du ungern verkaufen siehst», schrieb ihm die Mutter am 1. April 1794. Ernst Beutler konnte erst im Tätigkeitsbericht 1936–40 mitteilen, es sei im Laufe der Zeit gelungen, 89 Bücher zu erwerben, die nach Titel und Erscheinungsjahr denen von Goethes Vater entsprächen. Solche Einschränkungen muß man stillschweigend mitdenken, wenn man in Beutlers Geschäftsbericht für 1925/26, also über sechzig Jahre nach dem Erwerb des Goethehauses, den Satz liest: «Die Wiedereinrichtung des Hauses gilt als abgeschlossen.»

Was dem Goethehaus in Frankfurt an originalem Inhalt nicht mehr gegeben werden konnte, ersetzte Ernst Beutler durch geistige Aktivität. Frankfurt im ideellen Sinne zur Goethestadt werden zu lassen, dafür boten sich einem Direktor des Hochstifts Möglichkeiten genug, wenn er sie zu ergreifen und zu verwirklichen verstand. Es ist wohl kein Zufall, daß schon Beutlers erster Jahresbericht (1925/26) die Nachricht von der Stiftung des Goethepreises der Stadt Frankfurt bringt. Offen muß hier bleiben, ob die Idee von ihm stammte oder von ihm nur aufgegriffen worden ist. An ihrer Verwirklichung durch den Magistrat und die Stadtverordnetenversammlung wird sein Einfluß wesentlich beteiligt gewesen sein, obwohl er dem Kuratorium für die Verleihung des Preises zunächst nicht angehört hat. In den Prunkzimmern des Goethehauses ist die Auszeichnung am 28. August 1927 zum ersten Male vergeben worden. Preisträger war Stefan George. Die Widmungsurkunde – nicht von Beutler entworfen – rühmt ihn als den, «der die poetische Würde des Dichters wie kaum ein Zweiter in unseren Tagen gehütet hat».

Wie Ernst Beutler es verstanden hat, das Goethejahr 1932 zum Vorteil Frankfurts auszunutzen, ist bewundernswert. Es lag in der Natur des Gedenktages von Goethes Tod vor hundert Jahren, daß die Weltaufmerksamkeit sich in erster Linie auf Weimar richtete, wo Goethe gestorben war und begraben lag. Beutler wußte die Gunst der Stunde in höchst erfolgreicher Weise auf Frankfurt abzulenken und statt des Weimarer Sterbehauses die kulturelle Bedeutung des Frankfurter Geburtshauses zur «Forderung des Tages» zu erheben. Mit kühner Tatkraft und glänzendem diplomatischem Geschick holte er schon 1932 die Früchte heim, für die sonst erst 1949 eine berechtigte Erwartung bestanden hätte. Im Jahre der schwersten Wirtschaftskrise wagte er zusammen mit dem Vorstand des Hochstifts einen Aufruf, betitelt «Deutsche Volksspende für Goethes Geburtsstätte». Reichspräsident von Hindenburg wurde dafür gewonnen, als «Ehrenschirmherr» der Spendenaktion das höchste Ansehen zu verleihen. Die Erträge kamen von den deutschen Schulen, aus Industrie, Gewerbe und Handel, vom Auslandsdeutschtum und auch von manchem Ausländer. Wenn auch die Eingänge zunächst hinter den Erwartungen zurückblieben, der ideelle Gewinn war einzigartig. Frankfurt hatte nun im Urteil der Welt die Gleichberechtigung und Gleichbedeutung neben Weimar errungen.

Das kam dann auch in den Ansprachen und Festreden genug zum Ausdruck. Bei der Einweihung des Goethe-Museums am 14. Mai nannte Thomas Mann das Goethehaus eine «der ehrwürdigsten und wesentlichsten Stätten geistig-nationaler Überlieferung» und beschwor am Schluß seiner Rede das Reich, Preußen und die Stadtverwaltung «Not und Verfall der Zeit ... vom Frankfurter Goethe-Hause fernzuhalten». Wilhelm Schäfer ging in seiner Festrede am 27. August noch einen Schritt weiter. Er sagte sogar, «daß es eine Beglückung ist, Tempelhüter an diesem – Weimar zürne mir nicht – größten Heiligtum des deutschen Volkes zu sein». Am nächsten Tage empfing Gerhart Hauptmann den Goethepreis. In seinem Dankeswort rühmte er das Goethehaus als «ein Heiligtum herzlicher und intimer Art, ... ein natürliches, nicht ein künstliches». So großartig hatte Ernst Beutler 1932 das Glanzspiel zur Ehre Frankfurts zu inszenieren gewußt. Hierzu gehörte auch noch, daß der «Ständige Ausschuß des Völkerbundes für Literatur und Kunst» Frankfurt aufsuchte. Es war wohl nicht ganz genug an Anerkennung, wenn Oberbürgermeister Dr. Landmann in seiner Ansprache bei der Einweihung des Goethe-Museums nur die Wendung vom «unermüdlichen Direktor» fallen ließ.

In der Frankfurter Goethefeier am 27. August 1932 folgte auf die Rede von Wilhelm Schäfer die von Julius Petersen, der in seiner Eigenschaft als Präsident der Goethe-Gesellschaft in Weimar das Wort erhielt. Petersen beteuerte zwar die «geeinte Zwienatur Weimar-Frankfurt». Aber bei allem Takt ließ er doch den Hinweis auf den seltsamen Frontwechsel in diesem Goethejahr deutlich durchblicken. Denn er sprach es aus, daß 1932 doch «dem Gedächtnis des Todes gilt» und daß das Goethehaus in Weimar «in noch vollerem Sinne den Namen seines Hauses trägt». Wenn er dann den Männern «Bewunderung» zollte, «die mit zäher Tat- und Werbekraft solchen Erfolg an die Fahnen des Hochstifts hefteten», so verschwieg er auch das Opfer des Zurücktretens nicht, das Weimar für diesmal gebracht hatte. Befand sich doch auch dort schon seit Jahren ein Museumsflügel im Bau und drohte wieder «in ein Trümmerfeld» zu zerfallen.

Man darf wohl schon hier sagen, nur der Ernst Beutler, der das Goethejahr 1932 so im Interesse Frankfurts zu meistern verstanden hatte, trug in sich die Möglichkeit, mit den ungeheuren Schwierigkeiten fertig zu werden, die der Wiedererrichtung der zerstörten Goethestätten entgegenstanden.

In Weimar brauchte man ein Museum, um endlich die Goetheschätze zur Schau zu stellen, die man längst besaß. In Frankfurt war für den gleichen Zweck nur erst ein kleiner, wenn auch wertvoller Grundstock vorhanden, als Beutler sein Amt antrat. Er war daher auch genötigt, der Öffentlichkeit die Idee eines solchen Museums aufzuzeigen und sie überzeugend zu machen. In seiner Rede zur Einweihung des Gebäudes formulierte er als dessen Aufgabe, «die Epoche Goethes zur Anschauung zu bringen». Die dort hängenden Portraits und ausgestellten Büsten sollten als «eine Epiphanie des Geistes und Menschentums der Goethezeit» geschaut und erlebt werden. In kunstgeschichtlicher Hinsicht sollte es den Zeitraum vom «ausgehenden Barock bis zum Biedermeier» repräsentieren. Die Festgabe des Hochstifts für 1949 «Bilder aus dem Frankfurter Goethe-Museum», herausgegeben von Ernst Beutler und Josefine Rumpf, läßt er mit den Sätzen beginnen: «Der Begründer des Museums am Großen Hirschgraben ist, aufs letzte gesehen, Goethes Vater, der Kaiserliche Rat selber. Er war ein Freund der Künste, eine Sammlernatur.» Bei der Eröffnung der Füßli-Ausstellung am 27. August 1938 reihte Beutler in seiner Ansprache die Frankfurter Stätte bei den «literarischen Museen» ein und definierte ihre Funktion als «eine reizvolle Mittlerstelle zwischen Dichtkunst und bildenden Künsten».

In der erstaunlichen Vermehrung des Museumsbestandes spiegelt sich eindrucksvoll und unvergeßlich Beutlers Amtszeit wieder. Überprüft man in der Auflage des «Führers durch das Frankfurter Goethemuseum» von 1961, (erste Auflage 1954), wieviele Bilder, Büsten und Statuetten erworben oder als Leihgabe in der Zeit 1925–1960 zugeführt worden sind, kommt man auf fast 85% des Gesamtbestandes. Hiervon hat ein Drittel, darunter die Gemälde von Caspar David Friedrich, Runge und Füßli, erst nach 1949 den Weg nach Frankfurt gefunden. Und was steht hinter diesen Zahlen an Mühe des Aufspürens,

Glück des Findens, Kunst des Verhandelns und Not der Geldbeschaffung! War ihm ein besonders wertvoller Zugriff gelungen, schrieb er einen «Essay» darüber. Dann drängte es ihn, den neuen Schatz in einer geistsprühenden, farbenreichen Vision der biographischen Bezüge zu erblicken und darzustellen. «Goethes Ahne in Mörfelden» und «Die Heimkehr eines Bildes», beide unserer Essay-Sammlung angehörend, sind so entstanden.

Gleichsam einen letzten schönen Spätsommertag in der langen Reihe der Goethefeiern ließ die gemeinsame Tagung von Hochstift, Goethe-Gesellschaft und Shakespeare-Gesellschaft Ende August 1938 in Frankfurt entstehen. Beutler begrüßte das Ereignis mit einem Artikel in der Frankfurter Zeitung. «Schößlinge aus gleichem Stamm», nämlich Gründungen aus dem «Selbstbewußtsein des deutschen Bürgers», nannte er die drei Vereinigungen. Er fügte noch deutlicher hinzu: «Es war ein eminent politisches Geschlecht, unsere Ahnen», die Schöpfer dieser drei Gesellschaften, die auch zur Generation der Reichsgründung gehörten. Man spürt, an welche Adresse solche Worte damals gerichtet waren. Schon während der Sudetenkrise im Herbst 1938 hatte Beutler angeordnet, die Schätze des Museums zu verlagern. Wann er alles übrige, meistens auf Schlössern, in Sicherheit gebracht hat, wird aus seiner letzten Schrift «Dank an Willy Lauer» (1961) nicht ersichtlich. Bald nach Kriegsbeginn schritt er zu einer Maßnahme wahrhaft genialer Voraussicht. Er ließ das Goethehaus in allen baulichen Einzelheiten maßgetreu aufnehmen und von jedem Türbeschlag, Fensterriegel, Tapetenmuster und Stukkaturprofil ein Probestück oder eine Nachzeichnung in Obhut bringen. Mit einem wichtigen Begriff Goethes ausgedrückt: er versicherte sich gleichsam der Entelechie des Hauses für den Fall, daß sie nach der Zerstörung ihrer Verkörperung aufs neue in der einstigen Gestalt erscheinen könnte. Durch den Luftangriff vom 22. März 1944 gingen die Goethestätten in Brand auf und versanken mit der übrigen Altstadt in Schutt und Trümmer.

Schon beim ersten Anblick der Ruinen faßte Beutler den Entschluß, sich für den Wiederaufbau einzusetzen. Am 9. April 1944 begann er mit den ersten Vorbereitungen. Nur den Satz «Freilich, um diesen Wiederaufbau hat es einen großen Kampf gegeben», liest man in seiner Schrift «Dank an Willy Lauer». Außerdem hat er dort noch durch eine kurze Mitteilung in das qualvolle Ringen um Sein oder Nichtsein des Goethehauses blicken lassen: in der entscheidenden Abstimmung des zuständigen Gremiums der Stadt Frankfurt enthielt sich sogar Oberbürgermeister Dr. Kolb der Stimme. Wie Beutler den Kampf zum Siege geführt und auch das Rätsel der Mittelbeschaffung gelöst hat, entzieht sich noch der öffentlichen Kenntnis. Am 10. Mai 1951 weihte Bundespräsident Theodor Heuß in Gegenwart der drei Hohen Kommissare das Goethehaus ein, 1954 war auch der Museumsbau vollendet.

Es dauerte nur kurze Zeit, und kaum ein Besucher stieß sich noch daran, daß hier ein Totalakt der Restauration gewagt und ausgeführt worden war. Es gibt Stätten von solcher Erinnerungsmonumentalität, daß bei ihnen unwichtig wird, aus welchen Steinen sie spricht. Das Goethehaus in Frankfurt ist ein Gebäude dieser Art, und Beutler wußte es. Für die Zukunft aber sollte es, zusammen mit Bibliothek, Archiv und Museum, «ein avantguardistisches Institut für ein europäisches Deutschland und für ein neues Europa» werden, so verkündet er es 1949 in der Rede «Neunzig Jahre freies deutsches Hochstift».

Dieser groß gedachten Zukunftsaufgabe kulturpolitischer Art entsprach auch die erstaunliche Steigerung des Mittelaufwandes in den fünfunddreißig Jahren der Amtsperiode Beutlers. Mit der Verfügung über einen Jahreshaushalt von 40 000 Reichsmark hatte er das Direktorat des Hochstifts angetreten. Er schloß es ab mit dem stolzen Hinweis: «Heute haben wir eine Bilanz von 1,8 Millionen Mark» «(Dank an Willy Lauer», 1961). Nur der Verwaltungs-Ausschuß des Hochstifts vermöchte zu erklären, was eine solche fünfundvierzigfache Vergrößerung des ökonomischen Volumens zu besagen hat. Denn er hatte die Sorgen und Wagnisse der sprunghaften Entwicklung mit dem Direktor gemeinsam zu tragen. Zu dem erwähnten imposanten Zahlenverhältnis muß doch auch ein menschliches Kunstwerk an Zusammenarbeit, an gegenseitigem Vertrauen und Verbundenheit im großen Ziel mitgedacht werden. An Beutlers Leistung für das Hochstift hat auch die freiwillige Mithilfe des Frankfurter Bürgersinnes ihren ehrenvollen Anteil.

In Ernst Beutlers letzten Lebensjahren häuften sich die öffentlichen Ehrungen. Er wurde 1959 in den Orden Pour le Mérite für Wissenschaft und Künste aufgenommen. Die Universität Rom zeichnete ihn 1960 mit der Würde des Ehrendoktors aus. Am Tage seines 75. Geburtstages, am 12. April 1960, ehrte ihn die Stadt Frankfurt durch die Verleihung des Goethepreises. In dem gleichen Raum des wiedererstandenen Goethehauses empfing er nun die Auszeichnung, wo die feierliche Handlung seit 1927 stets vollzogen worden war. «Das Haus, in dem wir hier zusammengekommen sind, stände nicht ohne Sie», sagte Oberbürgermeister Dr. Bockelmann in der Laudatio. Die Verleihungsurkunde rühmte mit «Ehrfurcht und Bewunderung» das Lebenswerk des Preisträgers. Der schwer leidende Ernst Beutler vermochte nur noch das Allernötigste mit eigener Stimme zu erwidern und hatte seinem Sohn übertragen, die Dankrede zu verlesen. Jahrzehntelang hatte ihm in Reden und Vorträgen das Wort unbegrenzt und wirkungsstark zur Verfügung gestanden, in dieser Gipfelstunde seines Lebens mußte er schweigen. So nahe schon stand ihm der Tod.

Der Erforscher der Personenwelt um Goethe
und der Ausleger von Goethes Werk

Nur von Frankfurt her wird Ernst Beutler als Goetheforscher voll verständlich. Darum mußte zunächst so viel von seinem Wirken als Direktor des Freien Deutschen Hochstifts gesagt werden. Seine wissenschaftliche und literarische Leistung trägt den Charakter des Bodenständigen. Immer steht sie in einem inneren Bezug zu Frankfurt als Goethestadt, zu den einstigen Bewohnern des Goethehauses oder zu den Schätzen von Museum, Archiv und Bibliothek.

Forschung und schriftstellerische Produktivität gehen bei Beutler aus einer Gelegenheit, aus einer realen Situation hervor, die sich jeweils aus einem Bedarf für Frankfurt ergab. Stets bleibt er im Bereich des Gegenständlichen, seien es Personen, Bilder, eine Handschrift oder ein Buch. Sie kamen als Themen auf ihn zu oder kreuzten seinen Weg, und er ergriff sie. Ihrer Herkunft nach waren sie meistens im näheren oder ferneren Umkreis von Goethe beheimatet. «Um Goethe» ist eigentlich der Generaltitel für fast alles, was Beutler geschrieben hat. Selbst seine beiden Hauptwerke, die Kommentare zum «Divan» und zum «Faust», lassen an so mancher Stelle durchschimmern, daß sie auch als Ruhmesblatt für Frankfurt gemeint sind: für die Stadt Marianne Willemers und der Frühbeschäftigung Goethes mit Mahomet und der Welt des Koran, für die Stadt, von der Goethes Kindheit mit dem Urerlebnis des Fauststoffes beschenkt worden ist und in deren Mauern der Ur-Faust entstand. Frankfurts kulturellen Glanz in der Epoche der Goethezeit der Nachwelt wieder sichtbar werden zu lassen, für dieses Gesamtbild zeichnete Beutler unermüdlich, kunstsinnig, vom Entdeckten hingerissen, ihm bis ins Letzte nachspürend, eine Linie nach der andern.

Nicht als ein bereits bewährter Meister auf dem Gebiet der Goetheforschung trat er 1925 das Amt in Frankfurt an. In Leipzig hatte er 1909 ehrenvoll mit der Dissertation promoviert: «Vom griechischen Epigramm im 18. Jahrhundert». Die Untersuchung enthält auch wichtige Kapitel über Herder und Goethe und kommt hier zu dem Ergebnis: «Dem Klassizismus galt das griechische Epigramm als die Krone der griechischen Lyrik.» Beutlers früh ausgeprägte Lust am Aufspüren verrät der dort geführte Nachweis, Goethe verdanke das Wort «Erotica» als Bezeichnung seiner Römischen Elegien dem Titel einer Teilsammlung von 100 griechischen Epigrammen («ἀρχὴ τῶν ἐρωτικῶν»), die der Leipziger Gelehrte Reiske 1752 herausgegeben habe. Herder habe die seltene Veröffentlichung besessen, und über Knebel habe Goethe sie nach der Rückkehr aus Italien kennengelernt.

Für den Insel-Verlag gab Beutler 1910 «Flaxmanns Zeichnungen zu den Sagen des klassischen Altertums» heraus. Die kurze Einleitung enthält noch keine Spur von der Originalität seines späteren Stiles. In biographischer Hinsicht aber ist bedeutsam, daß das Buch der letzte Nachweis für Beutlers wissenschaftliche Beschäftigung mit dem Kulturkreis der Goethezeit ist. Mit der Tätigkeit als Bibliotheksrat an der Staatsbibliothek in Hamburg (seit 1911), deren Handschriftenabteilung er zuletzt geleitet hat, richtete sich sein Forschungsinteresse in den folgenden vierzehn Jahren immer stärker dem Zeitalter des Humanismus zu. Er habilitierte sich an der Universität Hamburg 1925 mit der Schrift «Forschungen und Texte zur frühhumanistischen Komödie». Es war wohl ein später Nachklang dieser wissenschaftlichen Vergangenheit Beutlers, daß die Stadt Pforzheim ihn 1956 beauftragte, die Festrede zur Feier des 500jährigen Geburtstags von Johannes Reuchlin zu übernehmen. Wie hieß es in seiner Dankantwort bei der Verleihung des Goethepreises? «Ich selbst habe das Muß von oben, das mir keine freie Entscheidung überließ, viel zu häufig in meinem Leben gespürt.»

Von Hamburg brachte Ernst Beutler eine treffliche Schulung im Handwerk der Quellenforschung mit. Aber eine so gründliche Kenntnis von Goethes Leben und Werk, wie er sie für Frankfurt brauchte, mußte er sich an Ort und Stelle erst aneignen. Diese umfangreiche Selbstbelehrung als Vorbereitung für alles Künftige bildete wohl sein «Muß von oben» in der ersten Frankfurter Zeit. In den Vortrags-Abteilungen des Hochstifts trat der neue Direktor zunächst mit einem Thema auf, das noch ganz seiner Hamburger Zeit angehörte «Die Comedia Bile, ein antiker Mimus bei den Gauklern des 15. Jahrhunderts».

Es gingen mehrere Jahre hin, bis Beutler sich die geistige Ausgangsposition bei Goethe erworben hatte, die ganz seiner eigenen Natur entsprach. Zwar strebte er sogleich an, das bereits bestehende Jahrbuch des Freien Deutschen Hochstifts stärker als bisher zu einem führenden Organ der Goetheforschung zu machen, aber er war mit Aufsätzen darin in fast zwanzig Jahren nur zweimal vertreten. Nicht aus der Zurückhaltung als Herausgeber, hier andere zu Worte kommen zu lassen, verfuhr er so. Er wußte, daß er für seine Art, sich über Goethe zu äußern, eine andere geistige Arena brauchte. An allgemeinen Themen der Goethewissenschaft oder ihren Methodefragen hat er sich, vom Faustproblem abgesehen, nie beteiligt.

Mit der Herausgabe des «Goethe-Kalenders auf das Jahr 1929» betrat Beutler die ihm gemäße Bahn der Sicht auf Goethe und ihrer Darstellungsweise. Dieser Kalender, ein Unternehmen der Dieterichschen Verlagsbuchhandlung in Leipzig, hatte seit seinem Bestehen (1906) mit den mehrfach wechselnden Herausgebern auch die äußere und innere Gestalt geändert. Von 1917 bis 1926 war er in Bild und Text wesentlich auf den Goethe der Weimarer Zeit ausgerichtet. Der regelmäßige Beitrag «Vor hundert Jahren» mit seinem Querschnitt durch das betreffende Kalenderjahr Goethes bot hierfür noch eine besondere Möglichkeit.

Beutler brach sogleich völlig mit der äußeren Form und näherte sie den Taschenkalendern der Goethe-Schillerzeit an. Den Inhalt gestaltete er das erstemal noch nach dem bestehenden Modell, aber unter Vermeidung der bisherigen «mehr antiquarischen Haltung». Im Vorwort von 1929 bezeichnete er es als Aufgabe «der Goethestätten», der Wirkung Goethes, «die erst anbricht, den Weg zu bahnen». Auch sei noch immer «des Dichters reichstes Erbe nur zum Teil erschlossen». Es liege als «das köstliche Gut gerade jenseits dieses traditionellen Kanons, so vor allem in den Briefen und Gesprächen». Dieser Programmerklärung blieb er die Ausführung nicht schuldig. Zwar behandelte auch er das traditionelle Thema «Vor hundert Jahren», aber er schöpfte dafür aus Goethes Tagebüchern und den überlieferten Gesprächen. Kunstvoll baute er den Jahresablauf 1829 aus dem menschlichen Gehalt auf, den Goethes Dasein nach den Quellen darbot. Die eingehende Schilderung des großväterlichen Verhaltens zu den Enkeln krönte er mit der Formulierung, es war «die letzte Leidenschaft und die letzte Liebe des Greises». Was er über die Entstehung des Gedichts «Vermächtnis» ausführte, schmückte er mit dem musikalischen Bild, es war «der Finalakkord auf der Harfe seiner Lyrik». Ernst Beutler hatte nun seinen Stil gefunden.

In der Übersicht «Aus der neusten Goethe-Literatur» besprach er Korffs «Geist der Goethezeit» (2. Teil, 1. Buch) zwar sehr respektvoll, doch bloß referierend. Aber sein Herz strömte über, und er trat ganz aus sich heraus bei der Anzeige von Houben «Eckermann, sein Leben für Goethe». Mit schönsten, höchsten Worten der Ehrenrettung bedachte er den von der Nachwelt meistens so lieblos und geringschätzig beurteilten Mann: «Eckermanns Gestalt hat etwas Mythisches ... er mutet an, wie eine ferne Spiegelung Parzivals oder Grimmelshausens.» Er schrieb sogar, sofern man überhaupt von einer «deutschen Seele» reden könne, habe sie sich «nie schöner und überzeugender offenbart als in diesem Sohn der Winser Marsch und Lüneburger Heide». Aus Goethes Welt und Umwelt das Menschliche in seiner Vielgestalt zu verkünden, das sah Ernst Beutler als die edelste Aufgabe seiner Gelehrsamkeit an.

In der Vorrede zum «Goethekalender auf das Jahr 1932» äußerte er sich noch etwas genauer über seine Absichten als Herausgeber. Er bekannte sich weitgehend zu den Zielen, die schon der erste Herausgeber, Otto Julius Bierbaum, 1906 aufgestellt hatte. So wiederholte er auch dessen Äußerung, der Kalender solle unbeschwert von Gelehrsamkeit und frei von allem Ästhetisieren die «vorbildliche Herrlichkeit des Menschen Goethe» offenbaren. Aber dann kam etwas Neues mit dem Hinweis: «Wenn seit 1929 die Schriftleitung in Goethes Geburtshaus verlegt worden sei», so bedeute das auch die Hinwendung zu den «Quellen von Goethes Jugend». Mit anderen Worten: Der Kalender sollte ein Instrument für Frankfurt sein und die Kunde von der Bedeutung der dortigen Goethestätten Jahr für Jahr in die Welt tragen. Wer die Bände in die Hand nimmt, wird bestätigt finden, wie lebendig und reichhaltig sie dafür ausgestattet worden sind.

Bis 1943 hat Beutler den Goethe-Kalender herausgegeben. Dann machten die Kriegsverhältnisse die Fortsetzung unmöglich, und er erlosch damit auch für später. Aber in all den Jahren seines Erscheinens ist der Herausgeber Beutler auch zugleich sein fleißigster Mitarbeiter gewesen. Hier ist so manches in der ursprünglichen Form erschienen, was nachher mit geringen Veränderungen in die «Essays um Goethe» aufgenommen worden ist. Im Vorwort zur fünften Auflage der «Essays» schreibt der Verfasser: «Die meisten von ihnen wurden zuerst in dem vom Frankfurter Goethemuseum herausgegebenen ‹Goethe-Kalender› veröffentlicht.»

Dieser Kalender wurde zu einem Hauptorgan für Beutlers Wirken in die Breite. Hier entwickelte und entfaltete er seine Kunst zu schreiben, die Emil Staiger in der Gedenkrede eine scientia amabilis genannt hat. Unter seiner Feder wurde das Schwierige schlicht und klar. Die lastende Fülle mächtigen Wissens lockerte er auf, ließ sie in der Eleganz des Erzählens dahinfließen. Wo seine sprühende Impulsivität es ihm eingab, ließ er plötzlich Lichter dazwischen aufleuchten als Urteile seiner Weisheit, heiteren Ironie und Menschenliebe.

Für die Veröffentlichung seiner Vorträge und Reden stand Beutler die «Reihe der Vorträge und Schriften» des Hochstifts zur Verfügung. Auch sie zeugt von der erstaunlichen Produktivität seines Geistes. Von den sechzehn bis 1956 herausgegebenen Publikationen stammen allein sieben von ihm. Von ihnen sind fünf nach 1945 entstanden, also in Beutlers Spätzeit. Bei ihnen tritt schon die Altershaltung des Besinnlichen, des Überschauens und Reflektierens hervor. Besonders trifft es zu für die Festrede zur

Reuchlin-Feier «Vom Gewissen und von der Ehrfurcht» (1956). Aber die Ansprache zur Eröffnung der Füßli-Ausstellung (1938) fällt noch in die Entstehungszeit der «Essays». Sie ist von besonderer Bedeutung, weil Beutler mit ihr ein wichtiges Urteil über Goethe zum Ausdruck bringen wollte. Er sah in dem Maler Füßli (geb. 1741) den kongenialen Partner zum jungen Goethe, obwohl sie nur voneinander wußten, nie in Verbindung gestanden haben. Aus Füßlis Bildern, so empfand er, spreche das Lebensgefühl des «Sturm und Drang» so echt wie aus Goethes Dichtungen. Aber Füßli habe die Welt gestaltet, der Goethe dann ausgewichen sei, «die unerbittliche Tragödie des Übermaßes an Tat und Schicksal, des Übermenschen». Mit anderen Worten: Beutler sah in der Kunst Füßlis eine komplementäre Ergänzung zum Werk Goethes. Daher ist sie auch im Goethemuseum auffällig stark vertreten: mit fünf Gemälden und einem sechsten «in der Art des J.H.Füßli». Ihre Erwerbung ist erst in den Jahren 1953–59 erfolgt.

An die Entstehungszeit der «Essays», wie sie in der Erstausgabe von 1941 gesammelt vorliegen, reihte sich unmittelbar der Abschluß von zwei Hauptwerken: die erläuterte Ausgabe vom «Faust und Urfaust» (1940) und die Herausgabe des «West-östlichen Divan» (1943) mit einem Erläuterungsanhang von 500 Seiten. Für eine Würdigung der beiden Editionen ist hier nicht der Ort, doch darf wohl von Beutlers «Divan» gesagt werden, daß er seine wissenschaftliche Gipfelleistung darstellt. Ihr erster Beginn wird wohl schon in der Mitteilung aus dem Jahresbericht 1934/35 zu vermuten sein, in der Bücherei habe man begonnen, eine Bibliothek zum «Divan» anzulegen.

Im Nachkriegs-Deutschland der zertrümmerten Städte mit ihren vernichteten Buchbeständen bürdete sich Beutler noch einen weiteren schweren Dienst für Goethe auf. Er entschloß sich im Hinblick auf das Goethejahr 1949 zu einer «Gedenkausgabe der Werke, Briefe und Gespräche» Goethes. Sie heißt heute nach ihrem Verlag die Artemis-Ausgabe. Von ihren 24 Bänden hat Beutler nicht weniger als sechs selbst besorgt und hat zu jedem die «Einführung» geschrieben. In der Auswahl der Bände, die er persönlich übernommen hat, spiegelt sich noch einmal sein Schaffen aus den letzten zwanzig Jahren mit seinen Haupttendenzen wider, nur der «Divan» fehlt. Es sind die Bände: «Der junge Goethe» (Bd. 4), «Faust» (Bd. 5), «Dichtung und Wahrheit» (Bd. 10), «Die Italienische Reise» und «Annalen» (Bd. 11), «Goethes Briefe aus den Jahren 1764–86» (Bd. 18) und «Eckermanns Gespräche» (Bd. 24). Die Gesamtlänge der geschriebenen «Einführungen» beläuft sich auf rund 460 Druckseiten.

Bedenkt man, daß außerdem auch die organisatorische Verantwortung für den Fortgang der ganzen Ausgabe auf Beutler ruhte und daß dies alles zu bewältigen war, während er gleichzeitig mit allen Schwierigkeiten des Wiederaufbaues der Goethestätten zu ringen hatte, so kann man als Ausdruck des Maßes für das Vollbrachte nur die zwei Worte wiederholen, die in der Urkunde seines Goethepreises stehen: Ehrfurcht und Bewunderung.

Doch auch nach dieser riesigen Arbeitsleistung gönnte sich Ernst Beutler noch keine Ruhe. Er, der Retter des Goethehauses, glaubte, den einstigen Bewohnern dieser Stätte noch einen letzten Treudienst schuldig zu sein. Als Ergänzungsband zum Artemis-Goethe gab er 1960, in seinem Sterbejahr, die «Briefe aus dem Elternhaus» heraus. Im Vorwort steht der Satz: «Vielleicht darf man sagen, auch hier ist ein Goethehaus wieder aufgebaut worden, ... von der Familie her.» Von den «Einführungen» zu den drei Briefschreibern, Goethes Vater, Mutter und Schwester, ist besonders die Biographie des «Kaiserlichen Rats» von wissenschaftlicher Bedeutung, weil sie dessen Bild in einem neuen Licht erscheinen läßt. Welch großartiger Schlußakt vom Direktor des Hauses am Großen Hirschgraben 23 in Frankfurt, seine Dienstzeit damit zu beenden, daß er die Person des einstigen Haus- und Bauherrn von Verkennung und Unterschätzung befreit hat!

Ernst Beutler war auch selbst ein großer Briefschreiber. Vielleicht wird uns von der Zukunft eine Sammlung seiner schönsten Briefe geschenkt. Ist doch auch ihnen neben dem Zauber des Stiles eigen, was er 1934 an den «Briefen aus dem Brentanohaus» rühmte: «Letzte innere Ehrlichkeit, ihr unbeirrbarer Sinn für die wirklichen Werte des Lebens.» Aus Beutlers Briefen spricht der Geist seiner Reuchlin-Gedenkrede von 1956, in der er sagte, auch «im letzten Tatwillen» dürfe man nicht aufhören, «nach den seelischen Konstanten unseres Lebens» zu fragen.

Andreas B. Wachsmuth

NACHWORT DES HERAUSGEBERS

Die «Essays um Goethe» erschienen zum ersten Mal 1941 in der Dieterich'schen Verlagsbuchhandlung zu Leipzig. Einige Essays waren aus Beiträgen meines Vaters für den vom Frankfurter Goethemuseum herausgegebenen «Goethe-Kalender» und für das Feuilleton der «Frankfurter Zeitung» hervorgegangen. Diese Tätigkeit regte ihn an, die Kunst des literarischen Essays weiter zu entwickeln. Um einige Stücke vermehrt erschien 1947 eine zweibändige Ausgabe, und auch in späteren Auflagen traten neben die alten neue Essays, aber auch alte Essays wurden gegen neue ausgetauscht. So wurden die «Essays um Goethe» zu einem klassischen Buch nicht nur der deutschen Literaturgeschichte, sondern auch der deutschen Literatur.

Die vorliegende Edition enthält diejenigen Stücke, die mein Vater 1957 in die letzte von ihm besorgte Ausgabe aufgenommen hat, vermehrt um jene Essays, auf die er damals wegen des beschränkten Umfanges verzichten mußte. So möchte dieser Artemis-Band der Idee nach einer «Ausgabe letzter Hand» entsprechen.

Um der geschichtlichen Wirklichkeit willen habe ich einen Aufruf von 1947 sowie zwei Ansprachen von 1945 und 1949 hinzugefügt, die von der Zerstörung und dem Wiederaufbau des Hauses am Hirschgraben berichten. Das Schlußwort haben die Freunde und Literarhistoriker.

Frühjahr 1980   Christian Beutler

INHALTSÜBERSICHT

MAIN UND RHEIN

Der Witwer mit sieben Kindern · Konfisziert und
verbrannt · Der Selbstbetrug

«Wie von unsichtbaren Geistern gepeitscht» · Einsamkeit des Genies · «Dem eigentlichen Glücke nie so nahe gewesen» · Federigo und Giovanna · Angedenken du, verklungner Freude · Letzte Lieder

«Hoch auf dem alten Thurne steht» · «Es war ein König in Thule» · Der Geist des Dänenkönigs · Die Entstehungszeit · Gretchen · Der Becher · «Siehe, wie hat er ihn so lieb gehabt» · Der Urfaust · Clemens Brentano · Achim v. Arnim · Das Mainzer Marktschiff · «Am Rheine schweb' ich her und hin» · «Von Volksliedern» · «Wo schlägt ein Herz, das bleibend fühlt?» · Die Nachtseite der Romantik · Criemhilt und die Lorelay · Liebestreue – Liebesuntreue · «Ein Priester auf dem Rhein» · Montes Lurleiani · Felsgeister · «Rheinische Geschichten und Sagen» · Wandlungen der Lorelaygestalt · Joseph v. Eichendorff · Otto Heinrich v. Loeben · Heinrich Heine · Geniezeit und Romantik · Wege ins Reich der Musik

Goethes Reisekalesche · Der Politiker Goethe · Sulpiz Boisserée · Erstes Gespräch · Zweites Gespräch · Drittes Gespräch · Gut und Böse · Boisserée und Eckermann · Viertes Gespräch · Fünftes Gespräch · Gingo-biloba-Symbol · Marianne v. Willemer · Georg Friedrich Creuzer · Heidelberg 1815 · Der Westöstliche Divan · Abschied vom Main · «Die Chiffer von der lieben Hand gezogen» · Nachklang · Suleika

ILM UND SAALE

Die Aufführung von 1777 · Seckendorfs Musik ·
Die Tafeln der Werte · Goethes Brief an Corona ·
«Da wir alle nicht mehr verliebt sind» · Coronas
Vertonungen · Corona als Malerin · C. D. Friedrich
«Der Mönch am Meer» · Die erste deutsche Schau-
spielerin

zösische Theater · Lisette Runckel · Die Krönung von 1764 · Knabenbriefe · Literarisches Obersachsen · Galerien in Leipzig und Dresden · Der Schuster Johann Gottfried Haucke · Der Arzt und Alchimist · Das Elsaß · Das «französische Wesen» · Jugendwerke · Susanna Magdalena Münch · Lili · «Der beruhigte Zustand des deutschen Vaterlandes» · Die Mutter · Das Schweigen von der Faustdichtung · Das Leben – «ein schwerer Weg» · Herder als Erzieher · Bildung durch Frauen · «Das Licht der Natur» · Die Bibel · Arnolds «Unparteiische Kirchen- und Ketzerhistorie» · Ton in der Hand des Schöpfers

ISAR UND DONAU

JENSEITS DES MEERES

ZERSTÖRUNG UND WIEDERAUFBAU DES HAUSES AM HIRSCHGRABEN

ANHANG